Pres que Lancelot du
lac se fut parti du cha
steau de la dame laql
le lui auoit promise de
lui monstrer la plus
belle chose du monde
elle le mena tout droit
au chasteau de Corbe
nic/& eulx arriuez pres des portes encontre
rent vne pucelle laquelle demāda a la dame
ou elle menoit le cheualier/si lui respōdit ql
le le menoit a Corbenic. En nom dieu dame

dist la pucelle donc ne le aimez vous gaires
Car vous le menez en tel lieu dōt il ne pour
ra partir sans honte & sans grant dōmaige
Ce nonobstāt tant allerent quilz arriuerēt
au chasteau & entrerent dedens. Et quāt ilz
vindrent en la maistresse rue/les gēs de leans
lui commencerent a dire. Sire cheualier la
charette vous attent. Et il leur respōdit tout
bas/que se il lui conuenoit entrer en charette
ce ne seroit pas la premiere fois/lors cheuau
cherent tant quilz approcherēt de la maistres
se tour. Si la prisa moult lancelot, car ce stoit

a i

la plus riche que il eust oncques veue a son aduis. En regardant sa q̃lle tout il oyt vne voix de femme asses pres de lui selon son auis. Si sen alla celle part/ et en regardant veit que cestoit la pucelle que messire gauuain voulut getter hors de la cuue mais il ne peult. Et en soy lamentant disoit Sainte marie q̃ me gettera hors dicy. Et quãt elle veit Lancelot venir vers elle/ sy luy dist en plourant. Sire cheualier gettez moy hors de ceste cuue q̃ me brusle. Alors vit lancelot deuers la cuue/ et print la pucelle par les bras et la leua hors de la cuue. Et quãt elle se veit ainsi deliuree: si lui cheut aux piez et lui baisa la iãbe en lui disãt. Sire cheualier benoitte soit leure que vous fustes ne/ car vous mauez gettee de la greigneur douleur ou onques fẽme fut. Cella fait toute la sale fut remplie de dames damoiselles et de cheualiers pour veoir ces merueilles. Si vestirẽt la damoiselle et la menerent en vne chappelle pour rẽdre graces a dieu. Lors menerẽt lancelot en vng cymetiere. lequel estoit de soubz la tour puis lui moustrerent vne tombe ou il y auoit lettres escriptes qui disoient ainsi. Ja ceste tombe ne sera leuee deuant que celui y mettera la main: duquel le lyon roial doit yssir/ et celui la leuera legierement. Et dicelui sera engendre le grant lyon roial en la belle fille au roy de la terre foraine. Quãt lancelot eust ses lettres veues: il nẽtendit pas de prime face quel les vouloient dire. Adonc les assistans luy dirẽt. Sire nous croions fermemẽt et sans doubte que ce soyez vous par ce q̃ vous auez deliure la damoiselle: ce que na peu faire nul autre. Que voulez vous dist lancelot q̃ ie face ie suis prest dacomplir toutes voz voulentes. Sire nous voulons que vous leuez ceste tombe et que voyez quil y a dessoubz. Il mist donc la main a la tombe au plus gros chief et la leua legieremẽt si veit dessoubz le plus grant serpent et le plus hydeux par semblant dont il eust ocques ouy parler. Si lui getta le serpẽt feu ardant tellement quil luy brusla son haubert et ses armeures/ puis se lã ca hors de la fosse emy le cymetiere et commẽ ca a getter feu et a flãbe/ si que les arbres de par my le cymetiere cõmencerẽt a ardoir et ceulx

de leans tournerent tous en fuitte pour lar deur du feu/ puis monterent aux fenestres pour veoir cõme il en auiendra. Alors gette rẽt a lancelot son escu et son glaiue et il se pãst si mist son escu deuãt son viz/ puis se adreca celle part et ala tout incontinent ou le serpẽt estoit qne doubtoit quelq̃ auenture qui aduenir lui peust. Le serpent enuenime lui getta feu si lui ardit son escu par dehors. Et lancelot le frappa du glaiue si asprement quil lui mist ou corps/ le fer et le fust. Adonc cheut a terre et gmenca a batre de ses aelles cõment cellui qui nauze estoit a mort Lancelot neantmois mist la main a lespee en lui dõnant de grans coupz par tout ou il le pouoit attaindre/ et tant quil lui fist voller la teste. Lors vindrẽt a lui ceulx de leans qui ia estoiẽt armez pour lui aider. Et quant ilz veirent le serpẽt occis si commencerent tous a faire grant feste et so ner les cloches. Si eussiez veu venir leans cheualliers dames et damoiselles a si grant abondance que merueilles. Puis lui dirent que bien fust il venu sur tous ceulx du mõde Et le menerent sus au pallais. puis le desar merent.

A ces parolles yssirent tous ceulx de leans. Et tant que dune autre chã bre virent sortir vng cheualier. auec luy gñt compaignie dautres cheualiers. or estoit il vng des beaulx cheualiers/ que oncques lã celot eust veu/ puis quil estoit parti de kaa malot/ et moult sẽbloit bien gentil hõme. Et quant ceulx de leans le veirẽt venir si se drecca rẽt tous encontre luy/ en disãt. veez cy le roy veez ci le roy. Lors se drecca lancelot encontre luy en luy disant que bien puisse il venir/ et il luy rendit son salut/ puis luy getta les bras au col en luy disant ha ha sire/ tant vous desiroye a veoir et a auoir/ et dieu mercy/ or sõ mes nous saisie de vous/ et sachiez que nous en auions grant mestier. Car tant a este no stre poure paye desheritee gastee/ et les poures hommes perdu leurs gaignaiges/ il est des ormais temps sil plaisoit a nostre seigneur que leurs ptes leur fussẽt restaurees et leurs biens restabliz/ dont ilz ont este grant piece souffreteux. Lors se asseirẽt lũ pres de lautre En sinterrogãt dont ilz estoiẽt. Adonc le roy

grāt feste & moult les honnoura cōme ceulx
quil tenoit à ses freres & cōpaignōs de la dste
Le soir quant ilz eurent souppé ilz sen allerēt
esbatre en vng beau iardin ilz se assirent des
soubz vng arbre Et lors leur demāda galaad
quelle auenture les auoit la amenez. par ma
foy sire distrent ilz, nous y venismes pour veoir
vne auenture merueilleuse qui est ceans, car
il y a en ceste abbaye vng escu que nul ne pour
roit pendre a son col: pourtant quil le veulle
emporter, a qui il ne meschiesse tellement que
au premier iour ou au secōd quil ne soit mort
ou naure, si sōmes venus pour sauoir sil est
vray, car ie le vueil demain au matin empor
ter dist le roy baudemagus, adonc sauray
se lauenture est telle comme on dit. En nom
dieu dist galaad vous me comptez merueil-
les se cest escu est tel comme vous dictes, & se
vous ne le pouez emporter: ie lemporteray, aus
si nay ie point descu. Sire distrent ilz donc le
vous lairrerons nous, car aussi sauōs nous
bien que vous ne fauldriez point a lauenture.
Je veul dist galaad que vous y essayez quāt
pour sauoir se il est vray, & ilz se y accorderēt
tous deux. Celle nuit furent bien seruis les
compaignons de ceulx de seans. Moult hon
nourerent les freres galaad quant ilz virēt
le grant honneur que les deux compaignons
lui portoient, si se coucherent le plus honneste
ment quilz peurent, & si firent ilz les deux au
tres. Lendemain quant ilz eurent ouy messe
le roy baudemagus demanda a vng des fre
res de ceans ou estoit lescu dōt on parloit tāt
Sire dist le preudhomme pourquoy le demā
dez vous, pour ce dist il que ie lemporteray
auec moy pour sauoir se il a telle vertu cōme
on dist, ie ne vous cōseille pas dist le preudhō
me que vous lemportez hors de ceās, car ie croy
quil ne vous en auiendra que honte. Toutes
fois dist il ie vueil sauoir ou il est & de quelle
façon. Et le frere les mena au moustier derriere
le grant autel, ou ilz trouuerent vng escu a
vne croix vermeille. Sire dist le frere veez cy
lescu que vous demandez, & ilz le regardèrēt
& distrēt que cestoit le plus beau & le plus riche
quilz veissent oncques, & si flairoit aussi doulx
comme se toutes les espices du monde fussēt
espandues dessus, & quāt puain se vit: il dist

Si maist dieu veey lescu que nul ne doibt pē
dre a son col se il nest le meilleur cheualier du
monde, & cest lescu qui a mon col ne pendera
dera ia, car certes il ne mappartiēt pas. En
nom dieu dist le roy baudemagus quoy quil
men doiue auenir ie lemporteray de ceās. Lors
se pendit a son col & lemporta hors du moustier
si monta sur son cheual, & dist a galaad. Si
re se il vous plaisoit ie voudroie bien que vous
me attendissiez tant que ie vous seusse adire
quil men auiendra, car se il men meschiet, ie
seroie moult ioieux que vous le sceussiez, & ie
scay bien que se ie y fault vous la acheuerez
legierement. Je vous attenderay dist galaad
voulentiers. puis se mist en chemin, & les fre
res lui baillerent vng escuier pour rapoiter le
scu se mestier en estoit.

Ainsi demourerent Galaad & puain
pour sauoir la verite de ceste chose.
Et le roy baudemagus & lescuier cheuauche
rent bien deux lieues & plus, tant quilz vin
drent en vne valee pres dun hermitaige. Sy
vit venir vng cheualier arme qui contre sur
venoit moult fierement, & auoit vnes blan
ches armes, si tenoit la lance baissee & venoit
contre lui le plus tost quil pouoit. Et le roy se
appresta incontinent pour iouster. Si sentre
rencontrerent tellement que le roy rompit sa
lance sur le cheualier, & le cheualier le frappa
si durement a descouuert quil lui mist le fer
trenchant en lespaule senestre & se porta ius &
son cheual a terre, & en cheant le cheualier lui
osta lescu hors du col, & puis lui dist si hault
que lescuier se pouoit bien entendre: en disant
Sire cheualier trop fustes fol & oultrecuide
quant vous pendistes cest escu a vostre col,
car nul ne se doibt porter sil nest le meilleur che
ualier du monde, & pour le pechie que vous
auez fait me a cy enuoie le hault maistre pour
en prendre vengance selon le meffait. Quant
il eut ce dit, il vint a lescuier & lui dist. Tien
cest escu & le porte au sergēt de iesucrist qui on
appelle galaad que tu as laisse en labbaye, &
lui dy que le hault maistre lui mande quil le
porte auec lui, car il se trouuera tousiours aus
si entier aussi bon cōme il est orendroit, & cest
vne chose parquoy il se doibt moult amer, & le

pour mouuoir si non lui/puis monta sur son cheual. Et le roy artus qui vit que galaad ne auoit point descu pour aller en sa queste/il vint a lui et luy dist. Sire il mest aduis q̃ vous ne faictes pas assez qui nenportez aucun escu de ceans ainsi comme font voz cõpaignons. Si re dist il ie me messeroie se ie le prenoie ceans car nul nen prendray deuant que aduenture le me donne. Or vous consist dieu dist le roy car ie men terray atant/puis q̃ autrement ne peult estre. Lors furent montez les barons/ et ses cheualiers: et quãt ilz furent yssus hors de la court si aseret par my la ville tant q̃lz furent de hors/mais vous ne veistes oncques si grant douleur faire cõme ceulx de sa cite faisoient quant ilz en virent aler les compaignons de la queste du saint graal et il ny auoit barõ ne cheualier de ceulx qui demouroient q̃ ne plou rast a chaudes larmes/mais ceulx qui aloi ent en sa queste ne faisoient nul semblant quil leur en fust a riens: aincois en estoient moult ioyeulx. Et quant ilz furent arriuez en la fo rest vers le chastel Vueragan/ilz sarresterẽt empres vne croix. Lors dist gauuain au roy artus. Sire vous nous auez assez coupe re tournez vous en car plus ne nous couperez. Ha a beau nepueu le retourner me fera assez pis q̃ laler/car trop enuiz me depars de vous mais puis que faire le conuient ie men retourneray Lors osta gauuain son heaume de sa teste/ et aussi firent tous les autres: puis le roy les al la baiser et tous les autres barõs. Apres quãt ilz eurent leurs heaumes lacez/si sentre com manderent a dieu/et apres sen reuint le roy ar tus a kaamalot/ et ses compaignons cheuau cherẽt par sa forest tant quilz vindrent au cha stel Vueragan. cellui Vueragã estoit preudhõ me et de bonne vie/ et auoit autresfoiz este tres bon cheualier au temps de sa ieunesse. et quãt il vit les compaignons qui passoient par my son chasteau. sy fist closre les portes. Et dist puis que dieu lui auoit telle honneur faict et quilz estoient en son pouoir ilz nen ystroient iamais deuant quilz les eust seruis de tout son pouoir si les retint en telle maniere ainsi cõme par force. puis les fist desarmer/ et quãt il fut heure de soupper il fist mettre ses tables puis les fist seoir au mẽger. et les seruit si bi

et si richement quilz sen merueillerẽt tous ou il pouoit prendre tant de vins et tant de vian des et dautres choses comme il leur falloit/ puis les fist coucher moult richement et en be aux litz. Landemain se armerent les compai gnons et monterent a cheual/ et sacorderent a ce quilz se departiroient lun dautre lautre par ainsi que chascun tendra sa voye pource que se leur seroit honte se ilz aloient tous ensemble. Au matin quant ilz furent armez et montez ilz eurent oup messe ilz commanderent le sei gneur a dieu/ et moult le remercierent du grãt honneur quil leur auoit fait. Si yssirent du chastau/ et se departirent ainsi comme ilz la uoient deuise. Si entrerent en la forest lun ca et lautre la/ la ou ilz vcoient la forest plus espesse/ et si alloient en tous les lieux/ ou ilz trouuoient voyes et sentiers. Si ploureret moult tendrement au departir tous ensemble et se recommanderent tres tous a dieu. Mais a tant laisse ores le compte a parler deulx tous et parle tout premierement de galaad pource que principal estoit de sa queste.

¶ Comment galaad trouua lescu vermeil et lemporta/ et comment il acomplit lauentu re de la tombe ou lorrible voix estoit dessoubz
ij. chapitre.

N ceste noble partie dist le cõ pte que quãt galaad se fut par ti de ses compaignons quil che uaucha trois iours sans auẽ ture trouuer qui face a ramenteuoir. Et ain si lui aduint q̃ au tiers iour a heure de vespres il arriua a vne abbaye/ si hurta a la porte. et les freres lui ouurirent. puis le firent descen dre et le menerẽt en vne chambre pour le desar mer. Et quãt il fut desarme il regarda deuant lui et vit deux de ses compaignons de la ta ble ronde/ dont lun estoit le roy baudemagus et lautre pual le aouultre. Si tost comme ilz le congneurent: ilz lui coururent les bras ten dus et lui firent la plus grant feste et le plus grant honneur quilz oncques peurent faire. car moult estoient ioyeulx de ce quilz sauoiẽt trouue en celle abbaye. Si se firent a lui con gnoistre/ et quant il les congneust il leur fist

Quant le roy eut dict ceste parolle si se teust, lors fut moult pensif, & en ce pensement lui descedirēt les larmes au lōg la face. Et ceulx qui veoiēt ce en furent moult dolēs, mais ilz nen oserēt riē dire, & il demoura grant piece en ce courroux. Et quāt il parla si dist trop dolent. Haa dieu ie ne cuidoye iamais departir de ceste compaignie que fortune mauoit euuoyee. Apres ce dist a lancelot Ie vous requiert sur la foy & sur le sermēt qui est entre vous & moy que vous maidez de ceste chose, & me dictes comment ie feroye demourer ceste queste. Sire dist lancelot ie. iap veu iurer a tant de preudhommes que ie ne cuide pas quilz la voulsissent laisser en nulle maniere, car ilz seroiēt tous pariures, & se seroit trop grant desloyaulte qui de ce les vouldroit requerir. Par ma foy dist le roy ie scay bien q̃ vous dictes vray. mais la grant amour que iay en vous & en culx se me fait dire, & se il estoit possible ie se vouldroye bien, car trop me greue leur departement. Tant parlerent en semble de ceste chose que le soleil eut abbatu sa rousee. Lors commenca le palais a emplir des barons du royaume, et la royne vint la ou le roy estoit si lui dist. Sire ces cheualiers vous attendent pour aler ouir messe. & il se leua & torcha ces yeulx pource quil ne vouloit pas que len aperceust quil eust ploure. Et mō seigneur gauuain commanda que on lui apportast ses armes, & aussi fist lancelot. & on les leur aporta, quant ilz furent armez, si vindrent ou palais, & la trouuerent les compaignons qui estoient apareillez pour aler oyr messe, & quant ilz furēt venus au montier et ilz eurent oy messe tous ainsi armez comme ilz estoient, si retournerent ou palais & se assirent les vngz empres les autres tous ceulx q̃ estoient compaignons de la queste. Sire dist le roy baudemague, puis que cest affaire est entreprinse ie conseilleroye que les euangilles fussent aportees affin que les compaignons facent serment lun a lautre quilz se tretēdrōt bon parmi la queste. Sire dist le roy artus ie le vueil bien puis quil ne peut estre autremēt. Lors firent les clere de seans aporter les sainctes euangiles sur quoy on faisoit les sermēs de la court.

Quant ilz furent aportees le roy apella monseigneur gauuain en sui disant beau nepueu vous esmeustes premier ceste queste, venez auant si serez tout le premier le sermēt. Sire dist le roy baudemagus sauue soit vostre grace il ne se fera pas le premier mais cellui se doit auant faire q̃ nous tenōs a seigneur & a maistre de la table ronde, cest galaad. Et quant il aura iuré autel serment comme il fera nous le ferons sans contredit: car ainsi doit il estre. Lors fut appelle messire galaad si vint auant puis sagenoilla deuāt les sainctes euangilles, et iura comme loyal cheualier quil maintendroit ceste queste vng an & vng iour ne iamais ne reuiēdroit a court deuant quil sceust la verite du saint graal sil la pouoit sauoir. Apres iura lancelot tout autel serment & apres gauuaī boort & perceual & apres tout par ordre les compignons de la table rōde. Quant ilz eurent tous iure, si trouua le roy par droit compte quilz estoient cent cinquāte cheualiers tous si preudhōmes quil ny auoit nul couart. Apres desiunerent vng pou pour lamour du roy qui les en pria. Et quant ilz furēt mēgie ilz misēt leurs salades en leurs testes & lors fut la chose certaine q̃z ne demoureriēt plus. Si cōmadrēt la royne a dieu en faisāt grāt deul. Et quant elle vit quilz estoient au mouuoir, elle cōmenca a faire tel deul quil nest hōme qui nen eust grant pitie. Quāt lancelot fut tout appareillie comme du mōter, il entra en sa chambre de la royne pour prēdre congie. Quāt la royne le vit entrer: elle commenca a crier. Haa lācelot trahye mauez & mise a la mort q̃ laissez lostel de mōseigneur le roy artus pour aler en estrāges terres, dōt iamais ne reuiēdrez se dieu ne vous en ramaine si ie rapdame ie reuiēdray se dieu plaist plutost q̃ vous ne cuidez. Haa dieu dist elle mon cueur ne le me dist pas: qui me met en la plus grāde paour ou iamais femme fust. Dame dist lācelot ie men iray a vostre cōgie. Vous ny alleissiez ia par ma voulente, mais puis q̃ faire le cōuient, allez en la garde de dieu.

Atant se partit lancelot de la royne & vint en la court, si vit que ses compaignons estoient ia montez & ne attendoient

auez iure la queste du saint graal. Ce vous man
de par moy nacien lermite que nulz en ce
ste ne meine dame ne pucelle quilz ne tumbent
en peche mortel ne que nul ny entre qui ne soit
confes/car nulz en si hault seruice ne doit en
trer deuant quil soit nettoye de tous vices et
de tous pechez/car ceste queste nest pas de cho
ses terriennes/ains doit estre se cherement
des grãs secretz et des graces de nostre seigneur
que le hault maistre monstrera tantost au be=
neureux cheualier qui a esleu a son seruiteur en
tre les autres cheualiers terriens a qui il mon
strera ses grans merueilles du saint graal et
sera veoir ce que cueur mortel ne pourroit pen
ser ne langue dhomme terrien dire.

Dat ceste parolle demoura que nul ne
mena auec soy dame ne pucelle qui
fust samie ne sa femme. Et le roy fist le pieu
dhõme heberger bien et hõnestement. Puis lui
demanda de son estre: mais il lui en dist petit
car il pensoit a autre chose que au roy. Et la
royne vint a galaad/si se assist pres de lui/et
commenca a demander dont il estoit et de quelles
gens/et il luy en dist partie. Mais de ce quil
fust filz de lancelot ne lui en voulut il rien di
re ne quil eust este engendre en la belle fille au
roy pelles dont sa royne auoit oup maintes
foiz parler/et pource quelle le vouloit sauoir
de sa bouche se elle eust peu lui demanda elle la
verite de son pere et qui il estoit/et il lui respondit
quil ne scauoit pas bien de qui il estoit filz.
Haa sire dist elle vous le me cellez pourquoy
faictes vous ce. Si maist dieu ia de vostre pe
re nommer naurez honte/car il est le plus be
au cheualier et le plus preudhomme du mõde
et est extraict de toutes pars de roys et de roy
nes et du plus hault lignage que on sache/et
en lui sos destie le meilleur cheualier du mõde
parquoy vous deuez passer tous autres par
prouesse/et certes vous lui ressemblez bien: quãt
il etendit ceste parolle sa couleur luy mua tou
te de la honte quil eut Lors respondit a la roy
ne dame dist il puis que vous le congnoissez
bien vous le me pouez bien dire/et se cest cestui
que ie croy qui soit mon pere ie vous tendray
vray disant/et se ce nest il ie ne my pourroye
accorder pour chose que vous en deissiez. En
nom dieu dist elle puis que vous ne le me vou

lez dire ie le vous diray. Cellui qui vous en
gendra a nom messire lancelot du lac le plus
beau cheualier/et le plus desire a veoir que fut
oncques cheualier/parquoy il me semble que
vous ne le deuez pas celer ne a moy ne autre
de qui plus preudhomme donc et de quel meilleur
cheualier pesez vous estre engendrez. Dame dist
il puis que vous le sauez bien a quoy faire le
vous eusse ie dit assez le saura len a temps.
Longuement parlerent ensemble la royne/et
galaad iusques a tant que la nuit fut venue.
Lors print le roy galaad et lemena en sa chãb
bre/puis le fist coucher en son lit mesmes par
grant honneur/et par la hautesse de lui Apres
sen ala se roy coucher et lancelot et tous les au
tres barons/si fut le roy icelle nuit amalaise
pour lamour des preudhommes qui estoient
leans/car ilz se deuoient landemain partir
pour aler en la queste mais il auoit paour qlz
ny deussent demourer longuemẽt puis disoit
a soy mesmes quil en mourroit la plus grant
partie parmy la queste/et cestoit la chose par
quoy il estoit plus amalaise.

En tel courouz furẽt la nuit les haulz
barons deleans/et quant le iour se
aparut les compaignons de la table ronde se
leuerent/et bien tost apres se leua le roy puis
vint en sa chambre la ou monseigneur gau
uain et ses autres compaignons estoient qui
la nuit auoient geu ensemble/et quant il vint
la si trouua quilz estoient ia vestus et apareil
lez pour aler a la messe/et le roy qui autant les
amoit comme se ilz les eust engendrez/si les
salua/et ilz se dresserent contre lui et lui rendi
rent son salut/puis les fist le roy rasseoir et se
assist empres eulx et commenca a les regarder
puis dist a gauuain. Gauuain beau nepueu
moult mauez trahy et grandement failli car
iamais ma court nameidera tant comme elle
est huy empiree/car iamais ne sera hõnouree
de si haulte compaignie ne de si vaillans hõ
mes comme vous en auez oste par vostre pro
messe/ne encores ne suis ie pas si courouce de
tous eulx comme ie suis de vous et de lance
lot/car de toute lamour de quoy on pourroit
amer autre personne que soy/ie vous ayme
a pame: non pas ores seulement mais des lors
que ie congneus vos grans bontes.

F iiii

La partie du saint graal.

iour,& si ne vendray a court pour chose qui me auiengne deuant que iaye veu plus apar tement quil ne ma cy este monstray se il est pos sible que ie le puisse veoir si non ie men retour neray. Et quãt ceulx de la table ronde eurent en tendu ceste parolle, si se leuerẽt tous de leurs sieges, & firent tous autelle promesse & distrẽt quilz ne cesseroient iamais daler deuant qlz fussent assiz a la haulte table la ou si doulce viande est tousiours apresree.

Quant le roy vit quilz eurent fait tel le promesse si en fut fort dolent, car il scauoit bien quil ne les pourroit point retenir de leur entreprinse. Si dist a gauuain Beau nepueu mal mauez trompe du veu que vous auez fait, car vous mauez hoste la compai gnie des cheualiers de la table ronde, car quãt ilz departiront de moy de qsse heure que ce soit ie scay bien quilz ne reuendront iamais tous ains demouront plusieurs en ceste queste qui ne sauldra pas si tost comme vous cuidez sy men poise fort, car ie les ay asseuez & nourriz au mieulx que iay peu, & si les ay tousiours amez & ayme encore aussi bien comme se ilz estoiẽt mes propres enfans: & parce mẽ fait il bien mal, car iauoye a coustume de les veoir moult souuent, & auoir leur compaignie. Sy ne scay pas comment ie men pourray de lais ser. Apres ceste parolle commenca le roy a fai re grant dueil & en faisant se dueil lui vindrẽt les larmes aux yeulx tellement que ceulx de leans sen peurent bien aperceuoir, & quant il parla si dist a si haulte voix que on le peult bi en entendre gauuain vous mauez mis le grãt dueil aucueur par ainsi q iamais ie ne seray ioyeulx deuant que ie sache a quelle fin ceste q ste pourra venir, car iay grãt paour que mes amis ne reuiennẽt ia de ceste queste. Haa dist lancelot quest ce q vous dictes tel homme cõ me vous estes ne se doit point desconforter an cois doit tousiours estre ioyeulx, car certes se nous mourons tous en ceste queste, ce nous sera plus grant honneur que se nous mouri ons en autre lieu. Lancelot dist le roy la grãt amour que iay en eulx me fait dire ces parol les, car ie suis dolent de leur departement, car oncques roy crestien neut de si bons cheuali ers cõme il y a ne iamais nen auray tant. Et

quãtil se partirõt dicy iamais ne se rassẽblerõt ainsi comme il ont este par auãt,& cest la cho se qui plus me desconforte. A ceste parolle ne sceurẽt que respondre lancelot & gauuain, car ilz veoient bien que le roy disoit vray. Et gau uain se fust voulentiers repenti de la parolle quil auoit dicte, mais il estoit impossible, car elle estoit ia publiee par toutes les chambres de leans, & quilz se deuoient demain partir de court. Si en y eut de telz qui en parlerent qui en estoient plus courouces q ioyeulx, car par la prouesse des compaignons de la table ronde estoit le roy artus craint sur tous autres.

Quant les dames qui auec sa royne estoient ouirent ces parolles: si en y eut assez de dolentes & principalement celles q estoiẽt espousees ou amies aux compaignõs & ce nestoit pas de merueilles, car elles estoiẽt bien entretenues auec eulx de quoy ilz auoiẽt paour quilz ne mourussent en la queste, si cõ mencerent a en faire grant dueil. Et la royne demanda au harlet qui deuant elle estoit dy moy sist elle sus tu la ou ceste qste fut promis se & iuree. Dame dist il oy, & gauuain la com menca premieremẽt puis lancelot apres, & sy sont apres tous les autres promisse & iuree. & quant elle ouyt ce si fut tant dolente pour la mour de lancelot que cestoit merueilles, si re spondit tantost apres. Et dist certes cest grãt dommaige, car sãs la mort de maint preudhõ me ne sera pas ceste queste menee affin puis q tant de si bons cheualiers sont entreprinse, sy me merueille moult qmẽt mõseigneur le roy la souffert: car toute sa meilleure partie de ses barons sen partira a ce point. Lors commẽca moult tendrement a plourer, & aussi firẽt tou tes les dames de leans. Ainsi fut la court do lente par la nouuelle de ceulx qui partir se de uoient, & quant les tables furẽt leuees du pa lais,& les dames furent assemblees auec les cheualiers. Lors commença le dueil tout de nouueau: car chascũe dame dist a son cheuali er quelle iroit auec lui en la queste, si y en eut leans beaucop qui ey fussent accordez se neust este ung preudhomme qui estoit de religion q entra leans apres souper. puis vint deuant le roy, & parla si hault que tous le peurent bien ouir & dist. Seigneurs de la table ronde qui sur les murs a grant compaignie de dames et de damoiselles/ et galaad qui fut en sa prairie auec les autres cheualiers cōmeça lances a rompre si asprement que nul ne se vit qui a bon cheualier ne se tenist/ Il en fist tant en peu dheure qui ny eut homme en la place qui sa cheualerie veist qui ne se esmerueillast. Et ceulx dirent que oncquesmais ne sauoient veu et que haultement auoit commence cheualerie/ & bien y parut a ce iour/ mais desormais pourroit il bien surmōter tous les autres cheualiers de prouesse/ quant le tournoyement eut este regarde ilz trouuerēt que de tous les compaignons qui auoient porte armes cellui iour ney eut que .ii. quil neust abatus ce fut lācelot & perceual ainsi dura le tournopemēt en telle maniere iusques apres nōne. Lors cesserent a tant/ car le roy les fist de partir a celle fin que le ieu ne tournast a courroupt/ il fist a galaad desiacer son heaulme/ & le bailla a boort pour le porter. Lors mena le roy galaad pres de lui par my la maistresse rue/ tant qlz vindrent au palais/ car il vouloit que chascū se veist quant sa roÿne le vit si dist que lancelot sauoit engendre/ car oncques .ii. hommes ne sentresemblerent si bien/ & pource nestoit ce pas de merueilles se il estoit plain de grant prouesse/ car autrement il eust forligne/ & vne dame qui oyt partie de ses parolles, respondit incontinēt & dist dame pour dieu ce ieune cheualier, doit il estre si bon cheualier comme vous dictes Oy certes dist sa roÿne/ car il est extraict de toutes pars de la plus grāde cheualerie du monde. Atant descendirent les dames pour aler ouir vespres.

Quant le roy artus fut venu de vespres/ & il vint en son palais/ si commanda que les tables fussent mises. Lors sen aserent seoir les cheualiers chascun en son lieu ainsi cōme ilz auoiēt de coustume. Et quāt ilz se furent assis par leans/ & ilz furent apaises. Lors ouirent vng grant escoiz de tonnerre si grāt quilz seure fut aduis que le palais deust fondre/ & apres ne demourra pas long temps quil entra leās. Vng rays de soleil qui rendit telle clarte par my le palais que ce fut merueilles: si furent par leans en si grāt gloire comme ilz fussent enluminez de la grace

de dieu: aussi furent ilz/ puis commencerēt a regarder lun lautre car ilz ne sauoiēt dont ce leurs estoit venu/ mais il ny auoit leans personne q en peust riens dire/ & quant ilz eurent grant piece demoure en telle maniere quilz regardoient lun lautre ainsi cōme bestes mues. Lors entra leans le saint graal couuert dun blanc samit mais il ny eust oncques nul qui peust veoir qui le portoit/ Il entra par le grāt huys du palais. Et quant il y fut entre le palais fut rempli de si bonnes oudeurs que ce stoit merueilles si a la tout entour les tables dune part & dautre: Et ainsi comme il passoit deuant les tables elles estoiēt replies endroit chascun siege de telle viande comme chascun desiroit/ & quant ilz furent seruiz les vngz & les autres le saīt graal sen partit en telle maniere quilz ne sceurent oncques quil deuint/ & aussi tost quilz eurent puissance de parler/ si rendirent graces a dieu de ce que si grant honneur leur auoit fait de les auoir repeuz de la substance de son saint vaisseau/ mais par dessus tous ceulx qui leans estoient en fut le roy artus ioyeulx de sa tresgrant debonnairette que nostre seigneur leurs auoit monstree/ car oncquesmais si grant grace nauint a roy qui fust du royaume de logres.

De ceste chose furēt moult ioyeulx priuez & estrangiers/ car bien sauoiēt que nostre seigneur ne les auoit pas oubliez quant il leur auoit si grant bonte faicte/ si en parlerent tant comme le diner dura/ & le roy commenca a en parler a ceulx qui empres lui estoiēt & dist. Seigneurs certes nous deuōs auoir grant ioye de ce que nostre seigneur nous a monstre si grant signe damour a si haulte feste comme le iour de penthecouste. Sire dist gauuain encores y a il autre chose que vous ne sauez pas/ car il ny a ceans hōme qui nait este serui de ce quilz ont voulu demander/ et ce nauint oncquesmais a nulle court sy non chiez le roy perles/ & nonpourtant ilz ne peurent oncques veoir le saint vaisseau ainsi cōme nous sauons veu/ ains leur a este la ressemblance couuerte/ parquoy ie endroit moy fais vng veu. que demain le matin sans plus attendre entreray en la queste en telle maniere que ie la maintendray vng an & vng

P iii

vous a dieu envoye entre nous. Sire dist ga
laad ou est celle auenture dont vous parlez ie
la verroye moult voulentiers. Et ie la vous
mõsteray dist le roy: lors se print par la mal
puie descendit du palais/et tous les barõs de
leans alerent apres pour veoir commẽt sauez
ture du perron seroit menee affin si y acouru
rẽt les vngz et les autres en telle maniere quil
ne demoura homme ou palais quil ny alast sa
nouuelle, en ala a la royne/et si tost comment
elle soyt dire: si fist oster les tables et dist a iiij.
des plus haultes dames/alõs veoir a la riue
si verrons le perron et lespee, car pour chose q̃
soit ie ne vouldroye que ie ne veisse ceste aduẽ
ture mener a chief. Atant descẽdit la royne du
palais/et eut auec elle grant compaignie de
dames et de damoiselles. Et quant elles vin
drent vers leaue/et les cheualiers les virẽt ve
nir/si disrent tournez vous car vecy la royne
qui vient ceste part. Et le roy dist a galaad si
re vecy lauenture dõt ie vous ay parle a ceste
espee traire de ce perron/ ou ont au iourdhuy
failli les plus vaillans de mõ hostel que õc
ques ne lont peu traire. Sire dist galaad ce
nest pas de merueille, car lauenture estoit mi
enne non pas a eulx/et pour la grant seurte q̃
iauoye a ceste espee nẽ aportaie point a court
Lors mist la main a lespee et la traict hors du
perron aussi legierement comme se elle ne te
nist a rien, puis print le fourreau et la mist de
deus, et la saignit entour lui puis dist au roy
Sire or somes mieulx que deuant. par ma
foy dist le roy vous dictes vray/ sy ne vous
fault plus q̃ vng escu/ et dieu le vous envoyra
daucune part ainsi comme il a faict lespee.

Lors regarderent contre val/ et ilz vi
rẽt venir vne damoiselle vers eulx
qui estoit montee sur vng blanc cheual/ et fort
se hastoit de cheuaucher/ quãt elle fut arriuee
a eulx, si salua le roy et toute sa compaignie/
Lors demãda se lancelot estoit illec, et il estoit
deuant elle. et lui dist damoiselle voyez moy
cy lors se regarda et elle le congneut bien/ sy
lui dist. Haa lancelot tant vostre affaire est ẽ
pire puis hyer au matin. quãt il sa oyt ainsi p̃
ler: si lui demanda pourquoy cestoit. par ma
foy dist elle ie le vous diray vo pãs tous ceulx
de ceste cõpaignie. vous estiez hyer le meil

leur cheualier du monde/ et qui vous eust ap
pelle le meilleur de tous il vous eust dit vray
car hyer lestiez vous, mais qui ores le diroit
il mentiroit. car meilleur que vous y a bien
est chose prouuee par lauẽture de ceste espee ou
vous nosastes mettre sa main/ et cest le chan
gement de vostre nom dont ie vous ay fait re
menbrance/ et pource que desormais ne cuidez
pas estre le meilleur cheualier du monde. Et
il dist quil ne le cuidera iamais. Lors se retour
na la damoiselle vers le roy/ et lui dist. Roy
artus par moy te mãde nacienus lermite q̃ au
iourdhuy tauendra le plus grant honneur q̃
iamais aduenist a roy de la grant bretaigne
mais ce ne sera pas pour toy mais pour autre
et sces tu de quoy, cest du saint graal q̃ se mõ
stera en ton hostel/et refectionnera les cõpai
gnõs de la table ronde. Et si tost comme elle
eut dit ceste parolle si sen ala et se mist ou che
mi par ou elle estoit venue/ si y eut beaucoup
de cheualiers qui luy demanderent dont elle
estoit venue mais elle ne leur voulut dire pour
chose nulle. Lors dist le roy aux barons de sõ
hostel. Beau(lx) seigneurs il est ainsi que de
la queste du saint graal auõs nous eue vraye
demonstrance, et vous y entrerez prouchaine
ment, et parce scay ie bien que iamais ne vous
reuerray ainsi ensemble comme vous estes/
Mais ie vueil que en la prairie de kaamalot
soit orendroit vng tournoyement commence
si honeste que apres noz mors en soit parle de
ceulx qui apres nous vendront Ilz sacorderẽt
tous a ceste parolle, puis vindrent en sa cite et
prindrent leurs armes telz y eut pour iouster
plus seurement. et les vngz ne prindrent si nõ
couuertures et escu/ car bien se spoiẽt en leurs
prouesses, et le roy qui eut tout ce esmeu ne se
fist si non pour veoir partie de la cheualerie
galaad, car bien pensoit q̃l ne reuendroit pas
de long temps a cou't quant il sen partiroit.

Quant ilz furẽt tous assẽblez es prez
de kaamalot galaad par la priere
du roy et de la royne mist son haubert en son
dos et son heaulme emmy sa teste, mais onc
ques escu ne voulut prendre/ et gauuain qui
en estoit ioyeulx dist q̃l lui porteroit la sace Ai
si dist boort et yuain, et la royne qui fut mõte

par qui les auentures du saint graal deuoiēt finer/ τ bien le Veoient par lespreuue du siege ou oncq̄s nul ne sestoit assis q̄l ne fust meschu en aucune maniere: si nō a cestui. Sy le seruirent τ honnourerent tant quilz peurēt comme celui quilz tenoient a maistre τ a seigneur de tous ceulx de la table rōnde. Et lancelot qui moult Voulentiers le regardoit, congneut que cestoit cellui quil auoit fait cheualier le matin/si en fut moult ioyeulx τ lui fist la plus grāt feste quil peut. Si le mist en paroses de moult de choses/ τ lui demanda de son estre. Mais cellui qui assez le congnoissoit τ ne losoit reffuser: lui respondoit a la fois de ce qui lui demandoit. Et Boort qui tant estoit ioyeux que nul plus/ τ qui Vien congnoissoit que cestoit galaad le filz de lancelot/ parla a Syonet τ lui dist. Beau frere sauez Vous qui ce cheualier est qui siet au siege perilleux/ ie ne le scay pas trop bien dist Syonet: si non q̄ cest cellui que lancelot a fait au iourdhui nouueau cheualier/ τ est cellui dont Vous τ moy auons tant parle que lancelot lengendra en la fille au roy perles/ Sachiez Vrayement que il τ est nostre cousin de bien pres/ si en deuons estre bien ioyeux/ car encores Viēdra il a plus grant chose que cheualier q̄ ie congneusse onc ques/ τ si en a ia beau commencement. Ainsi parlerent les deux freres de galaad/ τ aussi firent tous les autres. Si en courut la nouuelle a la royne que Vng Varlet lui dist. Dame merueilles sont auenues en la sale. Comment dist elle dy le moy. par ma foy dist il Vng cheualier est Venu a court qui a accōply lauenture du siege perilleux/ τ est le cheualier ieune homme dont chascun sesmerueille dont telle grace lui est auenue. Voire dist la royne est il Vray: ouy fist il. En nom dieu dist elle il sui est bien auenu/ car oncques mais nul ne se Voulut acheuer/ quil ne fust occis ou naure aincois quil sen leuast. Haa dieu dirent ses dames tant fut ores de bonne heure ne le cheualier/ oncques nul homme tant fust de grant prouesse ne peult aduenir a ce quil est a cestui aduenu/ τ par ceste aduēture peult on bien cōgnoistre que cest cellui qui mettra a fin les aduentures de la grant bretaigne/ Par quoy le roy qui est blece receura garisō. Bel amy dist

la royne de quel aage τ de quelle facon est il. Dame dist il il est Vng des plus beaux cheualiers du monde τ est ieune a merueilles/ si resēmble a lancelot τ au parente du roy ban/ tellement que ceulx de leans dient quil en est extrait. Lors desira la royne a le Veoir plus que deuant, car si tost quelle ouit parler de la semblance de lancelot: elle pensa bien que cestoit galaad que lancelot auoit engendre en la belle fille au roy perles de listeruois: si comme on lui auoit plusieurs fois compte. Et ce fut la chose pquoy elle fut plus courroucee Vers lancelot quant elle en sceut la Verite.

Quant lancelot τ les compaignons de la table ronde eurent mengie: ilz se leuerent de leurs sieges/τ le roy Vint au siege perilleux τ leua le drap de dessus τ trouua le nom galaad quil desiroit moult a sauoir/ si le monstra a monseigneur gauuain/ τ lui dist. Beau nepueu or auons nous galaad le bon cheualier parfait que nous auons tant desire a Veoir/ Or pensons de le honnourer τ seruir tant quil sera auec nous/ car ie croy que ceās ne demourera il pas longuemēt/ pour la grāt queste du saint graal qui prochainement commencera si comme ie croy. τ lancelot le nous a fait pour Vray entendant qui ne leust pas dit sil nen eust sceu aucune chose. Sire dist monseigneur gauuain nous le deuons bien seruir τ hōnourer comme cellui que dieu nous a enuoie pour desliurer nostre pays des grandes merueilles τ des estranges auētures qui souuent y sont auenues. Lors Vit le roy a galaad τ lui dist. Sire Vous soyez le bien Venu/ car Vous estes cellui que nous auons tant desire a Veoir/ or Vous auons ceans dieu merci τ la Vostre qui ca daignastes Venir. Sire dist il ie y suis Venu/ τ ie le deuoie bien faire/ car de ceans doiuent mouuoir tous ceulx qui doiuent estre compaignons de la queste du saint graal qui tantost commēcera. Sire dist le roy de Vostre Venue sōmes nous moult ioyeux pour moult de choses. Et premierement pour Vne auenture mener a fin qui au iourdhui nous est auenue/ a laquelle ceulx de ceans ont failly/si croy bien que Vous ny fauldrez pas/ cōme cellui qui deuez acheuer les auentures ausquelles les autres ont failly/ car pour ce gauuain dist lancelot: sachiez que ceste espee vous trenchera encores de si pres que vous ne la vouldriez auoir touchee pour le meilleur chasteau du royaume de logres. Sire dist il ie nen puis mes, car ie/ny deusse estre occis si ie/usse le fait pour la voulente de monseigneur acomplir. Quant le roy ouit ceste parolle: il se repentit de ce que monseigneur gauuain auoit fait. Lors creurent bien ses cheualiers que lancelot auoit dit verite, & que ses lettres du pommeau de lespee estoient veritables, si ny eut nul si hardy qui sa main y osast mettre, & lieu le seneschal dist au roy. Sire or pouez asseoir au mengier quant il vous plaira, car a auenture ne auez vous pas failly. Alons donc ques dist le roy, car il en est bien temps. Lors se assist le roy en son siege royal, & ses compaignons de la table ronde se assirent chascun en son lieu.

Cellui iour seruirent leans iiii. roys & plusieurs cheualiers. Et quant ilz furent tous assis: ilz trouuerent que tous les compaignons de la table ronde estoient venus & tous les sieges remplis, si non le siege perilleux. Et quant ilz eurent eu le premier mes, il aduint leans auenture merueilleuse, car les huys & les fenestres du palais se clorent sans que nul luy y meist sa main, & nonpourtant la sale ne fut pas plus obscure. De ceste chose furent esbahis tous ceulx qui le virent, & le roy artus qui premier parla dist. par ma foy beaux seigneurs nous auons huy veu merueilles icy endroit & a la riue aussi, mais ie cuide q nous en verrons encores de plus grandes. Ce temps pendant quilz parloient ainsi: entra leans ung preudhomme vieil & ancien vestu dune blanche robe, mais il ny eut oncques cheualier qui sceust par ou il entra. Et le preudhomme amenoit par la main ung cheualier arme dunes armes vermeilles sans espee & sans escu. Et des quil fut entre le palais il dist. paix vobis, cest adire paix soit auec vous, & puis dist au roy artus. Roy artus ie te amaine le cheualier desire, cellui q est extrait du hault lignage au roy dauid, & du parente ioseph de arimathie, & si seront par luy les merueilles de ce pays & des estranges terres demoureront et seront acheuees, & veez le cy. Et le roy qui fut

moult ioyeux de ceste venue, dist au preudhomme. Sire vous soyez le bien venu & lui principalement se ceste parolle est veritable, car se cest cellui par qui nous attendons a acheuer la queste & les auentures du saint graal: oncques si grant ioye ne fut faicte a homme comme nous lui ferons car ie vous diroie bien que bien lui auenist puis quil est de si hault lignaige comme vous dictes. par ma foy dist le preudhomme vous en verrez par temps beau commencement si fist desarmer le cheualier puis luy vestit une cotte de vermeil cendal & dessus ung manteau de samit vermeil fourre dermine.

Quant il feut ainsi vestu: il luy dist. Sire cheualier suiuez moy, & si fist il. Si le mena le preudhomme droit au siege perilleux: empres lequel se seoit lancelot, & leua le drap de soye que lancelot y auoit fait mettre si y trouua lettres qui disoient ainsi. Cy est le siege galaad, le preudhomme regarda les lettres, & trouua quelles estoient faictes nouuellement celuy iour fut aduis, si congneut le nom, & dist tout hault. Sire cheualier asseez vous cy car ce lieu est vostre, & galaad si assist tout seul remet, puis dist au preudhome. Sire or vous en pouez bien aler, car bien auez fait tout ce que on vous a commande, & saluez moy tous ceulx du saint hostel & mon oncle le roy pescheur, et mon ayeul le roy perses, & leur dictes de par moy que ie les iray veoir le plus tost q ie pourray. Le preudhomme sen partit a tant de leans & commanda le roy artus a dieu, & tous les autres aussi, mais aincois quil partist: ilz luy demanderent qui il estoit, & il leur dist quil ne le diroit pas ores, car ilz le sauroient bien a temps. Si descendit a la court ou il trouua cheualiers & escuiers iusques a pv. qui estoient venus auec lui qui lattendoient, si sen partit auec sa compaignie.

Quant les cheualiers qui tant estoient preudhommes & redoubtez, virent seoir ce cheualier au siege perilleux: il ny eut cellui qui nen fust esbahy, car ilz voient le cheualier si ieune: quilz ne sauoient dont telle grace lui pouoit venir se ce nestoit de la voulente de nostre seigneur. Et la feste commença grande par leans, & firent moult grant honneur au cheualier, car bien pensoient que cestoit cellui chascun lieu escript. Cy doibt seoir tel/ et cy tel et ainsi en chascun lieu auoit en escript le nom de ceulx qui si duoient seoir. Et ainsi alerent regardant parmi les sieges tant quilz vindret au hault siege que on appelloit le siege perilleux. Si y trouuerent lettres nouuellement escriptes ce leur fut aduis: qui disoient ainsi. iiii.cens et liiii. ans sont acoplis apres la passion de iesucrist/ que a ceste penthecouste doit ce siege trouuer son maistre. Et quant ilz virent ces lettres: il dirent que cestoit vne merueilleuse auenture. En nom dieu dist lancelot qui a droit vouldroit compter le terme de cest escript depuis le resuscitement nostreseigneur iusques a maintenant: il trouueroit ce mest aduis que au iourdhuy seroit ce siege du tout rempli/ car cest la penthecouste apres les iiii.cens liiii. ans. Et ie vouldroye bien q̃ nul ne veist ces lettres deuant que celui y sera venu qui ceste auenture doit acheuer. Si firent aporter vng drap de soye et sestendirent sur le siege perilleux pour couurir les lettres.

Quant le roy artus vint en la salle/ et il vit que lancelot estoit venu/ quil auoit amene boort et lyonnet: il leur fist moult grant ioye. Si commença la feste par leans grande et merueilleuse/ car moult estoient ioyeulx les compaignons de la table ronde de la venue des deux freres. Et monseigneur gauuain leur demanda comment ilz auoient fait depuis quilz sestoient partis de court. Et ilz dirent quilz auoient bien fait et estoient sains et en bon poit dieu mercy. Par ma foy dist mõseigneur gauuain ien suis bien ioyeulx. Si commanda le roy que les tables fussent mises car il estoit temps de mẽgier. Sire dist keup le seneschal se vous vous asseez a disner. Vous romperez la coustume de ceans/ car vous auez tousiours vse/ que aux haultes festes ne vous asserrez ia a table deuant q̃ aucune auenture soit en vostre court auenue: voias les barons de vostre hostel. Certes dist le roy vous auez dit verite/ car iay tousiours maintenu ceste coustume/ si la maintendray encores tãt comme ie pourray/ mais iauoie telle ioye de lancelot et de ses cousins qui estoient venus a court sains et haittiez quil ne me souuenoit de

la coustume. Ainsi comme ilz parloient ainsi etra leans vng varlet qui dist au roy. Sire nouuelles vous aporte. Quelles dist le roy. Iay veu floter dessus leaue vng grãt perron venez le veoir/ car ie cuide et croy que ce soit auenture merueilleuse. Le roy descendit incõtinent de la sale pour veoir ceste merueille/ et aussi firent tous les barons. Quant ilz furent venus a la riue: ilz trouueret le perron qui ia estoit yssu de leaue et estoit de marbre vermeil. Et en ce perrõ auoit vne espee fichee/ q̃ moult estoit belle et riche par semblant/ et en estoit le poig dune pierre precieuse: ouure a lettres dor moult soubtillement. Les barons regarderet les lettres qui disoient ainsi. Ia nul homme ne me ostera dicy se cellui nõ a qui coste ie doy pendre/ et cellui sera le meilleur cheualier du monde. Quant le roy ouit ce: si dist a lancelot. Sire ceste espee est vostre par droit/ car ie scay bien que vous estes le meilleur cheualier du monde. Et lancelot respõdit tout courrouce. Sire ie vous dis quelle nest pas mienne: ne ia ny mettray la main/ car ie ne suis pas digne de la prendre ne aussi ny vueil ie pas toucher/ car follie seroit se ie tendoie a la auoir. Toutessois dist le roy y essayerez vous pour sauoir se vous la pourrez oster. Sire dist lancelot sauue vostre grace non feray/ car ie scay bien que nul ny essayera ia: que sil fault a la tirer hors/ quil nen recoiue playe. Et que sauez vous dist le roy. Sire dist il ie le scay bien/ et encores vous diray ie autre chose/ cest que au iourdhui commenceront les grandes auentures et les grandes merueilles du saint graal.

Quãt le roy vit qil ne feroit riẽs: si dist a gauuain. Gauuain beau nepueu essayez y. Sire dist il sauue vostre grace non feray puis que lancelot ny veult essayer: ie y mettroie la main pour neãt/ car vous scauez bien quil est meilleur cheualier que moy. Toutessois y essayerez vous/ car ie ne le vueil pas pour lespee auoir/ mais pour acoplir ma vou lẽte. Et messire gauuain y mist sa main/ et prĩt lespee par le manche. Si tira lespee de toute sa force/ mais il ne la peut õcques auoir/ et le roy lui dist Beau nepueu laissez la estre/ car bien auez fait mon cõmandement. Mõseigneur

P i.

dist elle, ie p̃ray voulentiers dist Lancelot. Lors dist a ung sien escuier quil mist la selle sur son cheual τ lui aportast ses armes, τ cel lui fist son commandement. Et quant ceulx qui estoient au palais veirent ce, si en furent moult courroucez, τ nonpourtant ilz se laisserent a ser, τ la royne lui dist. Quest ce Lancelot ou voulez vous aler au iourdhuy. Dame dist la damoiselle vous le raurez demain ce ans a heure de disner. Or y voise donc dist elle, car se il ne reuenoit demain il ny entreroit ia par ma voulente. Si se partit la damoisel de seans sans autre congie τ sans plus de compaignie que seulement dun escuier qui auec elle estoit venu. Et quant ilz furent hors de la malot, ilz cheuaucherent tant quilz vindrent en la forest, τ alerent tout le grant chemin, et quant ilz eurent bien cheuauche la moitie du ne lieue ilz vindrent en une vallee. Lors virẽt deuant eulx a trauers du chemin une abbaye de nonnais. La damoiselle tourna celle part τ quant ilz y furent lescuier hurta a la porte τ on leur ouurit, puis entrerẽt dedens. Et quãt ceulx de leans sceurẽt que lancelot venoit ilz lui alerent a lencontre τ lui firent grant feste puis se menerẽt en une chambre pour se desarmer. Et quant il fut desarme, il vit ses deux cousins boort τ lyon, gesans en ung lit, si en fut moult ioyeux τ les esueilla. Et quant ilz se virẽt ilz se accolerẽt τ lui firent moult grãt ioye, τ aussi fist il a eulx. Beau sire dist boort a lancelot quelle auenture vous a cy amene τ il leur compta commẽt sa damoiselle sestoit venu querir a sa court. Ce pẽdant quilz estoient en ces parolles entrerent leans trois non naines qui amenoient auec eulx galaad tant beau τ bien taillie de tous ses membres que a peine peust on trouuer son pareil au monde, τ celle q̃ estoit dame delles se tenoit par la mal τ plouroit moult tendrement, si vint deuant lancelot τ lui dist. Sire ie vous ameine nostre nourrisson a autant de ioye comme nous auons, car nous auons esperance que vous le faciez cheualier, car de plus preudomme q̃ de vous ne pourroit il receuoir lordre de cheualerie sicõme il nous est aduis. Lancelot regarda lenfant τ le vit garni de toutes beautez si merueilleusemẽt quil ne cuidoit pas quil eust

iamais veu plus belle forme dhomme, τ pour la simplesse quil vit en lui, il respondit aux dames que de ceste requeste ne leur fauldra il ia, τ que voulentiers se fera cheualier puis q̃ leur plaist. Sire dist sa dame nous voulons que ce soit huy ou demain. Dame dist lãcelot de par dieu il sera demain a prime.
Celle nuit demoura leans lancelot, τ fist toute sa nuit veiller galaad au moustier, τ lendemain a heure de prime se fist lancelot cheualier. Si lui chaussa lponnet sũ de ses esperons, τ boort lautre. Apres lui seignit lancelot lespee, τ lui dõna la collee τ lui dist que dieu le fist preudomme, car a beaulte nauoit il pas failly, τ quant il eut fait tout q̃ a nouueau cheualier appartenoit il lui dist beau frere vendrez vous auecq̃s nous a la court monseigneur le roy artus. Sire dist il nenny auec vous ne iray ie pas, lors dist lancelot a labbesse. Dame souffrez q̃ nostre nouueau cheualier vienne auec nous a la court du roy artus, car il amendera plus destre la que de cy demourer auec vous. Sire dist labbesse il ny ira pas encores, mais si tost comme nous verrons quil en sera temps nous ly en uoierons. Atant se partit lancelot de seãs lui τ ses deux cousins, τ cheuaucherent tant quilz vindrent a kamalot a heure de tierce. Le roy artus estoit alle au moustier auec grant compaignie de haulx hommes pour ouir la grãt messe. Et quãt ses trois cousins furent venus ilz descendirent a la court τ monterent en la sale. Et lors commencerent a parler de lenfãt que lãcelot auoit fait cheualier. Si dist boort quil nauoit õcques veu fourme dhomme qui tant ressemblast a lancelot comme il faisoit τ certes ie ne croiray iamais autrement que ce ne soit galaad que lancelot engẽdra en la belle fille au roy pelles de lisleruois, car il ressẽble a cellui lignaige τ au nostre trop merueilseusement. Par ma foy dist lyonnet ie croy bien que ce soit il, car il ressemble trop bien monseigneur lancelot. Grant piece parlerent de ceste chose pour sauoir silz nen orroient riens luy de lautre, mais onques a parolle q̃lz en deissent lãcelot ne respondit a celle fois. Ainsi q̃lz en eurent laisse le parler, ilz regarderent par les sieges de la table ronde, τ trouuerent en

A veille de sa penthecouste que les compaignons de la table ronde furent venus a kamalot & ilz eurēt ouy le seruice. Ainsi que on vouloit mettre les tables a heure de nonne: entra en la court vne moult belle damoiselle a cheual q̄ moult fort se stoit hastee,& bien y apparoit, car son paleffroy estoit tout tressuant. Elle descēdit: puis mōta en sa sale ou estoit le roy,& tous les compaignons. Si vint deuāt le roy & le salua, & le roy lui rendit son salut moult cour toisement. Sire pour dieu fist elle dictes moy se lancelot est ceans. Ouy certes damoiselle veez le la. Si lui monstra,& elle a sa incontīnent celle part ou il estoit, puis lui dist. Lancelot ie vous dy de par le roy perles que vous viengniez auec moy iusques a celle forest. Et il lui demanda a qui elle estoit. Je suis fist elle a celui de qui ie vous parle. Et quel besoīg dist il auez vous de moy, ce verrez vous bien

La partie du saint graal.

¶ Cy commence la table de la quarte partie de lancelot du lac: autremēt dit la table ronde faisant mencion du saint graal, & comment il fut conquis par galaad le vierge.

¶ Cōment vng iour feste de la penthecouste vng hermite amena galaad a la court du roy artus, & par devant tous ses chevaliers le mena seoir au siege perilleux, & cōmēt le roy nacien manda au roy artus que en cestui iour son hostel seroit repeu de la manne du saint graal. premier chapitre.

¶ Comment galaad trouua lescu vermeil & lemporta, & cōment il acōplit lauenture de la tōbe ou lorrible voix estoit dessoubz. ii.ch.

¶ Comment melians le gay fut naure pour ce quil emportoit sa couronne dor, & cōme galaad osta les mauuaises coustumes du chasteau aux pucelles. iii.ch.

¶ Comment messire gauuain puain & gaheriet occirent les sept freres qui sestoiēt partis du chasteau aux pucelles. iiii.ch.

¶ Comment lancelot & perceual furent abatus de galaad & cōme lancelot coucha la nuit en vne chappelle ou il fut appelle plus dur q̃ pierre plus amer que fiel & plus despit que figuier. v.ch.

¶ Cōme la recluse deffendit a perceual quil ne se cōbatist au bon cheualier, & comment il se mist en la nef auec le preudhomme qui tant sauoit reconforte. vi.ch.

¶ Cōment lancelot fut chastie par les sains hermites, & cōment vne voix lui dist toute la signifiance de tout son lignaige. vii.ch.

¶ Comment messire gauuain & ses compaignōs en vne nuit songerent plusieurs songes desquelz vng saint hermite leur en dist la signifiance. viii.ch.

¶ Comment boort conquist priadan le noir & comment il sen alla a la mer en la nef ou perceual estoit. ix.ch.

¶ Comment galaad se partit de perceual, & comment vne damoiselle le mena en la mer en la nef ou perceual & boort estoiēt, & cōment ilz trouuerent sa nef ou estoit le lit de merueilleuse facon & lespee aux estranges renges. x.ch.

¶ Comment la damoiselle conta aux cheualiers pourquoy la nef fut faicte & qui y mist le lit lespee & la couronne. xi.ch.

¶ Comment la damoiselle mist les renges en lespee, & cōment galaad la saingnist, & comment la seur de perceual mourut. xii.ch.

¶ Comment galaad & perceual trouuerent le chasteau tout souldroye, auquel la seur de perceual estoit morte a cause de son sang quel le baissa pour garir sa dame de leans laquelle estoit ladresse. xiii.ch.

¶ Comment lancelot & galaad se trouuerēt ensemble en vne nef, & cōment galaad se partit de son pere, & lancelot sen alla a corbenic de la a la court. xiiii.ch.

¶ Comment galaad perceual & boort se misrent dedens vne nef & arriuerent a corbenic, & de corbenic sen alerēt en sarras au palais espirituel, & la moururent galaad & perceual, & boort se retourna tout droit au royaume de logres. xv.ch.

¶ Cōmēt boort quāt il fut retourne de sarras compta toutes les auētures qui estoient auenues a lui & a ses compaignōs, & cōment galaad & perceual estoient trespassez, & le roy les fist mettre en escript. xvi.ch.

¶ Cy fine la table de la queste du salt graal.

Quant ilz sceurent que Lancelot venoit ilz alerent tous a lencontre de lui et se receurent a moult grant ioye/ et le seruirent a leur pouoir, nonpourtant il ny eut leans de tous ceulx qui y estoient qui aussi honnoura blement le receust comme fist sa royne/ car elle en eut si grant ioye que nul cueur dhomme ne de femme ne pourroit penser. Et galaad qui se stoit parti de son aieul cheuaucha tant quil vint a labbaye des nonnains. Si demoura tant illec quil fut grant damoiseau de laaige de xv. ans. Lors deuint tant bel et tant grant q ie necroy pas q on trouuast son pareil en tout le monde. Et au pres de labbaye auoit vng hermite moult preudhomme qui souuent venoit veoir galaad/ car par la voulente de nostreseigneur congnoissoit la voulente et la bonte de lenfant/ si lui dist vng iour apres pasq̃s Beau filz vous estes desormaiz venu en laage que vous pouez receuoir lordre de cheualerie: ne serez vous pas donc cheualier a ceste penthecouste. Sire dist il ouy se dieu plaist/ car ainsi ie lentens selon le conseil de mes maistres Or gardez doncques dist le preudhomme que vous ny entrez que ne soyez vray confes et net de tous vices et il respondit que si feroit il au plaisir de dieu.

Long temps parlerent cellui iour ensemble. Et lendemain a heure de prime aduint que le roy artus q chassoit au bois vint illec ouir messe. Et quant elle fut chantee le preudomme lappella et lui dist. Roy artus ie te dy pour vray que au iour de la penthecouste qui vient sera cellui cheualier qui les auentures du saint graal mettra a fin/ et sans faulte il viendra cellui iour a ta court/ et emplira le siege perilleux. Or faictes tant que tous voz cheualiers et tous voz hommes soient la veille de la penthecouste a kamalot pour veoir les merueilles qui y auendront. Sire dist le roy dictes vous vray. Je le le dis dist il aussi vraiement comme ie suis prestre. Le roy qui de ceste nouuelle fut moult ioyeux monta sur son cheual et se retourna au bois/ et demoura illec iusques au vespre/ et puis sen retourna. Quant il fut reuenu a kamalot/ il manda aux barons quilz fussent a sa court le iour de la penthecouste, car il la vouloit tenir la plus grande et la plus merueilleuse quil onques tenist. Si se y assemblerent tous/ et si en y eut tant quil estoit impossible de les nombrer.

¶ Cy fine la tierce partie de lancelot du lac autrement dit la table ronde. Et ensuit la quarte: faisant mencion de la conqueste du saint graal.

Haa sire ie vous prie pour la chose que vous plus amez en ce monde: que vous me diez comment vous avez a nom, & il respondit tout en plourant. Tant me avez coniure que ie le vous diray. On me appelle lancelot du lac. Haa sire vous soyez le bien venu dist il ie ne demandoie se vous non, car plus a de deux ans que ie ne vous finay de querre, mais dieu mercy ores est ma queste acheuee, puis q ie vous ay trouue, & sauez vous qui est ce cheualier qui la me attent, nenny vrayement fist lancelot. En nom dieu dist perceual cest monseigneur hector des mares vostre frere.

Quant lancelot entendit ceste parolle il comenca a faire plus grant dueil q̃ nauoit par auant, si dist incontinent, Haa beau doulx frere ie ne vous cuidoie iamais veoir. Lors commanda au marinier quil alast querir le cheualier qui estoit a sa riue. Et quant hector fut passe en lisle, & il congneut son frere il commenca a plourer de ioye & de pitie, puis sentreaccolleret & firet feste lun a lautre. Lors furent yssus des cheualiers du chastel iusques a sept qui estoient anciens, & en sa compaignie estoit la fille au roy perses qui auoit amene auec elle iusques a douze damoiselles. Et quant elle vit hector elle luy fist ioye merueilleuse. Lors les meneret au chasteau & les firent desarmer. Et quant ilz furet desarmez ilz leur firent la plus grãt feste quilz oncques peurent.

Quant hector cogneut la belle damoiselle fille au roy perses, il lui demanda nouuelles de galaad le filz lancelot & le sien. Et elle dist q̃ galaad estoit le plus bel enfant du monde, & quil estoit ia grant comme de laage de dix ans. Si maist dieu dist hector ie le verroie voulentiers. Sire dist elle il est sur mon pere le roy perses ou il a este tousiours nourri: si le pourrez veoir assez tost car ie scay bien certainement quil conuoiera son pere quant il partira de ce pays. Or me dictes fist il comment vint lancelot en ce pays. Il y vint fist elle si hors du sens & si nu quil estoit impossible de le congnoistre, mais si tost come il vit le saint graal il fut guari. Et vint en ceste ysle pour ce quil ne vouloit pas estre congneu, & si est depuis si bien celle que oncques na este congneu si non

de moy & de mon pere & dun sien nepueu. Assez parlerent de ceste chose iusques a la nuit. Et lendemain vint lancelot a hector, & hector lui dist. Sire madame la royne vous mande, & pour ce conuient il que vous viegnez a court. Ce ne peult estre dist lancelot q̃ iamais y voise, car elle se me deffendit. Je vous prometz dist il quelle vous mande. & il dist quil yroit. Lors fist lancelot sauoir au roy perses quil sen yroit au tiers iour. Si en fut le roy moult dolent, & dist a galaad beau filz vostre pere sen veult aler. Sire dist il il fera ce qũ lui plaira mais ou quil voise ie vous droie estre pres de lui: affin que ie le veisse souuent.

Quant le roy ouit la voulente de sen fant & quil vit quil ne le pourroit tenir il demanda conseil quil en pourroit faire. Sire dist vng cheualier, en sa forest de hamalot a vne abbaye dont vostre seur est abbesse, envoiez lui lenfant, & quant il fera la il pourra souuent veoir son seigneur & son pere, & le roy si accorda. Au tiers iour vit lancelot a corbenic auec grant compaignie de cheualiers. Lors demanda hector a voir galaad, & on lui monstra. Et quant il le vit il le prisa moult. Quãt la mere sceut que galaad sen deuoit aler, elle en fut moult dolente, & ne se fust tenue en nulle maniere q̃ elle ne fust alee auec lui, mais son pere lui deffendit, & pour ce demoura elle. Au matin quãt ilz se furent appareilliez comme de monter, le roy amena galaad deuant lancelot, & lui dist Sire en quelque lieu q̃ vous allez, tenez cest enfant pour vostre, car bien sachiez que vous lengendrastes en ma belle fille. Et lancelot lui dist q̃ de ceste nouuelle estoit il autant ioyeux q̃ estoit possible, & si dist quil se saueroit en tous lieux: neantmais quil se cogneust si sen partit. Quãt ilz eurẽt grant piece conuoye si les fist retourner puis entreret en leur chemi lui hector son beau frere & perceual & cheuaucherent tãt par leurs iournees quilz vindrent droictement a harispon. Et y trouueret le roy artus et lyon et boort, qui eurent amene auec eulx Claphin le blanc qui estoit dune des plus nobles lignees du monde. Si estoit filz dune des plus belles damoiselles q̃ sen sceust. Et deuoit estre cheualier prochainement, Et il se fut sans faille de la main lancelot.

cellui qui iamais ne men partiray deuāt que ie saiche commēt le cheualier scet frapper despee.

Adonc se partirent du riuaige, si allerent bien vne lieue loing hebergier en la maison dun cheualier qui demouroit a lētree dune forest. Au soir quāt ilz eurēt souppe le cheualier leur demanda dont ilz estoiēt Et ilz disrent quilz estoient de la maison au roy artus, & sommes venus en ce pays pour combatre au cheualier de lisle. Si mait dieu dist le cheualier a combatre contre le cheualier de lisle ne vous conseille ie pas. A tant laisserent ceste parolle & sen allerent reposer iusques a lendemain au matin. Et quant ilz furent leuez, le cheualier leur donna bonnes armes pour ce que preudhōmes lui sembloient & que mestier en auoiēt. Et quāt ilz eurent oup messe & mengie vng petit. Le cheualier monta a cheual & dist quil leur tiendroit compaignie. Lors sen allerent ensēble tant quilz vindrent la ou la nef estoit. Messire hector dist perceual ie vous prie que me laissez ceste bataille, & il lui ottroia. Et lun des mariniers print vng cor & se sonna si hault que on le pouuoit bien ouir de deux lieues loings. puis dist a perceual qil entrast dedēs la nef, & si fist il, si le passa oultre. Et quāt ilz furent passez oultre ilz lui baillerent son cheual & ses armes, & il sen alla pres dū arbre & regarda a ses armes q riēs ny faillist. puis monta a cheual & attendit tant q le cheualier yssist hors du chasteau. Si yssist hors arme moult richemēt dunes noires armes, & mōte sur vng noir cheual, & si tost quil vit pceual, il lui adreςa le cheual & aussi fist perceual a lui qui riens ne se doubtoit, si sentrefrapperent si durement que les arcons des selles rompirent, & sentreabatirēt a terre. mais ilz ny demourerent gaires, car moult estoiēt plains de grant vigueur: ains se resleuerent & tirerēt leurs espees & sentredonnerēt de grās coups.

Quant ilz eurent la bataille commēcee il ny auoit cellui qui voulsieres ne les regardast, car ilz estoient tous deux de si grāt proesse que a paine eust on trouue leurs pareilz en tout le monde. Si se despiecerēt en pou deure leurs heaulmes leurs escus, leurs

haubers si malement que tous deux estoiēt couuers de sang, & ce les menoit a estre plus orguilleup lun vers lautre. Si dura la bataille iusques apres nōne. Et lors furent tous deux si trauailliez que a paine se pouoient ilz soustenir, aincois les conuint reposer mau gre eulx pour reprendre leurs alaines, si se tirerent arriere lun de lautre, & sentre regarderent moult. Et quant ilz se furent vng pou reposez perceual parla au cheualier & lui dist. Sire la grāt prouesse que ie voy en vous me esmeut a ce quil conuient que ie vous demande cōmēt vous auez a nom, car se dieu mait oncques ne rencōtray cheualier iour de ma vie que ie voulsisse aussi voulentiers cōgnoistre comme ie feroie vous, & pour ce vous prie & reqers pour dieu & par courtoysie q vous me diez vostre nom. Sire cheualier que vous diroye ie fist lancelot vous estes si preudomme q ie ne le vous deuroie pas celler en nulle maniere, mais q droittement me voulera nōmer on me appelle le cheualier mesfait, & de ce porte ie si bonnes enseignes cōme vous pouez veoir. Or vous ay dit mon nom, si vous prie que vous me diez le vostre, & q vous estes Et il dist incontinēt quil estoit de la maison au roy artus, & quil auoit a nom perceual de galles & estoit frere a agrual.

Quant lancelot entendit ceste parolle il ietta incontinent son escu a terre, puis print son espee & se agenoulla deuant perceual, & lui dist. Sire cheualier ie me tiens pour oultre ne ia plus ne me cōbatray a vous puis que vous estes de cellui hostel, car desormais ne pourroie ie auoir force ne vertu contre vous pour lamour de la maison ou toute doulceur repaire. Quant perceual vit le cheualier deuant lui a genoulx il ne lui souffrit pas longuement: ains le dreςa & lui dist. Haa sire pour dieu quest ce que vous dictes souffrez vous a tant. Mais le cheualier osta tantost son heaulme, & lui rendit son espee, & lui dist. Sire ie vous requiers que vous vueilliez prendre toutes mes armes, car ie me tiens pour oultre. Et perceual se regarda, si vit quil ploroit moult tendrement. Si se merueilla moult pourquoy cestoit, & lui dist auec la fille au roy pelles qui faisoient la plus grande ioye custe que iamais homme feist faire a damoiselles, ne ia ne faisoit si grant froit en yuer quelles ne venissent dancer et chanter entour le pin ou estoit le seu. Et pource le appellerent ceulx du pays lisle ioyeuse. Mais a tant laisse le compte a parler de lancelot, et retourne a perceual et a hector qui aloient querant par tout lancelot leur amy.

¶ Comment perceual et hector trouuerent lancelot en lisle de ioye, et comment ilz vindrent a court ensemble. xxviii. cha.

Or dit le compte que grant piece cheuaucherent perceual et hector ensemble par mainte terre estrange pour sauoir se auenture les menroit en lieu ou ilz peussent trouuer lancelot. mais ilz nen ouirent oncques nouuelle. Si en furent moult courroucez, mais pour tant ilz nen laisserent oncques la voye: ains cheuaucherent maint iour et mainte esté ensemble et tant errerent quilz vindrent a deux lieues pres de corbenic sur vne eaue parfonde et roide. Si veirent en vne ysle vng chasteau qui moult estoit beau et bien seant, et ny auoit que la riuiere a passer. Si se regarderent grant piece. mais il ny auoit ne pont ne planche par ou sen peust passer. Messire hector dist perceual se il y eust icy vng pont pour passer nous alissions a ceste forteresse pour sauoir qui y demeure, car trop me semble le lieu bel et plaisant. par ma foy fist hector ie ne le puis pas veoir legierement. car ceste eaue est si grande et si parfonde que nous pourrions bien tost estre noyez se nous nauions ou pont ou nasselle. Or nous arrestons cy dist perceual tant que dieu nous enuoiera aucune nasselle pour passer oultre, car se dieu plaist ie ne me mouueray dicy deuant que ie saiche qui y demeure. En tandis quilz parloient ainsi virent venir vers eulx vne damoiselle qui se aloit esbanoiant sur la riuiere et portoit sur son poing vng espreuier. Et la saluerent le plus courtoisement quilz seurent, et si fist elle eulx. Damoiselle se dieu vous aide faictes nous assauoir ce que nous demandons: De quoy fist elle, Cest

que nous voulons sauoir quelles gens demeurent leans. par ma foy fist elle ce que ien scay vous diray ie voulentiers. Je vous dy quil y demeure la plus belle damoiselle du monde et est extraicte de hault lignaige, et si y a vng enfant et vng cheualier, mais ie vous dis bien que chascun iour a heure de prime est le cheualier soubz cel arbre illec, et fait vng dueil si grant que ie ne scay comment il peut viure. Et encores vous dis ie bien que cest le meilleur cheualier aux armes, et le plus hardy qui soit en ce pays, car il y a ia passe six ans et plus quil vint en ceste ysle, et y mist vne coustume que nul ny entrast sil nestoit le meilleur cheualier du monde. Et si fist sa coustume crier parmy ce pays, et ie vous diray quelle.

Ce mande le cheualier messait a tous les cheualiers loings et pres quil ne fauldra ia de bataille a cheualier qui en lisle viengne: soit a prime soit a nonne, car se ilz venoient a autre heure il ne se combateroit pas. Et y sont passez plus de deux mille dont oncques vng seul ny eschappa quil ne fust oultre ou conquis, mais il est tant debonnaire quil nen tue nul, si les eust bien tous occis sil eust voulu. Or men conuient aler fist elle si vous commande a dieu. Haa damoiselle dist hector pour dieu dictes nous encores ce que nous vous demanderons. Or dictes fist elle. Sauez vous qui est ce cheualier. Si maist dieu dist elle ie ne scay: si non que quant il vint en ce pays il estoit hors du sens, si fut guari sus le roy pescheur. Et apres vint en ceste ysle, sic y profita ainsi comme ie vous ay dit. Or nous enseigniez dist perceual par ou on pourroit aller au cheualier et ou nous pourrons passer, Je le vous diray bien fist elle, par dela lisle au pie de celle tour a vne nef que on ameine ca et entrent dedens ceulx qui au cheualier se doiuent combatre, si les attent le marinier chascun iour des heure de prime iusques a heure de nonne, et les passe oultre. mais il ny passe que vng cheualier a la fois. Or alez a dieu damoiselle si rentil z, car bien nous auez asseurez, et elle sen ala. Et perceual dist a hector. Messire hector allons nous heberger en aucun lieu, et demain au matin viendrons ca, car sachiez que ie suis sentiers e de bon cueur. Je vous requiers dist il que vous en ceste ysle soyez auec moy e me faciez compaignie tant comme ie y demoure ray, e quant ie men iray: se ie men vois, vous en pourrez bien aler se il vous plaist Certes sire fist elle si feray ie voulentiers se dieu plaist. Lors dit au roy son pere, e lui dist ce que lancelot lui auoit requis. Et quant le roy ouit ceste requeste: il dist a sa fille. Damoiselle ottroyez sui ce q̃ vous a requis, car vous aurez plus grant honneur de lui faire compaignie que se vous la lui reffusiez, e elle lui ottroia. Et le roy lui dist quil manderoit parmy son royaume xx. des plus belles damoiselles pour lui faire compaignie, e qui iamais nen partiroient tant comme elle y fust. Si le fist ainsi comme il lauoit dit: tellement que auant que ses viii. iours fussent passez Lancelot eut auec lui dix cheualiers qui tous estoient preux e hardis, e sa fille au roy eut auec elle vingt damoiselles hauites femmes e de grant lignage qui la seruoient e honnouroient. Et le chasteau estoit tant plaisant e tant delectable et estoit si bien garny de toutes choses q̃ il ny failloit riens Si aduit si bien a lancelot que nul ne sceut qui il estoit: si non le roy e le cheualier qui lui auoit demande son nom, e encores auoit il fiance en ces deux que en nulle maniere il ne seroit encuse par eulx. Ainsi demoura lancelot auec les cheualiers e ses damoiselles q̃ se sousacioient de tout leur pouoir, e chascun iour acoustumeemnt lacelot auant quil beust ne mengast, il aloit au chief de lisle par devers le royaume de logres e regardoit vers le pais ou son cueur tiroit du tout. Et quant il auoit grant piece regarde e pense aux grandes ioyeusetez quil auoit tant de fois eues, e ores en estoit du tout dehors tellement q̃ il ny cuidoit iamais retourner. Si recõmencoit vng dueil si merueilleux q̃ il nestoit qui leust sceu endurer mais il le souffroit par amours, e ce lui estoit grant alegement.

Q̃vant lancelot eut demoure en telle maniere en lisle iusques a lentree dyuer. Et quant il vit quil auoit du tout perdu le hantement des armes e de cheualerie, si pensa incontinent q̃ il feroit telles choses parquoy ceulx du pays le viendroient veoir e ia ne se cõ

gnoistroiẽt, si dist vng iour au roy qui lestoit venu veoir. Sire ie vous prie q̃ me faciez faire vng escu: car dautre armeures a il ceãs assez e le roy lui demãda sa maniere de lescu: e il lui devisa. Trois iours apres aporta leans vng varlet lescu. Et quãt ceulx du chasteau le virent: ilz sen esmerueillerent tous pour ce quilz nauoient oncq̃s veu vng tel escu, e sãs faulte il estoit le plus diuers que on sceust pour lors en tout le monde, Car au milieu estoit plus noir que meure, e decoste la bouche auoit par te vne toyne dargent, e deuant elle vng cheualier a genoulx ainsi cõme sil criast mercy, e ceulx de leans qui veirent lescu e les ymaiges ne sauoient quelles signifioient, mais le roy e sa fille sentendoient bien. Apres que lescu fut ainsi fait: lancelot le fist pendre a vng pin qui estoit emmy lisle, e depuis en auant vint chascun iour deuãt faisant si grant dueil que tous ceulx qui le veoient sen esmerueilloient Lors print vng nayn que le roy lui auoit laissee, e lui dist. Me sauroyes tu enseignier se il y aura a piece nul tournoiement pres dicy. Sire dist il ouy: il en y aura vng dedens quatre iours au bas chasteau q̃ est a demie lieue pres dicy. Or y va donc fist lancelot, et quant le tournoiemẽt deuera assembler si va parmy eulx criãt. Le cheualier meffait mãde a tous ceulx qui vont querant los e pris de cheualerie: que ia nul ne viendra en lisle de ioye pour querre iouste quil ne sa treuue tant cõme le cheualier meffait y soit, Et se il ya nul q̃ bataille vueil le viengne hardiement, car il ny fauldra ia.

Ainsi enuoia lãcelot au tournoiemẽt e quant le nayn y fut venu, e il eut dictes ces nouuelles, ceulx du pays se tiodrẽt a desdaing, e disent quilz yroient prochainement le veoir, e si firẽt ilz, mais nul ny vint quil ne fust vaincu, car il les oultroit darmes en pou dheure, mais nulz ne tuoit: neantmois quil se voulsist rendre a lui. Si en fut sa renõmee si grãde parmy le pays que on ne parloit si non de lui, e disoient tous que cestoit le meilleur cheualier qui õcques fust en tout le pays En telle maniere demoura lancelot en lisle de ioye, mais lisle nestoit pas ainsi appellee, fors seulement pour ses damoiselles qui estoient

Quant le cheualier vit lancelot si courroucé de ce quil lui auoit demandé Et se agenoulla deuant lui & lui cria mercy a ioinctes mains en disãt. Haa sire pour dieu merci & ne vous vueille desplaire de ce que ie vous ay demande, se dieu maist ie pensoie bien que vous estiez lancelot du lac, & ne vous chaille se ien scay la verite, car bien sachiez q̃ ia par moy ne serez descouuert. & ie le vous promets cõme loyal cheualier. Et ie le vous par donne fist lancelot puis que cestui serment me promettez a tenir

Ainsi parloit lancelot au cheualier. Et quãt le roy fut venu au palais si rencontra sa fille & lui dist. Belle fille lancelot est du tout guari et reuenu en son droit sens, & si lui compta comment lancelot lui auoit requis quil le mist en vng lieu loings de gens, car il ne vouloit pas estre auec eulx affin quil ne fust trouue par ceulx de la table ronde. Haa sire fist la damoiselle, de tel lieu comme vous auez dit vous scairay ie bien conseiller. Cy pres a vng lieu qui nest que a deux petites lieues, dicy moult plaisant & delectable, & si est en vng ysle, & dedens a vng chasteau q̃ on appelle le chasteau bliaut, & si est le plus plaisant lieu du monde, & si ne trouuerez iamais vng aussi bon lieu pour monseigneur lancelot du lac ne aussi conuenable, & se il y estoit il pourroit estre tous les iours de sa vie deuant que on le sceust, car le lieu est si loing de gens que nul ny va se par auenture non. par ma foy fiste roy cest tresbien dit.

A donc vit le roy a lancelot, & lui dist Sire pour vous querre lieu loings de gens, il ne vous conuiendra ia mouuoir de cestui pays, car iay cy pres vne ysle q̃ est mienne, ou vous vous pourrez bien logier tant que vous serez hors du royaume de sogres, & si y pourrez estre tant cõme vous vouldrez sans iamais estre congneu de nulluy, & si vous y feray bien souuent compaignie, & si aurez autant de biens comme il vous plaira Sire fist lancelot ie iray sil vous plaist quãt il fera nuit sãs autre compaignie que de vous seulement, car ie ne vueil pas que nul me y saiche. Sire vous ny entrerez ia a nuit: ains attendrez iusques a demain au point du iour & ie feray estre cy & la aiser le lieu de toutes choses dont il est mestier. Et lancelot lui ottroya de demourer iusques a demain au matin

Ainsi demoura leans lancelot tout le iour si celeement que nul ne le sceut que le cheualier qui auec lui auoit este tout le iour. Ceulx de leans demanderent au nouuel cheualier qui estoit le cheualier qui auoit este hors du sens. Je ne vous diray pas fist il son nom, car vous le saurez assez a temps, mais ie vous dy bien quil est le meilleur cheualier du monde. Et quant ilz ouirent quilz nen scauoient autre chose: ilz nen parlerent plus Cestui iour fist le roy garnir le lieu de toutes les choses qui estoient necessaires a corps dhõme, & si y fist mettre tous les plus beaulx esbatemens quil estoit possible a y faire: affin que lancelot y fust plus ioyeusement & quil ne lui ennuiast pas tant. Et lendemain quant le iour commenca a apparoir lancelot se partit de corbenic. & le roy mena auec lui bien dix cheualiers, lesquelz il ordonna pour estre auec lui tant comme il seroit en ce pays. Et quant ilz furent venus a la riuiere & quil conuint passer oultre: ilz entrerent dedẽs vne nef & le marinier les passa. Et quant lancelot fut venu au chasteau il le vit tant beau & tant delectable quil dist quil seroit content de iamais nen partir.

Quant lancelot vit la fille au roy per ses qui illec estoit, il la tira a part & lui dist. Damoiselle il est vray & vous le sauez bien que vous mauez tollu tous les biens et toutes les ioyes q̃ ie souloye auoir au royaume de logres, & si sauez bien q̃ est vray, mais puis que iay perdu tant dhonneurs, faictes moy vne boite telle que ia nen serez blasmee de personne. Sire fist elle par moy sans autre estes vous parti du royaume de logres, & par moy auez vous perdu les ioyes & les hõneurs de la table ronde, parquoy ie vous promets que ie feray pour vous tant que ie vous verray en ce pays tout ce que vous me requerrez soit ma mort ou ma vie. Je ne vous requerray ia chose ou vous ayez honte. Or dictes donc fist elle ce quil vous plaira, car ie le feray vou-

Certes sire ceste aueture a este villaine z mau
uaise a mon heur / mais toutesfois il mest bien
auenu selon le commencement. Or vous prie
ie pour dieu que vous me diez se nul de vostre
mesgnie me a congneu en ceste meschéance. Cer
tes fist le roy nenny / oncques nul ne vous con
gneut fors moy z ma fille seulement. Sire ien
suis moult iopeux / z moult grant honneur
mest auenu quant ilz ne me ont congneu en
si mauuais estat comme ie stoye. Et combien
quilz me ayent descongneu pour sa grant po
ureté ou iay esté / ie scay bien q͏̃ desormais me
congnoistroient ilz bien se ie demouroie auec
vous. Et pour ce vous prie ie pour dieu z pour
mon honneur que vous me conseilliez selon
ce que ie vous diray.

Vray est que ie me suis tant meffait
au royaume de logres ou iay eu tou
tes les ioyes z tous les honneurs que po
ure cheualier pourroit auoir / q͏̃ ie ne puis pas
retourner / car le retour mest tellement deffen
du / q͏̃ ie ny puis iamais mettre le pie sans com
mandement. Et pour ceste deffense ie feus tant
dolent que ie men partis / z si scay bien que du
couroup que iay eu : ien ay esté ainsi malade
comme vous auez veu. Car quant ieus per
du le royaume qui me donnoit ioye z esperan
ce de vie : ie men vins ça au lieu q͏̃ ie plus amoye
ainsi se me ottroya fortune q͏̃ aucunesfois ma
esté doulce z debonnaire. Si y vis a telle heu
re que ie stoie venu a toute maleureté receuoir
se ie y eusse longuement demouré. z si y ay esté
guari / pourquoy iaime le pays de si grant amour
que iamais ne men partiray deuant que ie aie
congié daller au royaume de logres / de celle
par qui ie men partis. Mais puis que ie veuil
demourer tout mon viuant en ce pays : ie veuil
estre en vng lieu loings de gens z que nul ne
le saiche fors que vous z vostre fille / ou que ce
soit en aucune ysle de mer ou vous me puissiez
venir veoir. Mais auant que ie y voise : ie vous
prie q͏̃ nul ne saiche la verité de moy / car ceulx
du royaume de logres me tiennent pour per
du / z ce pourrez vous faire legierement / car
puis que ie seray en ce pays q͏̃ nul ne se saura
fors q͏̃ vous z vostre fille / ia ne y viendra nul
a qui me face congnoistre : parquoy ie me pour
ray mieulx celer en ceste terre.

Certes fist le roy se vous voulliez de
mourer auec nous : nous vous celle
rions si bien / que ia de vous ne seroit nou
uelle ouye. Et se vous voulez escheuer toute
compaignie de gens : ie vous metteray en tel
lieu quil vous deuera bien suffire. Sire fist
lancelot ceans ne demoureray ie en nulle ma
niere / car ie scay bien que mes amis z les com
paignons de la table ronde me querront cy et
ailleurs / z si scay bien que ie ny seroye pas lon
guement. Sire dist le roy puis que vous ne
voulez demourer auec nous : nous penserons
de ceste chose au mieulx que nous pourrons.
Et ie vous promets que nous vous en quer
rons vng tel comme vous le demandez.

A ce mot saillit le conseil ceulx deux
si se leuerent de la ou ilz estoient as
sis / z le roy fist signe a ceulx qui estoient ve
nus auec lui quilz se tirassent arriere / z ilz se
firent. Lors print le roy lancelot par la main
z le mena en vne chambre qui estoit emprés le
palais / z laissa auec lui le cheualier nouueau
pour lui faire compaignie. Et cellui commen
ça moult a regarder lancelot pour ce que le roy
lauoit tant loué : si pensa que en aucune mani
re il lui tireroit hors de la bouche qui il estoit
z comment il auoit a nom / si lui dist. Sire ie
vous prie pour la chose que vous amez plus
en ce monde que vous me diez vostre nom / ou
vne chose que ie vous demanderay / z sachiez
vrayement q͏̃ ie ne le vous demande pas pour
mal / mais ien seray plus aise tous les iours
de ma vie.

Quant lancelot ouit que le cheualier
le coniuroit de la chose dequoy il estoit
le plus a malaise / il fut trop dolent / z lui dist
Certes sire cheualier vous nestes pas cour
tois ne bien auisé / que sauez vous se il me poi
se de ce q͏̃ vous me auez dit / z ie le vous diray
par tel eur : que iamais tant que ie viueray ne
vous ameray / ains vous nuiray en tous les
lieux ou ie pourray : fors que ceans. Si sach
iez que ie suis le cheualier meffait z ay a nom
lancelot du lac que a malheure veistes / se ie
viens en lieu pour le vous rendre. Lors lui com
mencerent les yeulx a larmoyer / si deuint tant
pensif z tant courroucé par semblant que nul
plus.

q ii

¶ La tierce partie de Lancelot.

plus de compaignie/ a alerent tant quilz vindrent a la fontaine ou Lancelot se dormoit. Et quant le roy le vit si congneut que cestoit il et qui tant auoit repaire en sa court en guise dõme forsene. Sire fist elle que vous en semble nest ce pas monseigneur Lancelot du lac/ a il ne respondit mot: ains se regarda de plus en plus/ et lors ne se peut plus taire: ains iecta vng grant souspir. apres lui cheirent ses larmes des yeulx au long de sa face. Et quant il eut pouoir de parler: si dist. Haa dieu quel dõmaige. puis dist a sa fille. Damoiselle vrayement cest celui que vous disiez or nous en aisons dicy/ a ie feray tant se dieu plaist quil se ra guari

Lors sen retourna le roy et vint au palais si dist a sa fille quelle ne dist a nullui que cestoit Lancelot/ a elle dist que non feroit elle pour chose quil lui auenist. Et le roy print six sergens a les mena a la fontaine et leur monstra le fol/ si leur dist quilz se preinsent a force sans le blecer/ a quilz lui liassent les mains a les piez/ a puis en feroit son plaisir/ a ceulx eurent grant paour quil ne se feist occire/ a nonpourtant ilz noserent trespasser son commandement/ si le prindrent en dormant a se lperent. mais il seuilla a cuida eschapper/ ce quil ne peut. car ilz estoient trop fors: si le prindrent a force a lemporterent tout dye en la chambre dessoubz sa tour. Au soir quant ilz furent couchiez/ le roy se fist aporter au palais auentureux. Et la se laisserent tout seul sans compaignie de nullui/ car bien pensoit que si tost comme il verroit le saint graal venir au palais quil gariroit/ a reuiendroit en sa memoire. Il aduint ainsi comme ilz se penserent/ car quant le saint graal vint illec sicomme il souloit. Lancelot reuint en son sens a en sa memoire.

Au matin quant le iour apparut cler parmy les fenestres/ a Lancelot se vit au palais ou il auoit tant de fois este/ si sesmerueilla moult comment il y estoit venu. Et lors commença a rompre ses lyens a se fit iouer ceulx y sauoient mie. Et quant il se vit deliure si vint au fenestres par deuers le iardin ou il auoit occis le serpent/ si les ouurit a regarda au iardin. Si vit le roy qui ia estoit leue a tous

ses barons aussi/ a parloient daler au palais pour sauoir comment il estoit auenu a Lancelot Et lors dist le roy a ses barons. Seigneurs allons veoir comment il nous est auenu de nostre cheualier. Et il leur auoit descouuert que celui qui auoit este malade entre eulx y auoit este le mieulx cheualier du monde/ a se il plaist a nostreseigneur quil soit guari/ ie le vous feray cognoistre. Lors alerent a suis du palais a souurirent. si entrerent dedens a veirent Lancelot qui estoit appuye a vne fenestre a regardoit au iardin. Et quant il vit venir le roy qui congnoissoit bien/ il descendit de sa fenestre a vint vers le roy. Si se salua/ a le roy sui/ a lui demanda comment il se portoit Bien dieu mercy dist Lancelot/ car ie suis sain a en bon point Lors tira Lancelot le roy a part/ a lui dist. Sire pour dieu dictes moy comme ie suis venu ceans/ car ie ne le scay pas ne en quelle maniere ne quant. Sire fist le roy ie le vous diray mais iay paour que vous nen soyez courrouce Lors lui compta comment il estoit venu a corbenic tout hors du sens que nul ne pouoit durer auec vous/ a ainsi y auez grant piece demoure/ ne iamais ne vous eussions congneu pour telle comme vous estiez/ se neust este ma fille qui vous trouua dormant empres vne fontaine/ si me le vint dire. Et quant ie oup ces nouuelles ie alay a vous moult ioyeux de ce que vous estiez auec nous. Si vous fess prendre a mes sergens a mettre en ce palais ou ie pensoye bien que vous recuueriez sante si tost comme le saint graal y viendroit/ a dieu mercy ainsi est il auenu. Si nen soyez ia courrouce. car dieu mercy moult vous est bien auenu selon les auentures qui auenues vous sont. Or vous resconfortez desormais a demourez ceans auec nous. a ie vous promectz comme roy que ie ne vous fauldray iamais de chose que ie puisse faire: ains vous habandonneray ma terre a mon auoir/ et la seignourie de mes hommes/ tellement que vous pourrez faire de mon royaume a vostre voulente ainsi comme moy mesmes.

Quant Lancelot eut ouy ce que le roy lui auoit dit/ il commença moult fort a peser/ a enclina le chief vers terre: tant dolent de ceste auenture quil ne sceut que dire Et quant il eut grãt piece pense/ il dist au roy trouua assez cellui iour qui mal fist/ ⁊ tant q̃ il nen peut plus souffrir. Si seur tourna le dos ⁊ senfouit iusques a la maistresse forteresse du chasteau/ si entra dedens comme cellui q̃ ne trouua nullui qui lentree lui deffendist/ ⁊ moult estoient les gens courtois ⁊ debonnaires en ce temps la/ car quant ilz le virent venir ⁊ ilz cõgneurent quil estoit fol/ ilz sappellerent pour lui donner a mengier/ ⁊ il cõmenca a mẽgier cõe cellui q̃ estoit tout affame Et quant il eut assez mengie il sen ala couchier sur du feurre. En telle maniere fut long tẽps sans estre cõgneu/ car ilz neussent iamais cuide q̃ ce fust lancelot. Si reuint en pou de tẽps en sa force ⁊ en sa beaulte.

Ung iour apres pasques q̃ le roy perses auoit fait vng sien cousin noueau cheualier/ ⁊ pour lamour de lui donna le roy a plusieurs seruiteurs des armes/ et le nouueau cheualier amoit lancelot a merueilles ⁊ si ne le cõgnoissoit. il se tenoit tousiours auec lui ne onques pour chose quil lui veist faire ne se blasma. Et quant il fut fait cheualier ⁊ quil eut sa bonne robe vestue/ il appella vng sien sergẽt ⁊ lui cõmanda quil amenast le fol/ ⁊ il le fist. Et quant il fut venu/ le nouueau cheualier lui donna sa robe ⁊ lui fist vestir deuant lui. Quant lancelot eut sa robe vestue il fut bel a merueilles/ ⁊ disoit chascũ q̃ cestoit grãt dommaige q̃ si bel homme cõe il estoit auoit perdu le sens ⁊ la memoire. Et quant le roy le vit si beau: il dist quil ne creoit point quil neust este hault homme ⁊ de grant affaire.

Quant ce vint deuers le soir Lancelot entra en vng vergier qui estoit dessoubz la tour/ ⁊ estoit beau ⁊ moult plaisant ⁊ dessoubz vng sicamor auoit vne fontaine moult belle. Et quãt il fut a la fontaine il en beut ⁊ sendormit emprès ainsi vestu cõe il estoit. Apres ne demoura guaires que la fille au roy perses celle pour qui lancelot auoit este chasse de court. si amena auec elle grãt compaignie de damoiselles. Si commencerent a iouer et a chanter lune ca ⁊ lautre sa parmy le iardin ainsi comme damoiselles font maintesfois. Ainsi quelles entendoiẽt a iouer/ aduint que vne des damoiselles qui estoit de hault parẽ

te sen ala a la fontaine ⁊ y trouua lãcelot qui dormoit. Si en eut au commencement grant paour: mais apres sen asseura quant elle vit quil dormoit/ si se aprocha de lui ⁊ le commẽca a regarder. si le vit tãt beau ⁊ tant auenãt quil lui fut auis que õcques ne vit si bel homme. Et quant elle leut assez regarde si sen retourna a ses compaignes/ et la ou elle vit la fille au roy perses/ si lui dist. Damoiselle se vous voulez veoir le plus bel homme du mõde: ie le vous monstreray/ mais ie ne vouldroye pas que personne sinon vous ⁊ moy y venist pource quil ne se sueillast. Cõment fist elle sauez vous trouue dormant: ouy fist elle a la fõtaine. Or y alõs donc entre nous deux

Lors se partirẽt de leurs cõpaignes si saigement que nulle ne sen apperceut/ et vindrent a la fontaine ou lancelot dormoit: ilz se assirẽt emprès lui ⁊ le regarderent moult ententiuemẽt ⁊ disoiẽt ql estoit moult beau ⁊ en parlerent entre elles assez longuement. Mais la fille au roy qui moult l'auisa fermemẽt congneut que cestoit lancelot. Lors fut tant ioyeuse/ ⁊ tant dolẽte que nulle plus ioyeuse de ce quelle lauoit trouue/ ⁊ dolente de ce quil estoit hors du sens/ car bien congneut que cestoit cellui q̃ en sa court de son pere auoit tant repaire en guise de fol/ mais elle ne le dist pas a sa compaigne: ains lui cella bien. Sy se partit dillec/ ⁊ vit a ses compaignes qui la queroiẽt parmy le iardin/ ⁊ leur dist quelle se sentoit vng pou deshaittee. Si sen retourna a lostel ⁊ commanda a ses damoiselles quelles sen retournassent/ ⁊ si firent elles.

Quant la damoiselle vint au palays si demanda ou son pere estoit/ ⁊ on lui enseigna/ ⁊ elle vint a lui/ si le tira a part ⁊ lui dist. Sire fist elle nouuelles vous puis dire merueilleuses. Quelles fist le roy dictes les moy. Sire ceans est monseigneur lãcelot du lac/ ⁊ si ne le sauions pas. Sachiez fist le roy que lãcelot est pieca mort/ sicomme ceulx de la table rõde le dient pour vray. En nom dieu fist elle non est/ car ie say oiendroit veu tout sain de ses membres/ ⁊ venez auec moy ie le vous monstreray. Voire fist il/ or y allons. Lors se mena sa fille au iardin sans

dreſce cōtre le mur/ꞇ vne eſpee pendante a lar
con de la ſelle. Si monta a cheual ꞇ ſen aſa
apres le porc tant comme il peult/ꞇ le porc en
tra dedēs la foreſt la ou elle eſtoit plus eſpeſ
ſe/ꞇ lancelot le ſuiuit criant ꞇ appellant ſes
chiens tant comme il peult:ꞇ le porc ſe arreſta
en vne valee ꞇ commenca a liurer bataille cō
tre ſes chiēs ꞇ en occiſt pluſieurs en pou dheu
re. Et lancelot qui venoit apres le porc ſe gla
iue alongie le fiert en ſeſpaule tellement que le
glaiue vola en pieces/ꞇ le porc qui fut eſchauf
ſe frappa le cheual parmy les flans tellemēt
quil ſe pourfendit tout ꞇ cheit a terre. Et lan
celot ſaillit ſus ꞇ tira ſon eſpee/ꞇ le porc lui ac
courut la gueule bee/ ſi lui miſt les dens prmi
ſa cuiſſe/ꞇ lui fiſt playe grande ꞇ merueilleu
ſe. Et quant lancelot ſe ſentit naure: il print
couraige/ſi lui miſt leſpee en la teſte iuſques
a la ceruelle ꞇ labatit mort. mais quant il ſe
cuida retourner: il ſe ſentit tellemēt atourne
de la playe que le porc lui auoit faicte quil ne
pouoit aler/ſi ſe aſſiſt deſſoubz vng arbre/ꞇ
neuſt pas le ſens deſtanchier ſa playe. Quant
vint a heure de nonne il auint que par deuāt
lui paſſa vng hermite moult pudomme ꞇ
quant il vit le porc occis ꞇ ſes chiens empres
ꞇ il vit lancelot naure qui geſoit ſoubz vng ar
bre/ſi tourna celle part ꞇ le ſalua/ꞇ celui qui
nul bien ne ſauoit ne lui reſpondit mot. Et le
pudomme lui demanda comment il ſe ſen
toit/ꞇ il diſt quil eſtoit naure/ſire fiſt le pudomme qui vous a ce fait/ꞇ celui qui auoit le
ſens perdu ne ſui ſceut dire/mais il lui mon
ſtra le porc. en nō dieu fiſt le pudomme vous
eſtes mal apointe ſe vous ne trouuez q̄ vous
eſtanche/ꞇ ſe vous poupez tant faire q̄ vous
veniſſiez iuſques a noſtre maiſon qui eſt pres
dici au plaiſir de dieu vous trouueriez gari
ſon de voſtre maladie. Et lancelot lui reſpō
dit quil nauoit garde
Haa ſire fiſt le pudomme queſt ce q̄
vous dictes/ certes ſe vous nauez
aide ie cuide que vous eſtes mort. Quant il
vit que lermite ſe tenoit tant a parolle: il lui
en deſpleut. Lors prit ſon eſpee qui empres lui
eſtoit ꞇ en voulut frapper le pudomme/ꞇ ce
ſui ſe tira arriere. quant il vit q̄l ny peuſt aue
nir/ ſi iecta leſpee ſe cuidant frapper parmi ſa

teſte/mais il faillit. Lors apperceut le pu
domme quil eſtoit hors de ſon ſens. Si ſe par
tit diſſec ꞇ penſa quil amenra gens auec ſui
qui ſe porteroient en ſon hermitaige/ſi ſen aſa
iuſques au rechet au cheualier/ꞇ print iuſq̄
a ſix ſergens ꞇ leur diſt quil auoit trouue en
celle foreſt le plus beau cheualier du monde
qui vng porc ſauuaige a occis. mais ſi grant
meſcheance lui eſt auenue ꞇl eſt hors du ſens
ſi croy bien que ce lui ſoit auenu depuis quil a
eſte naure/ꞇ pource vouldroye bien ſe il vous
plaiſoit que vous le preniſſiez par force ꞇ ſa
portiſſiez iuſques a noſtre hermitaige: affin
quil peuſt illec guerir. car ſil demeure gaires
la ou il eſt. a ce q̄ la ſaiſon eſt froide il y pour
ra bien mourir ꞇ ce ſeroit trop grāt dommai
ge. ꞇ ceulx lui dient que ſi feront ilz voulenti
ers. Adōc ſes emmena lermite la ou lancelot
eſtoit. ꞇ firent vne biere cheualereſſe ꞇ ſe miſ
rent dedens vouſiſt il ou non/ſi le porterent
en telle maniere a lermitaige du pudomme
ou il y auoit vng cheualier qui eſtoit compai
gnon a lermite q̄ moult ſauoit de playes gue
rir/ſi fiſt tāt a lancelot pour dieu ꞇ pour cha
rite quil fut gueri ains que deux mois fuſſēt
paſſez. mais pour la peine q̄l ſouffroit ꞇ pour
ſa petite viande quil prenoit empira il moult
ꞇ auec ce eſtoit il mal veſtu ꞇ fort foible/ dont
il fut plus hors du ſens quil ne ſtoit deuant.
Et il ſe partit de leās ſans congie mal veſtu
ꞇ en ſa plus grande froidure dyuer/ſi meſgre
ꞇ ſi chetif que iamais homme ne leuſt cōgneu
pour lancelot.

En telle maniere erra lancelot tant
quil vint a corbenic. ꞇ quant il entra
au chaſteau les enfans ꞇ les garcons le con
gneurent a hors du ſens/ſi le commencerent
a batre ꞇ a crier apres lui/ ꞇ il ſe deſſendit en
leur ruant des pierres: tant quil en naura plu
ſieurs. Et quant les pierres lui faillirent ꞇ q̄l
nauoit plus que ruer/ ſi leur courut ſus aux
mains ꞇ les gettoit contre terre a force de bras
tellement quil en bleca pluſieurs celui iour/
tant quilz commencerent tous a fuir deuant
lui ꞇ crioient fuiez fuiez veez cy le fol. Si en
fut telle parolle parmi le chaſteau que tous
le venoient veoir/ꞇ il couroit parmi les rues
chaſſant les vngs ꞇ batant les autres. Si

ne vous garātira. Mais cellui qui estoit sus vng bon cheual se eschappa de seures mains, & senfuit, si hasta tant son cheual quil entra en son chasteau. Si lui aduint ainsi quil ne trouua nul qui aider lui peust, & ceulx qui pour occire le suiuoient entrerent apres, & il entra en la chambre ou Lancelot estoit gesant tout vestu & les autres vont apres en frappant sur lui, & quant il vit quil ne leur peut eschapper si mist la main a sespee & sappareilla de soy deffendre a son pouoir, & les autres qui le voient leans sans aide, & se voient deux & lui seul lassaillloient vigoureusement, & il se deffendit tant comme il peult.

Quant Lancelot vit la meslee commencee deuant lui, combien quil fust fol & hors du sens, si cogneut il bien Bliaus q̄ mal't bien lui auoit fait, & il vit ceulx q̄ le vouloient occire. Si se leua pour le aler aider, mais les aneaulx quil auoit es piez se blecoient, & il se arresta tout quoy, si print ses aneaulx aux ii. mains & ses tira de telle force quil les rompit mais il en eut les mains toutes sanglantes & le cuir des dois rompu. Et quant il eut ses aneaulx rompus il neut pas le sens de prendre vne espee & vng escu pour soy garantir, car en la chambre en y auoit a plante, mais il courut tout desarme a vng des cheualiers, & le print parmi le heaulme, si le tira a lui de telle force quil le ietta a terre, puis le print par le poing & lui tollut son espee: si laissa celui a terre puis courut sus a lautre, & le frapa si durement q̄ armure ne le garantist quil ne lui mist lespee en la chair. Et quāt celui le vit si sen merueilla moult, & sen cuida bien venger. Si haulca sespee pour le frapper parmi sa teste, mais Bliaus ne le souffrit pas: ains haulca sespee & lui couppa le bras. Et quant il se vit si mal mene si tourna en fuitte, & lautre q̄ Lancelot auoit abatu quant il vit sa desconfiture sur eulx, si senfuit hors de sa chambre & vit a son cheual, si monta sus & aussi fist son frere, car paour eurent de pis auoir, si senfuirent pour leurs vies garantir. Et Lancelot demoura leans & se coucha en son lit, & Bliaux qui moult estoit ioyeulx de ceste auenture se desarma quant il vit que ceulx sen estoient allez. Si attendit tant que les sergens de leans vindrent qui en

coies nen sceurent riens, & le cela Bliaus iusques au soir que son frere vint leans. Si fist celle nuit mengier auec lui Lancelot, & ainsi quilz souppoient cesluans apperceut la nappe toute senglante du sang qui de sa main de Lancelot yssoit, car il auoit tout le cuir de la main rompu, si le monstra a Bliaus & lui dist. Beau doulx frere comment nostre hoste a les mains despiecees, & si saigne malement: grāt peche fist cellui qui si estroittement le lya.

Certes ie ne mesmerueille pas fist Bliaus se il est fort blece, car oncques ie ne vis a homme dehaittie faire si grant chose comme il a fait au iourdhui, & si vous diray quelle. Lors lui compta comment les deux freres lauoient enchasse, & occis me eussent se ne fust il qui pour moy secourir rompit ses aneaulx a sa force de ses deux mains, & si tollit a lun des cheualiers son espee, & occis les eust silz ne sen fussent fouyz, & ainsi me eussent ilz occis se sa prouesse ne meust secourue. Quant cesluans ouit ce il sesmerueilla de ceste auenture, si dist que cestoit moult grant dommage que il nestoit en son droit sens. Certes ie ne croiray iamais autrement que il nait este vng des meilleurs cheualiers du monde.

Ainsi parlerent ilz de Lancelot, mais il leur pesoit moult de ce quilz ne se congnoissoient. Et le seigneur de leans dist quil ne le mettroit iamais en aneaulx ne en chaines, & sans faille il estoit aussi coy & aussi paisible comme se il fust en son droit sens, mais il ne buuoit ne ne mengoit si non par grant faim, & se destourboit moult dauoir sāte.

Deux ans fut Lancelot en telle maniere auec Bliaus, tant q̄l eut du tout si perdu la memoire quil ne sauoit quil faisoit ne onques dedens cellui terme ne vint leans personne q̄ le congneust, ne auec ce ilz ne sceurent oncq̄ son nom. Mais a lentree dyuer aduint que par deuant la chambre ou il gesoit passa vng porc sauuaige, & apres venoient les chiens pour le prendre, & apres les chiens venoient les veneures. Quant Lancelot q̄ estoit amont en la tour vit le porc qui sen alloit en telle maniere sans estre prins, il lui print talent daler apres. Si descendit incontinent & vit a la porte, si y trouua vng cheual selle, & vng glaiue s'en ala celle part. Et quāt il fut a l'entree du pauillon: il vit Lancelot qui estoit couchie au lit & se dormoit moult fermemēt. De ceste chose fut le cheualier moult ioyeulx/ si entra ens moult bellement & print la robe a sa damoiselle & lui porta hors/ & dist au nain. Mōte sur ton roncin & va au blanc chasteau dire a mon frere quil viēgne parler a moy & quil ny faille pas. Et cestui fist son commandement & se hasta tant quil vint au rechet du cheualier/ Si lui dist son messaige. Et le cheualier prist tantost ses armes & vint a son frere.

Ce cheualier qui vouloit auoir Lancelot auoit a nom Bliaus/ & l'autre celiuans/ si estoient freres & cheualiers de grant prouesse. Et quant celiuans fut venu/ si lui dist Bliaus. Beau frere ie vous ay mādé pour vne des plus belles auentures du monde qui m'est auenue. Si lui compta comme vng hōme hors du sens est cesse part venu/ & au plus poure habit que iamais ie veisse homme/ si s'est grant piece combatu a mon escu. Et quāt ie lui courus sus pour lui tollir l'espee/ il m'en donna tel coup sur mon heaulme que oncques depuis que ie fus cheualier n'en receus vng tel & pour ce vous mandap ie que vous venissiez ça pour me conseiller que ien pourray faire/ car ie le vueil retenir auec moy tant qu'il ait santé en aucune maniere. Par ma foy beau frere ie ne vous en sauray pas bien conseillier/ car q̄ de sa santé se vouldroit entremettre, il le cō uiēdroit mettre en vng lieu a requoy & loigtz de gēs ou il ny eust aucune lumiere. En nom dieu fist Bliaus se vous me pouiez tant faire quil fust porté en vostre forteresse ou en la mienne/ ce seroit son fait & bien lui pourrions porter/ or pensons quil y soit porté: sil peut estre. Lors entrerent au pauillon/ & vindrent a Lancelot qui encores dormoit moult fermement. Quant ilz virent ce si disrent quilz le lyeroient au lit mesmes de cordes & de chaines de fer affin qu'il ne se puisse remuer quāt il s'esueilleroit

Ainsi comme ilz disrent le firent. Et quant ilz eurent ce fait/ si māderent escuiers & sergens pour se porter/ & ceulx sen alerent a tout le lit. Et cestui dormoit si ferme ment quil ne s'esueilla oncques deuant q̄l fut venu a requoy/ mais alsi q̄lz se mirēt a terre

il s'esueilla & ouurit les yeulx/ si se voulut deslier/ mais ce ne peult estre/ & ceulx lui deslierent les mains pour lui donner a mengier/ & il menga bien car pieca n'auoit mengie ne eu sinon mal. En telle maniere se garda Bliaus auec lui tout le remanāt de l'yuer & tout l'este mais oncques pour chose quilz lui firent ne peut reuenir en son droit sens/ & nonpourtant il leur sembla tant paisible quilz le reuestirent d'une robe belle & riche/ & le laisserent aler entr'eulx en telle maniere quil n'estoit empeschie sinon de vngs petis anelez quilz lui mirent es poignes & es piez affin q̄l n'alast pas loing. Si amenda moult en celui terme & reuint assez pres de sa beaulté/ mais oncques ne vint leans homme qui le cōgneust/ & nonpourtāt de sa beaulté de lui disoient ilz quil auoit esté bon cheualier/ & estoiēt moult dolens de sa ladie. Ainsi fut Lancelot leans tout l'este iusq̄s vers le noel/ que iamais ne fust reuenu/ se ne fust vne auenture qui lui aduint/ & si vous diray comment.

Vng iour quil faisoit froit a merueilles, Bliaus se partit de sō hostel tout armé & monta sur son cheual pour aller en sa forest q̄ estoit pres d'illec sauoir se il pourroit rencontrer aucun cheualier estrange ou priue a qui il peust iouster. car il estoit acoustumé a ce faire/ & estoit vng des meilleurs cheualiers du pays. Et quant il fut vng pou esslongnié si rencontra deux cheualiers q̄ estoient freres & se heoient mortellement. Et quāt ilz se virēt seul/ si lui crierēt q̄l estoit mort/ & coururēt encontre lui. Bliaus q̄ moult estoit preudōme ne fist pas semblāt de fouir: ains les attendit/ & ceulx briserēt tous deux leurs lances sur lui/ mais il n'en vuida pas sa selle: ains en frapa vng tellemēt q̄l lui brisa sō glaiue cōtre le piz puis passerēt oultre/ & tirerēt leurs espees & se tredōnerent de grans coupes/ mais ceulx qui estoiēt deux & bons cheualiers s'entr'aidoient comme freres de si grant force quil lui conuint guerpir sa place ou mourir/ & ce ne fut pas de merueille, si leur tournast dos, car ilz se auoi ent desia naurē en plusieurs lieux. Quant ilz virent quil s'estoit mis a la fuitte. Si lui cōmencerēt a crier a haulte voix. Haa traitre vous ne gaignerez riens/ car ia vostre fuitte

La tierce partie de Lancelot.

Or dit le conte que quāt lancelot fut a ce venu quil eut du tout perdu le sens & la memoire quil souloit auoir, en telle maniere quil ne sauoit q̄l faisoit ne ou il aloit. Il erra ainsi nu comme il partit de kaamalot maincte iournee tout a pie, vne heure auant & laultre arriere, sicomme auenture se portoit. Si fut en pou deure taint & noirci de la chaleur du soleil, & empira moult de ce quil trauailloit trop & mengoit pou. Et fut tellemēt atourne ains que le premier yuer passast quil nestoit hōme q̄ deuāt leust veu q̄ iamais le tenist pour lancelot sil ne lauoit moult.

Vng iour dyuer q̄l faisoit grant froit a merueilles, aduint que auenture mena lancelot tout nu ainsi quil estoit a vng pauillon qui estoit tendu en vne praerie. Dedēs gesoit vng cheualier & vne damoiselle, & la deuāt en vng estoc pendoit vng escu blāc & y auoit appuyez deux glaiues & deux espees. Il vint celle part & saisit vne des espees, si la tira hors du fourreau, puis cōmenca a fraper sur lescu, & fist aussi grāt noise comme se douze cheualiers se combatissent ensemble. Si despica lescu comme celui qui ne sauoit quil faisoit, & nonpourtant bien lui estoit aduis quil faisoit grant cheualerie. A celle noise que lancelot faisoit yssit hors du pauillon vng nayn. Et quant il vit celui qui despecoit lescu, il eut bien tant de hardement quil lui voulut tollir lespee, car il ne cuidoit pas quil fust hors du sens, si vint vers lui & le print par le poing, & le tira a lui le plus roidement q̄l peut, mais oncques pour chose quil peut faire ne lui sceut oster lespee du poing, & celui qui estoit fol se courrouca, si le print par les espaules & le iecta encontre terre si felonnement que a pou quil ne lui brisa le col, mais plus de mal ne lui fist, ains commēca a fraper sur lescu cōme deuāt.

Au point que le nayn fut cheu a terre, il eut telle paour q̄l cria aide aide. Sy ne demoura gaires que de leās yssit vng cheualier vestu dune robe descarlate, & quāt il vit son nayn, si lui demāda quil auoit. Sire fist le nayn a pou que ce dyable ne ma tue. Lors regarda le cheualier lancelot q̄ se cōbatoit si merueilleusement a lescu, si le vit si mallement

atourne quil congneut bien quil nestoit pas en son bon sens, car il aloit nu & en chemise ainsi comme sil fust plain este.

Lors pensa le cheualier que moult seroit grant aumosne qui le pourroit faire reposer pour sauoir sil pourroit reuenir en son droit sens, adonc sen ala vers lui pour lui oster lespee du poing, & lancelot lui escria Sire cheualier ne venez pas plus auant, ains me laissiez ma bataille, car se vous vous en entremettez ie vous occirai. Lors haulca lespee pour le frapper, & quāt celui vit le coup, si pensa q̄l seroit que fol sil lattendoit a ce quil estoit desarme, si se tira arriere & sen ala en son pauillon, si print ses armes & sen reuint a lancelot, & lui dist quil mist ius lespee, si y mist la main pour la tollir. Et lancelot haulca lespee quant il le vit aprochier, & le frappa si fermement q̄ lespee vola en deux pieces, & celui fut si estourdi du coup q̄l cheit a terre, tellement q̄ le cerueau lui troubla en la teste, & lancelot entra au pauillon, & trouua la damoiselle q̄ estoit esueillee. Quant elle le vit venir si congneut bien quil estoit hors du sens, & elle saillit incontinent hors du lit toute en chemise, & yssist hors du pauillon. Et lancelot entra incontinēt au lit, si se trouua chault & conuenable a ce q̄l auoit froit, & pource sy coucha il et se commenca a couurir. Et celle qui fut saillie dehors trouua son amy a terre, si cuida bien quil fust mort, & elle se scria moult douloureusement & dist. Haa lasse morte suis. Lors commenca a faire le plus grant dueil du monde.

A chief de piece vint celui de paumoison, si ouurit les yeulx. Et quant il vit celle q̄ ainsi se lamētoit, il la blasma moult & lui demanda ou estoit celui qui ainsi lauoit atourne. Haa sire fist le nayn pourquoy le demādez vous, pour dieu ne lui faictes nul mal car il est hors de son sens. En nom dieu fist le cheualier ia ne lui ferai mal: aincois le tiendrai auec moy tāt q̄l sera guari, & se ie le pouoye faire ie scay bien certainement q̄ ien seroye encores seruy de plusieurs gens, parquoy ie ne aurai iamais ioye deuant que ie saurai mis du tout en son droit sens: aincois quil se parte de moy. Par ma foy sire dist la damoiselle il est en ce pauillon. Et il se dreca incontinent

lui mon sauueur/car oncques ne fus en tel dā
gier de mort cōme ie suis. Si maist dieu sist
perceual ie nen ay pouoir/car ie ne cuide pas
que iamais ie puisse monter sur cheual/ainsi
furent les deux cheualiers ensemble tant q̄ la
nuit fut tellemēt obscurcie que lun ne pouoit
veoir lautre/& hector dist a perceual. Sire ie
me meurs/mais pour dieu se vous puez aler
a court & vous voyez lancelot mon frere si le
me saluez/mais pour dieu de lui compter ma
mort ne vo' en chaille/car il vous en scauroit
malgre et a tort/& il dist q̄ de ce messaige faire
naura il ia loisir/car ie ne cuide pas veoir le
iour de demain.

Au point q̄lz estoient en tel peril et q̄lz
cuidoient bien mourir/virent venir
vers eulx vne grant clarte q̄ sur eulx descen-
dit/si sesbahirent q̄ ce pouoit estre. Lors regar
derent & virēt vng vaisseau q̄ estoit fait en sē-
blāce de calice/si estoit le vaisseau couuert dū
blanc samit/& deuant venoient deulx encen-
cieres/& deux autres les suiuoient/mais ilz
ne veoient pas qui les encenciers portoient ne
qui le vaisseau soustenoit. Et nonpourtant le
vaisseau leur sembla saincte chose. Si sencli-
nerent au deuant parmy toutes les angoisses
qu'ilz souffroient. Et incontinent leur aduīt
vne si belle auenture q̄lz se sentirent tous sās
& haittiez & garis des playes quilz auoient/&
puis apres se salt vaisseau sen ala si soubdai
nement quilz ne sceurent quil deuint.

A celle heure parla perceual & dist a
hector. Messire hector auez vous veu
Oup fist il/mais ie ne scay pas bien certaine
ment que cest/& nonpourtant si tost comme il
fut entre nous ie fus gari des playes que vous
mauiez faictes/tellement q̄ ie suis aussi sain
& aussi haittie comme ie fus ōcques. par ma
foy fist perceual tout ainsi vous puis ie dire
de moy/vous ne me fistes huy playe q̄ ie nen
soye gari. Bien nous a dieu secourus par sa
grace & par sa pitie/car autrement neussions
nous pas veu le iour de demain/or pouons
nous bien dire que nostreseigneur a eu pitie de
nous. Longuement parlerent ensemble de ce
ste chose. Si demanda hector que ce pouoit
estre. Certes fist perceual: ie endroit moy ne
puis sauoir q̄ cest/& ie le vous diray fist hector

Sachiez vrayement q̄ cest le saint graal par
q̄ toutes les auentures sont auenues au roy-
aume de logres. Graal sire fist perceual que
peut ce estre/ce vous diray ie bien fist hector.
Le saint graal si est le vaisseau ou nostre sei-
gneur menga laigneau le iour de pasq̄ auec
ses disciples en la maisū simō le lepreux. Lors
lui compta comment ioseph de arimathie la-
uoit aporte au royaume de logres/si en ōt este
par miracle repeus tous ses hoirs/& encores
en est chascun iour repeu le roy perles.

Par ma foy messire hector vous me
cōptez merueilles/& le croy bien cer-
tainement que ce soit vray pour sa grant ver-
tu q̄ a este esprouuee en nous/ si vous dis ie
iamais ne seray aise deuant q̄ ie le voye apper
tement: sil est possible q̄ hōme mortel le puisse
veoir. Lors rēdirent graces a dieu de ce que si
belle mercy leur auoit faicte/& attendirent il
lec iusques au iour. Au matin quāt le iour ap
parut se leuerent en estant & sentrebaiserent/si
donna lun a lautre sa foy q̄ iamais tant q̄lz
viuroiēt ne sētresauldroiēt: ales seroiēt desor
mais cōpaignōs puis q̄ ensemble auoiēt este
sauuez. Si prindrent leurs armes telles cōme
elles estoiēt/si cercherēt tant leurs cheuaulx
q̄lz les trouuerent. Quant ilz furent montez
si dist perceual. Sire q̄ ferons nous. Ce quil
vous plaira fist hector. Et q̄ aliez vous que-
rant fist perceual quāt nous nous encontras
mes. Ie aloie fist il querāt monseigneur lance
lot mon frere que ie ne vis deux ans a passez
ales say depuis tāt q̄ ie en suis tout las/ne
encores nē ay oup nouuelle q̄ me plaise. Si en
suis moult dolent. Cōment fist perceual nen
ouistes vous oncques depuis parler. Certes
fist il nenny. Si ay ie encores greigneur espe-
rance de sa vie q̄ de sa mort. car se il fust mort
il ne peust estre q̄ nous nen ouissiōs aucunes
nouuelles. Or alons fist perceual tous deux
ensēble pour sauoir se nous en oirōs aucunes
nouuelles. Mais a tāt laisse ores le compte a
parler deulx/& retourne a lancelot.

¶ Cōment bliaus garda lōguement lance
lot/cuidant q̄l garist/& cōment il seschapa de
lui/& cōment il se trouua au chasteau de corbe
nic/ou il reuint en son sens. ᵛᵛiii.cha.

celsui de eulx deuk qui ne ait telle dix plapes au corps/ dont vng autre cuidast mourir de la mordre. Si apert bien a la terre par ou ilz marchoient, car la terre estoit toute couuerte des pieces de leurs escuz & du sãg qui de leur corps cheoit/ & silz neussent este de si grant force: ilz fussent pieca mors au grant traueil qlz souffroient. Mais le grant desir que chascun auoit de soy vengier/ les faisoit souffrir oultre ce qlz ne deussent/ & nonpourtant ilz auoient tant endure de traueil que petit valoient les coupz quilz donnoient, car quant ilz cuidoient fraper: les espees leur tournoient aux mains/ & cheoient a terre plusieurs fois tant estoient foibles du sang qui leur estoit vuide du corps. Si menerent tãt ce premier assault que a force les conuint reposer pour reprendre leurs alaines.

Quant ilz se eurent grãt piece regarde/ perceual dist a hector. Sire cheualier qui estes vous/ ie le vouldroie voulentiers sauoir, car oncques ne trouuay vng si pieudomme comme vous estes/ ne nul que ie doubtasse tant, car vous mauez mene a ce: ou oncques cheualier ne me mena. Certes sire fist hector si auez vous moy, car vous me auez si court tenu que ie nen puis eschaper sãs mort: parquoy ie puis bien dire q vous estes le meilleur cheualier que iay trouue depuis trois ãs. Si vous pourrez bien vanter quant ie seray mort, car ie cuide bien mourir deuãt quil soit nuit, que vous aurez occis hector des mares q estoit cõpaignon de la table rõde, & frere de monseigneur lancelot du lac. Haa sire fist perceual pour dieu mercy/ puis que vous estes compaignon de la table rõde: ie me suis trop vers vous meffait/ car aussi en suis ie compaignon: parquoy ie ne me deusse pas estre cõbatu a vous en nulle maniere. Et de ce vous requiers mercy, car se ieusse cuide que vous eussiez este compaignon de la table ronde: iamais a vous ne me fusse combatu. Comment fist hector estes vous doncques compaignon de la table ronde. Ouy sire fist perceual. Et comment auez vous a nom. On me appelle fist il perceual de galles, & suis frere a agrual. Haa dieu fist hector quelle meschance nous est au iourdhui auenue, mais puis que vous

me auez occis p telle mesauenture: ie le vous pardonne voulentiers. Sire fist perceual se vous vous plaigniez de moy: ie me puis autant plaindre de vous, car vous me auez occie, & bien en saurez par temps la verite.

Ainsi se plaignoient lun de lautre & auoient grant pitie deulx mesmes car ilz se voient que de plapes que de sang tellement atournez quilz ne cuidoient ia voir la nuit. Et hector osta son heaulme de sa teste tel comme il estoit a son escu auec/ & se coucha & dist tout en plourant. Haa monseigneur lancelot iamais ne me verrez, car au iourdhuy fauldra la cõpaignie de vous & de moy. Grãt pechie fist madame la royne quant elle vous chassa de court, car pour vous querre mourront maint preudommes & moy mesmes en suis naure a mort & si en mourray, qui plus vous desiroye a trouuer que tous les autres & ce nestoit pas de merueille, car plus prouchain vous estoye que nul autre.

En tandis quil parloit ainsi le regarda perceual celui qui tant auoit perdu de sang quil ne se pouoit soustenir de bout & quant il lui voulut aidier il ne peut/ ains tumba a terre. Et quant il eut grant piece a terre, si haulca la teste & osta son heaulme tel comme il estoit/ puis se desarma au mieulx quil peut, & dist a hector. Sire vous mauez occis aussi bien comme iay vous/ & nostre seigneur le vous vueille pardõner, car ie se vous pardonne. Et certes ie ne vous en scay point de mauuaise gre puis que vous lauez fait p mescongnoissance. Et comment vous sentez vous. Je me sens fist hector tresmal apointe, car tant ay petites plapes & grandes q ie nen puis eschaper sans mort. Grant est le dõmaige fist hector: si men poise car ie ne le puis amender, car oncques par telle auenture ne mourutent deux cheualiers q fussent tout vng.

En telle maniere gesoient a terre les deux cheualiers lun ca & lautre la/ tant quil fut heure de vespres. Et lors dist hector a perceual. Sire montez sur vostre cheual si vous plaist, & alez cy pres en ceste forest a destre ou vous trouuerez vng hermite & lui dictes ql me vieigne voir & ql aporte auec ccás serõs nous bien hebergiez pour lamour de moy, z pour ce que bien sauez desserui. Si re sist il si serez, car vous ne mengastes huy. z sen pria tant qil descendit. Et quant ceulx de leans virent patrides ilz lui firēt moult grāt ioye, z si honnourerent moult perceual pour lamour de lui. Et quant ilz eurent mengie, si demanda perceual a patrides se il sen yroit a la court du roy artus. Et il dist q oup. Donc vous prie ie sist perceual que vous me saluez agraual mon frere, z sui dictes quil ne me quie re pas, car ie me suis parti de court pour ouir nouuelles de lancelot. Et il dist que ce mes saige seroit il bien. Lors se partit patrides et se remist en son chemin, si erra tant quil vint a la court du roy artus. Si se salua de par p ceual, z lui dist ce que il lui auoit dit, z pour quoy il sen estoit ainsi ale de court. Et quant le roy entendit ce: si sceut moult mauuais gre a keu a mordrec. Et affin que vous le sa chiez vous me auez oste le meilleur cheualier qui fust ceans apres monseigneur gauuain, car se il vient en aaige dhomme: sachiez quil viendra a greigneur honneur que vous ne cui dez. Et pour ce me poise il quil sen est ale de uant quil fust plus puissant, car desormais sui conuiendra souffrir plus de peine z de tra uail que a son aaige nappartient.

Moult blasma le roy keu z mordrec de ce quilz auoient dit de perceual Et perceual q seul aloit soy esprouuāt a tous ceulx qui contre lui venoient: tellement q onc ques ne trouua cheualier dont il ne venist au dessus Si estoit moult acoustume de ouir mes se a matines z toutes les heures du iour. Si se tenoit chaste, z se faisoit chascune semei ne confes, z telle vie mena il tant quil eut bie vng an entier ainsi erre, z si sist des plus bel les cheualeries du monde.

Quant il eut bien vng an este erre en telle maniere, il lui aduit vng iour quil rencontra hector des mares a lentre de vne forest si mallement atourne q ses armes ne valoient se petit non, car son escu estoit tout despece z ny apparoit q les coups, et si estoit son haubert tout rompu, z son heaulme tout casse z sui trauaillie. z ce nestoit pas de mer ueille, car il auoit cheuauchie deux ans enti eres sās auoir eu gaires de repos. Il venoit pē sant de ce quil ne oioit nouuelles de monsei gneur lancelot son frere, parquoy il estoit tāt dolent quil ne cuidoit iamais auoir ioye. Et quant les deux cheualiers sentre aprocherent si ne sentrecongneurēt pas, car oncquesmais ne sestoient entre veus. Si embracerent les escus, z firent semblant de iouster, z eurēt cha cun vng bon glaiue z fort. Si sentrefrappe rent si durement, que oncques ses haubers ne leur firent garant: qlz ne se seissent sentir les fers des glaiues es chars nues, mais il ny eut playe dont ilz ne peussēt bien garir. Et hector qui plus bellement ioustoit que nul autre che ualier: porta perceual a terre par dessus la crouppe du cheual, puis passa oultre si descē dit z atacha son cheual a vng arbre. Et perce ual qui moult sestoit courrouce de ceste ren contre se leua moult vistement, car oncques puis quil fut cheualier ne trouua qui sa selle lui sist vuider. Si tira lespee z embraca lescu z se appareilla de mōstrer la greigneur prou esse quil ōcques pourra, car il sauoit bien que celui a qui il a iouste nest pas garcon. Si lui courut sus lespee traicte. Et celui qui de ceste chose nestoit pas aprentis: lui donna parmy le heaulme tant quil peut amener, Et perce ual qui trop durement frappoit de lespee, z si nestoit pas si fort trauaille cōme estoit hector Si haulca lespee z lui donna telz .iiii. coups ensuiuant q moult se tint celui a greue de les receuoir.

Lors cōmenca la meslee si grande et si perilleuse que nul ne les veist qui a preudhommes ne les tenist. Si sesmerueil loit chascun ēdroit soy de la prouesse quil trou uoit en son compaignon, car hector ne cuidast iamais trouuer autāt de prouesse en perceual z perceual ne cuidast iamais trouuer tel che ualier comme hector. Et pour celle bataille ny eut il celui qui neust paour de perdre sa te ste, z nōpourtant ilz se deffendoiēt bien tous deux z se couuroiēt de leurs escus, car ilz estoi ent si vistes z si entreprenans lunvers lautre que a merueilles. Si se despicēt leurs heaul mes z leurs escus aux espees trenchantes, z se faisoient le sang voller de toutes pars. Si dura la bataille si longuement quil ny auoit ql ne dormiroit point/ mais a la parfin il se pnsa tant quil lya ses cheuaulx a ung arbre & sendormit. Quant perceual vit quil fut endormi/ si pensa bien quil ne se pourra iamais mieulx laisser/ a ce quil ne veult nulle cōpaignie/ car ce quil fera desormais soit a los ou a blasme: il le veult faire si couuertement que nul ne se saiche. Si vint tātost a son cheual & monta sus/ puis laissa lescuier dormant/ & erra tant quil vit hors de la forest. Au matin cōmenca a plouuoir & a faire mauuais tēps car il estoit ia iuer: si cheuaucha iusques a prime/ & lors il vit deuant lui ung chasteau qui seoit sur une eaue moult grande & perilleuse. Et perceual vit dessus le pont ung cheualier qui estoit tout arme/ & estoit lie dune chayne de fer parmy le ventre tellement q ceStoit une merueille/ & estoit atachie a ung perron. Et quant celui qui estoit en la chayne vit venir perceual vers le chasteau/ si lui dist. Haa cheualier se tu es de la court au roy artus/ ou tu es cheualier auentureux viens moy aider et ietter dicy & tu le dois bien faire/ car aussi suis ie cheualier comme tu es.

Quāt perceual vit le cheualier/ si ala celle part & dist quil ne lui fauldroit pas. Et lui demanda cōment il lui pourroit aider. Se vous auiez sist il si bōne espee quelle sceust trēchier ceste chayne/ ie seroie desiure & autrement non. Et il dist que ia pour espee ne demourroit: quant il la deuoit rōpre. Si fist le cheualier approchier du perron/ & celui lui demanda comment il le pourroit faire. Je vueil sist il trenchier la chayne rez a rez de vostre haubert/ car se ie ne le faisoie vous demoureriez enchayne/ & celui se coucha sur le perrō Et perceual tira son espee & frappa tel coup sur la chayne qlʒ la trencha tout oultre & le haubert au cheualier aussi si que a pou quil ne le affola/ & lespee fut bonne/ car bien y parust a ce quil trencha les deux doubles du haubert & la chayne aussi appertement cōme ung morcel de terre. Et quant le cheualier vit ce coup si se saigna & dist. Sire a ferir ne sēblez vous pas hōme mais ennemy/ & si cuide que vous y auez vostre espee gastee/ & perceual la dreca contre mont pour sauoir sil disoit vray/ si la regarda & la trouua saine & entiere/ si la tint

pour bonne toute sa vie & sen aima de mieulx Lors vit yssir du chasteau ung cheualier qui estoit moult bien arme. Et quant perceual le vit venir/ si poingnit le cheual vers lui/ & le frapa si fermement parmy lescu qlʒ lui mist le glaiue en lespaule senestre/ si le porta en leaue tout a lenuers/ & y fust noye ce neust este une nasselle qui estoit en leaue a quoy il se soustīt Et perceual print le cheual & le donna au cheualier quil auoit desiure/ & lui dist quil montast car il le vouloit mener a sauuete sil pouoit/ & celui mōta/ si ne retournerent pas vers le chasteau/ ains alerent de lautre coste. Lors lui demanda perceual cōment il fut enchayne & celui lui dist. Sire il aduint auāt hier que moy qui suis cheualier errant de la maison au roy artus alope querant auentures tant que fortune me amena en ce chasteau. Et quant ie fus hebergie la dame de ceans me vit si beau a son auis quelle me requist damours/ & ie lui dis que ie nen seroye riens: selle ne sen venoit auec moy/ & elle se me creanca/ dōt il aduint que nous yssimes de leans pour aler au royaume de logres/ mais ceulx q cognurent bien la fēme nous prindrent tous deux & nous ramenerent/ si mistrent la dame en prison/ & me serent ainsi comme vous auez veu. Si me distrent que iamais ne mourroye sinon de faim/ & aussi y fusse ie mort se dieu ne vous eust ce ceste part pour moy aidier/ or vous ay ie dit comment ce fut. Et ie vous prie sist perceual par amours que vous me diez vostre nō & celui dist quil se dira Boulestiers. Sire sist il ie suis de la table rōde & suis nepueu au roy Baudemagus. Et perceual dist quil congnoissoit bien le roy Baudemagus. Sire sist patrides estes vous dōcques des compaignons de la table ronde/ & il dist que ouy. Si lui deuisa incontinent comment il le fut. Et comment auez vous a nom. Jay a nom perceual & suis frere de agrual. Et pourquoy sist patrides vous partistes vous de court/ & il dist que keu & mordrec lēs firent partir pour une parolle qlʒ distrent de lui/ si lui cōpta quelle.

Tant alerent quilz vindrēt au logis a ung cheualier/ & quant ilz y furēt partides dist a perceual. Sire descendez car

p iii

soubtille ouuriere du mōde: mais elle nauoit parse/ parquoy ceulx de leans lappelloiēt la damoiselle qui oncques ne mentit.

Quant la damoiselle se eut grāt piece regarde/ si cōmenca a plourer. et lors lui aduint vne aueture merueilleuse qui fut tenue a miracle, car elle q oncques nauoit parlé se dist a perceual. Perceual sergāt de iesucrist vierge (et net biens te seoir au siege de la table ronde/ emptes le siege perilleux/ (et ceulx en furent tous esbahis/ (et elle le mena par la main iusques au siege. Si le assist emptes le siege perilleux a destre partie/ (et dist. En ce siege sera le bon cheualier/ (et toy emptes lui a destre/ pour ce que tu lui ressembleras de virginite/ (et a senestre sera Boort. Et encores saurōt bien les cheualiers de ceans (et de ailleurs la signifiance de ceste chose, si lui dist. Souuiengne toy de moy quant tu viendras deuant le saint graal, (et prie pour moy/ car ie trespasseray prochainement de ce siecle. Si sen partit a tant (et vint en sa chambre a la royne (et se coucha, ne oncques puis ne parla fors que au quart iour quilz lui firent aporter le corpus domini, car ilz cuidoient quelle mourust. Quant elle le vit si eut pouoir de dire, Beau sire dieu mercy: ne plus nen dist/ ains trespassa si tost cōme elle eut receu son saulueur. Si sesdrēt a grāt merueille ceulx de leans comme ce estoit auenu/ (et firent aussi grant honneur au corps cōme on deuoit faire a femme de son lignaige/ (et la mistrent en la maistresse eglise de carducil

Quant la damoiselle fut enterree/ si mistrent celle aueture en escript pour ce que ceulx sa ramenteussent qui apres leur mort viendroient. Si resendirent auec eulx perceual (et lui firent moult grant honneur/ (et disrent quil seroit des compaignons de la table ronde/ (et seroit auant mis pour les auentures mettre a fin. Si le firēt demourer voulsist il ou non, car plus voulentiers fust il ale querir lancelot aussi tost comme il ouit aux barons parler de leur cheualerie: quil ne fust en nulle maniere demoure leans/ mais agrual (et les autres cōpaignōs sen garderent. Sy y fust encores demoure grāt piece, se neust este vne parolle qui lui fut dicte/ (et si vous deuiseray quelle.

Ung iour aduint en puer que le roy estoit a caradigant son chasteau/ (et estoit assis a disner. Si seruoient deuant lui cheualiers de trois aaiges. les vngs de saage de pviii. ans/ les autres de pl. (et les tiers de quatre vingtz ans ou plus. Entre les ieunes estoit perceual qui auoit la chiere simple/ (et lieux le seneschal qui grāt piece leut regarde/ se monstra a mordrec/ (et lui demanda ql lui en sembloit. Il me semble fist il q siple cheualier q mieulx aime la paix que la guerre/ certes fist lieu: si est il a mon escient/ car encores pert il bien a son escu q oncques ny eut coup feru. Ceste parolle ouit vng fol de sa court. Si se dist a perceual ql ne deust poit venir entre les cheualiers. Oy me dy fist perceual cōment le scez tu. En nom dieu ceulx de ceans dient quil ny eut oncques en vostre escu frappe coup/ (et de ce eut il grāt honte. Si lui demāda q estoient ceulx q ce auoient dit/ (et il ne lui sceut dire: sinon q ilz estoiēt de la table ronde/ (et nonpourtant il lui monstra lieu (et mordrec/ (et perceual creut bien q cestoient ilz. Si sen teust/ (et pensa q illec ne demourroit il plus, ains sen yroit apres lancelot/ ne iamais ne retourneroit deuāt qil sceust vrayes nouuelles de sa mort ou de sa vie.

A ceste chose pensa moult toute iour perceual. Au soir quant agrual fut couchie (et tous les autres: perceual dit a vng sien escuier ou il moult se fioit/ (et lui dist. Appareille moy mes armes (et mon cheual. Haa sire fist le varlet ie seroye destruit (et mort se ie demouroie apres vous/ car vostre frere me occiroit: mais sil vous plaist que ie men voise auec vous: ie feray ce quil vous plaira. Va donc fist perceual car trop me tarde/ (et le varlet ala querir les armes a perceual (et les lui aporta/ (et quant il fut arme si monta sur son cheual (et print son glaiue (et se partit de leans lui (et son escuier/ si cheuaucherent tant qilz entrerent en la forest. Et quant ilz eurent fait v. lieues engleches/ si trouuerēt vne maison q estoit vieille (et toute rōpue (et ny auoit nullui/ si dist perceual a lescuier qil auoit talent de dormir. Sire fist lescuier reposez vous dōcques (et ie garderay les cheuaulx. Et perceual lui commanda quil les spast a vng arbre/ (et quil dormist, car il en auoit bō mestier/ (et celui dist nouueau. Et quant tu auras fait ce messaige si ten reuiens a la court au roy artus: se entre ce q̃ ia ne nous peus acõsuiure tu nous p̃ trou ueras/ ⁊ cestui se remercia moult de ce don/ ⁊ dist q̃ ce messaige sera il bien. Si sen partit a tant ⁊ chemina tant quil vit a heure de soup per a lostel de sa dame. Et quant il fut descen du ⁊ il eut dictes ses nouuelles/ sa mere q̃ tãt amoit perceual q̃ nulle plus. Si mãda se cha pelain ⁊ se fist cõfesser/ si receut le corpus dñi ⁊ trespassa se soir/ ⁊ sedemain elle fut enterree Si se partit lescuier de seãs ⁊ cheuaucha tãt q̃l vint au logis a ung cheualier qui hayoit agrual sur tous hõmes/ dõt il si tost cõme le scuier se reclama de agrual/ il se fist seans occire ⁊ ietter dedens vng fosse. Et agrual a uoit deux iours seiourne a vne abbaye pour ce quil fut vng pou deshaittie. Si aduint q̃l passa p deuant sa maison au cheualier sende main que lescuier auoit este occis/ si se trouua au fosse ⁊ le recongneut bien.

Ainsi q̃l se regarda yssit de seãs vng varlet ⁊ vne damoiselle/ si leur des manda qui ce varlet auoit occis/ ⁊ ilz distrent que ce auoit fait le seigneur de ceans/ pour la mour de agrual de par q̃ il se reclama. Quant il ouit ce: si saca errãment son heaume ⁊ dist a perceual q̃ plouroit pour lamour du varlet q̃l sattẽdist/ ⁊ il dist q̃ si feroit il. Lors entra leãs ⁊ trouua le cheualier seant tout arme Si lui demanda pourquoy il auoit occis son sergẽt Cõmẽt fist il es tu agrual q̃ mon frere occis Quoy q̃l ait este de ton frere: ie suis agrual q̃ te desfie. Lors descendit de son cheual ⁊ lui courut sus lespee traitte/ cestui se desfendit/ Si dura tant la meslee que le seigneur de lo stel ne se peut plus souffrir/ si aloit guenchis sãt ca ⁊ la/ ⁊ agrual q̃ se hayoit mortellemẽt le frappa tellemẽt que pour heaume ne pour coiffe de fer ne demoura quil ne lui mist les pee iusques au cerueau/ ⁊ cestui cheit mort a terre. Si sen aloiẽt fuiant ceulx du chasteau sun ca ⁊ lautre la/ car ilz auoiẽt grant paour que agrual ne les occist/ ⁊ quant il vit le sei gneur mort: il le traina hors de seãs ⁊ le ietta au fosse ou le varlet auoit este iette/ puis mõ ta sur son cheual ⁊ se remist en son chemin. et perceual print le varlet mort ⁊ se mist sur son cheual deuant lui.

Tant se partirent de leans ⁊ epor terent le varlet mort iusq̃s a sa pre miere abbaye quilz trouuerẽt/ ⁊ se firent met tre en terre. puis se remirent en leur chemin ⁊ cheuaucherẽt tant par leurs iournees/ quilz vindrent a carduel en galles ou le roy tint sa court le iour de la toussains/ ⁊ tous les com paignons de sa q̃ste y estoient venus dolens ⁊ courroucez/ fors que seulemẽt les trois cou sins/ mais ilz nauoiẽt riens trouue. Quãt le roy les vit a si grant feste/ il dist quilz de uoient bien repairer/ car deux ans auoit pas sez quilz nauoiẽt este a court. Et quant il ne vit le xxv. cõpaignon q̃ sestoit parti de court il fut fort amalaise. puis compterent les cõ paignons les auentures qui leur estoient aue nues/ si ny eut nulluy qui sceust nouuelles de Lancelot. dont le roy fut moult courrouce ⁊ tous les autres aussi. Mais sur tous ceulx q̃ en parloient la royne en estoit plus courrou cee que nul/ car elle scauoit bien q̃ tout le mal estoit venu par elle/ si nen scet que faire/ ne il nest nul homme a qui elle lose dire/ si en cui de bien mourir.

Lendemain que agrual vint a court: il regarda le roy emmy le palais/ si y vit perceual qui seruoit aux tables/ ⁊ il dema da a qui il estoit/ ⁊ on lui dist quil estoit frere a agrual/ ⁊ il dist que dieu lui donnast amen dement. car il estoit moult beau. Quant ilz eurent mengie/ si vint agrual deuant le roy ⁊ lui dist. Sire lenfant dont vous demanda stes ores est mon frere/ Si le vous ay amene pour faire cheualier/ car ie cuide vraiement q̃l sera preudõme. Certes fist le roy vous auez moult bien fait/ ⁊ ie vous en scay bon gre/ ⁊ si le feray voulentiers quant il vous plaira/ ⁊ perceual respondit. Sire donc vous prie ie que vous le me faciez demain. Voulentiers fist le roy. Si veilla celle nuit perceual en sa maistresse eglise de cardueil. Et lendemain le fist le roy cheualier/ puis sen vindrẽt disner. Et les compaignons furẽt assis en leurs sie ges/ perceual se assist es plus basses ou les mains renommez se seoient. Et quãt il y fut assis moult pensif/ si vint deuant lui vne des damoiselles a la royne ⁊ de sõ aaige/ la plus

p ii

La tierce partie de Lancelot.

en chasse fist perceual ien penseray bien/ et si vous diray comment. Quant vous serez armé et monté: ie diray a madame quelle me donne congie de vous conuoyer/ et ce sera elle vous sentiere/ et ie men iray en ceste maniere auec vous/ et iamais ne retourneray deuant que ie soye cheualier. Et agrual dist q̃ ainsi se pourroient ilz bien faire sans esperance mauuaise de nul homme.

Celle nuit demoura leans agrual/ et dist a sa mere. Dame iay ceans demouré grãt piece plus pour amour et pour pitie de vous q̃ pour autre chose/ car plus grant mestier eusse ie de cheminer que de seiourner/ et pour ce vous prie que me donnez congie: affin que ie men puisse demain aler/car moult me tarde que ie viengne a la court au roy artus/ et ie ny fus plus a de deux ans. Quant sa mere vit quil sen vouloit partir, elle sui donna congie moult enuis/ et ploura tendrement de ceste nouuelle. Ledemain si tost que le iour apparut se leua perceual qui moult estoit en grant soussi deschapper pour aler auec son frere. Si appareilla son affaire tellement quil fut tout prest quant agrual seroit leué/ et quãt il fut leué ilz alerent ouir la messe/ et puis sen vindrent disner et furent serui a leur voulente. Et quant ilz eurent disné a leur aise/ agrual demãda incontinẽt ses armes et on les sui aporta. Et quant il fut armé et appareillé/ il commanda sa mere a dieu/ puis monta a cheual et se partit de seans/ et quãt il fut hors perceual vint a sa mere et sui dist. Dame donnez moy congie que ie conuoye mon frere iusques a lentree de ce bosquet qui est la sus/ car ie ne scay se ie le verray iamais. Beau filz fist la mere ie vous commande a dieu/ mais gardez que vous ne demourez guaires/ et menez auec vous vng escuier qui vous fera compagnie/ et pensez de reuenir tost nõpas pour moy mais pour vous solacier/car bien sachiez certainement que ie ne seray iamais ioyeuse deuant que ie vous reuoye. Et perceual qui na pas couraige de reuenir si tost comme elle cuidoit ne veult pas que nul voise auec lui/ mais elle dist que si feroit. Si fist errammẽt appareiller vng escuier/ et lui commanda quil amenast son filz/ et il dist que si feroit il.

Tant se partit perceual de sa mere et vng escuier auec lui. Si cheuaucherent tant quilz attaingnirent agrual a lentree du bosquet/ et agrual attendoit son frere car il sauoit bien quil se suiuroit: si tost comment il pourroit auoir congie de sa mere. Et quant il se vit venir si en furẽt moult ioyeux si entrerent au bois et alerent parlant de maintes choses ensemble/ tant quil fut haulte heure du iour/ et lescuier commenca a sennuier: et dist a perceual. Sire rallons nous ent/ car vous scauez bien ce q̃ vostre mere vous a dit. et ie crains moult q̃ elle ne soit a malaise/ car nous ne vendrions meshuy a lostel de iour ce scay ie bien: et perceual lui dist. Bel amy souffre toy encores/ et alons vng pouplus auãt/ lors retournerons/ et il se teust. Adoncques les deux freres cheuaucherent iusques a heure de nõne et tant quelle fut passee/ et quil fut pres de vespres/ lors dist lescuier a perceual. Haa sire vous vous estes oublie sicomme il mest auis vous auez tant alé q̃ nous ne vendrions maishuy a lostel de iour/ et perceual lui dist tout en riant. Comment Bel amy cuides tu que ie me soye parti de ma mere pour si tost retourner. sachez vrayement que ie ny retourneray iamais deuant que ie soye cheualier nouueau et que ie naye esté a la court au roy artus qui cheualier me fera se dieu plaist. Et pour ceste chose vueil ie que tu ten retournes a lostel/ et diras a madame ma mere quelle ne ait pas paour de moy/car ie men vois a la court au roy artus auec mon frere/ et bien sui dy sa cause pourquoy ie y vois/ et que ne sui en desplaise car ie la retourneray veoir le plus tost que ie pourray mais que ie soye cheualier/ comme celle que iayme le mieulx/ et bien le doy faire.

Quant lescuier oit ceste parolle, si fut tant dolent que nul plus/ si comme ca a plourer trop angoisseusemẽt/ et dist. Haa sire pour dieu quest ce que vous dictes/ ainsi ne se ferez vous pas. Si feray fist il ce saches tu. Sire fist il puis quil est ainsi laissez moy aller auec vous: affin que ie vous serue ainsi cheualier cõme iay fait damoiseau. Et ie lotroie fist perceual mais q̃ tu voises dire a madame de mere. q̃ ie men vois auec mon frere a la court au roy Artus pour estre cheualier trop pourement, et quant elle vit agrual et que elle se congneut, ne demandez pas se elle eut grant ioye, car il y auoit cinq ans passez quelle ne sauoit veu, si en ploura assez de la ioye quelle eut.

Quant agrual fut descendu, si vit deuant lui vng varlet qui estoit assez beau et ieune et simple et bien taillie en tous ses membres, et ne auoit pas plus de quinze ans. Beau filz dist sa mere: congnoissez vous cest enfant, dame fist il nenny, cest dist elle perceual vostre frere le plus ieune de tous mes enfans. Quant agrual oit ceste parolle, si fut tant dolent quil ne scauoit q faire, et ioyeux dautre part plus que nul. Courrouce de son lignaige qui est ainsi mort, et ioyeux de celui quil a ainsi trouue, car bien semble home qui a grant chose doiue venir, se dieu se garnissoit ainsi de bonte comme il est de beaulte si lui fist sa plus grat ioye quil peult, et dist a sa dame de mere. Cestui enfant emenerai ie auec moy a sa court au roy artus, si receuera lordre de cheualerie de la main au roy Artus mesmes. Hee beau filz dist sa mere, ia ne plaise a dieu quil soit cheualier, car de cheualerie ne pourroit il pas a plus grant honneur venir que mes autres filz nont fait qui en sot mors a douleur et a glaiue, et puis que les autres sont mors ie garderai se demourat, car se dieu plaist pour douleur qui men auiegne ne se perderai. Haa beau filz ne sauez vous la basse mesgnie que iauoie de six filz dont dieu ma toute dessaisie, fors que de vous seulement, dot ne cuidoie pas huy matin auoir sa presence. Dame fist il que voulez vous faire de perceual, Ie vueil fist elle quil soit auec moy tant que ie viura et come celui que iayme de tout mon cueur, et que ie mourroie se il partoit de moy, car en toutes mes pertes et en toutes mes meschaances nay ie autre confort, et il se teust de ce et parle dautre chose. Quant il fut heure de mengier, si mengerent et furent seruis moult honnestement, mais quoy que agrual voie, riens ne lui plaist autant come fait la beaulte de son frere. Si dist a soy mesmes Se si bel enfant come il estoit vsoit sa ieunesse auec sa mere ce seroit moult grant dommaige, car sicome il dist il ne peut estre

se il est cheualier en tel aaige quil ne viengne a grant bien se dieu y entent a mettre conseil a ce quil est de toutes pars extrait de bos cheualiers, et se il passe saaige de ieunesse et il viengne en saaige de trente ans, et il ne soit dedens celui terme acoustume de cheualerie, ia mais ne pourra venir a bonte darmes, par quoy ce sera moult grant dommaige se il demeure a estre cheualier. A celle chose pensa il tant quilz furent au souper, et quant la table fut ostee agrual sen ala esbatre dedens vng iardin qui estoit derriere la maison de sa mere, et elle lui enuoia percheual pour lui faire compaignie, et lenfant a qui il plaisoit moult et qui plus amoit et desiroit la compaignie de son frere que de sa mere trouua agrual gesant soubz vng pommier. Si le salua honnoura blement, et puis sassist aupres de lui. Et agrual lui commenca a demander se il viendra a la court au roy artus pour estre cheualier.

Certes fist perceual ie ne desiray oncques riens plus que destre cheualier se il plaisoit a nostre seigneur, et se ie cuidoye que vous me voulsissiez mener auec vous, ie prie moult voulentiers. Voire beau frere fist agrual se vous desirez tant a estre cheualier ie vous promets que ie vous y menrai si tost comme ie partirai de ceans. Mais ie vueil que vous de ceste chose ne parlez a nullui, car madame se sauoit elle vous feroit garder de si pres, que ia ne vous en pourriez partir, et lenfant dist quil nen parleroit a homme ne a femme du monde.

Quatre iours demoura leans agrual si fut moult bien serui et chierement tenu de sa dame et de tous ceulx de seans. Au v. iour demanda agrual a perceual quil feroit, car il ne vouloit plus demourer leans, ainçois me partirai demain au matin: dictes se vous voulez venir ou se vous voulez demourer. Sire ie vous promets que ie men irai auec vous, et vous dy certainement que ie ny fauldrai ia a quelque heure que vous veuilliez partir, il conuiendra donc fist agrual que nous le facons en telle maniere que madame ne se appercoiue ne nul qui soit ceans, car ie scay bien certainement que elle vous gardera de si pres qua peine lui pourrez eschapper, ne vous

p i

Beaulx seigneurs scauez vous pour quoy ie vous ay cy amenez/ Nenny fist chascū/ & il leur cōpta lauenture lancelot & cōment la royne lauoit surprins auec sa fille au roy pelles de quoy il auoit si grāt dueil qˉl sen ala en chemise: si ay grant paour fist il quil sen aille si loing quil ne reuiēne de grant piece/ & pource vous ay ie fait armer/ & venir pour le querir deuant qˉl soit esloingne. De ceste chose estoiēt si amarraises q̄ apeine se vous pourroit nul cōpter/ si dirent q̄ celle aduēture estoit mauuaise: & q̄lz deuoiēt bien hair seure que oncq̄s il acoita la royne. par ma foy fist lyon se elle luy a dōne cōgie vng pou trop rigoteusement il se pourra bien tuer/ & pource ne scauroie ie que cōseiller de ceste chose fors q̄ nous asseions de le querir le mieulx q̄ nous pourrons/ & ilz si accorderent tous. Et Boort leur dist. Beaulx seigneurs puis q̄ nous ne scauōs cōment il nous sera en ceste q̄ste: ou du trouuer, ou du demourer: ou de sa laisser. Vous dy ie q̄ nous soions au iour de la saint Jehā au chasteau de mariā qui est pres dicy en la fin de ceste forest. lors dira chascun ce quil aura trouue/ & ceulx si accorderēt tous/ & se departirent lun ca & lautre la/ & aloiēt demādāt lancelot par chasteaulx/ & par citez par religions & hermitaiges/ si cercherēt touz les lieux ou ilz cuidoient que cheualiere repairēt: mais il ne pouoient trouuer lancelot: ains dirēt qˉlz nen scauoient riens/ & ceste aduenture p̄sa a plusieurs gens.

En telle maniere cheuaucherēt les. iii. cousins iusq̄s au iour de la saint iehā q̄ lun nencōtra poīt lautre/ mais a cellui iour ilz sentre trouuerent deuāt le maistre palaiz si salua lū lautre/ & sentredemanderēt cōment ilz auoient puis fait: si trouuerēt qˉlz nē auoient riēs apris/ dōt ilz furēt bien courroucez/ car moult auoiēt grant paour quil ne se fust tue ou cheu en aucune maladie. Ce pendāt quilz parloient ainsi & prenoiēt cōseil de ceste chose ilz virent venir vng cheualier arme & vne damoiselle & deux escuiers qui passoient par le chastel. Et Boort leur demāda ou ilz aloient Sire fist le cheualier ie vouldroye estre a la court au roy art⁹ deuāt lequˉl il me cōuiēt estre le plus tost que ie pourray. Ha a sire fist Boort puis que vous alles a la court du roy artus faictes moy vng messaige qui riēs ne vous coustera. Vous direz au roy que Boort & ses cōpaignons lui mādent q̄ lancelot est perdu/ & quilz sōt pour lui entrez en queste/ si en auōs grāt paour, car nous ne ouyōs nullles nouuelles/ & pource lui prions nous quil se face querre par toute sa terre/ pour scauoir sil en ouyeroit point nouuelles. Et sil vous demāde qui ce lui māde. Dictes lui que cest Boort de gānes/ & Beez sa mes deux cōpaignōs que se appelle hector & lionnet, & cellui respōdit tantost que ce messaige feroit il biē. lors se departirent lun de lautre/ & au departir il demanda Boort cōment il auoit nō: & il dist quil auoit noin messic du tertre/ lors cheuaucha tant qˉl vint a la court au roy artus: ou il ne trouua point grans gēs/ car asses estoit le roy & ses barons courroucez pour lamour des. iii. cousins desquelz ilz ne scauoient nulles nouuelles. Et messic sut venu deuāt le roy/ si luy dist tout ce que Boort lui mādoit/ lors veissiez le roy courrouce. si dist. Dōmaige a icy trop grant.

Messire gauuain a qui il pesoit sur tous ceulx de la table ronde demāda ses armes. si dist deuant tous que ia dieu ne lui aide, sil demeure plus a court deuant quil ait trouue ses trois cousins qui lancelot vont querant. Et messire yuain dist quil luy feroit cōpaignie & sagiemor le desree agoual gahariet/ guerrehes/ & mordrec/ & tāt daultres quilz furent bien iusques a. xxii. si partirēt tous ensemble de la court/ & cheuaucherēt tāt lun ca & lautre la quilz vidrēt aux trois compaignōs q̄ alloient querāt lācelot/ & lors fut la queste cōmecee qui de tout lā ne fut laissee ains dura cel an/ & lautre apres/ si la tindrēt lun plus que lautre/ mais pource qˉlz ne trouuerent point lancelot se taist ores le compte de toutes les aduētures fors seullemēt de agoual qui cheuaucha deux ans sans ouir nouuelles de lancelot. A la parfin cheuaucha tant q̄ aduenture le mena chieulx sa mere q̄ moult estoit de grāt lignaige/ mais pour courrous de son seigneur q̄ estoit mort/ & de ses filz qui estoient de grant vassellaige qui auoiēt este occis/ estoit si fort desconfortee/ que elle se tenoit auez epploite qui auez chasse de court le plus vaillāt hōme du monde/ Certes vous vous en repentirez damoiselle tout ce mauez pour chasse/ et sachez vraiemēt q̄ se ie viens en lieu te le vous guerdonneray si q̄ tel guerredon ne fut oncq̄s pire mal fustes vous oncq̄s si belle, car mains hōmes cōperront vostre beaulte/ et lācelot mesmemēt/ dont cest grāt dōmaige/ si pouez bien dire que de ceste chose sera encores en dueil et en tristesse ceste court qui a ceste penthecouste a tant este ioyeuse, car si tost cōme on ne pourra trouver cestui qui diep sen partiz cōmēceront pour luy vne q̄ste la plus grant qui onques fut/ et sa damoiselle ne sauoit que dire/ de ceste chose/ car bien pensoit que sa royne disoit vray, lors se assist en son sit si se vestit et appareilla et ploura moust tēdremēt/ et aussi fist la roine/ si se repentit moust de ce quelle auoit fait/ et pensa que em piece ne se verroit. si en fut tant dolente q̄ nulle plus car elle samoit sur tous hōmes

Au matin quant il fut iour se leua la damoiselle et esueilla toute sa mesgnie/ et leur dist quilz apareillassēt leurs harnois, car elle sē vouloit aller si tost cōme elle auroit prins cōgie du roy/ et ilz dirent q̄ tout estoit prest, lors elle vint au roy, si le salua et lui demāda cōgie, car elle vouloit aller en son paie. Le roy la pria de demourer/ mais elle ne le voulut ottroyer/ Et quāt il vit q̄ elle ne vouloit demourer, si mōta acheual auec grāt cōpaignie de cheualiers/ et la cōuoya iusq̄s en la forest de kaamalot, lors se retourna le roy et la cōmāda a dieu et elle lui/ puis elle appella Booit et dist quelle vouloit parler a lui priuetemēt/ et il se tira a vne part loing des aultres/ et elle lui cōpta cōment il leur estoit aduenu a elle et a lancelot/ et cōme la royne les auoit prins ensemble et le conge quelle lui dōna/ et cōment il sen estoit ale en chemise sans aultre vesture/ et si vous dy fist elle se vous ne le querez par tēps/ et si na cōseil/ ou par vous ou par aultre/ a ce quil aime la roine sur toutes dames/ il en pourra tost cheoir en maladie dont il ne sera point legieremēt gari/ et

Qu sera trop grant dōmaige
Quāt Booit ouyt ceste parole/ si ne fut point aise, car trop amoit lancelot: si dist da

moiselle puis quil est ainsi quil vous en cōuient aller ie vous commande a dieu/ et sachez certainement que ie entreray en queste de mō seigneur/ ne iamais ne fineray de cheuaucher deuant que ie lauray trouue/ Lors se departirent lun de lautre, si sen ala la damoiselle en son paie dolente et courroucee de ceste aduēture qui aduenue lui estoit/ Et Booit qui sen retourna a kaamalot vint a la royne et lui dist dame pourquoy nous auez vous si trahys que monseigneur lancelot qui estoit le plus preudōme du mōde/ et qui plus vous aimoit auez si villainement chasse de court: Certes mains maulx en seront encores fuiz/ et mōlt piz en auendra que vous ne cuidez/ car desormais verrez cōmēcer vne queste qui iamais iour du monde ne sera finee et dōt maīt preudōmes mourrōt q̄ ne sauront point de cellui si pouez bien dire que nostre lignaige est plus abaisse par vous quil ne sera iamais hausee.

Et la royne q̄ tāt est courroucee q̄lle ne cuide iamais estre ioyeuse lui respō dit Booit certes iay hōny le plus preudōme du mōde, si en suis tant dolente que ie vouldroye estre fondue en abisme. ie vous en crye mercy/ et aussi ferisse ie a lui sil fust icy/ Car il nya homme au mōde de dueil ie bie q̄ vous sachiez que ie aime tant cōme ie faiz lui. Et pource su ie tant dolente. quāt ie le trouuay auec sa damoiselle que ien cuide issir hors du sens/ Dame fist il si cōme ie croy il nest poīt loing dicy/ et pource iray ie querre mes armes et le querray loīg et pres, tant que ie le puisse trouuer. Et qui ira auec vous fist elle. Hector et lionnet mon frere. Or vous cōduise dieu en tel lieu que vous le puissiez trouuer/ car ie ne seray iamais aise deuāt q̄l sera trouue/ Lors vint Booit a hector et a lionnet et leur dist. prenez voz armes et venez auec moy iusq̄s hors de ceste forest. Quāt ilz ouirent ceste parole/ sy lui demāderent sil y auoit besoing. Je le vous diray bien fist il quant nous serons hors de ceans, mais faictes ce que ie vous dy/ et ilz se aserent a leurs hostelz si sarmerent. puis sen alerent a leurs cheuaulx et mōterent sus et se issirent de leans sans escuier et sans sergent/ quant ilz vindrent a lētree de la forest, si leur dist Booit recōmenca a taster amont & aual: mais ce ne lui valut riens, car il ny estoit pas, & quant elle eut grant piece cerche, si reuint a sa dame & lui dist quelle ne se trouuoit point, & quant la royne ouit ce, si ne scauoit que cuider fors quil fust ale a sa chambre, & attendit encores vne piece, puis y retourna, mais elle ne se trouua point a ceste fois nenplus que a sa premiere, si se reuint compter a sa dame dont elle fut tant dolente que nulle plus, & sa chambre ou elle gesoit estoit grande & large, sique sa fisse au roy perses & ses pucelles en auoient vne partie, & la royne & sa cousine auoient lautre partie, si osta ses damoiselles dētour elle, affin quelles ne se apperceussent de sa voulente.

Apres minuit se cōmeca. La plaidre tout en dormāt ainsi cōme il aduiēt maintesfois que gens se plaignent, la royne cōgneut bien lancelot sitost cōme elle soupt, si sceut bien quil estoit couche auec la fille au roy perles, si en fut tant dolente quelle en fist telle chose dont elle se repentit apres, car elle nauoit point acoustume que lancelot sa cour roucast, si fut tant dolente de ceste aduēture ql nest nul q dire se vous puisse, si ne se peult plus tenir, lors se drecca & cōmenca a sesueiller. Incōtinēt se sueilla lancelot, & ouit la royne assez loing de lui si la congneut bien, Et quāt il sceut lautre emprs lui, si cōgneut bien quil estoit deceu, lors vestit sa chemise, & sen vouloit aler: mais la royne qui sauanca: pour ce que prendre se vouloit ensemble, se print aux cheueulx & au poing & congneut la maluquelle auoit aultrefois veue, si cuida issir du sens, puis dist. Ha ha traistre desloial qui en ma chābre & deuant moy faictes voz ribau disees, fuiez dicy, & vous gardez de iamais venir en lieu ou ie soye, Quant il ouit ce cōmādement si nosa plus mot dire, aincois sen ala ainsi cōme il estoit venu sās vesture nulle, si vint en la court & sadreca vers le iardin & entra dedēs par vne voye tant quil vīt aux murs de la cite, puis sen issit par vne poterne

Quant lācelot fut hors de kaamalot, si lui souuint de sa dame & des grās ioyes quilz auoient fait ensemble, & maintenant lui en conuenoit auoir peine & trauail, lors veissiez vng homme courrouce, & faire

dueil merueilleux, & cōmenca a atracher ses cheueulx qui tant estoiēt beaulx, & a esgratigner sa face, si que le sang en sailloit de toutes pars, puis cōmeca a maudire ceste aduēture, qui tant estoit cruelle, qui iusques a ce auoit este le plus beneure hōme du mōde. Et ores est a ce venu que se demourant de sa vie lui cōuēdra passer en plours & en lermes: & en toute malheurete & ceste chose lui met tel dueil en son cueur ql vouldroit estre mort.

En telle maniere se cōplaignoit lācelot iusques au iour, & quāt il vit ql fut iour si estoit tant dolent quil ne scauoit que dire si nō. Ha ha kaamalot bonne cite, & bien garnie de toute cheualerie & de beaulte de dames: & en quoy ie prins cōmēcement de ma vie, & il disoit tout ce pour sa dame, par qui il lui estoit aduis ql viuoit, & ores ay prins en toy cōmēcement de mort, car sās faillesie suis venu a dueil, par quoy ie mourray. Atant se mist lancelot en la forest criāt. Mort mort haste toy de venir a moy, car ie suis venu tout enrage, si erra ainsi parmy sa forest .iii. iours sans boire & sans mēger, & es plus estrāges lieux quil scauoit cōme cellui qui ne vouloit point estre cōgneu de homme qui le quist.

Ce iour fut lancelot en telle maniere & faisoit si grant dueil que cestoit merueille cōment il viuoit, car il ne mēgoit ne buuoit, si erra en telle maniere vng mois ou plus si hors du sens quil ne scauoit ql faisoit ny nēcontoit hōme ne fēme a qui il ne se prīt, si fist a maltes gēs pēdāt ce terme ēnui car il ny entroit dame ne damoiselle a qui il ne feist desplaisir, ains quilz se partissent de lui, Mais atāt laisse le cōpte a parler de luy & retourne au roy artus.

¶ Commēt lancelot se partit de sa chambre a la royne & sen alla parmy les boys comme vng homme hors du sens. .xxvi. chap

Or dit le cōpte que quāt lancelot se fut parti de la chambre ou il auoit este surprins que la fille au roy perles qui cōgnoissoit bien quil sen estoit parti a dueil & a perdicion se dieu ny mettoit remede dist a la royne mal

…nt terres, a fiefz quil tendroit court le iour de sa penthecouste la plus grant a la plus noble quil tint oncques, si leur manda quilz y benissent le plus honnestement quilz pourroient, a la nouuelle q̃ tost ala: fut incontinent sceue en escosse a en irlande, a en toutes les ysles de mer qui pres dilec estoient. Si se appareillerent cheualiers dames a damoiselles pour sa boulente du roy acomplir a pour sa feste beoir.

Q̃uant ala la nouuelle soingz a pres quilz se seurent a la court au roy perses. Et sa fille qui de lancelot auoit eu galaad: a qui tant laimoit come on pouoit amer homme, demanda congie a son pere quil luy suffisast aler pour beoir celle feste, a il luy ottroya boulentiers, a quant elle ouyt son troy, si print auec elle sa maistresse brisance, a dames a damoiselles iusques a quatre bingz, si emena auec elle galaad, a se fist porter dessus le col de son palefroy qui estoit fort a puissant, si cheuaucha tant quelle bint a kaamalot la beille de la penthecouste, puis descendit en sa court, a le roy luy bint a lencontre, si lemena p̃ la mal amont en sa sale: si ne fut oncques beue si grant ioye come booz luy fist, sy tost come il la congneut. Quant ceulx d̃e leans birent sa grant beaute, si disrent asserement quilz nauoient oncques mais beue bne aussi belle femme come elle. Et sa royne luy fist toute la ioye q̃lle luy peust faire, pour ce que tant la bit belle a que estrairte luy sembloit de hault lignaige, si luy laissa de sa chambre bne grant partie, pour la mettre elle a ses besoingnes. Quant lancelot la bit garnie d̃e si grant beaute, si dist a soy mesmes q̃ trop eust faicte grant cruaute sil eust occise si belle femme come elle estoit, si se repentit d̃ece quil en fist, q̃l ne losa regarder, a celle qui laimoit sique elle ne peult nul homme tant aimer, sy le regarda boulentiers, a se dellectoit a le beoir, a se plaignoit moult de ce quil ne la regardoit aussi boulentiers come elle faisoit luy, a ne se cessa point a sa maistresse, si luy dist. Dame moult seiz ie folie quãt ie me mis a aimer si hault homme come est lancelot qui ne me daigne regarder. Or ne bous esmaiez damoiselle fist brisance, si maist dieu ains q̃ nous partons dicy: ie le mettray cy bien en bostre sai-

…sine que ia ne desirerez chose que bous nayez.

A feste cõmenca grande a ioyeuse la beille de la pẽthecouste, a molt e ba lut mieulx pour lamour de la damoiselle q̃ le roy tint a si belle, a aussi fireut tous les aultres poures a riches, mais sur tous ceulx de leans la honnouroient les trois cousins booz lyonet a hector. Et tout ce faisoient ilz pour lamour de lancelot, dont ilz scauoient la berite de ce qui auoit este entre luy a la damoiselle, ne ilz ne beoient nulle chose si boulentiers come ilz faisoient leur cousin le petit enfant, q̃len appeloit galaad, mais le mardi apres sa penthecouste aduint que la royne dist a lancelot quelle senuoyeroit querre par bne sienne damoiselle, a il dist quil y bendroit si tost q̃lle le manderoit. Et brisace qui moult estoit en grant pensee cõment elle peust deceuoir lancelot ouyt ceste nouuelle, si en fut moult ioyeuse: a dist a sa damoiselle q̃lle le luy ameneroit au soir. Et elle dist que moult luy plairoit, a en auroit grant ioie. Au soir quant ilz furẽt couchez par leans, brisance qui moult auoit grãt paour que sa royne ne surprint lancelot dement quelle bit au lit lancelot, a luy dist. Sire madame bous attẽt, hastes bous de benir, a celluy qui cuidoit que ce fust la messaigiere de la royne respondit, dame ie y bois. Sy saillit sus en chemise, a celle le print par la main, sy le mena au lit a la damoiselle, a se coucha auec elle, a il se ioua ainsi a elle come il faisoit a sa dame sa royne quant il gesoit auec elle, car il cuidoit q̃ ce fust sa dame sa royne.

En ioye a en deduit sen dormirent iusques au iour: luy dune part a elle de lautre, si se tint chascũ a bieneure, luy d̃e sa dame quil cuidoit tenir, a elle d̃e la chose au mõde quelle amoit le plus, a la royne se gesoit en son lit: a attẽdoit la benue lãcelot, a quãt elle leut longuement attendu, a bit quil demouroit tãt, si se merueilla mõlt q̃l pouoit auoir car õcqs ne luy auoit riẽs cõmãde quil ne fist lors appella sa cousine celle qui auoit tant este en prison a gannes, si se fioit tant en elle, a en lancelot, a luy dist quelle boise a sõ lit q̃l luy amene: a elle dist que si feroit elle, lors sen ala droit la ou lancelot gesoit, a tasta p̃ tout le lit, mais elle ne le trouua point, puis

iour a gannes, si lui alerent a sencontre les
barons de logres a le receurent a grant ioye.
Quant le roy a lancelot furent descendus si
virent issir de la cite claudin a ses compaignons
a auec eulx estoit esclamor, si estoient tous vestus
de draps de soye, en telle saison q̃ en puet
a estoient montes a laduenant, si venoient tout
droit aux pauillons, a claudin portoit en sa
main les clefz de la cite. Sire fist boort vees
vous ce cheualier qui deuant les austres che
uauche. Ouy fist le roy, sachez vraiement q
cest le meilleur cheualier du monde sauue lo
neur de monseigneur lancelot du lac, a le roy
se merueilla moult de ceste chose. si demanda
a monseigneur gauuain se estoit vray, a il
dist que ouy, lors descedit claudin deuant les
pauillons a ses compaignons aussi, puis vit
deuant le roy a sagenouilla en lui disant. Si
re tenez les clefz de la cite, car ie les vous res
pour faire vostre volente puisq le roy claudas
qui est mon pere sen est ale. iii. iours a, a si ne
scauons quelle part. Quant les barons oui
rent dire quil sen estoit alle si en furent trop
courroucez, et disrent au roy quil receust les
clefz a il le fist, lors sen ala en la cite, si entra
le roy premier a lancelot apres.

En telle maniere fut la terre au roy
rendue. Au tiers iour apres vint
sa mere lancelot a eulx auec grant compai
gnie de nonnains, si ne fut oncques veue tel
le ioye come elle fist a lancelot a a ses deux ne
pueux boort a lionnet. Et le roy lui fist grant
feste. Apres reuint la dame du lac, auec grant
compaignie de cheualiers, a fist trop grant
ioye a lancelot. Apres sen ala sa mere lancelot
en son abaye, si trespassa huit iours apres, a
lancelot la fist enterrer si richement come on de
uoit si haulte dame, a le roy artus dist a lance
lot. Lancelot il est ainsi que nous auons gai
gnee ceste terre au royaulme de gaule, si vous
conseille que vous portiez couronne a ce noel
a il dist quil ne le feroit point. Mais ie feray
hector mon frere roy de benoic, a lionnet roy
de gaulle, a boort roy de de gannes, se vous
sire roy vous y accordez, a il si accorda. Lors
appella hector son frere, a lui dist. Beau frere
receuez le roiaulme de benoic que mon pere a
le vostre tint longuement, a cestui le receut in
continent, a apres appella lionnet a lui dist
Beau cousin receuez le royaulme de gaulle:
a la couronne de la main du plus preudõme
du monde. puis appella boort a lui dist quil
se vouloit reuestir du royaulme de gannes, a
boort lui dist quest ce que vous voulez faire,
Certes se ie my vouloie consentir, si ne se de
uriez vous pas vouloir, car sitost comme ie
auroye roiaulme il me conuedroit laisser tou
te cheualerie vousisse ie ou non, a ce ne seroit
pas honneur a moy, mais a vous. Et pource
vous dis ie beau sire q estes mon seigneur, mon
cousin q vous me laissez a tant ester de ceste cho
se, car certes plus auroye honneur se ie estoye
bon cheualier poure homme que se ie estoye le
plus riche du monde, a se dieu maist aussi co
me ie vous dy de moy vous dis ie de hector
vostre frere. car ce sera peche mortel se vous
de si haulte cheualerie comme il est, a de la
plus grande prouesse du monde lostez pour de
uenir roy, car a couronne ne peult il point fail
lir se il vit longuement, mais se il laisse ores
cheualerie il ne sa recouurera iamais ne ne
sui auedra ainsi comment il lui est aduenu.

Tãt dist boort a lancelot quil losta tout
hors de son propos, si dist au roy a
a monseigneur gauuain quil nen feroit ores
plus que fait en auoit, a quant le roy loyt sy
en fut tant dolent que nul plus. Si en laissa
la parolle. a tant en paix quãt il vit quil plai
soit a lancelot, a demoura en gaulle iusques
a pasques. Lors tint court grande en la cite de
gannes. si eut leans tant de gens assemblez q
ce fut une chose merueilleuse a veoir. Le. viij.
iour apres sen partit, a les barons lui disrent
quil sen alast en bretaigne, a il si accorda, si se
ptirent de gaulle a alerent iusques a la mer
Si passerent oultre au plustost quilz peurent
a cheuaucherent tant qlz vindrent. viii. iours
deuant la penthecouste a kaamalot, a quant
la royne q tousiours auoit demoure au pais
ouit dire que le roy venoit sien fut moult ioy
euse pour lui a pour lancelot, car elle scauoit
bien quil vendroit auec lui, si ala a lencontre
a grant compaignie de dames a receut le roy
le plus honnourablement quelle peult onq̃s
Et quant le roy fut venu a kaamalot, si fist
mander a tous ses cheualiers qui de lui tenoi

si quilz meussent landemain pour aler sur le roy claudas/A celle heure y auoit illec de par claudas aucū q̄ bien ouit ceste parolle qui incō tineut sen partit & cheuaucha tant quil vint en la cite de gannes deuant le roy claudas/ỹ lui cōpta tout ce quil auoit ouy du roy artus & commēt il auoit occis sorlez/si lui dist quil estoit venu a lancelot auec lui/& seroit en la cite de gannes dedens trois iours

Quant claudas ouyt ce/il fut moult amasaise & dist a soy mesmes que moult seroit sot sil attendoit les deux hōmes du mōde que fortune a plus esleuez en hault Lors appella claudin son filz hōme du mōde ou il se fioit le plus/& lui compta tout ce que le messagier lui auoit dit. Si te prie fist il q̄ tu me cōseilles au mieulx que tu pourras se lon ton aduis. Si maist dieu sire fist il ie ne scay que vous conseiller/car vous auez tant messait a lancelot cōme cellui que vous deshe ritastes des ce quil estoit petit enfant au ber cel/& de sa douleur que son pere eut de la terre que vous lui tollistes il mourut/si scay bien que nul qui soit au monde ne vous pourroit garantir sil vous tenoit/& vers le roy artus auez vous tāt messait que cest merueille/car onques de lui ne daignastes vostre terre tenir ains sa meistes en sa subiection de rōme: y ne voy point en nulle maniere cōment ilz vo puissēt pardōner leur maltalent. puis q̄ aul trement ne me sces conseiller fist claudas ie y penserap moult bien: lors se partit incontinēt disillec/& appella vng escuier quil auoit nour ri des ce quil estoit petit enfant/& lui dist Me pourray ie bien fier en toy/Ha ha pour dieu mercy quest ce que vous dictes/Je vous dy cer tainemēt que ia de chose que vous me diez ne vous descouuriray/Or te diray fist claudas que tu feras. Il est vray q̄ iay a parler a vng hermite qui est loing dicy/si y porteray assez de ma finance pour faire vne mienne besoing ne/& pource cōuient il que tu appareilles. iii. cheuaulx qui soient bien fors/lun pour moy lautre pour toy/& lautre pour porter lauoir que ie te bailleray/& aussi vēdront auec moy deux cheualiers

Ainsi le fist cellui cōmēt claudas lui auoit cōmāde si apareilleret leurs affaires au mieulx quilz peurent/car onq̄s homme ne le sceut fors seullement que deux che ualiers a qui il dist son conseil/si meurēt par nuit si tost cōment ilz furent au premier som me sique nul ne le sceut fors seullemēt ces. iii. & cheuaucherēt tant qlz furent bien esloignez .vii. lieues/Lors regarda claudas derriere lui & dit venir vng varlet apie/si lui dist in continent. Retourne ten a gannes & dy a ceux q̄ tu y trouueras quilz facent sa meilleur fin quilz pourront. car ilz ne seront point secou ruz par moy/mais ie men vois a lempereur de rōme. & seur dy qlz sachent bien que en nul le maniere ne les eusse laissez se ne fust quil nest pas possible de trouuer paix ne amour vers le roy artus ne vers lancelot. Atant sen re tourna le varlet & vint a gānes la ou il trou ua les barons moult desconfortez de ce quilz ne scauoient ou le roy claudas estoit ale Lors leur dist le varlet ce que le roy claudas leur mandoit. Quantilz ouirent ceste nouuelle si furent moult esbahiz/& se conseillerēt ensē ble/& tant y eut quilz saccorderent a ce quilz mettroient le feu en la ville par nuit/& se fui roiēt/mais claudin ne si voulut pas accorder ains dist que ia telle desloiaulte ne seroit fai cte en lieu ou il fust/car il ne le feroit en nulle maniere/pour lamour de boort & de lyon a q̄ la cite doit estre: car ilz sont fist il trop preudō mes/& cōbien q̄ ie aye este leur ēnemie vueil desormais estre leur amy. Ne il nauoit talēt endroit soy de contretenir la cite. Et q̄ serez vous donc firent ilz/Je demourray dist il tant que le roy artus vienne. & se ie voy que ie puisse cōtre lui tenir la cite. ie la tēdray Voi re firent ilz. mais se lancelot vous peult pren dre/il hait tant le roy claudas vostre pere q̄l vous destruira sās en auoir mercy/ie nen ay nulle doubte fist claudin/car lācelot est trop bon cheualier/& bon cheualier ne mesfera ia a aultre bō cheualier: se trop ne lui a messait ou sil na le deable au corps.

Ainsi demoura claudin en la cite. Et les aultres qui auoient paour/sen allerent si emporterent auec eulx toute la ri chesse quilz peurent emporter/& le roy artus qui se fut parti de la ou il auoit sorlez occis/ se hasta tant de cheuaucher quil vint au tiers lors dist le roy au messagier. Va ariere a ton seigneur & lui di qʹil aura sa bataille en telle maniere comme il la demandee.

Ainsi fut la bataille aterminee a len demain en vne isle qui estoit dessoubz le chastel, qui adonc fut appellee lisle aux ba taillans, & puis fut maint iour appellee lisle rollant. Lendemain quant le soleil fut leue & le roy eut messe ouye, si vint lui & lancelot & sa baronnie en la place, la ou la bataille de uoit estre, lors se fist le roy armer bien & richemēt si, se fist passer en lisse. Et quāt il fut passe, il fist tirer son cheual hors, quāt forlez vit le roy, si le prisa moult pou, pource quʹil estoit petite personne, si lui dist. Roy artus, auant que tu en saces plus. Je te conseille ains que pis en apres que tu laisses la bataille, & tʹen reua en ta terre dont tu as assez, si me laisse ceste qui mest ottroiee, car ce seroit moult grāt dōmai ge se ie te tuoye, car tu scez bien certainement que tu ne pourroyes pas contre moy durer. for lez fist le roy se ie cuidoye que tu me deusses occire, ie seroie faire & seroye vers toy la plus honnourable paix que ie pourroye, mais ie tasseure que le tort est tien & le droit est mien. Si saiches certainement que ie ne te doubte point. Non fist il, en nom dieu donc te deffie ie. Lors monterent sur leurs cheuaulx, & sen essloignerent, puis vindrent lun contre lau tre tant quilz peurent picquer des chenaulx, & sentrefrapperent si fort quilz se misrent les fers des lances es chars nues, & sentrehurte rent des corps & des escus si quilz volerent par dessus les crouppes des cheuaulx, au parche oir briserent leurs glaiues, & gesirent a terre grāt piece tous estendus. Mais le roy artus se leua le premier, & tira lespee si courut sus a forlez qui ia se resleuoit, & sen retournerēt lun sur lautre ainsi naures cōment ilz estoiēt & se dōnerent grans coups sur leurs heaulmes & sur les espaules. Et partout la ou ilz se pou uoiēt attaindre, si se taistoiēt lū lautre si pres qʹilz se faisoiēt saillir le sang des corps apres leurs coups, & forlez trouua si grāt deffēce au roy artus quil se merueilla tout: car il ne cuidoit poit que en deux telz hōmes peust au tant de hardement ne de prouesse, si se tindrēt en telle maniere lun cōtre lautre, quil ny eut

qui peust recouurer vng pie de terre sur lau tre, & dura la bataille des prime iusqʹ a mi di que len ne sauoit leqʹl en auoit le meilleur Lors se cōmēca forlez a lasser, & le roy auoit moult meilleure espee que forlez nauoit, quāt le roy vit qʹil se lassoit il lui courut sus de plus en plus, si le frapa parmi le heaulme tant de foiz quil lestourdit & le fist voller a terre tout agenoulz, & le roy recouura & lui commen ca a donner tant de coups quil le fist venir aux dens, lors lui saillit incontinent sur le corps & le print au heaulme & le lui tira mōlt fermemē. mais il ne le lui peust arrachier: et cellui qui auoit force & aleine reprinse, se rele ua le mieulx quil peult, cōme cellui qui estoit de grant force, si courut sus au roy & se cuida prendre ou bras, car sil leust tenu il neust ia eu vers lui grant victoire. mais le roy qui estoit de moult grant prouesse saillit arriere & ietta son escu a terre, puis print son esper aux deux mains, si courut sus a forlez tant cour rouce que nul plus, de ce que sa bataille auoit tant dure, & se frapa amont au heaulme tel coup quil se fendit plus de deux doiz, & se son espee ne lui fust tournee en sa main, tue leust sans recouurer. Le coup fut si grant qʹil cheut aterre tout estourdy a ce que moult estoit bal du sang quil auoit perdu: & le roy se print au heaulme si en trencha le las, puis le ietta et lui abbatit la ventaille, & lui cōmēca a dō ner du pumeau de lespee parmi sa teste, si dist quil lʹocciroit sil ne se tenoit pour oultre: & cel lui qui tant fut fier & orgueilleux que nul ne peult plus estre, dist que ia cheualerie ne seroit abbaissee endroit lui, car il ne dira ia chose que a reproche tourne. Non fist le roy. par sainte croix donc mourrez vous maintenant, & cel lui dist quil ne lui en chaloit, lors lui dōna le roy tel coup quil lui fist la teste voller, puis le mist lespee au fourreau. Et lancelot vint a lui tāt ioyeulx que nul ne scauroit dire plus si luy dist. Sire bien le deuez vous auoir le royaulme qui si bien lauez conquis a lespee. Lors se fist le roy desarmer, & cōmāda a vng medecin quil regardast ses plaies, & quāt le medecin les eut veues, il dist qʹl nauoit plaie dont il ne fust tantost gari. lors dist le roy a ses gens quilz apareillassent leurs affaires dittes de par moy quil voise ailleurs en sa terre dont il en a assez/ & me laisse ceste. Car se il y veult mettre empeschement bien sache il que ie le destruiray/ & nen eschappera ia ql nen ait la teste couppee. Beaup amis dist aras se tout ce que vous dictes fust vray : ce seroit moult grant dommaige/ mais ie me resconforte moult ql demeure assez de ce que fol pense. Si vous deffie de par mon seigneur/ & bien sachiez certainement que vous aurez sa bataille tout plainerement dedens midy se vous estes tel que vous losiez attendre. Et celui respondit que ce vouloit il bien. Lors sen retourna aras le plus hastiuement quil peut tant quil vint deuant son seigneur. Si lui dist tout ce dont il auoit veu & que ceulp de gaule se voulsissent bien se ilz losassent ottroyer, mais ilz doubtoient forlez Et lui compta le grant orgueil que forlez lui mandoit: voire fist le roy est il vray/ or ne y a q de sappareillier tost & hardiement: car moult me poisera se ie ne fais a forlez apperceuoir sa folie dedens brief terme. Adonc ordonna le roy ses batailles si en fist dip/ & en chascune mist vng bon conducteur & seur. Et lancelot du lac fut par dessus tous come maistre & chapitaine.

Quant ilz furent bien ordonnez & bien appareillez, si commencerent a cheuauchier serrement tant quilz vindrent assez pres de bestoc le chasteau dont forlez estoit yssu tout arme auec sa compaignie. Si y eult assez a lassembler maint cheualier mort & leuer se qui oncques puis neurent pouoir deulp releuer/ & lancelot qui eut sa lance brisee & mise sa main a lespee desirant de faire armes/ car long temps auoit quil ne ferist coup. Lors commenca a ferir & a abatre tout ce ql rencontroit & a occire cheualiers & cheuaulp/ & a faire tant de merueilles que nul ne le veist qui ne deist que ce fust vng ennemy/ & q homme mortel nen pourroit autant faire comme il faisoit/ car il point amont & aual & tresbuchoit cheualiers & cheuaulp tellement quil ny a homme tant fust hardi qui losast attendre/ & fist tant que mais de ses ennemis en laisserent leur bien faire pour le regarder, car il donnoit cuer & hardement a tous ceulp qui estoient par deuers lui. & si fist tant par sa prouesse quilz prindrent terre sur leurs ennemis & les reculerent plus dun trait darc. & il aloit ainsi cerchant ses ennemis la ou il voioit ql en y auoit plus Ainsi dura la bataille de nonne iusques a la nuit/ si y perdit forlez plusieurs de ses hommes qui furent occis/ & plus y eust perdu se ce ne fust la nuit qui si tost les fist departir. Si en fut moult dolent le roy artus/ car il congneut q forlez eust este desconfit silz eussent longuement bataille ensemble. mais par ce ses couint departir. forlez sen ala dolent & courrouce de ce que tant auoit perdu en ceste bataille. Si print vng message & lui dist sa voulente & lenuoia au roy artus lequel auoit fait tendre ses pauillons assez pres du chasteau: & le messaige vint au tref du roy artus. & le roy sestoit fait desarmer & lancelot aussi qui lui tenoit compaignie Lors dist le varlet. O roy artus a toy menuoye forlez le vaillant qui te mande par moy que il ne va pas bien que ton peuple & le sien meure ainsi qui ne sa pas desserui/ & pource te mande il sa bataille a toy a lui seul a seul & corps a corps. Et se tu le peulp conquerre il te clame quitte sans rappel/ & se il te conquiert tu seras en sa merci pour faire tout ce quil lui plaira de toy.

Quant le roy entendit le messaige si pensa vng pou/ puis prisa plus forlez que deuant/ si dist incontinent au messagier Certes puis que forlez veult la bataille il laura ainsi comme il la deuisee & moult a fait comme preulp de ce que il a mande ce mandement. Lors saillit auant lancelot & requist au roy quil lui donnast ceste bataille/ & le roy lui respondit incontinent. Lancelot forlez a mande la bataille de moy & de lui seul/ & il est droit q il lait/ & se il y meist autre de lui bien y peussiez aler/ & dautre part ie vous ay donnee la terre/ si la vous doy garantir contre tous hommes/ car se vous faisiez la bataille & vous la conqueriez/ on pourroit dire & ce seroit vray que vous auriez la terre conquise & gaignie par vostre prouesse & hardement/ & ie vous auroye faussee ma promesse/ parquoy il conuient se ie ne veul fausser mon serment que ie face la Bataille/ & pour ce ie vous prie & requiers que il ne vous en veuille desplaire: se ie ne la vous ottroye. Car il ne peult pas estre autrement.

lot que de nulle chose qʒ deist oncq̇smais / car
mainteffoiz sauoit Lācelot de tant serui il ne
sui cuidast iamais auoir guerdōne sa moitie
de son seruice / quāt il lui douneroit sa moitie
de son royaulme. Et pour ce en fut il si curi-
eulp cōme il monstra bien:car aussi tost cōme
il dit a Kaamalot ⁊ il eut comptee a la royne
ceste nouuelle / il enuoya p̱ tout ses lettres sel
lees de son seel / ⁊ manda a tous ceulp qui de
lui tenoient terre que au plus tost quilz pour
roient venissent a court tous appareissez de
aler sur le roy claudas. Et ceulp q̇ moult fu
rent ioyeulp de ce mandement sabillerent au
mieulp qlz peurēt / tellement q̇ aincois que la
p̱ḋ. iournee fut passee on pouoit veoir en son ho
stel plus de douze mille hōmes / dōt chascun
estoit bon cheualier ⁊ bon sergent.

Ainsi assēbla le roy artus sa gent / et
quāt il vit son point de p̱tir il se mist
a la voye sui ⁊ lancelot ⁊ toute sa compaignie
Et quant la royne vit qlz vouloient p̱tir / sen
fut moult courroucee / car la departie du roy ⁊
de Lācelot lui desplaisoit moult. Mais pource
quelle veoit q̇ faire se cōuenoit elle sen teust ⁊
en plo̱ura moult tēdrement / puis les cōmāda
doulcement a dieu. Apres pria a Lācelot moult
debōnairement qʒ seiournast le mais qʒ pour
roit Quāt ilz eurēt prins cōgie des vngz des
autres ilz se misrēt a la voye / ⁊ errerent tant
par leurs iournees qlz vindrēt a la mer / puis
entrerēt es nefz q̇ le roy auoit fait appareiller
⁊ se misrēt en la mer en aussi froide saison cō
me enuiron la toussains / ⁊ nonpourtāt il leur
aduīt si bien qlz passerēt oultre sauuemēt ⁊ ar
riuerēt a grāt ioye par deuers gaule / puis en
trerēt en la terre de gaule / mais auant laisse
rēt bōnes gardes aup̱ nefz. Celle terre estoit
adonc sās seigneur / si ne se pouoient en nulle
maniere les barōs accorder / a ce qlz feissēt de
nulsui roy. Et pour le grāt discord q̇ entreulp
estoit qlz auoiēt maintenu puis q̇ le roy fut
mort / vit entreulp vng seigneur dallemaigne
q̇ sen appelloit forlez / si auoit amene auec lui
grāt gēt. Et p̱etendoit de auoir le royaulme
⁊ se on ne lottroiot p̱ amours il le cōq̇steroit
p̱ force / car moult estoit puissant dauoir ⁊ da
mis / ⁊ estoit plus grant que nul autre hom-
me de toute la teste.

Quant le roy artus fut la venu / et il
sceut cōmēt tout aloit sicōme on lui
auoit dit. Si dist quil auoit milleur droit au
royaulme de sogres / ⁊ en celui mesmemēt que
en nulz autres / car francion q̇ fut au tēps du
roy ban de Benoic fit la terre de Vterpādiago
le roy q̇ mon pere fut / ⁊ pour ceste chose iure ie
oredroit q̇ iamais ne men partiray deuāt q̇ ie
auray le royaulme cōq̇s ⁊ mis en ma subiec-
tion. Lors prīt le roy son gāt ⁊ appella Lance
lot / ⁊ lui dist. Lācelot mō amy ie veul q̇ vous
recheuez de moy le royaulme de gaule / car ie
ne cognois nulsui en q̇ il fust mieulp ēploie /
si vous en reuais p̱ cestui gāt / ⁊ ie vous gara
tiray cōtre tous ceulp q̇ deffense y voulđront
mettre. Lācelot print le gāt ⁊ en mercia moult
le roy. Lors prīt le roy vng p̱eudōme q̇ on ap
pelloit Arās q̇ moult estoit saige ⁊ bien p̱lant.
⁊ lui dist. Arās vous vous en irez en la cite de
gaule ⁊ me direz aup̱ barōs q̇ pour sa discor
de q̇ tāt a aisi dure / q̇ ie leur māde q̇ ie leur dō
neray vng hōme a seigneur q̇ bien ses garan
tira cōtre tous hōmes / ⁊ les tiēdra a droit ⁊ a
raison cōe vng bon seigneur doit faire / ⁊ bien
sachēt ilz q̇ se ilz ne le veulent faire q̇ ie leur fe
ray grant dōmaige. Sire fist celui ce messai
ge feray ie bien / si sen p̱tit quāt il eut cōgie / et
cheuaucha tāt qʒ vint au chasteau q̇ on appel
loit Bestoc. Et quāt il fut venu si descēdit du
cheual ⁊ mōta au maistre palais / si y trouua
tous les barōs du royaume q̇ y estoiēt en con
seil pour sauoir qlz feroiēt du royaulme / ⁊ for
lez mesmes y estoit auec ses gēs / si auoient ia
tant fait pour la paour de lui quilz auoient
sui p̱esque tous ottroie le royaulme de gaule.

Quant arās fut venu ētreulp si dist.
Seigneurs pour discorde q̇ a este
grāt ētre vous / vous māde le roy artus quil
vous dōnera seigneur tel quil vous garātira
cōtre tous hōmes. Quāt ceulp ouirēt ce si en
furēt moult ioyeup ⁊ demāderēt q̇ estoit ce bō
cheualier / par ma foy fist il c'est le milleur che
ualier du mōde ⁊ a nom Lācelot du lac. Lors
si accordassēt bonlētiers se ne fust la doubtā
ce de forlez qlz auoiēt deuāt eulp tout arme
⁊ ses gēs aussi. Lors saillit forlez auāt ⁊ dist au
message. Beaup amis vostre seigneur est fol
q̇ veult auoir la terre q̇ mest dōnee: allez ⁊ lui

Quant leur dist gauuain quilz sacorderent tous/ et manderent au roy claudas qui leur enuoyast le roy baudemagus et ilz lui enuoierent ses.ii.cheualiers/ Quant claudas soupt/ si fist incontinent le roy Baudemagus oster de prison/ et sui donna robe neufue/ et cheual ainsi comment il lui apartenoit/ puis senuoya a lost a grande compaigine de gens/ et quant ceulx de lost le virent si aserent a lencontre: car moult lamoient/ lors le receurent a grant ioye/ et honnourerent fort ceulx qui auec lui estoient et leurs donnerent cheuaulx a merueilles/ Puis ses renuoyerent moult richement. En telle maniere furent renduz les deux prisonniers pour le roy baudemagus/ si fut puis telle heure quilz sen repentirent. car assez leur firent ces.ii.ennup par leur grans prouesses. Mais a tant laisse ores le compte a parler deulx tous/ et retourne au Barlet q puain auoit enuoye au royaulme de logres pour compter a lancelot ses nouuelles de ceulx de rome

¶ Comment le roy artus sceut les nouuelles q messire puain mandoit a lancelot secours et comment il passa la mer a tout grant armee/ et fut claudas desconfit. ppv.chapitre

Or dist le compte que quant le Barlet se fut parti de puain/ quil se hasta de cheuaucher: si fist tant par ses iournees quil vint a la mer/ si passa oultre puis cheuaucha tant quil vint a Vnes biuieres pres de kaamalot/ ou le roy artus chassoit/ et ce fut vng mardy matin si estoit au roy aduenu quil ne sauoit que ses gens estoient denenus: ains les auoit perduz si nen sauoit ne vent ne nouuelle/ et sen alloit tout seul sambleure parmi le chemin. si neut point grantment alle quil vit venir le Barlet lancelot et quant il le vit venir si sarresta. car il pensoit que ce fust espie ou messaige/ et cellui se hasta daler si vint iusques au roy/ et le congneut bien/ si le salua et le roy aussi le congneut bien et sui rendit son salut: car maintes foiz sauoit veu sicomme il lui estoit aduiz/ Lors sui demanda dont il venoit/ et il ne lui osa dire/ se roy se pult par ses bras/ et sui dist que se il ne sui disoit quil se turoit/ et quant il opt cessa si eut grant

paour de mourir/ et lui dist. Ha ha sire pour dieu mercy/ Ie nen auray ia mercy dist le roy se tu ne me promets/ que tu me diras ce q ie te demanderay/ et le Barlet lui pmist/ lors se laissa le roy. et lui demanda dire verite/ et le Barlet lui dist. Sire ie viens de gaulle: et ay este pres de la cite de ganes/ ou ceulx de ce pays sont/ et la ont assiege le roy claudas/ et la ay ie ple a monseigneur puain/ qui mande a lancelot quil le secoure. car claudas a tant de gens par les efforts de ceulx de rome qui le sont venu secourir/ que a peine se peult les nostres tenir encontre eulx/ et se ilz nestoient bons cheualiers ilz ny eussent ia duree. a ce quilz sont trop de gens/ si ont pris le roy baudemagus/ et maints autres cheualiers/ dont ilz sont moult a malaises. En nom dieu dist le roy benoist soyes tu quant tu le me dist: car se dieu maist moult en suis ioyeulx Or ne me tedroye ie point que ie ny alasse sur claudas le desloyal traitre. si ne pense point estre si ioyeulx de nulle chose.comme de ceste/ Lors mist son cor en sa bouche et le sonna si hault que le son en alla bien loing: si ne demoura gaires que ses gens vindrent a lui/ et quant ilz furent venus/ il leur demanda ou lancelot estoit. En nom dieu firent ilz nous cuidons quil vous cerche ainsi comme nous faisions ores/ lors mist le roy de rechief son cor a sa bouche et commenca a le sonner. si ne demoura gaires q lancelot vint courant parmi vng sentier tant comme il pouoit du cheual traire/ quant il sapprocha du roy/ si commenca le roy a crier Lancelot monseigneur puain vous salue/ et vous mande que vous le secourez/ et quil en a grant mestier car le secours de romme est venu aider a claudas

Quant lancelot eut ceste parolle entendue si fut moult courouce/ et respondit incontinent si dist. Sire puis que il me mande ie iray moult voulentiers/ et ie le doy bien faire. En nom dieu dist le roy nous irons/ et ie vous y feray compaignie/ et menerap auec moy tant de gens que claudas sera bien fol se il nous attent a ceste foiz. Sire dist lancelot sauue soit vostre grace non ferez/ car ceste besongne sera bien faicte sans vous/ ne il nest point droit/ que vous trauaillez tant pour moy de ceste chose/ sceut le roy plus mal gre a lancelot

o iiii

ualiers que ie sache.

En telle maniere parlerēt grant piece ceulx de lost, τ le roy claudas qui fut chef en sa cité puis se desarma, aussi firēt tous les autres. Mais quant il sceut que claudin son filz fut prins, Lors se laissiez triste τ dolent, τ commenca son dueil si durement τ crioit a haulte voix, las dolēt τ chetif que feras tu τ ia ne se fust de ce grant dueil reconforte se neussent este ses barons qui commēcerēt a le regarder, τ luy distrent, Ha ha sire pour dieu ne vous desconfortez point, il napartient mie a roy de faire telle douleur de chose que lē peult bien auoir: car sans faille nous le raurons legierement car nous auons en prison des autres, τ vostre filz aurez vous bien pour le roy baudemagu que vous auez ceans en prison.

Tant distrent les vngz τ les autres a claudas qil laissa du tout son dueil pour lesperance quil auoit de rauoir son filz. La nupt quāt les tables furent mises, τ ilz deurent menger a souper commēcerent a parler ceulx de dedens des prouesses a ceulx de dehors tant quilz dirēt quil y auoit eu au commencement vne moult belle iouste. En nom dieu dist vng rommain ie ne cuidasse point q̄ claudin peust durer contre le cheualier a qui il sassembla, car ie congnois celluy au plus saige iousteur que ie veisse oncques le quel de iouste, scet toute la maniere, sy me esmerueille moult quant il cheut oncques pour vne pour claudin, Ie vous diray fist esclamor comme ce fut, il est vray que claudin est vng des plus fors hommes du mōde de son aage, τ est dur a merueilles, τ moult pourroit souffrir trauail: τ cestui est ieune τ tēdre au regart de tous hommes, par quoy si tost comment il vint a heurter, τ a mettre sa force du corps il aduint que le plus tēdre τ le mains fort cheut ce fut cellui dont vous parlez, mais qui vous fist veoir grāt prouesse, si regardast Boort de gannes le plus aspre cheualier, τ le plus seur du monde, cellui portoit vng escu blanc a ii. bendes vermeilles. En nom dieu dist plusieus vous dictes vray cest cellui par q̄ nous auōs huy este desconfiz: τ cellui q̄ ne cessa huy de nulle heure de fraper, τ dabatre cheuaulx τ cheualiers par terre ne oncques ne lay veu, aucu-

nemēt reposer neant plus que sil fust vng tēmp. Que diriez vous fist il le q̄l se fist se mieulx par deuers nous ou par deuers ceulx de lost, De ceulx de lost ce fut Boort de gānes, τ scay biē q̄ claudin ne canart neussent huy este prins de nulle heure. Ie neust il este car il est vng des meilleurs cheualiers que ie veisse oncques. τ claudin apres: si men tairay atāt, car ce sont les ii. plus vaillans du monde.

Ainsi furent celle nupt dolens τ courroucez, τ landemain a heure de prime. manda claudas a ceulx de dehors que ilz leurs vousloiēt rendre ces ii. cheualiers il leur rendroit le roy baudemagus. Quāt ilz ouirent ce que claudas leur mādoit, si en alerent a cōseil, τ ny eut a ce conseil seulemēt que pii. hōmes, dont il y auoit iiii. roys, τ les aultres estoiēt tous simples cheualiers: τ ces pii. sauoient biē q̄ messire puain auoit mādé a sā cesot quil les secouruft, τ que plus de gens ne auoit en lost qui le sceussēt: mais ilz estoient iurez par serment quilz ne le feroiēt sauoir ne a priue ne a estrange deuant que lācelot y venist. Et quant ilz ouirēt ce que claudas leur mandoit, si demāderēt les vngz aux autres que ilz feroient. Et le roy brangoire qui estoit moult sage leur dist, Beaulx seigneurs vous en ferez ce quil vous plaira, mais par mon cōseil vous nen rendiez nulz, et si vous diray pourquoy, car ceulx qui en nostre pouoir sōt ont tousiours dōne grant secours a ceulx de leās, car sans faille ce sont ceulx qui plus sōt preudōmes τ meilleurs cheualiers, τ qui plus nous ont mis au dessoubz, τ vous verrez desormais quilz seront desconfiz aussi tost cōme ces ii. ny serōt plus, τ puis q̄ nous auōs pouoir de leur faire perdre place menu τ souuēt ie cuide bien que nous aurōs victoire sur eulx deuant que lancelot viēgne, si nous seroit grāt hōneur aduenu se nous povupōs ce faire, par quoy nous y veniffions sās lui. Cōmēt dist gauuain souffrerons nous que le roy baudemagus soit tousiours en prison, certes nous y deurions mettre grant cōseil, car se nous estions en prison ainsi cōment il est, il seroit pour nous plus grāt meschief que cestui nest auāt quil ne nous eust. comme cellui qui est le plus courtois du monde aux pauillons/& ceulx le prindrēt incontinēt & lenmenerent en la tente monseigneur gauuain/& lui firēt promettre prison. Puis se firent desarmer/& quant il se vit desarme & il congneut quil estoit leās: si eut si grant dueil quil neut oncques plus grant/& maudissoit leure dont il auoit este ne & que oncques porta armes/dont il auoit fait le iour si mauuaisemēt par quoy il estoit cheut en la main ses ennemis/Il fut tant dolent de ceste aduēture quil lui estoit bien aduiz quil debuoit pfsir du sens non pas pour paour quil eust de sa vie/mais pource que ceulx de gannes seront a malaises de ceste prison & moult en auront a souffrir.

En telle maniere se cōplaignoit claudin de sa meschancete & si ny auoit gaires este/quant il vit venir bien iusques a cent hōmes qui amenoient canart qui le iour cestoit fort pene & esforce de deliurer claudin/& souuent sen estoit mis en peril de mort/si la menoient batant & defoulant si durement/q̃ cestoit merueilles dont il viuoit/& nonpourtant il nauoit pfaye de quoy il se douslust gaires/quant il fut desarme & il se vit auec claudin/si fut dolent & ioyeulx de ce quilz estoiēt ensemble/& dolens de la prison ou ilz estoient/ si dist a claudī & a canart ql auoit mōlt grāt paour q̃ la descōfiture ne tournast sur eulx/& tout autel se doubte luire pōdit canart: puis attēdirētent telle maniere iusq̃s au soir & boort hector & gauuain eurēt le iour si bien fait que ce fut merueilles/car tous prenoient en eulx couraige & hardemēt pour leur vaillance & principalemēt de boort: quant ilz virēt quil abatoit tout devant lui/si ne trouuoit aucū tant fust bien monte quil nabatist a terre/il abatoit cheualiers & cheuaulx a coupz de lance/& a coupz despee/& arrachoit escus des colz & heaulmes des testes/& picquoit amont & aual & faisoit tant de merueilles quil ny auoit cellui qui losast attēdre/& en celle grāde rage lauoit mis le mandement que on auoit mande a lancelot quil les venist secourir.

Au soir quant le iour fut obscurre & la nuit fut venue/& ilz furēt tous lasz dune part & dautre plautenus le consul de rōme qui bien eut veue la prouesse boort lappella

ainsi qͥl sen voul oit aler le q̃l vint/puis dōnerent treues lun a lautre. viii. iours tous entiers/Et lors dist plautenus le consul de romme. Sire se vous auez de nos prisoniers nous auons des vostres/si en faictes telle courtoisie comment vous vouldriez que len feist de vous se vous estiez en tel point/Beau doulz sire dist boort ilz nont garde/deuāt leur feray ie telle compaignie comme len doibt faire a preudhommes/& a bons cheualiers quilz sōt/& de hault lignaige/Atant departit le plement/& sen alla boort aux pauilsons la ou il trouua rops & contes/& haultz barons qui estoient tous prestz de le seruir/si le firēt desarmer lui & monseigneur gauuain/& les honnourerent & resiouirent de tant quilz peurent/& disrent bien/tous certainement/que se neussēt ilz este ilz eussēt este tous descōfiz/Quāt ilz furent desarmez/ilz demanderent a veoir leurs prisonnieres/& on les leur amena: si leur firent assez belle chiere/ Et boort leur demanda se ilz auoient promis a tenir prison. Sire dist canart ouy. dont ne serez vous ia mis en aulcun reprouche/Mais gardez vos promesses comme preudhommes/car se dieu maist nostre seigneur na point mauuaisemēt emploie la grāt prouesse quil a en vous mise Et ilz disrent quilz garderoient en telle maniere leurs promesses que ia nen seroient ilz accusez en mauuaistie de nul hōme qui soit viuant.

Celle nuit furent moult plus ioyeulx quilz ne soulsoient/car bien leur estoit cellui iour aduenu/si parlerent assez de mattes prouesses quilz auoient le iour veues/ et tant que aucūs disrēt que hector des marez nauoit point si bien fait cellui iour cōme il souloit/quant gauuain lopt si respondit/& dist a agrauain Ne le blasmez point la ou ie soye car par la foy que ie doy a dieu il a prins vne telle cheute/que ce fut grāt merueille cōment il peult puis porter armes/car il ny a si fort ne si dur en cest ost se il estoit ainsi cheut fellonemēt/quil ne fust plus fort estonne quil na este/& si say ie puis veu en telz .ii. poins que ie ne y voulsisse point estre pour tout lor du monde/si ne le blasmez plus en lieu ou ie soye/car par ma foy il est vng des bons ieunes cheua si feussent prinse he neust este canart et esclamor qui le vindrent secourir auec troys cens cheualiers preux et hardiz, et laisserent ses deux batailles quilz deuoient conduire, et canart frapa hector tel coup quil le porta a terre puis luy ala a cheual par dessus le corps tant quil se de rompit tout, et esclamor frapa patrides en telle maniere quil fut tout estourdy du cheoir quil fist sans luy faire autre mal.

A ce coup commenca la mesllee grade et perilleuse assez plus quelle nauoit dauant este, puis sassemblerent .iiii. batailles deux de dedens et .ii. de dehors les vnes contre les autres, Lors commenca la bataille si grade que nen y eust point oup dieu tonner, si sentre fraperent si durement que maint preudom me en conuint perdre la vie, et mains cheualieres cheoir, dont lun estoit naure a mort et laultre blece si durement que en nulle maniere ne se pouoit mouuoir de la ou ilz estoient cheuz si ouissiez illec maulx douloureux criz de ceulx q gisoient nauréz. Et pource que la premiere bataille fut si cruelle pour lamour des .ii. plus preudommes du monde sassemblerent toutes les batailles aux autres deux a heure de prime, si ne fut oncques aussi grant douleur de gens comme len peust illec veoir, car ilz se tresbatoient si asprement que la terre estoit toute couuerte de cheualiers nauréz et abatus Et Boort et gauuain q eurent leur lances brisees mistrent les mains aux espees, et commen cerent a courre pmi les rens si q on leur vuida assez legierement place pour la prouesse deulx et pour la grant renommee dont ilz estoient si ny eurent point longuement este, Quant ceulx de gannes les recouurerent aux grans coups quilz aloient donnant, et aux rens qlz aloient de rompant aussi ligierement que se il ny eust eu ame, si leur aduint incontinent quilz ne trouuerent sur qui raper pource qlz ne saisoient point lun lautre pour fortresse quilz trouuassent, et ad ce que ceulx deganne disoient veez cy Boort et monseigneur gauuain Quat ilz vindrent la ou hector auoit este abatu, si trouuerent que claudin le tenoit au heaulme, et lui vouloit arracher de la teste com me cellui qui sauoit surprins au cheoir que ca

nart lui auoit fait prendre, et si estoit si fort estonne quil ne sauoit se il estoit nuyt ou iour et parce ne faisoit il nul semblat de soy deffen dre, Lors se mostra Boort a monseigneur gauuain, et lui dist, Sire suiuez moy si le recou urons, et il lui respond q cheminast duant, car il ne se laisseroit pour mort ne pour vie tant comme suiuir se puisse.

L ors laissa Boort courre le cheual, et frapa claudin pmy la teste tel coup quil ne demoura point pour le heaulme qui ne lui meist lespee iusques a la chair, mais il ne se bleca point gueres, et cellui fut du coup si estourdy que il cuidoit estre a mort naure, puis se osta incontinent et se pasma de sa grat angoisse quil setoit, et hector qui se fut releue et fut retourne en sa force, print claudin au he aulme, et lui arracha de la teste, et quant ca nart vit cessa, si lui adreca le cheual, et frapa hector de telle force emmy la poittrine quil la batit a terre, et lui ala par dessus le corps tant que trop se bleca.

Q uant monseigneur gauuain vit le coup si ne fut pas petit courouce, si frapa le cheual des esperons, et frapa canart parmy la teste tel coup quil le fist voler a ter re tout estourdy, et Boort qui cestoit tire pres de esclamor le frapa si durement que pour heaul me ne pour armeure ne demoura il quil ne lui feist vne playe emmy le visaige moult grant et merue illeuse, et si le tumba en terre tout estourdi du cheoir qu fist: puis se leua vng cry grant et merueilleux entour ceulx qui abbatus estoient, et gauuain vint a Boort, et lui dist Sire pensons vous et moy se il vous plaist q nous puissions ses .iii. hommes retenir: car se ilz estoient prins et retenuz nostre besongne en seroit moult amendee

L ors donna monseigneur gauuain a hector vng cheual bon et fort, et le fist monter maugre ses ennemis, et quant il fut monte sur son cheual et il fut venu en sa force et en sa vigueur, si sadreca vers claudin com me a cellui quil naymoit point, car trop luy en auoit fait le iour souffrir de peine, si lui alla par dessus le corps tout a cheual tant de fois quil se de rompit tout si le print hector et le ba issa a plus de .xl. hommes qui le conduisent plauteus le consul de romme qui estoit bon cheualier & hardy & ieune homme/ & ceulx de lost quant ilz sceurent quil leur conuenoit la bataille auoir/ & qui fort les doubtoient pour sa grant plante de gens quilz auoient se furent pourueuz de cellui affaire/ si eurent fait .v. batailles au mieulx quilz peurēt/ & hector qui moult estoit desirant de la bataille. leur pria quilz lui donnassēt la premiere/ & toutce faisoit il pource quil se vouloit assēbler a claudin, car on lui auoit dit quil deuoit conduire la premiere bataille de pardella contre eulx/ & gauuain aboort qui estoiēt maistres conducteurs de lost sui baillerent la premiere bataille a conduire/ & sui baillerēt patrides & toute sa mesgnie au roy baudemagus/ & tant des autres quil eut en sa cōpaignie mille hōmes qui moult estoient preux & bons cheualiers/ Et moult doubtoiet celle bataille ceulx de la cite, quant ilz sceurent que hector des mares la conduisoit/ car il estoit moult de grāt prouesse si les auoit ia endōmages par plusieurs fois/ mais ce les assuroit pource que claudin estoit auec eulx/ A chascune des autres batailles mistrēt telz autres conducteurs cōme ilz sceurent quil y conuenoit/ & regarderent q̄ quant vendroit au besoing en sa derreniere bataille de pardella ou ceulx de sa table rōde estoient porta gaheriet le frere gauuain lēseigne au roy artus/ & eut en sa compaignie des cheualiers grant plante/ & gauuain les ala priant de bien faire & de se conduire sagemēt ainsi comment il en estoit mestier/ & monseigneur gauual trouua si bōne response en eulx quil en fut ioyeulx

Quant la premiere bataille de gānes fut yssue claudin qui moult estoit bien arme/ & fort desiroit la iouste plus que nul des aultres/ car il estoit venu deuant ses compaignons lenseigne desployee/ & fut mōte sur vng bon cheual fort & ligier/ & hector qui estoit yssu de lost auec toute sa compaignie al la deuant ses cōpaignōs pour iouster a claudin quil desiroit fort a encōtrer/ & cheuaucha deuant. cōme cellui qui de sa prouesse scauoit mieulx iouster que nul autre/ si sadreca encontre claudin/ & lautre a lui/ puis sentrefraperent si durement quil ny eut cellui qui trop ne fust estonne/ mais hector vola ius par dessus sa croupe du cheual/ car il nestoit pas de la force claudin/ si passa oultre, car il nestoit pas si fort estonne/ Quant booit qui conduisoit les batailles vit cella si fut tant dolent quil cuidoit bien yssir du sens/ car moult amoit hector de grant amour/ Lors print incontinēt vng glaiue fort & puissant/ puis frapa le cheual des esperons/ & sadreca vers claudin comme cellui qui tant auoit de mal talēt & de dueil plus que nul/ si le print bas & se frapa si durement quil le porta a terre en telle maniere estonne quil ne sceut se il estoit nuit ou iour/ Lors print booit le cheual par la bride/ & vint a hector qui ce estoit releue/ & lui dist. Sire montez/ & il monta dolent de laduenture q̄ lui estoit aduenue/ puis mercya boort de la bonte quil lui auoit faicte

A ce coup laisserēt courre les vnes batailles cōtre les autres q̄ estoient venues premieres/ car ceulx de lost mettoient peine de retenir claudin pource quilz le congnoissoient au meilleur cheualier de la cite/ mais ceulx de gannes y misrent tel cōtredit quilz en tirerent plus de .v.c. espees pour le deffēdre/ & la meslee commenca incontinent grande & perilleuse contre lui/ car les vngz le vouloient retenir & les autres deffēdre/ si sentredōnerent grans coupz sur les heaulmes & sur les escus. & sentrabatirent a terre moult fellōnement/ Quant claudin ses vit en telle maniere assēbler entour lui/ si ne fut point a son aise a ce quil scauoit bien quilz estoient de grant prouesse/ & quilz ne tachoiēt a riēs fors seulement que a le prendre Lors mist sa main a sespee & la tira du fourrel moult asprement puis cōmēca a ferir enuiron lui si grās coupz que cestoit merueilles a veoir, comme cellui qui auoit assez de force & de prouesse/ si tua cheuaulx & blessa cheualiers & abatit ce quil pouoit encontrer/ & se deffendit si bien que nul ne le vit qui a preudomme ne le tenist/ & qui ne deist que moult auoit en lui grant prouesse/ & hardement/ Mais patrides le neupueu au roy baudemagus/ & hector se chasserent de sy pres que ce seroit merueilles sil leur eschapoit car ilz lui donnerent de si grans coupz parmi la teste quilz le firent voler a terre tout estēdu dens. vii. semeines a si grant plante de gens que ia ceulx de gannes ne se pourront endurer. Certes dist puain il est vray que ceulx de romme sont venus/ et ceulx de sogres ont souffert moult grãt peine chascun iour/ car ceulx de dedens ont trop gens/ et ceulx de de hors en ont trop pou/ et se ilz ne fussent si bons chevaliers comment ilz sont a ce quilz sont peu de gens bravement ie vous dy quilz fussent chascun iour desconfiz, mais le grant effort de boort de ganes qui pour peine ne peult estre lasse: nous maintient du tout/ et se lui seul ne fust nous eussions plus perdu que nous nauons

Sire dist le varlet qui estes vous qui ces nouuelles me dictes, pourquoy le demandez vous fist monseigneur puain pource fist que se ie cuidoye que ce fust vray ie vous droye incontinent retourner/ ne ne cesseroye iamais de cheminer deuant que ie venisse a monseigneur et lui deisse ce que vous mauez dit. Je suis dist il le filz au roy brien et ay nom puain. Sire fist le varlet or ostez vostre heaulme affin que ie vous voye appertement/ et il osta son heaulme/ et lui dist bel amy suis ie ce. Sire dist le varlet ouy ie vous congnois bien, or vous commanderay a dieu puis men iray au royaulme de sogres. si que ie y seray prochainement/ mais dictes moy se noz barons sont sains et en bon point, ouy fist puain, et dictes a lancelot que claudas tient le roy baudemagus en prison/ qui moult nous desconforte, car cestoit le plus sage homme de tout nostre ost, et qui mieulx nous conseilloit au besoing, et cuidez vous fist le varlet quil lui face mal/ nenny fist il a mon aduis

Atant sen tornasle varlet et se remist en son chemin, et se hasta de tost retourner/ car moult lui tardoit quil ne venoit a son seigneur pour lui compter les nouuelles quil auoit oupes. quant messire puain se fut grant piece esbatu en sa forest, si sen retourna a lost et descendit aup pauillons: et compta son aduenture a monseigneur gauuain, et dist quil sauoit arriere envoye a lancelot pour lui compter comment il leur estoit, si en pleut moult a monseigneur gauuain, et a tous les autres/ Car moult desiroient ilz la compaigne lancelot/ et ilz auoient en lui aussi grant esperance, et

aussi grant confort comment ilz eussent eu dieu mesmes/ pour sa haulte prouesse/ quil auoit en lui.

Quant boort sceut que lancelot estoit mande pour eulx secourir: si en fu plus dolent que nul/ si dist priuement a hector et a syon son frere, or sommes nous honniz si boort qui auons si pourement fait en ce pays a qui il conuient a lancelot y venir se maist dieu iamaisse mieulx que nous ny fussions ia venus/ car il nous tendra a faissiz et a recreuz Sire dist hector ne se dictes point: ia nul ne nous en blasmera qui la verite en saiche car ilz sont trop, et nous pop, et par ma foy que i en seroit blasme vous en seriez soe, car ceulx qui seans sont, et nous mesmes vous auons congneu au meilleur cheualier de lost pour sa grant prouesse que vous auez saicte/ et pour ce ne vous doibt il point peser se lancelot see que nous auons mestier de secours. mais comment que se sien nous baille quant il sera venu se vostre nous a tant valu que la ou les preudomes de nostre ost estoient tournez a confiture que se vous ne fussiez nous eussions tout perdu. et se dieu maist se lancelot y eust este ie ne scay point comment il eust plus fait darmes que vous auez. Ha ha hector dist il quesce que vous dictes, se maist dieu se monseigneur sauancoit de lost venir ia claudas ne le sauroit si tost quil ne vuidast et ia ne latendroit comme cellui q na pas cueur pour lattendre. Longuement parlerent de ceste chose, et tant que boort dist quil ameroit mieulx estre mort tue quil ne feist tant darmes quil en auroit le neur deuant q lancelot venist. si attendirent tant que les treuez fussent faillies: si se apareillerent ceulx de dedens de yssir hors tous armes a ceulx de lost, et ilz eurent deuisees leurs batailles. si baillerent a claudin sa premiere a conduire pource quil estoit homme du monde ou plus ilz se fioyent pour sa grant prouesse de lui, et ilz auoient droit, car il estoit vng des bons cheualiers du monde et qui plus souffroit de mal au besoing: auec ce estoit il seur comme cellui qui ne doubtoit nulle chose: et aup autres batailles mist claudas telz conducteurs comme il sceut que mestier lui en fut, et en la derreniere ou lessort de romme estoit fut surprinsent par aduenture/ Quāt les grans hōmes de lost furent desarmez/ et ilz birent que le roy baudemagus failloit/ si demanderent a ses hōmes quil estoit deuenu/ et ilz respondirēt que les rōmains sauoient prins/ et enuoye en ta cite en prisōn/ Quāt ilz ouirent cessa si se desconforterēt fort. car grant aide et grant confort auoient trouue en lui/ Lors demanda gauuain se ilz auoient nulz prisonniers des seurs/ et ilz disrēt q̄ nēny/ et cōment dist il se pourrons nous auoir/ si disrēt quilz ne scauoient/ or laissez dist il demain benir que nous assemblerons auec eulx ou tel nous escherra entre mains se dieu plaist dont nous serauons quitte/ et ilz disrent que dieu leur octroyt.

Assez firent cesse nupt grant dueil ceulx de gorre/ et lādemai biē matin se armerent/ et aussi firent tous les autres et attendirēt tant que ceulx qui estoient en la cite yssirēt hors pour sassēbler a eulx/ et quāt ilz furent en plain chāp/ si couturēt les vnes batailles encōtre les autres/ lors cōmencerēt a se cōbatre trop merueilleusement/ et dura la bataille iusquez a la nupt/ si en y eut moult de tuez et de naurez dune part et daultre/ ainsi aduint cestui iour que ceulx de logres en eurent le pire/ car trop estoient de gens ceulx q̄ estoient en sa cite/ si disrēt aucunes gens que se neust este gauuain hector et boort ilz eussēt este desconfiz/ quant vint au departir/ si dist Iulien or a eulx/ et ceulx de gannes prēdirēt vne grāt partie de ceulx de logres/ et les mirent en sa prison de sa cite de gannes/ et quant ceulx de lost vindrēt a leurs pauillons et telz y eut qui se furēt desarmer/ et ilz congneurent la grāt perte quilz auoient faicte/ si comm̄ça entreulx le grant dueil et desplaisir/ si fut si grant q̄ ce fut merueilles/ et moult seussent fait plus grant/ se ilz ne cuidassent que ceulx de sa cite le sceussēt et pource se laisserēt.

En telle maniere sassēblerent ceulx de logres par .B. foiz que onques foiz ne sassēblerent quilz ne perdeissent de leurs gens/ Quāt les batailles eurēt dure vne semaine entiere sans cesser/ si fut moult grant la paour de ceulx qui auoiēt este tuez en sa bataille/ car leur amis neurēt pas loisir de ses enterrer/ et ceulx de logres y eurent trop estrāgement perdu/ car ilz auoient mains de gens que les autres/ et nonpourtant si tost comme ceulx de dedens sceurent le grant pouoir de ceulx de dehors/ si leur māderēt q̄lz leur dōnassēt .v.B. iours de treues tant q̄lz eussēt leurs amis enterrez/ et ceulx qui estoiēt de ce desirās leur octroyerent/ si les accorderent entre gauuain et psauteus le maistre consul de romme sauuement de toutes ses .ii. pars/ Lors aserent en sa forest et arditent ses corps despecez/ que sen ne pouoit cōgnoistre/ et ceulx q̄ sen cōgnoissoit furēt mis en terre benoitte/ Apres ce reposerent ceulx de lost/ et alerent veoir sa cheualerie dune part et dautre: mais quāt le roy claudas sceut quil auoit le seigneur de gorre en prisō/ si leust tue se neust este/ ses hōes q̄ sen garderēt/ et lui demāderēt pourquoy il se happoit si mortelement/ Cest dist il pour vng mien cousin quil a tue villainemēt ainsi comme sen ma dit/ et pource firent ilz se voulez vous tuer quāt il est trop sacre et benoist/ et se il estoit ores si ple cheualier si ne deuroit il point mourir pour vng cheualier/ et claudas qui bit bien quilz ne vouloient point quil fust tue/ sen taisit atant/ et plus nēy fist/ et ceulx de lost se penerent fort quil fust mis a reson/ mais claudas nēy voulut riens faire pource quil scauoit bien que le roy baudemagus estoit sōme de lost ou sen pouoit trouuer meilleur cōseil/ et pource ne si voulut il accorder pour chose quon lui dist.

Ce temps pendant q̄ ses treuez duroient aduint vng iour q̄ puain se fut matin leue/ et eut prinses ses armes si fut mōte sur vng destrier fort et ligier/ et se fut ale esbatre en sa forest q̄ estoit pres dillec/ et fut tout seul Lors lui aduint quil ēcōtra vng varlet qui cheuauchoit moult grāt erre/ si lui demāda a qui il estoit/ et il lui dist quil estoit de logres/ et suis a monseigneur du lac qui ca ma enuoye/ pour scauoir se est vray ce quon luy a dit que de rōme est venu le secours a gannes a trop grant gent/ et que ceulx de logres sont chascun iour desconfiz/ et quilz ont tout perdu puis que le secours vint en la cite/ et pour ce ma il ca enuoye/ car ce il est vray que ceulx de logres ayent mestier/ Lancelot sera cy de

O i

Et les conduisez sagement z autrement quel les ne sont deuisees/z sçauez vous cõmēt ie conseille q̃ nous en facons dune bataille.iiii. z dune aultre trois/z mettez en chascune bon conducteur/mais ses deux dernieres ne mou uez car illec doit estre nostre esperance se mes tier en est, car la sont tous les preudommes/ z les bons cheualiers la est la cheualerie du mõde qui plus est a redoubter/lors se fist mõ seigneur gauuain tout ainsi qme il lui auoit cõseille/si deuisa ses batailles z en fist dune trois/z quant il vit le besoing/si les enuoya auec les aultres/z quant vint a heure de pri me quil les eut enuoyees toutes hors/z ceulx de la cite cuidoient quil ny eust riens de demou rant, si issirent incontinent hors, z se frappe rēt en la bataille a leur venir/si les eussēt a ce point assez legierement desconfiz. Quãt mõ seigneur gauuain leur enuoya la neufuiesme bataille ou ses quatre freres estoient/z quãt elle fut venue/les rommains qui cuidoient que la derniere bataille fust venue enuoierēt querir leur derniere bataille ou les consulz de romme estoient. En celle bataille y auoit telle plantede gens z tant de haulz hommes que lõ ne deust point cuider quelle deust estre legieremēt desconfite. Illec fut lestandart de romme ou il y auoit par dessoubz vne aigle z vng dragon/si estoient fichiez auec deux ban dees de fer moult richement. z poisoit bien le faix de deux cheuaulx/z quant ilz furent pssz de la forest/z ilz se furent mis en la champai gne z monseigneur gauuain les vit/si dist a Boort. Sire veez cy la derniere bataille aux rommains/ie le congnois bien au dragon que ie voy sur lestandart, la est lorgueil de rome Et se nous le pouons desconfire ie scay bien certainemēt q̃ nous naurions maishui garde de tous ceulx qui sõt en ceste place. Sire fist Boort ie cuide que vous dictes vray, or vous diray que nous ferons se vous cuides que ce soit bon a faire allons par ceste aultre voye z par derriere ces pauillons/Mais allons biē tout droit a eulx fist Boort/z les assaillõs, si cruellement quilz en soient tous esbahiz/z se nous pouons tant faire que nous abbations cest estādart q̃ ie voy/Je vous diz vrayemēt quilz nauront ia plus vers nous duree puis

quilz verront leur enseigne abatue. Et mon seigneur gauuain dist que cestoit le meilleur conseil quil y veist/Lors vindrent a hector z lui dirent ce quilz auoient trouue/z ilz si ac corderent tous lui z ses compaignons

A tant sen retournerēt vers les pauil lons: z sen alerent tout droit a la der niere bataille des rommains/z quant ceulx les virent venir, si leur laisserent courre les cheuaulx/z les receurent au mieulx quilz peu rent, si en y eut moult de abatus a lencontre z de telz qui oncq puis neurent pouoir de eulx releuer Quant ilz eurēt leurs lances brisees si mirent les mains aux espees quilz auoiēt trēchans z dures/z commēca la meslee dõt ce fut dommaige, car maint gentil hõme en mourut. Boort z hector z monseigneur gau uain mirent aussi les mains aux espees sy tost comment ilz eurent leurs glaiues brises z se frapperent incontinent en la plus grant presse/z commencerēt les trois compaignons a dõner grans coups les vngz apres les autres si frapoiēt si merueilleusemēt que nul ne les veoit qui a preudõmes ne les tenist: mais õc ques pour pouoir quilz eussent ne peurent a procher de lestandart plus pres de quatre lan ces, car il y auoit telz quatre cens cheualiers dont chascun estoit preux z hardi/z pource ne peurent ilz faire ce quilz auoient enpense.

T out le iour dura la meslee grant et perilleuse, si y eut moult dommes mors dune pt z dautre, mais sur tous ceulx qui y furent: Boort fist le mieulx en toutes che ualeries, car cellui ne fina oncq tout le iour de hommes z cheualiers abatre z occire/si fist tãt par sa prouesse que les rommains qui õc ques ne lauoiēt veu le congneurēt bien aulx grans coups quil donnoit/si disrent quilz cui doient vrayement que ceulx de logres eussēt este occiz z desconfis/se neust il este/Et sans faille il le fist si bien cellui iour/quil en eut le pris de tous ceulx qui la estoient autant du ne part que dautre/z au soir quant la nuit procha/ ilz sen allerent ceulx de romme en la cite z ceulx de logres retournerent a leurs pa uillons/si se desarmerent aulcuns z les aul tres non/ains firent le gait enuiron leur ost toute la nuit affin que ceulx de la cite ne les uant ses hommes estoit venu les vit venir/ si dist a ses hommes. Or a eulx et gardez que de ces deux batailles nen demoure nul ensemble Et ilz lui dirent quil allast seurement. A la sembler eussiez veu lances briser: et cheualiers abatre si merueilleusement que tout le champ en estoit couuert/ mais quant les rommains virent quilz estoient si haultement receupz, et quilz auoient trouue telle cheualerie q̃ meilleure ne pourroient point trouuer/ si ne furent pas aises/ et nonpourtant si estoient ilz de moult haulte prouesse/ et se firent moult fors au gr̃t pouoir des gens quilz auoient amenez/ si en furent plus fiers et plus orguilleux au commencement/ Quant ilz eurent leurs lances brisees si mirent les mains aux espees. puis coururent sus a la gent au roy Baudemagus et ceulx a eulx si quilz en furent moult esbahis pource que moult auoient plus de gens que le roy Baudemagus/ et si estoient ia reculsez/ et auoient place perdue/ et le roy Baudemagus qui estoit ung des meilleurs hommes du monde de son aage auoit lespee traicte/ si commenca a donner de grans coups deuant et derriere et a faire vuider place aux plus vaillãs/ et parti des son nepueu qui estoit de moult grãt prouesse/ et hardi a merueilles/ apres ce quil eut sa lance brisee tira son espee/ et comenca a departir coups de ca et la pardeuant son oncle/ si appertement et vaillamment q̃ cestoit merueilles. mais les rõmains auoient trop gr̃t puissãce. parquoy il conuint au roy Baudemag' laisser la place/ mais moult y souffrirent auant peine et trauail cõment ceulx q̃ estoiẽt de grãt prouesse. sy eussẽt este desconfiz a ce q̃ trop auoiẽt fait darmes ce neust este le roy Karados qui les secourut auec grant gent/ et lors se tindrent si bien que oncques ne se remuerent/ puis ne demoura gaires quilz cõmencerẽt a prendre terre sur leurs ennemis/ car ilz les reculerent moult malemẽt arriere vers le bois dont ilz estoient venus.

Lors vint du bois Julien ung des senateurs de romme ieune cheualier et de grant prouesse a grant cõpaignie de cheualiers/ si vit deuant les aultres moult richement arme/ et vit le roy Baudemagus qui en chassoit ses hõmes et les abbatoit et tuoit aus

si cõme se ce fust ung monstre/ si le monstra incontinẽt a ses compaignons et leur dist/ Veez vous ce cheualier la qui tant fait darmes Oup firent ilz iamais ne me creez de chose q̃ ie die/ se ce nest Lancelot du lac le bon cheualier/ dont tout le monde parle/ Et ilz dirent que ce pouoit il bien estre/ Ores a sui sist il incontinent/ et sachez vraiement que qui abatre se pourra ie seray riche a tous les iours de sa vie/ Lors laisserẽt courre tous ensẽble si fraperent le roy Baudemagus de telle force quilz le porterent a terre et lui occirent son cheual/ et ilz saillirent sus incontinent/ si pensa bien si tost cõment il les vit assemblez sur lui quilz taschoient a le prendre/ si se deffẽdit au mieulx quil peut. mais sa deffense ny peult resister. car ilz le prindrẽt affine force si coururent de toutes pars et le mirent en bonne garde pource quilz sauoiẽt pris/ car ilz cuidoient bien pour lui auoir sa guerre acheuee. Quãt les rõmains eurẽt pris le roy Baudemagus et ses hommes le sceurent/ si en furent fort esmayes et plus legiers a desconfire/ car tãt estoient dolens quil ne leur chalsoit de leur vie si tournerẽt le dos et laisserent la place: mais mõlt y souffrirẽt auãt peine et trauail Quãt le roy Pon qui conduisoit la tierce bataille les vit venir si hastiuemẽt. il dist a ses hommes Secourds les/ car Baudemagus est pris/ Ceulx trouuerẽt grãt plãte de gẽs q auoient pris aulcuns de leurs riches hommes pour quoy ilz sont tant esmaiez/ lors laissa courre au mieulx quil peult/ puis ne demoura gaires que deux autres batailles des rommais issirent du bois/ et quant ilz aprocherẽt de la meslee/ si se smeut contre eulx le roy Brãgoire a toute sa gẽt si ne frapa point en la bataille ais sen alla assẽbler ceulx de dehors venus/ ainsi fut lestour cõmence fort/ et assez y morut de preudomes et de bons cheualiers

Quãt mõseigneur Gauuain vit q̃ ses batailles issoiẽt si soudainemẽt du bois et q̃ nẽ venoit aucunes q̃ fussẽt sur eulx descẽdues/ si dist a Boort. Sire ce seroit bõne chose se nous pouiõs scauoir cõbien ilz sõt de gẽs. Sire fist Boort nous ne le pouõs scauoir deuãt q̃ilz soiẽt tous issus du bois. mais ie võ diray noz gens irõt a la bataille petit a petit

¶ Si tost comme elle les vit, elle congneut bien quilz estoiēt rōmains, lors pēsa incontinent que cestoit le secours de gannes, puis reuint en lost au pauillon Booit, si lui cōpta les nouuelles des rōmains q̄lle auoit veuz au bois si scay bien certainement dist elle quilz nous vendront anuit assaillir ou le matin, et se ilz nous treuuēt desgarniz nous estes mors.

Quant Booit et ses cōpaignōs ouprēt ceste nouuelle si disrent incontinent que belle auenture leur estoit aduenue de ce quelle les auoit veu en tel point, si mādrent monseigneur gauuain et lui cōpterēt ceste aduenture des rommais qui vēdrōt anuit ou se matin. Et cōment le sçauez vous fist il, et il dist que bien: car sadame du lac les auoit veuz. En nō dieu fist mōseigneur gauuain, dieu nous a bien secourus, ains quilz nous surpris sent, car silz nous euffēt surpris assez legierement euffiōs peu estre descōfiz, se se ne nous eust fait assauoir leur venue. Lors furēt mādez tous les haultz barōs de lost, si vindrēt tous et le roy pon, et le roy Kabaratin de coinouaille, et le roy karados briesbras: hector des mares, les roys et les contes, si y vit le roy baudemagꝰ qui ia estoit gari de la playe que claudin lui auoit faicte. Et quant ilz furent assemblez au pauillon monseigneur gauuain qui estoit moult bel et riche cōme cellui qui auoit este fait pour le roy artus: et Booit leur dist les nouuelles des rommais qui estoient venus iusques a trois lieues pres deulx et les assaulroient anuit ou demain, et pource fist il que ie ne scay a quelle heure ilz vendront seroit il bō q̄ nous feissions armer la moittie de noz gēs, si que les rōmains quant ilz vendront ca ne nous treuuēt desgarniz, si cōme ilz cuident, car ilz ne croiēt pas que nous sachions leur venue si bien cōme nous la sçauōs, et pource que vous estes cōpaignons de la table ronde et de ceste emprise, et par la foy que vng chascun de nous doibt a lautre q̄ la moitie de noz gens soient incontinēt armez et les aultres se reposent tant q̄ilz voiēt le besoing, et ilz loerēt moult ce conseil, si demādent, lesquelz ferōt laduant garde, et quatre roys saillēt q̄ dient quilz la ferōt a tout quatre mille hōmes. En telle maniere que se les rōmais viennēt pour eulx surprendre quilz ses treuuent armez.

A tant departit le conseil, si sont mengier parmy lost, et se prēnent garde de leurs cheuaulx et de leurs armes q̄l ne leur faille riens au grāt besoig, si attendirēt tant q̄ la nuit vit, et si tost cōme la nuit fut meslee au iour, tous les quatre roys se firent armer si firēt a quatre mille hōmes ser vestir, et ne monterent point sur leurs cheuaulx, affin quilz ne les trouuassent point tant laz au besoing, aincois ses tindrent par les frais chascun le sien apres sui, si furent en estant: et attēdirent iusques vers la minuyt, et quāt ilz virent quilz ne venoient pas, si firēt la moitie deulx endormir et lautre veiller iusques au iour. Ainsi dormirent vng pou ceulx qui lost auoient a garder, si en furēt plus aises du repos quilz auoient eu celle nuit. Lādemain si tost cōme le iour aparut, mōseigneur gauuain qui se fut matin leue vint a eulx, et leur dist que bon iour leur donnast dieu, et ilz lui rendirent son salut. Or es fait il maintenant ainsi que les rōmains ne sōt point venus et ie scay bien quilz vendrōt tantost, si deussiez deuiser lequel ira deuant de vous quatre, sy dist maintenāt le roy baudemagus ql sera la uant garde, et le roy Brangoire dist quil sera la secōde, et se roy pon la tierce, et le roy karados la quarte, et aura chascū mille hommes en sa compaignie, et mōseigneur gauuain sa coida bien a cestui establissemēt, aussi firēt les aultres, et ilz eurēt ia prises leurs armes quant le souleil fut leue, et quant ilz eurent leurs batailles ordonnees, si regarderēt q̄lz estoient.iiij. batailles dont mōseigneur puain doit cōduire la.ij. et hector et les autres barōs les aultres, et pardessus tous les aultres eurēt mis mōseigneur gauuain cōme maistre si furent les batailles ordonnees si cōme ilz cuidoient quilz vaulsissent mieulx.

Quant les batailles furēt ordonnees deuant les pauillons, et ilz furent tous prestz quil ny auoit que du mouuoir, sy ouyrent vne moult grant crie et merueilleuse que les rōmains qui estoiēt yssus du bops auoient faicte, et auoient enuoye deuant eulx quatre batailles qui auoient leurs enseignes drecees, et quant le roy baudemagus qui des

La tierce partie de Lancelot.

Quant les prisonniers furent venus a Claudas, et il les vit si bien montez et si bien vestus, il leur demanda qui ce leur auoit donne. En nom dieu firent ilz ceulx de logres. Ilz se sont tant de leur debonnairete, que ceulx de leans en sont tous esbahis, et se ilz ne se fiassent plus au grant secours de rome que a leur pouoir, ilz feissent bouketiers paix auant a eu̇ ly quilz enportassent plus escu en bataille: mais pource quilz cuident estre secourus, nen tiennent ilz nulle parole, si est ainsi le siege afferme que ceulx de dedens ne issent hors ne pour assault ne pour aultre chose, et nonpourtant ilz sont assailliz menu et souuent, mais pou leur en chault, car sa cite est si forte que elle ne craint aulcũ assault, et si ont grant plate de gens mais quant ceulx de lost sceurent que hector estoit si malement naure: si mistrent en son lieu boort, si furent seigneurs de lost lui et monseigneur gau. Dix iours apres sa cite fut assiegee vit la royne de benoic auec grãt plate de nonnes, et quãt elle vit ses nepueux, si commença a plourer sur eulx de ioye et de pitie: et quant ilz la cogneurent, si lui firent trop grant ioye pour lamour de lancelot qui leur sire estoit: et pource que elle estoit leur ante, si sa detindrent. viii. iours, et elle demanda nouuelles cõment lancelot son filz se faisoit et ilz lui disrent la verite, et quant monseigneur gauuain, et les aultres compaignons de logres sceurent qui elle estoit il ne fault point demander silz en furent ioyeulx, car ilz lui firent tant dõneur cõme ilz peurent, et sa detindrent huit iours, et quant elle sen partit, si leur pria pour dieu et pour amours, quilz enuoiassent lancelot querre, afin quelle le veist au moins vne foiz ains quelle mourust, et ilz disrent que si feroient ilz si come ilz cuidoient. Et quant ilz leurent son guemẽt conuoiee iusques au royal monstier, si reuindrent en lost, et ce iour mesmes vit aux pauillons sa dame du lac a grant cõpaignie de gens, si demanda boort et lionel, et sen les y amena. Et quant ilz sa virent si lui coururent a lencontre: sui firent telle ioie come a celle qui amoient sur toutes femmes, et come a celle qui assez leur auoit fait bien et honneur en leur enfance, et elle leur demanda nouuelles de lancelot, et ilz lui disrent quil estoit sain et en bon point. Et ne vit il pas auec vous fist elle, nẽ

ny dame firent ilz, ains demoura auec le roy artus en la grãt bretaigne, et ne cuidez vous point quil vienne ca. Nous ne scauons firent ilz, mais toutesfoiz tant leur demãda quilz lui dirent pourquoy il estoit demoure, et quãt elle ouyt cela si dist quelle ne iroit plus en ce lieu ilec puis quil ny estoit, et non pourtãt ilz sa prierent tant quelle demoura, elle et vng cheualier qui sauoit espousee, quant boort cogneut le cheualier, si le fist seigneur icõtinent du chastel du roy quilz auoient cõquis et de tout ce qui y appendoit, si que celui en fut riche tous les iours de sa vie. Et la dame sen alla et laissa ceulx de dehors au siege dont ilz nauoient tallent departir, si se tindrent iusques vers la saint michel, et ce pendant conquirent tous les chasteaux qui pres dillec estoient. iii. iours deuant sa sait michel vindrent leans nouuelles que ceulx de rome venoient a tout grãt gens au secours de ceulx de sa cite.

Quãt ceulx de ganes ouprent ceste nouuelle si en eurent grãt ioye cõme ceulx qui grãt mestier en auoient, si mandèrent a ceulx de rome leur estre et leur contenement, et cõment ceulx de goire et de logres les auoient assegez, et lors leur mandèrent ceulx de ganes que au iour de la sait michel a heure de prime saillissent sur ceulx de lost tous armez, et sassẽblassent sur eux seurement, car bien sceussent ilz que silz les verroient venir ilz se armeroient tantost si que ceulx de lost seroient par eulx assailliz de deux pars. Quant ceulx de rome ouirent ce mandement si si accordèrent: lors entrèrent en vng bois qui estoit a. iiii. lieues de gannes la veille saint michel, et seiournèrent tout le iour en la forest, et regardèrent a leurs armes quil ny faillist nulle chose, et ceulx de sa cite sauoient bien certainement qlz estoient au bois, si sapareillèrent contre eux au mieulx quilz peurent, si quil ny auoit que du monter. Et ceulx qui estoient en lost ne se prenoient point garde de tel agait, ains attendoient a eulx deduire, et a eulx resioupr comme ieunes hommes quilz estoient, et cheualiers de grant prouesse, si en eussent peu estre domaigez de ceulx du bois ses eussent surprins. Et quilz eussent fait si neust este la dame du lac qui se sceut dauẽture comme celle qui cheuauchoit parmi la forest ou ilz estoient embuschez ains sen cōuiēt issir/lors māda a ceulp de sogres qz voulost parler au maistre deulx p sau ues treues/Et ilz disrent quilz y parlerosēt voulētiers/lors issit hors tout desarme entre lui et claudin son filz/Et mōseigneur gauuain et boort vōt encōtre eulx vestuz de robes de samit dont chascun en auoit cote et mātel/ Et ceulx qui la estoient se tirerēt arriere dune part et dautre siquil ny eut a ce cōseil que eux quatre. Lors se cōmenca claudas a plaidre de ses hōmes quil auoit occiz pruis, et retenus/ et de sa terre qlz ont arse et gastee/ et de ses chasteaux quil a perduz/Et boort se plaīt de son pere quil fist mourir: et de sa mere quil enchassa poure et desheritee/ et de sa terre quil auoit perdue, et quil a tenue a tort des ce qlz estoit petit enfāt. Or regardez fist monseigneur gauuaī seigz a se plus grāt tort, il me semble fist il a claudas, que vous lui auez plus meffait ql na a vous. Car vous desheritastes sō pre et enchassastes sa mere/ et auez detenu sa terre sās droit/ et il en a tāt souffert, mais puis ql vit que sen ne lui rēdroit poit/il vint deca a force de gēs pour en oster ceulx qui lui contredirōet/Et quāt il fut venu et on lui cōtredist il en tua vostre filz/si nest nul au mōde qui a droit sen puisse blasmer/ car il le trouua pprement en sa terre lui et voz hōmes, et puis quilz lui deffēdirēt sō droit, il nest pas preudōme qui a vous sen tendroit/ ains vous deuroit tout le monde confondre et condenner. Sire gau. fist claudas, ie ne viēs poīt icy pour parler de telle chose. Sire dictes nous donc pour quoy Dray est fist il q entre voz gēs et les nostres eut hyer une bataille qui fut moult forte et perilleuse, et plus qui ne eut oncques en nulle terre puis la passion iesucrist. si dura tant que sa nuit vit: par quoy sen ne peult point veoir lesqlz en eussēt eu le meilleur ne a quelle si elle fust tournee/ se ilz eusseut sōguement dure/Assez y eut hōmes tuez dune part et dautre. Car tel affaire ne peult point estre demene sās grāt mortalite/ si me sēble q vous auez de noz cheualiers dont ie vouldroye que vous nous rendissiez pour les vostres noz cheualiers. Et ilz disrent quilz se vouloient bien/ lors sasseurerent dune part et daultre/si se affia monseigneur gauuaī a tenir pour ceulx de logres, et claudin pour ceulx de gānes. Il conuīt fist claudas q vous nous enuoyez anuit noz cheualiers. Autant vous requerōs nous fist monseigneur gauuaī, et ilz disrent qlz les rauroient

A tant se departirent si sen ala monseigneur gauuaī vers les tentes et pauillons, et claudas en sa cite. Et mōseigneur gauuain fist deuant lui venir tous ses prisonniers, et leur dist que bien fussēt ilz venus, puis leur fist donner a chascun une robe neufue telle cōme il sceut quil estoit mestier a chascun endroit soy/ puis cōmāda que les tables fussēt mises, et les fist asseoir au mēger, et les fist seruir richement/ Et quāt claudas vit en son palais il dist a ses prisonniers. Beaulx seigneurs vous vous en pouez bien aller, car vous estes tous deliures. Quant ilz virēt cessa si furēt moult ioyeulx et mēgerēt apres leur dōna claudas a chascun ung cheual, et quāt ilz furent mōtez, si dist lion au roy. Beau sire. sasus a une pucelle q est de noz gēs enuoyez la nous si ferez courtoisie. Certes sire fist claudas non feray, car ie ne le doy poīt faire Et il sen souffre a tant, quant ilz virent quil nen fera plus, si sōt moult ioyeulx de ceste deseurance que dieu leur a si tost donnee. car ilz ne cuidoient de grāt piece hors issir, et quant ilz furent hors, et ceu ly de lost les virēt venir si leur aserent alencontre, et leur firent telle ioye comme ilz peurēt/lors cōmenca par lost la ioye mōlt grāde: si sefforcerēt de seruir ceulx quilz tenoiēt en prison, et leur firēt tant de feste quilz en estoiēt tous esbahis, car ilz ne sauoiēt pas encores quilz fussent deliurez

Quant ilz eurēt mēge, si firēt ses principaulx barōs de logres a chascun des prisōniers de gānes dōner ung cheual, et furēt vestus tous de neuf: si leur fust bien filz ne fussēt nauez, et quāt ilz furēt tous mōtez sy leur dist mōseigneur gauuaī Vous estes tous qittes. si vous en irez quant il vous plaira, si vous ne voulez maishuy demourer. Et ceulx disrent qlz sen iroient car mieulx serōt auec leurs gēs que ailleurs, si les mercierēt de lonneur qui leur auoit fait, et sen partirēt a tant, et cheuaucherent tous ordonneement lū apres lautre, tant quilz vindrēt en gānes se/ɫ les aultres dirẽt Une aultre/ɫ quãt chascũ eut dit ce quil voulut/qui mieulx peust savoir/si fut ce cõseil a ce mene quilz atendroiẽt de romme le secours/ɫ bien faire le pouoient Car sa cite estoit si forte/ɫ si estoit si bien garnie de vitaille/quelle nauoit garde de famine iusq̃ a huit ans/silz auoiẽt encores plus gens quilz nont/ɫ pource se tẽdront quoy/ɫ attẽdront le secours de rõme qui doibt venir prouchainemẽt pource nont ilz garde que ilz nen aient du meilleur au grãt effort qui leur vẽdra si comme ilz dient/car silz vouloient issir hors contre ceulx de logres ilz ne doubtent point quilz ne fussent vaicus toutes les fois quilz sasseblẽroient:pource q̃ les aultres ont grãt plante de gens/ɫ aussi q̃ sont meilleurs cheualiers que ceulx de sa cite

Quant ceste parole fut accordee/ɫ recitee claudas si consentit cõme cellui qui nevouloit point aller contre le cõmu assẽtemẽt/ɫ nonpourtant lui endroit soy amast mieulx a cõbatre ɫ a yssir gent contre gẽt/cõme cellui qui trop estoit de grant cueur/ɫ se tous les aultres fussent aussi hardis cõment il estoit ilz fussent aincois mors. ou ceulx ocis ou ilz morussẽt tous. mais puis quil leur plaist a demourer leans il y demourra si lui en pesa plus. que beau ne lui fut/Quant ilz eurẽt garnie les murs ɫ les tournelles ɫ les forteresses de cheualiers ɫ de sergens ɫ de arbalestriers:si cõme ilz virent que faire se cõuenoit/ɫ ilz virent leurs gens, si firent regarder cõbiẽ ilz estoient descreuz, si trouuerent quilz auoient bien perdu/que de cheualiers que de sergẽs quatre mille ɫ plus/si en auoit leans tant de mors ɫ de naurez q̃ cestoit merueille a veoir. Et quant claudas sceut que canart fut prins sõme du mõde quil aimoit le plus/ɫ qui plus estoit a doubter de prouesse si dist quil nauoit eu nouuelles puis la mort tedaius son filz qui aussi grãt mal lui feissẽt au cueur cõme ceste prinse/ɫ se dieu maist Je amasse mieulx auoir pdu dist il le meilleur chastel q̃ iaye q̃ ie leusse perdu/lors demãda claudas a son filz, sil auoit este ou il fut pris Sire fist il ie le vy prendre/mais ie auoye tant a faire a moy mesmes que oncq̃s ne luy

peulx aider/car ie fu en telz.vii. lieux ou ie eusse este prins se neust este esclamor q̃ me secourut ɫ maintesfoiz me ietta du peril de sa ɫ se neust il este/ie ne fusse ia eschape vif/car ceulx de dela sõt si coustumiers darmes ɫ tãt en scaiuent quil nest hõme mortel qui la moitie en peust penser/ɫ se tiennẽt tousiours ensẽble/ɫ sentreaidẽt si bien ɫ si beau q̃ ie ne cuide point que nulles gens qui en ce monde soient peussẽt durer contre eulx/mais pour canart dont il vous poise ɫ doibt faire/ Sachiez q̃ sont les prisonniers que vous tenez ceãs:dõt il ya amõ aduis de haultz hommes/ɫ se ilz sont telz que sen puisse rauoir les prisonniers qui dela sont/si changez cheualier pour aultre/ɫ silz ne sõt si haultz hõmes que ceulx de leans nen voulissẽt faire chãge si les metõs apres p̃ deniers ou aultremẽt:tãt q̃ nous aiõs canart ɫ noz aultres cõpaignons par deuers nous/ɫ ainsi cõseille ie q̃ vous le faciez/ par ma foy sirent les aultres vous dictes biẽ/ɫ cest le meilleur q̃ nous y regardõs. Lors fist claudas scauoir qui les prisonniers estoient que len auoit prins le soir deuãt/ɫ ilz se nommerent/car ilz ne se voulurent de riẽs celer.

Quant claudas sceut quilz estoient si preudõmes/si les fist venir deuant lui puis les regarda/ɫ demãda a chascũ sõ nom/ɫ ilz ne se cellerẽt poĩt, ains se nommerent. Et quant claudas vit lionnet, si dist/ Ha ha lion vous estes lõme du mõde qui õcques me fist le plus de mal/car se Tedaius mon filz que vous tuastes eust vescu iusques icy, il auoit si bon commencemẽt destre preusdome. que ie scay bien que ce fust ores le plus hault hõme du siecle/mais vous le tuastes/si scay bien q̃ pource suis ie mis a hõte ɫ a pourete/car sil fust vif ie ne fusse pas au point ou ie suis ores/ɫ pource vous dy ie hair plus q̃ hõme du mõde. Sire fist lionnet se ie locis ce ne fut pas trop grant merueille/ Car vous ne amastes oncques mon pere le roy Boort/ ne les filz ne vous ne les vostres/ɫ il ya vne raison/car il na hõme au mõde q̃ se il se voit desheriter q̃l puisse iamais aimer cellui q̃ la desherite/a ce mesmemẽt q̃ vous desheritastes mõ pere ɫ moy/ Assez en auez dit fist claudas/felõnie ne se peult celer la ou elle est tor/car il ne fut oncqs ne tant ne quāt naure ⁊ auſſi ont ilz abatu gaheriet. lors commēca entour eulx la meſlee, car ceulx les ꝟouloient prendre ⁊ occire, mais ilz ſe deffendirent ainſi cōme porcz ſauuaiges, quāt ilz ſont entre les chiens ſi fort eſchaufez quilz ne doubtēt mort ne peril. Et tout ainſi aidoient les deux frē res lun a lautre ſi ſe garantiſſoient ſelon leur pouoir, ⁊ nonpourtant ilz ne furent point ſi guemēt a terre, car tant y auoit en ſa place de leurs gens ⁊ de leurs amis que aſſez fut qui pour eulx y miſt remede, ſi furent moult toſt releuez ⁊ montez ſur leurs cheuaulx. Mais quāt ilz ꝟirēt hector qui nauoit pouoir de ſoy releuer, ſi en furent auſſi dolēs cōme ſe il fuſt frere a chaſcun, ſi le prindrent ⁊ le ſeurent, ⁊ firent tant quilz ſe porterent hors de ſa batail le tout arme: ſi lui tirerent le glaiue quil auoit en la cuiſſe: ſi en cōmēca mōſeigneur gauuai̅ a plourer ⁊ commenca a regreter ſa proueſſe, puis ſe fiſt porter auec ſes priſonniers, ⁊ com māda que len ſe gardaſt auſſi chierement cō̄ me ſē feroit le roy artus ou ſō corps meſmes

Lors ꝟint boort a la bataille ⁊ ſe fra pa dedens. ſi merueilleuſemēt que les hommes claudas euſſent eſte tous mors ⁊ deſconfis ſe neuſt eſte claudin, par la prou eſſe boort, ⁊ de ceulx de la table ronde, mais puis quilz furēt aſſēblez ne tindrēt oncques place les hōmes claudas, ais leur cōuīt ꝟui der place, ſi en y euſt eu aſſez de prins ſe neuſt eſte ſarriere garde, qui les ſecourut, ⁊ quant ce fut choſe aſſeuree que les hōmes claudas ⁊ ceulx de ſogres furēt ꝟenus, lors ny eut il nul des maiſtres capitaines qui neuſt grant paour, car tant en y auoit dune part ⁊ daul tre quilz ne pouoient point ſcauoir a qui dieu donneroit la ꝟictoire de celle iournee. A celle heure que boort ſe miſt en ſa bataille, il briſa ſon glaiue, lors tira ſeſpee, ſi cōmēca a faire tāt darmes, que nul ne le ꝟeoit qui ne ſe teniſt a bon cheualier, ⁊ ce neſtoit point demerueil les. car il haioit claudas ⁊ ſes gēs plus mor tellement q̄ nulz aultres, ⁊ quāt mōſeigneur gauuain ꝟit ſes merueilles ql faiſoit, ſi diſt a mōſeigneur yuain. par ma foy len deuroit biē dōner a ceſtui cy terre, car ie ne ſcay hōme nul qui ſi bien ſa deffendiſt a mon aduis, ſe

il ꝟouloit. Se dieu me gard il aura ia toſt treſpercee ceſte bataille, ſi ne cuide ie point q̄ ſes hōmes claudas y aient duree puis quil y eſt ꝟenu. car contre lui ne dureroit nul

A inſi dura la bataille iuſqs a la nuit ſi ne fut point trop a claudin quāt il ꝟit que ſes hōmes eſtoient ia mis a deſcō̄ fiture, ſi ſen tournerent ꝟaillammēt ꝟers la cite de gannes, ⁊ entrerēt dedēs tous ceulx q̄ a temps y peurent ꝟenir, mais ceulx qui mor tellement les haioient ⁊ qui grant piece ſes auoient enchaſſez en prindrent aſſez a lentree de ſa cite, ⁊ furent moult dolens de la nuit q̄ ſur eulx eſtoit ꝟenue. car ſilz euſſent eu loi ſir, ilz ne cuidaſſent pāſ q̄ des gens claudas en fuſt eſchappē ꝟng ſeul pie, que tous ne fuſ ſēt prins ⁊ occiz. Quāt ilz en eurent pris tāt cōme ilz peurēt ⁊ ceulx de leans eurēt cloſes les portes, ſi ſeſſongnerent de la cite tant cō̄ me ilz peurēt, ſi diſrent qlz ne ſe mouueroiēt iamais diſſec, deuant quilz ſeuſſent prinſe, ⁊ les hōmes qui dedens eſtoiēt confūdus, ⁊ claudas deſherite oultreemēt. Celle nuit eu rent grant peine de eulx loger ⁊ de regarder les malades ⁊ les naurez, ſi firent loſt gait ter a gaheriet, ⁊ il fiſt la gaitte ſi biē que nul ne ſen peult blaſmer, ſi fut moult bien arme ⁊ ſe tīt moult pres toutt la nuit iuſques a tāt quil ꝟit le iour eſclairer. lors prindrēt ceulx de dehors leurs armes, cōme ceulx qui cuidoiēt bien quilz iſſiſſent hors pour ſaſſēbler, mais non firēt, aincois prindrēt cōſeil enſēble, qlz pourroient faire ꝟers ceulx de ſogres, car il leur eſt aduis puis quilz ont eu la pire au cō̄ mēcement daſſdre quilz ne pourroiēt pāſ du rer lōguemēt ꝟers eulx. Quāt ilz furēt aſſē̄ blez a heure de prime au grant palais, ⁊ to̅s les barons furent aſſis par leans ſi parla le roy claudas ⁊ diſt. Beaux ſeigneurs de ceſte guerre q̄ ceulx de ſogres ont ēpriſe cōtre nous q̄ me conſeillez ꝟous q̄ ien face, regardez ētre ꝟous quelō en pourra faire, car moy tout ſeul ne puis pāſ ꝟeoir tout ce q̄ biē y feroit meſtier Et pourceꝟueil ie q̄ chaſcū en dye ce quil cuide q̄ y ꝟault le mieulx. Car ie me accorderay ꝟoulētiers a ce a quoy ꝟous ꝟous accorderez

A ce conſeil parlerēt pluſieurs diuer ſemēt, car les ꝟngz diſrēt ꝟne choſe car se ceulx les assailloiẽt/ilz les frapoiẽt si cruellemẽt quilz les aloient abatant a terre/si le firẽt si bien a ce quilz estoient pou reposez que ceulx en estoiẽt tous esbahiz. si en pʳla claudas dist a esclamor par ma soy ie m̃ meruueille de ceste gẽt/qui ne sont point esbahis de ceulx quilz voient venir sur eulx/ais sõt aussi asseurez cõme silz auoient tout cõqs ⁊ mõseigneur gauuain/⁊ hector ne furẽt mit sa ne cesserẽt. aicois sẽn aloiẽt la ou ilz voient les plus grans presses/⁊ ce seur valut moust qlz estoiẽt pʳes lun de lautre. si frappe rẽt sur leurs ẽnemis/⁊ firent tãt quilz furent redoubtez sur tous les aultres compaignõs si disrent les hommes claudas que ces deux les feroient tourner a descõfiture ⁊ se ne fust par leur prouesse ilz neussẽt hup si vaillaine ment tourne se dos cõme ilz ont fait.

Quant les quatre batailles furẽt de quãt venues/⁊ assemblees aux gẽs monseigneur gauuain. Lors cõmẽca la destresse de sa cheuaserie/car il cõmẽca daresler ceulx quilz chassoient pour se grant faiz de gens qui sur eulx vint/si furent adonces assez par esgal. mais sitost cõme la.vi.batail se ⁊ la.vii. p vindrent. la fut grant douleur/car soccision cõmẽca dune part ⁊ daultre si que la mõtaigne estoit toute couuerte de cheualiers mors/lors aduint q ceulx de logres saissereut sa place: si les en conuint retourne voussissent ou non. car trop estoient ceulx de deuers claudas. Quant hector vit ce si dist a mõseigneur gauuain. Quest cecy. fuyons nous. ia dieu ne maist se ie ne voudroye mieulx estre mort. car a hõte ⁊ a couardise nous seroit atourne a tous les iours de nostre vie Or les saissez fist monseigneur gauuain laser ⁊ briser leurs laces ⁊ eschauffer leurs cheuaulx. ⁊ ie manderay ce pendent mon frere gaheriet qui nous secourra a tout sa bataille Et boort demourra tãt quil en soit tẽps ⁊ besoig. Or faictes donc tost fist hector ⁊ il dist que si feroit il. si appareilla vng escuier. et lui dist va sassus en celle forest: si dis a gahe riet mon frere: quil nous vienne secourir auec toute sa bataille. car le roy claudas nous est venu sur le col. si dis a boort quil ne se meuue deuant que ie le laisse querir. car apres dieu en lui est tout nostre reconfort/⁊ auons a lui nostre attẽte qʼl nous puisse valloir au besoin

Atant sen vit le varlet a gaheriet. ⁊ lui dist tout le messaige q̃ lui auoit este encharge/⁊ quãt il ouyt que son frere luy mandoit secours. si dist a ses gens Ora eux car ores perra cõmme nous nous y porterõs car nous sõmes tant reposes que nous serõs de tous quanquilz sõt raillez ⁊ mocques se nous ne les metons en suite. lors se partit le varlet: si vit a boort ⁊ lui dist ce q̃ mõseigneur gauuain lui mandoit/⁊ quant il ouyt ce. sy dist quil feroit tout ce que sui diroit. mais il amast mieulx a asseõbler que a reposer.

Quant la bataille gaheriet fut assemblee a celle vous veissiez cheualiers cheoir ⁊ cheuaulx suir par les chãps. ⁊ gaheriet q̃ estoit repose cõmẽca a frapper cõme celsui qui estoit de grant prouesse. tant que nul ne le veist qui a preudomme ne se tenist. ⁊ sy tost cõment il fut assemble auec hector ⁊ auec monseigneur gauuain. si cõmencerent de mieulx en mieulx lun pour lautre. si se trauailserent tant entr eulx trois a la grande aide qʼlz auoiẽt des cõpaignõs gaheriet qʼlz arresterẽt toute sa force au roy claudas. si firent demouuer sa chasse quilz auoient encõmencee par force de gens.

Quant claudin vit que les deux cheualiers faisoient si bien. si appella entour lui vint de ces cheualiers/ceulx ou il se sioit le plus. ⁊ leur dist ainsi. si ces.iii. cheualiers viuẽt longuemẽt nous sõmes en dãgier. car nous les auõs mis a la suite/⁊ ores ilz sont recouuers a fine force/alons a eulx si les abatõs/⁊ nous verrrõs que en tous les aultres ny aura point de deffẽce. ⁊ ceulx si accordent tous. lors coururẽt a eulx: ⁊ claudi qui vit deuant coucha sa lance bas/⁊ frapa hector si fermement quil lui mist fer ⁊ fust pʳ mi sa cuisse/⁊ pʳlt le cheual du coste senestre si parfont quil ne se peult tenir contre le coup cõme cessui qui estoit naure a mort. si abatit hector ⁊ se cheual si malemẽt naure qʼl se pauf ma de langoise quil sentoit. ⁊ les aultres fra perent mõseigneur gauuain si fermemẽt qʼlz labatirent sui ⁊ son cheual aterre: mais il nestoit põt si malemẽt blece ne enserre cõme hec champaine couuerte de cheualiers qui de la cite eſtoient yſſus/ſi diſt claudas Ha ha dieu or cuide ie que claudin mon filz ſera écores ſecouru ⁊ ceulx q̃ auec lui ſõt, car ceulx eſtoi ent aſſez ia mieulx aparceilles qu'il ne cuidoit quant il fut arriue a eulx ſi ſeur cõmenca a compter le beſoing que ſes hõmes auoient/ quant ceulx ouirent ce conſeil/ſi ſe accorderẽt parce que c'eſtoit bien a faire, lors deuiſerent aſprement ſeurs gens/ ⁊ regarderent ſeſquelz iroi ent auant ⁊ ſeſquelz iroiẽt au milieu/ ⁊ ſeſ quelz ſeroient ſarriere garde, quant ilz eurẽt ordõné ſeurs hõmes ainſi comment ilz ſe virent q̃ faire ſe conuenoit/ſi ſen aſerent tout droit ceſſe part la ou la bataille eſtoit/ ⁊ che uaucherẽt tout beau a celle fin que ſeurs che uaulx ne ſe laſſaſſent/ quant ilz eurẽt cheuau che iuſques a heure de nonne/ſi virẽt deuers vne montaigne deuant eulx ſourdre ſeur gẽs qui fuyoiẽt grant erre, comme ceulx qui eſtoi ent deſconfis/ car des dix mille que claudas auoit oſte du chaſtel de la tour, il en auoit plus de la moittie de prins ſans ce qui en y auoit de tuez/ ⁊ ſes autres qui ſen afuyoient qui eſtoient naurez/ ⁊ batus ſi durement qilz nauoient mais en eulx regart fors ſeulemẽt que de ſa mort/ ⁊ encores en y cuſt il eu aſſez plus de prins: ſe neuſt eſte claudin ⁊ eſclamor qui ſes auoiẽt ce iour garantis trop merueil ſeusmẽt, iceulx .ii. auoiẽt tant ſouffert le iour ⁊ tant fait de proueſſes ſoyãs tous ceulx du royaulme de logres que gauuain ⁊ hector ſes en portẽt moult: ⁊ diſoient que oncques en .ii. cheualiers nauoient ilz veu auſſi grant def fence cõment ilz auoient/ ſi leur en dõnerent tout le pris de la iournee/ ⁊ nonpourtãt ſe fuſ ſent ilz mieulx deffenduz ſe neuſt eſte hector qui abatit claudin/ ⁊ ce fut vne choſe q̃ moult peuſt empirer claudin de ſa proueſſe/ ſi cuidoi ent bien d'aucunes gẽs qui peuſt pource eſtre prins/ mais eſclamor qui trop l'amoit ſe miſt en peril/ ⁊ angoiſſe, ſi fiſt tant a quelque pei ne qu'il le remonta a ſa derreniere fois/ ⁊ quãt il fut remonte ⁊ ſi diſt a eſclamor ſe m'aiſt di eu bel amy ſe pour ſa grant perte mon pere ne eſtoit, ne men chaudroit il ſe ie mouroye en ce ſte bataille/ car ie ne cuide iamais recouurer ace faire ce que nous auons huy fait vous ⁊

moy.

Quant vint a heure de nõne que ceulx de logres ſe entrẽt tous mis en fui te/ ⁊ ilz eurent ia tant fuy quilz virent venir le ſecours ou ilz auoient leur eſpoir ⁊ leur cõ fort/ ſi n'y eut ſi mauuais ne ſi couart qui ne prenyſt couraige, ⁊ ilz s'aſſẽblerent tous de la ioye quilz eurent/ ⁊ vindrent a claudin ſi lui diſrent ſoyez ioyeulx/ car vez cy le ſecours de gannes/ ⁊ le grant pouoir voſtre pere qui vous vient aider, quant il eut ouye ceſte nou uelle ſi ne la vouſut pas croire/ mais regar da deuant lui pour veoir ſe c'eſtoit vray/ ⁊ il vit les valees qui eſtoient toutes couuertes des cheualiers de gannes ou ilz ſe fioyent tãt bien quilz ne lui ſauldroient ia ſe meſtier lui eſt iuſques a la mort/ Lors diſt a ſes compai gnons beaulx ſeigneurs regardez, ⁊ ceulx re garderent venir le ſecours/ ſi diſrent/ Ha ha dieu nous ſommes garis, or y perera il com ment nous y ferons vecy ſecours qni nous vient, nous nauons maiſhuy nulle garde, mais or peult chaſcun venger le mal que ſen lui a fait.

A ce mot prindrẽt tous couraige, ⁊ al lerent vers ſeurs ennemis, ſi les fra perent fort durement a leur venir, ⁊ gauuain qui ne cuidoit encores point quilz euſſẽt veu le ſecours, diſt a hector. Sire ie voy merueil les: car ceulx cy ſe fuyoiẽt nagaires ⁊ maiſte nant ſõt retournez. Sire diſt hector, iavoye bi en dit que la moittie des gẽs claudas n'eſtoiẽt point ẽcores venuz en place/ ⁊ ſachez q̃ le ſe cours eſt pres d'icy ⁊ pource ont il pris cueur car ie ſcay bien q̃ nous les auiõs deſcõfis/ ⁊ vo9 dy q̃ ſes bõs cheualiers q̃ ſe ſont repoſez ne ſont poit venus a la meſlee/ ainçois leur ſerõ fois grant meſtier/ car s'ilz ne treuuent en eulx ſe cours on ne ſe pourroit garãtir pour tout le mõde. Or ne vous en chaille fiſt mõſeigneur gauuain, car ſe dieu m'aiſt nous auõs tãt de preudõmes en noſtre arriere garde, que ia tãt ny en vendra quilz ne ſoient tuez/ lors regarde rent cõtrebas la valee/ ſi virent le ſecours q̃ venoit de toutes pars/ ⁊ ſes deux batailles qui eſtoient deuant miſes/ ſi les aloient frap per iuſques la ⁊ ceulx qui preudõmes eſtoiẽt ſes receuoiẽt biẽ: ſi ne prenoẽt d'eulx nul pardõ lesquelz maintindrent tout lestour encōtre les cheualiers de logres/ a firent tant amont/ a aual que nul ne les bit qui a preudommes ne les tenist/ a tant souffrirent par leur hardiesse quil ny eut celluy qui neust sa manche pleine de sang iusques au poing. si firent tāt quilz furent tous rouges q de leur sang que de lautrui. a monseigneur gauuain les monstra a hector/ Et lui dist scauez vous qui ceste bataille nous tient si longuement. Nenny certes fist hector. En nom dieu dist gauuain ce sont ces trops cheualiers que vous voyez cy deuant qui maintiēnent tous les gēs au roy claudas. Sy vous dy que qui les pourroit prendre. iamais les hōmes au roy claudas ne se oseroient trouuer en place aincois sen fuyroient. car se nestoit la grant cheualerie q est ence trops ilz nous eussent long temps a tourne les dos. Que sce fist hector ne tiēt il a aultre chose. Nēny dist gauuain. Or sachez dist hector que tātost ilz seront mis en fuitte. se nous yallons riens vous a moy. or piquez a lun a moy a lautre. Allons donc dist gauuain.

Lors print hector vne forte lāce/ a gauuain vne autre. puis laisserent courre leurs cheuaulx aulx deulx compaignons qui plus valoient a leurs aduiz/ a hector frapa claudin si felonnement que a pou/ quil ne lui rōpit le col/ si se pasma claudin de l'angoisse quil lui fist. et monseigneur gauuain frappa canart si durement quil labbatit lui a son cheual en vng monceau/ a quāt esclamor vit cella si ne fut pas aise. car il scauoit biē certainement que les hommes claudas auoient plus de fiance en eulx deulx quilz nauoient en tous ceulx qui la estoient. a claudin saillit incontinent sus quant il se vit a terre. comme celluy qui nestoit pas asseur/ Lors courut au cheual canart/ amonta dessus/ a quant monseigneur gauuain se vit en si perilleux estour si vigoureux. si dist que oncques mais ne fut si viste ne si aspre. comme cestui lui sembla/ lors recommenca la bataille illec endroit grāde a perilleuse/ si prindrent canart a fine force/ mais deuant y eurent grant peine. si eust eu a lieulx y auoit plus grant mestier de reposer que de batailler. mais firēt tāt dune part a dau-

tre que toute la place fut couuerte dommes mors a naurez/ a claudin dist au roy son pere Sire pour dieu allez vous en dicy. car noz hommes seront incontinent tournez a desconfiture/ a se dieu maist vous ne pourriez point estre a demie lieue loing quant ilz tourneront le dos Et lors verriez se vous estiez auec eulx quilz ne mettroient ia nulle peine a eulx deffendre. comme ceulx qui auront tant a faire quilz voudroient estre cent lieues loing deulx a ie vous voy maintenant playez a naurez en plusieurs lieux/ si ne peult point estre que se ceulx de logres nous prennēt que huy nous ne soyons mors sans nulle remission.

Beau filz dist claudas q voulez vous que ie face/ cōmēt sera ce que ie vous laisse moy qui vous doy aider a vous garātir en tous lieux comme mon filz a mon homme. si vous laisseray en peril de mort ētre mes ennemis mortelz. cōment se pourra mō cueur souffrir. Sire dist il faire se vous conuient asprement. allez vous en grant erre/ a nous enuoyez secours au plus tost que vous pourrez ou nous sōmes mors/ a se roy ne se vouloit point accorder a ce q claudin son filz lui disoit mais toutes foiz tāt lē fist prier par ses haultz hōmes du pays quil sen partit lui a ie scay quans qui estoiēt moult naurez en plusieurs lieux/ a il fut monte sur vng bon cheual qui estoit fort a legier/ a quant il se partit de la bataille a il vit son filz quil laissoit entre ses ennemis en peril de mort dont il ne le cuidoit iamais veoir/ si commenca incontinēt a faire vng grant dueil: puis blasma la mort q tant se laissoit viure. Sire disrēt ses hōmes laissez ce dueil. car il ne vous peult si non nuire a ne soyez pas esmaye. car se dieu plaist encores serōs nous plus ioyeulx de ceste chose que vous nestes ores. mais pēsez de cheuaucher a nous enuoyez le secours de gānes/ a certes se il nous secourēt vous ny perdrez point la moitie de vos gēs. car se nōs estiōs armez a tous noz gensie crop que de ceulx de logres nen eschaperoit il ia pie quilz ne fussēt prins a tuez

Ainsi sen ala claudas faisāt son dueil a deulx barōs auec lui. si cheuaucherent tant quilz vindrēt vers la cite de gānes lors regarderēt deuāt eulx si virent toute la

N iiii

La tierce partie de Lancelot.

Quant se deffendirent ses deux compaignons lun pour lautre que puain q̃ estoit en la bataille en ouyt les nouuelles, et lui dist ung cheualier. Sire pour dieu secourez monseigneur gauuain, & hector qui sont entre la male mesgnie claudas, car ilz sont ia a pie, si pourront estre moult tost prins se ilz ne sont secouruz a ce quil ya plus des hommes claudas que des nostres. Quant puain eut ces nouuelles ouyes, si fut tout esmaye, & appella ses hommes, et leur dist. Or serra ye bien qui oncq̃s ama de riens le roy artus, car qui de riens layme il mettra corps & ame pour ses. ii. compaignons. Et ceulx dirent q̃l cheminast hardiement, car nous ne vous faul drons point, & ainsi furent tous assemblez ceulx q̃ estoient en la bataille puain & les hommes claudas furent la ou hector & gauuain auoient este abatus, si fut la chose assez menee, mais toutesfoiz eussent ilz prins gauuain & hector par la prouesse claudin & canart quant puain vit tout arme picquant sur ung destrier, & sa ou il vit canart si ne se mescogneut point, comme celui quon lui auoit monstre, & il dist que par lui auoit este gauuain abatu, si lui laissa courre son cheual aspremēt, & lui donna si gnt coup parmi la teste q̃l senuoya a terre. Quant claudin vit ce coup, si eut moult grant paour que ceulx de sogres ne se prenissent, & il sadreca vers monseigneur puain, & le frapa tel coup amont sur le heaulme quil se fist voler a terre, car il le frapa troys coupz tout en ung tenant, & cellui print le cheual puis vint a Canart, & le fist monter a fine force parmy tous ses ennemis. Mais si tost comme hector vit canart cheut, si vint au cheual dont il auoit este trebuche, & mist pie en lestrief, & monta voulsissēt ses ennemis ou non, & il auoit pris son escu & tenoit son espee toute nue en sa main. Lors vit vers le roy claudas se vieillart qui faisoit telles merueilles de son corps, comme cellui q̃ auoit este en ieunesse de haulte prouesse, si le vit plus bel & plus richement arme que nul des autres, & par ce congneut il bien que cestoit aucun hault prince, & nonpourtant il ne creoit point que ce fust claudas. Lors lui vint lespee en la main. Quant le roy se vit venir si ne se reffusa pas comme celui q̃ estoit de grant cueur, & si le frapa en lescu si grant coup quil en abbatit ung cartier, si descendit tantost ius le coup que oncques ne lui fist mal, & hector le frapa sur le heaulme si grant coup quil en fist le feu estinceler, & le coup descendit ius que oncques ne lui fist mal, & es clamor cellui qui estoit du parēte au roy ban quant il vit le coup, si cuida bien quil fust a mort naure, si sadreca vers hector & lui donna tel coup quil se fist tout chancesser sur larson de sa selle, & il recouura de rechief cuidant frapper, mais hector passa oultre le cheual qui fut ung pou estourdy du coup, & il ne se voulut point attendre quil recouurast si tost sur lui, & quant il fut reuenu en son point si lui courut sus, lors commença la meslee entreulx. iii: moult grāde & moult merueilleuse, car se les autres ne se fussent mis entreulx deulx sen eust peu veoir tātost le meilleur, mais ceulx qui dautre partie estoient ses departirent tous ceulx si estourdiz quil ny auoit cellui qui neust bien mestier de repos, mais hector estoit beaucoup mains greue que lautre, si sadreca incontinēt vers le roy claudas, & lui dōna tant de coupz parmy ses hommes quil lui fist malgre suy vuider tous ses estrieres, & se suyt tumber a terre, & quant il fut cheut, si print le cheual malgre tous ses hōmes, & lenmena a monseigneur gauuain qui se deffendoit merueilleusement Et lui dist sire montez, & vous gardez mais huy de cheoir au mieulx que vous pourrez, car la bataille nest point tournoyement mais estour & meslee mortelle, si vous dy certainemēt q̃l ya par desa moult de merueilleux cheualiers plus q̃ ie ne cuidoye & ne saichēt a nul le chose fors seulement que a nous tuer vous & moy, si le vous dy affin que vous vous en gardez, Et il respondit quil ne sen conuenoit pas prier, car il se gardera voulentiers sicōme il lui en est mestier si peust a laide de dieu

Quant il eut monte monseigneur gauuain, si recommenca sa meslee encōtre lui & le roy claudas si grant que canart ne si osa trouuer, & ceulx de gaulle qui auoient remonte le roy claudas se deffendirent au mieulx quilz peurēt, mais leurs deffence ne fut nulle a ce quilz estoient ia au dessoubz, se eust este claudin canart & esclamor iceulx. iii

Et quant sa derreniere bataille fut venue/ si s'assembla contre sa .viii. que puain conduisoit Et quant gauuain vit cela/ si dist a hector/ Sire que vous sēble il de ceste chose/ Il me semble que tous les hommes claudas sont venuz en place/ & les nostres ny sont pas encores tous ains en demeure écores .ii. mille qui sont comme ie cuide des meilleurs cheualiers du monde/ & ia nalassent ilz en ceste bataille se mest il aduis que claudas ne pourroit pas resister a ceulx qui encontre lui sont/ Je dy fist hector que nous nauons point veu la moittie des hōmes claudas: car au plus quil en peult estre venu il nen est point venu en chāp plus de .vii. mille/ & ie cuide quil en a en sa cōpaignie plus de .xx. mille/ & pource cōseille ie que les nostres voisent tout bellement. car se ilz ne sont de grant couraige nous y perdrions si comme ie croy/ Lors ala bort a gaheriet q̄ conduisoit les .ii. derniers batailles. Et il seur dist quilz ne se meussent pour nulle chose qui leur aduenist. deuant quilz les venissent querre/ Et ceulx dirent que non feroient ilz Lors furent entrez gauuain & hector en sa bataille/ si auoient traictes les espees & en aloient donnāt grāns coupz auant & arriere/ & abatoient ce quilz encōtroient. si firent telles merueilles que nul ne les vit qui a preudōmes ne les tenist.

Ainsi alerent les deux compaignōs parmy la bataille frappāt & tuant quāquilz attaignoient. si alerent endommaigant les gens claudas moult durement comme ceulx qui ne les amoient point/ si leur firent place les plus prises. car moult les doubtoient pour les grās coupz quilz aloient donnant. si leur aduint moult bien de ce quilz ne se trouuerent en nulle presse/ quilz ne leussent moult tost de partie a tout leurs espees q̄ estoient cleres & trēchans/ si alerēt tant quilz vindrent iusques a sa bataille que claudin cōduisoit ou le roy mesmes estoit/ & quāt ilz approcherent de celle/ & que claudas vit les merueilles quilz faisoiēt. Si dist a canart regardez quelz .ii. cheualiers cōment ilz scauēt de leur mestier/ & cōment ilz vont noz gēs degastāt Se maist dieu ie ne vy oncques mais .ii. hommes qui autāt fussēt a loer par prouesse dar-

mes. En nō dieu dist canart de tāt cōmēt ilz sont plus preup de tant mettēt ilz noz gens au dessoubz/ & de tant les deuōs nous plus hair/ si nous tendra le roy claudas pour meschans vous & moyse nous ne les descheuauchons / Or me suiuez/ car ien porteray incontinēt vng a terre Alōs donc fist claudin. car sachiez que ie ny fauldray ia: & ilz auoiēt bons glaiues & fors. si laisserēt courre aux .ii. compaignons & canart souprint gauuain a sa trauerse & le frapa ou coste senestre si durement que se se haubert neust este fort/ il leust naure moult malemēt puis sempōrta ius du cheual Et claudin qui venoit vers hector tant cōme le cheual se pouoit porter frapa hector emmy sa poittrine si durement quil le porta ius a terre du cheual.

Lors cōmenca la meslee grāde & merueilleuse. car les hōmes claudas se arresterent tous entour gauuain pour le prēdre a force. mais ceulx de logres ne le vouloient point souffrir aincois misrēt leurs corps en aduēture pour lui secourir/ puis picquerēt auant & passerēt la bataille tout oultre/ & a lors fraperent des espees sur leurs ēnemis. & claudin dist a canart quil lui aidast. car se ces deux pouoiēt estre prins nostre guerre en seroit amēdee/ Et ceulx dirent incontinent a leurs hōmes gardez que ces .ii. ne vous eschappent/ si sassemblerent entour gauuain & hector mais les .ii. cōpaignōs qui nestoient point couars si se virēt en peril de mort/ puis se leuerēt asprement & misrent leurs escus sur leurs testes & se tindrent lun pres de lautre/ Et gauuain dist a hector. or y perera il cōment nous ferons. car ceulx cy nous cuident auoir pris. Ne vous esmayez point dist hector/ car se dieu maist ilz nauront huy saisine de nous/ tāt cōme ie soye sain & en bon point/ Or vous oy bien dist gauuain/ Lors recōmecerēt a dōner grans coupz alētour deulx/ & hector ietta son escu ius/ & print lespee au .ii. mains/ puis cōmenca a tuer cheualiers/ & a vuider place. si que y ny eut cellui si hardi qui osast fattēdre & gauuaī dist a soy mesmes dieu quel cheualier veez cy: qui cuidast iamais que cest homme eust en lui aussi bonne cheualerie comme il ya.

ſi iii

La tierce partie de Lancelot.

moult grant dueil, et ilz se boulurent leuer de terre/mais oncques les autres ne se boulurent souffrir, et parce commenca la meslee sur lui grande dont maint preudommes furent tuez.

Quant patrides entedit ceste nouuelle, si demāda incontinēt q ce auoit fait, et on lui mostra marians: et sui dist lē q cestoit cellui, si se adreca incōtinent celle part et quant cellui se bit benir/si le cogneut bien, car maint beau coup lui auoit beu donner le iour. si sentrecoururēt sus ses espees nues et sentredōnerent griscoupz parmy les heaulmes si que il ny auoit cellup qui ne fust bien estourdy, et le roy baudemagus qui fut reseue: et eut sa force recouuree saillit aspremēt sur bng cheual que ses hōmes lui eurēt appareille: et quant il fut sus mōte, si courut sus amarias, car moult se priseroit pou se il ne sui rendoit ce qsl lui auoit fait, et encores du roit sa meslee de lui et de patrides, et le roy qui auoit bu ce se bias frapa marians de toute sa force, sy que le hcaulme ne se garātit point quil ne lui feist sentir lespee iusqs au chief/et cellui fut si fort estourdi du coup qsl cuida bien estre mort et il trebucha ius de son cheual, et le roy le fist prendre a ses cheualiers, puis cōmanda que lē se gardast bien, et quant les autres birent cesta, si tournerent en fuitte, tant quilz peurent, et laissèrent en sa bataille grant compaignie de leur cōpaignons naurez et tuez.

Ainsi desconfist le roy baudemagus grāt partie deulx sui et ses hōmes, si furent ainsi oultrees .ii. des batailles claudas, et sen allerēt en sa tierce de plain front, et en abatirēt assez en leur benir a ce qlz estoient eschauffez si la percerēt tout oultre tāt qlz bindrēt a sa quarte, si entrepindriēt tant a ceste foiz sur eulx quilz fussēt mors se neust este le roy brāgoire qui les secourut a moult grāt gent, et quant il se frapa en sa bataille se roy baudemagus estoit pris et patrides et dautres cheualiers assez de ceulx de goire: et ne fust ia eschape bng tout seul se le roy ne ses eust se couruz, mais les hōmes claudas qui en boloiēt se roy baudemagus mener y trouuerent deffēce quilz ne se pindrent oncques garde de uant qlz se birent amerement occire, et ilz en furēt tous esbahiz ne oncqs ne eschapa q pou

quilz ne fussēt prins et tuez, et nonpourtāt tāt se deffedirent quil y eut assez des gēs au roy baudemagus et des hōmes au roy brangoire aussi tuez. Mais toutesfoiz en bindrent ilz au dessus, et eurēt le plus bel de sa bataille, puis tournerēt a desconfiture les hōmes au roy claudas par ceulx de goire, et quāt claudas bit cela si retourna bers sō pere, et dist que la desconfiture estoit tournee sur eulx, puis s'up dist. Sire asez bous en y ganes et nous enuoyez du secours, car .iii. de noz batailles sont ia baincues, et ceulx de dela cheuaucherēt a force car encores ne se sentoient ilz de nulle chose quilz eussēt fait, et par ce bop ie bien que nous ne pourrions point longuemēt durer a eulx que nous ne fussions desconfiz se nous nauōs secours daultres gens que ie ne bop icy.

De ceste chose se merueilla moult claudas pource quil nauoit pas aprins que ses hōmes fussēt desconfiz, et ses barons cōmencerēt a lui dire. Sire bous nauez q demourer, mais assez bous en y grant erre, et nous enuoyez du secours se bous ne boulez q nous soyōs tuez ou prins. Et il respondit tout en plourant. Se maist dieu ie ne me parti oncques de place pour paour de mort non ferap ie de cesta. tant cōme ie sope sain et en bō point et pour nēat auez bous dicte ceste parolle, car ie ne bous laisserap huy en ce peril ains bous serap cōpaigne, mais pour bous sauuer de mort enuoirap a ganes querre mes hōmes, si quil serōt benus deuāt le grāt besoing, et ne bous esmayez point de moy pourtāt se ie suis bieil, car encores cuide autāt baloir au besoig comme le meilleur cheualier qui soit icy.

Quāt ceulx ouirēt cesta, et ilz birent que sa boulēte y estoit, si se efforcerēt cōme ceulx qui ne losoiēt desdire, puis print .ii. de ses cheualiers, et les enuoya a gannes, Et quāt boy arriuerez la fist il si dictes a tous ceulx que bous trouuerez quilz me biēgnēt secourir au plus grāt effort quilz pourront, et ceulx sen partirent de la, si cheminerent bers la cité de gānes, et ceulx qui furēt demourez en la bataille, se appareillerēt pour eulx deffendre, car bien scauoient ilz quilz estoiēt mors se ilz ses pouoient epoigner, si assemblerent les bngz bers les autres tāt que midy fut passe.

preudõmes/si furẽt tous si bien mõtez & si ti
chemẽt quilz ne perdirẽt iamais riens par
de faulte de cheuaulx.

Ainsi eurent ceulx de sogres leurs ba
tailles ordõnees si saigemẽt que lẽ
ne ses peust point mieulx ordõner/car ilz ẽsci
gnoiẽt les vngz aux autres.cõment ilz sentre
suiueroiẽt se en bataille Benoit. & quãt ilz su
rent appareillez/si se armerent tous couuers
de fer pour aler au chastel de sa tour ou le roy
claudas ses attendoit a toute sa puissance se
leur auoit on dit/& les batailles allerent les
vnes cõtre les autres/si comme on les eut or
donnees/& quant ilz eurẽt cheuauche iusques
a heure de prime. si virẽt deuant eulx le cha
stel de sa tour/ou le roy claudas les attẽdoit
de hors ses murs. Quãt les batailles sentre
virent si se doubterẽt moult a rencõtrer pour
ce que si grãs gens y estoient/& quant ilz sen
tre approucherent il ny eut oncques cellui qui
mot sonnast. aincois laisseren t courre leurs
cheuaulx les escus deuant la poittrine/& les
lances baissees. Deuant les autres vint na
bius vng cheualier qui estoit moult preux/&
soit hardy. & conduisoit sa premiere bataille
claudas/si fut arriue deuant ses cõpaignons
pour iouster Quãt patrides se nepueu au roy
baudemagus le vit venir/si courut a lui as
prement/& lautre a lui puis sentredõnerent si
grans coupz sur les escus quilz les sẽtreperce
rent/& les haubers furent desmaillez/si se fra
perent parmi les fers qui estoient trenchans
iusqs a la chair se les lãces ne fussẽt brisees
ilz se sussẽt tous.ii. tuez/& si sentreheurterẽt si
durement des corps & des escus quilz sentrepor
terent a terre tous estourdis. Lors picquerẽt
les vngs aux autres pour ce quilz vouloient
rescourre leurs seigneurs/si sentrealerẽt don
nant des glaiues & des espees & la meslee cõ
menca si grande dessus les.ii. cheualiers que
merueilles/si cõmencerent cheualiers a ches
oir dune part & dautre des grans coupz quilz
sẽtredõnoiẽt/mais longuemẽt ne se peurent
point souffrir ceulx deuers claudas/car trop
estoient peu a celle bataille/& si nestoiẽt point
si bons cheualiers entãt que sẽ les aloit tuãt
& abbatãt sans autre rancon auoir:car ceulx
qui estoient deca nentẽdoient seulemẽt que a

les tuer/& ilz les misrent en telle paour qlz
laisserẽt sa place & alerẽt fupant iusques a sa
seconde bataille que marians conduisoit qui
auoit auec luy.v.C. cheualiers dont se pire
estoit assez hardy.

Quant ceulx virẽt leurs cõpaignons
en fuitte, si ne furent point petit cou
roucez/& ilz picquerent leurs cheuaulx pour
eulx secourir/& alerẽt fraper leurs ennemis de
tout leur pouoir/& ceulx les recuerẽt moult
bien/& moult apertemẽt. cõme ceulx qui estoi
ent preudomes/si eut a celle entree moult de
cheualiers abatus & dõmes tuez/& quãt les
hõmes au roy baudemagus eurẽt oultre na
bius/si se prindrent & se firẽt desarmer/puis
le mistrent en bonne garde/& patrides qui ne
stoit point grantment blece fut reseue auec sa
grant aide quil eut/si fut mene sur vng che
ual/Mais on lui eut deuant sa playe bendee
quelle ne saignast/Incontinent se mist en la
meslee/& cõmenca tant a faire darmes q̃ nul
ne le vit qui a preudõme ne se tenist/& ce luy
aida moult q̃ le roy baudemagus estoit tous
iours pres de lui q̃ le iecta hors de tous perilz
& ilz eurent telle cheualerie que les hommes
claudas ne peurent oncques durer a eulx.

Quant marius qui sa secõde bataille
cõduisoit vit ses gens si esmayez ou
il cuidoit auoir si grant fiãce au besoing/si se
clama incontinẽt las & malheureux quant il
eut prins ses gens en cõduitte/puis regarda
deuãt soy amont & aual/& il vit le roy bau
de magus qui ses gẽs aloit tuant/& quant il eut
grãt piece regarde/si dist par ma foy fist il se
cestui vit longuemẽt Il nous mettra tous a
desconfiture. Lors tira lespee & piqua vers le
roy baudemagus/& lui dõna tel coup parmi
le heaulme quil le fist voler a terre tout esto
ne sans quil fust naure/car son heaulme qui
trop estoit bon/le garẽtit/& il passa tout oul
tre/puis frapa si durement vng cheualier du
royaulme de sogres quil lui coupa le bras se
nestre/si que son escu cheut a terre. Lors com
menca a fraper grãs coupz deuant & derriere
puis picqua parmi la bataille/& la noise fut
leuee grãde/car ceulx de goire qui eurẽt veu
cheoir le roy baudemagus cuiderẽt bien quil
fust mort/si asẽblerent entour lui & faisoiẽt

R ii

cellui qui auoit lost a garder/si se drecea en estant/ɐ dist, Sire commēt quil soyt ou daler ou de demourer ou destre prest, si ne souffreroye ie point que Vous en propre persōne y venissiez/Car Vous estes nostre chief ɐ nostre soustenemēt/y quoy se nous assiōs ores la ɐ fussions nous cinq cens ou mille cheualiers ɐ fussiōs tous pris oyme ie croy nous seriōs par Vous deliures en pou de temps/mais se Vous tout seul y estiez prins ou tue par aulcune mesaduenture ɐ nous en eschapions. sy serions nous plus legiers a desconfire/puis que Vous seul y series prins que nous ne seriōs a tout Vng pou de gens/Et pource conseille ie que Vous demourez ɐ eslisez ceulx de Vostre ost que Vous Vouldrez qui y Voisent/ɐ ie suis prest de leur faire compaignie/ɐ si partirons quant il Vous plaira, mais aultrement ny yray ie point.

A ce conseil saccorderent les Vngz, et les aultres, si disrēt tous que claudin auoit tresbien dit/ɐ quil Valoit mieulx que claudas demourast seās quil y alast. Et quāt le roy ouit la response de ses gēs, si leur bailla incontinent cinq cēs q cheualiers ɐ sergens ɐ archiers/tant quilz furēt plus de mille. Apres leur dist. Beaulx seigneurs il Vous conuendra tant attendre que la nupt soit Venue/puis Vous en irez grant erre la ou ceulx de sogres sont, si scay bien certainement que Vous les trouuerez loges dehors les murs/cōme ceulx qui sont orguilseux/ɐ qui ne cuident point que Vous les osissiez asaillir/et quant Vous Vendrez la, si Vous frappez dedens tellemēt quil ny demoure ne tref ne pauillon que Vous ne faciez tout Verser contre terre/Et quant Vous Vendrez la si ne pensez a aultre chose fors que a occire ɐ a prendre ce que Vous pourrez prendre/ɐ ilz disrēt que alsi le feroient ilz/ɐ quant la nuit fut Venue obscure par lost/ɐ ilz eurent mengie/si se armerent ceulx qui estoiēt esleuz pour aler a cellui ost/ɐ ne Voulurent onceques demourer dēuāt quilz eussent Veu ceulx par qui ilz sestoient armez/ɐ claudas leur donna congie/lors se misrent en Voye/Et quant les cheualiers de lost qui estoient tous ieunes hommes et desirans de iouster, Virent que ceulx de lost se ye

tirēt en deux pour faire tel exploit/si se pēserēt q sans eulx ne mouueroiēt ilz point/lors montrerent tous armez plus de cinq cens/ɐ si comme ilz Venoient lun apres lautre/si estuiēt ia leurs compaignons a demie lieue de lost. Et quant ceulx de deuāt furēt Venus a Vne Valee/si sarresterent ɐ disrent. Nous attendrions icy nostre messaigier/ɐ sans nulle faulte ilz auoient enuoye Vne espie deuant pour scauoir se ceulx de lost de sogres estoiēt logez ɐ dēs le chasteau/ɐ silz estoient eschauguettez/ɐ le messagier rapporta q oup:mais par dela ny auoit homme qui de lost se print garde/ɐ se Vous Voulez partir ensemble, si q lune partie les assaillist pardeca ɐ lautre par dela, Vous ne trouueriez ia en eulx de deffense que Vous ne les puissiez aussi aisement prēdre comme silz estoient en prison/ɐ ceulx sen partirent tout incontinent apres que se Varlet leur eut ce dit/ɐ se aserēt au trauers du chemin/si cheuaucherent tant quilz Vindrent de lautre coste de lost. Ainsi furent ceulx de lost surpris dont ce fut dommaige, car celle nupt morut assez preudomes ɐ de bōs cheualiers.

Q uant ceulx Virent leur point ilz laisserent courre leurs cheuaulx parmy les trez ɐ parmy les pauillons/ɐ commencerent a trencher les cordes/ɐ a crier tire tire/ɐ quant leurs compaignons qui estoiēt de laultre part de lost ouirent ce cry. ilz laisserēt aler leurs cheuaulx les freins abādōnez/ɐ le roy karados Briesbras qui celle nuit faisoit ses chauguettes a quatre cheualiers armez: quāt il ouyt ceulx qui Venoient par deuers lui/sy naperceut point les autres/puis dist incontinent a ses hommes sus a eulx/puis courut au premier quil encontra ɐ le frapa si bien quil lui mist le glaiue parmy le corps ɐ labatit a terre/puis piqua oultre ɐ mist la main a lespee comme cellui qui moult estoit preudōme ɐ bon cheualier/ɐ ses hommes coururent aux aultres, Lors cōmēca la meslee perilleuse: car la maisgnie claudas trouuerēt dautre part plusieurs dormās/si gmēcerēt icōtinēt a les detrencher ainsi comme se ce fussēt bestes mues/ɐ monseigneur gauuain qui moult estoit saige ɐ pourueu ne fut point celle nupt esbahy Car il nestoit point desarme ne lui ne ses fre si se fussent voulentiers rendus leurs vies sauues se ceulx de dehors les eussent voulu receuoir mais ilz ne voulurent oncques/ains les occirent tous/si les ruoient damont les murs es fossez & firent leans tel martire que pou en eschapa sans mort. Et non pourtant quant ceulx entroient dedens par vne des portes/si vint seres a vne aultre & sa defferma si sen issit puis monta sur vng fort cheual/si neut oncques playe pourquoy il laissast a cheuaucher. si cheuaucha iusques au soir quil encontra vng varlet qui cheuauchoit hastiuement/& portoit vnes lettres en sa main. Et seres lui demanda a qui il estoit. ou il alloit. & il dist quil estoit au roy claudas le seigneur de ce pais si vois a pagó pour parler a seres car monseigneur my enuoye/& lui mande par moy quil a ouy dire que ceulx de logres sont venus en ce pais/& luy commande quil ne sesmaye point/car il sera demain icy pour lui secourir.

Quant seres ouyt ceste nouuelle si respondit incontinent dolent & courroucé. Beau amy pour neant y entendroit/car ceulx de logres sont ia dedens/& ont si nettement occiz tous ceulx qui y estoient quil ny a nul qui ny soit mort/fors moy seullement qui men suis issu par vne faulse porte. Et qui estes vous fist cestui. Je suis fist il seres a qui ton seigneur tenuoye qui men suis fuy de mon chastel/car silz me eussent prins nulle chose ne me eust garenti de mort/mais pour dieu dy moy ou ie pourray trouuer le roy claudas. Vous le trouuerez fist il a trois lieues dicy ou il est logé deuant le chasteau du tort donc iray ie fist seres/Et moy aussi fist le varlet/car daller auant seroit ie folie puis que noz ennemis sont si pres comme vous dictes. si sen retournent tous deux & cheuaucherent tant quilz vindrent au chastel du tort/la trouuerent lost logié qauoit bien de vi lieues de long/si y auoit moult de riches pauillons/Et le pauillon claudas estoit tendu en vne prayerie/& estoit grant a merueilles & riche/& de si grant apparence par veue quil sembloit bien estre a roy Et quant seres vint la si congneut bien que le roy claudas estoit la logé/si descendit et osta son escu & son heaulme/puis vint deuant claudas si le salua/& lui dist. Sire ie vous

apporte telles nouuelles dont il me poise molt mais pource que len ne se vous peult point celler ie le vous diray. Ceulx de logres ont occiz tous mes hommes/prins mon chastel & moy mesmes meussent ilz occis se ie ne men fusse fui/car ie men issy par vne faulse porte & men suis ainsi venu/tant que iay rencontré vostre messagier qui ma dit nouuelles de vous/Or suis ie venu a vous poure & desherité qui tant soulloye estre riche/pour me plaindre du grant oultraige quilz mont fait pour lamour de vous/si conuient que vous prenez garde que vous en ferez. Car certes ilz ont tant amené de bonnes gens & de preudommes/que ie ne cuide point que vous y puissiez riens gaignier se vous les attendez en champ Car ce sont gens qui moult sont a doubter.

Quant le roy claudas ouit ces nouuelles il fut tant dolent quil ne sceut que faire/si appella ses barons & leur dist. Seigneurs noz ennemis ont commencé la guerre moult felonneusement/si sont plus pres hebergez de nous que nous ne cuidons/& pource fust il bon que nous prenissions conseil/pour les desauancer de ce qilz ont soigneusement commencé Sire fist son seneschal/ilz seront maintenant meilleurs a desconfire que quant ilz vindrent du commencement. & pource conseille ie que nous y allissions/mais quil soit anuyté mil le hommes: si cheuaucherons tout bellement tant que nous venions sur eulx & ie vous prometz que se nous y allons saigement deuant quilz se prennent garde de nous: nous en pourrons occire la moitié/& lautre moitié prendre assez legierement. Car nous les trouuerons desarmez & desgarnis pource qilz ne se prennent point garde de nous

Quant le seneschal eut dicte ceste parolle/si demanda claudas a ses hommes quil leur sembloit de ceste chose/Et ilz dirent que cela estoit bien a faire. Car pource cuidoient ilz bien venir au dessus de leurs ennemis se dieu donne quilz viennent a point/Or ny a donc que de sappareiller fist claudas si que nous soions tous montez a la nuyt/car ie vueil que nous partons aussi tost comme la lune sera leuée. Et ilz si accorderent tousfois seullement claudi le filz au roy claudas

Si demourerent tous la nuit/ & lademain si tost comme le iour apparut enuoperēt par mp la terre leurs fourriers/pour garnir leur ost de viandes/ & si nen auoient ilz point grāt mestier, car ilz en portoient assez auec eulp:& tout ainsi comme ilz venoient aual le pays ilz ne trouuoient chastel quilz ne feissent de pecer, se ceulp de leans ne se vouloient rendre car la terre nestoit point garnie de gēs ne les chasteaulp moult deffesables. car tous ceulp qui sen furent deuant assez, & qui estoient hebergiez sen fuirent au roiaulme de gaulle a garant si tost comment ilz ouprent dire. que ceulp du ropaulme de sogres venoient

Ainsi fut la terre conquise assez legierement, sans p mettre grant peine si se hasterent le plus tost quilz peurent. Car moult leur tardoit quilz fussēt en la terre au roy claudas/ Quāt ilz aprocherent de gaulle lē seur dist une nouuelle dont ilz furēt biē ioyeulp: car ilz vit ung cheualier a mōseigneur gauuai q̄ lui dist. Sire il vous est biē auenu car vous pourez bien aiseemēt passer ple pays de gaulle. car le seigneur sen est ase a rōme il pa biē deux mois/ si disent plusieurs quil est mort: car sil fust ainsi comme il estoit na pas grantmēt. Vous ne eschappriez point sās bataille auoir/ lors furēt bien ioyeulp dōt ilz estoiēt asseurez de ce q̄lz doubtoiēt le plus/ car ceulp de gaulle estoiēt doubtez de toutes gēs

Quant ceulp de lost ouprēt ceste nouuelle: si se desarmerēt tous fors seulemēt ceulp de sauāgarde/ car biē pensoient q̄lz ne trouueroiēt hōme qui les assaillist/ sy sen passerent par la terre de gaulle. que ōcq̄s ne trouuerent qui riē seur demandast. Car puis que ceulp de gaulle estoiēt sās seigneur il np eut cellui si hardi en eulp tous qui pour lui osast la guerre entreprendre contre ceulp de sogres, pource fut la paip entreulp ferme & establee. car les ungz ne forfirēt riēs aux autres/& quāt ceulp de sogres eurēt passe gaulle/& ilz aprocherēt de la terre claudas. Mon seigneur gauuai dit a ceulp q̄ deuāt eulp. cheuauchoient quilz se tenissēt sur leurs gardes Et le roy baudemagus dist q̄lz ne se esmaiassent point/ car ilz ne entrepiēdroient riēs quilz ne menassent a chief/ si cheuaucherent

tant quilz vindrent a ung chasteau que lē appelloit pagon: seq̄l tenoit le roy claudas q̄ biē lauoit garni de cheualiers & de sergēs/& quāt ceulp qui sa estoiēt venus pour le chasteau destruire le virent si beau & si riche: ilz disrēt q̄lz ne sen partiroiēt point iusques a ce quilz leussent prins/ puis manderent au seigneur du chasteau qui sappelloit seres quil se rendist a ceulp de sogres. & il dist quil ne reuendroit iamais a terre tenir sil se rendoit, mais facent ceulp de sogres leur pouoir du chasteau prēdre, car ilz p trouueront bonne deffēce. Quāt deup cheualiers qui estoient enuoyez ouirent cela/ si retournerent a lost & dirent quilz feissent leur pouoir dauoir le chasteau/ car ilz ne se rendoient point: lors disrent tous quilz lassaulsroient/ puis fist le roy baudemagus tēdre trefz & pauillons, si que le chasteau fut enuironne que nul ny pouoit entrer ne issir/ Quant ilz furēt logiez dune part & dautre si firēt dicer canōs pierres & māgōniaulp pour ietter aup creneaulp/ & quāt ceulp de dedēs virent quilz estoient assiegez si coururent aup armes & montrēt sur les murs/ si se commēcerēt a deffendre/ mais les archiers qui deuāt estoient tiroient saiettes aussi menu q̄ pluye qui descent du ciel/ si les abatoient du hault des murs ou ilz estoient, et en mourut grant partie deulp au premier assault/ & le chastel qui estoit grant & large si que les murs en duroient moult loing/ & si np auoit point leans veu ce quil en auoient occis une partie/ que tout le chasteau en estoit garni si aduint au premier assault quant ceulp de dehors furent tous enuiron logiez/ quilz trouuoient que deuers gaulle ny auoit ame mōte sur les murs pour eulp deffendre/ si firent dicer contre les murs eschelles/ et monterent aup creneaulp moult distement/ sique en pou deure en p eut plus de cinq cens dedēs/ & les autres qui entendoient a soy deffendre ne se peurent oncques garder de cest agait/ Quant ceulp de dehors furent aual descenduz/ & ilz eurent ouuerte une des portes/ si se fraperent dedēs a force & cōmencerēt a crier trahison trahisō.

Quant le seigneur vit ceste aduēture & ceulp qui deffendoient les murs ne demādez point se ilz en furēt fort esbahiz iroit point sans bataille/ si partit ses gẽs en deuſp/ si que il fut en la premiere bataille:⁊ se roy baudemagus en lautre/ si fist tãost asca uoir/ combien il y auoit de gens contre eulp ⁊ len dist quilz estoient bien cinq cens hõmes lors dist a ses hommes. Beaup seigneurs vous estes la fleur ⁊ la cheualerie de nostre pais/ ⁊ pour la grãt fiace q̃ iay a vous me siz baisser ceste auãgarde/ Or gardez que vous se faciez si bien que ceulp de logres que sen tiẽt asseur de cheualerie ne me tienẽt a menteur/ Car ie leur ay dit de vous trop grans biens Sire firent ilz cheuauchez seurement/ car nous nauons garde de tourner du champ/ pour tous ceulp que nous voyons la

Atãt laissa courre la premiere batail le le roy baudemagus contre ses .ii. au cõte de salingue/ si briserẽt tous leurs glaiues/ ⁊ en y eut moult de blecez car trop estoient desirans dencõtrer les vngz ses au tres/ mais les hõmes du roy baudemagus qui plus estoient duitz a porter armes que les aultres ne estoient/ mistrent les mains aup espees ⁊ commencerent a occire cheualiers et cheuaup/ si que la terre fut toute couuerte de cheualiers mors ⁊ de cheuaup tuez/ si les fra perent si bien en pou deure que les aultres cõ mencerent a fuyr hors du chastel souffissent ou non/ mais patrides qui tant estoit preup ⁊ que ses gens poursuiuoient pour son bien faire fut cause de leur desconfiture/ Car plus les auoit esmaiez pour son bien faire q̃ vigt de ses meilleurs cheualiers/ ⁊ ceulp q̃ qui sen fuioient se plaignoient plus de lui que de nul aultre.

Ainsi furent desconfites les deup ba tailles au cõte de saligues par la prouesse patrides/ si sen fuirẽt iusq̃s aup troi siesmes batailles qui estoient arrestees deuãt le chasteau/ ⁊ quant le leu vit ses gens qui se fuyoient si sceut bien que la moitie mains de gens quilz nestoient les mettoient en fuite si dist. Par mõ chief ilz ont trouue des cheua liers esseuz du royaulme de logres de ceulp qui vont querant les aduentures Or pensõs de les secourir/ Lors laissa courre entre lui ⁊ vng aultre cheualier/ si aduẽt quil rẽcontra patrides/ ⁊ patrides le cõgnoissoit bien aup

enseignes quil portoit/ ⁊ quant il aprocha si lui escria en son langaige/ ⁊ lautre a lui ou sie si couurẽt leurs cheuaulp le un q̃ne lautre ⁊ sentresraperẽt des glaiues sur les escus/ si grans coups quilz ne les pouuoient souffrir mais le leu ne blesca poit patrides car sõ glai ue volla en pieces/ ⁊ cellui qui estoit fort ⁊ vis te lui mist le glaiue au corps/ si labatit a ter re mort voyans tous ses hommes. Et quant le seigneur fut mort les aultres furẽt legiere a desconfire/ car ilz ne scauoiẽt ou ilz peussẽt auoir recours/ puis que leur seigneur estoit mort/ mais toutesfois pour leurs vies garã tir/ ilz se deffendirent tant cõment ilz peurẽt mais ilz furent desconfiz si tost comme le roy baudemagus y vint/ si sen fuioiẽt par bois ⁊ par plains/ la ou ilz se cuidoiẽt le mieulp ga rantir/ Ainsi furet tous ceulp de flandres oc cis a ceste foiz ⁊ leur seigneur aussi p les hõ mes au roy baudemagus

Quant les barõs de logres qui apres eulp venoient virẽt loccision quilz auoient faicte/ si demandrẽt qui ce auoit este ⁊ sẽ leur dist que ce auoit este le roy baudema gus a tout .ii. C. cheualiers. Quant les cõ paignõs de la table ronde ouirẽt ceste nouuel le/ ilz dirent tous ensemble que ce auoit este beau cõmencemẽt. puis demãderẽt lun a lau tre quilz feroient/ ⁊ monseigneur gauuain dist que sa raison estoit que la ou ilz auoiẽt conquise terre demourrons pour huymais/ ⁊ donnõs a cellui qui a vaincu signe de vic toire/ cest courõne de lorier/ ⁊ se assirẽt tous si vouloient le roy baudemag⁹ couronner/ mais il dist que de cest honneur ne vouloit il point car il ny auoit oncq̃s frape coup. Lors demã derẽt par qui elle auoit este vaincue/ ⁊ ceulp qui y auoient este dirent que patrides les auoit desconfiz. Lors le prindrẽt. si lui firent telle ioye ⁊ tel se feste cõme sen faisoit au tẽps ancien/ ⁊ Booit qui fort lauoit ouy louer pria aup barõs qui la estoiẽt q̃lz le reuestissẽt de la terre quil auoit cõquise. ⁊ ie cuide dist il q̃lle sera en lui biẽ employee ainsi reuint patrides de la terre de flãdres/ si en fut cõte par sa prou esse. ainsi lui fut donne le pays par loctroy de ceulp qui la estoiẽt/ ⁊ furẽt fort ioyeulp de ce que dieu leur auoit dõne si beau cõmẽcemẽt

Bous emmenez tant de pzendōmes ⁊ de bōs cheualiers/que ie ne cuide point q̃ Bous aiez mestier de lui/⁊ se Bo⁹ en auez mestier no⁹ ne scaurōs demourer q̃ no⁹ ne Bo⁹ suiuiōs. mais ceulx de seans amoiēt moult sa compaignie de lancelot, car moult se prisoient, ⁊ non pour tant quant ilz Birent que le roy se Bouloit ilz sen teurent.

Quant ilz furēt tous assemblez, ⁊ q̃l ne faisoit que entrer en sa mer, si furent cōptez a Benir mille q̃ cheualiers q̃ sergēs celle nuit mōlt furēt pēsifz ceulx q̃ demouroiēt pour leurs parens ⁊ pour leurs amys quilz Bevient dauec eulx partir, ⁊ ceulx qui sen devoient aller estoiēt ioyeulx, si furent les nefz garnies darmes ⁊ de cheuaulx ⁊ de toutes les choses quil y falloit ⁊ les mariniers qui les appareilloiēt regardere̋t biē que riēs ne leur defaillist du mestier dont ilz deuoient seruir.

Au matin quant le iour apparut coururent aux nefz les poures, ⁊ les riches entrent dedens/⁊ tous ceulx qui en gauffe deuoient passer si eut assez plourer ⁊ crier Quāt Bit au departir le roy plourā pour monseigneur ⁊ pour ses aultres nepueux Et lancelot plourà pour hector son frere ⁊ siō neis bort, si les baisa au depart, ⁊ leur pria quilz fussent gracieux aux poures ⁊ aux riches/⁊ se dauenture Bous alliez au moustier royal ou le corps mon pere repose, ⁊ ou ma mere demeure. Dictes lui nouuelles de moy ⁊ que ie la iray Beoir au plus tost q̃ ie pourray Lors furent les Boilles tenduez, ⁊ ses mariniers coururent aux gouuernaulx ⁊ aux auirons, ⁊ le Bent estoit bien a leur gre, si deplacerēt de terre, ⁊ se commanderēt a dieu, puis sen allerent tant quilz peurēt. Et quant ilz furent tant essongniez quilz ne se peurent plus entrecongnoistre. si retourna le roy a lōdres et lancelot auec lui. Si menerent entre eulx deux la meilleure Bie ⁊ la plus ioyeuse quilz peurent onques/ne il ny auoit nulle ioye au monde que on ne feist pour festoyer lancelot. Car se le roy aloit au bois: il lemenoit auec lui, car il laimoit tellement q̃l ne pouoit pas estre sans lui Bne heure de iour, ⁊ seil eust este cent fois son filz, si nest il homme qui puisse congnoistre commēt il leust sceu plus aimer

Et se lancelot auoit bōne chiere du roy, en cores sauoit il milleure de sa dame sa royne, car elle ne lui reffusoit riēs de chose quil Boulsist. Si fut tellement aime par my le royaume de logres: que on faisoit autant pour luy comme pour le roy.

Ainsi se tindrent aises le roy ⁊ lācelot et tous ceulx qui auecques lui estoient. si Bont seiournāt par les chasteaulx, ou ilz sont moult festoiez a leur pouoir. Si laisse ores le compte a parler deulx, ⁊ retourne a monseigneur gauuain ⁊ a ses compaignōs.

¶ Cōme messire gauuain, ⁊ ses cōpaignōs passerent la mer pour Benir guerroyer le roy claudas ⁊ comment ilz cōquesterent le pays de flandres. xxii. chap.

Ores dit le compte que quant les compaignons furent entrez en sa mer. ⁊ quilz eurent bō Bēt, ilz furent au port assez tost. et quant ilz furēt en estrāge terre qlz nauoient iamais Beue. De telz en y eut qui furēt moult ioyeulx, si mēgerent sur la riue, ainsi cōme pour recongnoissāce de la terre. Ce tēps pēdant sen tiroit ses armes de sa nef, ⁊ les aultres richesses/si demourerent sur la marine tout le iour faisans grāt chiere, ⁊ landemain sen alerēt par my stādres qlors sapelloit saligue, ⁊ mistrēt en sauātgarde les gens au roy baudemagus qui estoient tous bien armez et ny auoit cellui qui neust bon cheual

En ce temps estoit seigneur de salins que le ieu errāt qui estoit bō cheualier ⁊ preux, au q̃l on auoit dit que ceulx de logres estoiēt arriuez en sō pays, si eut mandé de ses hōmes tant comme il en peust auoir le premier iour, car il auoit paour quilz ne Benissent en sa terre pour le destruire, ⁊ il fist assēbler ses hōmes deuant Bng sien chastel, si y furent bien. B.C. cheualiers qui furent armez au mieulx quilz peurent/⁊ quant ilz Birēt Benir les gens au roy baudemagus qui faisōiēt sauant garde, si cuiderēt quilz ne Benist plus. Lors dist a ses gēs. Or a eulx, car tost seront desconfiz Lors fist. B. Batailles de cincq cens hommes quil auoit. puis enuoya auant la premiere/puis apres la seconde/et quāt patrides les Bit Benir si dist quilz ne se

Car il se trouuera si bien deffensable: et ses chasteaulx si bien auitaillez, ⁊ assez de gens quil nya homme au monde a mon aduiz qui puisse point durer si non bien pou

Quant le roy ouyt que claudas estoit si appareille, il appella lancelot, ⁊ dist les nouuelles quil auoit ouyes de claudas. Si vous conuiendra fist le roy contre ce preudomme garder: car il conuiendra que vous y menez grant peuple. mais de ceulx que vous y menerez gardez quil nen y ait nul qui ne soit ou bon cheualier ou bon sergent. ⁊ quant vous serez en sa terre entrez se vous ne pouez venir au dessus de ceulx que vous y trouuerez ie manderay mes hommes a vostre secours: si que claudas ne sera point saige sil mattent. Sire fist monseigneur gauuain vous dictes bien. Mais ie ne cuide point que vous y couuienne venir. car sil ny auoit que le roy baudemagus ⁊ les autres barons qui saccorderent a sa guerre aussi bien que nous feismes: si ne deuroit point claudas durer encontre nous: ⁊ non pourtant ia ny scaura il tant durer quil ne soit au derrain desconfit.

Ainsi ala le roy artus seiournant par le pais de sogres iusques a la magdaleine. ⁊ dedans se terme fist appareiller armes ⁊ cheuaux a tous les siens ou il auoit pouoir puis fist faire nefz ⁊ gallees ⁊ monseigneur gauuain et seult au royaulme dorcanie. il ces cheualiers, qui estoient preux ⁊ hardiz, si les bailla a conduire a gaheriet, guerches, agrauain, ⁊ mordrec. Iceulx eurent trois batailles a conduire. ⁊ Boort manda au roy brangoire la verite de la guerre quilz auoient commencee si lui manda par ses lettres quil lui venist aider ou quil lui enuoyast de ses hommes. ⁊ il en fut moult ioyeulx quant il ouyt le messaige. pour les grans biens quil auoit ouy dire de boort. si desiroit bien que boort prist sa fille en mariage, lors semont ses gens de toute sa terre, ⁊ quant ilz furent venuz si esleut deux de ceulx quil cuidoit quilz feussent plus preudommes ⁊ meilleurs cheualiers. Si se partit de son pais, et cheuaucha tant quil vint a londres ou le roy artus estoit, car il estoit venu quatre iours deuant la magdaleine. Si lui fist le roy moult grant ioye car a maint homme sauoit ouy louer de sens ⁊ de cheualerie. Sur tous ceulx qui ioye lui firent sui fut elle faicte par lancelot ⁊ par Boort. Et sui demanderent de sa belle fille, ⁊ il dist quelle estoit demouree en son pays. Si sauoit boort comme cesui qui trop villainement lui auoit failli de couuenant. Sire fist boort se ie sui a rien messait ie sui amenderay a vostre voulente. ⁊ il dist quilz en parleroient une autrefois. Cellui iour mesmes vint le roy baudemagus a court ⁊ amena auec sui patrides son nepueu qui estoit bon cheualier ⁊ sop as, ⁊ des plus hardis que len sceust, si auoit auec sui quatre cens cheualiers, fors vindrent si bien garniz darmes ⁊ de cheuaulx, ⁊ de tout ce qui a guerre couuint tot quil ne leur failloit plus riens

Quant ilz vindrent pres de londres, si alerent alencontre tous les compaignons de la table ronde pour lui faire honneur ⁊ les receurent a grant feste. ⁊ les hebergerent au mieulx quilz peurent. ⁊ landemain apres vint le roy karadds briefbras, qui estoit nepueu au roy artus, qui amena auec sui cinq cens cheualiers de son pais tous esleuz, Et sy ny auoit cellui qui ny eust bien amene plus de gens sil eust voulu, mais le roy artus leur auoit deffendu que nul ny amenast cheualier qui ne fust renomme de grant cheualerie, car il ne demandoit que bons cheualiers. Apres philippe roy kabaratin, ⁊ auec sui assez cheualiers.

Ainsi sassemblerent a londres grant partie des gens au roy artus pour lamour de lancelot ⁊ pour lamour des compaignons de sa table ronde que priees en auoit, ⁊ quant ilz y vindrent si trouuerent les nefz ⁊ les gallees toutes prestes la ou ilz deuoient passer. si les eut fait si bien garnir le roy artus de viande quil ny failloit riens. Au iour de la magdaleine fist le roy venir les roys, ⁊ les haulx barons ceulx qui auoient les autres cheualiers a gouuerner. si les pria moult quilz alassent saigement quant ilz vendroient en sa terre claudas ne ia fist il ne vous chaille dasseer orguilleusement, car dorgueil ne vient riens. Et sil aduient par aduenture que vous aiez mestier de moy, sachiez certainement que ie vous sui uray incontinent. ⁊ lancelot auec moy: car sans sui seroye ie trop a malaise, tant soit ores que vous sauissiez auec vous, car se dieu maist bien que cel enfant acheuera ses aduētures a quoy nous auons failli/si vous en est grant hōneur aduenu/quāt de vous est yssue toute la sleur de cheualerie/sil vit par aage de hōme terriē En nulle maniere fist lācelot, ie ne vouldroye q̄ ma dame sceust ceste chose, car elle ne cuideroit poīt que ie seusse fait oultre mō gre/(z pource vous prie ie en tant cōme ie puis que vous cesez ceste chose, (z se il aduenoit que len en parlast mettez auant le blasme sur vous quil nē fust oste. En nō dieu fist boort/ si feray ie tresvoulentiers.

Assez parleēt cellui iour ses barōs de sa court des aduētures de ceulx de leans/si tindrēt moult grant cōpte de ce que boort leur auoit cōpte des merueilles qʼil auoit veues chiez le roy pescheur/(z de sa lāce qui saigna/(z de sa table dargēt/(z des autres aduētures de leans/(z cōment il sen partit sās honte auoir ne sans dōmaige de son corps Et ilz dirēt tous ensēble quil estoit le plus beneure de tous ceulx qui y furēt oncques/(z pour ceste chose dōnerent ilz le prix de la q̄ste a sui/(z a gaheriet. le iour apres aduint que lācelot fut entre en la chābre de la royne/(z ilz furēt tous deux assiz sur vne couche seul a seul quil ny auoit que eulx.ij. puis dist la royne Vous sustes hyer plus pensif que vous nestes huy/(z regardiez moult souuēt mordrec/(z monseigneur/(z vng serpent qui estoit paint en legglise/si vueil q̄ vous me dictes pourquoy ce fut car ie scay bien que vous ny pensez point sās raison.

Lors sui cōpta lancelot cōmēt mordrec auoit tue le preudōme qui auoit dit que par mordrec mourroit tout le parente au roy artus, puis sui cōpta la signifiāce du serpent/mais il ne dist point que le roy eust engēdre mordrec, car il amoit le roy de si grant amour q̄ en nulle maniere ne sceust ne ne eust voulu dire sa hōte/(z quant la royne oyt que lācelot disoit de mordrec/si en fut trop mal aise/(z plus malement seust encore este se elle eust sceu que la chose se tournast en si grāt verite comme elle fist, mais pource qlle ne creut poīt q̄ cellui sceust la chose auāt qlle fust aduenue/si en taisit/(z fist dōmaige amaintes gens/car se elle eust dit au roy ce que lācelot sui auoit dit sui qui se sentoit souppēcōneur/de ceste chose leust chassee de sa court, ainsi en est demouree la tresgrāt bataille qui fut puis es plaines de sassebrieres. dont le roy (z ses autres barōs moururēt a grant pesche/(z le grant parēte q̄ dieu auoit souffert a mōter sur tous autres lignaiges en fut mis a destruction. (z tout aduint par mordrec, si cōme le cōpte le duisera mais pource quil nestoit pas heure de le dire se taisit a tant le compte. (z dist q̄ toute sa semaine tint le roy artus court pleniere a kaamalot.

Quant vint au.viii. de la penthecouste. si sen alerēt les haultz barōs en leurs pays/(z promisrēt suy a sautre que au iour de la magdaleine seroiēt ilz a sondres/ Et le roy les en pria fort/(z lācelot aussi: puis sen alerēt ceulx qui estoiēt ioyeulx de sa guerre, (z le roy demoura si cheuaucha parmy ses villes en seiournant. (z il fist reposer les compaignōs de sa table ronde, car moult auoiēt este trauaillez parmi estranges terres:(z il amoit si fort ses compaignons de la table rōde pour ce que sui mesmes en auoit este compaignon que se il les eust eu tous engendrez de sa chair il ne les eust peu plus amer.

Quant vint au iour de la saint Jehan le roy artus tint sa court a carduel en galles moult belle (z moult riche, (z dillec sen alla au tiers iour, si cheuaucha tant par petites iournees quil vint a kaspon. Et lors vint a sui vng messaigier qui sui dist. Sire ie viens de gaulle/(z si vous apporte nouuelles du roy claudas/ dictes moy quelles dist le roy En nom dieu dist cellui, ie vous dy qʼil a assemble tous les gens quil a peu auoir/(z a fait garnir ses chasteaulx au mieulx quil a peu, puis a mande le secours des rommains vous ne scaurez ia si tost aller a sa terre, que vous ne trouuez quil ayt en son aide plus de vingt mille hommes. Comment dist le roy scet il bien que len veust aller a ost sur suy/ Ouy sire, car le iour de penthecouste deux de ses messaigiers estoienten vostre court, qui sui noncerent dedens ses huyt iours ce que vous auiez pourparle. Et des lors se comenca il a se appareiller de la guerre/ Et vous dy que bien se deura garder q̄ sur suy ira a ost deffece ne pour prape que ieusse ne laissap q̃ ie np alasse & quant ie suz la, si trouuap boort a qui ie me cõbati tant cõme ie se peuz souffrir si aduit que nous ne nous entrecõgneusmes point, & quant ie me suz cõbatu a lui tãt que ie ne me pope plus tenir en estant pour la foisõ du sang q̃ iauope perdu, & fut mon heaulme tout derompu. & mon haubert desmaisle. & ie estope si sa3 que ie ne pouope plus soustenir mõ espe, puis me courut sus boort & me arracha mõ heaulme. & dist quil me turoit se ie ne me tenope pour oustre. & ie lui dis q̃ ie ne me tẽdrope ia pour oustre, & quãt il oupt cesla sy me fist predre a ses sergens, & me fist mettre en prisõ, Apres ce ne demoura gaires que assez des cõpaignons de sa queste y vindret. et se cõbatiret a lui mais il les vaĩquit tous. & tãt y en vint que nous fusmes, piiii des cõpaignons de ceãs q̃ iamais nen fussions pssuz se neust este sãcelot que auẽture y amena: si se cõbatit tant a lui que nous veismes quil auoit se plus bel de la bataille, mais il3 sentrecõgneuret ains que luy fust mene a oultrãce. & il3 furẽt paix incõtinent, puis fusmes tous de liures, mais puis que ie me parti du tertre ne trouuap ie nulle aduẽture qui soit a racõpter si men tairap a tãt, car ie vous ap compte les aduẽtures qui me sont aduenues puis que ie me parti de ceans.

Quant mõseigneur gauuain eut ses aduẽtures dictes, si furẽt toutes mises en escript ainsi cõmẽt il les cõpta Apres cõpta hector les siẽnes qui moult voulẽtiers furẽt escoutees car il estoit bon cheualier de sõ eage, puis furẽt mises en escript tout ainsi cõment il les cõpta & il y eut assez a cõpter, car maintes beaup coup3 & maicte belle cheualerie auoit fait puis q̃ estoit parti de court, & ce fut vng de ceulx de sa queste a q̃ le rop se accorda le mieulx. Apres hector cõpta boort & puis siõ nes3 apres puain apres compta gaheriet. & ce fut cellui qui plus cõpta aduẽtures fors seusement sãcelot. & si fut cellui de la queste a q̃ il3 se accorderent plus, fors que a lancesot & a gauuain. Si acquist de ceste queste si grãt so3 & si grãt pris, que le rop son oncse dist que sen ne se debuoit point mais priser q̃ gauuain dont il aduit a la saint ieñan apres que ceulx

du ropaulme doxante se pslaigniret quil3 nauoiẽt point de seigneur qui les maintenist, ainsi le rop voulut dõner a gaheriet le ropaulme, car il dist que sa terre y seroit mieulx employee q̃ en nul3 de ses freres. Mais quant il lẽ voulut reuestir vopãs tous ceulx de leãs, par so̊ trop de ses autres freres, Si dist gaheriet q̃ ia iour de sa vie nauroit il terre, ne ne seroit courõne dẽuãt que sa queste du saict graal seroit acheuee, car illec dist il ie me voul drap esprouuer & trauailler si tost comment elle sera entreprise, Apres gaheriet, cõpta mordrec, & puis guerches & agrauain, puis cõpterent tous par ordre, si cõme il3 estoient assi3 les vng3 apres les autres, & quant il3 eurẽt tout cõpte, elles furẽt mises en escript Quãt il3 eurent mẽge, si aduint que boort & sãcelot furent assi3 a vne fenestre, si cõmenceret a paler tant q̃ boort dist a lancesot. En nom dieu dist il de ce que sa fille au rop perses me dist q̃ ie vous salnasse de par elle, il ne me souuint puis quelse se meut dist, sors que oredroit quil mẽ est souuenu, si vous fais assauoir que sõ pere est vng des hõmes du mõde qui mieulx vous apme a mõ aduis, & sa fille aussi, a qui vous aue3 fait vne autre fois cõpaignie sans le sceu ma dame. si vous salue ícelle sur tous autres. & vous mande par mop que vous sa pourre3 aler veoir quãt il vous plaira, & galaad vostre fil3, q̃ est au mien aduis la plus belle creature du monde, si vous ressẽble sur tous hõmes Et certes se vous me ameissi3 as si cõment vous dictes vous se meussi3 pie ca dit. mais par aduẽture vous auie3 paour que ie ne se deisse a ma dame la ropne. Mais se dieu mais ce ne seroit en piece, car il nest riens que ie deisse pour tãt que ie sceuse q̃ vous se vousissie3 celler.

Quant sãcelot eut ceste auẽture oupe: si fut tãt esbahy quil ne scauoit q̃ dire, car il ne pouoit point ceste chose celer a boort ne il ne losa escõdire, mais toutessoi3 respõdit il quil ne fist oncques faulsete a la ropne, ne ne sera tãt cõme il vine, Je scap bien sy sp boort que vous ne se feistes pas a vostre esciẽt mais pourtãt fust il fait par aucune maniere cõme ie fuz deceu, vous nen deue3 point estre courouce, mais pstustost ioyeulx, car ie scap

Boulétiers me heberga,⁊ deuāt que ie men p̄tisse p̄ vint sa fille au roy brāgoire a grāt cōpaignie/si me monstra vng enfant sa plus belle creature que ie veisse oncques,⁊ elle me fist cōgnoistre par bōnes enseignes ⁊ par se sēblant de senfant que ie cuide que booit sa engēdre/car ie ne vy oncques nulle figure autāt ressēbler a aultre cōme il lui ressēble.⁊ pource que ie me scroye se ie ne disoye le messaige q̄ la damoiselle men charga diz ie a boort q̄lle se plaint fort de lui. Car il lui auoit promis quāt il se partit delle quil sa iroit veoir dedēs lan/si lui en a bien failli car oncq̄ puis ny a la/⁊ ce sont les auentures qui me sont aduenues puis que ie me parti de ceans.

Toutes ces auētures fist le roy mettre en escript, pource que les hoirs qui apres lui vēdroient sceussent les merueilles q̄ lācelot auoit faictes en son tēps,⁊ ilz commencerent tous a ceulx seigner de ce q̄l lui estoit si bien aduenu en tous lieux/mais qui que feist belle chiere boort fut dolēt quant il oyt parler de sa fille au roy brāgoire,⁊ se nul autre que lancelot en eust parle il ne leust iamais aime pource que sa damoiselle se plaignoit de lui/mais pource quil estoit son seigneur sen taisit il atant.⁊ nonpourtāt il se pouoit bien mocquer se il venoit en lieu de la fille au roy p̄les.
Quant lācelot eut ces auētures cōptees,⁊ elles furēt mises en escript. Si dist le roy tout incontinent a gauuain quil commencast.

Sire dist il quāt ie me parti de ceans/ ⁊ ie me suz mis en la q̄ste apres lācelot/ie cheuauchay maīcte iournee sans auēture trouuer qui a cōpter face,⁊ tāt que ie vins a la toussaīs au chastel du trespas ou ie trouuay grant cōpaignie des cōpaignons de nostre queste/si y vindrēt si a point que de tous ceulx qui estoiēt meuz ne failloit il seulement que lācelot ⁊ boort,⁊ se dieu les eust a ce iour amenez/sy fust failli nostre queste, et nous en fussions droictemēt venuz a court/Mais pource quilz ne vindrēt point la/recōmencames nous/ et dōnasmes terme de reuenir illec mesmes,⁊ nous departismes les vngz des autres. Lors aduīt que ie cheuanchay maīcte iournee demandāt nouuelles de lācelot,⁊ tāt que ie vins a lisle des merueilles/ou moidrec

mon frere estoit ēprisonne/⁊ ie me combati au cheualier de leās qui meust tue ou moy lui se neust este sa damoiselle de sa tour qui y mist paix/si que ien amenay moidrec le cheualier vou sist ou nō/⁊ en celle isle trouuai ie le lit merlin ou nul ne se couchoit quil ne perdist incōtinēt le sens, car il estoit enchante,⁊ si tost cōment il estoit hors/si reuenoit en son droit pouoir/si vous dy quil y a tāt de merueilles en celle isle que nul ne le pourroit croire:car la force de tous les enchātemēs y est/si peult on la trouuer telles auētures, que se se meisseur cheualier du mōde y aloit sa trouueroit il son pareil ne ia nul cheualier auētureux ne saura demander si forte auēture quil ne la trouue,⁊ la trouuai ie lespee auētureuse que nul hōme qui soit tāt apt grant main ne sa peust empoigner. De celle espee me dist vng hermite que ien mourroye,⁊ men tueroit homme du mōde qui plus me ayme qui riēs ne me soit,⁊ si en sera ma mort aprouchee pour locasion moidrec mon frere.

Quant ie me suz parti de lisle, si cheuauchay maīte iournee pres ⁊ loīg ainsi cōme aduēture me menoit,⁊ tāt que ie trouuay hector des mares en la prison au roy elapy qui est en sa fin descosse/si me cōbati a elapy,⁊ le cōquis a force darmes/⁊ deliuray hector/⁊ quāt ie me suz parti de hector/si men alay a p̄tites iournees vers la forest perilleuse, ou ie trouuay hausart le seneschal au roy de la terre gastee qui estoit appelle de la mort au filz du roy/⁊ quāt ie ouy le seneschal si me prist si grāt pitie q̄ ie me offri a combatre pour lui/si aduint que gaheriet en fut arme contre moy comme celui qui ne me congnoissoit ne moy lui/si nous cōbatismes tant ensēble que ie seusse tue ou lui moy neust este q̄ il se congneu a lespee q̄l portoit ⁊ par ce se ismes nous paix fors dōses de ce q̄ lun auoit naure lautre ⁊ quāt ie fuz parti de gaheriet/si cheuachay tant que ie vins ou tertre desuoye/si ouy illec dire vnes nouuelles:q̄ amont ou tertre auoit vng cheualier a qui nul ne se pouoit prēdre q̄l ne fust descōfit,⁊ ie demāday qui il estoit ⁊ se ne le scauoit a dire/puis trouuai lieu le seneschal qui me deffendit que ie ny alasse point pource que ie estoye naure/mais oncq̄s pour

ouyr cōpter ses auētures que ses cōpaignons
auoiēt trouuees ce temps pendāt quilz auoi
ent este hors de court / si requist a Lācelot quil
cōmēcast premier pource qͥl auoit este se cōm
encement dela queste / ⁊ cellui qui bien ucoit q̄
faire lui conuenoit / cōmenca a dire.

Sire il est vray q̄ quant nous partis
mes nous. iiii. de ceans. moy le roy
baudemagus Booꝛt ⁊ gaheriet nous cheuau
chasmes tant tout le iour. ⁊ lēdmain q̄ nous
venismes au chastel de la blāce espine ou nos
trouuasmes mordrec q̄ les garcōs de la vil
le menoiēt assez vilainemēt. ⁊ nous le deliuras
mes / puis assasmes dissec au chastel du tres
pas ou puain estoit en prisō / si le deliurasmes
⁊ lēdmain se cōbati booꝛt a mauduit le gey
ant ⁊ se tua lequel estoit a mō aduiz ung des
plus fors hōmes du monde / si veirēt ceste ba
taille plusieurs des cōpaignons qui cy sont
Et quāt nous partismes dissec nous mismes
iour que nous vēdrions a la toussains a ce
lieu mesmes. ⁊ quant lun eut laisse lautre ie
men alay tout seul / puis mapensay q̄ ie iroye
tout droit le chemī la ou iauoye perdu Lyōnet
⁊ ce auoit este en sa forest dessuopable. ⁊ che
uauchay celle part. si trouuay une damoisel
le qui me mena a ung tertre / ou ie me cōbati
a terriquāt ung des plus fors cheualiers que
ie trouuasse ōcq̄s / si le tuay ⁊ il tenoit en prisō
plusieurs des cōpaignons de nostre queste q̄
par celle maniere furēt deliurez / ⁊ dissec men
alay ⁊ tāt ceulx que iauoye deliurez / si ne se
cuidoye point. Et tāt aduīt que dauēture une
damoiselle me emena chieulx moꝛgain sa fee
sa dame du mōde qui plus me hayoit a mon
aduiz ⁊ elle me donna ie ne scay quelles poi
sōs a boire / dōt ie perdy ma foꝛce long temps
si me tīt en sa prisō. ii. yuers ⁊ ung este / mais
ainsi mauint dieu mercy que ie me eschapay
par une senestre de fer q̄ ie rompy. ⁊ quant ie
me fuz party / si me trouuay au logis chieux
ung cheualier qui estoit frappe dune saiette p
mi sa cuisse. ⁊ leās estoit le roy baudemagus
qui gesoit malade ⁊ il me dist que tous ses cō
paignons de nostre q̄ste estoient perduz. As
sez priay ie au seigneur de leās quil me lais
sast essayer se ie pourroye oster la saiette de sa
cuisse mais il ne se voulut ōcq̄s souffrir sy

sen repentit puis quant il me congneut

Au matin men party / puis men alay
chieulx le roy vagaoꝛ de lisle estran
ge qui tenoit en prisō Lyōnet mō cousin / ⁊ ie le
deliuray ⁊ lēpoꝛtay auec moy iusq̄s a sa baye
qui estoit appellee sa petite aulmosne / ⁊ de la
lec men alay au tertre dessuoꝛe ou ie me cōba
ti a booꝛt qui tenoit en prisō. piiii. des cōpai
gnons de ceās que ie deliuray. Apres cōpta lā
celot cōment il les laissa ou tertre ⁊ sen alla
tout par nuit en sa foꝛest perilleuse ou il trou
ua sa tōbe son ael qui saignoit q̄ ses. ii. lyons
gardoient ⁊ la fōtaine qui bouloit ⁊ boult en
core en telle maniere que ia ne cessera deuāt
que le bō cheualier y vendra pour qui le siege
perilleux est appareille / mais si tost cōment
il y vēdra estaindra sa chaleur de la fōtaine
Apres seur cōpta du cerf qui auoit en tour son
col la cheine doꝛ ⁊ le cōduisoiēt vi. lyōs q̄us
si chieremēt le gardoient cōme fait la mere sō
enfāt / mais la signifiance de ceste auēture ne
sera iamais sceue ne cōgneue deuāt que la der
reniere queste du saint graal sera presq̄ me
nee a fin Apres cōpta toutes les auentures q̄
lui estoiēt aduenues / tāt quil trouua gauuaī
⁊ les autres. iiii. cōpaignons. ⁊ quant vint a
celle auēture cōpter / si dist au roy. En nō diꝝ
eu sire il mault ung iour que ie me leuay ma
tin / tant que ie prins ses armes lieu pour les
miēnes. si cheuauchay iusques a ung pōt ou
ie trouuay. iiii. cheualiers qui le gardoient si
cuidrēt de moy que ce fust lieu seneschal / ⁊ il
me cōuint iouster a eulx. quāt ie les eux aba
tuz. ⁊ fait promettre prisō a ung deulx quil
se vēdroit ceans rēdre de par lieu le seneschal
puis trouuay en une valee. iiii. cheualiers ar
mez dōt lun a courut a moy iouster / ⁊ ie iou
stay a lui ⁊ labati / ⁊ apres mauint q̄ ie abati
le second ⁊ le tiers ⁊ le quart, et quant ie men
voulu aler. si me dist cellui a q̄ iauoye iouste
le premier. Sire cheualier ie ne scay qui vous
estes. Mais itāt vous dy que vous auez aba
tu gauuain hector des mares puain ⁊ sagre
moꝛ le desree. ⁊ quāt ie oy cela si fuz mōlt cou
rouce / si iettay mon escu ⁊ ma lance ou chemī
puis me allay tant comme ie peuz du cheual
traire, tant q̄ ie vins a heure de vespres a ung
pauillon ou ie trouuay une damoiselle / qui

M iii

noit/ et ilz leur pleust tant ce qlz virent en lui quilz dirent quantilz furēt en derriere quilz ne se vouldroiēt point auoir perdu pour nul autre: car oncquesmais ne trouuerēt roy si large a ses hommes/ et par ce se prisoiēt ilz tant cōme ilz pouoient priser homme.

Ainsi gaigna claudas le cueur de ses hommes/ et ilz promisrēt les vngz aux autres quilz se laisseroiēt aincois tous detrecher ql perdist sa terre a leur viuant/ si que par les grans biens que len en disoit p en venoit il tant de toutes pars q ains que le iour de la magdaleine fust passe peust len veoir chascun iour a sa court plus de mille hōmes q cheualiers que sergēs dōt il nauoit cellui qui ne fust preux et desirable. ainsi fut le roy claudas apareisse de sa guerre/ et pource que la cite de gannes estoit forte et riche/ et aussi cōme forteresse de .ii. royaulmes fist il leans son estage a grāt plante de gens/ si la garnit premieremēt de viandes au mieulx quil peust/ Apres y mist grāt plante darmes et de cheualiers pource que ceulx de de hors ne peussent poir aduenir a la muralle se le siege y cōmencoit/ puis garnit la tour de arbalestres et de cacreaux si merueilleusemēt que a cellui temps nauoit hōme ou monde qui bien ne les deust doubter a assaillir/ et pource quil nauoit homme a qui il se peult autāt fier cōme a vng sien filz qui moult estoit preudōme lui bailla il apres son corps la seigneurie de ses gēs/ et cellui les tīt en aussi grāt amour cōme se ilz fussēt tous ses freres/ si estoit ce cheualier longue/ et gresse et bien taillie de tous ses membres/ et plain de grāt beaulte/ et estoit ieune ql nauoit point daage plus de .xx.v. ans/ et auoit nom claudin le ieune pource quilz ne le vouloient point ainsi appeller comme son pere/ mais il estoit de si grant prouesse que en toute sa marche de gaulle nauoit il sō pareil fors seulemēt que quauart son cousin le frere brumāt cellui qui mourut ou siege perilleux.

Ces .ii. cheualiers bailla le roy claudas ses gēs a garder et acōduire cōme aux meilleurs capitaines/ et ceulx en perserēt si bien que toutes gēs les amoiēt/ si attēdirēt en telle maniere tāt que les messaigiers quilz auoient enuoyez a romme fussent reuenus/ si en fut claudas moult ioyeulx/ et demāda a luy quelles nouuelles il apportoit. En nō dieu dist il bōes dieu mercy/ Or me dictes fist il que me mandēt les romains. Sire fist il ilz vous saluēt si ioyeusemēt cōme ilz peuēt estre ioyeux des auētures q leur sōt auenues puis deux moys en ca. Cōmēt dist claudas leur est il mescheu/ oup dist il. car Cesar leur empereur mourut le iour de la saint iehāy si que ie les trouua y tous desconfortez quant ie vīs la. Mais si tost cōment ilz virent voz lettres disrēt ilz quilz feroient leur pouoir de vous secourir/ puis me baillerēt ces lettres et me dirent que ie les vous apportasse/ lors les luy bailla/ et claudas les prist. Puis appella vng sien clerc: et cellui desploya les lettres puis les regarda/ et dist a claudas. Sire les romains vous saluēt comme lōme du monde estrāge q plus ilz aymēt/ si vous mādēt leur destourbier par la mort de leur seigneur mais pource ne laisserōt ilz poit qlz ne vous secourēt a ce besoīg/ et pource quilz nont point dempereur vous mādent ilz que en yuer vous enuoyrōt le maistre cōsul de romme a si grāt effort de gens cōment ilz pourront assēbler/ et sachiez se vous pouez attendre iusques a lors vous naurez grād du roy artus ne de tout son pouoir/ et quāt claudas eut ces nouuelles ouyes si fut ioyeulx assez plus que deuāt. si donna tant aux varlès qui les lettres auoiēt apportees quilz en furent riches tous les iours de leur vie Lors dist a ses hōmes que puis que leffort de rōme deuoit venir si prouchainemēt il nauoit nulle paour q ceulx de logres luy peussent forfaire/ Si laisse ores le compte a parler de lui/ et retourne au roy artus et a Lancelot.

Comme les compaignons de la table rōde comptterent toutes les aduētures qui leur estoient aduenues en la queste ou ilz auoient este.   xxi. chap.

Le compte dit que lendemain de penthecouste fist le roy artus auant venir tous les compaignons de la queste/ et quāt ilz furent assiz luy empres lautre. Si appella le roy les ducz et les contes et les haultz barons qui leans estoiēt puis leur dist quilz venissēt mist illec le roy claudas des meilleurs sergens pource que le lieu estoit fort & deffensable si garnit le lieu si richement quil ne doubtoit point siege deuant.p. ans se ilz nestoient surpris par engin ou par traison

En telle maniere garnit le roy claudas ses chasteaulx & ses citez si bien quil ny eut nul qui ne deist que moult estoient saigement garniz contre sa guerre. & quant ce vint la veille de la saint iehan, si vint a sa cite de gannes a grant cheualerie, & quant il y fut venu, il trouua assemblee toute la gent du pays qui vouloient scauoir pourquoy il les auoit mandez, & quant ilz furent assemblez, sy firent druat sui venir tous ses sergens: & cheualiers vngz & autres, & quant il les vit deuant sui, si leur dist la nouuelle de sa guerre, que ceulx de logres vouloient cômencer, ne veuil que en ma cōpaignie y ait hōme qui ne demeure de bon cueur. Vous prie ie beaulx seigneurs a ceulx que de ce pays estes a qui ie ne suis point naturel seigneur. Mais conquesteur de ce pays que se vous ne me voulez seruir loyaulment, que vous vous en aillez la ou il vous plaira, & emmenez auec vous voz mesgnies & voz richesses, car ia chose nulle ne vous quer retenir, & si vous asseure certainemēt que ia mal pource ny aurez par moy se vous vous en allez, car mieulx vous ayme ie loing de moy que pres, si fe liez voz pouoirs de moy aupres, car on ne doibt nulle chose tant doubter comme auoir son ennemy mortel de iours de nuyt auec soy.

Quant ceulx du pays eurēt ceste nouuelle ouye si en furent fort ioyeulx ceulx qui du pays se vouloient remuer. & ilz prindrēt conseil ēsemble pres que tous ceulx qui en sa cite estoiēt quilz abādonneroiēt claudas puis sen iropēt en la grant Bretaigne a leur droit seigneur, & quant ilz se furent accordez a ce tant ses barōs aussi ses cheualiers que les bourgoys si accordeēt les vngz aux autres que de ce proposement ne se remueroiēt ilz, puis vindrēt au roy & lui dirēt. Sire vous nous auez promis que vous ne nous feriez ia mal de noz corps ne de noz auoirs, vous verrez demain deuant prime lesquelz demourōt & lesquelz

sen iront, & il leur promist cōme roy quilz nauroient ia mal en lieu dōt il les peust garder

Oy sen alerēt tous & se mercierent moult, et se partirēt atant de lui, puis firent appareiller leurs harnoiz & trousser leur auoirs & sy sen alerēt: semmenerēt leurs cheuaulx auec eulx, si se partirent si tost cōme il fut nuyt & emporterēt ce quilz peurent emporter, ainsi cōme de choses quil valoient: & si auoyēt ia fait scauoir par tout le royaulme de benoic quilz sen vouloient aler, & qui aler sen voudroit aler sen pourroit seurement.

Quant ceulx du pays sceurēt que ceste nouuelle fut venue, sy voulurent ses poures & les riches aler hors de la terre, & disrent que auec le roy claudas ne demourroient ilz poīt, car mieulx amoient estre poures & chetifs en autres terres estrāges en alāt auec leur droit furier seigneur. Ainsi vuidrēt le pais ceulx que en estoiēt extraiz, et prindrēt leur chemin parmi gaulle & parmy ffrāces, tant quilz vindrēt a la mer, puis louerēt vne nef & se alerēt en la grāt bretaigne Quatre iours apres quilz se furent partiz de gaulle demanda claudas cōbiē ilz pouoiēt biē estre en alez des.ii. royaulmes. Sire fist vng sien cheualier ie ne cuide point quil nous soit demoure plus de.iii.C.que cheualiers que sergens, et il se cōmença a seigner de ce quil oyt, & dist trop mest, mieulx auenu & plus que ie ne cuidoye car se tous ceulx qui sen sōt allez fussent demourez: deuant quil eust este demi an passe ilz meussent tout tolu, si soit de dieu benoist qui ce conseil me dōna.

A ceulx qui furēt demourez donna le roy tant de beaulx dōs, & tant leur creut leurs fiefz quilz se tindrēt a saiges de ce quilz estoiēt demourez: & claudas les tint fort chier. & moult les hōnoura & les tint pres de lui pource quil scauoit biē quil se pouoit bien fier en eulx a vng grāt besoing. Lors manda cheualiers & sergens assez pres & loing, & il en vint tant de toutes pars de ses hommes mesmes & dautres qui auoiēt mestier de gaignier que ce fut merueille de la grant cheualerie qil assembla, & il les receut si bel & si hōnourablement, & leur fut tant large quilz se merueilloient tous, ou il pouoit prēdre ce quil leur dō dnez cõment quelle soit aduenue/ ⁊ ceulx y sui comp̃terent incontinent. Sire firent ilz le iour de la pẽthecouste si tost cõment len eut disne vint ou palais vostre nepueu Brumant arme dunes armes moult riches/ ⁊ il vint deuant le roy si lui dist. Sire saichiez certainement que ie vous saiz assauoir q̃ ie suis venu a ma mort ou a ma vie/ ie ne scay point bien certainemẽt le q̃l. puis se desarma voyans tous ceulx de leãs/ ⁊ quant il fut desarme si cõmenca a pleurer moult tẽdremẽt. Et le roy lui deman da pourquoy il pleuroit/ ⁊ il dist quil estoit a sa mort venu. car son cueur se lui affermoit/ si quil se scauoit biẽ. si passa oultre parmi les cheualiers qui a sa table rõde se seoiẽt/ ⁊ il ala tout droit au derrenier siege appelle le siege p̃illeup/ ⁊ il dist a lancelot quil dit empres lui Lancelot pour faire le hardemẽt q̃ vous nosastes entrep̃ndre me cõuiẽt mourir. Lors se assist ou siege/ ⁊ baissa vnes lettres a lan celot/ ⁊ lui dist que se il mouroit ou siege quil regardast ces lettres/ ⁊ il trouueroit dõt il estoit ⁊ de q̃lles gens/ ⁊ si tost cõmẽt il eut vng peu demoure ou siege/ si cõmenca a crier ⁊ a faire la plus forte fin du monde/ ⁊ incõtinent cheut vng feu ⁊ vne fouldre sur lui qui leut ars ⁊ bruisse en petite heure ou siege mesmes ou il se seoit. si que len ne peust oncques trouuer de son corps que vng petit de cendre

Ainsi mourut Brumãt vostre nepueu ⁊ ce fut lauenture qui leur aduint le iour de la penthecouste/ si vous dy pour vray quil fut assez plaint ⁊ regrette/ ⁊ bien y parut quilz en furent biẽ courroucez au semblãt que tous tant quilz estoient en faisoiẽt/ ⁊ seurent ilz fist claudas qui il estoit/ ouy En nõ dieu car ilz trouuerent escript es lettres quil estoit de telz gens. Vous en pouez dist claudas bien aler dicy. car bien mauez dit ce q̃ ie vous ay demãde/ si puis ores bien dire que iay grãt dõmaige en la mort de Brumant. car il estoit le meilleur cheualier de tout mon parẽte fors seulement. Quanart son frere/ ⁊ il men est moult mesaduenu. car se il fust orendroit en vie ce fust hõme du monde en qui ie me fiasse plus a maintenir ma guerre contre ceulx de logres/ si sen partirẽt alant les Barles/ puis

quilz eurent cõgie/ ⁊ claudas demoura dolẽt ⁊ courouce de sa nouuelle quilz lui auoient apportee/ ⁊ il sa cõpta a son seneschal comme cestui qui en nulle maniere ne pouoit plus sõ a dueil cesser. ⁊ cestui qui moult estoit seur ⁊ bõ cheualier se il neust en soy eu vne maniere de trahison ainsi comme son seigneur auoit/ respondit. Sire ce st dõmaige de la mort de Brumant. car moult estoit preudomme ⁊ bon cheualier. mais il nous est ores failli pource nestes vous point au dessus. Car apres sa mort nous en sont demourez telz mille ou il nya nulz couars. mais tous sont preudom mes ⁊ bons cheualiers. si apres telle fiance quilz ne vous fauldront iamais iusques a la mort. ⁊ laissez a parler de Brumant se vostre voulente yest. car desormais ny auez vous nul recouurement/ ⁊ se vous samastes oncqs si le mõstrez orẽdroit en lame de lui en prieres ⁊ en aulmosnes. Car il na mestier dautre chose. si tenez riches ⁊ hõnourez ceulx q̃ vous sont demourez/ si quilz ne vous puissẽt faillir quant ce vendra au grant besoing/ ⁊ il dist q̃ tout ainsi se feroit il cõmẽt il lui auoit cõseille.

Lors mãda claudas ses .iiii. nepueuz qui estoient freres Brumant. ⁊ leur cõpta la nouuelle q̃ ceulx lui auoient apportee de sa court au roy artus/ ⁊ quãt ilz ouirẽt q̃ leur frere estoit ainsi mort. si en firẽt moult grant dueil. cõme pour cestui quilz namoiẽt pas petit. Mais toutessois pour lamour du roy claudas. ⁊ pource quilz scauoiẽt bien q̃ dueil en faire ne gaigneroiẽt ilz riens disẽt que en celle mort nauoient ilz point de hõte. Car onques mais nul hõme ne mourut pour aussi grant hardemẽt esprouuer cõment il est si pauons plus grant hõneur que se le meil leur cheualier du monde leust tue.

Ainsi demoura le roy claudas en la cite de Benoic landemain/ ⁊ le tiers iour/ au quart se partit a heure de prime puis cõmenca a cheuaucher parmi les chasteaulx ainsi comme il venoit a chascun chastel/ si le faisoit garnir de gens ⁊ de viures en telle ma niere quilz nauoiẽt garde dun grãt ost. car il auoit fait trãbe renouueller ⁊ rẽforcer si fort cõment il auoit este du tẽps au roy Ban et ne voit riẽs este enuers ce quil estoit orẽdroit si

ozedroit chercheroit tout le monde il ne pour
roit point trouuer aussi riche homme comme
vous estes ne qui tant ait de gens ne damis/
car veez cy gaulle ou il y a de bons cheualiers
par nature qui est en vostre subiection/ et qui
piedroit toutes ses terres qui sont de flandres
iusques a la mer de grece, il nen trouueroit
nulle dont les hommes ne fussent en vostre com
mandement, tant auez fait vers les rommains
et pource ne vous deuez vous point esmayer
se ceulx de logres viennent icy, mais attendez
les tout surement, puis mandez tous voz hom
mes/ et certes se il ny venoit que ceulx qui de
vous tiengnent terre/ si sen proient ilz tous des
confiz, car ilz ne pourroient en nulle maniere
souffrir vostre puissance/ et ce vostre conseil soit
donne mandez a tybere Cesar lempereur de rom
me, qui est tant vostre amy quil vous secour
ra en sa propre personne ou vous enuoiera se-
cours/ et ie scay bien certainement quil y vedra
ou il y enuoiera si tost comme il oira vostre mes-
sage, et par le conduit de romme pourrez vous
aler seurement/ et cest mon conseil si me semble
que vous le pouez bien faire/ et qui mieulx
vous vouldra conseiller/ si vous conseillie,
car ie vouldroye que vous venissiez au des-
sus de ceste chose a vostre honneur

Apres ny eut nul qui contre ce osast al-
ler ains disrent tous que bien auoit
dit le seneschal. et claudas respondit quil en
auoit assez dit/ Lors fist vnes lettres seellees
de son seau, si fist querre le plus aspre varlet
de toute sa mesgnie, et sen fut a mena, puis
lui bailla les lettres, et lui dist Tu ten yras a
romme, et quant tu vedras deuant tybere, si di
ras a monseigneur Cesar lempereur qui mon sei
gneur est. que ie le salue Apres lui bailleras ces
lettres. En nom dieu dist il ce, messaige feray ie
bien, Si print ses lettres, et se mist en son che-
min, et claudas se conseilla a ses gens, si leur a
dit Seigneurs que pourray ie faire des hommes
de ceste terre, car iay moult grant paour quilz
ne me faillent au besoing/ et quilz ne me trahissent
pource que ie ne suis point seur droicturier sei
gneur, mais conquesteur. Si vous prie en tant
que ie puis que vous men conseillez. Bel oncle
dist vng sien nepueu qui estoit frere brumant q
mort estoit au siege perilleulx. Ie vous conseil

le que tous ceulx qui tiennent de vous terre/
vous mandez aussi quilz soient auec vous assemblez
a gannes a la saint iehan/ et quant ilz seront
tous assemblez deuant vous, si pourrez dire a
ceulx de qui vous vous doubtez quilz sen voi
sent hors de vostre terre eulx/ et leurs biens
se ilz nont bonne voulenté de vous seruir loyaul
ment, et se ilz sen vont il nous plaira bien, car
assez y demourra des autres: et se ilz demeurent
si leur donnez tant de beaulx dons que se ilz
estoient deuant vos amis quilz le soient enco-
res plus, et sachiez se ilz ont voulenté de nous
faillir au besoing, et ilz voyent que vous leur
donnez congie si comme iay dit ilz sen iront inco
tinent se ilz nont tallent de demourer, et se ilz
veulent demourer si leur donnez de beaulx dons
et iamais vous ne trouuerrez plus loyaulx
gens quilz seront.

Beau nepueu dist claudas tout ainsi
le feray ie/ Lors enuoya incontinent
des messaigiers par toute sa terre/ puis man
da aux barons et aux cheualiers qui de lui te
noient terre quilz fussent le iour desa saint
iehan a sa cite de gannes, car il vouldra illec
tenir le plus merueilleux parlement quil tint
oncques en sa vie, si fut ainsi sceu par toute
gaule que maintenant est appellee sa nouuelle
france la guerre que ceulx du royaulme de lo
gres vouloient commencer, si en furent ioyeulx
les bons cheualiers qui longuement auoient
esté en paix se leur estoit aduis/ si pesa fort, et
cousta aux couars q mieulx amoient la paix
que la guerre. Si fut la chose assez menee, sy
se appareillerent tous ceulx de la terre, et quirent
armes et cheuaulx. Cellui iour q les messai
ges furent meuz pour aler parmy la terre
de gaulle manda le roy claudas ses .ii. barles
q les nouuelles lui auoient apportees, et quant
ilz furent deuant lui, il leur demanda men-
gastes vous le iour de penthecouste a la court du
roy artus. Sire disent ilz, ouy ou palais ou
le roy seist: et ou les compaignons de la table ro
de seirent. Et y aduint il icellui iour nulle aue
ture fist claudas. Sire disent ilz, ouy vne
la plus merueilleuse que nous veissions onc
ques, et dicte la vous eussions: mais nous crai
gnons q vous ne vous en courroucez a nous/
Or se me dictes fist il, par la foy que vous me

m i

Quant le roy claudas ouyt ces nouuelles si fut plus courrouce que deuant lors demanda que cestoit. Sire firent ilz il aduint le iour de la penthecouste que lancelot du lac le plus renomme homme du monde tira a conseil tous ses compaignons de la table ronde/ si distrent quilz vendroient tous en ce pais apres la magdalaine, z amenerōt si grant plante de gens que ie ne cuide point que vous les puissiez souffrir une seule heure de iour, z cest la chose du monde qui plus nous esmaie, z comment fist claudas, est lancelot venu, ia disoit len quil estoit mort plus a dun an/ sont ses dyables raporte. En nom dieu fist le varlet il est venu. si ne fut oncques faite si grant ioye cōment firent ceulx de sa court pour sa venue. z sachiez bien certainemiēt que cest homme du monde qui plus est a doubter de cheualerie. z cest homme du monde ainsi que ie cuide par qui plustost vous perdrez terre si iamais vous estes desherite.

Quant claudas ouyt ceste nouuelle. si fut tant dolent q̄ sen ne le sauroit dire, car il doubtoit fort lancelot pour sa cheualerie z pour sa fortune qui lauoit surmōtāt plus que nul, lors dist aux varles de ceste venue ne me chault, car ilz me trouueront si bien garni au terme qui doit estre que ce sera de merueille se ilz ne se repentēt de leur venue Lors demanda lestre z le contenemēt du roy artus/ Sire firent ilz ce nest pas ung hōme terrien: mais se filz de largesse car largesse est si bien hebergee en son hostel que len ny voit rien de qui largesse neisse Si mais dieu fist leü si tout le siecle estoit sien il sauroit plustost donne que ung autre nauroit une cite, z cest la chose q̄ plus se fait venir au dessus du mōde. Sire dieu fist claudas/ z auoit il moult grāt gēt auec lui a court. En nom dieu fist lū des varles si il voulsist mouuoir auec to' ceulx qui y furent ie ne cuide point a mon aduiz q̄ ceust si puissant homme ou monde qui le peust contretenir, car il en y auoit bien vingt mille q̄ tous estoiēt ieunes cheualiers et bōs Or me dictes fist il que vous semble il du contenement lancelot. Sire fist lun nous nē sau en pouons autre chose dire/ mais quil est le plus simple cheualier que vous voiez iamais par semblant. si distrent tous ceulx qui le connoissoiēt: mais aux armes ne se peust nul qui soit prēdre a lui/ car il a passe de cheualerie tous ceulx qui ores sōt, z cuidez vous fist le roy q̄ lui mesmes en sa personne passe la mer pour venir a oust sur moy/ Sire firēt ilz nē ny ne lui ne le corps du roy artus aincois de la mais les autres barons y vēdront, car ilz ne cuident point que vous les peussiez souffrir une seule heure de iour. Certes fist claudas puis que lancelot ny vient ny le roy artus, ilz peuent bien dire quilz seront desconfiz se ilz estoient deux fois autant comment ilz sont. Lors fist tāt aux messagiers qui les nouuelles auoiēt apportees quilz sen tindrēt pour bien paies: puis manda ses pares ceulx qui auec lui estoient, z ou il se fioit le plus. si leur compta les nouuelles de la court au roy artus. Et comment ses compaignons de la table ronde z ses autres barōs sassemblerōt icy lendemain de la magdaleine z vēdrōt a gannes de sondres z ameneront auec eulx tant de gent comment ilz pourront. mais ce me fait moult grant confort que ses deux cheualiers du monde qui fortune a plus grandement esleuez ny vendront point. cest le corps au roy artus z lancelot Et pource croy ie bien que tous les autres qui sans conduite vendront pourront legieremēt estre desconfiz. or conseilliez que ie pourray faire, car ie suis celui qui du tout vueil vser de vostre conseil se ie voy q̄ vous me sachiez conseillier bien z loyaulment, z cōment ie pourray mieulx enforcer ma terre quilz ne me treuuent desgarny Car certes moult men poiseroit. z si y pourroye grant honte auoir. se nous perdions si legieremēt celles dont nous auons eu si grāt peine a ses conquerre/ ne pour donner ne demourra il pas que elles ne soient garāties par moy tous les iours de ma vie. Car ie ne vueil desormais garder nul tresor tant que iaysait, aincoiz me vouldray du tout gouuerner par vostre conseil.

Quant le roy claudas eut dicte ceste parolle/ sy se dreca son seneschal, et dist Sire de ceste guerre dont vous parlez q̄ ceulx de logres veullent encommencer vous vous deuez petit esmayer se mest auiz, car q̄ claudas & feroiēt leur pouoir de le desheriter en telle maniere quil ne sui demourroit point plain pie de terre qui toute ne fust arse & gastee

Quant le roy ouyt ceste parole si pēsa moult a ceste ēprise/car moult luy estoit beau/quant ilz le Boulurent ainsi faire & pource fist il que ie Bueil que Bous y alliez plus asseur ie Bous bailleray tant de mes hōmes que le roy claudas ne sera si hardy/que il Bous ose attendre la a mon aduis/mais tant y aura q̄ Bous me laisserez lancelot pour moy faire compaignie/& sil aduient q̄ le roy claudas dure contre Bous par effort de gent quil ait/ie Bous suyuray incōtinēt pour Bous secourir moy & lancelot. & ceulz dirēt quilz le Bouloient bien & quilz saccordoient a aller sur claudas/& quant le roy Bit quilz estoiēt si desirās de ceste chose/si māda to⁹ ses haultz barons quil auoit & qui en sa salle estoient/& quantilz furent Benues deuāt lui/il leur dist les nouuelles de la guerre que ceulz de la table ronde auoient emprinse pour lamour de lancelot/& comment ilz deuoient aler sur le roy claudas de la terre deserte/pour le desheriter/& pour le chasser hors de la terre de gaule/pource fist il que ie neBueil point que ceste chose soit emprinse sans Bous/Bous quier ie tous ceulz de ceans que Bous alliez au seruice lancelot. Et ilz dirent quilz iroient plus Boulentiers quil ne Bouldroit

Lors fist le roy Benir quant ses clers pour mettre en escript ceulz qui de ceste guerre deuoient estre commēcemēt/si fut tout le premier le roy kaladios briez biae/& apres le roy baudemagus & le roy pō & le roy kabarētin de cornoaille. Ces quatre roys en furent compaignons/si iurērent quilz iroient sur le roy claudas/& deuāt que iamais ilz en retournassent ilz se tueroiēt ou desheritroiēt Et aussi firent tous les autres/Donc le roy dist quilz pourroient mener en cest host Bingt mille hōmes ou plus/car il ny demoura cōpaignon en la table ronde qui ny fust mene/& conuenoit quil fist tel serment, cōme les autres auoient commēce a faire

Quant les sermens furēt iures/si les en mercia moult lancelot/& le roy leur dist. Beaux seigneurs Bous qui estes cōpaignons de ceste emprise/ie Bous commāde a tous sur Boz sermens que au iour de la magdaleine soyez a londres ma cite/car Bous trouuerez illec les nefz appareillees/& auec ce toutes les choses quil y conuiendra/si bien que a ce point ny aura que du mouuoir/& saccorderent tous a y estre a cellui iour

Ainsi quilz parloiēt & ceulx entra leans Brunel du plepis cellui mesmement q̄ Boort auoit conquis au pont de corbenic/& demanda cellui lequel estoit lancelot & len le suy enseigna/& il Bint & sagenouilla deuant lui/& se rendit prisonnier de par Boort de gānes/& lancelot demāda a Boort q̄ il estoit Sire fist il sachiez que cest Ung des bons cheualiers du mōde/& pource cōseilleroye ie que Bous le retenissiez pour aler auec Bous en gaule/& lancelot le retint/& cellui demoura Boulētiers qui moult desiroit a estre acointe des preudōmes de la court. En telle maniere fut la guerre commēcee. dont le roy claudas fut puis desherite & chasse de sa terre/si en furent telz mille hōmes mors q̄ ce ne estoit en coulpry en coururēt les nouuelles q̄ chūn le sceut cōmuneemēt. Or y auoit il en la court du roy artus deuy Barles espies de la maison au roy claudas les quelz quāt dece furēt auertis/ilz sceurēt que lancelot Bendroit en gaulle ilz ne furent pas petit esmayez/si se partirent de la court/& cheminerēt tant de nuit & de iour quilz Bindrent a la mer. puis se firent passer oultre. et arriuerent droittement en flādres/puis cheminerent tant quilz Bindēt a Benoic ou le roy claudas seiournoit encores/car a la penthecouste y auoit sa court tenue/& quāt il les Bit si les cōgneut bien/& leur demanda quilz auoient trouue/& ilz disrēt quilz lui diroient bien/lors les tira a part loing de gēs Et leur demanda quelle court le roy artus auoit tenue. Sire fist lun oncq̄ puis que nostre seigneur fut ne roy ne tēt aussi riche court commēt il sa tenue a ceste foiz/ne iamais nul hōme qui Biue aussi riche ne tēdra a mon aduis/si il ne la tient lui mesmes/mais Bous pouez bien dire certainemēt que mal y fut sa court assemblee a Bostre hōneur/car Bous en serez desherite & si en perdrez Bostre terre ā dēs Ung an/se dieu ne Bous en deffent.

le roy vng coup dont il fut assez parle/ Car quant il eut attaint monseigneur gauuain/ si commēca a crier gauuain gauuain gardez vous de moy. si piqua droit a lui ainsi emmantele cōmēt il estoit: si le print parmi les flancz le mist deuant soy sur le col de son cheual, si semporta iusques deuant sa porte, voyant tous ceulx qui la estoient/ sy sen rioiēt les vngz z les autres/ z disrent tous ensemble q moult estoit le roy vaillant/ z lancelot dist a la royne quil ne cuidoit point quil peust ce faire pour tout le monde/ Lancelot fist la royne sachiez q monseigneur a este le plus merueilleux homme que vous veissiez oncques/ z se roit eores se a faire se cōuenoit/ z le roy descēdit gauuain z lui dist/ Beau doulz nepueu ie ne veoye nul a qui ie me fiasse autant comme ie faisoye a vous/ pource se vous ay ie mōstre, car ie vauldroye mieulx a vng besoiġ q sen ne cuide/ Et mōseigneur gauuain se rist si dist quil luyen estoit moult bien/ lors descē dit/ puis monterent au palais/ z trouuerent les tables mises/ si se assirēt z furent moult richemēt vestus cōment a la feste appartenoit

Q uant les napes furent ostees, lancelot appella hector sō frere, z lui dist la voulete de la royne, quē dictes vous fist il Boort/ Je diz fist il que vous y aillez a grant plante de gens. z se vous ny pouez riens faire a vostre voulēte, ie y iray incontinēt apres vous, si me trauailleray tant a laide de dieu ql sen repētira/ a laide de madame la royne car cōme traistre z desloial se doit repētir Et quant ilz entendirent cela: si en esleuerēt les mains vers le ciel/ z disrent que benoist fust il de dieu/ qui ceste voulēte lui auoit donnee Lors manda lācelot le roy baudemagus: ou il se fioit moult. z des aultres compaignons plus de quarante de ceulx qui estoiēt plus renommez/ z qui auoient en eulx plus grant prouesse z ou il se fioit le plus: z quant ilz furent venus il les fist asseoir sur lerbe verde/ dont la chambre estoit ionchee/ Et quant il les vit deuant luy si leur dist la verite de la guerre quil vouloit commēcer. Et lors leur demāda silz lui vauldroiēt a ce besoing aider/ Et monseigneur gauuain qui ne voulut poit respondre pour tous les autres compaignōs

dist au roy baudemagus. Sire q respondez vous a ce q lācelot nous demāde. En nō dieu fist le roy edroit moy, le lui offre ce quil peult faire de moy z de mes chostegme des siēnes propres, car ie lui dōne mon cueur z mon pouoir z suis tout prest q ie māde oiedroit mes hōmes, si vendiront icy a tel iour quil vouldra, puis iray a ost sur le roy claudas en telle maniere q iamais ne partiray duāt ql soit desherite se ie ne le fais pour lamour de lui cōme celui que ie aime plus q tout le monde/ tant soit ores ql occist mesgāt mon filz la chose q ie amoye le plus en ce mōde/ mais il a puis tāt fait pour moy q ie lui pardōne le meffait

E i mais dieu fist monseigneur gauuain vous en auez assez dit. z se ie fusse aussi riche z aussi puissant comme vous estes, si mais dieu ie lui meisse tout en habādon ainsi comme vous faictes, z de ce dont iay pouoir lui offre a sō seruice, cest mō corps Autāt peult dōner vng simple cheualier, z ie lui offre bonnement comment a celui pour q ie meottroye cueur z corps a sō seruice, Et pource q sen ne me die point que ie voise seul lui donnere en aide mes quatre freres z tous ceulx que ie pourray auoir ne pour or ne pour argent, z vous prometz vrayement q iamais ne me partiray de Gaulle que ie naye veu le roy claudas mort z desherite de toute sa terre, Et monseigneur yuain en iura autāt. aussi firent tous les autres qui la estoient/ Lors dist mōseigneur gauuain, il fust fist il bien raison que nous mandissions le roy. sy lui fessōs scauoir cest asaire, pour ouyr quil en diroit/ z ilz si accorderent tous, si y enuoyerent pour faire ce message Boort z hector, z ceulx vindrēt au roy artus z lui disrēt. Si receans a vng des compaignons dequoy il nya celui en la compaignie qui ne voulsist parler a vous/ mais il ne vouldroit point q tout le mōde le sceust, car il vouldroit que ce fust celeement, Et le roy se leua, puis vint la ou les compaignons estoient, z quant ilz le virent venir, si se dresserent incontinent cōtre lui, z il les fist asseoir, puis se assist entre eulx. Et le roy baudemagus q estoit le plus saige homme deulx tous luy compta cōmēt ilz auoient tous iure asser a ost dessus le roy pas petit courrouce, car il amoit la royne sur toute chose, si lui dist. Dame dictes moy sy vous dist onckes ne hōte ne villonnie, car sachiez vrayement quil ne sera ia si hault hōme ne si puissant, que vous nen aiez vengeance a vostre voulente. par mon chief dist elle ce fut lomme du mōde qui plus vous meffist, & que vous deuez plus hair, Et sachiez que la hōte quil me māda & dist, ce fut plus par despit de vous que par courroux quil eust a moy: car ie ne lui auoie forfait en nulle maniere.

Quant lancelot ouyt ceste nouuelle, si fut plus dolent que deuant & dist a soy mesmes quil estoit bien maseureux, sy fut si honteux vers sa dame que oncques ne voulut ne nosa pler. mais touteffoiz il dist de sa a lōg tēps. pour dieu dictes moy ce que ie vous demande, car ie ne desire chose a sauoir tant cōme ie fois cellui qui vous a dict honte pour moy, Aquoy faire fist elle le vous iray ie cellant. se vous ne le demandiez si le vous diroye ie, car il ma trop courroucee, Cest le roy cladas de la terre deserte cellui q vostre pere desherita, & pour qui vostre mere fut nounain voellee cōme celle q auoit paour quil loccist, Lors lui cōta toute la villonnie quil lui auoit mādee si cōme le messaige sup auoit dit. Et lācelot sen esbahist moult, lors lui dist. En nom dieu dame ce nest pas la premiere honte quil ma faicte: car des lors que ie estoye petit enfant au bercel qui druoye estre heritier de gaule & de benoic, & deusse auoir este vng des riches enfans de mon aage, qui fust en tout le monde, mais il me desherita, & a mort fusse si neust este la dame du lac qui me nourrit aussi chierement cōme se ie eusse este son propre enfant, & tout ce quil me auoit meffait de moy de mon pere, & de mon oncle boort, & de mes cousins, que iauoye tous mis en souffrance iusques a tant que ie veisse mō point. mais puis que la chose est ainsi montee que vous qui ne lui auez riens meffait la uez compare, ie suis cellui qui iamais grammēt ne sera aise deuant que vous en soyez vēgee, si bien quil ne lui demoura point vng pie de toute la terre quil tient, & sil est si hardy ql me atende, ie vueil bien ql saichie certainemēt

que iamais ne en mer ne en teue ne en lieu ou hōme puisse aller ne repairer ne se lairray iusques a ce que ie lauray occiz, & si vous en enuoieray la teste, ia en lontaigne terre ne sera aconsuiuy. Or y perra fist la royne que vous ferez, car ie suis celle q iamais ne sera iopeuse deuant que vous maurez vengee de luy, & vous aussi, car vous le duez faire p droit pienez quil ne meust riens meffait, si nest il nul qui bien ne puisse apparceuoir vostre hōte de ce que vous le laissez tant en paix q estes le meilleur cheualier du monde, Et ie vous voulez prier les compaignons de la table rōde qui vous aimēt chierement, & qui sont tous des meilleurs cheualiers du mōde & qui plus ont de prouesse, si en auront tous grant ioye, se vous le voulez commēcer, car trop longuement a este ceste chose en paix: si scay bien qlz auront plus grant ioye daller que de demourer, car aussi naiment ilz point claudas, & se dieu maist, se vous en priez mōseigneur gauuain il ira plus voulentiers que vous ne voul diez, & menera tant de gens auec lui que claudas naura ia si forte tour quil ne lui face cheoir a terre, Or regardez pour quoy vous attēdez tāt a vous en vengier de ce desloial traistre, car se dieu maist vous estes tāt redoubte de vostre cheualerie que se vous nauiez que ceulx de vostre lignaige & des chasteaux que vous auez conquis, si ne cuide point ql y eust homme au monde qui vous peust desconfire fors seulemēt le roy artus, & pource vous prie ie que vous entrepreniez ceste besoingne ou q vous la faciez entreprendre par hector vostre frere, ou voz deux cousins, si mandez voz amis & voz parens qui sont es lointaignes terres ou vous auez tant fait de belles cheualeries, & ilz y vendront voulentiers si tost cōme ilz orront vostre messaige

Dame fist lancelot tant mauez dit q vostre voulente sera faicte, si sai che bien claudas que mal vit la damoiselle quil a tant tenue en prison, car il la rendra, ou il sera desherite de toute la terre quil tiēt a tous les iours de sa vie. A tant laissent ceste parole. si regarderent le louhourdiz qui sen retournoit, car il estoit failli. si monterent & sen reuindrent iusqz au maistre palais. Et la fist

iamais a fin se par vng seul non/ et cellui pas
sera de bonte et de cheualerie tous ceulx qui de
uant lui ont porte armes/et si scay bien certai
nement que si tost comme entrera ceans sera
son nom quil apposta de baptesme escript au si
ege perilleux qui encores ny est pas ne ne sera
deuant que le bon cheualier viendra/Et pour
ce dis ie que ce cheualier fut plus fol que har-
dy/et quil en doit plus estre blasme que loue:et
tous les aultres disrent que cestoit verite, et
lors furent les nappes ostees et se leuerent du
mengier: si monterent sur leurs cheuaulx les
ieunes hommes ceulx qui auoient enuie de
iouster/et commecerent de frapper en la quin
taine et de sa quintaine commecerent les iou
stes si grans quilz en y eut de blecez ainçois
que le ieu departist/et le roy estoit monte sur
les murs de la cite/et la royne/et les haulx ba
rons/ceulx qui estoient les plus anciens/et
monseigneur gauuain et les autres compai-
gnons furent couuers moult richement. Si se
mistent au bouhordis/et lancelot qui auoit
paour que courroux ny venist ny voulut onc
ques aller cellui iour/ainçois retint auec soy
boort/lion/et hector. Car il ne vouloit point qlz
y allassent. ainsi demourerent tous/Et mon
seigneur gauuain qui fut venu emmy la pra
erie commeca a briser lances et a abatre cheua
liers deuant soy/et a faire tant darmes q lan-
celot mesmes dist que onques mais a home
de mere nen auoit veu faire autant.

Cellui iour fut la royne assise iouste
lancelot si priuement, quil nauoit
ame de par le roy/ainçois estoient tous du
parente lancelot/lors lui commeca la royne
a demander ou il auoit si longuement demou
re/et il lui compta comment il auoit este en la
prison morgain deux puers et vng este. Ha ha
fist elle lancelot tousiours serez vous a apri
dre/Je vous sauoye si bien dit/que vous vous
gardissiez delle/car autresfoiz auiez vous ia
este en sa prison/et encores ne vous en chasties
que vous naliez vers elle/et comment fust ce/
par mal eur que vous estes a ceste derniere
foiz cheu en ces mains:et il lui compta comet
il fut deceu par vne damoiselle, qui se mena
en lieu dune auenture acheuer a morgain/et sy
ne le sçauoit point/ainsi cheut en sa prison.

par sa mesauenture/Et tant comme vous
y fustes que fristes vous En nom dieu dame
fist lancelot il ny a bonne viande au monde/
dont ie neusse a grant plante: et tant commet
ie y demoure ne fut il onces nulle haulte feste
q ie neusse vne robe neufue aussi riche a mon
aduiz comme le roy artus, et que vous diroye
ie elle me fist tant de bien que ie men loue. par
quelle maniere en eschappastes vous fist la
royne. Fut ce par sa voulente. Nenny vraye
ment fist il. Or me dictes comment ce fut/et il
commença incontinent a rougir de honte come
cellui qui ne lui osoit dire. Je vous prie fist el
le par la foy que vous me deuez que vous me
dictes comment vous en eschappastes. Dame
fist il vous mauez tant coniure que ie le vous
diray, et sachiez certainemet que en nulle ma
niere ie ne le dissse se trop grant force ne se me
faisoit faire Lors lui commeça a dire. Dame
fist lancelot vray est q ie me leue matin vng
iour de may pour la prison qui trop me enuy
oit/puis ie vins a vne fenestre qui ouuroit de
dens la chambre ou ie couchoie et per sone: et quant
ie y fus assiz ie vei en vng rosier des roses q
espanouissoiet a la venue du soleil/si me
plaisoiet moult a regarder, etre les aultres
en y auoit vne si fresche et si vermeille que les
aultres en perdoiet leur couleur, si me souint
incontinent de vous, car il me fut aduis que
tout ainsi comme elle passoit de beaulte tou
tes ses compaignes tout ainsi passez vous de
beaulte et de vasseur toutes les dames qui fu
rent auec vous a lassemblee qui se tint es pres
de kaamalot, et ceste chose mist mon cueur en
telle destresse quil me conuint auoir la rose q
de vous me faisoit remembrance, puis que ie
ne vous pouoie auoir, si pris incontinet les
fers de la fenestre/et les rompis aux mains.

En telle maniere men eschappay/sy
vous ay ores compte pourquoy iay
tant demoure a venir a court, si sachiez bien
certainemet que ce neust este force ie neusse
point tant demoure en nulle maniere, car ie
desiroye moult a venir cy. En nom dieu dist
la royne pource que len cuidoit que vous fus
siez mort me a len depuis dit telle honte dont
on se fust teu/se len eust cuide que vous eussiez
este en vie. Quat il ouyt ceste parole si ne fut

Ea ha dieu or suis ie venu a ma mort p mō sot hardemēt, et dist a Lācelot. Ha ha Lācelot cy na mestier vostre prouesse/car vous nestes point cellui qui les aduētures acheuerez:car se vous le fussiez vous me peussiez bien ietter de la mort ou ie suis/lors commenca a crier et a faire si forte fin q̄ nul ne souppt qui nē eust grāt paour. lors vint ung feu dē hault sy soudainement que ceulx de seans ne sceurēt onques dont il vint si cheut sur le cheualier en telle maniere quil fut en pou deure ars et bruslé que onques ne peurent veoir de lui ne char ne os.

Ainsi que le cheualier ardoit il se crioit. Ha ha roy artus en orgueil ne peult nulli riens gaigner. fors seullement q̄ honte et deshonneur si men suis bien apperceu car pource que ie pretens a chose ou ie ne puis aduenir ie doy ainsi villainnemēt mourir cōme de feu ou de souldre/ si puis bien dire que onques ne fut prinse si cruelle vengence de cheualier comme de moy. et si ne se cuidoye point auoir deserui. le cheualier neut point si tost dicte sa parolle que lon nen vit riens si non de sa cendre de lui, et de la fierreur qui de lui venoit yssoit une si tresmauuaise odeur que tous ceulx qui estoient a sa table eurent si mal au cueur, et de telz en y eut qui se mucerent quāt ilz virent sa chair ardre. Car ilz auoient paour que le feu ne courust sur eulx: si dirent a Lācelot quil se remuast et il dist que non seroit puis qil estoit assiz a la table. si souffrit tout en telle maniere, et lui aduint si bien/ quil ny eut onques nul mal/ si en furēt tous ioyeux. Et quant la chose fut a fin menee, quil ny auoit riens du cheualier. si dist le roy oupās tous quil nauoit onques mais veue si perilleuse aduenture, et touiours disoye ie bien q̄ de ce siege verrions nous de merueilleuses aduentures venir. si en auons ia veue une/ et encores en verrons nous si comme ie croy.

Lors dist le roy a lancelot quil regardast les lettres que le cheualier luy auoit baillees. En nom dieu fist il cy feray ie voulentiers. lors desueloppa le breuet de une piece de cendal, ou il estoit enuelope/ si appella les clercs de leans/ et en print ung des plus saiges a son aduis si lui dist quil leust les lettres, et cellui les ouurit et dist quelles disoient

Ce sachent tous ceulx de la table ronde qui compaignons en sont quil aduint auāt hier le iour de pasques en sa court au roy claudas que les ieunes hommes commencerent a parler de lancelot du sac, tant quilz dirēt q̄ lancelot estoit le meilleur cheualier du monde/ et a ce saccorderent tous ceulx qui estoient en sa maison au roy fors seullement Brumāt se nepueu au roy claudas, mais cellui ne si voulut onques consentir, aincois dist que assez en y auoit de plus hardi au monde. Et demanderent qui ce estoit. En nom dieu fist il ce vous diray ie bien, et si vous monstreray par droicture quil nest point si hardi, car emprès le siege ou il siet est le siege perilleux qui est esprouué en congnoissance du meilleur cheualier du monde, et cellui siege est touiours vuide si que nul ny sied, et puis quil est ainsi près de lui et qil est touiours vuide. si auoit cueur ne hardement il si alast asseoir. Sy fist congnoistre aux ungz et aux autres ce dōt ilz estoient en doubtance. Car les ungz disoient quil estoit le meilleur cheualier du mōde et les autres disoient que non estoit, et pource siege les peult il mettre tous hors de doubtance. Et qui se y asserroit puis quil y a tel peril donc ne se deuroit sen tenir a plus hardy que lui, et pource fist il que ie vueil q̄ ceulx de gaulle sachent q̄ ie suis meilleur cheualier et plus hardi q̄ lancelot. Je vous promets vrayement que le iour de la penthecouste ie my asserray Et se ie y meur chascun dira que ce aura este grant hardement, et assez luy dessoua le roy claudas, mais onques ne voulut laisser son emprinse, pour nul homme qui onques sen destournast, aincois sen partit de gaulle. sy vint sa pour sa foy acquiter du serment quil auoit fait, si lui est ainsi aduenu de son hardement comment vous auez veu. Et ce est ce q̄ ie trouue escript es lettres

Quāt le roy eut les lettres oupès/ que le clerc auoit leues deuant tous les bars qui en sa court estoiēt, si dist que moult y auoit merueilleuse aucture, et ie ne tiē point a hardemēt ce q̄ ce cheualier a fait, mais cest la plus grant folie dōt ie ouysse onques parler Car du siege scauons nous bien quil ne sera

& lui dist que bien fust il venu, puis le roy le fist desarmer, & lui fist apporter une robe belle & riche telle comme a tel homme conuenoit puis ses cheualiers qui auoient iouste se desarmerent, & le roy sappareilla & mist sur son chief une couronne dor, puis ala incontinent a la procession au monstier saint Estienne, & la royne estoit apres lui & lancelot apres, & les roys, & les ducz, & les contes aisi comme ilz estoient plus vaillans & de grant lignaige.

Quant lancelot entra dedens le monstier & il vit le serpent dont le preudomme que mordrec tua lui auoit parle ey pensa bien quil lui auoit dit verite et deuint tout pensif en soy mesmes de ce que si grant lignaige comme cestui qui veoit deuant lui deuoit aller a perdicion par ung seul homme, et sen eust destourne voulentiers, mais il ne pouoit sans occire mordrec & sil se tuoit il en acquerroit hayne de tout son parente, & il ne sa vouldroit auoir en nulle maniere, longuement pensa lancelot a celle matiere & regada mordrec une foiz & puis le roy, puis le serpent et nauoit sa veue si non a ses trois choses si y musa tant que la royne y print garde & pensa en soy quil ny musoit point tant pour neant, si dist quelle luy demanderoit si tost quelle seroit seule auec luy & quant la messe fut dicte ilz reuindrent a sa sa le, & trouuerent les tables mises & ilz se assiret pour disner, si tost quilz furent leuez il y ad uint cellui iour une grant aduenture dont ilz furent tous ioyeux, car ilz regarderent que ilz estoient cent & cinquante dont il ney failloit nul, & la nouuelle en vint au roy si lui dist ung cheualier. Sire merueilles pour vray, de quoy fist le roy. De ce fist cellui que tous ceux de la table ronde sont ceans qui nen fault nul Certes fist le roy ce mest beau: car oncques a mon aduiz ne les vey tous ensemble.

Assez parlerent de ceste aduenture les barons, & lancelot qui se seoit empres le siege perilleux regarda sa pierre du siege, si y vit lettres nouuellement escriptes se luy estoit aduiz, & vit quelles disoient. Icy conuient au iour dui mourir Brumēt lorguilleux & sil ny meurt merlin ment en ces prophecies lors appella lancelot les clers de ceans & leur fist lire les lettres, & ilz ses regarderent & virent la signifiance, si disrent a lancelot. Sire ceste aduenture est merueilleuse, or vous en taisez a tant, car vous en verrez encore anuit aduenir aulcune merueilles. Et sachiez que ces lettres ont este huy escriptes. Sire fist il ie nen parleray plus puis qlne vous plaist.

Quant les barons eurent menge: puis en voulut oster les nappes, si vit leans ung cheualier arme dunes armes vermeilles & blanches: si laissa son cheual aual en la court, & la ou il vit le roy il lui dist. Sire roy ie suis venu a ma mort ou a ma vie ne scay lequel, mais il me conuient lessaier. Sire cheualier, fist le roy, ce ne vouldroye ie point q vous fussiez venu a vostre mort pour tant que ie vous en peusse destourner ne bōne homme de ceans: se vous ne se deseruies bi en que sans mort nen peussiez eschapper. Et le cheualier osta son heaulme: & son haubert, si se desarma tout: & quāt il fut tout desarme si se regarderent ceulx de leans et le virent si beau & si bien fait de corps quil sembloit bien homme de valeur, mais il plouroit si tendrement cōme sil veist tout le monde mort deuāt lui: & quāt le roy le regarda si lui en print mōlt grāt pitie. lors lui dist dictes pourquoy plourez vous. Sire fist il pource que ie pense bie que ie suis a ma mort venu: lors passa oultre parmy ceulx qui estoiēt a sa table rōde & a la iusques au dernier siege q sappelloit le siege perilleux, & la ou il vit lancelot il lui dist. Lā celot pour faire le hardemēt que vous nosates faire, me suis icy trāsporte: car ie me serray en ce siege ou vous ne vous osates oncqs seoir, Lors se assist au siege ou ōcqs nul ne assist ql ne sen repētist. Incōtinēt osta de son saī vnes lettres, & les bailla a lancelot: si lui dist. Te nez lancelot ces lettres, & se ie meurs en ce siege si les lisez oupar tous ceulx de ceans: si quilz sachēt qui ie suis, & se ie ny eschappe ie scay bien que vous me les rebaillerez voulentiers

Lors bailla a lancelot les lettres & il les print, lors commencerent ceulx de leans a dire que moult auoit le cheualier fait grant hardement qui cestoit assis en telle maniere au siege perilleux, lors ne demou ra gaires quil cōmēca a crier. Ha ha ie meur nes armes vermeilles qui venoit le petit pas si fierement que bien sembloit estre hôme de grant deffence/mais le roy nauoit auecques lui ne sergent ne escuier/et quant il le vid sy congneut bien incontinent que cestoit lancelot. Lors descendit de la tour le plus tost quil peult/si vint en la salle/et dist aux barons q[ui] lattendoient. Seigneurs montons et allôs contre lancelot du lac/car ie say veu venir il est pres dicy.

Atant monterêt les cheualiers ceulx q[ui] leurs cheuaulx auoiêt prestz/ sy prindrêt couuertures et lances et escus/et de tieulx y auoit q[ui] prindrent haubergôs dessoubz leurs couuertures pour iouster plus asseure-ment. Et quât mõseigneur gauuain vit quilz vouloient ia iouster /si ietta en son doz ung haubert qui estoit fort/et legier/puis vestit vnes couuertures qui estoient belles /et riches miparties de pourpre /et de vermeil cêdal puis monta sur son cheual/qui estoit fort/et aspre ou seu se deuoit bien fier au besoing/ puis prît deux escuiers auec lui/et leur dist quilz gardassent bien quilz eussêt assez lances. Et ilz dirent que cy auoient ilz a grant plante. Lors yssit incontinent le roy de gaamalot et auec lui grant compaignie de haultz barôs/ Et les cheualiers qui auoient prinses lances commencerent a briser leur lances lun contre lautre/ si se firent moult bien de telz y auoit mais puis que monseigneur gauuain fut ve-nu lui et sa compaignie ces gens cômencerent lances a briser si durement que nul ne les vit qui a preudommes ne les tenist/ si se firent si bien aincois quilz fussent arriuez a lancelot du lac que plus de mille hommes lui en don-nerêt le pris: et quant il vit venir mõseigneur lancelot/ si commêca a lui crier deuant tous les autres compaignons Monseigneur lan-celot gardez vous de moy/et monseigneur lan-celot du lac lentendit bien. Car il vid et en-tendit bien, quil ne se faisoit que iouer a luy Si attendit le coup tout en allant/ Et mon-seigneur gauuain qui ne cuidoit point que sa lâce fust de sa moitie si forte côme elle estoit le frapa sus son haubert de toute sa puissâce, et le coup fut si tresgrant quil sestonna tout / Et le cheual monseigneur lancelot du lac estoit

si fort las/et si fort trauaillie de errer/et des grandes iournees que lancelot lui auoit fait faire/quil ne peult en nulle maniere sup-porter le coup/aincois lui conuint cheoir em mp le chemin. Et monseigneur Lancelot du lac qui iamais ne se prenoit garde du cheoir et aussi estoit il moult encombre des armes si sen merueilla moult/ Et mõseigneur gau-uain qui ne pouoit tenir son cheual/ sen pas-sa oultre tant dolent et tant courrouce quil ne scauoit quil deuoit dire/ Et le cheual gesoit encores a terre soubz Lancelot comme celluy qui nauoit pouoir en nulle maniere de soy re-leuer. Et le roy a qui ce poisoit moult fort/ si laissa courre celle part son cheual si fort quil peult, aussi firêt tous ses aultres cheualiers si releuerêt lancelot et lui dõnerêt vng cheual mais il ne le voult prendre/ains dist au roy quil ne laisseroit point le sien pour nul autre car bien sachiez fist il q[ue] ie ne trouuay onques meilleur ne nul qui peust tant souffrir peine et sil est maintenant cheu ie ne men merueille point. Car par mon chief plus a de cinq iours quil ne mêga chose qui gaires vaulsist/ Lors remonta lâcelot et osta son heaulme et le bail-la a garder a vng cheualier et le roy se courut baiser et lui dist que bien fust il venu comme sôme du mõde q[ui]l desiroit le plus a veoir Lors firêt grât feste, et mõseigneur gauuai fut bie[n] hôteux du coup q[ui]l auoit fait, si dist a lâcelot Ha ha sire pardonnez moy/et sachiez que ie ne le feis poît a mon escient. et il lui pardôna Grande fut la ioye que les barons firent a lan-celot/et entre les autres hector car il ne se pou-oit tenir de plourer quât il le regardoit

A telle ioye et a telle feste fut lancelot receu en la cite de gaamalot le iour de la penthecouste/ Et fut ce apres lincarna-cion nostre seigneur deux cens ans et vingt et cinq/ et quant il vit en sa maistresse rue il la trouua toute têdue de draps de soie de vert et de gris aussi richement que se dieu y eust deu descendre, et tout ce auoit fait faire le roy pour lancelot/et quant ilz vindrent en sa court ilz descendirent et menerent lancelot au maistre palais, Et quant la royne le vit venir si fut moult ioyeuse, incontinêt lui courut les bras tendus si sacola deuant toute la compaignie die ie q̃ ie ẽpoꝛtay ſeſcu chieuꝑ le pꝛeudomme ou lancelot eſtoit.

En nõ dieu fiſt cellui au roy ces nouuelles cꝛoy ie mieulꝪ q̃ nulles autres que ie ouÿſſe pieca Certes ſire fiſt gauuain ilꝪ ſont tꝛapes/car nul foꝛs que lãcelot neuſt pas peu faire telꝪ.iiii.coupꝪ/ ſi pouons bié dire q̃ nous auõs eſte mocquez par ſa folle ẽtre pꝛinſe de ſagremoꝛ/ car par lui ſeut ce q̃ nous touſiames a lãcelot/ɐ ſi ne le deuſſions point auoir fait/mais il fiſt auſſi cõme le plus pꝛeudõme du mõde/ɐ noſtre folie nous ÿ aparuſt.

Loꝛs cõmẽca ſa ioÿe a la feſte de ces nouuelles/ ſi le diſrẽt aſſez plus que deuãt en diſant ſe il ne venoit anuit ou demain q̃ il eſtoit foꝛt couroucé pour la deſaulte dung cheualier. Ja de ce nayez paour fiſt gauuain/car ie ſcay bien qͥl viendra anuit ou demain/ aincois heure de tierce. En nom dieu fiſt le roy ie nay doubte foꝛs q̃l ne ſoit moꝛt ou malade/car ſe il eſt vif ie ſcay bien q̃ a ce point ne le pourroit nulle choſe detenir. Ainſi furent ceulꝑ de la court deſirans la venue lancelot/ɐ ilꝪ diſrẽt q̃ ſe ilꝪ cuidoient quil ne fuſt loing q̃ .v.ou.vi. lieues qͥlꝪ iroient a ſencõtre/ ſi fut auſſi la court ioyeuſe/ɐ doulcé/pour leſpᵉrance quilꝪ auoiẽt en la venue lancelot// mais ilꝪ auoiẽt ſi grãt paour de lui/quilꝪ en eſtoient tous eſmayes mais pource que le iour qͥl auoit mãdé neſtoit pas encoꝛe paſſé/ ſi pouoit il encoꝛe bien venir a tempz/ainſi furent treſtous reſcõfoꝛtez ɐ ne faiſoiẽt autre choſe q̃ parler de lancelot/ ſi diſrent ɐ pꝛopoſerẽt de faire de lui grant ioye ſe dieu lamenoit deuãt diſner/ auſſi latẽdirẽt iuſques a veſpꝛes/ɐ quãt le roy les eut ouyes ſi fiſt dꝛeſſer es pꝛes de kaamalot vne quintaine/ɐ ÿ fiſt mettre deuꝑ eſcus: ſi ÿ auoit aucũs cheualiers qui y euſſẽt frappé/ mais le roy cõmãda quilꝪ nÿ frappaſſẽt deuãt que lancelot fuſt venu/ loꝛs fiſt apoꝛter les eſches q̃ lãcelot auoit enuoyez a court/ ſÿ iouerent pluſieurs mais tous ceulꝑ qui iouerẽt furẽt mattez/ et le roy diſt. Ha ha que neſt icÿ lancelot: ſi peuſſions veoir vne de ſes maiſtriſes.

Grant piece attẽdirẽt ainſi pour ſcauoir ſe lancelot vẽdroit/ɐ quãt ilꝪ virent qͥl ne venoit point ilꝪ ſe alerẽt coucher ɐ le roy iouoit en vne chambꝛe/ɐ la royne en vne aultre/ ſa ẽſſe ne doꝛmit pas grãmẽt ainꝅ ploura toute la nũit/cõme celle qui auoit paour que lãcelot ne fuſt tué/ɐ daultre part elle auoit grant deſir de le veoir/ɐ auſſi pour ſcauoir la cauſe q̃ſi longuemẽt lauoit tenu hoꝛs du royaulme de logres/car quant il ſe partit delle/ lui pꝛia quelle ne demouraſt gaires/ ſe par moꝛt ou par maladie ne fuſt/ɐ ne doꝛmit gaires celle nuit/ car elle ne ſcauoit q̃ penſer de ſa moꝛt/ou de ſa vie/ɐ ſe elle eſtoit doulẽte encoꝛe en eſtoit plus hectoꝛ/ɐ auſſi booꝛt ɐ lÿonet/ mais lancelot nauoit nullui qui tãt fuſt couroucé de lui come eſtoit gauuain/car ceſtoit lome du monde q̃ plus aimoit lãcelot ſãs le roy artus/ɐ ſãs ſes parẽs. mais le roy artus amoit tant.L.quil ne ſcauoit que faire Car maintes foiꝪ diſt il en ſon pꝛiue quil ne ſcauoit point lequel il aimoit le plus ou lãcelot ou gauuain:ɐ ia iour du mõde celle cõpaignie ne ſe fuſt departie ſi neuſt eſte agrauain ſoꝛguilleuꝑ ɐ moꝛdꝛec q̃ par leur ẽuye diſrent au roy que lãcelot lui faiſoit hõte de ſa fẽme quil maintenoit/ ſi en diſrẽt tãt que le grant parẽté du roy en eſt tourné a deſtructiõ/ɐ lui meſmes ɐ tous ces frères en furẽt puis occis/ ɐ le roy qui tant fut vaillant en mourut dõt ce fut dõmaige. En cellui tẽps neſtoit il nul plus puiſſãt que le roy artus ne de ſa richeſſe nẽ fut il oncques vng ſi de bõnaire

Au matin quãt le iour apparut ſe leua le roy/ɐ aſa au monſtier:ɐ quãt il reuint en ſon palais il demanda ſe lancelot eſtoit venu/ɐ lẽ lui diſt q̃ nẽny. Ha ha dieu amenez le nous en bꝛief/ Certes fiſt gauuaĩ il viendra deuant tierce ſe dieu plaiſt/ loꝛs ſe partit le roy ɐ ſes barons:puis ſen monta en ſa grant tour/ ſi pouoit ſen bien veoir diꝑ lieues loing: foꝛs ſeulement tãt cõme la foꝛeſt en oſtoit la veue/ Et le roy regarda amont ɐ aual/ ſi ne vit cheualier ne loing ne pꝛes/ Car ſil euſt veu vng cheualier cheuaucher il leuſt tãtoſt cõgneu pour tãt qͥl leuſt aultre foiꝪ veu/ Et quant il voulut deſcendꝛe de la tour ſi diſt a ſoÿ meſmes. Ha ha dieu ne vendꝛa point cellui de qui ie deſiroÿe tant a auoir nouuelles ſi hõnoureemẽt/ɐ a le veoir pluſq̃ les autres/ Loꝛs regardaveꝛs ſa foꝛeſt de ka amalot/ ſi en vit iſſir vng cheualier armé du se congnoissoit/si le salua incontinent/et le roy dist que dieu le beneist. Sire dist il ie vous prie que vous me faictez conduire/se il vous plaist la ou ma dame la royne est/car ie suis vng cheualier conquis qui a elle suis enuoye Et qui vous y enuoye dist le roy. En nõ dieu sire monseigneur keu le seneschal/si lui cõpta incontinent comment ilz estoient quatre compaignons qui auoient vng pont a garder/et comment ilz se garderent de monseigneur keu qui puis les conquist tous quatre si me fist promettre que au iour du puy ie me rendroye a ma dame la royne de par lui/Seneschal fist le roy. dist le cheualier vray. En nõ dieu dist keu puis que ie parti de ceans ie ne conquis cheualier nul que ie n'enuoyasse a ma dama la royne/et par ce scay ie bien que ce cheualier ny vienne point de par moy bien regardez qui lui enuoya

Lors deuint le cheualier tout esbahy: et dist au seneschal par ma foy mõseigneur keu vous dictes merueilles. Car ie scay bien certainement que au .ix. iour de may venistes vous au pont mariel/et illec trouuastes vous quatre cheualiers que vous abbatistes les deux en l'eaue et les autres sur le pont et ie suis le derrenier a q vous feistes promettre que au iour de penthecouste ou la veille me rendisse se ie pouoye a ma dame la royne de par keu le seneschal/si y suis venu si comme ie le promis/et le roy se merueilla q il pouoit estre Sachiez vrayement dist keu que ce ne suis ie pas/car ie ne vei le pont mariel bien a. xx. ans passez/Or regardez qui ce fut qui y enuoya: par ma foy fist le cheualier dõc ne scay ie point qui ce fut/et le roy se fist mener en la chambre la ou la royne estoit/qui auoit auec elle moult grant plante de dames et de damoiselles: et quant il vint deuãt elle si se agenouilla/et se rendit a elle/puis lui compta tout son affaire comment vng cheualier l'auoit cõqs qui me dist que ie me rendisse a vous de par keu le seneschal mais ce ne fut il pas/car mõseigneur keu est ceãs qui afferme qu'il ne fut au pont ou ie fuz conquis plus a de. xx. ans et pource ne scay ie point qui m'y a enuoye/et toutesfoyz pource que ie lui promis y suis venu/et me metz en vostre mercy oultreement a

faire tout ce qu'il vous plaira de moy.

Puis q vous ne scauez dist la royne le cheualier qui vous y a enuoye il vous conuient demourer ceans tant que nous sachions qui ce fut/car il peult estre tel que ie vous clamerape quitte pour l'amour de lui et tel peult il estre que nous ayons autre cõseil. Lors dist au varlet qui le auoit amene va se faiz desarmer/et si le meine auec les autres cheualiers/et pense de lui et de son cheual en telle maniere que monseigneur y ait honneur et cestui se fist ainsi comment elle leut commande. quant le cheualier fut desarme/et il fut assis aup tables auec les autres/si comme ca regarder amont et aual parmi le palais/et tant qu'il vit pendre au chief de la salle l'escu que monseigneur gauuain auoit apporte/si le regarda tant et auisa qu'il congneut que le cheualier qui ceans l'auoit enuoye portoit cestui escu le iour qu'il les abbatit tous quatre/ Et lors dist au roy. Sire or pouez vous enquerre qui ceãs apporta cestui escu. car vrayment sachiez que ce fut cestui qui nous abbatit/quant monseigneur gauuain eut ces nouuelles ouyes/si dist au roy. En nom dieu sire cest le cheualier dont ie vous ay compte. quãt keu vit l'escu si sceut bien que c'estoit lancelot dont ilz parloient. car cestui escu auoit este sien/si scauoit bien par quelle auenture lancelot l'emporta.

Lors demanda keu au cheualier a ql iour ce fut qu'il fut conquis et cestui lui deuisa tant qu'il scauoit bien certainement que a cestui iour en auoit lancelot emportees ses armes/lors dist au roy Sire se vous vulez scauoir qui ce cheualier vous enuoya ie le vous diray/car ie le scay bien. se m'aist dieu dist le roy. ie ne le scay point. et ie le desire fort a scauoir: si vous prie q vous le me dictes puis que vous le scauez/sachiez fist il q ce fut lancelot q saillit d'une fenestre pour moy aider/et quant il m'eut rescouz des. ii. cheualiers/et nous nous fusmes couchez/si aduit au matin quant il se deust leuer qu'il entreprist mes armes pour les siennes/et il emporta mon escu quant s'en deut aler/et cellui iour estoit le .ix. iour de may. q ce cheualier dist qu'il fut cy enuoye/et affin que vous ne soyez point a malaise vous

L iiii

La tierce partie de Lancelot.

meeerent a pleurer du dueil quilz auoiēt que Lancelot nestoit auec eulp. mais le roy et ses autres a qui il en pesoit moult les recōforterēt de tout leur pouoir Lors cōmanda le roy q ses robes fussēt auāt apportees qui auoient este faictes pour ses compaignons de la queste, et len les apporta. Lors fist il auant venir tous les compaignons si dist au roy Baudemagus qui en auoit este compaignon Sire roy ie vous commande sur vostre serment q vous me dictes comment ces robes seront mieulp departies. Sire dist il mon sens seroit tel que vous donnissiez a chascun qui seroit meilleur en cheualerie sa plus riche robe se ses vnes sōt plus riches que les autres En vcrū dieu fist le roy nous ne scaurions point lequel seroit le meilleur cheualier se sa prouesse de chascun nestoit, ains oyre. Sire dist le roy baudemagus sa ou le plus deulp tous se accordera si vous y tenez, Lors dist le roy a ses compaignons. Seigneurs ie vous commande sur voz sermens que vous me dictes lequel est meilleur cheualier de vous tous et ilz se accorderent a ce que Boort estoit le meilleur cheualier deulp tous, si se prindrēt pour la bonne cheualerie quil auoit faicte ou tertre desupe la ou il oultra. piiii. deulp par prouesse darmes Apres se accorderēt a hector et a mō seigneur gauuain et a gaheriet et a sponnet, et puis au roy baudemagus. Apres les nōma tous en ordre si cōme ilz estoiēt tenus a meilleurs cheualiers lun apres lautre. Lors leur donna le roy ses robes si belles et si riches que vng bien puissāt roy ne les eust poit peu mieulp abiller ne a tel temps nauoiēt onucques si les cheualiers si bien este vestuz si en garda le roy deulp vne a Lancelot et lautre a lieu le seneschal Lors furent les tables mises, puis se assirēt les compaignons de la table ronde, et quant chascun se sut assie, si trouuerent que de cent cinquante compaignons qui se siege deuoiēt ē plir faisioient piiii. si en pesa moult au roy, Car le iour de penthecouste y deussēt ilz estre par droit, se ilz nestoiēt malades ou mors ou emprisonnez.

Aincois quilz eurēt le premier mais si descendit en la court aual monseigneur lieu le seneschal: puis en alerent les parolles amont aup compaignons, que vng cheualier estoit descendu en la court qui auoit vnes armes vermeilles. Quant les compaignons qui auoient este au tournoyement de pnigne ouyrent ces nouuelles sy se leuerent tous ensemble de la table la ou ilz estoient assis, puis dirēt au roy Sire se scauons nous bien que cest monseigneur Lancelot du lac aup armes vermeilles quil apporte. Ha ha dieu fist le roy Benoist soyez vous qui se nous auez rendu, si maist dieu ie ne pourroye point estre courrouce pour chose nulle qui me aduenist, alez fist il a lui et si le mamenez, car certes ie me deusse leuer pour nul homme ie ne me tenisse pour perdre vne cite que ie nallasse encontre, si coururent incontinent aual, et quāt ilz virent que cestoit lieu si furent tous esbahiz quilz ne scauoient que dire, mais toutesfois pource quil estoit compaignon de la queste. ainsi comment ilz estoient lui firent la plus belle chiere quilz peurēt, et le messaigier reuint au roy et lui dist. En nom dieu ce nest pas Lancelot, aincois est lieu le seneschal, et quāt le roy eut oupe ceste nouuelle, si fut tāt courouce quil en perdit toute la coulleur et de uint aussi noir comme cendre, et quant il par sa si dist Si maist dieu cest dommaige que le preudomme nest venu. Car cest hostel en amendast moult plus que de telz cent en ya il, et nonpourtant bien soit venu lieu le seneschal. car il mest moult bel de sa venue et quant ilz eurent lieu desarme en vne chambre, si lui apporterent robe neufue bonne et belle et riche qui plus valoit de cent mars dor il estoit deuant beau cheualier. mais il sembloit encores plus bel ainsi richement abillez puis vit ou palais amont, et salua le roy de si tost comment il le vit, et le roy sui rēdit son salut Si dist que bien fust il venu, et il sen alla incontinent se seoir a la table ronde la ou son siege estoit.

Quant ilz eurent leans mengie, et ilz voulurent les tables leuer, si vindrent leans les cheualiers ceulp que Lancelot auoit conquis au pont, si parla lun quāt ilz vindrēt amōt au palaiz: puis osta son heaulme, et abatit sa ventaille, et quant il vint entre les barons celle part ou il vit le roy, car bien abatus tous.iiii.l'un apres l'autre,& commēt il ietta son escu a terre quāt il sceut que ce estoient ilz,& quant ie vei lescu a si pdūdōme gesir a terre,si le courut incontinent redrecer & p laissap le mien si dix que ie lēporteroye Lors fis incontinēt apporter le glaiue & lescu pour le bien & pour lōneur du cheualier Apres leur demāda se roy nouuelles de lancelot,certes dist monseigneur gauuain ie nē oup puis nouuelles quis eut vaincu le tournopemēt du chastel de penigne. mais lui diz ie faire tant darmes au tesmoing de tous ceulx de sa oste qui ceans sōt que oncques au derrenier tournopement de kaamalot quāt il vainquit ses compaignons de sa table rōde nen fist point plus a mon aduis.

Once quilz parloiēt ainsi si descēdirēt en la court les quatre freres mōseigneur gauuain,c'est assauoir guerches gaheriet agrauain,& moidrec,& quant ilz eurent oste leur heaulmes ceulx de seans les cōgneurent,puis se allerēt incontinēt cōpter au roy:Et le roy se dreca pour aler encōtre,& aussi q̄l disoit a gauuain gauuain beau nepueu alōs veoir voz freres,puis entrerēt ou palais,& le roy les rencōtra si les baisa & aussi firent tous les autres pour lamour de lui. Lors demāda moidrec au roy. Sire n'est point encores mōseigneur lācelot venu: certes dist le roy nēnp,dont me poise fort,mais dieu par son plaisir le nous ameine de bief,car il n'y a nul chose en ce siecle viuant que iaye autant desiree a veoir comme iay fait lui

Lors yssit la royne dolēte de sa chambre pour lancelot qui nestoit venu,& quant elle vit les freres monseigneur gauuain,si leur en demāda nouuelles,& ilz disrent quil nen auoient nulles oupes,puis le tournopemēt qui fut deuant le chastel de penigne. Sire fist sa royne il fust bien temps de aler a leglise,si palons dame fist il. Lors se vestit de sa robe a son seigneur le roy royal si eut sa couronne dor en son chief,& tint vng baston en sa main ou il auoit vng aigle dor sur le pōmel,si estoit le roy de moult grant beaulte,& sembloit moult bien preudomme & estoit de tel aage quil ne pouoit point auoir plus de cinquāte ans. Il auint icellui iour quil regarda ses barons dont il y en auoit moult grāt plante,& il dist si hault que tous ceulx qui se ans estoiēt le peurent bien ouir Ha ha dieu ceste festie que oredioit cōmencons deust bien de mourer:quāt cellui hy est de la prouesse du qṹl cest hostel enlumine, Ha ha fist il beaup sire dieu qui tant de mes vouloirs m'auez acōpli donnez mop se Vous plaist qil vienne anuit ou demain, aut la messe Ceste parolle dist le roy tout en plourant,& lors alerēt au monstier de saint estiene lequel estoit la maistresse eglise de kaamalot, & le roy auoit en coustume de ouir aux grans festes la grant messe a la maistresse eglise fust de chastel ou de cite en qlque lieu quil tenist sa court:& quāt il eut messe oupe,si sen reuint en son palais, & il trouua que booit & lpon estoiēt venus de sa queste. si auoient amene auecq eulx tout le remanant des compaignons,si que de tous ceulx qui en loste auoiēt este:ne failloit mais que keu le seneschal & lācelot du lac

Quāt le roy vit booit,si lui fist grant ioye,Car tant de bien lui en auoient dit les cōpaignons de la queste que le roy sen mer uilla tout,puis lui demanda cōment il auoit puis fait,& il dist bien dieu mercy:car ie suis sain & en bō poiut mais pour dieu dictes mop se mōseigneur lācelot est point encores venu, Certes fist le roy nenny ce me poise,mais il vendra anuit ou demain se dieu plaist:& ne vous en desconfortez point. Car vous le verrez a tēps. Sire fist booit dieu se nous amaine:car ie ne seray iamais ioyeulx deuāt q ie le voye,& gauuain saillit auāt & dist a booit vous nous en deuez mieulx acertener que nous vous,car le iour de le tournopement fut deuāt penigne vous nous laissastes & sy vous en alastes apres lui onsques puis ne le veismes q nous sachōs Certes dist booit le soir mesmes me parti de lui,lors lui dist pour quop. En nom dieu dist le roy vous ne lui feistes pas trop longue cōpaignie apres les autres.

Incontinēt fut booit desarme,& tous ceulx qui auec lui estoiēt venus. si ne seroit point legier a cōpter sa ioye que booit fist a hector & a lpon,car quāt ilz se furent entre accollez & baisez vne grant piece,si cō

L iii

Lois osta son escu de son col/ se rua a terre: si print cellui quil auoit leue de terre/ et le glaiue aussi/ puis remōta sur son cheual et les autres cōpaignōs estoiēt ia tous montez/ et quāt ilz furēt tous apareillez quil ny auoit que de aler/ si dist monseigneur yuain Seigneurs que ferons nous/ que voulez vous faire fist hector. ie vueil que nous allions apres ce cheualier pour scauoir se nous pourrons le congnoistre/ car se il est de la maison au roy artus ie vous prometz q̄ ce seroit bōne chose se nous le pouions mener a court par prouesse darmes ou par de bōnairete/ ha ha fist hector vous ne scauez q̄ vous dictes/ car vous ne scauez qui il est/certes nēny. par ma foy fist il sachez que ce st mōseigneur lancelot cellui mesmemēt qui est mon frere. car il ny a hōme en tout le mōde qui peust faire autelz quatre coupz pres apres cōme cestui a fait. pource le deussiez vous mieulx cōgnoistre q̄ vous ne le cōgnoissez/ car vous lui auez maīteffoiz veu faire autelle cheualerie cōme ceste a este En nom dieu fist gauuain ie ne cuidoye poīt que ce fust il/ car pource qͥl scet bien que nous sōmes en ce pays neust il point iouste a nous deuant quil eust sceu que ce fussiōs nous. En nom dieu fist hector se il eust sa iouste refusee len seust tenu pour couart/ car sagremor y aloit si follemēt quil ny eut que du fraper ou du souper/ et pource ne si voulut il point demander qui nous estiōs. dont il fut si couroucie si tost cōme il sceut. que ce fusmes nous quil iecta son escu et sa lance en chemin car il ne vouloit point en nulle maniere q̄ nous sceussiōs que ce fust il/ et encores verrez vous que quant nous le somerons de ceste chose il se desdira que ce nail point este cōme cellui qui est le plus courtois de tous cheualiers.

Par ma foy fist monseigneur gauuaī vous en auez tant dit que ie pense bien que ce soit il/ et a celle sy quil ne fust cōgneu iecta il son escu et sa lāce a terre/ si semp̄terap a court pour estre tesmoing de ceste chose. ainsi alerent parlant tant quilz vindrent a vng chemin qui se departoit en.ii. et ilz prindrent cellui a destre/ et lancelot estoit a cellui de senestre/ et par tant se partirent/ si cheminerent tant qͥlz vindrent la veille de la pētheceuste

a kamalot/ et le roy voulloit aller au moustier pour ouir le seruice: leans y auoit moult grāt ioye/ car des cōpaignons estoient ia venus iusques a.p. et ilz estoient sains et en bon point dont le roy et les autres barōs estoiēt ioyeulx

Sa court estoit moult grande et la barōnie merueilleuse/ car tous les haultz hōmes qui du roy artus tenoiēt terre y estoiēt venus le plus honnourablemēt qͥlz purent. si auint a heure de midy que les.iiii. compaignons vindrēt a court/ puis descēdirent emmi la court aual/ et le roy ala aux fenestres pour scauoir qui ilz estoient: et monseigneur gauuain dist a ses compaignons Seignēurs le roy est la sus/ et nous ne deuōs poīt aler du tout deuant lui/ si soe que nous ostōs noz heaulmez: et ceulx si firēt puis mōterent ou palais/ quant le roy les cōgneut: si eut grant ioye puis a couru a mōseigneur gauuain/ et le acolla et baisa/ et en apres ses cōpaignons lun apres lautre/ si leur demanda cōment ilz auoient de puis fait/ et ilz dirent bien dieu mercy/ car ilz estoiēt sains et en bon poīt: et le roy cuidoit qͥlz eussēt leur ōste a cheuee/ et quāt la royne vit que mōseigneur gauuain estoit venu/ et les autres cōpaignons/ et cellui ny estoit point du qͥl elle eust estee plus ioyeuse que de tous les autres. si en fut tant dolēte que a pou que le cueur ne lui saillit ou vētre/ Lois se partit de la salle et vint en sa chābre/ et cōmenca a faire le plus grant dueil du monde/ et disoit a soy mesmes Ha ha dieu vē dra iamais cellui de qui cest hostel amādast le plus que de tous ceulx qui y sont: et se dieu maist se ie ne lamasse tant a veoir et desirasse il fust pieca venu.

Grāde fut la ioye et sa feste que ceulx de leans firēt a monseigneur gauuain/ et aux autres cōpaignons/ et gauuain commanda q̄ lescu quil auoit apporte fust pē du emmy la salle. si que tous ceulx qui leās entrerōt le voient. Et le roy lui demanda la cause pourquoy/ pource dist il que ie vueil q̄ tous ceulx qui le verrōt y prengnēt exemple Car vous deuez scauoir que cellui qui deuāt nous le porta si comme ie croy est le meilleur cheualier du mōde/ et ie cuide que se soit lāce lot du lac. Lors lui cōpta cōment il les auoit et plus travaille que ie ne suis, si se assist incontinent, et celle aussi. puis dist a ses damoiselles apportez moy estoy le blanc, et elles coururent incontinent au chariot dont elles estoient descendues, si prindrent ung petit enfant que une damoiselle tenoit en son geron, et sa porterent a la dame: et lenfant estoit encores ieune quil ne pouoit auoir plus de .ii. ans. et quant elle le tint si comenca a le baiser en sa bouche, et a lui faire aussi grant feste comme se ce fust dieu mesmes, et lancelot regarda lenfant qui estoit si bel et si plaisant quil ne vit oncques mais si belle creature, et il demanda a qui lenfant estoit Sire fist elle il est mien nest il pas bel. Ouy fist il si mayst dieu ie ne vey oncques enfant si bel comment il est de son aaige.

A monseigneur lacelot fist celle qui herberge sauoit que vous en semble par ma foy dist il il me semble quil est tresbel, et sachez vous quil est se mayst dieu fist il nenny fors tant que ceste damoiselle dit quil est a elle. sachez dist elle quil est vostre cousin de bien pres, comme celui qui est filz a boort degannes et lengendra quant il vainquit le tournoyement que le roy brangoire auoit fait entreprendre a sou les diuers veuz furent vouez. Donc na il ou monde homme se il congneust, et veist cest enfant qui ne deist que boort lengendra. Quant lacelot ouit cela si en fut moult ioyeulx, et dist quil resembloit a boort si cieut que bien sauoit engendré et si auoit il sans faille, lors lui commenca a baiser les yeulx et la bouche, et a lui faire merueilleuse ioye. Quant sa damoiselle sceut que cestoit lancelot du lac celui ou monde de qui se disoit plus de biens, et le cousin a lomme du monde quelle amoit le plus, si en fist moult grant ioye, et se pour offrit a son seruice, et il sen mercya moult, et lui redist tout ainsi, et la pucelle qui lacelot auoit heberge lui compta tout le comencement de boort coment il auoit geu auec sa damoiselle, et par quelle maniere si creut bien que cestoit vray, et il pensa que tout ainsi lui estoit auenu de la fille au roy perles qui ia auoit eu enfant de lui, si comme len lui auoit dit.

Lors se dreca lancelot, si osta son haubert quil auoit encores vestu, puis se desarma du tout, et quant il fut desarmé si dist a son hostesse quil auoit grant paour que les .iiii. cheualiers ne venissent, et quilz ne le cogneussent. Or ne vous doubtez point fist elle: car bien sachez se ilz viennent cy nous les diuertirons si quilz ne scauront de vous nouuelles, et il dist que se vouloit il bien, si sen va incontinent seoir auec sa fille au roy brangoire, et celle lui dist Sire quant vous verrez boort, si lui dictes de par moy que iamais a nul iour il nauoit plus messait vers damoiselle quil soit au monde que vers moy, si sachez vrayement quil a trop mespris, car quant il se departit de moy il me promist comme loyal cheualier, quil me viendroit veoir chascun an, et des le premier an me faulsa il si bien que oncques puis ny vint. si vous dy pour vray quil nest point si voir disant come ie cuidoye, si a tant fait q iamais ne croiray cheualier estrangier deuant que ie saye espreuue.

Ha ha damoiselle fist lacelot pour dieu mercy. Ie vous dy quil a eu tant a faire de moy querir et dautres choses que ie scay bien quil na peu venir, et pource ne vous en doit il point tant penser. si vous prie que ne lui en sachiez point mal gre, par ainsi que ie soye vostre cheualier a tous les iours de ma vie et lui pardonez, et celle lui pardona voluntiers pour lamour de lui, retourna se compte a monseigneur gauuain, et aux troys autres compaignons que lancelot auoit abatus.

¶ Comment messire gauuain et ses compaignons emporterent a kaamalot lescu et le glaiue de lancelot, et comment la guerre fut entreprinse contre le roy claudas .xx. chap

Quant lancelot se fut party des quatre compaignons quil auoit abatus Monseigneur gauuain qui bien auoit veu comment il auoit ietté son glaiue et son escu, vint celle part ou il auoit veu que lescu gesoit si se leua de terre, et dist. Escu en nom dieu vous auez esté pendu au col a si preudomme que pour lamour de lui ne vous doit len point laisser gesir a terre, et maudit soye ie se iamais vous y gesez, aincois vous emporteray a court, et laisseray icy le mien si que ie porteray si bonnes enseignes de lui que len me deura bien croire bien a soy mesmes homme qui se sentoit mesfait daucune chose si a la tant quil vint encontre mont le bois/lors regarda son cheual & il estoit si baigne en sang & en sueur de trauail quil auoit souffert & des esperons ql sui auoit faict sentir/ que se il neust este de grant honte il fust pieca mort, & lors sarresta & regarda au dessus de lui & il vit.ii. pauillons tendus dessoubz vng arbre & auoit empres vne loge galesche qui estoit faicte de nouuel & il tourna cel le part son cheual, si descendit & sataicha a vng arbre,& si tost come il fut descendu si entra ou premier des pauillons,& vit en vne couche gesir vne damoiselle ql auoit autresfoiz veue ce lui estoit auis/mais il ne lui peust ordroit souuenir ou/ nonpourtant tant sauisa quil congneut que cestoit la damoiselle qui iadis sauoit gari de leuenimement quil auoit prins en sa fontaine & que cestoit celle qui auoit voue qlle garderoit son pucellaige toute sa vie pour lamour de lui,& quant il la vit si en fut moult ioyeulx, car cestoit la damoiselle du monde que plus il amoit, & il la salua & elle se dreca encontre lui si tost come elle le vit venir,& lui dist que bien fust il venu dame si fist il me pourriez vous meshuy heberger. Sire fist elle qui estes vous/ ie suis fist il vng cheualier errant Estes vous fist elle de la maison au roy artus: oup fist il Doc vous hebergeray ie pour lamour du plus preudome du monde q en estoit ainsi come vous estes,& il lui demanda qui ce preudome estoit, Cest fist elle le plus preudome du monde/& pleust ores a dieu quil fust icy aussi sain comment vous estes, si maist dieu ie seroye plus ioyeuse q qui me donneroit la meilleure cite que le roy artus ait: mais ce ne peult estre, car il est perdu plus a de.vii. ans & demy & cest dommaige, car iamais ne sera recouure.

Ha damoiselle fist lancelot ie vous congnois mieulx que vous ne cuidez vous estes celle qui vouastes que pour lamour de lui vous garderiez vostre pucellaige. Certes fist elle il est vray & si le tendray,& cest follie fist lancelot mieulx vous vauldroit prendre seigneur a espoux aucun hault home. Ainsi maist dieu plusieurs mont demande des plus haulz homes que il nya nul a mon parente/ mais se dieu plaist ia ne romperay mon veu, car iayme si loyaulment cellui pour qui ie lay voue que ie ameroye mieulx estre desmembree que de lui auoir failli.

Quant lancelot entendit ceste parolle si ne se peult plus celer, ains dist a la damoiselle Ha a damoiselle ne me congnoissez vous, & elle le regarda si congneut q cestoit cellui qlle desiroit a veoir sur tous homes, si lui ietta incontinent les bras au col, & lui dist Beau sire vous soyez le bien venu,& ou auez vous este si loguement, & il lui dist quil auoit demoure chieulx vne dame qui loguement lauoit tenu en prison, & apres lui dist Damoiselle il est ainsi q ie trouuay ores quatre cheualiers en ceste forest que ie ne congnoissoye point, si leur meffis plus que ie ne deusse,& si estoient moult mes amis, ie cuide quil me supuent, & quilz vendront apres moy ie ne vouldroye en nulle maniere quilz me trouuassent & pource ie vous prie que vous me conseillez que ie pourray faire. En nom dieu fist elle si reil nest rien/ que ie ne face pour lamour de vous, si vous dy vrayement que ia ne serez ceans congneu de par eulx, & silz venoient icy vous seriez si bien celle que ia homme ne vous trouuera,& il dist que donc demourroit il

Ce temps pendant quilz parloient ainsi ilz virent venir tout le chemin de la forest dames & damoiselles, & celle qui estoit auec lancelot lui dist. Sire soyez ioyeulx, car vous verrez incontinent icy venir vng homme de vostre parente, que vous ne veistes oncques. Et qui est il fist lancelot Sire vous le scaurez ains que vous departez de ceans, & quant ceulx vindrent pres des pauillons, si descendirent cheualiers & sergens, puis coururent descendre vne moult belle damoiselle, qui leur dame estoit & la mirent ius de vng chariot ou elle se faisoit porter,& estoit le chariot couuert dun vermeil samit pour le chault, & quant la damoiselle fut descendue si la mirent a reposer la ou lancelot estoit, si tost comme il la vit venir, si se dreca encontre delle, car moult estoit de grant beaulte, & moult resembloit bien gentille femme, & haulte dame,& celle lui dist Beau doulz sire seez vous, car par auenture vous estes plus las

dist a monseigneur gauuain. Sire Soullez
Bous Seoir Sne iouste, De qui fist gauuain
Sire fist il de moy, & de monseigneur lieu le
seneschal qui sa Seult si pensoit comment il se
fust orendroit parti de sa mie.

Ha ha sagremor fist monseigneur. g.
mal y feistes espoir Sous Sous en estre
Sreceriez, & ce ne Souldroie en nulle maniere
de chose que monseigneur gauuain dist ne y cha
loit a sagremor ains ala Sers lacelot le plus
grant erre quil peult du cheual traire. & lan
celot qui point ne le congnoissoit pour ses armes
quil auoit changees se adreca a lui au plus tost
quil le Sit Senir: & il sui brisa son glaiue emy le
pis, & lacelot qui bas le print se frapa si dure
ment quil labbatit lui & son cheual au trauers
du chemin, & au cheoir quil fist fut trop mal
sement de brise pour le cheual qui lui chut sur
le corps, si passa oultre que oncques puis ne le
regarda. & quant hector Sit cessa si pensa que ce
nestoit pas lieu mais cestoit aucun cheualier
qui auoit tue lieu qui portoit ses armes, & il
dist a monseigneur gauuain. Sire atten dez
moy icy: lors sa dreca Sers lacelot & il se Sa fra
per si durement quil lui fist Soler son escu en pieces
& lacelot se frapa ou bras senestre tant quil lui
fist le sang saillir, si le porta ius du cheual a
terre quant ses.ii. compaignons Sirent ce coup
si en furent moult dolens, & ilz maudirent leu
re que oncques ceste iouste fut commencee, & mon
seigneur puain dist a gauuain. Sire dictes
moy que nous pourrons faire malement auons
nous este deceuz qui cuidions que ce fust lieu
par ma foy ce nest il pas, or ne Sous chaille
fist gauuain atendez moy icy ie iray aider aux
autres, & se ilz mabatent il ne men chault, lors
sa dreca Sers lacelot, & il lui donna tel coup quil
lui perca son escu mais le haubert estoit si fort
que oncques maille ne y rompit mais lancelot se
frapa si fort quil cheut a terre, si fut au cheoir
malement blece. & lancelot passa oultre. qui on
ques ne lui demanda qui il estoit

Quant monseigneur puain Sit ceste a
uenture si fut dolent & dist Ha ha si
re dieu comme est cellui seul le quel assault
homme quil ne congnoist, & iamais neusse cui
de quil eust eu en cheualier aussi grant prouesse
comment il y a. & se dieu maist mieulx y Sueil ie

quil mabate que ie ne Soise iouster a lui si ne
puis que tenir compaignie aux autres, Lors
baissa le glaiue & embrasa lescu si se adreca Sers
lacelot, & lancelot qui oncques ne refusa ne lui
ne autre ne ne se congnoissoit point, si dist a
soy mesmes que se son glaiue lui pouoit tant du
rer quil ait cestui abbatu il se aura bien serui
a gre, car il en auoit ia telz.iii. abatus quil ny
auoit cellui qui ne se tenist assez roide, si sentre
Sindrent de force, & puain lattaignit le premier
tellement quil lui perca son escu, mais le hau
bert estoit fort et serre qui contretinst le coup que
oncques maille ne y rompit, & le glaiue de peca
si que ses trouchons Sollerent contre mont, &
lancelot de toute sa puissance se frappa si quil
lui perca lescu & le haubert si le naura ou coste
senestre, & se glaiue estoit fort a merueilles, &
lancelot qui bien estoit assizes arcons de sa sel
elle enferra si Sigureusement puain quil lab
batit lui & son cheual a terre. puis tira son glai
ue a lui si sen passa en telle maniere que oncques
ne se daigna regarder. Et sagremor le destre
qui eut Seu la iouste des compaignons ne se
peult oncques tenir quant il Sit en aler lancelot
sain & en bon point quil ne deist. Sire cheua
lier ie ne scay qui Sous estes, Mais de plant
Sous pourrez Sous Santer quant Sous serez
en Sostre pays, que Sous auez abatu monsei
gneur gauuain puain hector & sagremor

Quant lancelot ouyt cela que sagre
mor disoit, si fut tant dolent quil ne
scauoit quil deuoit faire, car il ne Souldroit en
nulle maniere quilz sceussent que ce fust il, & se
il emportoit son escu il pensoit bien quilz le sup
uroient, & par tant se pourroient ilz bien con
gnoistre, lors ietta son escu & son glaiue a ter
re. puis sen ala parmi la forest tant comment
il peult de son cheual traire aussi grant aleu
re comme se sa mort le chassast, si aloit plourant
& faisant le plus grant dueil du monde
& maudisoit leure que oncques il auoit este ne
Car il estoit le plus malleureux homme du
monde, & disoit a soy mesmes Beau sire di
eu meschance est ce droitte quant ie pourchas
se honte & deshonneur a ceulx que ie deusse ser
uir de tout mon pouoir.

Ainsi sen aloit lancelot plourant, et
maudisant son corps, si sembloit

Car se maist dieu ie ne ouy oncques parler de homme qui le congneust, qui ne dist que ce estoit le plus couart de sa maison au roy artus, & le plus mesdisant, & pource ne vous en esbahissez point, car ce nest pas la premiere vilenie quil a faicte, si en laissez aller. En nom dieu fist cellui vous dictes vostre volente, mais ie nacorde pas que ie ne face ce que iay dit.

Adonc monta sur le cheual, & sen ala par devers le pont grant erre apres lancelot, & lui cria, Sire iouster vous couient, tournez deca lescu ou ie vous frapperay par derriere, si y aurez plus grande honte. Et lancelot commenca a sourrire, car il cuidoit que ce fust keu, si retourna vers lui le glaiue au poing, & le frapa si malement, quil labbatit lui & son cheual en leaue tout en ung mot, puis sen alla tout ainsi comment il auoit commence, & quant ses autres trois cheualiers le virent si monterent sur leurs cheuaulx: & commencerent a crier. Retournez sire keu, car ainsi ne vous en irez vous pas, & sen allerent apres lui. Et quant lancelot les ouit venir, si se aresta incontinent au chief du pont & illec les attendit, & quant il vit quilz furent bien prez de lui, si leur laissa courre le glaiue, & frapa le premier si trescruellement que du premier coup il labbatit en leaue, la ou il auoit le premier abatu, puis ne se arresta point ains courut a lautre, & se frapa si malement quil lui mist le fer trenchant en lespaule, & labatit ius du cheual puis se laissa tout enferre dessus le pont, lors fut son glaiue brise, si mist la main a lespee. Et quant le quart qui auoit veu les trois coups quil auoit faiz, eut, si grant paour de mourir quil ne losa attendre aincois tourna en fuyte, & lancelot qui ne le vouloit point laisser lenchassa tant quil peust & cellui qui fuyoit nauoit pas grant asseurance de sa vie se lancelot lataingnoit, mais lancelot estoit sur ung bon cheual q moult estoit fort, si attaingnit incontinent le cheualier, & ainsi quil leut attaint lui donna tel coup sur le heaulme quil lemporta a terre tout estendu puis passa son cheual par dessus son corps, & le deffoulla en telle maniere quil nauoit nul membre de quoy il ne se douleust, puis descendit du cheual si lui osta le heaulme de la teste & lui dist quil la lui coupperoit sil ne se tenoit pour oultre. Mais celuy fut si douloureusement atourne quil ne peult respondre mot: aincois geut a terre en paumoisons, Et lancelot qui veoit bien que ce seroit mauuaistie de locire se laissa reposer tant quil eut son alaine reprinse, si ouurit ses yeulx, & quant il vit lancelot qui tenoit lespee nue, & qui se menacoit de lui couper la teste sil ne se tenoit pour oultre, lui cria mercy, & lui dist, Ha ha franc cheualier pour dieu ne me occiez pas, mais laissez moy viure, & ie vous prometz de tenir prison la ou vous me vouldrez enuoyer. Or me lacorde fist lancelot, & cellui lui acorda incontinent, si le laissa, Or me dy, scez tu bien qui ie suis. Ouy fist il ie scay bien que vous estes monseigneur keu le seneschal.

Puis que tu dis que ie suis keu le seneschal ie te commade que tu soyes la veille de la penthecouste a la court du roy artus: & la te rendras a ma dame la royne de par keu le seneschal & compteras viâs tous ceulx de leans ceste auenture, & comment keu le seneschal vous a tous quatre conquis, & il dist que si feroit il moult bien puis que ainsi le vouloit.

Atant monta lancelot puis commanda les cheualiers a dieu, & quant il vint aux pauillons: si trouua vng glaiue q estoit court & gros & fort a desmesure, il le print si vint par dessus le pont arriere & vit que des deux cheualiers qui estoient en leaue lun estoit noye & lautre estoit venu a riue: lors sen ala oultre tout son chemin, si cheuaucha tant quil fut heure de nonne, & lors vit en vne forest qui estoit haulte, & parfonde, & quant il vint en vne valee obscure encontra monseigneur gauuain, & monseigneur yuain, et sagremors le derree, & hector des mares son frere q sestoient entretrouues a lissue de la forest. Si auoit le iour de deuât laissie môseigneur yuain moydrec au chastel merlin ou ilz estoient sains & en bon point, & quant ilz virent lancelot si cuiderent tous que ce fust keu le seneschal, & ilz se misrent incontinent en lespesse de la forest & sagremors q touiours estoit le plus ioyeulx de tous ses compaignons, si trop haulte, et quant ilz entrerent leans. Si trouuerent grant plante de torches que le seigneur auoit fait allumer encontre leur venue. Car moult estoit riche et vaillant, lors se desarmerent ses deux cheualiers. Et somme de leans qui pensoit bien quil estoit de sa maison au roy artus, demanda a Keu sil auoit hui mengie, et il dist que nenni, si lui fist incontinent a mengier, puis lui fist faire ung lit en sa chambre ou lancelot gesoit.

Quant keu congneut lancelot si luy fist grant ioye, et lui dist. Sire sagement vous sceutes auant hier seeler, quāt vous vous partistes du lieu ou nous estiōs demourez. Quoy me vei stes vous, ouy fist keu, men ses encores, car vous my abatistes si rudement que petit sen faillit que ie neu le col brise, et encores me sens ie du cheoir. De ce fist lancelot ne me deuez vous point scauoir malgre, car ie ne vous congnoissoye point. Car en tel lieu ne congnoist len ne parent ne amy. Et beau sire veistes vous point Mordrec le nepueu au roy artus et le frere mōseigneur gauuain. Ouy fist keu apres lassemblee en la place mesmes ou le tournoiement auoit este si malement atourne quil ne se pouoit en nulle maniere retourner: ainsi se mena len en litiere a court. Et scauez vous q̄ lui fist cela. Sire monseigneur gauuain son frere gaheriet et guerrehes se batirent ainsi quant il fut au tournoiement, et quil ne vous peult suiuir. Et lancelot en comença a rire quant il sceut que son frere et les autres sauoient batu. Si dist a keu. En nom dieu tant gaigna il a ce qͥ ne me voulut suiure, car sil eust tousiours este empres moy, ie ne cuide point qͥlz leussent ainsi atourne.

Quāt keu eut menge: si sen alerēt ceulx de leans: et keu se coucha en ung moult riche lit en la chambre ou lancelot estoit couche. Si aduint ainsi que lācelot ne demādoit point qui estoient ses cheualiers qui auoient assailli keu, au matin si tost que le iour aparut si se leua messire lācelot, et vint au lieu ou les armes de keu et les siennes estoient, si print les armes keu le seneschal, et quant il fut arme du heaulme keu et des couuertures si vint emmi la court, et il estoit si matin que a grant peine sen appareeut loste, et quant il vit lancelot qui estoit ia leue, si lui dist. En nom dieu sire fist loste: vous auez les armes vostre compaignō, et quāt il vit q̄ ce estoit vray si commença a sourire, si dist ainsi. par mon chief puis que ie les ay prinses ie ne men desarmeray ores point, car trop y auroye ie grāt hōte si vouez dire a monseigneur keu qͥ porte mes armes, car ie porteray les siennes: et lui dictes que ie ne say pas fait a mon escient.

Lors monta lancelot sur son cheual, si partit incontinent de leans: et cheuaucha iusques a prime, lors vint a vng pont qui estoit sur vne eaue forte et roide, et a lentree de ce pōt y auoit quatre pauillōs, qui estoient ouuerts moult richement, et a chascun des pauillons auoit vng escu blāc et deux glaiues droicez dont les fers estoient contre mont, et puis dunchascun pauillon seoient quatre cheualiers qui estoient armez moult richement. Et quant ilz virent lancelot venir, si dirēt lun a lautre, par mō chief veez cy venir vng q̄ est de la maison au roy artus. Ha ha fist lū. En nom dieu cestui na garde de nous. Ne scauez vous fist lautre qui il est nenny. En nō dieu fist cestui, cest monseigneur keu le seneschal, tout le plus couart cheualier au roy artus. Si vueil bien que vous sachiez que a le assaillir aurions plus honte que hōneur: car de le prendre ne serions nous si non que mocques. Or sen laissons tout quittement passer oultre.

Quant lancelot entendit ces parolles si commença a rire a soy mesmes de ce quilz cuidoient que ce fust keu le seneschal si sen passa oultre parmi eulx que oncques nul ne lui demāda riēs. Et quant il fut sur le pōt, si dist lun des quatre cheualiers. par dieu moult est orguilleux monseigneur keu qui parmy nous tous est passe, et si ne nous daigna oncques salluer, et maudit soye ie se ne lui rens le guerdon de ceste villennie quil nous a faicte. car il nemmenera point ce cheual sur quoy il est assis et se son heaulme nest trop fort ie lui feray sētir se le fer de mō glaiue est froit ou chault En nom dieu firent les autres ia se dieu plaist de ce ne vous entremettrez, car ce vous seroit hōte se vous labattiez

uier/qui a compter faille. Au quart iour se he-
berga chieulx pung forestier: la ou il fut bien pen-
se. Apres soupper mena len lancelot couchier
en une moult belle chambre qui estoit devers
le chemin/ & quant lancelot fut couchie il ne
peult dormir car il faisoit trop grant chault
Quant il vit quil ne dormoit point, si print
sa chemise & vint a une fenestre de fer: pour se
vent acueillir/ la lune estoit ia levee qui estoit
moult belle & clere: si que len pouoit bien veoir
ceulx qui passoient parmy le chemin/ Ainsy
quil estoit la pour refroidier, si vit en sa court
venir ung chevalier qui estoit arme de tou-
tes pieces/ sur ung grant cheval qui estoit tout
couvert de sueur de force de courir/ si commen-
ça le chevalier a crier. Ouvrez ouvrez/ mais
ceulx de leans ne se ouvrent point/ car ilz
estoient tous endormis

Apres ce ne demoura gaires que deux
chevaliers vindrent tout courant de
dens sa court/ & commencerent a courre sus
au chevalier qui devant estoit venu les espees
traittes/ si leur demanda quilz lui vouloient
faire/ & ilz dirent quil nen pouoit eschapper sans
mort. Et que scavez vous qui ie suis. Je scay
bien fist luy que tu es keu le seneschal le plus
couart de la maison du roy artus/ lors lui cou-
rent sus/ & il se deffendit au mieulx quil peust
Et quant lancelot sceut que cestoit keu le se-
neschal, si courut a ses armes la ou il les a-
voit laissees/ & ietta son haubert en son dos/
& laça son heaulme en sa teste/ & prent son escu
& son espee. Lors vint a une fenestre de fer/ &
sa rompit incontinent, si sault emmy la court
& courut sus a ceulx qui keu avoient assilli/
& frapa si fort le premier quil attaingnit sur
son heaulme quil le fist trebuchier du cheval
a terre/ lors luy courut sus/ car il ne se vou-
loit pas ainsi laisser/ & cestui estoit a terre sy
esourde quil navoit povoir de soy relever: & lan-
celot lui arracha le heaulme de la teste si fel-
loneusement quil lui arracha tout le cuir du vi-
saige & du nez/ & en donna a cellui tel coup par
mi sa teste quil en fist le sang saillir. Et quant
cellui se vit ainsi attourne/ & quil vit lespee dre-
cee sur lui/ si eut moult grant paour de mou-
rir/ & pource il lui cria mercy/ & lui promist de
tenir prison la ou il vouldroit/ & cestui en prit

sa foy/ puis se leva de dessus lui/ si vit keu qui
se combatoit contre laultre chevalier le mieulx
quil pouoit/ & lancelot sen vint a keu & lui dist
quil lui laissast ceste bataille, car le chevali-
er se grevoit trop fort/ & il naura contre moy
nulle duree.

Lors laissa le chevalier a lancelot/ car
il pensoit bien quil en vendroit a chief
& nonpourtant il estoit en doubtance/ pource
quil ne se congnoissoit point appertement. &
lancelot tenoit lespee contremont/ si fut viste
& frais/ & cestui estoit las & travaille/ & a gran-
peine pouoit soustenir son escu: & lancelot lui
donna de si grans coups sur le heaulme: si quil
se fist voller a terre tout estendu/ & quant cel-
lui sentit sa teste desarmee, si eut grant paour
de mourir tant quil lui cria mercy/ Ie nauray
ia mercy de toy fist lancelot/ se tu ne me pro-
metz de tenir prison la ou ie la te commande-
ray tenir/ Et cestui vit bien quil estoit mort
sil ne faisoit la voulente lancelot. Lors appel-
la lancelot laultre chevalier/ & leur dist, Sei-
gneurs vous estes mes prisonniers pour al-
ler la ou ie vous diray/ & pour faire ce que ie
vous commanderay. Sire firent ilz il est
vray. Or vous commande ie sur voz promes-
sez que vous soyez le iour de la penthecouste
a la court au roy artus/ Si vueil que vous
vous rendiez illecq sup de par monseigneur
keu le seneschal.

Sire fist luy nous ne savons point a
faire se nous ne voulons, car keu
ne nous a point conquis, mais vous qui nous
ne congnoissons. Vous avez fist lancelot a
faire ma voulente/ & ma voulente est telle
que ie vueil que vous y rendez de par keu le
seneschal/ ou se vous ne le faittes vous men
tirez de voz promesses/ Et ceulx dirent quilz
le feroient ainsi puis quil le vouloit, si remon-
terent incontinent sur leurs chevaulx/ & sen
allerent incontinent toute la trope quilz estoient
venus/ Et ceulx de leans qui cestoient esveil-
lez pour la bataille, si disoient entre eulx que
moult estoit seur hoste preudomme. Quant
ilz virent que les deux chevaliers sen furent
allez, si coururent fermer les huys, car lance-
lot ne pouoit legierement yssir dehors/ par
la ou il estoit venu/ pour la fenestre qui estoit

puisse auoir. Or me y meine fist lancelot/ et il monta sur son cheual, si sen allerent incontinent a lermitaige/ et quant ilz vindrent la, si hurterent tant a lupz que le preudomme vit a vne fenestre/ si les ouyt/ Lors demanda q̃ ilz estoient/ Et lancelot dist que cestoit vng cheualier errant qui auoit mestier de hostel sil se pouoit hebergier/ En nom dieu fist cellup donc vous hebergerap ie moult voulentiers puis que vous estes cheualier errant/ Lors commanda a son clerc a ouurir lupz/ Et lancelot entra dedens/ puis descendist. Lors sen retourna le cheualier au pauillon/ ou il auoit laisse son frere naure a mort/ Et lancelot demoura toute la nupt chieux lermite/ q̃ se festoya au mieulx quil peult. Au matin quãt il eut sa messe ouye/ se partit de leans et commanda lermite a dieu/ si cheuaucha parmp la forest vne heure auãt et laultre arriere: pour ouyr nouuelles de Boort, mais il lui aduint ainsi que de tout le iour il ne trouua qui nouuelles lui en dist, si le quist grant piece ainsy comme Boort auoit fait lui.

Entour midi fut le chault leue grant et moult merueilleux, et lors trouua lancelot vne praerie bien pres dune fontaine, et en ce pre auoit deux damoiselles q̃ mẽgoient lardez de cerf a lombre de deux arbres sur quoy la fontaine sourdoit: si salua incontinent lancelot les damoiselles si tost comme il les vit, et elles se dresserent incontinent contre lui, et lui dirent que bien fust il venu/ si lui prierent quil descendist, et quil allast menger auec elles: car aussi bien estoient elles seulles fors que dun nain qui les seruoit: et il ne se fit point prier longuement, car il nauoit menge de tout se iour, si descendit/ puis osta son heaulme: et nain lui donna de leaue pour lauer ses mains, et quant ilz eurent fait ce que lancelot se fut longuement repose, si commenca a regarder aual la praerie, et il vit venir vne damoiselle sur vng cheual qui acouroit la plus grant erre quelle pouoit vers lancelot et quant elle fut pres/ si dist a lancelot. Ha ha sire pourdieu aiez mercy de moy/ et si ne me faissez point occire deuant vous.

Quant lancelot vit la damoiselle/ sy en eut moult grant pitie/ il se dreca

incontinent et la print entre ses bras et lui dist Ma doulce damoiselle pourdieu nayez point de paour, se maist dieu vous nauez garde de nul homme du monde/ que mal vous face tãt cõme ie sope auec vous/ Ha ha sire fist elle pour dieu mercy veez sa vng diable vnglant qui me veult occire et pour neant/ lors vit yssir hors de la forest vng cheualier qui estoit arme dunes armes noires/ qui venoit vers eulx grant erre/ Et quant lancelot vit quil se hastoit si fort/ si courut incontinent a son heaulme et le laca, mais oncques ne se peult tãt haster que le cheualier neust la damoiselle occise ains quil vint a son cheual. et quant il vit cela il en fut si dolent que a pou quil ne issit hors du sens/ Car il veoit bien que la damoiselle estoit morte par lui/ et sil ne seust asseuree de garãtir elle ne se fust pas arrestee a lui/ et elle fust ainsi eschappee au cheualier/ si fut tant dolent de ceste aduenture, quil ne fut oncques de chose qui lui aduensist/ si mõta sur sõ cheual/ si sen ala apres le cheualier, et le suiuit tant quil peult, si ala tant quil vit au dehors de la forest/ et lors vit le cheualier aux noires armes deuant quatre pauillons qui parloit a deux damoiselles/ Lors cria lancelot au cheualier quil estoit mort sãs plus aller auant/ et quant ses damoiselles le virent venir si furent moult esbahyes/ si lui coururent a lencontre/ et lui cõmencerẽt a crier. Sire pourdieu aiez mercy de ce cheualier nostre frere/ que vous voulez maintenant occire, et il ne les regarda point, car il ne lui challoit q̃lles deissent/ ais courut sus au cheualier lespee traicte/ et cellui vouloit tourner en fuitte mais il ne peult, car lancelot sauoit soupris de pres/ si lui donna tel coup de lespee quil lup fist la teste voller plus dune lance loing. Si ne se regarda oncques ains sen alla dolẽt et courrouce de ce que la damoiselle auoit este occise en son conduit.

En telle ire et en tel courroup cheuaucha lancelot tout le iour tãt que la nupt le sourprint/ si se heberga chieux vne dame qui moult estoit riche et puissante/ et quãt ilz eurent menge ilz se allerent couchier. Au matin quant il fut iour sattourna lancelot, si cheuaucha trois iours sans aduenture trouq̃ l'amy de la damoiselle fust venu/lors luy demanda dont elle estoit/& elle lui dist quel le estoit de ce païs/& cousine au roy des cent chevaliers/ si advint ores que nous sõmes venuz dun tournoiement qui avoit este fait devant le chastel de peningne/quil nous avoit cy/& pource fismes nous tẽdre noz pavillons que nous portions avec nous.

Ce temps pẽdant quilz parloiẽt ainsi entrerent leans deux chevaliers armez de toutes pieces/si disrent a lancelot par quel congie entastez vous ceãs. Sire dist lãcelot au premier ie nen eu congie ne dũ ne dautre/fors que ma propre voulẽte my fist desmõter/& ce que a faire le me convenoit, car ie ne trouvoye logis en nulle maniere. Puis q̃ au tre garant navez fist le chevalier. aller vous en convient. Car vous ne pouez demourer icy Sire fist lancelot huymais me povez bien hebergier. & demain si tost cõme ie verray le iour ie me iray et sachiez certainemẽt q̃ encores me pourroye ie bien trouver en tel lieu q̃ ie le vous pourroye bien guerdonner/en ce païs ou en autre. Ce sont paroles oiseuses fist le chevalier, car aller vous en convient Vueillez ou non. car vous ne demourrez point ennuyt ceans pour pouoir q̃ vous ayez. Beau sire fist lancelot & ou pourroye ie aller mais huy/ceste forest est si grande & si desvoyable, que ie ny sauroye tenir ne voye ne sentier, & pource ie ne men pourroye point aller.

Quant le chevalier ouyt ceste parole, si se courrouça moult comme celui qui estoit orguilleux pautonnier, si regarda ou il verroit le cheval lancelot/puis le prit & le mist hors du pavillõ. Après courut a une massue de plomb qui estoit grande & poisãte si ireusement en disãt qil lui en dõneroit parmi la teste sil ne sen alloit. lors fut lancelot moult courrouce/si se pensa quil vengeroit ceste honte aincois quil sen allast/lors issit hors du pavisson sans dire mot au chevalier/si ala prendre sõ heaulme/&le saca en sa teste/puis vit a son cheval & lui bouta le frain/& quant il feut appareille si s'atacha a ung arbre, puis print son escu/& sen revint au pavillon/& dist Sire chevalier qui de vostre hostel m'avez ietté, sachiez que ie ne m'en iray huy mais, ain

cois demouerray ceans vueillez ou non/et sachez certainement que mal parlastes vers moy si orguilleusement. car vous en mourrez, lors haulça incontinent lespee pour le frapper/& celui guenchit au coup/& le coup glica a terre par dessus le heaulme/si lui descẽdit sur lespaule senestre & lui rompit les mailles du haubert ainsi cõme se ce fust ung hoqueton q̃ fust de toille tainte/si lui abatit lespaule & le bras & quant celui se sentit si mal mene/si ietta incontinent ung cry bien douloureux & dist. Ha ha beau sire dieu ie suis mort si se pauma de la grant angoisse quil sentoit & cheut a terre tout estendu. Incontinẽt seua se cry leans/& sa damoiselle cõmença a faire merveilleux dueil. Et quant lautre chevalier vit celui mort q̃ son frere estoit, si vit pour le venger, & dist. Sire ie ne scay q̃ vous estes mais vous me avez honni a tousiours mes qui ores mon frere avez occiz/& sen me pourroit bien tenir a meschant chevalier/se ie ne le vous faisoye cõparoir maintinãt.

Lors mist la main a lespee/& quãt lãcelot vit quil vouloit recõmẽcer sa meslee, si n'attendit pas que celui le frappast comme celui qui estoit tout forsene du refus que celui lui avoit fait ains hauça lespee/si le frapa parmy la teste si cruellemẽt quil le fist voler a terre tout estendu/ puis remist lespee au fourrel/si le print incontinẽt au heaulme & le tira si fort quil en rompit les laz/& se lui arracha de la teste/puis commença a le batre de son heaulme mesmes/si quil en cuida mourir. si lui cria mercy & lui dist. Ha ha frãc chevalier pour lamour de dieu ne me tuez point ains me laissez vivre/car en ma mort ne povez vous rien gaigner. Se tu me veulz pardonner la mort de tõ frere ie te lairray aler en paix/ celui lui pardõna incõtinent, car moult estoit ioyeux den estre ainsi eschape. Or te prie fist lãcelot setu scez aucune maison icy pres q̃ tu me meines car icy ne demourray ie en nulle maniere se ie trouve ailleurs ou hebergier

Sire fist le chevalier cy pres a ung hermitaige ou ie vous meneray se vous voulez, & a croy ie bien que vous serez hebergie sil vous vient a plaisir, car ie scay certainement que nul chevalier ny vient q̃ hostel ny le roy lui dist / si maist dieu Boort: nous auõs anuit dormi moult a malaise pour Vous, car nous ne Vous cuidiõs iamais nul iour Veoir aussi sain comme Vous estes ores, car oncques mais nul cheualier ne demoura autant ceãs comme Vous aues este qui sen partist sãs nul se Bleucurete: ne qͥ ne lui aduenist aucune honte, si Vous est ores mieulx p auenu quil nauit oncques mais a homme. Et sachiez quil me est moult bien

Cellui iour demoura Boort leans: que oncques ne sen laisserent partir pour chose quil peust faire, si lui firent grant honneur & grant feste / Car ilz estoient moult ioyeulx de la belle aueture que dieu lui auoit dõnee. Et le roy lui demanda, Sire Veistes Vous point mon pere, Certes fist il, ie ne le congnois point. Sire fist il cest le roy naure que sen appelloit le roy pescheur, le plus hardi cheualier & le plus preudomme qui fust en son temps / Et cõmēt fut ce fist Boort quil fut naure, En nom dieu ce fut par la force qͥl fist quant il tira lespee du fourreau qui ne deuoit estre ostee deuant que le cheualier lē osteroit, qui doit acheuer les auentures du saint graal & pource quil sa tira sur la deffēse, qui mise y estoit, lui fut frappee parmy les cuisses, si en fut tellement naure quil naura iamais garison deuāt que le bon cheualier p Bēdia qui de son sang lui oindra ses playes. Sire fist Boort ie ne le sy pas / mais pour dieu dictes moy nouuelles, car ie Vous diz certainement que trop me fait merueiller de ce que ie sy appertement que gouttes de sang en yssoient, & cest Vne chose que ie Vouldroye mõlt Voulentiers scauoir sil pouoit estre. Certes Boort fist le roy, il nest nulle raison pour quoy la Verite de la lance soit descouuerte ny a Vo ny a autre, mais quant sa derniere queste du saint graal sera emprinse que tous les cheualiers du monde sen trauailleront: lors sera la Verite descouuerte a Vous & aux autres de ce qͥ demandez, ne deuāt lors ne le scaurez Vous

Et il dist qͥl atēdroit puis q faire le cõuenoit

Toute iour demoura leãs Boort, & la nuit & landemain aussi, au mati se partit de leans tout arme & se mist en son chemin, si cheuaucha par ses iournees: tant quil Vint en la court au roy artus le iour de la pē thecouste / Si laisse ores le cõpte a parler de lui. & retourne a lancelot du lac

¶ Cõmēt lācelot abbatit .iiii. cheualiers qui gardoiēt le pont mariel & cõment dune seule lāce il abbatit messire gauuain, yuain, hector des mares & sagremor le desree. pjᵛ cᵖ.

Quant lancelot se fut parti de Boort il cheuaucha tant quil Vint a la lumiere quil auoit Veue, Et quant il Vint la il trouua deux pauillons, si auoit en lun deux cierges ardans, & en lautre sen ny Veoit goutte, il descēdit incontinent, puis ētra dedēs cellui mesmes ou les cierges ardoiēt, si trouua en Vng lit Vne damoiselle qui y gesoit: & bien pres de se y auoit Vng petit nayn qui estoit moult petit, & lancelot salua la damoiselle si tost comme il entra dedens. Et elle lui rendit son salut assez courtoisement. Damoiselle fist il ie suis Vng cheualier errant assez las & trauaillé de cheuaucher, si mest ores ainsi aduenu q aduenture ma cy amene, pource Vous Vouldroye ie prier par amours que Vous me hebergez ceans pour huymais, & demain si tost qͥl sera iour ie men iray. Certes sire fist elle ieˢ hebergeroye moult Voulentiers se ie pouoye, mais ie ne puis, Car incontinent Vendra le mie amy qui hors de ceans Vous chasseroit, se Vous ne lui plaisiez / & ie y auroye moult grāt honte, Et pource ne me entremettray ie point en nulle maniere de Vous heberger, aincois Vous prie par amours que Vous Vous en allez, & il dist que ce ne pouoit estre, Car se de leans il se partoit il ne scauroit mais huy ou aller, par ma foy fist elle Vous pouez bien demourer a force, Car de ma bonne Voulēte ne demourrez Vous point, Car ie doubte biē que si mon amy Biēt icy quil ne sen preigne a moy Si maist dieu fist lancelot il ny Vendra huy mais nul hõme Bers qui ie ne Vous face paix Vous feres fist elle Vostre force, mais sil me Vient mal par Vous, par mon chief il mē souuendra, lors osta son heaulme, si le ietta emi le pauillon, puis Vint a son cheual, si lui osta le frain, puis sen reuint la ou sa damoiselle estoit, si osta & aualla sa Ventaille: mais sõ haulbert ne Voulut il point oster / deuant

Lors sen ala a tout sa lance quil auoit apportee/ & sen entra dedens sa maistresse chambre/ si ne demoura gaires quil vit iusques a douze damoiselles vestues si pourement que leurs abillemens ne valloient comme riens/ & venoient bellement le petit pas sune auant saultre si ne disoient mot: mais elles plouroient si tendrement quil ny auoit homme si dur au monde qui ney eust grant pitie. & alerent tant quilz vindrent a lupe de la chambre si sarresterent illec & sagenouillerent en faisant merueilleux dueil/ & parmi le dueil quelles faisoient entendit Booris quelles disoient prieres & oraisons/ & il ne scauoit que dire, car de toutes choses quil auoit veues ne scauoit deulz la signifiance: si leust sceu voulentiers sil pouoit estre & sans faulte il leust voulentiers demande a icelles qui empres lui estoient sil neust cuide que aucun mal lui en aduenist, a lui et aux autres/ & nonpourtant si comme il dist elles ne sen iroient point ainsi/ quil ne sceust aucune chose delles sil pouoit

Lors vint Booris a lune des damoiselles & lui dist. Damoiselle dieu vous gard/ dictes moy pourquoy vous plourez ainsi/ Sire sist elle pourdieu tenez vous en paix/ & nous laissez faire ce que nous deuõs car de nostre estre ne scaurez vous ores ne tant ne quant/ lors laissa Booris incontinent & sen a la seoir au lit/ & les damoiselles ne demourerent plus illec ains sen alerent/ Quant vit vng pou deuant minuyt lors vid deuant sa chambre si grant clarte comme se le souleil y eust touiours son habitacle: si creut & amenda de plus en plus/ lors se leua & vint a luis de sa chambre/ & quant il voulut entrer dedens si vit vne espee clere & trenchant appareillee pour le fraper sil se mettoit plus auant/ & il retourna incontinent, car il veoit bien que ceste aduenture estoit plus de par dieu que de par autre chose/ mais touttesfoiz il regarda dedens sa chambre/ si vit vne table dargent qui estoit dessus quatre treteaux/ mais les treteaux estoient si beaux & si riches/ comme ceulx qui estoient enuironnez dor & dargent & de pierres precieuses/ mais encores estoient ilz plus merueilleux si come la sainte escripture du saint graal le deuise & deuisera: quant

il en sera temps. Dessus la table dargent estoit le saint graal couuert duy samit tout blanc & deuant la table y auoit vng homme reuestu ainsi comme vng euesq̃/ & si estoit a genoulz. Et quant il y eut grãt piece ainsi demoure si se dreca en estãt/ puis vint au saint graal: si osta le samit qui estoit dessus le saint vaissel, & incontinent il y eut si grant clarte que de plus grande ne pourroie ie parler.

Ainsi que le preudõme osta le samit de dessus le saint graal se espandit si grant clarte quil fut auis a Booris que vne raie de soleil leust frape aux yeulx si en deuit si esperdu q̃ toute sa nupt il en perdit la veue tant quil ney vit goutte, lors issit vne voix qui lui dist. Booris ne vien point plus auant ie le te deffens, car tu nes pas digne de veoir plus de ces secrez ne des choses qui sont ceãs & se tu es si hardi q̃ tu viengnes outre ceste deffence plus auãt. Saches certainemẽt que tu nẽ eschapperas point sans perdre la vigueur de tes membres si comme dasser & de veoir/ & seras ainsi comme vne piece de bois & ce sera dõmaige. Car tu es trop preudomme & trop hardy

Quant Booris ouyt ceste parole/ si neut point petit de paour/ car bien cuidoit certainement que ce fust dyap, retourna tantost & se ala vers la ou il cestoit assiz: mais il ny vit goutte/ & non pourtant si se estoit il bien sain/ fors seulement de la playe que la lance lui auoit faicte: si ala amont & auãl querant le lit: mais il ne se pouoit trouuer: en telle maniere fut illec Booris iusques au iour/ si estoit bien esmaie car il cuidoit bien auoir perdu la veue a touiours mais. Monseigneur gauuain auoit autresfoiz ouyt grans chans & grandes melodies de voix qui chantoient de la louenge de nostre seigneur/ encores ouyt Booris plus grãt ioye & plus grant liesse la nupt. si fut moult ioyeulx de ce q̃l lui estoit venu: & fut ainsi toute la nuit que onques ne coucha ne ne reposa si eul grãt paour que nostre seigneur ne se fust courouce a lui/ mais quãt il cõmenca a aiourner/ si neut onques si grant ioye/ lors vint leãs le roy perles/ & sa belle fille auec lui & grãt plante de cheualiers/ & quant ilz trouuerent Booris sain/ & haittie si en furent bien ioyeulx/

durer lun lautre/ si demoura le serpēt ꞇ se lie
pait sēp ala en telle maniere q̄ boort ne sceut ōc
ques ql deuint. ꞇ si tost q̄ le serpēt fut venu a
tētre si cōmēca a se tourner ainsi cōme la be
ste q̄ estoit menee a angoisse de saōner. ꞇ quāt
il fut apaise si ieta par sa gueule serpēteaulx
plus de .C. puis cōmenca la meslee des serpē
teaulx cōtre cestui dont ilz estoiēt pssus. car
ilz se vouloiēt tuer, mais il estoit de si grāt for
ce dlz ne lui pouoient gaires nuire. si dura tāt
sa meslee q̄ les serpēteaulx furēt tous tuez.
ꞇ le grāt serpēt mort. De ceste chose se merueil
la Boort plus que de chose q̄ ōcq̄s mais veist
car il scauoit biē que cestoit aucūe signifiance.
Et lors vit pssir de la chābre vng hōme pasle
qui sēblot mieulx estre mort que vif ꞇ auoit
ētour son col .ii. couleuures qui lui poignoiēt
le visaige/ ꞇ se plaignoit en disant. Ha ha dis
en vēdra iamais cestui q̄ de ceste malseurete
me doit oster. alsi se demētoit ꞇ se clamoit che
tif ꞇ laz. ꞇ portoit deuant lui vne harpe qui
estoit moult riche ou il y auoit or argēt ꞇ pi
erres precieuses tāt q̄ cestoit merueilles a veoir
Quāt lōme vint emi le palais: si se as
sist en vne chaiere de bois ꞇ cōmenca
a acorder sa harpe ꞇ sōna vng lay. ꞇ en le son
nāt il plouroit. ꞇ boort qlescoutoit entēdit que
il aplssoit son lay le lay de plour. ꞇ en estoient
les moz de ioseph darimathie si cōme il vitēt
la grāt. vietai. quāt nostre sire lui fist arriuer
Et boort pmist son entente car il lui estoit ad
uis q̄ cestoit vne disputacion qui iadiz auoit
este entre ioseph de arimathie, ꞇ orpheus sen
chanteur qui fonda le chasteau des enchan
teurs en la marche desscoce/ Et quant il eut
son lay fine si se dreca en estant: ꞇ dist a boort
Sire cheualier pour neant estes vous de
moure en ce palais car sachiez certainement
que ia les aduentures de ceans ne finiront/
ne pour vous ne pour autre iusques ad ce que
le bon cheualier vendra qui les aduentures
du saint graal doit acheuer: mais cestui ache
uera toutes les aduentures que vous auez a
nupt veues. ꞇ me deliurera de ceste peine ou
ie suis. ainsi vous en pouez vous bien aller
quāt il vous plaira car icy ne ferez vous plus
autre chose que y auez faict.

Or me dictes fist boort cōme peult ce
estre que vous endurez ces couleu
ures ētour vostre col q̄ tel mal vous font ce
mest auis. A sist cestui souffrir le me conuiēt
car ainsi prēt dieu vēgence sur moy des grās
maulx q̄ iay fais. Et se ie pouoye encores en
estre quitte pour ceste peine terriēne que ie ne
fusse danne pardurablement ie me tendroye
a bien eureux. car iay tant fait de maulx en
ma vie que a peine pourroye estre accorde a di
eu pour prine que ie peusse souffrir en ce ciecle
ꞇ saches deuray q̄ iay biē deserui ceste prine.
Lors se partit lōme sans plus dire. si
lui vouloit boort demāder de plusi
eurs choses. mais cestui q̄ ne pouoit plus de
mourer sē ala en sa chambre dōt il estoit issu
la nuit deuant. Incontinent fut le palais coy
ꞇ asseure ꞇ rempli de toutes bonnes odeurs
ꞇ si souef fleurāt comme se toutes les odeurs
du monde y fussent respandues. puis issirēt
hors de la chambre quatre enfans qui estoiēt
de petit aage. si estoient si beaux q̄ quant Bo
ort les regarda il ne cuidoit point que ce fus
sēt choses terriēnes mais espirituelles. Si
portoiēt quatre chandelles ardans en quatre
chandeliers ꞇ deuant aloit vng encensier. ꞇ a
pres venoit vng homme qui estoit vieil ꞇ āci
en ꞇ tout chenu. ꞇ estoit vestu cōme vng pres
tre, fors ce quil nauoit point de chasuble. Si
portoit deuant lui vne lance. ꞇ tant que plus
boort le veoit tant plus estoit il esbahy. car il
veoit que du fer yssoient gouttes de sang lune
apres lautre degoutāt aual le fust. mais il ne
scauoit q̄ lles deuenoient. ꞇ boort qui biē pen
soit que ce fust chose diuine sagenouilla encō
tre. ꞇ cestui qui la portoit vint incontinēt a sa
chaire. ꞇ se assist dedens. puis vint a Boort ꞇ
lui dist. Sire cheualier vous estes le plus net
ꞇ le plus pur qui oncq̄s mais entrast ceans de
la maison au roy artus. si pouez dire quant
vous serez en vostre pais q̄ vous auez veue la
lance vēgeresse si ne scauez que cest a dire, ne
ne scaurez deuāt que le perilleux siege de la ta
ble ronde aye trouue son maistre. mais par
cestui q̄ si asserra saurez vous la verite de la
lance/se lācelot se fust biē garde il eust ce mis
asi. mais il est si mauuais que toutes ses bō
nes vertus q̄ deussēt estre en lui sōt estaintes

frir ains a sa tant chancelant quil vint en la chābre ou le saint graal estoit: et si tost cōmēt il y fut si eut sa force recouurce, car se il auoit este deuāt sas il fut aussi sain cōment il auoit iamais este, si recourut sus a Boort qui en deuint tout esbahy: et dist a soy mesmes En nō dieu ie voy merueilles de ce cheualier: car ie di soye ql estoit vaincu: et depuis ql est entre en cel le chābre a autāt de force recouurce cōment il auoit deuant par ma foy sist il ne scay dōt il est venu de dieu ou du diable

Ainsi dist Boort a soy mesmes: et le cheualier sui vint lespee dreçee contre mōt, et lui dōna vng grāt coup la ou il peust ataindre, et Boort se defēdit cōme cellui qui ne pouoit pas estre greue par lesforcement d un hōme seul: si ne estoit de trop grāt prouesse: et il fist tant p sa force que cellui vint au dessoubz de la bataille mais quant il cuida aler en la chābre ou il auoit deuant este: si sui vint Boort au deuāt, et sui dist par saincte croix sire cheualier ceans nētrerez vous meshuy. Lors se print au heaulme et le sui arracha de la teste, puis sui saillit sur le corps et sui abbatit sa ventaille. et sui dist ql se tueroit se il ne se tenoit pour oultre. Lors hauca lespee et fist semblant ql sui vouloit sa teste coupper. Len veoit leās bien cler, car les fenestres de ceans estoient ouuertes et tāt q sa lune y rapoit par plus de. C. lieup Et se cheualier dit bien ql estoit en peril de mort, si se tint pour oultre, et sui cria mercy Et Boort sui dist ie ne scay q tu es, car ōcques mais ne tesvy amō escient: si conuiēt que tu me fiances comme bon cheualier que tu soyes se iour de penthecouste a sa court au roy artus en qlque lieu quil la tiengne, et ce sera se iour mesmes q tous les preudommes du mōde y serōt a mon aduis: et cellui se sui octroya car bien veoit q faire sui cōueroit. Je le diray sist Boort que tu feras tu te rēdras a sui de par bo ort de gānes, et cellui se sui pmist. puis prit son glaiue, et sen ala incontinēt la dou il estoit venu, et Boort sen reuint asseoir au sit et si tost cōment il y fut assis on cōmēca a desrompre les fenestres de catreaulp, et sayettes: sur sui ainsi se sentit frape sur son escu en plus de cēt sieup dōt il fut naure, et nōpourtāt il ne se remua, ains se tint aussi fermemēt comme

se il neust eu ne mal ne douleur, et il attēdit en telle maniere les auētures de leans, car bien pensoit quil y en vendroit encores.

Quant les catreaulp eurēt laisse a venir si se recsoirent toutes les senestres et ilz srēt grant noise au recsoire cōme se tout le pauemēt du palais dust cheoir sors y eut incontinēt grant clarte. quant le palais fut a plaise: si pssit dune des chābres de seans vng grāt spō qui vint a Boort ses petis saulz sa gueusse bee. et quāt il se vit venir si saillit sus incōtinent, et ietta son escu encōtre, puis hauca lespee pour sui fraper parmi sa teste, cellui iettases dens et ses ōgles, car il se voulsoit deffēdre, et il attaignit sescu Boort par desoubz, et il en emporta la pane tout auant soy ainsi comme se ce fust vng samit et ne sē failsit pas grātmēt ql ne sabbatit a terre mais Boort se tint bien comme cellui qui nauoit pzt de paour si se frapa par dessus les oreilles si duremēt quil sui trencha se col en trauers: et il cheut mort sur le pauement. et Boort se rassist: et se reposa puis ne demoura pas sōg temps quil vit pssir dune autre chambre se serpent q messire gauuain auoit veu. et il estoit si grāt et si espouētable que nul ne se veist qui paour nen eust, car il nya au mōde diuerse couleur que on ne trouuast en sui et auoit ses peulp rouges et embrasez comme se ce fussent deup charbons ardans, et quāt il fut pssu de la chā bre il sen ala par se palais gettant feu, et ssam be mais ce nestoit pas grantmēt, a sor ioiu ant auec sa queue et auoit en son front settres escirptes que Boort congneut bien par la clar te qui des peulp sui pssoit, si vit que ses settres disoient que cestoit la signifiance du roy artus.

Quant se serpent fut venu emmy se palais et il vit Boort sourdre ēcontre lui vint vng sipepart fier et orguisseup, mais il ne scauoit dont il pouoit estre venu, et se serpēt sui courut sus et sui ietta feu et ssāble et se sicpart se deffēdit si biē que ce fut merueilles en cōgrāt tousiours terre sur se serpēt. Lōgue mēt regarda Boort ceste bataille et ce merueisloit q ce pouoit estre, car iamais nauoit veu en deup bestes si grāt cruaulte et quant sa bataisse eut tāt dure quilz ne pouoēt plus en ouy sire fist il. En nõ dieu fist le roy de cestui sermẽt vous destourneray ie au moins annuit mais demaĩ faictes ce quil vous plaira puis ql est ainsi auenu/ie suis cõtent que vous y demourez a tel eur q̃ nostre seigneur vous en doint ptir sans hõte. Et pourquoy fist Boort ne souffrirez vous que ie y demeure annuit Ne vous soucies. car deuant que vous partez de ceans ie le vous diray.

La nuit geust Boort en vne chambre desoubz sa tour/& le roy lui fist tant de hõneur cõme il peult Au matin quant ilz deurent ouir messe. si dist le Roy a Boort Il est ainsi que vous deuez gesir annuit ou palais auẽtureux Sire vous dictes vray/or vous prie ie donc fist le roy q̃ vous allez parler a vng de noz chapellains/si vous faictes cõfez ains q̃ vous venez deuãt le saint graal/car puis q̃ vous serez net & espurgie ie ne cuide point ql vous meschiesse ainsi cõment se vous y veniez deuãt lui Sil & oit/& sauoit tint le coseil a bon: si tost cõme il eut ouy messe pssit de leãs puis appella vng des chapellains q̃ leans estoient & se fist a lui cõfez de tous les pechez dõt il se setoit coupable vers dieu/si lui demanda le chapellain de son estre/& il lui cõpta toute sa vie que oncques vng mot ne lui en cessa: si le trouua de si bõne vie quil sen merueilla tout quãt il sceut q̃ oncques il nauoit peche en fẽme que en vne seulle si en fut moult ioyeulx: & ce fut en sa fille au roy Bragozre dont il auoit eu helpas.

Quãt Boort fut cõfez de cueur & de bouche/si receut corpus dñi: car il nestoit pas asseur des auẽtures du palais se il mourroit ou se il eschaperoit & se il pssit du mõstier ioyeulx ne oncques puis ne voulut mẽgier dautre viãde que de celle dõt il auoit eu tout le iour deuant/au soir demoura ou palais tout seul & les autres sen departirẽt tous/si se laisserẽt a grãt paour & il attẽdit tant quil fut annuittie si fut aux fenestres moult sõgnement/& quant le iour fut obscurcy par la venue de la nuit/si sen ala seoir ou lit des merueilleuses auentures qestoit au chief du palais/& si tost cõment il y fut assis si cõmenca par leãs la plus grant tẽpeste du monde/car tãtost y leua vng vẽt si grant & merueilleux

si cõmẽcẽt les senestres du palais a heurter entre ses parops dõt il sen y auoit plus de. E. si fut auiz a Boort q̃ le palais deust fondre de la grãt tẽpeste que les senestres faisoiẽt/& quant tout ce fut apaise: si yssit de sa chãbre vne lance grãde & longue dõt le fer flãbloit ainsi cõme vng cierge embrase/si vint a Boort aussy roidemẽt cõmẽt souldre/& se frapa si durement que parmy lescu et pmi le haubert lui entra en sespaule senestre bien demi pie en parfõt/Et quãt il se sẽtit ainsi naure/si fut tout esbahy Car il ne veoit point celsui q̃ sa lance tenoit dõt il auoit este frape/& nõpourtãt il sceut bien que sen lui osta mais il ne scauoit qui cestoit & quãt il fut deserre/si sen ala sa lance en la chãbre dõt elle estoit venue/& il demoura ou lit fort malade tant quil cuidoit mourir/mais il ne se remuoit poult du lit ains y pensoit estre toute sa nuit quoy ql en peust auenir/lors ne demoura gaires quil vit yssir dune chambre vng cheualier arme dunes armes nouuelles & il estoit de corps grãt & moult fourny/& la ou il vit Boort. si lui dist Sire cheualier leuez vous de ce lit & vous alez reposer en vng autre lieu. car icy ne pouez vous demourer/Et il dist quil ne sen leueroit ia tant cõme il se puisse tenir en estãt ne pour lui ne pour autre. En nom dieu fist le cheualier se vous faictes tãt q̃ ie me combate a vous vous ny gaignerez riẽs se ie vous tue ou vous moy/& il me cõuẽdra combatre se vous ne vous mouuez/& Boort dist quil ne sui en chaloit/donc ne vous asseure ie pas fist il. car tant comme ie pourray tenir mon espee ne vous lairray ie point en repos.

Quant Boort vit quil estoit a la mesles venu si se drecca en estãt/& nõpourtãt si estoit il si fort naure q̃ nul autre neust eu le cueur de soy dffẽdre se il eust este ainsi naure cõme il estoit. Mais il estoit de si haulte prou esse & de si hault cueur quil aymoit mieulx a mourir a hõneur q̃ a honte eschaper/si tira sõ espee & courut sus au cheualier/& si lui dõna vng grãt coup pmi le heaulme & lautre estoit de grãt prouesse si se dffẽdit merueilleusemẽt mais pourtant se Boort estoit naure si estoit il moult aspre/& il mena le cheualier du pmier assault si durement quil ne le pouoit plus souf dōme pouoit mieulx resſēbler a aultre/ȝ il lui demāda a qui il eſtoit. Sire cheualier cōgnoiſſez vous ame nul en voſtre lignaige a ǭ il reſēble/oꝛ ſe auiſez biē ȝ ie me merueilleray mould ſe vous ne le cōgnoiſſez/ȝ booꝛt ne oſa pas dire ce quil pēſoit/car il lui eſtoit auiz ǭl eſtoit de.L. mais pource quil ſcauoit la Verite de lui ȝ de ſa royne noſoit il pas recongnoiſtre tout ce qꝉ pēſoit/ȝ nonpourtāt pource que reſpōdꝛe lui cōuenoit a ce que le cheualier lui demādoit. Certes ſire fiſt il il meſt auiz ǭl reſēbleca mōſeigneuꝛ lācelot mieulx ǭ a hōme ǭ ie ſache. ſi maiſt dieu fiſt le cheualier il lui doit biē reſſēbler/car ie ſuꝰ dy ǭ eſt pſſu de lui Quāt booꝛt ouit cella ſi en fut ioyeulx plus ǭ de choſe quil euſt ōcques ouye/ȝ il demāda cōment il auoit nom/ȝ le pꝛudhōme lui diſt quil auoit nō galaad/puis le pꝛint entre ſes mēt bꝛas ſi le baiſa aſſez plus douſetiere ǭl neuſt fait vng autre ſi plouroit moult tēdꝛe de la pitie qꝉ en auoit/ſi lui diſt Beau doulz ſire bien ſoyez vous venu/ȝ de bōne heure fuſtes vous ne/car ie cuide ȝ croy que vous ſerez encoꝛes gouuerneur de tout noſtre lignaige/ȝ benoiſt ſoit dieu ǭ ceſte part ma amene/car ſi maiſt dieu ie ne fuſſe pas ſi ioyeulx qui meuſt dōne le meilleur cheual du mōde que ie ſuis oꝛes cy venu.

Le temps pendāt quilz parloiēt ainſi ſi entra leās le coulomb qui poꝛtoit en ſō bec vng encenſier doꝛ/ȝ il ſe lanca en la chābꝛe ou il entꝛoit couſtumeemēt incontinēt fut le palais rēpli de toutes les bōnes odeurs du mōde Loꝛs miſtrent les nappes/puis ſe aſſirent a mēger ſans ce que nul de ſeāſ y fuſt appelle/ſi ny auoit leāſ nul homme qui mot diſt. Ains eſtoiēt tous en prieres ȝ en oꝛaiſōs auſſi bien le vieil cōme le ieune apꝛes ce quilz eſtoient tous par leāſ ne demoura gaires que de la chābꝛe yſſit la damoiſelle ǭ en ſes mains poꝛtoit le ſaint graal/ȝ ſi toſt cōme elle ētra en la ſalle ſi ſe agenoulleꝛēt tous encontre el le ȝ diſēt tous ſecretemēt Benoiſt ſoit le filz de dieu ǭ de ſa grace nous replēniſt/ainſi cōme la damoiſelle paſſoit parmi le deez/ſi furent les tables rēplies de toutes les bōnes manes du mōde/ȝ quant elle eut eſte tout encontre val les deez ſi cōme les tables eſtoient miſes/

ſi ſen reuint en la chābꝛe dont elle eſtoit yſſue ſi cōmencerent a parler pꝛmi le palais du ſait graal Apꝛes ǭlz eurēt mengie ſi furēt les nappes oſtees ȝ ſē ala le roy pꝛ les apuyer a vne des feneſtres du palais/ȝ auoit auec lui mē ne booꝛt/ſi cōmencerēt a parler eulx.ii.de lācelot/tant que booꝛt demāda au roy la verite de lēfant/Loꝛs cōpta le roy la verite de lācelot ȝ de ſa fille ȝ tout ſeſbatemēt/ȝ cōment il fut deceu ſi ſagemēt/ȝ cōme il cōgneut ſa damoiſelle en telle maniere cōme hōme ꝯgnoiſt fēme Benoiſt ſoit dieu fiſt booꝛt ǭ a tel engin atourna ſa pēſee/car oncǭſmais de nul ſe choſe nauit auſſi grāt biē cōme de ceſte cy:car ſās faille de noſtre lignaige ȝ du voſtre doit yſſir le vꝛay cheualier/par qui les auentures du ſaint graal ſerōt menees a chief/ȝ qui ſeꝛa au ſiege perilleux de la table rōde/ou oncques hōme ne ſeiſt qꝉ ny mouruſt ȝ ce neſt ceſt enfāt/donc ne ſcay ie qui ce ſera/car de tous les cheualiers du monde eſt ſon ſeigneur le meilleur/ȝ nonpourtant ie ſcay que ceſt enfant ſera meilleur ǭ lui.Certes booꝛt fiſt le roy ie ſcay biē que ce ſera ceſtui enfāt/car le pꝛeudhōme ȝ le ſaint hermite laſfermerent pour vꝛay.

Sire fiſt booꝛt ce palais ou nous ſommes a il nō le palais auētureuſ Siꝛe fiſt le roy de belles auentures pauez vous veues puis ǭ vous y venites/car ceſt auētureuſe merueilleuſe quant le ſait graal nous dōne chaſcun iour manne.Certes fiſt booꝛt elle eſt moult belle ſi maiſt dieu puis que gy ſuis venu ie ſuis cellui qui iamais ne ſen partira deuāt quil y ait geu vne nuit, ſi y verray des merueilles que mōſeigneuꝛ gauuain diſt qꝉ vit quāt il y fut Ha ha ſire fiſt le roy pour dieu ne le dictes iamais/par la foy que ie doy a dieu vous ny demourrez point ennuit/car ie ſcay biē que vous ney partiries ia ſās honte ou ſās grant dōmaige/car ie ne vous dꝛoye pas en nulle maniere pour la moitie de ma terre ǭ mal vous en veniſt dōc ie vous penſe garder. car ien ſeroye blaſme de maintes gēs Sire fiſt booꝛt quāt ie vins ie nē apꝛins choſe nulle/ſi en fuz blaſme daucunes gēs pour ce vous diz ie que ie ne partiray iamais de ce palais deuāt que iauray pis ou mieulx que ie nay oꝛes/mais dictes vous vꝛay fiſt le roy/

au roy artus ny passeroit a qui ie ne me cõba
tisse tant que ieusse par aucũ mande a lãcelot
Car pour lamour de lui hapoye ceulx q estoi
ent de la maisõ au roy artus si vous est orẽ
droit ainsy auenu que dieu vous a donne ce
pouoir de moy cõquerre: ia soit ce ores q õcqs
mais ie ne trouue q cõtre moy peust durer, or
vous ay ie cõpte cõment ie hapoye lancelot, sy
est en vous de moy pardõner ou occire puis
que ie me tiẽs pour oultre, a vous nauriez en
ma mort nul honneur pource veuillez me
pardõner. Voulentiers fist boort mais il cõ
uient que vous soyez a sa court au roy artus
le iour de pẽthecouste, si vous rendrez a lance
lot de par boort de gannes son cousin, a vous
mettez en sa mercy a faire ce qlui plaira de
vous, a il le promist ainsi, a boort remonta sur
son cheual, puis sẽ ala ou chastel par dessus
le pont, a de sa parmi les rues tant quil vit
en sa maistresse forteresse, si descẽdit deuant
le palais quil auoit aultressoiz veu. a l'arles
de saillir a lui disrent Sire vous soyez le biẽ
venu, a il leur rendit leur salut, a lui print
le cheual, a lautre se mena ou palais si le des
armerẽt Lors vidrẽt a lui cheualiers dames
a damoiselles a lui demãderent qui il estoit a
il dist quil estoit de sa maison au roy artus a
quil auoit nõ boort de gannes, a quant ceulx
ouprẽt cella si disrent Sire vous soyez le biẽ
venu, a ilz sui firẽt grant ioye a aferẽt portãt
de sui nouuelles par ceans lun a lautre, a cha
scun disoit le cousin monseigneur lancelot du
lac est ceans descendu.

Lors ne demoura gueres que le roy par
les yssit dune chãbre: en habit vestu
moult richemẽt de robe desamit, si amena a
uec lui grant cõpaignie de cheualiers, a boort
le cõgneut si tost cõment il le vit, car il auoit
maintessoiz veu, a il lui dist Sire vous soy
ez le bien venu Lors se assirẽt ẽmi le palais
sur vne coute poincte decedal puis cõmecerẽt
a parler lun a lautre, a le Roy sui demanda
cõmẽt il auoit puis fait, a il dist bien dieu
mercy car il estoit sain et en bon point. a le roy
sui dist, or me dictes comment le fait lãcelot
Car il a si long temps que ie ne le vy: a que
ne le suz a court que cest vne merueille a pour
scauoir nouuelle de sui ay ie enuoye nouuelle

mẽt a court. Certes sire fist boort mõseigneur
est sain a en bõ point dieu mercy, a il nya pas
viii. iours q ie le vy ou il auoit vaincu vng
tournoyemẽt deuãt le chastel de penigne ou il
y auoit des meilleurs cheualiers du mõde Et
ou a il tãt demoure quil ne vint a court nous
veoir plus a dũ an, a demi dist le roy Certes
sire fist boort il a este en sa prisõ ou il ya vne
dame plus dun an entier si cõme il me dist, a
il se partit auãt hyer de moy, si sera le iour de
pẽthecouste a court ainsi comment il me dist
se dieu sui dõne a preste vie a sante

Puis quil est sain a en bõ poit il ne mẽ
chault sist le roy de sa demouree, di
eu soit loue dont il est hors de prison, certes
toute chose en doit auoir ioye. car cest au mie
escient le meilleur cheualier du mõde, a pleust
ores a dieu quil sust maintenant icy aussi sain
cõment vous estes, si maistdieu il men seroit
plus bel que q me dõneroit. E mars dor ain
si cõment ilz parloiẽt yssit hors dune chã
bre la fille au roy perles si bellemẽt a si riche
ment attournee. que cestoit merueille de sa ve
sture, mais tant passoit sa grãt beaulte, car
sans faille elle estoit la plus belie femme qui a
lors sust, a quãt elle vint au palais si amena
auec elle grãt cõpaignie de gens, si se dreceret
encõtre elle tous ceulx qui seãs estoient a elle
ne fut pas esbahye cõme celle qui estoit moult
estoit courtoise a sage, ains ala vers boort si
le salua, a lui dist que bien fust il venu, a il
lui rendit sõ salut au mieulx quil peust, a el
le se assist epres lui, car elle desiroit moult a
le veoir, a elle sui dist telles nouuelles cõme
elle scauoit. Et cõment ilz ploiẽt ainsi si vi
rent venir vng cheualier q estoit vieil hõme
portant vng enfant entre ses bras q estoit de
petit aage, car il nauoit encores pas vng an
ains se faillsoit. ii. moys, a il estoit tant bel q
en nulle maniere ne pouoit plus estre, a il e
stoit enuelope en draps de soye; si le mõstra le
cheualier a boort a sui dist Sire cestui vostre
petit parẽt ne veistes vous õcques mais, a sa
chiez quil est extrait du plus hault lignaige
qui soit en toute crestiente a est vostre cousin.

Quãt boort vit lenfãt si lui fut aduiz si
tost cõment il le vit que cestoit lãcelot
a sas faulte il lui resẽbloit si bien cõme figure

k iii

homme viuant comme cellui qui est mō cousin e mon amy/ or vous gardez de moy fist le cheualier car ie vous deffye e vous asseure que pour lamour de lui mourrez vous ains la nuit Lors laisserent courre lun cōtre lautre e sentrefrapperent es grans aleures des cheuaulx si fort quilz firēt leurs glaiues voller en pieces si sentreheurterent des corps e des escus si durement quil ny eut cellui qui tout ne fust estōne/ e le cheualier cheut aterre par dessus la crouppe du cheual si estourdy quil ne scauoit quil deuoit faire/ mais quant il reuint en sa force e en son pouoir/ si prisa moult le cheualier a qui il auoit iouste: car il estoit de grāt force e de grant pouoir si cōme il cuidoit e le cheualier se leua tout honteup de ce quil auoit este abatu/ si dist a boort quesce mauuais cheualier nosez vous descendre contre moy qui suis a pie e vous estre a cheual. certes se vous me occiez en telle maniere cōmēt vous estes le cheual en aura le los non pas vous.

H a ha dās cheualier nayez ia paour dist boort/ si maist dieu ia ne me auēdra que ie vous tue a cheual tant cōmēt vous soyez a pie, car ien auroye hōte Incontinēt descēdit de sus son cheual/ e satacha a vng arbre puis sen ala vers cellui q ne lamoit pōit Lors cōmencerēt cheualiers dames e damoiselles a yssir du chastel pour veoir la bataille, e ceulp auoiēt les espees traictes si cōmencerēt a sentredōner grans coups la ou ilz pouoiēt sentreaidier. si se derōpirēt leurs escus e leurs heaulmes mais boort ietta vng coup en pesant que le cheualier nauoit armes nulles qui peust resister a son espee Tāt mena boort le cheualier q cellui q ne se pouoit plus souffrir/ car trop auoit perdu de sang mais non pourtāt il se deffēdoit de tout son pouoir/ car bien cuidoit mourir sans mercy auoir si ne se pouoit plus deffēdre e boort se mena vne heure auāt e lautre arriere/ e cellui que chissoit a lespee quil doubtoit fort/ car il auoit essaye en plus de. p lieup iusques au sāg/ e cellui ala reculant iusques au pont/ car la paour quil auoit de mort/ e la soisō de sāg quil lui auoit perdu le sens e le pouoir/ tant recula q a pou quil ne cheut en leaue: quant Boort qui moult

sauoit trouue preup e hardi vit quil estoit en peril de mort/ si ne se mena ne tāt ne quant auant/ si en auoit grāt pitie, e pēsa en lui mesmes q si preudōme cōmēt il estoit ne mourra ia par ses mains se dieu plaist/ e tant sauoit mene quil estoit sur le bort du pōt e en dāgier de cheoir en leaue/ mais Boort qui plus ne le pouoit souffrir lui escria Ha ha cheualier retourne ou tu cherras en leaue, e cellui regarda si vit q cestoit merueille quil nestoit cheut en leaue Lors cōgneut la franchise de Boort/ si cōgnoist bien quil ne lui en eust pas autāt fait se il eust este en sō lieu. Lors dist a Boort/ Ha ha frāc cheualier ayez mercy de moy e ne me tues poit ains me laissez viure par conuenant q ie me metz en vostre mercy/ e tenez cy mon espee que ie vous rēs/ e Boort la print/ e quant ceulp du chastel virēt que la bataille fut finee/ si sen alerēt au chastel: e Boort demāda au cheualier cōmēt il auoit nō. Sire fist il sen mapelle Brunet du plaissie/ e pourquoy heez vous tāt lancelot du lac dictes le moy En nom dieu fist il vous entiers.

I l est vray q ceans a la plus belle damoiselle du mōde que ie ayme pour sa beaulte, si auint na pas vng moys que ie lui dis que ie lamoye e la priay qlle me donnast son amour/ e elle me dist qlle ne me aymeroit pas: car elle auoit vng autre qui estoit plus vaillāt que moy: quant ie ouy cella si en fu moult courouce, car ie lamoye de grant amour/ puis lui demāday qui cellui estoit qui estoit plus vaillāt que moy, e elle me dist qil auoit nom lācelot du lac/ e ie lui dis q lancelot nauoit ōcques este meilleur cheualier que moy e bien lui monstreray: car iamais ne cesseray deuāt que ie sape trouue/ e me cōbatray a lui/ e se il me cōquiert par armes iamais ne la requerroye damours/ e se ie le conqueroye ie vouldroye auoir son amour/ e elle me dist que ainsi sauroie ie quāt ie ouy sa promesse quel se me, fist/ si me parti de ce chastel e men alle a la court du roy artus ou ie cuidoye trouuer lācelot/ car ie me fusse illec ȳbatu a lui mais ceulp de leās me disrent quilz ne sauoiēt veu plus auoit de demi an passe/ e ie mē reuins ca en telle maniere/ si dis que pource que ie ne sauoye trouue que iamais homme de sa court de si fermement auec nous heberger: car enuit ne pourroit il estre heberge mieulx en lieu de ceste forest. Venez vous en donc fist Boort, & nous hastons, car moult me tarde que ne sauõs trouue. Et cellui cõmanda a sa seur qlle sattendist, & quelle sact appareiller a mengier a grant plante, car ie vueil fist il faire feste a monseigneur lacrelot du lac, & celle dist quil ne demourast pas long temps, car il trouue roit tout prest. Si sen aserent incontinent iceulx parmy la forest, & cheuaucherent tãt sus & ius crierent & hucherent, mais pour pouoir quilz eussent ne peurent tant faire qlz peussent trou uer lancelot. Si en furent tant dolez que nulz plus ne pouoient estre, mais quãt ilz eurent grãt piece quiz, si sen retournerent au logis ou ilz auoient deuant este, car bien voioient quilz ne se trouueroient point a ceste foiz, si se cerchereit tant quilz en furent sas, & pource sen retourne rent, & quant landome sa fille au roy des. E cheualiers vit quilz furent reuenuz, & quilz neurent point amene lancelot si en fut moult dolente, car fort desiroit a veoir cellui que sen tenoit au meilleur cheualier du monde, & se elle les eust ose blasmer de ce quilz ne sauoiẽt pas amene vouse̊tieres les en eust blasmez, mais elle scauoit bien qlz sen courrouceroiẽt si en laissa la parolle atãt ester: & quant ilz fu rent desarmez, si firent a Boort grãt honneur Car ia seur auoit sa damoiselle cõpte cõment Boort les auoit rescouz des mains au larrõs qui prins les auoient, & quant les tables fu rent mises ilz mengerent, puis sen alerent coucher car moult estoit ia grant piece de la nuit asee

Au matin si tost cõment le iour appa rut se leua Boort, & monta sus son che ual, si se partit de leans a moult grãt peine, car moult enuiz lui donnerent conge le frere & la seur pource q dieu par sa prouesse les auoit deliurez, & quant il se fut parti de leans si pẽ sa quil ne sesloingneroit pas de la forest, ains iroit querant tant quil trouueroit lancelot, car il pensoit qil se cerchast ainsi cõment il fai soit lui: mais ilz seur auint quilz ne sentrepren rent encõtrer. Quant il fut anuitie si vint bo ort chieux ung hermite, & se hebergea leans, & lui demanda le preudomme dont il estoit, & il dist quil estoit de la maison au roy artus, & q

asez vous fist il querant parmi ceste forest. Je vois, sist il querãt mon cousin lancelot du lac que ie laisse ersoir en ce bois si le cuidoye trou uer. Quelles armes porte vostre cousin Si re fist il vnes armes vermeilles, ie le dy fist il pource que ie vy ersoir cellui q vous dictes par ey deuant ou il chassoit vng cheualier q auoit vnes armes noires, & scauez vous sist il boort quil est deuenu. Certes fist il nenny ie nen ouy oncques puis nouuelles: fors tant que vng varlet me dist quil auoit occiz le cheua lier dont ie vous compte a lyssue dune forest.

De ceste auenture fut Boort moult ioy eulx, & il coucha la nuit leãs au ma tin si tost cõment il eut ouy messe se remist en son chemin, puis cheuaucha tãt quil vint au dehors de la forest, & il regarda vers le chemi a destre, & il vit ses gens qui esiouissoient vng corps en vng cymetiere deuant vne croix, & il tourna celle part, & quant il vint la si trouua quilz faisoiẽt trop grant douleur, & il demã da qui sauoit occiz, & vne vieille respõdit Lã celot du lac la occize le plus orgueilleux cheua lier du monde, car il nous a mis a pourete q iusques cy auiõs este riches gens & puissans Lors recõmencerent ceulx de la place moult grant douleur a faire, si sen partit incontinẽt boort & pẽsa quil iroit a kamalot, car il disoit quil ny auoit que targer, se il y vouloit estre le iour de la penthecouste. Ainsi cheuaucha Bo ort grãt piece sans auẽture trouuer: tant quil vint au chastel de corbenic, & quant il vint a lẽtree de la porte, si trouua vng cheualier q estoit issec, qui lui dist de si loing cõme il le vit Sire cheualier se vous estes de la maison au roy artus si retournez: car par icy ne passerez vous point Pourquoy ny passeray ie fist boort pource fist il que ie le vous deffes, car nul qui de son hostel soit ny entre ne ny entra plus a de demi an passe, & pourquoy ne voulez vo' que nul y entre, pource fist il que ie les hay & tous ceulx qui en sont, pour lamour de vng cheualier qui a nom lancelot du lac.

Comment hayez vous mõseigneur lance lot du lac. Ouy, en nõ dieu sist cellui plus que nul homme, donc ne pourriõs nous e stre bien ensemble fist Boort vous & moy, car cellui q vous hayez aymeie le plus que nul courut sus aux autres come cellui qui riens ne doubtoit/si comenca a les abatre & a deffouller aux piez de son cheual/tant esploitta quil ny eut cellui qui nen fust ioyeulx se il en pouoit eschapper/mais ce ne pouoit pas estre car il en occist les .iij. & atourna les autres en telle maniere quilz demourerent ainsi atournez come se ilz fussent mors.

Lors vint Boort a cellui quilz auoient prins sy lui despa les mains/puis vint a sa damoiselle/& il lui demanda se elle se pourroit garir Sire fist elle ie suis tant ioyeuse de ce que vous mauez deliuree que ie vous dy certainement que ie ne sens ne mal ne douleur, mais ilz meussent occise se tant ne quant eussiez plus demoure/si auez tant fait que trestous les iours de ma vie doye estre vostre, car bien lauez deserui a ceste foiz/ Lors vint auant cellui qui tant auoit este batu/si se agenoulla deuant lui & lui dist Sire ie ne scay qui vous estes/mais tant auez fait pour nous que nous debuons tous estre vostres/ Car de la mort nous auez garantiz ou nous fussions se dieu ne vous eust ceste part amene si auez gaigne plus grant chose que vous ne cuidez. Car vous auez deliure filz & fille de roy & de royne/si vous est ainsi auenu que vous pauez gaigne telz mille homes qui onc ques ne vous virent. Car tous ceulx qui de nous tiennent seront desormais voz subgez Et Boort lui demada qui il estoit Sire fist il ie suis filz au roy des .C. cheualiers/ & ceste damoiselle est ma seur & sa fille, si auint ores que nous allions cheuauchant elle & moy /& noz gens/ & nous entrasmes en ceste forest auant noz gens/& venismes a vne croix qui estoit cy deuant si nous auint que quant nous deusmes retourner a noz gens si ne sceusmes/ car nous ne congnoissios point le chemin de ceste forest/ainsi nous auint que auanture nous amena sur ces larros que vous auez occis si me assaillirent incontinet comme cellui quilz virent tout desarme fors seulement que de mo espee/& quant ie viz cela si me deffendi tant comme ie peuz duler a eulx: mais toutesfoiz ilz me prindrent/& despouillerent p force ainsi comet vous auez veu/car ilz meussent pieca occiz se ilz eussent voulu. Mais pource q

ie les auoye blecez ne me voulurent point occire/fors seulement que en languissat, mais dieu mercy vous nous en auez deliurez par vostre prouesse./& ou est vostre robe fist Boort Sire veez la la & noz cheuaulx auec/ si les lup mostra dessoubz .ij. arbres ou les larrons les auoiet mis: & il les mena incontinet la endroit & les fist vestir & apareiller, puis leur demanda leurs noms Sire fist il iay nom mardan & ma seur sandome.

En nom dieu mardans fist Boort ie me merueille moult comet ilz peurent venir au dessus de vous, car tant ay oup parler de vous que ie vous tien a bon cheualier si ne cuidasse en nulle maniere quilz vous eussent ose atendre Certes sire fist mardans ilz me trouuerent tant desgarni que oncques ie neuz de quoy me deffendre fors que de mon espee/& ilz me prindret au frain/& ie vous dy qlz estoiet si bien armez que a bie pou les eusse sceu endomagier Or me dictes fist Boort se v9 scauez maiso ne buro pres dicy: oup fist il cy pres dicy a moins due lieue eglise a vng logis qui est moult bel & riche que mon pere y fist faire pour soy loger quant il y venoit car il sy bien reposer quant il vient dun tournoyement, car le lieu est moult delectable/& nous irons orendroit se a plaisir vous vient pour herberger, car ie scay bien que ce chemin nous y menera tout droit se vous y voulez venir Or y allons douc fist boort.

Encontinent sen alerent la/si dist mardans a Boort que cestoit vne tour forte & haulte que le roy y auoit fait faire pource quil venoit souuet en la forest/& quaut ilz furent la venus si desendiret les cheualiers/ & les damoiselles qui maintesfoiz les auoient quiz/ & qui moult estoient amalaises de ce qlz auoiet tant demoure: si en furent ioyeulx/ car moult estoient desiras de leur venue./& mardans demanda a Boort pourquoy il ne descendoit Je ne descendray pas encores fist il/car iay laisse moseigneur lancelot du lac en la forest qui matend ca deuat/si vous comande a dieu/& men voys celle part/car sas lui ne me hebergeroye ie en nulle maniere quil ne fust a malaise de moy Je iray auec vous fist mardans & le querros tat que nous laurons trou retourner/ puis commencerent a cheuauchier iusques a vne forest/ que len appelloit brocoie Et quant ilz furent a lentree/ si prindrent conseil quilz feroient/ Car monseigneur gauuain dist que nul ne les verroit cheuauchier ensemble quil ne le tienge a couardise/ & pource fist il seroit il bien que nous nous departissions & allast chascun sa voye/ si que nous ne venissions point ensemble a court/ Mais chascun par soy. Il conuendroit donc fist monseigneur yuain que aucun de nous conduisist mordrec/ car sans faille ilz emportoient mordrec en litiere. Ie vous diray fist gauuain que nous ferons eslison de vng nous tous/ q mieulx se saura conduire Par ma foy fist messire yuain mais eslisiez le entre vous/ & ie my accorderay bien a ce que vous en ferez/ & ilz si accorderent incontinent/ puis se tirerent a vne part/ Et disdrent quil conuenoit quil fust saige a mesure cellui qui conduiroit sa littiere/ car se il estoit orgueilleux il feroit tost a tel passaige pourroit il venir occire lui & mordrec/ & pource firent ilz/ conuient il quil soit sage cheualier: si esleurent monseigneur yuain. Et il dist quil feroit voulentiers ce seruice puis qlz le vouloient/ Lors osterent leurs heaulmes & sentrebaiserent/ si print chascun sa voye. monseigneur yuain entra en la sienne/ puis emena mordrec parmy la forest/ mais atant sen taist le compte/ & retourne a lancelot du lac & a boort se ssilsie.

¶ Comme boort deliura le filz & la fille du roy des cent cheualiers que les larrons vouloient occire. chap̄ lxviii

Quant furent les deux cousins en la fontaine pour eulx reposer que le soleil fut tourne a declin & lors fut le chault cheut: puis vindrent a leurs cheuaulx/ & leur mirdrent les selles & les fraine/ puis lacerent leurs heaulmes/ & monterent sur leurs cheuaulx/ & cheuaucherent tant que la nuit fut obscure. Adonc demanda lancelot a boort quilz pourroient faire/ car ie cuide fist il que nous ne trouuerons meshuy maison ou nous puissions heberger/ & ceste forest est gastee & soudaine En nom dieu fist boort ie scay bien quil nous conuendra gesir hors/ si ne men poise point tant pour moy comme pour vous/ car vous estes fort las & trauaille de la iournee de huy plus q ie ne suis & ce nest pas merueille. Et en ce qlz parloient ainsi/ si virent loing deulx en vne vallee clarte de feu par ma foy fist boort il nous est bien auenu/ car ie scay bien quil ya gens a ce feu. Lors si adrecerent Et ainsi quilz y alloient ouirent vne voix sur sa destre main/ qui se esforcoit de plus en plus: si comme celle qui eust grant mestier de aide Sire fist boort ie iray pour veoir que cest Asez fist lancelot/ puis reuenez droit la ou vous auez veu le feu/ car ie iray tout droit dicy.

Atant se partirent lun de lautre/ & sen ala lancelot au feu/ & boort cheuaucha tant quil vint en vng pre/ & la lune luisoit moult cler si que len veoit bien loing/ & boort regarda deuant soy/ & il vit vne damoiselle que .ii. cheualiers aloient trainant par les cheueulx/ & dautre pt pauoit vng homme que .vi. hommes trainoient contre terre/ & le aloient batant despees & de cousteaulx/ & lauoient tout nu despouille en chemise/ & ilz estoient armez non pas en guise de cheualiers/ car ilz nauoient ne heaulmes ne haubers/ mais sans nulle faille ilz auoient bons chapeaulx de fer. Quant boort les vit en telle maniere si cuidoit que ce fussent mauuaises gens/ & il leur escria de loing & dist quilz estoient tous mors & il ymec a courre vers eulx lespee traicte & il vit quilz sen vouloient fouir/ & il frapa le premier si durement que le chapel de fer ne le garentist pas quil ne lui meist lespee iusques aux dens/ & cellui cheut mort a terre/ puis courut a lautre & le frapa si durement du pie du cheual quil labatit a terre/ & il ne voulut point descendre pour lui occire/ mais tant fort le deffoulla quil cuidoit estre mort/ & quant il vit la damoiselle deliure/ si courut aux autres/ Et quant ilz le virent venir/ si disrent lun a lautre occions lui son cheual & le mettons a pie en telle maniere quil nait enuers nous duree/ si se mist entreulx/ & ceulx ietterent a lui/ car bien cuidoient son cheual occire/ mais ilz faillirent pource quil sestoit frappe entreulx de trop grant roideur & en abatit vng a force de son cheual/ puis en occist vng a lespee/ puis

La tierce partie de Lancelot.

Lors prindrent mordrec/ & le monterēt sur ung cheual/ si lamenerēt au chastel & le mōstrerēt a ses freres. Et quāt ceulx le dirent/ si furent moult ioyeulx de ce quilz sauoient auec eulx/ & dolens de ce quilz lauoient ainsi atourne: car ilz ne cuidoient point quil en peust garir/ si lui demanderent commēt il se sentoit/ & il respondit a mōseigneur gauuain & a ses freres. Beaulx seigneurs ie me sens tellement atourne/ que a pou que vo⁹ ne mauez occiz/ Et vo⁹ trois auez tousiours frappe sur moy seulement: par ma foy le vo⁹ di certainement que onques mais ne fus si cruellement batu ne masmis comme vous mauez ores fait/ Et ilz dirent quil ne les en deuoit pas blasmer/ car se nous vous eussiōs congneu ia par nous neussiez eu mal. En nō dieu fist il ce scay ie bien

Lors desarmerēt mordrec/ puis se coucherent en ung bon lit/ si lui firent oindre ses playes dun oingnement bon & riche/ pour en oster la douleur/ puis le firent ung pou menger. Apres quil eut mengie il se dormit si tost comme il fut a repos/ & hector dist a ses compaignons. par ma foy fist il Beaulx seigneurs /nous auons mal garde ce que nous deuions garder/ car nous auions auec nous celui par qui nous estions desmourez/ & si ne le congnoissions point. Comment fist monseigneur gauuain/ a donc mōseigneur lancelot este a ceste assemblee. ouy se maist dieu fist Hector/par lui auons este desconfiz: car ce fut celui q̄ portoit les armes vermeilles/ qui a huy tout le iour si bien fait/ Lors furēt estreulx si courroucez quilz ne scauoient quilz deuoient faire ne dire/ si tressailloient tous ainsi comme se ce fussent bestes/ Et monseigneur gauuain dist oyans tous par le dieu qui me fist & forma nous sommes les plus folles gens du monde. Car nous veismes tout le iour lācelot/ & si ne le congneusmes point/ Si maist dieu/ nous pouions bien scauoir puis q̄ nous auiōs en lui veu ce q̄l faisoit en cas darmes/ que cestoit Lancelot du lac/ & que nous auions crēās pour neant muse/ Car puis que nous ne sauons trouue sachez vrayement q̄ nous ne le verrons pas quil ne soit a la court/ si voy bien maintenāt

q̄ nous nous en pourrons aller quant nostre voulente y sera/ car icy ne ferons nous riens de nostre prouffit/ lors dirēt les autres quilz sen iroient lendemain au matin/ & quilz laisseroient mordrec leans iusques a ce quil fust gary/ Par mon chief fist monseigneur Gauuain sil ne peult cheuauchier si le feray ie mener en littiere/ aincois q̄l demoure en ce pays. Car moult me poiseroit sil nestoit a sa court mon oncle le iour de la penthecouste.

Quāt gallehault sceut que lācelot auoit este au tournoiement/ & quil sē estoit alle en telle maniere sans parler a eulx il ne fault demander sil en fut courrouce/ car sy fut/ sy que onques puis nen eut sen belle chiere/ Et quant il peult parler/ il dist/ quil eust mieulx aime auoir perdu la moitie de sa terre que lancelot lui fust eschappe quil neust au mois parse a lui/ mais se dieu maist fist il/ se ie ne fusse le plus meschant homme du monde il ne sen fust point alle ainsi sans parler a moy/ mais ne plairoit il point a dieu que ien fusse saisi ung seul iour de ma vie. Car iamaiz si grant honneur ne me auendra que iaye si preudomme en mon hostel.

Atant en laisserent la parole/ puis māda gallehault au roy de norgalles & au conte de forestrane quilz le venissēt veoir/ car bien veoit q̄l ne pouoit autre chose faire comme cellui q̄ de lui terre tenoit: mais par amour & par courtoisie auoiēt entreprise le tournoiement/ dont ilz estoient venues au dessus/ par la prouesse lancelot. Cellui iour auint quilz meurēt grant ioye & grant feste au chastel de penigne/ au soir quant ilz deurent coucher/ Si dist monseigneur gauuain a gallehault Sire se vous auez talēt de veoir lancelot/ si venez auec nous iusques a la court/ car ie scay bien certainement quil y sera le iour de la penthecouste/ en quelque lieu que le roy la tienne: & gallehault dist q̄l y seroit se trop grant besoingne ne le detenoit/ au matin quant il fut iour se leuerent les cōpaignons/ & ouirent messe/ puis se armerent et monterent sur leurs cheuaux/ si se departirent de landequin & de ces compaignons/ et gallehault les cōuoya grāt piece/ & les eust conuoiez plus longuement/ mais ilz le firēt auoit donne son cheual/quant les quatre che ualiers feurent abbatu & quilz feurent occis lors pensa bien quil nauoit talent de le assail lir/ne quil nauoit tallent de guerre/& boort le congneut bien incontinent quil le vit sans heaulme/si descedit. Et lancelot qui sceut bien que cestoit boort luy vint a lencontre/si lui dist Boort bien soyez venu/ie vous cuidoye estre eschappe/mais il mest aduis q̃ vous ma uez tant suyui/ que vous mauez arreste, si men est moult beau/car nous irons vous et moy a court se aueture ne nous fait departir Or nous desarmons si nous reposerons huy mais/car ien ay moult grãt mestier, pour le chault du souleil qui trop ma greue/Lors se assist boort & se desarma pres lancelot. Si se taist ores le conte deulx deux que plus nen parle/& retourne a monseigneur gauuain/& aux autres compaignons qui estoient de la queste.

¶Comment les compaignons qui estoient au chasteau de penigues auec galhadin furẽt marris quilz nauoient gaigne le tournoyement.p̃viii. chap̃.

Quant le tournoiement fut vaincu/& que les compaignons furent chassez iusques au chastel et entrez dedens vouloissent ilz ou non/galhadin qui moult estoit courtois/ les retint auec lui/si les fist incontinent desarmer/& leur dist quilz nen partiroient huy mais/& quãt ilz virent que a force leur côue noit demourer, si lui ottroyerent tous/mais au commencemẽt leur aduint que galhadin et guerchez congneurent messire gauuain/et lui eulx/si que apres lassemblee furent mõlt dolens de ce quilz ne auoient se tournoiemẽt vaincu/si les fist desarmer/& les mena en sa tour/& leur fist plus grant ioye quil nauoit fait aux autres/mais quant lyon & hector ne trouuerẽt boort ilz en furent trop a malaise Car ilz sont en moult grant doubtance quil nape este occis au tournoiement/si le demã derẽt aux vngz & aux autres/mais il ny eut cellui qui leur en sceust dire nouuelles/& quãt ilz virent quilz nen pouoient leans aprendre nulles nouuelles dont ilz se peussent esioyr

si yssirent hors du chastel/& vindrent au li eu mesmes ou lassemblee auoit este, si trou uerẽt grãt plãte de cheualiers/dont les vngz auoient eu les bras brisez & les cuisses au che oir quilz auoient fait des cheuaulx/& de telz en y auoit qui auoient este si mallemẽt batuz que a peine se pouoient ilz remuer de la place Ainsi quilz alloient querant boort ilz trouue rent mordrec qui estoit appart bien loing des autres qui auoit son heaulme oste/& sa ven taille abbatue pour le chault quil auoit eu si grant que a pou quil nen mourut/& quãt ilz le virent si se congneurent moult bien/& luy demandrẽt qui sauoit illec amene/pour estre si malement atourne/& il leur dist q̃l y estoit venu pour soy reposer/car trois cheualiers mont tant batu a ce tournoiement/ que a pou quilz ne mont occiz/ Et quelles armes auoi ent ilz fist Hector/& il leur deuisa tant quilz sceurent & congneurent q̃ ce auoiẽt este ses iii. freres/lors lui dirẽt. En nom dieu fist mor drec ces trois cheualiers dõt vous vous plai gnez: lun est gaheriet, le second guerches & le tiers mõseigneur gauuai & sachiez vraiemẽt que ce sont voz iiii. freres qui ainsi vous õt ba tu/& pour dieu se vous scauez nulles nouu elles de boort/si nous en faictes nostre cueur esclarsir/car nous ne scauons quil est deue nu/& auons moult grant paour quil nait es te blece a ce tournoyemẽt Ha ha fist mordrec se il y fust vous seussiez trouue/mais par a ueture il sen est ale apres aucun cheualier. Or me dictes nouuelles de Lancelot se vous en scauez riens.

Comment fist lyonnet a donc este lan celot a ceste assemblee En nom dieu fist mordrec ouy/il my amena/& quelles ar mes portoit il fist lyonnet il auoit fist il vnes armes vermeilles par mon chief fist hector ie cuide & croy que cest cellui qui huy vaincu ceste assemblee merueilleusement auons este enchantez qui si bien se deussions auoir con gneu a sa cheualerie or nous est ainsi eschappe que õcques ne parlasmes a lui ne lui a nous Ha ha fist lyonnet or sachez vrayement que boort la congneu/& quil sen est ale apres lui/ Car autrement ne sen fust il point ale quil ne eust a tout le mains prins conge de nous reusement sen sceut aider/puis se frappa parmy les rens. si lui aduint ainsi quil rencontra monseigneur puain qui tenoit le roy de norgalles par le heaulme quil enmenoit pris/car il auoit ia tant este batu quil nauoit pouoir de soy reuencher/& lancelot qui bien congneut que le roy estoit des siens/si alla celle part/car il ne sen douloit pas laisser aller ainsi/se frappa monseigneur gauuain en mp le piz/si fermement comment il peult. mais le haubert le garentit de mort qui estoit fort/et tenāt en serre/& le tint si bien que oncques mais le nen rompit. mais lancelot se porta a terre: lui & son cheual. & au cheoir Dolla le glaiue en pieces. Et encore auoit le roy grant presse de cheualiers. qui tous le douloient prēdre mesmement des cōpaignons de la queste/y auoit il tels sip qui tous estoiēt preudommes & bōs cheualiers/si se trauaillerent moult chascun aincois quilz peussent prendre le roy dentre ces cheualiers/car a grant prouesse se tenoit sen/mais lancelot qui tenoit lespee traitte y mist si grant deffense que tous sen esbahyssoient/car il ferit dodinel le sauuaige si grant coup quil sabbatit a ses piez deuant le duc de clarance si estourdi quil nauoit en soy pouoir de soy releuer/puis frappa galgantin le galloys/si quil lui couppa son heaulme par derriere/& cestui cheut ius qui auoit grāt paour de mourir/car il veoit bien quil eust este mort sil leust a droit coup attaint. lors commença lancelot a frapper a destre & a senestre et a remuer le tournoiement aux grans coups quil donna/si lui aduenoit si bien en tous lieux q̄ nul ne losoit a coup attendre.

Quant ferit lācelot dune part & dautre quil vainquit tout/puis vint a la porte du chastel/lors regarda derriere lui/si cuida trouuer mordrec. mais il ne se trouua pas/car Gallehadin/& Guerches/& monseigneur gauuain sauoient pris/& sauoiēt tāt batu & defoulle aux piez de leurs cheuaulx quil nen cuidoit iamais eschapper sans mort Car il estoit tellement atourne quil cuidoit bien mourir entre leurs mais/& nonpourtāt il fut de si grant couraige quil dist en soy mesmes quil amoit mieulx mourir quil se tenist pour oultre/si endura tant quil peult/mais

le laz de son heaulme estoit si fort lace/que a peine lui pouoit il arracher de la teste/& pour ce ne se pouoit il congnoistre/si lapointerent en telle maniere que ce fut de merueilles quil ne mourut illec. mais quant ilz virent quilz nen sçauoient que faire/ilz se laisserēt souz ses piez de leurs cheuaulx. Et lancelot eut ia tant chopple entre lui et le roy des cent cheualiers: & le conte de forestanc que ceulx du chastel furent desconfiz/si leur conuint tourner le doz voulsissent ilz ou non/si se frapperent dedens le chastel si estraptment. que quant ilz deurent passer le pont furent noiez plusieurs car ilz cheurēt en leaue a tous leurs cheuaulx qui moult estoit roide/& parfonde si y en eut assez deulx qui y furent noyez & mors

Quant lancelot vit que tous ceulx du chastel estoiēt tournez a desconfiture & quilz nauoient plus nul recouurement/Si mist son espee en sō fourrel: & se partit du tournoyement au plus copement quil peut/si sen ala si copement que nullui ne laperceut fors seulement que Boort qui toute iour estoit ale apres lui mais cestui le vit bien quant il se partit du tournoyement/puis piqua apres luy Car il pensoit bien en soy que ce fust lancelot si le suyuit tant quilz furent en vne forest venue/& lancelot ne cuidoit point q̄ nulli le suyuist. Car sa maniere estoit telle quil cheuauchoit longuement sans soy reposer

Quant cheuaucha lancelot quil vint en la forest/si lui aduint quil eut moult grant chault: car le soleil estoit adonc moult ardant lors regarda deuāt lui. si vit vne fontaine/dōt leaue estoit froide & seree/& la grauelle reluisant/& sourdoit en vne vallee dessouz quatre pins qui moult rendoient grāt ombre/& lancelot descendit de son cheual/si lui osta la selle & le frein/& se laissa paistre/puis osta son heaulme/& abbatit sa ventaile pour mieulx cueillir le vēt/car il auoit eu trop grant chault/& ainsi quil vouloit dormir si vit venir Boort ainsi arme comme il estoit si saillit incontinent sus/& sappareilla incontinent de soy deffendre/car il cuidoit certainement que Boort le voulsist assaillir/mais non pourtant/quant il seut auise si congneut bien que cestoit le cheualier qui huy au matin suy pource quil auoit Bestues armes desguisees mais non pourtant il print lionnet au frain en disāt Beau frere/auez Bous Beu ce pozdie q ce cheualier a fait/Ja dieu ne maist se ie Beiz oncques a cheualier faire aussi beau coup/se ce ne fut a monseigneur mon cousin/a ie croy fermement que ce soit il/pource conseillero ie que nous assissions pres de sui/car se cest il nous se congnoistrons incontinēt a ces en ures/car de prouesse nulle/nul ne lui peust re sembler. iacorde fist lionnet que nous le faci ons ainsi comment Bous sauez dit/lozs sa corderent ses deup freres a ceste parole/Et lancelot qui eut sa lāce recouuree. laissa cou re parmi les rues/si frappa agrual si cruelle mēt quil se porta a terre/a le glaiue Bolla en pieces/a en la place y auoit quatre freres qui aidoient a ceulp du chasteau/si aduint que lācelot en frappa Bng parmi lespaulle/a lab batit a terre/si cuidoient les autres quil fust mozt/a lozs couturēt tous trois sur a lācelot si lui occirent son cheual soubz lui/a labbati rent a terre pour se cheual qui sui estoit sailli Quant bort Bit que lancelot fut aba tu, il dist a lionnet. Beau frere/oz congnois se bien que ce nest il pas/Car onc ques monseigneur ne cheut pour Bng cheua lier/ne pour deup/ne pour trois/a nonpour tant ie ne dy pas que se cheualier ne soit preu domme/a bon cheualier/qui quil soit/mais sans faille sa prouesse ne monte riens a celle de monseigneur lācelot/Lors piqua droit au roy de norgalles/a le frapa si fort quil se poz ta de son cheual a terre/puis print le cheual par le frain/si Bint a lācelot/a sui dist Sire cheualier montez sur ce cheual. Car si maist dieu si preudomme commēt Bous estes ne doibt point estre longuement sans cheual/a se dieu maist ie Bous bailleroie plustost le mie que Bous fussiez longuement a pie/Et lance lot print se cheual/si congneut bien a la paro le que cestoit boort qui le cheual sui auoit dō ne. mais moult sui poisoit de ce quil lauoit trouue a pie/lors mist sa main a lespee/si cō mēca a faire tant darmes que tous ceulp qui seBeoient sen esbahissoient/si en laisserēt plu sieurs qui sa estoient a seur bien faire/pour se regarder/a il se sceut si bien monter quil eut

cheual a son tallent/si alloit piquant parmy la presse/tant quil abatoit tous ceulp quil rē controit si ny auoit homme tant sust sort qui peust durer entre ses coupz/puis trouua mō seigneur gauuain a hector qui mordrec auoiēt prins/si lui auoit hector arrache son heaulme de sa teste/si semmenoient en prison quelque gre quil en eust. ainsi ne se congnoissoiēt poit sun sautre/Et lancelot sadreca celle part cō me cellui qui ne Bouloit point laisser emener mozdrec si Billainemēt/si hausa lespee a ferit monseigneur gauuain parmi la teste/tant quil lestouna. a cheut enclin sur son cheual/a fust cheut a terre sil ne se fust bien tenu a sar con de sa selle/a lancelot piqua le cheual tout oultre/a frappa sur les bras hector si grant coup despee quil sui fist laisser mordrec a for ce/puis recouura a amena tel coup de toute sa Bertu/si se frappa si amerement quil sup fendit lescu/a le heaulme/a sa coiffe de fer mais en la chair ne le blecca point/pource que lespee lui tourna en la main/le coup q Benoit de Bollee/si en fut hector si fort estourdi quil Bolla de son cheual a terre tout estendu/lors cuida bien boort que ce fust lancelot/pour les deup grans coupz quil sui auoit Beu donner mais il ne Boulloit point laisser hector a pie/ car il samoit de tout son cueur/si piqua celle part/a Bint en sa presse/si trouua hector qui estoit ja releue, car il auoit grant paour quil ne sust naure pour la presse q y estoit si grāde a Boort sui rendit son cheual/a sui dist. Sire gardez Bous huymais de rēcontrer ce cheua lier/car ie cuid Braiemēt q cest monseigneur lancelot Bostre frere a mō cousin/lors pensa hector que boort pouoit bien dire Bray. Parmō chief fist hector/ie crop q ce soit sui mesmes/ mais il ma mauuaisemēt monstre q ie soye so frere/car il ma dōne de grās coupz. Je scay bien fist Boort q̄ ne Bous a pas cōgneu/mais il nous couiēdra prendre garde de sui au depz tir du tournoiement/qs se part il ira/Car se nous se perdōs au derrain pour neant lauōs attendu/a lācelot q ne reposoit poit fist tāt qi baissa a mordrec sō heaulme a il se laca. Quant mordrec eut son heaulme lace a sa lance prinse/si bailla a lācelot Bng glaiue/a cellui se print qui moult Bigou vnes couuertures vermeilles / & vng escu vermeil / & a mordrec vng escu blanc. puis se partirent de leans / & sen allerent vers la praierie ou le tournoiement deuoit estre / & lancelot aloit demandant a son hoste de quelle part il y auoit le plus de gens. Sire fist il par deuers le chastel cuide ie que le mais en soit. car par deuers gashadin crois ie bien que tous les preudommes seront / & par dehors seront tous les estranges / fors seulement que le nepueu au roy de norgalles / & le roy des cent cheualiers & le conte de forestrant / tous ces preudommes seront par dehors / & par dedens y aura des plus preudommes de ce pais. Et scoes pour plus greuer ceulx de dehors. a monseigneur gashadin ie ne scay quelz cheualiers qui sont de la maison au roy artus: que ie ne scay quelle aduenture les y a amenez.

Quant lancelot ouyt parler des compaignons de la maison au roy artus si sceut bien que cestoient les compaignons de la queste qui y estoient venus. mais pourtant ne ira il point sa / q dyuant a ceulx de dehors ne aide / car ilz sont moins que ceulx de dedens ne sont / tant allerent quilz vindrent dessus vng tertre. Et lors virent dessoubz eulx le chastel que len appelloit penigne / & estoit ia le tournoiement commence / si grant / & si merueilleux / que assez y eust len veu cheualiers gesir qui nauoient pas pouoir de soy releuer / & assez cheuaulx qui sen alloient ca & la / si en y auoit ia dassemblez plus de quatre. m. dont tous auoient riches couuertures chascun endroit soy / & les compaignons de la queste furent tous issus hors / pour iouster a ceulx qui contre eulx estoient / Et le roy de norgalles / & le roy des cent cheualiers qui si bien auoient fait / que ceulx de dedens ne pouoient en nulle maniere plus durer contre eulx / aincois chascun deulx laissoit sa place / car moult estoit le roy des cent cheualiers preudomme et hardy. Mais puis que monseigneur gauuain & booit / & hector des mares / & les autres compaignons y furent venus ny eut il plus nul si hardy de tous ceulx de dehors qui neust bien grant paour. Car ilz commencerent a si cruellement frapper / & abatre de leur premiere venue: que cestoit la plus grant merueille du monde / Et emmy les pres y auoit des loges drecees / ou les dames et damoiselles estoient pour regarder le tournoiement. Car ilz scauoient bien que monseigneur gauuain et les autres compaignons y estoient / Si auoient si bien demande la maniere de leurs armes quilz sceurent quelles elles estoient: si furent congneus si tost quilz y furent arriuez / puis commencerent a parler des vngs & des autres: si dura tant la parole quilz dirent communement que les deux compaignons aux noires armes le faisoient mieulx que nulz des autres / bien estoit lun booit / & lautre hector des mares / & sans faille ilz le faisoient si bien quil ny auoit homme au monde: tant mallement vers eulx meslez qui a preudomme ne les tenissent. & ilz auoient telz compaignons qui nestoient ne lens ne couars: aincoiz se frapoient dedens les grans presses sans nulle chose quilz voulsissent espargnier / si abatoient deuant eulx quanquilz rencontroient. Si se trauailloient tant amont et aual / que ceulx de dehors ne les pouoient plus souffrir / aincois leur conuenoit place guerpir a fine force Quant lancelot vit quilz furent tournez en fuite / si dist. Ha ha dieu tant que ie ne vis autant de preudommes en vne place comme il en ya icy / aussi en y auoit il moult en la cite de kaamalot / le dernier iour que les compaignons de la table ronde furent desconfiz / dont len pourroit bien dire que toute ma prouesse seroit a neant allee se ie ne faisoie maintenant tout ce peuple remuer deuant mes coups Lors abaissa le glaiue & embraca lescu / si dist a mordrec quil le suiuist / & il lui dist quil allast seurement / car vraiement il le suiuroit / Et lancelot courut incontinent la ou estoit la plus grant presse / si lui aduint ainsi quil rencontra keu le seneschal / en son venir / si le frapa si fort quil le porta a terre lui & son cheual estendus: puis piqua oultre que onques ne le daigna regarder / si en abatit deux autres de celui coup, aincoiz quil iettast les lopins du glaiue. si nen peult pas autant faire homme qui lors y fust.

Lors aduint que booit le regarda / si vit que moult eust este beau le courir / mais il ne cuidoit pas que ce fust lancelot toute sa terre, & lui occisoit tous ses hommes Et quant il auoit ses hommes occiz, si ne se tenoit pas a tant en paix, aincoiz lui couroit sus, car il le vouloit deuorer, mais il se deffendit si merueilleusement quil occist le serpent, & nonpourtant il estoit si fort enuenime quil lui conuenoit mourir, & ce songe dit il en son dormant. Et affix que tu men croyes mieulx tu trouueras dedens le monstier saint estienne de kaamalot ung serpent que ton pere y fist paindre, pour auoir ce songe en remembrance tous ses iours de sa vie. Et scez tu qui est le serpent que ton pere vit, cest toy, tu es serpent Car tu es homme sans pitie, & sans debonnairete. Car ainsi comme le serpent est doulx au commencement de son voller, ainsi est il de toy, car tu nas point este au commencement de ta chiere trop fellon, ains as este debonnaire & piteux, mais dores en auant seras tu felon & cruel, & ne feras si non mal, car tu occiras hommes de tout ton pouoir, & tiroye ie plus disant. Tu feras plus de maulx en ung iour que tout ton parentaige ne fist onques de bien en toute sa vie, & moy mesmes que iamais ne deusse mourir par armes, me sentiray ie de ta cruaulte, car tu me occiras de ta main, si comme ie le scay vrayement.

Si maist dieu maistre viellart vous nous auez menti daucunes choses & si allez dit vray en aucune maniere, Car de tāt que vous dictes que vous mourrez de ma main ne mētirez vous pas, car vous en mourrez orendroit. si aurez este deui daucunes choses. Ha ha pour dieu fist le preudomme souffre toy tant q iaye parle a lancelot, & puis say ta volente, ia dieu ne maist fist Mordrec se vous mentez iamais de moy ne dautruy, si tira lespee, & le frapa si cruellement quil luy fist la teste voller, & le corps cheut incontinent tout estendu.

Ha ha mordrec fist lācelot, trop auez mal exploictie, & auez fait grāt pechie mortel qui ainsi auez occis ce preudōme & sans forfait se dieu maist ia bien ne vous en vendra mais grant honte & grant deshonneur en aurez vous. Dea fist mordrec quelles dyableries il me disoit, se dieux me saulue il me poise moult que ie ne say pieca occis. Lors

& regardant lancelot si dit que se preudomme auoit ung bref en sa main si descēt de son cheual si doulcement que onques mordrec ne sē apperceut, & le mist soubz son mantel. Car il ne vouloit point que nul qui y fust vist le bref et.

Quant le bon homme qui estoit hermite fut occiz par mordrec, sien fut son hoste moult dolent, mais semblant nen osoit faire, pour lancelot quil craingnoit, et doubtoit, si laisserent le corps a terre, puis sen allerent a lermitaige qui estoit en ung tertre mal apointe & ennuieulx, si trouuerent q lermite estoit ia reuestu & vouloit chanter la messe. Et quant la messe fut chantee, lancelot vint derriere les autres & se agenouilla en ung coing, lors osta les lettres de son sain quil eut prinses en la main du preudōme que mordrec auoit occis, si les regarda & vit quel les disoient.

Ha ha mordrec par la q̄lle mal ie doiz mourir saches vrayement que le roy artus te engendra en sa femme au roy loth doxanie ne il ne fera point mains de toy que tu as fait de moy, car se tu me couppes la teste il te frapera parmi le corps si durement q̄ a pres le coup pra la roye du souleil & ceste merueille monstera dieu seulement en toy, & lors abaissera le grant orgueil de la grant bretaigne ne apres ce iour ny aura il nul homme q̄ le roy artus voye se ce nest en songe. Moult regarda lancelot les lettres, & il lui print grant pitie du roy artus. Car il amoit le roy artus sur trestous les hommes du mōde qui riens ne lui fussent, & pource quil auoit en lui trouuees toutes bontez p quoy sil pouoit trouuer raisonnable achaison dont il peust mordrec occire il neut onques nul si grant talent de homme tuer commēt il auoit de luy se ce nestoit pour lamour de monseigneur gauuain.

Ainsi demoura leans lancelot apres que la messe fut chantee, lors se partirent de leans lui & sa compaignie, si vint a lostel au vauasseur, & leurs armes leur furent auant apportees, si les prindrent, mais aincois quilz lacassent leurs heaulmes mengerent ung pou, pour aller plus seurement & le vauasseur auoit appareille a lancelot point/ sachiez vraiement ie suis nepueu au roy artus/ & frere monseigneur gauuain/ et ay nom mordrec/ & ce mien compaignon a nō lācelot du lac/ & fut filz au roy ban de benoic Et sachiez certainement que cest le meilleur cheualier du monde/ & le mieulx entachie de bōnes taches/ & le plus hault homme que ia mais vous voyrez cōme cellui qui tout est extrait de roys & de roynes/ puis que crestiēté vint en ceste terre

En nom dieu sist loste/ se ieusse cuide que ce eust este lācelot du lac ie seusse bien plus serui & honnoure que ie nay/ car sans faille iay oup maintesfoiz tesmoignier que lancelot du lac estoit le meilleur cheualier du monde & le mieulx entachie de bonnes tachez/ mais se maist dieu ie neusse iamais cuide que ce fust il/ Incontinent se partit de mordrec & sen alla a ses enfans & leur dist/ Or ca mes enfans il conuēdra que soyez de mal moult preux/ car vous auez ceās se meilleur cheualier du monde/ que vous seruirez de lances demain au tournoiement qui sera deuant le chastel de penigne/ & ceulx dirent qilz en feroient leur pouoir/ & au matin si tost comme le iour apparut/ loste se leua: & euola deuāt lui vne charettee de lāces droit au chasteau de penigne/ & leur enseigna le lieu ou lēs lattēdroit/ puis vint a ses enfans & leur dist quilz montassēt sur des cheuaux qui estoiēt grans & fors qui bien pourroient souffrir peine a faire se conuenoit

Lancelot qui la nuit auoit pou dormi car plus auoit pense a sa dame ge nieure sa royne quil nauoit au tournoiemēt se leua assez matin/ & sen yssit de la chambre lors se leuerēt tous ceulx qui leans estoiēt/ & lui dirent que dieu lui dōnast bon iour/ & il leur dist & a eulx aussi/ puis dist a son hoste/ ny a il point icy pres chappelle ne monstier ou nous peussions ouir messe/ deuāt q̄ aller au tournoiemēt. Sire oup fist loste/ pres dicy a vng hermitaige. faictes donc noz cheuaux seller fist lancelot/ & ceulx de leans firēt incōtinent son commandemēt/ & amenerēt leurs cheuaulx si monterent dessus/ puis cheuaucherent tant quilz vindrent a vnes riuieres esspoisses si y trouuerēt vne moult riche tom

be/ & deuant celle tombe y auoit vng preudōme qui estoit vestu dune robe blanche en semblance domme de religion/ Et deuant la tōbe estoit agenouille: si disoit ses prieres & ses oraisons: mais il estoit si vieil/ & de si grant aage que ceulx qui se regardoient disrēt quilz nauoiēt iamais veu hōme si vieil/ & nōpour tant il estoit moult vertueux de son aage.

Quant cellui vit ses cheualiers qui se estoiēt arxestez pour lui veoir si se dreca assez vigoureusemēt quilz ne cuidoiēt si leur demāda qui ilz estoiēt/ & ilz lui dirent la verite/ si se nōmerēt tous.ii. a lui par ma foy fist il or pouez vous biē dire que vous estes ensēble deux des plus maleureux cheualiers q̄ ie sache/ & si vous mōstreray le vray cōment Lors dist au vauasseur/ & a ses cōpaignons quilz se tirassēt vng pou arriere/ & ceulx se firent si tost cōment il leur cōmanda lors dist a mordrec. Mordrec sces tu pourquoy iay dit q̄ tu es le plus maleureux du mōde: ie lay dit pource que tu seras encoires plus de mal q̄ nul hōme qui viue/ car par toy sera mise a honte la grāt haultesse de la table ronde/ & par toy mourra le plus preudōme qui orendroit soit qui tō pere est/ & tu mourras de sa main. & aussi mourra le pere par le filz/ & le filz par le pere Et lors tournera a declin ton parēte qui est le souuerain lignaige de tout le mōde: si te pieulx moult hayr quāt tant de preudōmes mourront par tes mauuaises oeuures

Quāt mordrec ouyt ceste parolle: si fut moult hōteux & dist a lermite. Sire vous dictes vostre voulēte/ mais ce ne peult estre en nulle maniere que ie occie mon pere/ car mon pere est pieca mort/ & pource que vous dictes q̄ ie loccirap/ ne vo⁹ doit lē de riēs croire Car vous auez appertement menti. Cōment fist le preudōme/ diz tu que ton pere est mort cuidez tu donc que le roy loth dorcanie tēgēdrast ainsi cōment tes autres freres/ & mordrec respondit vraiement le roy loth dorcānie mēgēdra. Certes fist le preudōme non fist ains tēgēdra vng aultre roy qui est moult preudomme/ & qui moult peult plus de toutes choses/ que cellui que tu tiens pour pere/ Et celle nuit quil tēgēdra songa il vng songe que de lui issoit vng serpent qui lui ardoit

premier Benoit a lui/ & le frapa si durement
qͥl le porta a terre par dessus la crouppe du
cheual/ & le coig du heaulme frapa en terre
si fut le cheualier au cheoir masement blece q̄
par vng pou qͥl neut le col brise/si se pausme
de langoisse quil auoit/& mordrec print le che
ual par sa resne/si le mena a sācelot & lui dist
Sire tenez ce cheual pour le vostre quilz en
menerēt ersoir. A tant se dreca vers lautre le
quel piquoit tant quil pouoit du cheual trai-
re/ si lattaingnit sur la pēne de lescu/ & le fra-
pa en telle maniere que la lāce volla en pieces
& mordrec qui le print bas le frappa si malle-
ment quil lui perca oultre lescu & se haubert:
& lui mist parmi le corps le fer & fust/si le tre
bucha a terre si fort naure: que point ny auoit
mestier de mire: puis print le cheual par le fral
si se mena a lancelot/ & lui dist. Sire vous
en auez deux pour les nostres quilz emenerēt
ersoir/or en pouez vous faire vostre voulēte
Mais vous mordrec fist lancelot qui ses auez
conquis. par mon chief sey a vne des belles
cheualeries que ie veisse pieca faire a cheuali
er de vostre aage/ si peult bien dire monsei-
gneur gauual que vous ne lui forlignez poīt
aincois lui resemblez moult bien en prouesse
Et mordrec se taisoit quant Lācelot le louoit
mais toutesfoiz il lui demāda quil feroit des
deux cheuaulx. Ostez leur les fraīs/si les
laissez aller la ou ilz vouldront fist lancelot
Car ie ne vueil point quilz sacent iamais ser
uice a ces cheualiers: & cellui le fist tout ainsi
comme il lauoit commande/si sesa les che
uaux batant/lesquelz sen fuirent vers la fo
rest

Lois remonterent les.ii. compaignons/&
sen alerēt:& cheminerent tāt quilz vi
drent au soir chiez vng vauasseur ou ilz se
hebergerēt/& moult les honnoura de ce quil
peult: quant il sceut quilz estoiēt de la maisō
au roy artus/& compaignons de la table rōde
& quāt ilz eurent mēge/si les mena le seigneur
esbatre en vng preau/ & quant ilz furēt assis
si leur demāda loste ou ilz aloiēt Sire fist lā
celot a la court au roy artus/car il y a si lōg
temps que nous ny fusmes que nous y voul-
drions ia estre. comment dist leur hoste ne se-
rez vous pas demain deuāt le chastel de peni-
gne a vng tournoyement qui y sera/ Tous
les roys/& tous les contes de ce pays y serōt
De quelle assēblee parlez vous fist lancelot
ie parle fist il dun tournoyement qui sera de
main deuant le chastel de penigne pres dicy a
maine de.ii. lieues/& vous estes si comme il
mest auiz preudōmes & bons cheualiers/& se
ra grant dōmage se vous ny estes/ car a nul
cheualier ne doibt tournoyemēt eschaper pour
tant quil y puisse venir a tēps/& mordrec ne
sōna mot. car il cuidoit que lancelot parlast
auāt que lui pource quil estoit plus preudom
me & meilleur cheualier que lui/ Et quāt lā-
celot ouyt parler du tournoiement/si lui sou
uint de cellui de kaamalot que len auoit fait
assembler pour lui seullement/la ou il fist de
belles cheualeries deuant sa dame la royne/
quil seoit deuant lui

Quant les deux cheualiers eurēt grāt
piece illec este/ si sen allerent coucher en deux
chambres/ Et quant lancelot fut couchie son
hoste vint a lui/ & lui demanda commēt il se
faisoit. Sire fist il bien dieu mercy/ mais ie
vous prie que si vous auez aultre escu que le
mien que vous le me prestez pour demain/ car
en nulle maniere ny porterope le mien/ pour
ce q̄ ne vouldroye point au tournoiemēt estre
congneu/ car tel pourroit veoir lescu que iay
ceans apporte qui me congnoistroit inconti-
nent/ Sire fist loste ien ay ceans vng plus
vermeil que sang/ que vous porterez si vous
plaist: & il respōdit quil le prendroit: dōc vous
prie ie par amours fist loste q̄ vous souffrez
que ie aille auec vous/ & quatre filz que iay q̄
vous porteront autant de lances comment
vous en pourrez briser/ En nom dieu fist il
Ie vueil bien que vous y viengnez puis quil
vous plaist/ lors sen partit loste et vīt a mor
drec/ & lui demanda sil vouldroit demain por
ter armes au tournoiement/ & il dist quil
iroit se son compaignon y vouloit aller. par
ma foy fist loste ie say quil de vray ira/ donc
iray ie fist mordrec sans faulte/ or vous prie
ie fist il hoste: que vous me diez qui vous estes
& comment vous auez nom/ & me faictes vo
stre compaignon congnoistre/ car il est tant
preudomme que ie desire moult a congnoistre
Sire fist mordrec de ce ne vous mentiray ie

peine gastee, mais or me dictes vne autre cho/
se que ie vous demanderay, car ie scay bien que
vous y sauez plus q̄ nul home qui y repaire
Il auint sist lācelot na pas grantmēt
que ie cheuauchoye cy pres, & tāt q̄ ie
vine a vng pauillon ou ie trouuay vng che-
ualier a quil me cōuint iouster voulusse ie ou
non, & ie ioustay a lui & locciz, lors saillirēt as
premēt iusques a.vii. damoiselles qui me di-
rent que iauoye trop mal ouure q̄ iauoye oc-
ciz, car cestoit vng riche roy & puissāt mais el-
les ne me voulurēt plus dire, ains sen alerēt
a toutes corps q̄ onques puis nen ouy ne vēt
ne nouuelle, & nōpourtant elles me disrēt q̄l
en seroit en telle maniere vēge que ien seroye
mort & occiz, & pource vouldroye scauoir qui il
estoit, & se il estoit si preudōme cōme elles di-
soient.
E n nom dieu sist le preudōme de ce q̄ el-
les vous dirent quil estoit roy, elles
nen mentirent point, car sās nulle saille roy
estoit il, & seigneur dune terre quelen apelloit
la marche descosse, mais ie vous dy q̄l estoit
le plus desloyal home & le plus felon du mō-
de, & bien se mōstra a vng iour quil pēdit son
pere a vne arbre en ceste forest qui moult estoit
preudōme, & se dieu maist le cuide & croy que
ce fut sa plus grant desloyaulte que onques
filz feist a pere, si nous est si bien auenu de ce
que vous sauez occiz, car tous ceulx qui serōt
demouras en ce pays vous en soueront tous
les iours que vous aurez mais a viure puis
quilz sauront que vous les en aurez vengez,
& se vous nauiez ōcques plus fait de bien en
toute vostre vie que ceste chose seullement, si
vous deuroit nostre seigneur pardōner tous
voz mesfaiz quāt vous auez ce dyable occiz
Et desormais serōt en paix tous ceulx qui se-
ront en ce pays, & maintes aultres terres qui
estoiēt en pourete pour sa grāt felōnie. Et
sauez vous sist lācelot cōment il auoit nō: ouy
fist le preudōme Quāt il estoit petit enfāt on
lapelloit marlin le sipse, & quant il fut roy si
fut si felon que les gēs lappelloiēt marlin le
maloit, & ōcques puis ne lui cheut le nō. Dōc
ne men chault fist lācelot se ie lay occiz quant
il estoit si desloyal cōment vous dictes par
ma foy il me pesoit pource que ie pēsoye aul-

tre chose en lui quil nyauoit.
Quāt les cheualiers eurēt mēge si sē
allerēt couchier, & geurent sur grāt
plante de verde que lermite auoit cueillie
au bois pour faire leurs litz. Au matin oup
sa messe de lermite sen allerent de leans, & se
remistrēt en leur chemin Cellui iour fist mōlt
grāt chault: car la estoit may entre, si cheuau-
cherent tout le iour les compaignons tāt q̄lz
vindrent en vne valee ou il sourdoit vne bel-
le fontaine, & sa virēt si belle quil leur en pst
grāt tallēt den boire, si descendirēt tous deux
& en beurent tant cōment il leur pleut, puis sas
sirent en lombre dū pin pour eulx reposer
Lors dist lancelot quil mēgeroit vou-
lentiers, si maist dieu dist mordrec
si feroye ie bien moy, mais nous nauōs quoy
lors osterent leurs heaulmes pour eulx eu-
ter. & lancelot regarda mordrec si le vit sous-
rire, lors lui demanda pourquoy il rioit, car
il ne veoit rien se lui estoit aduis pourquoy il
deust rire. par ma foy sist mordrec ie vous di-
ray pourquoy ie me riz, il mest souuenu ores
des deux q̄ emenerēt ersoir noz cheuaulx, & q̄
si soudainemēt nous sourprindrēt, que onc-
q̄s nen prismes garde deuāt q̄lz nous eurēt a
batus: & puis les reusmes si tost q̄ onques ne
nous en cōbatismes par ma foy de telle auē-
ture ne ouy onques nul homme a parler
E n ce quilz parloient ainsi, si regardrēt
vers le tertre & ilz virēt.ii.cheualiers
armez q̄ venoiēt vers eulx plus tost q̄ le pas
Jamais ne me croiez sist Lāce. se ce ne sōt les
ii. cheualiers q̄ ersoir nous abatirēt qui nous
cuidēt tollir noz cheuaux, mais se ie puis ilz
ne les emeneront pas en telle maniere cōmēt
ilz firent ersoir, car ilz trouuerōt autre deffēse
q̄lz ne firent Lors vouloit lacer son heaulme
quant Mordrec lui dist, quesse vous voulez
vo⁹ armer pour deux cheualiers, tāt q̄ ie soye
auec vous & maudit soye ie se ie ne vous en deli
ure maintenant & vous rendray leurs che-
uaulx aussi aisement ou plus comment ilz
eurent ersoir les nostres, ia pour mon heaul-
me lacer sist lancelot ne men tendra nul hom-
me qui viue, si mist son heaulme ius, & mor-
drec relaca le sien puis monta sur son cheual
& print son glaiue & courut encontre cellui qui

quitteront quant il les en requerra/lors lui demanda lancelot ou ilz pourroient hebergier car si maist dieu fist cellui ie ne scay. Cy pres na maison ne buron amoins de.vii.lieues/fors ung hermitaige qui est cy pres a.ii.lieues/ou nous ymaine fist lancelot. Et cellui dist que si seroit il voulentiers/si sen ala deuant/et ilz le suyuirent tant quilz furent venus a lermitaige si appellerent/et lermite leur ouurit luys/et leur demanda qui ilz estoient/et ilz dirent qilz estoient cheualiers errans qui vouldroient voulentiers se estre pouoit que vous les hebergissiez huymais/car nous ne scauons ou aler et cellui dist quil les hebergeroit au mieulx quil pourroit.

Lors descendirent ses.ii.compaignons et quant ilz eurent mis leurs cheuaulx en la maison/si entrerent apres puis se desarmerent/Lors les comanda le nain a dieu et il dist quil se proit/Et ou pourras tu meshuy aler fist lancelot ia est il tard de ce ne vous esmayez fist le nain/car trouuer me conuiendra maison/si les comanda a dieu et sen ala pmy la forest au ray de la lune. et ceulx qui furent demourez chiez lermite sen alerent a lestable pour leurs cheuaulx aiser/et ilz leur donnerent de lerbe a grant plante/et lermite leur donna pain et eaue/car il nauoit autre chose que leur donner/et ceulx qui toute iour auoient ieusne et qui estoient las et trauaillez prindrent en gre tout ce quilz peurent auoir.

Quant ilz eurent ung pou mengie/si leur demanda le preudomme dont ilz estoient/Et ilz dirent quilz estoient de la maison au roy artus et compaignons de la table ronde/et coment auez vous nom Sire fist il a lancelot ie vo9 pmetz qui se mapelle lancelot du lac et cellui mie compaignon a nom mordret nepueu au roy artus. Sire fist lermite or cognoiz ie bien vous et vostre parente (se si en) Mais pour dieu dictes moy quelle auenture vous y a amenez, car ie vous dy que en ceste forest qui tant est grande ne repaire nulz homes se ilz ne veulent de malle mort mourir, car elle est pleine de ours de lyons et de bestes sauuaiges/et si vueiz scauoir q aueutures y auienent de iour et de nuit les plus perilleuses du monde/et ainsi me soit dieu en aide se il ny a plus de peril q en lieu

que ie sache en tout le monde. mais pourtant ne le diz pas q vous qui estes le meilleur cheualier du monde ny dopez bien venir mieulx q ung autre/car vostre apel y gist moult deuant lermitaige de la fontaine bouillant ou il fut en soup/et celle tombe au mien escient ne sera ia leuee deuant que vous y mettez vostre main/et ainsi que ie croy tantost la leuerez. Sire fist lancelot ie y ay ia este: ie eusse lauenture acheuee ainsi que ie cuyde ne mais q de la fontaine la chaleur ne se refroida pour ma venue/de ce ne me merueille ie pas fist le preudome, car oncques en ma vie ne viz ie chaleur refroidee pour chaleur /ains y conuient froidure venir a estaindre la chaleur. mais vous estes chault et luxurieux/sachez qelle sera apaisee si tost come le bon cheualier y viendra qui sera chaste/et vierge tous les iours de sa vie/et non pourtant il y a moult dauentures en ceste forest que vous mettrez a fin/en sans q les merueilles du saint graal deuront faillir/Mais deuant lors ny pouez vous riens faire/car le terme quelles doiuent faillir nest pas encores venu.

Sire fist lancelot or me dictes vne auenture q est huy auenue a moy et a mon compaignon se vous scauez Quelle fut elle fist le preudome. Sire ie vy par deuant moy passer vng cerf plus blanc que neige qui auoit entour son col vne chaine dor/et le conduisoient vi.lyons aussi chierement par semblant come se ce fust vng sainctuaire Ha ha sire fist il veistes vous le blanc cerf oup fist il de vray. Si re sachez que cest vne des grandes merueilles que vous veissiez oncques/ne ce nest pas chose que vous puissiez acheuer ne vous ne home qui viue/fors seulement le bon cheualier q de bonte et de cheualerie passera tous les cheualiers terriens/et cellui acheuera ses auentures du cerf et des lyons/et il sera scauoir au monde pour quelle chose les lyons prindrent le cerf en garde. car sachez que ce nest pas enchatement ne euure qui soit de par le diable/ains est de par dieu. Sire fist lermite telle est la voulente de nostre seigneur Beau doulz sire fist lancelot puis que nous ne le pouons scauoir par vous nous le saurons par le bon cheualier a q dieu en dourra lonneur. Si ne vous en esforceray plus de dire/car ie scoy bien q ce seroit

I iiii

prest que ie vous y face compaignie/Allons donc fist Lancelot.

Lors sen alerent apres les lyons le plus grant erre quilz peurent tant quilz vindrent en unes riuieres et espesses ainsi qlz ne pouoient passer oultre: si leur saillit .ii. cheualiers dont lun sourprint Lancelot, mais ce ne fut pas de droit si se porta dessoubz le ventre du cheual et le bout du heaulme frapa en terre, et laultre frapa mordrec si durement qil labatit dessoubz ung arbre, puis prindrent leurs cheuaulx et se aserent grant erre, et ilz laisserent a pie Lancelot et mordrec mais mordrec ne sen ioua pas, ains en fut plus dolent que Lancelot plus pour Lancelot que pour lui, si dist quil aimast mieulx quil fust naure pmi le corps que ce sup fust auenu, et Lancelot ne faisoit que rire, et il dist a mordrec tout en riant En nom dieu vous mauez mauuaisement aide a mon cheual desse driez ceulx emmainent deuant vous par ma foy fist mordrec ie ne crairoye point qlz ne vous eussent enchante, car oncques .ii. cheuaulx ne furent si tost conquis comment les nostres ont este, si na ou monde nul homme q de ceste auentu re ouist pler q en nulle maniere le puisse croire

En nom dieu fist Lancelot echanter ne nous ont ilz pas, mais vostre mau uaistie nous a tolluz, si couendra que nous en querons daultres, car ceulx ne nous seront iamais seruice, si men poise plus pour nostre honte, et pour nostre hope q en est demouree q pour aultre chose, car ie sceusse voulentiers la verite du cerf et des lyons, Ainsi qlz parloient virent venir ung nain, qui estoit monte sur ung poure roncin, et quant il fut pres deulx: si leur dist Dieu gard les cheualiers qui vont a pie parmi les forestz estranges en guise de garsons troterreaulx, certes moult estes cour toise qui auez donne voz cheuaulx pour aler apie, et maudehait ait ores sans preudomme qui cheualiere de la table ronde vous fist, car si maist dieu vous en estes mauuaisement di gnes quant .ii. cheualiers vous peuent si legiere ment tollir voz cheuaulx Ha ha fist Lancelot nous les donnasmes en espoir que tu nous don nasses le tien, Certes fist il ie vouldroye que vous eussiez aussi grant talent de monter com me iauroye de le vous prester, si maist dieu

vous ny monteriez ia, ou ie le feroye plus tost pour vostre hoste que pour honneur si taist dieu fist mordrec enseigne nous ou noz che uaulx sont se tu sceis, se vous me voulez don ner ung don chascun par soy ie vous enseigne roye la ou ilz sont et ceulx qui les emmene rent par ma foy fist Lancelot se tu me demandes don que donner ie te puisse ie te prometz, et moy aussi fist mordrec Je ne vous demande plus fist il mais suiuez moy, et ilz le suiuirent toute la hope qlz estoient venus tant qlz vindrent en une vallee ou il pauoit .iiii. pauillons, et le nain les leur monstra, et leur dist la les pour rez vous trouuer, et ceulx q les ont, et ilz vont aux pauillons, et la y trouuerent ou premier ii. cheualiers, et .ii. damoiselles qui mengeoient a une table et deuant a lentree estoient leurs .ii. cheuaulx atachez par les frains.

Quant les .ii. cheualiers virent les .ii. che uaulx, si furent plus ioyeulx que de uant, et ilz entrerent ou pauillon et Lancelot ysa le premier, et leur dist Beaulx seigneurs vous nous tolsustes noz cheuaulx si soudai nement que oncques ne nous en prismes gar de iusques a ce q vous nous eustes abatus, mais nous voulons que vous sachez que se vous les emmenastes a tort nous les remetrons a droit Si maist dieu fist lun deulx se vous les emmenez ie cuide et croy que vous les ren driez malegre vous, et mordrec tira incontinent son espee et dist que mal dist oncques ceste pa rolle, si sa drecza encontre mont, et sen voult fraper parmi la teste quant Lancelot se tira ar riere, et lui dist Trayez vous en sus car icy se dieu plaist ne se toucheres en ma compaignie, tant comme ilz soient desarmez, Mais quant vous les trouuerez armez il ne me chauldra pas grantment se vous les assaillez auec moy ou auec daultres Beaulx seigneurs fist Lance lot se vous cuidez que nous vous facions tort si en prenez le droit quant vous pourrez, Et ilz disrent que si feroient ilz plus tost quilz ne cuidoient.

Lors vindrent a leurs cheuaulx, et ilz monterent, et le nain vint a eulx, et leur dist Beaulx seigneurs or vous souuien gne bien que chascun de vous me doibt ung don, Et ilz disrent que cestoit vray si sen ac

offroit/ ſi oſta ſon heaulme de ſa teſte ⁊ lui rē̄-
dit ſon eſpee/ ⁊ lui diſt. Sire no⁹ vous auōs
plus meſſait q̃ vous nauez anous/ ⁊ pource
meſt il auis que nous le vous deuōs amēder
⁊ nous ſe ferons voulentiers ſi cōme voz hō-
mes/ ⁊ les haultz barōs de mon oncle regar-
derōt q̃ nous ſe dopons amēder. Sire ſiſt
gallehault de lamende penſerons nous bien
Mais pour dieu dictes moy ſe lācelot du lac
eſt en voſtre cōpaignie. Nenny ſire ſiſt gau-
uain/ mais il eſt en ce pays ⁊ ſattēdōs icy car
nous cuidons quil viēgne au tournoyement
par ma foy ſiſt gallehault pource q̃ iaye o-
uy dire qˡ eſtoit en ce pays ⁊ quil vēdroit ca
par aucūe auenture auoie fait ce tournoymēt
aſſēbler qui de huy en .iiii. iours doit eſtre cy de
uant fini.

Lors reuint gallehault a ſes hōmes ⁊
les fiſt tous en aler arriere/ ⁊ ſes blaſ-
ma ⁊ vitupera. ⁊ leur diſt fupez dicy malles
gens/ car ilz ne ſen fault gaires que vous ne
mauez deſtruit car ie vous dy que ſe vous euſ-
ſiez occiſ les preudomes qui cy ſont que ieuſſe
eſte deſheritee a touſiourſmais/ ⁊ vous en fuſ-
ſiez deſtruiz/ ſi vous eſt biē auenu de ce que ie
les ay congneuz/ ⁊ ceulx ſen alerēt arriere in-
continēt quil eut cōmande/ ⁊ enporterēt leurs
parens qui geſoient mors/ ⁊ fort bleſſez emi
la rue/ ſi maudirēt leure que onques celluy
iour aiourna quant il leur eſtoit/ tant meſ-
cheu/ ⁊ gallehault ſen retourna a ſon chaſtel
puis deſcendit/ ⁊ ſe fiſt deſarmer/ ⁊ toute ſa
meſgnie qui auec lui eſtoit aſee/ puis il print
xx. cheualiers des plus vaillans de ſa court
⁊ ſes fiſt veſtir ⁊ apareiller moulrichemēt/ ⁊
lui meſmes ſe veſtit ⁊ apareilla biē ⁊ bel com-
me hault hōme/ ⁊ ilz vindrēt en telle maniere
veoir les cōpaignons de la maiſon au roy ar-
tus/ car moult eſtoit ioyeulx de leur venue/
ſi les vouloit moult ſeruir ⁊ hōnourer ⁊ ſe ac-
cointter deulx ⁊ eſtre leur bien vueillant

Quant gallehault vint a loſtel ſi furēt
ia tous les cōpaignons deſarmez/ ⁊
veſtuz moult richemēt: car leur hoſte q̃ eſtoit
preudomme ſe penoit fort deulx ſeruir ⁊ hō-
nourer: mais quāt ilz virēt venir gallehault
ſi lui coururent tous a lēcontre ⁊ lui firēt la
plus grāde ioye quilz peurent faire/ ⁊ il leur

diſt Beaux ſeigneurs ie vous prie pour di-
eu que vous me dōnez vng don qui moult pe-
tit vous couſtera/ par tel cōuenant ſoit quil
ne vous greuera riens/ Et ilz dirēt quilz lui
octroient ſe bien leur deuoit greuer puis quil
les en requeroit Grant mercy fiſt il/ or vous
prie ie que vous laiſſiez ceſt hoſtel ⁊ venez a-
uec moy heberger en mō hoſtel/ Et les cōpai-
gnons diſrēt quilz proient voulētiers puis
quil vouloit/ mais nous voulons que vous
ſachez q̃ ſe vng autre nous en prioit que no⁹ nē
ferōs riens/ car nous auōs trouue noſtre ho-
ſte courtois ⁊ baillāt/ Pource ſiſt gallehault
q̃ vous vous en ſoez tāt: ie lui dōne en guer-
dō ce chaſtel a lui ⁊ a ſes hoirs a toutes leurs vi-
tes/ ⁊ ſe feray cheualier a ceſte penteocouſte

Quant loſte eut ouye la promeſſe que
gallehault lui auoit faicte ſi en fut
moult ioyeulx ⁊ il lui aſa cheoit aux piez ⁊
le ſeigneur le reueſtit du don quil lui auoit oc-
troye/ puis fiſt mōter les cōpaignons ⁊ les e-
mena/ ſi les fiſt geſir en la forteresſe ⁊ les a-
ſa au mieulx quil peut/ mais atant laiſſe o-
res le conte deulx tous ⁊ retourne a lancelot
du lac ⁊ a mordrec

Cōment lancelot ⁊ mordrec cheuauchrēt
vers kaamalot ⁊ paſſerent par deuant vng
hermitaige ⁊ mordrec occiſt lermite. ꝑij. cꝑ.

Quant le varlet qui fut enuoye
au textre deſuoye/ ſe fut parti
de lācelot apres les .ij. compai-
gnons cheuaucherent enſēble
iuſques a la nuit parmi la foreſt q̃ eſtoit grā-
de ⁊ merueilleuſe/ ⁊ quāt ſa lune fut leuee ſy
vindrēt en vng petit tertre/ ⁊ lors regarderēt
au chemin ſi virent venir le blanc cerf/ ⁊ ſes
vi. ſpons qui le cōduiſoient/ ⁊ ilz paſſerent par
deuāt les .ij. cheualiers q̃ ōques ne leur firēt
mal ſi ſe miſrent en leſpeſſe foreſt: ⁊ quāt les .ij.
cōpaignons ne les virent plus/ ſi parla lan-
celot premieremēt/ ⁊ diſt a mordrec par dieu
cy eſt la plus merueilleuſe auēture du mōde
⁊ ia dieu ne maiſt ſe vous le me louez ſe ie ne
voiz ſcauoir ou ces ſpōs repairēt. Par mon
chief fiſt mordrec ainſi ay ie veu na pas long
temps/ ⁊ les euſſe ſupuiz mais iaye apres
vng cheualier q̃ ēportoit vng nain que ie deſ-
uoye conduire/ ſil vous plaiſoit ie ſuis tout

saissent en estrange pays.

Assez parserent cellui iour de maintes choses tant que ce vint apres nonne: Et lors vint apres disner leur hoste a eulx & leur dist Beaulx seigneurs il vous couient armer asprement, car vous verrez incontinent icy venir tout le monde, & tant y vendra de gens q̃ ce sera merueille, car monseigneur gallehault le seigneur de ce chastel est maintenant venu du boys, & lui a en compte sa hoste que vous lui auez faicte, & il a dit quil sen vengeroit se il pouoit, lors se firent incontinent armer ses compaignons, & firent amener leurs cheuaulx a la court, puis monterent dessus asprement, si sen vouloient yssir de leans quant monseigneur gauuain leur dist que nulz deulx ny ssist, car ie vous cuide fist il bien faire vostre paix vers le seigneur de ceste ville que ie cuide quil neut oncques si grant ioye de la venue de nusses gens comment il aura de la nostre, si tost comment il nous congnoistra Lors sarresterent les compaignons, & se tindrent tous cops emmy sa court leurs heaulmes lacez & leurs cheuaulx couuers de fer.

Et quant ilz eurent grant piece attendu en telle maniere, si ne demoura pas grantmẽt que monseigneur gauuain vit venir gallehault parmi sa rue auec grant compaignie de hommes acheual & apie, & deuant eulx tous venoit vng grant cheualier tout armé, q̃ estoit monté sur vng grant destrier bien bardé Et quant monseigneur gauuain vit venir le cheualier, si pensa bien que cestoit gallehault a ce quil scauoit bien q̃ cestoit le meilleur cheualier du monde & se plus grant si se tint tout coy a lentree de sa porte, quant ilz furent pres si les fist gallehault arrester emmy la rue, car il vouloit scauoir qui les cheualiers estoient Lors vint a monseigneur gauuain & lui dist. Sire estez vous de ceulx qui mes hommes ont occiz en mon hostel & chastel mesmes, certes si grant honte ne fut oncques faicte a nul prince de terre.

Sire fist monseigneur gauuain soufrez vous atant que iaye parle a vous se il vous plaist, voulentiers fist gallehault dictes ce quil vous plaira, Je vous diray fist monseigneur gauuain, Nous sommes cheualiers errans de estranges terres estions venus a ce tournoiement qui cy nous a fait assembler & estions venus a ceste tour cy dessus au fenestres, & tant que nous veismes vng cheualier de nostre compaignie venir affuyant que plus de .pl. de vos hommes suyuoient tous armes pour se occire & il estoit tout desarmé & estoit la naure, si en eusmes si grant dueil & grant paour quilz ne loccissent si descendismes ius & lui courusmes aider pource quil estoit seul, & ceulx qui se chassoient estoient trop, si nous assaillirent asprement, & nous nous deffendismes au mieulx que nous peusmes, si auint ainsi que nous en occismes plusieurs, & tant se ismes sa merci dieu q̃ nous nous en deliurasmes a quelq̃ peine, & sil y auoit en ceste place homme si hardi q̃ voulsist dire que nous seissions chose de coulpe, Je suis prest de le deffendre a lescu & au baston moy & mes compaignons quil ny a nul forfait de nous que se doye tourner a grant chose.

Quant gallehault eut ceste parolle ouye si pensa que cellui estoit preudomme qui en telle maniere ploit a lui, si lui demanda qui il estoit, & comment il auoit nom. Certes sire fist gauuain ie ne scelay oncques mon nom pour paour q̃ ieusse de homme nommer ay ie pour vo' Jay nom gauuain filz au roy loth dorcanie & suis nepueu au roy artus a qui nous sommes & ces cheualiers qui sont mes compaignons sont de lostel mon oncle & compaignons de la table ronde, & vous dy certainement quilz sont tous preudommes & bons cheualiers Et sachez ores que tous ceulx qui sont en ce chastel ne dureroient pas a eulx iusques a la nuyt se ce venoit a la mesllee

Quant gallehault entendit que cestoit gauuain, si ietta tost son escu & sa lance aterre, & osta incontinent son heaulme puis courut a gauuain les bras tendus, & dist pour dieu sire ne vous vueille desplaire de ce que ie vous ay mesfait, Car bien sachez que ie ne leusse pas fait se ieusse cuide q̃ ce eussiez vous este, Si vous prie pour dieu que vous le me vueillez pardonner, par ainsi que ie vous pardonne a vous & a voz compaignons quanque vous mauez mesfait, Quant messire gauuain vit sa grant franchise que gallehault lui

Certes bel hoste fist monseigneur gauuain ie le vous diray/ et ne le vo' sceleray plus. Sachez vrayement que nous sommes du royaulme de logres/ et de la maison au roy artus et compaignons de la table ronde, si auons este en prison pres dicy plus a de .ii. ans mais dieu mercy or sommes desiurez/ et nous en allons en nostre pays/ car tieulx gens y a qui cuidēt que nous soyons mors/ et nous a auenture amenez ceste part ou nous ouymes parler du tournoyement qui y deuoit estre, si nous prist talent que nous demourissions tant que no' seussions veu frapper/ car nous cuidions que vng de noz compaignons y fust que nous desirons moult a veoir/ et pour lui trouuer venismes nous en ce chastel, si vous ay ores dit de mon estre et de mes compaignons. et ne vo' esmayez point de chose que vous apres veue aduenir/ car ie scay bien quil y a ceans tieulx trois hommes de si hault lignage que se nous auions occiz la moittie de ceulx de ce chastel si nous en pardoneroit galiehault tout le mesfait pour lamour deulx.

Quant loste eut ceste parolle ouye si en fut moult plus aise que deuāt. et lui poisa moult quil ne les congnoissoit tous/ car bien pensoit quilz fussent tous vaillans hommes et puissans ne il ne leur osoit demāder leurs noms quilz ne se tenissent a villainie. Lors vindrent a gurual. et virent quil auoit ses playes bendees pource quil ne saignast/ si osterent leurs heaulmes et quant il les cōgnut. sieut si grant ioye quil ne sentoit ne mal ne douleur de playe quil eust si les baisa lun apres lautre tout en plourant de ioye et de pitie/ et dist Ha ha beaux seigneurs pour dieu dictes moy qui vous amena ceste part, par ma foy se vous ne meussiez tost secouru ie cuide croy quilz meussent occiz a ce quilz estoient armez et moy desarme, mais la mercy dieu vous men auez garenti par voz prouesses et bien vege si qlz ne sera iamais iour q a ceulx de ce pays nen souuiengne Atant se assirent au mengier les compaignons bien ioyeux de lauenture qui leur estoit auenue si iouerēt et mocquerent entreulx. et quant ilz eurēt mēgeilz demanderēt a agrual quelle auēture la uoit amene ceste part / par mon chief fist il

Cella vous diray ie bien.

Il est vray fist agrual ql y auoit grāt temps que ie ne cessay de vous querre/ car ie nebien osoye aller en nulle maniere sans vous/ si auint na pas .viii. iours que ie cheuauchope parmi ce pays/ et tant que ie me heberge chiez vng cheualier ou quel hostel le roy baudemagus gesoit malade des playes quil auoit eues/ et quant nous eusmes grant piece parle ensēble dunes et dautres choses, si me dist le roy baudemagus, q ie venisse ceste part, Car tost y pourroye ouir nouuelles de monseigneur lancelot, car il me dist quil ce stoit le iour de deuāt parti de lui/ et quāt il me eut ceste parolle dicte ie men vins cy en ce chastel, car ie vous dy vrayemēt q bien y cuidope ie trouuer aucunes nouuelles de lui/ et le veoir a lassēblee/ Si auint huy matin quāt ie me feuz heberge en celle forteresse la amont auec ces autres cheualiers/ que vng cheuali er parēt au seigneur de ce chastel qui me hayoit de mortelle haine pour vng sien frere que iauope occiz me trouua/ et me souprint en tāt que ie estoye desarme/ et il me naura ainsi cōment vous me pouez veoir/ et sans faille il meust occiz a ce que tous ses compaignons me suyuoient armez se ie ne men fusse ceste pt afouy/ mais ainsi mest ores auenu par la voulente de dieu que vous mauez de mort rescouz car sans faille ie fusse mort se dieu ne meust ceste part amene.

Or me dictes agrual fist monseigneur gauuain cuidez vous que le roy baudemagus puisse en nulle maniere garir de ses playes Ouy bien fist agrual: car il me dist qil pourroit par temps cheuauchier En nom dieu fist booit donc nous est il tresbien aduenu car tous les compaignōs de nostre queste seront trouuez/ donc nous pourrons seuremēt aler a court toutes les heures qlz nous plaira ou sans lancelot ou auec lui/ Et lors distrent les autres cōpaignons quilz sen yroient apres lassemblee/ car se nous ne trouuōs icy monseigneur lācelot si le trouuerons nous a court/ si feront ilz leur chemin se distrent ilz par la ou le roy baudemagus gesoit malade/ et se il est gari ilz le meneront auec eulx a court/ et aincois le feront ilz porter en littiere quilz le

J ii

puis vindrent emmi la rue/ & monseigneur gauuain dist agrual Sire cheualier entrez ceans/ car par mon chief nous vous serons garant encontre tous hommes en telle maniere que vous naurez ia mal sans nous/ & celui se merueilla moult qui ilz estoient. Mais touteffoiz puis quilz sassurerent de lui aider entra dedens la porte/ Lors vindrent auant ceulx qui le chassoient qui vouloient dedens entrer a fine force quant monseigneur gauual leur commenca a crier quilz ny meissent le pie & quilz en mourroient se ilz y mettoient de ce fussent ilz tous asseurez/ quant ceulx eurent celle parolle ouye/ si coururent encontre monseigneur gauuain plus de.x. & le fraperent si durement de leurs glaiues quilz le porterent a terre le cheual & lui & leussent occiz: mais hector se secourut deuant tous ses compaignons & frapa cessui qui plus pres de lui estoit si fort quil lui mist le glaiue parmi le corps & se trebucha mort a terre.

Lors saillirent auant les autres compaignons quant ilz virent que la meslee fut commencee/ si coururent a ceulx de dehors que len pouoit bien estimer a.x.pl. qui tous estoient a haubergons: puis comenca la meslee estroulx moult douloureuse/ & moult cruelle/ car ceulx de dehors vouloient entrer dedens a fine force pour prendre agrual, mais ceulx qui estoient plains de toute prouesse de cheualerie renommee deffendirent agrual come preudomme/ & boort qui tenoit sespee traicte les aloit occiant & abatant deuant lui ainsi comme se ce fussent bestes/ si en fist telle occision que a chascun coup il en abatoit ung & couroit amont & aual & fist tant que plus fut son espee redoubtee que celles a tous ses compaignons/ & Hector se trauailla moult comme cellui qui estoit de grant prouesse/ & quant ceulx du chastel virent cella/ si firent sonner ung cor qui estoit en la maistresse forteresse/ Et lors prindrent tous ceulx qui estoient ou chastel leurs armes aussi bien les poures comme les riches. puis vindrent a la meslee & trouuerent la rue toute ionchee de hommes mors si virent ceulx qui se deffendoient si fort que cestoit merueille a regarder/ & monseigneur gauuain qui estoit monté sur ung cheual que

boort lui auoit donné le faisoit vigoureusement endroit soy.

Tant dura la meslee en la ville que ceulx du chastel ne la pouoient plus souffrir en nulle maniere/ tant estoient ores ce quilz furent plus de.ii.C. & ilz nestoient que.pvi. Ains sen retournerent fuyant toute la maistresse rue voulussent ou non/ si laisserent illec pl. de.pl. de leurs compaignons qui tous estoient mors ou naurez emmi la rue & /pource ne demourrerent ilz mie quilz ne fussent en chacez grant piece/ si en abatoient les compaignons plusieurs ainsi quilz fuyoient/ & quant ilz les eurent grant piece enchacez abatant & occiant si dist boort a ses compaignons Seigneurs il fust bien temps que nous retournissions huymais/ car nous leur auons assez fait de honte & de vitupere/ si auons bien vengee la honte quilz ont faicte agrual.

Incontinent sen alerent les compaignons & reuindrent a leur hostel & ilz trouuerent leur hoste moult dolent & moult esmaye & quant ilz furent desarmez/ si lui demanda monseigneur gauuain Bel hoste qu'auez vous Sire fist il vous mauez mort & honny vous & voz compaignons qui auez occiz tous les compaignons au preudomme de ceste ville/ si nen puis eschaper sans mort, car si tost comment le seigneur de ce pays scaura ceste nouuelle quant il sera venu qui hyer matin ala au bois il sera incontinent occire moy & mon signage pour le domage que vous lui auez fait & vous qui estes destranges terres vous vous enfirez en vostre pays/ & pource puis ie bien dire que mal y voftre venue ia soit ce que vous soyez tous preudomes/ car ie vous dy vrayement que ie seray destruict pour vous/ & ne say point deserui Bel hoste fist monseigneur gauuain or ne vous esmayez/ car si maist dieu ie vous promets comme leal cheualier que nous ne partirons de ce chastel pour auenture quil auiengne deuant/ que nous aurons vostre paix faicte au seigneur de ce chastel si bien que ia nyaurez dommage qui vaille la montance dun esperon Bel hoste fist le seigneur se dieu vous aide/ or me dictes ores de quel pays vous estes/ car ie congnoiz bien a voz parolles que vous nestes pas du royaulme de norgalles/

Et celluy reuint aup compaignons/τ leur dist ceste nouuelle/puis descendirent tous in continent/τ leur hoste vint a leur encontre/si les vit si belles gens/τ si preudommes par se blant que moult fut ioyeup de leur venue/τ les fist seruir τ honnourer de quanquil peut τ leur fist apporter a chascun vng mantel qui estoit bon τ riche, car ilz estoient en pur corps

Celle nuit furent hebergez les compaignons bien τ bel, car loste se pena de eulp seruir bien τ richement/τ quant vint a pres menger, si leur demanda leur hoste dot ilz estoient. Et monseigneur gauuain respo dit tout le premier/τ lui dist Sire nous sommes du royaulme de norgalles poures cheualiers/si sommes venus au tournoyement pour scauoir se dieu nous y vouldroit ia aider que nous y puissions aucune chose gaigner ie vous voy fist loste si preudommes par sem blant que ie vouldroye que vous sussiez accoi tez du sire de cest chastel/car ie vous dy vraye ment quil est si vaillant/τ de si hault cueur tant soit il ieune enfant, que se vous estiez ac cointtez de lui/ie ne cuide point que iamais vous en partissiez/car il a en lui tant de bon naitette τ de courtoisie/que trestous vous en merueilleriez se vous le scauiez/Bel hoste fist monseigneur gauuain nous sommes che ualiers estrangieres/τ ne se congnoissons de riens/τ dautre part nous sommes si poures que iamais ne serions accointtez de si hault homme comment il est/τ pource nous conui ent il tenir couuertement/Car ia nous ny se rons congnoissance se nostre prouesse ne nous en accointe.

Ainsi respondit monseigneur gauuain a son hoste, τ tant lui dist de parolles quil ne cuidast iamais quilz sussent si preudo mes comment ilz estoient, mais nonpourtat il ne demoura pas en lui quil ne les seruist de tout son pouoir, τ quant ilz deurent coucher si furent les liz apareillez parmy les chambres de leans/puis se coucherent les compaignons τ dormirent iusques au matin. Quant le soleil fut leue, si se leuerent les compaignons τ allerent ouir messe hors du chastel en vng hermitage qui pres dillec estoit, τ quant ilz eurent la messe ouye si reuindrent a lostel. Car

il estoit temps de mengier. Apres m uint que monseigneur gauuain sen vint a vne senestre pour regarder les cheu qui par illec passoient/τ ainsi quil demo apuye illec escouta/τ ouyt par deuers la rest grant criee τ il tressaillit tout, car il auoit grat paour que ce ne fust meslee, car il cuidoit que aucun de ses compaignons de leans y fust. Lors demanda a hector qui estoit pres de lui Cuidez vous que tous noz compaignons soyent ceans/Pourquoy le demandez vous fist hector pource fist il que iay ouy maintenant vne criee que ie scay bien vrayement quelle ne est point sans meslee/τ iauoye grant paour que aucun de noz compaignons ny fust Non sont fist hector vrayement sachez quil ny a nulz.

Ainsi quilz parloient/si virent venir tout contre val la rue a gtual/vng cheualier de la maison au roy artus/τ compaignon de la queste/si venoit tout desarme fors que de son espee quil tenoit en son poing toute nue/τ auoit son bras senestre enuelope de son mantel/si couroit sur son cheual qui estoit grant τ fort, mais il estoit ia naure en la teste τ en lespaule/τ en estoit tout senglat τ son cheual nestoit pas si sain/quil neust a tout le mains plus de .xxx. playes τ quil ne eust este frape de deup glaiues en telle mani ere quil en clochoit de la iambe senestre, ne ia ne fust ale en nulle maniere qui fust/se neust este cellui qui dessus estoit qui se faisoit aler a sine force/τ apres lui venoient plus de .xl. hommes tous armez qui venoient pour soc cire silz se pouoiet tenir/τ quant monseigneur gauuain le vit venir si mal attourne si en eut moult grant pitie τ le monstra a hector puis lui dist Ha ha hector veez cy vng des opaignos de nostre queste/or conuient il que nous lui aidons ou il mourra sans auoir garant, car il ya trop de gens apres lui/τ hector regarda vers les compaignons/si commenca a leur crier/or aup armes compaignons/or aup ar mes: τ tantost saillirent les garcons les vngz aup cheuaulp/τ les autres aup armes/si armerent incontinent/car ilz scauoient bien que ce nestoit pas sans grant besoing/τ quat ilz furent armez/τ montez sur leurs cheuaulp

J i

son homme pource quil lui auoit terre donnee dont il nen auoit point/ leans mengerent les compaignons a grant ioye τ a grant feste: sy les seruit le nouueau cheualier au mieulx quil peult/ τ quant ilz eurēt disne tout par loisir: τ a leur voulēte/ si demāderent leurs armes: τ len les leur apporta incontinent: si se partirēt du tertre desuope a heure de midi

Quant vint au departir/ si demanda mōseigneur gauuain au nouueau cheualier comment il auoit nom/ Et il lui dist quil auoit nom epille le blōt. Apres que les compaignons furent yssus du chasteau/ ilz cheuaucherent ensēble/ τ quant ilz eurent cheuauche grant piece: si se retourna le nouueau cheualier, τ ceulx errerent tout le chemin tant quilz vindrent a heure de none a vng chastel qui estoit moult bien garni de toutes choses Car parmi couroit vne eaue forte τ roide. et dautre part les terres qui estoient fort grandes ou ceulx du pais labouroient/ Et les cōpaignons regarderent contrebas la prairie/ τ ilz virent des charpentiers qui dressoient loges a grant plante, Et monseigneur gauuain leur demāda Seigneurs pour mon chief ie croy quil y aura demain ou apres demain assemblee, car pource diece si icy ces loges, lors demanda mōseigneur puain a vng des charpentiers, pourquoy ilz les auoient illec dicees, τ cellui dist que cestoit pour vng tournoiement qui illec deuoit estre, Et quant sera ce fist messire puain, Sire fist icellui, ce sera dedens trois iours, Doncie vous disoye vray fist monseigneur gauuain: ouy firent ilz sās faulte

Atant entrerent les compaignons dedens le chasteau/ τ quant ilz furēt entrez dedens, si dist monseigneur gauuain Beaulx seigneurs voulez vous veoir lancelot, τ auoir a vostre voulente, Et ilz dirent que ouy moult voulentiers si pouoit estre, Et ie vous enseigneray fist il comment il pourra estre trouue. Il est vray que lancelot nest pas loing dicy/ si ne demourra pas longuement en ce pais qui ne sache nouuelles de ce tournoiement/ τ incontinent quil le saura, ie scay bien quil y viendra sil en deuoit en ce pais seiourner deux iours ou trois, Et pource vous cō-

seilleroye ie que vous demourissiez iusques au iour du tournoiemēt/ Et aussi seroit il bō que nous ne nous fissiōs pas cōgnoistre aux gens du chastel ne aux autres gēs affin que nous peussions venir a lassemblee, si coyement que nul ne sceut que nous soyons de la maison au roy artus, car se lancelot scauoit que nous y fussions il ny viendroit ia, car cest homme du monde qui plus celleement veult faire ses prouesses, τ ilz dirent quilz diroient quilz sōt du royaulme de norgalles, lors regarda monseigneur gauuain si vit deuant lui vng moult bel enfant a qui il demanda dont il estoit, τ il dist quil estoit du chasteau τ cōment a nom ce chasteau fist mōseigneur gauuain, Sire fist il, il a nom peningue, Et qui en est sire fist il. Vng ieune cheualier fist icellui, qui a nom Gallehadin, τ fut filz gallehault, τ le filz a la belle geyande, qui fut seigneur des estranges isles qui fut en sa vie le plus puissant homme que lon congneust de puis le regne au roy artus

Quant messire gauuain ouyt parler de gallehault quil auoit veu τ congneu, car maintes foiz lauoit haste, lors appella ses cōpaignons Seigneurs que ferons nous Jay paour que se nous allons en ce chastel la que nous soyons congneus, car ie scay bien quil en a veu aucun de nous aucunesfoiz, pource seroit il bon amon escient que nous hebergissions dehors du chastel, τ ainsi pourrons nous estre cellez, τ ilz dirent quil valoit mieulx estre hebergiez dedēs que dehors car ilz seront plus aises au chastel τ mieulx y pourront hebergier que dehors, Lors dist monseigneur gauuain au varlet. Amy nous sauroies tu enseigner le meilleur hostel de ceste ville, ouy fist cellui/ τ vous y meneray si vous voulez, Or nous y mene donc beau amy, et cellui sen retourne droittement parmi la maistresse rue tant quil vint au dehors de la ville du tertre/ ou vng bourgois auoit fait faire vng manoir si riche quil y pouoit bien descendre vng roy bien puissant.

Quant ilz furent a la porte de lostel, si firent demander a vng escuier se ilz pourroient leans hebergier, v̄y, cheualiers estranges dirent auant fist le bourgois

portoit nouuelles: mais ilz ne sçauoient quel
les/ (t messire gauuain disoit oupans tous/
Certes sachiez vrayement quil apporte nou
uelles de monseigneur lancelot du lac. Non
fait a mon escient fist monseigneur yuain, et
cellui chemina tant quil vit a la court amōt
si attacha son cheual a vng arbre, puis mon
ta en sa salle/ (t salua tous les compaignons
de par monseigneur lancelot du lac, qui me
enuoye a vous/ (t vous mande de par moy q̄
vous ne lattendez point, car il ne viendra point
pour le temps present ceste part, ains sen yra
a court, si quil y sera le iour de la pentecouste
en quelque lieu que len la tienne, pource vous
mande il a chascun, que vous vous en pouez
aller quant il vous plaira. Car il vouldroit
moult voulentiers, q̄ vous fussiez a la court
du roy le iour de la pētecouste. En nom dieu
fist monseigneur gauuain ces nouuelles desi
rope moult a ouir Car aussi estoye ie moult
desirant dy aller, pource quil y a grant piece
que ie ny fuz Il mest aduis fist messire yuain
que nous ny pouons pas bien aller, pour ce
que nous nauons pas queste acheuee, car au
cuns de noz compaignons qui auec nous vi
dient ne sont pas encores trouuez/ (t sans en
seignes deulx ne pouons repairer a la court
comme loyaulx cheualiers.

Vous dictes merueilles fist messire
gauuain regardez cōbien de tēps
il ya que nous partismes de la court si vous
comptez le temps a ce que vous ay ouy dire/
par maintesfoiz/ a mon escient que vous trou
uerez quil y a plus de quatre ans que nous
ny fusmes/ (t droicte queste ne dure q̄ vng an
(t vng iour/ (t par ceste raison vous dis ie biē
que nous pourrons aller a la court quant il
nous plaira sans mesprison, ne deshonneur
quāt nous ne serions que la moitie/ si sōmes
ca.y vi. dune part/ (t dautre part lancelot qui
est si preudōme quil ny allast pas, sil cuidoit
que se fust mesprison: (t pource conseille ie que
nous y allions/ (t a ce sacorderent tous

Lors demanda mōseigneur gauuain
au varlet Beau amy ou laissas tu
monseigneur lancelot du lac. Sire fist il en
la forest perilleuse, pres la fontaine des deux
cicamores/ si pensa bien ou cestoit. Car il lup

souuint de ce quil y auoit este abbatu, si de-
manda au varlet, sil auoit acheuee lauentu-
re de la fōtaine. Ouy sire fist cellui dieu mer
cy, car il ya occiz deux cheualiers qui gardoi
ent la fontaine, puis entra dedens le chastel
(t occist broadas leur pere. Si fist tant dar-
mes au chastel quil nya homme viuant, qui
les merueilles en peust croire/ (t deliura mor
drec vostre frere qui estoit leans en prison, si
les laissay er soir tous deux ēsemble en sa fo
rest perilleuse.

Quant mōseigneur gau. eut ouy q̄ lāce
lot auoit iette mordrec sō frere de pri
son/ si eut plus grant ioye que deuant, puis
dist quil est prest dy aller, si les autres y vou
loient aller/ (t ilz dirent que ouy. Si sappa
reillerēt/ (t prindrēt leurs armes telles com-
me auoir les peurēt. puis sen allerēt les vngz
faire les autres qui nestoiēt pas encores ga
ris/ de leurs playes, mais toutesfoiz ilz alle
rent a la court tous ensemble les vngz pour
lamour des autres/ (t quant ilz partirent de
leans/ ilz demanderent a boort quil feroit du
chastel ou il auoit si longuement demoure/
Si maist dieu fist il ie ne scay, lors saillit .i.
escuier qui lui dist, sire ie vous ay serui mōlt
longuement/ (t si ne mauez encores riens dō
ne/ (t tousiours mauez promis a bien faire, et
vous vous en voulez aller au royaulme de
logres/ (t par auenture que iamais ny reuie
driez/ (t pource ie vous prie que vous me faciez
cheualier de vostre main, car ien vauldroye
mieulx/ a tous les iours de ma vie/ si me
donnez en guerdon de mō seruice ce chastel
par tel conuenant, que vous le tendrez a bien
amployé/ se dieu me donne sante.

Ha ha boort fist monseigneur gauual
octroyez lui ce que il vous requiert/
Car p mō chief il a bōne chiere destre preudō
me/ se il vit longuemēt/ (t tous les autres cō
paignons le prierēt ainsi/ (t non pourtant quāt
ia ne sen eussent prie/ si lui eust il donne voul
entiers/ (t cellui les en mercya moult. Lors
lui firēt aporter vnes armes bōnes (t belles
les meilleures que len peust leans trouuer/ (t
larmerent a la maniere/ (t a la coustume de
sa grant Bretaigne. Si le fist boort cheua
lier/ (t le reuestit du chastel/ (t icellui deuint

mais trouuer qui labbatist/puis que monsei
gneur gauuain eut este abbatu/mais il est al
si aduenu/que vous sauez occiz lui ⁊ son fre
re par vostre prouesse/Mais cest dommaige
de ce quilz sont si tost mors:car moult estoiēt
bons cheualiers.

Comment fist lancelot sont ilz occiz
si maist dieu fist le varlet, vo[us] leur
fistes tant de playes/car si tost comment ilz
furent descēdus ilz moururēt entre les mais
de ceulx qui les tenoient. Et lancelot dist que
ce poisoit lui, puis quilz estoient si preudom
mes et si bons cheualiers/Encores auez vo[us]
piz fait fist le varlet, Car vous auez ociz leur
pere/Or me dy fist lancelot comment/ Ne
vous souuient il point fist le varlet du cheua
lier qui vous vouloit ietter au puis/ Ce fut
broadas leur pere/Si maist dieu fist lance
lot ce poise moy:mais puis quil est ainsi que
nous ne le pouons amender/il leur conuient
endurer/⁊ nonpourtant tu mas menti/ou se
me fist ersoir mensonge entendant. Car len
me dist sans faille que bellyas auoit abbatu
monseigneur gauuain/par ma foy sire fist
le varlet/Non fist. aincois labbatit briadas
Mais pource quil auoit les armes bellias ve
stues disrent aucunes gens que ce auoit, este
bellias le noir, mais ce ne fut il pas.

Ainsi parlant cheuauchèrent tant qlz
vindrent en la forest/⁊ lors encōtre
rent le cheualier en la littiere qui lancelot al
loit querant/⁊ quant il le vit venir si le con
gneut bien/lors lui cōmenca a crier de si loing
comme il se peult ouir. Ha ha gentil cheuali
er pour dieu aiez mercy de moy/⁊ me iettez
de ceste douleur ou ie suis/⁊ ne regardez pas
a la grant villennie que ie vous feiz en mon
hostel, car si maist dieu ie ne v[ou]s congnoissoie
pas:lors lui ioingnit les mains ainsi comme
sil eust este encontre dieu/Et quant lancelot
vit cela si en eut grant pitie/⁊ lui pardonna
voulentiers tout ce quil lui requist/puis lui
print la saiette quil auoit en la cuisse/si la lui
arracha/Et quant celsui se vit desliure de ce
qui tant de mal lui faisoit/si lui dist/Ha ha
sire, le vray dieu q[ui] tout scet vous benoye, car
vous mauez rendu la vie/Et se ie cusse eu
medecin ie fusse maintenant bien gary. Car

vous mauez tant allege que ie pourroy par
temps cheuaucher/si vous esties gari fist lan
celot bien mey seroit/car vous me feistes tout
hōneur en vostre maison/si vous est ores ain
si auenu/⁊ mercyez nostre seigneur, car ie v[ou]s
dy vrayemēt que cest le plus par voz prieres
que par bōte qui soit en moy/si vous vous en
pouez aler en vostre hostel dictes au roy bau
demagus que iay trouue pres que tous les cō
paignons de nostre queste/⁊ nous en prōs ce
ste semeine a la court au roy artus/ ⁊ sui di
ctes que ie lui mande quil ne laisse point quil
ny viēgne des lors quil pourra cheuaucher/
si face tant quil soit a court le iour de penthe
couste ou plus tost se il peut/⁊ celsui dist que
ce message feroit il bien/si sen retourna grāt
erre tout le chemin quil estoit venu/⁊ lance
lot dist au varlet q[ui] cheuauchoit auec lui Bel
amy se vous pouez cheuauchier iusques au
tertre desuoye pour faire vng mien seruice ie
vous en scauroye moult bon gre Sire fist il
ou monde na lieu ou ie na lasse voulentiers
pour lamour de vous, or alez donc/ ⁊ quant
vous y serez arriue, si dictes aux cōpaignōs
quilz ne matēdent point, car ie men voye a
la court au roy artus/si quilz my pourront
trouuer le iour de pēthecouste. Car ie y seray
en quelque lieu quelle soit ne que le roy la tiē
gne se ie puis/⁊ le varlet sen partit atant, sy
dist quil les verroit par temps sil pouoit:si che
uaucha tant, cōme le iour lui dura/⁊ grant
piece de la nuyt/⁊ quant il fut las ⁊ trauail
le, si descēdit en la forest ⁊ se coucha dessoubz
vng arbre

Quant le varlet fut esueillie, si mōta
sur son cheual ⁊ se mist en son chemi[n]
⁊ cheuaucha tant quil vint au tertre desuoye
au souleil leuant/ Et les cheualiers du ter
tre estoient ia leuez ⁊ abillez/si prenoient con
seil quilz pourroient faire, ou silz attendroiēt
lancelot ou silz retourneroient en queste pour
lui. Si respondirent assez diuersement. Car
les vngz conseilloient que len le quist encores
⁊ les autres vouloient aller a la court ou ilz
desiroient tant a estre, car ilz ny cuidoyent ve
nir iamais a temps/si estoient tous aux fe
nestres de la tour, quant ilz virent venir le
varlet qui se hastoit/si penserent bien quil ap

si dist a lancelot. Sire voulez vous que nous demourons mais huy ceans/ ou q̄ nous nous en allions. Sire fist le varlet/ de demourer ne vous conseille ie point/ Car vous avez ceulx de ceās moult fort naurez/ pource ne devez vous en nulle maniere demourer ceans/ Se nous eussiōs chevaulx fist lancelot nous nous en allissions/ En nom dieu fist le varlet il ne demourra pas pour chevaulx se vous vous en voulez aller/ mais il conviendra que vous me suivez/ & ilz dirēt q̄ aussi seroiēt ilz.

Lors sen yssirent de leans tout ainsi cōme ilz estoient. si trouverēt grāt plante de gens q̄ faisoiēt le plus grant dueil du monde. Et si tost quilz virent lancelot venir si tournerent en fuitte lun ca laultre la. et il ne les enchassa mie: comme cellui qui na talēt de leur faire mal. & il vit en sa court aval la ou il cestoit cōbatu sur les degrez. si y trouva iusq̄s a vint chevaulx sellez ou il ne failsoit riēs q̄ mōter. & il prīt les deux meilleurs par sēblant. si en dōna vng a mordret & laultre prist. puis demāda au varlet sil sen vouloit aller avec eulx/ ouy fist il sire sil vous plaist/ & il lui donna vng bō cheval/ & il monta sus/ puis sen alla avec eulx

Incontinent se partirent de leans & se allerēt parmi les rues chevauchāt tant quilz vindrēt a la maistresse porte. si la trouverēt deffermee/ & sen yssirent Et quant ilz furent hors/ si demanda lancelot au varlet de lestre de leans/ & pourquoy les deux chevaliers quil a huy trouvez gardent la fōtaine/ Sire fist cellui ie vous en compteray la verite tout ainsi cōme ie say ouy dire maintesfois/ Il est vray q̄ les deux chevaliers que vous avez occiz estoient freres & filz au seigneur du chastel. que vous mesmement avez occiz/ si advint il ya dix ans quilz estoient preudommes/ & congneus en mainte terre: par leurs prouesses/ si vindrent a vne penthescouste a la court au roy artus. & demanderēt la compaignie de la table ronde/ Et le roy ne les congnoissoit point ne les autres compaignons/ si reffuserent oultreemēt/ tout ce que ilz demandoiēt/ & ilz demanderēt pourquoy len les reffusoit a estre cōpaignons. Beaux seigneurs fist le roy/ pource que nous ne vous

congnoissons point/ ne de vostre chevalerie ne scavons nous riens. Sire fist lun des compaignons/ nompas cellui a qui vous ioustates/ mais laultre apres/ Sire fist il/ si vous ne congnoissez nostre chevalerie. Vous la congnoistrez bien/ & en orrez parler se dieu plaist

Lors sen partirent doslens & courroucez/ Si vindrent a broadas leur pere/ & lui dirēt ce quilz avoient trouve a la court/ Et de ce fist il q̄ en voulez vous faire/ Sire firent ilz nous ferions voulentiers tant que ceulx de sa court nous congneussēt/ Or vous diray fist il que vous ferez Cy devant ce chastel a vne fontaine/ que vous garderez desormais en telle maniere/ que vous iousterez aussi bien aux privez comme aux estranges se de ceans ne sont. Et il est ainsi q̄ ceulx de sa court au roy artus vont querāt les adventures parmi les estranges contrees & quant ilz orront parler de vous ilz vendront incontinent deca. si ne pourra estre/ se vous estes si bons chevaliers comme nous cuidōs quilz ne sen voisent desconfiz a ce quilz vendront las & travaillez/ & vous serez moult frez & reposez

Quant ilz ouirent ce que leur pere disoit. si firent tendre leurs pavillōs la ou vous les trouvastes/ & prindrent engarde la fontaine pour iouster a ceulx qui y vendroient: si leur est ainsi advenu q̄ oncq̄s puis ny vint homme qui ne sen allast desconfit/ et tant firent par leur prouesse/ quil advint na gueres q̄lz abbatirēt mōseigneur gau.lui.iiii. des compaignons de la table ronde. q̄ demāda a iouster: a belpas & labbatit/ mais si tost comment abridāt fut mōte. cellui aqui vous ioustates au chastel/ si vint & iousta a lui. et labatit incōtinēt/ ainsi que ie say veu ie le vous diz: puis iousta aux autres trois cōpaignons mais nul ny demoura q̄l ne iettast de sa selle ainsi les abbatit tous quatre: puis leur rēdit leurs chevaulx si tost q̄l seut q̄ ilz estoiēt quāt ceulx du pape sceurent que ceulx q̄l avoit abbatus estoient quatre si bons chevaliers/ si lappellerent abridāt sās maistre/ pource que oncq̄s navoit trouve si bon chevalier qui labbatist/ ne oncq̄s puis ne lui cheut ce nom/ q̄lz sui eurent mis/ pource quilz ne cuidoient iail en cuidoit vng frapper si nen pouoit nulz attaindre/ais tournoiet en fuitte lun ca lautre la/puis entra dedes le palais que oncques nul ny mist deffense/si ala cherchant les chābres les vnes apres les autres/car bien cuidoit trouuer le cheualier a qui il sestoit combatu si alla tant ca il vint en vng iardin q estoit desoubz la maistresse tour:ou il trouua quatre sergens qui estoient armez de haubergons ⁊ de chappeaulx de fer/⁊ de bonnes lances trenchans/si estoient assis bien pres dun pauillon/⁊ au millieu deulx estoit mordrec:le frere monseigneur gauuain/qui auoit vngz fers forz ⁊ pesās en ses pies/⁊ en ses mains vne chaine de fer.

Quant lācelot vit mordrec si sceut bien que ceulx le tenoient en prison. si leur escria quilz estoient mors. si leur courut sus lespee traicte. Et quant ceulx le virent venir/si furent si esbahis quilz ne scauoient que faire/aincois tournoient en fuitte ⁊ se mirēt incontinent en vne voulte qui estoit dessoubz la tour. mais lancelot ne les chassa pas longuement/aincois asa a mordrec ⁊ losta des fers ⁊ des chaines de fer/⁊ se fist a lui congnoistre ⁊ lui dist quil estoit lancelot du lac/ Et quant celui lentendit/si fut si dolent que nul plus/si le mercia moult de la bonte quil lui auoit faicte/puis lui demanda quelle aduenture lamenoit celle part/ Et lancelot luy compta cōment il cestoit combatu au tertre desuape/⁊ cōmēt il estoit venu en la forest perilleuse/⁊ comment aduenture lauoit amene a la fontaine des deulx cicamors.

Ce temps pendant quilz parloient ainsi vint sur eulx vne damoiselle qui moult estoit belle/⁊ sembloit estre gentille femme/⁊ la ou elle vit lancelot/si lui cheut aux piez ⁊ lui cria mercy:en lui disāt. Ha ha gētil homme/pour dieu ayez pitie de moy/⁊ de ce chastel/⁊ de ceulx qui y sont/qui mercy vous criēt. si ny faictes point plus grant dommage que vous auez fait/car bien vous en deuez souffrir/car vous mauez tāt dommagee en ce iour que vous auez occiz mon pere/⁊ mon frere qui moult estoient bons cheualiers/et vng autre naure si malement que ie ne cuide pas quil en puisse eschapper sans mort. Et pource mest il aduiz que ce sera trop grant pechie si vous en faictes plus.

Quant lancelot vit celle dame qui si doulcement crioit mercy:⁊ qui tout en plourāt lui estoit cheute aux pies: si en eut moult grant pitie/si la print par les bras/⁊ la leua de terre/⁊ lui dist. Damoiselle se ie vous ay si grant dommage fait cōment vo dictes/sachez quil men poise. si vous prie p amours/⁊ par courtoisie/que vous le me pardonnez/⁊ ie vous promets que iamais ne vo forceray ne vous ne homme de vostre partie. Sire fist elle ie vous pardonne. puis que le ne se me peult amender. Or bueil ie fist il q vous me monstrez le cheualier par qui ie blesceans. Car ie le bueil veoir desarme. Certes fist elle il est si malade de la naureure q vo lui auez faicte/que en nulle maniere ny pourroit il venir. Or allez le scauoir fist lancelot car ie desire moult a le veoir/⁊ icelle sen partit si ne demoura gueres apres/que incōtinēt vint vng varlet a lancelot qui lui dist. Sire allez vous en hors de ceans se vous pouez/ car vous verrez incontinēt venir ceulx de ce chastel ceans qui vo occiront silz peuent/car ie vous diz vrayemēt quilz sont tous entrāgez du seigneur de ce chastel que vous auez occis/⁊ de ses deux filz qui estoient les meilleurs cheualiers du pays.

Quāt mordrec ouyt ceste parolle si dist. Ha ha sire/ puis que vous mauez oste de prison/faictes tant que ie soye arme/si que ie vous puisse aider quant vous en aurez mestier. Naiez paour fist lancelot:ia dieu ne maist se vous y auez ia mal tant que ie soye auec vous/ lors demanda au varlet qui les nouuelles lui auoit dictes/dont il estoit. Sire fist il ie suis du pays dont vostre pere est seigneur ⁊ roy. Et que scez tu fist lancelot qui ie suis. Sire fist il vous estes Lancelot du lac ⁊ il ne lui octroya ne ne cōtredist. Mai ne moy fist il la ou les armes de ceans sont/ Sire voulentiers mais que vous me suiuez ⁊ ilz le suiuirēt tous. ii./ ⁊ il les mena en vne fortresse la ou ilz trouuerent escus ⁊ haubers heaulmes ⁊ espees tant comme ilz en veulēt Et mordrec se arma incōtinent cōme celui q ne desiroit aultre chose/⁊ quāt il fut biē arme playe en leschine: si que apou quil ne labbatit du cheual a terre: mais touteffoiz il se tint si bien quil ne cheut point. Et quant le cheualier eut fait son coup si sen passa oultre: et lancelot se redreca incontinent qui assez se sentoit blece du coup: si se dreca vers le cheualier: et se frapa si cruellement quil lui trencha le heaulme et les mailles de la coiffe de fer: si lui fist lespee sentir iusques a sa chair nue, et le sang voller tout contreval: puis recouura son coup: car bien cuidoit il le cheualier abatre a terre, pour le grant coup quil lui auoit donne, mais cellui fut de grant force et de grant prouesse, si fist semblant que de tel coup ne lui fust riens: ains assaillit lancelot si merueilleusement quil sen esbahyst tout, car il ne cuidoit iamais en lui trouuer si grant prouesse comment il y trouua si depecerent leurs escus et leurs haubers amont et aual, et en firent voller les mailles a bonnes espees trenchans, et dura tant lassault entre eulx deux quil ny auoit cellui qui neust assez mestier de medecin.

Tant dura lassault deulx deux que le cheualier ne pouoit plus souffrir: car tant a petites playes et grandes, que nul ne leust veu qui nen eust eu grant pitie. Si perdit tant de sang que sen se merueilloit comment il se pouoit tenir en place. Et quant il vit qil ne pouoit plus durer sans mort, si tourna en fuitte: et sen alla vers le chasteau tant quil peut du cheual courre: et lancelot q estoit moult eschauffe de ire, et de mal tallent, lenchassa tant comment il peult, car il ne vouloit point en nulle maniere le laisser. Et cellui se fuit pour garantir sa vie, si sen entra dedens le chastel Car il ne cuidoit point que lancelot le suiuist Et quant il lapperceut il eut si grant paour car il cuidoit bien estre mort sil lataingnoit, si piqua son cheual, et se hasta de tost aller: si se alloit p toutes les rues au plus tost qil peult Et lacelot le suiuoit lespee ou poing, et le menacoit a tuer sil la taignoit, quant ceulx du chastel virent ceste chose, si ne furent pas aises car ilz auoient grant paour que lancelot occist cellui qui deuant lui fuioit, si commencerent a crier si cruellement par leans que len ny eust pas ouy tonner. Et cellui qui fuyoit alla tant quil vint a la maistresse tour, si la

trouua ouuerte et entra dedens, puis monta amont tout acheual, et il y auoit .pii. cheualiers tous armes qui vouloient descendre pour lui aider, et quat ilz le virent venir ilz le laisserent passer entre eulx .pii. et lancelot qui le suiuoit ne descendit post de son cheual, ains se alla tout contremot ainsi arme come il estoit et ceulx qui a coup lataignirent, se fraperent si fort quilz lui occirent son cheual, et le firent voller a terre, lun dune part et lautre de lautre, Mais il se releua incontinent comme cellui q nestoit point esmaye dauenture qui lui deust aduenir: si leur courut sus ainsi comme sil neust eu ne coup ne playe, si frapa le premier qil attaingnit si cruellement quil lui mist lespee en la ceruelle, et il cheut aual les degrez. Et lancelot corut aux autres, si leur donna gras coupz a destre et a senestre, et eulx ne le pargnoient point, en lui donnant des espees trenchans amot et aual, tat qlz lui percerët son heaulme, et son escu en plusieurs lieup: si tant le chargerët de coupz quilz labatirët agenoulz a fine force, et il cheut contrebas les degrez. Mais il se releua incontinent, comme cellui qui estoit de moult grant cueur, et qui pesoit monter amont la salle malgreeup, Et non pourtant estoit il si las des coups quil auoit donnes et receuz, quil auoit mieulx mestier de reposer que de combatre, mais il nen faisoit nul semblant

Ainsi que lancelot se vouloit frapper pmy la presse lui vint vng cheualier le greigneur de tous ceulx qui la estoient, et le plus fort, si le print par derriere et lembraca parmi les flans et le leua de terre a fine force et le mist sur son col, et lemporta droit a vng puys. come cellui q bien le cuidoit ietter dedes mais il neut gaires cheuauche que lancelot se desuelopa de telle force que cellui volla a terre a genoulz, et quant il se voulut redrecer lancelot hauca lespee, et lui donna tel coup parmi la teste quil le fendit iusqs aux dens, et cellui cheut mort et lancelot ala courir aux autres q dessus les degrez estoient, et quant ceulx le virent venir, qui aultresfoiz lauoient veu, si redoubtoient moult a attendre son espee car ilz scauoient vrayemët que cellui nauroit ia garant qui sattëdroit a droit coup, et quant mande/ɾ cellui dist que ce messaige ne seroit il point sil plaisoit a dieu/ Non fist claudas par saincte croix se tu ne le faiz:ie te prometz que ie te ferap le poing coupper/et cellui dist quil le feroit. aincoiz quil eust le poing couppe/lors sen partit incontinent de la court/en telle maniere: que oncques ne beut ne ne men gea:ɾ sachez quil ne trouua point qui guaires sen prisast/ Et quant il fut entre en son chemin il cheuaucha tant quil vint a la mer/ puis passa oultre/ɾ quant il fut arriue a sodres/ si demanda ou il pourroit le rop ɾ sa ropne trouuer: ɾ len lui enseigna a kaamalot: car dillec ne se mouuoit il guaires souuent/ɾ il sadreca celle part au plus tost qʼil peult/ si cheuaucha tant quil vint a la court au rop artus viii. iours deuant la penthecouste/ɾ ce fut a ung dimenche/ que le rop artus estoit hors yssu pour sop esbatre es prez dehors kaamalot au point du iour ne encores nestoit pas venu pour ouir messe Mais la ropne estoit ia leuee/ɾ issue hors de sa chambre/ puis entra dedens ung palais/ɾ quant elle y vit entrer tarquin: il ne fault pas demander se elle en fut ioyeuse. lors lui dist que bien fust il venu/ɾ il seclina pres de terre/ɾ la salua comme sa dame/ puis la tira apart ɾ lui dist quil vouloit parler a elle priuement/ɾ elle le mena en sa chambre Si deffendit que nul ny vint/ puis le fist asseoir deuant elle/ɾ lui demanda quelles nouuelles il auoit apportees/ Dame fist il telles quelles ne me plaisent point.

Lors lui compta le grant orgueil que le rop claudas lui mandoit. Si ne lui cela oncques parolles qui lui eussent este commandees a dire/ɾ aussi sauoit il promis/ Et quant la ropne ouyt les parolles que len lui enuoioit si villainnes/ si en fut si dolente que nulle plus/ Lors dist au varlet quil sen allast de leans/ɾ il le fist incontinent quelle leut commande/ɾ quant elle se vit seulle. si commenca a faire grat dueil/ puis dist/ Ha ha doulx amp lacelot se cellui qui dit telles parolles de vous ɾ de moy sceust que vous fussiez vif/ vrapement ia telles parolles ne diroit/ mais pource quil cuide que vous soyes mort/ il ma cest oultrage mande/ mais se dieu plaist/ aincois que .vx. iours soient pas

sez/ vedrot ceulx de ceste yste fais ɾ en bo point Car ceulx qui estoient ioyeux de vostre mort en seront moult dolens/ɾ sil plaisoit a dieu que ie vous veisse sain aussi bien que iap autresfois. Certes bien se pourroit vanter claudas que ceste parolle lui cousteroit/ Ains que lan fust passe. Et beau doulx amp ie ne desire vostre venue si non pour ceste cause/ car ie vous drope estre hors de ce blasme/ si la desire tant comme ie puis/ car des lors que vous serez venu ny aura ia si hardi qui ose la teste leuer pour auenture qui p auiengne. Ainsi pensoit la ropne a sop mesmes. si desiroit mot la pethecouste/ pource quelle deuoit ouir nouuelles de lacelot/ mais hors se taist le compte delle/ɾ retourne a lancelot.

¶ Comme lancelot se partit de sarras:ɾ vit contre bellias le noir ɾ le conquist. xv. cp

Quant lacelot fut parti de sarras sy sen vint droit a belpas le noir quil auoit abatu: car il vouloit scauoir sil estoit mort ou non. Et quat il fut arriue pres de lui bellias se dreca si naure. coment il estoit. ɾ fut en son seant a terre/ lors escouta lancelot: si oupt au chasteau sonner vne chose moult haultement Il regarda vers les murs/ si vit tout plain de dames ɾ de damoiselles qui le venoiet veoir/ si se merueilla molt pour quop elles y venoient/ lors vint le nain a lui/ cellui qui a sarras auoit parle/ si lui dist. Sire cheualier il vous est moult bien aduenu/ɾ mieulx encores que vous ne cuidez/ɾ certes se vous me croyez vous vous en irez ce temps pendant que len vous laisse en paix.

Ainsi que le nayn lui disoit ceste parole. yssit du pauillon vng cheualier arme/ en telle maniere comme bellias auoit fait. Et la ou il vit lancelot il lui dist quil se gardast de lui/ car il le deffioit/ Et lancelot lui laissa courre lespee/ Car il nauoit point de glaiue/ɾ cellui lui vint le glaiue alognie si se frapa si cruellement qʼl ne demoura poit pour le haulbert/ quil ne lui fist vne grande

nue a Gannes en messaige pour la royne ge
nieure/ qui auec elle auoit amene ung nayn/
& ung honneste escuier pour la seruir/ Et la
royne pensa incontinent a sa damoiselle sa
cousine que elle auoit enuoyee a la dame du
sac/ qui oncques puis ne sen estoit reuenue/
si cuidoit bien quelle eust tant demoure pour
aulcune maladie quelle eust eu sur chemin/
Lors commenca incontinent la royne a de-
mander au Varlet en quel habit la damoisel
le alloit/ & le Varlet lui diuisa/ en telle manie
re quelle entendit certainement que cestoit sa
cousine/ puis demanda au Varlet. Or me dy
sist la royne se tu scez point quil la tienne en-
cores en prison/ Dame fist le Varlet/ ouy/ car
il est tant felon & cruel/ que enuiz feroit il tāt
de bonte a la damoiselle.

Lors appella la royne ung sien clerc
qui lui apporta encre & parchemin/
si fist unes lettres/ & quant elle les eut faites
si les seella de son seel/ puis vint au Varlet &
lui dist/ il conuient que tu me faces ung mes
saige/ & se tu se me faiz tu y auras prouffit &
honneur/ Dame fist il vrayement ie le feray
pourtant q̄ ie saiche quil vous plaise/ Or t'en
ua doncques fist elle au roy Claudas/ si lui dy
que ie le salue cōme saluer le doy/ Car ie ne
lui feiz ōcques mal ne desplaisir/ & il m'a fait
honte & villonnie sans ce que ie lui eusse deser
ui. Apres lui bailleras ces lettres & lui diras
que ie les enuoye/ & si lui diz que ie lui mande
que se il fait le commādement des lettres/ be
au men sera/ & se il ne le fait/ tu lui diras que
oncques ne fist chose dont tant se repentist cō
me il fera de ceste. En nō dieu fist celui tout
ce lui diray ie bien/ Lors se partit de leans/ et
la royne lui donna ung bon cheual/ & le vestit
moult bien en guise d'escuier/ & celui s'en alla
par mer & par terre tant quil vint en la court
au roy Claudas landemain de pasques.

Le roy Claudas auoit tenue sa court
en sa cite de Gannes/ pource quelle
lui plaisoit moult. Et quant le Varlet vit a
la court/ si auoit ia presque mengie/ il vit de
uant le roy & lui dist. Sire a vous m'enuoye
la roine Genieure la femme au roy Artus/ et
vous salue cōme saluer vous doibt/ & si vous
enuoye ces lettres que vous faciez son cōman
dement/ & se vous ne le faictes/ vrayement
ie vous diz/ que oncques chose ne feistes dōt tāt
vous repentissiez commēt vous ferez de ceste
Et quant il eut dit cela/ si lui baille inconti
nent la lettre/ mais Claudas ne respondit ōc
ques mot par desdaig/ aincois print la lettre
& la bailla a ung sien clerc pour la lire. Sire
madame la royne Genieure vous mande sa
lut/ & vous mande que une sienne cousine que
vous tenez en prison lui rendez par amour &
par courtoisie/ & se vous ne le voulez faire/ bi
en sachez vrayement que mal vous en vendra
& mieulx vaulsist quelle ne fust oncques nee
Car vous en perdrez terre ne nul qui soit ne
vous en pourra garentir/ fors que dieu seul
lement que vous n'en mourez. Or gardez que
vous en vouldrez faire/ car ie vous promets
vrayemēt que tout ce trouue ie escript en ces
lettres.

Quant le roy Claudas ouit les mena-
ces que la royne lui faisoit/ si fut tāt
dolent que par ung peu/ que le cueur ne luy
partoit/ si respondit voyans tous ceulx de le-
ans/ si m'aist dieu or sōmes prins. Lors prit
les lettres/ & les ietta dessoubz les piez & quāt
il les eut despeecees/ si dist au Varlet. Car qui
tu t'en yras & me diras a ta dame que ie luy
mande que sa pucelle ne lui rendray ie point
pour pouoir quelle ait/ aincois la tendray en
prison/ & lui feray desormais plus de honte &
de fellonnie pour l'amour d'elle que ie n'auoye
oncques fait deuāt pource que i'ayme mieulx
son courroust que sa ioye/ si lui prie que tu luy
diez que ie ne la crains ne tant ne quant ne
ne doubte. Aincois la hay/ car ie la doibz bi
en hair/ cōme la plus desloyalle royne q̄ ie sache
Encores vueil ie que tu lui dies/ que ie ne pri
se ne elle ne son lecheur/ vaillant ung esperō
& sil fust hōme qui faire l'osast/ ie diz pour di
eu/ & pour droit que s'en la deust mieulx ardre
que nulle aultre femme/ car elle fait auec el-
le couchier en lieu du meilleur preudōme du
siecle/ ung cheualier que ie congnois bien qui
est si vaillant & si preux quil n'a pas ung pie
de terre qui sienne soit/ & tu lui diras que ie luy

varles au poit quilz passerent oultre a quel
que peine/si se hasterēt au plus quilz peurēt
tant quilz vindrēt a noel a kardueil en gal
les/si trouuerēt le roy artus q̄ tenoit sa court
si grande & si planiere/que ceulx en furent
tous esbahiz/car tant dōnoit largemēt aux
barons de son regne que quant il venoit au
departir il ny auoit cellui qui neust a grant
plante/& quant la court fut departie/si dema
derent les varles se le roy auoit ōcques mais
tenue si riche court puis quil auoit este courō
ne/que demandez vous beaulx amis sist lun
des varles Je demāde sist il se le roy tint onc
quesmais aussi riche court. cōme ceste a este
car ilz nous sēble a estre merueilles des dōs
que le roy ya donnez. Certes dist le varlet le
roy artus na point tenue si riche court. com‐
mēt il souloit/car ilz sont tous dolēs de mō
seigneur Lancelot du lac & des autres cōpai
gnons de la table ronde/qui sont entrez en
vne queste si que nous ne pouōs ouir nulles
nouuelles deulx nen plus que se ilz estoient
mors/mais se ilz eussēt este ceās a ceste sois/
Lors tenist monseigneur telle seste que nulz
autres roys ne losassent pas regarder.

Quant les varles ouprēt ceste nouuel‐
le si en surēt trop esmerueillez/Car
ilz nauoient pas aprins entour le roy claus‐
das a veoir si grant seste ne si grant largesse
cōment entour le roy artus/si prindrēt cōseil
lun a lautre quilz pourroiēt faire/par dieu
sist lun a sō cōpaignon ie ne scay que tu voul
dras faire/car ie te prometz que ceās est toute
terrienne prouesse/& toute la bonte de cheua
lerie/& qui veult veoir le silz largesse si voye
le roy artus. Car si maist dieu il est si large
& si preudōme quil nya ou monde viuant hō
messi sailli se il repairoit entour lui quil nen
amendast/& pour la grant largesse que iay
veue en lui ie ne me partiray iamais de son
hostel tāt que ie viue/& tu ten iras se tu veulx
ou tu demoureras/mais quoy que tu faces
ie demouray ceās/& cellui dist quil sen yroit
si sen partit atant/& chemina tant quil vint
en la mer/puis passa oultre/& il arriua a la
mikaresme en la cite de gannes.

Quant le roy claudas vit le varlet/si
lui demāda nouuelles du roy artus
& de Lancelot/Et cellui lui dist que le roy ar
tus estoit sain & en bon point/& le plus riche
homme du monde/& le plus preudomme qui
soit a son escient/si lui deuisa la grant court
quil auoit tenue a kardueil le iour de noel/&
de Lancelot du lac dist il que len nen scauoit ri
ens a la court. Aincois estoit entre en vne que
ste lui & ses deux compaignons que len apel
le ses cousins/& auec eulx maīs cheualiers
de la table ronde desquieulx len nen scett ne
vent ne nouuelle neant plus que se ilz estoiē
mors/Et que deuint ton compaignon sist le
roy claudas est il mort ou chemin/En nom
dieu sist le varlet nenny/mais il est demoure
a la court au roy artus/car ōcques puis quil
eut veue sa grant largesse/que le roy artus
faisoit a ses gens/Il dist que iamais ne par
tiroit de leans/si demoura ainsi en telle ma
niere. Adonc fut le roy claudas moult malle
ment courouce/car il auoit este nourri en sa
court de puis le temps & heure quil estoit pe
tit enfant.

Ainsi demoura leans en la court au
roy artus/& tant seruit leans que
la royne le retint de sa meisgnie/& lui deman
da sil ne vouloit point estre vng de ses escui
ers pour sa seruir/Et il lui respondit que
oup moult voulentiers/Et quant il leut ser
uie vng an ou plus. Il aduint vng pou de
uant la mykaresme que la royne lui deman
da dont il estoit. Et il lui dist quil estoit du
royaulme de gaulle/Et qui te amena cy sist
elle/Dame sist il/il a long temps que ie vis
& se ie ne cuidoie quil ne vous ennuyast/Ie
vous compteroye comment la bonne aduen
ture my amena/Diz le moy donc sist elle seu
rement/car ie ne ten sauray ia mal gre/Et
il lui compta tout incontinent comment le
roy claudas sauoit enuoye en la grant bre
taigne/lui & vng sien compaignon/Et com
ment il estoit leans demoure/pour la grant
bonte quil auoit veue en celle court. Et com
ment son compaignon sen estoit alle arriere
Il nous y enuoya sist il tout incontinēt apres
q̄l eut mise en prisō vne moult belle damoisel
le/Et de moult hault lignaige/qui estoit de

ſerrez ſi toſt commēt les .ii. freres ѵendront en ce pays que ceulx a qui ceſte damoiſelle a eſte enuoyee ѵendrōt a tous ceulx de ce pays ſont extraiz z nourriz z les amoneſteront tāt que tout le peuple ſe tournera par deuers les enfās z ſeront tous en voſtre nuiſſance pource ſi vous prie que vous faciez la damoiſelle cercher tant que vous ayez ѵeu les lettres qlle apporte. z ſe il eſt ainſi cōmēt ie dy faictes celui prendre a qui elle les apporte z la damoiſelle auſſi, z toute ſa cōpaignie z ſoient mis en telle priſō que ceulx qui ſont cy euopee nen oient iamais parler. En nō dieu fiſt le couſi claudas ceſt le meilleur conſeil que ſen vous ſceuſt dōner, z meſt auis que ainſi ſen peult lēn deſiurer. Or alez dōc fiſt claudas a ſa damoiſelle z me apportez les lettres: car ie vous dy quilz peuēt eſtre telles qlle ſen yra tout qt tement. z auſſi pourront ilz eſtre telles que ce ſera droicte merueille ſe elle neſt occupee vers moy

Lors vint le ſeneſchal a la damoiſelle ſi luy diſt Damoiſelle vous eſtes venue en meſſage en ce pays, z pource que nous ne ſcauōs ſe vous eſtes venue pour noſtre bien ou pour noſtre mal voullons nous veoir les lettres que vous portez, ſi vous prie tant cōme ie puis que les baillez debōnairement auant que ſen vous face force. Certes ſire fiſt ſa damoiſelle, ie ne porte lettres ne bōnes ne males, z ſe ie les portoye quelles quelles fuſſēt croiez que le roy claudas eſt ſi courtois que ie ne cuide point quil vous ait cōmande que vous les moſtez oultre mō gre. Damoiſel fiſt le ſeneſchal ſe vous voulez ie les verray z ſe vous ne voulez ſi les verraie, z ſe debōnairemēt ne les voulez moſtrez ie feray tant cercher vous z voſtre compaignie que ſen les trouuera, ſi les verrōs mal gre vous. Sire fiſt la damoiſelle vous me pouez bien faire force, ſe vous voulez tant comme ie ſuis en voſtre court. Mais ſe dieu men mettoit hors vrayemēt vous ne me feriez ia choſe nulle q̄ ne fuſt haultemēt amende ſe dieu garantiſt mon parente, pourtant ſe maintenant ie ſuis hors de mō pays a ſi pou de meſgnie pour ce ne remaint il pas que ie ne ſoye extraicte de roys, z de contes z de roynes z des plus puiſ-

ſans gens z de plus gentilz que neſt le roy claudas ne qui vous eſtes.

Tout quāque vous dictes fiſt celui ne vous vault riens, car ie vous dy q̄ mōſtrez vous conuiēt les lettres que vous portez. Certes fiſt elle ie vous dy que ie nen porte nulles. Lors apella celui deux ſergens z leur diſt Cerchez moy ceſte damoiſelle, z ſes gens z ces coffres tant que vous trouuez les lettres qlle porte, z ceulx diſrēt que ſi ſeroient ilz voulentiers. Lors cercherēt la damoiſelle mais riens ne luy trouuerēt. Apres vindrēt a leſcuier, z quant la damoiſelle vit quilz eſtoient ſi mal menez ſi ſigna au nain quil feiſt ce quelle luy auoit cōmande: z ſe naī print incōtinēt les lettres, ſi les rua en ſeaue. Mais le ſeneſchal vit bien ce que le nain eut fait, ſi ala incontinēt a la feneſtre z il vit les lettres qui ia affondioiēt. Ha ha larron fiſt le ſeneſchal au nain, ſi maiſt dieu ia ceſte choſe ne vous garētira, que ie ne vous face de mal le mort mourir, car ores ſcay ie bien que vous auiez les lettres apportees plus pour noſtre mal, que pour noſtre bien. Lors reuint a ſon ſeigneur, ſi luy cōpta.commēt le nayn auoit les lettres iettees en leaue. Voire fiſt claudas par mon chief pource ne ſont ilz pas qttes, car ie ſcay bien quilz apportoient les lettres a aucun de noz barons pour moy trahir, z pource vueil ie que vous prenez la damoiſelle, z ſa meſgnie: ſi les mettez en priſō en celle tour, qui eſtoit laſſus iuſq̄ a tant que nous ſachous a qui les lettres eſtoient enuopees: z quil pauoit eſcript, z celui le fiſt incōtinēt ainſi. comme il auoit cōmande

Ainſi fut la damoiſelle demouree en priſon moult dolente de ce qlle eſtoit cheute entre les mains de ſon ennemy. Et le roy claudas qui moult deſiroit a ſcauoir de laiſtre lancelot, z au roy artus, z de ſes deux couſines: ſi print .ii. meſſagiers z les enuoya en la grant bretaigne, ſi leur diſt ie vueil que vous ſoyez auant tout ceſt yuer, que vous ne apprengniez nouuelles de la court. Et ceulx ſe partirent a tant, ſi cheuaucherent en telle maniere quilz vindrēt en la mer, ſi y furēt grāt temps auāt quilz peuſſent paſſer oultre, car le vent eſtoit cōtraire, tant demourerent les

H iiii

se il nestoit plus preudomme que autre, et de ses deux cousins fist le roy que men dires sui resemblent ilz de riens. En nom dieu fist elle ouy sponnet est ung des plus aspres cheualiers que len sache, mais boort est le plus ieune des trops cousins et est si prieux que api ne trouueroit lon si bon cheualier en toute la maison du roy artus. comment il est, fort seulement lancelot, et sachez que se ilz estoient venus dune queste ou ilz sont ilz vendroient ca a si grans gens que vous ne les pourrez mie souffrir en bataille vne toute seulle heure du iour, si me merueille. comment vous osez, de mourer en ce pays, car ie vous dy vrayement que se ilz vous peuent aux mains tenir: tout lor du monde ne vous garentiroit pas quilz ne vous occissent, car ilz vendroit dolens et courouces de leur terre que vous auez tant tenue a tort, car vous les en auez desheritez des celle heure quilz estoient petis enfans dont ilz vous herront a tousiours mais.

Quant le roy claudas eut ouy ceste parole, si ne sceut que dire et moult fut esmaye des enfans qui tant estoient haussez par leur cheualerie. Or me dictes fist celluy quel besoing vous a amenee icy ie scay bien que sans grat affaire nestes vous point yssue de vostre pays. Sire fist elle ie suis venue pour vne besongne que vous ne scaures ores point si vous prie quil ne vous en desplaise, et celluy sen passa a tant, et pensa quelle fust venue pour espier et veoir combien il pouoit auoir de cheualiers auecluy, et se il pourroit attendre les effors de la table rode en sa bataille. Sire fist la damoiselle iay cy demoure grant piece, et nay mestier de targer si vous prie que vous me donnez conge si men iray. Or attendez donc fist il que iaye parle a mon seneschal, et lors si vous en prez celle dist quelle demouroit trop.

Quant le roy claudas se fut parti de la damoiselle si se comenca fort apour penser et disoit en soy mesmes que celle auoit maintesfoiz ouy dire que le roy claudas estoit traistre, si auoit moult grant paour quilz ne luy faissent ennuy mais que que len face de son corps si come elle dist elle vouldroit mieulx estre occise que les lettres quelle portoit fussent veues, car elle pensoit bien que les greigneurs secres a la royne y fussent, si pensa que se claudas la faisoit prendre il lui feroit premierement tollir les lettres, et aussi pourroit elle bien estre mal baillee. Lors dist au nain que estoit apupe dessus vne fenestre par dessoubz vne eaue que estoit dessoubz le palais, et elle lui baissa les lettres puis lui dist Le roy claudas ma icy arrestee ie ne scay pourquoy, si me doubte de lui pource quil est cruel fellon et desloyal, et veez cy vnes lettres que ma dame la royne me bailla: et en ce faisant me deffedit si chierement come ie amoye mon corps et son amour que a creature du monde ne les baillasse ne ne desployasse deuant que celle a qui elle les enuoye les eust. Et pource fist elle les te baille ie a garder que se pauenture il auenoit que len me cerchast que elles ne fussent point trouuees sur moy, et se il auenoit que len nous retenist si iettez les lettres en leaue, car mieulx ameroye quelles fussent perdues a tousiours mais que ceulx de ceans sceussent le secret de ma dame, et quelle fust courouce ne tant ne quant de ceste chose. par ma foy fist le nain cest le mieulx que ie y voye, et ainsi le feray. comment vous mauez dit.

Ainsi ont apareille leur affaire le nain et la damoiselle, et le roy claudas parloit a vng sien cousin, et a son seneschal et leur disoit en conseil pour dieu fist il beaux seigneurs conseillez moy, que ie feray de ceste damoiselle, car ie scay bien que les .ii. freres lyon et boort sont enuoyes cy pour veoir mon contenemet et mon pouoir, et celle ma ordroit trouuer en tel point que ie nay pas la moittie de mes gens, dont elle dira quant elle sera en son pays retournee que ie nay pas tant de gens auec moy que vng iour seulement les peusse attendre en bataille, et quant ilz orront ceste nouuelle vouldroit venir sus moy a tout leffort au roy artus, si ameneront tant de gens quil nest si puissant homme ou monde qui bien ne les deust doubter a attendre, si me dictes que len en pourra faire, car ie vueil que vostre conseil en soit creu.

Sire dist le seneschal ie vous diray que len fera ie croy que ceste damoiselle apporte lettres de par les .ii. freres a aucun des barons de ce pais, et scauez vous pourquoy, Je le vous diray, se vous ne le scauez vous iournees quelle sit a la mer/ et lors soua vne nef/puis fut passee oultre/et quant ilz furēt arriuez au port si yssirent hors de la nef: puis mōta la damoiselle elle et sa compaignie/sy cheuaucha tant q̃lle vint a la cite de gauues trois iours deuāt la saint remi ou le roy clau das estoit/qui estoit le plus puissant roy du mōde fors seullemēt le roy artus/car il estoit sage/et bien auise/si q̃ toutes les grās choses de romme aloiēt par son cōseil/et estoit si bien en la grace/et en la bōne voulēte des rōmais quilz ne faisoient riens que le bon conseil du roy claudas ny fust/ainsi estoit le roy claudas au dessus de tous les gens de gaulle/et de ac quitaine/et de berry par son grāt sēs/et auoit tant fait par sa debonairete quil estoit ame de tous les barons tant de ses hōmes que de ail leurs/et quāt il vit la damoiselle si richemēt cheuaucher en robe de soye/si pensa bien q̃lle estoit des messagieres de la grant bretaigne et pensa quelle lui diroit bien nouuelles du roy artus et de lāselot se elle vouloit/et cestoit vne chose quil desiroit moult a scauoir/lors apel la .ii. de ses cheualiers/et leur dist. Mōtez sur voz cheuaulx/et alez a celle damoiselle/et lui dictes quelle viegne parler a moy/car ie na uray iamais ioye se elle sen va sans parler a moy/et ceulx firēt son cōmandemēt puis mō terent/et alerēt apres la damoiselle/et quāt ilz furēt pres delle si la saluerent/et elle dist que bonne auēture leur dōnast dieu. Damoiselle sist lun mōseigneur le roy claudas de sa terre deserte vous salue par nous qui a lui sōmes Et vous mande que vous venez a lui plez Seigneurs sist elle bonne auenture puisse auoir le roy claudas/come riche roy quil est et courtois/Certes fist elle ie vous dy que ie re tournasse voulentiers/mais iay tant afaire que ie ne puis poīt retourner a ma voulente/ si vous prie en tāt q̃ ie puis q̃ il ne vous en poise

Damoiselle fist lun aisi ne vous en y rez vous pas/car le roy veult pler a vous/et pource vous cōuient il retourner se vous auiez encores greigneur a faire que vo' nauez/et elle vit bien que a force lui cōuenoit retourner vousist ou nō/et se elle en faisoit dā gier par auēture len penseroit greigneur mal quil nya/si respōdit en telle maniere Beaup

seigneurs puis q̃ le roy veult que ie voise pler a lui ie retourneray/mais bien sache il que ce nest pas grāt courtoisie quāt il me fait retour ner a force/A tāt retourna la damoiselle elle et sa mesgnie/si cheuaucha parmi la ville tāt que elle vint a la court du roy claudas: puis descendit aual/si dist a lescuier et au nain q̃lz lattēdissent illec: car ie reuēdray au plus tost que ie pourray/quāt la damoiselle fut descē due dessus son cheual si vint en la sale amōt/et quant le roy la vit venir si se leua encōtre el le et la salua. et elle lui dist q̃ dieu le beneist. Sire fist elle vous mauez icy fait venir de uāt vous or vouldroie scauoir se il vous plai soit pourquoy cest/Je vous diray fist le roy mais que vous ayez disne/car vous ne men gastez huy ne vous ne vostre cōpaignie a mō escient Sire fist elle ie nay talent de mēger/ car ie ne puis tāt demourer. Il cōuiēt fist il q̃ vous le faciez puis que ie vous en prie/ quāt elle vit quil len prioit si nosa reffuser/lors sen reuint a sa mesgnie/si les fist descendre: et lun des bouteilliers au roy claudas les emē na en vne chābre/et leur dōna a menger.

Quant la damoiselle eut menge par loisir: si la fist le roy venir deuāt lui et celle y vint seurement. come celle qui se sētoit de aussi hault lignage cōment le roy claudas estoit/et quant ilz se furent assiz sur vne cou che/si lui demanda claudas dont elle estoit. Sire fist elle ie suis du royaulme de logres Et suis pucelle ma dame la royne genieure estes vous fist il de la maison au roy artus/ Sire fist elle ouy/dont me scaurez vous biē dire nouuelles dun cheualier qui y repaire et est de la table rōde/et pource que vous en estes scay ie biē q̃ vous le congnoissez/car cest vng hōme moult renomme ainsi que iay ouy dire et a nom lāselot du lac En nō dieu sire fist el le ie le congnoiz bien/car ie lay maintesfoiz veu/mais pourquoy le demādez vous pour ce fist il que ie scauroye voulētiers se il est sy preudōme. come lē dit/Certes fist elle ie scay bien quil est le meilleur cheualier du mōde/ le plus gracieup/et le mieulp ētaiche de bōnes taiches/Certes fist le roy il ne forligne pas car son pere fut vng des plus preudōmes du monde de son aage/si me merueilleroye soit

H iii

cheual a fine force, mais monseigneur lancelot qui me suyuoit se esmeut incontinent pour iouster a lui/ & labatit, puis mamena son cheual pource que point nen auoye/ & le me donna la sienne mercy/ & ma enuoye par deca en messaige/ & vous mande par moy que des compaignons de la queste ne soyez point amalaise Car bien sachez quilz sont sains/ & haittiez ou tertre desuoye qui siet dessus la forest perilleuse/ Lors dist sarras a la royne Dame lancelot vous sallue sur toutes les dames quil veist oncques, puis ung an & demy, comme celle quil desire a veoir sur toutes autres/ car ya long temps quil ne vous vit, si me dist ql ne cuidoit iamais veoir le iour quil se peust reposer en ce palais, Encores vous mande il que le iour de penthecouste il sera en ceste cite se il peut lui & les compaignons, se dieu les deffent de essoyne, quant le roy ouyt ceste nouuelle, si dist Ha ha bel ami lancelot, que fust il ores penthecouste pleust a nostre seigneur: par conuenant que vous fussiez aussi sain/ & en bon point auecques moy. coment vous fustes oncques mais: si maist dieu iauroye greigneur ioye que ie neuz oncques a mon escient & la royne dist Voyres tous Ha ha dieu vous pourroit il plaire, que ung mes desire me donnissiez, que ie veisse cellui sain & en bon poist que tout le monde desire a veoir pour son grant renom/ & autant en disent tous ceulx qui leans estoient, mesmement ceulx qui par sa grat prouesse le hayoient par enuie/ Et le roy demanda a sarras se il scauoit que le roy Baudemagne/ & les autres compaignos deussent venir a la penthecouste Sire fist il lancelot me dist quilz y seroient tous & quen fussiez asseur En nom dieu fist le roy dont vueil ie tenir court la plus grant/ & la plus planiere que oncqs ie tenisse puis icelle heure, que fuz couronne si vouldroye que tous mes barons y fussent aussi bien les poures comme les riches pour faire feste/ & honneur a trestous ceulx /que nous cuidions auoir perdus

Lors fist faire le roy brieuez/ & les fist seeller, si manda a tous les baros qui de lui terre tenoient, que a la penthecouste tedroit court moult riche en la cite de kaamalot: & si leur manda quilz ne laississent en nul

le maniere quilz ny fussent/ & quilz venissent le plus honnorablement quilz pourroient/ Et la royne le manda aussi a toutes les haultes dames de la terre aussi bien aux poures commet aux riches/ quelles y venissent a kaamalot veoir la grant court, que le roy artus y tendra/ & le roy fist querir trestoutes les plus precieuses robbes quil peut trouuer qui estoient de soyes darmarie ouurees a or & a pierres: si comme les sages hommes se sceurent deuiser Car il les vouloit donner aux cheualiers/ & aux compaignons de la queste Ainsi se apareilla le roy/ & tous les aultres de faire feste encotre la venue des copaignos. Si se taist a tant le compte deulx tous/ & retourne a la damoiselle, que la royne auoit enuoyee a la dame du lac.

¶ Comme le roy claudas arresta prisonniere la damoiselle q la royne genieure enuoioit a la dame du lac. piiii. chap

Quant la damoiselle se fut partie de kaamalot elle cheuaucha toute iour a iournee/ & la demain/ & au tiers fist grant chault si comme entour la saint iehan en este & pource ne voulut elle point laisser a cheuaucher Au soir vint en une abbaye de nonains/ quant elle y fut descendue/ si se trouua fort malade pour le chault q ainsi lauoit greuee & au matin quat elle se deut leuer si neneut pouoir Car tant fort se sentit malade qlle cuidoit bien mourir, & elle demoura leas. viii. iours de celle maladie, ung iour lui auint qlle se fut leuee fort malade, si vit venir leas ung cheualier/ & elle ala a lencontre/ si lui demanda dot il venoit, ie vieng de kaamalot ou le roy artus est ioyeulx si come il mest aduiz/ & tous les autres barons, Car ung cheualier leur a nouuelles apotees de moseigneur lancelot du lac qui est sain & en bon point, & le cuidoit quil fust mort si come la royne disoit.

Quat la damoiselle eut ces nouuelles ouyes: si fut plus ioyeuse qlle nestoit quat/ si demoura leans tat quelle fut garie de sa maladie tant qlle peult bie cheuaucher/ Lors se partit de leas/ si chemina tant par ces

estes vous monseigneur lancelot du lac/ oup
fist il ie suis cellui lancelot mesmes/ qui fut
filz au roy ban de benoic/ En nom dieu fist
monseigneur sarras/ donc men iray ie a mon
seigneur le roy artus z a madame la royne/
Et scay bien quilz en seront plus ioyeulx que
de nouuelles quilz ouissent pieca. Or alez donc
fist lancelot/z sur tous me saluez madame
la royne/z il se retourna toute la voye quil z
estoit venu/ puis cheuaucha iusques a heure
de none/z lors encontra le cheualier de sa li-
tiere/ q̃ lancelot aloit querant cellui chieulz q̃
le roy baudemagus gesoit malade/ quant ilz
sentrerencontrerent/ si salua sarras le cheua-
lier tout le premier/ Et cellui lui demanda se
il scauoit nulles nouuelles de monseigneur
Lancelot du lac/z il lui compta toute son a-
uēture/z pourquoy il aloit querant/ En nom
dieu fist sarras se vous vous voulez vng peu
haster vous le trouuerez incontinent emmy ce
ste forest a vne plaine qui est deuant la fōtai
ne des .ii. ciccamors ou ie lay laisse nagaires.
Et quant le cheualier naure ouit ceste pole: si
dist/ Ha ha dieu/ or se me laissez trouuer sy
seray gari de sa maladie/ ou ie suis en mon
corps trauaille nuit z iour/ lors commanda
cellui a dieu qui celle nouuelle lui auoit dicte
z il se hasta de cheminer/ si se mist ou chemin
la plus droicte voye quil peut/ et sarras qui
auoit vng bon cheual z ysnel/ se hasta fort de
cheuaucher/ car moult auoit grant desir de
arriuer a kaamalot pour compter au roy z a
la royne ces nouuelles.

Au soir apres vespres/ quant il vint
pres dun chastel se partit le varlet de
lui qui mene lauoit a la fontaine/ z sarras
commenca tant a cheuaucher de iour z de nuit
par ses iournees quil vint droict a kaamalot
a vng dimenche/ z cellui iour estoit le roy le-
ue matin z la royne aussi/ si furent yssus du
monstier/ car ilz auoient ouy messe a vne ab
baye/ si estoient aux fenestres moult grant
compaignie de cheualiers/ z de dames z de
damoiselles/ z la royne eut ia aperceu sarras
qui moult se hastoit de cheuaucher/ si auoit
ia dit au roy Sire ie voy la venir vng che-
ualier qui aucune nouuelle aporte/ Or doint
dieu fist le roy quelles soient plaisantes/ car

iay grant paour des compaignons de ceans q̃
plus a de demy an quilz sont en q̃ste. Iamais
ne me croyez fist la royne se il ne aporte bon-
nes nouuelles/ car par mon chief se il les apor
toit mauuaises il ne se hasteroit pas de venir
Car len dit souuent en vng prouerbe que tout
a temps vient a lostel qui mauuaises nou-
uelles y aporte.

Le temps pendant quilz parloient ain
si descendit sarras en la court/ z quant
il fut venu ou palais: si se adreca la ou le roy
estoit/ puis se agenouilla deuant lui/ z lui dist
Sire salut vous mande monseigneur lan-
celot du lac/z a ma dame la royne qui pres
vous est/z a tous les barons qui ceans sont
Et quant le roy oupt ceste nouuelle/ si eut sy
grant ioye que onques mais nauoit eu grei-
gneur/ si courut a sarras les bras tenduz/
si saccolla/z baisa/z lui commenca a faire aus
si grant ioye. comment il fust cait au preudōme
mesmes dont il aportoit la nouuelle/z il dist
en telle maniere a sarras/ Beau doulz amy
pource que aportastes ceans ceste nouuelle ia
ne me scaurez telle chose demander que vous
nayez par couenant que ie la vous puisse don
ner en guerdon de ce seruice/ Car il ya moult
grant piece que ie nauoye oup nouuelles qui
autant me pleussent/ Mais dictes moy se il
est sain/z en bon point/ Car moult ie le desi-
re ascauoir/ Certes sire fist sarras il nya
encores pas .vii. iours que ie le viz sain/z hait
tie/z me donna le cheual que iay amene ceās
Car ie vous dy vrayement quil le conquist a
iouster encontre vng des meilleurs cheualiers
que ie veisse oncques/ et ou fut ce fist le roy Si
re fist il ce fut a la fontaine des .ii. ciccamors
ou monseigneur gauuain fut abatu soy .iiii. de
compaignons par le cheualier mesmement q̃
gardoit la fontaine si. comme les nouuelles
vous en furent ceans comptees le iour de pasq̃
Toutesuoyes fut il vray fist le roy quil aba
tit gauuain mon nepueu Sire fist il vous di
ctes vray: car vrayement sachez que ie lay oui
dire a cellui mesmement qui le vit vous ne
stes pas le cheualier qui labbatit fist le roy
car vous partistes de ceās auec dautres pour
scauoir se cestoit vray/ certes fist il ie say veu
z iouste a lui/z il me abatit z emmena mon

H ii

taine des deux ciccamors qui se est vante par son messaige a la court au roy artus quil abatit monseigneur gauuain/ et trois de ses compaignons de la table ronde. certes si sle nain ie ne cuide point qlsen soit bate/ et se il sen est bate il na menti de mot quil en deist:car il nya point plus de demi an que ce fut que ie lui en hy abatre quatre.

Or me dictes fist sarras se vous scauez ou il est Sire fist le nain il est en vng de ses pauillons/or lui alez dire fist sarras q̃ vng cheualier de la maison au roy artus lat tent icy, qui onques ne voulut iouster, a lui ailseurs que icy/si en suis ça venu pour iouster a lui/le nain sen retourna incontinent/ et vint a son seigneur qui estoit ou premier pauillon/ et il print vng cor dolliphant, si le sonna moult haultement/lors commencerent cheualiers et dames/ vieulx et ieunes a yssir de hors du chastel. Car bien cognoissent par le cor quil y auroit iouste/ et ilz se arriuerent entour les pauillons/tant quilz furent en pou de heure plus de. v.c. Apres ce ne demoura gaires que de lun des pauillons yssit vng cheualier arme de vnes noires armes monte sur vng cheual noir auec vng bon escu/ et bonne lance: et quãt le varlet qui lui auoit amene le vit yssir du pauillon/si appella sarras/ et lup dist Sire veez la le cheualier que vous querez/ et sarras lui adreça incontinent le cheual/ et lautre a lui/ et ilz sentrefraperent sur les escuz, si durement quilz firent voller leurs glaiues en pieces/ si sentreheurterent si tres fort/ que sarras volla par dessus la crouppe du cheual tout estendu/ et bellias sen ala oul tre aussi bruyant comme souldre. Et promptement fut leuee la criee sur lui si grande que len ny ouist pas dieu tonnant/ et bellias vint au cheual dontil auoit abatu sarras, et il senmena/ et laissa sarras gesant a terre tant dolent que nul ne peult plus estre:car les vngz et les autres se alloient mocquant ainsi, come se il eust este prins a vng grant messait: et il estoit si esbahy quil eust bien voulu estre mort, si se reuint a son escuier, qui latendoit a loree de la forest. et il se fist descendre/ puis monta sur son roncin: et lors commença la criee plus grande que deuant/ car quãt ilz le virent sur le roncin

monte, si lui cõmencerẽt a crier Ha ha mau uais cheualier recreant vous estes ores dieu mercy tant amende que vous estes venu de destrier a roncin/ si lui ietterent pierres/ et bastons apres le dos/ et lui firent toute la honte quil leur estoit possible a faire

Quant lancelot vit ce que len faisoit a sarras/ si pensa de sen venger/car il estoit de la maisõ au roy artus/ et il yssit hors de la forest tout ainsi arme. comment il estoit en escriant a bellias Sire cheualier gardez vous de moy/ car ie vous deffie. et quant lautre le vit venir/si demanda vng glaiue/ et le lui en apporta vng. puis laissa promptement aller le cheual/ et frapa lancelot si durement quil fist voler sa lance en esclaz/ et lãcelot daultre coste le frapa de toute sa force si terriblement. quil lui perça lescu et le hauberc/ et lui mist le fer du glaiue en lespaulle senestre/ et se porta ius du cheual a terre, si lui demoura le fer/ et le fust en lespaulle/til fut en telle maniere attourne quil nauoit pouoir de soy releuer/ Et quant ceulx du chastel virent ce coup si furẽt moult esbahiz/ lors se mirẽt en leur forteresse/ et lancelot vint au cheual dont il auoit bellias abatu/ et le print au frain/ puis se mena a sarras/ et le lui donna en lieu du sien quil auoit perdu. Ha ha Sire fist il qui estes vous qui tel honneur me faictes/ Je le vous diray bien fist lancelot.

Lors se retira lancelot appart/ puis lui dist Beau doulx amy sarras p amour/ et par courtoisie: et pour mettre en ioie monseigneur le roy artus/ et ma dame la royne/ Je vous prie que vous allez a court/ et dictes a monseigneur le roy artus/ quant vous serez en sa court/ que Lancelot du lac vous a rendu le cheual bellias le noir pour le vostre et les salluez de par moy/ et si leur dictes que iay laisse monseigneur gauuain na pas.iii. iours/ et ses autres compaignons de la table ronde dieu mercy trestous sains/ et tous haitiez au tertre desuope/ et serons ensemble/ se nous en auons le pouoir le iour de penthecou ste a kaamalot/ se nous ne sommes empeschez entre cy et la/ daucun grant asaire

Quant sarras ouyt ceste nouuelle/ sy dist a lãcelot Ha ha sire pour dieu

& pour monseigneur gauuain/ & pour les cõ paignons de la queste que len tient a perdus pource que len nen scait ne vent ne nouuelle/ Car vrayement ie scay bien que se ilz eussent este a court/que la ioye peust estre merueilleu se A ce que ung vieil homme chenu y appor ta vnes nouuelles qui moult les fist esiouir/ Car il dist q̃ cellui estoit ne par qui les haul tes auentures du saint graal seroiẽt menees a chief/si est yssu du meilleur cheualier du monde/ & de la fille au riche roy pescheur qui est la plus belle damoiselle du siecle

Quant Lancelot entendit ceste parole bien deuint tout esbahi/ car si tost cõ me il ouyt parler de la fille au riche roy pes cheur/ & il sceut bien quil auoit geu auec elle ou chastel de la casse/ ou lieu mesmement ou il fut deceu par le boire que len lui auoit don ne/ Lors se pourpensa que tost pourroit estre cellui estant yssu de lui/ & il dist au cheualier Sire en ceste part q̃ alez vous querant/ Cer tes fist il ie vops querant se ie pourroye ceste part trouuer la fontaine des deux cicamors/ Car apasques vit ung cheualier a court qui disoit qu'il auoit este a celle fontaine le iour mesmement q̃ belleas le noir abattit messire yuain/ & messire gauuain & le duc de clarẽce/ & ossain corps hardi/& tout pour ceste cho se nous esmeusmes nous de court lendemain iusques a douze compaignons/sans quil en peust nulz de la table ronde/si creancasmes lun a lautre/que nous ne cesserions iamais iour du monde de cheminer iusques a ce que nous aurions celle fontaine trouuee pour sca uoir/se cellui iousto it si bien comme len vit compter a court.

Quant le varlet qui auec lancelot estoit venu leans ouyt ceste parole/si dist vopans tous/par mon chief iay este a celle fontaine dont vous parlez/ & bien scay ou el le est Et est ce vray fist lancelot quil est si bõ cheualier comment len dit Par ma foy fist le varlet le cheualier ne viz ie õcques mais sãs faille iay maintesfoiz ouy dire que belleas le noir qui garde la fõtaine est le meilleur che ualier que len sache en ce pays/ Ha ha beau amy fist sarras puis que tu sceis la fõtaine oz te prie ie en tous guerdons que tu my meines

demain/car trop ie desire a veoir le cheualier qui est vante/qui abatit monseigneur gau uain/ & son cheual/ & abbatit monseigneur y uain par ma foy fist le varlet ie vous y mer ray moult voulentiers/ puis dist sarras a lã celot Sire vous mauez moult demãde de mon estre/ or vouldroye ie scauoir du vostre se il vous plaisoit/ & lãcelot lui dist quil estoit du royaulme de gaulle vng poure cheualier desherite/ puis sen alerẽt coucher & doimir en beaup lis qui estoient ou pauillõ/ & ilz com manderẽt aup escuiers quilz se prenissẽt gar de des cheuaulp/ & ilz se firent voulentiers.

Au matin si tost comment il fut aiour ne se leuerent entre le cheualier/ & lã celot/ & se vestirent & armerent/ Et quant ilz furẽt montez sur leur cheuaulp/ si dist le che ualier a lancelot Sire quelle part irez vous Mais quelle partirez vous fist lancelot Si re fist sõ varlet il y ra pdeca/ & il lui monstra vng grant chemin adestre dont irap ie fist lã celot cestui a senestre/car en quelque lieu que ie voise ie vouldroye aler tout seul/ Lors se al la sarraz/ & le varlet/ & les ii. escuiers tout ce chemin a destre/ & lãcelot sen ala dautre part le chemin a senestre/si fist semblãt quil voul loit aler auec lui: mais si tost cõme il fut vng peu esloingne deulp/ si retourna arrie/ et les suyuit par emblee pource quil ne vouloit point que ceulp la saperceussent/car il vou loit veoir cõment il serroit a sarras de iouster au cheualier de la fontaine.

Tant sont ceulp alez quilz vindrẽt en vne plaine emmi la forest lors virẽt deuant eulp vng chastel fort/ & bien clos de murs tout en tour/ mais il nauoit point de eaue courante/ & loing du chastel aussi cõme dune archie auoit.ii. cicamors haultz/ & par creux/ & dessoubz auoit vne fõtaine que len a peloit la fontaine des ciccamors si sourdoit au pie dun des ciccamors par vng tuel dar gẽt/ & assez pres dillec auoit quatre pauillõs qui estoient moult richement ouures/ si auoit chascun ou pommel vne aigle dor/ & quant sarras approucha des pauillõs/ si lui vint vng nayn a lencontre qui lui dist Sire che ualier que alez vous querant/ ie vops fist il querant belleas le noir cellui qui garde la fõ

H i

La tierce partie de Lancelot.

et lancelot le frapa si quil lui perca lescu et lup rompit les mailles de son haubert/ et lui mist le glaiue emmy lestoumac ser et fust et labbatit mort a terre/ et lors yssirēt iusques a douze damoiselles/ et quant elles virent le cheualier ainsi abbatu si en furent moult dolentes/ et vindrent a lui a cierges ardans et a torches et lup osterent le heaulme de sa teste/ mais quāt elles le trouuerēt mort/ si en firēt le greigneur dueil du monde/ et quant lancelot vit cessa si en fut moult dolent de ce quil auoit oncques iouste a lui/ puis sen entra au pauillon/ et descendit de son cheual/ puis reuint aux damoiselles/ et leur dist ha ha frāches damoiselles pour dieu aiez mercy de vous mesmes/ et ne vous occiez pas pour vng cheualier/ car puis quil est mort a plourer ne gaignerez vous riens pour vng cheualier. lasse fist lune/ quesse que vous dictes/ cheualier nestoit il pas tāt seulement/ ains estoit vng des plus preudōmes du monde/ et riche et puissant cheualier/ et sca chiez vraiemēt que iamais ceste perte ne sera recouuerte par homme ne par vous mesmes ainçois en mourrez deuant quil soit vng an passe

Lors commencerent les damoiselles a plourer et a faire leur dueil toutes ensemble/ et disoient ha ha franc roy tant cest grant dommaige de vous/ lors le prindrent entre leurs bras/ si lemporterent en vng des pauillons/ et lancelot fut en lautre ou il menoit si grant dueil que a pou quil nen mouroit/ si dist que aisi dieu lui peult aider il eust mieulx ame auoir este naure/ en toutes les manieres du monde sans mort/ quil leust ai si atourne. A ces parolles vindrent leans .iiii. cheualiers. Et quant ilz virent leur seigneur mort si commencerent a mener le greigneur dueil du monde/ et dirent a lancelot. Ha ha sire trop auez mallement exploite/ et maint grāt dommaige auez fait a maint preudomme/ et auez maint pape gatte et mainte contree faicte orphane du sire qui seigneur en estoit/ Certes a moult grant peine pourriez vous restorer le grant dommaige que les poures gens y ont/ lors commença le dueil plus fort quil nauoit fait deuant/ lors cōmanda a vne des damoiselles que len fist vne littiere/ et quilz

le porteroient au chastel de cransi/ lors sen allerent incontinent au boys/ et cueillirent tant darbroisceaux que la littiere fut moult biē faicte/ puis y mirēt deux cheuaulx beaulx/ et lors si y coucherent le cheualier bien/ et gentement puis sen alerent/ et les damoiselles aussi/ si que es pauillons ny demoura ne mais que lancelot et le varlet. Et lancelot se esmayoit fort et faisoit chiere de homme fort triste et courouce/ et disoit ha ha dieu/ tant mest durement mesauenu/ quant par ma main est mort roy sacre/ et benoist/ Certes mieulx me vausist ie ne fusse oncques ne/ que de auoir tel coup fait.

Ha a sire fist le varlet quesse que vous dictes. En nō dieu encoires vous fust il plus mesauenu se il vous eust occiz/ et pour ce ne vous en doibt il point poiser que se vous leussiez trouue en vostre tort/ Si maist dieu fist lancelot ie aimasse mieulx que ie neusse frappe coup de lance dicy a vng an/ que ie eusse occiz vng roy de ma main/ si ne seray iamais ioyeux tant que ie scauray qui il est/ lors osta ses armes/ et le varlet lui aida tāt quil fut des arme/ lors trouuerent la table mise en vne pt du pauillon/ car le mengier auoit este apparelle/ Et lancelot se assist a sa table et mēgea mais ce fut a grant peine/ Si ne cessa oncques en nulle maniere den parler tant que le varlet len blasma moult

Ainsi que lancelot mengoit entra leans vng cheualier arme de toutes pieces/ et auec lui deux escuiers/ si demāda a lancelot sil pourroit huimais hebergier auec lui. Oup sire fist lancelot venez auāt/ et les escuiers descendirent/ si se desarmerent/ puis laua le cheualier ses mains/ et se assist au mengier. Et quant ilz eurent mengie tout par loisir/ demanda lancelot au cheualier dont il estoit et il dist quil estoit de sa maison au roy artus Et estes vous compaignon de sa table ronde fist lancelot. Sire fist il nenny mais ie le se rope voulentiers/ et comment auez vous nō fist lancelot. iay anom sairas de logres/ Et quant partistes vous de court fist lancelot/ Sire fist il landemain de pasques/ et en quel lieu fist il til le roy sa court/ sire a kaamalot Mais moult y fut la ioye petite/ pour lancelot

ue/ cellui acouroit la gueule bee q̄ bien tost
se cuidoit deuorer/mais lancelot se ferit si a
merement/ que parmi le coste destre lui mist
se glaiue iusques au cueur/ cellui commen-
ca a braire comme cellui q̄ estoit naure a mort
& qui nauoit nulle puissance de soy releuer/
& lancelot retira son glaiue sans se despecer/
& laissa lours gisant a terre/ puis appella le
varlet si lui demanda sil ne scauoit point ou il
peust celle nupt hebergier/ Certes sire fist le
varlet nenny/ Car pres dicy nya ne ville ne
maison a moins de sept lieues/mais sans faille
quant ie vins ca ie viz amont sus se tertre
deux pauillōs tendus ainsi comme il me fut
aduiz qui estoient tendus en lespoisseur de la
forest vous pouez bien aller iusques la & trou
uerez les pauillons ie cuide que seu vous he
bergera pour huymais/ car sans gens ne sont
ilz point/ Or me menez celle part car vous y
scauez mieulx le chemin que ie ne faiz/ & il lui
respondit si feroit il moult voulentiers/si se
retourna toute la voye qʼil est venu & quant
il fut au fons de la valee/si fut la lune leuee
belle & clere si veirēt par deuant eulx vng cerf
plus blanc que neige/ Et si auoit en son col vne
chaine dor/ & tout entour le cerf y auoit six li
ons/deux deuant/ deux de coste/ & deux der
riere qui saloiēt gardant par semblant aussi
chierement comme sa mere fait son enfant/ &
passerent par deuant lancelot sans faire nul
mal ne a lui ne au varlet/ Certes fist lance-
lot or ay ie veu la plus grant merueille que ie
veisse oncques mais/car ie scay vrayement
que ces lions qui par cy passent gardēt ce cerf
afin que nulli ne lui face mal/ dōt ie me mer
ueille moult comment ce peult estre/ car sans
la puissance de dieu ou sans enchantemens
ne peult ce estre/ car ilz font plus que nature
ne leur a donne/ Et pource scay ie bien quilz
font cela par le commandement du createur
ou par enchantemēs/ & pour en scauoir la ve
rite sais ie orendroit vng tel veu que comme
vng cheualier peult faire/ que iamais ie ne
partiray de ceste forest si ie ne suis malade q̄
ie scauray la verite du cerf: se par homme ou
par femme peult estre sceu/ Si maist dieu fist
le varlet ce nest pas de merueilles se vous en
voulez scauoir la verite/ car oncques mais

si maist dieu ie ne ouy parler de nulle si belle
auenture ne de si merueilleuse

Tant allerent parlant & en telle ma-
niere quilz vindrent hors de la val-
lee: & monterent vng tertre en tournoyāt hors
du chemin/ & lors virent deux pauillons/ et
quant ilz furēt au plus pres ilz ouyrent vng
escuier sonner dun cornet diuoire moult haul
tement & veoient vng cheualier qui se armoit
a grant haste/ & quant il fut bien arme il print
son escu & sa lance/ puis mōta sur son cheual
& sen issit du pauillon/ si demanda au varlet
qui deuant lancelot cheuauchoit/ que vas tu
par cy querant/ Sire fist il ie venoye ca pour
scauoir si vous pourriez huymais ceans he
bergier vng cheualier que auenture a cy ame
ne/ En nō dieu fist le cheualier: ores lui peulx
tu aller dire que ceans ne pourroit il estre heber
gie/ sil ne iouste premierement a moy/ mais
toy sans faille se tu veulz demourer tu seras
hebergie/ & le varlet retourna incontinent a
lancelot/ & lui dist. Sire achetes vous conui
ent vostre hostel si vous le voulez auoir/ car
vous ny pouez estre logie par aduenture qui
y aduienne si vous ne voulez iouster au che
ualier de ceans. Non fist lancelot/ en nom di
eu ey scay dont par temps/ car auant iouste
ray ie a luy que ie ne soye ceans hebergie

Lors vint au cheualier & lui dist. Si
re cheualier ie vo͛ prie par amours
& par courtoisie que huymais vous me heber
gies/ car ie suis las & moult trauaillie/ Et
le cheualier lui dist qʼil ny hebergeroit point en
nulle maniere se auant il ne iouste a lui/ car
la coustume de mō pauillon est telle/ puis q̄
la coustume est telle fist lancelot ia par moy
ne demourera/ mais auāt que nous en facions
plus vous voulsdroye ie prier que plus nē fust
Car par auenture de la iouste/ ne suis ie mie
bien aise/ Ha fist le cheualier ceste couuerture
ne vous vault rien a iouster vous conuient/
puis que autremēt ne peult estre fist lancelot
si soit/ or vo͛ gardez de moy car ie vous deffie

Atant se asfognerent lun de lautre/ & lā
celot eut bon glaiue & bien trenchant
& le cheualier lui vint de si grant erre comme
il peult du cheual traire & lui donna si grant
coup sur lescu / que sa lance vola empieces

Quant ilz se furent entrenaurez moult amerement, & ilz en eurent tant fait quilz nen peurent plus souffrir. Si vint lun a celle tombe, dont alors yssoient gouttes de sang, quāt venoit entour midi. Et quant il fut la venu si commenca a lechier le sang, & a toucher a ses playes, dont il estoit mastement atourne. Si luy aduint incontinent quil fut gari de ses plaies, & aussi sain comment il auoit deuant este. Et quant lautre lion vit ce, si fist autre tāt comme lautre lion auoit fait. Si si rēt paix ensemble, en telle maniere que oncques puis entreulx ny eut guerre ne maltalent. ains se coucherent lun aup chief & lautre aup piez. si se prindrent en garde en telle maniere, Si aduint puis maintes foiz q̄ quāt les cheualiers errans y alloient pour auoir sante quilz ne pouoient aduenir a la tombe pour les lions, & quaut aucun y voulloit par force adrecer. si soccisoient les lyons, ne ia ne fust la tombe ne de iour ne de nupt sans vng des lions qui la gardoient, & quantilz auoient faim & destresse de mengier, si alloit lun en pourchaz, & lautre demouroit, & ainsi estoit tousiours la tombe gardee.

Ainsi aduint des deux lions commēt ie vous ay dit, & de sa tombe dont vous veistes yssir gouttes de sang. Or me dictes fist lancelot, de la fontaine, sera il iamais que leaue nen boupsse, comment fist le preudōme nest elle pas encores asseuree. nēnvrayement fist lancelot, ains boult aussi fort comment elle fist oncques ou plus a mon aduiz par ma foy fist le preudomme, or pouez v̄ bien maintenant scauoir, q̄ ie vous diz vray de ce que ie vous diz. que vous estiez trop fort luxurieux, Car vng cheualier vendra, qui sera mieulx entachie que vous, Et sera sa venue en vostre temps, & au mien, & si pouez veoir que ce est vray. Car se vous fussiez tel que les auentures du saint graal fussent menees a chief par vous. la challeur de celle fontaine fust remise en vostre venue. mais puis que le feu de luxure nest estaint en vous, ia pour bonne cheualerie qui soit en vous, la fontaine ne estaindra. Si vous en pouez aller dicy quāt il vous plaira, car bien auez acheue les auentures, que cheualier doit acheuer,

Mais se vous fussiez si saint & aussi vaillāt comme le preudomme que ie vous ay nōme & les autres qui parmy la grant Bretaigne sont establiz aup bonnes graces qui en vous sont. les peussiez vous bien mener a chief, Mais vous y auez failly, par le grant pechie dont vous estes sourprins.

Puis que icy ie ne scroye riens fist lancelot ie men irap, & vous commanderay a dieu. si vous prie par la plus belle que vous amez, que vous ne dictes nouuelles a nul homme qui de moy demāde, & cellui dist que non feroit il si se lui promist foy aulment. Lors sen voullut partir de leans quāt le preudōme lui dist Sire vous ne mengastes huy si vous prie que vous mengez vng peu ains que vous vous en ales, si cheuaucherez plus ayse, lors lui apporta pain, & eaue tant seullement. Car autre viande ny auoit il leans Et lui dist beau doulx sire, or prenez en bon gre ce que dieu nous a preste, car si maist dieu se mieulx ie vous peusse faire voulētiers le feroye Et lancelot dist quil se tenoit moult a bien paye de tant commēt il en a fait, si mē ga voulentiers, & apres menger si print congé. & sen ala incontinēt & quant il cuida tenir sa droitte voye vers le tertre, ou il auoit les compaignōs laissez, si se fouropa vers vng chemin fourche, si cheuaucha ainsi en telle maniere, tant quil vint en vne forest qui estoit perilleuse a trespasser pour les bestes sauuages dōt elle estoit peuplee, lors escontra vng varlet qui acouroit sa course, & crioit. Sainte marie aide aide, & lancelot sarresta, puis lui demanda quil auoit.

Ha ha sire fist le varlet pour dieu mercy ey viēt apres moy vng ours qui me veult mengier, se vous ne me secourez, Or nayez paour fist lancelot, car vrayement il ne te fera ia mal : tant que ie soye en sā te, car sachez que ie loccirap, En nō dieu fist cellui ie ne me mouueray dicy, aincoiz sattendray tant quil vendra, si le vous mōsterap,

Ce temps pendant quilz parloient ainsy, ilz virent acourre Lours vers eulx braiant & courant comme vng ennemy Sire fist le varlet veez le la venir, & quant il le vit il lui adreca le cheual & asōgna le glay

gneurs merueilles du monde/Or me diz qͥ
les fist le duc// par ma foy fist lenfant/les
tenebres sont commenceees en voſtre chaſtel/
si grandes que nul homme ny voit goutte/τ
ilz y vindrent incontinent a heure de midi

Quāt le duc ouyt ceſte nouuelle/Si
dist/Ha ha laz vrayemēt iay mal
esploictie/Sire fist sun dētreulx/pour dieu
ny aſſez pas. car la ou les gens ne habitent
ne conseilleroye ie point. que nous y habiticā
ons en nulle maniere certes fist il/ie ne sauray pour chose de ce mōde que ie ny aille. pour
ſcauoir si ceſt vray ou mēconge car ce sont
droittes merueilles a croire/que les merueilles que ce ieune enfant nous a comptees. et
dictes/Lors sen alla tout droit a son chaſtel
incontinent ſans arreſter. τ si toſt comment
il y fut arriue. si vit obſcurte par tout eſpandue/τ incontinent vne des masures cheut
sur luy: si qͥl fut tout incontinent agraueute: τ lui τ sa compaignie: pour la felonnie qͥlz
auoient faicte

En telle maniere mourut le duc/τ ſes
compaignons/τ au chaſtel demourerent les tenebres/qui encores y ſont/τ dureront. tant que le bon cheualier y vendra par
qui les bonnes auentures du saint graal ſeront menees a fin: mais bien sachez vrayemēt
fist le preudomme/que vous neſtes pas le
bon cheualier/dont ie parle si ne diz ie mie
que vous ne ſoyez le meilleur cheualier de to⁹
ceulx qui orendroit portent armes. Mais cel
luy si vauldra mieulx en toutes choſes/que
vous ne faictes. car vrayement vous dy ie
qͥl sera vierge τ moult chaſte tous les iours
de ſa vie mais ce neſtes vous pas. car vous
eſtes vil τ chetif τ luxurieux/τ auez uſe tou
te voſtre vie en chettinete τ en ordure/Et quāt
lancelot ouyt ceſte nouuelle: si cōmenca moūt
a rougir de honte/τ dist. Sire que ſcauez v⁹
Je le ſcay bien fist le preudomme. comme cel
luy qui mieulx vous en congnoiſt/qͥl ne say
ſoit quant vous veniſtes icy/si vous prie que
vous ne vous courrouciez point a moy/pour
tāt/se ie le vous diz/car bien sachiez vraye
ment/que a nul autre hōme ne le deiſſe pour
choſe qui aduenir men ſceuſt/Or me dictes
fist lancelot que la preudefemme deuint. Si

re le vous diz vrayement quelle trepaſſa le
iour meſmes/quelle sceut quil eſtoit mort/si
demoura au chaſtel en telle maniere/que ſen
nen ſceut oncques ouir ne vēt ne voye/Enco
res conuient il fist lancelot au preudomme/
que vous me diez la ou les lyons eſtoient/pour
quoy ie y trouuay ceulx qui gardoient sa tōbe. car ilz neſtoient liez ne atachiez/τ de la
tombe auſſi me dictes/ie vey ſaillir gouttes
de sang/ceſt la choſe du monde dont plus ie
me merueillay/Et si en deſire moult a ſcauoir la verite. Et ie la vous diray fist le preu
domme/τ sachiez vrayemēt que ceſt vng des
plus beaulx miracles que vous ouyſſiez onc
ques dire.

Vray fut fist le preudomme si cōme
tous ceulx de ce pays le sceuent/que
quant le roy lancelot/voſtre oncle fut enterre/que les nouuelles en coururent parmy ce
pais/Et tant que voſtre tante le ſceut/puis
vit ca tout incontinēt/τ le vouloit faire oſter
de la ou il eſtoit enterre τ mettre en ceſte chap
pelle/mais il ny eut oncqͥ si fort qui le peuſt
remuer/τ tā qͥlz apperceurent bien qͥl ne play
ſoit pas a noſtre ſeigneur quil en fuſt oſte. si
mirent sur lui ceſte tombe meſmes que vous
leuaſtes/Si aduient telles merueilles chaſ
cun iour q a ceſte heure meſmemēt quil auoit
eſte occiz. en yſſoient gouttes de ſang q eſtoiēt
de telle vertu. que ia cheualier ny veniſt tant
feuſt malement naure. sil en touchaſt a ſes
playes quil ne fuſt incontinēt gari: τ du tout
Si fut ceſte choſe incontinent denoncee parmy ce pais. tant que les cheualiers naurez
en ceſte foreſt y venoient/si y gariſſoient inco
tinent/Si aduint vng iour. que par cy deuant paſſoit vng lyon. qui ſe alloit chaſſant
vng cerf/quil print deuant moy/τ locciſt. et
ainsi comme il le vouloit mengier/Si vint
deuers vne autre part vng auſtre lyon. ieun
τ familleulx/de la viande qͥl lui vouloit tol
lir/Mais celluy qui eſtoit deuant venu ne le
vouloit en nulle maniere ſouffrir/aincoiz deſ
fendi ſa viande de tout ſon pouoir

Ainsi commenca la meſlee des deux
lions/τ dura moult longuement
Si sentrehapperent tant aux ongles: τ aux
dens/quil ny eut celluy qui neuſt plus de. v.

qui estoient cerfz au maleureux dyable den
fer. Et tant que le roy Lancelot, qui estoit vng
des plus preudommes du monde sen accoin
ta, comme cellui qui moult lamoit, pour la
grant beaulte qui estoit en elle: si aima moult
la dame, et la dame lui. Et si salloient veoir
moult souuent lun laultre: et sentreaccueillirent
en si grant amour, pource que lun congnoisoit
la bonte de laultre, que a peine pouoient
estre se ensemble non. Et ceste vie menerent
tant longuement, que ses gens qui estoient
faulx, et pleins de mal esperit, notterent ceste
chose en mal: et disent ceulx en qui sa langue
du dyable parle, que le roy aimoit follement
sa dame, et q̃ cestoit cõtre dieu, et contre les cõ
mandemens de saincte eglise.

T ant en parlerent que le seigneur de
sa dame qui cousin estoit au roy: en
ouyt les nouuelles, si lui dist vng sien cousin.
Sire vrayement ie vous diz que vous
estes mauuaiz quant vous souffrez que le roy
vous deshonoure de vostre renõmee. Et maist
dieu fist il, il men poise moult vrayement.
Et se ie stoye en vostre point, sachiez que ie me
vengeroye au plus tost que ie scauroye. Par
ma foy fist le preudomme, ie me merueille
moult de ce que vous me dictes, que le roy qui
est mon cousin me pourchasse a faire tel deshonneur
et telle honte. Et vrayement se ie scauoye
que ce fust vray: ie nauroye iamais ioye
deuant que ien fusse vengie. Or vous en pou
ez bien donc vengier. Et sachiez vrayement
qil est tout ainsi comment ie vous ay dit. Or
vous promes doncques que ie men vengeray
si tost comment ien auray lieu et temps.

A insi laisserent ceste parole en paix,
que oncques le duc de la belle garde
nen fist semblant neant plus quil estoit de
uant. Et il estoit ia caresme et bon temps. Et
estoit la pasque flourie, si aproucha le terme
que le bon celebrement de la passion nostre sei
gneur estoit entre. Et lors venoit le roy tous
les iours veoir sa dame. Et quant il ny venoit
si y venoit la dame a luy, si se desectoient
moult tous deux ensemble au seruice nostre
seigneur, et viuoient eulx deux ensemble, en
telle maniere, quilz ne mengoient fors que
pain et eaue purement. Et aduint le iour de

la croix aouree, q̃ se roy fut venu en ceste fo
rest nudz piez, et en langes, et pourement vestu
lui troisiesme de compaignons, si venoit oupr
se seruice nostre seigneur en ceste chappelle ou
nous sommes. Et quant il fut iusques ca venu,
et si eut espie son cousin le duc de la blan
che garde tout arme, soy troisiesme de compai
gnons, comme cellui qui prenoit garde a soy
venger de la grant fellonnie quil auoit en
pensee. Si aduint que quant le roy se fut fait
confesser, et ordonner a vng preudomme qui
leans demouroit. Et quant il eut ouy le seruice
du iour bien, et deuotement, si yssit hors
de sa chappelle. Et quant il fut hors yssu, se
lui print si grant talent de boire quil tourna
a celle fontaine la, et ainsi quil se fut abbaissie
pour boire, si vint le duc par derriere luy
lespee traicte, et le frapa si durement quil lui
fist le chief voller en la fontaine, et quãt il vit
la teste en leaue, si lui fut aduiz que encores
ne sen estoit il mie bien venge se il ne faisoit du
corps, comme de sa teste autant de pieces que
iamais ne le peust sen recongnoistre en nulle
maniere quil fust.

L ors mist le duc ses mains en la fontaine
pour en oster le chief. Incõtinent
auint vng miracle que ceulx de ce pays sceuent
bien, car leaue de la fontaine qui tant
estoit froide, commenca abouillir moult fort
si fut si chaude quil eut toutes ses mains arses
auant quil les peust auoir traittes. Et
quant il vit ceste merueille si congneut bien
quil auoit tresmal esploicte ceste iournee.
Et sceut bien que dieu sestoit courouce a luy
pource quil auoit le preudomme occiz, si dist
a ceulx qui auec lui estoient, mettez moy tost
ce preudomme en terre. Et nous en suyone
en nostre chastel. Car se len scauoit que ie seus
se occiz, nul ne me pourroit garentir que ie ne
mouusse, et ce ne seroit pas de merueilles.
Car iay fait le plus grant pechie, et la plus
grande desloyaulte que cheualier fist oncke
Et quant ceulx ouyrent son commandemẽt
si sen suyrent auec lui, la ou vous sauez trou
ue puis sen allerent vers leur chastel, et quãt
ilz furent pres, si trouuerent vng varlet qui
sen affuioit moult fort: et vint au duc bien lasse
si lui dist. Sire ie vous scay a dire les gre

mist en autre lieu, & il vit gesir soubz la tombe le corps sans teste, et pres le corps auoit vne tombe dor moult riche, & le corps estoit tout nudz piez, & auoit les mains, & les piez & les membres, ainsi comme sil ne fust que maintenant mort.

Quant lancelot vit le corps sans teste il congneut bien q̃ cestoit son oncle si en eut grant pitie, & eust moult voulentiers seeu pourquoy il a uoit este occiz, & pource q̃l nen scauoit riens il se laissa trestout coy a terre, si vint a lermite quil auoit veu entrer en sa maison: & qui auoit laissie son huis ouuert si entra dedens & trouua le preudomme qui estoit a genoulz deuant son autel: & auoit la teste mise dessus, & lancelot lappella & lui dist Sire dictes moy que ie pourroye faire de ce corps que iay trouue dessoubz ceste tombe, et cestui se leua incontinent, & lui demanda sil auoit la tombe leuee. Ouy sire fist lancelot Or me dictes fist il doncques qui vous estes & comment vous auez nom. Et il dist quil estoit de sa maison au roy artus: & quil auoit nom lancelot du lac. Ha ha sire fist boort v̾ fustez filz au roy ba̅ de benoic le plus preudõme que oncques ie veisse. Et sachiez vrayement que le corps que vous auez maintenant trouue cest le corps de vostre oncle, & veez en icy sa teste. Or allons maintenant veoir se nous le pourrons leuer, car se nous le pouions apporter nous sensouprions deuant cest autel auec sa femme, qui est vostre tante, qui iadiz sy fist enfouir. Et icellui dist que ce vouloit il bien. Si se partit incontinent de sa chappelle, puis vint au corps & le leua de terre par les espaules, puis semporta en la chappelle, & le mist sur lautel, lors vint a sa chambre ou sa fame estoit, & en rompit a fine force les ioinctures qui estoiẽt faictes de plomb, puis la leua incontinent en hault, & la ietta deuãt lautel, lors regarda dedens sa fosse, & vit dedens vng corps tout enseueli en vng moult riche samit: & au cheuetz auoit vne couronne dor, & vng oreillier de samit dessoubz son corps. Sire fist le preudomme, Or sachiez vrayement que cest le corps de vostre tante la royne marthe, or mettez auec elle le corps de vostre oncle, car ainsi le requist elle, quant

elle trespassa de ce siecle en lautre, & il le fist tout ainsi comme le preudomme lui cõmanda.

Quãt lancelot vit les deux corps qui encores estoient aussi beaulx comme ilz furent oncques iamais, si pensa que a ce conuendroit venir toute terrienne ioye, si eut moult grant paour de soy, & moult grãt pitie de ceulx quil veoit illec gesir. Mais pource quil scauoit bien que a ce lui conuenoit venir se reconforta, puis dist au preudomme Sire conuient il que ien face plus. Ouy fist il, mettez la tombe en son lieu, puis mettez les deux corps gesir ensemble. Car dicy ne seront ilz iamais ostez selon mon aduiz, & il le fist tout ainsi comment il lui commanda: Il osta son heaulme de sa teste, & abbatit sa ventaille, pource quil faisoit grant chault: puis dist au preudomme, Ie scauroye voulentiers listoire de mon oncle, & qui loccist ainsi. Car cest vne chose q̃ ie desire moult a scauoir. Sire fist le preudomme, ie vous en diray la verite, ainsi comme elle aduint, car ie le scay certainement. Or dictez donc fist Lancelot, Car ie le desire moult a scauoir.

Sire il est vray que vostre oncle qui cy gist yssit de la ligne ioseph darimathie, et quant il fut esleu a roy ce ne fut pas pource que son pere fust plus hault homme que duc. Mais par sa prouesse on lui donna la terre blanche, qui marchissoit au royaulme de la terre foraine, & quant il fut venu a terre tenir il fut si preudomme: & si vertueux q̃l chassa hors de ce pays les mescreans, & les sarazins, dont ceste terre estoit peuplee, et fist tant que la foy crestienne fut espandue parmi cestui pays, & il y auoit en cestui pais vne dame qui estoit femme du cousin au roy: & celle dame, si estoit belle & ieune, si que lẽ ne scauoit mie en la grãt bretaigne nulle plus belle fẽme: car elle estoit si bõne fẽme, & si preude dame, que elle vestoit tousiours sa haire au pres de sa chair ainsi cõme la clarte du cierge allume, quant il est dreee sur le candelabre il ne se peult tenir que len ne le voye. Tout ainsi estoit la bõne dame qui tout sõ cueur auoit en la Trinite. Cest assauoir, au pere au filz & ou saict esperit, & ainsi la cõgneurent ceulx qui estoient filz du hault pere: & nõpas ceulx en escripture signiffie par figure de sp̄õ: mais nul sans lui ny entrera iamais, qui pour pouoir quil ait seŋ puisse partir sans honte. Et pource vous conseisseroye ie que vous retournissiez, aincois que vous fussiez entre es adulteres, car ie scay bien que vous y auriez plus grant honte a plus grant dommaige, que honneur. Et lancelot dist que a retourner aueit il trop grant honte. Si sen partirent a tant lun de lautre

Ainsi cheuaucha Lancelot iusques a heure de prime. q̄ vint en vne valee lors regarda deuant lui si vne vit maison q̄ estoit basse, si se dreca celle part: ct regarda au pres de sa maison si vit vne fontaine pleine de arbroisseaux qui la sourdoit ct tumboit pmi vng tuyau de plomb. qui cheissoit en vng lieu qui estoit asses pres de sa maison. Et y auoit la vne tombe de marbre qui estoit entre deux grans puis, ct au chief de sa tõbe auoit deux grans lions lun dune part, ct lautre daultre, si gardoient la tombe en telle maniere q̄ nul ny pouoit aduenir se par eux non. Et se gesoient a la terre, ct si tost comment ilz virent lancelot venir, si se dresserent en estant. puis cõmencerent tous deux ensemble a batre leur queue pour entrer en ire. Car la coustume du lyon est telle. Quant lancelot vit les lyons si pensa moult bien quil lui conuenoit contre eulx cõbatre. Lors regarda deuant lui, si vit vne croix vielle ct ancienne. Et deuant estoit vng preudomme de marbre bien, il vint au perron, ct vit lettres escriptes long temps auoit si regarda les lettres qui disoient Soubz ceste tombe gist le roy Lacelot frere au roy bã de Benoic, ct en ceste fontaine sa gist sa teste: ct ia le corps ney sera seue ne la tombe dressee de uant que le meilleur cheualier du monde y mettra sa main, ct quant il eut leues les lettres, si lui souuint du cheualier qui sauoit esueisse en son dormant, si dist a soy mesmee, quil nauoit plus que demourer a assaillir les lyons. Car a sa tombe leuer se bouloit il assaier, lors descendit dedessus son cheual, car il ne vouloit pas que les lions soccissent: si lataccha a la croix, puis tira son espee si embraca son escu, ct sen ala grant erre vers les lyons Et quant ilz le virent venir vers eulx, si lui

coururent sus la gueulle bee, cõme ceulx qui tost le cuidoiẽt auoir occiz: ct il eut lespee traicte, si serit si durement le premier quil attaignit quil lui sẽdit sa teste en plus de deux moities qui sangoisse de mort destreignoit, Et lautre qui lui sut acouru se print aux ongles ct aux dẽs: si lui arracha lescu du col voulsist ou non, Et quant il vit cessa si eut grant hõte, ct prist son espee aux deux mais, ct ferit le siõ si cruessement quil le sendit iusques aux espaules Et icellui cheut mort, ct quãt il vit cela il print son escu, si lataccha a la branche dũ arbre, puis remist son espee au fourreau, ct vint a sa tombe si la regarda, ct il vit q̄ du marbre yssoient gouttes de sang vermeilles en cinq ou six lieux, ct q̄ sa tombe par deuers le gros chies en estoit toute sanglante, ct quant il vit ce: si pensa quil ny mettroit ia sa main deuant que le sang en fust hors, lors vint a la fontaine, si regarda dedẽs le vaissel de plõb, ct vit vne teste chauue qui auoit le visage aussi vermeil q̄l auoit oncques eu: ct il regarda leaue ct il la vit aussi bouillãte q̄me se tout le feu du mõde eust este tout alentour, lors vit au plõb lettres qui disoient ia ceste chalseur ne destaindra deuant q̄ le meilleur cheualier du monde y vendra, ct se sera cellui par q̄ virginite ne sera derõpue ne mauuise, ct lors fauldra ceste chaleur, pource q̄ en lui naura poit en de luxure.

Quant lacelot vit cella, si dist que pource ne laisseroit il mie q̄l ne essaye a oster le chies de la fontaine, ct il mist sa main dedens tout ainsi arme comment il estoit, sy trouua leaue si chaude quil lui fut auiz quelle lui ardoit les mains, ct non pour tant durement souffrit ct endura la chaleur, quil en tira le chies hors Lors regarda et il oupt vng hermite, qui lui cria franc cheualier pour dieu apportez le ca, Car vrayement ie vous di que cest le chies au plus preudomme du monde ne qui oncques fut en ce pays, et Lancelot lui apporta entre ses mains, ct quant il la tint si la baisa moult doulcement, ct dist a lancelot, Sire or alles a la tõbe scauoir se la pourrez leuer, ct se il auiẽt que vous la leuez vous trouuerez dessoubz le corps dõt elle fut. lors ala. L. a la tõbe ct vit q̄l nen yssit goutte de sãg Et si la print par le gros chies, ct la leua, ct la de ce que vous leur auez meffait. & vous mettez tout oultreement en leur voulente. & cellui se lui octroia: & sen alerent entre eulx deux tãt quilz vindrent deuant sa tour. Mais moult se merueilla mõseigneur gauuain, qui ce cheualier puoit estre qui cestoit combatu du cheualier de la tour, & de la paix qui ainsi estoit faicte entre eulx deulx, si en parlerent asses. & girflet en dist oyans tout moult merueille de ceste auenture. Ie ne cuidoye le point quil y eust cheualier ou mõde qui peust souffrir les faiz darmes que cellui de la tour a soufferz. Mais il mest auis que cellui qui y est soustenu a se plus bel de bataille. & que vaincu est cellui de la tour par ma foy fist mõseigneur gauuain ie ne me merueille pas se il est vaincu. mais ie me merueille comment il a tant dure a cellui a qui il cest combatu, car ie scay bien quil est le meilleur cheualier du monde. Car il a bien monstre cy: & ailleurs Sire fist messire puain a ce que vous en dictes mest il aduis que vous le congnoisses par mon chief fist gauuain vrayement se dois ie bien congnoistre: car en maint lieu a il eu mestier a moy & a maint preudomme, ne il nya de parsaiz ou monde que lui tout seul, si vous deuez bien tenir pour vil. qui asses par les estranges terres pour congnoistre les preudes hommes & encores nulz ne congnoisses. ie vous di que cest cellui a qui mesme sappareilla Sire fist messire puain ie se congnois bien ne la dieu ne maist se ie pouoye en moy retraire mon cueur q ie se vy, si scay bien vrayemẽt que cest monseigneur lancelot du lac. Cellui mesmement que nous alons querant. Si deuons moult estre tous ioyeulx de sa venue. Car nous scouons bien vrayement que nous sõmes deliurez pr lui Certes tousiours disoye ie bien que de quelq̃ heure quil vendroit ceste part serions nous deliurez de prison ne ia deuant hors ne ystrions en nulle maniere.

Ce temps pendant quilz parloient ainsi vindrent seans deux sergens qui ouurirent sa porte, puis vindrent aux compaignons, & leur disrent Seigneurs nous vous apportons bonnes nouuelles. Car vous estes tous deliurez par vng cheualier qui est venu en ceste terre qui a conquis ce mest auiz nostre cheualier Lors commencerent tous a plourer de ioye & de pitie, si aualerent ainsi de sa tour, puis entrerent en vne chambre ou ilz trouuerent vng biel homme, qui leur donna a chascun vne robe neufue fourree dermine, & quant ilz furent appareillez si les menerent vers sa maistresse forteresse. & lors vit Booit a sencontre, ainsi comment Lancelot sui auoit deuise, & il se agenouilla deuant eulx & seur rendit son espee, & se mist du tout en tout a seur bonne voulente, & leur pria pour dieu quilz lui pardonnassent de ce que si sõguement les auoit tenus en prison, Et ie vo⁹ dy vrayement fist il a mõseigneur gauuain que se ie vous eusse aussi bien congneu au cõmencemẽt comment ie faiz ores ia par moy neussiez este emprisõne, & en eusse ie du auoir trespasse se serment que ie auoye fait. si vous pri pour dieu que vous ne vous encourroucez point enuers moy. Car par mon chief ie se fiz par mescongnoissãce. Lors sui saillirẽt tous au col. & le leuerẽt encontremont de terre ou il estoit agenoulle, & lui pardonnerent debonnairement tout ce quil seur auoit mesfait. & lui disrent tous ensemble, que moult seur auoit fait greigneur honneur quilz nauoient deserui.

A ces paroles yssit incontinent Lancelot dune chambre ou il auoit este desarme, & la ou il vit monseigneur gauuain si sui courut les bras tendus, & monseigneur gauuain fist ainsi a lui, & ilz sentrefirẽt moult grant ioye, puis courut lancelot a hector des mares que tant souuent auoit desire a veoir Si sui dist, ha ha frere ne me congnoisses vous point. Ha ha sire fist hector vous estes mõseigneur, & mon frere Mais se dieu maist ie ne vous cuidoye iamais veoir a nul iour de mon viuant, aincois auoye greigneur esperance de vostre mort que de vostre vie pour ce que sy longuemẽt vous auions quis sans ouir nouuelles de vous. Asses sentreiouirent les deux freres, & quant les aultres compaignons qui riens ne scauoient de ceste auenture virent cella, si sen merueillerẽt aussi cõme se ce fust vng songe.

G rant fut la feste, & la ioye que les compaignons firent luna sautre, quant

G iiii

amena mon chemin droit a la croix de ce tertre, & me dist len iffecques que ie ne fusse tant hardy que ie venisse ca amont, & ie demande pour quoy, & len me dist quil y auoit vng cheualier, si preux que nul ne pouoit resister encontre de lui, & si me dist on quil estoit si desleal, quil occisoit tous ceulx quil pouoit tenir seans, & quant ie oup cella, si dis que ia pource ne laisseroye que ie ny venisse, si atache mon cheual a vng arbre, & monte amont tout a pie ainsi comme vous estes venu, mais la ou vous voyez ce pauillon auoit vng hourdis de picux, si fort que ie ne peu onques passer deuant, que neusse iure & fiance au cheualier que se ie loccisoye par prouesse darmes que ie garderoye ce tertre tout mon viuant, tant que ie seroye ouftre par aucun qui amont vendroit, & encores mist il que ceulx dont ie ven droye au dessus, que ie les occiroye se trop ne stoient mes amis & mes parens, ce que ie ne deuroye point faire en nulle maniere des cheualiers de la maison au roy artus. Mais ie le creance sans saille que en prison ie les mete roye: tant que ie auroye trouue qui me conqueroit, & quant ieu fait ce serment: si me ouurit len sa porte, & me mist len a combatre encontre du cheualier qui moult estoit preux, & vaillant si me combati tant a lui que ie loccis, Apres fis mettre vng bref si obscurement que nul ne me congneust de puis, & onques puis ne men parti ainçois ay tousiours attendu les cheualiers errans qui ca venoient souuentessoiz, & y sont venus essayer des cheualiers plus de soixante que iay conquis, & occis fors seullement que quatorze qui sont en celle tour emprisonnez, & ilz sont garantis de mort pource quilz sont de la maison au roy artus. Et comment le sçauez vous quilz sont de la maison au roy artus fist lancelot, Par ma foy fist il il ya aual en ce tertre vne chaine de fer que il ne pouoient passer deuant, que ne sceusse qilz estoient par ma foy fist Lancelot vous me dictes merueilles, & ceulx qui sont emprisonnez sçauez vous bien qui ilz sont Sire fist il nenny, Car onques ny eust celui qui me voulsist dire son nom, & ie ne les en efforçoie point pource que ie sçauoye bien, que tel y pourroit venir a qui ie seroye villennie se ie le mettoye

en prison de puis quil mauroit dit son nom, & pour la cause ne leur voulope ie point demander, & ie fusse alle encontre mon serment & fusse desloyal cheualier se ne les eusse emprisonnez de puis que ie les auoye vaincus, Et comment les conquistes vous fist lancelot Sire fist Booz fut lun apres lautre, mais il ya grant piece que se premier vint, mais tant sçeut bien faire quil y demoura vng des meilleurs cheualiers du monde: car il estoit le plus beau iousteur que ie veisse onques, car moy & lui ioustames ensemble plus de six foiz aincois que lun abatist lautre, Mais au derrenier nous entre abatismes, De ceste auenture fut lancelot moult esmerueille, si dist a Booz Certes beau doulz cousin vous auez cy conquis si grant honneur, que onques homme ne conquist greigneur de ce vous est il bien aduenu Car ceulx qui sçauront lauenture de ceste chose vous tendront desormais au meilleur cheualier du monde, car vous auez ouftre tous ceulx, ou len cuidoit toute cheualerie, & sans nulle saille, si estoit elle, & qui sont ilz fist voir par ma foy fist il lun est messire gauuain lautre messire yuain, & girflet le filz do, & sai gremor le derree, & lautre est hector mon frere Cellui deussiez bien auoir congneu pour lamour de moy, & pour vous a qui il est cousin.

Apres lui nomma lancelot tous les autres dont il auoit veu les escus, & quant il eut oup cella, si eut si grant honte que le visage lui commença a rougir, Et dist a lancelot Ha ha sire pour dieu ne dictes iamais que monseigneur gauuain ne hector vostre frere y soient, Car ie ne vouldroye pour riens que len sçeust que ces deux y fussent Car ilz sont si bien mes amis que trop durement auroye mespris vers eulx, quant moy si preux homes auroye mis en prison, & puis quil est ainsi que en prison ie les ay tenus pour dieu conseillez moy que ie en feray, Ie vous diray fist lancelot que vous ferez vous les serez tous mettre hors de prison, & les ferez bien vestir de robes toutes fresches neufues, puis les ferez amener a la porte du chastel, Et sy aurez vostre heaulme hors de vostre teste, et vostre espee prinse par la poincte, si vous agenoullerez deuant eulx, & leur crierez mercy force quil auoit que nul ne le pouoit souffrir en la bataille/ tant comme cellui la fist/ et bien lui estoit aduiz quil estoit orendroit plus viste/ et plus legier que au commencement. Si se tira ung peu arriere/ et faisoit semblant quil se vouloit reposer. Mais lancelot/ qui estoit courrouce/ et mal a aise de ce que sa bataille auoit tant dure/ si lui courut sus/ et lui donna tel coup sur lescu: quil se fendit tout oultreement iusques dedens sa bouche. et au retirer quil fist vers lui: tira le cheualier de telle force. quil le fist venir aux genoulx/ et celui ressaillit sus moult vigoureusement. si retira son escu de telle vertu quil fist a lancelot voler son espee hors de ses mains.

Quant lancelot vit quil auoit son espee perdue/ si en eut moult grant honte. Mais oncques ne fut esmaye pour aduenture nulle/ qui lui deuinst/ et le cheualier qui cuidoit auoir le meilleur/ lui ala courre lespee dreces/ comme cellui qui bien se cuidoit fraper au descouuert parmi la teste: mais il guenchist/ et cellui qui point ne peut retenir son coup fist lespee entrer en terre iusques au fons. Et lancelot se heurta si durement de lescu emmy le visage. quil se fist voler a terre tout estendu/ lors vint a lespee/ et la tira hors de la terre/ et quant il sa dreca contre mont/ et il aduisa que cestoit lespee/ que galehault lui auoit donnee le iour quil vainquit les quatre meilleurs cheualiers qui oncques fussent ou royaulme de karmelide.

Lors se tira Lancelot arriere tresstout esbahi/ et dist au cheualier de la tour Sire par la chose que plus vous amez en ce monde dictes moy. comment vous auez nom se vous se pouez faire. Certes sire fist le cheualier a qui il ne se cellasse ie ne le vous celleroye pas/ Car ie voy bien que vous estes la merueille de tous les cheualiers du monde ne seu ne deuroit point. si preudomme. comment vous estes escondire de chose ou len ne eust honte. len mapelle Boort seessille/ et suis cousin monseigneur lancelot du lac

Quant lancelot ouyt ceste parole/ si osta tout incontinent lescu de son col et se rua a terre/ et courut a boort les bras tendus/ et il comenca a saccoller/ et lui dist. Ha

ha beau doulx cousin pardonnez moy ce mesfait/ ie suis Lancelot vostre cousin, et quant cellui leut ouy/ si osta son escu de son col/ et il eut si grant ioye/ que apeine nul homme le pourroit racompter. Si dist ha ha beau sire vous soyez le tresbien venu. Certes de ce que vous mauez fait ne fault point parler/ mais lamende deuroit estre grande de ce que ie vous ay naure. Car greigneur dommage seroit de vous/ se vous estiez mene iusques a peril de mort/ quil ne seroit de tieulx quinze cheualiers. comme ie suis. Car ma valleur ne ma prouesse ne se pourroit non plus prendre a la vostre que la clarte de la lune se pourroit comparer a celle du soleil/ et bien y parist ores. car vous mauez si mene/ que apeine pouoie soustenir mon escu. si est bien droit que vous aiez la victoire de la bataille. car ie me tiens pour vaincu tout oultreement. En nom dieu fist Lancelot ia se dieu plaist se los ne sera mien. Car ie ne say point deserui. Mais vous beau cousin. qui conquis me auez voyez mon espee que ie vous rens/ et me tiens pour oultre.

Beau sire fist Boort pour dieu ne me dictes point telles paroles. car vous ne me pourriez faire greigneur honte. que de ce dire. car bien estoit aparent que vous mauiez vaincu: et lors lui vint cheoir aux piez mais Lancelot ne le lui souffrit point aincois se releua. Et lors se desarmerent de leurs heaulmes et firent moult grant ioye lun a lautre. Et quant il eurent grant piece parle ensemble si demanda Lancelot a Boort. combien il y auoit de temps quil seiournoit a ce tertre et boort lui dist. Certes sire il ya plus dun an et sauenture qui mi amena ia vous compteray ie. Il est vray que ie estoye au chastel de kaagnel ung mois apres la feste detoussains quant vous deuiez estre au chastel du trespas/ et a ce chastel me dist len que vous auiez occiz ung geyant/ si vous aloye querant parmi le pays pource que nul ne me pouoit dire certaines nouuelles de vous/ et ie cheuauche encores plus auant. puis trouue une damoiselle qui me dist quelle vous auoit veu vers la forest perilleuse/ et quant ie ouy ceste parole si vine celle part au plus tost que ie peu si me

G iii

le bon cheualier de ce tertre/que len appelle le tertre deſuope par mon chief fiſt Lancelot pour ce y ſuis ie venu:car ie vouldroye quil fuſt icy Et il y ſera par temps fiſt le nayn/car il ne vous fault fors que ſoner ce cor/qui a celui arbre pent/⁊ il vendra tantoſt/⁊ ce cheual q̃ vous voyez la vous eſt appareille/ſi montez ſus/Mais ſe vous eſtes de la maiſon au roy artus vous ne aurez ia mal fors tant q̃ vous ſerez mis en telle tour/mais ſe vous nẽ eſtes vous ne pouez faillir que nayez incontinent ſa teſte couppee.

Or vous ay dit fiſt le nayn ſa couſtume du tertre/ſi vous en pouez aler ou ſoner ce cor lequel q̃ vous amerez le mieulx. Et Lancelot reſpōdit que de ſen aler riẽs ne feroit Adonc miſt le cor a ſa bouche/⁊ il ſonna/ſy hault que tout le tertre en retētit/Lors regarda dautre part/⁊ il vit vne moyenne tour qui eſtoit fermee vers la grande foreſtreſſe ou le ſeigneur du chaſtel demouroit/⁊ apres ce ne demoura gaires/quil vit aux creneaulx de la tour iuſques a. piiii. cheualiers/qui lui commencerent a crier/ha ha cheualier tu cornes contre ta grāt douleur/pour dieu retourne ten/⁊ tu feras que ſaige/Lors demāda lācelot au nayn qui les cheualieres eſtoient/qui eſtoient apuyes aux creneaulx de la moyenne tour/⁊ il lui diſt que ceſtoient les priſōniers de la maiſon au roy artus/ſi vouldroiẽt fiſt il que vous retourniſſiez arriere. Car ilz ſceuẽt bien que vous y eſtes venu plus pour voſtre honte/que pour voſtre honneur.

Lors regarda Lancelot ceulx qui aux creneaulx eſtoient/ſi auiſa entre les autres/ et lui ſembla que monſeigneur gauuain auoit le chief bende pour deux grandes playes quil auoit/⁊ auec lui nen auoit nulz qui neuſſent playes en bras ou en teſte/ou es eſpaulles/de ce fut Lancelot moult dolent/et monta ſur le cheual qui eſtoit attache a larbre/mais aincois eut bien regarde que nulle choſſe ny faillist.

Quant Lancelot fut tout preſt/⁊ il print ſe glaiue quil auoit apporte/ſi attendit deſſoubz larbre/tant que le cheualier ſen y ſiſt arme/ſi bien/⁊ ſi beau que nul ne peuſt mieulx eſtre ſeſcu au col/⁊ ſa lance au poig

Quant lancelot le vit/ſi demanda au nain ſe ceſtoit le bon cheualier a qui il ſe devoit cōbatre Ouy fiſt le nayn/ſi maiſt dieu veoir le pouez comme le meilleur cheualier du monde ne iamais ſi debonnaire ne accoĩnterez Apres ce mot ne attendit plus lancelot il aguillonna le cheual des eſperons Et le cheualier laiſſa courre ſa lāce contre lui tant quil peut du cheual traire/ſi ſentredonnerent ſi grans coups/quilz ſe miſrent les fers des glaiues iuſques en la chair. Mais il leur eſt bien aduenu/quil nyauoit celui qui euſt playe dont gaires ſe eſmoyent:⁊ cōme ceulx qui neſtoiẽt point fort naurez/ſi briſerent leurs glaiues ⁊ vollerent en pieces/Apres ſentreheurterēt des corps/⁊ des cheuaulx tellement quilz ſe treporterēt a terre les cheuaulx ſur les corps Et geurent grant piece en telle maniere/⁊ ny auoit celui qui moult ne ſe douleuſt/ mais tout premieremēt ſe dreça Lancelot agenoulz et regarda tout entour de ſui/⁊ il lui fut aduis que la terre trembloit toute/tant eſtoit eſtonne/⁊ quant il vit le cheualier empres lui a terre/ſi ſaillit deſſus au plus toſt quil peut comme celui qui neſtoit pas trop aſſeure/ tant quil ſceuſt ſi bon cheualier empres ſui: q̃ fuſt ſon ennemi mortel/ſi tira ſon eſpee ⁊ fiſt ſemblant de monſtrer la greigneur proueſſe quil peut onques faire/⁊ celui ſe releua a grant peine/⁊ tira la ſienne/⁊ ſen alerent les eſpees nues es poingz/et ſentredonnerent ſy grans coupz ſur les heaulmes quilz en faiſoient le feu ſaillir/⁊ les peulx leur fremiſſoient/⁊ eſtinceſſoient en la teſte/ſi nyauoit celui a qui le ſang ne ſaillist parmi le nez ⁊ parmy la bouche du chault/et de langoiſſe quilz enduroiẽt/ſi ſe deſpiecerent leurs eſcuz et par deſſus/⁊ par deſſoubz:pareillement les heaulmes ne durerent aux coups quilz ſentre donnoient Aincois eſtoient tellement attournez que ſen y pouoit ſes poingz bouter en telz lieux yauoit il/⁊ ſentrerompirent leurs haubers ſur leurs bras/⁊ ſur leurs hanches

Ainſi dura la bataille de prime iuſques a heure de midy/Et lors fut moult laſſe le cheualier de la tour/ſi ſe merueilla moult/ qui celui pouoit eſtre ⁊ qui il ſe cōbatoit/Car il ne cuidoit pas huy matin a la fist Lancelot/Or me suiuez fist le frere/et il se leua/et ala deuant/et lancelot apres/tant quilz vindrent en la salle/et lancelot regarda les escus/si congneut bien lescu monseigneur gauuain/et cellui au duc declerence/et le hec tor des mares/et au chef de la salle fut cellui ossenā corps hardiz/et le galleganti(n) se galsoiz/et se guiures de sāballe/et le mador de la porte:/et le blioubetiz/et lescu banin le filleul au roy ban/et autres plusieurs.

Quant Lācelot vit ses escuz si fut plus dolent quil ne fut oncques mais Et dist du frere/Sire sont tous ceulx en prison dont ie voy ey ses escus par ma foy fist le frere ie scay bien quilz sont mors ou emprisōnez/Si maist dieu fist lancelot bien peut dire cellui qui les a oultrez/que moult a en lui grant prouesse darmes/se il par son corps les a oultrez/ne ia dieu ne maist se iamais ie fine deuāt que ie sache qui il est/et comment il les a cōquis par traison ou par enchantemēt ou par prouesse darmes.

Atant se partit lācelot de labbaye tout sermonant des yeulx/et disoit en soy mesmes par ma foy/on ne deuroit nulz porter armes que cellui seullemēt qui a cōquis les meilleurs cheualiers du monde/ Et par mon chief ie ne cuidasse point quil eust cheualier ou mōde/tant fust vaillāt qui meist tant de cheualiers dessoubz commet cestuy a fait/ Lors se mōta sur son cheual/puis print son escu a son col/et demāda ung glaiue/a se lui en apporta ung fort et roide. Et il se partit de leas si chemina vers la forest a grant esploict/tāt quil arriua au pie du mōt/et trouua la croix que len lui auoit enseignee/et il sa regarda/et il trouua lettres assez escriptes nouuellement qui disoient Oncques puis.xx.ans en ca/ne monta la amont cheualier/quil ne fust mort ou emprisōne/et il estoit moult matin/car il estoit encores heure de prime et il regarda sur destre/si vit ung reclus pres vne maison qui estoit assez petite/et il tourna celle part/puis le sallua/et cellui lui dist quil fust le bien venu comme le meilleur cheualier qui oncques portast armes/et benoist soit dieu/qui ceste pt vous a amene. Car par vous serōt deliures tous ceulx du tertre desuoye. Ha ha lancelot

fist il Lancelot Vous yssistes de la prison de morgain a telle heure/que vous estes venu icy en ce pays cōquerre le meilleur cheualier qui oncques portast armes. Car les plus belles auentures du mōde seront par vous menees a fin en ceste semeine ne oncques ny vist cheualier qui la moittie de la peine y peust souffrir Quant il eut ce dit il reclost sa fenestre/par ou il parloit a lui/et lancelot lui dist Sire se il plaisoit a nostre seigneur/que ce fust vray ie lui/ny scauroye greigneur gre/que nul aultre pecheur Baten dist le preudomme:/Car trop as a faire/et ne targe plus. Lors sen ala Lancelot/et il vint au pie de lestroitte voye si la trouua si masse/que par fine force lui cōuint descēdre/et il ataca son cheual a ung pin ou il sourdoit vne des plus belles fontaines du pays/et quant il eut atache/si sen ala sup ant tout cōtre mont se tertre lespee traicte et le scu au col/si estoit tout suant ains quil fust arriue amont. Car moult le greuoient les armeures/quil auoit vestues.

Quant ala lācelot quil vint amont lors trouua ung des plus beaulx sicamores:/quil eust oncques veu/et il vit au brāches ung cheual atache fort:/et isnel qui estoit tout couuert de noires armes/Et dune part y auoit a pupe.y. glaiues/dōt les fers estoiēt aguz/et trenchans/et par deuers vne petite branche pendoit ung escu dolliphant bende tout entour dor/et dargent/et illec pres auoit vng pauillon tendu/et il trouua vng nayn q se gesoit en vng moult beau lit/et lancelot sallua le nayn quāt il se vit/et le nain saillit sus moult pre/et print vng baston qui pres de lui estoit/si le haulca/et en frapa lancelot parmy le heaulme a deux poins. Car moult estoit foible/et de poure vertu/et Lancelot saillit auant/et lui osta son baston/puis lui demāda pour quoy il auoit frappe fist le nain y auez vous hōte Si maist dieu fist lācelot ainsi y ay moult grant hōneur quant si haulte persōne cōment vous estes a mis la main a moy Certes fist le nayn vous aurez encores enuit greigneur hōte que ceste na este. Comment le sceis tu fist lancelot:/que malle creſſance puis ses tu prēdre/ Ie le scay bien fist le nayn estes vous ca amōt venu combatre monseigneur se arma incontinent, & pria moult doulcemẽt les freres, quilz se preniſſent garde du cheualier malade, & quant il fut monté, & il vit entrer en labbaye vng cheualier occiz, qui estoit en vne biere cheualeresse, & apres lui venoiẽt quatre escuiers, qui si grãt dueil faisoiẽt, que cestoit merueilles. Si demanda a vng des freres de leans, se il sçauoit, qui ce cheualier estoit, & il lui dist quil nen sçauoit riẽs, mais il lui dist quil sçauoit bien ou il auoit este occiz, car il nya gaires que. xv. iours quil en vit vng autre tel, et du lieu mesmes ou cestuy a este occiz. Helas dist lancelot dou biennée il, certes fist il se vous le voulliez sçauoir vo⁹ ne partiriez en piece de ceans. Sire fist lancelot, ainsi attẽdrope ie tout se iour entier: que ie ne se sceusse, si vous prie pour dieu, que vous se me dictes, par ma foy fist le frere voulentiers se vous dirap, lors descẽdit sacelot, & se assirẽt tous deux soubz vng arbre, & le frere commença a dire.

Sire fist le frere, par ca dessus deuers la forest perilleuse a vng tertre que sẽ appelle se tertre desuope, & la raison pour quoy il fut aissi appelle la vous dirap ie. Il est vray quil y eut en ce pays vng cheualier, il ya biẽ vingt ans, le plus fellon, & se plus cruel du monde, si aduint quant il fut cheualier, quil ama vne damoiselle: qui estoit fille esclamor de la cite vermeille, & fist tant par sa prouesse que elle lama aussi commẽt il faisoit elle mais elle ne le lui fist pas si tost sçauoir, aincois se fuy cella moult longuemẽt. Si la requeroit souuent par plusieurs foiz la demanda a son pere a femme, mais il ne sa lui voulut donner ains dist que se il sçauoit que sa fille samast il sa mettroit en tel lieu, dont elle ne sortiroit iamais, & quant cestui souyt si en fut moult ioyeulx, & moult dolẽt, lors vint a sa damoisselle, & lui dist dame ie meurs pour vous si se ra dõmage, se vous ny mettez conseil, & ie cuidoye tant auoir fait vers vous, & vers vostre pere, que ie vous eusse eue a femme iouste sa bonne voulente, si ay moult mauuaisemẽt employee ma peine, quant vous mauez escondit. Que se cloides fist elle vous a mon pere escondit du tout. Ouy vrayement damoiselle fist il, & lors me dist il seil sçauoit

que vous me amissiez quil vous mettroit en tel lieu dont vous ne ysiriez pas a vostre voulente.

Quant la damoiselle ouyt ce cy, si eut moult grãt paour que son pere ne la occist a & quelle se sentoit moult estre fellõ, et orgueilleup. Si dist acloides beau amy il est vray que vous auez tant fait pour moy q̃ bien auez mamour desseruie, & commẽt que ie aye ça en arriere parle a vous onques neu aultre amy que vous, & vous donne oredroit mamour & mon cueur par conuenãt que vous me garentissez contre tous homes, & me prenez a femme, par le commandemẽt qui est en saincte eglise establi. Certes dist il de ce peseroye ie si bien, que ia tant que ie viuray ne aurez garde de home, tant soit puissãt & pour lamour de vous feray ie fermer vng chastel en si fort lieu quil ne doubtera nul home crestien. Lors fist le cheualier faire vng chastel en ce tertre, si fort & si bien assis, quil ne doutoit ne siege ne ost. Si y amena sa damoiselle a tout si grant tresor comme elle peut traire du roy son pere, & pource quil fust plus asseur: attourna il en telle maniere les voyes du tertre, quil ney ya que vne seulle par ou vng seul cheualier puisse aler, encores conuiẽt il qñ voise a pie. Apres descendit le cheualier du tertre, & fist dresser vne croix qui estoit au pie du mont, si y fist mettre vng bref, qui deffendoit que, nul ne allast amont: & dist que desormais seroit se mõt appelle se tertre desuope. Car ie de fens a tous ceulx qui ceste part chemineront quilz ne viennẽt a mont, & se nul y vient qui arme soit bien sache vrayemẽt quil ne sen ira point sans meslee, car ie combatray tant du remẽt a lui quil me occira ou moy lui. Ainsi a puis le cheualier ouure, car nul nest ase celle part, quil nayt occiz se il nestoit de la table ronde, si en a depuis occiz plus de. iii. C. qui gesoient en ceste abbaye.

Or me dictes fist Lancelot de ceulx de la table ronde sçauez vous, quil en a fait, par mon chief fist le frere il les met en prison, & nous euoye ceans les escus, si tost comment il les a conquis, & se vous voulez ie vous en monstreray plus de. xviii. qui sont la aual en vne salle. Ie les verroye voulẽtiers

Si receurent leurs terres de moy les vngz
& les autres.

Beau filz fist le roy/or me dictes com／
ment vostre mere la fait de puis/cer／
tes sire fist il briesuement sachez quelle la fait
de puis côme la plus bonne dame/& la plus
religieuse/& de la plus doulce vie qui oncqȝ
fust en la grant bretaigne: Cest la dame des
dames/& la royne des roynes/Car vraye／
ment sicomme ie croy il ne fut oncques puis
iour quelle ne portast la haire vestue empres
sa chair/& a tousiours honnouree saincte egli／
se/& essaucee tant comment elle peust/car el／
le a ses poures reuestus/& les malades visi／
tez/& combien que son corps ait este trauaille
en terre son esperit estoit es cieulx

De ceste chose fut moult ioyeulx helizi／
er & le roy si en mercya nostre seigneur
Si cheminerent tât plusieurs iournees quilȝ vin／
drent a vne caue forte & roide/& dangereuse a
passer/si torunerent vng pont de fust par ou
len passoit oustre/& quant le roy voulut sus
monter/& il regarda contre mont il vit ve／
nir la plus belle nef du monde/& il ala celle
part/car il lui estoit aduis que la nef deuoit
aser arriuer au riuage/& quant il fut au bort
si vit vng brief qui estoit a lentree/mais du
brief ne des grandes merueilles qui y estoiêt
nen parle ores le conte deuant que le liure fut
arreste a compter du saint graal/& des grâ／
des merueilles/ains retourne a côpter pour
quoy labbaye fut appellee la petite aulmosne

¶Comme Lancelot emporta sponnet en lab／
baye de la petite aulmosne.   .x. chap.

Depuis que le roy helizier fut ve／
nu en son pays il ne fut oncqȝ
iour quil ne feist menger tous
les princes du pays/& lui mes／
mes les seruoit nudȝ piez/& en sâge & asseoit
les mes ples tables/Vng iour aduint que le
roy & la royne/& leur filz & vng des eurs plus
pniuez hommes furêt assis en vng preau Et
lors commencerent a parler de plusieurs cho／
ses/tant que la royne dist au roy Sire pour
dieu dictes moy ou vous trouuastes mô filz
lensuasles & la ou il vous vit premierement/&
le roy ne respondit mot/ains se teust/& lenual

les respôdit ainsi Dame ie le trouuay en lab／
baye que len appelle le secours aux poures
gens/& quant le roy ouyt le nom de labbaye
si commenca a sourrire/& sa roynne sen apper／
ceut/& lui commenca a demander quil luy
deist pour quoy il sourrioit: car oncques puis
que vous entrastes ceans ne vous veiz rire
Certes fist le roy moult voulentiers.

Ilest vray/fist le roy helizier/que ie
auoye ieusne deux iours quât ie vins
a ceste abbaye que len appelle le secours aux
poures gens/& auoye alors tel talent de mê／
ger que ie ne auoye oncques eu: si vins au por／
tier & lui demanday du bien fait de leans/& il
me dist quil nen pauoit point a donner/tant
le priay doulcement quil sen entra en vne mai／
son/& demoura moult grant piece/& quant
il vit a moy/si me apportasa plus petite aul／
mosne du monde ne que oncques ie veisse en
trente ans/que iay este en exil/& quant ie la
vy si fu moult esmaye/& dis en moy mesmes
que icy auoit moult poure soustenement & qu
mieulx deust estre labbaye appellee poure se／
cours/que le secours aux poures gês/& pour
le poure don/& pour la petite aulmosne quilȝ
me donnerent vueil ie/que labbaye soit ap／
pellee la petite aulmosne/ou le poure secours
le quel q̂ sen vouldra mieulx dire/A ce mot
cômencerêt a rire tous ceulx qui leâs estoiêt
Et le roy dist ceste parole de tel eur que onc̄s
puis ne fut heure que labbaye ne fust appel／
lee la petite aulmosne/Mais attant laisse
ores le côte a parler de lui & retourne a lâcelot.

¶Cy deuise sa cause pour quoy labbaye fut
nommee la petite aulmosne.   xi. chap.

Quant Lancelot fut venu a lab／
baye a tout sponnet/& il appel／
la a la porte/lors vindrêt a lui
quatre des freres de leans/& il
ouurirêt la porte/si descendirêt sponet moult
doulcemêt/& le porterêt en vne chabre/& il
prindrêt garde de lui & de sa playe/puis des／
armerêt lancelot/& lui firent grant ioye pour
ce quilȝ auoient entendu quilȝ estoient de la
maison du roy artus.

Au matin quant il fut iour/se leua lâ／
celot/& ouyt messe en labbaye/puis

G i

Encontinent se partit le roy du fumier ne oncques ne Boullut retourner en labbaye que sen ne le congneust, ne sa robe ne Boullit oncques changer, lors demanda a son filz se il estoit cheualier, & que sa femme faisoit. toutes ces choses fist il Bueil ie sçauoir & si ne me cellez riens de la roynne Bostre mere comment elle se est depuis maintenue/ Car sa foy que Bous deuez a cellui, qui puis tierce Bous a amene de plus de quarante lieues, soing, & a ceste heure nest il poit plus de my dy/ & Bostre nom ne sçay ie point, et pource ie Bueil que Bous le me dictes. Sire fist il sen me appelle senuasses, & Brayement cellui nõ sui auoit este escript ou front, quant il partit du Bentre de sa mere. Et senuasses Bault autant a dire comme ferme creance, car en son temps ne fut il oncques nul plus preudomme que sui, & bien sui monstra dieu quant il fut nomme a son pere. si sen meruella moult le roy, car oncques mais nauoit le roy ouy parler de tel nom, & lors sui commenca son filz a dire en ce point.

Sire fist senuasses il auit ainsi comme iay ouy dire a madame mamere que quant Bous fustes parti du royaume de sa terre foraine, que ceulx qui a Bous marchissoiet guerroioient madame ma mere au plus quilz pouoient, & Brayement ilz leussent desheritee, se ne fust le roy macabres Bostre frere, qui sui aida a maintenir sa terre encontre ses ennemis, apres ne demoura point grantment quilz se apperceurent quelle estoit encette, si disent entreulx que lenfant qui ystroit delle, fust filz ou fille ne pourroit point estre droict heritier, car en adultaire estoit il engendre se leur estoit aduiz, car ilz cuidoient que Bous neussiez mie mamere laissee enceinte, de ceste chose parlerent moult longuement en repos, & quant ie fuz ne si come dieu pleust et Baptise, si me prindrent tantost les barons du pays, & disent que iamais ne seur eschapperoye deuant que sen sceust se ie estoye droit heritier. Si Bidrent a madame mamere: & lappella cellui deulx tous qui mieulx sçauoit parler/ Si dist dame Bous auez Bng enfant tel comme a dieu plaist. Et Brayement il nous est aduiz que le roy elizier de qui nous te-

nons noz terres: & qui sen ala nous ne sauõs en quel lieu/ nengendra oncques cest enfant car nous auons comptez les mois, si trouuons quil a dix mois quil partit si que nous cuidons qlp soit conceu & engendre en aououltrise ne a droit hoir ne se tiendrons nous mie du royaume puis quil est Bastart, Et pour ce conuient il que Bous saciez tant que Bous soyez creue qui se engendra, A ce respondit madame mamere qui encores estoit durement malade: si dist, Certes ie suis preste: quõ face de moy & de lenfant ce que Bous regarderez. Car se roy elizier a engẽdre cest enfãt, Lors saisit incontinent le duc de sa brãche qui Bostre cousin estoit: Si dist q̃ madame sen mist sur sui & elle se sist tout incontinent commẽt cellui qui cuidoit quelle samast de bonne amour/ Incontinẽt tira le duc apart & les barons, puis seur dist/ Seigneurs il est ainsy que Bous Bous estes accordez a ce que Bous Boulez scauoir se cest enfant est filz au roy elizier, & ie Bous dy Brayemẽt que ie Bous en ferray scauoir la Berite, si Bous Boulez faire ce que ie Bous enseigneray. & ceulx disrent que oup, Et sie Bous diray fist il que Bous ferez: il est ainsi que en ceste Bille a deux lyons, & il est Brap que le lyon si est roy & sire de toutes les bestes du mõde & est de si frãche nature & de si haulte. que seil trouuoit filz de roy desoyal pere: & de loyale mere ia mal ne sui feroit se il nauoit que deux ans daage tant en Benist au dessus, et par ce pourriez Bous scauoir se cest enfant est filz elizier, & pource Bous conseille ie que Bous le mettez entre les lyons

A ce conseil se accorderent tous grans & petis, si me prindrent Boyant ma mere en telle maniere que par Bng peu quel le ne crayoit, & lors me misrẽt en la fosse auec les lyons, aicois que ieusse passe trois iours & my laisserent toute Bne iournee. Mais le doulx sire qui tant fut plain de pitie ne me oublia mie Car il me fut escu & deffendãt/ Et garda si tresbien que tout ainsi comment ilz me mirent ilz men tirerent. Et ainsi ie fu Brayement esprouue que iestoye filz de roy Si me tindrent tous ceulx de ce pays en grãt chierte: Et quant ieuz dishuit ans: si me firẽt cheualier/ & me couronnerent a Bne pẽtecouste

le commandement de nostre seigneur/ Et cel
luy roy estoit payen/ mais par la vertu de no
stre seigneur/ & par le preschemēt ioseph auoit
receu baptesme/ Si fut crestié et bon homme
enuers dieu/ et aima tāt nostre seigneur quil
laissa toutes ses richesses & son royaulme/ et
sen fuyt en exil/ poure nu/ & deschaulx/ & en
telle maniere alla parmi escosse plus de tren
te ans: si fut si empris dedēs ce terme de corps
& de visaige: que nul qui oncques fust ne/ ne
leust tenu pour si grant homme comment il
auoit este/ Ung iour lui aduit quil auoit si
grant talent de mangier que merueilles Car
il auoit deux iours erre parmi la forest peril
leuse/ quil ne trouua ne maisō ne rechet. lors
vint a vne religion qui adonc estoit appellee
le secours aux poures gens/ Si demanda
au portier se laumosne estoit donee. Et cellui
qui moult se vit poure par semblant lui dist
que veritablement elle estoit donnee/ & quil sē
pouoit bien aller/ Car il ne seroit huymais
illec rien.

Ha ha portier beau amy dist le roy/
ayez mercy de moy. certes se vous
ne maidez ie mourray icy tout deuant vous
vrayement iay si grant faim que apou que le
cueur ne me part du ventre/ de ce print au por
tier moult grant pitie/ si ala grant erre la ou
le relief estoit/ Mais il ny trouua que vne pe
tite aulmosne/ Mais non pourtant moult se
bla bonne au roy pour le allegement de sa fai
si en rendit graces a nostreseigneur/ & le mer
cy a moult de ce que il lui auoit enuoye & quāt
il eut mengie le pain/ si eut greigneur faim
que il nauoit point eu parauant. Adonc il dist
au portier que oncques si petite aulmosne ne
lui auoit este donnee/ mais regarda encores
se vng peu lui en peust donner. Certes dist le
portier atant vous en conuient souffrir/ Car
ie nay plus que vous donner deuant souppert

De ceste chose fut le roy moult esmaye
si ne scauoit a qui se plaindre de sa
tresgrande faim fors a cellui se complaignoit
qui donnee lui auoit/ & ce fut a dieu mesmes
si dist ses prieres & oraisons dont il scauoit
assez de bōnes/ & il estoit moult durement las
& trauaille du chemin quil auoit faict & estour
dy estoit de la faim quil auoit eue/ si sen dormit

sur vng fumier empres la porte de labbaye/
Et lors lui apparut tout incontinent le sau
ueur du monde si lappella par son droit nom
de baptesme. Elyzier fist il moult tay trou
ue bon sergent & loyal/ car oncques pour ad
uenture nulle qui te auenist en ta pourete ne
te desesperas/ si est ores bien droit que tu ayes
la desserte de ton loyer. pource te commande
ie tout incontinēt que tu ten voises arriere en
ta propre haultesse/ & si y seras aussi riche-
ment cōment tu fuz oncques iamais/ & la cau
se pour quoy/ cest que tu nas plus a viure que
quarante iours/ & au quarentiesme iour tu
trespasseras/ Et lors te sera appareille le
hault rene que ie tay promis/ & que ie pmetz
a ceulx qui mettēt le mōde arriere pour moy
seruir/ & affin que tu saches que ie le vueil/
tay ie apporte ton filz plus de quarēte lieues
si le trouueras maintenant deuant toy/ quāt
tu te esueilleras.

Atant se sueilla le roy/ si vit deuāt luy
vng ieune homme le plus beau quil
eust oncques mais veu en son vluant Si fut
tout esbahy de ce quil auoit veu en son dor
mant/ si regarderent luy lautre si fermemēt
sans nul mot dire/ premierement lui accous
rut le ieune homme & le print entre ses bras/
Si laccolla & baisa/ puis lui dist/ Benoit
soit dieu qui ma acompli toutes mes volētez
a vne foiz/ Car vous estes cellui que iay tāt
desire avoir/ & ce nest pas de merueilles/ car
vous estes monseigneur/ mon pere/ & mon
amy apres dieu.

De ce eut le roy moult grant ioye/ si
en ploura de pitie & de ioye & baisa
cellui qui congnoissoit a son enfant/ Si en
mercya dieu de bon cueur/ puis dist a lenfāt
Beau doulz filz/ il fait bon seruir cellui qui
tel guerdon rend/ cōme de donner icy haul
tesse/& a la fin auoir sa ioye des cieulx qui ia
ne fauldra/ & tel seruice vouldroye ie auoir
fait a cellui qui me fist/ quelque pecheur que
ie soye. Car mon pere ma monstre belle demō
strance quāt lui mesmes mest venu querre/ &
certes se il ne le meust commande ie nentras
se iamais en mō royaulme/ mais puis quil
ne lui plaist/ ie ny demourray plus/ ais iray
car ie vueil que son commādement soit a cōpli

ques mais/ & lancelot en eut grant pitié/ & dist que ce seroit il moult voulentiers.

Lors vint lancelot a ceulx qui le champ gardoient, et leur dist Beaux seigneurs dictes au roy quil vienge a moy parler, & ceulx lui amenerent. Lors dist lancelot au roy Sire nous laisserons ceste bataille a tant comment nous auons fait se il vous plaisoit, si ferions paix entre nous deux si que ce seroit a honeur de lun & de lautre se nous cuidies quil vous pleust. Vous le deuez faire. Car se lun de nous y meurt vous ny gaignerez gaires. Le roy considera sa debonnaireté de lancelot & la franchise quil fist a cellui qui leust occiz, se audessus en eust peu venir, si lui dist sire estre vous deux vous pouez bien entrequitter, & ie souffreray debonnairement a faire voz voulentez. Or venez donc auant fist lancelot, si orrez noz commencemens. Et le roy entra au champ, si vint a son filz qui en telle maniere estoit atourne quil nauoit pouoir de soy seuer. Et lancelot lui dist Marabron veez cy vostre pere. le roy par deuant qui nous prismes ceste bataille. dont nous en auons tant fait quil ny a celluy qui ne sen sente. Et pour ce que de plus en faire nen viendra il nul bien. Vous prie ie que vous me quittez a tant. Et celluy aussi pour le quel amour, ie entray en la bataille. & ie vous quitteray de vostre querelle par deuant vostre pere, & celluy len mercya moult. Si sentrequitterent en telle maniere, lors firent moult grant ioye & grant feste, puis le roy emmena lancelot auec lui en son palais, si le voulut faire desarmer mais il dist vrayement quil ne demourroit en nulle maniere, si fist sponnet deuant lui monter en sa safe, puis monta derriere lui si lembraca parmy les flans, car il ne se pouoit pas tenir a larcon de la selle sans aide.

Et le cheualier chieuz qui le roy Baudemagus gisoit malade, qui estoit venu pour trouuer lancelot, eut cheuauchie tout le iour deuant & cellui mesmes, tant que ad uenture se mena en vne isle estrange. Et quant il vint leans il demanda se ilz scauoient point nouuelles dung tel cheualier, si leur deuisa ses armes. Et len lui compta comment il auoit vaincu vne bataille nauoit pas long temps si sen estoit parti/ & ne pouoit pas estre encores vne lieue loing dillec.

Quant le cheualier ouyt ceste nouuelle si se mist en son chemin, puis print sa roppe apres lancelot, si dist en soy mesmes que bien estoit il meschant quil ny auoit pas peu estre ea temps. Mais se ie deuoye fist il cheuaucher tous les iours de ma vie, si le trouueray ie sil plaist a dieu, quil cheuaucha tout le iour iusques a nonne, lors encontra vne damoiselle si la salua, & elle luy: damoiselle fist il mesauriez vous enseignier ce que ie quiers Sire fist elle que querez vous donc/ ie quiers fist il lancelot du lac qui anupt est venu au chasteau pres dicy, si sen est parti nagaires & sen va tout ce chemin amon aduiz. quelles armes fist il porte il. En nom dieu fist il, il porte vnes armes vermeilles/ & vng escu blanc par mon chief fist elle, ie say ores encontre en vne vallee/ en telles enseignes quil porte deuant lui vng cheualier malade. Si ne peust encores pas estre deux lieues loing, au plus quil puisse auoir cheuauche. Damoiselle fist le cheualier: or vous commande a dieu. Car vrayement vous me auez moult bien asseure. Adonc sen partit & se remist en son chemin apres Lancelot, & pria moult a nostre seigneur quil lui donnast celluy iour trouuer. Mais a tant se taist ores le conte de luy & retourne

Quant Lancelot se fut parti du roy Bagor de lisse estrange, & il eut sponnet deliure de prison, & deffendu de sa traison que len lui mettoit asseure vers le filz Vagor, ainsi comment vous auez ouy il sen porta si naure & si malade comment il estoit. Car syon ne se pouoit point soustenir en selle tant estoit il fort greue de sa maladye, et pour ce se tenoit lancelot entre ses bras: si cheuaucherent tant & en telle maniere quilz vindrent a vne abbaye, qui seoit en vne vallee appellee selice. Si estoit en la marche descosse par deuers soleil couchant: & celle abbaye ainsi que dit le compte auoit nom la petite aumosne, & la raison pour quoy elle y fut appellee ne vueil ie mie oublier. Car bien est a notter.

Vray fut que en la marche descosse y auoit vng roy au temps que ioseph darimatie vint en la grant Bretaigne, par

La tierce partie de Lancelot.

a ma bataille, si fut regarde que ie deuoye auoir repit iusq̃ a tãt q̃ ie fusse gari: & sen se me donna Boulentiers. Mais pource que le roy nestoit mie seur, que ie reuenisse me fist mettre en prison, si mya tenu iusq̃s a seure presẽte. Or vous conuient faire ceste bataille pour moy, car ie suis si malade que ie ne cuide mie que ie puisse iamais porter armes. Et lã celot dist que si feroit il volentiers, car il nestoit pour autre chose venu celle part. Lors vint au roy si lup dist, Sire faictes mettre ce cheualier hors de prison, car il a trouue q̃ pour lui se combatra: & marabrõ saillit auant quant il oupt lancelot parler, si lui dist, Sire estes vous cellui qui pour lui vous deuez combatre? Mais estes vous cellui fist lã celot qui sauez appelle traistre? Oup fist il. Or sachiez vrayement fist lãcelot que de cest appel vous tẽdiez a fol, & a musart, car lap pel est faulx, & la parolle mauuaise a vostre escient. Or le laissez ainsi fist le roy. Car sen verra par temps comment laffaire pourra aller. Lors fist lyonnet oster de prison, & mettre en vne chambre pour soy reposer, si lui fist moult grant bien, puis fist lancelot desarmer. Car le roy ne voulut pas quil allast en autre logis heberger, que au sien, celle nuyt le fist le roy moult bien seruir, & lui fist grant feste et grant honneur pource que cheualier estrãge estoit, & que preudomme lui sembloit.

Au matin allerent ouyr messe Lyonnet & lancelot, puis entrerent au palais ou ilz trouuerent grant compaignie de cheualiers, & de dames & damoiselles, qui estoient venus pour veoir la bataille, & mara brion estoit ia tout arme, fors que de son heaul me. Si se seoit empres le roy son pere, & lan celot ala a ses armes, si les print, & ceans fut tout arme fors q̃ de son heaume, si vidrẽt au passaiz lui & lyonnet, puis vint au roy, & lup dist Sire sen ma fait entendant, que ce que ce cheualier qui empres vous est assiz a ap pelle cestui mie compaignon de traison, & q̃ le tour est a lup, & pource que lui endroit soy ne pourroit faire la bataille, suis ie ca ainsi ve nu pour lui beau frere fist le roy gardez bi en en quelle querelle vous vous mettez, car ie vous dy vrayement, que ce cheualier qui pres vous est assiz a occiz mon filz en meur dre qui sauoit heberge par amours.

Sire fist Lancelot, vous direz ce que vous vouldrez, lors se dreca mara brion, si dist au roy Sire veez cy mon gaige que ie suis prest de prouuer que ce cheualier oc cist mon frere en meurdre, & en traison de sy on. Et lãcelot saillit auant, si dist ql estoit prest de deffendre, que ce nestoit mie vray, sy en print le roy ses gaiges deulx deulx, puis les mena en vng iardin qui estoit en coste la tour, si les mist dedens, puis print le roy .xii. des plus saiges cheualiers de sa maison pour garder le champ, & quant ilz eurent seurs he aulmes lacez, & ilz furẽt motez sur seurs che uaulx, si prindrent seurs escus & seurs glai ues, si laisserent courre lun vers lautre, tant comme ses cheuaulx peurent aller, si sentre frapperẽt si durement que apaine peurẽt tenir les lances quelles ne volassent toutes en pieces si cheut moult durement Marabrion a terre que par vng pou quil neut le col brise. Et lã celot alla par dessus son corps a cheual, si que tout se brisa, & cellui gesoit a terre tout pausme, & nauoit pouoir de soy releuer, lors lan celot descendit, puis attacha sõ cheual a vng arbre qui pres de lui estoit, et se alla celle pt ou il veoit gesir marabrõ, si douloureux du cheoir ql auoit fait, quil en cuidoit bien mou rir. Et lancelot pensa quil ne locciroit pas, pour lamour de son pere qui si bellement la uoit receu le soir en sõ hostel: mais toutesfoiz il se mist iusques a paour de mort pour lui re monstrer sa follie, lors le print par son heaul me, & le lui arracha de la teste, puis tira son espee toute nue, si lui en donna tel coup pmp la teste ql le fist chãceller a laultre part, mais il ne le ferit pas du trẽchant: ains fut du plat car il ne le vouloit pas occire, & cellui ouurit ses yeulx, & quant il vit lespee sur sa teste, & quil se sentit tout desarme fors que de la coiffe de fer, si eut grant paour de mourir, & pource lui crya mercy, & lui dist Ha ha franc cheua lier pour dieu ne me occiez pas: ains laissez moy viure, & ie me tien pour oultre & vaincu Si prieras a mon pere quil me pardonne le meffait de ceste bataille. Et lors auras fait la greigneur courtoisie que cheualier fist õcq̃ fist mettre a sa littiere deux des meilleurs cheuaulx de leans/ puis monta a grant peine/ si enmena auec lui deux escuiers q̄ lui faisoiēt compaignie par tout la ou il vouloit aller/ si entra en vng chemin/ et commenca a suiuir le trac de lancelot sa grigneur asseure quil peult oncques souffrir.

Lancelot q̄ fut matin leue cheuaucha toute sa iournee iusques a nōne, tāt quil arriua vng pou deuant nōne a vng chastel que len appelloit lisse estrange/ si estoit le chasteau fort beau et riche a merueilles/ et si estoit assis sur vne roche, et ny auoit de toutes pars que vne seule entree: et si estoit si estroitte q̄ a paine y eussent peu passer deux cheualiers de front Adonc sceut il bien que cestoit le chastel que len lui auoit enseignie. Car a plusieurs gēs sauoit il demādé. Et lors attaignit vng escuier qui alloit au chasteau. si le salua/ et celsui dist que dieu le beneist. et lancelot lui demanda a qui il estoit/ Sire fist il ie suis au seigneur de ce chasteau. Or me dictes fist lancelot se vous scauez qui est le cheualier quil tient en prison, que son filz a appelle de traison. Sire fist il vous dittes de sponnet le cousin monseigneur lancelot du lac, de lui demande ie fist monseigneur lancelot/ En nom dieu fist il, il nest pas a son aise/ et si est demain sa bataille. Et vous fist il dont estes vous/ et il lui dist quil estoit de la maison au roy artus et voudriez vo9 fist il faire ceste bataille pour sponnet. Ouy fist lancelot/ Or en soit dieu de vostre partie. fist le varlet Car ainsi me soit dieu en aide. Vous en auez le droit, si comme iay ouy dire a maintes gens Car marabron en a le tort, sponnet le droit. Tant allerent par sant ensemble entre lancelot et le varlet quilz vindrēt amont au chastel qui moult estoit bien seant de toutes choses quil couenoit a vng chasteau/ et si estoit assis sur vne roche plaine Et quant lancelot fut descendu en la court si osta son heaulme/ puis vint deuant le roy si le salua/ Et le roy qui cuidoit bien quil fust preudomme se dreca contre lui/ puis lui rendit son salut/ Sire fist lancelot vous auez vng cheualier en vostre prison a qui ie parleroye voulentiers et cestoit vostre plaisir/ car il est ne de la terre dont ie suis/ et si est mon pa

rēt bien prochain/ Sire fist le roy/ ie vous y feray parler voulentiers/ Lors commanda le roy que len le menast la ou sponnet estoit/ et len lui mena, or estoit il en vne moult belle chambre soubz la tour Et quant les deux cousins sentrevirent il ne fault point demander se ilz eurent grant ioye/ Car ilz ploure rent lun et lautre trop amerement et de pitie quilz auoient Lors demāda lancelot a spon pour quoy estes vous en prison Sire fist spon net voulentiers vous le diray

Il aduint na pas long temps que ie cheuauchoie parmy ce pais cuidant ouyr nouuelles de vous, tant que auenture me mena chieux le frere marabron qui me herbega vne nuit, et il auoit vne moult belle fēme et ieune: a qui ie sēblay si beau quelle me requist damours. sur ce que femme ne doit pas homme requerre, et iauoye fort affaire ailleurs assez, car ie ne scauoye que dire de vous qui estes mōseigneur, et dautre part estoye a malaise de booz mon frere, que ie ne vey plus a dun an Et ce fut la chose qui plus me fist villain, car ie ne pensoye point a ce de quoy elle me requeroit/ Et quant elle eut ouye ma responce si fut moult courroucee, et commenca a parler et a faire si grant dueil que qui leust veue il eust bien cuide quelle eust este hors du sens si me respōdit/ et dist que mal sauoye refusee car ie nen pourroye pas eschapper sans mort Lors vint amon hoste son seigneur, si lui dist que ie lauoye requise damours/ Et quant il ouyt cella si cuidoit bien quelle deist vray/ et il en fut tout courrouce de dueil.

Ainsi me deffia mon hoste et me dist que ie me gardasse de lui, car il me messeroit du corps sil en venoit audessus si me courut sus lespee traitte et ie me deffendi tant que ie locciz. Et quant marabron le filz au roy bagaor, ouit dire que ie auoye occiz son frere, si me appella traitre, et ie men offri a def fendre, a quelque heure quil vouldroit. si fut le terme nomme, ie me parti atant de ceās, si fuz naure deuant vne chappelle en la forest perilleuse, si amerement que oncques puis ie nen peu garir iusques a maintenant. en enco res nen suis ie pas bien gari/ Et quant ie fuz nous ne vous veismes. Et lui dist quil se rassist, car il cuidoit que ester lui fust mal. Lors se print a lui compter coment il auoit este en la prison morgain la fee. Mais ores en est hors dieu mercy. Et lors lui demanda sil sçauoit nulles nouuelles de monseigneur gauuain ne des autres compaignons. Si maist dieu fist il nenny, car ilz sont tous perdus en ceste queste: ainsi comme silz fussent fondus en abisme. Quelle queste fist lancelot, ont ilz puis commence que ie suz mis en prison. Sire fist il ne vous souuient il pas que nous partismes du chastel du trespas lendemain que vostre cousin eut occiz mauduit le geyant, que nous prismes terme de nous rassembler a la feste de toussais, oup fist lancelot. et y benistes vous tous ensemble au iour que nous auions pruis. Sire fist le roy baudemagus nous y benismes si bien que de tous ceulx de la queste ny faillit que vous et vostre cousin boort, si estoit ainsi aduenu que si vous y fussiez venu, nous nous penssions daller tous ensemble a sa court, et ainsi fut la queste faillie. Et pource que vous ny benistes point la recommencasmes nous: et prismes terme de y reuenir au iour de la magdalene. et quant ce vint de tous noz compaignons ne vint que trois, a grauai mordrec le frere monseigneur gauuain: et moy. Et quant nous veismes cela, si ne osasmes aller a court, aincois entrasmes en la queste qui encores dure silz ne sont mors ou prins.

En nom dieu fist lancelot, oy ie bien que silz sont perduz cest par moy mais se dieu plaist i'en sçauray parleps nouuelles, car puis que suis en ma bonne volente, ie ne fineray iamais de cheuaucher, iusqs a tant que ie les auray trouuez. Mais or me dictes ou fustes vo ainsi naure, et qvous naura. Et le roy dist quil auoit este naure na gueres a vng tournoiement que par vng pou quil ne fut mort. Mais il eut vng si saige mire qui ne se tourna oncques a garison: si pour ray fist il par temps cheuauchier si comme ie cuide. Sire fist lancelot il men conuient aller dicy: car iay vne mienne besoingne a faire, si vous comant a dieu qui vous garde, et vous doint ioye et bonne sante: et pour dieu ne vous desplaise, se ie ne vous faiz compaignie,

car bien sachiez que ie le feisse voulentiers. Et le roy dist quil vouloit bien quil sen alast puis quil en auoit si grant besoing. et le commanda a dieu. Et lancelot relaca son heaulme: puis monta sur son cheual: mais auant commanda son hoste a dieu, puis print son chemin vers le chasteau que len appelloit estranort. Si tost coment il sen fut parti: si dist le cheualier a sa meisgnie, par dieu fist il moult me semble preudome le cheualier qui a logie anupt ceans. Or allez au cheualier malade si lui demandez qui il est, et il se vous saura bien enseignier, et lun des escuiers sen alla incontinent au roy baudemagus, et lui dist, Sire monseigneur vous mande, qui est ce cheualier qui ceans a anupt logie, comment fist il ne le sçauez vous point, nenny fist celui, Et le roy sen seigna si dist, en nom dieu oncques mais gens ne furent si durement esbahys comment vous auez este, qui auez eu anupt le plus preudomme du monde, et ne sçauez qui il est, qui est il donc fist le varlet, qui trop fut esbay de ce quil lui ouyt dire par ma foy fist le roy cest lancelot du lac le meilleur cheualier qui oncques portast armes et le plus gracieulx.

Et cellui reult a son seigneur et lui dist En nom dieu sire le cheualier quiest parti nagueres dicy, cest lancelot du lac. Lancelot fist il, peult ce estre vray, oup fist le scuier sans faille. Lors comença le seigneur a faire trop grant dueil, si commenca a dire, Ha ha comment iap mal exploictie mon temps, car ie auoye amene auec moy ma garison, Or say ie iette hors de ceans, Beau doulx pere puissant comment iap mal fait a mon eur. Quant il eut grant piece mene son dueil, si se pensa, que a dueil mener ne gaigneroit il riens, mais sil vouloit guerir, il conuenoit quil suiuist cellui par qui il deuoit auoir garison, se il la deuoit auoir par homme, Lors sen asa a quelque peine deuant le roy baudemagus: et lui demanda se il sçauoit qlle part sen alloit le cheualier, En nom dieu sire fist il nenp, ia pource ne demourra que ie ne voise apres lui. Car se ie ne le puis trouuer ne acosuiure touteffoiz trouueray ie aucun demain qui men dira aucunes bonnes nouuelles: lors leur cheualier du monde/si demouray illec tāt longuement/que au seoir vint par deuāt moy vng escuier qui memporta en ma forte resse/ou ie fus tant que ceste littiere seiz faire Lors me pensay que ie iroie a la court au roy artus/car la trouuerope ie plus tost secours que en nul aultre lieu/si me esmeu par le conseil de maintes gens/& quant ie vins ie trouuay le roy artus bien fort esmaye de monseigneur gauuain & des autres compaignons et de lancelot du lac qui perdus sont si comme len dist/car tantost aura deux ans que nul nen ouyt parler a court/ne que nul nen apporta nouuelles/& quant ie fuz descendu & apporte deuant le roy/ie lui complay mon auenture, tout incontinent si esforcent tous ceulx de leās mais onques nen peult estre ostee par nulz deux, lors me dist le roy que ia par nulz nen peust estre ostee se non par lancelot. Et ie lui demande ou ie le pourroye trouuer. Beau ami ie ne scay/car plus a dun an quil ne fut vcu par homme qui nouuelles men dist. si est moult grant dommaige, car cest vng des meilleurs cheualiers du monde & le plus preudomme/& quant il ouyt ce que le roy dist, si demoura leans le iour/& lende main se partit pour sen reuenir en vng sien chasteau: car il se pensoit que quant il y seroit il pourroit plus aisement souffrir sa douleur que en aultre/& pour celle auenture alloit il ainsi en littiere/car pour nulle chose il neust peu cheuauchier

Or me dittes sire cheualier fist lancelot scauez vous qui est le cheualier qui gist en vostre hostel malade. Certes fist il nenny, car onques ne lui demanday son nom. Si allerent ainsi parlant grant piece de la nuyt tant que la lune fut belle & clere, & vint en vne prairie ou il y auoit vne tour forte & haulte & bien close de murs & de fossez & les deux escuiers vindrent a la porte, & la firent ouurir/puis descendirēt le cheualier au plus souef quilz peurent, & le porterent a des le maistre palais/puis firēt alumer cierges & touches pour y veoir plus cler/lors vindrēt a lancelot, si le desarmerent & lui vestirent vng manteau fourre dermine pour la saison qui encores estoit froide/si comme au com-

cement de may/Et ceulx de leans qui estoient couchiez si se leuerent tous quant il fut venu et ilz furent moult souspez q̄lz feroiēt quāt ilz virent que il nauoit trouue secours a la court au roy artus/& il leur dist quilz meissent la table si mengeroient entre lui & le cheualier quil auoit amene Et lancelot lui dist quil lui montrast sa saiette pour scauoir se il la pourroit oster/& cellui dist quil nen feroit ia riens, car ie scay bien fist il que vous ne la uriez point/& si me feriez telle angoisse/que greigneur ie ne pourroye souffrir Ha ha bel hoste fist lancelot / or me laissez essayer se il vous plaist/& cellui dist quil ny mettroit ia la main, car vous ne losteriez mie fist il ie scay bien pource que vous nestes pas le meilleur cheualier du monde Et cōment le scauez vous fist lancelot, ie le scay bien fist il. & cellui seroit fol qui vous cuideroit le meilleur cheualier du monde Beau hoste fist lancelot puis quil ne vous plaist que ie essaye a ceste espreuue. ainsi comment les aultres ie men souffreray a tant/Et cellui dist que ce vouloit il bien/lors furent mises les tables: si mengerent. & moult eussent este aises si neust este le cheualier malade, car il ne pouoit faire belle chiere. Apres furent faiz les litz/puis sen allerent couchier & reposer.

Landemain au matin se leua lancelot & quant il fut arme & il eut mis son heaulme sur sa teste, & dist a vng des escuiers qui leans lauoit amene, quil lui menast veoir le cheualier naure q̄ est de la maison au roy Artus / puis cellui se mena en vne chambre, si lui monstra le cheualier qui estoit malade. & lancelot le regarda, puis cōgneut bien que cestoit le roy baudemagus, si dist au varlet quil sen allast, car il vouloit parler au cheualier malade, & cellui sen ala Et quant lancelot se veit auec lui seul a seul il osta son heaulme, car enuers lui ne se vouloit il point celler. Et quāt le roy le cōgneut si en fut tāt ioyeux que nul plus: si saillit sus tout en chemise/puis lui ietta les bras au col & ploura de la pitie quil auoit, si lui dist tout en plorant. Beau doulx sire beau doulx amy, ou auez vous tant este/no' cuidions q̄ vous fussiez ia mort: car il a grant temps que

Lancelot sentendit/ si pensa quil deust retourner pour la occire/ mais il sa laissa pour lamour au roy artus/ et pource quelle estoit femme Lors dist au varlet/ beau amy tu diras a da me morgain ta dame/ que lancelot qui de ce ans sen va la salue/ si comme sa plus desloy alle femme du monde Et bien saiche elle que si ce ne fust pour lamour du roy artus: ie feisse delle ce que len doit faire dune femme desloy alle et traittre/ lors vint a la dame qui encore dormoit/ et lesueilla/ si lui dist ce que lancelot lui auoit dit/ et quant elle sentendit si fut moult dolente: si vit a sa chambre ou lancelot auoit este mise et dist ha ha lasse tant mal auos garde ce que nous deuiōs garder/ lors omeca a regarder ses senestres q̄ lā. auoit brisees pour sen aler.

Lancelot qui fut pti de seās cheuaucha tāt tout le iour ql fut yssu hors de la forest: lors encontra vne damoiselle et vng naī qui cheuauchoiēt. ii. passefrops/ et il sa salua et lui demāda se elle scauoit nulles nouuelles des cheualiers errās de la maisō au roy artus par ma foy fist elle il en ya vng en ce pais q̄ a nō sponet que le roy bagor tiēt en prisō Damoiselle fist lancelot commēt le scauez vous ie le scay biē fist elle pource que le filz dagar or sappella de traison/ nya pas long temps et dedēs le terme q̄l se deuoit cōbatre il fut frap pe du dart/ si en est fort malade: tāt que ie croy q̄l ne pourra faire ceste bataille. Damoiselle fist. L. a qlle part demoure cellui roy. fist la da moiselle icy pres au chasteau destrangort.

Or vous commāde a dieu damoiselle fist lancelot: car ie ne fineray iamais de cheuaucher iusqz a ce que ie laie trouue/ ain si se partirent lū de lautre/ et lancelot cheuau cha tant q̄ la nupt le sourpt a lentree dūe fo rest/ si descēdit pour soy resposer et ce tpēs pen dant q̄l dormoit/ par illec deuant passa vng cheualier q̄ se faisoit porter en littiere/ q̄ deux palleffrois portoiēt/ si estoit le cheualier na ure/ et auecle cheualier alloiēt deux escuiers.

Quāt le cheualier de la littiere vit lāce lot dormant/ si tourna celle part: car il vouloit scauoir q̄l estoit/ si leueilla/ et lāce lot saillit sus et le salua/ puis lui demāda cel lui: ql queroit a telle heure. Ie vois q̄rant fist il q̄ nouuelles me die des cheualiers de la mai son au roy artus: dont il en ya aucū en ce pais si comme iay ouy dire. En nō dieu fist le che ualier/ si vous me voulez suiure ie vous en mō streray anupt vng qui gist en mon hostel ma lade. Seurement fist lancelot ie vous suyuray lors demāda lācelot au cheualier pour quoy il alloit ainsi/ et le cheualier lui dist quil estoit naure. Et lācelot lui demāda ou il auoit este si fort naure. par ma foy fist il en la cuisse/ et q̄ vous naura/ par ma foy fist il vne damoi selle/ vne damoiselle fist lācelot/ dictes moy comment. voulentiers.

Il auint deuāthier fist le cheualier que ie cheuauchoye parmi la forest perilleuse tout seul/ et bien arme/ si rēcontray vng cheualier q̄ me assaillit/ et ie me defendi a mon pouoir/ si feiz tāt que audessus en vis et occiz leusse sil neust soup/ et ie le suiuy iusq̄s a la fontaine ou deux pucelles se baignoient qui estoiēt moult belles/ si tenoit la greignet ī vng arc tendu et vne saiette encochee/ et quant elle vit que ie vouloye le cheualier occire/ si tira a moy et me ferit parmi la cuisse en telle maniere que le fer en passa dultre/ Quant ie me senty ainsi naure/ si couru celle part pour ce q̄ les damoiselles vouloye occire Et auīt q̄ mon cheual cheut emmy vng grant fosse/ et ie lui allay par dessus le col tout oultre/ si fuz tellemēt atourne q̄ de la playe q̄ du cheoir/ q̄ ie cuide biē mourir/ si y geu grāt piece en pau moisons/ et quant ie fuz reuenu ie regarday la fontaine/ mais ie ne vei ne les damoisel les ne le cheualier ne mon cheual aussi/ Car fouy sē estoit apres que ie fuz cheu/ mais tou tesfoiz me effoccay de leuer/ mais tāt me trou uay ie angoisseux que ie ne peu mouuoir de sa place pour mourir/ si me couche dessoubz vng arbre/ mais ie ny demoure gueres que ie viz passer par deuāt moy la plus belle damoisel le que ie veisse onq̄s qui me demanda que ie faisoye sa/ et ie lui diz ha ha damoiselle ie me meurs/ en nō dieu fist elle vous ne mourrez mie q̄ tant/ mais vous languirez iusq̄ a ce que ceste saiette sera ostee: par la mai du meil leur cheualier du monde.

A donc sen ala la damoiselle/ et ie demou ray biē esmaye de la parole q̄lle ma uoit dicte/ Car ie ne sauoye ou estoit le meil ilz conclure aler a court: car ilz ne se pourroiēt licitemēt faire: puis quilz estoiēt cōpaignōs de la queste. Or escoutez sist messire gauuaī il est vray que se nous alions a court sās lācelot tout le mōde nous en deuroit tenir a recreans pource veulz ie q̃ nous se querons tout cest puer. Et cest este iusques a la magdaleine Et lors se vous estes sains & haittiez soyez en ceste place cy. Car se dedens le terme nest trouue nous pourrons bien aler a court, car adonc aurons nous noste queste menee au ſ iour.

Quant vint au iour de la magdaleine, si ne vindrent au chastel du tres pas que trois compaignons de la queste lun fut mordrec le frere mōseigneur gauuain, et lautre agrauain, & le tiers estoit le roy baudemagus. Et quant ilz virent quilz nestoient plus, si furent moult esmayez. Et mordrec dist que desores mais ne scauoit il que faire. Car a sa court au roy Artus mō oncle ne iray ie iamais deuant que ien aye oupes plus certaines nouuelles, que ie nap encoes par ma foy sist le roy ie cuide quilz en sçauēt pl̃s a court que nous nē scauōs il peult biē estre sist agrauain, car tousiours y viennēt cheualiers qui y apportēt nouuelles, & pource ie cōseillerope que nous enuoyssions vng message a court, & quant il y sera venu ne dira mie a qui il est, mais sen querra tout bellement se ilz sceuēt nulles nouuelles de lancelot ne de ses cōpaignons. Si enuoperent vng varlet ou le roy artus se tenoit moult dolēt quil nauoit nouuelles de lācelot ne de ses compaignons, mais semblāt nen osoit faire pour la paour quil auoit de ses gens esmayer. Toutesuoyes la royne ne se pouoit taire, ainçois disoit moult souuēt quelle auoit grāt paour de monseigneur gauuain & de lancelot, car ōcques mais sist elle ne veiz ie quilz fussēt tant de hors de court cōme ilz ont este. Et quant le varlet eut tout ce oup si vint auy trois compaignons, & leur compta les nouuelles de la court. par ma foy sist agrauain donc nyra il fois de recommēcer la queste, car pour riēs ie ne demourroye cy, ne ne retourneroye a court sās noz autres cōpaignons, dont les autres furent contens. si se esmeurēt landemain, &

commēcrent a cercher amont & aual sās ouir nouuelles de lācelot ne des autres cōpaignōs.

¶ Comme lācelot eschappa de la prison morgain, & commēt il se cōbatit contre marabrō pour lyōnet qui estoit malade. xv chap

Or dit le compte que quāt lācelot eut bien este en la prison de morgain deux puers, & vng este et que ce vint apres pasques a sentree du moys de may Dit les arbres pleins de fueilles, & de flours & il vit la verdure qui son corps faisoit resiouir, & la rose q̃ chascun iour duāt lui espanissoit fresche & vermeille Si lui souuenoit de sa dame la royne, & de sa face clere & vermeille que la rose lui ramētoit: car quāt il lui souuenoit de sa dame si ne sçauoit point sa q̃lle estoit plus vermeille la rose ou sa dame.

Au dimāche matin se fut lācelot leue si tost cōment il eut ouy chāter les oyssillōs, a vne fenestre de fer se assist pour veoir la verdure: & tāt demoura illec que le solleil fut espendu parmi le iardin, lors regarda le rosier & vit la rose espanouye q̃ estoit bien au double plus belle q̃ les autres, & quant il eut grāt piece regarde, si dist a soy mesmes par ma foy sist il, or mest il aduiz q̃ ce soit ma dame la royne, car aussi cōme celle rose est plus belle q̃ toutes les autres aussi croiz ie que ma dame soit la plus belle de toutes les autres & pource q̃ ie ne la puis point auoir cōuient il q̃ ie aye ceste rose qui de la beaulte delle me fait remēbrāce, lors ietta sa main parmi la fenestre mais oncques en nulle maniere ny peult il auenir, car trop estoit loig lors retira sa maī a lui, & regarda les fers de la fenestre, si les vit fors a merueilles, que ſe sist lancelot me pourra dōc tenir barre ne forteresse q̃ ie ne face ma voulēte, certes nēny, & il print estre les deux mais ii. des fers de la fenestre, & les tira si fort q̃ les a tous deroupz, Lors retourna lācelot dedēs la tour par vng huys & cherchāt quil trouua armeures & cheuaulx, puis mōta sur le meilleur cheual: & vit droit a la porte, & demāda au portier q̃ estoit le seigneur de leans. Et il lui respōdit q̃l ny auoit seigneur leās fors que vne dame nōmee morgain la fee: si est seur au roy artus, & quant auoit quis/si maist dieu fist gauuain moult a cy belle puesse et moult en est a louer. mais pour dieu dictes moy se vous le veistes puis quil partit dicy/Certes fist le lieu nenny, or me doint dieu trouuer fist messire gauuain qui nouuelles men dye, car moult desire a le veoir.

Au matin/quant messire gauuain se partit de leans/si cheuaucha toute sa sepmaine entiere/sicomme auenture se me noit tant quil vint a vne blanche abbaye. et quant il fut descendu et desarme. si lui demanda vng viel homme de la ou il estoit et lui dist quil estoit de sa maison au roy artus. En nom dieu fist il de la maison au roy artus a il ceans vng cheualier malade comment a il nom fist messire gauuain Sire fist il ie vous menerap le veoir/lors se mena en vne chambre/qui estoit pres vng iardin/et monseigneur gauuain regarda cellui qui malade estoit. si cogneut bien que cestoit le roy baudemagus qui se vouloit leuer en son seant/quant monseigneur gauuain lui dist, quil ne se remuast Lors lui demanda se il scauoit nouuelles de Lancelot, certes fist il nenny fors tant seullement que iay ouy dire quil a occiz deux gepas qui estoient en vng chastel cy dessus qui a no tintaignel/et auez vous fist messire gauuain nul terme que vous doyez estre ensemble entre cy et noel/fist le roy nous debuons estre a la toussains au chastel du trespas/Car ainsi le pmismes nous lun a lautre/quat nous despartismes derrainement. Et cuidez vous fist messire gauuain que lancelot y soit/Ouy fist le roy, se dieu le garde de mort et de prison car ainsi le promist il/a donc iragge fist messire gauuain, a cellui iour se ie puis car ie scay bien ou il est/Dictes moy fist monseigneur gauuain/ou vous fustes si naure, par ma foy fist il ie vray vous en diray Ie cheuau choye auant hyer/ainsi ie trouuay a vng chemin ca deuant guereches vostre frere/que. iiii. cheualiers auoient assailli/si leussent occiz a mon aduis/se ie ne lui eusse aide/mais si tost comment ie le congneu/si feimes tant entre lui et moy, que nous en occismes deux/et les autres deux/sen fouirent/si nous en deliurasmes ainsi comment vous auez ouy/et messire gau

uain demanda ou guereches estoit/par ma foy fist il il sen ala huy matin comme cellui qui nestoit point si naure comme moy.

A celle nuit geust leas monseigneur gauuain, car si tost comment les freres le congneurent si lui firent moult grat ioye Au matin si tost comment il eut ouy messe dit deuant le roy baudemagus/et lui dist. Sire voulez vous que ie demeure ceans auec vous tant que vous soyez gari. Sire fist il nenny car ie suis si naure que ie ne scay quant ie pourray cheuaucher/et pource ce ne veuil ie pas que vous mattendez/car par auenture vous demourriez plus que vous ne vouldriez/Or vous commande ie donc a dieu fist monseigneur gauuain/si men iray apres les autres ainsi comment auenture me conduira/pour scauoir se ie pourray trouuer lancelot. Lors print ses armes/et se appareilla/et quat il fut prest/si cheuaucha mainctes iournees/sicomme auenture le menoit/et par tout la ou il venoit demadoit nouuelles de ses compaignons et len lui en disoit souuent telle chose que moult lui plaisoit/Mais de lancelot ne trouuoit qui nouuelles lui deist neant plus/que se il fust perdu/sien estoit moult esmaye, et tous tesiours auoit il parmi les estranges terres/Mais dauenture, qui lui aduenist ne parloit ores le compte ains tenoit autre voye/et disoit que au iour que le terme fut deuise furent les copaignons au chastel du trespas. Exceptez booit/et lancelot/Mais ses deux ne y furent point/car lancelot estoit en la prison morgain et booit estoit en la terre deruee.

Quant les copaignons furent venus au iour determine/et ilz trouueret qlz estoient quinze Ha ha dieu fist monseigneur gauuain, or faillent les deux plus preudommes de tous nous/Or les attendons fist le roy baudemagus/car ie cuide quilz vendrot ains que vespres soiet sonnees/Tout le iour iusques a lobscure nuyt attendirent illec les compaignons/et quant ilz virent que lancelot ne venoit point/si sen alerent heberger au chastel du trespas/ou ilz furent bien seruiz et honnourez/si tost comme len sceut a qui ilz estoiet/et landemain quant ilz furent partiz de leans disent/que sans lancelot ne oseroiet

f iiii

len pouoit bien veoir au palais/ si vit seans vng homme qui paignoit vne ancienne hystoire/ & dessus chascune pymaige auoit lettres si congneut bien que cestoit listoire de Eneas et comme il sen fouyt de troyes/ lors se pourpesa que se sa chambre ou il gesoit estoit pourtraicte de ses faiz/ Et de ses ditz moult luy plairoit a veoir les beaux contenemēs de sa dame/ lors dist au preudomme qui paignoit quil luy donnast tant de ses couleurs/ quil en peust faire vng ymage dedens sa chambre/ Et cestuy dist que sy seroit il moult voulentiers/ & il luy en bailla & aussi les instrumens qui appartenoient a ce mestier/ & il print ce que il luy bailla/ puis referma sups sur lui affi que nul ne veist comment il feroit/ Lors commenca aprendre premierement comment la dame du lac lenuoya a court pour estre cheualier nouuel/ & comment il vint a kaamalot/ & comment il fut esbahy de sa grant beaulte de sa dame/ et quant il sa vit premierement/ & comment il print conge a elle quant il a sa faire se secours a la dame de noantielse fut a la iournee Lancelot: si firent les pmages/ si bien faictes comme se il eust tous les iours de sa vie mene ce mestier.

Vne nuit vint morgain seans comme celle qui toutes les nuys y venoit/ si tost comment il estoit endormy/ car elle lamoit tant asprement comme femme nulle pouoit doncques plus amer homme pour la grant beaulte de luy/ si estoit moult durement dolente q amer ne la douloit/ car elle ne se tenoit pas en prison par hayne que elle eust a lui/ Mais pource que vaincre le cuidoit par ennuy/ si se auoit maintesfoiz prie/ mais onc ne sen fouloit/ & quant elle vit les ymages/ si pensa bien quelles signifoient/ car bien auoit ouy dire comment il estoit venu a court/ & en quelle vesture/ lors dist morgain a celle qui auec elle estoit/ par ma foy merueilles puis veoir de ce cheualier/ qui tant est soubtil en cheualerie/ et en toutes choses/ Vrayement seroit amoure du plus dur homme du siecle soubtil ingenieux/ si le diz pour le cheualier/ qui ia iour de sa vie ne fist si bien ymages se ne fust de ce reste damoure/ qui a ce lont mene Mais puis quil est si atourne il nest homme ou mon

de qui a son sens se prenist/ Lors monstra a celle les pymages/ quil auoit faictes/ & luy deuisa de chascune la signifiance/ & luy dist veez cy Lancelot/ et veez cy la royne/ et veez cy le roy artus/ tant que celle sceust moult bien que chascune signifioit: or ne lairoye ie fist elle en nulle maniere/ que ie le paincte ne tenisse/ tant que ceste chambre feust toute paincte Car ie scay bien vrayement, quil y paindra tous ses faiz/ et toutes ses oeuures/ et se il auoit tout fait/ ie feroye tant que mon frere le roy artus vendroit ca. & lui feroye congnoistre tous les faiz/ & la verite de lancelot & de la royne/ Et lors fermerent sups apres eulx puis se departirent de leans

Au matin quant lancelot fut leue/ & il eut les fenestres ouuertes il vit en la chambre vne pymage pourtraicte de sa dante si se enclina/ puis sa salua de si pres quil la baisa en la bouche/ & en la regardant si se delicta ioyeusement/ lors commenca a paindre comment il vint en la douloureuse garde/ et comment il conquist le chastel par sa prouesse/ si laisse ores le compte a parler de lui/ & retourne a monseigneur gauuain.

¶ Comme messire gauuain se partit de sa amasot apres quil fut gari pour aller chercher lancelot. huitiesme Chapitre.

Quant monseigneur gauuain fut gari de la playe/ que Lancelot luy auoit faicte/ au tournoyement/ si se partit de la court/ et print congé au roy/ & a la royne & a tous ceulx de leans/ puis se mist en la queste comment il auoit fait autresfoiz/ et alloit tousiours demandant nouuelles de lancelot/ & tant quil vint en la forest desuoyable/ & il se heberga en la tour/ qui ia auoit este terriquant le grant cheualier/ que lancelot auoit occiz/ & il ouyt la nouuelle de lancelot/ & de ses compaignons Car le sieu du parc lui compta comment lancelot auoit conquis terriquant/ & comment il auoit deliure les sept ans & quatre cheualiers qui tous estoiēt enprisonnez/ & comment ceulx de la court au roy artus lui auoient donne ce chastel en guerdon des cheuaulx/ quil leur sent que de dormir/si se merueilla moult dont cella lui estoit auenu/Lors dist a la damoiselle que sen lui feist son lit/car il Bouldroit ores estre couche Sire fist elle sachez quil est tout prest a Bous pourrez aller coucher: quant il Bous plaira. a il se leua tout incontinent comme celluy qui auoit le pouoir tout perdu de son corps par la poison quil auoit beue, si se coucha tout incontinent/a sendormit a la damoiselle sen ala a morgain/a dist a sa dame lancelot est ia couche. a endormi En non dieu fist elle ce mest beau/lors yssit de la chambre ou elle estoit. si print vne boitte de pouldre quelle auoit faicte pour lancelot, si Bint a luy la ou il gisoit si estoit si en dormy que apeine le pouoit sen esueiller. a elle emplit de celle pouldre ung tuel dargent. a le mist au nez lancelot puis le lui souffla ou ceruel a il sentit tout incontinent de langoisse quil eut mais estoit il si endormit du buuraige quil auoit beu que a peine sepouoit il esueiller. a quant morgain eut ce fait si dist a celle qui auec elle estoit que ores cestoit elle bien vengee de luy, car brayement fist elle ie cuide quil ne sera iamais en son bon sens tant que la force de ceste pouldre lui soit au ceruel. lors prit sa pouldre a lestoupa/ Car encores lui aura mestier/ainsi comme elle cuidoit/a la damoiselle luy demanda a quoy. ce Bous diray ie bien fist elle Il est vray que quant les compaignons de la table ronde ne scauront nouuelles de lancelot ilz se querront par toutes terres/a il a.ij. cousins mont bons cheualiers, dont lun a nom yponnet a lautre boort/a ie les hay tant pour lamour de lancelot, que se ilz venoient ca ie me vengeroye deulx a ma Voulente/a pource garde ie ceste pouldre/car se ilz viennent ca ilz en auront/lors fist prendre lancelot. si le fist mettre en vne chambre/qui auoit bien dix piez de large a vingt de long/a si y auoit fenestres de fer q ouuroient en ung iardin/si y fist faire vne couche aussi riche comme se le roy artus y deust gesir, car desormais y gerra tant comment il viura/a tout ce disoit elle pource quelle cuidoit/quil ne deust iamais yssir hors de leans.

Atant se departit morgain de la chambre qui toute la nuit laissa Lancelot dormir/car esueiller ne se pouoit/a au matin

quant il se esueilla/a il se vit illec/si se merueilla tout/car il scauoit bien que le soir deuant nauoit il mie geu illec si fut moult esbahy comme il y peut estre apporte/lors se sentit si malade et deshaitie que bien lui estoit aduis que la maison tournoit toute entour luy/si ne scauoit que faire/car ores ne pourroit il cheuaucher ce scauoit il bien pource que trop estoit il deshaitie/mais il ne veoit mie entour luy personne qui le confortast si sen merueilla moult

Ainsi attendit Lancelot iusques vers midy si nauoit pouoir de soy leuer ainçoiz se gist/toute suoyes Lors vint morgain a vne fenestre de fer pour scauoir se il dormoit a quant celle le vit/si malade/si dist a celle q auec elle estoit En non dieu fist elle noz poisons ont laboure/car ie ne cuide point que lancelot ayt mais du moys/pouoir de soy leuer Or alez fist elle a luy/a lui demandez comment il lui va, mais gardez vous bien que vous ne lui dictes point quil est en prison, car se il le scauoit vrayement ie cuide quil en mourroit de dueil. a celle dist quelle nen parlera ia. si ouurit luys de la chambre ou lancelot estoit. sy le trouua palle/a vain/a elle lui demanda comment il lui va/a il lui dist quil estoit si malade a deshaitie quil ne pourroit cheuaucher en nulle maniere. Or vous pouez donc fist elle gesir/car vrayement vous ne mouuerez huy de ceans/Non vrayement fist il/car ie scay bien que si ie le vouloye/si ne pourroye ie point cheuaucher.

Ainsi fut lancelot ung moys tout entier auant quil sceust quil fust en prison tant quil fut gary, et quant morgain le sceut si se merueilla comme se pouoit estre/lors lui dist la damoiselle que de son yssir estoit il neant, car demourer lui conuient en prison/a quant il eut cecy ouy/si fut moult dolent/si dist a la damoiselle/pour quoy mauez vous trahy par ma foy fist elle il le me conuenoit faire ou aultrement ie fusse morte/a pour quoy fist il me tenez vous en prison/ce se vous diray ie moult bien fist elle vne aultre foiz/a il se taisit atant/si demoura leans des le moys de septembre iusques apres noel/quant la froidure fut passee/si aduint ung iour a Lancelot quil se vint apuyer a vne fenestre de fer/si q
f iij

faictes il ne est riens fist lancelot pour qui ie demourasse/ et pource te prie que tu prengnes mon cheual et mes armes et ten va a une croix qui est bien a demie lieue dicy/ par devers la forest perdue/ et cestui dist que il le feroit mõlt voulentiers/ si vint la ou le cheual estoit et le print, et aussi les armes/ si sen ala tout le chemin que lancelot lui auoit comande tant quil vint a la croix, et lattendit illec. et quant Lancelot eut messe ouye/ si demanda ung cheual, et len lui amena, car il vouloit se dist il sen aler esbatre en la forest, si monta tout lcontinent entre lui et deux cheualiers/ pour luy faire compaignie, et quantilz furent venuz a la croix/ si trouuerent le varlet q lui auoit appareille ce que il queroit/ et il se descendit ius du cheual et print ses armes/ et quant il fut arme, et il eut son espee ceincte il lacha son heaulme/ si monta sur son cheual et les cheualiers qui auec lui estoiet assoiet lui demandant la ou il vouloit aler/ ie voix fist il en celle forest ou il me conuient aler/ Mais ie reuiendray au plus tost que ie pourray Vous attendions nous Sire firent les cheualiers nenny fist il/ mais retournez vous en/ et ceulx sen allerent/ puis quil leur commanda.

Tant se mist Lancelot en la forest. si cheuaucha tant tout le iour/ quil vit le soir en une parfonde vallee/ fois encontra une damoiselle/ qui le salua/ puis lui demanda comment il auoit nom/ et il luy dist quil auoit nom Lancelot du lac le filz au roy Ban de Benoic/ Voire fist elle. En nom dieu vous soyez le bien venu/ Car vous mauez iette de la greigneur peine/ ou damoiselle fut pieca Car ie estoye meue pour vous querre ne iamais neusse cesse, deuant que ie vous eusse trouue/ Et pour quoy me allieÿ vous querãt fist il pource dist elle/ quil ya en ceste forest la plus merueilleuse coustume du monde/ qui ne peut estre menee a chief se non par vous. et pource vous alloye ie querant/ que vous y venissiez/ et cellui dist quil iroit voulentiers pour veoir que cestoit.

Ainsi sen ala Lancelot apres la damoiselle qui cuidoit quelle le menast pour son bien/ mais non faisoit, car elle le menoit pour son mal/ et pour son ennuy, car elle le menoit droittement en la prison morgain qui se estoit hebergee en la forest/ si y auoit fait le plus beau lieu du monde: car elle cuidoit bien tenir lancelot a tousiours mais en prison/ si auoit enuoye douze damoiselles par les estranges contrees pour querre lancelot /tant quelles seussent trouue/ et estoit celle qui Lancelot a menoit une des douze. Ainsi cheuaucherent ensemble tant quilz vindrent a une maison q estoit forte et riche/ et elle estoit close a murs et de fossez/ si entrerent dedens/ Et la damoiselle dist a Lancelot Sire nous hebergerons ceans anuyt, car il est tard/ si ne pourrions aser auant que la nupt ne nous soupreinst/ et demain quant il sera aiourne vous meneray la ou ie vous ay dit/ et il lui ottroya. Or matendez cy fist elle tant que ie reuiengne Alez fist il mais de demourer gardez vous, et celle sen entra seans/ puis vint a morgain en une chãbre ou elle gisoit/ si lui dist Dame ie vous ay amene lancelot/ que voullez vous que len face En nõ dieu fist elle vous soyez la bien venue/ or mauez vous seruie agre/ si vous diray que vous ferez vous le ferez desarmer et quant vous aurez ce fait/ sy faictes la table mettre et lui donnez a menger a grant plante/ et quant il aura presque menge Beez cy une poison que iay pour lui faicte/ que vous luy donnerez a boire/ et ie vous dy quil la sentira si douce quil en beura voulentiers/ et quant il aura beu vous en pourrez bien faire vostre voulente/ et celle lui ottroya car elle pensoit que bien pourroit il estre ainsi deceu

Lors sen reuint elle a Lancelot et amena troys sergens auec soy dont lun print le cheual/ et le mena a lestable et les autres deux enmenerent Lancelot/ si le desarmerent soubz ung arbre q estoit emmy sa court puis le menerent a sa sale/ et lui apporterẽt robe descarlate a vestir Apres mirent les tables/ si se assirent Mais lancelot ne demãda ne tant ne quant de lestre de seans/ fois pource quil ne vouloit point que len le tenist pour villain/ et quant il eut pres que menge/ si beut la poison. que la damoiselle lui auoit appareillee en une coulpe dargent, et il la trouua bonne et delicieuse. si en beut voulentiers/ quant il eut bien menge et bien beu /si neut sa noſtre portier auez occiz/ſi en congnoiſtrez en cores anupt Voſtre follie/Et lancelot ſen alla auant comme celluy qui ne doubtoit choſe qui aduenir luy doye/Ainſi comme il paſſoit parmi le chaſtel/ſi ouyt les gens qui luy diſoient. Sire cheualier haſtez vous, car vous alez a voſtre mort, et il ne luy enchalloit de choſe quilz deiſſent, aincoiz ſen alloit ſeurement tant quil vint a la maiſtreſſe tour/ſi deſcendit deuant la porte/et atacha ſon cheual a vng arbre/puis ouurit le guichet et entra dedens et quant il fut oultre/ſi dit deſcendre vne porte coulleyce entre luy et le guichet, mais il ne ſe eſmaya de riens, car il ſe cuidoit bien faire voye, quant il voudroit/Et le varlet qui eut la porte auallee ſui eſcria Sire cheualier or vous auons nous en lieu de noſtre portier que vous auez occis/et Lancelot ne luy reſpondit riens, lors ne demoura gaires, quil vit venir deux champions grans et merueilleux qui eſtoient armez en guiſe de champions qui ſe deuoient eſcrier, car ilz auoient les teſtes nues et deſcouuertes, ſi eſtoient veſtus de bons haulbers doubles/et chaſcun en ſa main vne eſpee nue et trenchante, et la ou il virent lancelot ſi luy diſent quil eſtoit mort ſe il ne ſe rendoit et il les regarda: ſi congneut bien quilz neſtoient point cheualiers ne lun ne lautre, et leur diſt que de deux villains na il garde, ſi frappa le premier quil encontra ſi quil luy trencha le ſcu auſſi legierement comme ſe fuſt la plume dung cigne, puis luy miſt ſon eſpee parmy ſa teſte et il cheut mort, puis courut vers laultre et comme celluy qui vit ſon conpaignon occiz, ne ſe oſa attendre aincois tourna en fuitte au plus toſt quil peut, et Lancelot le ſuyuit grant erre, ſi luy commença a crier/Certes couart failly ia ceſte fuitte ne vous garentira que ie ne vous occie. lors y auca ſon eſpee ſi le vint attaindre a lentree dune chambre, ſi le fendit tout iuſques aux dens/celluy chut a terre, qui a mort eſtoit frappe, et Lancelot remiſt ſon eſpee ou fourrel/puis regarda amont et aual pour ſçauoir ſe il verroit homme qui a luy parlaſt. Apres ce ne demoura gaires que vne vieille dame vint vers luy qui luy apporta les clefz du chaſtel ſi luy diſt Sire tenez les clefz de ceſte fermeture. Car vous auez tant fait par

proueſſe que vous en eſtes ſeigneur et maiſtre et vous y tenez par ſor trop a ceulx de ceans et il print les clefz: puis penſa quil ny demouroit pas longuement/Mais toutesvoyes en feroit il ſa voulente.

Lors fut la porte du chaſtel ouuerte/ſi commencerent a venir dames et damoiſelles et cheualiers, ſi diſrent a Lancelot que bien fuſt il venu comme celluy qui deſormais ſera leur maiſtre et ſeur ſeigneur et il fiſt moult grant ſemblant de demourer, lors demanda qui eſtoient ſes.ii. geyans quil auoit occiz. Sire fiſt vng cheualier ce chaſtel eſtoit leur, et eſtoient noz ſeigneurs ſi tenions noz fiefz et noz terres deulx/Et ce chaſtel fiſt lancelot leur fut il donne, ou ſilz le conquirent Diſt le cheualier Sire le duc corains leur donna trois ans a en guerdon de ce quilz le ietterent hors dune priſon ou il eſtoit, et par ſa force quilz ſentoient en eulx ne ſe voulſirent autrement armer comment vous veiſtes, ſi vous eſt bien auenu de ce que vous les auez occiz, car le chaſtel eſt voſtre, ſi vous tendrons deſormais a ſeigneur, et vous ferons noz hommages ainſi comme len doit faire a ſeigneur, qui a terre doit venir. Et il diſt vrayement quil les en requerra bien quant ilz voudront quilz le facent. lors demanda comment len appelloit le chaſtel Sire firent ilz tintangnel. Celle nupt demoura Lancelot leans, et au ſoir luy demanderent ceulx de leans comment il auoit nom Et il diſt quil auoit nom Lancelot du lac, et lors en furent moult ioyeulx, car bien cuidoient il quil deuſt demourer auec eulx ſi luy firent toute ſa ioye, et tout lõneur que oncques ilz peurent.

Et landemain ſi toſt cõme il fut iour ſe leua Lãcelot, et lors trouua vng varlet, quil auoit autresfois veu a la court au roy artus mais il ne le cognoiſſoit pas tresbien, ſi luy demanda a qui il eſtoit et le varlet ſe fiſt acongnoiſtre a luy, car il luy diſt quil eſtoit a ſa dame la royne. Mais ie me merueille moult de vous/fiſt celluy que ceans vouldrez demourer, qui tant euſſiez de greigneurs honneurs ailleurs ſe vous vouliſſiez, cuide tu fiſt Lancelot que ie y vueille demourer, ouy fiſt il au ſemblant que vous en

f ii

qu'il ne lui peult respondre, & Lancelot qui n'avoit tallent de plus demourer illec luy donna tel coup qu'il s'abbatit mort, puis fist monter sa damoiselle sur son palefroy, & il remonta sur son cheval, si s'en partirent d'illec. Et celle lui pria qu'il s'allast hebergier avec elle, car se vous vous partez d'icy je ne cuide mie que vous trouvez mes'huy ou heberger, & il lui ottria, & celle en fut moult joyeuse, si l'enmena parmy sa forest l'amontance d'une lieue, & tant qu'ilz vindrent a ung recect qui estoit a l'yssue de la forest & la descendirent.

Celle nupt fut Lancelot bien heberge & lui fist seu ses playes regarder a une vielle dame qui moult si congnoissoit, & si demoura leans huyt jours & plus tant qu'il fut gari, lors s'en partit au matin si tost comme il vit le jour, & entra en son chemin, si pensa qu'il ne cesseroit jamais d'aller devant qu'il auroit trouve Hector son frere. Ainsi est Lancelot entre en sa queste de son frere comme celui qui ne cuidoit point qu'il fust en sa forteresse terriquant, si chevaucha mainte journee une fois avant, & l'autre arriere, & par tout sa ou il venoit demandoit nouvelles de Hector, mais il ne trouvoit qui riens lui en sceust nouvelles dire, si chevaucha en telle maniere plus d'ung moys sans aventure trouver qui lui face a ramentevoir, mais ung jour lui advint qu'il estoit matin leve, si chevaucha tant qu'il vint hors de la forest, & il trouva une maison d'ung homme rendu: qui estoit a l'entree d'une prarie, & il regarda devant soy, si vit ung preu domme, qui estoit vestu d'une robe blanche si le salua, & il lui rendit son salut. Et Lancelot lui demanda se nouvelles lui scauroit enseigner d'ung preudomme qu'il alloit querant. Sire fist se preudomme comment a nom le chevalier, et il lui dist qu'il avoit nom Hector des mares. De lui fist le preudomme vous scauroye je bien dire nouvelles, car il vint ersoir ceans. Et occist hyer ung chevalier cy devant, qui vouloit occire une damoiselle, mais quant il eut occiz, & sa damoiselle fut delivree, il s'en alla ne oncques puis n'en ouymes parler.

Ha ha dieu fist Lancelot, comment le pourroye je trouver: par ma foy fist le preudomme je ne vous en scay autres nouvelles enseignier, fors tant qu'il a la ceste Pope si lui monstra sa oste, puis que vous ne m'en scavez plus enseignier fist Lancelot, dictes moy quelles armes il porte, & cellui dist qu'il avoit unes armes blanches. & ung cheval noir. Or a dieu vous command fist Lancelot, puis que ainsi est, si s'en partit atant & se hasta d'aller pour scavoir se il en oyroit nulles nouvelles, si a tant chevauche qu'il vint a heure de vespres a ung tertre qui estoit hault et grant, lors vit aval ung chastel qui estoit grant & fort, & bien environne de eaue courante, quant Lancelot approcha du chastel, si encontra une damoiselle montee sur ung palefroy, qui tenoit ung espruier sur son poing, & quant elle apperceut Lancelot, si lui demanda, ou il alloit, & il lui dist qu'il alloit veoir a ce chastel qui y estoit, car il se hebergeroit moult voulentiers pour la nuit. Ha ha franc homme n'y alez poit, car vrayement sachez que vous n'en pourriez eschapper sans couroup, & il dist qu'il y roit puis que son chemin se y adressoit. Or vous y doit dieu meilleur eur qu'les autres n'y ont eu car ja dieu ne m'aist se jen viz oncques nul homme departir sans couroust, lors se partirent l'un de l'autre, & Lancelot chevaucha jusques au pont, si passa oultre, et quant il fut oultre si alla jusques a la porte du chastel, si voullut entrer dedens. Quant ung villain grant & hydeur le print au frain, & lui dist Sire chevalier descendez, car ce cheval est mien pour le passaige du pont, & Lancelot dist qu'il ne descendroit point, car chevalier ne doit coustume ne passaige nulle part: mais est franc en tous lieux. En nom dieu fist le villain cy ne serez ja franc, aincois auray le cheval vueillez ou non car il est mien, puis que vous par cy passez lors print le cheval au frain, & Lancelot lui dist que s'il ne le laissoit il s'en repentira, & cellui dist qu'il n'en feroit ja riens, aincois aura son cheval. Adonc Lancelot abandona son cheval, & frappa si durement le villain du glaive par my le corps qu'il se rua mort, puis retira son glaive a soy, car bien cuidoit qu'il lui feist encores mestier, si entra ou chastel, & tout incontinent ouyt sonner ung cor moult haultement lors regarda si vit ung vieil homme qui luy dist Sire chevalier vous avez mal fait qui mon chief se iamais vous le disiez ie vous en scauroye mal gre, car ie penseroye que vous se deissiez pource que ie nay de terre plain pie mais se dieu plaist ⁊ mon cousin encores sen repentira le roy claudas qui sa tiēt ⁊ en aura tel guerdon comme traitre doit auoir qui gē til homme desherite.

Ainsi demourerent seans toute la sepmaine entiere, tant que le sieu du parc qui estoit illec a trois lieues pres les vint veoir, car il fut moult ioyeulx quant il sceut q̄ terriquāt estoit occiz si trouua illec vng sie fre q̄ nauoit veu aucunemēt depuis dēp an si lui fist moult grant chiere ⁊ grāt feste. Et quant il sceut que ses cheualiers ne demouroient que pour faulte de cheuaulx. Si fist venir a chascun cheualier vng cheual de la maison au roy artus bon ⁊ fort, ⁊ donna aux autres des cheuaulx, mais ilz nestoiēt point si bōs. Et les cōpaignōs de la maisō au roy artus lui donnerent en guerredō de ce seruice le chastel terriquant. ⁊ tout le rechet ainsi comme il estoit ferme. si sen partirent de seans si tost comme gaheriet fut gari. ⁊ se misrent a sa voye par ou sa damoiselle en auoit mene Lancelot, si cheuaucherent tous ensemble iusques a vng chemin fourche qui estoit enmi la forest. Beaux seigneurs fist gaheriet cy nous conuient departir pource que ie ne scay se nous pourrions trouuer Lancelot, ⁊ pource vous faiz ie assauoir que au iour de la toussains que vous soyez au chastel du trespas qui est alētree de la terre au geyant, par deuers goyre car vrayement ie vous dy que lācelot ⁊ moy y serons, ⁊ chascun dist quilz y seroient vrayment, si se departirent tout incontinent ⁊ entra chascun en sa voye.

¶ Comme lancelot alloit cherchant nouuelles de hector ⁊ comme la damoiselle de morgain trouua lancelot ⁊ le mena en la prison de morgain la ou il demoura longuement par ses enchantemens   vii Chappitre.

Quant Lancelot se fut parti du tertre la ou il auoit terriquant occiz si cheuaucha laz ⁊ trauaille a merueilles. Et sa das

moiselle alloit touziours deuant sui, tant q̄l le yssit hors du chemin ferre, ⁊ elle se mist en vng estroit sentier, lors dist sa damoiselle a Lancelot. Sire sauez vous ou ie vous mei ne, damoiselle fist il ie ne scay ne vous ne me dictes, ie vous meine sist elle combatre a vng cheualier qui cy pres demeure en vne forest, car il sert dun sy mauuais mestier, que tout le monde sen deuroit blasmer, car il de cheuauche tous ceulx qui par deuant luy passent pourtant quil en puisse venir au dessus Et comment le sauez vous fist Lancelot ie le scay biē vrayemēt fist elle par moymesmes Car ie passoye hyer par deuāt lui, ⁊ il me tollit le plus beau palefroy que vous veistes ōques, puis si me voulut faire grāde vilennie pource que ien parloye. Or vous diray fist lancelot que vous ferez, vous ires grant piece deuant moy, ⁊ ie vous suiuray de loing. Et quant le cheualier vous verra toute seul le ie croy bien quil viendra pour oster vostre cheual, sil est ainsi desloyal comme vous dictes, sire fist elle vous dittes bien, ⁊ ie le feray ainsi. Lors sen alla deuant, ⁊ lancelot la suiuit de loing. Et elle cheuaucha tant q̄l se vint deuant vne tour qui estoit haulte ⁊ forte, ⁊ si estoit assise en vng mares, ⁊ le cheualier estoit deuant sa porte tout arme, ⁊ quant il vit la damoiselle, si lui voulut oster son palefroy, si sa prit par les pies ⁊ la ietta a terre ⁊ celle commēca a crier, aide aide. Si se releua ⁊ prit son cheual par le frain, ⁊ dist au cheualier quil ne semmeneroit point, ⁊ lancelot qui nestoit pas loing dilec, vit bien commēt le cheualier lauoit abbatue, si lui en poisa moult. Si vint ainsi comment il partoit de lui oster son cheual, ⁊ dist au cheualier quil estoit mort. Et quant cellui ouyt celle parolle si voulut tourner en fuitte, Mais il ne peult pour lācelot q̄ venoit cheuauchant asprement Et le ferit si cruellement que lescu ne le haubert ne se garentist. quil ne lui mist parmi le corps, ⁊ fer, ⁊ fust, si le porta a terre tout enuers, ⁊ a retirer le glaiue, cellui se pausma q̄ a sa mort tendoit. Et lancelot se descendit de son cheual. Si lui arracha son heaulme de la teste en disant quil le occiroit sil ne se tenoit pour oultre, Et cellui fut dangoisse si plain

Et quant ilz furent tous hors issus, si les cõpta Gaheriet pour en sçauoir le nombre. Si trouua quilz estoient quarente et quatre cheualiers tãt de la court au roy artus que dallieurs, ainsi comme les cheualiers alloient querant les auentures parmi les estrãges terres. Et quant ilz furent tous desiurez, si dist lun des vassaulx voiant tous ceulx de leãs, vrayement ie dis oye bien que ia nen serions iettez deuant que lancelot nous en iettast. Mais si tost comme il vẽdroit ceste part, nous seriõs desiurez. et les autres dirẽt quil se monstroit bien preudomme la ou il estoit. Lors demanda hector quelle part lancelot alloit, et gaheriet lui dist quil sen alloit vers la terre foreine. Haha dieu fist hector se ie eusse ung cheual, ie ne cessasse iamais deuant que ie leusse attaint. Car trop se desire a veoir comme celui qui sen tient au plus preudomme qui oncques porte armes. et demourer fist il vous conuient, car ie ne cuide mie que vous trouuez sur quoy monter. Lors se conseillierent ensẽble et voyent quilz ne pouoient illec longuement demourer en ce quilz parloient ainsi, si virẽt venir troys varlez qui amenoient troys sommiers chargez de venoison. En nõ dieu fist gaheriet or pouons nous seiourner plus seurement, car a mengier auons nous assez. Or vous diray fist messire brandellis, que nous ferons. Nous sommes las et trauaillez de ce que nous auons tãt este en prison, et vous mesmes estes naure, et des compaignons telz pa et gaheriet mesmes, si vouldroye ie bien que vous seiournissiez ceste sepmeine, tant que les compaignons seront garis, et ce temps pẽdant nous enuoyra dieu aucture de cheuaulx ou nous prendrons a mengier, tant comme nous serons ceans, car en ceste terre fist monseigneur brandellis a moult grant plante de tous biens, et cy pres est la forest ou nous prẽdrons, tant de venoison comment il nous plaira, si vous diz vrayement que pour demourer deux moys naurõs faulte de viande.

Ainsi demourerent leans les compaignons, et quant vint au soir quilz eurent mengie, si demanderent a gaheriet se il sçauoit nulles nouuelles de la court. Et il leur dist quil nauoit pas long temps quil

en estoit parti, si leur compta du tournoiemẽt q̃ auoit esté deuãt kaamalot, qui fut le plus riche qui oncques eust esté au royaulme de logres, puis que le roy artus fut couronne, puis leur compta du peuple et de la cheualerie, q̃ y fut, et cõme ceulx de la table ronde auiẽt esté desconfis par la main lancelot, et sestoit trouue lancelot deuers le roy Baudemagus. Et quant ilz eurent ceste parole oupe, si disrent, que vrayement estoit lancelot le plus merueilleux homme du monde, si maist dieu fist lieu, or a il bien monstre a ce poĩt q̃ pl9 sa table ronde honnouree de lui que de tresto9 ceulx qui y estoient.

En nõ dieu messire hector fist gaheriet lancelot se plaint de vous, car vo9 sçauiez bien ce dist il que vous estes son frere et repairiez souuẽt auec lui a la court, et si ne vous y estes point fait a congnoistre, si vous estes tousiours ainsi cesse vers lui comme se il fust vostre ennemy mortel, mais comment vous pouuez vous tant celler vers lui qui est la fleur de toute cheualerie, et le plus preudõme du monde. Lors cõmenca hector incõtinẽt a rougir de la honte quil auoit, si respondit comme honteux Beau sire ie deisse quil fust mon frere mais il est de si haultlignaige, et si grant cheualerie, que ie doubte quil ne cuidast mie, que ie deisse vray si en eusse eu grãt honte se il meust refuse a frere mais puis q̃ il le scet par aultre que par moy, ie me pourray bien faire congnoistre a luy desores en auant, se dieu me donne q̃ ie le puisse trouuer iamais ou tost ou tard et ce sera par temps se dieu me donne trouuer cheual. Car ie ne cesseray iamais iusq̃s a tãt que ie laye trouue.

Quant Lyonnet ouyt ceste parole, si fut ioyeulx a merueilles, si courut a hector, et luy fist merueilleuse chiere, et luy dist. En nõ dieu hector iauoye mauuais cousin en vous quant vers moy vous estes tant celle. Beau sire fist hector vous estes ung si grant seigneur comme tout extrait de roys et de roynes, et ie suis ung poure cheualier de moult bas lignaige de par ma mere, si neusse cuide en nulle maniere q̃ vous meussiez recongneu a cousin ce ne fust par vostre debonnairete, or de moquer vous gardez fist lyonnet, par gier e assez viste/ si hasta le chevalier/ e luy donna de grans coups souvent e menu tant que cellui ne les povoit porter pour povoir quil eust, aincoys ganchissoit pour les coups Et lancelot qui avoit force recouvree, lescha sa en lui donnant grans coups de son espee, e le menoit une heure avant e laultre arriere e cil ganchissoit toutesvoiez qui ne faisoit si fouir non.

Quant lancelot vit quil estoit audes- sus de la bataille si se hasta de plus en plus, e le mena frappant iusques a ung fosse qui estoit pres la fontaine, e cellui qui ne sen povoit garder, ala tant reculant quil cheut dedens. Mais il navoit povoir den yssir. Car tant estoit laz e travaillie. e tant avoit perdu de sang quil sçavoit bien quil estoit a la mort. Et lancelot se print par le heaul- me si felonneusement, quil le lui arracha de la teste, e se ietta au sang. e se ferit par mp la teste tant que le glaive entra iusques aux dens e cellui cheut mort au fosse

Lors dist la damoiselle a lancelot/ sire chevalier signes moy si que vous maves promis. Ha ha fist il damoiselle souf- fres vous tant que iaye desprisonne ses cheva- liers, qui seans sont en prison. Ce chevalier navre fist elle les desprisonnera bien/ Lors lancelot vint au chevalier/ e congneut bien que cestoit Gaheriet le frere monseigneur gauvain/ Et cellui si se congneut bien/ si se dressa contre lui ainsi navre comme il estoit Si lui dist que bien fust il venu. Et lance- lot lui demanda sil pourroit garir/ Et il lui dist que ouy moult bien se il estoit de repoz Or assez fist lancelot seans, e iettes noz com- paignons de la prison ou ilz sont. e ceulx des aultres estranges terres, dont il en y avoit a tresgrande plante, e ie men iray avec ceste damoiselle, la ou elle me vouldra mener, car ie luy ay ainsi promis/ Lors monta sur son cheval/ mais auant lui convenoit estanchier ses playes, affin quil ne perdist trop de son sang/ Si sen alla apres la damoiselle la ou elle le voulloit mener/ Adonc le mena toute la voye quelle estoit venue.

Et gaheriet sest entre en sa tour terriquant et trouva ung varlet qui tenoit les clefz en sa main/ et y seoient une chaere pres ung pillier de marbre il estoit leans estre tout arme/ si sallua le varlet e cellui fut si esbahy quil ne sçavoit quil devoit dire e il sen voullut fouyr quant gaheriet le print aux mains/ et lui dist par saincte croix vous ne me eschap- peres pas ainsi aincois couuient que vous me menes la ou les chevaliers sont en prison e cel- lui dist quil nen feroit ia riens/ e gaheriet se ietta soubz lui e lui dist quil loccirroit se il ne lui enseignoit ce quil demandoit e cellui eut paour de mourir, si lui accorda a faire son voul loir or me meine fist gaheriet la ou ceulx sont que ie demande/ Sire fist il voulentiers lors le mena ou ceulx estoient en prison e lui des- ferma luis/ e se estoit en une salle par terre ou il y avoit plus de quarante fenestres de fer q toutes ouvroient sur ung grant iardin e len y veoit moult cler/ et quant luys fut ouvert si entra gaheriet dedens la prison et les sallua Et ceulx se leverent contre lui, qui encores ne se congnoissoient pas. Et il leur demanda ou estoient ses compaignons de la table ronde, lors saillit hector des mares e lyonnet e aussi tous les aultres de la queste/ Et quant Gaheriet les vit/ si osta son heaulme de sa teste, e se fist congnoistre a eulx, e tous ceulx y laisserent accoller/ Et luy firent moult gran de ioye. Et gaheriet leur dist/ Seigneurs monseigneur lancelot du lac vous salue tous ensemble. aussi bien les estrangiers que les privez, e si vous mande de par moy que hors de ceans vous vous en pourres bien tous al ler quant il vous plaira. Car vous estes des ormais de prison delivrez. Car il a oultre dar mes cellui qui en prison vous tenoit, Si sen va avec la damoiselle qui senmene, mais il ma icy envoye pour vous delivrer, si vous en poues donc bien aller, Car ceans ne trouve res vous point qui plus vous tienne oultre voz volentes, car le grant chevalier gist de- uant la fontaine par lespee lancelot.

Quant les compaignons eurent ceste nou- uelle oupe si eurent si grant ioye que plus grande ne vous pourroye compter, si ys sirent hors de leans moult ioyeulx de ceste au ture q leur estoit avenue lors yssirent de la sale ueilles/ mais a ce point ne sen sentirent point du mal quilz auoient. Car ire & maltalent les auoit si estonnez/ quilz ne pensoient a riens fors seullement a vengier ce dont chascun estoit amerement courrouce/ si tirerēt les espees cleres & trenchans/ si sentredonnerent grās coups par la ou ilz se pouoient attaīdre Si commenca la meslee entre eulx deux si tresfiere & si tres merueilleuse quilz sentre depiessoient leurs escus deuant & derriere si se firent voller les grās lopins & esclas a terre/ & le sang des corps a grāt habundance/ si sentre blecerent amerement/ & sentrefirēt de moult grandes plaies. si dura tant le premier assault/ que se le grāt cheualier neust este assez legier ou la grant force quil auoit il eust este pieca mort. veu la grant habūdance du sāg quil auoit perdu/ si se trauailla tant lancelot de se conquerre/ & de se ferir que tous deux estoient si tressassez/ que a fine force les contuint reposer: lors se tirerent arriere lun de lautre & se appuierent sur leurs escus

A chief depiece/ pla le grant cheualier si dist a lancelot. Sire cheualier par la foy que vous deuez a dieu dictes moy qui vous estes. pourquoy le demādez vous fist lancelot. pource fist il que ie vouldroye bien scauoir vostre nom. Car vous estes le meilleur cheualier a qui ie me combatisse onques en ma vie/ puis que ie portay premierement ne autremēt armes. Et si me suis cōbatu cōtre plus de mille. Mais pour leure presente ie vous en donne le prix. Car vous estes le non peil/ & la fleur de toute cheualerie/ & pource vouldroye ie bien scauoir vostre nom. Car tel pourriez vous estre que ie pourroye accorder & tel pourriez vous estre que ie ne le feroye en nulle maniere. Et comment fist lancelot y a il homme au monde que vous tant heez que pour nulle chose vous ne seriez paix a luy. oup fist il vng tout seul. cōment a il nom fist lancelot. Cest fist il lancelot du lac/ a cestui ne seroye ie paix en nulle maniere/ car il a occis karados mon frere le seigneur de la douloureuse tour/ lomme du monde que mieulx ie amoye/ si vous dy vrayement que ie vouldroye auoit dōne tout ce que iay en ce monde & quil fussen vostre lieu/ car adonc me cuide

rope bien vengier du dueil/ quil m a mis au cueur. Or sachez fist lancelot que bien estes venu en lieu de vous venger/ car vrayement ie vous diz que vous le voyez deuant vous & si auez ia essaye comment son espee tranche ce mest aduiz/ car vous auez ia perdu de vré sang assez

Ha ha fist il comme estes vous ce vrayment fist il ie suis cestui par qui vous conuiēt mourir sans autre rancon auoir. car vous estes homme du monde. que ie hay le plus/ si le vous monstreray aincoire que ie departe de vous/ car ie vous defry lors hausca son espee & mist son escu sur sa teste & vint a lui moult grant pas/ & lui donna tel coup parmi le heaulme qua peine qͥl ne se tua mais il se redreca tost cōme cestui qui estoit preux & viste mais affoiblie estoit moult durement pour le sang quil auoit rendu a si grant foison, car il estoit playe & naure, mais il estoit de grant couraige/ si tint son espee traite & en dōna grās coupz a lancelot la ou il se pouoit ataindre/ mais ce nestoit pas souuent/ car lancelot se faisoit saillir maintesfoiz a esciēt Si dura la meslee si longuemēt que nul ne les veoit qui a preudommes ne les tint/ Si se merueillerent moult comment ilz pouoiēt tant souffrir Car il nyauoit cellui qͥ neust telles trois plaies ou corps dont vng aultre hōme en fust bien mort de la moindre. Mais ilz ne sen sentoient/ comme ceulx qui estoient de grāt cueur/ & qui sentre hayoient mortellemēt si ferirent lun sur lautre ainsi comme se ilz fussent de fer/ si minerēt tant leurs haubers sur les bras & sur les hanches quilz ne valoient plus rien/ car ilz estoient tous derompus/ & se ilz se fussent donne daussi grans coups au derrain comme ilz faisoient au deuant vrayement ilz se fussent pieca occiz veu quilz estoient desarmez/ Mais ilz estoient si laz & si trauaillez que les espees leur tournoiēt es poigz a leure quilz se vouloient entrefrapper/ mais le grant cheualier estoit tellemēt atourne tant de laschete que du sāg quil auoit perdu/ que des playes que lancelot lui auoit faittes/ que apeine se pouoit il soustenir. Car dune grant bonte estoit lespee lancelot/ ne encores nestoit il mie si laz/ quil ne fust assez le celot du lac Lācelot fist elle/ par saincte croix de vous ay ie bien ouy parler/sen vous tient au meilleur cheualier du mōde z pource vous enseigneray ie cellui que vous demandez/se vous me voullez creancer/que vous me suyurez/ de quelq̄ heure que ie vous en semōdray pour men rendre vng guerdon tel comment ie vous demanderay/z il dist que si feroit il voulentiers sauf son honneur/ie ne vous demande fist elle plus Or me dictes fist lancelot nouuelles de lyonnet par ma foy fist elle voulentiers Il y a vng cheualier en ceste forest le plus grant z le plus merueilleux/que oncq̄ ueissiez oncques qui le tient en sa prison z des cheualiers de sa maison au roy artus a il assez auec lui/si demeure sassus en ce tertre z la pesse sen derriquant de sa forest desuoyable Mais il est a mon escient le plus fort cheualier du monde il estoit frere karados le grāt le seigneur de la douloureuse tour/q̄ vous occistes pour monseigneur gauuain si comme iay ouy dire depuis En nom dieu fist lancelot ie ne fiz chose de son frere que ie ne face autant de lui se ie le puis trouuer. Par ma foy fist elle se vous y vouliez venir/ie vous y menneray. car ie scay bien la ou il demeure Allez donc fist il: car ie ne lairray point pour paour de lui ne daultre que ie ny voise.

Atant sen ala la damoiselle auant/ et Lancelot apres/tout le chemin ferré tant quilz vindrent ou tertre/si trouuerent la tour qui estoit forte z haulte/et bien deffensable Lancelot demanda se cestoit la tour a cellui que elle lui auoit dit/et celle dist que ouy lors cheuaucherent tant quilz vindrent amōt si trouuerēt la fōtaine, qui sourdoit par vng tuel dargent, z elle cheoit en vng vaissel de marbre ainsi comme le conte sauoit ia deuise aultresfois/et cellui regarda la fontaine, car moult lui sembloit belle, pource quelle estoit couuerte de branches, et de fueilles dun pin verdoyant, z la damoiselle lui monstra les escus dont il y en auoit sexante, ou plus z entre les autres armes quil regardoit, si vit les cu agrauain/ z le saigremor le desree/ z le keu le seneschal/ z le gassaganidos trangot/ z le brādellis/ z le lyonnet, z nonpourtant lyonnet nen auoit point apporté ou tertre/mais le che

ualier en auoit fait faire vng contrefait semblable, a cellui de lyonnet pource quil vouloit, que trestous ceulx qui la vendroiēt sceussent que lyonnet feust leans en prison. Sire fist elle Le cheualier a tous ceulx en prison, dont vous voyez cy les escus, z les a conquis par prouesse darmes/ par ma foy damoiselle fist Lancelot/ie ne le pourroye mie croire/car ie voy bien la les escus a tant de preux hōmes, que a grant peine les pourroit vng cheualier conquerre.

Le temps pendant quilz parloient ainsi virēt le grāt cheualier sortir hors de la forest, qui portoit vng cheualier naure quil auoit conquis par force darmes/si estoit si griefment blece: quil ne se pouoit nullement soustenir en nulle maniere qui fust/ aincoiz se gesoit comme mort, et la damoiselle le mōstra a Lancelot/z lui dist Sire voyez vous la veniz le cheualier/dont ie vous ay compte or pouez vous bien veoir quel dyable il est, et comment il enmeine les cheualiers en prison Or se laissez venir fist Lancelot, car se dieu maist le cheualier ne sera huy emprisōne par lui. lors regarda a son cheual que riēs ne lui faillist, z cellui apprōchoit tousiours quil ne sen donnoit point garde du cheualier quil attendoit/z quant il fut pres, si commenca Lancelot a crier, Sire cheualier mettez ius le nauré, car vrayement sachez que vous ne le porterez point plus auāt pour pouoir q̄ vous ayez Quant cellui ouyt Lancelot parler, si mist a terre le cheualier quil portoit, puis monta sur son cheual z en laguillōnāt, si le laissa courre sur lancelot z lancelot sur lui qui nulle riēs ne se doubtoit, car ōques ne prisa orgueil de cheualier quil eust veu Si se ferirent si durement es asseures des cheuaux quilz se mirent les fers des glaiues es chairs blanches z tendres, que oncques par les escus ne eurent garentissemēt z se les lances ne fussent brisees occiz se fussent sans faille, lors sentrehurterent des corps z des cheuaux/si quilz sētreporterent a terre/par dessus les crouppes, si durement naurez, quil ny auoit cellui qui bien neust mestier de medecin/ Car le cheualier estoit si durement nauré au piz du glaiue Lācelot/z au coste senestre/q̄l saigna am oit/ & lui firent moult grant ioye & grāt feste & lui demanderent sil estoit mallement blecé Seigneurs fist Boort ie nay nul mal ne nulle blecceure dont ie me sente/Et le seigneur de leans les fist desarmer/puis leur fist appareiller a mēger/ & leur dist quilz ne se mouueroient de leans huy mais/Aincois dist ql leur feroit bōne chiere/Mais lancelot ne Voulut pas demourer Alcois dist quil auoit trop a faire/nonobstant se prierent les cōpaignōs quil demourast Et le cheualier māda a tous les cheualiers du pays quilz Venissent faire feste au cheualier qui du grāt gayāt les auoit deliurez. Et quant ceulx ouyrent les nouuelles si en furent moult ioyeux/ si en Vint tant dune part que dautre/quilz furent ains que la nupt fust Venue plus de troys cens que dames que cheualiers qui trestous se pourforcoient a seruir Boort en toutes les manieres quil en estoit mestier/ Et nous se deuons bien faire firent ilz. Car Vous nous auez iettez de la plus grande peine & du plus grant trauail ou gens fussēt ōcques. Car iamais ne nous eust tenu en paix/ ce dyable de gayāt q Vous auez occiz. si en auez tel honneur conquiz que iamaiz homme nen orra parler de qui Vous ne soiez moult honnouré tous les iours de Vostre Vie.

Assez furent aises les compaignons celle nupt/& bien seruis & honnourez Et quant Vint landemain si dist lancelot a ses compaignons/ quilz se armassent/ Car il ne demourroit plus en nulle maniere/ et ceulx ainsi le firent/ si se partirent de leans Et messire Yuain demanda a lancelot ou il Vouloit aller: & il dist quil ne scauoit ou/ fors que la ou auenture le meneroit/ Et quassez Vous fist il querant. par ma foy fist lancelot Hector mon frere & lyonnel mon cousin:& les autres compaignons de la queste/ dont il ya assez de demourez/ lors dist messire Yuain au roy baudemagus/ Sire depuis quant estes Vous des cheualiers errans de la table ronde Et lancelot leur compta comment ceulx de sa court sauoient esseu a estre de la court & cōpaignon & mis au lieu grenor descosse/& messire yuain en estoit moult ioyeux/ & dist. par ma foy fist il puis que Vous ne retournez ie

suis cellui qui Vous compaigneray en ceste queste & pour mes compaignons qui ainsi se meurent pour moy/ Or Vous diray fist lancelot que nous ferons/ nous sommes icy six cheualiers, dont chascun est tenu pour preusdomme en maintes terres, si nous departons & tenons chascun sa Voye par soy/ Car se nous allions tous ensemble certainement len se pourroit bien tenir a grāt couardise/ et pource que nous sachions mieulx comment chascun aura exploité/ soyons a sa feste sātctoe a ceste toussains a ce chastel/ ou nous a uons anupt ieu/ Et lors dira lun a lautre tout ce qil aura trouué Et se Vous pouiez trouuer nulz de noz compaignons/ si leur dictes quilz Viennent a ce terme. Car se dieu nous donnoit ceste grace, que tous ensemble y puissions Venir/ si nous en pourrions ensemble aller a la court au roy artus/ Et ilz ostroierent tous ensemble ceste parolle/ Si osterent leurs heaulmes & sentrebaiserent. Car enpiece ne se cuidoient entretrouuer

Ors print chascun sa Voye. si se departirent les compaignōs lun ca et lautre la. & lancelot qui tout seul cheuauchoit erra tout le iour/ & landemain sans nulle auenture trouuer/ qui a compter face. Mais quāt il eut cheuauchie quinze iours & plus/ si pensa quil iroit Vers la forest ou il auoit perdu lyon/ car sa par auenture en pourroit il aucunes nouuelles ouyr/ Si erra tant par ses iournees quil Vint en sa forest a heure de prime/& cheuaucha tant quil Vint au lieu mesmes ou il auoit perdu lyonnet/ Lors regarda amont & aual/ Si dist Ha ha dieu cy se partit lyonnet de moy Beau sire dieu/ enuoyez men telles nouuelles que mon cueur en puisse estre ioyeulx

Tandis que Lancelot se dementoit en telle maniere/ si regarda loing de lui et Vit Vne damoiselle/ au chemin il Vint Vers elle, puis sa salua/ & elle lui demanda quil aloit querant. Je Vois fist il querāt qui nouuelles me deist dun cheualier que si Vois querāt comment a il nom fist elle/il a nom fist il lyonnet & celle le regarda & lui demanda cōmēt il auoit nom/ se dieu Vous ayt fist elle/ne me mentez point/ se dieu mait fist il iay nom lan

homme du monde, a pource me vueil ie ar=
mer afin que ie foye tout preft diffit fil en ef=
toit neceffite nulle. Et ilz dirent que ce feroit
bien fait. Si lui baifferent fes armes a il fes
print, puis monterent enfemble aup creneaulp
pour veoir comment la bataille fe porteroit.
Si attendirent tant quilz virent venir le gey
ant, fur vng deftrier grant, fort a puiffant, et
auoit vnes armes vermeilles. Ha ha firent
fes compaignons veez la le geyant, a il refpon
dit tout dolent a courrouce, par mon chief
ce poife moy. Car moult ay grant paour qil
ne nous face dolens, lors lui commencerent fes
yeulp a fermoyer, a fes compaignons com=
mencerent a le reconforter.

Quant boort vit le geyant venir, fi fe
appareilla de ioufter: puis lui laiffa
courre le glaiue alongnie a lefcu ioint deuant
feftomac. Et le geyant lui comença a crier, fi
toft comme il vit lefcu. Ha ha fire cheualier
vous eftes celluy qui mon efcu abbatiftes en
defpit de moy, par mon chief mal fiftes, car
vous en mourrez. Lors lui adreca le cheual,
fi fen vindrent lun vers lautre moult grant
erre a fentrefrapperent fi fermement fur les ef
cus quilz fetre abbatirent a terre fes cheuaulp
fur feurs corps, a geurent a terre grant piece
fi caffez et fi eftourdiz quilz nauoient pouoir
de eulp releuer. Apres grant piece faillit fus
boort comme celluy qui eftoit vifte a preup, fy
auoit moult grant honte quil eftoit cheut deuant
fon couft quil doubtoit a aimoit fur tous ceulp
du monde, fi fen vengera bien fil peuft. Lors
courut fus au geyant qui ia ceftoit releue
mais moult eftoit eftourdi du cheoir, quil
auoit fait. Et boort lui donna tel coup amont
le heaulme, quil le fift chanceler a flechir du
des genoulz a terre, puis apres lui donna vng
autre coup fi quil le fift du tout cheoir, fi fut
le geyant fi eftourdi que merueilles. Mais
il eftoit de moult grant force, Si fefuertua
tant que merueilles pour fa paour quil auoit
de mourir a tant quil fe leua en chancelant, a
monfeigneur boort qui bien congnoiffoit quil
voit affez perdu de fa force fe hapa au heaul
me, fi lui arracha de fa tefte a le ietta au loing
a quant lancelot vit cellup fi preup dont il
auoit telle paour: fi dift Doulz dieu: or fuis ie

gari et le geyant qui vit fa tefte nue a defar=
mee fois que de fa coiffe de fer nauoit mie pe
tit de paour, car moult eftoit celluy preup a
qui il fe combatoit. Et nonpourtant il fe fyoit
en fa force, a en fon pouoir quil en cuidoit bien
efchapper fans mort. fi tira fon efpee a courut
fus a boort, fi lui en donna le greigneur coup
quil en peult ramener fur le heaulme, fi le lui
fiftens entrer a plus de deup dopez, et boort
qui eut fentu fecoup grant et puiffant penfa que
fe il en receuoit gaires de telz il lui en pour
roit bien mefcheoir, car il fceut celluy de fa grei
gneur force que cheualier que il trouuaft ia=
mais. lors dreca fon efpee contre mont, a fe
cuida frapper parmi la tefte mais celluy qui
veoit le coup venir ne le ofa attendre, aincois
guenchift, fi que boort faillit a celluy frapper
lors commença fa meflee entreulp deup for=
te a dure. affez plus que lancelot neuft cuide
car le geyant fe couurit fi bien quil ne peut eftre
frappe: fi fur lefcu non: fi dura tant la meflee
que il nauoit celluy qui affez neuft perdu de
fang. Et lancelot a qui il poifoit moult quel
fe auoit tant dure, dift a fes compaignons,
par mon chief fift il beaulp feigneurs, or ne
viz ie oncques mais homme ne fort ne foible
qui autant fceuft de lefpee comme ce geyant
faifoit, car il auoit ia eu telz cent coupz fur
fon efcu dont lun a lautre fuft mort, fi vous
dy vrayement, que fe il euft eu fon heaulme
en fa tefte il neuft efte mais huy conquis par
homme de noftre compaignie

Grant piece dura ceffe meflee, a tant
quil ennuyoit moult. Lors ietta au
gepat vng entredeup, fi amerement quil lui
couppa le nez a toute la bauleure en telle ma
niere que fes dens luy pareffoient de tous cou
ftes a deffus a deffoubz. Et quant celluy fe vit
ainfi attourne, fi en eut tel dueil quil en cuida
bien enrager, Si ietta fon efpee a fon efcu a
terre pour prendre boort aup bras, Quant
boort le vit venir, fi ietta fon efcu a terre, pu
is print fon efpee aup deup mains, a ferit le
geyant a defcouuert fi grant coup quil lui fen
dit la tefte iufques aup dens, a celuy cheut a
terre q dangoiffe de mort fe deftreingnoit, lors
faillit lancelot de la tour, a auffi tous les au
tres compaignons, puis fi fen vindrent a bo

faillirent/Et me occirent mon cheual soubz moy/puis menprisonnerent. Si dist loste ie vous diray bien comment ce fut/Lors commenca a compter comment monseigneur yuain auoit abbatu lescu, dont le Geyant auoit tout le pays essillie & a maint mal fait a maintes gens, qui riens ne luy auoient mesfait/Car oncques pour si pou de chose si grāt dōmaige nauint comment il en auendra/& est aduenu, si proposay que ie tboucheroye tous ceulx du pays a mon pouoir. Quant ie viz cestuy qui auoit ce fait/Lors sailli moy sisesme, & se prismes a force darmes en intencion que nous le garderions tant que le geyant vendroit ceste part. Si suy baillerions a faire sa iustice comment il vouldroit/mais bien luy est auenu de ce que vous estes venu si a point. Car le geyant en auoit ouy parler si deuoit demain venir ca. En nom dieu fist lancelot, se ie cuidoie quil deust demain venir, ie ne lairoye pour nulle chose/que ie ne lattendisse & me combatroye a luy/pour mettre ceulx de ce pays en paix. Certes fist loste qui se pourroit occire, ie vous diz vrayement que oncques homme ne fist aussi grant aulmosne, ne aussi belle charite Car cest lomme du monde, quil a fallu plus redoubter ainsi comme il mest aduiz.

Lors dist boort a lācelot, Sire pour dieu donnez moy vng don/Et il le luy donna moult volentiers. & il le requist a chascun de ses compaignons quil ottroyast, ce quil demanderoit, & ilz luy ottroierent moult volentiers. Si les en remercya, puis leur dist, Beaulx seigneurs scauez vous que vous mauez donne? Nēny firent ilz, Vous mauez donne & ottroye la bataille du geyant qui demain doibt venir ca, si vous en scay bō gre a merueilles/& monseigneur en mercye ie moult humblement: qui premierement ma ottroye le dō/Ha ha boort fist lancelot vous mauez deceu/& se ie eusse cuide que vous eussiez telle chose requise, ie ne le vous eusse ottroye, pour tout lor du royaulme. Car trop est le geyant a craindre & a doubter/ si comme iay ouy dire a plusieurs gēs, si vous prie que vous me laissiez ceste bataille, pource q̄ ie suis biē plus sceur que vous nestes encores

Sire fist boort ie ne la lairroye en nulle maniere/aincois la sineray, si que vous en serez tous ioyeulx si plaist a dieu/Et lancelot dist puis que ainsi il le vouloit/que vrayement il lottropoit

Celle nuyt parlerent ensemble de plusieurs choses, tant quil fut temps dasser couchier/Si fist loste faire en deux chābres six beaulx liz a chascun le sien: qui fut beau & riche, mais le plus beau fut a lācelot. Car vrayement les compaignons se vousu rent ainsi/Si fut couche emmy sa chambre Assez pres geut boort. & le roy baudemagus aussi/ou il voulsit ou non Au matin si tost quil fut iour, se leuerent, & ouyrent messe en vne chappelle qui leans estoit. Et quant ilz furent reuenuz en sa sale, Si apporta sen a boort ses armes par le commandement de lā celot Si sarmerent au mieulx quilz peurent Lors dist lancelot a lescuier du roy baudemagus quil luy apportast son espee, & cestuy ainsi le fist, puis la baissa a boort. Et luy dist, Beau cousin gardez bien ceste espee, Car ie la vous donne, & cestuy sen mercya Si dist que de ce don luy scauoit il bon gre.

Lors luy firent amener le cheual lancelot pource que cestoit le meilleur de toute la compaignie: si fut tout couuert de fer iusques a terre, Et quāt il fut tout appareille comme du monter, Si luy dist lancelot, Beau cousin iay moult grāt paour de vous Car vous auez afaire a vng des plus puissans hommes du monde/& des plus cruelz & pource vous vueil ie prier auant que vous en faciez plus que ceste bataille Vous me laissiez pour vostre prouffit & pour vostre honneur/Sire fist il ie ne la laisseroye mie pour nulle chose: mieulx vouldroye estre occis/si ne aiez point de paour. Car ie vous dy vrayement quil naura point contre moy grande duree/Lors monta sur son cheual, & loste luy baissa lescu du geyant que monseigneur yuain eut leans apporte, Et il se pend a son col, puis fist ouurir la porte/et si sen yssit hors pour attendre le geyant, Et lancelot dist a ses compaignons quil auoit moult grant paour de boort, Car il estoit ieune enfant & tendre, & le geyant si estoit fort & dur, & le plus desloyal ne vostre compaignie/ Car il vous hait/ & tous ceulx de la maison au roy artus/ & en despit de vous tient il en prison ung des cheualiers au roy artus qui est compaignon de la table ronde. En nom dieu fist lancelot ce cheualier nest mie si courtois comment de telz en appelle Deux/ et puis quil nous deffend son hostel brayement ie ny quier ia gesir. Mais nostre compaignon quil tient en prison conuendra il quil nous rende Vueille ou non/ certes fist se roy baudemagus de plus felon cheualier ne ouy ie iamais parler/ si me accorderay a ce q̃ sen sui feist comparer sa fellonnie/ ou vous apaisez fist booit tant que sen sache quil dira/ & selon ce quil dira si lui face len/ lors vindrent au cheualier/ si se mirent sur le pont et Lancelot ne se saslua point. Mais toutesuoie lui dist Beau sire nous vous auions mande par nostre escuier que vous nous hebergassiez/ mais il me semble quil ne vous plaist mie pource se nous conuient il laisser. Mais toutes uoyes vous vouldrions nous prier, que Ung de noz compaignons que vous tenez en prison nous rendissiez par amours auant que nous en feissions plus/ et il dist quil ny seroit ia riens pour crainte deulx ne pour priere quilz en facet/ si voulsut clore sa porte quant gahereit heurta son cheual des esperons & se lanca en la porte de tel air/ quil fist le cheualier voller tout enuers en my la court/ et les aultres cheualiers entrerent apres: si prindrent se cheualier & lui disrent brayement quilz locci roient se il ne leur rendoit le cheualier, et cellui dist quil ne lui en chaloit se ilz soccioient/ Non fist boort/ par saincte croix a ce estes venu se orendroit vous ne rendez le cheualier/ lors hauca son espee/ & lui voulsut coupper la teste comment cellui qui ia nen eust eu mercy Et quant cellui vit venir le coup/ si lui escria Ha ha gentil cheualier ne me occiez mie, car brayement ie vous prometz que ie feray toute vostre voulente/ & vous rendray cellui que vous demandez/ Lors dist lancelot quil les menast la ou cellui estoit en prison/ & ainsi le fist. Si vint a la chartre & louurit: puis dist a monseigneur yuain quil yssist hors. puis sen saillit. si fut tantost tout sain & ioyeulx: car moult bien lauoit gari sa dame de leans/ des

playes quil auoit eues. Et quant ses compaignons virent que cestoit monseigneur yuain ilz lui firent moult grant feste/ car ilz samoient parfaictement & osterent leurs heaulmes. si se firent congnoistre a lup/ & quant il les vit si en fut moult ioyeulx. Ha ha fist il lancelot vous soyez le bien venu/ par mon chief ie cuidoye que vous fussiez mort/ Car madame se nous auoit fait entendant/ Sire fist lancelot/ Non suis dieu mercy/ En nom dieu fist monseigneur yuain/ ien suis bien ioyeulx/ car tant y ay ie orendroit gaignie que ie suis hors de prison dont iamais ie ne fusse yssu

Lors appella Lancelot lescuier au roy baudemagus. & lui dist ba scauoir par tout ceans amont & aual si tu trouueras nulles armes a monseigneur yuain/ si nous en irons. Car nous nauons que demourer: & se varlet traca tant hault & bas qil trouua armes & cheual fort et puissant pour porter armes/ puis le lui amena/ Et quant le seigneur de leans vit quilz sen vouloient aller hors de leans si vint a lancelot/ & luidist: Sire par la foy que vous deuez a tous preudommes dictes moy comment vous auez nom/ & cellui dist puis q̃ tant sa coniure/ qil ne lui celeroit mie Lors se nomma: & quant cellui leut ouy/ si se ietta a ses piez/ & lui pria quil lui voulsist pardonner/ & ie vous promets loyaulment se ie vous eusse congneu aussi bien deuant comment ie fais maintenant/ ie vous eusse mon hostel habandonne a faire vostre volente et de ma prison aussi. Car ie scay bien que vous estes l'homme du monde, pour qui len deuroit mieulx faire, et il dist quil ne demourroit en nulle maniere Mais toutesfoiz tant sen pria & fist prier quil demoura luy & ses compaignons pour celle nupt

Celle nupt furent hebergiez les compaignons au mieulx que le cheualier peult/ Apres soupper quilz eurent mengé demanda lancelot a messire yuain pour quoy il auoit este prins & comment/ Par ma foy fist il ie ne scay/ Mais ainsi comme ie vous a loye querant/ si me amena auenture ceste part si trouuay cy deuant six cheualiers qui mas se fist a lui congnoistre/et Lancelot fut mõlt ioyeulx de ce quil se trouua/mais moult durement lui poise de sa honte quil auoit eue/si lui demanda pour quoy ilz le alloient ainsi menãt/& il lui compta comment ilz sauoient prins a force/& saicte sa honte pource quil auoit dit quil estoit compaignon de la table rõde/et ie vous dy Sire fist il a lancelot quil ya ceans le plus dyable cheualier du monde Car tout ainsi comment ilz mont fait font ilz a trestous ceulx quilz peuent prendre pour tant quilz soient de la maison au roy artus/ Et Lancelot commanda tout incontinent a Boort quil meist le feu en la ville/car ilz ne pourroient mie estre aultrement destruis/ et lescuier au roy Baudemagu saillit en vne cuisine la ou il auoit du feu/si se toucha en vne granche/qui estoit toute pleine de fain/si fut sa maison tout incontinent esprinse/& de cel se saillit aux autres/et ceulx du chastel qui deuassoient parmy les rues/ne sen donnoient point garde/si estoient bien plus de sexante tous armez/& quant ilz virent les cinq compaignons si les escrierent. Et lancelot leur courut deuant le glaiue tout nu/& il frapa si durement le premier/quil encontra/quil lui mist le fer du glaiue parmy le corps/si labattit mort. et chascun des compaignons abattirent le sien/ puis mistrent les mains aux espees/si se deffendirent tous si bien/ quil nestoit nul qui a preudes hommes ne les tenist/ & lancelot se mist entre eulx/puis leur detrencha bras & testes/si fist tant en peu de heure que trestous se redoubtoiẽt pour les grans coups quilz lui sçavent donner si ny auoit cellui qui a coup se osast attendre/& boort lui aida mõlt bien/& le roy baudemagus et ses deux freres Lors fut le feu esprins parmi le chastel/& les cincq compaignons qui chassoient ceulx du chastel les alloient frappant & battant tellement quilz les faisoient frapper ou feu ardant Lors print Lancelot vng des cheualiers de leans/si lui arracha le heaulme de la teste/puis leua lespee & lui dist quil occiroit. sil ne le menoit la ou le seigneur de la ville pourroit trouuer/Ha ha sire fist il pour dieu mercy/Veez le la vng de voz compaignons se tient/& lancelot se regarda si vit que Boort se tenoit/& lui auoit arrache le heaulme de la teste & il poingnit celle part. si le frappa si tresdurement quil luy fist le chief voller. Et quant les aultres virent leur seigneur mort/si tournerẽt tous en fuitte la ou ilz cuidoient auoir garison.

Quant Lancelot vit quilz furent tournez a desconfiture. si se remist en son chemin entre luy & ses compaignons/si vindrent a sa porte/& la trouuerent fermee. En non dieu fist lancelot ilz nous cuidoient auoir enserrez. Mais ilz ont ores sa prison chiere a chettee/lors ouurirent la porte et sen allerent hors mais ilz ne eurent mie granment alle/ quant le chastel fut tout ars et mis en cendre/& ses belles richesses de leans tournees a neant & moult y eut hommes mors/car les vngz furent occiz/& les autres ars Ainsi fut destruit le chastel de la blanche espine par lancelot pour la honte que ceulx de leans faisoyent aux cheualiers de la table ronde. si cheuaucherent ainsi plus de quinze iours tant quil leur aduint vng soir quilz vindrent droitement au chastel/ou messire puain estoit en prisonne & cestoit le chastel du trespas/& quãt ilz furẽt pres. si asa auant lescuier au roy baudermagus pour demander logeis & le seigneur de leans qui se seoit deuant sa porte lui demãda a qui il estoit Sire fist il ie suis a cinq cheualiers errans de la maison au roy artus q̃ vous mandẽt par amoure & par courtoisie q̃ vous les hebergez pour meshuy/car vrayement ilz ne scauroient ou aler/se vous leur failliez de hostel. or leur povez aler dire fist il que ceans ne gerront ilz ia/car ie nayme mie ne eulx ne leur roy Aincois tiens en despit de eulx vng de leurs compaignons en prison/ et se ainsi ie les tenoye asseurez pourroient ilz estre que iamais nen ystroient a leur vouleté Si maist dieu fist le varlet. dõc seroit ce grãt dommaige se vous les teniez/car il ny a cellui qui ne vaisse bien telz quarante mauuais cheualiers comment vous estes/& mauldit soit mon corps se vous ne vous en repentez de la parole que vous auez dicte.

Atant sen vint le varlet a lancelot/si lui dist. Sire ce cheualier la ne vo' prise mie tãt quil daignast hebergier ne vous du corps/ si sen bailla a seigneur et a maistre sur eulx/ et ilz se receurent moult Bouletiers car moult sapmoient/ et le tenoient chier.

Au matin quãt il fut adiourne/ si se leua Lãcelot/ et ouyt messe si se arma et aussi fist Booz/ et gaheriet et le roy Baudemagus. Et quant ilz furent armez/ si se departirent de kaamalot. Et le roy et ses ducz et les contes/ et les haultz barons furent montez a cheual pour les conuoyer/ puis sen retournerent plourant moult tendrement/ et la royne encores plus/ car moult amoit lãcelot et quãt ilz reuindrẽt au maistre palais. si trouuerẽt monseigneur gauuain moult griefment naure des playes que lãcelot luy auoit faictes au tournoyemẽt. si quil ne se pouoit remuer ais plouroit moult tendrement. Et le roy luy demanda quil auoit. certes sire fist il iay mõlt grant dueil. quant il me conuiẽt cy gesir oultre ma Boulẽte. car moult amasse mieulx tenir compaignie au preudomme qui sen va que de demourer en telle maniere/ puis que vous nestes gari fist le roy demourez tant que dieu vous ait donne sante/ et lors quãt vous serez gari/ si vous mettez en sa queste apres les autres se il vous plaist. certes fist il si seray ie se ie puis estre gari ne ia si tost ne auray pouoir comme ie partiray de ceans

Lancelot qui fut entre en sa forest cheuaucha tout le iour sans boire et sãs menger entre luy et ses compaignons/ et sans auenture trouuer qui a compter face. la nuyt vindrent chieux vng forestier qui moult bien les heberga cõme cellui qui moult estoit preudomme. Au matin si tost comment ilz virẽt le iour. ilz sen partirẽt et prindrẽt leur chemin ainsi comment ilz auoient fait le iour de deuant. et quant ilz furent yssus hors de la forest a heure de mydy si virent deuant eulx/ nõ pas gaires loing vne tour qui estoit moult bien aduenant. que len appelloit le chastel de la blanche espine. et ilz vindrent celle part. si entrerent dedens par dessus vng pont. si ouyrent a mont vers la forest moult grant noise mais ilz ne scauoient sa ou cestoit. si coururent celle part ou ilz ouyrent le cry/ et quant ilz eurent vng peu chemine. si virent aler par my la rue vng homme qui estoit tout nu en

chemise qui auoit les pies liez dune corde par dessoubz le ventre dung cheual le quel estoit chetif et maigre. Apres venoiẽt plus de cent ribaultz qui tous crioyent/ et huyoient apres luy/ et luy iettoyent spens et boue et ordure/ et sauoyent si durement lye/ deuant et derriere/ que apeine en veist len peulx ne bouche et quant ilz vindrent pres de luy/ et gaheriet se regarda/ et il vit que cestoit mordrec son frere: lors fut tant dolent que nul ne le pouoit plus estre/ si courut sus tout incontinent a ceulx qui se aloient battant/ et toulut/ a vng villain vne grant hache quil tenoit/ si bailla a booz son glaiue a garder/ puis commenca a donner grans coupz de la hache a ceulx qui son frere aloient battant. si les aloit tuant et occiant ainsi comme se ce fussent brebiz/ et quãt ceulx virent quil les menoit si mal. si sen allerent fuyant vers la maistresse forteresse si trouuerent deuant sa porte du chastel le seigneur/ qui auoit nom machant le fellon. et quant il vit venir les vngz sanglans/ et les aultres naurez/ si leur demãda q[ui] leur a uoit fait cela/ Sire fist vng varlet nous allions/ or endroit conuoyant le cheualier vain cu par celle rue la aual. si auons trouue quatre cheualiers tous armez/ dont lun se nous a rescous/ et a occiz de ceulx de ceans plus de quarante qui gisent aual les rues.

Quant le cheualier ouyt ceste nouuelle si commanda tout incontinent/ que les portes fussent toutes fermees/ et sen les fer ma. puis commanda a tous ceulx de seans quilz se feissent tous armer/ car il sont ceans priueement entrez quatre cheualiers/ qui ont occiz plus de quarãte de mes hommes/ et ie en veueil estre vẽge si haultemẽt que a touiours mais il en soit parle/ et ceulx disrent quilz le Bouloient bien. Et gaheriet qui auoit son frere desliure fut venu a sa maison a vng cheualier/ ou il nyauoit ame/ car tous estoient a la meslee/ si y trouuerẽt assez robes et cheuaulx si en prindrent tant que bon leur sembla/ et quãt mordrec fut arme/ et ilz fureut yssus hors de leans/ et il demanda a son frere qui .iiii. cheualiers estoient qui auec luy sont: si [luy] nomma/ et quant il sceut que cestoit Lancelot du lac: si luy fist moult grãt ioye et le salua: puis

E iiii

mort/ ¶ le roy baudemagus ma de prier que ie vous deisse que vous le receussiez a compaignon/ou lieu de cestui qui mort est se vous pensiez quil en fust digne de cheualerie non mie de lignaige ne de richesse/a estre compaignon de la table ronde. Certes fist le roy il en sera a vostre volente du tout. Car vrayement il mest aduis quil est si preudomme de sens/ et de cheualerie quil doit bien estre assiz au renc auec les autres/ et vous en estes compaignon/ainsi comme ie suis. si sera sus vostre serment aussi bien comme sur le mien. car vous ne lui deuez mettre. pour amour que vous ayez a lui. se il nen est souffisant a vostre escient ne aussi pour hayne sen oster. Si maist dieu fist il de chenalerie est il plus grant que tieulx sept en y a il/ et pource dis ie pour le droit et pour la verite/ quil en doit estre compaignon. car il est encores en force et en son bon aage. comme cestui qui na mie encores plus de quarante et sip ans/ Par ma foy fist le roy il y sera donc puis quil vous plaist.

Lors furent mandez tous les compaignons de la table ronde/ et quant ilz furent tous assemblez/ si dist le roy ce que lancelot lui requeroit du roy Baudemagus/et quant ilz ourent ceo. si se retirerent a part pour aler a conseil. si disrent de telz y eut que mie ne si accordoient/car la cheualerie au roy Baudemagus nestoit encores pas tant esprouuee quil en deust estre compaignon/ ne par richesse ny peult il point entrer. Mais par prouesse/ et par cheualerie/ Lors vint auant yuain le auoustre cestui qui estoit filz au roy Vrien de gast/si dist beaux seigneurs pour quoy yrez vous contre ce quil vous conuient faire se vous voulez vous lui accorderez/ et se vous ne voulez si y sera il acueilly/car lancelot le veult/ et puis quil le veult il en conuendra faire grant partie de son vouloir/ si quilz en feront leur voulente malegre vous/et pource ie vous conseille que nous en facons ce que sen nous en requerra affin que Lancelot nous en sache gre/ et tous les haultz barons qui ceans sont. En nom dieu fist le roy yders vous nous en auez donne le meilleur conseil pour ce en ferons nous la voulente lancelot. puis que a faire se conuient/Lors se partit a tant

le conseil/ et disrent quilz veullent bien lamour et la compaignie au roy baudemagus pour lamour de lancelot. et pource que ilz cuidoient bien quil en fust digne

Cestui iour fut le roy baudemagus a la table ronde par lottroy a tous ceulx de leans. et il fist tel serment comment les autres faisoient. que iamais a dame ne a damoiselle ne a orphelin poure ne desconseillee ne sauldroit daide pour tant quil en fust requis/ et qil en eust mestier. Lors vint la royne a lancelot et elle se assist empres lui/ et lui dist Sire roy baudemagus ie vous donne cestui cheualier a compaignon/ et ie vous prie que vous lui donnez vostre compaignie. et il vous donnera la sienne Dame fist il/ et ie loctroy puis quil vo' plaist: et le roy baudemagus en mercya moult et lun et lautre. Grant fut la feste que le roy artus fist du roy baudemagus. si en furent moult ioyeulx ceulx qui le sceurent/si en dura la ioye toute planiere troys iours/ au quart iour dist lancelot a sa royne/ Dame ie men irap demain dicy se il vous plaisoit. et mouue roye en la queste de mon frere hector/ et de mon cousin lyon/ car ien suis moult durement esmaye pource que ie ne scay ou ilz sont. Sire fist elle se la besoingne ne fust si grande ie ne vousisse iamais que de ceans vous partissiez car ie ne seray ia grammant aise le iour que ie ne vous verray: si vous prie reuenez au plus tost que vous pourrez/se iamais vous voulez que ie face chose qui vous plaise. et il dist au plus tost quil pourroit que si feroit il. Celle nupt dist Lancelot au roy quil sen yroit lendemain/ et quil ne fust point esmaye se il ne reuenoit mais en piece. car il ne scauoit quant il pourroit retourner/ Quant le roy baudemagus ouyt ceste nouuelle. si dist a ses gens quilz sen pouoient bien aler en leur pays. car il ne sen yroit mie. aincois suyuroit lancelot et lui feroit compaignie tant comment il pourroit. si bailla sa terre a garder a ung sien nepueu. qui auoit nom patrides qui estoit bon cheualier et preux/ si dist a ses gens au depertir quilz feissent autant pour lui/comment ilz voudroient faire pour son corps/ et sachez fist il que se nul va contre son commandement et ie en puisse scauoir nouuelles ie le destruiray en la chapelle gastee qui dist/que ia homme ne mettroit achief celle auenture deuant que le maleureux cheualier y uendroit/ qui par sa chettiuete de luxure/ auoit perdu a acheuer les auentures du saint graal/ et en oultre sap pesoit sen le filz a la royne douloureuse, si me poise moult, quant vous par eschauffement de chair auez perdu a mener achief, ce pour quoy toute terrienne prouesse sera trauaillee si pouez ores bien dire que chier auez achettee mon amour, quant vous pour moy auez per du ce que vous ne pouez recouurer/ et sachez que ie nen suis pas mains dolente que vous en estes mais plus par auenture, car cest grāt peche, quāt dieu vous auoit fait le meilleur et le plus bel, et le plus gracieux de tous ceulx du monde, et encores vous auoit il donne tel le grace, que vous veniffiez aux auentures du saint graal appertement, et or sauez peri et perdu par lassemblee de nous deux/ si me val sist mieulx que oncques ie ne fusse nee/ q̄ pour moy demourast tant de bien a faire/ commēt il demourra.

Dame dist Lancelot vous dictes mal sachez vrayement que iamais ie ne fusse venu, a si grant haultesse comment ie suis se neussiez vous este, car ie neusse mie de moy eu couraige au commencement de nulle cheualerie ne dentreprendre les choses que les autres laissoiēt par defaulte de pouoir. mais ce que ie veoye en vous tant de grant beaulte esleua mon cueur en orgueil. si que en nulle maniere ie neusse trouue auenture que ie ne menasse a chief, car ie scauoye bien que se les auentures ne pouoye passer par prouesse/ q̄ a vous ne auendroye ie mie. Dont vous diz ie tout vrayement fist la royne que ce fut la cho se qui plus a croissoit voz vertus/ et ne me poi se mie de ce que vous me auez amene quant en telle prouesse en estes venu. Mais il me poi se que vous en auez perdu a mener a chief les haultes auentures, du saint graal par quoy la table ronde fut establie et commēcee. vous dictes merueilles fist Lancelot, ie vous mon strerap comment ie cuide que ia ie ne fusse ve nu a sa grant prouesse ou ie suis/ se par vous ne fust, car ie estoye ieune enfant, et nice/ et hors de mon pouoir et de mon pays/ si neusse peu

venir a chief sans grant prouesse. et ce neust este la grāt fiance que auoye de auoir vostre amour Lors lui compta comment morgain la seur au roy sauoit menace/ et elle en fut mōlt durement esmayee, car elle pensoit que mor gain ne se chassast fors que pour elle, si lui dist Sire puis que morgain vous hayt ie vous prie que vous vous gardez delle/ car cest vne chose qui moult est a doubter car elle a plus de enchantemēs que nul nen pourroit scauoir en tant quelle en pourroit bien gaster le plus preudomme du monde, si ne vous en scay cō seil donner. fors que tant que vous portez en vostre doy vng anel/ que vostre dame du lac me donna quant vous fustes cheualier nou ueau il y est bon, car il descueure enchante mēs et si les fait congnoistre/ cest vne chose qui moult vous sera mestier encontre delle. lors print Lācelot lanel/ et le mist en son doy

A la nupt fist le roy artus faire le lit a Lācelot en la plus belle chambre du palais/ et en fist oster le sien, dont ceulx qui le virent dirent que le roy artus faisoit plus de honeur a lācelot que a tous ceulx de sa court Landemain enuiron prime/ vint nouuelles leans que vng des compaignons de la table ronde estoit mort des playes que lancelot lui auoit faictes au tournoyement. et auoit nom ganor descosse/ si auoit este preux cheualier grant/ et auentureux Lors vint le roy baude magus a lancelot et lui dist Sire priez le roy artus: que se ie par prouesse, ou par cheualerie non mie par richesse doye estre compaignon de la table ronde qui my recoiue ou lieu du cheualier qui mort est. Certes sire fist Lance lot ie vous congnoiz bien tant a preux et a sa ge que vous y pourriez mieulx valloir/ par vostre sēs que nul autre par sa cheualerie Et ie sen priray voulentiers/ si cuide bien quil en sera aucune partie de ma voulente lors a la lancelot en la chambre du roy qui ia estoit leue/ et voulloit aler au monstier/ et lancelot le salua. Si lui dist que dieu lui donnast bō iour. En non dieu sire fist le roy vous soyez le tresbien venu Or me dictes pour quoy vo⁹ estes si matineux/ pource fist lancelot que ie ne pouoye dormir. lors lui dist Sire vng de noz compaignons de la table ronde est huy

e iii

que se maseu reup cheualier pſedroit qui par sachettiuette de supure/ auoit perdu a acheuer les auentures du sainct graal/ En autre lieu il auoit des lettres qui disoient/ & appelsoient le cheualier se filz a la royne douloureuse/ Apres seur compta se tournoiement: ou Hector sauoit abbatu/ Et comment il Vint cheup se cheualier pescheur. Et comment il Vit se saint graal appertement porter ensemble deuant sui/ a sa psus besse damoiselle/ quil Vist oncse/ & ses merueisses qſ Vit ou palais auentureup/ Apres seur compta sa honte que sen sui auoit faite au palais & au chastel au matin. Et comment il auoit este mene par toute la Visse/ Apres seur compta la signifiance de sermite. qui compta sa significance du serpent/ & du speupart. & quil sup a termina seure de sa mort en tel point/ Et ce fut sa chose que se roy artus ne peut oncques puis oubsier/ aincoiz en fut en paour tresous ses iours de sa Vie/ Et sil eust sceu la signifiance du speupart/ il sen fust contregarde au mieusp quil eust peu. Et quant monseigneur gauuain eut acheue de compter toutes ses aduentures bonnes & mauuaises qui sui estoient aduenues depuis quil estoit parti de la court car il ny eut mot sonne/ que ce fust ne pour son honneur/ ne aussi que ce fust pour sa honte/ puis apres se roy Artus se fist mettre auec les autres aduentures aup cheualieres de la court en escript/ Apres compta Boort & Gaheriet ses seurs/ si furent mises toutes en escript ensemble/ Lors commanda se roy aup cheualiers de la tabse ronde/ que chascun dist sa sienne endroit soy/ qui auoit este abbatu/ & de qui/ Si trouua sen quarante quatre cheualiers qui tous estoient de la tabse ronde/ & tous auoient este abbatus par sa main Lancesot du sac/ Lors dist se roy a sancesot que sur son sermet quil sui confessast Verite/ Et il sui respondit que aussi feroit il moult Vousentiers puis sui demanda sil nauoit point este abbatu de nulli/ Et il dist que Vrayement nenny Or dis ie doncques sist se roy/ quil doit estre tout seul a la tabse ronde/ assiz au hault/ & Vous au bas/ Cest adire que Vous ne deuez iamais passer cōtre sui en nusse maniere quil soyt/ Car a ce point/ Vous a il bien monstre

quil scet faire/ Si a bien Vostre orgueil abbatu a tousiours mais.

De ceste parosse/ que se roy Artus auoit contre ceusp de sa tabse rōde dicte si en furent si tresfort courroucez qſz en hairent depuis sancesot de moitesse hayne ne oncques sembsant nen Voulurent ilz sayre/ deuant que se messait de sui & de la royne fust approuue/ & qſz fussent trouuez ensēbse nu a nu par agrauain. qespiez ses auoit. Mais de ce saisse ores se conte a parser. Car bien estoit il asseure quil y retourneroit quant il seroit temps & heure.

Quant ceusp qui compaignons estoiēt de la queste eurent comptees seur auentures/ si dist se roy Vous nestes reuenus que quatre/ qui quinze deuiez estre/ car tant sen mauoit fait entēdant/ que Vous estiez en la queste/ si Vous conuiēt se Vous droiz compaignōs Voussez estre/ que Vous querez ceusp qui auec Vous partirent: tāt que Vous ses trouez Sire sist Lancesot Vous dictes bien/ et moy mesmes suis tout prest que ie entre en sa queste demain ou apres demain/ Car il est droit que ie se face/ Car en sa queste entrerent ilz pour moy Et monseigneur gauuain dist que ia si tost ne seroit il gari. comment il entreroit pour querre ses freres tous quatre. car ilz sont demourez en sa queste/ & Boort dist qſ moueroit apres/ pour querre son frere/ & gaheriet dist quil seur seroit cōpaignie/ car sās sui ne iront il pas/ si sentre asseurerent de sai re compaignie ses Vngz aup austres/ si firent ainsi sa queste recommēcer qui oncques puis ne faillit grant temps apres.

Cellui iour y eut seans grant feste et moust grantes iopes & esbatemens. Et si parserent entreulp de plusieurs choses tant quil aduint que la royne fut aup senestres/ auec sancesot son amy/ & sa se trouuerent ensemble tous deup tous seusz/ que nul qui fust en ce monde/ ne pouoit entendre chose quilz dissent fors seussement que eup deup Lors sui dist la royne/ Ha ha sancesot entendistes Vous bien quant monseigneur gauuain dist quāt il trouua sauenture des tōbes serez ne aduenture qui oncques vous p aduenist/ et il iura ainsi. apres iura messire gauuain et Booit et gaheriet.

Lors commenca Lancelot a compter toutes ses auentures qui lui estoient auenues, et leur compta premierement de grifson comment il auoit ses armes emportees et comment la vielle senmena/ et puis compta comment la pucelle sauoit gari de seuenimement quil auoit prinse en la fontaine/ et coment elle lama si tresfort que bien en cuidoit elle mourir/ et seu quelle fist pour lui quelle garderoit son pucellaige pour lamour de lui/ Apres compta comment il auoit aide aux efans au duc/ et comment il conquist le duc carles, et ses trops freres gaheriet et agrauain et guerches pource quil ne les congnoissoit point/ Apres leur cōpta commēt sponnet sauoit laisse en la forest, et comment il fut enchante par les trops dames qui le trouuerent/ et qui lem porterent au chastel de la charrette/ et comēt la damoiselle sauoit jette hors de saprison/ Apres leur cōpta commēt il vit au tournoyement/ que le roy baudemagus et le roy de norgalles auoient entreprins lun contre lautre si leur dist quil aida au roy baudemagus au mieulx quil peut. Certes fist le roy de norgalles voirement lui aidastes vous bien, car oncques ne vy a nul hōme faire autant darmes cōment vous feistes le iour. et par vous seullement feusmes nous desbaretez. Lors sen rist le roy artus/ et aussi firent les autres.

Lors commenca Lācelot a compter comment il vint chieux le roy pescheur/ et comment il auoit occiz le serpent quil trouua soubz sa tombe ou cimetiere et commēt le saint vaissel remplit les tables de tous les beaux mengiers du monde, mais il ne leur compta pas comment il auoit este deceu de la belle damoiselle, la fille au roy pescheur et si ne laissa pas a le dire pour honte qui lui fust auenue Mais pour sa dame la royne de qui lamour il cuidoit perdre/se elle en scauoit la verite/ Apres leur cōpta tout en ordre/ les auentures qui lui estoient aduenues/ puis quil partit de sa court/lors leur compta de hector des mares qui son frere estoit et si ne se scauoit point puis leur compta comment ceulx qui venoiēt

en la dance estoient retenus/ si leur dist par quelle merueille ce leur estoit auenue/ et la fist il ap ie trouue ces eschez que ie enuoyay ceans Apres leur compta la doulleur/ et la malle aduēture que se nepueu au duc carles sui auoit faicte/ quāt il auala ou puis ou il sauoit tāt de coulleuures/ et denuenimemens

Le tēps pendent quil comptoit ceste aduenture plouroit le roy artus, et la royne de la pittie quilz en auoiēt/ et plusieurs autres cheualiers/ et Lancelot leur monstra la damoiselle qui du puis sauoit iette Apres leur cōpta cāment il auoit occiz tous ceulx qui auoit trouuez leans/ et les ietta es fossez pour la malleauenture quilz lui auoient faicte Apres leur compta commēt il auoit occiz tous ceulx quil auoit trouuez iusques a celle heure quil vint/ au tournoyement/ Quāt le roy ouyt ceste nouuelle, si ne fut pas petit esmerueille/ si dist a Lācelot pour quoy ne dictes vo⁹/ vous me faictes tout merueillier qui me dictes que hector des mares est vostre frere/ et si nele disoit point/mais nōobstāt ie vouldroye bien que ceste chose fust vraye car Hector si est vng des meilleurs cheualiers du monde. si en vauldroit mieulx la table ronde et plus en seroit doubtee/ quāt elle seroit garnie des deux meilleurs cheualiers du mōde

Et ainsi cōme Lancelot eut comptees ces auentures/ furent elles mises en escript/et pource que ses faiz estoient greigneurs que nulz des autres les fist le roy mettre en escript/ si que des faiz lancelot et de ses oeuures trouuast len vng grant liure/ Et le roy artus se trouua apres ce qui fut naure en la bataille de mordrec/ si comme le cōpte deui sera appertement/ quant les auentures/ Lācelot furent mises en escript/ Si cōpta monseigneur gauuain les siennes apres Mais iurer ne lui conuint mie/pource que iure auoit quant il partit de leans lors dist ce que aduenu lui estoit en la queste/ si compta des tombes quil auoit trouuees/ ou gaste cymetiere pres la tenebreuse chappelle/la ou les espees estoieut drecees/ et de celle du millieu qui ardoit aussi cler comme se tous les feux du mōde y fussēt/ et des lettres quil trouua escriptes qui disoient que ia ne sestaindroit le feu duāt

e ii

telle emplastre comment il scauoit q̃ nesti-
er y estoit ⁊ il coucha en vne chambre loing de
gens. pour sa noise que nul mal ne lui feist ⁊
quant il fut couche/⁊ il dist Lancelot si lui
dist/Sire fist il vous soyez bien venu. se ie
eusse cuide q̃ se eussiez vous este qui cy fus-
siez venu ie ne me fusse pas couche, ains v°
eusse fait compaignie comme a cellui que ie
ayme le mieulx du monde/⁊ qui moult est
preudomme/si lauez bien monstre cy ⁊ ail-
leurs/⁊ cy mesmes lauez vous monstre en
telle maniere/quil ne sera iamais quil ne en
doye remembrer a ceulx de la table ronde car
par vostre prouesse/a seur orgueil abbatu et
seur felonnie en a este tournee a neant. quilz
auoient par seur orgueil commencee contre
vous. Certes fist lancelot quoy quil me a-
uiengne ie leur pardonne, tout pour lamour
de monseigneur le roy/⁊ pourtãt quilz estoi-
ent mes compaignons.

Beau oncle fist messire gauuain menez
en monseigneur lancelot diez/⁊ lui
faictes la greigneur ioye que vous pourrez ⁊
mandez pour lui faire honneur tous ceulx q̃
deuers lui ont este/⁊ roys ⁊ ducz et contes et
cheualiers/⁊ gardez que nul ny demeure. et
lempereur dalemaigne tout premierement et
le roy baudemagus ⁊ les ducz et les contes ⁊
tous les autres cheualiers. ⁊ le roy dist que si
feroit il/⁊ il print lãcelot par la main ⁊ le me-
na au palais. puis mãda lempereur et le roy
Baudemagus ⁊ les ducz et les contes ⁊ tous
les autres cheualiers aussi bien les poures cõ-
me les riches. ⁊ il tint feste riche et merueilleu
se iusques au dimenche apres disner lors fut
messire gauuain apporte ou palais en vne cou
che qui moult durement estoit a malaise si se
geut comment homme malade/si se seoit le
roy baudemagus: ⁊ lempereur dalemaigne ⁊
Lancelot, qui estoient assiz entour lui Lors
commãda le roy, que lẽ apportast les eschez
si iouerent aucuns cheualiers auec la royne
lors furent tout incontinẽt apportez/⁊ le roy
baudemagus se assist pour iouer vng ieu car
il ne cuidoit pas que nul en sceust plus que lui
si sen merueillerent assez de telz y eut /quant
ilz virent les eschez iouer contre le roy.

Grant piece ioua le roy baudemagus
mais au derrain fut il matte, si vil-
lainemẽt que trestous sen moquerent. ⁊ apres
ioua lempereur dalemaigne. ⁊ le roy de norgal-
les. si furent plus villainement mattez/ que
le roy baudemagus nauoit este Lors prierẽt
monseigneur gauuain quil iouast/⁊ si fist il
mais il fut plus villainement matte/ q̃ nulz
des autres fors disrent a la royne dame iou
ez ia en scauez vous tant ⁊ elle dist quelle ne
ioueroit point. ⁊ nonpourtant tant la prierẽt
quelle se assist au ieu/⁊ elle ioua en telle ma-
niere que tous disoiẽt quelle en auoit le meil
leur mais nonpourtant elle fut mattee/Lors
dist la royne a lãcelot, iay este mattee, or mẽ
reuenchez se il vous plaist dame fist il moult
voulentiers, puis quil vous plaist.

Ha ha sire fist le roy baudemagus ny
iouez point. car vrayement vous ne
pourriez estre se non courouce Sire fist lãce
lot ie nen seray point couroucé se dieu plaist ⁊
se ie estoye ores matte ne seroye ie mie le prem̃ier
pas pource ne mẽ chault, lors mist les eschez
deuant lui ⁊ y assist, ⁊ y ioua si saigement q̃
trestous ceulx qui le voyent sen esbahyssant
⁊ mena tant son ieu par force, ⁊ par engin q̃
il fist les eschez matz. si gaigna le ieu ⁊ y se cõ-
mencerent a seignier trestous ceulx qui le
voyent de la merueille qui faisoit, car ilz ne
cuidassent pas, que nul homme mortel en pe
ust autant scauoir cellui iour apres disner fist
le roy venir deuant lui tous les cõpaignons
de la table ronde/et quant ilz furent tous ve-
nus/si les fist le roy asseoir. lors appella les
clercz qui mettoient en escript les aduentures
aux cheualiers de leans. si fist apporter les
liures/ou les aduentures estoient en escript
les saingz furẽt emportez sur quoy sen iouoit
Et le roy dist a lancelot voyans tous ceulx
de leans lancelot il est ainsi que quant vous
partistes de ceans vous ne feistes point de ser
ment, par quoy nous vous deussions croire
au reuenir. ⁊ vous auez trouue plusieurs a-
uentures de puis que vous partistes de ceãs
que nous voulsons ouyr. ⁊ y seront mises a
uecles autres aduentures Mais aincois v°
iurerez que vous ne direz nulle chose/ou il ne
ait verite, ⁊ que pour honte qui y soit ne le sel

si nenespargne nulz qui puisse attaindre a tous coys les trebuchoit des cheuaulx et enuersoit a terre/ et leur arracha leurs escus de leurs colz et leur desmailla leurs haubers/ sur les bras et Boort estoit auec lui qui leur faisoit du pis quil pouoit/ si les retournerent tous a laide quilz ont du roy baudemagu/ et de ses gens que ilz ne les pouoient souffrir/ pour pouoir quilz eussent ains tournerent les dos/ si guerpirent le champ ou ilz souloient ou non / et quant ceulx qui la estoient virent ceulx de la table ronde en qui ilz se fyoient tant/ si ne eurent plus voullente de bien faire ne nul se esperance/ fors que destre desconfis si tournerent tout incontinent le dos/ et sen vont fuyant apres les autres/ et Lancelot les enchasse qui atant ne les vouldroit mie laisser/ et il se mist sur vng cheual/ quil trouua fort et bien courant si les va frappant et abatant. Moult dura sa chasse/ tant que ce vint a la porte de Kaamaloth. si se frapperent dedens tous ensemble et ceulx qui de sa maison au roy artus estoient sen aloient fuyant parmi les rues/ et ceulx qui ne les amoient en riens les suyuoient. si les chasserent iusques au pallais du roy. Et quant ilz ses eurēt assez suiuiz ilz sen retournerent moult ioyeulx de lonneur qui leur estoit aduenu. Et le roy artus quy estoit sur vne fenestre apuye pour veoir la chasse que ceulx de sa forest faisoient se print garde le iour pour ce que scauoir vouldroit/ se quieulx sauoient mieulx fait/ si eut veu Lancelot qui si bien la voit fait/ que nul ne le pouoit mieulx faire mais il ne se cōgnoissoit mie/ pour ses armes quil auoit changees/ et nonpourtant il pensoit bien que ce fust il.

Quant ceulx de dehors eurēt bien chasse/ et quilz virent le roy si commencerent a monstrer lun a lautre/ et disrent tous veez sa le roy/ et le roy les ouyt bien mais semblant riē nyst ains regardoit le cheualier qui auoit tout vaincu/ et quant Lancelot vint pres si lui dist le roy Seigneur cheualier/ ie vous prie q̄ vous vous arrestez vng peu/ tant que ie aye a vous parle En nō dieu sire fist il tres voulentiers/ et le roy sen alla iusques a vne fenestre/ qui estoit plus bas si lui dist. Sire cheualier vous vous en alez/ et vous estes vng

des hommes du monde/ que ie vouldroye mieulx congnoistre. se vostre plaisir estoit/ car ie ne vous congnoiz point a mon escient. fors de tant seullement que ie scay bien/ que vous estes vng des meilleurs cheualiers du mōde si vous prie par amours/ et par courtoisie que vous me dictes vostre nom/ ou si nō q̄ vous ostez vostre heaulme de vostre teste/ si que ie vous voye appertement Sire fist il mon nō ne vous diray ie point/ Mais mon heaulme osteray ie/ puis que vous me voullez veoir.

Lors deslacha Lancelot son heaulme et osta sa visiere de sa teste/ et quant le roy le vit/ et il le congneust/ si eut si grant ioye que greigneur ne la peut auoir/ et il descēdit et vint courant aual/ et quant Lancelot le vit venir/ si saillit ius du cheual/ et le courut ainsi accoller tout arme comme il estoit/ et le roy le accolla et le baisa et le commanda a dieu. Mais auant lui demanda comment il a fait depuis Sire fist il bien dieu mercy/ car ie suis sain et haittie/ et le roy lui demanda q̄ estoit le cheuclier aux armes vermeilles qui toute iour vous a si bien ayde Sire fist il ce stoit Boort mon cousin Ha ha Boort fist le roy vous me auez trahy/ qui sauiez que Lancelot estoit en ce pays et si ne le me disiez pas p̄ mō chief se ie eusse sceu cestui a faire il ne fust pas ainsi alle comme il est/ et ny eussiōs pas tant de honte eue comme nous auons.

Lors print Lancelot dune part/ et Boort dautre/ si les mena par les mains iusques au maistre palais/ si les fist desarmer/ puis manda a la royne quelle viengne a lui/ et sen ala a querre/ et quant elle fut venue et elle vit Lancelot il nest pas a demander/ se elle lui fist grant ioye/ car elle lui courut les bras tendus/ si lui fist la greigneur ioye q̄ elle peult/ et le mercya moult des eschez quil luy auoit enuoyez Ainsi quil menoit telle ioye/ et telle feste/ fut monseigneur gauuain amene a court tout enferre/ si descendit le roy et les autres/ pour veoir se il estoit durement blece si le trouuerent vain et malade comme celluy qui trop auoit saigne/ et quant le mire fut venu il eut cerchie sa playe/ et oste le tronçon il dist au roy quil nauoit garde/ car il se rendra tout sain et tout gari dedēs vng moys si y mist

Seíne fust la cheualerie de la table ronde/ʑ auec eulx estoient bien quatre mille dont le plus couart se tenoit a pieulx ʑ hardy ʑ ceulx de la table ronde estoient trestous signez a rouesses de cordouen/par dessus les couuer tures/ pource quilz fussent descongneuz des autres. Et quantilz furent assemblez/ Si commencerēt a abatre cheualiers ʑ cheuaulx ʑ firent tant au premier course. que a fine for ce firent remanoir la chasse

Lors commencerent tant a frapper de leurs laces ʑ de leurs espees ses vngz aux austres en telle maniere qlz ne scauoiēt les quielx en deussēt auoir le meilleur Lors vint messire gauuain a lassemblee entre lui ʑ gaheriet son frere qui au matin estoit venu de sa queste/ʑ auec eulx auoit bien deux cens cheualiers des plus prisiez de sa maison au roy artus. lors ceulx de la table ronde/ʑ mō seigneur gauuain dist quilz se supuissent. ʑ venez hardiment car en voscre venir ne en tre rez cheualier/ que vous ne portez p terre et ceulx disrēt quilz en feront leur pouoir ʑ mō seigneur gauuain court la ou il vit la grei gneur presse/ʑ il leur adreca si frappa si du rement le premier quil se porta a terre son che ual sur le corps. ʑ le glaiue vola en pieces ʑ gaheriet en rabat vng aultre/ʑ tous les au tres compaignons se firent. si bien quil nya cellui qui nait son glaiue brise Lors commen ca monseigneur gauuain entresui ʑ gaheri, et a faire tant darmes, que nulz ne les veist ql ne les tenist aux meilleurs cheualiers du monde. si coururent a mont ʑ aual/ʑ abatti rēt cheualiers et cheuaulx si firēt tāt darmes que leurs enemis se desconfirent a fine force Car plus ne pouoient souffrir si fort monsei gneur gauuain ne ceulx de la table ronde si sen vont fuyant parmi sa praerie tant cōme ilz peuēt des cheuaulx traire Lors tournent la criee sur eulx/si les huerent ʑ se dengerēt les dames des logis ʑ les appelserent recre ans fuittiz/ Et quāt boort vit q ceulx a q il uoit aider se supēt si le mōstra a sacelot ʑ dist Sire nous pouons huy mais trop demou rer/ Allons leur aider/car ilz en ont moult grant mestier. Alons fist lancelot ce vueil ie bien. Lors dist au roy bademagu/ suiuez moy

vous ʑ voz gens/car il mest aduis que mes huy pourrons nous trop attendre. Sire fist le roy asez deuant ʑ nous vous suiurons/ Lors monstra boort a lancelot monseigneur gauual ʑ gaheriet/ Si sui dist. voyez cy les deux par qui voz gens sont mis a desconfi ture/ or courez asuy ʑ moy a sautre. Car se nous les pouons descheuaucher sa chasse se ra demouree. Sire sist il voulentiers. Lors sadreca vers gaheriet. si le ferit si durement/ quil sabatit a terre sui ʑ se cheual tout en vng mont/ si fut moult aspremēt gaheriet blece pour le cheual qui sur lui estoit cheu. Si se pasma de sanguisse quil souffrit.

Et lancelot eut laisse courre a monsei gneur gauuain comme a cellui qui ne le congnoissoit mie alcorz se mescongnoi soit pour les armes quil auoit changees. si le ferit si durement parmi sescu ʑ parmi le heaulme quil lui mist le glaiue en sespaule se nestre. en se desmōtant de son cheual commēt cessui qui auoit assez cueur ʑ force. si se porta a terre sou tenserre/ʑ le serra ētre les piez des cheuaulx/ Quant les autres de sa court au roy artus. virent monseigneur gauuain ʑ ga heriet/les deux par qui ilz auoient esperance de desconfire leurs ennemis. Si furent si esba hyz quilz ne sceurēt mie prendre de eulx cour rap. mais Lancelot qui tant ne se vouldroit mie laissier mettre la mai a sespee laissa cour te sa ou il vit la greigneur presse/ si frappa si durement le premier quil attaignit que pour le heaulme ne pour sa coiffe de fer ne de moura quil ne sabatte mort Lors commēca a occire cheualiers ʑ cheuaulx/ et en apres a arracher heaulmes des testes si fait telz mer ueilles par sa prouesce voyant tous ceulx q regarder se osoiēt que il nya cellui qui coup se ose attēdre ais supret aussi vrayemēt cōme se ce fust sa mort ʑ mors estoiēt sās faille to° ceulx. qui acoup sattendoient. Car il ne cōg noissoit homme a coup quil ne occist. ʑ il ches uaucha tant quil vint vers ses compaignōs de la table ronde

Quant lancelot vit les compaignōs de la table ronde/ si ne les mescon gneut mie/ Et il leur dreca sespee côtre mont Si leur commenca a donner grans coups

fuser/ si fist semblant que cestoit il que ilz al-
loient demandant/ si les mercya moult de ce
quilz se offroient a son seruice.

Tout le iour furent les barons auec lan-
celot. Et a disner mengerent auec lui
au tref du roy bademagu. Apres vespres em
mena Boort lempereur au chastel de montis
gnet pour soupper auec lui. Et lancelot demou
ra au tref du roy bademagu, en la garde dun
duc, et dun conte, qui moult estoient preudo-
mes. Si fut serui a sa voulenté. Au soir quant
la nupt fut venue si sen reuint Boort dauec lem
pereur, et fut conuoie a plus de deux cens che
uaulx. Et quant lempereur sen fut retourne, et ilz
furent au tref priueement, si sen partit si tost
comme il fut anupte entre lui et Boort. Si sen
allerent droit a kaamalot et vindrent la ou
ilz auoient esté la nupt deuant, et attendirent
tant quilz ne veirent ame. puis saillirent oul-
tre le mur, et vindrent a la chambre ou la roy
ne les attendoit. Et le roy estoit ia couchie en
sa chambre de deuers seaue. Et quant la roy
ne les vit venir si leur dist que bien fussent ilz
venus, si les receut moult ioyeusement.

Celle nupt furent moult aises lancelot
et sa royne. Car il nest ne ioye ne fes-
te que amans peussent auoir quilz neussent.
Et quant vint vng pou deuant le iour la roy
ne se leua, et dist a lancelot. Sire ie vous ay
apporte de bonnes armes/ si vous en armeray
deuant que vous partiez deccans/ pource que
ie vueil veoir que nulle chose ne vous faille.
Et il me plaira moult certainement que ie soie
a vous armer. Dame fist il puis quil vous
plaist, ie le vueil bien. Car de vous ne seray ie
ia amender non. Et il se vestit et appareilla
et fist Boort esueiller. Et la royne eut bien fer
mé lhuys que nul ny entrast. Si aluma qua
tre sierges/ pource que sen y vist plus cler/ lors
ouurit vng escrin/ si dist a Boort quil print il
lec de bonnes armes/ et tout ce quil conuenoit
a lancelot son amy. Dame fist il ce sont armes
blanches/ faictes en auoir a Boort vnes ver-
meilles pour estre descongneu, et il se arma
incontinent, et la royne lui aida/ et lui lassa el
le mesmes le heaulme, et quant il fut tout prest
et Boort aussi, ilz sen issirent hors de sa cham-
bre, et la royne les conuoya iusques au petit huis

set. et sa sen retourna arriere/ puis les comman
da a dieu et dist a lancelot au departir, quil
vint au tournoiement apres tierce. Et il dist
quil attendroit tant quil verroit son point/
Lors sen ala en sa chambre, si se coucha toute
seule. Et Boort et lancelot eurent trouué leurs
cheuaulx la ou ilz les auoient laissez, si mon
terent sus et vindrent a la porte de la cite, et la
firent ouurir, et quant ilz furent hors si prin
drent leur chemin tout droit vers le boys, la
ou le roy bademagu estoit logie/ Et lors es-
toit a peine aiourné, et le roy fut ia leué, pour
ce quil cuidoit bien que lancelot viendroit au
matin, et il luy vouloit estre a lencontre a son
venir, et quant il les vit si bien et si cointement
armez si les congneut bien pource que lance
lot auoit osté son heaulme, et lors dist que bi
en fussent ilz venuz, et ilz descendirent et entre
rent dedens ses pauillons. si changerent che-
uaulx pour les leurs qui encore nauoient
mengé. Et quant le iour fut assez cler, et le
solleil fut leué, si ouirent messe tantost. Quant
ilz eurent ouy messe, si sceurent bien que les
loges estoient ia dreccés, et ia y auoit assez de
dames et de damoiselles, qui venues y estoi
ent pour le tournoiement regarder, et le pre
estoit ia couuert q dune part que dautre, de
plus de quatre mille cheualiers. Si estoient
les ioustes merueilleuses amont et aual, et
mains en y auoit ia de abbatus. Et tres es-
toit la presse grät de toutes pars. Vng pou a
pres prime y vint la royne a grät compaignie
de damoiselles et de pucelles. Et estoit vestue
dune robe de pourpre/ qui toute estoit a or ba
tue. Si en auoit cotte/ et manteau fourré der-
mine/ Si vint cointement parmy les prés
sur vng petit passeffroy noirois qui estoit
blanc comme neige. Si se descendit emmy
les prés, et se appuya sur vne fenestre pour la
cheualerie regarder qui deuant elle estoit. lors
fut venu lempereur dallemaigne. et le roy de
norgalles/ et autres roys/ iusques a quatre.
Et amenerent auec eulx moult belle compai-
gnie de cheualiers/ et quant ilz assemblerent
si vindrent de telle force, que les gens au roy
artus ne les pouoient souffrir. Aincois sen al
loient assez vaillamment, comment ceulx
qui plus nen pouoient faire en cas darmes,

La tierce partie de Lancelot.

quant ie vins deuant vous/si vous commencay a regarder côme celle que ie nauoye pieca veue/& que ie desiroye plus a veoir que nulle chose du monde/si me fustes si belle & si auenāt/au grant desir que iauoye de vous veoir/que parmi les yeulx me ferit/iusques au parfont du cueur. Vostre beaulte si asprement q̄ ie ne me pouoye soustenir/ainz fusse cheut a terre/si neust este ce que ie me tenoye a arcon de ma selle. En nom dieu fist la royne/ce poise moy quil vous en est ainsi aduenu/Car se vous vous fussiez tenu a ce que vous auiez commence vous eussiez mis a la suitte tous ceulx de la table ronde/qui de vous auoient dictes grosses parolles. Dame fist il a la suitte estoient ilz ia/car il npauoit cellui qui a coup me osast attendre/& ilz sont ores eschappez par auenture ce leur semble ilz reuendront par temps se dieu plaist au iour ou nous deuons assembler voir est fist la royne mais gardez que vous se faciez si bien a ce iour quil ny ait nul qui a coup vous ose attendre Aincois les faictes tous fouir pour paour de mort ne ne soyez ne mauuais ne esbahyz. Car se ie cuidoye que vous en empirassiez ie suis celle qui ne vous ameroye iamais Dame fist il ie nen suis mie empire aincoizen suis amende, car oncques cheualier ne amēda autāt damour de dame/ne ia ne fusse venu au grant los ou ie suis se vous ne fussiez/car oncques puis q̄ premierement ie vous ayme ne entrepzins ie chose dont ie ne venisse au dessus/pour tant que de vous me souuenist/& la royne sen commença a rire.

Celle nuit furent assez aises & quant ce vint vng peu deuant le iour/Si dist la royne a Lancelot/quil sen allast pour ce q̄ le roy vouloit a elle venir la matinee/si ne vouldroye pas pour riens/que nous fussiōs trouuez ensemble/car ie seroye destruitte/et vous par auenture occiz Lors se lieue Lancelot et la royne va esueiller Booit & lui dist q̄l se leuast promptemēt & il satourna incōtinent Et quant ilz furent tous prestz/fors de saler Si dist la royne a Lancelot/Beau doulx sire venes moy demain au soir veoir/ainsi comment vous auez fait la nuyt passee/& venez toute la voye que vous vintes. Et il dist que

si feroit il/si sen entra au iardin/puis vindrēt tous deux ou ilz auoient passe/si saillirent oultre & trouuerēt leurs cheuaulx la ou ilz les auoiēt laissiez/si monterēt sus/& tāt cheuaucherent quilz vindrent a la porte/ mais ilz la trouuerent fermee/ilz hucherent le portier & cellui vint a eulx tout incontinent qui sa seur ouurit. puis sen retournerent/si vindrēt vers le bois ou le roy Baudemagu estoit logie/Lors demanda a Lancelot que spon q̄ son frere estoit deuenu/& il luy compta commēt il cestoit endormi en vne foresta heure de midi/& quant il sesueilla il se trouua au chastel de la charette/ mais oncques puis nen ouy parler en lieu ou ie fusse/si ne scay quil est deuenu. Mais se ie estoye parti a honneur de ce tournoiement. ainsi comme ie cuide/ie ne cesseroye iamais dalser iusques atant que ie lauoye trouue.

Tant ont cheuauche quilz sont venus au tref au roy Baudemagu & lors fut incontinent aiourne/Si estoit ia le roy leue attendant la venue de Lancelot/Et quant il le vit il ne fait mie a demander se il en fut ioyeulx si a sa encontre lui pour se faire descendre Et quant Lancelot le vit venir si mist pie a terre & lui dist sire mōlt estes certainemēt naturel.ie pensoye bien fist le roy q̄ dormir vous ne pourriez ainz vendriez matin si voulsoye ie estre encontre vostre venue Lors descendit & alerent messe ouyr cheulx vng hermite qui pzes dillec demouroit/& quant ilz eurent messe ouye si senreuindrēt aux pauillons Et lempereur dallemaigne/& les ducz & les contes y estoiēt ia venus pour veoir le cheualier qui porta au tournoyemēt les armes vermeilles Et quant Lancelot fut leans venu/& il trouua ceulx qui lattendoiēt si en fut moult dolēt Car il auoit grāt paour destre cōgneu/ mais si bien luy aduint quil ny eut cellui qui de riens se congneust/ Alcois lui demanda le roy de norgalles beau sire/estes vous cellui qui portastes les armes vermeilles. Sire fist il nenny/ mais ce fut cellui que vous voyez cy auec moy/si lui monstra Booit/& ilz lui firēt la greigneur ioye quilz peurēt. Si dirēt q̄lz estoiēt ses amis & ses bienueillans/& quāt Booit vit q̄ se vouloit de lui couurir/si ne losa resil se laissast parler/le soir quant il fut anuicte/si dist lancelot au roy baudemagu. Sire il me conuient aller a kaamalot pour parler a ung homme/Mais ie y vueil aller si priuement quil ny aura nulle personne auec moy que se mien consin que ie aime mōlt. Et ie retuedray demain au matin se ie puis/& se ie demoure demain tout le iour/si retiendray si bien a temps au tournoiement que vous ny aurez poit de deshonneur sachiez le de vray. Beau doulz amy fist le roy/puis que vous ne voulez que ie vous face compaignie/allez auec iesucrist qui vous conduise/& qui vous ramaine a sauuete. si que ie soye ioyeulx de vostre venue. Et ilz sen partirent incontinent Et le roy les conuoya tant quilz voulurēt/& quāt il sen fut retourne/si enterent dedens kamalot/& cheuaucherēt tāt quilz vindrent dedens le palais. si trouuerent le iardin au roy qui estoit clos de bas murs. Et ilz descēdirent de leurs cheuaulx/puis les atacherēt aux arbres/& saillirent au iardin par dessus le mur/si trouuerēt lups ouuert que la royne auoit monstre a Boort puis fermerēt lups apres eulx affin que nul ne les supuist/& ilz se arresterēt en une escoute/et le roy artus estoit ia couche en une chambre par deuers leaue/& auoit dit a sa royne quelle se couchast la ou elle vouldroit/car il estoit mal dispouse/et pource voulloit il gesir seul. Sire fist elle puis quil vous plaist ie le vueil bien/Si fist faire son lit par deuers le iardin. Et quant elle sceut que lancelot fut venu/si fist ses pucelles aller coucher lune ca sautre la. Car elle dist quelle nauoit cure de noise. Et celles qui a nul mal ny pensoient sen allerent coucher chascune a sa chambre. Et quāt la royne les vit departir/si vint en sa chambre ou lancelot estoit. Et quant ilz sentre virent si sentre coururent les bras tenduz/comme ceulx qui longuement sestoiēt entredesirez qui plus sentre aymoient que nulles autres gens/qui a fois fussent au monde/si sentrefirent si grāde ioye que a peine ie la vous sauroye nōbrer Si parlerent ensemble & demanderent lun a lautre de leur estre.

Lors demāda a lācelot oment il auoit puis fait/& il dist que bien dieu mercy/Et de vostre nouuelle āme fist elle par gabois celle q̄ vous garit de senuenimemēt que en auez vous fait/pour quoy a ce este q̄ a ce tournoiement vous ne sauez amenee/certes vous lauez bien tost oubliee/si est elle mōlt belle/& moult courtoise/& vous aime par amours/ie le scay bien vrayement. Quant lancelot ouyt ce que la royne lui dist/si en fut tant dolent q̄l ne scauoit que dire. Car il auoit paour quelle ne fust courroucee. Si lui dist dame pour dieu mercy/ne cuides point que amy viuant ie soye tel q̄ ie face autre amie q̄ vous Lors se regarda la royne/& se vit plourer si tendrement que les larmes lui en couroient contre val la face. & elle sen sourrist/Si lui dist pour mettre son cueur aise/beau doulz amy ne cuides point que iaye mal pense contre vous. Car si maist dieu ie ne pourroye pas croire nul homme qui mal me dist de vous Lors vint a Boort & le mena coucher en ung lit en une chambre quelle lui auoit fait appareillier/tout a pensement pour sa personne. Et quant il fut couche elle reuit en sa chambre/& ferma lups sur eulx deux/que nul ny suruint/si se despouilla & se coucha auec luy pource que tant de mal en auoit souffert Si lui fist telle ioye & telle feste/comme a celuy quelle namoit point mains que soy mesmes.

Ainsi geurent toute la nuit ensemble/& eurent lun de lautre sa ioye/quilz auoient desire si longuement/si dormirēt bien petit/car ilz entendoient a parler/si sentre demanderent de leur estre/tant que la royne dist a lancelot/comment fist elle vous auint il au tournoiement quant vous eustes tout vaincu & vous vintes deuant moy/que vous esties si bien atourne quil vous conuenoit porter entre les bras/vous vint il par maladie/ou par laschette de vostre corps/or gardes q̄ vous ne le me cellez/par la foy que vous me deues. Dame fist il vous mauez tant cruellement coniure/que ie le vous diray

Vray est fist lancelot que ie me pensoye moult asprement de bien faire/pour ce que ie sauoye bien que vous me verriez/et pour ceulx de la table rōde qui de moy auoiēt parle/si comme vous me mandastes/Et gnie/par puissance dauoir/& damour/& par mon chief fist le roy/se il y eust tenu plus son guemēt/ ses compaignons de la table ronde eussent este vaincus/& chassez du champ a si ne force. Si fut telle heure que ie nen auoye point de paour. Car ie les veoye tous fouir deuant luy/ainsi comme le cerf fait deuant ses gēs & deuant les chiēs. Et pour sa grāt prouesse q̄ iay en luy veue, ne seray ie iamais aise deuant que ie le saie veu & congneu.

Celle nuyt fut Boort assez regarde/tāt pour sa grāt beaulte de luy que pour sa prouesse qui estoit en luy hebergee. Si se priserent moult tous ceulx qui le virent/ pource quil estoit si ieune/& bō cheualier, si fut cellui iour regarde de maintes damoiselles/& de maint bon cheualier, mais qui que parlast ne dun ne dautre, la royne fut taisante & coye, ne oncques puis ne fut ioyeuse que le roy idres eut blasme Lancelot de ce quil auoit mauuaisemēt fait au derrain. Si pensa en elle mesme que ceste parolle cousteroit aincoyz que la semaine fust passee/& attendit tāt que les tables fussent leuees. Lors dist a Boort. quil aille a son cousin & Bueil que vous lui diez, ce que le roy ydres a dit & pour ceste parolle fist elle, ie vueil que le roy Baudemagu preigne le tournoiement de huy en trois iours contre ceulx de ceans. Si allez aueres lui & lui dittes/que ainsi soit fait comme ie lui mande. Et il dist que ce message feroit il bien, si sen partit de court/ & mōta sur son cheual & sen alla vestu dune robe de samit fourree dermine/ en sa teste vng chappeau dor a riches pierres precieuses.

Ainsi vestu & atourne vīt boort au roy Baudemagu/ si se commencerent a regarder lun & lautre/pour sa grant beaute de lui/& pour la belle robe quil auoit vestue Si vint deuant son seigneur qui seoit tout pres du roy Baudemagu/si luy dist tout ce q̄ la royne luy mandoit. Et il sera fait fist lancelot puis q̄lle le veult. Mais iay grāt paour que monseigneur le roy ny ait trop grant perde/Lors dist au roy Baudemagu. Sire ie vo' prie que pour lamour de moy faciez prendre vng tournoiement contre les gens au roy artus/& ie vous prometz/ que se dieu me veult aider/nous les mettrons tous ensemble en la cite de haamaslot/ pour paour de mort. En nom dieu fist le roy baudemagu, ie loctroye ainsi puis quil vous plaist. Car il nest chose q̄ ie ne fisse pour lamour de vous/et si maist dieu ie ne fusse poit si ioyeuse du meilleur chastel que le roy artus ait comēt ie suis de vous pour ceste nouuelle que vous mauez dicte. Car puis que vous le voulez nous en aurōs honneur & luy la honte. Lors prīst le roy baudemagus vng sien duc/ou il se fyoit moult & il luy dist quil s'oise a haamaslot a la court au roy artus/& prenez le tournoyement au tiers iour encontre ceulx de la table ronde & il dist que si feroit il moult voulentiers si mōta sur ses cheuaulx luy & ses gens, tant quilz vindrēt a court. si vindrēt la ou le roy estoit a pupe a vne fenestre & ilz le salueret & luy dirēt Sire a vous nous enuoye le roy baudemagus a qui nous sommes si vous mande, & a ceulx de sa table rōde que duy en trois iours se trouuerez en celle praerie tout prest de tournoyer gent contre gent. En nom dieu fist le roy, puis quil le me mande il saura

Lors appella le roy artus monseigneur gauuain. Et luy dist beau nepueu allez & luy fiancez a tenir de nostre part/Et se lieue tout incontinent/ si alla a ceulx qui la estoient venus de par le roy baudemagus si leur acorda & ceulx retournent tout incontinent a leurs gens & leur cōptent ce quilz !ont trouue. Et le roy dist a monseigneur gauuain & aux autres cōpaignōs auez vo' ouy cōment le roy baudemagu, ma mande tournoymēt par ma foy fist il, se il ny auoit ceans fors que ma priuee maignee, si le cuideroye ie bien mener a desconfiture. Sire fist messire gauuain, par la foy que ie vous doy/tout ce a il fait en la seurte du cheualier aux armes vermeilles, cellui qui a vaincu le tournoiement par ma foy sōt les autres mōseigneur gauuain dit verite.

Celle nuyt firent grant ioye ceulx de la court au roy artus & ceulx de la court au roy baudemagu venoient a grant presse, roys, ducz/& cōtes au tref au roy baudemagu, pour veoir le bon cheualier. Mais oncques ne y vint nul si hault homme a qui sienne mercy ceste ceinture, dont ie suis mõst ioyeuse, car ie la garderay tous les iours de ma vie pour lamour de lui. si vous ay ores compte la verite, & commẽt ie employay vers cestui que iauoye tant ayme que ie ny ay de mot menti.

En nom dieu damoiselle fist la royne vous deuez bien auoir sa ceinture, que mauldit soit il qui iamais vous en portera aucune rancune ne haine, car par mon chief oncques mais dame ne aima cheualier si loyaulment comment vous lamez. Et se la dame vous en haioit plus, elle seroit blasmee, car de son amy ne lui faictes vous nul tort, ains luy gardez bien son honneur endroit vous, & pour la verite que vous mauez dicte, feray ie tant que vostre paix sera faicte en uers sa dame, que iamais ne vous demandera riens. Dame fist elle grant mercy. Or demourez huy mais auec moy fist la royne, et demain aussi, & tant comment vous serez en ce pais, car moult me plaist vostre compaignie, & sachiez vous vrayement. & elle dist que cela seroit elle voulentiers, si la mercya moult humblement.

Quant le roy artus eut ony vespres, & la royne aussi, si commãda a mettre les tables, si fut leaue cornee, lors vindrent les cheualiers a court pour mengier, & quant ilz se voulurent asseoir, si parla le roy haultemẽt en disant. Beaux seigneurs vous scauez bien que la coustume de ceãs est telle que nous deuons eslire cellui a nostre escient qui le mieulx a fait au tournoiemẽt. Et pource entre vous sur voz sermens regardez lequel de ceans a huy le mieulx fait au tournoiement a vostre auis.

Lors dist lun que messire gauuain auoit fait le mieulx. Et les autres dirent que non, mais que cestoit boort, si sacorderent tous a boort par le dit du roy, & que le pris en deuoit auoir, sur tous ceulx de seans. Si le fist le roy asseoir empres luy haultement & si assist moult enuis, comme cellui qui estoit le plus honteux du mõde, mais le fist tãt pour la voulente du roy acomplir, comme pource que ceulx de leans auoient regardé quil se deuoit faire. Et quant ilz eurent mengié,

si commẽcerẽt a parler du cheualier vermeillemẽt armé, lequel estoit de la maison au roy baudemagu, si dirent que oncques mais ne virent si bon cheualier ne qui tant peust faire darmes si non lancelot. Ey nom dieu fist le roy ydes, oncques lancelot ne fist la moitie des prouesses que cestui a huy faictes, & non pourtãt il fut naure au derrain tãt qil sen a cõuenu porter entre ses bras, ie ne scay ou mort ou blecie, & ce ne vient mie de grant prouesse quãt homme commẽce cheualerie & mauuaisemẽt la deffine, aincoiz vient a deffault de corps ou lachete de bras, ie cuide bien que si le tournoiement duroit ung autre iour quil ny apor teroit ia ses pies, car il est tant laz des coupz quil a donnez & receuz, que ie ne cuide point quil puisse dung mois leuer du lit.

Assez parlerent amont & aual du cheualier vermeil, si dirent lun a lautre que oncques mais ne virẽt si bon cheuali er ne qui tant puisse darmes a leur escient, & mõseigneur gauuain dist que oncques mais ne vit cheualier qui tant peust estre prisé par prouesse darmes, ne ie ne cuide point que mõ seigneur lancelot du lac que sen tient au meilleur cheualier du mõde, en fist autant comme cestui a huy fait. Car ie lui viz ferir telz cent coups lun apres lautre, dont il ny eut cellui dequoy il nabatist ou cheualier ou cheual, ne oncques mais ne viz si beau iousteur de lance. Car puis quil auoit son glaiue brisé il abbatit bien trois cheualiers ou quatre. Se monseigneur gauuain loue le cheualier les dames & les damoiselles le louent encores plus, & si affermẽt que oncques cheualier ne fist telles merueilles, car les cheualiers par la ou il passoit aloiẽt aussi trebuchant cõme se ilz se feissent tout de gré, ne il ne sembloit pas font elles qce fust fors enchantemẽt, car nulz ne lattendoient neãt plus que ce fust la mort. Par ma foy fist messire gauual il nest riens qui a honneur me deust tourner que ie ne fisse par conuenant que ie le veisse lui & lancelot a vne assemblee.

Assez parlerent lun & lautre, & moult louoient le cheualier, & disoient que moult estoit preudomme, & le roy baudemagu quant il tient ung tel cheualier de sa mes

soubz si y entrera par cest huis qui se amene
ra tout droit ceans en ceste chambre si lui mō
stra luis & il dist q̄ ainsi seroit il, puis issyt
hors de sa chambre, si vint au pallais iouer
& deuiser auec ses autres cheualiers. lors vit
la damoiselle seans qui lancelot auoit gari
de senuenimement, si demanda ou estoit allee
la royne, & len lui enseigna, & elle entra inco
tinent en sa chambre ou elle estoit. si la salua
& sagenouilla deuant elle. Si lui dist dame
vous me distes que ie venisse parler a vous
& ie suis venue. Or dictes ce quil vous plai
ra, & ie vous escouteray. Ore ma dame lors
fist la royne issir toutes ses damoiselles de se
ans, si quelle demoura toute seule. lors lup
dist. Damoiselle ie vous ay fait icy venir
pour vne haulte dame q̄ moult parfaitemēt
est mamie, qui luy sest venue plaidre a moy
de vous, & scauez vous de quoy. Belle ame
dun cheualier moult gētil homme, & moult
preuy quelle a longuement aime. Mais ore
est tant la chose allee si comme elle ma dit q̄
vous lui auez fortrait le cheualier si que il
ne aime se vous non, & laissee la par vous, si
en est dolente & courroucee de ce que vous la
uez si amerement assolle. Car elle scet bien
que sil la veoit empres vous quil la priseroit
bien autant ou mieulx quil ne feroit vous,
tant de beaulte que de lignaige & de richesses
& pource que vous ne le puissez renoier vous
māde elle telles enseignes pour vous qui bi
en sont a congnoistre, lors lui mōstra sa cein
cture quelle auoit ceste, si lui dist quelle sa
uoit donnee au cheualier, si cōme dit celle dōt
ie vous compte, car cest la ceincture parquoy
vous serez occise aincoiz que vous partez de
ce pais vrayement le sachiez

Quant la damoiselle ouyt ceste parol
le, si eut grant paour de mourir, &
cheut aux piez a la royne, & lui cria mercy,
en tendrement plourāt. Et dist, ha ha dame
pour dieu ayez de moy mercy, & souffrez v̄
tant se il vous plaist, que ie vous aye compte
la verite. Et ie vous promettray & iureray sur
sains, que ia de chose ne vous en mentiray.
Et la royne regarda la pucelle, si la vit si tē
drement plourer quelle en eut moult grant pi
tie, & lui dist. Damoiselle si vous me voulez

iurer sur sainctz que vous me direz verite de
ce qui est entre vous & le cheualier, Et ie cuide
que ie pourchasseray bien vostre paix, vers
celle qui de vous se plaint. Et la damoiselle
regarda parmi vne senestre, si vit vne chap
pelle, puis la monstra a la royne, & luy dist
dame si mait dieu, & tous les sains qui sōt
ceans ie vous diray verite de ceste chose, que
vous me demandez. si vrayement que ie ne ȳ
mentiray de riens a mon escient.

Si mait dieu, fist la royne vous en a
uez tant iure que ie vous en croiray.
Mais or me dictes comment il alla. Dame
fist la damoiselle voulentiers. Il na pas lōg
temps que vng cheualier de ceans que len ap
pelloit lācelot du lac fut enuenime si merueil
leusement, que ie cuidoye bien quil en deust
mourir. Mais ie mis telle peine a le seruir
quil y trouua garison. Si fut moult grant
piece demourant auec moy, pource quil ne
pouoit pas si tost estre gari. Si le trouuay
si beau & si auenāt de toutes choses, que ie sa
may si parfaitemēt que ien cuiday bien mou
rir, & morte en fusse sans point de saille, si ne
fust vng sien cousin qui masseura de son a
mour, & de ce fuz ie bien ioyeuse, si le cuiday
bien auoir vaincu, pource que ie sauoie gare
ti de mort, si attendi en telle maniere, tant q̄l
fut presq̄ gari. Vng iour fusmes tous seulz
lui & moy, tant que ie le mis a raison, de ce q̄
plus me tenoit au cueur. Et ie lui diz q̄l me
tenist mon conuenant & me dōnast sō amour
si comme il mauoit promis, il me respondit
lors, & me cōpta tout ainsi & cōment il samoit
si loyaulment, quil ne fauldroit de riens a
sa dame pour mourir

Quant il eut ce dit, & ie vy quil estoit si
a malaise pour sa loyaulte acomplir
car il ne vouloit mie estre vers moy menson
gier ne vers samie tricherre. Si dis que ie ne
le quitteroie mie ainsi, Lors commēca elle a
compter a la royne le veu q̄lle auoit fait pour
lui. Si lui compta les paroles qui entre eulx
auoient este deuisees. Et sachiez bien fist elle
dame, tāt que ie viue homme ne aura en moy
part. Et quāt il sen voulut partir ie lui demā
day en guerredon de mon seruice, quil me dō
nast vng de ses ioyaulx. Et il me donna la

esse voulentiers: mais moult se merueilla de quop la ropne vouloit parler a esse/ & la ropne appella Boort qui par deuant esse passoit tout arme/ si sui dist sçauez vous sist esse qui est ce cheualier qui a vaincu le tournopement Dame sist il nenp Cest sist esse Lancelot vostre cousin/ & sen se emporte estre bien si ap molt grāt paour qui il ne soit naure de plapes mortelles or alez apres lui tost & vistement. Car vrapmēt sachez que vous se trouuerez la ou se rop baudemagus est a sostel/ & se il est griefmēt masade. si se me venez dire/ & ie querrap art & engi commēt ie se pourrap asser veoir & se il est gaires masade dictes sui que apres q il sera anuitte quil ne saisse en nusse maniere quil ne vienigne a mop parler en ce palais & p viengne si couuertement que nussup ne se congnoisse. & Boort dist que ce messaige seroit il voulentiers/ si sa commenda a dieu et cheuaucha tant quil vint au vops et se rop baudemagu auoit fait tendre vng pauillon & tref & soges pour sa gent hebergier dōt il p auoit a grant plante & auoit fait Lācesot despoussier tout nu: puis se coucherent si estoit si masade quil cuidoit bien mourir. et quant Boort vint au pauillon au rop baudemagu il pria au portier par amour et par courtoisie quil se feist parser au cheualier qui estoit masade Certes fist il il est si griefment masade que ie ne cuide mie quil vous puisse respondre Mais nous cuidons vrapmēt que ceste masadie sui soit venue de saschete. Sire fist il si veulz ie parser a sui. Et il dist que il sui seroit parser voulentiers/ si vit au rop baudemagus. & sui dist Sire sa hors a vng cheualier qui voulentiers parleroit a ce preudomme qui a gist.

Lors vint se rop a Boort. Si sui demāda que il vousoit/ & il dist ie vueil parser au cheualier masade. Vous np pouez parser fist il/ Car sachiez vrapmēt quil est trop masade. Sire fist Boort a sui parser me conuiēt/ & si vous ne mp faictes parser il p perdra psus q vous ne sui sauriez restaurer/ En nō dieu fist il sa perte ne vouldroie ie point en nusse maniere. si vous p serap parser.

Atant vindrēt quilz trouuerent Lancesot ou sit/ sors se assirent deuāt se sit & attendirent tant quil sut esueissie/ Et ndōc se sētit sain & haittie fors seusemēt des coups que senpmp auoit donnez/ sors ietta vng grāt souspir. & dist. Ha ha dieu & ou suis ie/ puis ouurit ses peulp. Et quant il vit Boort si fut moult iopeup/ & sui dist/ bien soiez venu. & il dist que dieu se gart. puis sui demāda cōmēt il faisoit & il dist que bien dieu mercy. Car il estoit sain & haitie. si auoit il este durement masade/ mais il ne sosoit dire. Sire fist Boort au rop tirez vous vng pou arriere. tant que ie sui ape dit pourquop ie suis icp venu/ Et quant ilz furent seus a seus. si dist Boort a lancelot ce que sa ropne sui mandoit & sui compta mot a mot comment esse vousoit que ce fust fait. Et quāt cessui ouyt ceste nouuelle si en fut aussi iopeulp comme cueur dōmme pourroit estre. si respondit a Boort quil se feroit puis que sa dame sui mandoit affin quelle nen sustamasaise vous vous en retournerez par deuers esse/ si sui direz que ie suis sain & en bon point sa mercp a dieu. Et apres quant il sui plaira & il sera nuit si me venez querre. puis sui demandez comment gp irap/ ou arme ou desarme. Et il dist que ce feroit il bien: puis sen partit/ & quant il sut prest de monter a cheual/ si sui deffendit sancelot que sur quanquil tenoit de dieu & desup/ quil ne dist a nussup qui riens sui en demandast aucunes nouuelles sors que seusemēt a sa dame & il dist que non feroit il/ Si sen reuint droit a Kaamasot. Et quāt il sut a court si trouua assez qui iope sui fist/ car moult bō cheualier estoit. si se souoient moult de cesse iournee car moult p auoit bien fait. si cōme les grans & les petis se tesmoingnoiēt. Et il vint en sa chambre de sa ropne. Et quant esse se vit venir. si se seua encontre sui/ & sui demāda quesses nouuesses/ Dame fist il bōnes dieu mercy assez meisseures que ie ne cuidope/ Car monseigneur est sain & en bō point. si vous māde quil vendra a vous a seure que vous sui auez aterminee/ mais il conuēdra que vous sui mandez comment il vendra ou arme ou desarme

Lors dist sa ropne a Boort quesse vousoit quil vint tout desarme. fors que de son espee/ & si vēdra parmp ce iardin ca des de tous si estoit aduis a tous ceulx qui le regardoient quilz ne soyent brayement se lui non/car ores estoit cy/ores estoit la/ores estoit pres/ores estoit loing si le doubtent tant quilz ne sosent attendre ia, si grát plante de gés ne soient aiucois lui faisoient dope tous les plus prisez de sa court qui orendroit cuidoient estre au dessus du tournoyement.

Tant fist le cheualier par sa prouesse q̃ tous en parloient prez & loing du cheualier vermeil, si distrent trestous ensemble quil vaincroit tout & le roy artus ne porteroit mie armes cestui iour/et il demáda q̃l estoit Sire fist ung varlet/il est de la maison au roy baudemagus/Mais oncques ne vistes ses merueilles que il fait/car il occist cheualiers & cheuaulx/& quanquil attaint ne oncq̃s Lancelot du lac que len tient le meilleur cheualier du monde ne en fist autant comme cestui fait par son corps ne il ne fina des huy se matin ne oncques puis ne recreut néant plus que se/ce fust ung ennemy.

Quant le roy eut ses nouuelles ouyes si ne fut mie petit courouce car môlt asprement lui perca car il dit a ses hômes guerpir sa place pour paour de seurs enemis lors regretta Lancelot moult dolent/Et dist ha ha beaux amy lancelot/or scay ie bien que ma mal est dit pdre au regard de preudes hômes quant vous ny estes si aura huy sa table rõde deffaulte de vous/car se vous y fussiez elle ne fust huy abaissee desa renommee pour puoir que tous ceulx du monde eussent pour ce ay ie grant paour que nous ne perdós huy honneur par deffaulte de vous. Ha ha dieu tant a plus de basseur a ung preudomme q̃ nya en cent autres Ainsi disoit le roy artus & sen dementoit/& les dames et les damoiselles du royaulme de logres qui voyent les cheualiers de la maison au roy artus a malaise si en plouroient moult tendrement & maudisoient cestui aux armes vermeilles/& disoient entre elles/Ha ha dieu quel dommaige que nous nauons monseigneur Lancelot du lac car/se il estoit en ceste place lui tout seul maintenist bien le stout côtre ce cheualier qui si tres asprement maine les nostres. Ha ha dieu son estes beau doulx sire/tant auons grant dõ

maige en ce que/la vielle dame au cercle dor vous enuoya de ce pays/tant nous receustes huy grant dommaige en ce que vous ne repairez plus doulentiere a court/& la royne qui ces parolles eut ouyes elle dit a ses peulx ce quelle demandoit/si sen sourrist & regarda sõ amp qui alloit & venoit/parmi le tournoyemét aussi legierement comme se il ny eust hõme/si dit quilz fuyent ainsi deuant lui cõme se ilz alassent ala mort/& il ala tant frappát et abbatant les ungz & les autres quil est venu dessoubz la fenestre ou la royne estoit apuyee/qui moult le regardoit doulentiere/car moult bié lui plaisoit & il dit sa dame la royne sa plus belle du monde qui plus il amoit et celle que pieca nauoit veue, si la dit tát belle et tant aduenante entre les autres/comme celle qui estoit la plus belle chose du monde si fut tant esbahy quil ne scauoit/se il dormoit/ou se il veilloit/ou se il estoit a pie/ou acheual si lui estoit le ság mue/& le cueur lui failloit/si que le sang lui volla des peulx/et de la bouche de ses baissemens & lespee lui cheut hors des mains lors se print a larcon de sa selle/car il auoit perdu toute sa force de son cueur/& de son corps si auoit grant paour quil ne se puisse tenir en selle & il la regarda si piteusement/quil ne fist nulle autre chose/& quant il eust grant piece regardee il ietta ung souspir du parfõt du cueur lors lui faillit le cueur de plus en plus & quant il fut ainsi atourne & q̃l veoit bien que cheoir lui conuenoit sil ne trouuoit qui se retint si regarda pres luy et il dit le roy baudemagus/et il lui dist ha ha sire tenez moy ung peu estre voz bras/ou vous me verrez ia cheoir a terre/car ie suis si durement malade que ie cuide/que ie mourray en ceste place Lors le print le roy entre ses bras/& le fist porter en vne chambre.

Quant la royne vit emporter Lancelot entre les bras/si ne sceut que penser/car elle ne scauoit que cuider de lui/ou se il estoit naure/ou se il estoit en mauuaise maladie q̃ leust prins soudainement Lors appella la damoiselle qui sa ceincture auoit ceincte quelle auoit donnee a Lancelot & elle lui dist damoiselle venez parler a moy en ma chãbre/Car iay a parler a vous & celle dist/que si feroit

sire gauuain Sire se vous me voullez croi-
re vous les verrez ia desconfiz Alez fist mõ
seigneur gauuain seurement, car ie vous sup
uray en quelque lieu que vous aillez / Lors
se mindrent tout incontinẽt en la presse, et ilz
commencerent a frapper, et a battre et a dõner
grans coupz a tous ceulx quilz encontroient
si commẽcerẽt a occire cheualiers et cheuaulx
et arracher heaulmes de testes si firent tant p
seur prouesce entreulx deulx, et par ce que les
autres eurent prins hardement en leur bien
faire, que tous les fois quilz encontroient fu-
rent tournez a desconfiture. Et il couint aux
roys et aux cõtes tourner les dos et vuider la
place, car tant voyent ceulx de la maison au
roy artus preux (Distes que nul ne se cuidast
se il ne le veist et les dames et les damoiselles
qui estoient aux senestres apuyees, en parlo
ient assez et dirent que moult estoit preux mõ
seigneur gauuain. Car bien deuoit auoir le
los et le pris du tournoyemẽt Et de boort fist
la royne quen dictes vous vous semble il quil
face mieulx a louer, que monseigneur gau-
uain Dame sont elles boort est si ieune hõme
que len ne se doit mie compter contre monsei-
gneur gauuain, Car il ne aura en piece tant
fait darmes commẽt monseigneur gauuain
Quoy que les dames dirent nẽ chault
a la royne quãt elle ny dit cellui pour
qui le tournoyement auoit este prins, et elle
regarda a mont et aual mais elle ne se dit ne
pres ne loing si attendit en telle maniere grãt
piece iusques apres tierce. Et quant Lance-
lot eut grant piece regarde ceulx qui par de
uers lui estoiẽt battuz et deffoullez, si dist au
roy baudemagu Ha ha sire nous auõs trop
demoure lors laissa courre en son venir, au
roy kalogrenault deuant les autres ung che
ualier, qui estoit de la maison au roy artus
si que parmi lescu, et parmi le haubert sup
mist le fer trenchant en lespaulle senestre, si
le porta ius de son cheual a terre, et le glayue
vola en pieces, et il refrappa ung aultre du
tronçon, tant cõme il dura si fist tant en peu
de heure que au roy Baudemagu estoit ad-
uiz, que nul nen peust autant faire, et ses gẽs
se remidtẽt au mieulx quilz peurẽt: si en abat
tirẽt assez en leur venir, car chascun estoit aus

si seur comment silz fussent en vne forte tour
de ce que Lancelot estoit auec eulx si en estoiẽt
tous plus preux et plus hardiz, et Lancelot
auoit mise la main a sa bonne espee, si commen
ca a frapper a destre et a senestre, comme cel-
lui qui mieulx en estoit duict, q oysel devol-
ler en propre, si commenca a occire cheualiers
et abattre tant quil attaignoit il auoit ung
cheual fort et ysnel, cellui mesmes que le roy
Baudemagus auoit amene, en la place ou il
lauoit fait monter a force, et il se pena de frap
per de mieulx en mieulx, pour abattre lor-
gueil de ceulx qui riens ne le prisoient / Lors
furent bien congneues les merueilles de sa
prouesse, qui en mains lieux auoit este es-
prouuees, car il couppoit aux cheualiers che
uaulx et testes et bras et hanches, et les abatto
it a destre et a senestre si fist tant en peu de heu
re que ceulx quilz enchassoient ores se sont ar-
restez, si laisserẽt maintenẽ y eut trestout leur
bien faire pour se regarder, et pour veoir les
merueilles que il faisoit voyans tous ceulx
de la table ronde, car il mettoit son cheual es
greigneures presses si alloit toujours auãt
soy frappãt, et abattãt hommes et cheuaulx
et occiant quanquil attaignoit. comme cellui
qui estoit le plus merueilleux hõme du mon-
de, si faisoit tant que tous ceulx qui le veopẽt
se redoubtoient, car oncques mais a leur esci
ent ne virent homme qui fust de sa prouesse
si lui alloient fuyant les folz et les saiges et il
ne se arrestoit en nul lieu Aincois se lancoit p
tout, et faisoit tant que nullup ne lui eschap-
poit ne derriere ne deuant, et la ou il veoit la
greigneur presse de ceulx de la table ronde si
les congnoissoit bien, car il estoiẽt tous signez
dune maniere Lors se frappa entreulx et com
menca a leur donner grans coupz la ou il les
pouoit attaindre, et les faisoit departir lun ca
lautre la si faisoit ainsi comme le leu, qui est
ieux et familleux au parc qui occist a destre
et a senestre ses brebiz quil treuue, tout ainsi
faisoit Lancelot, car si tost comment il cestoit
mis entreulx si frappoit a destre et a senestre
si occisoit tout quanquil trouuoit, et estoit en
tous lieux aussi comme estandart, car son es-
cu estoit presente par tout et son heaulme et sõ
espee paresçoit amont et aual, ainsi se accolta

d. iiii

au tournoyement a grande compaignie de cheualiers/& quātil vit Lācelot il en eut moult grant ioye/& il baissa son cheual a son sergēt a garder/puis sui courut les bras tēdus Et sui dist Beau doulx amy vous soyez tresbiē venu/& quant Lancelot le vit si sui fist sa plus belle chiere quil peut Mais moult sui poise de ce quil sauoit ainsi veu si sui pria pour dieu quil ne deist nouuelle de sui en nul lieu/Certes dist il non seray ie/puis dist a ses sergens certes vous en pouez bien aler/Car en cestui tournoyement ne ferez vous rien/puis que se seigneur seroit cōtre nous on nen pourroit partir/sans estre desconfiz & ia ny fusse venu plus de moy/pp. se ie eusse sceu quil y eustesté si deuoiēt estre biē asseurez les cheualiers du roy artus/car ilz ne seront point descōfiz pour gens qui sur eulx viennent/tout cōme ilz auront ce cheualier auec eulx.

Lors penserent bien les cheualiers au roy Baudemagus/que cestoit Lancelot du lac mais semblant nen osoient faire/& seur poisoit moult de ce quilz cuidoient quil fust contre eulx/Car cestoit homme du mōde que ilz redoubtoient plus Lors dist Lancelot au roy. Sire pensez vous gaires demourer a lassemblee/si maist dieu fist le roy sire homme que ie aye ny portera ia ses piez/tant comment vous y soyez contre nous/Car ie scay bien que nous nen pourrions partir sās honte Sire fist Lancelot contre vous ne seray ie huy Aincois seray de vostre mesgnie & vous aideray de tout mon pouoir/Et le roy qui le tint a mocquerie sui dist. Sire ie scay bien q̄ vous ne laisseriez mie le roy artus pour moy aider/& nompourtant ie se vouldroye bien/qui que sen deust courroucer/fors vous seusse meut/que vous meussiez creance que vous huy me aideriez de tout vostre pouoir/& puis monstrast le roy artus toute sa force par mon chief nous ne partirions huy du champ pour pouoir quilz eussent/Et le vous creant fist Lācelot/que ie vous aideray huy & si seray cōtre la gent au roy artus Et pour ce vueil ie que nulz de voz gens ne se remuent deuant quilz me voiēt mouuoir & lors viennent a pres moy & ie seray tant brauement quilz en auront lā neur sur tous les autres.

De ceste parolle fut le roy Baudemagu moult ioyeulx/& il en mercya moult Lancelot & deffendit a tous ses gens quil ny eust cellui qui se remuast deuāt que Lancelot se feur die/& ilz dirent quil seroient son cōmandement Lors firēt les cheualiers assembler parmi ses prez y furēt ducz & cōtes a si grāt habondāce comme se tous les cheualiers du monde y fussent venuz a celle assemblee/& le grant orgueil de la table ronde fut fort yssu de kaamalot a si grant habondance de gens quilz estoient plus de cinq mille/dont il ny auoit cheualier qui pour son cheualier/ne se fust tenu/Et quant ilz vindrent au tournoyement si bien le firent quilz abattirēt bien. xx. cheualiers si se reculserent les gens a sempereur dallemagne biē plus de deux traiz darc Lors commencerent a faire telles merueilles quil ny auoit cellui qui paour ne deust auoir & nul ne les pouoit souffrir. quant se roy de norgalles & le roy gabarentin de cornouaisse les retournerent a tout grant gent/& quant ilz se furent tournez pour se deffendre vers ceulx qui estoient renommez de prouesce/si en abbatirent assez a ce quilz estoient reposez freschement & les autres estoiēt trauaillez si en eussent assez prins Mais ceulx qui moult estoient vaillans se deffendirent si que nul ne les vit qui a preudomme ne les tint mais toutesvoyes ne y eussent ilz pas dure/se se roy artus ne leur eust enuoye secours/par quoy ilz demourerent sans reculer.

Grant piece dura ainsi le tournoyement tant que vint a pres prime que monseigneur gauuain/& Boort les essilliez furent hors yssus si furent tous deux armes de blāches armes & vindrent au tournoyement/si honnestement comme ceulx qui estoient preudommes/et renommez de grant prouesce Mais Boort ne cuidoit mie que Lancelot venist au tournoyement pour ce quil nestoit venu le iour de deuant/& quant les deux compaignons furent yssus de kaamalot & ilz furent congneuz si dirent les vngz aux autres veez cy messire gauuain suyez suyez & ilz se misdrent aux rens & monseigneur gauuain abattit vng cheualier/& Boort deux/puis misdrent la main aux espees/Et Boort dist ames attendit toutte iour que oncques homme ne vint a sa croix qui tēdist la main pour se brief uet prendre Au tiers iour deuoit estre le tournoyemēt, et a ce iour passa par deuāt sa croix ung cheualier arme dunes armes vermeilles et cestoit Lācelot qui la nuit auoit ses armes chāgies chieux ung cheualier ou il auoit geu et auoit ce fait affin q̄ nul ne se cōgneust quāt il vēdroit au tournoyement.

Quant Lancelot vint a sa croix il congneut la damoiselle si tost cōment il la vit, car maintesfoiz sauoit veue Mais il nen fist sēblant car arrester ne voulloit mie ne pour elle ne pour autre, et quant il vit le briefuet sur le perron, si pensa quil iroit veoir que cestoit et il se print et le desploya et trouua se q̄ sa dame la royne lui manda si comme a celui que elle plus ayme que tous ceulx du mōde et il vit tout le propos que tous ceulx de la table ronde auoient fait contre lui, et que sa royne vousloit quil fust cōtre la gent au roy et soit en aide a ceulx de dehors et se garde que si bien le face que ceulx de la table ronde nosentiamais leuer les testes contre lui et quil en face tout son pouoir. et quāt il eut cecy oup si en fut moult ioyeulx car maitesfoiz se estoit en pense a essaier encontre ceulx qui tant ont de renōmee si auoit en son propos de faire si grant vasselage ql en seroit parle a tousiours mais, et se au mourir en deuoit venir il en voul droit mieulx mourir quil nen feist sa voulēte Lors vint auāt la damoiselle Et il lui demanda quil estoit et il ne se peult vers elle celer Et il lui dist quil auoit nom Lācelot et elle lui courut tout incontinent au col / si lui fist toute la ioye quelle peult, Et il lui demāda qui auoit apporte ce briefuet il lui dist Sire fist elle ie lui ay apporte Or puez donc dire a ma dame si qu'il que ie feray ce quelle me māde de tout mon pouoir, Et bien sache elle que ien se rap tout ce q̄ pourray, Car ilz en vēdront a honte Lors sen ala sa damoiselle Cil estoit en cores matin et elle cheuaucha tant quelle vint a sa royne qui estoit es loges emmy les prez si auoit aueceles dames et damoiselles plus de cincq cens, qui toutes estoiēt venues veoir le tournoyement. Car trestous les preudōmes du monde y deuoient estre, si estoiēt vestues

et parees si richemēt que cestoit merueilles a les veoir.

Quant sa damoiselle vit la royne venir si ala encontre delle, car bien pen soit que telles nouuelles apportoit dōt elle seroit ioyeuse, et quant elle fut descendue si la tira a part, et lui demanda nouuelles Dame fist elle iay parle a Lancelot et il ma dit quil fera tout son pouoir de ce que vous suy auez mande, et q̄ mal ont fait les parsemēz ceulx de sa table ronde, car ilz en vendront a hōte Ha ha dieu dist la royne quant vendra il le plus beau et le plus bō de tous les meilleurs et ce dist elle si bas q̄ les dames ne les damoiselles ne la ouirent point / puis lui demanda comment elle le pourroit congnoistre Dame fist elle a ce q̄l portera unes armes vermeilles, ie ne cuide mie quil demeure longuement

Lors sen ala sa royne aux fenestres a puper si regarda les dames et ses damoiselles qui entour elle estoient tant quelle vit la pucelle que Lancelot auoit gari de sen uenimement quil auoit prins en la fontaine si eut ceincte la ceincture que Lancelot auoit ceincte maintesfoiz et quant elle vit la ceincture quelle lui auoit donnee si vit bien que cestoit sa damoiselle que Lancelot lui auoit en uoye par sponnet, et si lui auoit mande que sa voulente de celle damoiselle lui couenoit faire. Lors fut courocee quant la ceincture que par si grant amour auoit donnee a Lācelot a ores ceincte si cuide bien que celle lui fortrait quelle ne ayme mie mains de soy. si lui en poise moult, et dist quelle en scaura la verite ais quelle parte delle, et telle parolle pourra en elle ouir quelle nen aura se bien non, et telle q̄ tout le monde ne la garētiroit pas, que mourir ne la feist Lors lappella et la fist apuper au plus pres delle, et celle se y apupe qui nose mie reffuser le commendement de sa dame et les cheualiers estoient ia venus a lasemblee plus de dix mille et y auoit plusieurs ioustes en mains lieux.

Et Lancelot qui eut cheuauche iusq̄s a lasemblee se arresta soubz quatre arbres, et osta son heaulme de sa teste pour soy attourner mieulx quil ne estoit, Et lors passa par deuāt le roy Baudemagus qui venoit

D iii

menez iusques a noz lices & cest vne chose dont moult grant mal pourroit venir Ha ha sire fist le roy pdere quest ce que vous dictes/ Si maist dieu ie voy ceans tant de preudommes de sa table ronde et qui si grant effort ont auec eulx amene/ que se Lacelot estoit contre eulx nauroient ilz garde destre desconffiz/ Ains scay vrayement que Lacelot et les autres seroient menez a desconfiture.

Roys pdere fist la royne ia ne mettez Lancelot en sordre des autres cheualiers/ car si maist dieu se il estoit a ce mene ql voulsist estre cotre ceulx de ceans voulsist le ou non voz gens seroient menez a desconfiture/ & tout le grant orgueil de ceans. Dame fist le roy pdere ie scay bien vrayement que cest le meilleur cheualier que nous congnoissons Mais par sa foy q il vous doy/ se il a ce tournoyement voulloit estre contre sa table ronde ce scay ie bien ql ne seroit ia descofit/ & vous diray pour quoy il y a encores ceans telz sept vint cheualiers que qui me mettroit a eleccion en essirope telz quatre ou telz trops que Lancelot y auroit assez a faire. En non dieu fist la royne par temps en serez a lespreuue, par saincte croix Dame fist le roy vous ne vous serez iamais la force lacelot ognoistre se dieu plaist sen ne le scaura iamais, de ce furet tous ceulx de sa table ronde vergondeux, fors que seulemet monseigneur gaunaf & boort mais a ces deux nen poisa point Mais les autres en parloient tous, et sacordoient plusieurs a ce, que se lancelot venoit aider a ceulx de deca ilz ne y porteroit ia les piez, & disoiet se nous vainquons le tournoyement il en auroit tout le loz/ & tout le pris ainsi come il a eu en tous les lieux ou il a este, tat est toue de tous

A ceste parolle se acorderet, c, & quatorze tous preudommes & bos cheualiers si fiancerent tous que se Lancelot venoit ilz ne proient mie auec lui Aincois se tourneroient contre sa court/ & se desguiseroient en telle maniere que nul qui soit vrayemet ne les cognoistra/ ainsi pourront ilz Lancelot desconfire Mais se il ne y vient ilz ne se remueront aincois desconfiront ceulx des estranges terres qui encontre eulx doiuent venir Ceste parolle sceut la royne la nupt mesmes/ Et elle de

manda a Boort quel len pourroit faire/ Car ie scay bien dist elle quilz ont ce dit par enuye si vouldroye faire se estre pouoit quilz fussent vne foiz tournez a desconfiture Car se ilz estoient desconfiz vne seulle foiz ilz ne oseroient iamais les testes leuer Dame fist boort se mon seigneur scauoit ql vous pleust il seroit mont voulentiers contre eulx ie ne voy mie fist la royne oment il le peust scauoir/ se lypōnet vostre frere fust ceans il lui seroit assauoir car ie croy que Lancelot ny vendra mie deuant le tournoyement Dame fist Boort/ & de ceste part cuidez vous quil viengne quant il vendra ie scay bien fist elle quil vendra par deuers montignet par deuant la croix au geyant par ma foy fist il donc men iray ie au deuant a montignet en vng hermitaige qui est pres du chemin que vous dictes si attendray illecques tāt quil viengne, & lui diray ce que vous mauez dit & lui feray scauoir ce que sa compaignie de la table rōde ont pourpense En verite fist la royne vous ne prez ia/ Car ien cuide bien penser sans vous mouuoir de ceans/ Dame fist boort a vostre bon plaisir en soit Lademain au matin sa royne fist vng briefuet. et quant elle le eut fait/ elle le baissa a la damoiselle qui auoit Lancelot iette du puis & lui dist damoiselle vous irez a la croix au geyant qui est en sa fin de ceste praerie par deuers le chasteau que lenappelle montignet & monteres sur le perron/et quant Lancelot vendra celle part/si lui direz quil ne laisse en nulle maniere quil ne face ce que le briefuet deuise, & la damoiselle dist que se messaige feroit elle si print le briefuet et sen partit attant & cheuaucha iusques a la croix au geyant & elle passa parmi le chasteau au duc de broceliande & trouua leans plusieurs des cheualiers de celle terre q deuoient estre encontre ceulx de la table rōde et pour desconfire la gent/ du roy artus si se estoiēt leans assemblez trestous, fors que les haultz hommes & les autres cheualiers estoient logez contre val la praerie en loges & en pauillons/ & quant la damoiselle fut venue a la croix/ & elle mist le briefuet sur le perron puis attendit illec grant piece, tant quil fut nuit/ Lors vint gesir chiez vng hermite qui estoit a vng trait darc dillec/ & le landemain vng hermite demouroit/a lentree dune forest puis sen partit tout incontinent pour venir en son pays/si laisse cy endroit le compte a parler de lui, et retourne a Lancelot.

¶ Comment Lancelot vint au tournoyement deuant kaamalot/& comment par le commandement de la royne il fut contre ceulx dela table ronde/& comment il occist Tetriquant sisiesme Chapitre.

Or dit le compte/que quant Lancelot se fut parti du chastel de la charette si come vous auez ouy/quil cheuaucha la droicte voye vers kaamalot en vne iournee & se heberga chieux vng hermite si dist la damoiselle a celle qui menoit vous ne pouez plus venir auec moy/car il me conuient aller a vng mien a faire demain/q est cy pres. Mais vous irez a ma dame la royne genieure/& lui bailleres vnes lettres. que ie vous donneray si vous mourrez auec elle et sa mesgnie pour lui faire compaignie/& vrayement ie scay bien que elle vous retendra voulentiers/si tost come elle verra voz lettres. Lors demanda au preudomme se il auoit leans encre ne parchemin. Et il dist que ouy assez/si lui en bailla tant come il en voult/Et Lancelot fist les lettres a sa voulente comme celui qui de clergie estoit fonde/car en ce temps ne trouuast len en vie vng cheualier/qui plus en sceust que luy/ et quant il les eut faictes si les seella/& les bailla a la damoiselle pour porter landemain a court.

Landemain quant il fut a iornez se leuerent/Lancelot/& la damoiselle et se partirent de leans/& commanderent lermite a dieu/si cheuaucherent tant quilz vindrent a vne voye fourchee/qui departoit le chemin en deux parties Lors qmanda lancelot la damoiselle a dieu/& cheuaucha iusques a kamalot/Et quant elle fut descendue a la court si bailla son cheual et tout son harnois a garder a vng sergent/puis monta en salle amont qui tout estoit plain de roys & de roynes & de toutes terres/car venus y estoient pour veoir se tournoyement/Et la damoiselle demanda a quelle estoit la royne genieure/& len la lui enseigna/& elle vint a elle si la salua/& de

uant elle se a genouilla/Et puis lui dist. Dame veez cy vnes lettres que monseigneur Lancelot du lac vous enuoye. Quant la royne eut ouy quelle estoit messaige a celui que elle ayme vrayement de tout son cueur/si lui courut a lencontre delle/& luy mist les bras au col/Et lui dist que bien soit elle venue pour lamour de celui de q elle est messaige. Lors print les lettres/& emmena la damoiselle en sa chambre/si trouua en brief que Lancelot luy enuoyoit cesse damoiselle/& lui mandoit que auec elle la tint/car cestoit la damoiselle du monde qui plus lui auoit bien fait. car iette lauoit de peril de mort dont ne fust vrayement iamais yssu se elle ne fust/& quant elle vit Lancelot lui en prie/si courtoisement si la retint auec elle/& lui dist que bien soit elle venue pour lamour de Lancelot qui la luy a enuoyee vous ne de partirez iamais de moy deuant que vous soyez mariee bien richement si aurez plus de terres/& de honneurs que vostre pere neut oucques. quant la pucelle eut ce cy ouy. si ce tint a bien payee & demoura auec elle moult de bonnayrement.

Celui iour vint Boort a court/ car moult cestoit haste pour venir au tournoyement/Et qnant le roy le vit si lui fist moult grant ioye & lui demanda nouuelles de Lancelot/par ma foy sire fist il ie ne le vy pieca et quant ie le vy si estoit il moult durement malade & deshaittie. Mais iay depuis ouy dire quil estoit gari & quil auoit vaincu le tournoyement qui fut entre le roy Bademagus & le roy de norgalles deuant le chastel de la charrette/qui estoit a lentree de gorre. Or doint dieu fist le roy que il viengne a ce tournoyement car si maist dieu ie sel desire moult. A veoir Ladmain vint monseigner gauuain a court Et quant le roy & les autres barons le virent il ne fault mie demander se ilz lui firent grant ioye/car kestoit vng des hommes du monde qui plus estoit ame de toutes gens Ha ha dieu fist le roy/se ores fust ceans mon amy Lancelot.ie ne doubtasse mie a desconfire tous ceulx qui encontre la table ronde vendront Mais se il ny est nous sommes mors/car si comme len dit q tout le monde vendra encontre nous si ay grant paour que nous ne soyons a force cestui nest. Et pource Boullope ie que Bous lui demandez qui lui a enuope. Et elle demanda qui fut le cheualier qui se conquist. Dame fist il. Ce fut cellui qui les eschez Bous enuopa Et le rop commenca tout incontinent a rire et aussi firent tous les autres qui ouirent ceste parolle, et la ropne dist au rop. Sire Bo[us] scauez Bien qui cest qui se nous enuope, nous en ferons ce que Bous Bouldrez. par ma fop fist le rop, desormais ne me accorderope ie mie qui eust mal de son corps ne Bous ne le deuriez mpe souffrir pour lamour de Lancelot qui le Bous enuope, car cest lomme du monde qui le mieulx nous a serui, et se oncques ne Bous auoit serui si est il tout preudomme et aussi tant preuz, que pour lamour de lui le deueriez Bous bien quitter sa mande de greigneur messait. et pource Bucil que se cheualier soit quitte enuers Bous de toutes choses. et quant la ropne eut oup ce que le rop disoit si lui rendit son espee, et se quitta Bopant tous ceulp de leans.

Puis fut moult le cheualier iopeup, et dist au rop. Sire q[ue] pourrope ie faire pour dieu conseilliez mop. De quop fist le rop Et il lui compta comment il lui conuenoit porter la damoiselle au rop Baudemagu, et a la court au rop de norgalles, et offrir sop a chascun lieu aup dames, et aup damoiselles pour ceste amende, ainsi que iap ores cp fait, et se ie porte fist il ceste damoiselle en auant dicp, ie scap bien Brapement que la grant peuur qui de son corps pstra me fera mourir. Car ie ne la pourrope mie souffrir, et cest la chose de quop ie Bous demande conseil. Si maist dieu fist le cheualier fist le rop, haulte penitance Bous a dieu donnee, car moult durement a bien monstre en ce point quil apme mieulp lamour aup dames, et aup damoiselles que leurs hontes Ja dieu ne maist, se oncques homme deust a uoir aussi Bien le gre aup dames comme sui Car il se pourchasse bien au mieulp quil peut Et la ropne sen sourzist: puis dist au rop Sire Bous louez trop monseigneur Lancelot q[ui] scauez Bous se il me prendra enuie de si grans biens comme Bous en dictes. Et il respondit tout en ypant Dame ie ne le pourrope mie trop louer, et se Bous esties Bne aultre et Bous en

eussiez enuie, ia dieu ne maist se ie len Blasmerope ia, car elle pourroit pis faire Brapement ie Bous dp que de lui amer par amours Lors sen tient tous ses haultz barons qui il lec estoient, et la ropne mesmes Et le rop dist au cheualier. Beau sire, puis que ainsi est que Bous Boussez ceste dame porter iusques la ou sen Bous auoit dit Bous serez incontinent si bien apointe, que ia chose qui delle psse ne Bous fera mal Lors commenca a lessorder et a esbrouaisser tout ce q[ue]lle auoit dedens le corps, puis la fist oindre de Bng oingnement qui estoit bon et riche, si latourna en telle maniere que oncques pueur nen peut pssir si fut mise en Bng coffre, et p fist mettre grant plante despices, et de bonnes herbes quil en faisoient pssoir bonne flaueur.

Atant sen part le cheualier, et emporte la damoiselle deuant lui, et plus leust le rop retenu Mais il lui dist quil auoit tant a aler, quil ne seroit iamais aise deuant quil eust son chemin acheue, et sen ala en telle maniere, et se remist en son chemin, tant que au tiers iour Bint a Bng chastel qui estoit au rop Baudemagu, ou il trouua moult grant compaignie de cheualiers qui estoient meuz de sa terre pour. Benir au tournopement a haamalot et p auoit plusieurs dames et damoiselles qui alloient Beoir le tournopement, et quant le cheualier sceut, que cestoit le rop baudemagu si Bint deuant lui, et fist Benir les dames et les damoiselles, puis leur compta son auenture en sop offrant en telle maniere comme il auoit sait a la court du rop artus, et quant le rop oupt les nouuelles dicellui qui enuope lui auoit, et quant il sceut que ce fut Lancelot si lui fist le messait pardonner, et il sen ala tout incontinent comme cellui qui nauoit talent de demourer, si erra tant quil Bint au ropaume de norgalles, ou il trouua la ropne et ses filles, si leur compta son auenture ainsi comment il lui estoit aduenu, et il lui pardonnerent le messait pour lamour de cellui qui en uope lui auoit. Or me dictes dame fist le cheualier a la ropne de norgalles me suis ie bien aquitte de ce que commande me fut. si maist dieu fist elle oup Lors fist il incontinent esfouyr le corps a sa damoiselle en Bne chappelle ou roÿne qui mande lui auoit.

Et le cheualier qui la damoiselle occi se emportoit/ atant cheuaucha par iour et par nupt quil vint a Kaamalot/ a ce fut a vng mercredy a heure de nonne A celle heure y auoit moult grāt gēt. Car tresous les cheualiers du monde y estoient ia pres q venus pour le tournoyement qui y deuoit estre au lundi apres si estoit le palais tout plain q de roys de ducz a de contes. Quant le che ualier fut descendu en la court aual, il print sa damoiselle entre ses bras sa quelle estoit encores toute nue en sa chemise ainsi commet il lauoit occise. Et puis le cheualier monta a mont le palais/ a quant ses barons le virent venir, si lui firent voye et vont apres lui pour scauoir quil vouldroit dire et il mist ius sa damoiselle. puis dist au roy Sire se la roy ne genieure est ceans, si la faictes auant ve nir, et auec elle toutes ses dames a damoisel les de sa cōpaignie, a elle ne demoura point grantmēt si quant elle eut ouy le mandemēt du roy Aincoiz vint tout incōtinēt, a amena auec elle grant cōpaignie de haultes dames Et quant elle fut venue en sa salle, si se leue rent tous encontre delle/ a elle se assist ioupte le roy/ Et le cheualier se lieue, a vint deuant elle et il auoit encores la teste de sa damoisel le pendue a son col tout ainsi comment. Lan celot lui eut mis son heaulme encores en sa te ste si se deslaca puis osta sa teste de son col Si salua la royne, a lui dist, dame a vous me enuoye vng cheualier, qui conquis me a par prouesse darmes, pour ceste damoiselle de qui ie prins vengence en despit de lui, a si vous diray ores comment.

Vray est fist le cheualier a sa royne q ceste damoiselle, qui cy gist morte a moye plus que nulle femme cōbien que fusse riche a puissāt de terre, et de amis a elle estoit poure pucelle si fut grant piece auec moy en tel honneur comme se ce fust vne royne et pour lamour que ie auoye a elle auoye ie laissie vng mien chastel, a alloye cherchant les estrā ges auentures comme les cheualiers de ce ans faisoiēt ne il nestoit riens dont ie ne feisse sa volente Mais il aduint lautre hyer par auenture que ie auoye tendu mon pauillon a

lyssue dune forest si la laissa seulle dormant a vng buysson et ie entray en la forest, pour vne voix que ie auoye ouye, dont ie voulope scauoir la verite, et quant ieuz demoure vne grant piece, a ie euz fait ce que ie queroye, si reuins arriere en mō pauillon, a trouue vng cheualier couchie en mon lit si estoient mes a mis illec. et quant ie vy ceste auenture si fus tant dolent que nul plus, car ie sapmoye sur toutes femmes, si tiray tout incontinent mō espee, a occis le cheualier dont ie ne me repēs encores mie. puis pris sa damoiselle qui estoit en son pauillō, si la trainay hors par les che ueulx en coste de mon cheual, a laloye batāt or y vint vng cheualier vers moy acourant qui sa me vouloit rescourre, si me dist quil me occiroit se ie ne la laissope, a quāt ie lui oy di re telles paroles, ie fu moult dolant a couroce Si tiray mon espee, a en frappay si durement la damoiselle que luy coupay la teste, a sa iet tay au cheualier oultre le visaige, puis lui dis q cestoit en despit de luy, Et il me courut sus incontinent, a me vouloit occire. Et quant ie viz quil auoit lespee traicte si ne lo say atten dre Car bien resembloit homme que sen deust doubter si men foup tāt comme ie peu, a il me suiuit tant quil mataingnit en vng mien cha stel Et illec me conquist, a occiz meust, se ie ne lui eusse crie mercy, Et pource me laissa lors a me commanda, que celle damoiselle que ie auoie occise a si grant tort, pour lamour de toutes dames et damoiselles que ainsi sapor tasse ceans deuant vous, a se ie auoie mort de seruie que ie vous baillasse mon espee, a souf frisse que vous, ou autre pour vous me occiez a puis quil seroit regarde par droit du residu

A tāt ostel a cheualier son espee du four rel, si la bailla a la royne par le hault et lui, dist dame or pouez vous de moy faire vostre voulente, car de ce meffait me suis ie mis, a mect en vostre mercy, Et la royne de manda au roy quil lui estoit aduiz quelle en deuoit faire, ou de loccire ou de le laisser vi ure. Certes fist le roy, il a tant meffait a tou tes les damoiselles du monde quil nen doit mie eschapper, sans mort. a nonpourtant tel lui peult auoir enuoye pour qui amour vous le deuriez bien quitter de greigneur meffait q

Quant le cheualier fut hors du chastel si sen alla eslongnant de la ville tant comment il peult comme cellui qui de la bataille nauoit tallent. Lors vint vng varlet auant qui dist a Lancelot. Sire vous attendez cy pour neant, car celluy q̃ avous se doibt combatre sen est alle grant piece a, et seurement sans mentir il peult ia estre deux lieues loing. Et quāt la royne oyt cela si dist vrayment quelle en estoit moult ioyeuse, et aussi furent toutes les dames et tous ceulx qui auec elle estoient, et Lancelot dist a la royne ma dame, puis quil est ainsi que le cheualier a qui nous nous deuons cōbatre sen est fouy ie vous prie que vous rendez a ceste dame sa terre quittement si que elle en puisse faire sa voulēte du tout en tout, et elle en reuestit lcō tinent la pucelle qui en fut moult aise et Lancelot demanda a sa pucelle se elle vouldroit quil feist autre chose pour elle. Sire fist elle nenny maintenant, car vrayment vous me auez fait auoir tout ce que ie desiroye plus au monde.

Lors prist lancelot congie a tous ceulx de la place, car aler sen vouloit, et morgain qui deuant luy estoit qui moult le desiroit avoir, pour scauoir se il le congnoistroit car bien creoit quil est de la maison au roy artus son frere, si luy dist. Sire cheualier dictes moy qui vous estes, et il la congneut promptemēt. Si eut grant paour que elle ne le congneust. Car cestoit la chose quil redoubtoit le plus, Car vrayement il auoit doubtance quil ne luy en mesprint, et toutesfoiz luy dist dame ie suis de la maison au roy artus et cheualier madame la royne geniuure. dictes moy fist elle vostre nō. En nom dieu dist il mon nom ne scaurez vous mie a ceste foiz. Lors imagina incontinent q̃ cestoit Lancelot du lac comme du mōde quelle hayoit le plus, si sen voulut aler quant elle le rappensa, et il retourna arriere a moult grant peine. Car vrayement il ne samoit pas. Et elle luy dist Sire cheualier vous ne me direz mie vostre nom, nompas fist il maintenant, Or vous prie fist elle pour la chose du mōde que plus vous amez, que vous ostez dōc vostre heaulme si que ie vous voye appertemēt. Quāt il oyt ceste parolle si fut tāt dolēt q̃ nul plus si osta prestement son heaulme. Et quāt elle le vit si luy dist. Ha ha lancelot si maist dieu se ie vous eusse congneu auant hyer aussi bien que ie fais maintenant vous nen fussiez pas si legierement eschappe comment vous estes, mais ie ne vous congnoissoie mie, pour ce que vous estiez tondu si en auons este tous mallement deceuz, dame fist il, ien suis hors dieu mercy et malgre en ayent trestous ceulx a qui il en displaist, Et simaist dieu, se vous ne fussiez femme ie prendroye telle vengence de vous que iamais ne menaceriez cheualier ne hōme nul, car en vous na que desloyaulte et trayson. Voire fist elle lancelot auez vous dit cela. Or ie vous prometz vrayment que ia vng an ne verrez que de ceste parolle vous repentirez plus que de chose que oncques desisies, Certes dame fist Lācelot se vous viuez ie scay bien vrayment que vous ferez encores assez de mal. Mais se dieu plaist, aucun preudōme vous tendra encore entre ses mains qui deliurera le monde de vous, et ce sera moult grant ioye car vrayement vous ne faictes q̃ tout mal. Ha ha lancelot fist elle bōne lauez dicte la parolle. Or vous en allez attant et sachiez vrayment que ie vous rendray ceste hōte au premier lieu que ie vous pourray trouuer, et il dist que doncques se gardera il de elle au mieulx quil pourra. Lors relaca son heaulme, car plus nauoit tallent de demourer illec comment cellui qui moult durement redoubtoit la desloyaulte morgain et ses enchātemēs, si sen reuit la ou il auoit laissee la damoiselle et quant elle le vit venir si le salua. En luy demādant comment il y auoit este, et il luy compta toute son aduenture, Et comment le cheualier a quil se deuoit combatre, sen estoit fouy, et de morgain qui congnoistre sauoit fait a tous ceulx de leans, et si luy dist comment elle sauoit menace, Si nous conuient dicy aler. Car se elle nous supuoit ie craingz quelle ne nous detint par enchantement comme celle qui est la plus desloyalle de toutes autres femmes. Lors sen partent et sen vont le droit chemin vers kaamalot ou Lācelot vouldroit estre au commencemēt du tournoiement, pour lamour de sa dame la dont il fut iopeup si lui dist elle mette peine a se garir et q̃ seurement il lui guerdonnera a son Bouloir de cela fist elle ne me chault ne mais que Bous fussiez gari. Lors lup appareilla ce quil lui sembla que bon fust pour oster Benin/ et lui oingnit ses iambes dun ongnement fort precieulx ꝛ se tint en telle maniere troys iours ꝛ quãt il Bit q̃l fut pres q̃ gari de sa maladie ꝛ qˀl pourroit bien cheuauchier Si Boulut donner a sa damoiselle qui gari sauoit/ de sauoir a cesse quil auoit auec lup mais elle nen Boulut point prendre/ aincoiz lup dist quelle auoit grant iope en son cueur de ce quelle auoit eu lieu a le seruir.

Atant sen partit Lancelot de seans/ et emmena auec lup sa damoiselle/ si cheuaucherent tant que au iour du terme Bindrent au chastel de la charette ou Lancelot auoit este en prison/ aup quatre dames/ Et cellup iour mesmes deuoit estre la damoiselle espousee au frere a sa dame/ ꝛ de la fille au duc de rocedon/ cestoit la damoiselle qui Lancelot auoit iette de prison/ Et quant Lancelot Bint a lentree du chastel/ si lup Bint a lencontre Ung enfant q̃ lup dist. Sire par amours dictes mop comment Bous auez nom, pour quoy se me demandez Bous mon enfant fist Lãcelot Sire ie ne le Bous demãde si non pour bien mais dictes le si Bous plaist Iap a nom fist il Lancelot du sac. Boire fist il que Bous soiez le bien Benu. En nom dieu fist lenfant ie Bous auope cy grant piece attendu/ Et pour quoy fist Lancelot : pour ce fist il que ie Bous Bouldrope mener au monstier quant il en sera temps pour deliurer ma cousine qui de prison Bous osta/ et Bous auez bonne achoison de appeller le cheualier de traison/ car len Bous a fait entendant puis que Bous partistes de ceans quil a occiz son nepueu filz a la dame de ceans quant il alloit a la amalot/ et se Bous sen appellerez il ny aura homme ceans qui iopeult y soit car ilz se hapent tous ꝛ Brapment il est si couart que ia ne sen osera deffendre Or ne Bous esmayez beaup enfans fist Lãcelot, car ie en cuide tant faire aincois quil soit nupt que la damoiselle en sera deliuree tout oultrement a sa Bolente Lors escouterent Ung pou si ouirent les cloches sonner parmi

leglise du chastel.

Sire fist lenfaut lẽ maine sa damoiselle au monstier Or y allons donc que fist Lancelot/ puis dist a la damoiselle qui auec lui estoit quelle la tendist tant quil reuiẽgne En nom dieu fist elle si feray ie Brapment puis dist a lenfant Beau filz Or me menez a leglise ou Bostre damoiselle doibt espouser ꝛ lenfant lui dist or me supuez donc Tant sõt allez/ quilz Bindrent a leglise ou il auoit maint hault baron et mainte haulte dame Et si estoit le prestre reuestu Benu a luis du monstier/ pour faire a lors ce qui estoit acoustume de faire/ Et Lancelot tout acheual sãs descendre Ba Bers eulx tout arme si appella le cheualier que sa damoiselle deuoit auoir/ car bien le recongneut aup enseignes que len lup auoit dictes Dans cheualier fist Lãcelot qui celle damoiselle Boulez auoir a femme, ie Bous deffens que desormais nen faciez ce que fait en auez. Car Bous estes si mauuais cheualier ꝛ si desloyal/ q̃ si Baillante dame comment ceste icy est ne deuez Bous mie auoir a femme. En nom dieu fist le cheualier, ce ne pourriez Bous mie prouuer. Certes fist Lancelot sachiez que si feray. Car ie Bous prouueray a traistre ꝛ a desloyal/ comme cellup qui a occiz son nepueu se Bous en osez deffendre/ ꝛ lautre en demãda iour. par ma foy sirent les barõs Bous nen aurez ia dautre iour que cestup cy. puis quil Bous appelle de traison. Alors fut le cheualier moult esmape, sy pensa, quil donneroit gaige Boians tres tous ceulx de la place/ Et puis quant il sen deuera aller armer, il montera sur son cheual, ꝛ sen pra hors du pais, ꝛ par ainsi sera deliure de sa bataille/ ou il ne Bouldroit entrer en nulle maniere, comme cellup qui est le plus couart de tous hõmes. Lors dist a Lãcelot. Beau sire fist il de ce dont ie suis prest que ie me deffende se Bous plus nen Boulez faire. Si tendit son gaige en sa main/ ꝛ la ropne le receut/ Et Lancelot Bint auant ꝛ dist, quil attendroit tout le monde. Lors fist semblant le cheualier daller querre ses armes si sen alla Bers le chastel et print le meilleur cheual qˀl y trouua ꝛ mõta sus ꝛ sen Ba caichant de rue en rue tant quil Bint a la porte du chastel.

malgre moy tãt que vous me laissastes pour aller au cry que nous auions ouy en la forest Et la fumee quil fist faire ce fut le feu que vous veistes ou il meust arse se vous ne fussiez si tost venu qui men deliurastes et il se merueilla moult de ce qlle luy dist si lui dist que voirement lui estoit il aduenu en veillãt comme en dormãt. Mais dictes moy fist il cõment vous fustes ca amenee. Sire fist elle voulentiers.

Il est vray fist la damoiselle q̃ quant vous fustes ersoir chiez mon pere q̃ les occistes tous, fors que vng mien frere et troys cheualiers qui toute nupt vous gaitterent pour vous occire, et quant apres nous yssimes vous et moy au matin ne eurent ilz oncques le hardement quilz vous assaillissent pour ce que armé vous veoient. Mais il fut vray quilz vindrent apres vous si disrent quilz vous suyuroient tant quilz verroient leur point pour vous occire, ⁊ quant ilz virent que me eustes laissee seulle si vindrent a moy ⁊ me prindrent et enmenerent iusques a ce chastel qui fut a mon pere, et me fist mõ frere ainsi despouiller toute nue comme vous veistes et me dist que en vengence de mon pere que ie auoye fait occire mourroye ie de la plus vilaine mort q̃ oncques damoiselle mourust, si fist tout incontinent le feu allumer Lors commanda mon frere a tous ceulx du chastel quilz venissent hors pour veoir la iustice quil vouloit faire de moy, ⁊ ilz y vindrent tous et si estoient ainsi assẽblez comme vous vistes, si nen pouoie partir sans estre honnye mais dieu mercy vous y vintes bien a tẽps car vous me deliurastes maugre eulx si est ainsi sil vous plaist quil conuient que vous me conseilliez que ie pourray faire, car a ma terre ay ie desormais failli car chascun me en chassera pour vous. Or ne vous esmayez fist il damoiselle, car par mon chief ie vous enuoyeray par temps en tel lieu ou len vous donnera terre, ⁊ auoir plus que oncques vostre pere ne tint se vous la voullez prendre. Sire fist elle ie scay bien que pour la mour de vous me donneroit len terres richesses et honneurs a grant habondance se vous en voulliez prier

En non dieu fist il, il ne men conuiendra ia prier, alors sen mercya moult, si lui dist, sire du cry que vous oystes quant vous partites de moy, il me fut aduis que ce fut vne dame ou vne damoiselle, Et il compta lauẽture de la damoiselle qui fut occise deuãt lui, ⁊ de la porte couleisse qui lui trencha son cheual, ⁊ de la penitence que le cheualier fera de sa damoiselle, par ma foy fist la damoiselle, cest merueilleuse aduenture, Si cheuaucherent ainsi iusques a la nupt, ⁊ lors se hebergerent la nupt chieux vne vesue dame qui fut fẽme de vng cheualier, Et quant ilz furent descendus, ⁊ ceulx de leans leurent desarmé Lancelot, si coururẽt aux cheuaulx pour oster les selles, ⁊ pour leur donner a mengier, lors regarda lancelot ses iambes, si les vit toutes enflees ⁊ si malades quil nest nul homme q̃ les vist qui durement ne sen esmerueillast, comment il pouoit cheuauchier, car trop estoiẽt laides pour le cuir qui estoit enflé du venin Et quãt la dame le vit ainsi si lui dist Ha ha sire, tant auez huy faicte grande folie de auoir cheuauché si malade comme vous estes, ⁊ en peril de mort, se vous ne auez de brief secours Dame fist il cheuaucher me conuenoit il voulsisse ou non. Car ie nestoie mie en lieu ou ie me peusse reposer, si cõgnois mal tenant bien q̃ ce fut folie, mais pour lamour de dieu mettez y remede se vous luy scauez mettre. Et ie le vous desseruiray, le mieulx q̃ ie pourray, Sire fist elle ie nen scay riens, Mais iay vne mienne seur qui plus en scet que nulle femme du monde, ⁊ demeure pres dicy ie la vous enuoieray querre se bien vous le voulez.

Ha ha dame fist lancelot enuoyez y moult tost, car ie me sens moult du remẽt malade, ⁊ la dame fist seller deux cheuaulx, ⁊ incontinent enuoya querre sa seur, ⁊ elle y vint promptement quant elle sceut q̃ le besoing y estoit si grant, Et elle illec descendue vint deuant Lancelot, ⁊ quant elle vid ses iambes si ne se voulut pas esmayer, car elle ne scauoit mie de quel cueur il estoit. Si le vit moult asprement malade, ⁊ non pourtant elle le asseura de estre gari en brief terme

royne que le cheualier qui les eschez lui enuo
ya ty enuoyeȝ veult que ie face ceste amende
pour lamour des dames et des damoiselles
Et incontinent/cellui sen part et cheuaucha
la plus droicte voye quil peult vers la court
au roy artus/et Lancelot sen retourna la ou
il auoit laissee sa damoiselle/et quant il ne
la trouua point si laba querãt amont et aual
pres et loing. Et auoit merueilleusemẽt grãt
crainte que aucun de ses parẽs ne soyt surpris
et prinse et enmenee/pour soccire si fut tant
dolent quil ne scauoit quil deuoit faire ne di
re Hee dieu sist il que est deuenue la plus de
bõnaire qui oncques fust q̃ ma gette du grei/
gneur peril ou ie fusse oncques Ha ha dieu
que est elle deuenue tant ie luy ay pourement
guerdonne les biens quelle ma fait

En ce que lancelot se lamentoit ainsi si
regarda deuers vng tertre et vit ve/
nir vng cheualier arme/qui acouroit grant
aleure/Et vint a luy lancelot/pour scauoir
sil luy scauroit dire nouuelles de ce quil que/
roit/et le cheualier sarresta quant il fut pres/
si luy demanda sil auoit veu par illec deux
cheualiers et vne damoiselle/Et lãcelot dist
que sil lauoyt de ce quil demande il se conseil
lera de ce quil quiert. Or me dictes fist le che
ualier que vous querez/et ie vous en dirap
nouuelles voulentiers. Et lancelot lui cõpta
les nouuelles cõment il auoit amenee en la
forest vne damoiselle/si ne la pouoit trouuer

Veurement fist le cheualier/elle peult
ia estre bien loing dicy vne lieue en
tiere/Car ie lencontray dela le tertre/ou
quatre cheualiers lemmenoiẽt/et lancelot de
manda se ilz estoient armez/ouy fist il/Et
ie vous dy fist lancelot que ceux que vous q̃/
rez ne sont gaires loing dicy/Car ie les ap
perceuz ores passer par ceste voye la/si luy mon
stra la voye. Ha ha dieu fist le cheualier/or
suis ie gari/si sen partẽt lun de lautre. Et lan
celot cheuaucha tout droit la voye que sen lui
auoit enseignee/si a tant cheuauche quil a
passe le tertre/et quil vint en vng grant val.
si vit deuant lui vng chastel bien seant/mais
moult estoit petit/si sen ala celle part. Car il

y cuidoit trouuer ceulx qui la damoiselle a/
uoient emmenee. Et quant il vint pres de la
porte/si vit vng feu alume pres le chemin qui
moult ardoit cler/si se merueilla moult pour
quoy cest quil est appareillie. Si se hasta
moult car scauoir vouloit que ce estoit. Et
quant il vit la/il trouua la damoiselle quil
queroit. Car despouillee lauoient toute nue
pource que ietter la vouloient dedens le feu
Et moult y auoit de gens tout autour pour
regarder la iustice de sa damoiselle. Mais
tous estoient desarmez fors que quatre. Et
quant Lancelot vit la damoiselle quil que/
roit/si fut moult dolent/et tira son espee. Si
courut sus a ceulx q̃ la tenoient/et frapa si
fort le premier quil lui sist la teste voller. puis
refrapa vng autre si quil se rua mort/et quãt
les autres virent cela/si tournerent en fuit/
te/lun ca lautre la chascun pour garantir sa
vie. Et Lancelot les abbatit et occist/ainsi
comme se ce fussent bestes. Et sait apres lui
si douloureuse trace quil en laissa au chemin
plus de vint qui tous sont mors/si a si fort la
place vuydee q̃ nen y est nulz demourez fors
seullement sa damoiselle/si vint a elle/puis
lui demanda comment il lui estoit. Sire sist
elle bien dieu mercy. Mais moult me sust
mauuaisement se vous eussiez plus demou/
re/car vrayment tost eusse este a mort liuree
se dieu et vous ne me fust venu aider/et ou est
sist il vostre robe et vostre cheual. Sire sist
elle soubz cel arbre:si lui mõstra la ou cestoit
si senuoya querir et il la fist vestir comme de
uant/puis la monta sur son pallefroy et en/
mainẽt le sõmier deuant eulx/si sen parti
rent incõtinent et enterent en leur chemin

Lors dist la damoiselle a lãcelot. Si/
re ie vous vueil compter sa plus mer
ueilleuse auenture/que iamais auenist/et de
moy mesmes. Lors lui compta tout ce quelle
auoit sa nupt songie et en quelle maniere. Et
la paour quelle eut pour quoy elle sestoit es/
ueillee. Or voy ie bien maintenant fist elle
que tout ainsi comme ie lay songie mest aue
nu/car vrayment sachiez/que vous estes le
lyepart qui me cõduisoit que ie vy en mon sõ
ge qui me prenistes en conduit a mener auec
vous/Et le Monstre qui me print et rauit

la porte afer, et elle descendit ainsi comme la fouldre, et print lancelot si de prez quelle lui trencha son cheual parmy leschine, si que la moittie en demoura dehors mais il neut nul mal ne la selle ou il se seoit ne fut oncques empiree fors que vng peu, ne lespee quil tenoit ne lui en cheut oncques des mains, aincois la mist en son fourrel, puis courut apres le cheualier tout arme si lui saillit sur la crouppe du cheual, et lembraca parmy les flans puis dist Sire cheualier par saincte croix vous ne mescapperez pas, si se rua aterre, puis se laissa cheoir sur lui tout arme.

Le cheualier fut moult durement blecie au cheoir, car il fut trebuche la teste dessoubz, si que a pou quil ne eut le col brisie et si lui fist moult grant mal quant il se saissa cheoir tout arme sur son corps, et il se pauma de langoisse quil sentit. Et lancelot luy arracha le heaulme de sa teste, si commenca a luy donner grans coupes parmi la teste si se mist en telle maniere que cellui ne pouoit plus dire mot, ne mais que de crier mercy. Mais il ne le voulut oncques ouir, pour lamour de la damoiselle quil occist, en despit de lui il cria mercy touteffois, Et dist. Ha ha sire cheualier ne me occies pas, Car certes ce seroit desloyaulte, et felonnie se vous desormais metties main a moy, puis que ie me tiens pour oultre et lancelot sappesa quil disoit vray si dist quil ne le occiroit pas, aincois le laisseroit viure, car en sa mort ne pourroit il riens gaignier Mais ce stoit desloyaulte, quil auoit fait de la damoiselle occire mais il lui en fera faire telle penitance dont il se tendra a bien paye se il la fait, et il fera se il ne ment sa feaulte. Lors print son espee si lui dist tu mas tant mesfait que oncques homme ne me mesfist autant, si conuient que tu me faces ce que ie te commanderay a faire et il lui dist q il lui feroit tout ce que faire lui pourroit se fai re se peult et cellui en print sa fiance Lors lui dist tu as ceste damoiselle occise a tort, et pour ce vueil ie que tu en faces telle amende que toutes les dames et les damoiselles qui par sa en orront diront que tu en auras assez, et ie te diray que tu feras tu ten yras orendroit

la ou tu as la damoiselle occise, et sen emporteras deuant toy sur ton cheual a la court au roy artus et quant tu seras sa venu tu te presenteras a ma dame la royne, et aux dames et aux damoiselles, si leur descouuriras ton mesfait et leur monstreras la damoiselle occise Et puis leur bailleras ton espee, et se occiretent le veulent souffrir se te conuiendra et se ilz te quittent tu ten yras tout droit a la court au roy bademagu, si te presenteras aux dames et aux damoiselles par telle maniere et si tu y es ainsi quitte par le commun esgart tu ten yras droit a la court au roy de norgalles Et ty presenteras comme aux autres, et se lors tu y es quitte de ton mesfait. ie suis cellui qui iamais riens ne te demanderay, Car bien auras adonc faicte ma volente. Et cellui dist que son message seroit il bien, puis que faire lui conuenoit Si monta incontinent sur son cheual, car il eust voulu auoir ia faicte sa penitance a son pueu et a son honneur, Lors dist a lancelot Sire vostre cheual a este ceans occis, si vous doit estre rendu se me semble, Si prenes le mien, pource que vng meilleur ne vous pourroye ie donner, et ien prendray vng aultre la ou vous me trouuastes ores, Et il dist que ce vouloit il bien, Lors monta sur le cheual du cheualier et cellui fist tant quil en trouua vng aultre bon, Mais il ny auoit ceans si hardi homme qui de eulx se osast entremettre, pour la coustume qui telle y estoit, car ilz ne la vouloient en nulle maniere enfraindre

Quant la porte coulisse fut leuee, Si regarda lancelot grant piece son cheual que la porte auoit couppe en deux moities sans ce quil fust blecie, et ce tint il a moult grant merueille, Si sen partirent tous deux de seans et cheuaucheret ensemble tant quilz vindrent la ou la damoiselle auoit este occise puis prit lancelot la teste, si la lya au col du cheualier et luy comanda que ainsi la portast Et cellui dist q si feroit il, puis print le corps et le mist deuant soy sur son cheual, et quant il fut appareille, et prest de monter si dist a Lancelot. Sire quant ie vendray a la court au roy que diray ie qui me y enuoye, car ie ne scay mie vostre nom, et il lui dist tu diras a a lancelot/oez vous ce que ie os/oup bien fist il. Lors se arresterent. Ha ha sire fist la damoiselle/or allez veoir que cest/z ie vous attendray icy tant que vous reuiengnez. Et se cest chose qui mestier ait de aide/pour dieu ne luy en faillez point. Et il dist que non se roit il. Lors se partit a tant de sa damoiselle Et la laissa soubz vng ourme dedens la forest/z sen ala grant erre celle part/ou il auoit la noise oupe. Si ne demoura gaires quil oupt crier vne autre foiz. Saincte marie ai de aide/il brocha celle part pour scauoir que cestoit/car bien luy estoit aduiz que cestoit voix de femme. Si a tant alle quil vint pres de elle/z vit vng pauillon tendu assez pres dune fontaine/z deuant le pauillon/auoit vng cheualier tout arme/q̄ de coste lui tenoit vne pucelle toute nue en sa chemise/q̄l aloit durement battant z trainant par ses cheueux z lui faisoit toute la honte quil pouoit sans la occire. Et ses oyseaux chantoient par ses voix car lors adonc estoit atourne/Lancelot qui vit la damoiselle de merueilleuse beaulte/qui durement plouroit/z crioit aide. Vint au cheualier/z luy dist. Ha ha franc cheualier/apez mercy de ceste damoiselle. or vous deuroit tout le monde huer/se vous luy faisiez plus de mal que fait luy auez/z nul ne mettroit encontre elle main/qui trop ne se meffeist. Car moult est belle/si vous prie que desormais la tenez en paix pour lamour de vous z pour ma priere/Et se vous estes si fel z si orguilleux que pour ma priere ne vueilliez riens faire ie vous deffye/z cellup se regarda de trauers. Si lui dist/si maist dieu/or saues bonne trouuee/en mal dehait qui ce requerez. Et qui pour vous en fera que sa volente. Beau doulz sire fist lancelot seil vous plaisoit vous la serriez pour ma priere/ou vous vendries tart au repentir. Voyre fist cellup/z me me nacez vous pour si belle femme/z pour si despite comme ceste cy est/par mon chief vous verrez ia combien ie en sairrap a faire pour paour de vous. Lors tira son espee/si couppa a sa damoiselle le chief. puis se rua a lancelot parmi le visaige. z lup dist. Tenez sire cheualier. Car tout ce ap ie fait en despit de vous.

Quant lancelot vit cella, si eut sṽ grāt dueil q̄ plus ne pouoit. Car il dit bien q̄ la damoiselle est occise en son conduit. si ne eut oncq̄s maiz en sa vie greigneur honte de chose q̄ lui auenist/mais si come il dist/il ne aura iamais bien/deuant quil sera vengie du cruel homme/qui sa villennie lup a saicte Lors tira lespee/z lui courut sus/pour lup coupper sa teste. Et quant cellup se vit venir si tourna en fuitte/mōte sus vng cheual fort z isnel a merueilles. Lors sen ala si tost comment il peust plus esperonner/Et lancelot apres. Car si comment il dist il ne lairra ne en plaine ne en bois deuant quil leust attaint Car il ne le lairroit en nulle maniere/quil ne sen vengast de la honte quil lup auoit faicte. ainsi sen fouit le cheualir en telle maniere quil estoit tout en sueur. Mais les cheuaulx estoient tous deux de grant force z de grant pouoir/si ne peurent lun lautre a consuiure legirement Car le cheual de deuant estoit plus ysnel que cellup lancelot/Et non pourtant estoit lancelot bien pres du cheualier/tāt quil ny auoit point vne lance de loing que lun ne touchast a lautre/si ala moult bien au cheualier que son cheual ne choppa nulle foiz/car adonc fust il aconsuiup. Et lancelot le suiuoit lespee ou poing/en le menacāt quil le occiroit se iamais il se pouoit tenir/mais il nauoit garde/car il estoit sur vng cheual q̄ pour dix lieues courir neust pas este lasse. Et lancelot estoit si bien monte/quil ne queroit mieulx si non que son cheual fust vng pou plus ysnel.

Ainsi dura la chasse des deux cheualiers longuemēt tant que lun ne pouoit aconsupure lautre/et tāt q̄ le iour fut pres q̄ venu/z le solleil ietta ses raiz parmi les terres/si alerēt tant en celle maniere quilz vindrent en vne montaigne/ou il y auoit dun chastel la semblance. Et ce estoit a son droit Car il y estoit moult bel z moult fort. z bien atourne de bons murs/z entour couroit vne eaue grāde z parfōde/cellui se dreca celle part z lancelot apres/z passerent oultre le pont Mais si tost comme le cheualier vint a lētree si commenca a crier aualle le pont/z ceulx q̄ estoient aux crenaulx regardoient leur coup Car ilz cuidoient Lancelot occire/si laisserēt ie cuide que vous aues mon pere occis qui entra leans deuant vous/ En nom dieu fist il vostre pere ne congnoiz ie mie. Car oncques ne se cuide auoir veu/ mais tous ceulx que ie ay trouuez ay ie occis/ et venez veoir se cest verite/ celle monta amont/ si trouua tout le palaiz plain de hommes mors/ et elle se saigna de la paour quelle eut. Lors quiert amont et aual son pere/ Et quant elle ne le trouua/ si se pensa quil nestoit pas mort ains cuidoit quil sen fust fouy pour paour de lancelot Si estoit pres que reconfortee. Lors demanda a lancelot quil fera de ces corps/ vous le verres fist il par temps. Lors vint aux fenestres du palais/ et les ouurit/ Si print les corps lun apres lautre/ et ses rua aual au fosse/ si dist que trestout ainsi sera comment ilz auoient mis au pays/ les ietta es fosses/ et quant il eut le pallaiz desiure/ la damoiselle luy apporta a mengier/ Car elle scauoit bien/ quil ne auoit de toute la nuit mengie/ Et quant il eut mengie/ si le fist couchier en vne chambre/ en vng moult beau lit/ si lui dist/ Sire vous pouez bien icy hebergier vostre corps comme pour dormir et pour reposer sy comme vous vouldries iusques vers le iour Et quant il sera adiourne/ si monterons vous et moy sur deux cheuaux/ car icy ne pourries vous demourer longuement. Car ie scay bien que mon pere qui dicy sen est alle ne finera iamais de pourchasser aide/ par tout la ou il pourra trouuer loing et pres/ et ie scay bien se il vous pouoit prendre/ il seroit son pouoir de vous occire/ Et il dist quil seroit ce quelle vouldroit/ et lui dist quil estoit du tout a son commandement/ si sen dormit comme celluy qui durement estoit trauaillie/ tant pour lassault ou il auoit este/ que pour leuenimement Et pource que bien en estoit vengie a son talent/ Et la damoiselle ferma moult bien luys de la chambre/ pource quilz ne fussent sourprins de gens qui leur feissent mal/ si appareilla bonnes armes/ et son cheual a Lancelot/ pour le sien qui auoit este occiz/ quil trouua tout prest quant il se sueilla/ et quant elle eut ce fait si se coucha et sendormit.

Quant la damoiselle fut endormie/ si songa vng songe/ dont elle fut moult esbahye aincois quelle fust esueillee lequel elle trouua veritable/ aincoiz que gaires fust passe/ si comme le compte mesmes le deuise Il lui estoit aduis quelle sen issoit dune maison noire et tenebreuse/ et sen aloit en conduit auec vng liepart en telle maniere/ quelle ne le congnoissoit mie. Lors venoit vng monstre fol et oultraigeux/ et luy disoit/ Damoiselle vous mauez tollu ma viande/ si est bien raison que vous en mourez. Lors lui gettoit par mi la bouche vne si grande fumee/ que toute sa robe ardoit/ si se vit si a force esprinse/ q elle ne pouoit estre garentie. quant le lyepart vint a elle/ qui le feu lui destaignit. De ce songe fut elle si esbahye quelle sortit du lit toute nue/ Si se seigna et regarda tout ou tour delle/ pour scauoir se elle verroit le monstre qui toute la vouloit ardoir/ et tout mettre en feu Et quant elle apperceut que cestoit songe si se tint a moult durement esbaye Lors se vestit et appareilla/ et vint a Lancelot si lui dist Sire leues vous sus/ car il est temps de aler la ou dieu nous conduira a sauuete car ie le diz pour mon pere q̃ ne vieigne icy a nous ains que nous en soyons alez. Lors se vestit lancelot/ et appareilla et quant il regarda ses iambes si les vit si enflees de venim que a peine se pouoit il soustenir en estat. si prit toutesuoyes ses armes telles comment sen les luy auoit apportees: et print son espee bonne et belle. car le seigneur de leans sauoit baillee a la damoiselle.

Quant Lancelot fut arme bien et bel si dist a sa damoiselle quelle montast puis quelle sen vouloit aler auec lui/ et celle sapareilla si print asses de sa richesse de leans et en emplist deux coffres/ et les fist mettre sur vng palleffray car porter les vouloit q̃lq̃e part quelle tiengne sa voye/ Quant elle eut ce fait si print le meilleur palleffroy de leans et monta sus/ Et lancelot sur le destrier fort et isnel si sen partirent en telle maniere grant piece ains quil fust iour/ et sen allerent au ray de la lune grãt aleure parmi la forest la ou ilz voyent leur meilleur chemin.

Tant ont cheuauche q̃lz vidrent vne heure auãt le iour en vne plaine/ q̃ estoit hors de la forest/ et tãt que la damoiselle dist ta. Voire en non dieu fist il ce seroit biẽ a tẽps Lors appella quatre de ses sergẽs ou il plus se fyoit, et les fist armer tost et incontinent et lui mesmes se se arme si leur dist quilz le suyuissẽt. et quãt ilz vindrẽt a la maistresse porte si les accointa de ce que sen lui auoit compte et leur demãda comment sa fille auoit iette lã celot de la prison ou il estoit mis, et ie cuide fist il que elle soit venue pour lui porter armes et garnemẽs et pour ce veulx ie que nous attẽdi ons cy pour veoir q̃ ma fille fera, et les aultres dirent quil leur plaisoit ainsi, puis quil se vouloit.

La lune estoit moult clere, si que sen veoit bien parmi la court la fille qui ne se prenoit garde de lagaict de son pere Lors vint au guichet par ou elle estoit autresfois venue si sen yssit de hors, puis vint la ou elle cuidoit trouuer Lancelot, et quant il la vit venir si courut a lencontre si nasure comment il estoit et si nu. et elle lui donna robe et mantel de satin vermeil. puis lui dist Sire vous en vendrez huy mais auec moy et gerrez tout ainsi en ma chambre, et landemain aincois que le iour appaire ie vous appareilleray bonnes armes, et bon cheual et a moy par lesquel tropz bon et bel. puis nous en yrons ensemble Car ie ne vueil ceans plus estre pour mon pere qui est trop fel. et il dist, que moult durement se doubtoit a entrer leans desarme quil ne soit apperceu n̄e ayez nulle doubte fist elle, car ie vous conduiray sauuement Alez donc fist il car ie vous suyuray par tout la ou vous y rez, et celle entra ou guichet et lui apres, puis se adreca vers vne petite chambre qui estoit de soubz la tour si voulurent leans entrer, quant le pere a la damoiselle leur saillit a lencontre lui, et .v.viii. des cheualiers tous armez et prindrẽt la damoiselle, et Lancelot auec, si les batirẽt tant durement, et frapperent que a peu que la damoiselle nen mourut, car elle estoit ieune et ne auoit pas aprins moult grant mal a souffrir, si pleure et fait grant dueil puis dist Ha a Lancelot, certes beau doulz sire il me poise vrayemẽt plus de vous que de moy car tout ce mal auez vous or par moy qui ceans vous ay amene Mais dieu le scet que ie ne le faisoye se non pour bien, et pour dieu et pour

franchise auoir.

Quãt Lancelot vit la damoiselle si tẽn drement plourer si lui ãgoissa le cueur et le sang lui mõte en la teste, et le visaige lui eschauffa, et fut tant couroucé qł cuidoit biẽ du sens yssir Lors se eschappa des .ii. hõmes qui le tenoient et en tolut a lun son espee, et en donna a laultre tel coup parmi la teste q̃ mort l'abat au pie de la tour, et quãt les autres voy ent ce coup si ne loserẽt pas attendre aincoiz tournerent tous en fuitte, et entrerent ou palais pour paour de mort. Et Lãcelot les suy uit car il ne les vouloit pas laisser, et la damoiselle commenca a crier apres lui et lui dist Ha a sire or retournez, car vrayemẽt ilz vo9 occirõt se vous alez en auãt Damoiselle fist il ne vous esmayez, car si maist dieu ie les esbahiray tellement que il ny aura cellui qui n'ayt paour de mourir Lors iecta ius son mã tel pour estre plus legier, puis entra ou palais en telle maniere, qł trouua biẽ iusques a .xx. cheualiers qui regardoient ii. enfans qui iou opent aup eschez, si se frappa entre eulx ire et malentalente de la peine quilz lui auoient faicte si cõmenca a detrancher bras et espau les, et les fist suyr lun ça et l'autre la et si les sourprist, et occist et endõmaiga aincois quilz se fussent prins garde de lui, et si ne mettẽt nul le peine a eux deffendre a ce quilz ont perdu leur sens et leur memoire de la paour q̃ ilz ont eue Si fist tãt en peu de heure qł en a reuerse plus de .xxiiii. dõt les ames sõt alees a leurs disertees si courut par les chãbres et par les sol liers pour scauoir se il en trouueroit nul, si a tãt alle qł trouua en la maistresse chãbre le sei gneur de leans, si lui courut sus mais il sen fuit Car paour auoit de mourir, si se laca hors par vne fenestre pour garãtir sa vie si cheut si durement cõtre vng perron, qł se brisa le col Et quãt Lancelot vit qł estoit eschappe si retourna incontinẽt en la salle pour scauoir se il en trouueroit aucun, Et quãt il vit quil ne trouuoit pas amont ne aual, si reust la ou il auoit la damoiselle laissee, et elle lui demãda comment il a puis fait. Par ma foy fist il ie cuide q̃ il n'ya leans demoure homme vif.

A ha lasse fist la damoiselle cõment cy a male nouuelle a mon aduiz, car estre foue,/ et or me auez abaissie si durement que ie ne puis mourir sur terre ainsi comme bestes mues,/ ascoiz me auez en repos en la fi bece mode. Vous me meistes iadiz en sa plus haulte roe,/ et me teniez le mirouer deuant moy et me. veope tel et si bel que ie ne pusope nul autre deuant moy et ores mauez fait du tout le contrai re. Car ores me voiz ie le plus meschant, et le plus maleureux qui soit, car ie ne puis pas auoir tant seulement de ma volente comment le plus poure du monde, Car encores me sui se ie enrichy ne ne blasmasse mie ma destinee se les oyseaux de lair ou les chiens fussent repuz de ma chair et rassasiez, si que le demou rant de ma chair ne fust perdu, mais ma fin sera ores telle, que les plus viles du monde ne qui de terre iamais issirent mengeront ma chair. Ha ha dieu tant me vallist mieulx que ie ne fusse oncques ne, ne conceu, ne de pere en gendre que destre venu a si malle fin.

En ce que lancelot se guermentoit ainsi vint illec vne damoiselle qui se ap pupa dessus le puis, si luy dist. Sire cheua lier qui la aual estes, et que noz gens hayent tant. dictes moy comment vous auez nom, Et lancelot dresca la teste puis regarda amont mais il ne sa pouoit veoir, pour le puis qui trop estoit parfont, si luy respondit. Damoi selle iay nom le cheualier maleureux, qui fut iadiz le plus eureux du monde, Et quant elle ouyt ceste parolle si en eut grant pitie. Et luy dist. Ha ha cheualier ne vous descomfortez mie Car nostre seigneur vous pourroit aider sil luy plaisoit. En nom dieu fist il iay a nom lan celot du lac. Lancelot fist elle quest ce q vous dictes En nom dieu se vous estes icelluy lancelot qui fut filz au roy ban de benoic. par mon chi ef vous ny demourrez mie, aincoiz vous en iet teroye, quoy quil men deust auenir, par mon chief fist il ie suis son filz. Je vous prometz fist elle ny demourrez vo' plus. Car ce seroit trop grant domaige que vous mouriciez mes memet, en si vil lieu comme ceulx de ceans vous ont mis.

Atant sen partit la damoiselle, puis en tra en vne sienne chambre si prist vne grosse corde grande, et forte, et reuint au puis ou Lancelot estoit, qui lattendoit moult do

lent, car il cuidoit iamais nen issir Et la da moiselle vit qui luy aualla la corde tant quil la sentit, puis sa print aux mains. Et la da moiselle luy dist, Sire comment vous pour ray ie tirer amont qui si durement suis foi ble et de petit pouoir. Damoiselle fist lancelot puis quil est ainsi, que du peril de mort me voullez ietter, ie vous diray que vous ferez puis que vous estes si foible que vous ne me pourriez tirer amont, lyez sa corde, a vne de ces chaines si fermement quelle ne se puisse desnouer, et ie me tireray amont par le rema nant que ie tiengz, et celle dist que aussi feroit elle volentiers, Lors noua la corde a vng ar bre et luy dist. Sire vous pouez bien amont venir, car la corde est nouee et bien atachie al si comme vous mauez dit. Lors lancelot se print a la corde, et monta amont le plus tost quil peut, come celuy q grant haste auoit, Et quant il fut hors du puys, si ne sentit ne mal ne douleur quil eust, car tant fut ioyeux de desiurance, quil ne cuidoit iamais veoir nul le chose qui luy tournast a greuance, si en mer cya la damoiselle de tout son cueur, Et quat elle vit quil estoit tout nu, si en eut grant pi tie, si luy dist allez entre ses arbres que vous ne soiez cy trouue par aucune auenture, et ie re uiendray tantost a vous, En nom dieu fist il ie le feray voulentiers, mais aincois que la damoiselle partist de luy il luy demanda Da me dictes moy qui sont ceulx de ceans, qui tant me ont fait huy dennuy, et si ne sauoye ie pas desserui, Sire fist elle ce vous diray ie moult bien, mais que ie soye reuenue

Atant sen va la damoiselle, puis re clost vng guichet apres elle par ou el le estoit yssue que nulluy ne la veist Mais quat elle eut tout fait vint vng sergent qui de leas estoit Lors vint a son seigneur, et luy dist Si re il est ainsi q vous heez Lancelot du lac sur tous hommes pour vostre oncle le duc casses quil occist, et pour deux de vos freres quil na ura a mort, et pour ce sauez vous prise a for ce de gens et si sauiez mis en tel lieu donc vo' cuidiez q il ne pssist iamais. Non fera il fist il asseur en soyez vous aincz y mourra Or sa chiez fist il vrayement quil en est hors, car vo stre fille sen a iette a tout vne corde q elle y por

hardi que toy/car oncques pour chose que tu
visses ne te esmanapas de chose que nous te souffis
sions faire:si en fust vng aultre mort de pa
our mais certes ce na mestier car tu en mour
ras sans ce que ie ne te en occiray mie ne des-
pee ne de glaiue Aincois te feray mourir de la
plus mauuaise mort que oncq hõme mou-
rust. Lors le fist despouiller tout nu en brayes
& se fist tant batre descoigies a quatre sergeus
quil eut le cuir rompu en plus de .xx. lieux
si en faisoient le sang saillir. et lui nen faisoit
iamais semblant que sen lui feist nul mal &
sauoient ia tant batu que le sang lui en cour-
roit iusques a terre/Et quant ilz furẽt las et
trauaillez de se batre:si le laisserent a tant &
le cheualier q celia auoit fait faire se fait aua-
ler incontinent en vng puys noir & hydeux q
tout estoit plain de vers/dont leaue estoit en
uenimee/& quãtilz se entrent la mis en la pu
anteur de la vermine et des couleuures qui
moult grant mal lui faisoient et lui aduint
q si tost comme il fut en leaue pour le chault
et pour le truail quil auoit eu: si se pama de la
grant froidure quil trouua/& se heurta si du
rement a vne pierre/quil se fist vne grande
playe en la teste.

Quant les couleuures & laultre vermi-
ne sentirent Lãcelot & le sang qui de
lui yssoit et le trouuerent chault ilz lui couru
rent aux iambes/ et se mordoient amont et
aual & sentoit telle angoisse quil ne sceut onc
ques mais que douleure fussent/ mais ores
en auoit il tant commẽt cueur de hõme pur-
roit penser/& nõpourtant il se deffendoit ai-
si comme il pouoit et prĩt aux mains les cou
leuures toutes viues & les estraignoit si quil
leur esquachoit leurs testes/& ainsi les occi-
soit celles quil pouoit attaindre mais il estoit
si enuenime/quil en cuidoit bien mourir sans
confession/car quant il cuidoit ses iambes re
traire de leaue si les trouuoit si grosses & si en
flees que cestoit vne chose merueilleuse si com
me le venim lauoit ia sourprins, et il se plai
gnoit en son cueur de la meschancete qui lui es
toit aduenue & disoit Ha ha beau sire dieu or
ay ie bien deserui a mourir: si villainement
comment ie mourray ce mest aduiz, Car des

ormais voy ie bien que ie ne puis estre secou
ru ne dune part ne dautre car il nest mie ne
qui cy me peust trouuer/Aincois mourray cõ
me las et maleureux.

Ha, ha beau pere iesucrist pour quoy
souffristes vous oncques que ie nay
quisse de la bõne dame la royne de Benoic pour
mourir de si orde mort & de si villaine que õc
ques mais homme nen vit de autelle ne cre-
stiẽs ne mescreans. car au mois quãt ilz meu
rent reuiennẽt ilz a leur premiere mere cest la
terre ou ilz sont enfouiz dedens si que mau
uaise nouuelle ne leur en vienne a eulx ne
a leurs amis/mais moy las & maleureux su
is auironne de toutes maleuretez/car la ter
re mesmes qui tout retient me tient a si vile
creature quelle ne daigne mie transgloutir de
ma lasse charongne vng petit/mais ya plus
mauuaises choses comme couleuures et ver
mines Hee dieu fut il oncques mais nulz hõ
mes liurez a si grant honte comment ie suis
qui suis astraict de la plus haulte lignie que
len ache, ha ha dieu tant perdras huy la ta
ble rõde en ceste mort ha ha Booit beau doulx
ami vous auiez la plus haulte cheualerie cõ
mencee que oncques mais homme de vostre
aage commenca/ tant vous perdrez en ceste
mort, Car se ie vesquisse longuement ie meis
se vne couronne dor en vostre teste car.il mest
assez plus de vous que de moy, et vous ma
dame la royne qui me auiez mis au prix ou
ie estoye, et par qui iay fais tous les grans
faiz/dõt le siecle parle/ certes de vous ne scay
ie que dire fors que dieu vous tiengne en tel
le beneurete/ou il vous a mise et ou grãt pou
uoir, he dame de ceste villaine mort ne sauez
vous ne vous ne homme qui congneu me ait
Car certes mon ame & mon corps en seroiẽt
tristes a tousiours mais.

Tant plaint Lancelot sa meschansete
et tant se demente quil est si failly, q̃
se assise sur vne pierre qui estoit emp les puys
si blasma tãt fortune/& disoit a fortune faul
se & meschante mauez vous tant mõte en ter
riennes beaultez, et en terriennes prouessee &
en toutes autres vertus par quoy hõme doibt

E iiii

il ostast les lettres qui sur le perron estoient car lauenture ou ses cheualiers demouroient estoit faillie/ et quant le preudomme en sceut la verite si en fut moult lye et osta les lettres tout ainsi comment sen lui eut mande. Lancelot cheuaucha tout le iour iusques a heure de nōne/ a tant cheuaucha quil encontra vng cheualier arme de toutes armes. et fut monte sur vng cheual courant a Lācelot le salua/ a quāt il le vit si ne dist mot fors tant quil lui demāda. Sire cheualier qui estes vous. Et il lui dist quil estoit de la maison au roy artus et ay nom Lancelot Voire fist cellui par mon chief mal venistes ceste pt, car vous en mourrez aincoiz que le iour faille Lors retourna tout le grant chemin quil estoit venu si grāt erre cōment il peult Quant lancelot eut ouy cellui qui le menacoit si lui commenca a crier Par mon chief mal me prenacastes car a qui quil en viegne dōmaige vous le comparrez le premier Lors point vers lui le glaiue de rechief. a quant cellui le vit venir si ne losa attendre. aincoiz tourna en fuitte a quāt il vit quil ne se pouoit attaindre si laissa la chasse a cellui sen va qui auoit paour de mourir a Lācelot cheuaucha tant quil vint en vne prairie de lez vne tour ou il y auoit grant plante de cheualiers qui estoient tous armez deuāt la porte du chastel/ et bien estoient trente ou plus.

Quant Lancelot vit les cheualiers ainsi arrengiez parmi le chemin si se merueilla moult durement pour quoy ce stoit Car il ne cuidoit en nulle maniere que ce fust pour luy, puis vint vers eulx cheuauchant Et ceulx lui escrierent quant il fut assez pres quil estoit mort: si sont tous auironne de toutes pars/ a lui coururent sus tous ensemble et quāt il les vit venir: si ne les redoubta pas comme cellui qui ne craignoit auēture nulle qui aduenir lui puisse/ a sadreca cōtre cellui qui premierement venoit/ et le frappa si durement quil lui mist le glaiue parmi le corps a plus de dix le ont erraument frappe si que ilz lui occirent son cheual de soubz ses cuisses a il cheut incontinent a terre comme cellui qui ne sen donnoit garde Mais tost resaillit en pies

moult prinsement: si tira lespee moult ire de ce quilz lont ainsi surprins si commēca a donner grans coupz enuiron lui a leur couppa escus et heaulmes, et occist cheualiers a cheuaulx: si estoit tant legier a viste que nul ne le veoit qui a preudomme ne le tenist a se deffendit si bien quil nest nul qui mieulx le peust faire Mais ceulx lanuairent quil ne se voulloient mie laisser Ains se tindrent prez a sup donnerent grans coupz sa ou ilz se pouoient attaindre mais ce nestoit pas souuent/ car il se deffendoit si bien quil ny auoit si hardi qui de lui osast approcher fors que par eschappees a nō pourtant tant lui ont fait de petites plaies, et de grandes quil a assez perdu de son sang mais pour ce nestoit il sas ne trauaillie aincois frappa grans coupz deuant a derriere tāt qil ny a cellui qui a preudomme ne le tiengne si poise moult a telz pa de ce quilz lont ainsi assailli, car tant le voyent preudomme que en nulle maniere ne lui voulsissent mal faire Lors saillit auant vng cheualier arme moult richement si print lancelot aux bras et il sentre ruerent a terre le cheualier dessoubz a Lancelot dessus et incontinent coururent a lancelot tous sur lui/ a lui osterent lespee du poing par fine force a lui aracherent le heaulme de la teste et le desarmerent Lors lui dirent qil se rendist ou ilz locciroient a ilz dirēt tous ensemble que ce seroit vray. a il dist que autant lui estoit se ilz occisoient comme se ilz le laissoient Lors commencerent a lui donner de grans coupz sur le chief du plomb de lespee chascun: si que en plus de sept lieux en faisoient le sang voller mais oncques ne disit ne ne fist semblant que a riens lui en fust Lors vindrent chieux le cheualier qui au bras lauoit prins: si lui vint le cheualier lespee traicte et faisoit semblāt que la teste lui voulloit coupper/ a Lancelot qui bien veoit le coup de lespee venir nen faisoit nul semblant quil en eust nulle paour.

Quant cellui vit Lancelot/ qui estoit sans nulle paour mesmement en tel peril si lui dist ha ha larron voirement estoit il vray ce que len disoit de vous, car chascun disoit quil nauoit homme au monde plus

Celle nupt fut Lancelot serui a sa vou lente/car ceulx de seans se penoient moult fort de lui seruir pour lamour de luy et pour seur deliurance/& quant ilz eurent mengie par loisir si lui firent son lit en vne moult belle chambre soing de gens affin quesa noise ne lui feist mal Au matin quant ilz furent leuez/et il eut prinses ses armes si demanda a vng cheualier du royaulme de sogres sil lui pourroit faire vng messaige. seurement fist icelluy cheualier il nya au monde si estrange lieu pour ou gens puissent aler que ie ny allasse pour lamour de vous/Et cil sen mercya moult et sui pria quil allast iusques a kaamalot ou vous trouuerez le roy artus & madame la royne/Si la saluerez de par moy/ et presenterez a madame la royne ces eschez En luy comptant toute sa merueille & comment ie les ay gaygnez & il lui dist que cella feroit il bien voulentiers.

Alors print le cheualier ses eschez & les chiquier/ Si monta sur son cheual & se partit de Lancelot & de ceulx de se ans/ si cheuaucha tant par ses iournees quil vint a kaamalot ou il trouua ses logeis pour se tournoiement qui duroit bien vne lieue de long Lors cheuaucha tant quil entra en la cite de kaamalot la ou il trouua le roy entre ses barons Et de coste lui seoit sa royne. et le cheua lier qui bien congnoissoit le roy et la royne si se agenoissa deuant eulx: si tost comment il les vit les salluant lun apres lautre, de par Lacelot du lac. Et le roy se dressa incontinent si courut le cheualier acoller car moult estoit ioyeux decelle venue Si demanda comment se faisoit Lancelot son amy/et le cheualier lui dist quil na mie granment quil le laissa sain et haittie Et lors lui presenta le schiquier puis apres ses eschez qui estoient en vng sourcil de soye si se agenoissa deuant la royne et si luy dist dame monseigneur Lacelot du lac vous sallue et vous enuoye ces eschez par conuenant que vous ne veistes oncques telles merueilles & aussi riches pouez vous bien auoir veues.

Quant le roy ouyt ces nouuelles si en fut moult ioyeulx si se fist bailler les

eschez pour les veoir/et les autres barons si se rassirent car ilz voulsoient veoir les merueilles des eschez/Et quant le cheualier les eut monstrez Si disrent tous quilz estoient beaulx a merueilles/& affermerent que oncques ne en virent de pareilz/Et le cheualier les assist en droit ordre ainsi comme len doibt faire quant len veult iouer,& luy dist. Sire or appellez celluy qui plus en scet du ieu/et ie vous dy vrayement quil nen saura ia tant q̃ nen soit matte en langle Et le roy dist quil iouera lui mesmes/non serez sire mais laissez iouer madame la royne qui plus en scet q̃ tous ceulx du monde/Et le roy lottroya si fist la royne asseoir au ieu et celle si assist et commenca a iouer au mieulx quelle peut Mais moult se merueillerent ceulx de leans de ce quilz virent que les eschez iouoient a par eulx/si le tindrent a enchantement et enchantement estoit sans point de faulte La royne si mist moult grãt peine de iouer et moult y mist son entente mais oncques ne sceut si bien iouer quelle nen fust deceue au derrenier Et lors commenca le ieu par se palais de ce que la royne auoit le ieu perdu/si sen ala le roy gabant et la royne demãda au cheualier qui les auoit apportez se Lancelot y auoit autresfoiz ioue/ dame fist il ouy Et comment en eschappa il fut il point matte/dame fist il nenny ains gaigna le ieu Et que diroye ie fist le roy de lancelot ie nen scaroye dire chose qui ne y fust/ne nul ne se pourroit a luy prendre/Et ia dieu ne maist dame, il vous a donne vng beau don, quãt ces eschez vous a enuoiez/car oncq̃ mais ne dõna hõme plus beau ioyeau a la royne. Lors fist donner a celluy qui apportez les a uoit bonnes armes & bons cheuaulx/& vais selle aussi tant comment il voulut. Et la royne luy en dõna tant quil en fut riche tous les iours de sa vie & les sies/ si attendirent tãt en telle maniere iusques aux huytaines de la magdaleine/que le tournoiement y deuoit estre.

Quant Lancelot ce fut parti de la feste si print vng varlet ou il auoit la nupt couche/si fist scauoir au cheualier laue ture ainsi comme elle alla/et lui manda que

E iii

Et il lui promist que si feroit il, puis quelle le vouldroit. si compassa ungz eschez dor et dargent les plus riches que nul homme veist onc ques, a lui mesmes fist ung eschiquier dune pierre precieuse, et quant il eut fait les eschez et leschiquier si les apporta ung iour deuant sa dame et lui dist Ma damoiselle vecy ungz eschez mais semblables ne veistes vous onc ques nulz autres Comment fist elle En nom dieu fist il ie le vous monstreray bien. Lors assist en telle maniere les eschez comment len les doibt asseoir quant len ioue. puis dist a la damoiselle quelle preinst lesquieulx que elle vouldroit. Car iouer lui conuenoit. A qui fist elle noseroye ie iouer a vous, certes vous ny scauez riens enuers moy. Or iouez donc fist il, car ie scay bien que vous nen saurez ia si bien iouer que vous nen soyez vaincue et mattee en langle. Et quant elle ouyt cessa si tira ung ppon auant pour scauoir que ce seroit et incontinent en saillit ung aultre auant sans ce que nul y meist oncques la main et elle en tira encores ung autre au mieulx quelle peut et ung autre ppon reuient encontre. Et quant elle vit quilz iouoient contre elle sans ayde daultrui, si se pena de bien iouer pour veoir qlle la fin en seroit car elle scauoit plus des eschez q femme qui adoncques fust Mais oncques si bien nen sceut iouer qlle nen fust mattee en langle Et quant elle eut perdu le ieu, si dist q moult y auoit belle maistrise, et que soubtiuement a uoient este ouurez, si demanda se tous ceulx y seroient mattez qui ioueroient a ces eschez Nenny dame fist il, car ung cheualier vendra gracieux ame et desire sur tous autres q tant saura deschez, et dautres ieux que len ne trou uera nul son pareil en tout le monde et par cel lui la seront mattez les eschez. Mais tous les autres y seront mattez fors que luy seul, Si durera sa force de ce ieu iusques a sa mort Et alors fauldront en telle maniere que ia ne ioueront plus par eulx.

Ainsi fist le clerc ceste dance par telle achoison comme vous auez ouy, et la termina se mest aduiz iusques a vostre venue. Et apres ce quil eut dure longuement Si mourut le clerc, et celle pourquoy ce auoit este fait. Et ceulx qui dancoyent demoure rent en sauenture ou ilz estoient retenus par lenchantement dont ilz ne fussent iamais sortis se ne fussiez vous, mais dieu vous a icy ame ne, parquoy ilz sont issus de leur folie et reue nus en leur memoire, et se autre bien neussiez fait en vostre vie que cestuy si vous en doit tout le siecle priser et louer car moult vous est grant honneur aduenu.

Or conuient il fist Lancelot puis que ceste auenture est menee a chief q ie voye celle des eschez. Car autrement ne men pour roye ie aller que ie nen eusse honte. Lors com manda que les eschez fussent auant apportez et len les y apporta a tout leschiquier, et Lancelot commença a regarder, si les vit moult beaux et moult riches et soubtillement ouurez Lors print ceulx dargent et ceulx dor et les assist Si commença a traire et a iouer des ungz et a remuer le paunet de coste la fierce et aussi fi rent les aultres eschez Quant il eut grant pie ce ioue du paunet, si remua son ieu par force de soultiuete et remua les cheualiers puis les rocz en telle maniere quil ny a celui de sa com paignie qui nayt bonne garde sur lui, puis double ses rocz si ioue a destre de ses cheua liers, et tant mena son ieu par engin voyant tous ceulx de leans quil salua le roy en lan gle, si lui dist mat du paunet, quant ceulx de leans virent ceste chose, si se tindrent a moult grant merueille et si distrent a Lancelot. Sire les eschez sont vostres, quant vous auez le ieu gaigne Si sachiez vrayement, puis que vous nauez este icy matte en ceste chose qui faicte estoit pour espreuue de sens et de proues se que ia iour du monde ne serez matte, puis que par ses eschez ne lauez este et est une chose qui moult vous asseure que aussi ne serez con quis par prouesce darmes neant plus q vous auez cy este Et alors dist que de ceste auentu re estoit il moult ioyeulx ne oncques mais na uoit oup nulle chose qui autant lasseurast Si commença a iouer, et a faire grant feste Et tous ceulx de leans aussi, car moult sont fort ioyeulx de ce que dieu les a ainsi deliurez par Lancelot. Si appareillerent a mengier et a boire, car bien en estoit temps.

Ban prenoit moult grant plaisir a la dance Et aux damoiselles qui si bien chantoient et le clerc qui ieune estoit regarda celle qui estoit en la chaere assise, si la vit tant belle et tant clere quil lui estoit bien aduis, que de bonne heure seroit ne qui de celle pucelle auroit sa ioye, si lama tant quil dist en soy q̃ iamais ne auroit ioye en son cueur sil nen auoit ses voulentez mais il ne veoit pas comment ce pourroit estre. et quant le roy eut grant piece regarde la dance dist que trop mieulx seroit seant se chascune damoiselle auoit son cheualier. et y fist prestement descendre six de ses cheualiers qui auec lui cheuauchoient. si les fist prendre a la dance si que chascune delles tenoit son cheualier et quant celle qui estoit en la chaere vit celle belle compaignie si dist que de bonne heure seroit ne qui auroit tousiours telle ioye et si belle compaignie.

Quant le clerc ouyt la damoiselle parler si respondit Certes damoiselle encores se vous vouliez auriez vous plus belle que ceste cy nest et en telle maniere que elle dureroit toutes les heures du iour q̃l feroit beau temps aussi bien en yuer comment en este. En non dieu fist elle ce voudroye ie bien, ne il nest chose en ce monde que ie nen feisse pourueu quil fust ainsi comment vous dictes, car ie ne pourroye auoir nul si bel deduit ne si plaisant comme cestuy cy seroit Adonc lui respondit le clerc se vous me voullez donner vostre amour disant que autre amy de moy ne serez et le me promettrez par deuant monseigneur qui cy est ie vous feray encores mieulx que vous ne dictes, et si vous diray comment Tout premierement ie vous retendray ceulx qui cy sont en telle maniere que ia en leur viuant ne seront las de dancer. car ilz danceront et yuer et este et toutes les heures quil fera beau temps, Et pour ce quilz seroient peu de gens se plus nen y auoit feray ie tant q̃ tous ceulx qui entreront en ce pre qui ameront ou qauront ame y demoureront en telle maniere que de nulle aultre chose ne leur souuendra, et tout ainsi comment ilz vendront ilz danceront et silz viennent armez armez seront, et se ilz viennent desarmez desarmez seront, tous les iours iusques a vespres, et puis entreront en celle tont pour mengier et se y reposeront toutes les nups, et demourera ceste dance tant comment nous viurons et apres nostre mort ne defaillira elle mie pour auenture qui y auiengne deuant que le meilleur cheualier du monde y vendra. et adonc fauldra la dance par telle maniere comme elle sera commencee, car len la commencera fist il par vous damoiselle q̃ estes la plus belle damoiselle du monde Et demourera iusques a ce que le meilleur cheualier et le plus beau du monde y vendra car ainsi comme elle commencera par beaulte se finera par beaulte aussi.

Quant la damoiselle ouyt ainsi parler le clerc, si le tit a moult grant mescongier, Car elle ne cuidoit en nulle maniere, q̃l le peust faire, si lui pmist loyaument q̃ elle feroit tout ce quil vouldroit sil pouoit faire cela quil auoit promis et il dist quil luy souffisoit Et incontinent ietta son enchantement sur les cheualiers que le roy Ban auoit enuoiez a la dance tellement que oncques puis ny eut cellui qui en peust partir, Et ainsi fist il des pucelles a la royne. Et quant le roy vid que la chose estoit si a bon escient menee. Si dist que sa couronne ne pouoit il pas mieulx employer que au meilleur cheualier du monde et au plus beau, si la laissa en telle maniere en la chaere, que cellui seust par qui leschatement fauldroit. Et ainsi se partit le roy Ban et le clerc demoura auec la damoiselle, Mais de telz y en auoit qui oncques puis nen peurent partir et aincois y furent retenus par la force de lenchantement, et tant que ien vy bien pour vng iour Cent et cinquante qui tous y demourerent.

En telle maniere durerent les dances plus de quatorze ans, et tant quil ennuya a samie. Si pria la damoiselle au clerc son ami quil deffeist son enchantement Et il dist quil ne pourroit estre deffait deuant le terme quil auoit mis. Or vous prie ie donc fist elle dautant comme vous me amez q̃ vng autre ieu no' faciez en quoy nous nous puissons esbatre et gardez que tous ceulx qui le verront le tiennent a soubtillement ouure,

E ii

fait crier il y a plus de ung mops Si ne de-
mourra ia grande dame qui ny viengne. Et
quāt mōseigneur gauuain opt ceste nouuelle
si dist quil proit car il pēsoit bien que Lācelot y
seroit se il en auoit oy pler et pource dist il au
cheualier et a la damoiselle que il leur fera
compaignie, mais atant retourne ores a Lāce-
lot, et a ses auentures et comment il fut deli-
ure des dances ou il sestoit mis

¶ Comme Lancelot fut assiz en la chaere dor
et commēt il conquist les eschetz qui iouoyēt
sans que nul les touchast. Et puis les en-
uoya a la royne Genieure. ⁊ Chapitre

Or dit le compte que quant le
Harlet eut laisse les dances
ou Lancelot estoit quil sen al-
la graut erre, et entra en sō
chemin, car bien lui estoit aduiz q̄ trop auoit
demoure: si en faisoit moult grant dueil ⁊ lā-
celot se degoisoit et chantoit comment les au-
tres, si demoura illecques iusques aprez ves-
pres ⁊ quant il fut temps de soupper il vint
a lui une damoiselle, ⁊ lui dist. Sire il vous
conuient aller seoir en celle chaere, si vous
mettrons ceste couronne dorē sa teste et il
dist quil ne auoit cure ne de couronne ne dau-
tre chose fors que de soulaz et ioye. si conuiēt
il fist elle que vous y venez pour scauoir se
nous pourrions par vous estre deliurez de
ceste follie ou nous sommes ⁊ bien fist il vou-
lentiers, puis que le voullez, si sen alla asse-
oir en sa chaere et elle lui presenta la courōne
sur sa teste, puis luy dist. Beau doulx sire
or pouez vous bien dire que vous auez la cou-
ronne vostre pere sur vostre teste, et il regar-
de si vit cheoir damont la ioue dun ymaige
qui estoit fait en semblance de roy entaillie
moult richement, si cheut si durement a terre
que toute elle fut cassee ⁊ incontinent faillit
lenchantement: si reuindrēt tous en leur droit
ses, ⁊ en leur bonne memoire dont ilz auoit
longuement este souffretteux, ⁊ quant Lan-
celot se aperceut quil auoit une couronne dor
sur sa teste si la print et la ietta a terre ⁊ sault
hors de la chaere ou il ne deuoit mie estre se
lui estoit aduiz pour ce que signe de roy signi-

fioit, et tous les cheualiers dames ⁊ damoi-
selles se coururent accoller en lui faisant la
greigneur feste du monde et lui dirent Sire
benoitte soit leure que vous fustes ne et que
vous venistes ca, car vous nous auez iectez
de la plus grant follie ou gens fussent onc-
ques dont nous ne fussions iamais yssus fors par
mort se dieu ne vous y eust amene.

Atant ameinent Lancelot en la tour
la mont, ⁊ la se desarmerent. ⁊ vint la
auant ung vieil cheualier qui lui dist Lance-
lot le filz au roy ban de benoyc vrayment di-
soye ie bien que ia les enchantemens de ceās
ne faudroient deuant que vous y vendriez
si est ore bien esprouue que vous estes le meil-
leur cheualier du monde, et le plus beau si
vous doiuent moult amer ceulx de ceans car
ilz nen fussent iamais hors se par vous ne
fust. Sire fist Lancelot, or me dictes cōment
ceste auenture aduint, car tous ceulx qui en
ces dances entroient perdoient le sens ne nen
pouoient partir. Sire fist il ce vous diray
ie bien.

Il aduint que le roy artus quāt il eut
fiancee la royne genieure ⁊ les nop-
ces durēt estre faictes tant q̄l y auoit de haulx
hōmes conuenoit quilz venissent en ceste ter-
re pour leurs fiefz receuoir, ⁊ pour lui faire
hommaige, si aduint bien a quinze iours
apres q̄ les nopces furent faictes q̄ le roy ban
vostre pere cheuauchoit entre lup ⁊ ses cheua-
liers parmi ceste forest, ⁊ quant il vint deuāt
ceste place, si trouua deuāt les arbres, q̄ vous
veistes ores gens qui dancoient ⁊ chantoient
une nouuelle chansson qui auoit este faicte
nouuellement de la royne genieure, ⁊ au mi-
lieu de celle dance y auoit une damoiselle la
plus belle du monde, Et le roy ban estoit de
grant aage, ⁊ non pourtant il ny auoit cheua-
lier en sa compaignie qui tant fust ioyeulx
comme il estoit, si se arresta pour veoir la dā-
ce ⁊ aupres de luy ung sien cousin clerc moult
bel ⁊ gent ⁊ moult bien fait de corps ⁊ saige
hōme, mais oncq̄s nauoit ame par amours
⁊ si estoit lomme du monde qui plus scauoit
de enchantemens, ⁊ de nigromance, le roy

Et il les pourſupuit tant quil en occiſt les .iiij. & les aultres ſe fraperēt tant durement au foſſe ſi paſſent oultre/et par cella furent tous eſchappez/Et Boort vint au cheualier conte qui la vouloit ſtre frere a la damoiſelle mettre de priſon a tout ſes preuier/puis ſe rendit a ſa ſeur/et quant le vit venir ſi fut moult ioyeuſe: ſi lui alla a lencontre les bras tendus et ſi la baiſe plus de quinze fois/et ſe laiſſa cheoir aux piez Boort/ſi lui commenca a baiſier la chauſſe et le ſoullier puis diſt. Ha ha cheualier ie ſuis voſtre damoiſelle ou que ie ſoye car vous me auez miſe en la greigneur ioye ou ie feuſſe onɋues ie vous prie pour lamour de dieu que vous me diez qui vous eſtes ſy que ie ſache dire qui ceſte grande bonte me a faicte/et il lui diſt. et quant elle le congneut ſi lui pria quil demouraſt auec elle pour hebergier. et il diſt quil ne pouoit Ains ſen partit a tant ſans plus ſauoir qui le cheualier eſtoit & cheuaucha tout ſe iour tant ɋ ſa nupt ſe ſourprint. Mais toutesuoyes erra il tant quil vit chiep vng foreſtier a lentree de vng bois/et puis demanda ſe len ſe pourroit hebergier & il diſt que oup moult bien/ſi le firent deſcendre et deſarmer.

Au ſoir quant le ſeigneur fut venu et il vit Boort/ſi lui fiſt moult grant ioye pour ce quil ſcauoit bien quil eſtoit cheualier errant/et quant ilz eurent mengie ſi lui demanda le ſeigneur ou il alloit. Sire fiſt Boort ie vouldroye eſtre a Kaamalot ou il doibt auoir vng tournopement aup. viii. de la magdaleine/par mon chief fiſt il vous dictes voir/car ſes loges y ſont ia dreccees ou les dames & les damoiſelles ſeront pour veoir les cheualiers Celle nupt fut Boort bien hebergie. Au matin quant il fut leue ſi print congie et ſen partit et acueillit ſon chemin droit vers Kaamalot/Car il vouloit bien eſtre a ſa aſemblee.

Comme lermite de lermitaige ſecret diſt a monſeigneur gauuain la ſigniſiance du ſerpent/et du liepart et comme il enmena auec lui a kaamalot la damoiſelle la ɋlle auoit gari Lancelot de lenuenimement quil auoit prins en la fontaine.   iiii. Chapitre.

Or diſt le compte que quant meſſire gauuain ſe fut parti de ſer mitaige a qui il eut compte la ſigniſſiance du ſerpet/& du lyepart quil cheuaucha tout cellup iour penſif a merueilles de ce que ſe preudomme luy auoit dit/Si fut fort a malaiſe de ſa mort que celſui lui auoit briefment aterminee/Mais pour ce quil ne veoit mie bien/comment cellui puiſſe veoir les choſes certaines qui ſont a aduenir/ne ſencreut il mie du tout. ſi en fut pluſaiſe. Ainſi cheuaucha monſeigneur Gauuain maincte iournee demandant nouuelles de lācelot du lac/Mais il ne trouua perſonne qui riens lup en diſt/Si cheuaucha tant & en telle maniere vne heure auant & lautre arriere quil vint pres de kaamalot a moins de. vi. iournees/ Si lup aduint quil cheuauchoit parmi vng bois/ſi attaingnit vne damoiſelle vng cheualier & vng eſcuier/ſi les ſalua & ilz lui dirent que dieu le benyſe. Beau ſire fiſt monſeigneur gauuain / ſcauez vous nulles nouuelles de vng cheualier que ie demande/Et que allez vous querant fiſt il/ie vois querant monſeigneur Lancelot du lac. pour quoy le querez vous fiſt la damoiſelle/et il leur compta comment la royne lauoit diſt a court/et pour la paour de ſa mort ſommes nous entrez en queſte plus de dip cheualiers de la maiſon au roy artus. En non dieu fiſt la damoiſelle il ne a mie plus de ſip iours ɋ ie le vy ſain et haittie vers le chaſtel de corbenic/et parlay a lui longuement de vne auenture qui me aduint/ceſt ɋ deup cheualiers me euſſent deſpucellee ſe ce ne feuſt il/et ceſtoit la damoiſelle qui Lancelot auoit gary de ſeue nimement quil auoit prins a la fontaine/ſi lui compta comment elle auoit gary Lancelot.

Quant monſeigneur gauuain entendit ceſte nouuelle/ſi eut moult grāt ioye tant quil en oublia tous ſes ennuys. lors lup demanda quelle part elle prout/Sire fiſt elle a kaamalot pour veoir le tournoiement qui y ſera de demain en huyt iours/ Tournoiement damoiſelle fiſt il/& comment le ſcauez vous ie le ſcay bien/Car le roy artus la

Tant erra Boort quil vint à heure de tierce hore du iour/puis trouua vne moult belle prairie. & en cheuauchant vng moult estroit sentier se arriua en bas a vne forteresse qui estoit close de bone fossez & par fons plaine de taue. Et quant il vint la si trouua le pont qui ia.estoit leue. Et vne damoiselle qui esgratignoit son vis/en faisant le greigneur dueil du monde/ & disoit. Ha ha lasse que pourray ie faire. Quant Boort vit quelle faisoit tel dueil si en eut grant pitie. Lors vint a elle. & lui dist Ha ha damoiselle dictez moy que vous auez Car se ie vous en puis aider. ie ne vous fauldray ia. Sire fist elle. iay tant de mal que onques nulle poure chetiue nen eut plus. Car ie portoie maintenant vng espreuier parmi ceste prairie. & tant que ie le iettay a vne aloe; si faillit & monta en essoires de ceste maison. Et quant vng mien frere cheualier, qui auec moy estoit vit cela, si courut apres, Et passa oultre tout a cheual. Et en sen reuenant a tout loisel. Si lui saillirent a lencontre.ij. cheualiers qui leans estoient/ & le prindrent a force/ puis le mirent en leurs prisons dont ie suis tant dolente que ie voudroie bien estre morte. Car se ilz se tuent, il ya vng cheualier en ce pays qui toute me desheritera/ & ainsi me conuendra estre poure & souffreteuse, qui iusques cy ay este riche & puissante.

Damaiselle fist Boort sauez vous bien que vostre frere est leans. Sire fist elle ouy Car ame nen issyt puis que ie y veisse. Or ne vous esmaiez fist il/ car ie le vous rendray a laide de dieu/ Lors vint au fosse dempres la maison/ puis monstra au cheual le sault/ puis retourna & vint poignant vers le fosse Et le cheual par sa force saillit oultre que onques nen mouilla son pie/ & entra en sa maison & trouua deux cheualiers qui se faisoient desarmer si leur dist. Beaulx seigneurs/ & dun cheualier qui ceans est venu querre vng opsel ou men dictes nouuelles se vous les sauez. Et lun le regarda promptement/ si lui dist oirquil seulement/ pour quoy le demandes vous/ pour ce dist il quil me poise de loultraige que vous lui auez fait. Car vous sauez pline sans raison/ si comme len ma fait entendant. Et len vouldrez vous vengier fist cellui qui a lui parloit/ En nom dieu fist il oup. Beau sire fist laultre. Tel cuide vengier sa honte que sa croist Et ie le dis pour vous. Car plus lui croistroit son dueil/ que sa vengence. Je ne scay fist Boort qui vous menacez. Or se me rendez, ou vous le comparrez. Lors descendit de son cheual/ si tira son espee, & mist son escu deuant soy, et leur courut sus chierement de tous costes, Et ferit si durement le premier quil encontra du plat de son espee, quil le fist voler en terre car du trenchant ne le vouluut il point frapper/ pour ce quil estoit desarme. Et les sergens coururent tantost aux armez. Et il happa laultre cheualier au bras, si le ietta a terre en suy disant, quil lui rendist cellui quil queroit. En nom dieu fist il/ ie ne cuide pas que tu aper hardiment de moy occire. Et quant Boort ouyt cela, si hauca lespee & le ferit si durement du pommeau de lespee quil se blesca tresfort. puis fist semblant quil lui voulsist coupper la teste, et quant il vit le coup venir si eut grant paour de mourir, & lui cria mercy en disant. Ha ha franc cheualier ne me tue mie, pour dieu mercy, mais laisse moy viure. Et ie te rendray cellui que tu es ceans venu querre. Or se me bail le fist Boort, & ie te lairray atant. & il lui promist puis remist son espee au fourreau. Lors vit issir dune chambre iusques a.vi. sergens armez de bons haubers. & de bons chapeaulx de fer, de bonnes haches trenchans. Si coururent sus a Boort, la ou ilz se pouoient attaindre. Car oncques ne se laisserent pour le cheualier de leans, qui assez leur deffendoit. car ilz cuidoient quil le voulsist bien. Et quant Boort vit que deffendre lui conuenoit, si tira son espee, & mist en soy grant deffensse. Car grans coups leur donna la ou il les pouoit attaindre. Et frappa si durement le premier quil attaingnit, que pour le chappel de fer/ ne demoura mie quil ne lui mist lespee trenchant parmi la teste & labatit a terre aussi estonne comme cellui qui na vre est & mort

Quant les aultres virent na vre a mort cellui qui estoit le plus preux deulx tous si sen esbairent moult/ car ilz voient cellui qui grans coups leur donnoit, & menu, & souuent, & la ou il les pouoit attaindre. Et pour ce se mirent en fuitte, & tournerent le dos conquis. Et ilz dirent quilz ne scauoient/ Mais qͥl en fist a sa volente. Or vous diray donc fist le roy cōment ie en feray puis q̄ vous ne men scauez cōseiller ie vous diray tout mō cōseil pour lōneur q̄ dieu ma dōne en ceste place Je vueil quil y ait icy vne chappelle ou nostre seigneur soit serui/ et honnoure a tousiours et veulx quelle soit demain commencee/ mais deuant que nous partons dicy ie vueil qͥlle soit acheuee. Lors manda macons pres τ loing: si que aincois que se mops fust passe fut ce lieu apointe ainsi comment vous voyez Et pour ce fist il affin que ce ne soit mie doub table chose de lonneur que dieu ma donne de mouriala ccurōne/ τ le corps au roy sera ceans si q̄ cela sera tesmoīg de ceste chose a tous les iours que ceste chappelle durera.

Quant loeuure fut menee affin: moy q̄ auoye este naure en sa bataille si que ien cuidoye bien mourir/ priay au roy que pour dieu me laissast ceans vser τ demourāt de ma vie, car ie auoye voue au commencement de la bataille que se dieu men donnoit eschapper sans mort que ie ne seroye plus au siecle, ains me rendroye en aucun lieu pour dieu seruir et pour ce q̄ le roy mauoit moult ame si men donna enuys le don. Mais toutesuoyes pour lamour de ses barons qui sen prierent τ aussi pour ce qͥl dit q̄ ma volēte y estoit le me ottroya si me laissa ceās rētes pour moy vīure τ a tous ceulx qͥ apres moy vēdrōt Et quant il sen fut alle ie me pourchassay, tant par ce pais, que ie trouuay vng homme moult vaillant, qui me garit. Et lors me fiz ordonner/ τ fiz tant que ie fuz prestre ne oncques puis dicy ne me remuay/ ne nen viz ōcques puis nul de par eulx fors vous. τ vng filleul du roy ban quon appelloit banin. Cellui me compta assez nouuelles de vostre pere τ de ma dame vostre mere qui mourut en si bon lieu comme en religion.

Tant parlerent ensemble lermite τ booort quil fut temps daller coucher/ si fist lermite coucher booort en vne chambre ou len couchoit les passans. Au matin quant il eut messe ouye/ si se partit de leans/ τ che-

uaucha iusqͥ a heure de prime. Lors encōtra vne damoiselle q̄ cheuauchoit vng palefroy noir/ et fut a lissue dvng bois p deuers morpheu si la salua/ quāt il vit pres de elle. τ elle le regarda grant piece τ quāt elle leut bien auise/ si lui demāda qui il estoit. Et il dit quil estoit de la maison au roy artus/ τ cōpaignō de la table ronde/ τ a a nom boort de gannes/ τ quil estoit cousin monseigneur lācelot du lac. Se maist dieu fist elle en tant q̄ vous estes cousin lancelot du lac ny auez vous nul hōneur, car vous estes vng des plus couart cheualiers du mōde/ Damoiselle comment. Certez ie le vous diray Ne geustez vous pas ersoir chiep le roy pescheur. ii. nuys pres apres ne oncques ne osastes demourer au palais auentureup pour les dangereuses auentures qui y auiennent/ chetif maleureup couart ne vous fust il pas plusgrant honneur a mourir se vous y deussiez mourir que vous en reuenir sans auenture trouuer ne sans prouesse faire. Ja scauez vous bien q̄ ses auētures doiuent finir par aucun preudomme de la table ronde/ et a preudomme vous tiēnent maintes gens qui malement en sont deceuz car vous estes si mauuais que plus ne pouez estre car puis que estes deuoient faillir par cheualiers vous y deussiez auoir essaye τ faire vostre pouoir. Ha ha damoiselle si maist dieu fist il du palais auentureup ne ouy ie onques parler fors que a vous τ pour ce me blasmez vous a tort, certes fist elle vous mētez en maint lieu auez vous ouy parler du palais auentureup Mais vous ny osastes demourer pour la couardise qui est en vous Si ne ressemblez pas Lancelot du lac. Car len scait bien quil est le plus hardi du monde Et vous le plus couart des autres. Lors sen partit a tant sa damoiselle/ qui onques ne voulut retourner pour boort ne plus ne luy voulut dire autre chose.

Quant Booort vit que autre chose nen peult tirer/ si sen alla dautre part pensant ace que sa damoiselle luy auoit dit et pensa que se auenture le menoit iamais cel le part, il ne lairroit pour riens quil ne sceust pͥ̄ destre de leās qͥl ne auoit sceu a ceste fois sant fut baptise il se demāda a Beoit / si luy portasmes incontinēt. Et quant il se tint il se cōmenca a baiser moult doulcemēt, & puis se nous rēdit puis nous dist. Beaup seigneurs scauez vous q̄ ie vous baille. Nenni feismes no². Or sachiez fist il vrayement q̄ ceste petite creature q̄ vous tenez vendra encores a si tresgrāde chose q̄ de sa cheualerie sera toute la terre enluminee. Si nous merueillasmes moult de ce que il nous disoit, & le comptasmes au roy ban qui en fut moult ioyeux. Si men est depuis souuenu toutes les fois que ie en ay ouy parler. Et pour ce le vous demādoye ie, pour scauoir se il nous dist vray. Certes fist booːt l'en se deuroit tenir pour saige q̄ quil fust. car il ne mētoit point de ceste chose

Tant ont parle que le mēgier fut prest si se assidrent au preau mesmes. Et quant ilz eurent mengie, si dist booːt au preudomme. Sire dictes moy quelle auenture il aduīt icy a mon pere, & pour quoy il establist ceste chappelle. Sire fist il volentiers, puis que il vous plaist. Il aduint que au couronnement du roy artus, tous les haulz hommes du mōde si trouuerent pour lui faire hōneur Et ainsi que le roy booːt sen reuenoit a tout grande compaignie de cheualiers, si se gaita icy le roy ceres de vermeil chastel, qui se hayoit a mort, pour vng sien frere au quel le roy booːt vostre pere auoit tollu sa terre & l'auoit tue. Et quant ilz furēt assemblez en ce lops ilz coururent sus les vngs aux autres tresfort, mais les hommes au roy booːt ne furēt mie desgarnie quilz ne fussent couuers de fer Si iousterent les vngz contre les autres par ties enuiron deulx cens a cheual sans ceulx a pie. Si dura tant la bataille, que la nuyt les sourprint. Si promidrēt treues les vngs aux aultres iusques a landemain.

Quant la nuit fut venue, & ilz furent logiez les vngs empres les autres le roy booːt vostre pere qui moult estoit de tresgrāt cueur, manda au roy ceres, quil venist parler a luy a saulues treues, pour scauoir quil voulloit dire, lequel y vint erramment. Et quant ilz furent assemblez, si luy

demanda le roy booːt, pour quoy il sauoit assailly. Et il dist pour vng sien frere quil auoit occiz a gannes. Ce vostre frere fist le roy booːt a este occis, pour ce ne le deussiōs comparer ne moy ne mes hommes ne les vostres aussi. Mais se vous fussiez si vaillant comment vous deussiez estre, vous mesmes en vostre personne en deussiez auoir demande bataille, contre moy corps a corps, & sors vous vengissiez se vous peussiez du meffait que ie vous auoye fait. Et ainsi ne seust achete ne cestui cy ne cestuy sa. Mais moy qui l'ay desseruy. Sire fist le roy ceres, ie scay bien que se ie vous leusse demandee, que vous la me eussiez refusee, pour ce vous ay ie assailli si gens contre gēs. Et se ie la cuidoye auoir encores vous en hasteroye ie. Si que il ny a uroit a la bataille q̄ vous & moy seul a seul Et il dist que ce voulloit il bien. Si prindrēt ainsi la bataille & la promidrent a tenir l'un contre l'autre, Si le compterent a leurs gēs Et quāt ilz eurent compte comment ilz auoiaent pointe, Si en furent moult dolens aucune y en eut.

Landemain a heure de prime furent assemblez les deux roys en ceste place & ioustrent ensemble tant que le roy booːt lui couppa sa teste, et puis coururet ses gens sus aux gens du roy ceres tant quilz en tuerent moult et prindrent a la chasse vng compaignon au roy Ceres qui estoit son seneschal et a qui on faisoit par honneur mener deuant lui vne couronne dargent qui auoit este au roy ceres, & quāt il fut prins si eut moult grant paour de mourir: si dist au roy booːt que se il le laissoit viure il lui donneroit la plus belle courōne dargent du monde, le roy nonobstant n'auoit talent quil mourust, Car au forfait de son seigneur n'auoit il riēs forfait, si lui dist que auant lui feist apporter icelle couronne, et il le quitteroit, et il dist ainsi que si feroit il. Lors entra en ce bois ou auoit sa courōne mucee, si l'aporta au roy en guerredō de sa deliurāce, le roy regarda la courōne & luy sēbla fort belle, si demāda a ses barōs q̄l pourroit dōner a nostre seigneur pour la grace q̄l lui auoit faicte du roy quil auoit

Quant ilz eurent mengie/ Si comman
da le roy que les nappes fussent le-
uees/ puis commanda le roy que len fist a bo
ort vng lit aual. Car il ne vouloit mie quil
geust a mont/ pour ses diuerses auentures
qui y auenoient. Et quant il fut couchie si se
endormit iusques a landemain quil ouyt mes
se/ & que les tables furent leuees pour disner.
puis print ses armes/ Et quant il fut arme
si le conuoya le roy & ses cheualiers iusques
a tant quil vint a lentree dune grande forest
Lors les fist retourner fors la damoiselle de
galuoye qui se conuoya soy et .v. cheualiers
et quant ce vint au departir elle se pria moult
doulcement que sil retournoit iamais vers so
pays quil la venist veoir/ car bien sceust il q̃
elle lui feroit tous les honneurs quelle pour
roit. et il en mercya moult. Atant sen alla la
dame dune part/ et Boort daultre et cheuau
cha tant le iour quil vit chieux vng hermite
a lentree dune forest par deuers soleil couchãt
et lermite auoit ia ses vespres chantees si ys
sit hors de sa chapelle qui nestoit pas moult
grant mais moult estoit richement couuerte
de plomb Boort salua le preudomme et lui
demanda sil le pourroit hebergier. Sire fist
lermite qui estes vous Je suis fist il vng che
ualier de la maison au roy artus. Ha ha fist
lermite vous estes des cheualiers qui vont
querant auentures/ par les estranges terres
Sire fist il vous dictes voir. Or pouez donc
descendre fist le preudomme/ car ie vous he-
bergeray au mieulx que ie pourray dont il le
mercya moult et puis descendit. et le preudõ
me fist auant venir son seruiteur qui lui aida
a desarmer et quant il fut desarme si requist
au preudomme quil chantast vespres de no-
stre dame ce quil fist mais auant commãda
au varlet quil meist de la venoison cuire affi
de prendre leur repas.

Quant Boort eut ouyes les vespres de
lermite/ si issyt hors de la chappelle/
& le preudomme luy demanda comment il a
uoit nom/ Et il dist/ quil auoit nom Boort de
gannes. Et quant le preudomme lentendit/
Si luy dist que bien fust il venu/ Certaine
ment fist il/ il ny a homme au monde de qui

ie fusse aussi ioyeux de sa venue/ comment ie
suis de vous. Car ie fus longuement seruãt
de vostre pere le roy Boort:& me fist cheualier
de sa main. Et ce pourpris/ & ce manoir fist
il faire si comme vous voiez. Et vne courõ
ne dargent qui est ceans/ donna il pour vne
grande auenture damour/ q̃ nostre seigneur
luy demonstra en ceste place mesmes. Et si
vous diray comme ce fut/ aincois que vous
partes de ceste place/ En nom dieu fist Bo
ort en ces parties ne cuidoye ie pas q̃ mon pe
re fust venu. Si desire moult instamment
a scauoir quelle amour nostre seigneur luy
fist ceste part/ pour quoy il a establie ceste
chappelle. Certes fist le preudome ie le vous
compteray/ mais que nous aions mengie

Lors sont assiz en vng prael. Si com
mencerent a parler de maintes cho
ses. Et tant que le preudomme luy commen
ca a demander des nouuelles de lancelot du
lac. Et Boort lui dist· quil cuidoit bien quil
fust sain/ Et de cheualerie que vous en sem-
ble fait lermite est il si a soer par proesse dar
mes/ Sire fist il a lermite/ monseigneur lã
celot est mon cousin. Si nen diray mensonge
ne verite Car se ie vous loope/ vous diriez
que ce seroit pour luy aloser/ Et se ie le blas
moye vous me tendriez a mensongier/ pour
ce que nul ne se blasmeroit que moy/ Mais
tant vous diz ie bien que se il ne me apparte
nist/ ie vous oseroye bien dire/ q̃ cest le meil-
leur cheualier du monde/ Et pour ce quil est
monseigneur/ & mon amy men taira y ie. Or
vous diray fist le preudomme pour quoy le
demandoye. Quant il fut ne iestoye chieux
le roy Ban son pere/ si nouuel cheualier que
il ny auoit mie plus de deulx ans/ q̃ ie auoie
mes armes prises. Et le roy qui moult estoit
preudomme/ me commanda/ a moy/ & dix
autres cheualiers q̃ nous le portissiõs chieux
vng hermite qui moult preudomme estoit de
mourant pres de thebes.

Quant fusmes arriuez la si trouuas
mes auec lermite vng moult preu
domme clerc et philosophe tres saige qui sca
uoit moult des choses a venir/ Et quant len

ses glaiues allongniez & les escus mis druāt leurs poitrines/si se etrehurteret si duremēt q̃ ilz percerent et trouerent leurs escus/mais leurs haubers furent si fors & si serrez que leure maille nen derōpit oncques. Si sentre heurterent de telle force quilz firent voller nulles glaiues en pieces/& se getterent a terre lun sautre de dessus leurs cheuaulx/sur les corps se cheuafier sut blechie moult asprement au cheoir q̃l sist, en apres il se leua a g̃nt peine Car bien veit que faire lui conuenoit. Si tira lespee, puis ietta son escu sur sa teste. Et boort qui vint vers sup se branc acere/sup donna si grant coup sur le heaulme, quil le fist flechir a terre de tous ses deux genoulx, en maniere quil sut si estourdi du cheoir q̃l sist a terre du coup quil auoit receu, quil nauoit pouoir de soy releuer. Et boort recouura vng aultre coup, & se ferit si durement quil le sist agenouffier adens. Si fut si angoisseux que par vng peu quil ne se pausma, & cuida bien mourir sans confession, & si nauoit pouoir de soy releuer neant plus que se il fust mort. Et boort luy arracha le heaulme hors de la teste puis se ietta au soing/& luy donna tel coup du plomb de sespee quil en fist le sang saillir apres le coup. puis lui abatit la ventraille/si lui dist quil le occiroit sil ne se rendoit. Et lui qui se veoit en peril de mort, luy cria mercy/ car bien veoit quil nen pouoit faire autre chose/ Si lui rendit Boort son espee. & cellup la print volentiers

Alors vidrent entre eulx deux ceulx qui le champ gardoient si firēt prēdre mariales/& se firent fort trainer a deulx ribaultz comme vaincu & recreant. Et se ses gens neussēt pour lup prie/le roy leust tout desherite de sa terre, mais pour lamour de ses hommes qui len prierent le laissa. Lors vint boort au roy/& lui dist. Beau sire ay ie fait de ceste bataille ce que ie doy/ouy fist le roy. Or vous prie ie donc que vous a ceste dame rendes le chastel q̃lle a gaignie en ceste bataille & le roy lup dist que aussi seroit il volentiers. si len reuestit/& la damoiselle sen remercya moult humblement. Lors firent Boort desarmer voulsist il ou non, Car si comme ilz disoient il ne se deuoit partir de sa iournee dentre eulx/car ilz lui vouloient faire grant feste pour lamour de la bataille quil auoit vaincue/ si le menerent au chastel/& firent les damoiselles grans iopes et dances. Et tout ce faisoiēt ilz pour lamour de lancelot a qui ilz ne auoient mie fait si grant iope ne si grant feste comment ilz voulsissent. Quant ilz furent au palais si commēca la iope greigneur que deuant, si chanterent & se sioprent en telle maniere/iusques apres vespres que les nappes furent mises. Lors se assist boort entre lui & la belle damoiselle q̃ estoit fille au rop per les. Car elle ne portoit plus le saint Graal par deuāt ses tables/pour ce quelle estoit desflouree de sa virginite, Et pour ce ne pouoit elle auenir au seruice ou elle estoit deuant, car il conuenoit q̃ tous les ministres qui deuant le saint graal venoient fussent vierges. Et pource en estoit ostee. Si estoit entree en son lieu vne sienne cousine germaine niepce au roy/vierge de chair & de volente

Quant les nappes furent mises si vit quant la damoiselle celle qui le saint graal portoit entre ses mains si vint doulcement, et humblemēt parmp ses doys & quāt Boort vit le saīt vaisseſ si se hōnoura moult doulcement et eut grant deuocion car bien pensoit que cestoit le saint graal dōt maīte foiz auoit ouy parler, et quant la damoiselle fut assee par les doys: si furent incontinent les tables emplies d̃ toutes les plus belles viandes du monde. Lors commencerent a eulx resiouir ceulx qui deuant estoient pensifz et mornes. Mais q̃ feist iope ou liesse sa damoiselle qui auec Booit mengoit nen faisoit poīt ains cops plouroit tendrement, & Booit qui moult en fut courrouce lup dist/Ha damoiselle que est ce que vous faictes si maist dieu il me poise moult, Ains dist a son pere, Ha ha sire pere ce me auez vous tollu que vous ne aultre ne me pouez restaurer. Car cest ce seruice/qui tant est digne comme de porter ce saint graal & vous le me auez tollu par mailes oeuures Belle fille fist le roy toutce que nous feismes nous le feismes pour mieulx auoir/len nen doibt blasmer se non moy.

pourroit blasmer quil neust tort car le chastel estoit sien de droit/ comme cellui que son pere auoit fait fermer/ et ie diz quil ne disoit pas vray/ Et que ie estoie preste de querre ung cheualier qui sen combatroit contre lui se il osoit deffendre que le chastel ne fust mien. Et cellui me dist que ie le cherchasse se iamais y pousope riens recouurer/ car aultrement ne y mettroie iamais le pie ne homme de ma par tie ie respōdi q̄ si seroye ie et tout asseur en fust il Si nous departismes en telle maniere Lors enuoya a la court au roy artus/ qui ca vous a enuoie la sienne mercy/ et la vostre que vous y daignastes venir. Si conuendra que nous allons moy et vous a la court au roy perles sil vous plaist/ et vous offrirez illec a faire vostre vasselaige/ et il dist q̄ si feroit il moult voulentiers.

Celle nuit fut Boort moult honnoure Et landemain se leua matin et ouyt messe/ et puis se misrent en voye pour aller a court/ Si emmena sa damoiselle auec soy dix cheualiers/ et Boort qui sa bataille deuoit faire/ si cheuaucha en telle maniere/ tāt quilz vindrent a la court au roy perles. Et ce fut au chastel de corbenic. dont le compte a parle autresfois. Et quāt ilz furent deuant le roy et elle eut presēte son cheualier/ Si fut le filz au duc mande/ et il vint a tout. pl. cheualiers et fut sa bataille aterminee a landemain, en ung pre qui estoit dehors la ville/ Et quant ilz se voulurent departir pour aller heberger en la ville/ le roy demanda a ung cheualier qui Boort estoit/ et il luy dist que cestoit ung cheualier qui estoit de la maison au roy Artus/ et compaignon de la table ronde/ et si estoit cousin germain lancelot du lac.

Quant le roy ouyt cela il vint a Boort et māda sa fille qui en ses chambres se deduisoit/ si luy dist ien que cousin mon seigneur lancelot du lac estoit leans/ et elle se vint veoir. Car moult en auoit grant desir. si le fist desarmer. et fist demourer sa damoiselle de galuope et toute sa compagnie pour lamour de Boort/ si le fist heberger en une salle pres de terre/ qui estoit aupres du prael

ou monseigneur lancelot auoit occiz le serpēt Et quant ilz eurent souppe/ Si menerēt vo it veoir la tombe/ que lancelot auoit leuee/ et si luy monstrerent le serpent quil auoit oc ciz qui encores estoit illecques/ Et quāt il vit ce/ si dist que vrayement estoient bien grans les faiz de son seigneur/ et que bien paroient ses oeuures sur toutes autres. Celle nupt fut Boort serui et honnoure de tout ce que ceulx de leans peurent auoir/ Et landemain bien ma tin alla ouyr messe Boort en une chappelle de leans/ Si pria a nostre seigneur moult doul cement quil luy gardast son corps de mesche ance/ et luy donnast force et vertu que sa da moiselle puisse deffendre ainsi vrayement cō me son droit y estoit/ Et quant la messe fut chantee/ si yssit hors du monstier a grant cō paignie de cheualiers/ et vint en la chambre ou il auoit couchie. si demanda ses armes/ et sen les luy apporta/ Et quant il fut arme si trouua mariadees, qui ia estoit venu deuant le roy tout appareille de sa bataille. Et quāt ilz furent venus lun deuant lautre, si mist le roy moult grant peine/ et moult se trauailla affin quil peust mettre la paix ētre eulx. pour ce que moult durement luy sembloit Boort ieu ne/ Et quant Boort vit que le roy pourchas soit sa paix/ si deffendit a sa damoiselle que point ne face paix se elle na sa qrelle. quitte. Et grant amende de ce quil luy a mesfait. Et mariadees respōdit que ia nen aura riens se par bataille nō. par ma foy fist le roy puis que la paix nest faicte/ certes il ny a que de soy assēbler et a q̄ dieu en donnera lonneur si la prengne/ et ilz respondirent que ainsi se roit il et que ia aultrement nen sera. Lors ys sirent du palais: si vindrent en la court aual et monterent sur leurs cheuaulx tous couuers de fer et sen vont aual la ville tant quilz vin drent es prez et le roy perles auoit fait illec pieux ficher/ et cordes tendre ou la bataille deuoit estre. si auoit ordonne que cellui qui premierement ystroit des cordes seroit vain cu par le commun esgard des barons

Quant ceulx furent mis au parc/ si leur monstra len les lieux par quoy ilz seroient tenuz a recreans se ilz les trespas soient/ et ilz laisserent aller lun vers lautre

plus se greuoit Et estoit la puanteur de la pri
son ou il estoit, et aussi pour ce quil estoit tāt
hay de toutes ses gens de ce pays sa soccasi
on de lescu mauduit legeyant quil auoit des
pendu quil auoit moult grant paour quilz
ne se liurassent estre ses mains dudit geyant
pour le faire hydeusement mourir Combien
que messire yuain ne demandoit autre chose
fors dauoir trouue ledit geyāt seul a seul en
armes pour le combatre mais il craingnoit
ql ne lui fust liure tout desarme, et sans glai
ue. Mais nonobstant pour le reconfort que sa
dame lui donna fut vng peu plus a son aise
Et reprint couraige combien quil lui ēnuyoit
tresfort de estre dedens celle prison si obscure
Et laisse maintenant le cōpte a parler de lui
et retourne a Booit le cousin monseigneur Lā
celot du sac que la damoiselle de galuope a
mene auec esse.

¶ Comme booit fist la bataille pour la da
me de galuope contre mariailles, Et cōmēt
il se conquist. Et puis comme il sen ala au
chasteau de corbenic, la ou le roy perles lup
fist feste et grant acueil, pour lamour de Lan
celot son cousin.   iii Chapitre

Or dist le compte que quāt Bo
ort se fut pti de messire yuain
a qui il cestoit combatu pour
le braquet il cheuaucha tou
te iour a iournee ainsi comme la damoiselle
lenmenoit et landemain aussi sans auentu
re trouuer qui a compter face Au tiers iour
vindrent au chastel de galuope ou la dame
estoit qui attendoit sa pucelle que elle auoit
enuoyee a court: si lui tardoit moult durement
q elle venist pour scauoir que elle auoit fait
a court de secours amener, et quant elle la vit
et Boort auec elle le filz au roy Boort de gan
nes si ne fault pas demander se, elle eut grāt
ioye, si le fist desarmer puis lui apporta vne
robe toute iaune et fut cotte et mantel puis cō
manda a tous ceulx de leans quilz feissent
ioye et feste de lui, car venus lui estoit aidier
et quant ilz eurent mengie, si mena la dame
Boort esbatre en vng vergier, elle et vne sien
ne damoiselle, et quant ilz furent assiz si cō

mēca la dame a parler a boort. Sire fist esse
dieu mercy et la vostre vous estes cy venu
pour mener vne mienne besongne a fin dont
vous mercy, si ne scauez qlle elle est mais ie
la vous cōpteray si vous plaist, il est vray q
la cite qui mescheut de mon pere est grant et
large, et riche tant de cheualiers que de bour
goys ne onques ne trouuay qui sa me cōte
deist de plain pye de terre fors le filz au duc
gahennius qui men a tollu vng chastel qui
est assiz en vne islette ca deuant, et si vous di
ray comment il en est Il est voir que lisle est
close dune eaue si souloit estre cōmune et y
auoit autant mon pere comme le duc gahen
nius, si vous diray comment va la chose

Il est vray que le duc gahēnius fut
vng homme fort hay de ses voisins
tāt cōme il vesquit, car il les guerroioit tous
et leur faisoit moult de mausp. si lui aduint
vng iour quil cheuauchoit lui, iiii. en vne fo
rest parmi la terre a ses ennemis: si fut espie
et prins et mene en prison, Et quant il vit ql
ne pouoit yssir par le pouoir de ses hommes
Si manda a mon pere quil le secourust, et il
feroit tant pour luy que bien lui seroit guer
redōne cestuy seruice, et mon pere si en eut grāt
pittie pour ce quil auoient este en leur ieunesse
compaignons de armes si assembla mon pe
re ses gens, et alla a grant effort sur ceulx q
le duc tenoient, si les destruist et essilla et si
fist tāt quil en amena le duc tout sain et tout
haittie, et quant le duc vit ce que son pere lui
auoit fait, si fist fermer vng chastel en ceste
isle: si bel comme il y est encore Et se donna
a mon pere soyans tous ceulx de ce pays en
guerdon dicellui seruice si que mon pere le
peupla de gens de ce pays tant que quant mō
pere trespassa et le sien aussi si tindrent les
gens de moy et me en firent hommaige, et ie
lay tenu si longuement en paix que nul ia
mais ne men demanda riens. Or y a trops
moys que le filz au duc vint a tout grant gēt
et entra dedens a force, si occist tous ceulx
ql y trouua qui de par lui ne y vouloiēt estre
et quāt ie viz le grant oultraige ql me faisoit
Si le feiz arraisonner deuant le roy perles
de la terre foraine, Et il dist que nul ne sen

aler, Car auec eulx ne logeroit en façon quel conque, & quãt messire puain vit quil ne pouoit trouuer qui le hebergast, Si se retraist pres dune forest, Et quant il y fut, si descendit pres dun pommier, & osta le frain & la selle a son cheual Si se laissa aler pasturer la ou il vouldut, puis osta son heaulme & son espee, & mist tout dessus son escu, si mist sa bouche rassasier sur vne petite fontaine, & sendormit tout incontinent. Car il estoit laz & trauaillie de tant cheuaucher & combatre quil auoit fait le iour & la nuyt. Au matin quant il se esueilla si ouyt se luy fut aduis vng grãt bruit de cheuaulx, & il regarda deuant luy puis vit venir mauduit le geyant qui ne venoit pas si bellement quil ne feist greigneur tempeste que douze autres cheuaulx en desperant auant lui tout le petit bois ainsi comme se ce fust vng dyable, si aloit iurant & maugreant pour quoy il ne trouuoit cellui qui son escu auoit abatu. Et quant messire puain le vit venir, si congneut bien a sa grandeur que cestoit cellui de qui sen lui auoit compte. Si lui escria de loing pour ce quil ne vouloit pas quil sen alast. Sire cheualier attendez moy ie suis cellui que vous querez, mais le geyant ne lentendit mie car trop estoit ia esloigne de lui, car il sen alloit si grant erre quil sembloit moult bien dyable mieulx que homme & messire puain qui ne se perdra se il peult vint a son cheual & monta dessus, puis print son heaulme, et son escu et sen alla apres le geyant suyuant sa trace. Si a tant cheuauche quil vint a lentree dune forest. Lors vit deuant lui vng chastel bien seant que len appelloit le chastel du trespas, et quant il vint celle part si vit iusques a quinze cheualiers tous armez qui tenoiẽt seurs lances allongnies Si dist lun Seez la le desloyal le larron qui a ceulx de ce pays mis adestruction, si lui coururent sus tous ensemble, et se fraperent si durement quilz le porterẽt tout en vng mont a la terre, si ont son cheual occis et lui naure en deux lieux : si le prennent par force, puis lui ostent le heaulme de la teste en disant qlz le occiront se il ne se tient pour oultre, mais il auoit si grant angoisse quil ne leur pouoit mot respondre si se firent desarmer, et mettre

en prison en disant que tant le garderont que mauduit le geyant vendra celle part: si lui bailleront pour faire vengence de la honte quil lui a faicte. Et neust este quilz le voulsissent garder pour le geyant ilz ne leussẽt pas fait mettre en prison, mais leussent fait incontinent mourir de quelque mort villaine pour eulx plus cruellement venger de loultraige quilz disoiẽt q̃ messire puain leur auoit fait & mesment a tous ceulx du pays. Mais pour paour quilz auoient du geyant lui voulsurẽt ilz bien garder prisonnier pour pacifier aucunement auec lui & lui restraindre lire & la raige que le geyant auoit auec eulx, & tous ceulx du pays, & quil se vengast totalement sur le cheualier q̃ tel desplaisir lui auoit fait

Ainsi ont retenu messire puain en prison au chastel du trespas, si demoura seans deux iours sans auoir de nully confort. Au tiers iour se ala veoir la dame de seans, & parla a luy parmi vne fenestre de fer qui ouuroit au iardin, & luy demanda qui il estoit, & comment il auoit anom, Et il dist quil estoit de sa maison au roy artus, & compaignon de la table ronde & auoit nom puain & fut filz au roy brien qui tant estoit preudõs par dieu dist la dame donc me poise il que vous estes en prison. Car ie ne cuide mie que vous en yssiez sans mort, car trop vous hayent ceulx de ceans, Et ceulx de ce pais, Et il luy dist que ce poise luy, & quil ne se pouoit amender, si regardera que ilz vouldront faire de luy, & q̃l estoit orendroit en leur mercy ce lui sẽbloit, Et sa damoiselle luy dist Le roy brien vostre pere fist ia moult de biens a mon pere le compte du trespas, car au preudomme, et a lui ne se pourroye ie mie rendre, car mort est pieca, Et pour ce vous prie ie que desoresmais ne vous esmayez de chose que len vous dye, Car bien sachiez ie ne souffreroye en nulle maniere que len vous feist honte de vostre corps, aincoiz vous garentiroye, se ie cuidoye quilz vous voulsissent mal faire Et le cheualier la remercya humblement Car messire puain auec ce quil auoit este fort naure des quinze cheualiers qui lauoient rencõtre, et fort blece encore auoit il autre chose qui au pauillon si durement que a terre le fist boller dessus ceulx qui entour se seoient, et puis tira lespee et occist les deux cheualiers et les deux damoiselles aussi apres, puis se commēca a rire du mal quil auoit fait, incōtinēt se partit dillec et si estoit ia nupt obscure, et cheuauchoit deuers ou il cuidoit plus de gens trouuer pour les destruire, si occist auant soy tout tant quil en pouoit trouuer tant cheualiers dames q̄ damoiselles: si nauoit mercy de riens quil peust auant soy trouuer. Ains cheuaucha toute sa nupt en destruisant, et tuant tous ceulx quil pouoit attaindre et quant il fut assez pres du iour si se endormit dessoubz vne fontaine qui sourdoit en vne vassee. et monseigneur puain qui cestoit parti des damoiselles qui sauoient retenu pour mengier auec elles, si cheuaucha toute sa nupt et iusques au point du iour ou pou pres. Lors vit deuant lui vne tour en vng hebergement moult riche, si tourna celle part heberger, et quant il eut frappe a huys si vit vng varlet qui luy dist quil attendist tant quil eust demādé congie a son seigneur. Lors vint a son seigneur si lui demanda se il pourroit vng cheualier hebergier Ouy fist il vou lentiers se ce nest le desloyal cheualier qui ce pays a mis a destructiō. par ma foy fist il a vng escu a gouttes de noir. Ha ha fist il cest le cheualier desloyal. Lors print ses armes et vng sien filz auec lui q̄ estoit ieune cheualier Et commanda a ses varletz quilz leur apretassent deux des meilleurs cheuaulx de lance qui fussent en son seiour. puis parla a son filz en lennortant et disant quil se portast vaillant contre le desloyal cheualier qui les auoit mis en seruaige par sa mauuaistie et oultrecuidance Et que a leure estoit il tēps et encores trop tard de monstrer au cheualier sa faulte quil auoit faicte Dauoir despendu lescu de mauduit le geyant, par quoy tout le pays en seroit gaste et destruit a iamais si prindrēt tous deux leurs armes, et leurs lances et glaiues, et se misdrent en point comme pour entrer en la bataille. puis apres leurs furent amenez leurs cheuaulx bien bardez, et acoutrez de toutes choses. Si monterent dessus en disant que auiourduy seront vengez les cheualiers dames et damoiselles Et ganeralement tous ceulx du plat pays du faulx traistre cheualier, qui telle honte leur a faicte, et tel dommaige. Et messire puain qui tousiours estoit hors la porte attēdant la response du varlet pour sçauoir se il entreroit leans ou non, Affin destre hebergie et riens ne sçauoit des aprestes q̄ se seigneur de sa maison faisoit lui, et son filz contre lui si attendit tant et si longuemēt que ses autres fussent tous prestz de sortir sur lui qui ne sen doubtoit Et quātilz surēt armez lui et sō filz si fist auasser le pōt puis dist le pere a messire puain. Sire cheualier voulez vous estre hebergie. sire fist messire puain. Ouy sil vous plaist. Et vous se serez fist il en telle maniere que ia ne vous en souerez. Car vous nen eschapperez iamais sans mort, ou sans prisō pour ce que vous auez mis ce pays a mort, et lors sup coururent sus les espees traictes, et il se deffendit au mieulx quil peult comme celui qui assez cueur auoit et hardemēt. Si leur donna messire puain de grans coups, la ou il les pouoit attaindre, Et sesforça tant et si vaillamment que plus les greuoit, que ilz ne fasoient luy, si furent longuemēt quil nen auoit de riens le pire, Et tant q̄ par force les fist reculer dessus le pont de lentree qui estoit situe desus de grans fossez, Lors sabandonna messire puain vers le pere pour ce que moult luy auoit fait grant ennuy, si haulça lespee pour se frapper sur le heaulme, et laustre qui vit le coup venir lascha son frain pour ce q̄ ne osoit le coup attendre, et tira a luy sō cheual si durement quil cheit ou fosse luy et le cheual. Et messire puain sen retourna vers le filz et luy laissa courre lespee, si le frappa si durement quil le fist voller a terre du cheual comme tout mort, Et quant il se vit ainsi de liure de ceulx, qui assailli sauoient, Si en fut moult ioyeux. Car assez estoit las et trauaillie, si sen tourna atant comme celui qui assez en auoit fait, si pensa que ailleurs luy conuendroit querre hostel pour logier, car si endroit auoit il failli, si vint la nupt en la maison de trois cheualiers, mais oncques ny eut celui qui le voulsist heberger aincoiz luy. disoit chascun, que a male heure peust il quant il voulut parler si dist a trudans/ou laissas tu cellui qui tant me a meffait/Et il dist quil lauoit laisse a sa basse fontaine. Or te pare tost diey/fist il/pour le messaige que tu me as fait ie ne te occiray mie, ains te lais seray viure en telle maniere quil sera reprouue a cellui qui ta icy enuoye/Mais deuant que tu partes perdras le poing en lieu de mon escu quil emporte, ou tu perdras le chief pour mon heaulme, or choisis lequel que tu vouldras/Car sans lun ne sen pourras partir/ ou sans mort, ie le te iure et promectz. Dont cel luy messaigier fut moult courrouce/si cria mercy/mais ce fut pour neant. Car oncques mercy ne rentra au cueur du geyant/a qui il a mercy demandee. Et non pourtant il es seya scauoir se sa priere le pourroit vaincre/ Mais ce na mestier. Car le geyant demanda son espee/Et vng varlet la luy aporta. Et il sa print/puis la tira hors du fourreau/si dist a trudans quil meist le poing ou la teste nue si la luy coupperoit/Et quant celluy vit que faire luy conuenoit/si mist sa main des sus vng tronc et il frapa si sa luy couppa au premier coup/puis trudans retira son bras a luy et se pausma de langoisse quil auoit Et quant il reuint de pausmoisons/Si dist au geyant/Ha ha comment vous mauez gran de cruaulte faicte/qui mauez si mal atourne et sans forfait dieu me doint encore/tant donner de vie que mon cueur en soit esclarce.lors se partit de leans si angoisseuy comme nul plus/Et le geyant demanda ses armez et on les luy aporta. Si leur dist que aller vouloit apres celluy/qui telle honte luy auoit faicte Et que iamais ne finera/tant quil en soit venge/et ceulx de leans luy aporterent des armes bonnes et riches/Et quant il fut tout arme au mieulx que il peust/Si luy amene rent entre eulx vng destrier/fort et ysnel qui grant estoit a desmesure/si pendit a larson de sa celle vne guisarme trenchant/et vne massue plombee/et a son coste vne bonne espee tre chant/et bien trempee oultre mesure

Apres quant il fut si durement arme qui ne luy falloit riens il se partit en telle maniere de la montaigne/et sen alla si tempestueusement/et a si grant erre quil sembloit que ce fust fouldre et tempeste a le ve oir aller/Et ainsi quil cheuauchoit/il trouua en vne chaucee deulx pauillons tendus Si les abatit a terre/et dedens trouua vng cheualier et vne damoiselle qui se dormoient en vng lit/puis trait lespee/et leur couppa a tous deux les testes/et puis les pendit toutes deux a larcon de sa selle/et les lia lune a lautre par les cheueulx/et tant sen partit et sen a la celle part quil scauoit que son escu deuoit estre/Et quant il ne se trouua point/Qui luy eust veu les yeulx rouller/et les dens es traidre/et la teste hocher/il eust este bien plain de grant hardiement qui nen eust eu paour a ce quil estoit noir et grant/et entallente de mal faire. Lors trait lespee/si commenca a de trancher tout ce quil trouuoit es pauillons Si luy aduint si bien a celle heure quil ne trouua ne homme ne femme/a qui il peust mal faire de son corps/Si se arresta ainsi comme vng lyon quant il a les biches occises /Et enraigoit quil ne trouuoit a qui vendre son corps/Car il ne sera venge deuant quil aura trouue messire yuain qui ceste honte lui auoit faicte/a luy et a ceulx de ce pays/Lors se dreca celle part ou il cuidoit trouuer celluy Si sen ala ainsi forsene/comme celluy que la rage chasse/Si cheuaucha tant q̃ la nuyt se surprint a lentree dune forest/et il regarda enuiron soy/pour scauoir se il pourroit veoir ne borde ne lieu ou il peust hebergier pour la nuyt. Lors vit vng pauillon en vne valee assez loing de luy si tourna celle part son cheual ainsi comme se dyable le chassast/et quant il fut sa arriue Il se descendit/et entra dedens/et la trouua deux cheualiers et deux damoiselles qui mengoient sur lerbe ver de/Et quant ilz se veirent entrer/Si se con gneurent bien/et cuidoient estre a mort liurez et il entra dedens sans leur dire mot/ains laissa le cheual aler quelle part quil voulut Car il auoit tallent de mengier/Si se as sist auec eulx/mais il ny eut celuy si hardi qui a luy osast parler.

Quant le geyant eut mengie/si print son cheual et monta sus/puis frapa

B iiii

Si ressaillirent sur leurs piez puis misdrent les mains aux espees en seur entre donnāt de grans coupz la ou ilz se pouoient attaindre et se despiecent seurs escus et en abatent grans morceaulx dessus et dessoubz/si se desmaillēt seurs haubers sur ses bras et sur ses hanches et se font boller se sang des corps a grans rādons/et tant dura celle meslee entre ses cheualiers quil ny auoit cellui dētre eulx qui assez ne fust lasse et trauaillie des coupz donnez et receuoir Tant ont donne coupz et receuz et tant se sont menez vne heure auant lautre heure arriere que se cheualier ne pouoit plus souffrir messire puain si cōmenca a sui crier mercy comme cellui qui bien veoit quil estoit mene a oustrance/si sui rendit son espee puis sui dist. Ha ha pourdieu franc cheualier et pieux ne me occisez mie mais prenez mō espee car ie me rens pour oultre de ceste bataille si me mettez en vostre mercy a faire tout ce que vous vouldrez sauluē ma vie. et messire puaisa receut puis sui dist il te conuient me promettre que ma voulente tu seras de ce que ie te commanderay. Or te diray fist il que tu seras Demande a ces damoiselles que ie voy faire de toy qui ainsi me voulsopes occire/et elles dient que elles nen scauoient riens et ql en face sa voulente. Et que cestoit bien droit que messire puain en disposast sui mesmes/puis que si vaillamment sauoit conquis en mettant son corps en dangier. mais que trop bien sui priopent ilz quil ne sui tolust pas la vie/et que aucunement il eust mercy de sui.

Or te diray fist il au cheualier que tu seras tu sen yras droictemēt au chastel du tertre/et se tu treuues mauduit se gepant/si sui dy de par moy que messire puain se filz au roy brien sui māde quil a abatu sō escu en despit de sui et quil ne soit mie si vilsain quil en face desplaisir a ceulx de ce pays ne quil seur en demande riens Ains sen viēne combatre contre sui sil est assez hardi/et il trouuera assez se supuit se veust qui nouuelles sui en dira/car il emporte son escu. Quāt se cheualier sa grant piece regarde et escoute si sui dist comment fist il voullez vous que iey aille et il dist que aller sui falloitil. En

non dieu fist se cheualier se vous y voullez enuoyer querez vng aulstre/car quant a moy ie ne iroye pas pour toute sa terre au roy artus et messire puain sui dist que il yroit. et sautre dist quil ne yroit pour riens. Par ma foy fist messire puain tu yras ou ie te couperay sa teste or prens se quel que tu vouldras et sautre sui dist quil aymeroit mieulx mourir que il y allast/car aussi bien seroit il occiz se il y alloit. et messire puain haulcesespee si fait semblant quil sui veuille coupper sa teste. et quāt se cheualier vit venir sespee si auoit tel paour de mourir quil dist que mieulx y voulloit aller q mourir orendroit. Mais se sen my fait chose que sen ne doye sa honte en sera vostre et se dōmage mien. Va tost fist messire puain car tu nas garde. Mais aincois que tu y voyses conuient que tu me dies son nom. et se cheualier sui dist quil auoit a nom trudans du plessys/si sen part atant pour aller sa ou il se enuoyoit si cheuaucha sans espee ne sans glaiue et ne arresta tant ql vint au chastel du tertre. Quant il vint sa sy pouoit ia bien estre vespre car il alloit se petit pas cōment cellup qui estoit mesaise/car tant auoit perdu de son sang que trop durement estoit afoibli si cheuaucha ainsi en telle maniere tant quil vint au chastel du tertre et quāt il arriua sa si pouoit bien estre vespre/si vint deuant se geyant qui encor ne scauoit de ce riens q son escu fust abatu/ car il estoit tant redoubte que nul ne sui osoit dire/et non pourtant ceulx du pays cuidoient bien ql se sceust Quant trudās fut arriue deuāt sui/si sui dist. Sire a vous me enuoye messire puain se filz au roy brien se ql vous mande que en despit de vous a il abatu vostre escu qui pendoit a larbre et se vo° a sautre que a sui vous en prenez ce sera ce dist il fine recreantise. Mais se vous voullez sa vostre hōte vēgier assez apres sui/et vous empourrez bien ouyr par sui nouuelles car il emporte vostre escu et ia ne sen supra pour vous.

Quant se geyant eut oy se gāt orgueil que messire puain sui mandoit si a este tāt dolent et eut tel dueil qil cuida bien yssir du sēs/si ne respōt mot dune grant piece et p et quelz maulx il en vẽdra a ceulx de ce pays Et a vous mesmes se il vous peult attaindre qui son escu auez abatu, et messire puain lui respondit q̃ de ceulx du pays lui poise moult car ilz ne lui auoient riens mesfait. Mais q̃ sil pouoit par quelque moyen il les en garderoit bien a laide de dieu: si coucha leans cel le nupt assez aise et landemain quant il eut oup messe si print ses armes, et quant il fut arme il prent lescu quil auoit despendu et le preudomme le regarde si congneut bien que cestoit lescu au geyant si lui dist. Ha ha sire pourdieu laissez cel escu, et en prenez ung autre, car ie vueil bien que vous sachiez que ia en ce pays cel escu ne porterez pour ce que les geyans de ce pays vous encontroient que ilz ne vous missẽt au piz que ilz pourroient et il dist que ia aultre ny emportera se il en deuoit pour cela morir.

A tant sen partit messire puain de leãs Et cheuaucha toute sa matinee tãt quil encõtra en vne forest deux damoiselles qui portoient deuant eulx deux braques. Et estoient montees sur deux petis palefrois Et si tost comment laisnee vit lescu blanc de gouttes de noir si eut telle paour quelle laissa cheoir son braquet. et sen tourna en fuitte tant comme le cheual peult aller. Et aussi fist lautre, et il commença a piquer le cheual apres car scauoir vouloit pour quoy elles fuioient si attaingnit la derreniere puis la print au fraing et lui dist damoiselle pas ne fuyez car vous ne auez garde mais dictes moy pour quoy auez si grant paour pour quoy. Sire fist elle pour cel escu que vous auez abatu a celle heure que nous en serons toutes destruictes et essillies ne iamais noserons esbatre ne iouer ainsi comme deuant nous faisiõs quant ie vous vy ores venir a tout cel escu ie cuidoye que ce fust le seigneur de ce tertre q̃ a a nom mauduit le geyãt, et pour ce tournay ie en fuitte. Or ne vous esmayez damoiselle fist monseigneur puain car vous ne auez garde Non fist elle de vous mais daultrui vous ne dictes pas Lors se ptit le cheualier et sen va tout son chemin si laissa la damoiselle et elle se tira de lautre coste hors sa voye et le cheualier cheuaucha tant quil vint en vne moult belle

vallee ou il y auoit vne moult belle fontaine dessoubz deux ourmes si vit celle part et trouua deux damoiselles qui mengoient a la fontaine venoison et pastez de cheureul si les salua puis se dreçerent encontre lui si lui prierent quil descẽdist et demourast auec elles tãt que elles aient mengie il dist que non feroit car il ne lui est point mestier de demourer puis lui prierent tant toutesvoyes quil descẽdit et osta son heaulme: si laua ses mains puis se assist sur lerbe auec elles et commença a mengier de la venoison qui fort bonne lui sembla Et quant ilz eurent pres que mengie si dist lune des dames a monseigneur puain beau doulx sire voyez vous la ce que ie voy, et que voyez vous fist le cheualier et elle lui monstra vng cheualier q̃ venoit tout arme en grant haste: si grant erre comme il pouoit tirer de son cheual et venoit tout droit vers eulx, et quant il vint pres deulx si dirent les damoiselles a monseigneur puain beau sire mettez vostre heaulme en vostre teste car il nous est aduis que ce cheualier vient vers nous et se vous estez arme nous en serons plus asseurees et il leur dist q̃ si feroit il puis que elles se vouloient si refaça son heaulme en son chief et lautre cheualier a tant cheuache qͥl est venu iusqͤs a eulx et quant il est pres si dist a messire puain larron traistre pour quoy auez vous ceulx de ce pays si destruiz qui riens ne vous auoient mesfait vous les auez occiz et mis a mort car par vostre moyẽ se dyable est desprisonne de quoy il z estoient a repoz. Mais puis que vous lauez iecte hors il est droit que vous en mourez, et si serez vous car moy mesmes vo⁹ en occiray. Lors laisse courre le cheual car il le vouloit ferir du glaiue parmy le corps et messire puain sault ẽ trauers tant que cellui fault puis vint a son cheual et monte dessus Ains que cellui fust retourne et quant il fut monte et il eut prins son escu et son glaiue si laissa courre au cheualier et cellui lui reuient si sentrefraperent si durement sur leurs escus et en font leurs glaiues voller en pieces Si sẽtreheurterent si durement des corps, et des escus quilz sentre abatirent a terre par dessus les crouppes des cheuaulx si qͥlz sont tous cassez au cheoir et en fiſt ces nopces et la dame nourriſt ſon filz le petit geandel tant quil vint en l'aage de quinze ans plus grant ſans comparaiſon que cheualier qui fuſt en ce pays en aage parfait homme, et quant il eut diſhupt ans ſi ſe fiſt ſon pere cheualier c'eſt aſſauoir celui cheualier qui auoit eſpouſee ſa mere il l'appelloit ſon pere, mais il eſtoit ſon paraſtre & eſtoit ſi geant de teſle forme quil ne trouuoit cheualier ſi puiſſant quil ne trouſaſt ſur ſon col ainſi comment vng enfant. Si aduint que ſon paraſtre ſe courrouca vng iour a lui ne ſcay par quelle achoiſon incontinent ſi le frappa le geant, et quant ſa mere vit ce quil auoit fait ſi courut ſus a ſon enfant, et le geant eſtoit a fors fort courouce tira ſon eſpee ſi occiſt promptement ſa mere comme enrage quil eſtoit hors du ſens. Si sur demoura la terre en telle maniere, et quant ceulx de ce pays ſceurent quil auoit ce fait ſi eurent grant paour de lui quil ne les occiſt ſi lui firent hommaige pour ce quilz vouloient eſtre de lui aſſeurez, et quant il fut au deſſus deulx et quilz furent ſoubz ſon obeiſſance ſi leurs fut ſi fel et ſi cruel quil les miſt tous en ſeruaige ſi en print les franches dames & les damoiſelles a force, et quant aucun en parloit ſi l'occiſoit. Grant piece mena le geant telle douleur par ceſte terre que ſes gens diſſent s'en fuſſent tous fouyz en eſtranges terres ſe ce ne fuſt vne auenture qui leur aduint n'y a mie vng an, et vous diray quelle elle fut. Le geant cheuauchoit vng iour par mi vne foreſt qui eſt pres d'icy tant quil encontra vne damoiſelle la plus belle & plus ſaige qui oncques feuſt veue, ſaulue ſa beaulte a la royne Genieure, et cheuauchoit en ſa compaignie vng cheualier & deux eſcuiers. Et quant le geant la vid ſi la couuoita moult pour la grat beaulte quil vid en elle, & la voulut prendre. Et quant celui qui l'auoit eſpouſee vid cela ſi faillit pour ſa deffendre. Et ſe meſla auec le geant tout deſarme, mais preſtement feuſt le geant occis, & les deux eſcuiers auſſi. Et quant il eut cela fait, ſi print la dame et l'en porta en ſon chaſtel du tertre. Et ſa honnoura moult, en lui faiſant grant chiere. Si la requiſt d'amours comment celui qui l'amoit autant comment cueur de homme pourroit plus amer femme. Et elle lui deiſt que ia ne l'ameroit, tant comme il feuſt ſi cruel. Car i'ay fiſt elle oup dire a maint homme de ce pays que vous ne feiſtes oncques fors que hommes occire, et deshonnourer pucelles. Et tāt quil diſt, quelque choſe quil euſt fait en arriere, il ſe amenderoit doreſenauant, & feroit ce quelle vouldroit. Et elle lui demanda comment elle le croiroit. Je le vous iure fiſt il ſur les ſaincts. Ce vous me voulez fiſt elle promettre que iamais a homme ne a femme vous ne meſſerez, ne de ce chaſtel ne yſtrez, ſe ce n'eſt pour voſtre honte vengier, Je feray diſt elle ce que vous vouldrez. Et elle lui diſoit ainſi pour la paour que elle auoit de mourir & il lui pormiſt puis iura tenir tout ce que elle auoit demande, ſi demoura au chaſtel en telle maniere que oncques puis ne ſ'en yſſit et quant longuement y eut eſte il lui ennuya fort pour ce quil ne pouoit plus faire ſes maulx et detractions quil auoit a couſtume ſi quiſt art et engin comment il pourroit trouuer achaiſon de yſſir dehors du chaſtel. Si fiſt pēdre cel eſcu en cel arbre, et fiſt mettre ſon heaulme et ſon eſpee au pauillon ou vous eſtestes ſi ſe penſa que ſe il eſtoit abatu par nul cheualier il pourroit bien yſſir de ceans pour batailler a lui et auſſi pareillement ſe aucun emportoit ſe heaulme ou l'eſpee, lors ſcauroit il bien quil ſeroit deſiure, et quant ceulx du pays ſceurent ſa beſongne ſi y miſdrent. vii. damoiſelles, pour deffendre aux cheualiers errans quilz n'y atouchaſſent et c'eſtoient celles a qui vous veiſtes faire le grant dueil Mais en eſt ainſi aduenu que par voſtre moyen le geant ſera deliure par l'eſcu q̃ vous auez abatu ſi toſt comment il en orra la nouuelle et yſtra de priſon ſi courra parmi ce pays comme fouldre & tempeſte, ne ia puis ne encontrera homme quil ne occiſe, ſi fermeront ceulx de ce pays leurs chaſteaulx deſormais & leurs maiſons, ſi feront ſi coys que ia ne ſe remueront ne ia ſi bien garder ne ſe ſauront quilz ne ſoient honnis et mis a deſtruction par ce mauldit homme.

Or aues oup pour quoy les damoiſelles font tel dueil, & que l'eſcu ſignifie roy dit quilz auoient ainsi fait si les fist oster hors de sescript: en disāt q̄ iamais a la table ronde ne serroiēt tant comme il viuroit. tou tesfoiz supuirent ilz tant cellui qui leur seur emportoit quilz lattaignirent a lentree dune forest: si lui couturēt sus ⁊ lui qui estoit plain de moult grande prouesce si les occist tous trops mais il eut tant de playes que retour ner ne sen peult/ains cheut ius de son cheual paume ainsi comme mort pour le sang dont il auoit tant perdu/et moy qui passoye illec sus mon destrier et venoye de quinpercorētin ie viz le cheualier gesir sur mon chemin a la terre si allay celle part/et le vy tout couuert de sang et son cheual mort emprez lui. et quāt il ma perceu si me pria que le montasse der riere moy sur mon cheual et men alasse a la court puis le meisse deuāt la table ronde pour mourir car se ie meurs illec fist il mon ame en sera plus aise a tousiours mais. Et ie fiz ce quil me requist si lepportay a la court a cor dueil/⁊ quant le roy le vit ⁊ il sceut la proues sce quil auoit faicte et le don q̄ l auoit demāde si dist bien que le lieu auoit desserui et le fist mettre en vng des sieges de la table ronde. ⁊ quant les parēs de ceulx quil auoit occiz sceu rent le dommaige quil auoit fait de leurs a mis ilz le voulurent occire mais le roy dist quil les destruiroit se ilz mettoient les mains a lui pour lui mal faire si nen firent plus sem blant. puis vesquit le cheualier trops iours ⁊ mourut au siege de la table ronde quil auoit conquis en icelle auenture. Comment ie vous dy en veiz ie ainsi aduenir/et pour ce vous de mande ie si Vous plaist que vous me dictes se le roy tiēt encores celle coustume et monsei gneur puain dist que nenny. Ains faillit le iour que Lancelot du lac/ et gallehault des loingtaines isles ⁊ hector des mares vindrēt a court qui en furent compaignons et qui si assirent sans playe pour ce quilz ne auoient pas requis le siege: aincoiz les auoit len reqs dy venir mais ilz y amenerent fist monsei gneur puain vne autre coustume qui y est as sez plus enuieuse que celle que auez comptee car nul ne y peult seoir aux haultes festes sil ne iure sur sains q̄ l a conquiz vng cheualier la semeine de deuāt par force darmes.

Assez parlerent ensemble celle nuyt de la court tāt que monseigneur puain demanda la nuit a lermite. Sire iay veu icy la dessoubz en vne vallee six pauillons ten dus deuant vng arbre ou il pēdoit vng escu blanc a gouttes de noir/et de dens les pauil lōs y auoit aucunes damoiselles qui menoi ent moult grāt dueil scauez vous pour quoy cest. Nenny certes fist il se aucun nen a forfait a mauduit le geant/et comment quoy fist mes sire puain le pourroit len courroucer dabatre fist il lescu que vous veistes, et qui prendroit lespee et le heaulme que les damoiselles de uoient garder ie scay bien quil se tendroit a grant forfait et essilleroit tout ce pays. En nom dieu fist messire puain donc le peult il es sillier, car lescu ay ie. Lors lui compta cōment il eut trouuee la vielle/ et comment il estoit parti des damoiselles. Quāt lermite loyt si dist a messire puain beau sire trop auez mal esploitie car par vous sera destruit tout ce pays de mauduit le geant qui sera desprisonne ace quil ne les ayme pas si les mettra a honte ⁊ a seruage ainsi comment il a fait autresfoiz. Que sera donc le seigneur de ce pays fist messire puain il ny a aultre seigneur que lui fist lermite/⁊ vous diray comment

Il fut ainsi ou temps vter pēdragon quil ne auoit en ce pays se gē sans non qui conuersoient en ces forestz ⁊ en ces mō taignes si viuoient ainsi comme bestes et occi soient tous ceulx que auenture amenoit celle part/ et quant le roy artus fut venu a terre tenir et vint, ça: si les occist tous si quil nen de moura vng tout seul/et quant le roy vint a lentree dune forest qui cy prez est il y trouua vne damoiselle qui estoit fille du geiant qui estoit mucee en vne roche si estoit de trop mer ueilleuse beaulte et tenoit entre ses bras vng petit gexandel qui son filz estoit, et estoit grā de a merueilles de son aage comme celle qui ne auoit que quinze ans/⁊ quant il leut priin se et il la voulut occire si saillit vng sien che ualier qui sauoit tousiours serui et lui demā da la damoiselle en guerredon de son seruice et le roy lui dōna et tout ce pays/puis fut la tant quil leut espousee et luy laissa grant gent a peupler ce pays si fut la tant quil leut

B ii

uantque mestier vous en fust mais tant vous dy le q̃ vous en mourrez se de ce pape ne vous en supez/ & alors il dist puis quil en estoit menace quil ne sen mouueroit meshuy dissec ais attendroit pour scauoir qui lui contrediroit riens. si descendit a pie puis osta ses armes et se assist auec elles mais elles ne laisseret point pour lui a faire leurs dueil/si fut moult dolent dece ql a fait le commandemet a sa vieille: si attendit ainsi iusques aux vespres quil ne vit oncques ame venir aux pauillons si resacha son heaulme puis remonta sus son cheual en pensat quil sen iroit car auec elles qui tel dueil faisoient ne demourreroit en nulle maniere. & quant il fut monte si commanda les damoiselles a dieu mais elles ne lui respodiret mot ais plouroiet tousiours puis quãt il fut parti delles ilz commecerēt a crier toutes ensemble. Sire cheualier qui nous auez mises a pourete a honte & a male auenture puissiez vous aller. Lors font plus grãt dueil q̃ deuãt/et messire puain cheuauchoit dolent & marri tant que la nupt vint ql arriua a vng hermitaige tout clos de hayes espesses & bien auironne de pieulx aguz & sa porte toute neufue forte et espesse si vint a la porte et heurta si lui fut ouuert luys et il entra dedens tout a cheual puis descendit a terre, & lermite qui auoit chãtees ses heures yssit dehors de sa chappelle & lui fist ses armes oster puis lenmeine en sa maison qui forte estoit & belle pour hebergier les cheualiers errans qui y lapassoiēt & pour ce q̃ la maison estoit si belle estoit le lieu appelle la maison aux cheualiers errans. & quant le souper fut prest si mena messire puain en vng preau ou sa table estoit mise & quant ilz eurēt tout par loisir mengie: si demanda lermite a messire puain de q̃l pays il estoit & il lui dist quil estoit de la maison au roy artus & compaignon de la table rõde & estoit nõme puain filz au roy Brien. En nom dieu fist lermite donc scay ie bien q̃ vous estez iay veu aultrefois vostre pere & ay este bien de lui deuant le couronnement au roy artus quãt iestoye cheualier errãt Et de la table rõ de eusse ie este compaignon se ne fust vng cheualier que ie heoye qui en estoit/si que ie luy couppay vng des bras par quoy le roy artus

me chassa de sa terre/et me desherita entierement. Mais ie vous prie que vous me dictes se ceulx de la table ronde y seruent en telle coustume comment ilz souloient seoir/ & messire puain lui demãda comment il les auoit veu Cela vous diray ie bien fist il.

Quant le roy vterpandragon souloit sa court tenir aux festes annuelles et les compaignons de la table ronde estoiēt assiz a table: et les clers de leans qui mettoiēt les auentures en escript aux cheualiers qui lors estoient auenues alloiēt regardant parmi la table rõde se aucun y estoit assiz qui ne eust playe emmy le visaige/car en cellui tēps estoit a coustume que nul ny seoit se il nestoit naure. si y feiz vne auēture aduenir q̃ moult durement fut chier a chetee et ce fut vng noel q̃ le roy tenoit sa feste a querdueil en galles & le vaillant vterpandragon le plus vaillant hõme du monde et qui plus ama poures cheualiers auoit mande moult grant cõpaignie de gens/et quant ilz furent tous assiz si vindrent auant les clers qui de ce seruoient que ie vous ay dit deuant/si trouuerent entre les aultres vng ieune homme preux et hardy de corps/ et si estoit de moult hault lignaige mais il ne auoit sur lui ne playe ne sang/ et quãt ilz se le virēt. si le monstreret aux aultres si regarderent entre eulx quil ne y deuoit mie seoir puis quil ne portoit le signe de la table ronde si le firent leuer et aller hors. Et quant le cheualier vit ce si en eut moult grant dueil & dist que pour deffaulte de playes nen seroit il iamais oste/et promptement sen alla en son hostel & print ses armes puis reuit a la court et vit vne damoiselle qui de vin seruoit si la print voyant tous ceulx de leans et la mist sur le col de son cheual si lemporta. Or estoit la coustume telle que nul nestoit leans tant hardy qui pour auenture q̃ auenist se du corps du roy mesmes ne fust/se osast remuer deuãt que les tables fussent ostees.

La damoiselle auoit .iiij. freres cõpaignons de la table ronde qui ne attendirent pas tant que les aultres eussent acheue leur repas ains se leuerent de leurs sieges et sen allerent querre leurs armes/et quant le pour y perdre la vie. Lors lui demanda comment il auoit nom/ et il dist puain le filz au roy Brien: certes fist elle vous y mentez oncques ne fustes cellui puain qui fut filz au roy Brien qui est cousin mõseigneur gauuain si maist dieu fist il si suis, en nom dieu fist elle donc men vais ie a la court du roy/ si me clameray de vous et compteray au roy voftre desloyaulte. Lors se retourna/ et fist semblãt q̃ aller sen vouloit a la court du roy artus dont monseigneur puain en fut fort dolent Lors se pensa il que mieulx suiualoit la baiser que faire desloyaulte. dont il fust mal renomme. Si la rappella puis fist semblant q̃ moult en estoit ioyeulx: si se aprocha vers elle pour la baiser. Beau sire fist elle attendez vng bien peu/ et ce fist il moult volentiers Or vous diray ie fist elle vne autre chose que vous serez pour moy/ car ie voy bien que du baisier ne auez vous nul talent, mais veez vous fist elle ces pauillons qui sont tendus en celle lande, et il lui dist quil les veoit bien se vous me voulez bailler fist elle vng heaulme et vne espee ie vous mõstreray que ie abatre vng escu qui pend dessus vng arbre deuãt les pauillons et ie vous clameray quitte/ et il dist que si fera il volentiers quelque chose quil sen doye aduenir. Venez donc fist elle apres moy. sus deuãt et ie vous suyuray

A ha pour dieu franc cheualier fist le nayn ne la croyez pas, car sachiez q̃ cest la plus desloyalle fẽme que ie veis oncq̃s apez pour dieu mercy de toutes ses gens de ce pays q̃ seront trouuez a destruction se vous faictes ce que elle vous commande. certes ia mais pour puissance que vous ayez ne amenderiez la .p. partie des dõmaiges qui y auendroient, et vous mesmes en mourriez /et mes sire puain ne respont mot. Ains sen va apres elle iusques aux pauillons/ quant ilz furẽt la venuz si entrẽt dedens vng des pauillõs si trouuerẽt dessus vng lit vng heaulme bien riche. et vne espee moult belle est ce icy ce q̃ vo' mauez dit fist messire puain. Sire fist elle ouy ie ne vous demãde autre chose/ et il luy baille lespee et le heaulme: puis lui demande se il est quitte a elle nẽny fist elle iusques a ce q̃ vous ayez cel escu abatu: si lui monstre et il

pique son cheual: puis sabat en vng fontenil Or vient il fist la damoiselle q̃ vous prenez cel escu/ car aultrement diroit cellui de qui il est que vous vous en seriez souf et que vous ne losez attendre. Adonc prit lescu quil auoit abatu et mist ius le sien, et la vielle prent lespee et le heaulme et les noe en vne corde: puis les lye a la queue de son cheual si les traine p̃ mi la boe et parmi lordure. Lors sallirent du pauillon iusques a .pii. damoiselles helas et quant elles virent la vielle qui trainoit le heaulme et lespee qui tant valloient et le cheualier qui emportoit lescu quil auoit abatu si battent leurs paulmes/ et rompent leurs cheueulx et font le plus grant dueil du monde en disant lune a lautre lasse tant auons no' mal garde ce que nous deuions garder. Ha a sire cheualier fist lune tant auez fait grãt vasselaige que nous auez honnies et deshonnourees et mises du tout en douloureux seruaige dont nous nistrons iamais. Sire sachies que mauuaisement pourriez restaurer sa perte que ceulx de ce pays receuront par ce que vous auez fait et si ny auez gaires gaigne car vous en mourrez cõme las et chetif et ceulx de ce pays en demourrõt pourez et essilliez a tous iours et nous en serons lasses trestoutes et souffreteuses.

Quãt messire puain les ouyt si fort la mẽ er sieu eut moult grãt pitie et se pentit moult de ce quil auoit fait car bien pẽsa auoir mal ouure: mais il ne scauoit en quoy, si retourna, et vint aux damoiselles et leur dist quil amendera ce quil a mesfait. Ha ha sire fist lune vous ne dictes riẽs/ iamais pour pouoir que vous ayez ne samenderez car le mesfait y est si grant nõmie a nous seulement qui cy sõmes mais a tous ceulx de ce pays que vous ne pourriez en toute vostre vie le nous amender tant auez fait grant mal et grant pechie mortel car quant les pucelles de ce pays q̃ riens ne vous auoient mesfait auez mises a honte/ et dieu vous en doint telle desserte que par temps vous en repentez. Lors fut il tant dolẽt quil cuida bien yssir du sẽs si dist a celle qui a lui parloit. damoiselle en quoy vous ay ie tant mesfait: Sire fist elle ie ne le vous diray pas car vous le sauez de

B i

Monseigneur fist le nayn Vous e ne pouez pas retourner arriere a court sans lor aultres compaignons, puis que vous estes partis ensemble. Si puis bien fist monseigneur puain.

Or me dictes nayn fist Boort scauez vous de la court nouuelles. Oy fist il Le roy artus a mandé par toute sa terre que il sera faire vng tournoiemēt huyt iours apres la magdaleine es piez de dessoubz haamasot, & a enuoyé tous ses messagiers aux barons de cestuy pays affin quilz y soient. Et moy mesmes, ie voiz noncant a tous les cheualiers que ie congnoiz. Car tout le monde y sera. Dieu doint fist Boort que iaye estre ey a la ache uce la besoigne de ceste domoiselle, car moult auroye grāt ioye se ie y pouoye venir a temps.

Longuement ont parlé ensemble, tāt que Boort dist a monseigneur puain. Sire ie vous gmanderay a dieu, & ainsi le me conuiēt faire, car ie me hasteroye moult vou lentiers de ma besoingne mettre affin, pour sçauoir se ie pourroye venir a temps au tour noyemēt. Car ie sçay bien que monseigneur Lancelot y sera, se dieu le deffent de mort & de prisō. Et pour aller veoir y vueil ie estre. Si re fist mōseigneur puain puis que vous vous en voullez aller ie vous commāderay a iesucrist qui vous conduise en qlque lieu que vous aillez. Si se partit auec la damoiselle ql auoit amenee de la court auec lui Et monseigneur puain demeura la sy naure quil auoit bien mestier de mire. Cy se reposa luy, & le nayn iusques vers nonne. Et puis quant le chault fut passe & le soleil fut abaissie, il monta sus son cheual, & puis sen alla tout le petit pas tant quil vint a vne abaye de blāches nonnains. Alors descendit a terre, & demanda logis, et les barres de leans lui vindrent a lencontre, pour ce que malade leur sembloit. Si se desarmerēt au plus doulcement quilz peurēt & le misdrent couchier en vne chambre & lui firēt regardr ses playes par vne des dames de leans, q assez sçauoit de tel mestier. Et quant elle le veit, si dist quil nauoit garde de mourir. Car elle se cuide rendre sain & haittie dedens .xv. iours, ainsi demeura leās monseigneur puain tant quil fut presque gary des playes que Boort lui auoit faictes. Puis apres

quant il fut sain quil peult bien cheuauchier il se partit de leans, & commanda les dames a dieu. Car moult lauoient bien seruy en sa maladie.

Quant mōseigneur puain fut partit de leans. Si cheuaucha toute la sematine sicome auenture le menoit, & tant quil ariua en vne lande. Lors regarda deuant luy si veit vne grāt viesse sur vng poure roncin qui traineoit auec soy vng nain par les cheueulx tout criāt et a pié. Et le batoit pmi les ioues. Et il alloit criāt, aide, aide. Et messire puain si se haste de tost aller pour secourir le nayn. Et luy arriue la. Ha ha dist dame pour dieu laissiez le nayn si ferez courtoisie. Et en le regardāt vit que cestoit vng cheualier si dist q pour lui ne le lairay elle mie. Ha a dame ie vo prie par amours que vous le laissez. Se vous voulez faire pour moy aucune chose, & ie ferray apres du nayn a vostre plaisir. Le me promettez vous ainsi dist elle comme loyal cheualier. Oy fist il. Et alors se laissa aller puis dist au cheualier quil ostast son heaulme de sa teste, & il luy demanda pour quoy. Pour ce fist elle que ie vous vueil veoir appertement. Adonc osta son heaulme de sa teste si le vit beau cheualier, & plaisāt de visage fors tant seullemēt q les mailles du haubert lui poissoiēt sur le col. Et elle luy dist beau sire ie vo requier q vous faciez ce que ie vous diray. Si lui respondit que si feroit il seuremēt, or me baisiez seulement vne foiz & ie vous clameray qtte. Adōc la regarda si la vit si laide & si ridee que plus ne pouoit, si se retarda de respondre. Car trop durement fut esbahy de ce quelle lui demāda. Si lui dist encores vne aultre fois. Sire cheualier se il y eut ōcqs en vous loyaulte, si vo acquittez vers moy. Alors il respondit tout courrouce. Ha ha dame demādez moy aultre chose. Car cella ne feroye ie pas voulentiers Non fait elle, estes vous si loyal. Que malheur ayēt tous les cheualiers du mōde, pour lamour de vous, & quant fustes oncques cheualier, mais quoy, ie ne cuide pas que vous le soyez. Ains estes quelque larron espieur de gēs qui allez en guise de cheualier, pour estre descōgneu. Car par mon chief se vous fussiez cheualier vous neussiez poit mēty vostre foy

Et deſſus eſpees ſentredōnerēt grans coupz ſur les eſcus τ ſus les heaulmes en deſmail lant leurs haulbers,τ faiſant ſaillir le ſang des chairs tendres de tous les coſtez deulx ſi durement quil ny auoit cellui qui aſſez ne fuſt laz τ trauaillie. ſy en fut meſſire puain ſi eſtonne que iamais il nen cuida eſchapper ſans mort. Car il auoit ſur luy ſept grandes playes dont la mēdre eſtoit fort perilleuſe Et trouua cellui a qui il ſe combatoit ſi fort τ ſi ſeur, quil ne cuidoit mie, que en telz ſi. euſt autant de proueſſe comme il y auoit en luy ſeul. Si congneut bien quil eſtoit en peril de mort, τ en aūenture deſtre mene iuſques a oultrāce. Se il ne ſaic tāt que il y ait paix entre eulx deulx. Adonc ſe retirerent arriere pour reprendre leurs alainnes. Car lōgue ment auoit due le premier aſſault. Si regardoit le cheualier ſon eſpee qui toute eſtoit enſenglantee du ſang meſſire puain, τ la toſ choit au pan de ſon hauberc, τ meſſire puain en ſoy repoſāt la raiſonna en lui diſant. Che ualier tant nous ſōmes combatus vous, et moy quil ny a cellui qui bien ne ſe ſoit eſpaye lun contre lautre. Et vous ſauez bien que de ceſte querelle, eſt le droit mien, et pour ce me ſeble il que vous deuriez laiſſier ceſte batail le ainſi que pis vous en veniſt. Car de aller cōtre droit ne vous peult venir ſi nō dōmai ge. Et il luy reſpōdit que de la bataille laiſ ſer neſtoit il mie conſeille ne ne ſera tāt cōme il puiſſe tenir ſon eſpee. Par ma foy fiſt meſ ſire puain donques ſōmes nous a recōmen cer, car mon droit deſſēdray ie, iuſques a la mort, mais aincois q̄ vous en faciez plus vo̾ prie par courtoiſie, que vous me dictes voſtre nom,τ puis face chaſcun a ſō pouoir de lōneur auoir

Certes fiſt le cheualier, vous me ſem blez ſi preudomme que ie ne vous re fuſeroye mie, ce que vous mauez demādē, car moult vous ay trouue meilleur cheualier τ plus hardy q̄ ne cuidoie. Si vous diray mon nom puis que vous me le demādez, iay a nom hoirs le eſſillie le couſin monſeigneur Lancelot du lac. Quāt mōſeigneur puain lentendit ſi eut trop grant ioye, τ getta ſon eſpee a terre, puis oſta ſon eſcu de ſon col,et

diſt a hoirt. Sire ie vous quitte ceſte batail le, puis que vous eſtes couſin Lācelot du lac Car ie me tiens pour oultre. Si vous pry que vous me pardonnez, ce que ie me ſuis cy a vous combatu. Sire diſt il, qui eſtes vo̾ qui me faictes tel hōneur, de ce ou ie nay au cun droit. Car vous vous tenez pour oultre τ ſi ne leſtes mie Et il ſe nōma. Et quant h̄ oir ſceut que ceſtoit meſſire puain ſi lui voulut ſon eſpee rēdre mais il ne la voulut prēdre en nulle maniere. Car moult eſtoit courtois ains diſt bien que ia ne la prēdroit ne ceſt hō neur ne luy auiēdroit. Car ce neſtoit mie rai ſon. Ains la deuez auoir biau ſire. Car vous me auez mene iuſques a oultrāce. Lors deſla cerēt leurs heaulmes ſi ſentrefont mōlt grāt ioye comment ceulx qui aſſez ſeutre aimoient Et ſe aſſirēt ſur lerbe verde. Et regarderēt lun a lautre ſes playes. Sy demāda mōſei gneur puain nouuelles de lancelot,τ cil les lui diſt telles cōment il les ſcauoit. Sy diſt quil le laiſſa malade durement puis luy cō pta cōment il auoit eſte euenime, τ par quelle occaſiō. En nom dieu fiſt mōſeigneur puain nous cuidions a court quil fuſt mort. Car la royne le nous auoit faict entendant. Et pour ſauoir la verite ſōmes meuz de court iuſques a. p. cheualiers de la table ronde, τ auōs iure ſur ſains, que iamais ne entrerons a Court deuant que nous en ſachions vrayes nouuel les. Certes ſire diſt hoirt il neſt mie mort. ain cois eſt tout vif a mon eſcient.

Lors ſault le nayn ſy diſt a mōſeigneur puain. Sire tant ſachiez vous de Lā celot, q̄ il eſt tout ſain τ tout haittie ne na pas encorez. xv. iours que ie le viz a vng tournoy qui fut feru deuant le chaſtel de la charette entre le roy Bademagu, τ le roy de norgalles τ fiſt ſi vaillamment a celle aſſemblee, quil vainquit tout, τ emporta le pris dune part τ daultre. Et affin que vous me croiez mieulx vous dis ie quil porta blanches armes, τ vng eſcu blāc,τ aida au roy Bademagu de goire,ſi que tous ceulx de norgalles furent vaincus. Certes diſt monſeigneur puain tu en ditz tel les nouuelles, que l'en ten doit bien croire. Si men puis bien retourner, quant il me plaira. Car il meſt auiz que iay bien ma qſte affinee demeure tāt. Car il pēdoit se lui estoit aduis sa iournee. Lors vint a lancelot puis le print par le pan du haubert si lui dist Sire venez vous en car nous demourons trop/ et il lui respōdit tout malcontēt. Fuy hors dict, car ie ne me mouueray ne pour toy ne pour aultre/ et quant il eut ouy quil ne sen remueroit ia/ et qͥl nen faisoit nul semblāt/ si demeura iusques a nōne. Puis quāt il vit que le solleil estoit ia tourne si se tint pour fol de ce que tant auoit attēdu. Lors vint a lui/ et se rappella vne aultre foiz. Et lācelot a qui il ne souuenoit que de iouer/ et de dancer lui respondit voirement fait il bon maintenir amours/ et ce cestoit la chancon que ceulx la disoiēt. Lors se apperceut le varlet quil estoit deceu/ et engignie par la dāce. si commēca a faire le plus grant deuil du monde: et maudit leure quilz vindrēt oncel se part/ si fist moult grant deuil/ et quāt il vit cella si reprint sō chemin grāt erre/ et laissa Lancelot en la dance. Or retourne a parler le conte de monseigneur vuain.

Cōme messire vuain eut nouuelles de Lācelot par vng nain qͥl trouua en son chemin/ et comme il se combatit a boort/ et dune damoiselle qui lui fist despēdre lescu mauduit le geant
Second chapitre.

Or dit le compte en ce chapitre q̄ quant messire vuain eut seiourne. xv. iours en lermitaige il se trouua gary de la playe quil auoit eue. Si se partit de seans fort ioyeulx et commanda les freres a dieu/ si cheuaucha tout le iour sans auēture trouuer qui a cōpter face. Et par tout la ou il venoit/ il demādoit nouuelles de lancelot/ mais il ne pouoit trouuer qui lui en dist. Aduint vng sāmedy matin/ quil encontra vng nain cheuauchāt vng roncyn/ et alloit moult grant dueil faisāt Et messire vual lui demāda se il scauoit point nouuelles dū cheualier qͥl alloit querāt/ et le nain se arresta/ et lui demanda qͥl cheualier cestoit Et il dist que cestoit monseigneur lacelot du lac. Certes dist le nain de lancelot vous scauroye ie bien a dire nouuelles/ se vous vouliez tant faire pour moy que vng braquet me feissiez rendre q̄ vne damoiselle ma tollu a force Adonc lui dist/ se il lui mōstroit la damoisel

le/ que le braquet lui fera il rendre. Alors lup promist le nayn quil lui diroit telles nouuelles de lācelot dont il deuroit estre creu. Or me meine donc fist messire vuain/ la ou est la damoiselle qui le braquet ma tollu de quoy tu te plains. Et ie te creant leaument q̄ ie en feray mon pouoir de le toy faire rēdre/ et il dist qͥl ne demandoit plus/ si sen retourna le nayn tout le chemin quil estoit venu grāt erre/ et messire vuain cheuauche apres lup.

Quant ont cheuauche quilz vindrēt a la vallee dun tertre/ et la virent deuant eulx vng cheualier tout arme/ et vne damoiselle auec lup. Sire dist le nayn/ a monseigneur vuain veez la la damoiselle qui mon bracquet emporte celle me tollit: par le consentement de ce cheualier qui estoit auec elle. Va donc fist messire vuain/ et lui oste des mains maugre elle. Et se le cheualier en prēt ie suis cellui a qui il nen chault/ et ne se doubte riēs Car sil te dit aucune chose ie te garātiray. A donc le nayn fut moult ioyeulx/ si vint a la damoiselle/ et lup osta le bracquet des poingz si felonneusemēt que apou quil ne la iue du cheual boutee/ Et quāt elle vit qͥl sen portoit si court apres. Et messire vuain lup dist Damoiselle ne lui touchiez/ car il est en mon cōduit. et sui laissez le bracquet qui est sien ᷓple doibt mieulx auoir par raison que vous Car en sa chose ne auez vous nul droit si vous lut tollir au nain le bracquet. Et messire vuaī lui dist Tirez vous arriere sire vaissal/ ie ne souffreroye pas que vous meissiez la main a lui/ Non fist cellui/ par saincte croix mal se deictez/ or vous gardez de moy. Car vous estes venu a la bataille. Et il respondit que de ce ne lup chaloit. Lors eslongnerent lun de lautre/ si meirēt leurs escus deuant eulx/ et tirerēt hors leurs glaiues/ Et laisserēt courre leurs cheuaux lun vers lautre/ Si sētrefraperent si duremēt/ quilz en firent voler les esclatz/ puis sētrehurterēt des corps et des escus en telle maniere/ quil ny eut cellui qui neust le ceruel trouble en la teste/ si sentreabatirent a terre par dessus les croupes des cheuaux si estourdiz quilz ne sauoient ne lun ne lautre ou ilz estoient. Toutesfois ilz ressaillirent en piez au plus tost quilz en eurent le pouoir laisseroye pour riens que ie ne y alasse/et que ie ne sache ou est le lieu ou ilz demeurent tousiours vous en conseille dieu fist le preudomme car si maist dieu oncques mais ne vy aller homme dont ie eusse sy grant paour comment iay de vous/celle nuyt geust lancelot au plus aise q̃ le preudõme peust et au matin quãt il fut leué/si chãta lermite messe du saint esperit puis se arma lãcelot & gmãda le preudõe a dieu. Et quãt il sen veit aller/si lui pria qͥl reust par sa fe dieu lui en donnoit eschapper/et lancelot se mist en la forest auec lescuier/sy lui demanda a qui il estoit/& il lui respõdit quil estoit au roy de la terre foraine que sen clamoit perles/lequel lenuoioit au duc de raliez en messaige. Ainsi cheuaucherent ensemble iusques a prime parmi lombre du bois/tant qͥlz encontrerent vne damoiselle qui portoit vng braquet entre ses bras/Et lancelot auoit osté son heaulme pour le chault qui estoit leué/et auoit son visaige descouuert/si salua la damoiselle/& elle ne lui dist mot ainz le regarda. Car il lui sembloit si beau q̃ toute en estoit esbahye/Si se arresta vng pou pour mieulx le veoir/Et lancelot se esmerueilla que ainsi elle regardoit/Si lui dist damoiselle q̃ vous en semble/Certes sire fist elle il me semble q̃ cest grant dommaige quant si beau corps de homme comment vous estes est liuré a mort & a sa honte/si mest auis que moult durement en fust dieu a blasmer/quãt par ceste part vo' conduit/car en plus perilleux lieu ne pouiez vous aller/or ne vous en esmaies ia/fist il damoiselle/tout le mal q̃ vous nous dictes ne nous auiẽdra pas se dieu plaist/dieu le doit fist elle/& se maist dieu ie ne le vous diroye pas quoy q̃ ie die/si se partirent a tant lun de lautre

Quant ilz sont vng pou esloingnez/si dist le varlet a lancelot. Sire pour dieu retournons/& demandez conseil et ayez pitié de vous mesmes ne auez vous point oui ce que la damoiselle a dit qui oncques mais ne vous veist ce q̃ vous alles a vostre mort mallement en desplaira a ceulx qui vous congnoissent/quant a ceulx qui oncques mais ne vous virent en sont dolens pour dieu sire retournez/tant comment vous en auez loisir

& moy pour lõneur de vous retourneray pour vous faire compaignie tant que vous soyez hors de la forest/& il dist/cella ne sera il pas mais quil sen taise/et cellui dist quil nen pleira plus/puis qͥl ne lui plaist. Si ont tãt cheuauché quilz vindrent en vne moult belle prairie deuant vne tour/ou il y auoit bien iusques a .ccc. pauillons/les plus beaux/et les plus riches que lancelot eust oncq̃s veuz au millieu des pauillons auoit .iiii. grans pins/si estoiẽt lun coste lautre ainsi comme a la rõde/et au millieu auoit vne chaire dyuire couuerte d'ung vermeil samit/& dess' le samit auoit vne courõne dor grande & poisãte/tout entour les pins auoit dames damoiselles & cheualiers armez & desarmez/si dancoient les aucunes les heaulmes lacez aussi comme se ce fust par gaigeures les aultres en costes/et en manteaulx & tenoiẽt les damoiselles par les mains/& telz y auoit qͥ ne tenoiẽt ne dame ne damoiselle/ainçois tenoient les cheualiers lun lautre par les mains/dont il y auoit a foison plus que de dames ne de damoiselles. Et quant lancelot vint celle part/si sen merueilla moult puis dist au varlet/Icy a moult belle compaignie/et moult ioyeuse ilz ne monstrent pas q̃ len ne puisse aller parmi ceste forest seurement/et maudit soye ie se sauoir ne ioye de quoy ilz font si grant feste/lors se fiert es pauillons/& si tost comment il a le premier passé/si mue son cueur & lui change son couraige Car se deuant nauoit talent fors q̃ de assaulz & de meslees cõmencer/or est son vouloir a ce mener quil na talent que de dancer/si oublie sa dame/& ses cõpaignons & soy mesmes en telle maniere/que plus ne lui en souuenoit/ains descendit de sus son cheual & le bailla a garder au varlet/puis ietta sa lance & son escu a terre si se alla a la dame tout armé le heaulme lacé & se print a la damoiselle quil trouua/si commença a chanter & a faire du pié ainsi comme les aultres. Et tant que le varlet mesmes qui le regardoit/si le tenoit pour fol deuenu/Et ceulx chantoiẽt vne chanson qui estoit faicte de la roine genieure/mais le varlet ne lentendoit pas bien quilz disoient. Et nonpourtãt le sens en estoit tel/Vrayement auons nous la plus belle royne des aultres. Le varlet dist ic

a vng escuier quil trouua emmy le chemin
Si cheuaucha en telle maniere iusques a
nonne quil entra en vne forest vielle & ancien
ne ou il y auoit a lentree vne chappelle/ & de-
dens y auoit vng hermite moult preudõme.
Et tout entour la chappelle auoit vng cyme
tyere/ et a lentree vne croix/ et vng grant per
ron de marbre: si regarda sur le perron lettres
vermeilles qui disoient. O cheualier errant
qui ceste part viens pour aultres trouuer se
tu ne veulx mourir ne estre point en ceste forest
Car tu ne en pourroyes eschapper sans mort
ou sans honte/ lescuier seut ces lettres puis
dist a Lancelot. Sire entendez vous ce que
ces lettres dient. Ouy fist il. En nom dieu fist
il donc scay ie bien que nous ne irons plus a-
uant/ car cest escript le deffend/ & tu veulx al
ler fist Lancelot iusques a vng chastel qui est
oultre ceste forest dõc iras tu par ce chemin fist
Lancelot oup fist il car il ny en a nul aultre
or va sist Lancelot/ car ie te suyuray.

Ha ha sire fist le varlet/ pour dieu ne y
venez mie car ce seroit trop grãde fol
lie ne volez vous point q ces lettres dient pour
ces lettres ne plus ne mains fist Lancelot/ car
ie ne laisseroye en nulle maniere que ie ny alas
se. Lors regarda vers sus de la chappelle: si
vit lermite qui chantoit ses vespres si va cel-
le part ainsi arme comme il estoit. et le sal-
lue. et le preudomme lui rendit son sallut puis
lui demanda q il estoit/ & il lui respondit quil
estoit cheualier errant. et que allez vous que
rant fist le preudomme: et il lui respondit qil
alloit querant vng sien cousin qui auoit a nõ
Lyonnel. et cõment auez vous nõ fist lermite
Sire len me appelle Lancelot du lac. en nom
dieu fist le preudõme de vous ay ie autresfoiz
oup parler. vous estes le meilleur cheualier
du monde au tesmoig de plusieurs/ si seroit
grant dommaige se vous vous mettiez en
lieu dont vous ne peussiez yssir/ car trop de
gens y perdroient/ et pour ce ie vous prie q
vous retournez tout le chemin q vous estes
venu. car en la voye de ceste forest ne vouldro
ye ie pour riens que vous allissies car puis.ii
ans en y sont entrez plus de.ii. C. cheualiers
qui me pmidrent au departir que se dieu leur

donnoit grace a chascun deschapper de mort q
ilz me viendroient raconter ce quilz trouue-
roient/ et oncques puis nul nen reuit/ et pour
ce scay ie bien quilz sont tous mors. par quoy
vous diz ie beau sire pour ce q estes/ ou endroit
pillier de cheualerie/ si vous dy q vous ne y estez
plus auant/ aultrement ie scay bien q ia ne istrez
Or me dictes fist Lancelot & de ces lettres qui
illec sont escriptes/ sauez vous qui les y fist
mettre/ Certes fist il nennin/ & y ont elles lon
guement este/ Ouy fist le preudome/ plus de
sip ans/ Or vous commande a dieu fist Lãcelot
car trop ay pey demoure. Et ne ferez vous
point fist le preudomme ce que vous ay conseil
le de laissier la voye de la forest nenny certez
fist Lancelot/ ia pour chose que ie y voye ne le
laisseray/ car trop seroit fait de laiche coura
ge/ se ie auoye paour deuant que ie veisse le
pourquoy/ or vous diray fist lermite que vo9
ferez/ puis quil est ainsi que retourner ne vou
lez. Demourez pour le iour duy auec moy
ceans pour ce quil est pres de nuyt/ & cest se
mieulx que ie voye a vostre honneur. Car se
maintenant vous vous mettez en ceste forest
qui est grãde et espesse il vous anuyttera par
auenture auant q vous soies deulx lieues
asse. Si vous viendra gesir dessoubz vng
arbre a la terre nue/ si nauriez que mengier
ne vous ne voz cheuaulx mais ceans couche
rez aise/ & aurez assez a mengier et voz che-
uaulx fain et auoine. et le varlet aussi sera
au repoz. puis quil vous plaist fist Lancelot
que ie demeure ie suis content toutesfoiz est il
vng pou trop tost. Lors descendit Lancelot car
bien & vit quil ne pourroit mieulx faire.

Celle nupt fut seruy Lancelot & receu
de tout ce que le preudomme peult
Car il enuoya son clerc pres dillec a vng cha
stel pour acheter du poisson. Car il estoit iour
de vng vendredi/ Si mengerent a leur aise
Apres soupper demanda Lancelot au pieus
domme comment la forest auoit a nom/ Si
re fist il/ ses gens de ce pays l'appellent la
forest perdue/ Car nul qui leans entre nen
reuient. Par ma foy fist Lancelot de ce est
merueilles que nul nen reuient/ et que cest la
voye sans nul retour/ & ia dieu ne m'aist se ie

Lors se assirent sur lerbe vert/ dont la face estoit ionchee/ si parlerent ensemble de plusieurs choses. Et lancelot lui pria pour dieu/ q̃ veri te lui dist de lui & de hector. Car sen me a fait entendant fist il/ quil est mon frere. Et ce cel sa estoit vray/ ie ne euz oncques si grãt ioye comme ie auroye de ceste chose. Si maist dieu fist elle il est vostre frere/ car se roy ban de benoic sengendra en moy/ & lors lui compta coment Et lup dist tout ce que son hoste lup auoit dit/ & en telle maniere/ tãt quil sceut de vray q̃ ainsi estoit. Et encore sire fist elle vo' en mõstreray telle chose/ q̃ vous congnoistrez bien. Lors va en sa chambre/ si defferma ung sien coffret/ & en tira hors ung anel dor/ ou y auoit ung saffir. et y estoit entaillie deux ser penteaulx/ si vint a lancelot & lui dist. Sire voyez vous ce q̃ ie tiens/ dame oy. Se maist dieu fist elle le roy ban se me donna/ quant il ptit de ce pais/ si me dist que la royne vostre mere sui auoit donne/ et que encores en auo it il ung de ceste facon/ et ie scay bien quil me dist vray/ car il ny a pas grandemẽt que ie cheuauchoie parmi la marche de gaulle pour aller a ung mien oncle qui estoit conseillier au roy claudas. Et tant que mon chemin me mena au royal monstier ou vostre pere est enterre/ si y demouray une nupt/ & trouuay illec vostre mere/ la meilleur dame qui soit au siecle/& sa plus saicte/ si me feiz ogno istre a elle/ & elle me demãda dont ie estoie/ & de q̃l pays/ & ie lui feiz assauoir/ puis me demãda moult de vous/ & ie lui en diz ce q̃ ie en sauoie & q̃ ie en auoye ouy/ sans ce que ie vous eusse oncques veu/ si lui deiz q̃ vous estiez le meil leur cheualier du monde. Si auoye ce mien anel en mon doy/ & elle le veit dauenture/ si me demanda qui me lauoit donne/ & ie le lui voulu celler/ quãt elle me dist que elle sauoit bien de qui ie lauoye eu. Si me monstra incõ tinent cellui de son doy qui estoit de telle facõ Adõc cõgneu ie bien que vostre pere me auoit dit verite de ceste chose. Si en fut plus ioyeux lancelot que qui lui eust donne la meilleur cite que le roy artus eust

Celle nupt furẽt ceulx de leans moult ioyeulx/ & firent moult grãt feste de

la venue lancelot. Si est sa dame en grande pensee comment Hector son filz se faisoit/ car la auoit deux ans passez que elle ne sauoit veu. Et lancelot dist quil ny auoit pas deux mois quil sauoit veu sain & ioyeulx. Apres ung pou de temps quil fut vespre sirẽt met tre les tables/ & reprurent a grant ioye/ & a grant speſſe/ & quant la nupt fut venue sirent ung lit a lãcelot/ si bel & si riche comme a tel homme conuenoit/ puis sen alla reposer/ et dormit iusques au iour cler. Au matin quãt il fut abillie sen alla oupr messe en une chap pelle de seans/ & quant il reuint au palays Il trouua les tables mises/ car ilz voulaient q̃ il repeust aincois quil partist. Si se assierẽt a table/ puis quant ilz eurent mengie tout par loisir/ si se dressa lancelot/ & demãda ses armes. Ha a sire fist sa dame se il peult estre pour dieu demourez ẽcores ce iour seulemẽt Et il lup respondit quil nestoit pas possible car trop auoit a faire/ Et quant il fut arme & monte sur son cheual/ si monterent ceulx de leans pour se conuoyer/ & sa dame aussi qui cheuauchoit contre lui/ qui moult tendremẽt lui pria quil pensast de hector son frere. Et il lup promist que aussy feroit il se il se pouoit touuer/ & de grant piece ne se partiroit de lui. Et quant grant piece seurent conuoye/ il les fist arrester/ & leur dist qlz ni roiẽt point plus auant auec lup. Si les commanda to' a dieu. Et quant la dame vit quil sen alloit Si sui dist tout en plourant. Ha ha beau doulx cheualier/ pour dieu & pour lamour de vostre bon pere pensez de Hector mon filz & vostre frere/ & il lup dist que aussy feroit il/ & que elle sen tint toute asseuree.

Atant sen tourna la dame moult do lente de lancelot qui plus ne auoit voulu demourer/ & lup cheuaucha tout seul moitie courrouce/ moytie ioyeulx/ courrouce pour lionnet dont il ne sauoit nouuelles. Et ioyeulx pour Hector quil cuide par temps ve oir. Si estoit ia le chault leue grant & mer ueilleux et lui enuioit moult duremẽt a che uaucher/ Si hosta son heaulme q̃ moult lui greuoit ce lui estoit aduiz & le baitla aporter estourdi. Car icy vient le meilleur cheualier du monde pour soy combatre a vous/ & pour passer le pont a force. Cellup est de si grant prouesse que vous ne le pourrez pas legierement souffrir/& pour ce suis icy venu affin q̃ vous lui saciez la plus honnourable paix q̃ vous pourrez. Et qui est il fist le cheualier q̃ gardoit le pont/ c'est dist il monseigneur Lancelot du lac. En nom dieu respondit le cheualier encontre luy ne me combatray ie pas se dieu plaist. Car ie ny auroye ia honneur n'en plus que les aultres qui a lui se sont combatus. Et mesmement se bien ie le cuidoie conquerre, si ne my combatroye ie mie pour l'amour de hector mon nepueu qui est son frere. Mais dictes moy quelles armes porte il/ & il lup deuisa/ & quant il eut cella ouy/ si sceut bien que c'estoit le cheualier qu'il auoit abatu le soir en l'eaue Ha ha beau sire/ que est ce que vous dictes/ Cuidez vous que ce soit Lancelot qui porte les blanches armez/ oup fist il ie le scay de vray en nom dieu fist le cheualier. ce ne fut oncques lancelot/ qui fut filz au roy ban que l'on tient a si bon cheualier. Car il vint ersoir icy tout tard/ & iousta a lui. si q̃ ie l'abati en ce fosse Et se ce fust le cheualier de qui toute la renom̃ee est espandue parmi le monde ie scay bien q̃l ne fust pas pour moy cheu/ mais est aulcũ ribault aulcũ sailli q̃ viẽt en guise de cheualier & se fait appeller par le nom d'un preudõme Si que il est honnore par tout ou il va

Quant l'oste opt ceste parolle si fut si dolent qu'il ne scauoit que dire/ & l'autre encore lui demanda, dictes moy fist il quelle cheueleure il a, par ma foy fist il il n'a nulz cheueulx/ car il a este tondu de nouuel. Sachiez fist cellui du pont donc scay ie bien/ que ce n'est mie lancelot. Car il a le plus beau chief crespe du monde. Or laissez venir seurement dist il/ cellup qui lancelot se fait nommer par nom. Car se ie ne luy fais la selle vuider ie ne quiers iamais porter armez. Lors s'en reuint l'oste a lancelot/ & lup dist. Sire iouster vous conuiendra/ Car aultrement ny passerez vous pas/ Et ie ne quiers fist il aultre chose/ Lors alongna le glaiue/ & meist l'escu deuant lui/ puis laissa courir son cheual vers le cheualier du pont/ & l'autre a lui/ si s'entre frapperent si durement/ qu'ilz firent leurs glaiuez voller en pieces/ & s'entrehurterent si asprement des corps/ & des membres qu'il n'y auoit cellui qui tout ne fust estourdi. Mais si bien se tindrent/ que l'un ne l'autre ne cheut/ si mist lancelot la main a l'espee/ car sur lui vouloit courre Et il lui dist/ Beau amy souffre toy/ Car encores te sauldra iouster contre moy d'une lance tant que l'un en chiesse. Et Lancelot dist que ce vouloit il bien/ Et lors lup bailla le cheualier vne lance/ & lancelot la print. Lors laisserent courir leurs cheuaulx l'un contre l'autre/ & s'entrefrapperent si durement que leurs escus percerent et fendirent/ Si brisa le cheualier du pont sa lance emprez le poing et lancelot le frappa si durement par bas q'il le porta lup & le cheual au millieu du fosse/ en celle place mesmement/ ou il sauoit lui mesmes le iour de deuant abatu/ & qui ne lup eust aidie n'oye eust este pour ce qu'il y auoit plante d'eaue. Si attendit lancelot tout bellement que l'en l'eust tire hors du fosse/ Et puis apres lup demanda se il en vouloit plus faire. Et il lup dist Ha ha sire pour dieu mercy/ Certes ie ne cuidoie mie que ce fussiez vous voyez cy mon espee/ car a vous me rens/ si me metz du tout en vostre mercy. Et Lancelot le print & le fist monter derriere lui puis s'en entrerent ou chastel pour scauoir a la damoiselle la verite de lui & de hector.

Quant il vint au maistre palais/ si descendit le cheualier/ puis dist a la dame de leans/ Belle seur ie vous amaine monseigneur lancelot du lac le meilleur cheualier du monde/ qui est frere hector vostre filz/ or lui faictes telle ioye qu'met vous deuez/ & incontinent celle le fist descendre Et puis quand elle le veit a descouuert/ si lui sembla veoir le roy Ban de Benoic/ Car il ny auoit homme au monde se il veoit lancelot qu'il ne dist vrayement qu'il estoit son filz/ Et en regardant cellui que tant auoit desire lui baisa la bouche & les yeulx/ puis ploura de ioye & de pitie/ sy se meine sur au maistre pallaiz puis lui dist Certes sire ie ne me merueille pas se vous estes bon cheualier et preux/ car vous feustes filz au meilleur cheualier de son aage que ie veisse oncques en ma vie ce fut le roy Ban de Benoyc auec vous si verray lonneur q̃ dieu vous fera ⁊ si vous optenray estre cy ⁊ la telle chose p̃ quoy ceste bataille deuroit bien cesser. Lors dist a ses serges q̃lz lui apportassent ses armes et quãt il fut arme/ ⁊ ilz sont tous .ii. montez la damoiselle dist a lancelot. Sire iay ouy dire q̃l y aura au. viii. de la magdaleine vng tournoiemẽt a lianmalot p̃ serez vous pour quoy se demãdez vous dist il. pour ce q̃ se ie vous y cuidoye trouuer ie ne cesseroye pour aucune chose q̃ ie ny alasse/ ⁊ ie vous dy seurement fist lancelot q̃ ie y seray se ie puis. Or allez donc fist elle a dieu car ie vous y verray se dieu plaist. ainsi sen partirẽt entre eulx deulx.

Quant ilz furent vng pou eslongniez du chastel. si dist le cheualier a lancelot. Sire vous estes de sa maison au roy artus et compaignon de la table ronde. Et par ce cuide ie bien que vous congnoissez ceulx q̃ en sont compaignons. Et il lui respondit quil ne repairoit mie moult souuent a court par quoy ne les pouoit il pas tous congnoistre/ Mais ses plus errans/ ⁊ ceulx qui plusques roient auentures/ cuidoit il bien congnoistre Et si en y auoit de telz que il ne congnoissoit mie/ dont ce poise moy. Car il ne y a nul qui assez ne soit preudõme ⁊ vaillant. Or me dictes fist il/ se vous congnoissez vng ieune cheualier/ qui est compaignon de la table ronde lequel a a nom hector des mares. Si maist dieu fist il ie le congnoiz bien. Et que vous en semble il fist le cheualier vauldra il ia riens en armes. par saincte croix fist lancelot ie ne scay au monde cheualier de son aage/ que ie doubtasse autãt de main comme ie feroye lui se il nous conuenoit aller iusques a oultrance/ Car il est legier ⁊ assez peult souffrir peine ⁊ trauail si comme ie cuide. Et scauez fist il qui il est/ Si maist dieu fist il nenny ie ne le congnois fors que de veue. Mais tãt vous diz ie bien quil est bon cheualier ⁊ preup. Et plus prise de sa cheualerie. que messire gauuain. Si maist dieu fist son hoste/ par nature doit il estre bon cheualier. Car son pere fut vng des bons cheualiers du monde. Ce fut Ban de benoic qui lengendra.

Lors sen merueilla lancelot plus que deuant/ ⁊ luy dist quest ce que vous dictes bel hoste. vous auez mesprins par auãture ou len vous a fait mensonge entendant En nom dieu fist il ie scay vrayement que le roy ban de benoic engendra icelluy hector/ ⁊ si vous diray comment. Or me dictes fist Lancelot Car vous me faictes durement merueiller. Il auint fist le cheualier que du temps du roy Vterpendragon/ ⁊ quant len voulut couronner le roy artus qui lors estoit ieune enfant/ que tous les haultz barons qui du roy artus tenoiẽt terre furent mandez a son couronnemẽt pour receuoir ses fiefz de lui et pour lui faire hõmaige. et tant que le roy ban y vint auec le roy bort de gannes son frere si geurẽt vne nuyt en ce chastel/ ou vous voulustes ersoir hebergier En celui tẽps en estoit sire le seigneur des mares qui auoit vne fille/ la plus belle damoiselle q̃ fust en ce pais/ Et quãt le roy ban la vit si la conuoita moult pour sa grãt beaulte/ tãt q̃l la fist amener en esblee/ si geut auec elle et engendra celluy hector dont ie vous compte. Et quãt le cheualier a qui vous allez combatre. lui eut donne armes pour aller a la court au roy artus si lui deffendit que ia a vous ne se fist a congnoistre se par prouesse non/ et il dist vrayement q̃ non feroit il. Si me merueille puis quil est si preup comment vous dictes/ q̃l ne sest piega acointie de vous. Car de ce quil est vostre frere/ ne auez vous nulle honte/ Si maist dieu fist lancelot honte ne y ay ie mie/ aincois en suis tresfort ioyeulx dont il est mon frere/ ⁊ dieu en soit aoure de ce que le maues dit. Car iamais ne seray aise deuãt q̃ ie en saiche la verite/ ⁊ ia si tost ne le tiendray q̃ rendre lui en conuiendra rayson pour quoy il est tant cele de moy.

Tant allerẽt parlãt q̃lz vindrent pres du chastel si dist loste a lancelot. Sire attendez moy vng peu icy tant q̃ ie reuiẽne a vous/ ie ne demourray gaires. Et lancelot se arresta. ⁊ loste sen ala iusqs au chastel si trouua le cheualier q̃ gardoit lentree seul estoit frere a la mere hector/ ⁊ loste q̃ venoit grãt erre le salua. ⁊ lautre lui rendit son salut q̃ bien le cognoissoit car il estoit son cousin germal beau cousin fist loste. Il quient q̃ vous preigniez son oseil de vous mesmes/ ⁊ q̃ vous ne soiez pas fol gpaignons si asso pent pour luy aidier/ et lau celot leur laissa courre lespee si en occist deux incōtinēt pource qſ les trouua desarmez: τ les aultres prōptemeut tournerēt en suitte, car paour auoiēt de mourir: si sen vont plus tost que le pas vers la mōtaigne/ si print Lācelot le meilleur des .iii. cheuaulx/ pource sien qſ auoit perdu/ τ laissa les aultres aller par la ou ilz voulsurent/ puis vint a sa damoiselle qui toute estoit esbahye dont Lācelot pouoit estre venu/ si lui demanda. Beau sire qui res cousse me auez estes vous lancelot. τ il lup respondit que vrayemēt ce estoit il: puis osta sō heaulme affin que elle le cōgneust mieulx/ τ quāt elle sceut que ce estoit il si fut tant ioyeu se que nulle plus ne le pouoit estre: si lui getta les bras au col/ τ lui fist la greigneur ioye que elle peult, en sui demandant que elle auenture la uoit illec amene a telle heure. Et Lācelot lui cōpta cōmēt il lui estoit auenu. Or vo' diray qʒ nous ferōs/ montons sur ces cheuaulx/ τ allōs chieulx vne miēne cousine qcy pres demeu re a moins de demie lieue: et illec trouuerons a mengier assez τ a boire/ et beaulp lits pour couchier, et il dist que ce vouloit il bien, car aussi ne seroient ilz riēs illec. Puis quāt ilz furent montez a cheual si tournerent a destre du chemin, et cheuaucherent tant quilz vin drent a lentree dun petit bois/ si veirent illec vne maison bataillee et bien close de bons sos sez: mais trouuerent le pont leue/ τ la damoi selle hucha le portier/ τ cil qui bien la cōgnois soit yssit hors en chemise: si auala le pont et la damoiselle lui dist va tost, et esueille ma cousine τ lui dy que ie lui ameine vng cheua lier du quel elle sera moult ioyeuse si tost cōme ment elle saura veu/ si se hasta le seruiteur pour faire son comandement/ et lancelot pas sa le pōt et entra dedens luy et sa damoiselle puis descēdirent emi la court. Sine demou ra gaires que le seigneur τ la dame de leans furent vestus/ et appareillez si yssirent hors de leur chambre puis firent allumer des cier ges pour y veoir plus cler si vindrent a la da moiselle en lui faisant moult grant ioye/ et elle leur dist laissez moy ester, mais festoyez ce cheualier qi ie vous ay amene/ car bien sas chiez fist elle que plus preudomme de lui ne

pourriez vous mie seruir: τ sa cousine demā da qui il estoit, et elle lui dist que ce estoit Lance lot du lac: Lors lui firent tous moult grant feste et ioye si le firent desarmer, et la damoi selle leur pria que lēsleur abillast a mengier. Car ilz nauopent mēge de sa iournee si se cō manda le seigneur de leans a ses sergens qui bien en firent leur deuoir.

Au matin vng pou deuant prime se le uerent ceulx de leans et demanderēt a la damoiselle quelle auenture sauoit ersoir amenee si tard/ et elle leur compta commēt il lui estoit auenu: τ comment vng cheualier leust deshonnouree se ne fust Lancelot qui la garda si lui dirēt que moult bien lui auoit dieu ayde selon les auentures qui auenues lui es toient, quant Lancelot fut vestu et habille il vint en la salle, et salua son hoste/ τ cil lui re spondit que bon iour lui donnast dieu. Sire fist Lācelot faictes moy mes armes apporter car ie ne vueil mie cy plus demourer/ et cel lui commanda que incontinent qlen ses lui apportast. Mais aincois le fist repaistre tout par loisir/ et puis lui fist baillier ses armes Et il les print, τ puis quant il fut arme le sei gneur lui demanda ou il vouloit aller/ et il dist quil vouloit aller a vng chastel qui estoit la sus en vne mōtaigne. Oy aller fist le sei gneur vous gard dieu, car si maist dieu ie ne vo' y conseilleroye en nulle maniere, car plus a de .v. ans que cheualier ne y peult entrer: qui ne y mourust ou que il ne feust emprisonne. Commēt cella fist lancelot/ il conuient dōc que vous le me dyez/ et ie se vous diray moult voulentiers fist son hoste

Il y a .v. ans et plus a mon aduis que vng cheualier garde lentree si que nul lup ne y entre sans cōgie/ et est si preup si fort τ si puissāt, que oncques puis cheualier ne y peult entrer de ce pays ne daultre que il ne cōquist p' force darmes: τ pource ne vous cōseille en nul le maniere de aller celle part/ car vous ne en pourriez partir sans bataille. En nō dieu fist Lācelot il ne le lesseroye mie en nulle manie re que ie ny allasse/ car ie y pdy mon cheual et soir ie ne scay par qui mo pe'. Puis que vo' auez si grāt talent de y aller fist le cheualier ie vrap oustre son gre ne greigneur sarrecin ne pouez vous faire/ et tout ce auez vous fait de moy car en sarrecin/ et en traison me venistes prendre chieulx mon frere et amenee men auez sans le sceu de lui cuidiez vous pour tant se ie suis en vostre saisine que ie vous en ayme plustost Certes nenny ains vouldroye mieulx q̃ vous fussiez traine a la queue de voz ronans/ car trop scroye auiliee/ se ie laissoye le meilleur cheualier du monde a qui iay mamour donnee pour vng si vil cheualier/ & si recreant cõment vous estes/ damoiselle sist il se vous en estes amee q̃ vous vault/ certes il ne pourroit mie estre que se meilleur cheualier du mõde eust mise sõ amour en vo⁹/ car trop la pourroit mieulx emploier. Certes sire sist elle cellui qui est ores le meilleur cheualier du monde & le plus preudõme ne tient mie son amour a mal emploiee en moy ains me ayme bien/ et aymera tant quil me scaura en vie/& ie lui seray loyalle/ car ia tant comme ie viuray cheualier ne se pourra vanter que ie lui face cõpaignie/ et se lui vouloye faire si grant de loyaute que de'n mettre vng en sõ lieu/ si maist dieu si mauuais cheualier cõment vous estes ne y essiroye ie mie.

Lors se courouca le cheualier/ si dist a la damoiselle. Belle dame ie vous prie que vous me dictes qui est ce bõ cheualier qui tant est preudomme/ et qui si loyaument vous ayme. Certes sist elle il ne fait pas a nommer deuant si mauuais hõme comment vous estes/ et non pourtãt pour vous plus greuer vous diray ie qui il est/ cest monseigneur Lancelot du lac cellui que vous ne oseriez a coup attendre pour tout le royaume de logres: cellui la fist le cheualier en mal heure en parlastes oncques/ le meilleur cheualier du mõde certes il ne pourroit pas estre: car il fut filz au plus recreant homme & au plus failli de cueur q̃ oncq̃s portast armes/ et bien mõstra en la fin que cestoit de luy neant. Car le roy claudas mon cousin le desherita en vng iour de toute sa terre/ si quil sen fouit/ & mourut de dueil/ Et pour ce diz ie que de si mauuais roy ne pourroit pas yssir le meilleur cheualier du mõde. Ha a mauuais cheualier sist elle se maist dieu se il fust icy ia ceste parolle

ne vo⁹ fust yssue a nul iour hors de la gueulle/ car vous ne eussiez cueur pour loser dire pour toute sa terre au roy artus. Damoiselle sist il vous direz tout ce quil vous plaira/ et ie vous escouteray/ mais toutesuoyes vous prie ie que vous faciez ma voulente de bonairement/ et ne soyez pas si villaine quil vous couuienne faire force/ car apres ne vous aymeroie pas et aussi vous soyez bien quil est force que vous le faciez/ car la force nest pas vostre/ et mon vouloir y est. Dictes vous sist elle en vostre male heure ie ameroye mieulx estre arse/ et bruslee auant que par si mauuays homme ie feusse deshonouree/ car si maist dieu pis ne pourroye ie faire. Alors dist aux escuiers/ et cheualiers qui la estoiẽt quilz se tirassent arriere et quil vouloit tout seul demourer auec elle/ car il cuidoit bien en faire sa voulente sans contredit nul.

Quant ceulx la se sõt dillec partis il print la damoiselle & la ietta soubz lui en lui disant quil luy seroyt force se elle ne le vouloit ottroyer de bonapremẽt/ & elle commẽça a crier. Ha ha gentil homme Lancelot pour quoy nestes vous cy si me vengissiez et vous aussi de la honte que cestui cy me veult faire. Lors commença a soy detordre au plus q̃ elle peult/ et pourtelui cheualier la tenoit mõlt estroit entre lui/ et la terre. Et elle commẽça de rechief a crier. Beaulx doulx amy vostre secours me tardera moult si comme ie croy/ Et Lancelot qui bien auoit veu et entendues toutes les parolles quilz disoiẽt se dreça en estãt car aduis lui estoit que, meshuy pourroit bien trop demourer/ si print son escu et trait son espee/ en disant a celle qui se regretoit/ Damoiselle nayez paour car ie ne suis pas trop loing de vous et mal vous a le cheualier couroucee/ car il en mourra. Lors sen alla vers eulx gnt erre/ et quant lautre le vit venir si eut grant paour de mort. Adonc si commença a crier aide aide/ Par mon chief sist Lancelot aide ne vous aura ia mestier car vous en mourrez/ et il est bien raison: quant vous voullez ceste damoiselle prendre a force/ Lors haulce lespee si sen voulut souir mais il ne peult/ car Lancelot le frappa: si quil lui trencha lespaulle senestre & labatit a terre naure a mort/ & les aultres ses

A iiii

Quant il vint en la court descendre: si trouua son cheual tout sellé que Brisanne lui auoit fait habiller affin q̃ Lancelot le trouuast prest quant il viendroit aual, car elle scauoit bien q̃l ne seiourneroit pas leans, si tost quil se aperceueroit de la deceuance. Si monta a cheual et print son escu, et son glaiue quil trouua a vng arbre et tellement fantasia quil ne scauoit son estre Le roy perses qui fut matin leue sen vint au chastel de la quase pour veoir sa fille, car ia scauoit bien comment lancelot sen estoit party et lui arriue trouua sa fille toute malade et deshaittee de la paour que lancelot luy auoit faicte. Si compta a son pere oment il lui estoit aduenu, et puis quant il sceut la verite de la chose delle et de Lancelot. Si la fist garder moult chierement, et plus honnourer que deuant: si ne demoura pas grãmẽt apres q̃l lui fut dit par les phisiciẽ que elle estoit enceainte, et sa damoiselle mesmes qui dist quil estoit vray si en fut le roy si ioyeux q̃ plus ne peult et ceulx mesmes du pays en firẽt moult grãt ioye. Apres ce doncques q̃ Lãcelot se fut pty de la damoiselle il cheuaucha tout le iour entier moult dollent: et pensif et tousiours alloit demandant de son cousin, et quant il eut cheuauche iusques apres vespres il regarda deuãt lui: et vit en vne mõtaigne vng moult bel chastel si tourna celle pt. car temps estoit de heberger, et sur arriue a lentree trouua vng cheualier qui lui dist. Sire cheualier par cy ne pouez vous passer se vo' ne voullez iouster O restoit Lancelot pensif et trouble car il nen tendit pas ce q̃ se cheualier lui dist: si cheuaucha oultre sur le pont sans laissier son chemin Et le cheualier lui vint le glaiue au poing si le frapa si duremẽt quil lui fist sa selle vuider tant quil se porta tout enuers dedẽs le fossé se plain de eaue, et les barbes de lautre cõmẽcerent a crier. Ha ha: sire cheualier, O vous pouez vous bien baignier, et le cheualier prist le cheual de Lancelot puis sen entra dedens la ville, et incontinent fist fermer la porte et quant Lancelot veit q̃ estoit cheu en leaue si en est tout esbahy, car il ne scait comment il y estoit cheu: si sentit quil affondroit. Lors print a deux mains vng arbre qui deuant lui estoit

et fist tant quil vint hors de la fosse son escu a son col, et son glaiue en son poing et ceulx de la bretesche lui disoient. Sire cheualier ailleurs vous conuient querre hostel, car ceans ne mettrez meshuy le pie. Mais de ma y se vo' reuenez et se nous pouons receuoir cheualiers pescheurs nous vous recceurons voulentiers, quãt il vit que ceulx la se vont ainsi moquant, si en est moult dollent, et leur dist. Beaux seigneurs de mon cheual dictes moy nouuelles se vous sauez. par ma foy sont ilz du vostre ne sauons nous riens: mais de cellui que vous auez perdu sauons nous bien ql est ceans, et mal content soit qui cellui cheual vous donna, car y mon chief il ne se pouoit pis employer: quãt il se vit ainsi si y est assez plus dollent que deuãt, et vient en la vallee si se assit assez pres dune fõtaine dessoubz iiii. arbres si met son glaiue empres lui, puis se assiet dessus son escu si attent sa dollent et courrouce que la nupt soit venue.

Quant le temps fut reconse. et la lune fut leuee, si regarda Lancelot et vit venir iiii. cheualiers tous armez qui descendent a la fontaine et ostent leurs armes: si se assirent sus lerbe verde. Apres ce ne demoura gaires que iiii. escuieres vindrent qui a menoient auec eulx la damoiselle q̃ auoit gari lancelot de lenuenimement quil auoit prins lautre iour a la fontaine, et plouroit moult tendrement et les apelloit larrõs et traistres Quãt Lancelot la vit plourer si en fut moult dollent car il ne amoit nulles femmes plus que elle fors la royne genieure si se voulut leuer pour lui aider, puis se pourpesa que encores attẽdroit il tant que il verroit quilz vouldroient faire. Quãt ilz ont du cheual descendue si se leua maintenãt lun des iiii. cheualiers encõtre elle, si lui dist que bien fust elle venue de par tous ceulx ou il y a pouoir ce st de ce iii. cheualiers et de moy mal soyez vous fist elle venue comme desloyaulx, et larrons. Ha ha damoiselle fist lun vous direz ce q̃ vous vouldrez mais desloyaulx ne larrons ne sommes nous pas. Si estes certes fist elle desloyaulx estes vous, car plus grãt desloyaulte ne pouez vous faire, que prendre vne damoiselle endormie, et en repos, et de mettre la main a elle gceuoir dõt le bien deuoit venir appertemēt q̃ par le douloureux cop de lespee aux estrã ges auoit este desherite et epille si cõme le cha pitre le deuise clairemēt au cõpte du sãg gra al mais lancelot la desiroit tout en autre ma niere car pour sa beaulte ne la conuoitoit il pas: mais il cuida q̃ ce fust sa dame la royne Et par ce fut il eschauffe tellemēt quil la cõ gneut ainsi comme adam fist sa femme mais non pas en telle maniere car adam cõgneut sa femme loyaumēt et par le commandement de nostre seigneur et cestui cõgneut ceste pucel le en pechie et en luxure contre dieu, et contre saincte eglise: et non pourtãt le sire en qui tou te pitie abonde, et qui ne iuge mie a la riguer selon le forfait des pecheurs, ne voulut mie quilz fussent tousiours en exil leur dõna tel fruict engēdrer et cōceupoir que pour sa fleur de virginite qui illec fut corrupue, et violee fut conceue vne autre fleur de la doulceur de la quelle maintes terres furēt peues et rassasi ees. Car si comme lystoire du saīt graal nous racõte de ceste fleur pardue fut percee galaad le vierge le tressouuerãl cestui qui les auētu res du saint graal mist a fin, et se assist au pe rilleux siege de la table rōde ou onques che ualier ne se assist droictemēt ql ne fust mort Et tout ainsi commēt le nõ de galaad auoit este perdu en lancelot par eschaufemēt de lu xure tout ēsemēt fut recouuert en cestui par abstinēce de chair. Car il fut vierge en voulē te et en œuures iusques a la mort si comme ly stoire le deuise, ainsi fut recouuree fleur pour fleur, car se en sa naissance fut fleur de pucel lage estaincte, et mal mise depuis fut de plui fleur de cheualerie restauree par leur commun assemblement et se virginite fut empiree bien en fut le meffait amende en sa vie par sa vir ginite car il rendit son ame saine, et entiere a son sauueur quāt il trespassa de ce siecle, et par les biens quil fist en sa vie fut le pechie du cō ceuemēt essait. Si se taist ores atant le compte de lui et retourne a Lancelot qui geut toute la nuyt auec la damoiselle, si lui tollit le nõ a quoy elle ne peust onques puis retourner car se en lappelloit au soir pucelle cellui nom lui fut changie landemain en damoiselle.

Quant le iour fut venu, si se esueilla lã celot et incontinēt regarda et tout lup amis point ne vit de clarte. Car toutes les fenestres de sa chambre estoiēt si fort estoup pees que le souleil ny pouoit entrer. Lors se merueilloit la ou il pouoit estre. Et en tastã entour lui trouua la damoiselle, si lui demã da qui elle estoit, ou estoit il reuenu en son me moire, Car la force des poisons estoit faillie depuis quil auoit cōgneu la pucelle charnelle ment. Et elle dist, sire ie suis fille au roy de la terre forainne. Quant il entendit cella si apperceut bien cōmēt il estoit deceu. Et tout en haste sault du lit tant dolent q̃ merueilles prist sa chemise, et puis se chaussa et vestit puis prist ses armes, et quant il fut tout arme il vit en la chãbre, ou il auoit couche et ouurit les fe nestres. Et en regardãt celle par qui il auoit este deceu, si fut tant dolent ql cuida biē yssir du sens, si se pēsa quil sen vēgeroit sans plus attēdre. Lors tira son espee et sen vint vers la damoiselle, et lui dist trop durememt damoi selle mauez vous moque, mais vous en mou rez. Car ie ne veuil pas que iamais deceuoir cheualier en telle maniere comment vous me auez deceu. Lors dreca lespee contre mōt, Et la damoiselle qui grant paour auoit de mou rir, lui cria mercy a ioinctes mains, en luy di sant. Ha ha franc cheualier ne me occiz mie pour celle pitie q̃ dieu eut de marie magdalei ne, si se arresta tres pensif. Si la veit la plus belle q̃ onques auoit veue. Et il trembloit si durement de ire et de mal tallent que a peine pouoit il tenir son espee, et pensoit sil l'occiroit ou se il la laisseroit viure, et continuellemēt la damoiselle lui crioit mercy, et estoit deuãt lui toute nue, en chemise agenouls, et lui en re gardãt son vis et sa touche en quoy il y auoit tant de beaulte luy dist, damoiselle ie men iray tout vaincu et tout recreāt, comme celuy qui ne se ose de vous vēgier. Car trop seroye cruel et desloyal, se si grãt beaulte destruisoye Si vous prie que vous me pardonnez ce que iay tire mon espee sur vous, car ire et mal tallēt le mōt fait faire. Sire fist elle ie le vō pardonne par ainsi que vous me pdonnez vo stre couroust. Et il luy ottropa, si remist son espee dedēs le fourreau puis la gmāda a dieu

A iii

La tierce partie de Lancelot.

ie nen demāde point. Car il na gaires que le
la vis saine & ioieuse/si lui tressaillit tout le
cueur de ioye quant il en oyt parler. si lui dema
de ou elle lauoit veue. Sire fist elle cy pres a
ii lieues dicy ou elle gerra enuyt. Dame fist il
vous me gabez. Aisi maist dieu sire non fais
Et affin que vous men croyez mieulx venez
auec moy/et ie la vous monstreray. Certes
dame fist il tres voulētiers

Lors enuoya Lancelot querre ses armes
& elle retourna ce pēdant vers le roy
qui latendoit en la chambre si lui demanda cō
mēt elle auoit esploite. Adonc lui dist faictes
incontinent vostre fille monter a cheual/& le
uoyez le plus tost q̄ vous pourrez au prochaī
chastel que vous ayes. Et la faictes couchier
au plus riche lit q̄ y soit/& ie iray apres moy
& Lancelot. si lui feray ētendāt que ce sera la
royne genieure/& si lui donneray vng tel bro
et a boire que incontinent que la force lui en
sera montee au cerueau ie ne doubte poīt q̄l
ne face toute ma voulēte. Et ainsi pourrons ad
uenir a noz intēcions. Si la fist le roy mon=
ter acheual puis luy bailla vingt cheualiers
qui la conduirent au chastel de la quase. Et
quant ilz y furēt ariuez & descēdus/si lui fi
rent dresser en vne salle le plus riche lit quilz
peurēt/& y fut la damoiselle couchee par lor,
donnāce des cheualiers. Apres donc que lāce
lot eut prinses ses armes monta sur son che
ual/& se partit du chastel. Et y laissa la da=
moiselle qui lui auoit amene. Et a compai=
gne de brisāne vindrēt au chastel de la quase
mais estoit ia nuit obscure/& ne stoit mie ēco
res la lune leuee. Et adonc Brisanne le me
na en vne chambre ou les cheualiers estoiēt
Lesquelz voyāt lancelot le saluerent en luy
disant que bien fust il ariue. Si le desarme=
rent leans a moult grant clarte. Car bien y
auoit iusques a. pp. cierges a lumez. Brisā=
ne doncques pensant de paracheuer son entre=
prinse appella vne pucelle qui leans estoit/&
lui bailla le briuuaige que appareillie auoit
pour Lancelot. En lui disant que quant lāce
lot vouldroit boire quelle lui baillast dudit
briuuaige pleine coupe / et non dautre. Sy
lui respondit la pucelle quelle sa cōpliroit de
bon cueur

Quant lancelot fut desarme: si demā=
da a boire pour ce q̄l auoit eu chault
a venir mais premier demāda ou estoit sa da
me la royne. Sire fist Brisanne elle est en cel
le chambre/& si est ia en dormie ainsi q̄ ie croy
Si lui fut aporte le briuuaige pleine coupe p̄
la pucelle qui plus estoit cher que eaue de fon
taine/et de couleur de vin. Alors cōmenca a
boire comme cellui qui auoit grant soif. Et
Brisāne lui dist. Sire buuez hardimēt tout
il ne vous peult faire que bien. Le briuuaige si
lui sembla de bō goust par quoy en demāda
encore autant et le beut. Adonc fut plus ioy
eulx/et en parle que deuant. Si demāda
a brisanne commēt il pourra veoir sa dame
la royne. Et Brisanne le regarda si vit q̄l esto
it tout mue/& ne scauoit ou il estoit ne q̄mēt
il estoit venu leās/& cuidoit vraimēt estre en
la cite de kaamalot/et lui estoit aduis quil
ploit a vne dame qui tousiours estoit auec
la royne/ puis q̄ la dame de malohault fut
morte. Et quāt Brisāne le vit si affolle elle cō
gneut bien quil pourroit estre legierement deceu
si lui dist. Sire madame peult bien ia estre
endormie: que demourez vous tant que vous
ne allez a elle parler. pour ce fait il q̄ elle ne
me demāde mie ne y vueil pas aller. Mais se
elle me mādoit ie y roye. En nom dieu fist bri
sāne. Vous en orrez tātost nouuelles. Lors
ētra en la chābre & fist sēblāt de p̄ler a la roine
Puis reuint a Lācelot & lui dist. Sire che=
ualier, ma dame vous attent / et vous mā=
de de par moy que vous ailliez parler a elle
Si fut promptemēt desabille/& puis entra
en la chābre en chemise/et se coucha auec la
damoiselle commēt cellui qui cuidoit q̄ ce fust
la royne/ Et celle qui riens ne desiroit/ fors
que a auoir cellui de qui terrienne cheualerie
estoit elluminee le receut tresfort ioieuse en lui
faisant telle ioye/& semblable acueil cōment
madame la royne lui faisoit.

Ainsi furēt mis ensemble le meilleur
cheualier & le plus bel qui lors fust
& aussy la plus belle pucelle q̄ fust en ce tēps
si se desiroient par diuerses intēciōs. Car la
pucelle ne le faisoit mie, tāt pour la beaulte
de lui ne pour luxure ne pour eschauffement
de chair/ commēt elle faisoit pour le fruict re

demāda a lācelot cōment il auoit a nom/ ſ il reſpondit quil auoit a nom lancelot du lac/ oz me dictes fiſt le roy/ Banle pzeudomme qui mourut de dueil/ ne fut il pas voſtre pe/ Si re fiſt lancelot. oup/ par ma foy fiſt le roy/ oz ſuis ie donc tout aſſeur/ q̄ par vous ou par cho ſe qui de vous yſtra/ ſera ce pays deliure des eſtrāges auētures/ q̄ y auiēnent iour ſ nupt. Lozs vint auant vne damoiſelle de moult grāt eage qui auoit bien .C. ans. Sy appella le roy et lup diſt/ Sire ie vueil pler a vous Si ſe partit le roy de Lāce lot/ ſ cōmanda a ſes cheualiers quilz lui tinſ ſent compaignie. Lozs ſen alla le roy auec la damoiſelle en vne chābre/ ſ elle lup diſt quāt il fut aſſis. Sire que pourrōs no faire de ce cheualier q̄ dieu no a amene Ie ne ſcay fiſt le roy ſ ie en doye faire fozs quil aura ma fille a faire ſa volēté. Certes ſire diſt la dame ie ſcay bien q̄l ne la vouldroit pas accepter quant lēy lup offriroit. Car il ayme tant la royne la fē me au roy artus quil nen voudroit auoir nul le aultre par quoy il ſauldroit que ſen ſe fiſt ſi ſaigemēt quil ne ſen apceuſt. Oz en ſaictes diſt le roy tout ainſi comment vous lenten dez. Car il conuiēt que cela ſe face. Si lui re ſpondit la dame/ ne vous en entremettez plus Car ie vien biendray moult bien a chief. Lozs entra le roy en la ſalle. puis vint a lancelot pour lui faire cōpaignie/ ſi parlerēt lun a lau tre/ ſ ſētre acointerēt au plus bel quilz peurēt ſ lui demāda lancelot. cōmēt il auoit nom ſ il lui diſt quil auoit a nom pres de la terre foraine Ce tēps pēdant quilz parloiēt ainſi Lācelot regarda ſ vit leans ētrer par vne fe neſtre le coulomb: que mōſeigneur gauuain auoit veu autresfoiz qui portoit en ſō bec vng ēcencier doz moult riche/ ſ ſi toſt comment fut entre leans/ le pallaiz fut rēpli de toutes les bonnes oudeurs/ que cueur de hōme pou roit peſer. Et lozs ſe teurēt tous par ſeās en faiſāt grande ſilēce/ ſ ſe agenoulſerent quāt ilz virēt le coulomb venir/ ſ lozs ētra en vne chambre puis furēt les nappes miſes ſur les tables. ſi ſe aſſirēt lun ſ laultre ſās ce que nul deiſt mot ne nul ne y fut appelle De ce te cho ſe ſe merueilla moult lancelot. ſi fiſt ainſi cō ment les aultres et ſe aſſiſt deuāt le roy en re

gardāt quilz eſtoiēt tous en pzieres/ ſ ozaiſōs ſ cōmēça a faire cōme les aultres faiſoient. Apres ce ne demoura gaires quilz virēt yſſir dune chambre la damoiſelle q̄ mōſeigneur gauuain auoit tāt regardee ſi bel le/ ſi auenāt de toutes choſes que lancelot meſ mes diſoit que oncques en fēme nauoit veu ſi grant beaulte fozs en ſa dame ſa royne. Ey diſt que voir lui diſoit la damoiſelle qui leans lauoit amene. puis regarda le vaiſſel que la damoiſelle tenoit ētre ſes deus mains/ qui eſ toit le plus riche ſelon ſon auis q̄ oncques fut veu par homme moztel/ ſ fait eſtoit en ſēblāce de calice/ parquoy luy ſēbloit que ce ſtoit ſainte choſe ſ digne. Si cōmença les mains a ioidre ēcontre ſ a ſoy ēcliner piteuſemēt/ ſ auſſi fiſt chaſcun des aſſiſtās. Et cela fait/ en vng mo mēt furent les tables rēplies de tous les pl beaulx mēgiers que lēn euſt ſceu deuiſer/ ſ le palaiz empli de ſi bonnes oudeurs comme ſe toutes les eſpices du mōde y euſſēt eſte repā dues. Et apres q̄ la damoiſelle eut fait vng tour p deuant la cōpaignie/ elle ſen retourna droit a la chābre. dōt elle eſtoit ſoztie. Et quāt elle ſen fut alee/ le roy perles diſt a Lancelot Certes ie auoie moult grāt paour/ que la gra ce noſtre ſeigneur fauſiſt endroit vous alſi cō me elle fiſt auant hyer/ quant monſeigneur gauuain fut ceās. Beau ſire fiſt Lancelot il neſt pas meſtier que noſtre ſeigneur qui tant eſt de bonnaire ſoit courroucé ētre les poures pecheurs. Apres ces choſes ſ quilz eurent mē gie tout par loiſir/ ilz leuerent les nappes Et le roy demāda a lancelot/ quil lui ſembloit de la damoiſelle q̄ poztoit le riche vaiſſel/ il me ſemble fiſt il que damoiſelle ne viz ie ōcques ſi belle/ de dame ne veulx ie pas dire.

Quant le roy ouit ceſte parolle ſi pēſa tantoſt a ce quil auoit oup dire de la royne genieure car bien creut que ce ſtoit vray ce q̄ ſen lui en auoit dit. Si vint a briſāne la maiſtreſſe ſa fille celle qui deuāt auoit a lup parle/ ſ lui cōpta ce que lancelot auoit reſpō du/ de ſa fille. Sire fiſt elle ie le diſoye bien oz matedez vng pou icy/ ſ ie iray parler a lui Si vint a lācelot/ ſ lui commēça a demāder nouuelles du roy Artus/ ſ il les lui diſt tel les cōme il les ſcauoit/ de la royne ſire fiſt elle

A ii

salue de par moy si tost comme tu le verras/ et le varlet lui dist. Sire coment auez vous a nom q̃ ie le sache a dire au cheualier. Mon nom fist il ne peulx tu pas sauoir/ car ce nest pas chose que on te doiue dire ne a autre hõme terrien. Et pour ce ten conuient il passer/ mais fay ce que ie te commande. Sire dist le varlet puis que vostre nom ne me voulez dire ie vous prie et coniure par la chose au mõde que vous plus amez que vous me diez la verité de cest escu/ et cõment il fut aporte en ceste terre/ et pourquoy tant de merueilles en sont a uenues/ car oncques nul hõme en nostre tẽps ne le peut a son col pẽdre a qui il ne mescheust Tant me as cõiure dist le cheualier que ie le te diray. mais ce ne sera pas a toy seul/ ains seul que tu amaines le bon cheualier a qui tu porteras lescu/ et cellui dist q̃ si fera il voulen tiers/ mais ou vous pourray ie trouuer. Vo9 me trouuerez icy dist le cheualier. Lors vint le varlet au roy baudemagus et lui demãda sil estoit fort blece: ouy certes dist il si durmẽt que ie ney cuide point eschapper sans mort/ et pourriez vous cheuauchier dist le varlet/ et il dist quil y essayeroit. Si se dresça ainsi na ure quil estoit/ et le varlet sayda a mõter/ le roy monta deuant et le varlet derriere pour le soustenir: affin quil ne cheust.

En telle maniere se partirent de la pla ce/ et cheuaucherent tant quilz vin drent a labbaye dont ilz estoient partis. Et quant ceulx de leans sceurent q̃lz reuenoient ilz leur alerent a lencontre et descendirẽt le roy baudemagus le plus doulcement q̃lz peurẽt et le menerent en vne chãbre loings de gens et se prindrent garde de sa playe qui assez estoit grande et parfonde. Et galaad demanda a vng des freres qui sen entremettoit sil cuidoit quil en peust guerir/ car il me semble q̃ grãt dommaige seroit se il mouroit pour ceste chose Sire dist le frere il en eschappera bien se dieu plaist. mais cest sa coulpe/ car nous lui aui ons bien dist que se il emportoit lescu: il lui en mescherroit/ et il se porta sur nostre deffence/ dõt il se peut tenir pour fol. Et quant ceulx de leans lui eurent fait ce quilz peurẽt le var let dist a galaad. Sire salut vous mande le cheualier aux armes blanches/ cellui de qui

le roy baudemagus a este naure/ et vous en uoie cest escu/ si vous mande que vous le por tez desormais de par le hault maistre/ car il nest nul si cõme il dist q̃ le doiue porter: si non vous/ et pour ce vous mande il q̃ vous le por tez. Et se vous voulez sauoir dont tant dauẽ tures sont auenues par lescu: allons a lui/ et il le nous dira/ car il le ma promis.

Quant les freres ouirent ceste parole ilz se humilierent moult vers ga laad/ car ilz congneurent bien que les grans auentures seroient par lui acheuees. Et mes sire puain lui dist. Messire galaad mettez les cu a vostre col q̃ oncques ne vint en ce pays si non pour vous/ si sera ma voulente acomplie car certes iay moult desire a congnoistre le be neureux cheualier qui cest escu porteroit. Et ga laad lui dist quil se vouloit aincois armer/ on lui aporta ses armes/ et il se arma. Quãt il fut arme il print lescu et le pendit a son col/ puis monta sur son cheual et se partit de leãs auec le varlet q̃ auoit raporte lescu. Et puain qui estoit arme monta sur son cheual et dist a galaad q̃l lui feroit cõpaignie sil lui plaisoit et galaad lui dist que ce ne pouoit estre/ car il vouloit aller seul auec le varlet. Si se depar tirent lun de lautre. Si sen alerent galaad et le varlet droit a la forest ou ilz trouuerent le cheualier aux blanches armes Quant le che ualier vit venir galaad/ il lui alla a lencon tre et le salua. Et galaad lui rendit son salut le plus courtoisement quil peut/ et galaad lui dist. Sire par cest escu que ie porte sont aue nues maintes auentures en ce pays/ si vous prie par amour et p̃ vostre franchise que vous me diez la verité. car ie croy bien que vous le sa uez. Certes sire dist le cheualier ie le vous di ray moult voulentiers.

Galaad dist le cheualier/ il aduint ad uit apres la passiõ de nostre seigneur iesucrist que ioseph darimathie le gentil che ualier qui despendit nostre sauueur iesucrist de la vraye croix: se partit de la cite de iherus salem et plusieurs de sa parente. et apres quilz se furent partis ilz errerent tant par le com mandemẽt de nostre seigneur q̃lz vindrent en la noble cite de sarras que le roy enalach te noit qui estoit sarrazin. En ce temps la auoit le roy enasach guerre encontre ung sien voisi̅ riche roy, et puissa̅t qui sur sa terre marchoit, et estoit cellui roy appelle tholomee qui sa terre lui demandoit, et lui vouloit tollir a force. Et iosephes le filz ioseph darimathie, dist a cellui roy enasach que se il aloit a sa bataille ainsi desconseillie comme il estoit: il seroit desconfit par son ennemy. Et que men conseilleriez vous a faire dist le roy enasach. Et ie le vous diray bien dist iosephes. Lors lui commenca a preschier et a raconter les poins des sainctes euangilles et la verite du crucifieme̅t nostreseigneur, et de son doulx resuscitement et lui fist apo̅rter ung escu ou il fist une croix de cendal, et lui dist. Roy enasach, or te mo̅nstreray ie tantost co̅mment tu pourras co̅gnoistre la force et la vertu du vray crucefix. Il est en verite que ton aduersaire tholomee le fuitif aura sur toy seignourie trois iours et iii. nuitz et si sera tant que il te mainera ainsi comme a paour de mort. Et quant tu verras que tu ne quideras point eschapper sans mort: ado̅c descouuriras ta croix et diras. Beau sire dieu qui de mort iettas adam et eue, iette moy hors de ce peril, et me maine sain et sauf a receuoir ta sai̅cte creance et ta saincte foy, or le say aussi et le vray iesucrist te aidera. Atant se partit le roy enasach, et sen ala a ost co̅ntre le roy tholomee le fuitif. Et lui aduint tout ainsi que iosephes lui auoit dit. Et qua̅t il fut en tel peril q̅l cuidoit bien mourir: il descouurit son escu, et dit tout proprement en sa croix de cendal ung homme crucifie qui tout estoit senglant. Adont dist il les parolles q̅ iosephes lui auoit dictes, dont il vint a honneur et a victoire, et vint qu desus de ses enemis et du roy tholomee. Et qua̅t il fut retourne de la bataille et rentre en sarras sa cite, il dist a tout le peuple la verite quil auoit trouuee en iosephes. Si magnifesta ta̅t et paulsa la memoire du crucifiement de iesucrist que nacieus ung sien serouge receut baptesme. Et ainsi quil se crestiennoit, aduint q̅ ung homme passoit par deuant eulx, q̅ auoit le poing couppe et portoit son poing en l'autre main, et ioseph l'appella a soy, lequel y vint, et aussi tost quil y fut venu, et il eut touchie la croix: il se trouua guari du poing quil auoit couppe. Et encores en aduint il une autre auenture moult merueilleuse, car la croix q̅ estoit en l'escu se partit et se ioingnit au bras a cellui qui auoit este gueri, en telle maniere que oncq̅ues depuis ne fut veue.

Lors receut enasach baptesme et deuit sergant de ih̅esucrist en gra̅t amour et fist garder l'escu moult richeme̅t. Apres aduint quant ioseph se fut parti de sarras lui et son filz, et ilz furent venus en la grant bretaigne que ilz trouuerent ung roy cruel et felon q̅ tous deux les emprisouna, et auec eulx grant partie des crestiens. Et quant ilz furet emprisonnez tost en alla la nouuelle loinges, car adont n'auoit homme au monde de plus gra̅d renommee, et tant q̅ le roy mordraius en ouit la nouuelle. Si semondit tous ses hommes de son pays, et nacieus son serouge. Si s'en vindrent en la grande bretaigne sur cellui qui tenoit en prison ioseph, et le desheriterent du tout et confondirent tous ceulx du pays. Et demourerent auec ioseph et se suiuoie̅t p̅ tout ou il aloit. Et quant ce vint que Joseph fust au lit mortel et enasach congneut que il se con venoit partir de ce siecle, il vint au deuant de lui et ploura moult tendrement et lui dist. Sire puis que vous me laissiez ie demoureray tout seul en ce pays qui pour l'amour de vous auoie ma terre laissee et la doulceur de ma nacion, mais pour dieu puis quil vous conuie̅t p̅tir de ce siecle laissez moy aucunes enseignes qui apres vous me soient en ramembrance. Sire dist ioseph si feray ie bien. Lors comme̅ca a penser quelle chose il lui pourroit laissier et quant il eut grant piece pe̅se si dist. Roy enasach, say moy apo̅rter icy cellui escu q̅ ie te baillay quant tu alas en la bataille sur tholomee si le fist apo̅rter incontinent. A celle heure que l'escu fut apo̅rte deuant ioseph: il aduit que ioseph saignoit si tresfort p̅ le nez q̅ on ne le pouoit estachier, si fist de so̅ sa̅g ceste croix q̅ vous veez cy. Et qua̅t il eut faicte ceste croix: il dist a enasach. Sire veez cy q̅ ie vous laisse, car vous saurez bien q̅ ceste croix est faicte de mo̅ sa̅g si sera tousiours aussi fresche co̅me elle est ore droit, ta̅t comme l'escu durera, et si ne fauldra pas tost, pour ce q̅ ia cheualier ne se portera a son col q̅l ne s'en repente iusques a ta̅t q̅ galaad le dernier du lignaige nacieus se portera. Et pour ce ne soit nul tant soit hardy: qui a son col se pende/se ce nest cellui a qui dieu sa destine. Si ya telle raison que tout ainsi que en lescu ont este veues plus grans merueilles que en nul autre/tout ainsi aura il au cheualier plus grande prouesse & plus haulte vie: que en tous les autres cheualiers. puis que il est ainsi fist il que si bōne ramembrance me laissez de vous. Si me dictes sil vous plaist ou ie lairay cest escu/car ie vouldroie bien que il fust mis en tel lieu ou le bō cheualier se trouuast. Dōt vous diray ie fist ioseph/la ou vous verrez q̄ nacieus se fera mettre apres sa mort mettez p lescu/car illec viendra le bon cheualier au .v. iour apres quil aura receu lordre de cheualerie. Si est ainsi auenu cōme il le dist car au .v. iour apres que vous auez este cheualier vous estes venu en celle abbaye ou nacieus gist. Si vous ay ores compte pourquoy ses grandes auentures sont anenues aup̄ cheualiere plaines de grant hardiesse qui vouloient emporter lescu/car a nullui nestoit ottroie fors a vous. Et quant il eut tout ce compte il sesuanoit en telle maniere que oncq̄ galaad ne sceut quil deuint. Et quant le varlet qui il lec estoit ouit ceste auenture/il descendit ius de son cheual/& se laissa cheoir aup̄ piez de galaad/& lui pria tout en plourant que pour lamour de cellui de q̄ il portoit lenseigne en son escu: que il lui ottroiast daler auec lui comme escuier & se feist cheualier. Certes dist galaad se ie voulsisse compaignie ie ne vous reffusasse pas. Sire fist le varlet donc vous prie ie que vous me faciez cheualier. par ma foy dist galaad ie le feray voulentiers. Sire fist le varlet retournons dōcques de la dont nous venons/car illec auray ie ce quil me conuiendra. & vous le deuez bien faire nonpas pour moy seulement/mais pour vne auenture aucheuer/& il dist qͥl proit voulentiers/si retournerent a labbaye. Et quant ceulx de leans virent que il reuenoit: ilz lui firent moult grāt feste. & demanderent au varlet pourquoy le cheualier estoit retourne/& il dist que cestoit pour se faire cheualier. Et galaad demanda ou estoit lauenture. Sire firent ilz sauez v̄ quelle elle est/nenny dist il. Sachiez firēt ilz que cest vne voix qui yst dune tombe/& est de

teste vertu q̄ nul ne sopt qui ne perde sa force & le pouoir. Sauez vous fist galaad dōt celle voix vient/nēnp firent ilz sece nest de sens nemp. Or me y menez dist il/car ie le desire moult a sauoir. Et lors le menerent au chief du moustier tout arme: si non du heaulme/& lui dist vng des freres. Sire veez vous ce grant arbre & celle tombe dessoubz/ouy fist il Or vous diray dōcques que vous ferez/alez a celle tombe & la leuez/& ie vous dy q̄ vous trouuerez dessoubz aucune grant merueille

Tāt alla galaad celle part/& ouit vne voix qui ietta vng cry si grant que ce fut merueilles: qui dist ainsi. Haa galaad sergent de iesucrist ne taproche plus de moy/car tu me feras remuer de la ou iay tāt este. Et quant galaad ouit ce il nen fut pas esbahy: aincois alla a la tombe/& quant il la voulut prēdre pour la leuer, il en vit yssir vne fumee & vne flambe apres/& puis en vit yssir vne figure la plus hideuse qui ōcques fust en semblance dhomme/& galaad se saigna. Et lors ouit vne voix qui lui dist. Haa galaad saincte chose ie te voy si auironne de anges q̄ mes pouoirs ne peuent durer cōtre ta force/si te laisse le lieu. Et quant galaad ouit ce si en remercia dieu/puis leua sa tōbe contre mont & vit gesir dessoubz vng corps tout arme & ēpres lui auoit vne espee & tout ce qͥ conuenoit a vng cheualier. Et quant il vit ce si appella les freres & leur dist. Venez veoir ce que iay trouue/& me dictes qͥ en fera/& ilz y alerent Et quant ilz virent le corps gesir en la fosse/ ilz dirent. Sire il ne vous conuient plus riens faire/car ia ce corps ne sera remue de son lieu si comme nous cuidōs. Si sera dist vng pieudhōme, il cōuiēt quil soit oste de ce cymetiere/car le corps dū mauuais crestiē ny doit pas demourer. Et lors commanda aux sergens quilz se gettassent hors du cymetiere: & ilz le firent. Et galaad demāda au pieudhōme sil auoit fait ce quil deuoit faire/& le pieudhōme lui dist que ouy/car il dist q̄ iamais la voix dont tant de maulx estoient auenues ne seroit oupe. Sire dist galaad ne sauez v̄ pas pourquoy tant de maulx & de merueilles en sont anenues. Sire dist le pieudhōme:

oup bien. Et ie le vous diray voulentiers car vous le devez bien savoir car il y a grãt signifiance. A tant se partirent du cymetiere, & reuindrẽt en labbaye. Et galaad dist au varlet quil conuenoit quil veillast sa nuit en leglise, & lendemain se seroit cheualier. Et cellui dist quil ne demãdoit autre chose. Si sappareilla ainsi comme on lui enseignoit pour receuoir lordre de cheualerie quil auoit tant desire. Et le preudhomme emmena galaad en vne chambre & le fist desarmer, puis se fist seoir sur vng lit & lui dist. Sire vous me demãdastes ores la signifiance de ceste auenture q̃ vous auez menee a fin, & ie la vous diray voulentiers. En ceste auenture auoit trois choses qui moult faisoient a redoubter, la tombe qui nestoit pas legiere a leuer, le corps au cheualier quil conuenoit ietter de son lieu, sa voix q̃ chascun oioit: parquoy il perdoit sa force le sẽs & la memoire. De ces trois choses vous diray ie bien la signifiance, la tombe qui couuroit le mort: signiffie la durete du monde que nostre seigneur trouua si grãde: ql ny auoit en terre si nõ durete, car le filz namoit pas le pere, ne le pere le filz: parquoy ses ennemis les emportoient en enfer. Quãt nostreseigneur vit quil y auoit en terre si grans duretez: que lun ẽ amour ne congnoissoit lautre pour parolle que prophete leur deist: ains establissoient tous les iours nouueaulx dieux: pour ce nous enuoia il son filz en terre, pour ceste durete amollir & pour faire les cueurs des pecheurs tendres & nouueaulx. Et quant il fut descendu en terre il les trouua tous endurcis en pechiez mortelz: tellement que aussi bien pourroit on amollir vne roche cõme leurs cueurs, dont il dist par la bouche de dauid le prophete. Ie suis petitement acõpaignie iusques a tant que ie trespasseray, cest adire. pere moult auras couerti petite partie de ce peuple deuant ma mort et passion, & ceste similitude que le pere enuoia en terre son filz pour deliurer son peuple est ores renouuellee, car tout ainsi comme lerreur sen fuit p̃ sa venue, & la verite fut magnifestee aussi vous a nostreseigneur esleu sur tous au tres cheualiers pour vous enuoier p̃ les estrãges terres pour acheuer les auentures & pour faire congnoistre cõment elles sont auenues.

Et tout ainsi q̃ les prophetes qui auoient este deuant la venue de ihesucrist disoient quil de liureroit le peuple des lyens denfer, tout ainsi ont annũcie ses cheualiers vostre venue plus a de pp. ans, & disoient tous que ia ses auẽtures ne fineroient deuant que vous fussiez venu. Or me dictes fist galaad q̃ le corps signiffie, car de la tombe me auez assez dit, ie le vous diray fist le preudhõme. Le corps signiffie le peuple qui dessoubz durete auoit tant lõguement este, car ilz estoiẽt tous mors & aueuglez en laduenement de iesucrist quant ilz eurent auec eulx le sauueur du mõde: ilz se tindrẽt a pecheur & cuiderent ql fust enuieux cõme ilz estoient. Si creurent plus lennemi quilz ne firẽt nostreseigneur, & liurerent sa chair a mort par lamonnestement du dyable qui tousiours leur chantoit es oreilles & leur estoit entre es cueurs. Et par ce firẽt ilz telle euure, dont baspasien les desherita & destruit: si tost quil sceust la verite du prophete vers qui ilz auoient este desloyaulx, & ainsi furent ilz honnis pour sa venue. Or deuons veoir comme ceste semblance & celle de lors se traccordent, car la tombe signiffie la grant durete des gens, & le corps signiffie le peuple & leurs hoirs: qui tous estoiẽt mors par leurs pechiez mortelz, dõt ilz ne se pouoiẽt pas legierement oster. Et la voix qui yssoit de la tũbe: signiffie la douloureuse parolle q̃ les iuifz disrent a pilate le preuost. Le sang de sui soit sur nous tous & sur noz enfans. Et par ceste parolle furent destruis & perdirent tout ce qlz auoient. Ainsi pouez vous veoir en ceste chose la semblance de son auenement. Et autre chose en est encores auenue autresfois, car si tost cõme les cheualiers errãs venoiẽt ca, & ilz assoiẽt vers la tõbe, lennemi q̃ les congnoissoit & veoit qlz estoient enuelopez des grant iniquitez leur faisoit si grant paour de sa voix horrible & espouentable que ilz en perdoiẽt leurs pouoirs des corps ne iamais: ny faillist sauẽture: que les pecheurs ne y fussent tousiours entrepris se dieu ne vous eust amene pour la mettre a fin, mais si tost comme vous venistes pardeca: le dyable q̃ vous congnoissoit a vierge & net de tous pechiez & de tous vices si comme homme terrien peut estre, ne osa attendre vostre compaignie: aincois sen alla et perdit toute sa puissance par vostre venue. Et lors faillit lauenture ou maint cheualier puis sestoit essaye. Si vous en ay ores dit la verite de ceste chose. Et galaad dist q̃ moult y auoit plus grande signifiance quil ne cuidoit.

Celle nuit fut galaad serui au mieulx que ses frere peurent. Et au matin fist le varlet cheualier sicome en ce temps estoit de coustume. Et quãt il eut fait ce quil deuoit, Si demanda comment il auoit nom, et cestui dist que on sapeloit meliãt, et estoit filz au roy de danemarche. Beaux amis fist galaad, puis que vous estes cheualier et ext̃rait de si hault lignaige comme de roy, gardez que cheualerie soit bien employee en vous, et que lonneur de vostre lignaige y soit sauue, car puis que filz de roy a receu lordre de cheualerie il doit apparoistre en bonte sur tous cheualiers, ainsi comme les rais du soleil apparẽt sur les estoilles. Et il respõdit, se dieu plaist lonneur de cheualerie seroit bien employee en lui, car pour peine quil lui conuiengne souffrir ne demourera il pas. Et lors demanda galaad ses armes, et on les lui aporta, car il ne vouloit plus demourer, et meliant lui dist Sire dieu merci et a la vostre bõ me auez fait cheualier, dont iay si grant ioy que a peine le pourroie dire, et vous sauez bien que quicõques fait nouueau cheualier, il ne se doit pas par droit escondire du premier don quil lui demande: pourtãt que ce soit chose raisonnable. Vous dictes vray fist galaad, mais pour quoy le dictes vo9: pource fist il q̃ ie vous vueil demander vng don, si vous prie que vous le me dõnez, car ce nest pas chose qui vous puisse greuer, et ie vous lottroye fist galaad mais que ie nen soye greue, grant merci fist meliãs Or vous prie ie que vous me laissez aler en ceste queste auec vous, tant que auenture nous departe. Et apres se auenture nous rassemble ne me ostez pas vostre compaignie pour la donner a autrui, et galaad lui ottroya. Si se partirent de leans lui et galaad, et cheuaucherẽt toute la sepmaine. Si leur aduint a vng mardi matin quilz vindrent a vne croix qui

partoit le chemin en deux, si y apperceurent des lettres q̃ disoient ainsi. Os tu cheualier q̃ vas auentures querant: veez cy deux voies lune a destre et lautre a senestre. Celle a senestre deffent que tu ny entre, car trop conuient estre preudhomme qui en veult yssir, et se tu entres en celle a destre, tu y pourras bien perir. Et quant melians vit ces lettres, il dist a galaad. Haa franc cheualier pour dieu laissez moy entrer en celle a senestre pour esprouuer ma force. Jamais se mieulx y entrer se cestoit vostre plaisir, car ie men cuideroie mieulx y ietter que vous, et meliant dist quil proit. Si se partirent lun de lautre, et entra chascun en sa voie. Mais a tant laisse ores le compte a parler de galaad, et parle de meliant comment il lui aduint.

Comment meliant se gap fut naure, pource emportoit sa couronne dor, et comment galaad osta les mauuaises coustumes du chasteau aux pucelles. iii. cha.

Or dist le compte que quãt meliant se fut parti de galaad il cheuaucha iusques a vne forest qui duroit bien deux iournees, et tant quil vint lendemain a heure de prime en vne prarie. Si vit au millieu du chemin vne chapere ou il y auoit vne courõne dor moult belle et riche, et deuant sa chapere auoit plusieurs tables remplies de belles viandes si ne lui print pas faim de mengier: aincois de uint auaricieux de la couronne qui tant estoit belle. Lors la print et dist quil lemporteroit bien auec lui, si mist le bras destre parmi et se remist en la forest, mais il neut guaire ale quãt il vit venir vng cheualier apres lui q̃ lui dist. Venez ca cheualier mettez ius sa couronne, car elle nest pas vostre, et sachiez que mal sa printes. Et quant cestui se tendit: il se retourna arriere, car bien veoit que iouster lui conue nust, si dist. Beau sire dieu aidez a vostre nou ueau cheualier, et lautre se frappa si durement parmi lescu q̃l lui perca le haubert et lui mist le fer au coste et la lance rompit. Et meliant se pausma de langoisse quil sentit et cheut a terre, Et le cheualier saprocha pres de luy.

si lui osta la courõne du bras/et lui dist. Haa laissez ceste couronne/car vous ny auez nul droit. Sy sen retourna dela dont il estoit venu. Et meliant demonstra illec qui nauoit pouoir de soy releuer comme cellui qui cuidoit bien estre naure a mort. Si se repētit de ce quil nauoit creu Galaad/ car il lui en estoit ia mescheu. Et ainsi quil estoit en celle douleur: aduint que galaad vint celle part. Et quant il apperceut meliant qui gesoit a terre naure: il en fut moult dolent/ car il cuidoit bien quil fust naure a mort. Si vit a lui et lui dist. Haa meliant qui vous a ce fait: cuidez vous aucunement garir. Et quant il le ouit parler si le cõgneut bien et lui dist. Haa sire pour dieu ne me laissez pas mourir en ceste maniere/mais portez moy en aucune abbaye: affin que ie puisse receuoir mes sacremens et mourir comme bon crestien. Cõment dist galaad estes vous dõcques si naure q̃ vous en cuidez mourir. Ouy fist il, et galaad en fut trop dolent. Si lui demanda ou estoient ceulx qui sauoient naure. Lors yssit du bois le cheualier qui auoit blece meliāt/si dist a galaad. Sire cheualier gardez vous de moy car ie vous feray du pis que ie pourray. Haa sire cest cellui qui ma naure mais pour dieu gardez vous de lui. Et galaad ne respondit mot, ains sadresca contre le cheualier, lequel venoit trop roidement/ et par ce q̃l venoit si grant aleure: il faillist a le frapper. Et galaad le frappa si durement quil lui mist le glaiue parmy le corps et labatit lui et se cheual tout en vng mont/ puis passa oultre Et ainsi quil se retournoit vit venir vng autre cheualier arme qui lui escria. Haa cheualier vous y laisserez le cheual. Si le frappa sur son escu si rudement que le glaiue vola en pieces/mais il ne se sceut remuer de sa selle. Et galaad lui couppa le poing senestre. Et quāt cellui se sentit mehaignie il tourna en suitte/ Et galaad ne senchassa pas comme cellui q̃ nauoit talent de lui faire plus de mal. Si retourna a meliant et ne regarda plus le cheualier quil auoit abatu. Et lors demanda a meliant quil vouloit quil lui feist. Sire fist meliāt: se ie pouoie souffrir le cheuauchier ie voul droye que vous memportissiez deuāt vous en vne abbaye qui est pres dicy/car ie scay bien q̃

se ie y estoye on mettroit toutes les peines que on pourroit a me guarir. Et il dist q̃l se feroit voulētiers/mais il vauldroit mieulx q̃ sist galaad que on vous ostast auant ce fer. Haa sire ie me mettroye ia en telle auenture deuant que ie soye cõfes, car ie cuide que ie mourroie au tirer, mais emportez moy. Et galaad se pist se plus doulcement quil peut et le mist deuant sui et sembraca affin quil ne cheist/ car moult estoit foible/ si cheminerent tant q̃ilz vindrent a labbaye. Si appellerent a la porte, Et les freres qui estoient preudhommes leur ouurirent la porte et les receurent moult doulcement et emporterent meliant en vne chambre/ puis lui ostèrent son escu et son heaulme le plus doulcement quilz peurent/ et apres se confessa, et receut son sauueur. Et quant il eut crie merci a dieu comme vng bon crestien doit faire/ il dist a galaad. Sire or viengne la mort quant il lui plaira/ car ie me suis bien garny encontre elle, or pouez essayer a oster le fer de mõ corps Et galaad mist la main au tronçon/ et en tira hors fer et fust. Et cellui se pausma de langoisse quil sentit. Et galaad demanda sil ny auoit leans homme qui de playe se sceust entremettre. Sire firent ilz ouy. Lors mandèrent vng moisne quilz auoient qui cheualier auoit este/ et lui monstrerēt la playe meliant Si la regarda et dist q̃l se rendroit tout sain dedens vng mois. De ceste nouuelle fut galaad moult ioyeux/ si se fist desarmer et dist q̃l demoureroit leans tout le iour et lendemain pour sauoir se meliant pourroit guarir. Si demoura leans trois iours, et au tiers iour demāda a meliant cōment il se portoit/ et il dist quil commencoit a auoir garison/ dont men pourray ie bien aller dist perceual demain au matin/ et meliant lui respondit tout dolent. Messire galaad me laisserez vous doncques icy/ et ie suis homme du monde qui plus desire vostre compaignie se ie la puisse auoir. Sire dist galaad ie ne vous sers de riens icy/ et il est meilleur mestier de querir le sait graal que de faire/ dōt la queste est par moy commencee Comment fist vng des freres est elle donc cõmencee. Ouy fist galaad et en sommes tous deux compaignons. Par ma foy fist le frere donc vous dis ie meliant que ceste mescheāce

La partie du saint graal.

vous est adueune par vostre peche/ ce se vous me deissiez vostre cas puis que la queste est commencee/ ie vous deisse bien par ql peche ce vous aduint. Sire fist meliant ie le vous diray bien voulentiers.

Lors sup commenca meliant a conter comme galaad sauoit fait cheualier/ et des lettres quilz trouuerent en la croix q deffendoient la voye a senestre/ et comment il y entra et tout ce quil lui estoit auenu/ et le preudhomme q estoit de saincte vie lui dist Certes sire cheualier ce sont des aduentures du saint graal/ car vous ne mauez dit chose qui nayt grant signifiance/ et vous diray comment Quant vous volustes estre cheualier vous alastes a confesse et par ainsi que vous montastes en lordre de cheualerie net et eppurge de toutes ordures et de tous pechez ainsi entrastes vous en la queste du saint graal tel comme vous deuiez estre mais quant le dyable vit ce si en fut fort dolent et pensa quil vous courroit sus si tost comme il verroit son point ainsi la il fait/ et ie vous diray quant ce fut ce fut quant vous partistes de labbaye ou vous feistes la premiere encontre que vous encontrastes/ et ce fut le signe de sa saincte croix/ et cest le signe ou cheualier se doit plus fier Et encores y auoit il autre chose car il y auoit vng brefuet qui vous deuisoit deux chemins lun a destre et lautre a senestre par celui a destre deuiez vous entendre la voye de iesucrist ou les cheualiers nostre seigneur cheminet de nuit et de iour la nuit selon lame/ et le iour selon le corps: et par celui a senestre deuez vous entendre la voye aux pecheurs ou les gns perilz aduiennent a ceulx qui si mettet/ et pour tant quelle nestoit pas si seure comme lautre deffendoit le brefuet que nul ne si meist sil ne stoit de meilleure vie/ et plus vaillant que les autres/ cest a dire sil nestoit si fonde de lamour iesucrist/ et que pour nulle aduenture ne peust cheoir en peche/ Et quant tu veiz la lettre a celle croix tu te merueillas que ce pouoit estre/ et Lors te frapa lennemy dun de ses dars cest assauoir dorgueil/ car tu pesas que tu ten yssiroyes par ta prouesse/ et ainsi fuz tu deceu en ton entendement. car lescript parloit de cheualerie celeste/ et tu entendoyes de la terriene pquoy tu entras en orgueil/ et par ceste cause tobas

tu en peche mortel. Et quant tu fuz parti de galaad lennemy qui tauoit trouue feible se mist en toy et pensa que pou auoit encores fait/ se il ne te faisoit cheoir en vng autre peche Et lors te apareilla deuant toy vne couronne dor: et te fist cheoir en conuoitise/ car si tost comme tu sa veiz tu sa prins/ et cheuz en .ii. pechez mortelz ce fut en orgueil et en conuoitise/ et quant il vit que tu auoyes mene a ouure couuoitise et q tu emportoyes la couronne il se mist en guise de pecheur/ et eut voulente de toy tuer/ sy te a couru la lance leuee/ et te eust tue si neust este le signe de la croix que tu feiz Toutesfoiz pour la vengance que tu estoies yssu de son seruice te mena il iusques a paour de mort/ affin q tu te fiassses vne autre foiz pl en laide de nostre seigneur que en ta force/ et ad ce que tu eusses prochain secours quil tenuoyast galaad q se combatoit aup .ii. cheualiers qui segnifioient les .ii. pechez qui en toy estoient les quelz ontre lui ne peurent durer/ car il estoit sans peche mortel. Si vous ay ores deuise cheualier par quelle signifiance ces aduentures vous sont aduenues/ et ceulx qui y estoient disrent que ceste signifiance estoit belle. Assez parlerent des aduentures du saint graal entre les preudhommes/ et les .ii. chenaliers. Celle nuit pria galaad a meliant quil lui donnast conge de sen aler a telle heure quil vouldroit/ et il luy dist qlle vouloit bien Et landemal quant galaad eut ouy messe: si se arma et commanda a dieu meliant/ et cheuaucha maincte iournee sans auentute trouuer. Or aduint que vng iour cheuaucha galaad sans auoir ouy messe/ et quant il eut grant piece cheuauche si trouua vne vielle chapelle/ mais il ny auoit riens/ et toutes foiz il sea genoulssa/ et pria nostre seigneur qi le conseillast/ et quant il eut sa priere faicte Si lui dist vne voix. Os tu cheualier aduentuteux/ va ten droit au chasteau aux pucelles et oste les mauuaises coustumes qui y sont. Et quant il eut ouy ce/ si mercya dieu de ce quil lui auoit enuoye son messaige/ puis monta incontinent a cheual et sen ala Lors vit assez loing vne valee la ou il y auoit vng chastel fort et bien seant et parmy courroit vne eaue roide q on apeloit sauerne et il tourna celle part: et quant il fut bien pres si encontra vng homme pourement vestu

Si

si se salua/ et galaad lui rēdit son salut, puis lui demanda comme auoit non ce chastel. Et il redist il a non le chasteau aux pucelles et est maudit. et tous ceulx qni y conuersēt/ car toute pitie en est dehors et toute durete y est. pour quoy fist galaad/ pource dist il que on y faict honte a tous ceulx qui y passent, par quoy vous cōseilleroye que vous retournessiez/ car daler auant ne vous pourroit venir si non honte.

Or me conseille dieu fist Galaad/ car se retourner seroye ennuiz. Lors regarda ses armes de paour quil ne leur faillist riens/ et quant il vit quil estoit, il asa grant erre vers le chasteau. Lors encontra .viii. pucelles mōtees sur des cheuaulx moult richemēt q̄ lui disrent. Sire cheualier vous auez les bournes passees. et il dist que pour les bournes ne sa iroit il ia quil nalast au chasteau et il asa tousiours auant/ tant quil encontra ung varlet qui lui dist que ceulx du chasteau lui deffendoient q̄l nalast plus auant deuāt quilz sceussent quil demandoit. Je vueil dist il sauoir la coustume du chasteau/ certes fist le varlet a grāt follie la desirez, car vous la saurez telle q̄ oncq̄s cheualier neust acheuer. mais attendez moy icy/ et vous aurez ce q̄ vous cerchez. Or va donc tost dist galaad et si me haste ma besongne/ et le varlet sen entra emmy le chasteau. Lors ne demoura gueres que galaad en vit yssir .vii. cheualiers qui estoient freres. Et ilz escrierēt a galaad. Sire cheualier gardez vous de nous. car nous ne vous assurons que de la mort. Comment dist il voulez vous combatre tous ensemble a moy. Oy disrent ilz/ car telle est la coustume et quant il oyt ce: si laissa courre son cheual la lance beissee. et frapa le premier si duremēt q̄l se porta a terre/ et a peu quil ne luy rompit le col. Et les autres se frapperent tous ensemble sur lescu. mais de sa selle ne le peurent oncq̄s remuer/ et nonpourtant de la force de leurs lā ces ilz arresterent son cheual en plain cours et a pou quilz ne labatirēt. A cel encontrer furēt toutes leurs lances rompues. et galaad en abatit iiii. de son glaiue. Lors mist la main a lespee/ et courut sus a ceulx qui deuant lui estoient, et eulx aussi a lui. Lors commenca la

meslee grande et merueilleuse entre eulx/ tant que ceulx qui estoient abatus furent releuez: Et derechief cōmencerent la meslee plus grāde que deuant, mais cellui qui de tous cheualiers estoit le meilleur, sefforca tant quil leur fist vuider la place/ et les attourna tellement a lespee trēchant que armeure ne les peut garātir q̄l ne leur feist le sāg des corps saillir ilz le trouuerēt de si grant prouesse quilz cuidoiēt quil ne fust point homme crestien ne terrien, si sē merueillerent moult tous ceulx qui se regardoient, car cestoit de lui si comme listoire du saint graal le tesmoigne, que pour trauail de cheualerie ne fut il oncq̄s nul qui trauailast mieulx. En telle maniere dura la bataille iusques apres midy/ Les .vii. freres estoient de grant prouesse, mais quant vint a celle heure ilz se trouuerent si las et si mal acoutres/ quilz nauoient point de puissance de eulx deffendre. Et le noble cheualier galaad cōme cellui qui oncques ne fut recreu les abatoit de son cheual. Et quāt ilz virent quilz ne peurent plus durer: si sen suprēt emmy le chasteau, si ne les en chassa point comme cellui a qui y nen challoit. Et lors encontra galaad ung homme de religion qui lui apportoit les clefz du chastel et lui dist. Sire tenez ses clefz Or pouez vous faire du chasteau et de ceulx qui y sont a vostre plaisir, car vous auez tant fait que le chasteau est vostre. Et il print les clefz, et entra dedens le chasteau/ et si tost comme il y fut il vit parmy les rues tant de gens quil estoit impossible de les scauoir nōbrer Et lui disrēt Sire vous soyez le bin venu moult auons attendu nostre deliurāce/ et loe soit dieu dont il vous a ca enuoye, car autremēt ne eussions iamais estes deliurez de ce douloureux chasteau. Et galaad respōdit q̄ dieu les benoye Lors prindrēt son cheual au frain/ et le menerent en la maistresse place/ puis le firent desarmer ainsi comme a force, car il disoit q̄l nestoit encores pas temps de heberger. Et vne damoiselle dist Haa sire quest ce que vous dictes/ certes se vous vous en alez ainsi ceulx q̄ par vostre prouesse sen sont fouyz reuendront encores anuit/ et recommenceront la douloureuse coustume: et ainsi serez vous trauaille pour neant. Que voulez vous fist il que ie

La partie du saint graal.

face/ ie suis prest de faire vostre voulente. Nous voulons sirent les damoiselles que vous mandez les cheualiers dicy enuiron/ & leur faictes iurer a eulx & a tous ceulx deceans qu iamais ne maintendront ceste coustume/ & il leur promist que ainsi feroit il. Lors se menerent ou palais/ si ne demoura gaires qʳ yssit vne damoiselle dune chambre qui portoit vng cor dyuoyre si le baillia a galaad & lui dist. Sire se vous voulez que ceulx viennent qui doresen auant tendront de vous/ si sonnez ce cor. Et il dist q̄ cestoit bien raison Lors le baillia a vng cheualier qui estoit deuant lui/ & celui le pʳist & se sonna si hault que on le peult bien ouir de deulx lieues loing/ & quant il eut ce fait/ si se assist emprez galaad/ & lui demanda qui les cefz lui auoit baillees & se il estoit prestre/ & cel luy dist que oy. Or me dictes dist galaad la coustume de ceans/ & ou toutes les damoiselles furent prinses. Voulentiers sist le prestre le vous diray. Il est vray q̄.vii. ans sont passez que les.vii. cheualiers que vous auez conquis vindrent en ce chasteau par aduenture/ & se hebergeret auec le duc siman qui estoit seigneur dudit chasteau/ & estoit le plus preux dhomme que on sceust trouuer. Quant ilz eurent soupe/ si commenca vng debat entre les freres que vous auez conquis/ & le duc par vne sienne fille que les.vii. freres vouloient auoir par force/ & par ainsi p̃ut le duc tue/ et vng sien filz/ & celle fut retenue par qui la mellee auoit este commencee. Et quant les freres eurent ce fait/ si prindrent tout le tresor de leans/ puis manderent cheualiers & sergens & commencerent la guerre entre eulx/ & tant sirent les.vii. freres quilz les misdrent en obeissance. Quant la fille vit ce si en fut bien dolente/ & dist ainsi comme par prophecie. Certes seigneurs vous oyez maintenant la seigneurie de ce chasteau/ mais ainsi comme vous la auez par occasion de femme/ vous la perdrez par damoiselle/ & y serez tous.vii. vaincus par le coup dung seul baschat cheualier. Et ilz distrent que se seroit grant chose a vng cheualier encontre.vii. & pour ceste cause distrent ilz quilz ne passeroit iamais damoiselle par deuant le chasteau quilz ne detenissent iusques a tant que le cheualier vendroit par qui ilz seraient

vaincus/ si sont ainsi fait iusques a ores/ & a eu a nom le chastel aux pucelles. Et celle damoiselle dist galaad par qui la mellee fut commencee est elle encores ceans/ Nenny dist il elle est morte/ mais il y en a vne plus ieune/ et il y en auoit assez dautres qui auoient malaise Or en sont ilz hors dist galaad la mercy dieu. A heure de nonne commenca le chasteau a emplir de ceulx qui sauoient les nouuelles que le chasteau estoit conquis Lors firent grãt feste a galaad comme a celui quilz tenoient a seigneur. Si donna le chasteau a la fille du duc: & sist tant que les cheualiers du pays lui promisrent obeissance/ si sen alerent les damoiselles chascune en son pays. Tout le iour demoura leans galaad. Et landemain vint vne damoiselle leans/ qui dist a galaad que les.vii. freres estoient mors qui contre lui auoiẽt bataille. Et qui les a tuez dist galaad. Si ce dist elle vng varlet ma dit que quãt ilz partirent hyer dauec vous ilz encontrerent gauuain gaheriet & yuain/ si coururent les.vii. freres sus les.iii. cheualiers: mais la desconsiture tourna sur eulx Et galaad se merueilla fort de ceste aduenture/ si demanda ses armes & on les lui aporta: Et quant il fut arme il se partit du chasteau/ & ceulx du chasteau le cõuoyerent grant piece tant quil les sist retourner arriere: & les cõmanda a dieu. Puis entra en son chemin & cheuaucha tout seul. Mais a tãt se taist ores le compte a parler de lui/ & retourne a monseigneur gauuain.

¶ Comme messire gauuain & messire yuain & gaheriet tueret les sept freres qui estoient p̃tie du chasteau aux pucelles. iiii.chap̃

Or dit le cõpte que quant mõseigneur gauuain se fut parti de ses compaignons il cheuaucha mainte iournee sans aduenture trouuer/ tant quil vint a labbaye ou galaad auoit prins lescu blanc a la croix vermeille. Et lui cõpta les aduẽtures quil auoit acheuees. Et quant il opt ce/ si demãda quelle part il estoit alle/ & on lui dist. Si se mist ou chemin apres lui & cheuaucha tant q̃ aduenture le mena la ou mesiant gesoit ma-

E ii

La partie du saint graal.

sade. Et quant il cōgneut gauuain, si lui dist nouuelles de galaad qui sen estoit au matin parti dela. Dieu dist gauuain tāt ie suis meschāt de suiuir galaad de si pres z ne se pouoir attādre, certes se dieu me dōnast puissāce q̃ ie le pusse trouuer iamais dauec lui ne me ptirope, pourtant quil vous droit ma cōpaignie ainsi comme ie feroye sa sienne. Ceste parolle oyt vng des freres de leans, z dist a gauuain Certes sire sa compaignie de vous ii. ne seroit pas cōuenable: car vous estes vng mauuais cheualier z desloyal: z il est bon cheualier Sire dist gauuain a ce que vous me dictes il semble que vous me cōgnoissez bien. Je vous congnois dist le preudhōme mieulx que vous ne cuidez. Beau sire dist gauuain, dont me pouez vous bien dire de quoy vous me congnoissez, z en quoy ie suis tel cōme vous me dictes, ie ne le vous diray point dist il. Mais vous trouuerez par temps qui le vous dira Ainsi quilz parloient entra leans vng cheualier qui descendit emmy la court, z ses freres coururēt a lui pour se desarmer, si se menerēt en la chambre la ou gauuain estoit. Et quant il y fut gauuain cōgneut que cestoit gaheriet son frere. Lors lui courut les bras tendus, et lui fist grāt ioye puis lui demāda sil estoit sā Et il lui dist q̃ oup la mercy dieu. Celle nuit furent bien seruiz des freres de leans. Et len demain au matin ilz ouirent messe: puis se departirent de leās: z cheuaucherent iusq̃ a heure de prime, z lors regarderēt deuant eulx et virent puain, si se cognneurent bien aux armes quil portoit, si sappellerent par son nō z quantilz se ouyt nommer, si regarda z vit gauuain z gaheriet, puis firent grāt feste lun a laultre, si lui demāderēt cōmēt il auoit puis fait, z il leur dist quil nauoit riēs fait, car ōcq̃s ne trouuay aduenture. Or cheuauchōs tous ensēble dist gaheriet tant que dieu nous ayt adueture enuoyee. Lors se misrent en leur chemin tous iii. ensēble, z cheuaucherēt tant quilz vindrēt vers le chasteau aux pucelles z ce fut le iour mesmes que le chasteau fut cōq̃ Quant les vii. freres virēt iii. cheualiers si disrent Seigneurs or a eulx: car ilz sōt de ceulx par qui nous sommes desheritez Lors escrierēt aux iii. cōpaignons quilz se gardaf

sent deulx, car ilz sont venus a leur mort. Et quant ceulx ouyrēt ceste parolle, si leur adrescerēt les testes des cheuaulx. Si aduint a la premiere bataille q̃ les iii. des vii. freres mourirent, car chascun deulx tua le sien. Lors tirerent leurs espees, z couriruent sus aux aultres iiii. z ceulx se deffedirēt au mieulx dlz peurent, mais ce ne fut pas assez, car en sa fin ilz se trouuerent desconfiz. Puis les laisserēt en sa place tous mors, z sen alerent la ou fortune les mena, si ne tournerēt pas vers le chasteau aux pucelles, ains sen alerent leur chemin a la main dextre, z par ce perdirēt ilz galaad. A heure de nonne se departirent densemble, z alerent chascun sa voye. Et gauual cheuaucha tant quil vint a vng hermitaige z lermite estoit en sa chapelle, z chātoit vespres de nostre dame. Si descendit dessus son cheual, puis demanda hostel au nō de saincte charite et lermite lui promist bien doulcement Lors demanda le preudhōme a gauuain dōt il estoit, z gauuain lui en dist la verite, z lui dist en quelle queste il sestoit boute. Et quant le preudhomme entendit que cestoit gauuain si lui dist, Certes sire se il vo⁹ plaisoit ie vous diroye bien sauoir de vostre estre. Et lors lup commença a parler de confession, z a lui dire de belles exemples de leuangille, puis lui dist quil se feist confesser. Sire dist gauuain se vous me vouliez faire entendre vne parolle qui deuāthyer me fut dicte, ie vous diroye tout mon estre: car vous me semblez fort preudhomme Et lermite lui promist quil si conseilleroit au mieulx quil pourroit. Et gauuain le regarda, puis lui print voulente de soy confesser a lui, si lui compta tous ses pechez: z lui dist la parolle que vng preudhōme lui auoit dicte. Si trouua lermite quil nauoit iiii. ans quil nauoit este a confesse, z lors lui dist. Sire adroit fustes vous ap̃lle mauuais seruiteur de dieu, car quant vous fustes mis en lordre de cheualerie sen ne vous y mist pas pour cause que vous fussiez seruiteur du dyable, mais affin que vous seruissiez nostre seigneur z obeissiez a saincte eglise z rēdissiez a dieu a la fin de voz iours le tresor q̃ vous a baille cest lame de vostre corps, z pour ceste chose vous fist on cheualier: z vous auez mauuai sement cheualerie emploie/car vous en auez este du tout seruiteur a sennemy/a laisse dieu nostre createur/si auez mene la plus orde vie a la plus desloyalle que oncques cheualier mena/a parce poues vous bien veoir que cestuy qui vous congnoissoit bien qui vous appella mauuais seruiteur desloyal quil disoit vray Et certes se vous ne fussiez si pescheur comme vous estes ia les. vii. freres ne fussent mors/ par vous ne par vostre aide/aincois feissent encores leur penitance de la mauuaise coustume quilz auoient tant maintenue au chastel des pucelles/& se accordassent a dieu. Et ainsi ne esploicta pas galaad le bon cheualier q̃ vous alez querant. Ains les vainquit honnestement sans les occire/a ce ne fut pas sans signifiance que les. vii. freres auoient amene ceste coustume audit chasteau quilz retenoiẽt toutes pucelles qui en ce pays venoient fust a tort ou fust a droit. Haa dist messire gauuain dictes m'en la signifiãce/ affin que ie le sache compter a court quant ie y vendray. Voulentiers dist lermite le vous diray. par le chastel au tu dois entẽdre nous/ a par les pucelles les bonnes ames q̃ a tort estoient enserrees quãt la passion iesucrist fut par les. vii. freres tu dois entẽdre les. vii. pechez mortelz/ qui lors regnoiẽt au monde/ si que de droit n'y auoit il point/car si tost q̃ lame yssoit du corps quelle quelle fust de preudhomme ou de mauuais incontinent sen aloit en enfer/ a estoit illec enserree ainsi comme estoiẽt les pucelles en chastel Mais quãt dieu le pere des cieulx vit q̃ ce qʼil auoit forme aloit a perdicion: si y enuoya son filz qʼl auoit deuant le commencemẽt du monde. Tout ainsi enuoya il cy galaad son bon seruiteur. Affin quil deliurast le chasteau des mauuaises coustumes. Quant gauuain entendit ceste parolle/ si ne sceut que dire. Et le preudhomme lui dist gauuain se tu voulois laisser ceste mauuaise vie encores te porroye tu accorder a nostre seigneur/car le createur dit que nul nest si grant pecheur neãtmains quil se requierre de bon cueur la misericorde nostre seigneur que il ne la treuue. Et pource te conseilleroye ie pour bon conseil que tu feissez penitance de ce q̃ tu as tant mesfait enuers dieu Et il dist que de penitance faire ne pourroit il

la peine souffrir. Et lermite qui veoit bien que ce seroit peine perdue de plus l'amonnester le laissa en telle maniere. Et lendemain au matin se partit gauuain de leans/ a alla tant qʼl rencontra agrual. a giflet le filz do/ si cheminerent. iiii. iours ensemble sans auenture trouuer/ a au. v. iour aduint quilz se departirent. a tint chascun sa voye. Or laissen ores le compte a parler deulz/ a retourne a parler de galaad

Comme lancelot a perceual furẽt abatus de galaad/ a comme lancelot coucha sa nuyt en vne chappelle la ou il fut appelle plus durs que pierre plus amer que fiel/a plus despit q̃ figuier. v. chap:

Or dit le compte que quant galaad se fut party du chasteau aux pucelles il cheuaucha tãt quil vint en la forest gastee. Et vng iour lui aduint quil rencontra lancelot a perceual qui cheuauchoient ensemble/ si ne se congneurẽt pas cõme ceulx qui n'auoiẽt pas a coustume de veoir telles armes cõme il portoit. Lors sa dreça lancelot tout premier vers galaad: a le frappa tellement quil lui rompit sa lance emy la poitrine/ a galaad le frappa en telle maniere quil l'abbatit lui a son cheual tout en vng mõceau sans lui faire autre mal puis tira l'espee quant il eut sa lance rompue si frappa perceual si durement quil lui trẽcha le heaulme a la coiffe de fer/ a si l'espee ne lup fust tournee en la main y l'eust tue sans faille a perceual n'eut pas tant de pouoir quil peust resister cõtre se coup: ains cheut a terre Et celle iouste fut faicte deuant vng hermitaige la ou il demouroit vne recluse. a quãt elle vit galaad en aller. si lui dist or allez a dieu q̃ vous conduise, certes se ilz vous congnoissent aussi bien comme ie fais ilz neussent ia eu tant de hardement quilz se prenissent a vous. Et quãt galaad ouyt ce si eut grant paour de cognoissance/ a frappa son cheual des esperons/ a sen alla grant erre. Et quant lancelot a perceual s'apperceurent quil s'en estoit alle/ si monterẽt sur leurs cheuaulx au plus tost quilz peurẽt Et quant ilz virent quilz ne le peurent attaindre/ si sen retournerent tant dolens quilz eus sent bien voulu estre mors. Lors se mirent en la forest. Ainsi demoura lancelot en la forest dolent & courouce du chevalier quil avoit perdu. Si demanda a perceval quilz pourroient faire. par ma foy dist perceval ie ne sauroye conseil donner de ceste chose/car le chevalier sen va si grant erre que nous ne le pourrions attaindre/& vous veez que la nuit nous a surprins/& en tel lieu dont nous ne pourrons iamais yssir:se aventure ne nous en iecte hors & pourtant mest il advis q̃ mieulx nous vauldroit retourner a nostre chemin/car se nous commencons cy a nous desvoyer ie ne cuide pas q̃ nous retournons de long temps a nostre chemin. Or en faictes ce quil vous plaira dist perceval/car ie soy plus nostre proufit au retourner. Et lancelot dist que du demourer ne saccorderoit il pas voulentiers/aincois yroit apres cellui qui lescu blanc portoit/& si ne serap iamais aise devant q̃ ie sache qui il est. Vous pouez bien attendre dist perceval iusques a demain que le iour soit venu/& lors nous yrons vous & moy apres ce chevalier. Et il dist quil nen feroit ia riens. Or vous conduise dieu dist perceval/car ie niray meshuy plus avant/aincois retourneray a la recluse qui dist quelle se congnoissoit bien. Ainsi se departirent lancelot & perceval lun davec lautre. si sen alla perceval a la recluse/& lancelot chevaucha apres le chevalier tout au travers de la forest en telle maniere quil ne tint ne voye ne sentier/ains sen alla comme aventure se mena/& il luy faisoit moult grant mal quil ne veoit ne pres ne loing la ou il peust prendre sa voye:car la nuit estoit fort obscure. Neantmains tant alla il quil vint a une croix de pierre qui estoit au departement de .ii. chemins. Lors regarda la croix & quant il fut empres/si vit ung perron de marbre aupres la ou il pavoit lettres comme il luy fut advis, mais le temps estoit si obscur quil ne pouoit congnoistre quelles disoient. Lors regarda derechef la croix/si vit une vieille chappelle puis sadreca celle part/car il lui cuidoit trouver gens/& quant il fut empres si descendit dessus son cheval/& latacha a ung arbre & osta son escu & le pendit a une des branches & puis alla a la chappelle/& entra dedens/& a lentree trouua unes treilliez de fer qui estoient

serrees & ioinctes en telle maniere q̃ on ny povoit pas bonnement entrer. Si regarda parmy le treillis & vit la dedens ung autel bien richement attourne de draps de soye & dautres choses/& devant y avoit ung grant chandelier dargent qui soustenoit .v. cierges ardans q̃ iettoient grant clarte. Et quant il vit ce si eut talent dentrer dedens pour savoir qui y repairoit, car il ne cuidoit pas que en si estranges lieux eust de si belles chosses comme il povoit la. Si alla regarder le treillis de fer/& quant il vit quil ne pourroit y entrer si fut tant dolent q̃l se partit de la chappelle/& vint a son cheval & se mena par le frain iusques a la croix/& luy osta la selle & la bride/& le laissa paistre. puis desfaca son heaulme & se mist devant lui/& dessaignit son espee/puis se coucha sur son escu devant la croix/& sen dormit assez legierement a ce quil estoit lasse & fort travaille: & quant il eut grant piece sommeille/si vit en une littiere q̃ .ii.. chevaulx portoient ung chevalier malade qui fort se plaignoit/& quant il sapproucha de lancelot/si se arresta puis se regarda & mot ne dist/car il cuidoit quil dormist ne lancelot aussi ne dist mot.comme cellui qui estoit en tel point quil ne dormoit ne veilloit/mais sommeilloit:& le chevalier de la littiere qui se fut arreste a la croix se commenca a plaindre moult tendrement/& disoit. Haa dieu quant vendra le saint vaisseau par quoy la force de ceste douleur doibt demourer & finir en moy. Haa dieu souffrit oncques nul homme autant de mal comme ie souffre & pour petit de mesfait.

Grant piece se complaignit le chevalier, et se complaignoit a dieu de ses maulx. Et lancelot se remua & ne dist mot, car il estoit aussi comme transsy/& non pourtant il le veoit bien & entendoit a ses parolles/& quant le chevalier eut grant piece este en celle maniere lancelot regarda devers la chappelle & vit venir le chandelier dargent q̃l avoit veu en la chappelle/& les cierges. Et en le regardant & vit q̃l venoit vers la croix: mais il ne veoit pas qui le portoit/si sen merveilla moult Et apres vit venir le saint vaisseau que autresfois avoit veu en lostel du riche roy pesles cellui vaisseau mesmes que on appelloit le saint graal. Et si tost comme le cheualier malade se bit venir si se laissa cheoir a terre: & dist Beau sire dieu qui de ce saint vaisseau que ie voy cy venir vous en auez tant fait de beaulx miracles en ce pays,/& es autres Regardez moy par vostre mercy,/& par vostre pitié en telle maniere que de ce mal dont ie suis en peine par la vertu dicellui saint vaisseau iaye en brief garison affin que ie puisse entrer en la queste ou les autres preudhommes sont entrez. Et lors se alla trainant a la force de ses bras iusques au perron ou la table estoit,/& se saint vaisseau dessus./ Puis a deulx mains se tira pres/& fist tant quil baisa la table dargent/& la toucha a ses yeulx,/& quant il eut ce fait, si sentit ses menbres ainsi comme toutes alegees des grans maulx quilz auoient eulx,/ puis ietta vng grant plaint,/& dist. Haa dieu la tienne mercy suis ie gari. Et tantost apres il sendormit,/& quant il eut vne piece demoure la sen tasla le chandelier en la chappelle,/& le vaisseau auec,/ si lancelot ne sceut ne a qui ne au venir par qui il pouoit estre apporté/& nonpourtant ainsi lui aduint parce quil estoit fort pesant du trauail quil auoit souffert, ou par peché dont il estoit surprins quil ne se remua pour le saint graal ne nen fist samblant en riens dont il trouua depuis en maint lieu en la queste ou mainte honte lui en dist,/& assez lui en mesauint en maint lieu. Quant le saint graal fut parti de la croix il se entra dedens la chapelle, si se dreça le cheualier de la littiere sain & en bon point,/& baissa la croix. Tantost apres vit la vng escuier qui portoit vnes belles armes & riches, & la ou il vit le cheualier il lui demanda comme il lui estoit aduenu. Par ma foy dist le cheualier bien dieu mercy, car des ce que le saint graal mest venu visiter ie suis gueri, mais ie mesmerueille de ce cheualier qui la doit qui onques ne sesueilla de sa venue. Par ma foy dist lescuier cest quelque cheualier y est en aucun grant peché dont il ne se fist iamais confesser pourquoy il est si coupable vers nostre createur quil ne lui a pas pleu quil veist ceste belle aduenture. Certes dist le cheualier qui que il soit il est meschant,/& si cuide que ce soit vng des cheualiers de la table ronde qui est entré en la queste du saint graal. Sire dist lescuier ie vous ay cy voz armes apportees prenez les quant il vous plaira. Et le cheualier lui respondit quil nauoit mestier dautre chose. lors print les chausses de fer,/& le haubert,/& lescuier vint a lespee lancelot, & la print,/& le heaume aussi,/puis vint au cheual lancelot,/& lui mist le frain & la selle,/& quant il eut appareillé, si dist a son seigneur. Sire montez car a bon cheual nauez vous pas failli, certes ie ne vous ay chose baillee qui moult ne soit bien employee en vous,/& mieulx que en ce mauuais cheualier qui cy gist. La lune estoit ia leuee belle & clere, car ia estoit la minuit passee. Et le cheualier demanda a lescuier sil congnoissoit lespee & il dist quil cuide que elle soit bonne a la beaulté quelle a,/ si la tira du fourreau & la vit fort belle. Et quant le cheualier fut appareillé, il monta sur le cheual Lancelot,/& tint la main vers la chappelle,/& iura que se dieu lui aide & les sains il ne cesseroit iamais de cheminer deuant quil sache comme cest que le saint graal se appert en tant de lieux au royaume de logres,/& par qui il fut apporté en engleterre, et pour quel besoing se aucun autre ne le scait auant par qui ien puisse scauoir la verité. Ey maist dieu dist lescuier assez en auez dit or vous doint dieu partir a honneur de ceste queste,/& au sauuement de vostre ame, car certes sans peril de mort ne la pouez vous pas longuement maintenir. Et ie y meur dist le cheualier ce sera plus mon honneur que ma honte, car a ceste queste ne doibt reffuser nul preudhomme pour mort ne pour vie. Lors se print de la croix lui,/& son escuier,/ si emporta les armes de lancelot,/& enmena son cheual,/& quant il se peut bien estre eslongnié de demie lieue, si aduint que lancelot sesueilla,/& se leua en son seant, comme cellui qui nagaires cestoit esueillé du tout, si se pourpensa que ce quil auoit veu estoit songe ou verité: car il ne sauoit se il auoit veu le saint graal ou sil auoit songé. Lors regarda & vit le chandelier deuant lautel, mais de ce quil desiroit plus a veoir nen vit il riens cestoit du saint graal de quoy il vouloit sauoir certaines nouuelles se il estoit possible. Quant lancelot eut grant piece regardé deuant le treillis de fer pour scauoir se il verroit riens de la chose que plus il desiroit a veoir, si ouyt vne voix que lui dist lancelot plus dur que pierre plus amer que fiel plus aspre que vng. figuier comment fuz tu si hardi quāt tu osas entrer ou lieu ou se saint graal repairoit. Va ensus dy, car le lieu est ia empullente de ton repaire. Et quant lancelot ouyt ceste parolle si fut tant dolent quil ne sauoit que dire, si se partit incontinent dilec soupirant du cueur, & sermoyant des yeulx & maudist leure quil fut oncques ne de mere, car il lui sembloit bien quil estoit venu au point dont nauroit iamais honneur, puis quil auoit sailly a sauoir la verite du saint graal, mais ses .iii. parolles dont il auoit este apelle ne les a il pas oublices ne ne oubliera tant come il viue deuant quil sache pourquoy il fut ainsi appellé. Et quant il fut venu a sa croix si ne trouua ne son heaume ne son espee ne son cheual, si sapperceut incōtinent quil auoit veu verite. Lors comenca a faire vng si grāt dueil que ce fut merueilles. puis sappella chetif & dolent. & dist : Haa dieu ores apparaissent mes pechez & ma mauuaise vie. or sçay ie bien que ma chetiuete ma confōdu plus que autre chose, & quant ie me deusse amender lors me destruit lennemy qui ma si tollu la veue par ainsi que ie ne puis veoir chose qui de par dieu soit: & si nest pas de merueille se ie ne puis pas cler veoir car des lors que ie fuz premier cheualier il ne fut oncques puis que ie ne fusse couuert de tenebres, & de pechez mortelz, car tousiours ay este en luxure, & en sordure & ce moult plus que nulz autres cheualiers. Ainsi se despita & blasma moult lancelot amerement, & fist son dueil toute la nuit. Et quant le iour apparut bel & cler, & le soleil fut leue, & les oyseaulx comencerent a chanter parmy le bois, & il dit le beau temps, & ouyst le chant des oyseaulx dōt il cestoit maintesfoiz resioup. Et lors se vit desguarny de toutes choses, & de ses armes, & de son cheual, & bien sceuoit de vray que nostre seigneur estoit courouce a lui. si ne cuidoit iamais venir a celle heure qil peust trouuer chose ou monde qui sa ioye lui puisse rendre, car la ou il cuidoit sa ioye trouuer, & toutes bonnes oeuures terriennes a il sailly. C'estoit aux aduentures du saint graal, & estoit vne chose qui moult le desconfortoit. Et quāt il se fut grant piece plaint, si sen partit de sa croix, et

sen alla parmi la forest tout apie, & sans escu si ne retourna pas a sa chappelle, la ou il auoit ouy les .iii. merueilleuses parolles ains sen alla par vng sentier, & chemina tant quil arriua en vng tertre la ou il y auoit vng hermitaige, & trouua lhermite qui vouloit commecer sa messe. Lors entra lancelot en la chappelle fort dolent, si sagenouilla deuant lautel puis cria mercy a nostre seigneur. Et quant lhermite eut sa messe chantee lancelot sappella, et se tira apart. si lui pria pour dieu quil se conseillast. Et lhermite lui demanda dont il estoit, & lancelot lui dist quil estoit de sa maison au roy artus, & compaignon de sa table ronde. Et lhermite lui demāda dequoy il vouloit quil le conseillast est ce de confession faire. Ouy dist il. Lors le mena deuant lautel, & sassirent ensēble. puis lhermite lui demanda cōmet il auoit nom, & il lui dist quil auoit nom lancelot du lac le filz au roy Ban de benoic, & quant lhermite ouyt que cestoit lancelot lōme du qu'on disoit plus de bien. sy en fut tout esbahy de ce quil lui veoit si grāt dueil faire: & lui dist. Sire vous deuez bien rendre a dieu graces de ce que il vous a fait si bel, & si vaillant. q nous ne sauons au monde de beaute ne valleur vostre pareil, il vous a preste le sēs & la memoire que vous auez, si luy en deuez faire grant recongnoissance, & en telle maniere que son amour soit sauue en vous, a celle fin que le dyable ne vous puisse surmonter ne faire cheoir en peche. & seruez dieu de tout vostre pouoir, & gardez ses conmandemēs. Et par ainsi de seruiez vous les dons de grace qnil vous a donnez, car il vous a tout preste, & ne seruez pas des dons qu'il vous a donnez son ennemi mortel c'est le dyable, car se il vous a este plus large que aux autres, & maintenant il vous perdoit moult vous en deuroit on blasmer. Si ne resemblez pas au mauuais seruiteur dont il parle en leuangille du quel l'un des euāgelistes fait mencion: car le riche homme bailla a .iii. de ses seruiteurs grāt partie de son auoir car il bailla a lun vng besāt dor, & a lautre .ii. & au tiers en bailla cinq. cellui a qui y bailla les cinq besās les multiplia en telle maniere que quant il vint deuant son seigneur, & il de uoit rendre compte de son gaing. si dist. Si

La partie du saint graal.

ce tu me baillas v.besans doz & veez ses cy / & v.autres auec que iay gaigniez. Et quant le sire fouit: il lui dist. Bien auant seruiteur bõ & loyal: ie te accueil en la compaignie de mon hostel. Apres vint lautre qui ses deux besans auoit receu & dist a son seigneur quil en auoit gaigne deux autres / & le seigneur lui respondit tout ainsi cõme il auoit fait a lautre / mais il aduint que cellui qui nen auoit receu q̃ vng auoit le sien ensoup en terre /& ce fut cellui qui sestoit essongnie de la face de son seigneur et nosa venir auant. Cellui fut le mauuais seruiteur & lipocrite de cueur ou le sens du saint esperit nentra oncques. & pour ce ne peut il eschauffer de lamour de nostre seigneur qui embrase ceulx esquelz il annonce sa sainte parolle / car si comme lescripture dist: cellui qui art ne bruse pas. Est adire se le feu du saint esperit neschauffe cellui qui raconte sa parolle de leuangille: ia homme qui loye ne ardera ne neschauffera. Et ceste parolle vous ay ie racontee pour le large don que nostre seigneur vous a donne / car ie voy quil vous a fait plus beau que nul autre & meilleur ce mest aduis plus es choses qui dehors en appaixent. Et se vous de ce don que il vous a fait estes son ennemy sachiez que il vous tournera a neant & en petit de temps se prochainement ne lui criez mercy en vraye confession & en repentance de cueur & en amendement de vostre vie / & ie vous dy vrayement que se vous en telle maniere lui criez mercy il est tant debonnaire & aime tant le vray repentant que lui criant merci il lui pardonne Et se il auenoit que vous recheussiez en pechie dont il vous vueille garder / ie vous promets quil vous receueroit plus fort & vous remetteroit en meilleur point que vous ne fustes oncques. Sire dist lancelot ceste semblance que vous mauez cy monstree de ces iii. seruiteurs me desconforte moult, car ie scay bien que iesu crist me garnist en mon enfance de toutes bonnes graces. Et pour ce quil me fut si large de prest, ie lay si mal rendu: ie scay bien que ien seray iugie comme mauuais seruiteur qui le besant de son seigneur ensouit en terre, car iay serui toute ma vie son ennemy, & ay guerroie par mes pechiez, & si me suis mis en sa voie q̃ on treuue au commencement large & amiellee /

cest le commencement de pechie / car se deable ma monstre sa doulceur & le miel / mais il ne me monstra pas sa peine pourable ou cellui sera mis qui en telle voie demourera longuement. Et quant le preudhomme ouit ceste parolle il cõmeça a plourer & dist a lancelot. Sire de ceste voie que vous me dictes scay ie bien que nul ny demeure q̃ ne soit mort pardurablement, mais aussi cõme vous dyez que le bon fouoie aucunes fois en son chemin quant il sedort & il retourne arriere si tost cõme il seueille. Tout ainsi est il du pecheur qui sendort en pechie mortel / mais quant il seueille: il retourne a son createur q̃ tousiours crie. Je suis voy & charite voye & vie. Et lors regarda derriere lui & vit vne croix, si la monstra a lancelot & lui dist. Sire voyez vous ceste croix, ouy dist lancelot. Or sachiez vrayement que en celle figure a il estendu ses bras pour receuoir les pecheurs qui a lui sadressent / & crie tousiours venez venez. Et puis quil est si debonnaire q̃ il est tousiours prest de receuoir ceulx & celles qui a lui viennent. Sachiez quil ne vous refusera ia: se vous vous offrez a lui en telle maniere comme ie vous dy & conseille. Cest assauoir par confession de bouche / & repentement de cueur / & en amendement de vostre vie. Or me dictes cy maintenant vostre estre & vostre affaire a lui & en son audience deuant moy / & ie vous aideray a mon pouoir / & vous conseil seray au mieulx que ie pourray. Et lancelot pensa vng petit cõme cellui q̃ oncques ne recongneut laffaire de lui & de sa royne femme du roy artus / ne ne dira tãt qͫl viue: se trop grãt amonnestement ne senforce. Si iecta vng souspir du parfont du cueur / en telle maniere qͫl ne peut parler, & nonpourtant il se disoit voulentiers: mais il nosoit. Et le preudhõme sameonestoit tousiours de recongnoistre ses pechez & les delaisser, car autrement il est maseureux sil ne fait ce quil lui dit. Et pour se tirer hors de peche sui remonstra ses grieues peines & tourmens denfer qui sont. Si dist tant par bonnes parolles & par bonnes exemples que lancelot lui commenca a dire. Sire sist lancelot il est ainsi que ie suis en dangier de mort par vne dame que iay amee tous les iours de ma vie / & cest la royne Genieure sa femme au roy artus. cest celle q a plante ma donne soy sargent et les riches dons que iay aucunesfois donnez aux poures cheualiers/ cest celle qui ma mise es grans beubans et en sa grant haultresse ou ie suis/ et cest celle pour lamour de laquelle iay faicte les grans prou esses dont tout le monde parle/ car cest celle q ma fait benir de pourete a richesse/ et de tou tes mesaises a beneuretez terriennes. mais ie scay bien que par ce pechie nostreseigneur dieu sest courrouce a moy. car il se ma bien monstre depuis ersoir. Et lors lui compta coment il a uoit veu le saint graal. et oncques ne sestoit en cline ncontre lui. Et quant il eut compte au pieudhomme tout son estre, il lui pria pour dieu quil se conseillast. Certes sire fist le preudhom me nul conseil ne vous seroit mestier se vous ne promettez a dieu que iamais en ce peche ne cherrez/ mais se vous du tout en tout vous en voulez oster et lui crier mercy de bon cueur: encores cuide ie que nostreseigneur vous rap passeroit auec ses seruiteurs et vous feroit ou urir sa porte des cieulx et vous receuroit a sa ioye pardurable qui est appareillee a ceulx q leas entreront. mais en tel point ou vous estes maintenant ne vous pourroit aider nul conseil car ce seroit ainsi comme celui qui fait diecer une forte tour et haulte sur ung mauuais fon dement, et puis lui aduient p fortune de vens ou dorage de temps que tout ce quil a fait chiet en ung mont pour ce que le commencement ne stoit pas bien sonde. Et ainsi seroit en vous per due la parolle de nostreseigneur: se vous ne sa receuez de bon cueur et metez en euure/ et ce seroit la semence que on iecte sur les roches que les oiseaux mengent et gastent et ne vient a nul bien. Sire fist lancelot vous ne me dic tes chose que ie ne face se dieu me donne vie. Donc vous requiers ie dist le preudhomme que vous me vueilliez promettre que iamais ne serez pechie mortel dont vous puissez courrou cer nostre createur. et il lui promist comme loial cheualier. Or me dictes encores fist le preudhom me du saint graal coment il vous est aduenu. Et il lui compta les trois parolles q la voix lui dit en la chappelle. la ou il fut appelle pl dur que pierre plus amer que fiel et plus nu q figuier. Sire dist il pour dieu dictes moy la

signifiance de ces trois choses/ car ie ne ouis oncques parolle q ie desirasse autant a sauoir comme ceste. car ie scay bien que vous en sauez la verite.

Lors commenca le preudhomme a pen ser grant piece. puis parla et dist. Cer tes lancelot ie ne me esmerueille pas de ces trois parolles qui vous ont este dictes car vous a uez este tousiours le plus merueilleux homme du monde/ et pour ce nest ce pas merueille se on vous a dit plus merueilleuses parolles q a ung autre/ et puis que vous auez voulente den sauoir la verite: ie la vous diray voulen tiers. Vous mauez compte que on vous a dit que vous estes plus dur que pierre plus amer que fiel et plus nu et plus desprise que figuier En ce que on vous appella plus dur que pier re peut on entendre une merueille: car toute pier re est dure de sa nature/ mesmement par du te peut on entendre le pecheur q tant est endur cy et endompy en son pechie que son cueur est si endurcy quil ne peut estre amolli car le feu du sait esperit ny peut entrer ne trouuer lieu pour le vaisseau qui est ort et laid des viels pechez qui y sont acreus et amoncellez/ car la paroul le du saint esperit qui est la doulce eaue et la doulce pluye ne peut estre en son cueur logee/ car nostreseigneur ne se logera iamais en lieu ou sennemy soit: ains veult que lostel ou il demeure soit net de tous vices et de toutes ordures. Et par celle intencion est le pecheur appel le pierre/ cest a dire que tu es plus pecheur q nul autre. Et quant il eut ce dit: il commenca a penser/ et puis lui dist. Je te diray comment tu es plus pecheur que nul autre pecheur. Tu as bien ouy parler des trois seruiteurs: aus quelz le riche homme bailla ses besans a croi stre et a multiplier. Les deux qui plus en auoi ent receu: en furent bons seruiteurs et loiaulx et saiges et pouruoians. Et lautre qui mains en auoit receu en fut mauuais seruiteur faulx traytre et desloial. Or regarde se tu pourroies estre des seruiteurs a qui nostreseigneur bail la ses besans a garder pour croistre et pour mul tiplier. Il mest aduis que il te baissa moult plus que a ung autre. car qui maintenant re garderoit entre tous les cheualiers qui sont en tout le monde il mest aduis q on ne trouueroit nul homme terrien a qui nostreseigneur donna tant de graces comme il ta preste. Il te donna beaulte a coble/il te donna sens & discretion a cognoistre le bien du mal/il te donna proesse & hardement. Apres ce te donna il honneur si largement q̃ tu es tousiours venu au dessus de tout ce que tu as comence. Toutes ces choses te presta nostreseigneur: affin q̃ tu fusses son cheualier & son seruiteur/& ne te les donna pas pour estre pdues/mais creues & augmentees/& tu en as este mauuais seruiteur & si desloyal que tu les as fraude & sans raison car tousiours as guerroye contre lui. Tu as este le mauuais souldoyer q̃ se part de son seigneur quant il a receu ses gaiges. & sen va a son ennemy. ainsi as tu fait a nostreseigneur/ car aussi tost comme il teut pape tu te laissas & allas seruir cellui qui tousiours le guerroie Et par ce peus tu bien veoir q̃ tu es plus dur que pierre & plus pecheur que nulz autres pecheurs. Et encores peut on bien entendre que tu es plus dur q̃ pierre/car de pierre a on bien veu yssir doulceur es deserts de oultre la mer rouge ou le peuple disrael demoura si longuement. La vit on bien appertement que quant le peuple eut desir de boire que lun se disoit a lautre. & tant que moyse vint a vne roche dure & ancienne/& dist come se ce ne peust pas cho se possible auenir: ne pourros nous iecter eaue de ceste roche/& incontinent en yssit de leaue a telle plente que tout le peuple eut a boire. Et ainsi fut appaise leur murmure & estanchie leur soif. Icy peut on bien entendre que de pierre yst aucunesfois doulceur/mais de toy nen yssit oncques nulle. parquoy tu peus veoir appertement que tu es plus dur que pierre. Sire fist lancelot dictes moy pourquoy on me dist que iestoie plus amer q̃ fiel. Je le te diray fist le preudhomme. Je tay monstre que en toy est toute durete/& la ou si grãt durete est logee ne peut nulle doulceur repairer. car la ou doulceur nest: il conuient que amertume y soit. et amertume est doncques en toy aussi grande comme la doulceur y deust estre. Et tu es dõcques semblable au bois mort & pourri ou nulle doulceur nest demouree.

Or tay ie monstre comment tu es plus dur que pierre & plus amer que fiel

& reste la tierce chose a monstrer come tu es plus desprise que figuier. De ces figuiers dõt il ple icy est faicte mencion en leuãgille/la ou il parle du iour de la pasque flourie quãt nostreseigneur vint iherusalem/le iour que les enfans des hebrieux chanterent encontre sa venue le doulx chant dont saincte eglise fait mecion le iour de la pasque flourie. Cellui iour sermona le hault maistre & le hault pphete iesus en la cite de iherusalem entre ceulx en q̃ tou te durete estoit hebergie. Et quant il se fut traueillie tout le iour: il se partit du sermon & trou ua en sa voye vng figuier q̃ moult estoit beau & bien garny de fueilles & de branches/mais de fruit ny auoit il point. Ainsi aduit il du fi guier hors de iherusalẽ. Or regarde se tu peut roys estre tel si nu & si despoulle cõme il fut car quant le hault maistre vint a larbre il se trouua fueillu/dõt il eust peu prendre sil eust voulu. Mais quant le saint graal vint la ou tu estoies: il te trouua si desgarny q̃ il ny trou ua nulle bonne pensee ne bonne voulente: ais te trouua villain & ort & rempli de pechez & du tout desgarny de fueilles & de flours: cest adi re de toutes bõnes eurres. Par quoy on te dit la parolle que tu mas dicte. sacesot plus dur que pierre plus amer que fiel plus nu & plus desprise que figuier va ten dicy. Certes fist lan celot tãt mauez dit & fait entendant que ie suis a droit appelle pierre & figuier/car toutes les choses que vous mauez dictes que nay pas tant alle q̃ ie ne puisse retourner se ie me vueil garder de recheoir en peche mortel/ie promets premierement a dieu & a vous que iamais sa vie que iay menee si longuemẽt ne maineray ains tiendray chastete & garderay mon corps au plus nettement que ie pourray/mais de suiure cheualerie ne me pourray ie tenir enco res tant comme ie soye sain & haictie. Quant le preudhõme oit ceste parolle il en fut moult ioyeux. si lui dist. Certes se vous voulez de laisser le peche de sa roynne: ie vous dis pour vray q̃ nostreseigneur vous ramenroit a voye de verite & vous regarderoit en pitie. & si vous donneroit pouoir dacheuer plusieurs choses ou vous ne pouez auenir par vostre grant pechie. Sire fist il ie le vous promets en telle maniere que iamais ie ne pecheray en elle:

ne en autre. Et quant le preudhomme loit: il lui bailla telle penitance comme il pensoit qͥl pourroit bien faire/ si lui bailla labsolution/ et lui pria que il demourast meshuy auec lui/ et il respondit que faire lui conuenoit/ car il nauoit sur quoy cheuauchier/ et si nauoit point descu ne de lance ne despee. De ce vous aiderap ie bien dist le preudhomme deuant qͥl soit demain au soir/ car cy pres demeure ung mien frere cheualier qui menuoiera cheual et armes et tout ce que mestier vous sera: si tost comme ie lui manderay/ et lancelot lui dist quil demoureroit voulentiers/ et le preudhomme en fut moult ioyeux. Ainsi demoura lancelot auec le preudhomme qui lamonnestoit tousiours de bien faire/ et tant lui dist le preudhomme de bonnes parolles quil se repentit moult de la vie quil auoit menee/ car il veoit bien qͥ se il mouroit en tel estat il seroit en dangier de perdre le corps et lame/ et pour ce se repentoit il moult de ce quil eut oncques folles amours vers la royne/ car il y auoit vse son temps/ si sen blasma et repentit/ et promist en son cueur que iamais ne lui toucheroit. Mais a tant laisse ores le compte a parler de lui et retourne a perceual.

¶ Comment la recluse deffendit a perceual quil ne se combatist au bon cheualier galaad/ et comment il se mist en la nef auec le preudhomme qui tant sauoit reconforte. Di. cha.

Or dist le compte que quant perceual fut parti de lancelot quil retourna a sa recluse pour ouir nouuelles du cheualier qui eschappe leur estoit. Et quant il fut retourne il ne sceut oncques trouuer chemin qui droit le menast celle part, mais il fit tant quil y paruint. Et quant il vint a la chappelle il heurta a la senestre de la recluse/ et elle lui ouurit car elle ne dormoit point. si mist sa teste hors et lui demanda qui il estoit. Et il dist quil estoit de la maison au roy artus et auoit a nom perceual le galois. Et quant elle ouit ce nom si en fut moult ioyeuse comme de celluy qͥ estoit son nepueu. Si commanda a sa mesgnie quilz le logassent le mieulx quilz peussent: car cestoit ung des hommes du monde qlle aimoit le plus

et ceulx de leans firent son commandement. Si vindrent a luy et comme ilz le recurent le cheualier au mieulx quilz peurent/ et le desarmerent et puis lui donnerent a mengier. Et il demanda sil pourroit meshuy parler a la recluse. Sire dirent ilz nenny/ mais demain apres la messe y pourrez vous bien parler. Si sen passa tant et se coucha en ung lit que ceulx de leans lui auoient/ et se reposa toute la nuit comme cestui qui estoit las et trauaillie. Lendemain quant il fut iour se leua perceual/ et ouit la messe q̄ le preudhomme de leans chanta. Et quant il fut arme il vint a la recluse et lui dist. Dame pour dieu dictes moy nouuelles de ung cheualier qui par cy passa hyer a qui vous distes que vous le deuiez bien congnoistre/ car il memuys fort que ie ne scay qui il est. Et quant la dame ouit ceste nouuelle/ si lui demanda pourquoy il le queroit/ pour ce fis il que ie ne seray iamais aise deuant que ie sache qui il est/ et que ie face tant que affin q̄ ie me combate a lui/ car il ma tant meffait vers moy que ie ne le pourroye laisser sans auoir honte. Haa perceual fist elle quest ce que vous dictes vous voulez vous combatre a lui auez vous talent de mourir ainsi comme voz freres qui sont mors et occis par leur oultrage/ et certes se vous mourez en telle maniere ce sera moult grant dommaige et vostre parente en abaissera moult/ et sauez vous que ie y perderay se vous vous combatez a ce cheualier: ie le vous diray. Il est vray q̄ la queste est commencee et en estes compaignon ce mest aduis et sera menee a fin prochainement se dieu plaist et il est ainsi que vous querez moult grant honneur que vous pouez auoir se vous vous tenez de combatre a ce cheualier/ car nous sauons bien que en la fin il y aura troys principaulx cheualiers qui auront le los et le pris de la queste sur tous les autres. et en seront les deux vierges et le tiers sera chaste/ et de ces deux vierges est le cheualier que vous querez lun/ et vous estes lautre/ et le tiers si est boort de gannes qui est cousin a lancelot du lac/ et par ces trois sera la queste acheuee. Et puis que dieu vous a appareillie a tel honneur auoir. moult seroit grant dommaige se vous queriez vostre mort ce temps pendant. et vous vous en hastez fort mais bien sachiez que se vous vous combatez a lui vous aurez ce que ie vous dis, car il est meilleur cheualier que vous ne que homme que on congnoisse. Dame dist perceual il me semble a ce que vous me dictes de mes freres que vous sauez bien qui ie suis: ie le scay bien dist elle & bien le doy sauoir. car ie suis vostre ante, & vous estes mon nepueu, & pourtant se ie suis en poure lieu: sachiez que ie suis celle que on appelloit iadis la royne de la terre gastee, si me veistes iadis en autre point car iestoie vne des plus riches dames du monde & nonpourtant oncques ceste richesse ne me pleut tant comme fait ceste poure maison ou ie suis ores.

Quant perceual oit ceste parolle il commenca a plourer de pitie, & cogneut que cestoit son ante. Et lors sassist deuant elle, & lui demanda nouuelles de sa mere & de ses parens. Comment dist elle beau nepueu ne sauez vous pas nouuelles de vostre mere. Certes nenny, ie ne scay se elle est morte ou viue: mais toutesfois mest elle venu dire en mon doimant quelle se deuoit mieulx plaindre de moy que dautre, & que ie lui auoie plus fait de mal que mes freres. Et quant son ante entendit ceste parolle: elle lui dist tout bas. Certes beau nepueu a vostre veoir se ce nest en songe auez vous failly, car elle mourut le proprre iour, que vous partistes pour aller a la court au roy artus. Or ait dieu dist perceual mercy de son ame car certes ce poise moy: mais puis quainsi est souffrir se cōuient, car a ce tēdons nous tous, mais de ce cheualier que ie quiers nen sauez vous nulles nouuelles ne qui il est. ne ce cest cellui qui vint a court en armes vermeilles. par ma foy dist elle ouy cest cellui mesmes si vous diray par quelle signiffiance ce fut. Vous sauez bien que depuis lauenement nostre seigneur iesucrist a eu iii. principales tables au monde. La premiere fut la table iesucrist ou ses apostres mengerent plusieurs fois celle fut la table qui soustenoit les corps & les ames dela viande du ciel, a ceste table se assirent ses freres qui estoient vne mesme chose en cueur & en ame dont dauid le prophete dit en son liure. Moult est bonne chose quant freres habitent ensemble en vne houssente & en vne

euure. par les freres qui a ceste table sassirēt & mengerent fut paix concorde & patience & toutes bōnes vertus & toutes bōnes euures pouoit on bien veoir en eulx. et ceste table establit laigneau sans tache qui fut sacre pour nostre redemption. Apres ceste table fut vne autre table en semblance & en ramembrance de lui, ce fut la table du saint graal dont les grans miracles furent iadis en ce pays au temps de ioseph darimathie au commencement que crestiente fut aportee en ceste terre, & tous preudhommes & tous mescreans deuroient tousiours auoir icellui miracle en ramembrance. Si aduint lors que ioseph darimathie vint en ceste terre, & moult de peuple auec lui: tant quilz pouoient bien estre par compte quatre mille tous poures hommes. Et quant ilz vindrent en ce pays ilz se desconforterent moult de ce quilz estoient poures & auoient paour que viande ne leur faillist pour ce que si grant compaignie estoient. Vng iour aduint quilz entrerent en vne forest ou ilz ne trouuerent que mengier ne nulles gens, si furent moult esbahis, car ilz nauoient pas ce apris, si se passerent cellui iour en telle maniere. Et lendemain cerchererent amont & aual & firent tant quilz trouuerent vne vielle qui portoit douze pains qui estoient tous chaus. si les acheterent, mais quant ilz les voulurent departir. les vngs ne voulurent pas accorder a ce que les autres vouloient faire. Ceste auenture fut comptee a ioseph dont il fut moult courrouce, & quant il le sceut, il commanda que les pains fussent aportez deuant lui, & on les aporta, puis demanda qui auoient este ceulx qui ne sestoient voulu accorder aux autres, & ceulx qui auoient achetez les pains lui dirent. Lors commanda ioseph a tout le peuple que ilz se asseissent ainsi comme se ilz fussent en vne tauerne, & il despeca les pains & les mist ca & la, puis mist au chief de la table le saint graal, par la venue & presence duquel les douze pains multiplierent tellement que tout le peuple dont il en y auoit bien quatre mille en furent repeus & rassasiez trop merueilleusement. Et quant ilz veirent ce miracle: ilz furent tous esbahis. si rendirent graces a nostreseigneur iesucrist de ce que si appertement les auoit aidez & secourus

La partie du saint graal.

En ceste table auoit vng siege/ou iosephus le filz ioseph deuoit seoir/ce siege estoit establi affin que le plus grant deulx ce le pasteur se y assist/ne a nul autre nestoit il oftroye. Et il estoit sacre de la main de nostreseigneur mesmes sicomme listoire le deuise/et auoit retenue la cure que ioseph deuoit auoir sur ses crestiens. Et en ce siege sauoit nostreseigneur assis/ et ce siege auoit este foit par exemple de cellui ou nostreseigneur fist sa cene le iour du ieudi absolu quant il fut entre ses apostres comme pasteur comme maistre de tous ses apostres: tout ainsi deuoit ioseph conduire tous ceulx qui a la table du saint graal seoient. Mais il aduit quant ilz furent venus en ce pays/ce ilz eurent grant piece chemine par les estranges terres: que deux freres qui estoient parens de ioseph eurent enuie de ce que plus hault deulx sauoit mis nostreseigneur ce esleue/et de ce que il sauoit esseu au meilleur de sa compaignie. Si en parlerent priuement ensemble/et disent qlz ne se souffriroient pas estre leur maistre/car ilz estoient aussi bien de hault lignaige comme il estoit/et pour ce ne se tendroient ilz plus a ses disciples. Et lendemain quant ilz eurent monte vng grant tertre/ilz misrent les tables. Et quant ilz virent asseoir ioseph au plus hault siege: ilz lui contredirent/et sassist lun deulx ainsi boians tous. Lors en aduint vng tel miracle que en la table fut absorbi cellui qui au siege sestoit assis. Et ce miracle fut tantost sceu par ce pays dont le siege fut appelle le siege redouble/et ny eut oncques depuis homme si hardy qui si osast asseoir: fors cellui que nostreseigneur y auoit esleu.

Apres ceste table ronde instituee par le conseil merlin/q ne fut pas establie sans grant signiffiance/car en ce quelle estoit appellee table ronde: est entendue la rondesse du monde ce la circonstance des planettes ce des elemens ce du firmament ou sont situees les estoilles/et maintes autres choses: dont on peut dire que en la table ronde est le monde signiffie a droit/ car vous pouez bien veoir q tous cheualiers viennent a la table ronde/et quant ilz en sont copaignons ilz se tiennent plus beneurez que sils auoient gaigne tout le monde/et bien se voit on/car ilz laissent leurs

peres ce leurs meres pour en estre. Et de vous mesmes en auons veu lexperience, car depuis que vous partistes de vostre mere, vous neustes talens de reuenir icy: aincois fustes surprins de sa doulceur ce de sa fraternite q doibt estre entre ceulx qui en sont compaignons. Et quat merlin eut sa table ronde establie/il dist que par ceulx qui en seroient compaignons sauroit on la verite du saint graal/dont on ne peut veoir aucun signe au temps dudit merlin. Et on lui demanda comment on pourroit cognoistre le meilleur cheualier/ce il respondit quilz seroient trois qui lacheueroient/les deux vierges ce le tiers chaste/lun des vierges passera son pere daultant comme se lyon passe le lyepart de prouesse ce de hardement. Cellui sera tenu a maistre sur tous les autres/ce tous les compaignons de la table ronde sabuseront a querre le saint graal iusques a tat que nostre seigneur lenuoiera entreulx si soubdainement que ce sera merueilles. Et quant ilz ouirent ceste parolle/ilz disent. Merlin nous auons bien entendu ce que vous auez dit mais puis q cellui sera si preudhomme comme vous dictes vous deuriez faire vng propre siege ou nul ne seist fors lui seulement/ce quil fust si grant q on le peust congnoistre par dessus tous. Si feray ie dist merlin/et adonc fist vng siege par my les autres grant ce merueilleux/ ce quant il leut fait/si se comença a baisier/et dist quil sa noit fait en lonneur du cheualier qui si reposeroit/ce ses cheualiers lui demanderent. Merlin dictes nous quil pourra de ce siege aduenir. Certes dist il: il en auiendra encores mainte merueille/car nul ny serra ql ne soit mort ou soit blece: iusques a tant que le vray cheualier si asserra. En nom dieu firent ilz en trop grant peril se mettra cellui q si asserra. Certes dist merlin pour les grans perilz qui y auiendront souuent aura il a nom le siege perilleux. Beau nepueu dist la dame recuff. or vous ay dit par quelle raison sa table rode fut faicte/et pour quoy le siege perilleux fut faict: ou mains cheualiers sot mors. Or vous diray par quelle maniere le bon cheualier vint a court en armes vermeilles. Vous sauez bien q iesucrist fut entre ses apostres pasteur et maistre a la table de la cene/apres fut signiffiee par ioseph

La partie du saint graal.

la table du saint graal, & la table ronde par ce cheualier. Nostreseigneur promist a ses apostres deuant sa passion quil se viendroit visi ter, & ilz se attedirent a ceste promesse tristes & esbahis dont il aduint le iour de la penthecouste que quant ilz furent tous en vne maison & les huis furent clos, le saint esprit desce dit entreulx en guise de feu, & les resconforta & asseura de ce dont ilz estoient en doubtance en leur donnant a tous sciece infuze. Et lors les fist departir & les enuoia preschier parmy le monde pour enseigner au peuple les sainctes euangilles. Ainsi adult il aux apostres ce iour de la penthecouste que nostreseigneur les vint resconforter. Si mest il aduis que en ceste semblance vous vint resconforter le cheualier que vous deuez tenir a maistre & a pasteur: que tout ainsi que nostreseigneur vint en semblauce de feu, ainsi vint le cheualier en armes vermeilles qui de couleur a feu sont semblables, & ainsi comme luis de la maison ou estoient les apostres estoit clos a la venue de nostreseigneur, ainsi furent les portes du palais fermees deuant que le cheualier y venist q y suruint si soubdainement entre vous: que il ny eut si saige q sceust dont il vint, & le iour mesmes fut emprinse la queste du sait graal qui iamais ne sera laissee deuat que on en sache la verite, & de la lance pourquoy cest que tant dauentures en sont auenues en ce pays.

Or vous ay dit la verite du cheualier que vous allez querant: affin que vous ne vous combatiez pas contre lui, car bien sachiez que vous ne le deuez point faire pour ce que vous estes so frere par la compaignie de la table ronde, & aussi pour ce q vous ne auriez point d'duree ne puissance contre lui, car trop est meilleur cheualier que vous. Dame dist il tant m'en auez dit que iamais naurai vous enuie de moy combatre contre lui mais pour dieu enseigniez moy comment ie le pourray trouuer, car se ie sauoie pour compaignon ie ne me partiroie iamais dauec lui tant coe ie le peusse suiure. De ce sist elle vous conseilleray ie bien, car orendroit ne vous pourroie pas dire ou il est, mais les enseignes par lesquelles vous le pourrez plus tost trouuer

vous diray ie bien. Vous pres au chasteau q on appelle got, ou il a vne cousine germaine pour laqlle ie cuide bien quil y logera, & sil ny est demandez lui qlle part il va, & puis le suiuez, & selle ne vous en dist riens, si vous en alez droit au chasteau de corbenic, & la scay ie bien que vous le trouuerez. Ainsi preret du cheualier pceual & la royne recluse tant ql fut heure de midy, & lors dist elle a perceual. Beau nepueu vo demourerez meshui auec moy si en seray plus aise, car il y a si long temps q ie ne vous vei, & si me sera griefue vostre departie. Dame dist il iay tant a faire que a peine pourroie ie meshuy demourer, si vous prie que me laissez aller. Certes dist elle par mo congie ne vous en prez vous meshui, mais de mal apres la messe oupe vous en pourrez vous bien en aller. Et il sui dist quil demouroit. Si se fist desarmer, & puis ilz mirent les tables, & megeret de ce que la dame auoit fait appareillier, & perceual demoura auec sa tante & parleret entre eulx deux de plusieurs choses, tant qlle lui dist. Beau nepueu il est ainsi que vous auez garde vostre virginite en telle maniere que oncqs ne sceustes de syap quelle chose est charnel assemblement, & si vous en est bien mestier, car se tat vous fust auenu que vostre char eust este violee, vous eussiez failly a estre principal compaignon de la queste, ainsi comme a fait lacelot du lac, qui par eschauffement de char & p sa mauuaise luxure a perdu a mener grant teps a fin, a ce dont tous les autres sont ores compaignons & en peine. Et pour ce vous prie ie q vous gardez vostre corps si net: q vous puissiez venir vierge & sans tache deuant le saint graal, & certes ce sera vne des plus grandes prouesses q onques cheualier feist, car de tous ceulx de la table ronde n'y a il pas vng seul qui ne se soit meffait en virginite: fors que vous & galaad le bon cheualier de qui ie vous ay parle. Et il dist ql se garderoit si bien comme faire le conuient. Tout le iour demoura leans perceual & moult le chastia sa tante & le ammonnesta tousiours a faire de mieulx en mieulx, mais sur toutes choses lui pria elle quil se gardast vierge coe il deuoit, & il lui promist q si feroit il. Et quant ilz eurent grant piece parle du cheualier ⁊ de la court au roy artus. Si demanda perceual a son ante pour quoy elle sestoit mise en si sauuaige lieu ⁊ auoit laissee sa terre. Par ma foy dist elle ie la laissay pour paour de mort ⁊ men vins ca. car vous sauez bien que quant vous allastes a la court, que monseigneur le roy auoit guerre contre le roy Ban, dont il aduint si tost que monseigneur fut mort que moy qui estoie paoureuse femme: euz paour quil ne me occisist sil me prenoit. si pris incontinent grant partie de mon auoir ⁊ men affouis en ce sauuaige lieu, affin que ie ne fusse trouuee, ⁊ y feis faire ce reclus ⁊ ceste maison telle comme vous la voiez, ⁊ prins auec moy mon chappelain ⁊ ma maignie, ⁊ estray en ce reclus en telle maniere se dieu plaist que iamais nen partiray tant comme ie viueray ains y mourray en seruant nostreseigneur et y seray le demourant de ma vie. Par ma foy dist perceual cy a moult merueilleuse auenture, mais dictes moy que vostre filz orabiaup est deuenu, car ie desire moult a sauoir coment il se porte. Certes fist elle il alla seruir le roy per les vostre parent pour auoir armes, ⁊ puis iay ouy dire que il sa fait cheualier et y a ia passe deux ans que ie ne le vis: ains va suiuant les tournoiemens parmy la grant bretaigne. si se trouuerez a corbenic se cuide ie, ne ant mois q vous y allez. Certes dist il se ie ny aloye si non pour le veoir, si y ray ie. Par ma foy dist elle se il estoit auec vous ien seray bien aise.

Ainsi demoura perceual auec son ante cellui iour, ⁊ lendemain si tost comme il eut ouy messe ⁊ il fut arme, il sen partit ⁊ cheuaucha tant le iour parmy la forest qui estoit grande a merueille: quil ne rencontroit homme ne femme. Apres lui aduint quil oyt sonner vne cloche sur le coste dextre. Si tourna celle part, car bien sauoit que cestoit aucune maison de religion, si cheuaucha tant quil vint a leglise, si la trouua close de murs ⁊ y auoit de grans fossez ⁊ par sos, si hurta a la porte tant que on lui ouurit. Et quant ilz le virent arme ilz penserent bien que cestoit aucun cheualier errant. Si le firent desarmer ⁊ le receurent a grant feste, ⁊ lun des freres le mena en vne chambre pour reposer. Si y fut

celle nuit hebergie au mieulx q ses freres peurent. Et au matin lui aduint que il ne seueilla deuant leure de prime. Et lors alla ouir messe en labbaye mesmes. Et quant il fut entre au moustier: il vit au coste dextre vnes trailles de fer ou il y auoit vng frere reuestu pour dire messe: ⁊ il tourna celle part comme cellui qui auoit deuocion de ouir le seruice de dieu ⁊ vint aux trailles: cuidant entrer dedens, mais il ne peut ce lui fut aduis, ⁊ quant il vit ce, il se passa, si sagenoulla par dehors, ⁊ regarda dedens, si y vit vng lit moult richement pare dedens ⁊ dehors de draps de sope. ⁊ si ny auoit riens qui ne fust blanc. Perceual regarda fort le lit ⁊ luis, ⁊ tant quil congneut que dedens gesoit homme ou femme, mais il ne sauoit le quel car il auoit le visaige couuert dune touaille blanche: tellement q on ne le pouoit pas congnoistre appertement. Et quant il vit ql y regardoit pour neant il le laissa ⁊ entendit au seruice que le preudhomme auoit commence. Et quant vint a leure que le prestre deuoit leuer le corps nostreseigneur, cellui qui estoit couchie au lit se leua en seant ⁊ descouurit sa teste. Si vit que cestoit vng homme fort ancien ⁊ chanu, ⁊ auoit vne couronne dor en sa teste, si auoit les espaulles nues ⁊ descouuertes, ⁊ tout ce de deuant iusques au nombril. Et quant perceual le regarda, il vit ql auoit le corps fort playe ⁊ naure. Et quant ce vint q le prestre monstra espirituellement le corps nostreseigneur iesucrist, il tendit les mains vers le ciel ⁊ commenca a crier. Beau doulx pere ne me oubliez pas de ma reste, ne onques puis ne se voulut recouchier: ains fut tousiours en prieres ⁊ en oraisons. ⁊ auoit les mains dressees enuers son createur, ⁊ auoit tousiours la couronne en son chief. Longuement le regarda perceual car trop lui sembloit estre a mal aise pour les playes ql auoit, si le veoit si vieil par semblant quil cuidoit bien quil eust plus de quatre cens ans par aaige, si le regarda, car il tenoit ceste chose a trop grant merueille Et quant la messe fut chantee le prestre print entre ses mains le corpus domini ⁊ se porta a cellui qui estoit au lit, ⁊ lui donna a vser. Et incontinent quil leut receu, le prestre lui osta sa couronne de sa teste, ⁊ la mist dessus lautel

La partie du saint graal.

Et il se recoucha en son lit ainsi comme deuāt ⁊ fut couuert si que il ne parut rien de lui. Et incontinent se desuestit le prestre comme cellup qui auoit chante messe

Quant perceual eut veu ceste chose sy yssit du moustier ⁊ vint en la chambre la ou il auoit geu/puis appella vng des freres de leans ⁊ lui dist. Sire pour dieu dictes moy ce que ie vous demāderay. car ie cuide bien que vous en sauez la verite. Sire dist il dictes moy que cest/⁊ se ie le scay ie le vous diray voulentiers se ie le dois faire. par ma foy dist perceual ie vous diray que cest iay este en ceste eglise/⁊ pay ouy le seruice. et la ap veu par vng traillis de fer deuant vng autel gesir en vng lit vng vieil homme ⁊ a vne couronne dorēe sa teste/⁊ quāt il se drecea en estāt ie vy quil estoit tout naure hault ⁊ bas/⁊ aps que la messe a estechātee lui a donne le prestre a vser corpus dñi/⁊ incontinent quil leut vse si se recoucha/⁊ osta sa courōne de sa teste si me semble que ce soit moult grant signifiāce/si la voulderoye biē sauoir sil estoit possible ⁊ pource vous prie ie q̄ vous le me dictes. Certes dist le frere voulentiers se vous diray. Il est vray ⁊ bien sauez oup dire a mainctes gens. cest assauoir que ioseph darimathie le bon cheualier ⁊ le vray fut enuoye par le hault maistre iesꝰ en ceste terre affin q̄l certifiast saincte crestiente a laide de son createur. Et quant il y fut venu il souffrit moult de persecucions ⁊ dauersitez que les ennemys de la foy sufrent. car en ce pays nauoit si nō sarazins. Or en ce pays auoit vng roy que on appelloit cruel/⁊ estoit le plus fort ⁊ le plus fier du mōde Et quant il ouyt dire que les crestiens venoient en sa terre/⁊ quilz auoient auec eulx vng precieux vaisseau/⁊ si merueilleux que de la grace de lui ilz se viuoient pres que tous. Si tint ceste parolle a fable/⁊ on luy certifia de plus en plus ⁊ lui dist on q̄ cestoit verite. Et il dist que ce sauroit il: par ceulx quilz auoiēt esleu a maistre par dessus crestiente/⁊ quant il les eut prins ⁊ mis en prison ilz auoient auec eulx le saint vaisseau parquoy ilz ne doubtoient riens de chose qui a la viande corporelle se appartenist. Et le roy les tint en sa prison en telle maniere.plusieurs iours quil ne seur trouva

que menger/⁊ auoit deffendu que nul ne fust si hardy qui deulx sentremist dedens le terme. Bien allerent les nouuelles par toutes les terres la ou ioseph auoit este q̄ le roy cruel se tenoit en sa prison/⁊ grant partie de crestiens auec lui. Et tant que le roy mordrains q̄ estoit vers la partie de ierusalem en la cite de sarraz/⁊ auoit este conuerti par les parolles de ioseph/⁊ par ces preschemens. ouyt parler de ce/si en fut fort dolent/car par le conseil ioseph ⁊ laide de son serourge que on appelloit seraphie auoit il recouuerte sa terre que tholomes lui tolloit ⁊ eust tollue se neust este le cōseil des.ii. Quant le roy mordrains sceut que ioseph estoit en prison il dist q̄l feroit sa puissā ce de le deliurer si semondit ses hommes tant comme il en peut auoir/puis se mist en la mer garny darmes ⁊ de cheuaulx/⁊ fist tant que en peu deure il fut au secours de ioseph a force de nauires. Et quāt il fut arriue a tout ses gens. Si manda au roy cruel que se il ne lui rendoit ioseph/⁊ tous ses gēs/il lui touldroit sa terre ⁊ le desheriteroit. Mais le roy cruel ne le prisa gaires ains alla contre lui a ost/si auint par la voulente de nostre seigneur q̄ les crestiens eurēt la victoire/⁊ le roy cruel y fut tue lui ⁊ ses gens. Et le roy mordrains qui e/nalāst auoit nom denāt qnil fust crestien eut si bien fait en sa bataille que tous ces hōmes le tenoient pour le plus vaillant. Et quāt ilz eurent desarme si trouuerent quil auoit tant de playes que vng autre homme en fust mort Lors lui demanderent comment il lui estoit/⁊ il dist quil ne sentoit si non bien ne playe q̄l eust ne lui faisoit nul mal. Lors osta ioseph de prison ⁊ quant il le vit si lui fist grant ioye/ car il lamoit de grant amour. Et ioseph luy demanda qui sauoit celle part amene/⁊ il respōdit quil y estoit venu pour lui aider ⁊ le deliurer de prison. Et lendemain aduint q̄ les crestiēs allerēt deuāt la table du sait graal ⁊ fut en ce seruice le roy mordrains qui tousiours auoit desire a veoir le sait graal appertement se il eust peu/si se tira plus pres quil ne deuoit Et vne voix descendit entreulx qui luy dist Roy ne va plus auant/car tu ne le dois pas faire/il estoit ia tant alle quil veoit ce q̄ langue mortel ne pourroit pas dire/⁊ tant fut de

C i

sirāt de le veoir quil se tira auāt de plus en plus / & lōcōntinēt descendit du vent qui lui tollit la veue des peulx tellement quil ne se peut aider si non petit. Et quāt il vit que nostre createur eut prinse de lui grant vengance pource quil auoit ses cōmandemens trespassez / il dist voy ant tout le peuple. Beau sire dieu qui a ce pō int mauez monstre quelle follie cest de trespas ser vostre commandement ainsi cōme se sace me plaist que vous mauez enuoye, & par ain si cōme ie le souffre voulentiers me vueillez pmettre en guerdon de mon seruice q̄ ie ne meu re iusques a celle heure que le bon cheualier se it. de mon signaige / cestui qui doibt les mira cles du saint graal mener a chief me vienne visiter affin que ie le puisse baiser & accoster

Quant le roy mordrains eut faict ceste requeste a dieu. Si lui dist la voix roy, ne te esbays point / car nostre seigneur a oup ta priere & ta voulente sera acomplie de ceste chose Tu ne verras goutte deuāt q̄ le cheualier que tu demandes te vienne veoir, & au terme quil viendra deuant toy alors te sera rēdue ta clarte par ainsi que tu le verras apertement, & lors seront tes playes guaries. Ainsi parla la voix au roy, & lui dist quil verroit la venue du cheualier que tant il auoit desire, si nous semble que cest vray de toutes ces choses / car il y a. v.c. ans passez que ceste auenture lui aduint / ne oncques puis ne vit goutte ne ses playes ne furēt guaries ne ne se peut aider, & la est le cheualier en ce pays si cōme ō dit qui ceste auēture doit mener a chief. par les signes que nous auons nous pensons q̄l verra encores, & aura le pouoir de ses membres Mais apres ce ne viura il pas longuement. Ainsi aduit du roy mordrain, & sachez de vray que cest cestui que vous auez huy veu / si a depuis vescu si sainctement que oncques puis ne menga de viande terrienne fors de celle mesmes que le prestre monstre ou saint sacremēt de sa messe, & cest le corps de iesucrist, & ce auez peu veoir a ce matin / car si tost cōme le p̄stre eut la messe chantee il apporta au roy le corps dn̄i & lui fist vser. Et ainsi a ce roy attendu long temps & iusques a ceste heure attēt la venue du cheualier quil a tāt desire a veoir. Si

fist ainsi cōme saint simeō, quant il attendit la venue nostre seigneur quant il fut apporte emmy le temple, et le receut le vieil homme si le print entre ses bras ioyeulx de ce que sa pmesse estoit a complie, car le saint esperit luy auoit fait sauoir q̄l ne mourroit point deuāt quil eust veu iesucrist. Et ainsi attent ce roy la venue de galaad le bon cheualier: ores voy ay ie dit la verite de ce que vous mauez demāde ainsi comme il en aduint. Si vous prie q̄ vous me dictes qui vous estes. Et il dist quil estoit de sa maison au roy artus & cōpaignō de la table ronde & ay nom perceual de galles Et quant le preudhōme ouit ce nom si lui fist grant ioye, car maintesfoiz en auoit ouy par ler, si se pria de demourer leans. Et il dist quil auoit tant a faire quil ne pourroit demourer Lors demanda ses armes, & on les lui apporta, & quant il fut appareille il print conge & se partit de leans, si cheuaucha tant parmi la forest que son chemin le mena a vne valee, & la rencōtra il iusques a. xx. hommes armez qui portoiēt vne biere cheuaceresse la ou il pauoit vng homme mort. Et ilz demauderent a perceual dōt il estoit, & il dist q̄l estoit de la maison au roy artus. Lors sescrierent tous ensemble or a lui, & quant il vit ce si appareilla du defendre au mieulx quil peut, si sadreca vers cestui qui premier venoit, & le frappa tellemēt quil le porta a terre, & quāt il cuida parfaire sa baffance il ne peut, car plus de. vii. se suiuoiēt qui se frapperent en lescu & lui tuerent son cheual si que il cheut a terre, & il se cuida releuer, comme cestui qui estoit de grāt prouesse mais ilz le frapperēt si asprement sur lescu & sur le heaume quil ne se pouoit tenir de bout, ains recheut a terre sur vng des genoulx puis regmēcerent a frapper sur lui, & le menerent a ce q̄lz leussent tue, se neust este le cheualier aux armes vermeilles que auēture amena celle pt Et quant il vit le cheualier tout seul a pie entre ses ennemis qui occire le vouloient, si sadreca celle part tant comme le cheual se peut porter. Et quāt il fut arriue la, si seu dist laissez ce cheualier, puis se lanca entreux le glaiue abesse, & frappa le premier quil rencontra tellemēt q̄l le porta a terre puis mist la mal a lespee Quāt il eut le glaiue rōpu si cheuaucha

amont & aual/& frappa les Ungz & les autres
si merueilleusement quil nen attaignoit nul
a droit quil ne feist voller a terre. si fist si bien
en pou deure par ses grans coups quil leur don
noit & de saproesse dont il estoit plain qil ny eut cel
lui qui losast attendre. Aincois sen allerent
fuyant sunca: & lautre la/ si sespandirent en
telle maniere parmi la forest q̃ estoit fort gran
de q̃ nen peut nul trouuer si non.iii. dont
perceual en auoit abatu sun & nauré/& galaad
les.ii. autres. Et quant il vit quilz estoient to9
abatus/& que perceual nen auoit plus de dan
gier. il se remist en la forest la ou il la veoit pl9
espesse comme cestui qui ne vouloit pas estre
congneu de nullui. Et quant perceual vit qil
sen alloit si vistement/ si lui dist au plus hault
qil peut Sire cheualier pour dieu arrestez vous
ung pou tant que vous ayez parlé a moy: & le
bon cheualier ne fist nul semblant de ouyr per
ceual. aincois cheuaucha plus grant aleure
comme cestui qui nauoit nul talent de retour
ner/& perceual qui nauoit point de cheual al
la apres luy se plus tost quil peut. Lors rencon
tra ung varlet q̃ cheuauchoit ung roncin fort
& legier & bien courrant & menoit a deptre ung
destrier noir. & quant perceual vit ce si ne sceut
que faire. car il eust voulentiers eu le cheual
pour suiure le cheualier/ mais il nosoit faire
force au varlet/ car il pensoit bien q̃ a force ne
sen mettroit il pas se trop grant besoing ne lui
faisoit faire/& pour cause qil nest tenu a vil
lain il le saeua aussy tost quil approucha de
lui/& cestui lui rendit son salut. Bel ami dist
perceual ie te prie en tous seruices & en to9 guer
dons par ainsi q̃ ie soye ton cheualier au pre-
mier seruice q̃ tu me requerras/que tu me pre
stes ce cheual iusques a tant que iaye attaint
ung cheualier qui sen va par icy. Sire dist le
varlet ie ne le feroye point en nulle maniere/
car il est a ung homme q̃ me occiroit le corps
se ie ne le lui rendoye. Beau sire dist perceual
ie seray fort dolent se ie pers le cheualier par ma
foy dist le varlet ie nen seray autre chose. car
de par moy ne sçaurez vous point tant come
il soit en mon gouuernement par force le me pou
ez vous bien oster. Et quant perceual ouyt ce
il fut tant dolent que nul plus/mais il ne vou
loit point faire de villenie au varlet/& se il

perlen telle maniere le cheualier iamais na-
ura iopé/ car ces deulx choses lui mettoient
si grant dueil au cueur quil ne se pouoit sou
stenir sur ses piez ains cheut dessoubz ung ar
bre/ & lors le cueur lui faillit & deuint palle et
vain ainsi comme se il eust eu la puissance toute
perdue/ si eut si tresgrant dueil quil eust bien
voulu estre mort. Lors osta son healume/ et
puis print son espée/ & dist au varlet. Bel ami
puis que tu ne me veulx oster du grant dueil
ou ie suis. Je te prie que tu prengnes mon es-
pée & me tue tout a ceste heure affin que ma dou
leur soit acheuée Et lors se le bon cheualier que
ie alloye querant oyt dire que ie soye mort de
courroux de lui il ne sera ia si mauuais quil ne
face prier dieu pour moy. En nom dieu dist le
varlet se dieu plaist ie ne vous occiray pas/
car vous ne sauez pas desseruy enuers moy/
lors se partit le varlet dauec lui/ & perceual de
moura tant dolent que nul plus ne pourroit
estre puis se clama las & chetif & dist Haa che
tif maleureulx/ or as tu failly a ce que tu que
royes puis quil est ores eschappé iamais ne se
ras en si bon point de se trouuer come tu esto-
es na pas long temps. Ce pendant que perce
ual faisoit son dueil en telle maniere/il escou
ta & ouyt venir ung bruit de cheualup lors ou
urit ses yeulx/& vit ung cheualier armé qui
sen alloit le grant chemin de la forest & cheuau
choit le cheual que le varlet lui auoit reffusé si
le congneut bien mais il ne cuidoit pas qil leust
eu par force/& quant il ne se peut plus veoir si
recommenca son dueil/ puis ne demoura gai
res quil vit venir le varlet sur son roncin qui
faisoit grant dueil/& la ou il vit perceual. si
lui dist. Haa sire auez vous veu icy passer ung
cheualier armé qui menoit le destrier que vous
me demandastes na pas long temps. Ouy fist
perceual pourquoy le dis tu pource quil le ma
osté a force/si men a naure a mort. car mon sei
gneur me occira en quelque lieu quil me trou
uera/ & de ce dist perceual que veulx tu q̃ ie ten
face ie ne le te puis pas rendre: car ie suis a pié
mais se iauoye ung cheual ie le te rendroye/&
se te penseroye ramener par temps. Sire dist
le varlet montez sur mon roncin & se vous le
pouez conquerre vostre soit. Et ton roncin fist
perceual coment le rauras tu se ie puis le che

ual gaigner. Sire dist le varlet ie vous sup/
uray tout a pied se cheual soit vostre. Et perce
ual respondit quil ne demandoit pas mieulx
Lors relaca son heaume & monta sur le roncin
& print son escu: puis sen alla grant erre tant
comme le cheual se peut porter/ sy cheuaucha
tant ql vint en vne praerie dont il pauoit mal
cte emmy sa forest. Et lors vit le cheualier de
uant lui qui sen aloit ses grans gallos sur le
destrier/si lui escria de si loing comme il le vit
Sire cheualier retournez arriere/& redez au
varlet son cheual que vous lui auez osté a for
ce/mais le cheualier qui tost se vouloit deli/
urer se retourna grant a seure tant comme le
cheual se peut rendre/& quant il fut arriué a
lui/si frappa le cheual perceual parmy la poi
trine tellement quil lui mist le glaiue tout oul
tre & cellui cheut a terre/ car il estoit a mort na
ure/& perceual lui vola par dessus le col & quāt
le cheualier vit son coup: si reprint son chemin
& sen alla tout contre val sa praerie/ puis se lā
ca emmy sa forest la ou il la vit plus espesse/
Et quant perceual vit ceste aduenture si fut
tant dolent quil ne sceut que faire ne que dire
si cria a cellui qui sen aloit failly de cueur cou
art de corps retournez & vous combatez a moy
qui suis a pié/& vous estes a cheual. Et cellui
ne respondit a chose quil deist/ car pou se doub
toit ais se mist en la forest la ou il la vit plus
espesse/ & quant perceual ne se peut plus veoir
si eut si grant dueil quil ietta son escu & son es
pee a terre/& osta son heaume de sa teste. Et
lors recōmeca son dueil assez plus grāt que de
uant/si ploura & cria a haulte voix/& se apel
la chetif maleureux/ & le plus meschant de
tous les autres cheualiers du monde lors dist
quil auoit failly a tout son desir.

En ce dueil & cellui courroup demoura
perceual tout le iour sans que nul ve/
nist deuers lui pour le reconforter/& quant ce
vint vers la nuyt il se trouua si las/& si vain
quil lui estoit aduiz que ses membres lui fail
loient. Et lors lui print talent de dormir/ si se
dormit/& ne seueilla iusques a la mynuit. Et
quant il se fut esueillé il regarda & vit deuant
lui vne femme: qui lui demanda moult iremēt
perceual que fais tu cy. Et il respondit ie ne sai
soit ne bien ne mal/mais se sauoye vng cheual

ie men iroye dicy. Se tu me vouloyes promet
tre que tu feroyes ma voulente quāt ie ten reqr
roye: ie ten donneroye vng orendroit bon & bel
qui te porteroit la ou tu vouldroyes/& quant
il ouyt cella si fut moult ioyeulx cōme cellup
qui ne se donnoit point garde qui cestoit qui a
lui parloit/car il pensoit que ce fust vne femé
a qui il parloit/mais non estoit. ains estoit lē
nemy qui le vouloit deceuoir et mettre en tel
point que son ame fust perdue a tousiours mais
Et il ouyt sa promesse quelle lui faisoit de la
chose dont il estoit le plus desirant. Si dist ql
estoit prest de faire ce quelle vouldroit par ain
si quelle lui donnast vng cheual bō & bel. Le me
promettez vous dist elle comme loyal cheua/
lier. Oup dist perceual. Or mattendez icy fist
elle & ie reuendray tantost: lors sen entra en la
forest puis retourna incontinēt: & amena vng
cheual grant & merueilleup & si noir q cestoit
merueilles a le regarder/ quāt perceual vit le
cheual il en fut moult esbahy. & nonpourtant
il fut bien tant hardy quil monta dessus com
me cellui qui ne sapperceut pas de saigait a lē
nemy. Et quant il fut monté il print son escu:
& sa lance/& celle qui deuant lui estoit lui dist.
perceual vous vous en allez/ or vous souuiē
gne q vous me deuez vng guerdon. Et il dist
que si feroit il/ lors sen alla grant a seure/ & se
mist en la forest & la lune luisoit clere mais cel
lui cheual semporta si tost quil eut mis hors de
la forest en pou de temps/ & lessoigna a plus
de .iii. iournees loing/ si cheuaucha tāt quil vit
deuant lui vne grant eaue fort roide/& le che
ual tourna celle part/& se vouluit mettre dedēs
Et quant perceual vit leaue si grande il la re
doubta moult a passer pource quil estoit nuit &
si ny veoit ne pont ne planche par ou il peust pas
ser Lors leua sa main & fist le signe de la croip
emmy son front/quant lennemy se sentit char
ge du faisseau de sa croip/ si se desueloppa de p
ceual/& se mist en leaue huant/ & criant & fai
sant la plus forte fin du monde/ si aduint in/
continent que leaue fut esprinse en plusieurs li
eup de feu ardant/ & de flamble clere tellemēt
quil sembloit que leaue ardeist. Et quāt perce
ual vit celle aduenture: si sapperceut bien que ce
stoit lennemy qui ainsi sauoit apposté pour le
deceuoir/& pour le mettre a perdiction de corps

a dame, & de rechief fist le signe de la croix & se recommāda a dieu, & pria nostre seigneur qͬ ne le laissast point cheoir en tentacion pquoy il perdist la compaignie des cheualiers ce les ſtielz il tenoit ses mains ioinctes Bers le ciel, & mercioit nostre seigneur de bō cueur de ce qͬ lui auoit si bien aide a ce besoing, car quant lennemy eust este en leaue il leust laisse cheoir dedens, & par ainsi eust il peu estre nope, si eust perdu corps & ame, mais il se tira arriere de leaue, car il auoit pdu tout son chemin par la sault de lennemy. Lors sagenoulla Bers oriēt & dist ses prieres telles comme il les sauoit, si desiroit fort le iour pour sauoir en quelle terre il estoit, car il se doubtoit bien que lennemy ne leust porte bien loing de labaye ou il auoit Beu le roy mordrain. Ainsi fut perceual en prieres & en oraisons iusques au iour. Et se iour Benu il regarda tout entour lui, & Bit quil estoit en Bne montaigne grande, & merueilleuse, & elle estoit close de mer, si largement quil ne Beoit terre si non bien petit. Lors sapperceut quil estoit en Bne psle, mais il ne sauoit comment en yssir, car enuiron npauoit il chasteau ne fortresse ne logis ne maison ou gens peussēt habiter ce lui estoit aduis, & nonpourtāt il ne fut pas si fol quil eust paour des bestes sauuaiges, car il sauoit bien quil p auoit ours lyōs lepars, & serpens Bolans. Et quant il Bit qͬ estoit en tel lieu sy ne fut pas a son aise, car il redoubtoit les bestes sauuaiges, quilz ne se laisseroient point en paix, aincois se turoient sil ne se pouoit deffendre, car il sauoit bien que par prouesse de cheualerie terriēne nen pourroit il eschapper, se nostre seigneur ny mettoit conseil. Lors regarda & Bit emp lisle Bne moult grande roche, & merueilleuse, ou il ne cuidoit point estre en dangier de nulle beste sauuaige sil p pouoit estre mōte, si sadreca a celle pt, puis regarda & Bit Bne serpente qui emportoit Bng petit lyon, & le tenoit parmp le col aux dens, & courut iusques au sommet de la montaigne & apres lui Benoit Bng lyon criant & Bllant & faisant la pire chiere du monde. Sy estoit aduiz a perceual que le lyon faisoit son dueil pour lamour du petit lyon que le serpent emportoit. Quant perceual Bit ceste aduenture il courut le plus tost quil peut contre mont la

montaigne, mais le lyon qui estoit plus leger que perceual fut plus tost amont que lui, & commenca sa meslee contre le serpent: ains qͬ peust estre Benu amont en la roche, & quant il Bit les .ii. bestes, si pensa quil aideroit au lyō pour lamour quil estoit plus naturelle beste que se serpent. Et lors tira lespee, & mist lescu auant sur sa poittrine pour le feu quil ne lup feist mal, puis alla Bers le serpent, & lui dōna si grant coup entre les deux oreilles, et le serpent ietta feu & flambe tellement quil lup ardit tout son escu & son haubert par deuāt, & encores lui eust il plͬ mal fait mais il fut abille, & legier tellemēt quil receut le feu ainsi come de tisons si que la flambe ne le frapa pas de droit, & par tāt fut il maint nupsāt, & quāt perceual Bit ce si fut moult dolēt, car il doubtoit que le feu ne fust entre mesle de Benim, et toutesfoiz recourut il sus au serpent, & lui dōna de gⁿs coups la ou il se peut attaindre, sp lui aduint ainsi a celle heure quil se frapa en ce lieu mesmes ou il auoit par auant, & lespee fut bonne, si coulla legierement parmp sa teste puis que le cuir estoit entame, & a ce que ses os nestoiēt pas dures tellemēt quil cheut mort en sa place.

Quant le lyon se Bit desiure du serpēt par laide du cheualier, si ne fist semblant nul quil eust Boulente de combatre a lui ains Bint deuant lui, & bessa la teste: & lui fist sa plus grant ioye quil peut tellement que perceual apperceut bien quil nauoit affection de lui faire mal, puis mist lespee au fourreau, & ietta ius son escu qui estoit tout brusle, & osta son heaume de sa teste affin de recuillir le Bēt car trop sauoit eschauffe le serpent, et le lyon aloit tousiours apres perceual lup faisant gⁿt ioye, & quant perceual Bit ce il lup commenca a planier le col & la teste pour lui faire compaignie, & le lyon lui fist si grant ioye comme beste mue peut faire a homme, & tout le iour demourerent ensemble iusques a heure de nōne mais si tost comme leure de nonne fut passee: sen alla le lion aual la roche, & emporta le petit lion a son col en son repaire, & quant perceual se Bit sās compaigne en sr roche qui estoit haulte a merueilles, si se fust moult deconforte, si neust este le grant espoir qͬ il auoit a son

Ciii

creatern/car il estoit vng des hommes du mõ
de qui plus creoit parfaictement en dieu/& nõ
pourtant cestoit encõtre la coustume de la ter
re/car en ce temps estoient les gens amoitie
foisenez p̃ le royaume de galles. car se le filz
eust trouue son pere gesant en son lit par achai
son de maladie ou par vieillesse il leust tire de
hors par sa teste ou par les bras & leust tue in
continent. car a villanie lui fust attourne se
son pere mourust en son lit/mais quãt il aue=
noit q̃ le filz tuoit le pere ou le pere le filz tout
le parente mouroit en armee: & disoient ceulx
du pays qlz estoient de hault lignaige Tout
se iour fut perceual en la roche/& regardoit la
mer au foing pour sauoir sil verroit nulz na
uires trespassãs/mais ainsi lui aduint tout le
iour qõil ne sceut tant regarder amont ne aual
quil en veist nulz/& quant il vit ce/si print cou
raige en soy mesmes/& se reconforta a dieu/&
lui pria quil lui pleust le garder quil ne cheust
en tentation dennemy ne par mal engin ne p̃
masse pẽsee/puis tint ses mains iointes vers
le ciel & dist. Beau sire dieu qui a si hault lieu
cõme a sordre de cheualerie me laissastes mõ
ter/& messeustes a vostre seruiteur neãtmais
que ie nen fusse pas digne. Sire par vostre pi
tie ne souffrez que ie ysse de vostre seruice/ain
cois faictes que ie soye comme le bon cham=
pion seur qui deffent bien la querelle de son
seigneur contre celui qui a tort lassault Beau
sire icy vous plaise me donner la grace que ie
puisse deffendre mon ame/quiest vostre que=
relle/& vostre heritaige:contre celui qui a tort
la veult auoir. Je vous prie tres doulx pere qui
distes en leuangille.ie suis bon pasteur/& con
gnois bien mes ouailles. mais celui est mau
uais pasteur:qui laisse ses ouailles sans gar
de/tant que le loup les estrangle/& deuoure si
tost comme il y vient. Beau sire dieu vueillez q̃
ie soye sacentiesme ou ainsi folle & chestiue q̃ se
pert de.iiii.pp.pip.& sen va fuyant es desers
Tres doulx sire vueillez moy estre pasteur &
conducteur: affin que ie soye de voz ouail=
les. Sire prengne vous de moy pitie: & ne me
laissez pas es desers/ains ramenez moy a vo
stre pere cest a saincte eglise & vraye creance la
ou les bonnes ouailles sont/& les sont cresti
ens/affin que les ennemis qui en moy ne de=

mandẽt si non la soustenãce cest lame demoy
ne me treuuent sans garde.

Quãt perceual eut fait sa priere/si vit
venir vers lui le lyon pour qui il se
estoit combatu:mais il ne faisoit nul sẽblãt
lui faire mal/ains venoit vers lui faisant fe
ste. & quant perceual vit ce:si appella le lyon
& il vint a lui. comme se ce fust sa plus priuee
beste du mõde/puis se mist empres lui:& bou
ta sa teste sur ses cuisses/& ilz attendirent ain
si iusques a sa nuit/puis print a perceual vou
lente de dormir/ & il sendormit incontinent ẽ
pies le lyon/car moult estoit las & trauaissie.
Et quant il se fut endormi:il lui aduint vne
auision merueilleuse:car il lui estoit aduiz en
son dormant que deuant luy venoient.ii. da
mes dõt lũe estoit vieille:& lautre nestoit pas
de grant aage/mais belle estoit ses.ii. dames
ne venoient pas a pie. ais estoient mõtees sur
ii. diuerses bestes/car lũe estoit mõtee sur vng
lyon:& lautre sur vng serpẽt. Il les regarda &
fut moult esbahy de ce quelles pouoient gou
uerner les.ii. bestes:& la plus ieune vint auãt
qui lui dist. Perceual monseigneur te salue/&
te mande que tu tapareilles au mieulx que tu
pourras/car demain te conuiendra combatre
contre le champion du mõde qui plus est a re
doubter: & se tu es vaincu tu ne seras pas quit
te pour vng de tes membres/ais te mettra on
si mal q̃ tu en seras destruit a tousiours mais
Et quant perceual ouit ceste parolle/si respõ
dit dame qui est vostre sire. Sire dist elle cest
le plus riche homme du monde:or garde q̃ tu
soyes le plus preux & le plus vaillãt:assi q̃ tu
ayes de la bataille lonneur. Et lors sen partit
sa dame si soudainemẽt que perceual ne sceut
quelle deuint. Puis vint lautre dame auant
qui sur le serpent estoit montee:et dist a perce
ual Perceual ie me plais moult de vous/car
vous auez meffait a moy & aux miens. Et il
respondit tout esbahy/ certes dame ne a vous
ne a dame qui soit en ce monde ne cuide ie riẽs
auoir meffait/& se iay pouoir de lamender ie
lamenderay voulentiers a vostre voulẽte. Je
vous diray dist elle en quoy vous mauez mef
fait iauoie nourry vne beste en vng miẽ chaste
au que on appelloit serpent qui me seruoit pl̃
que vous ne cuidez/& celle beste vo9 ã hyer par

auenture en celle montaigne:& trouua vng petit lyon q̃ elle emporta iusques en ceste roche: & vous vintes apres courant vostre espee tiree & se tuastes sans ce quelle vous demãdast riens/or me dictes pourquoy vous le tuastes vous auoye ie riens meffait pourquoy vous le deussiez mettre a mort: estoit le lyon vostre ne en vostre subiection que vous vous deussiez cõbatre pour lui: sont les bestes si habandõnees que vous les deussiez tuer sans raison. Quãt perceual ouyt les paroles que sa dame lui disoit si respondit. Dame vous ne mauez riens meffait q̃ ie sache ne le liõ nestoit pas a moy: ne les bestes de lair ne me sont pas habandõnees/mais pource que le lyõ estoit de plus gẽtil affaire que le serpent lui courut ie sus & le tue, si ne me semble pas q̃ ie me soye tant meffait en vers vous cõme vous dictes. Et quãt la dame ouyt ceste responce. Si dist perceual ne men ferez vous autre chose. Dame dist il si voulez vous que ie vous face. Ie vueil dist elle que en lamẽde de mon serpent q̃ vous soyez mon homme. Et il respõdit que ce ne seroit il pas. Non fist elle autre foiz sauez vous este/ & encores ne vous clamaie pas quitte/mais ie vous promets q̃ la ou ie vous trouueray sãs garde ie vous prendray comme cellui qui aultrefoiz a este mien. Apres ceste parolle sen partit la dame/& perceual demoura dormant qui moult fut merueillé de ceste auisiõ: & dormit toute sa nuyt si bien que oncques ne se sueilla iusques a landemain. Et quant le iour fut venu, & le soleil fut leue perceual se sueilla & ouurit ses yeulx: si vit qł estoit grant iour. Lors se drecza en son seant: & leua sa main puis se seigna, & pria a dieu quil lui enuoyast conseil q̃ proufitable lui fust a lame: car le corps ne lui chaloit il plus pource quil ne cuidoit iamais yssir de celle roche ou il estoit. Il regarda tout entour lui, mais il ne vit plus le lyon qui lui auoit fait compaignie ne le serpent quil auoit tue si se merueilla moult quilz estoient deue nuz.

AInsi que perceual pensoit a ceste chose il regarda en la mer moult loing & vit vne nef qui venoit tout droit au lieu la ou il estoit si attendit pour sauoir se dieu luy donneroit aduenture qui bonne lui fust/& la nef alloit moult grant erre, car elle auoit le vẽt derriere, & elle vint vers lui se droit cours/& se tourna au pie de sa roche: Et quant perceual qui estoit en sa roche amont vit ce si eut moult grant ioye, car il pensoit quil y eust dedens grãt plante de gens, & pource se drecza il de bout puis print ses armes/& descendit en bas au pie de la roche: comme cellui qui vouloit sauoir quel les gens il y auoit dedens la nauire, & quant il fut empres il vit quelle estoit fort grande a merueilles/& estoit en courtinee par dedens/& par dehors de blanc samit tellement quil ny auoit si non blanches choses. Et quant il vint au parfout de la nef il trouua vng hõme vestu dun sourpeliz & dune aube en semblance de prestre/& auoit en sa teste vne couronne blãche aussi large comme.ii. doiz/& en celle couronne auoit lettres escriptes: en quoy le hault nom nostre seigneur estoit escript/& sanctifie. Et quãt perceual le vit si se merueilla moult si se tira pres de lui puis se salua & lui dist sire vous soyez le bien venu. Dieu vous gard bel amy dist le preudhomme qui estes vous. Ie suis dist il de sa maison au roy artus. Et quelle aduenture vous a cy amene fist le preudhõme. Sire dist perceual ie ne scay en quelle maniere ne comment ie y suis venu. Et que voulez vous dist le preudhomme. Sire dist perceual se il plaisoit a nostre seigneur ie voul droye bien yssir hors dicy: & aller a mes freres de la table ronde qui sont en sa queste du sait graal: car pour autre chose ne me party ie de la court monseigneur le roy artus. Quãt il plaira a dieu dist le preudhomme vous en ystrez car il vous en auroit moult tost iette: se il vous tenoit a son seruiteur, & il veist que vous fussiez mieulx ailleurs q̃ cy. Sachaziez qł vous en osteroit assez tost/mais sil vo' ores mis en espreuue pour congnoistre se vous estes sõ loyal seruiteur, & son bon cheualier ainsi comme loidre de cheualerie le requiert/car puis q̃ vous estes en si hault degre mõte vostre cueur ne se doit abaisser pour paour ne pour peril terriẽ/car cueur de cheualier doit estre dur, & resistãt encontre lennemy son seigneur affin que nulle chose ne se puisse greuer/& sil est mene iusques a paour il nest pas des bons cheualiers ne des vrays champions qui se laisseroit

T iiii.

auant tuez emmy le champ q̃ la querelle leur seigneur ne fust vengee. Lors lui demanda perceual dont il estoit/ et de quelle terre. Et le preudhomme lui dist quil estoit destrange terre. Et quelle aduenture dist perceual vous a cy amene. par ma foy dist le preudhomme ie y suis venu pour vous veoir/ et pour vous reconforter: et affin que vous me dictes vostre estre/car il nest riens de quoy vous soyez a conseiller q̃ ie ne vous conseille bien se vous le me dictes. Dos medictes merueilles fist pceual que me dictes que vous estes cy venu pour moy conseiller: mais ie ne scay pas comme ce peut estre car en ceste roche ou ie suis ne me sauiez vous pas ne nul qui viue si non dieu et moy/ et quant vous my sceussiez ne cuide ie pas que vous sceussiez mon nom/car oncques mais a mon aduis ne me vistes/ et pource me merueille ie de ce q̃ vous me dictes. Haa perceual dist le preudhomme ie vous congnoiz mieulx que vous ne cuidez Long temps a que vous ne fistes chose que ie ne sache mieulx que vous ne faictes vous mesmes. Et quant il ouyt ce que le preudhomme lui dist si deuint tout esbahy/ et lors se repentit de ce quil lui auoit dit: puis lui cria mercy/ et dist. Sire pardonnez moy ce que ie vous ay dit/car ie ne cuidoye pas que vous me congneussiez: mais ores scay ie bien que vous me congnoissez mieulx que ie ne fais vous et si me tiens a fol et vous tie̓ a saige.

Lors sacointa perceual sur le bort de la nef auec le preudhomme/ puis parlerent ensemble de maintes choses/ et perceual le trouua si saige en toutes choses quil se merueilla moult quil pouoit estre: mais sa copaignie lui pleut fort/ car se il eust tousiours este auec lui iamais ne lui eust prins voulente de boire ne de menger tant lui estoient ses paroles doulces et plaisantes. Et quant ilz eurent grant piece parle ensemble perceual lui dist. Sire ie vous prie pour dieu conseilles moy dune auision qui mest aduenue enuit en mon dormant/ car elle ma semblee si diuerse q̃ iamais ne seray aise deuant que ie ysache la verite. Or dictes fist le preudhomme/ et ie vous escouteray/ puis le vous certifiray tellement que vous saurez incontinent que ce pouoit estre. Et ie le vous diray fist perceual: Il mest aduenu ennuit en mon dormant que deuant moy venoient deux dames desqlles lune estoit montee sur vng lyon/ et laute sur vng serpent: et celle qui estoit sur le lyon estoit ieune dame/ et celle dedessus le serpent estoit plus vieille: et la plus ieune parla a moy premierement puis lui comença a compter les parolles quil auoit ouies en son dormant/ sy bien comme il luy auoient este dictes/ car il nen auoit encores nulles oublies/ et quant il eut compte son songe au preudhomme: si lui pria pour dieu quil lui en deist sa signifiance. Et le preudhomme dist que sy feroit il voulentiers. Lors lui commenca a dire Perceual de ces deux dames que vous vistes montees si diuersement q̃ lune estoit montee sur vng lyon/ et laute sur vng serpent, la signifiance est moult merueilleuse: et la vous diray voulentiers. Celle qui sur le lyon estoit montee signifie la nouuelle loy: cest iesucrist qui print pie et fondement/ et par lui est edifice en la beue et au regart de toute crestiẽte/et pource q̃ le miroir et vraye lumiere est a tous ceulx qui y mettẽt leurs cueurs et leur entẽciõ. Cel le dame siet sur le lyõ cest a dire iesucrist/ et celle dame est foy et esperance creance: et baptesme Icelle dame est la pierre dure et ferme surquoy iesucrist dist quil edifiroit son eglise quant il dist. Sur ceste pierre fonderay ie mon eglise. Et par ceste dame qui estoit moute sur le lion est entendue la nouuelle loy q̃ nostreseigneur maintient en force et en puissance ainsi comme le pere fait lenfant. Et par ce quelle vous sembloit plus ieune q̃ laute nest ce pas de merueille/ car de telle aage nest elle pas. Mais ceste dame fut nee en la passion iesucrist/ et en sa resurrection/ et laute auoit ia regne en terre trop longuement/ et celle vint parler a toy come a son filz/ car tous les bons crestiens sont ses enfans/ et bien te monstreray quelle est ta mere/ car elle auoit de toy si grant paour: quelle te vint deuant le coup demonstrer ce qui te stoit a aduenir/ et celle te vint dire de par son seigneur: cest de par iesucrist le sauueur du mõde: quil te conuenoit combatre pour la foy Se elle ne te eust amee elle ne te le fust pas venu dire/ car il ne lui eust chalu de toy se tu eusses este vaincu. Si le te vint dire le plus tost q̃

La partie du saint graal.

se peut: affin que tu fusses mieulx garny au point de la bataille. Et a qui est ce dist perceual Cest encôtre le plus redoubte chāpiō du monde Si est cellui pour qui elye & enoch furent rauis de terre & portez en paradis terrestre, & ne reuiendront deuant que le grant iour du iugement viengne pour combatre encontre cellui qui tāt est a redoubter. Icellui champion estoit lennemy qui tant se penoit tousiours & traueilloit pour mener lomme a perdicion & a peche mortel, & puis le conduit en enfer. Cest le chāpion a qui il te conuient cōbatre, & se tu es vaincu: si comme la dame te dist, tu nen seras pas quitte pour perdre vng de tes mēbres: ains en seras villene & courrouce a tout iamais. Et bie le peulx sauoir par toy mesmes, car sil est ainsi que lennemy puisse venir au dessus de toy, il te mettra en perdicion de corps & dame & apres te conduira en la maison tenebreuse, cest en enfer ou tu souffriras honte douleur & martire, aussi longuemēt comme la puissance de iesucrist durera. Or tay ie deuise q̄ la dame qui cheuauchoit le lyon signiffie q̄ tu veis en ton sōge. Et par ce que ie tay mōstre peulx tu bien sauoir qui lautre peut estre. Sire sist perceual de lune mauez vous tant dit que ien scay la signiffiāce, si vous prie que vous me la diez de lautre. Doulcement dist le preudhōme. Celle dame q̄ tu veis cheuauchier le serpent, signiffie la Vielle loy, & le serpent qui la porte, cest lescripture mauuaisemēt entendue & mauuaisemēt exposee, cest ypocrisie. Et ypocrisie est pechiel mortel, cest lennemy mesmes cest le serpent qui par son orgueil fut iette de paradis, cest le serpēt qui dist a eue & a adam son seigneur. Se vous mengiez de ce fruit, vous serez ainsi comme dieux. Et par ceste parolle entra en eulx conuoitise, car ilz tendirēt a estre plus hault quilz nestoient. Si creurēt le conseil de lennemy & pecherēt. Et pour ce furent ilz iettez hors de paradis, & mis en exil, auquel meffait tous ses hoirs en portent la penitance chascun iour. Et quant la dame vint deuant toy, elle se plaignist de son serpent que tu auoies hier occis: non pas de cellui: ains est du serpent quelle cheuaucha, cest lennemy. & scez tu ou tu lui feis ce dueil dont elle se plaint tu lui feis au point que lennemy se plaignoit

de toy, qui te portoit quant tu vins en ceste roche, & a celle heure que tu feis sur toy le signe de la croix, car par la croix que tu feis sur toy il ne te peut plus souffrir en nulle maniere, car il eut si grant paour quil cuida bien estre mort. Si senfouit incontinent comme cellui qui ne te pouoit plus faire compaignie, & ainsi loccis tu & te mis hors de son grant dangier & de son conduit, & si te cuidoit il bien auoir gaignie. Et de ce est le grāt dueil quelle a sur toy, & aussi de ce q̄ tu lui respōdis au mieulx que tu peulx: quant elle te demanda que pour lamende de son serpent que tu lui auoies occis: que tu deuenisses son homme, & tu lui respondis que non seroies, & elle te dist que autresfois sauoies tu este: deuant que tu eusses receu fōmaige de ton seigneur. Et a ceste chose as tu huy moult pense, & si le deusses tu bien sauoir, car sans nulle faulte deuāt que tu eusses receu baptesme & crestiente, tu estoies en la subiection de lennemy, Mais si tost comme tu eus receu le seau de iesucrist: cest le saint cresme & la saincte vnction, tu renyas lennemy & fus hors de sa subiection & de sa puissāce, car tu auoies fait hommaige a ton createur. Sy tay ores deuise la signiffiance des deux dames, si men yray car trop ay demoure, & tu demouteras cy, si te souuiengne bien de la bataille que tu as a faire, car se tu y es vaincu: tu nauras autre chose que ce que on te a promis.

Beau sire dist perceual pourquoy vous en allez vous si tost, certes voz parolles me plaisent tant & vostre compaignie que iamais ne me vouldroye departir de vous sil estoit possible, & ie vous requiers q̄ vous plaise demourer encores vng petit auec moy car de ce que vous mauez dit cuide ie mieulx valoir tous les iours de ma vie. Aller me conuient dist le preudhomme, car moult de gens me attendent, & tu demouteras icy, si garde bien que tu ne soyes desgarny contre cellui a qui tu te dois combatre, se il te treuue desgarny: tost ten pourra il mesauenir. Quāt il eut dit ces parolles: il se partit dillec, & se vent se frappa es voilles tellement quil emmena sa nef si tost q̄ perceual nen peut plus riēs veoir

Et quant il en eut du tout perdu sa veue/ il se retourna contre mont la roche/ ainsi arme come il estoit. Et si tost comme il fut amont/ il trouua le lyon qui le iour de deuant lui auoit fait compaignie. Si se commēca a applanier pour ce quil veoit quil lui faisoit merueilleuse feste. Et quant il eut illec demoure iusques a midy/ il regarda aloings en la mer/ et vit venir vne nef en fendant la mer comme se tout le vent du monde senchassast/ et deuāt venoit vng estourbillon qui faisoit mouuoir la mer de toutes pars. Et quāt il vit ce: il sesmerueilla moult q̄ cestoit, car lestourbillon lui ostoit sa veue de la nef/ et estoit couuerte de noir: ne scay de soye ou de lin. Et quant elle fut assez pres/ perceual descēdit: pour sauoir que cestoit car il eust bien voulu que ceust este le pieudho̅me a qui il auoit tant parle. Sy lui aduint si bien toutesfois par la vertu de dieu: ou par autre chose: q̄ ny eut si hardy beste en la montaigne qui sosast assaillir. Puis aualla se tertre et vint en la nef le plus tost quil peut. Et quant il fut a lentree/ il vit seoir vne damoiselle de moult grant beaute vestue moult richement. Et si tost quelle vit venir perceual elle se leua/ et lui dist sans saluer. Perceual que faictes vous cy qui vous amena en ceste montaigne qui est si estrange que iamais nē partirez se par auenture nestes secouru par aucū et si ny aurez ia a mengier: ains y mourrez de faim. Dame sist il se ie y mouroie de faim: ne seroie ie pas loyal seruiteur, car nul ne sert si hault ho̅me come ie fais: pourtant quil le serue loyaument et de bon cueur, il ne demandera ia chose quil ne ait/ et lui mesmes dist: que sa porte ne seroit iamais close a nul qui y viēgne/ mais celsui qui y heurte si entre/ et qui demande si a/ et se aucun le demande: il respont et si se laisse legierement trouuer. Et quant la damoiselle ouit quil auoit fait mencion de leuangille/ elle ne respondit pas a celle parolle: ais se mist en autre matiere et lui dist. Perceual scez tu dont ie viens. Comment damoiselle dist il: qui vous a aprins mon nom. Je le scay bien sist elle et vous congnois mieulx que vous ne cuidez. Et dont venez vous ainsi sist il. Par ma foy dist elle ie viens de la forest gastee: ou iay veu le bon cheualier qui a fait vne

merueilleuse chose. Haa dame dist perceual dictes moy nouuelles du bō cheualier. Par ma foy dist la damoiselle ie ne vous en diray pas ce que ien scay: se vous ne me p̄mettez sur lordre de cheualerie que vous ferez ma voulente de quesque heure que ie vous en requerray. Et il lui promist comme cellui qui ne sauoit a q̄ il ploit. Assez en auez dit fist elle/ et ie vous en diray la verite. Vray est q̄ iestoie naguaires en la forest gastee tout au milieu en la partie ou la grant eaue court que on appelle marcoise: illec veis ie le bon cheualier qui enchassoit deuant lui deux autres cheualiers que il vouloit occire/ et ceulx se mirēt en leaue pour paour de mort, si seur aduint si bien quilz passerent oultre. Mais a lui aduint que son cheual y fut noye/ et lui mesmes seust este si l nen fust yssu incontinent/ et pour ce quil sen destourna fut il sauue. Si as ores ouy la verite du cheualier/ si vueil que tu me dies commēt tu as depuis fait: que tu vins en ceste ysle estrange ou tu seras ainsi comme perdu/ se tu nen es iette hors, car tu vois bien que cy ne viēt nul dont tu ayes secours/ et donques te y conuiēt il mourir/ et se tu ny veulx mourir, il conuiēt q̄ tu faces tel plaisir a aucun/ parquoy tu en soyes iette. Et tu nen peulx estre iette si non p̄ moy/ pourquoy tu dois tant faire pour moy que ie ten oste: se tu es saige, car ie ne scay nul le plus grant mescheāte: que de cellui qui se peut aidier et ne le fait.

Damoiselle dist perceual se ie cuidoie quil pleust a nostreseigneur que ien partisse: ie men partiroie, car il nest riens au monde que ie voulsisse auoir fait qui lui despleust, car iaurope cheualerie receue a masle heure: se ie lui faisoie guerre. Tout ce fist elle laissez ester/ et me dictes se vous mengastes huy. Certes dist il ie ne mengay huy terrienne viande/ mais cy vint naguaires vng pieu dhomme pour me reconforter qui tant ma dit de bonnes parolles quil ma repeu et rassasie si largement que ie nauray iamais talent de mengier ne de boire tant comme il me souuiengne de lui. Sauez vous fist elle qui il est cest vng enchanteur et vng multiplieur de parolles: qui fait tousiours dune parolle cent/

La partie du saint graal.

ne dira ia Diap q̄ ie puisse/ ⁊ se vous le croyez vous estes trōpe/ car vous ne partirez iamais de ceste roche: ains y mourrez de faī/ ⁊ serez occis des bestes sauuaiges/ ⁊ si en pouez ia veoir lepperience/ vous auez ia este icy ii. iours ⁊ deux nuytz/ ne oncques cellui de qui vous parlez ne vous y apoita a mengier: ais vous a laisse ⁊ laisse ⁊ laissera: que ia par lui ne serez secouru. Si sera grāt dommaige se vous y mourez/ car vous estes si ieune homme ⁊ si bō cheualier/ q̄ encoires pourrez valoir a moy ⁊ aux autres se vous estes iette dicy/ ⁊ ie vous en getteray bien se vous voulez. Quant perceual ouit ce quelle lui offroit: il lui dist. Damoiselle qui estes vous qui de cy me osteriez se ie voulois. Je suis dist elle vne damoiselle desheritee qui fusse la plus riche fēme du mō de se ie ne fusse desheritee. Damoiselle dist perceual dictes moy q̄ vous desherita/ car il me prent maintenant plus grant pitie de vous q̄ il ne fist oncques. Et ie le vous diray dist elle. Diay est que iadis me mist vng riche hō me en son hostel pour le seruir/ ⁊ estoit le plus riche roy du monde/ ⁊ iestoie si belle ⁊ si clere: quil nestoit nul qui de ma beaulte ne se peust bien esmerueiller/ car ie fus belle sur toutes choses. Et en celle beaulte sans faulte ie men orguillis vng pou plus que ie ne deuoie/ ⁊ dis vne parolle qui ne lui pleut pas/ car si tost cō me il le sceut. il fut si courrouce a moy quil ne me voulut plus souffrir en son hostel ne en sa compaignie: ais men ietta hors poure ⁊ desheritee: ne oncques neut pitie de moy ne de nul luy qui fust de mon accord. Si menchassa ainsi le riche homme/ ⁊ tous ceulx qui de mō coste se tenoient/ ⁊ menuoia en epil/ si me cuidoit auoir trompe/ ⁊ si eust il fait ce neust este mon grant sens par quoy ie commencay incō tinent la guerre cōtre lui. Si men est depuis bien auenu/ ⁊ moult y ay gaignie. car ie lui ay tollu partie de ses hommes q̄ sont laisse pour venir a moy pour sa grant largesse quilz ve oient que ie leur donnoie/ car ilz ne me demā doient riens que ie ne leur donnasse. Ainsi suis en guerre nuit ⁊ iour contre cellui qui ma des heritee. si ay assemblē ble cheualiers ⁊ seruiteurs/ ⁊ gens de toutes manieres. Si vous dy que ie ne scay cheualier au monde a qui ie

ne face offrir du mien pour estre de ma partie Et pour ce que ie vous sens estre bon cheualier men suis ie ca venue: affin que vous me ai diez/ ⁊ vous le deuez bien faire puis que vous estes compaignon de la table ronde/ car nul qui compaignon en est ne doit faillir a damoi selle desheritee/ pourtant que elle lui requiere aide/ ⁊ vous sauez bien sil est vray/ car quāt vous y fustes assis/ ⁊ que le roy artus vous retint ⁊ vous y mist/ vous iurastes au premi er sermēt q̄ iamais ne sauldriez a damoiselle daide qui vous en requist. Et perceual dist q̄ ce serment fist il sās faulte/ si lui dist quil lui aideroit voulētiers puis quelle sen requeroit Et elle sen remercia moult.

Tant parlerent ensemble q̄l estoit ia midi passe/ ⁊ leure de nonne sapro choit/ ⁊ lors fut le soleil chault. Si dist la da moiselle a pceual. perceual il y a en ceste nef le plus riche paueillon de soye que vous vei stes oncques/ sil vous plaist ie le feray tendre icy pour la chaleur du soleil que mal ne vous face. Et il dist quil le vouloit bien. Lors ētra la damoiselle en la nef ⁊ fist tēdre le paueillō sur la riue a deux seruiteurs. Et quāt ilz leu rēt tendu au mieulx qlz peurēt/ si dist la da moiselle a perceual. Sire venez vous cy repo ser tāt que la nuit viengne/ ⁊ vous ostez hors du soleil. car il me sēble quil vous eschauffe trop. Et il entra au paueillon ⁊ sendormit in continent. mais il se fist auant desarmer. Et quant il fut desarme il sendormit. Et quāt il eut grant piece dormi: il sesueilla ⁊ demanda a mengier. Et la damoiselle commanda que la table fust mise. ⁊ on la mist/ ⁊ apres mirēt tant de viandes sur la table q̄ ce fut merueille ⁊ ilz mengerent lui ⁊ la damoiselle/ ⁊ quāt il demanda a boire: on lui en dōna/ ⁊ il trouua que cestoit le meilleur vī ⁊ le plus fort q̄l beust oncques. Si sen esmerueilla moult/ car en ce temps nauoit en la grant bretaigne point de vin/ se ce nestoit en vng moult riche lieu/ ⁊ de quelque hault prince: ains beuuoient commu nement ceruoises ⁊ autres beuuraiges que ilz faisoiēt. Si en beut plus q̄l ne deuoit. Lors re garda la damoiselle q̄ lui sēbla si belle q̄ lup fut aduis q̄ oncq̄s nevit sa pareille de beaulte

Si lui pleut tant pour la grant beaulte quil
veoit en elle & pour les doulces parolles quel
le lui disoit: ql eschauffa oultre mesure Lors
parla a elle de maintes choses & tant quil la re
quist damours/& lui pria qlle fust son ampe
& il seroit son amoureux/ Et elle sescondissoit
tant quelle pouoit: pont ce quelle vouloit quil
en fust plus ardant & plus desirant/& il ne ces
soit de la prier. Et quant elle vit qʼl estoit tant
eschauffe/si lui dist. perceual ie vueil biē que
vous sachiez q̄ ie ne feray ia chose q̄ vous plai
se se vous ne me promettez q̄ desormaiz serez
mien & en mon aide contre tous hommes: ne
ne serez riens fors ce que ie vous commande
ray/& il dist que ce feroit il voulentiers. Le me
promettez vous sisse elle. Ouy fist perceual ie
feray tout ce que vous vouldrez. Sachiez fist
elle q̄ vous ne mauez pas tant desire a auoir
cōme ie vous ay desire encores plus/car vous
estes vng des cheualiers du monde que iay
plus desire. Et lors commanda a ses varletz
quilz feissent vng lit le plus riche quilz pour
roient & quil fust emmy le pauillon. Et ceulx
dirent quilz feroient son commandement. Ilz
firent tantost vng lit/& deschaufferent la da
moiselle & la coucherent/& perceual auec. Et
quant il fut couchie & il se voulut couurir/ sy
lui aduint ainsi comme par auenture q̄ il vit
son espee gesir a terre: que ceulx lui auoient de
sceinte/& il la leua/ mais ainsi quil la vou
loit appuier a son lit: il vit au pommeau vne
croix vermeille qui y estoit entaillie. Et aussi
tost comme il la vit il lui souuint de son crea
teur/& lors fist le signe de la croix emmy son
front/& icontinēt vit le pauillon verser & vne
fumee en yssir si terrible quil ne pouoit veoir
goutte & si sentit si grant puanteur quil lui
fut aduis qnil estoit en enfer. Et lors se cria
a haulte voix & dist. Beau doulx pere iesu
crist ne me laissez pas perir icy: mais secou
rez moy par vostre grace, ou ie suis perdu. Et
quant il eut ce dit il ouurit ses yeulx/ mais il
ne vit point le pauillon ou il sestoit couchie/
& il regarda vers la riue & vit la nef & la da
moiselle q̄ lui escria. Traistre mauez. Et in
continent se mist en la mer/& vne grande tem
peste la suiuit tellement quil sembloit que la
nef deust effondrer/& la mer fut tātost plaine

de flambe tellement quil sembloit que toutle
feu du monde y fust esprins.

Quant perceual vit ceste auenture il
fut tant dolent quil lui estoit aduis
que bien deuoit mourir. Il regarda la nef tāt
comme il peut. Et quant il en perdit la veue il
dist. Haa las mort suis/ si fut tant dolent que
nul plus. Lors tira son espee & sen frappa si
remēt parmy sa cuisse se ne stre: que le sang en
saillit des deux costez/& quant il eut ce fait il
dist. Beau sire dieu cest en amende de ce que
me suis meffait vers vous. Lors regarda et
vit quil estoit tout nu: si nō de ses draps/& vit
ses draps dune part & ses armes dautre. Si
se clama las & chetif: tant ay este vil & mau
uais qui ay este si tost mene au point de perdre
ce que nul ne peut recouurer. cest virginite q̄ de
nul ne peut estre recouuerte depuis quelle est
perdue. Puis retira son espee hors de sa cuisse
& la remist au fourreau. Si fut plus dolent
de ce que il cuidoit que dieu se fust courrouce
que de ce quil estoit naure. Il vestit sa chemi
se & sa robe & satourna au mieulx quil peut/
puis se coucha sur la roche & pria a nostresei
gneur quil lui enuoiast tel conseil quil peust
en lui trouuer pitie & misericorde. car il se sen
toit tant meffait & coulpable quil ne cuidoit
iamais estre appaisie enuers nostreseigneur
se ce nestoit par misericorde. Ainsi fut perceual
tout le iour sur la riue/cōme cellui qui ne pou
oit aller pour la playe quil auoit. Si pria a
nostreseigneur quil lui enuoiast tel conseil qui
lui fust prouffitable a lame. car il ne deman
doit autre chose/ne iamais dist il beau sire di
eu ne gers de moy mouuoir dicy ne pour mort
ne pour vie se vostre voulente ny est. Ainsi de
moura perceual tout le iour a la riue & perdit
moult de sang pour sa playe/ mais quant il
vit venir la nuit noire & obscure / il se retira
vers son haubert & coucha sa teste dessus/ et
fist le signe de sa croix emmy son front/ & pria
a nostreseigneur quil le gardast par sa doulce
pitie: affin que le dyable neust sur lui nul pou
oir & quil ne le menast a tentacion. Quant il
eut sa priere finee/il se dresca en estant/ puis
print le pan de sa chemise & se couppa pour en
estanchier sa playe: affin qlle ne seignast trop

Si commenca a faire ses prieres & ses orai-
sons dont il en sauoit assez/& attendit en telle
maniere tant que le iour fust venu. Et quant
le iour apparut/& le soleil ietta ses rays par la
terre/perceual se leua debout & regarda entour
lui. si vit dune part la mer / & de lautre part
la roche. Et quant il lui souuint de lennemy
qui le iour de deuant lauoit tente en guise de
damoiselle/car il pensa bien que cestoit lenne-
my/si commenca vng dueil grant & merueil-
leux/& dist que vrayement estoit il mort:se la
grace du saint esperit ne me reconforte. Et
temps pendant quil parloit en telle maniere
il regarda a loing en la mer vers orient & vit ve-
nir la nef ql auoit autreffois veue:ce estoit celle
qui estoit couuerte de blanc samit/ou le pru-
dhomme estoit qui estoit vestu en guise de pre-
stre. Et quant il la vit & cognneut il fut moult
asseure pour les bonnes paroles que le preus
dhomme lui auoit autreffois dictes/& pour
le grant sens quil auoit trouue en lui. Quāt
la nef fut arriuee & il vit le preudhomme au
bort/il se leua en son seant sicomme il pouoit
si lui dist que bien fust il venu. Et le preudh⁊
me issit hors de la nef & se vint seoir au plus
pres de perceual/& lui demanda comment il
auoit depuis fait. Sire dist perceual tres po-
urement/car a peu que vne damoiselle ne me
a mene iusques a pechie mortel. Lors lui com-
pta comment ce auoit este. Et le preudhomme
lui demanda sil la congnoissoit. Nenny cer-
tes dist perceual/mais ie congnois bien que
lennemy la ma enuoiee pour me tromper & de
ceuoir/si eusse este deceu ce neust este le signe
de la croix/dont il conuint quelle me rame-
nast a mon droit sens & en ma droitte memoi-
re/mais aussi tost comme ieus fait le signe de
la croix incontinent sen alla la damoiselle q̄
oncques depuis ne la vis. Si vous prie pour
dieu que vous me conseilliez que ie feray/car
oncques neus si grant mestier de conseil com-
me iay orendroit. Haa perceual tousiours se-
ras tu nice/& ne cognois tu pas la damoiselle
qui te mena iusques a pechie mortel/quant le
signe de la croix ten deliura. Certes ie ne la
congnois point dist perceual/mais ie vous
prie dictes moy qui elle est/& qui est ce riche h⁊-
me qui la desheritee. Tout ce te diray ie bien

La partie du saint graal.

dist le preudhomme:tellemēt que tu le sauras
apertement.
La damoiselle a qui tu as parle/cest
lennemy & le maistre denfer. Si est
vray quelle fut iadis de la compaignie des ā-
ges du ciel si bel & si cler: que pour sa beaulte
senorguillist & se voulut faire pareil a la trini-
te/& dist. Ie monteray en hault & seray sembla-
ble a nostre seigneur. Et si tost comme il eut ce
dit nostre seigneur qui ne vouloit pas que sa
maison fust surmontee de lennemy dorgueil
le tresbucha du hault siege ou il estoit & le fist
aller en la maison tenebreuse que on appelle ē-
fer. Quant il se vit si abaisse du hault siege
& de la grant haultesse ou il souloit estre/& il
fut mis en pardurables tenebres / il se pour-
pensa quil guerrieroit cellui de qui il auoit este
iecte du hault en bas de tout son pouoir/mais
il ne veoit pas de quoy il se pourroit guerroier
A la parfin se accointa il de eue sa premiere fē-
me de lumain lignaige/& tant la guerroya &
suborna quil la mist en vng peche mortel/cō-
me cellui de quoy il auoit este iecte & tresbuche de
la grāt gloire des cieulx/ce fut de couoitise/&
si lui fist tant acroire de choses quelle cueillit
du fruit mortel de larbre qui lui auoit este def-
fendu par la bouche de son createur. Quant
elle seut cueilly si en menga & en donna a adā
a tel eur que tous ses hoirs sen sentēt mortelle-
ment. Lennemy qui ce lui auoit conseillie/ce
fut le serpent que tu veis auant hier a la biel-
le dame cheuauchier/ce fut la damoiselle qui
ersoir te vint veoir. Et de ce que elle te dist q̄lle
auoit guerre cōtre lui nuit & iour mortelle:dit
elle vray/& toy mesmes le scez bien/car il ne se
ra iamais heure quelle ne guaitte ses cheua-
liers iesucrist esquelz le saint esperit est heber-
gie. Quant il eut fait paix a toy par ses faul-
ses paroles & par ses deceuemens/il fist ten-
dre son tref pour toy hebergier & te dist. Perce-
ual bien toy seoir & reposer tant q̄ la nuit vie-
gne/& ys hors du soleil / car il mest aduis q̄l
teschauffe trop. Mais ces paroles q̄lle te dist
ne sont pas sans grāt signifficāce / car moult
y entendoit dautres choses q̄ tu ne cuidoies ne
nēntendoies. Le pauillon q̄ estoit ront a la ma-
niere & a la circunstance du monde: signiffie
espirituellement tout le monde qui iamais ne

La partie du saint graal.

sera sans pechie. Et pour ce ne voulut elle pas que tu fusses hebergie hors du pauillon que elle te fist appareillier, et quant elle tappella elle dist. perceual bien soy icy seoir et reposer tant que la nuit soit venue. Et en ce que elle te dist que tu te seisses et reposasses: entent elle que tu soyes oyseulx, ne que tu nourrisses ton corps des terriennes viandes et de gloutonnie. Et se ne te conseilla pas que tu te trauaillasses en ce mode et que tu semasses telle semence: comme ses preudhommes doiuent faire, pour recueillir au iour qui sera appelle le iour du grant iugement. Et te pria que tu te reposasses tant que la nuit fust venue: cest adire tant que la mort venist qui te sourprenist, qui draperement est appellee nuit toutes les heures quil sourprent homme en pechie mortel. Elle tappella pour ce quelle se doubta que le soleil ne teschauffast pas trop et ce nestoit pas merueille selle en auoit paour car quant le soleil en quoy nous entendons ie sucrist sa vraye lumiere eschauffe le pecheur du feu du saint esperit, petit lui peut forfaire la froidure ne la gelee de sennemy: pourtant quil ait fichie son cueur au hault soleil. Or te ay ie tant dit de celle dame que tu dois bien sauoir qui elle est, et elle te vint veoir plus pour ton mal que pour ton bien. Sire dist perceual vous mauez tant dit de celle dame que ie scay bien que cest le champion a qui ie me deuoie combatre. par ma foy dist le preudhomme tu dis vray. or regarde comment tu y es combatu. Sire dist perceual ie mi suis combatu mauuaisement ce me semble, car ieusse este vaincu se ce neust este la grace du saint esperit qui ne me laissa pas perir sa sienne merci. Comment quil te soit auenu dist le preudhomme garde toy doresnauant, car se tu chiez vne autre fois tu ne trouueras pas qui si tost te releue comme tu feis ores. Longuement parla le preudhomme a perceual et moult le ammonnesta de bien faire et lui dist que dieu ne loublieroit pas: ains lui enuoieroit secours prochainement. Lors lui demanda comment il lui estoit auenu de sa playe. par ma foy dist il depuis que vous estes venu icy, ie nay senti ne mal ne douleur non plus que se oncques neusse eu playe ne encores tant comme vous parlez a moy nen sens ie point: ains me vient de vostre parolle et de

vostre regart vng assouaigement de mes membres si grant que ie ne croy pas que vous soyez homme terrien mais espirituel. Si scay bien que se vous demouriez tousiours auec moy ie seroye guary ne iamais nauroye fain ne soif. Et se ie losoye dire ie diroye que vous estes le pain vif que descendistes des cieulx, dont nul ne mengue dignement qui pardurablement ne viue. Si tost comme il eut ce dit le preudhomme sesua nuit tellement que perceual ne sceut quil deuit Lors lui dist vne voix. perceual tu mas vaincu et tes guery. entre en ceste nef et va la on auenture te menera, et ne te soussie de chose que tu voyes en lieu que tu voises, car dieu te conduira. et si verras dedens brief temps tes compaignons boort et galaad ce sont ceulx que tu desires plus a veoir. Quant il ouit ceste parolle il fut si ioyeulx que nul plus. Si tendit ses mains vers le ciel, et remercia nostreseigneur de ce que si bien lui estoit auenu. Il print ses armes, et quant il fut arme il entra en sa nef et se mist en la mer. Mais a tant laisse ores le compte a parler de lui et retourne a Lancelot et au preudhomme qui si bien lui auoit deuise la signifiance des trois parolles que la voix luy auoit dicte.

¶ Comment lancelot fut chastie par les saiges hermites, et comment vne voix lui dist toute la signiffiance de tout son lignaige. vii. ch.

OR dist le compte que lacelot fut trois iours auec le preudhomme, et tant come il y fut le preudhomme le sermonnoit tousiours, et lamonnestoit de bien faire, et lui dist encores. Certez lancelot pour neant priez vous en ceste queste se vous ne vous entremettez de laisser peche mortel, et mettre vostre cueur hors des pensees terriennes et des delitz du monde, car bien sachiez que en ceste queste ne peut valoir vostre cheualerie terriene se le saint esperit ne vous fait la voye en toutes les aduentures que vous acheurez, car vous sauez bien que ceste queste est emprinse pour sauoir aucunes choses espirituelles du saint graal. que nostreseigneur a promis au vray cheualier qui de toute bonte, et de cheualerie passera tous ceulx qui deuant lui auoient este/ & qui apres lui iendront. Ce cheualier Beistes Bous le iour de la penthecouste au siege perilleup de la table röde, auquel siege nul ne si sestoit assis qͥ ny mourust. Ceste auenture auez Bous Beu auenir. Ce cheualier cest le grāt lyon qui surmontera en son Biuant toute terriēne cheualerie. Et quant cellui aura tant fait que tout sera acomply, il se ostera hors des mondaines choses: & se mettera es celestielles. Ainsi dist merlin de ce cheualier que Bous auez Beu: comme cellui qui moult sauoit des choses q̄ estoiēt a auenir. Et nōpourtant sil y a en lui plus de hardiesse que en nul autre, sachiez de Biap que se il faisoit pechie mortel: dont nostreseigneur se Bueille garder, il ne feroit en ceste queste non plus que Bng autre cheualier, car ceste quest ou Bous estes entre nappartient pas aup choses terriennes: mais aup espirituelles. Donc pouez Bous Beoir que qui Beult Benir a perfection daucune chose: il se conuient auant espurgier & nettoier de toutes ordures terriennes, affin que lennemy ny aye riens. Et quant il aura du tout renpé lennemy, et il sera nettoye en ce mōde de tous pechiez mortelz & Beniels, lors pourra il seurement entrer en ceste haulte queste. Et sil est tel qͥ soit de foible creance quil cuide plus faire par cheualerie que par la grace de nostreseigneur: sachiez quil ne sen partira ia sans honte ou sās mort. et si ne saura ia riens de chose quil quiere.

Ainsi parloit le preudhomme a lancelot & se tint auec lui en telle maniere troiz iours. Et lancelot se tint moult a beneure de ce que dieu lauoit amene celle part, car il en cuidoit mieulp Baloir to⁹ les iours de sa Bie. Le tiers iour manda le preudhomme a son frere quil lui enuoiast des armes &Bng bon cheual pour Bng cheualier qui estoit auec lui. Et cellui les lui enuoia belles & bonnes, & le meilleur cheual ql eust. Au iiii. iour quāt il eut ouy messe & il fut arme & mōte a cheual il se partit du preudhōme & lui requist moult debonnairement que il priast pour lui: affin que nostreseigneur ne le oubliast. Et le preudhomme lui promist que ainsi le feroit il. Si se partit lancelot a tant de leans & cheuaucha iusques a heure de prime parmy Bne grande forest. Et lors rencontra Bng Barlet qui luy demanda. Sire cheualier qui estes Bous, et lancelot lui dist quil estoit de la maison au roy artus, comment auez Bous a nom fist le Barlet dictes le moy, & il lui dist quil auoit a nom lancelot du lac. Lancelot dist le Barlet: ie ne Bous Bouloye pas rencontrer, car Bous estes des plus maleureup cheualier du monde. Beaup amis dist lācelot comment le scez tu, ie le scay biē fist le Barlet: nestes Bous pas cellui qui le saint graal Beistes Benir deuant Bous & faire appert miracle, ne onques pour sa Benue ne Bous daignastes leuer ne encliner au deuant non plus que sece eust este Bng mescreant. Certes fist lancelot ie le Beis & si ne men meus onques, si en suis moult dolēt. Ce nest pas merueille se il Bous en poise, car certes Bous lui monstrastes bien que Bous ne stiez pas preudhomme ne loyal cheualier, mais desloyal & mescreant, & puis que honneur ne reuerence ne lui Boulustes faire de Bous mesmes, ne Bous esmerueilliez pas se honte Bous en Bient en ceste noble queste, ou Bous estes entre auec les autres preudhōmes. Certes mauuais homme moult denez auoir grant hōte qui souliez estre tenu au meilleur cheualier du monde, & maintenant estes tenu au plus mauuais cheualier & au plus desloyal.

Quant lancelot ouit ce il ne sceut que dire, car il se sentoit forfait de ce que le Barlet laccusoit, & toutesfois lui dist. Haa beaup amis tu me diras ce que tu Bouldras: & ie tescouteray, car nul cheualier ne se doit courroucer de chose que Barlet lui dye: se trop grant honte ne lui dit. A lescouter fist le Barlet estes Bous Benu, car de Bous ne Biendra iamais autre prouesse, q̄ souliez estre la fleur de cheualerie terriēne. Chetif bien estes enfātosme par celle qui ne Bous aime ne ne prise le petit non/ elle Bous a tellement enoinct que Bous auez perdu la Boye des cieulp & la compaignie des anges & de tous les sains de paradis, & aussi de toute honneur terrienne, & si estes Benu a toute honte receuoir, & lancelot nosa respondre comme cellui qui tant estoit dolent quil eust Boulu estre mort. Et le Barlet le aloit tousiours blasmant et disant toutes les hontes quil pouoit/et lancelot les souffroit toutes comme cellui qui est si estrepline de hõte quil ne lose regarder. Quant le varlet fut lasse de dire ce quil vouloit/et il vit quil ne re spondoit riens: il sen alla son chemin. Et lancelot ne le regarda oncques: ains sen alla plou rant et lamentant/et priant nostreseigneur qͥl le menast en tel lieu qui lui fust prouffitable a lame/car il veoit bien quil auoit tant mes fait en ce siecle et tant offense son createur: q̃ se la misericorde nostreseigneur nestoit fort grã de il ne pourroit iamais trouuer pardõ. Sy fut tellement mene que la vie quil auoit me nee ne lui pleut oncques tant: que ceste ne lui plaise asses plus. Et quant il eut cheuauchie iusques a heure de midy il vit deuant lui vne petite maison. il tourna celle part/car il pen soit bien q̃ cestoit hermitaige. Et quant il fut la venu si vit vne petite chappelle et deuant a uoit vng vieil homme vestu de robe blanche en semblãce dhomme de religiõ q̃ faisoit trop grãt duel et disoit. Beau sire dieu pourquoy aues vous ce souffert: ia nous auoit il si lon guement serui et tant sestoit traueillie en no stre seruice. Quant lancelot vit le preudhom me plourer si tendrement il lui en prit moult grant pitie/et en le saluãt lui dist. Sire dieu vous gart. Dieu se face fist le preudhomme/ car sil me garde de pres ie ne cuide pas que lẽ nemy me puisse legierement sourprendre/ et di eu vous iette de peche dist le preudhomme q̃ bien le congnoissoit ce lui estoit aduis aup pa rolles quil lui dist. Lors atacha lancelot son cheual a vng arbre/ et sen reuint vers le mou stier et deuant lentree se gisoit vng hõme che nu par semblãt vestu dune chemise blanche et deslie/ et a ses piez auoit vne here aspre et poi gnant. Et quant lancelot vit ce il sesmerueil la moult de la mort a ce preudhomme/ et dist en soy mesmes quil ne se partiroit meshuit de leans. Si se assit empres le preudhomme et lui demanda cõment il estoit mort/ et il lui dist qͥl ne sauoit cõment. Mais ie sçoy bien quil neʃt pas mort selon dieu ne selon lordre/ car en tel point ne peut nul homme mourir quil nait re ligion enfrainte/ et pour ce sçay ie bien que lẽ nemy lui a fait cest assault/ pquoy il est mort

si est moult grant dommaige ce me semble/ car il a bien este au seruice nostreseigneur trẽ te ans ou plus. Par ma foy dist lancelot cest trop grant dommaige et de ce quil a perdu sõ seruice. Lors entra le preudhomme en la cha pelle et print vng liure et vne estolle et commẽ ca a coniurer lennemy. Et quant il leut grãt piece coniure: il regarda deuant lui et vit lẽ nemy en si lade figure quil ny a cueur au mõ de qui nẽ eust grant paour. Tu me traueil les trop fit lẽnemy/ que me veulx tu. Je veuil dist le preudhomme que tu me dies comment cest mien compaignon est mort/ sil est perdu ou sauue, il est sauue dist lennemy. Cõment peut ce estre dist le preudhomme: il me semble que tu me mens/ ainsi ne commande pas nostre ordre: ains dit plainement que nul ne veste che mise de lin/ et quil la veste il trespasse sordre et est perdu. Je te diray bien fist lennemy pour quoy il est sauue/ tu sçes bien quil estoit gentil homme et de hault lignaige/ et si a nepueus et oncles en ce pays. Si aduint nagaires que le queu du val cõmenca guerre cõtre son nepueu qui auoit a nom agarans. Quant la guerre fut commencee agaras qui se vit au dessoubz il ne sceut que faire/ si sen vint conseillier a sõ oncle que tu vois cy. Si lui pria moult doul cement quil sen yssist de son hermitaige pour maintenir sa guerre auec lui. Si reuint a ce que autresfois il souloit faire: cestoit a porter armes. Et quant il fut assemble auec ses pa rẽs/ il le fist si bien sur tous les autres cheua liers que le queu fut prins a la tierce iournee quilz sassemblerẽt. Et lors firent paix entre le cõte et agatant/ et donna le queu bonne seur te q̃ iamais ne le guerrieroit. Quant la guer re fut faillie le preudhomme reuint a son her mitaige et recommẽca son seruice que il auoit maintenu maint iour. Mais quãt le queu sceut quil auoit este desconfit par lui, il pria a deux de ses nepueux quilz le vengassent/ et ilz di rent que si feroient ilz. Si vindrent celle part et quant ilz furent descendus deuant la chap pelle/ il aduint que le preudhomme estoit au seruice de la messe. Si ne loserent pas assail lir a celle heure. Lors disrent quilz attenderoi ent tant quil fust yssu de leans. Si tendirent vng pauillõ illec deuãt/ et quãt le preudhõme

La partie du saint graal.

eut dit son seruice/& il fut hors de la chappelle ceulx dirent quil y mourroit. Lors se prindrent/& tirerēt leurs espees:& lui cuiderēt couper sa teste/mais nostreseigneur ql auoit serui longue ment monstra sur lui si euidēt miracle quilz ne peurent sur lui fraper coup dōt ilz lui peussent mal faire/& si nauoit Vestu q̄ sa robe/si rompirent leurs espees ainsi cōme silz eussēt frappe sur senclume duny mareschal & furent tant lassez & trauaillez des coupz qlz luy auoient donnez que ce fut merueilles/ Mais oncques ne fut en seur puissāce lui nuire

Quant ilz eurent cessa Veu ilz furent tous forsenez de mal talent/si prindrent vng fuizil & allumerent la deuant vng feu. En disant quilz lardroiēt:car encōtre feu ne duretoit il pas/puis se despoullerent tout nud:& lui osterent la here quil portoit sur luy Et quant il se Vit ainsi nud si en eut honte/& vergōne pource quil estoit nud. Si leur pria quilz lui baillassent vng garnement affin qūl ne se Veist nud ne si Villainemēt cōme il estoit Et ceulx furent si cruelz & si fellons quilz dirent quil ne Vestiroit iamais linge ne lange/ ains y mourroit/& quant il ouyt ce si cōme ca a sourrire/& dist. Cōment me cuidez vous cy faire mourir par ce feu q̄ est cy deuant moy Ja nen aurez firēt ilz que la mort. Certes fist il seigneures sil plaist a nostreseigneur il me plaist bien/mais se ie y meurs ce sera plus par la voulente nostreseigneur que par le feu/car ce feu naura ia tant de pouoir Vers moy que poil q̄ iaye sur moy en soit Bruslē ne il nya au monde chemisse si deliee se ie sauoye Vestue/& ientrasse au feu que ia en fust mauaise & enpirree: Quant ceulx ouirent ceste chose si tindrēt tout a fable ce quil disoit. Et nonpourtant sū de ceulx dist quil Verroit tantost se ce pouoit estre Verite. puis osta sa chemisse de son dos & sa lui firent Vestir: & tantost apres se ietterēt ou feu quilz auoiēt fait si grant quil dura dez le matin iusques au soir tout ardant/& quāt il fut esteint ilz trouuerēt sans faulte le preudhōme mort/mais il auoit la chair aussi saine & si nette comme elle estoit deuant:& quant ilz Virent cella si en furent moult esbahiz/sy losterent de la & lapporterent en ceste place ou

Vous le Veez ores/& misrent sa here empres luy puis sen allerent a tant. Et par cestui miracle que cellui quil auoit tant serui fist pour lui tu peulx entendre quil nest pas pery mais sauue si men trap alant/car bien tay deuise ce dont tu estoys en doubtance/& si tost comme il eut ce dit si sen alla abatant les arbres deuant lui & faisant la plus grant tempeste du mōde tellement quil sembloit que tous les ennemis dē fer sen allassēt parmy la forest. Quāt le preu dhomme eut ouy ceste aduēture si fut plus ioyeulx que deuant/puis remist le liure & lestole en leur custode & Vint au corps/si commenca a le baisser/et dist a lancelot. Certes beau miracle a dieu monstre pour ce preudhomme q̄ ie cuidoye qui fust mort en aucun peche mortel/mais non est dieu mercy si comme vous mesmes pouez bien auoir Veu & ouy. Sire fist lancelot qui est cellui qui a tant parle a vous son corps ne pouoye ie Veoir mais la parolle oyes ie bien qui est si laide & si espointable q̄l nest nul qui paour nen eust eu. Sire dist le preudhomme paour en doit on bien auoir/car il nest riens qui tant face a redoubter comme cellui/car cest il qui donne conseil a homme & a femme de perdre corps & ame. Lors sceut bien & entendit lancelot de quoy il parloit. Et lermite lui dist quil lui face compaignie a garder ce saint corps/& demain quil lui aidast tāt quil fust mis en terre. Et il dist que si feroit il moult Voulentiers/& fort fut ioyeulx lacelot quāt dieu lauoit amene celle pt a seruir corps de si preudhomme comme il estoit/si osta ses armes/& les mist en la chappelle puis Vint a son cheual/& lui osta le frain & la selle/& puis reuint au preudhomme pour lui faire compaignie/& quant ilz furent ensemble assis. Lors demanda le preudhōme a lancelot. Sire cheualier nestes Vous pas lancelot du lac. Et il dist que oup. Et que assez Vous querant dist le preudhomme ainsi arme comme Vous estes Sire dist lancelot ie Voys auec mes compaignons querre les aduentures du saint graal Certes dist le preudhomme querre les pouez Vo' assez/mais a les trouuer auez failly. car se le saint graal estoit deuant ie ne cuide pas q̄ Vous le peussiez Veoir neātplus q̄ langue feroit Vne espee se elle estoit deuāt elle:& nonpourtāt

D i

mainctes gẽs ont este en tenebres de peche lõg temps que nostreseigneur rappelloit puis a sa grace si tost comme il veoit que leur cueur y estoit dispose: car nostreseigneur nest pas lasse de secourir son pecheur, si tost comme il appercoit quil se tourne vers lui en cueur et en pensee, et aucune foiz se pense sui bient de bonne oueure il se vient tost visiter, et se cellui a garny son hostel et nettoye ainsi comme pescheur doit faire il descent et repose en lui. ne puis na se pecheur garde qʼil sen parte sil ne se iette hors de son hostel, mais sil appelle autres qui contraires lui soient il sen partira incontinent, comme cellui qui ny peult plus demourer, car cellui y est receu qui tousiours se guerroye.

Lancelot ceste epemple tay ie mõstree pour la vie que tu as si longuement mente, puis que tu cheuz en peche mortel, cest a dire puis que tu receuz lordre de cheualerie, car deuant que tu fusses cheualier tu auoyes en toy logees si bõnes vertus et si naturelemẽt que on ne sauoit homme qui peust estre tõ pareil, car tout premierement tu auoyes en toy virginite laqlle tu nauoyes violee ne en ioeuure ne en voulente, mais auoyes tousiours resiste au peche de sa chair en telle maniere q̃ maltessoye quant tu pensoyes a la voulente de la coulpe charnelle en quoy virginite est corrũpue, tu crachoyes en despit du dyable, et disoye que ia en ceste maleurette ne cherroies. Et lors tu disoyes quil nestoit nulle si belle cheualerie comme destre vierge, et de escheuer luxure, et de garder son corps nettement. Apres ce ie vertu qui tant est haulte tu auoyes en toy humilite, et alloyes doucement et souef le chief enclin, et ne faisoyes pas ainsi comme faisoit le pharisien qui dist quant il aouroit ou temple Beau sire dieu ie te rens graces et remercye de ce que ie ne suis pas aussi mauuais ne aussi desloyal comme sont mes voisins tel nestoies tu pas, ains resembloyes le puplican qui nosoit regarder lymaige de dieu qʼl ne se couroussast a lui pource quil se reputoit estre trop pescheur, ains se tenoit loing de lautel, et batoit sa coulpe et disoit. Beau sire dieu ayes mercy de moy poure pescheur en telle maniere se doit maintenir lomme qui veult acomplir les oeuures dhumilite. Ainsi faisoyes tu quãt tu estoyes si pse escuier, et combien que tu fusses craint sur tous hommes tu disoyes que on ne doit doubter si non cellui qui peut exaucer ou destruire corps et ame, et mettre en paradis ou en enfer. Apres ces .ii. vertus que ie tay duisees auoies tu en toy souffrãce qui est vertu semblãble a esmeraulde qui tousiours est verde, car souffrance naura ia si grant tentacion quelle soit vaincue, ains est tousiours verdoyant en une mesme force, car iamais nul nira contre elle qʼl se nemporte tousiours la victoire, et ne peut si bien vaincre son enuemy comme par souffrãce q̃lq̃ peche que tu feisses par dehors Et scees tu bien en ta pensee que ceste vertu auoyes tu en toy logee. Apres auoyes tu une autre vertu en toy si naturelemẽt comme se elle venist de tanature, et cestoit droitture qui est une vertu si forte et si puissante que par elle sõt toutes choses terriennes mises apoint ne iamais ne chãgera, mais a chascun rẽdra ce quil aura deseruy et ce que droitture luy aporte. Droitture ne poinct a lun pour haine, ne donne pas a lautre pour amour, ne iamais nefforce homme p paour, mais tient tousiours son point droit: selon sa ligne de droitture pour auenture qui auiengne. Apres ceste vertu eus tu escores charite si haultement en toy que cestoit merueilles, car se tu eusses eu toutes les richesses du monde entre tes mains, tu les eusses bien ose donner pour lamour de dieu. Lors estoit le feu du saint esperit chault et ardãt en toy, et estoies si leral de cueur, si auoies desir et affection de parfaictement seruir cellui qui ces vertus tauoit prestees. Ainsi doncques garni de toutes bontez et de toutes vertus entras tu en la haulte ordre de cheualerie. Mais quant lennemy q̃ premierement fist lomme pecheur te vit ainsi garny de toutes pars il eut grant paour quil ne te peust sourprendre, si veoit appertement que bien employeroit son temps se il te pouoit mettre hors dauec aucuns de tes parens ou tu estoies, auec lesquelz tu estoies ordõne a estre seruiteur de dieu. Et leus mis en si hault lieu et en si hault seruice: que iamais ne te deusses estre abaisse au seruice de lenemy. Si te doubta moult a assaillir: pour ce quil y cuidoit perdre sa peine. Lors pensa commẽt il te pourroit de ceuoir. Si lui fut aduis que ce seroit par fēme plus tost que par autre chose a pechez mortelement. Et dist en soy mesmes que le premier pere adam auoit este par femme deceu/ et salomon le plus saige de tous les hommes terriēes: et absalon le filz dauid le plus bel homme du siecle: Et puis sist il que tous ceulx y ent este deceuz et trompez il ne me semble pas que cest enfant y deust auoir duree.

Lors sen entra le dyable en la royne genieure qui ne sestoit pas bien confessee de puis quelle entra premierement au saint sacrement de mariaige/ et se meut a ce quelle te regarda Voulentiers tant comme elle fut en son hostel le iour que tu fuz fait cheualier/ et quāt tu Veiz qlle te regardoit si pēsas a elle des ordonnement/ et incontinēt sennemy te frapa dun de ses dars a descouuert tellement quil te fist chanceller/ ce fut quil te fist cheoir de droite Voye: et entras en celle que tu ne cōgnoissoie pas ce fut en la Voye de luxure ce fut la Voye q gaste corps et ame si merueilleusement q nul ne peut bien sauoir qui eschapé ne sa/ et des lors tost a sennemy la Voye/ car si tost cōme tu euztes peulz eschauffez de sa doulceur de luxure incontinent tu enchassas humilite/ et tiras orgueil a toy et Voulus aller teste leuee aussi fierement comme ung lyon/ et deiz en ton cueur que tu ne deuoyes riens priser ne ne priseroye iamais se tu nauoyes la Voulente de celle que tu Voyes si belle a ton aduiz. Quant lennemy ouit tes paroles si tost comme la langue les a dictes congneut que tu pechoies mortelment en pensee et en Voulēte. Lors entra en toy et en fist aller celui q tu auoyes si longuemēt soge. Ainsi sen partit nostre seigneur qui tauoit si longuement nourry et esleue et garny de toutes bonnes Vertus/ et tauoit si hault monte q en son seruice tauoit mis tellement que quant il cuida que tu fusses son seruiteur et le seruise des biens quil tauoit prestez tu te faissas/ et feiz le contraire/ car en lieu destre son seruiteur pur et net tu deuins seruiteur de son ēnemy cest assauoir du dyable. et meiz en toy autant de Vices et de pechez cōme nostre seigneur auoit mis de ses Vertus/ car contre Virginite et chaste tu y mis et logas luxure qui consūt ame et corps et contre humilite receuz tu orgueil qme celui qui ne prisoit nul homme enuers soy. Apres et chassas tu tes autres Vertus que ie tay nommées et accueillis celles q contraires leur estoient/ et nonpourtant nostre seigneur auoit bouté tant de biens en toy quil ne pouoit estre que de ceste grant habundance de Vertus nen demourast aucune chose en toy et du demourant que dieu te laissa as tu fait les grās proesses par les estranges terres dout le monde parle Or regarde q tu peusses de puis auoir fait se tu eusses toutes ces Vertus sauues en toy tu neusses point failly a acheuer les aduentures du saint graal dont tous les autres sont ores cōpaignons/ ains eussez tout mene affin ce que nul hōme sans le Vray cheualier ne pourroit faire. Les peulz ne te fussent pas aueugles de uant sa face ton seigneur/ ains leusses Veu espirituellement. Et toutes ces choses tay ie dictes pource que ie suis moult dolent de ce que tu es si descōforte et de peche hōny/ car iamais en lieu ou tu Viengnes nauras honneur/ ais te diront Villainie tous ceulx qui sa Verite en saurōt comme il test aduenu en la queste. Et nonpourtant tu nas pas tant forfoye ne commis encōtre dieu q tu ne puisses biē trouuer pardon/ se tu cries de Vray cueur mercy a celui q tauoit si haultement garny/ et tauoit appelle a son seruice en faisant penitance/ mais se tu ne le faisoyes de bon cueur ie ne te cōseille pas que tu Voises auant en ceste queste/ car bien saches que nul ny est entre qui sas honte sen parte si lnest Vray confes/ car la quste nest des terriennes choses: mais des celestielles ne nul ny doit entrer qui soit en peche/ car qui en peche y entrera il sera trebuche si Villainement quil sen setira a tousiours mais. Ainsi est il de ceulx qui en ceste queste sont entrez Vilz et ors taichez de Vices et de pechez/ et abuses es choses terriēnes qui ne sauront tenir ne Voye ne sentier: si est ores aduenu la semblance de saincte eglise la ou elle dit quil fut iadis Ung preudhōme q auoit appareille a faire Vnes grans noces sy semondit ses amis et ses Voysins tant quil en peut auoir. Et quant les tables furent mises si enuoya messaigiers a ceulx qlauoit semōs et leur manda quil Venissent au disner: et que tout estoit prest/ et ceulx demourerent tant a Venir quil ennuya au preudhomme/ et quant il dit q̃z ne vendroient pas/il dist a ses seruiteurs Allez vous en parmy ces rues et dictes aup priues/et aup estrangees aup poures/et aup riches quilz viengnẽt mẽger ce beau disner/car tout est prest. Ceulp firent le commãdemẽt de leu seigneur et en emmenerent tant a ue ceulp que la maison en fut toute plaine/et quãt ilz furẽt tous assis le seigneur les regarda/et vit entre les autres ung homme qui ne estoit pas vestu de robe de noces. Ip lui dist bel amp que querez vous ceans. Sire dist il ie p suis venu aussi comme les autres. Certes dist le seigneur nõ estes: car il sõt venus plais de iope/a ainsi vestus comme on doit aup noces/mais vous qui nauez apporte nulle chose q̃ appartienne aup nopces et par tãt ne pouez vous demourer auec eulp/et incontinẽt se fist ietter hors de son hostel. Et dist voyans tous ceulp qui aup tables seoyent quil auoit semons telz. p. tant de gens plus q̃ nen estoit venu aup nopces dont sen peut bien dire que moult y en a dappeslez et pou desseuz. Ceste semblance dont leuangille parle/pouons no⁹ veoir en ceste queste/car par les nopces que le preudhomme fist crier/deuons nous entẽdre la table du saint graal ou les preudhommes mengeront auec le cheualier. Ceulp que nostreseigneur vestira de robe de nopces: cest de bonnes vertus que dieu preste a ceulp q̃ le seruent/mais cellui quil trouuera desgarny de vraye confession/et de bonnes oeuures ne sera il pas receuoir en sa salle ne menger a sa table donneur. ains se fera ietter de la compaignie des autres/et par ainsi receura autant de honte. comme les autres receuront dõneur. A tant se teut le preudhomme et regarda lancelot qui plouroit si tendrement cõme se il veist deuant luy tout le monde mort. Et quant le preudhomme leut grant piece regarde il lui demanda sil auoit este cõfez et repentãt de puis quil estoit entre en sa queste. Et il dist que nẽny. puis lui commenca a cõpter tout son estre et les.iij. parolles que lautre preudhomme lui auoit duisees/et sa signifiance des.iij. choses Quant le preudhomme ouyt ce quil lui dist. Ip lui respondit. Lancelot il te requier sur la foy que tu as a dieu que tu me dies la qlle vie te plaist plus. celle ou tu as este iadis ou celle

ou tu es entre nouuellement. Sire ie vous di sur mõ createur q̃ ceste nouuelle vie me plaist plus que lautre ne fist oncques ne iamais tãt cõme ie viue nen veuβ partir pour chose du monde. Or ne tesbahiz point dist le prendhõme/car se nostreseigneur voit que tu lui requierre pardon de bon cueur il tenopera tant de sa grace que tu lui seras temple et autel et quil se logera dedẽs toy. En telles parolles passerent le iour le prendhomme et lãcelot iusques a la nupt/quant la nuit fut venue ilz mengerent du pain et beurent de la ceruoise, quãt ilz eurent souppe ilz sallerent coucher et dormirẽt pou/car ilz penserent plus aup celestielz choses que au terriennes. Au matin quant le preu dhomme eut enterre se corps deuant lautel il entra ẽdens lermitaige/et dist quil ne sen partiroit iamais/ains y seruiroit dieu sõ createur et quant il vit que lancelot voulut prendre ses armes si lui dist. Lancelot ie vous commãde en noim de penitance que vous vestez sa here de ce saint corps desoresmaie/et ie vous dy que tous biens vous en vendront que iamais ne pecherez tant cõme vous layez entour vo⁹ Et encores vous commandie que tant cõme vous serez en ceste queste ne mengez chair ne ne beuez de vin/et allez tous les iours au monstier ouir le seruice nostre seigneur se ⅏' estes en lieu. Et il se despouilla voyant le preudhõme et receut dicipline/puis print sa here. Et quant il fut appareille il prit ses armes et mõta sur son cheual, puis demãda cõge au preu dhomme/et il lui donna voulentiers et fort le pria de bien faire/et qʼl ne laissast en nulle maniere le seruice de dieu de paour que lennemy ne se feist cheoir en peche Et il dist que si feroit il/si se p tit de seans/et cheuaucha tout le iour parmy la forest sans aduenture trouuer. Aps vespres rencontra vne damoiselle qui cheuauchoit ung palefroy blanc et la ou elle vit lãcelot si le salua et lui dist. Sire cheualier ou allez vous. Certes dist il damoiselle ie ne scay si non ou aduẽture me menera, car ie ne scay pas bien quelle part ie tournerap. Je scap biẽ dist elle que vous querez vous en fustes iadis plus pres que vous nestes ores, si en estes vo⁹ plus pres que vous ne fusses oncques se vous vous tenez en ce ou ⅏' estes entre Damoiselle

La partie du saint graal.

dist Lancelot. Ces parolles que vous me dictes me semblent contraires lune a lautre. Ne vo' chasse dist elle vous se verrez encores plus euidantement que vous ne se beez ne ce ne vous ay encores chose dicte que vous nentendez bi en que cest adire.

Quant la damoiselle eut ce dit / a elle sen voulut aller. Lancelot lui demanda ou il pourroit meshup foger. Vo' ne trouuerrez meshup hostel ne logis mais demain se trouuerrez vous tel comme mestier vous sera. Et lors aurez secours de ce / dont vous estes en doubte. Il sa comanda a dieu / a elle sui: puis se partirent lun dauec lautre / et il cheuaucha tout le chemin par mp le bois tant quil vint a lentree de .ii. chemins fourchez ou il pauoit vne croip de bois a se deptemēt de .ii. sopes. Quāt lancelot vit sa croip sp fut moust ioyeusp de ce qil eut trouue cesse croix. Et dist en sop mesmes que meshup seroit sa son logis deuant celle croip / si senclina a descēdit a pie. puis osta se frain a son cheual a la selle: a le laissa paistre puis osta son escu de son col. / a dessaca son heausme si sagenoussa deuāt sa croip a dist ses prieres a oraisons. a quāt il eut ce fait il sacouta sur vne pierre qui estoit deuant sa croip: il sui print voulēte de dormir / car il estoit sas a trauaille / si sen dormit incōtinēt quil ce fut accoute sur le perron. Quant il fut endormp il sup fut aduiz que deuant lui venoit vng vieil homme enuironne destoisses. a auoit en sa compaignie .ii. cheualieres: a si auoit vne couronne dorep sa teste. Et quant ilz furent venus deuant Lancelot sp saresterent. a adorerent sa croip: a firent sa en ce lieu seurs afflictions o raisons a grās penitances ainsi cōme il estoit aduiz a lancelot. Et quant ilz eurent grāt piece este en oraisons si assirent tous: a tindrent les mains iointes vers se ciel / a dirēt a haulte voip pere des cieulp viens nous visiter / et rēs a chascun ce qil aura deserui / a nous metz en ton hostel: a en ta maison ou nous desirōs tant a entrer. Et quant ilz eurēt ce dit si se teurent tous. Lors regarda lancelot vers se ciel a vit sa nue ouurir. puis vit vng homme a grāt cōpaignie dāges qui descendit sur eulz a donna chascun sa benission: / a ses apesloit bons seruiteurs. Et seur dist mon royausme est appareille pour vous tous a entrer en sa ioye q iamais ne sauldra. Et quant il eut ce fait. sp vint a lun des .ii. cheualieres. Et sui dist tu es mon ennemp supz diep / car iap perdi tout ce q iap mis en top / a saches que ie te confonderap se tu ne me rens mon tresor que ie tap baille a garder a a multiplier. Quāt se cheualier ouit ces parolles si sen souf dētre ses autres a cri oit mercp tant dosent que nul plus. Et se seigneur sup dist se tu veusp ie tameray: a se tu veusp ie te hairap / a cestsui se departit incontinent de sa compaignie des aultres. Et se grāt seigneur qui des cieusp estoit descendu venoit au plus icune deulp tous / a se mua en figure de lyon: a sui donna des aelles pour voler / et sui dist beau filz or peusz tu voler sur toute cheualerie. a cestsui commenca a voler a deuindrent ses esses si grandes a si merueilseuses que tout se monde en estoit couuert il se asa contre mont ses nues. a incontinēt souurit se ciel pour se receuoir puis entra dedēs. Ainsi aduint a lancelot qui veoit cest auisio en son dormāt. Quant il vit quil fut iour il seua sa main a fist se signe de sa croip en son front / et se commāda a dieu puis dist. Beau sire dieu qui es sauueur a vrap consort a tous ceulp q te reclament. Sire a top rens ie graces de ce q tu mas garde a desiure des grans hontes ou ie stope mis. Sire ie suis ta creature a qui tu as monstre si giant amour que quant same de mop estoit en danger daller en enfer a a perdiction pardurable. tu par ta pitie sen as iettee dehors. Sire ie te prie p ta pitie ne me laisse poinct aller hors de droite voye / mais garde mop de si pres que lennemp qui ne tache si nō a mop deceuoir ne me treuue hors de tes mais Quant il eut ce dit il se drecca tout droit a vit a son cheual / puis lui mist sa selle a la bride: resaca son heaulsme a print. son escu a sa lance puis mōta a cheual a se mist en son chemin cōme il auoit fait le iour deuāt. a pēsa ca qil auoit veu en sō dormāt: car il ne scauoit a quoy il se pouoit tourner / mais il seust voulentiers sceu. Quāt il eut cheuauche vne piece il sentit se soleil bien chault Lors encontra vng cheualier en vne base qui ses armes auoit auant hyer emportees

D iii

Quant lancelot le bit benir/ il ne se sa
lua pas: ains suy dist. gardez bous
de moy ou bous estes mort/ se bous ne bous
pouez de moy deffendre. Cessuy bit le glaiue
aslonge/ et le frappa sy durement quil suy per
ca le scu et le haubert: mais a sa chair ne se tou
cha. Et lancelot qui son pouoir y meist/ se frap
pa sy durement quil luy perca le scu et le hau
bert: et labbatist a terre luy et son cheual tout
en ung mont sy fierement a peu quil ne
luy rompit le col/ sy passa oustre et reuint ar
riere/ et beit le cheual qui ia se resenoit: et il se
mena a ung arbre/ affin que le cheualier se
trouuast pl' prest quãt il se resueroit. Quãt
il eut ce fait sy se remist en boye iusques au soir.
Lors fut il trop bain/ cõme cessuy qui nauoit
mẽgie de tout le iour. Sy eut cheuauchie. ii.
grandes iournees qui moult seurent trauail
lie depuis quil se departit de son dernier preu
dhõme. Tant eut cheuauchie quil bit deuãt
ung hermitaige qui estoit en une montaigne
ont il regarda et beit a luy seoir ung hermi
te moult biel et ancien/ dont il en fut fort ioy
eulp: si le salua/ a lermite luy rendit son salut
bien et courtoisement. Sire dist lancelot me
pourriez bous mes huy loger/ q suis ung che
ualier errant. Beau sire dist le preudhõme se
il bous plaist ie bous logeray pour mes huy
au mieulp que ie pourray/ et bous donneray
a menger: de ce que dieu ma preste. Et lancelot
dist quil ne demãdoit pas mieulp. Et le preu
dhõme print son cheual et le mena en ung pe
tit logis qui estoit deuant son hermitage/ et
luy osta sa selle et la bride et luy donna de ler
be/ dont il y en auoit assez leans. puis print les
cu et le glaiue de lancelot/ et se porta en son ho
stel. Et quãt lancelot fut tout desarme/ le pieu
dhõme luy demãda sil auoit ouy bespres: et il
dist que neny et quil nauoit ce iour beu hõme
ne seme nul fors ung seul hõme quil rencõtra
ce iour sa a heure de midy. lors entra le preus
dhõme en sa chambre et appella son clerc/ et cõ
mẽca bespres du iour/ et puis celles de nostre
dame. Et quãt il eut dit tout q du iour ap=
partenoit il issit de sa chappelle et appella son
clerc. puis demãda a lancelot qui il estoit et de
quel pays/ et il luy dist. puis luy demãda lan
celot/ et requist au nom de sainte charite confes
sion. Et le preudhomme luy dist que boulen
tiers le feroit puis quil le bouloit. Et il le me
na en sa chapelle: et lancelot luy compta toute
sa bie puis se requist pour dieu quil le conseil
last. Et quant le preudhomme eut ouy sa bie
et sa confession: il le reconforta fort en luy di
sant tant de bonnes paroslles que lancelot en
fut moult plus ayse que deuãt. Puis luy dist
Lancelot. Sire conseilliez moy de ce que ie
bous demanderay se bous scauez. Dictes dõc
ques dist le preudhomme tout ce quil bous
plaira: car il nest riens dont ie ne bous donne
conseil a mon pouoir. Sire fait Lancelot il
maduint ennuit en mon dormant que deuãt
moy benoit ung homme tout enuironne des=
toilles/ et auoit en sa compaignie ung roy et
dens y cheualiers. Et puis luy compta mot a
mot tout ainsi comme il auoit beu. Quant le
preudhomme ouyt ceste parolle il dist. haa lan
celot cest la haultesse de ton lignage dont tu
es descendu. Si saiches que moult a cy plus
grant signifiance que maintes gẽs ne cuidẽt
Or mescoute se tu beulx et ie le diray le com=
mencement de ton pere: mais ie le prendray
moult loing/ car ainsi le me conuiẽt faire.

Il est bray que apres la passion ihes
sucrist quarante deulx ans Joseph
darimathie le preudhõme et cheualier de ihe
sucrist se ptit de iherusalem par le commãde
ment de nostreseigneur pour prescher et pour
annoncer la nouuelle loy/ et le commãdemẽt
de leuãgille. Et quant il bint en sa cite de sar
ras/ il trouua ung roy payen qui auoit nom
eualachin: qui auoit guerie contre ung roy qui
estoit moult riche et puissant. Quant ioseph
fut acointe de eualechin: il se conseilla en telle
maniere q le roy eualechin eut bictoire sur son
ennemy/ et le bainquit par laide que dieu luy
enuoia. Et iucõtinent quil fut retourne en sa
cite/ il receust baptesme par la main de iose
phus le filz de ioseph Or auoit ce roy ung ser
rourge qui auoit nom seraphe tant comme il
tint sa loy payenne: mais quant il eut sa loy
payenne laissee/ il eut nom narieus. Quant le
cheualier fut a crestiente benu/ et il eut sa loy
payene renoncee: il creut si bien en dieu que tãt
ayma son createur/ quil fut cõme ung pillier

et fondement de nous. Bien apparante chose fut que il fut preudhomme et loyal, quant nostreseigneur luy lessoit sçauoir ses grans secrez et ses grans miracles du saint graal, dont oncques cheualier ny auoit gaires veu en ce temps sinon ioseph, ne puis ne fut cheualier qui gaires en veist se ne fust ainsi come en son gant. En ce temps fut aduis au roy enasach q̃ dun sien nepueu filz de nacieus yssoit ung lac grant a merueilles qui luy yssoit du ventre, et de ce sac yssoient neuf fleuues, dont les huit estoient dune grandeur et dune parfondeur et y en auoit ung plus grant que ses autres tous, et estoit si aspre et si bruyant, quil nestoit riens qui le peust souffrir. Ce fleuue estoit ce sembloit au commencement espes comme boe, et au millieu cler et nect, et en sa fin dautre maniere: car il estoit en sa fin cent foiz plus cler q̃ au commencement, et si doulx a boire q̃ nul ne sen pouoit souffrer. tel estoit le derrenier des neuf fleuues. Apres regardoit le roy enasach et veoit ung homme venir deuers le ciel qui portoit la semblance de nostreseigneur. et quant il fut venu au sac, si laua ses mains dedens et ses piedz, et a chascun des fleuues faisoit ainsi. et quant il vint au neufuiesme il y laua ses mains et tout son corps. Ceste vision vit le roy enasach: si leur monstra dieu la significance, cestoit a dire. le viel roy mordiain dont le sac yssoit ce fut celidoines le filz de nacieus q̃ nostreseigneur enuoya en terre pour confondre et pour abattre ses mescreans. ce fut vrayement le vray seruiteur de ihesucrist, cestuy sceut le cours des estoilles, et la maniere du firmament et des planettes autant ou plus que ses philosophes en sçauoient. et pour ce quil eut en soy si grant science vint il deuant roy enuiron ne destoilles, ce fut le premier roy crestien au roiaulme descoce. Il fut vrayement sac, et en cestuy eut len peu puiser toute la source de diuinite: et de cestuy lac yssirent neuf fleuues, ce furent neuf personnes dhommes: qui descendirent lun de lautre par droitte ligne. De ces neuf furent les vii. roys et les deux cheualiers Le premier roy qui yssit de celidoine fut appellé narpus et fut preudhomme et moult ayma sainte eglise. lautre eut nom nathieus en remembrance de son grant pere, en cestuy se loga

nostreseigneur si naturellement que len ne sçauoit en son temps nul plus preudhomme. Le tiers roy aps eut nom elim, le gros celluy eut mieulx voulsu estre mort, quil eut riens fait contre son createur. le quart eut nõ esaps preudhomme et loyal, et doubta nostreseigneur sur toutes choses. ce fut celluy qui oncques dé son gre et en son essient ne courrouça son seigneur celestiel. le quint apres eut nom iouaz bon cheualier loyal et hardy plus que nul homme, celluy se partit de son pays et sen alla en gaulle et print la fille du roy maronier a mariaige, dont il eut le royaulme. et de cestuy yssit le roy lancelot ton grant pere, qui sen partit de gaulle et sen vint demourer en ce pays, et eut a femme la fille du roy dyrlande. cestuy fut preudhomme comme tu as ouy: et si trouuas a la fontaine son corps. et de luy yssit le roy ban ton pere, q̃ assez fut plus preudhomme et de plus sainte vie que maintes gens ne cuiderent. Il pria moult a nostreseigneur quil luy donnast partir de ce siecle. et quant il sen eut requis nostreseigneur lui monstra bien q̃l auoit ope sa priere. car si tost come il demanda la mort il leut. et par ainsy la vie de ces grans personnaiges que ie tay icy desclairez sont commencement de ton lignage: car les sept roys sont les sept fleuues qui yssirent du lac que le roy moldiains vit en son dormant. et en tous ces sept a nostreseigneur laue ses mains et ses piés Or conuient il maintenant que ie te die q̃ sont les deulx cheualiers qui estoient en leur compaignie. lesne de ce ceulx qui estoient descenduz deulx ce es tu: car tu yssis du roy ban qui estoit le derrenier de ces sept roys. quãt ilz estoient tous assemblez deuant le roy moldiais lequel les vit en son dormant. Ilz disoient pere des cieulx viens nous visiter, et redz a chascun de nous ce quil aura desserup: et nous metz en ton hostel. et ainsi quilz disoient prée viens nous visiter, ilz tacompaignerent en leur compaignie: et prierent nostreseigneur q̃ ilz les vint querre eulx et toy pour ce quilz estoient commencement de toy et racine. par ce quilz disoient rendz a chacun ce quil aura desserny, doibz tu entendre que il ny eut oncques en eulx sinon loyaulté bonne foy et droicture: car pour amour quilz eussent en toy ne vouloy

La partie du saint graal.

ilz prier nostreseigneur fors de ce quilz deuoy ent/ cest de rendre a chascun son droit. quant ilz eurent ce dist il te fut aduis que deuers le ciel Benoit ung homme a grant compaignie danges et descendoit sur eulx/ & donnoit a cha cun sa beneisson. & ainsi comme il taduient en ta vision/ te est il pieca aduenu: car il te fut ad uis quil benoit en sa compaignie des anges. quant il auoit parle a saigne des deux cheua liers/ et il luy auoit dict ses parolles dont il te remembre encores bien q̃ tu dois prendre sur toy/ comme celles qui furent dictes de toy car tu es signifiance a cellup a qui elles estoi ent dictes. puis benoit au ieune cheualier qui de toy est descendu: car tu sengendras en sa fil le au roy perles/ et ainsi descendit il de toy. sy se muoit en figure de lyon/ cest a dire quil se mettoit en tres toutes les manieres dhommes terriens si que nul ne luy ressembloit ne en fier te ne en pouoir. sy luy baissa des esles affin que nul ne fust si abisse ne si ligier comme cellup quis auoit esleu/ ne que nul ne peust aller sy hault ne en prouesse ne autre chose. et luy dist Beau filz or peulx tu aller tout pmy le monde et voller sur toute terrienne cheualerie. & cellui commenca incontinent a voller/ et deuenoit ses esles si grandes que tout le monde en es toit couuert. Lancelot ce que tu veiz estoit ia ad uenu pour gasaad qui est ton filz: car il est de si haulte signee et de si bonne vie que cest mer ueille. ne de cheualerie ne luy peult nul hom me ressembler ne toy ne autre. Et pour ce quil est si hault asse que nul ny pourroit aduenir. deuos nous dire que nostreseigneur luy a don ne estre a voller par dessus tous les autres. et par luy deuons nous entendre le neufuies me fleuue que le roy mordrains vit en son son ge/ qui fut plus nect & plus parfont que tous les autres. Or te ay ie dit q̃ sont les sept roys que tu veis en ton songe/ & qui fut le cheualier qui fut oste de leur compaignie: et q̃ fut le der renier a qui nostreseigneur donna sa grace tãt quil se faisoit voller par dessus tous les au tres. Sire ce que vo' me dictes que le bon che ualier est mon filz me fait tout esmerueiller Tu nen doibz pas estre esbay fist le preudhõ me te ten esmerueiller: car tu sces bien que tu congneuz charnellement la fille du roy perles

et illec engendras tu gasaad comme on ta mal tes foiz dist. Cellup gasaad que tu engendras en celle damoiselle fut cellup qui seist le iour de pentecouste au sige perilleux: cest le cheuali er q̃ tu quiers: et ie le tay dit & fait congnoistre et pource que ie ne voulloie pas que tu te pre nisses a luy par bataille: car tu le pourroies faire pechier mortellement en toy/ et toy de corps & dame destruire se tu te prenoies a luy ce que tu peulx bien sauoir q̃ ce seroit chose mal faicte/ car nulle prouesse ne se peut predre a la sienne. Sire dist lancelot or mest ce grant con fort de ceste chose que vous mauez dicte: car il me semble puis que nostreseigneur a souffert que tel filz soit yssu de moy cellup qui tant est preudhomme. quil ne deuroit pas souffrir q̃ son pere alast a perdicion. ains deueroit pri er nostreseigneur iour & nupt pour moy q̃l me ostat de sa malle vie ou iay tant demoure. ie te diray dist le preudhomme comment il est de pechie mortel. le pere portera deuant dieu son faix et le filz le sien: ne le filz ne portera ia siniqui te du pere/ ne le pere ne portera ia le peche du filz: mais chascun receuera son loyer selon ce q̃l aura desseruy. pour ce ne doibz tu pas auoir esperance en ton filz: mais en dieu/ toutesfois se tu te requers dayde il taydera a ton besoing Puis quil est ainsy dist lancelot que nul ne me peult ayder ne valloir fors dieu/ ie luy prie quil maide et ne me laisse cheoir es mains de lennemy: si que ie luy puisse rendre le tresor q̃l me demandera/ cest lame de moy au iour de son grant iugement espouentable quant il di ra aux mauuais assez dicy mauldictes gens au feu pardurable. Et dira aux bons Venez a uant benoitz heritiers de mon pere/ et les be noitz filz de dieu entrez en la ioye qui iamais ne fauldra. Longuement parlerent ensemble le preudhomme et lancelot. & quant il fut heu re de mengier/ si yssirent de sa chappelle et sas sirent en sa maison du preudhomme et men gerent du pain et beurent de la seruoise & quãt ilz eurent menge: le preudhomme fist lancelot coucher sur lerbe comme cellup qui nauoit au tre lit appareille/ si se coucha et sendormit as sez tost: car il estoit las et trauaillie/ et ne luy challoit pas tant de sa grant aise du monde comme il souloit: car sil y eust pense il ne se fust sa iamais endo rmp pour sa terre qui estoit du re/et pour sa haire qui estoit aspre τ poignāt emprez sa chair:mais il estoit ad ce venu que ceste mesaise τ ceste durte ne se greuoit en riēs car il lenduroit de tresbon cueur. Cessuy iour sendormit τ reposa en sa maison du preudhō me:et quāt se iour apparust/il seueilla pour ouir se diuin seruice de nostreseigneur iesu crist. Quant le preudhomme eut chante, sans cesser print ses armes et monta sur son cheual: et commanda se bon preudhomme a dieu et tout son hostel. puis le preudhomme luy pria moult quil se tenist ainsi quil auoit commen ce:et il dit q̄ si feroit il se dieu luy donnoit san te. Ainsi se departist de leans et cheuaucha p my la forest en telle maniere quil ne tenoit ne voye ne sentier:car il pensoit moult a son ame et a son estre/et moult se repentoit des grans maulz quil auoit faiz/ parquoy il estoit iette et dechasse de la compaignie treshaulte quil a uoit veue en son dormāt. τ cestoit vne chose dōt il auoit grant paour quil ne cheust en desespe rance. et pource quil auoit toute son entēte mi se en iesucrist cuidoit il bien venir au lieu dont il auoit este dechasse p̄ la voix dont cy dessus en a este faicte mention. Quant il eut cheuau chie iusques enuiron a seure de midy/ il vint en vne grāt plaine qui estoit en la forest. Lors veit deuant lui vng chasteau fort τ bien assis τ si estoit enuironne de fors murs τ de p̄sons fossez/ τ deuant le chasteau auoit vng grant pre/ou il y auoit pauessons tendus de drapz de soye de diuerses couleurs bien iusqz a cent τ deua nt ses pauillons auoit bien ciq cēs che ualiers mōtez sur grās destriers/lesqlz auoi ent cōmence vng tournoyement merueilleux τ estoient ces cheualiers armez de blanches armeures τ se tenoient par deuers la forest/ τ les autres estoient armez de noires armeures τ se tenoient par deuers le chasteau. Si auoi ent ia commence le tournoyement/ τ tant y a uoit de cheualiers abatus que cestoit merueil les. Lancelot regarda le tournoyement grant piece/ τ tant quil lui fut aduis que ceulx de de uers le chasteau auoient le pire τ perdoient place/ τ si auoient plus grant nombre de gēs que les autres. Et quant lancelot vit ce: il se mist par deuers ceulx qui en auoient le pire/

comme celsui qui leur voulsoit aider de tout son pouoir. Si baissa sa lance τ laissa courre son cheual/ si frappa le premier si durement q̄ le porta a terre lui τ son cheual/puis alla aux autres τ en frappa vng si asprement quil bri sa sa face/ τ toutesfoys il labatit a terre/ puis mist sa main a sespee τ commenca a donner de grans coupz amont τ aual parmy le tour noyement:comme celsui qui de grant prouesse se estoit plain. Si fist tāt en pou dheure que ceulx qui se voient lui donnoient le los τ le pris du tournoyemēt/ τ nōpourtant il ne peut venir au dessus de ceulx qui encontre lui estoi ent en souffrant τ en endurant tant quilz sen esbahissoient tous/ il frappoit sur eulx ainsi cōme il eust fait sur vne enclume de fer. Mais ceulx contre qui il se cōbatoit ne faisoient pas semblant q̄lz se sentissent des coupz quil leur donnoit:ne nulle force nen perdoient:ains pre noiēt tousiours trine sur ceulx deuers lesqlz lā celot estoit. Si fut si lasse en pou dheure quil ne pouoit plus tenir son espee en sa main:ais fut si traueille quil ne cuidoit iamais auoir pouoir de porter armes. Si le prindrent par force ceulx qui estoient armez de blanches ar mes/ τ le menerent en la forest/ τ se mirent de dens/ τ ses compaignons furent prōptement desconfis quant il leur fut tollu/ τ ceulx qui emmenoient lancelot:lui commencerent a di re. Lancelot nous auons tant fait que vous estes des nostres/ τ que nous vous auons en nostre priso. Et est force se vous vous en vou lez enaller que vous faciez nostre voulente/ τ il leur ottroya. Adonc le laisserent enaller. Si sen alla lancelot vng autre sētier que cel lui par ou il estoit venu. Et quant il fut fort essongnie deulx/ il se pourpensa a ce ql auoit luy este mene prisonnier ce quil ne fut ōcques en quelque tournoyement ou il fust/ne ōcqs nauoit peu estre a nul iour prins.

Quant il se fut de cela bien pourpense si commenca a faire le plus grant dueil du monde τ dist que maintenant veoit il bien quil estoit plus pecheur que nul autre/ car ses pechez τ sa male auenture sauoient tel lement aueugle quil ne peut veoir le saint gra al quant il sapparut deuant lui. Et aussi le pouoir du corps auoit il bien perdu/ car il ne fut oncques entre tant de gēs quil peust estre lasse ne traueille: ainsi comme il auoit este en ce tournoyement: ains ses faisoit soubz souyr de place soublissent ilz ou non. Ainsi dolent et courrouce cheuaucha Lancelot tant que la nuit se sourprint en vne vallee grande et parfonde. Et quant il vit quil ne pourroit pas monter amont sa montaigne de iour/ il descendit dessoubz vng grāt arbre que on appelloit vng peuplier/ et osta a son cheual sa selle et la bride et le laissa aller paistre: puis osta son heaulme hors de sa teste et son haubert/ et aualla sa ventaille/ et incontinent se coucha sur lerbe/ puis sendormit moult tost, car il auoit este se iour fort lasse et traueille plus quil nauoit este piecza este. Quant il fut bien endormy: il luy fut aduis que de deuers se ciel venoit vng homme qui moult lui sembloit bien preudhomme et venoit ainsi comme tout courrouce et lui disoit. O homme de mauuaise foy et de mauuaise creance, pourquoy est la voulente si legierement changee vers son ennemy mortel/ se tu ne te gardes il te fera cheoir au parfont puis dont nul ne retourne. Et quant il eut ce dit: il seuanouit en telle maniere que Lancelot ne sceut ql deuint. Si demoura lancelot moult a malaise de ceste parolle/ mais pour ce ne seueilla il pas iusques a lendemain que le iour apparut cler. Lors se leua et fist se signe de la croix en son front et se recommanda a nostre seigneur iesucrist/ puis prīt ses armes et sarma au mieulx quil peut/ puis sercha son cheual et lui mist la bride et la selle, puis monta dessus quant il fut prest. Et ainsi quil sen vouloit partir, il vit a deptre du chemin vne maison qui nestoit pas loings dillec/ ou il demouroit vne recluse que on tenoit a la meilleure dame du pays et de la meilleure vie. Et quāt il vit ce si dist q vraiement il estoit meschant et que ses chemins se destournoiēt de son bien, car de la ou il estoit fust il bien asseuroit iusques la tout de iour. Si tourna celle part et attacha son cheual a vng arbre/ et osta son escu et son espee et son heaulme/ puis vint a lupys de la bonne dame, si vit que dessus lautel estoient les aournemens de saincte eglise aprestez pour faire le seruice de dieu/ et deuant lautel estoit vng chappelain a genoulx qui disoit ses oraisōs et ses prieres. Apres ne demoura guaires que se chappelain se reuestit des armes de nostreseigneur et chanta sa messe de la glorieuse vierge marie mere de dieu. Et quant il leut chantee et il fut desuetu, La recluse qui auoit vne petite traisse par ou elle veoit lautel si appella lancelot pour ce que cheualier errāt lui sembloit. Et il vint a elle/ et elle lui demanda qui il estoit/ et il lui dist ql estoit de sa maison au roy artus et compaignon de la table rōde. puis lui requist conseil/ et elle lui dist quil dist ce quil vouldroit et quelle se conseilleroit au mieulx quelle pourroit. Si lui dist tout son estre, et puis lui compta sauenture du tournoyement ou il auoit este vaincu/ et cōme ceulx aux blanches armes se prindrent/ et la parolle qui lui auoit este dicte, et puis lui compta la visiō quil auoit veue et les parolles qui lui auoient este dictes en son dormant. Et elle lui dist. Lancelot lancelot tant comme vous fustes cheualier des terriennes auētures: vous fustes le plus merueilleux homme du monde et le plus auētureux/ et maintenant quant vous vous estes entremis des choses celestielles: se auentures vous viennēt ne vous en esmerueilliez pas/ et nonpourtant de ce tournoyement que vous dictes vous diray ie la signifiance, car sans faulte tout ce que vous veistes nestoit si non similitude de iesucrist/ et nōpourtant il y a plus grant signifiance que ceulx qui le tournoiement faisoient ne cuidēt Tout auant vous diray ie pourquoy se tournoyement fut fait/ il fut fait pour sauoir lequel auroit plus de cheualiers/ ou helye le filz au roy perses/ ou augustes le filz au roy helyes/ et affin q on peust congnoistre les vngs des autres: fist helye les siens couurir de couuertures blanches. Et quant ilz furent meslez ensemble: les noires furent mis au dessus et encores les aidez vous/ et se vous eussiez eu encores deux fois autant de gens cōme vous auiez, si eussiez vous este desconfis et mis du tout au dessoubz. Si vo9 diray la signifiāce Auant hier le iour de la penthecouste les cheualiers terriens/ et aussi les cheualiers celestielz prindrent vng tournoiemēt ensemble cest a dire quilz mirēt sus ensemble la queste Les cheualiers qui sont en pecche mortel: ce sont les terries/ et les cheualiers celestielz/ ce sont les vrays cheualiers et les preudhommes qui ne sont pas honnys des pechez de ce monde/ Ceulx commencerent la queste du saint graal/ce fut le tournoiement que les cheualiers terriens entreprindrent qui auoient la terre esseuee par cheualerie terrienne/ et prindrent en leurs cueurs des couuertures noires/ comme ceulx qui estoient couuers de pechez noirs et horribles. Les autres qui estoient celestielz prindrent couuertures blanches: cest de virginite et de chastete, ou il ny a ne noirte ne tache: ains est toute blanche. Quant le tournoyement fut commece/ tu regardas les pecheurs et les preudhommes aussi/ si te fut aduis que les pecheurs estoient au dessoubz/ et pour ce que tu estoies en pechie mortel: tu te mis de leur ordonnance/ cest adire pour ce que tu es en peche mortel tu tes tourne deuers eulx/ et si tes combatu contre les preudhommes. Et bien y apparut quant tu voulus iouster a lencontre de ton filz galaad/ car il te abatit toy et ton cheual tout en vng mont/ et perceual aussi qui estoit auec toy.

Quant tu eus grant piece este au tournoiement, ou tu feus si las et si trauillé que tu ne te pouoies aidier. Et quant les preudhommes virent q tu ne les pouoies plus souffrir ilz te prindrent et te voulurent amener en sa forest. Quant tu te feus auant hier mis en la queste/ et se saint graal se apparut a toy: il te trouua si vil et si ort de peche: que tu ne cuidoies pas que iamais tu peusses porter armes: ne que nostreseigneur te souffist iamais visiter. Mais incontinent te prindrent les sains hermites et les preudhommes et les religieuses personnes/ et te misrent en la voye de nostreseigneur qui est plaine de vie et de verdeur/ ainsi comme la forest estoit ilz te misrent si te conseillerent les hermites de ce qui te estoit prouffitable a lame. Et quant tu te feus parti deulx et tu ne te veoies plus en la voye ou tu auoies par auant este/ cest adire que tu ne pechoies plus si mortellement comme tu auoies fait deuant/ et nonpourtant si te souuenoit il tousiours de la vaine gloire de ce monde et des grãs orgueilz que tu souloies mener si cõmencas a faire vng merueilleux dueil

quant tu feus parti de ceulx qui prins tauoient pour ce que tu ne auoies tout vaincu nostreseigneur se deust courroucer a toy: et bien se te monstra en tõ dormãt/ quãt il te dist que tu estoies de mauuaise foy et de poure creance/ et te dist que lennemy te feroit cheoir au parfont puis: cest en enfer/ se tu ne te gardoies. Or as ouy la signiffiance de ton songe/ si te garde q tu ne partes de la voye de verite par vaine gloire ne autrement/ car puis q tu as tãt mesfait vers tõ createur/ saches q se tu fais vers luy chose qui luy desplaise: il te faira forvoyer et pechier/ et cherras en pardurable peine/ cest en enfer. A tant se teust la dame/ et il respõdit. Dame vous mauez tãt dit/ et vous et ses preudhommes a qui iay parle: que se ie cheoie en peche mortel on me deuroit plus blasmer q nul autre pecheur. Dieus vous ottroye fist la dame que iamais ny puissez recheoir. Et lancelot lui dist. Dame ceste forest est moult grãde et fort desuoiable/ tellemẽt que vng cheualier peut bien cheuauchier vng iour et plus sans trouuer maison. Certes sire fist elle vous dictes verite/ et pour ce vueil ie que vous me diez se vous mengastes huy/ et il dist quil ne mẽga huy ne hier. Et elle lui fist apporter pain et eaue. Et quant il eut mengie: il se partit de leans/ et commanda sa dame a dieu/ puis cheuaucha tout le iour tant quil vint a vne roche grãde et merueilleuse et toute deserte: ou il ny auoit nulle maison/ et sa se surprit la nuit. Si fut grant partie de sa nuit en prieres et oraisõs et apres sendormit iusqe a lendemain. Quãt le iour apparut cler/ il fist le signe de la croix emmy son front et se mist a genoulx: puis fist sa priere et sa requeste: telle cõme il auoit fait le iour de deuant. Lors vint a son cheual et lui mist sa selle et sa bride puis monta dessus/ et se mist en son chemin ainsi comme il auoit autresfois fait. Si cheuaucha tant quil vint en vne valee fort belle a veoir/ et estoit entre deux roches grandes et merueilleuses. Et quant il vint en la valee: il cõmenca a penser trop merueilleusement/ car il vint deuant vne eaue q on appelloit marcoise: qui enclouoit sa forest de deux costez. Quant il vit ce il ne sceut que faire ne que dire/ car il veoit bien que parmy ceste eaue qui tant estoit parfonde le couenoit passer, & cestoit vne chose qui moult lesbahissoit. Et nompourtant il mist toute son esperance en dieu, & puis dist quil sa passeroit tout oultre sil plaisoit a dieu. Tandis qͥl estoit en ceste pensee, lui aduit vne merueilleuse auenture car il vit yssir de leaue vng cheualier arme dunes armes noires qui estoit sur vng grant cheual noir. Et sa ou il vit lancelot: il lui adresca le glaiue alongnie sans mot dire, mais le cheual alla si vistement: quil passa oultre sans le touchier, si fut en pou dheure si eslongnie que lancelot en perdit la veue. Apres ne demoura guaires quil reuint, & frappa le cheual de lancelot si durement quil se tua. Et quant lancelot vit ce que sus estoit auenu, si nen fut pas dolent: puis quil plaisoit a nostre seigneur. Et lors sen va armez ainsi qͥl estoit deuant. Et quant il fut arme si sen vint iusqͥs a vne eaue, donc ne vit point sa maniere qͥ il peust passer, lors se aresta et osta son heaulme et son haulbert. Et dist quil actendroit iusqͥs a tāt q̄ dieu lui enuoiast secours. Ainsi fut lācelot enclos de trois costez, car de lun coste estoit il enclos des eaues, de laultre coste des rochers & de laultre coste de la forest. Si ne sauoit de quel coste tourner, car se il montoit es rochers & il eust talent de mēgier: il ne trouueroit qui sa faim lui estanchast: se ce nestoit nostre seigneur. Et se il entroit en la forest: elle est si desuoiable quil y pourroit bien estre long temps, quil ne trouueroit qui lui aidast. Et sil entroit en seaue: il ne veoit pas coment il en pourroit eschapper sans dangier, car elle estoit noire & parfonde: tellement quil ny pourroit prendre pie. Ces trois choses se faisoient demourer a la riue, & estre en prieres & en oraisōs vers nostreseigneur, & lui requeroit qͥl lui pleust par sa pitie le visiter & lui dōner conseil parquoy il peust estre en son commandement, & que le dyable ne le puisse mener a desesperāce. Mais a tant laisse ores le compte a parler de lui, & retourne a monseigneur gauuain.

⸿ Comment messire gauuain & ses compaignons en vne nuit songerent plusieurs songes, desquelz vng saint hermite leur en dit la signiffiance. Viii. chap.

Or dist le compte que quāt mōseigneur gauuain se fut parti de ses compaignons, il cheuaucha mainte iournee amōt & aual: loings & pres sans trouuer auenture qui a compter face, & aussi faisoient tous ses autres compaignons, car ilz ne trouuoient pas tant dauentures comme ilz souloiēt faire, & pour ce leur ennuioit plus sa queste. Mais messire gauuain cheuaucha de la penthecouste iusques a la magdalaine sans trouuer auenture qui face a ramenteuoir en compte, si sen esmerueilla moult, car il cuidoit que ses auentures fortes & merueilleuses fussent congneues en sa queste du saint graal plus que en nul autre temps. Vng iour lui aduit que il rencontra hector des mares cheuauchāt tout seul. Si sentrecongneurent aussi tost comme ilz se veirent & sentrefirent moult grant ioye. Si demanda messire gau. a hector coment il se portoit. Et il dist qͥl estoit sain & en bon poīt mais il ne trouua pieca auēture. Par ma foy dist messire gau. de ce me vouloie ie plaindre a vous, car depuis que ie me parti de kamalot ie ne trouuay nulle auenture. Si ne scay coment tout cela se fait car pour aller en lōgtaines terres, ne pour aller en longtain pays, ne pour cheuauchier de iour & de nuit ne tient il pas, car ie vous prometz comme a mō cōpaignon q̄ pour aller seul & sans autre cōpaignie ay ie occis plus de pl. cheualiers. Et hector se seigna de merueille. Or me dictes fist messire gauuain se vous auez trouue nulz de noz cōpaignōs. En nom dieu dist hector ien ay troue depuis pv. iours plus de ix. chascun a part soy, & se plaignoient trestous de ce que ilz ne trouuoiēt nulle auenture. Par ma foy fist messire gauuain vous dictes mermerueilles. Et de monseigneur lancelot nauez vous point ouy pler. Certes fist messire hector nenny: no plus q̄ sil fust fōdu en abisme, & pour ce suis ie moult a malaise: & ay paour quil ne soit en aucune prison. Et de galaad de perceual & de boort nen auez vous point ouy parler. Par ma foy dist hector nenny, ces quatre sōt si perdus que on nen scet ne vent ne voye. Or les vueille dieu cōduire dist messire gauuain en quelque lieu quilz soient, car certes silz faillent au pauentures du saint graal, les autres ny recouureroient pas, & ie cuidz quilz ny fauldroit ia, car ce sont les plus preudhommes de la queste. Quant ilz eurent grant piece parle ensemble si dist hector. Sire auez vous long temps cheuauchie seul. Certes dist messire gau. oil, et moy aussy dist Hector, & si nauons riens trouue ne vous ne moy. Or cheuauchons ensemble sauoir mon se nous pourrons trouuer aucune auenture. Par ma foy fist messire gauuain vous dictes bien, & ien suis content. Or allons ensemble que dieu nous veulle conduire en tel lieu ou nous puissons trouuer aucune chose de ce que nous allons querant. Sire fist hector a aller par la ou vous estes venu ie cuide que nous ne trouuerions riens. Je vous en croy dist messire gau. Donc conseilleroie ie fist hector que nous tenissions quelque autre chemin, & il dist quil estoit content. Lors tournerent vng petit sentier & laisserent le grant chemin. Ainsi cheuaucherent huit iours sans trouuer auenture. Vng iour leur aduint quilz trouuerent entre deux roches vne montaigne: ou ilz trouuerent vng homme & vne femme. Au soir leur aduint qlz trouuerent entre ces deux roches vne chappelle toute gastee ce leur sembloit. Quant ilz vindrent la: ilz descendirent & osterent leurs lances & leurs escus, puis osterent a leurs cheuaulx les selles, & les laisserent paistre, puis dessaingnirent leurs espees & sen alerent denant lautel faire leurs oraisons. Et quant ilz eurent fait leur deuocion, ilz se assirent dessoubz vng arbre & parlerent de plusieurs choses. Si faisoit en la chappelle moult obscur pour ce quil ny auoit lampe ne cierge q ardist. Et quant ilz eurent vng pou parle ensemble ilz sendormirent lun ca & lautre la. Et ilz furent endormis si aduint a chascun vne auisio merueilleuse qne fait pas a oublier: ains fait bien a ramenteuoir en compte, car assez y a grant signifiance. Ce que messire gauuain vit en son dormant, il lui fut aduis quil fut en vng pre plain dherbe vert & de fleurs, & en ce pre auoit vng rastelier ou mengoient cent & cinquante thoreaux. Les thoreaux estoient orguilleux & tous rapez: excepte iii. De ces trois en y auoit vng q nestoit ne bien tachie ne sans tache: als y auoit signe de tache, & les autres deux estoi

ent si blancz & si beaulx: quilz ne pouoiet estre plus beaulx. Ces trois thoreaux estoiet liez par les colz des iouxtes fois & tenans. Les thoreaulx disoient tous: allons querre meilleure pasture quil ny a cy, puis sen partirent, & sen allerent parmy la lande, & nonpas par le pre si demourerent fort longuement, & quant ilz reuindrent si en failloient ses plusieurs, & ceulx qui reuenoient estoient si laz quilz ne se pouoient soustenir debout. Des trois sans tache en reuenoit lun & les autres deux demouroient. Et quant les autres estoient reuenus: il montoit entreulx vng tel debat que la viande leur failloit & ses couenoit departir les vngs des autres, ainsi aduint il a monseigneur gauuain. Mais a hector aduint vne autre auisio moult dissemblable a lautre, car il lui fut aduis que lancelot & lui descendoient dune chaere & montoiet sur deux grans cheuaulx, & fois & disoient: allons querre ce que nous ne trouuerons ia. Et incontinent se departirent, & ereret maiste iournee: & tant que lancelot cheut ius de son cheual, & vng homme se despouilloit tout nu, & quat il sauoit despouille: il lui vestoit vne robe qui estoit plaine de fragon & si le montoit sur vng asne. Et quant il fut monte, il cheuaucha long temps: tant quil vint a vne fontaine la plus belle quil vit onques, & quant il sabaissoit pour boire la fontaine se retrapoit: tellement quil ny pouoit attaindre & quant il vit ce il sen retourna de la dont il estoit venu. Et hector qui nullement ne se remuoit alla tant formoiant ca & la quil vint a la maison dun riche home qui faisoit nopces & feste grande, si heurtoit & disoit. Ouurez ou urez. Et le sire vint a luy & dist. Sire autre hostel querez que cestui, car ceans nentre nul qui si hault soit monte comme vous estes. Il sen partit tant dolent q nul plus, & sen retourne a sa chaere ql auoit laissee. De ce songe fut hector si courouce ql sen esueilla de courroux & puis se commenca a tourner & a retourner, comme celui q ne pouoit dormir en nulle maniere. Et messire gauual qui ne dormoit point pour son songe qui lauoit esueillie, quant il louit ainsi tourner il lui dist. Sire dormez vous i. Nenny sire dist hector: ains ma orendroit esueillie vne auisio merueilleuse que iay beue a mon dormant. par ma foy dist messire gauuain/tout autant vous puis ie bien dire, car iay veu vne merueilleuse auision: dont ie me suis esueille. Si vous dis que ie ne seray iamais aise deuant que ien sache la verite Tout ainsi vous dis ie: car ie ne seray iamais aise deuant q ie sache la verite de monseigneur lancelot mon frere.

Ce temps pendant quilz parloient ainsi: ilz virēt venir parmy luys de la chappelle vne main qui apparoit iusques au coulte/ et estoit couuerte dun vermeil samit. A celle main pendoit vng frain non pas trop riche/ et tenoit en sa main vng gros cierge q ardoit fort cler/puis entra au chandelier/ et sesuanouit en telle maniere quilz ne sceurēt q elle deuint/ et incontinent ouirent vne voix q leur dist. Cheualiers mescreans et de poure foy: ces trois choses q vous auez ore ndroit veues vous defaillēt/ et pour ce ne poues vous auenir aux auentures du saint graal. Et quant ilz ouirent ceste parolle ilz furēt moult esbahis et se teurēt. puis parla le premier messire gauual a hector et luy dist. Sire auez vous ouy ceste parolle. Ouy bien. En nom dieu dist messire gauuain nous auons ennuit tant veu en dormant et en veillant: quil me semble pour le mieulx que nous allons querre quelque preudhōme ou aucun hermite qui nous die la signifiance de noz songes et de ce que nous auōs veu et ouy, et nous ferōs selon ce quil nous conseillera/car autremēt mest il aduis que nous ferions mal. Et hector dist que cestoit bien dit. Ainsi furent toute la nuit en la chappelle/ ne onques depuis qilz furent esueilliez ne se peurent rendormir: ains pēserēt chascun a ce qilz auoient veu en dormant. Quant le iour fut venu ilz prindrent leurs armes et monterent sur leurs cheuaulx/ puis se partirent de la chappelle. Et quant ilz vindrent en vne vallee: ilz rencontrerent vng varlet q cheuauchoit vng roucin et estoit tout seul: si le saluerēt/ et il leur rendit leur salut. Bel amy dist gauuain me sauriez vous enseigner ne hermitaige ne religion icy autour. Sire fist il ouy. Lors leur monstra vng petit sentier a dextre et leur dist. Ce sentier vous menera en vng hermitaige qui est en vne petite montaigne/mais sa mon-

taigne est si droitte que les cheuaulx ny pourront monter/ et pour ce vous conuiendra descendre et aller a pie. Si trouuerez le plus preud homme du monde. Or te commandōs a dieu dist messire gauuain/ car moult nous as seruy a gre de ce que tu nous as dit/ puis se partit le varlet/ et messire gauuain et hector se mirent en leur chemin. Et quant ilz eurent vng pou alle/si rencontrerent vng cheualier arme qui leur cria la iouste de aussi loings cōme il les vit. En nom dieu dist messire gauual onques depuis que ie partie de kamalot ne trouuay qui la iouste me demandast/ et puis que cestui me la demāde: il laura. Sire fist hector laissez my aller. Non feray fist il/mais sil me abat: ie suis content q vous y allez. Lors baissa messire gauuain sa lance et embraca lescu/ puis laissa courre son cheual/ et cestui luy vint au deuant le plus tost quil peut. Si sentre frapperent si rudement quilz sentreblecerēt moult durement/mais lun fut plus blece que lautre car messire gauuain fut blece au coste senestre et le cheualier fut naure mortellement / car le glaiue apparoissoit de lautre part. Si vollerēt tous deux a terre par dessus leurs cheuaulx et en cheant rompirent leurs lances: tellemēt que le cheualier fut esserre/ si se sentit tellemēt atourne qil neut pouoir de soy releuer. Quāt messire gauuain fut cheu a terre/ il se resleua tost et mist la main a lespee/ et fist semblant de monstrer la plus grant prouesse du monde cōme cellui qui assez en auoit/mais quant il vit q le cheualier ne se resleuoit point/ il pensa bien qil estoit naure a mort/ si luy dist. Sire cheualier cōbatre vous cōuient ou ie vous occiray. Haa sire dist il ie suis mort/ et pour ce vous prie ie que vous facez ce q ie vous diray/ et il luy dist quil le feroit voulētiers sil pouoit Sire fist il ie vous requiers q vous me veuilliez porter en vne abbaye pres dicy/ et me faictes faire ma droiture telle cōme on doit faire a cheualier. Sire dist gauuaī ie scay cy pres vne religion. Haa sire fist il montez moy sur vostre cheual et ie vous meneray en vne abbaye que ie scay qui nest pas moult loings dicy. Et lors se mist messire gauuain deuant luy sur son cheual/ et bailla a hector son escu a porter/ et puis sembraca parmy les flans: affin quil ne cheust/ & le cheualier conduisit le cheual droit a vne abbaye qui pres dilec estoit en vne vallee. Quant ilz vindrent a la porte:ilz heurterent si hault que ceulx de leans les ouirent/si les receurent ioyeusement/ & descendirent le cheualier naure & le coucherent le plus doulcement quilz peurent/& si tost comme il fut couchie:il demanda son saulueur/& on lui aporta. Et quant il le vit venir:il commenca a plourer fort tendrement/ puis tendit ses mains encontre & se fist cõfesser de tous ses pechez dont il se sentoit coulpable vers son createur/ & lui en cria merci en plourant moult tendrement. Et quant il eut dit tout ce qui lui vint en remembrance:le prestre lui donna son saulueur & si le receut a grant deuocion. Quant il eut beu le corpus domini / si dist a monseigneur gauuain quil lui tirast le glaiue du pis/& messire gauuain lui demanda qui il estoit & de quel pays. Et il dist quil estoit de la maisõ au roy artus & compaignon de la table ronde & auoit a nõ puain sanouslre & estoit filz au roy Brien si estoie venu en sa queste du saint graal auec mes autres compaignõs/mais icy mest aue nu par la voulente nostreseigneur ou par mõ peche: que vous mauez occis/ & ie le vous pardonne voulentiers/ & dieu aussi le vous vueil le pardonner par sa misericorde.

Quant messire gauuain ouit ceste parolle, si dist moult dolent & courrou ce. Haa dieu quelle mesauenture. Las puain tant me poise de vous. Sire fist il qui estes vous. Je suis dist il gauual le nepueu au roy artus. Dõc ne men chault il fist messire puat se ie suis occis de la main de si preudhomme comme vous estes/si vous prie pour dieu que vous me vueilliez saluer tous noz compaignons que vous trouuerez vifz, car ie scay bien quil en mourra plusieurs en ceste queste/ & si leur dictes par la fraternite qui entre moy & eulx est:ql leur souuiengne de moy en leurs prieres & en leurs oraisons & quilz prient dieu qͥ ait merci de moy ame. Lors commencerent a plourer messire gauual & hector. puis mist messire gauuain sa main au fer du glaiue/ si luy arracha de la poitrine & au tirer quil fist celui sestendit de langoisse quil sentit, & incõ tinent lui partit lame du corps tellemẽt quil

trespassa entre les bras hector / & gauuain en fut fort dolẽt & aussi hector,car maintes bel les proesses lui auoyent veu faire. Lors le fi rent enseuelir moult richement en vng drap de soye que les freres de leans lui aporterent quant ilz sceurent quil estoit filz au roy Brie ilz lui firent tel seruice comme on deuoit faire a filz de roy mort & lenterrerent deuãt le mai stre autel de leans, & mirent sur lui vne bel le tombe. puis firent escripre son nom dessus & le nom de celui qui lescript. Lors se partirẽt de leans gauuain & hector fort dolens de ceste aduẽture qui leur estoit aduenue, car ilz voy ent bien que autrement ne pouoit estre, si asse rent tant quilz vindrent a vng hermitaige, quant ilz furẽt la si atacherent leurs cheuaulx a vng arbre, puis se mirent a vng estroit sẽ tier qui alloit contre mont le tertre:& se chemi estoit si roide & si ennuyeulx a monter quilz furent tous las deuant quilz fussent amont. Et quant ilz furent amont si virent lermitai ge ou le preudhomme estoit qui auoit a nom nascieus/& cestoit vne poure chapelle, si vi drent celle part, & ilz virent vng courtil qui e pres la chapelle estoit,& vng vieil hõme qͥ cueil loit des orties pour son menger comme celui qui dautre viande nauoit goute long temps auoit passe, & si tost comme il les vit il pensa bien que cestoient cheualiers errans qͥ estoiẽt entrez en la queste du saint graal/dont il sa uoit pieca nouuelles. Il laissa ce quil faisoit:& vint a eulx & les salua, & ilz lui rendirent son salut. & il leur dist. Beaux seigneurs quelle auenture vous a cy amenez. Sire dist messi re gauuain le grant desir que nous auons de pler a vous pour estre conseilliez/ & pour estre certains de ce dont nous sommes en erreur. Quãt le preudhomme ouit ainsi parler mõsei gneur gau. si pensa qͥl conuenoit qͥl fust saige des choses terriẽnes. Sire dist il de chose que ie sache ne puisse auoir ie ne voꝰ fauldray ia. Lors les mena tous ii, en sa chappelle & leur demanda qͥlz estoient,& ilz se nommerent et se firent congnoistre a lui/ tant quil sceut biẽ qui ilz estoient. Lors leur demanda de quoy ilz estoient si desconseilliez/& il les en conseil leroit a son pouoir. Et messire gauual lui dist tout le premier.

Sire il aduint auant hier q̃ nous cheuauchasmes parmy vne forest et y fusmes tout le iour sãs trouuer aueture. Si alasmes tant que nous trouuasmes en vne vallee vne chappelle/si descendismes illec/car il nous estoit aduis que nous serions mieulx logiez dedens que dehors. Et quant nous fusmes a sa porte nous entrasmes dedens/ et on nous loga le mieulx que on peut. Quant ie me fus endormy/il me aduint vne auision merueilleuse. Lors luy compta quelle/ et quant il luy eut compte: hector luy compta la sienne/et puis luy compterent de la main quilz auoient veu en veillant et de la parolle q̃ la voix leur dit. Et quant ilz luy eurent tout cõpte/ilz luy prierent quil leur en deist la signiffiance/ car sans grant signiffiance ne leur estoit il pas aduis quil leur estoit auenu. Quant le preudhomme eut tout ce ouy/si leur respondit/ et dist premierement a monseigneur gauuain. Beau sire gauuain: au pre que vous veistes auoit vng ratelier/et par le ratelier deuons entendre la table ronde/car ainsi comme au ratelier auoit des verges pour diuiser les sieges lun de lautre/aussi a il en la table ronde. Par le pre deuons nous entendre humilite et paciẽce qui tousiours est vert et en sa force. Et pour ce que humilite ne pacience ne peut estre vaincue: y fut la table ronde acomparagee/ ou la cheualerie a depuis este si forte p̃ la doulceur et par la fraternite qui est en eulx: q̃lle ne peut estre vaincue/et pour ce dit on quelle fut fõdee en humilite et en pacience. Au ratelier mengoient cent et cinquãte thoreaux/et si nestoiẽt pas au pre/ et si estoient fort orguilleux et tous tachez: excepte trois. Par les thoreaux dois tu entendre les compaignons de la table ronde: qui par leur luxure et p̃ leur orgueil sõt cheuz en peche. Les deux q̃ estoient blancz et beaulx plus que nul autre: beaulx sont ilz vrayemẽt car ilz sont parfais en toutes vertus/ et sont blãcz sans tache ne sãs ordure/car on ne trouueroit ores nul cheualier qui neust aucune tache. Le tiers ou il y auoit signe de tache: cest booz. qui iadis se messit en sa virginite/mais il a depuis si bien amende sa vie/ q̃ tout luy est pardonne. Les trois toreaux estoient lyez par les colz des ions/ cestoient les trois thoreaux

en quoy virginite est si rachinee/q̃lz nauoiẽt pouoir de leuer les testes: cest adire q̃ orgueil ne peut estre entreulx. Les toreaux disoient ailleurs auoir meilleure pasture que ceste nest: cest adire que les cheualiers de la table ronde disrent le iour de la penthecouste: allõs en la q̃ste du saint graal/ affin que nous mẽgons de la viande celestielle que le saint esperit enuoie a ceulx qui sont assis a la table du saint graal/ la est la bonne pasture: laissons ceste et alons la. Ilz se partirent de sa court et allerent par la lande/ et non pas par le pre/ car quant ilz se partirent de sa court ilz ne furent pas a confesse: ainsi comme ilz deuoient faire / cest adire quilz nallerent point par le pre: ains allerent par la lande/ou il ne croist ne fleur ne fruit: cest en la voye defer/ q̃st la voie ou toutes choses sont gastees qui ne sont conuenables. Quant ilz reuenoient si en failloient plusieurs/cest adire q̃lz ne reuiẽdrõt iamais tous: ains y en mourra vne partie/ et ceulx q̃ reuiendront seront si maigres et si las que a peine se pourront ilz tenir de debout: cest adire que ceulx qui reuendrõt seront las et chetifz et absorbez de peche/ car les vngz auront occiz les autres / si seront si las quilz ne se pourrõt soustenir/ cest a dire quilz nauront nulle vertus en eulx qui homme tiengne de bout q̃lz ne chieẽt en enfer/ et seront garniz de toutes ordures et de tous pechez mortelz des .iii. reuiẽdra lun et les .ii. autres demourrõt/cest a dire q̃ des .iii. bons cheualier ne reuiendra que lun nõ pas pour la viande du ratelier/ mais pour voir la bonne pasture que ceulx ont perdue q̃ sõt en peche mortel/ et les autres .ii. demourrõt car ilz trouueront tant de doulceur en la viande du saint graal que en nulle maniere ne sen partiront puis q̃lz lauront sauoure. La signifiance de la derreniere parolle de vostre songe ne vous diray ie pas / car ce seroit vne chose dont ia proffit ne vous viendroit / et si vous en pourroit on mauuaisemẽt destourner. Si ce dist messire gauuain ie men passeray a tant puis quil vous plaist/ car ie le dois bien faire car vous mauez si biẽ certiffie la verite de mõ songe: tellemẽt q̃ ie nen seray iamais en doubte.

La partie du saint graal.

Lors parla le preudhomme a hector et luy dist ainsy. Bel ami il vous fut aduis que vous et lancelot descendies dune chaere: et celle chaere signifie maistrise et seigneurie. la chaere dont vous descendies, cest la grant amour et la grant reuerence quon vo9 pourtoit a la table ronde que vous laissastes quant vous departistes de la court du roy artus, puis montastes vous deus9 sur deus9 grans cheuaup en orgueil et en grant bobant Ce sont les .ii. cheuaup dont maint maulp sont aduenuz cmeuz, puis dissies ainsi. allons querre meilleure pasture que ceste: a ce que no9 ne trouuerons ia, cest saint graal et les secretes choses de nostreseigneur, qui ia ne vous seront monstrees: car vous nestes pas dignes de les veoir. quant vous fustes partiz lung de lautre lancelot cheuaucha tant quil cheut de son cheual, cest a dire ql laissa orgueil cheut en humilite. et scaiz tu qui losta dorgueil, celluy qui abbatist lorgueil du ciel iesucrist qui humilia lancelot et le despouilla du tout par vraye confession, il se despouilla si quil se vit nu de toutes bônes vertus qvng crestien doyt auoir. lors cria il mercy, et incontinet se reuestit nostreseigneur: mais scais tu de quoy de pacience et dhumilite, ce fut sa robbe quil luy donna qui estoit aspre comme dragone: cest la haire qui est aspre. apres se monta sur vng asne cest la beste dhumilite, et est la chose bien apparète: car nostreseigneur se cheuaucha quant il vint en la cite de iherusale qui estoit roy des roys et auoit toutes richesses en sa baillie, et ne voullut pas monter sur palefroy ne sus destrier, ains vint sur la plus ruste et sus la plus villaine qui soit cest asne: Affin que les poures et les riches y prinssent exemple. icelle beste veistes vous a lancelot cheuaucher en dormāt. puis quāt il eut longuemēt cheuauchie: il vint a la plus belle fontaine du mōde et descendit pour boire. et quāt il fust descendu a la fontaine elle se retraint. et quant il vit quil nen pouoit point auoir, il sen remonta en la chaere dōt il estoit pty. celle fōtaine est de telle maniere quon ne la peult epuyser iatāt ne y scaura on oster. cest le saint graal cest la grace du saint esperit la fontaine et la puyse: cest la douïce parolle de leuāgisse, ou le cueur du re

pentant treuue la grant doulceur, cest sa grace du saint graal: car de tant comme il est pl9 large et plus plantureup, de tant en dure il plus, et de tant doit par droit estre appellee fōtaine. Et saichiez que lancelot perdra la clarte de ses yeulp deuāt le saint graal, pource qlles aura tachiez de terriēnes choses. et perdra le pouoir du corps pour ce quil a serui a lenuemy si longuement, tdurera celle vengeance xxiiii. iours: et quant il aura este xxiiii. iours en tel point quil ne beura ne mengera riē ne mouera ne pie ne main quil apt. ains luy sera aduis quil sera beneure. Lors dira il et racompteravne partie de ce qls aura veu, et tātost ap9 se partira du pape et ira a kaamalot: et vous qui cheuaucherez tousiours le grant destrier cest que vous serez en pechie mortel en orgueil et en enuie ten mains autres pechez irez tant fouruoyant ca et la qvous vendrez en la maison du riche roy, la ou les preudhōmes et les vrays cheualiers tiēdrōt leur feste de sa haulte noblesse et bōne aduenture qlz auront trouee, tvous viēdrez la et cuiderez entrer dedēs mais le roy dira quil naura cure dōme qui si hault soit monte, cest a dire qui soyt en pechie mortel ne en orgueil. et quant il vous aura ce dist vous reuiendrez akaamalot, sans ce que vous apez gaires fait de vostre proufit en ceste queste. Si v9 ay ores dist et deuise vne partie de ce qui vous est a aduenir. Or conuient que vous sachiez de la main q vous veistes passer par deuant vous qui portoit vng cierge si vous dist que ces trois choses vous failloient par la main que tu veiz doiz tu entendre charite, par le samit vermel la grace du saint esperit: dont charite est tousiours embrasee, et q charite a en soy il est chault tardāt de lamour de nostreseigneur iesucrist. par le frain doibz tu entendre quant elle est fermee au cueur du crestien quil ne pourroit cheoir en pechie mortel, ne aller a sa voulente se ce nest en bonnes oeuures. par le cierge lequel la main portoit doibz tu entendre la verite de seuangisse cest la parolle de iesucrist, qui rend clarte et veue a ceulp qui retournent de leur pechie: et viennent a la vraye voye de iesucrist. Quāt verite, charite, pacience tabstinence vindrent ensemble en la chappelle quis auoit ediffie a ce

aa i

Vous qui estes grant pecheur vil et ort Benissies. Et pource que verite y feust anoncee quãt il vous il dit pour le lieu que vous auiez ordõpe il sen alla et vous dist. Cheualier pouure de sens et de poure creance ces troises choses vous faillent charite/ abstinence et verite. et pour ce ne pouez vous aduenir aux aduentures du saint graal. Or vous ay ie deuise la signifiance de voz songes/ et la signifiance de sa main. Certes dist messire gau voirement sauez vous si bien deuisee/ que ie le voy euidamment. Et vous prie ie que vous me diez pour quoy nous ne pouons plus trouuer tant dauentures comme nous souffions/ ie le vous diray dist le preudhomme comment il en est. les aduentures qui ores aduiennent sont demonstrances et signifiances du saint graal/ si ne apparent pas a homme pecheur ne a homme q̃ soit enuelloppe de pechie/ et pourtant elles ne vo' apperiont ia: car vous estes trop pecheur/ si ne deues pas cuider que les aduentures qui ores aduiennent soient de hommes tuer ne de cheualiers occire/ ains sont des choses espirituelles q̃ sont plus grãdes et mieulx vaillans cent mille fois. sire dist messire gau par ceste raison que vous me dictes que puis que nous serions en pechie mortel pour neant irions en ceste queste: car nous np serions riẽs. Certes dist le preudhomme vous dictes voir il en y a assez qui la np aduiendrõt/ a si ne seur aduiẽdra sinon honte. Sire dist hector se no' vous croions nous retournerons a kaamalot. Certes dist le preudhomme ie le vous conseille en charite/ et encores vous dy ie bien que tant comme vous soyez en pechie mortel/ ny serez vous riens dont vous ayez honneur. et quant il eut ceste parolle dicte si sen partirent les deux cheualiers hector et gauuain. puis quant ilz furent ung peu esloigniez/ si rappella le preudhomme mon seigneur gau luy dist. moult a lõg temps que tu feuz cheualier ne onques puis ne seruiz ton createur si non bien petit. Tu es semblable a ung viel arbre qui ne porte ne fueilles ne fruict: car tu pẽses q̃ nostre seigneur en ait la mouelle cest lame/ puis que le dyable en a eue la fleur. Sire dist messire gau se ie feusse de loisir ie parlasse vou sentiers a vous/ mais vela mon compaignon qui descend la montaigne/ pourquoy il men conuient aller: mais bien saichez que ia si tost ne mauera laisse que ie reuiendray deuers v' car moult ay grãt voulẽte de parler a vous priuement. puis sen part lun de lautre si deual lerent les cheualiers le tertre et vindrent a leurs cheuaulx/ et monterent et cheuaucherent iusques au soir. Si vindrẽt chiez vn homme forestier qui moult bien les loga/ et moult leur fist grant feste. Lendemain se partirent et se remirent en leur chemin: et cheuaucherent long temps sans aduenture trouuer qui a compter face. mais atant laisse ores le compte a parler deulx: et retourne a parler de Boort.

¶ Comment Boort conquist priadam le noir et comme il sen alla a la mer en la nef ou perceual estoit. ip. cha.

OR dist le compte que quant Boort se fut parti de lancelot si cõme le cõpte a deuise que il cheuaucha iusques a heure de nõne. lors aduint que il actaignit ung homme de grant aage qui estoit vestu de robbe de religion. et cheuauchoit ung asne ni nauoit auec luy seruiteur nescuier ne compaignie nulle. Boort le salua et dist. Sire dieu vous conduise: et celluy se regarda et dit quis estoit cheualier errant/ si luy respondit que dieu se conseillast. lors luy demãda boort dõt il venoit. ay si tout seul. ie viens dist il de visiter ung mien seruiteur q̃ me souffoit souuẽt secourir en mes besongnes qui ores est malade/ et vous qui estes vous et ou allez vous. ie suis dist il ung cheualier errant qui suis en vne queste/ dont ie vouldroye bien que nostre seigneur me conseillast: car cest la plus haulte queste qui onc ques fust commencee/ cest la queste du saint graal dont celluy aura tant dhonneur. qui a fin la pourra mener q̃ cueur dhomme ne pourroit penser. Certes dist le preudhomme vous dictes voir/ car honeur aura il grãt et ce ne sera pas de merueilles: car il est le plus beau seruiteur de dieu et le plus vray de la queste. Il nentra pas en ceste queste vil et taichie comme les desloyaulx on fait/ qui y sont entrez sans amendemẽt de leur vie: car cest le serui ce de nostre seigneur/oz regardez comment ilz sont folz. il scaiuent et maintesfois sont ouy dire que nul ne peult a son createur venir fors p sa porte de verite qui est confession: car nul ne peult estre purge ne nestoye de peche sans vraye confession/ & qui soit assoulz. & quāt il a este en pechie. p ou. xx ans ou combien que ce soit & il vient a confession/ il boute et iette hors de son corps/ et herberge autre dont il a plus grant honneur & ioye au soy cest iesucrist qui apres se longuement sa charite terrienne aux hommes & femes cest la viande du corps. ores cest il essargie et adoucy plus abondamment quil ne souloit. car il leur a prestee la viande du saint graal qui est repaissement de lame/ et soustenement du corps. Et ceste viande est la doulce viande dont il les a repeuz/ et dont il soustint si le peuple disrael si longuement au desers: car il leur promettoit or ou il souloient trouuer plomb. mais ainsi comme la viande terrienne est changee a la celestielle tout ainsi couient il que ceulx qui iusques a ceste heure ont este terriens/cest a dire q̃ ceulx qui ont este en pechie soient changiez de terrienne vie en celestielle/ & quilz delaissent leurs pechiez & leur ordure et viennent a confession en repentence et humilite: car autre escu ne bouclier ne pourroient ilz auoir encontre lennemy du createur: lequel il vainquist en sa croix ou il souffrit mort mort pour ses cheualiers oster de la mort de sensdu seruice ou ilz estoient. Si ordonna et establit entrer par celle porte que on appelle confession/ sans laquelle nul ne peult aduenir a iesucrist. et ainsi conuient entrer en ceste queste et muer lestre de chascun/ et changier contre la viande qui changie leur est. Et qui par autre porte y voudra entrer/ cest a dire qui se trauaillera grandemēt sans aller a confession premieremēt il ne trouuera ia chose qͥl quiere, ains sen reuiendra sans taster et sans goutter de celle viande qui promise leur est: et encores leur conuiendra il autre. Car pource quilz se mettent de lestat des cheualiers xcelesieuz: si ne se laisseront pas iamais cest a dire qͥlz se tiendront tousiours a cōpaignons de la queste: mais daucūs y en aura qui seront ores & mauuais plus q̃ lon ne pourroit dire et enchera lun en adultere/ lautre en fornication/ et

ainsi seront deceuz et democqz par lengin du dyable tellement quilz sen reuiendront sans riens trouuer/ si nauront riens qui soit: fors ce que lennemy donne de se seruir/ cest honte et deshonneur dōt ilz auront a grāt foyson ainçois quilz sen reuiennent a court.

Sire cheualier tout ce vous ay ie dit pource que pieça vous estes entré en ceste tresnoble queste du saint graal/ mais ie vous conseilleroie que ne vous y trauaillissiez ia plus auant se vous nestiez tel comme vous y deuez estre. Sire dist boort il me semble a la raison que vous me dictes que ceulx qui y entreront ainsi quil doibuent: en seront tous vraiz compaignons se en eulx ne demeure. Et sans faille il mest bien aduis que sy hault seruice comme cestui est qui est mesmes seruice de iesucrist/ ne doit nul entrer fors par confession: et qui autrement y entrera ie ne cuide pas q̃l luy en puist bien aduenir: ne q̃l sceut trouuer si haulte noblesse comme est celle que nous querons. Vous dictes voir dist le preudhōme. lors luy demanda boort sil estoit prestre et il dist oil. dont vous requiers ie dist boort au nom de sainte charite que vous me conseilliez sicōme le prestre doit cōseillier son filz espirituel cest le pecheur qui vient a confession car le prestre est au lieu de iesucrist qui est pere a tous ceulx qui en luy croyent. Beau pere conseillez moy au prouffit de mon ame/ et a lhonneur de cheualerie. En nom dieu dist le preudhomme vous me requerez moult grant chose. et se de ce ie vͦ failloie et puis cheussiez en peche vͦ me pourriez appeller au grāt iour du iugement deuant la face de iesucrist. Et pource vous conseillerap ie au mieulx que ie pourray. Lors luy demanda cōment il auoit nom. Et il dist quil auoit nom boort de gaunes/ et fut filz au roy boort et cousin de moseigneur lancelot du lac. Quant le preudhōme ouit ceste parolle il respondit. Certes seuuan gille est en vous sauue vous serez bon cheualier loyal et vray: car sicomme dist nostre seigͥr en leuāgille. le bon arbre fait le bon fruict et vous estes le fruict du tresbon arbre vous deues estre bon et droicturie: car vostre pere le roy fut vng des bōs cheualiers que ie veiz onques/ et fut roy piteux et humble. & vostre me

aa ii

re la royne fut une des meilleures dames que le vesse oncques. Ces deulx furent ung seul arbre et une mesme chose par conionction de mariage, et puis que vous estes le fruict : vous deuriez estre bon. Sire dist Booit tāt soit lhōme extraict de mauuais arbre, cest a dire de mauuais pere et de mauuaise mere il est mue de grant amertume en doulceur, si tost comme il recoit le saint cresme et eaue de baptesme pour ce mest il aduis quil nen est pas aux peres ne aux meres quilz soient bons ne mauuais, mais au cueur de lhomme : car le cueur de lhomme est comme lauiron de la nef qui la maine quelle part quil veult ou a port ou a peril. Le preudhomme luy respondit, cheualier vous dictes voir. Vous estes comme le maistre de la nef quant il tient lauiron : il la maistroye et fait nager quelle part quil veult ainsi est il de lhomme : car ce quil fait de bien cest de la grace du saint esperit, et ce qʼil fait de mal cest de lennemy. Assez parlerent de ceste chose entre eulx deulx et tant quilz virent deuant eulx la maison dūg hermite. le preudhomme alla celle part et dist a Booit qʼil se logera mes huy, et demain au matin parlera a luy plus a plain, de ce dont il luy demande conseil et Boort si accorda voulentiers. Et quant ilz furēt la venus si descendirent et trouuerēt ung clerc q̄ osta au cheual de Boort le frain puis se meist saulf, et aida a Boort a se desarmer Et quant il fuḋesarme le preudhomme dist quilz allassāt ouir vespres et Boort respondit voulētiers lors entrerent en la chappelle : et le preudhomme commenca vespres, quant il les eut chantees il feist mettre la table, et donna a Boort pain et eaue et luy dist. Sire de telle viande doibuent les cheualiers celestielz paistre leurs corps non pas de grosses viandes qui esmeuent lhomme a honte et a pechie mortel. Se dieu may de dist le preudhomme se ie cuidoye que vous voulsissiez faire une chose pour moy ie vous en requerroye. et Boort luy demanda que cestoit, cest une chose dist le preudhomme qui moult vous vauldra a lame et vous soustiendra le corps, et il luy ottroya quil le feroit Grant mercys dist le preudhomme : et scauez vous que vous mauez octroye que vous ne repaistriez vostre corps daultre viande iusques

La partie du saint graal.

a tant que vous viendrez a la table du saint graal, et que scauez vous dist Boort se ie y serray iamais / ie scay bien dist le preudhomme que vous y serez le tiers des compaignons de la table ronde. Je vous promectz dont dist Boort comme loyal cheualier que ie ne mēgeray sinon pain et eaue iusques a celle heure que ie seray a la table que vous me dictes. et le preudhomme se mercia de ceste abstinence quil feroit pour lamour du vray crucefix. celle nuit geust Boort sus le bevert qͣ le clerc auoit cueilli au pres de la chappelle. Lendemain au matin si tost cōme le iour apparust Boort se leua Et lors vint le preudhomme a luy et luy dist Sire veez cy une cotte blanche que vous vestirez en lieu de chemise, ce sera signe de penitāce : et vauldra ung chastiment a la chair. Et Boort osta sa robbe et sa chemise, et la vestit en celle intētion comme le preudhomme lui bailla, puis vestit sa robbe par dessus descarlate quil auoit. Si se seigna de la sainte croix, entra en la chappelle du preudhomme et se confessa a luy de tous ses pechez dont il se sentoit coulpable enuers son createur. Si se trouua le preudhomme de si bonne et religieuse vie qʼil sen emerueilloit tout. Adist qʼil ne sestoit oncques mesfait de char : fors a celle heure qʼil engendra helpan le blanc, et de ce demanda pardon et mercy a nostre seigneur. et le preudhomme luy donna telle absolucion et penitance comme a luy appertenoit. Et Boort luy requist quil lui dōnast son createur sien seroit touiours plus aise en quelque lieu qʼil allast : car il ne scauoit sil mourroit aps en ceste qͤste ou sil y viueroit et le preudhomme luy dist quil actendist tant quil eust messe oupe, et il dist que ainsi feroit il Lors commenca le preudhomme ses matines Et quant il les eut chantees et dit la messe il prist le corpus domini et fist signe a Boort quil vint deuant luy, et quant il fut a genoulx le preudhomme lui dist. Boort voiz tu ce que ie tieng. Sire dist il oy. Je voy bien que vous tenez mō sauueur en semblance de pain : mais encores ne le veisse ie pas en telle maniere, se mes yeulx ne fussent plains de terriennes choses qʼilz ne le peuēt voir autremēt, ains mostēt la veu de la vraye sēblance : mais ie ne doubte pas que ce ne soit vraye chair et vray homme

en deité et en trinité. Lors commença Boort a pleu-
rer durement, et le preudhomme luy dist. Or se-
roiez tu fol se tu si haulte chose comme tu devise
recevoies, se tu ne luy portoiez loiale compaignie
tous ses iours que tu viuras. Sire dist Boort ia
tant que ie vive ne seray sinon son seruiteur ne nis-
tray hors de son commandement. Lors luy don-
na le preudhomme le corpus dñi, et il le receut
en grant deuocion de cueur tant ioyeusement que
nul ne pourroit plus, et ne cuidoit iamais es-
tre courroucie pour riens qui luy deust adue-
nir. et quant il leut vse et este a genoulx tant
comme il luy pleut, si vint au preudhomme, et luy
dist qu'il sen vouloit aller: car assez avoit demou-
re leans. et le preudhomme luy dist qu'il sen pou-
oit bien aller quant il luy plairoit: car il estoit
ores arme en telle maniere comme cheualier ce-
lestiel doit estre arme, et si bien garny contre l'en-
nemy que mieulx ne pourroit homme estre.
lors vint a ses armes et les print puis quant il
fut arme si sen partit de leans. et comanda le
preudhomme a dieu: et cestui luy requist qu'il
priast dieu pour luy quant il viendroit deuant
le saint graal. Et Boort luy requist qu'il priast
nostreseigneur qu'il ne se laissast cheoir en pe-
chie mortel par tentation de lennemy: et le pieu-
dhomme dist qu'il penseroit de luy en toutes ma-
nieres qu'il pourroit. puis se partit Boort de le-
ans et cheuaucha toute iour iusques a nonne
Et quant vint ung peu apres nonne, il regar-
da en hault en l'air et vit ung grant oiseau vo-
ler pardessus ung arbre qui avoit sa des petiz oise-
aux tous mors. Et quant il se asseoit sur eulx
et les trouuoit sans vie. si se picquoit de son bec
en sa poitrine si qu'il en faisoit le sang saillir:
si tost comme il sentoient le sang du grant oiseau
chault ilz reuenoient en vie, et il mouroit en-
tre eulx: ainsi prenoient commencement par le
sang du grant oiseau. Quant Boort vit ceste ad-
uenture si se merueilla moult que ce povoit estre
car il ne sçauoit quelle chose povoit aduenir de
ceste semblance: mais il cogneust bien que c'estoit
significance merueilleuse. lors la regarda grant
piece pour sçauoir ce se grant oiseau se releue-
roit/ mais ce ne peust estre: car il estoit ia mort
Et quant il vit ce, si se remist en sa voie, et che-
uaucha iusques a vespres. Au soir il sen vint
comme auenture le mena a une tour forte, haul-

te ou il demanda a logier et sen le loga voulen-
tiers. Et quant ceulx de dedens seurent desarme
si le menerent en une salle, et trouua la dame de
leans qui estoit belle, et tendre/ mais pourement estoit
vestue. Quant elle vit Boort estre leans, si luy
courut al encontre et dist que bien fust il venu et
il la salua comme dame, et elle le receut a grant
ioye et le fist seoir empres elle: et luy fist grant
feste a merueille. puis quant il fut temps de di-
ner elle fist Boort seoir empres elle et ceulx de
leans apporterent grans mets de chair et les mi-
rent sur la table. et quant il vit ce si pensa que de ce
ne mengeroit il ia, lors appella ung varlet et
luy dist qu'il luy apportast de leaue et aussi fist
il en ung hanap dargent et luy mist deuant luy
puis Boort fist trois souppes. et quant la dame
veit ce si luy dist. Sire ne vous plaist pas ce-
ste viande que sen a deuant vous apportée/ da-
me dist il oup. mais ie ne mengeray meshuy
autre chose que vous voyez et celle en laissa la
poste a tant: car elle ne luy osoit dire chose qui luy
despleust. quant ceulx de leans eurent menge et
les nappes furent ostees si se dresserent et alle-
rent aux fenestres, et sassist Boort empres sa da-
me. et ainsi qu'ilz estoient la, leans entra ung
varlet qui dist a la dame. Dame certes il vo-
us va mal: car vostre seur a prins tous ceulx qui
de par vous estoient et ne vous laissera ia ung
seul pié de terre se vous demain a heure de pri-
me nauez trouué qui se combate contre priadam
le noir qui est son sire. Quant la dame eut ouy
ceste parolle si commença a faire fort grant dueil
et dist. Dieu mon createur pourquoy me ottro-
yastes vous oncques terre a tenir quant ien deuoie
estre desheritee sans raison. Quant Boort ouyt
ce si demanda a la dame que c'estoit. Sire fist elle
c'est la plus grant merueille du monde. Dictes
moy fist il que c'est, et elle dist voulentiers.
Vray est que le roy amas qui tint tou-
te ceste terre en sa baillie et plus en-
cores que ce ne monte, ayma iadis une femme qui
estoit assez plus vieille que ie ne suis et luy bail-
la tout le pouoir de ses hommes et de sa terre/
ce pendant qu'elle fut auec luy elle amena costu-
mes mauuaises la ou elle nauoit poit de droi-
ture mais a grant tort: dont elle mist a mort
grant partie de ses gens. Quant le roy vit asse
ouuroit ainsi/ si lechassa de sa terre et me mist
aa iii

dame de tout ce quelle auoit parauant cõme cellup qui se peult faire: mais si tost comme il fut mort elle cõmenca guerre cõtre mop, dont elle ma puis tollu grãt partie de ma terre. Et encores de tant quelle ma fait ne se tient elle pas contente, ains me desheritera du tout. Et se en a beau cõmencement: car elle ne ma laissé se que ceste tour qui ne me demoura ia se ie ne treuue demain qui pour mop se combate cõtre priadam se noir qui pour sa querelle soustenir veult entrer en champ. or me dictes sist il qui est ce priadam, cest dist elle se plus redoubte champion qui soit et le plus vaillãt. Vostre bataille dist il doibt estre demain, il est vrap dist elle, or pouez dist il mander a vostre seur ça ce priadam que trouue auez vng cheualier q pour vous se cõbatera: car vous duez auoir la terre puis q se top amons sa vous donna, et quelle np doit riens recouurer puis que son sire senchassa. Quant la dame eut ouy ceste parolle si en fust moult iopeuse et dist pour la iope quelle auoit. Sire de bõne heure vintes hup seans: car vous mauez fait de ceste promesse fort iopeuse. or vous doint dieu pouoir q ceste querelle puissiez desiner si vrapement cõme le mien bon droit il est: car autrement ne se demãde ie pas. puis sassura moult et lui dist quelle nauoit garde de perdre son droit tãt cõme il fust sain nen bon point. et elle manda a sa seur que son cheualier seroit demain prest a faire ce que ses cheualiers du pays ordonneront

Celle nuit fist Boort grant iope et grãt feste, la dame lup fist appareillier vng lit bel et riche. Et quant il fut temps de saller coucher et ilz feurent deschausse ilz se merent en vne chambre grande et belle et quãt il p fut cil vit le lit que on lup auoit fait si les fist tous departir de la chambre. Si sen allerent tous puis quil se vouloit, et il estait les cierges incontinent et se coucha sur sa terre du remist vng coffre soubz sa teste. puis fist ses prieres et ses oraisons q dieu par sa pitie lup fut en apde contre ce cheualier a qui il se devuoit combatre ainsi vrapemẽt comme il le faisoit pour droicture et pour lopaulte mettre auant, et pour tort mettre au dessoubz. Quãt il eut fait ses prieres et ses oraisons, si sendormist. et si tost comme il fut endormi sui fut aduiz que deuant lup venoient ii. oiseaup. dont sun estoit blanc cõme cine et aussi lup ressembloit il bien et lautre estoit noir a merueilles, et si nestoit point de grant coisage / et Boort se regardoit si lup sembloit vne corneille: mais moult estoit belle de la noirete quelle auoit. le blanc opseau venoit a Boort et lup disoit. Se tu me voulloiez seruir ie te donnerope toutes les richesses du monde et te ferope aussi bel et aussi blanc comme ie suis. et Boort lup demãda qui il estoit, ne vois tu pas dist il qui ie suis ie suis beau et blanc plus que tu ne cuides . et Boort ne lup respondit mot et cellup sen alla, tantost reuint le noir oiseau et lup dist. Il conuient que tu me serues demaintenãt me apez en despit pourtant se ie suis noir . Saichiez que tres mieulp p vault ma noirete que ne fait aultrup blancheur. Et quant il eut dist si se departit de la et ne vit plus Boort ne sun ne lautre des opseaup. apres ceste aduision lui en vit vne autre plus merueilleuse : car il lup estoit aduiz quil veoit vng hostel bel et grant et ressembloit a vne chappelle. Et quant il p fut venu il trouua en vne chaere vng preudhomme et a senestre de lup vng bops de lãce tout pourrp et si feible que a peine se pouoit il soustenir droit. A deptre auoit. ii. fleurs de liz lune des fleurs de liz se tiroit pres de lautre et lui vouloit oster sa blancheur : mais le preudhomme les departoit que lune ne touchoit a lautre et apres ne demoura gaires que de chascune pssoit fleur et fruict a grant plante. Quant Boort eust ce veu le preudhomme dist Boort ne seroit ce pas grant dõmage qui ces fleurs laisseroit perir pour ce bois pourrp secourir quil ne cheut a terre. Sire dist Boort opu car il me est aduiz que ce bois ne pourroit riens valloir ices fleurs sont plus merueilleuses ql ne samble. Or regarde dõc dist el preudhomme se tu vois ceste aduenture aduenir que tu ne laisses pas ces fleurs perir pour ce bops pourri secourir: car se trop grant ardeur les sourprenoit el ses pourroient tost perir. Et il lui dist saichez que se ie vies en lieu ou ce fait soit cõpte q me souuiendra de ceste chose. Ainsi aduindrent la nuit ces deup choses q a Boort qui moult se fi rent esmerueiller : car il ne pouoit pẽser que ce

pouoit estre. Quant il fust esueille il fist le si
gne de la croix sur son front et se recomman
danda a dieu et actendit quil fut iour hault et
cler. Lors entra au lit affin que on ne se peust
apperceuoir quil ny eut couche. Lors vint la da
me de seans et le salua puis se mena ouir le ser
uice de dieu. Et quant ce vint vng peu deuant
prime il vint en sa salle a grant compaignie de
cheualiers. Lors monta Booit a cheual et la da
mea uec leur compaignie puis se partirent de seans
et sen allerent tant quilz vindrent es prez et vi
rent en vne vallee grant compaignie de gens
qui actendoient le cheualier et la dame pour
laquelle on deuoit combatre. Et quant ilz vin
drent en la place et les deulx dames sentreui-
rent si dist la dame pour laquelle Booit se de-
uoit combatre en parlant a lautre dame son ad-
uerse partie. dame ie me plains de vous a bon
ne cause: car vous mauez mon heritaige oste.
Et celle dame respondit quelle estoit preste de
prouuer que oncques lheritage ne fut sien Et
quant elle vit quelle ny pouoit autre chose a-
uoir si demanda a Booit que il luy en sembloit
Et Booit luy respondit quil estoit tout prest
de la soustenir en son bon droit, puis prindain
vint auant et dist que ses menaces ne prisoit il
pas vng bouton. Lors se partent lun de lautre
et ceulx qui estoient en la place se tirerent ar-
riere, puis eslongnerent les .ii. cheualiers et
laisserent courre leurs cheualx lun contre lau
tre et se frapperent si durement que les escuz ro
pirent et se despecerent. Lors sentreheurterent des
corps et des escuz si durement quilz semporte
rent a terre pardessus les crouppes de leurs che
uaulx: mais tost furent releuez si se donneret
si grans coups quilz despecerent leurs hau-
bers sur leurs bras et sus leurs espaulles, et
se tirent le sanc du corps auec espees trenchans
et Booit donna grantz coups au cheualier de les
pee tant que en peu dheure ne se peust deffendre
et quant Booit vit quil estoit si lasse, si luy cou
rut sus de plus en plus tant quil cheut a terre
et Booit luy osta son heaulme et se ietta au pl'
loing quil peust, et se menaca de luy coupper
la teste: mais quant cellup vit son chief desgar
ny si eut paour de mourir et luy cria mercy en
promettant sa foy que iamais ne guerroiroit
la dame tant comme il viuroit: et Booit le prist

a mercy. Et quant la vielle dame vit ce, si sen
fouit de la place comme celle qui cuidoit estre
deshonduree. Lors fist Booit a la ieusne dame
rauoir leritaige que le roy amans luy auoit don
ne, si sen partit et les commanda a dieu. Et
quant il fut parti de la il cheuaucha tant ce iour
quil arriua a lostel dune vielle dame que moult
bien le loga. Lendemain se partit de leans. Et
quant il eut cheuauche iusques a midy, si luy
aduint vne aduenture merueilleuse: car il enco
tra au trauers dune rope son frere lyonnel que
deulx cheualiers enmenoient tout nu sur vng
roucin les mains lyees deuant la poitrine batat
despines moult durement.

Ainsi quil vouloit aller rescourre ly-
onnel son frere il regarda de lautre
coste et vit vng cheualier arme qui emportoit
a force vne damoiselle qui crioit a haulte voix
Sainte marie secourez vostre pucelle. quant
Booit ouyt cela, il fut tant esbahy quil ne sca
uoit que faire de secourir son frere ou sa pucel
le. Lors dist beau sire dieu a qui ie suis seruiteur
garde par ta pitie mon frere que ces cheualiers ne
le tuent, et pour ta pitie ie garderay ceste da
moyselle destre deshonnouree. Lors sadressa
au cheualier qui enmenoit sa damoiselle et luy
dist. Sire cheualier laissez la damoiselle ou
vous estes mort. Et quant cellup loyt si em-
brassa lescu et tira lespee puis se dressa a Booit
et Booit le frappa de lespee si durement parmy
le corps quil se pasma incontinent de langois
se quil sentist, et Booit dist a sa damoiselle da
me vous estes rescousse de ce cheualier, que
vous plaist il que ie face plus. Sire dist elle
ie vueil que vous me menez la ou ce cheualier
ma prise: et il dist que si feroit il voulentiers,
lors print le cheual du cheualier et monta la
damoiselle dessus et lenmena. Et quant ilz
furent vng peu loing, si virent venir .vii. che
ualiers armez qui queroient la damoiselle. et
quant ilz la virent venir, si luy firet fort grat
feste. Puis quant Booit leur eut rendu la pu-
celle si leur dist. Beaulx seigneurs menez la
a seurete car iay ailleurs a faire, si vous prie
quil ne vous desplaise de mon departement. si
se partit incontinent deulx et cheuaucha celle
part ou il auoit veu aller lyonnel son frere, si
regardoit amont et aual et escoutoit. Et quant

aa iiii

amena auec elle douze damoiselles. Et quant il ne opt chose par quoy il peult auoir nulle congnoissance de son frere. Si veit vng homme de religion qui passoit par la: et quant cestuy vit Booit si luy dist. Sire cheualier q querez vous. Sire dist il ie quier vng mien frere que iay veu na gaires mener de deulx cheualiers batat/ haa Booit se ie ne cuidoie que vous vous desconfortissiez trop fort ie le vous monstreroye. Et quant Booit entendit ceste parolle. Il pensa bien tantost quil estoit mort/ et lors fist vng grant dueil et puis dist. sire sil est mort monstrez moy le corps et ie le feray enterrer. Or regarde dist le preudhomme si le verras. puis Booit regarda a coste de luy et vit vng corps gesir sur la terre et congneut que cestoit son frere ce luy fut aduis / lors cheut a terre tout pasme. puis quant il fut releue si dist haa beau frere qui vous a ce fait/ maintenant nauray ie iamais ioye puis que vous estes mort puis prist le corps et le leua sur le col de son cheual comme cellui qui riẽs ne pesoit. puis dist Sire preudõ dictes moy sil y a cy pres monstier ne chappelle ou ie puisse le corps de mon frere enterrer. oup dist cestuy cy pres a vne chappelle ou il pourra bien estre enterre. Sire pour dieu dist Booit or my menez sil vous plaist vou lentiers le feray ie dist le preudhomme / et Booit sallit sur son cheual dõt il nallerẽt gaires plus auant quilz virent deuat eulx vne tour et vne chappelle. Si descendirent et entrerent ardẽs et mistrent le corps de sponnel soubz vne tombe. Or allons loger dist le preudhomme iusques a demain que ie feray le seruice de vostre frere. Comment sire dist Booit estes vous dõques prestre: certes oup dist le preudhomme/ donques vous requierz ie dist Booit que vous me diez la verite dun songe qui mennuit maduint en mon dormant/ dictes hardimẽt luy dist le preudhomme: car ie vous en cõseilleray a mon pouoir. et Booit luy compta de loiseau quil auoit veu en la forest dont auez ouy dessus / et des oyseaulx dont lun estoit blanc et lautre noir du corps pourry et des fleurs blanches. Je tẽ diray dist le preudhomme incontinent vne partie et demain lautre. Loyseau dist il que tu veis qui estoit blanc cõme cine signifie vne damoiselle qui taimera par amour et

te viendra prier tantost que tu soyez son amy ce que tu ne vouldras octroyer : mais tu le sconduiras et elle mourra incontinent de dueil. Le noir oiseau signifie ton grant pechie et presumption qui sa te fera esconduire: car pour crainte de dieu ne pour honte que tu ayes ne lesconduiras tu pas: mais tant seulemẽt par ton orgueil. si ten viendra si grãt mal que lancelot tõ cousin en mourra. Et pource te dis ie que tu es homicide de ton frere quant tu le laissas et allas secourir celle q de riens ne tappertenoit. Quant Booit ouyt que cestuy se blasmoit de ce quil auoit fait de sa pucelle si ne sceut q dire lors se mena cellui en la tour, et quãt il y fut venu il trouua cheualiers et pucelles qui luy firent grant feste et le desarmerent en la tour puis lui apporterent vng manteau fourre dermines. Si le commencerent a reconforter. Et ainsi quil estoit la veey vne damoiselle si belle si aduenant tellement quil pouoit auoir en elle toute bonte terrienne. Si dist vng cheualier a Booit. sire veez cy sa dame a q nous sommes et celle qui plus vous ayme: elle vous a actendu long temps comme celle qui ne vouloit auoir autre amy que vous. il la salua et elle luy. Si sassirent et parlerent ensẽble de maintes choses. puis elle lui requist quil fust son amy: car elle laymoit sur tous hõmes terriens. Quant Booit ouyt ceste nouuelle: si fust moult a mal ayse si ne sceut que respondre : et elle dist quesse Booit ne ferez vous point ce dõt ie vous prie. Dame dist il si riche dame na il au monde pour q ie feisse ceste chose, ne on ne me deuroit iamais requerre en ce point ou ie suis ores, car mon frere gist leans mort. haa Booit dist elle ne regardez pas a cela. il conuient q vous faciez ce dont ie vous requier. Et il dist que nullement ne feroit il cela. Lors commença elle a mener grant dueil et dist a Booit. Booit a ce mauez vous menee que par cest esconduit ie mourray/ lors le print par le bras et le mena en vne chambre et luy dist. Tenez vous Berres comment ie mourray tout a ceste heure pour vous, par ma foy dist Booit quoy quil en soit ie ne le feray ia. Et elle commanda a ceulx de leans que moult bien ilz le tenissent. Et ilz luy respondirent que si feroient ilz, et elle mõta incontinent sur les meurs de la tour et mena auec elle douze damoiselles. Et quãt elles furent montees: si dist lune delles. Haa Boort ayez mercy de nous toutes: & ottroyez a madame sa voulente, certes se vous ne le faictes nous nous lairrerons toutes cheoir du hault en bas de ceste tour. Quant Boort entendit ceste parolle: il lui en print moult grant pitie, & nompourtant il aymoit mieulx qlles perdissent toutes leurs ames: quil perdist la sienne. Et elles se laisserent incontinent toutes cheoir de la tour en bas. Et quant il vit ce si fut tout esbahy, si se saigna du signe de la croix. Lors ouyt entour lui si grant noise & si grant bruit quil lui fut aduis que tous les ennemis denfer y estoient.

Quant il vit ce si apperceut incontinent que cestoient les ennemis de nostreseignr. Lors vit la ou il cuida auoir laisse son frere mort: mais il ny trouua riens: adonc fut il plus aise que deuant, puis vint a ses armes, & se arma, si se partit de leans & cheuaucha tant quil ouit sonner vne cloche. Si tourna celle part, & vit que cestoit vne abbaye de moisnes, si vint a la porte & appella, & on lui ouurit, & quant ilz le virent arme si penserent bien que cestoit vng cheualier errant, & quil estoit des compaignons de la table ronde. Si dist Boort a vng des freres de leans. Sire pour dieu menez moy a vng des freres de ceans q plus est a vostre aduis preudhomme. Sire cheualier dist il vous prez par mon conseil a labbaye. Sire dist Boort pour dieu menez my ie vous en prie. & cellui dist que si feroit il voulentiers. Lors le mena a vne chappelle ou le plus preudhomme de leans estoit, & Boort le salua, & cellui senclina deuant Boort: & lui demanda q il estoit. Et il dist ql estoit vng des cheualiers errans. Lors su idist tout ce qui luy estoit aduenu le iour mesmes, & quant il eut tout compte si lui dist le preudhomme. Sire cheualier: ie ne scay pas qui vous estes, mais ie ne cuidasse pas que cheualier de vostre aaige fust si fort en sa grace de nostreseigneur comme vous estes. Vous mauez compte de vostre estre: dont ie ne vous pourroye meshuit conseillier car il est trop tart, mais vous en prez maintenant reposer. & demain au matin ie vous conseilleray. & Boort sen alla reposer. Lendemain si tost quil eut ouy messe il vint deuant labbe

& le salua, & il lui rendit son salut. Lors lui compta Boort tout ce quil auoit veu en dormant et en veillant, & lui requist ql lui en dist la signiffiance, & il dist q si feroit il voulentiers.

Boort dist le preudhomme quant vous eustes receu le hault maistre: cest a dire le corps de nostreseigneur, si vous meistes en la voye ou vous neustes gaires alle quant nostreseigneur vint deuant vous en semblance doyseau, & vous monstra sa douleur & langoisse ql auoit souffert pour vous, & si vous diray comment vous le veistes. Quant loyseau vint a larbre q estoit sans fueille & sans fruit & veit q ses petiz estoient mors: incontinent se commenca a picquier en sa poitrine tant q le sang en saillit hors, & il mourut. Or vous diray la signiffiance. Loyseau signiffie nostre createur qui vint de paradis en terre ou il trouua toutes choses mortes & sans fruit: cest a dire en damnement, ou il ny auoit si non pourete. Les oyseaulx signiffient humain lignaige qui alloit droit en enfer. Quant le filz de dieu veit ce: il monta en larbre: ce fut en sa croix, & fut la feru du bec: cest du glaiue au coste dextre: tellement que le sang en saillit. & de ce sang receurent vie les petis oyseaulx, & nous osta denfer ou toute mort estoit. Celle bonte ql fist au monde a nous & aux autres pecheurs: vous vint il demonstrer en semblance doiseau: affin q vous ne doubtissiez pas a mourir pour lui: non plus quil ne fist pour vous. Or vous diray le la signiffiance des deux oyseaulx q vous veistes en dormant: dont lun estoit blanc & lautre noir. Par le noir oyseau deuez entendre iesucrist qui dist. Ie suis beau: mais ie suis noir, & sachiez que mieulx vault ma noirte q ne fait autrui blancheur. Et par le blanc oiseau qui auoit la blance de cigne: doit on entendre lennemy, et si vous diray comment. Le cigne est blanc par dehors & noir par dedens: cest lypocrite qui est iaune & passe, & semble bien a ce q dehors en appert: q ce soit des seruiteurs de iesucrist, mais il est par dedens si noir & si horrible de peche ql decoit le monde. Loyseau vint deuant toy en dormant: aussi fist il en veillant. Ainsi tay ie ores deuise q fut le blanc oyseau & q fut le noir, & de vostre frere vous diray ie la signiffiance. Sachiez q pour lamour q vous eustes en nostreseigneur pour la pucelle que vous allastes rescoutre q̃ incõtinent cheurent mors les deux cheualiers qui vostre frere emmenoient, ⁊ il se desspa et prist ses armes de lun deulx ⁊ monta sur lun de leurs cheuaulx/ ⁊ se remist en sa queste apres les autres. Et quant Boort ouit ce: il fut fort ioyeulx. si se partit de leans ⁊ commanda labbe a dieu. Et quant il fut en son chemĩ: il cheuaucha iusq̃s au soir, ⁊ se loga en sa maison dune vielle dame. Et lendemain au matin se remist en son chemin ⁊ cheuaucha iusq̃s a une abbaye que on appelloit noble. Et quãt il vint pres il rencontra ung varlet a qui il demãda sil sauoit nulles nouuelles. Ouy dist le varlet: demain deuãt ce chasteau aura ung tournoyement fort merueilleux. Et quant Boort ouit ceste nouuelle si pensa quil demoureroit car tel y pourroit venir q̃ lui diroit nouuelles de lancelot. Lors cheuaucha iusques a ung hermitaige ⁊ quant il y fut venu il veit lyonnel son frere qui seoit deuant sup̃s de sa chappelle tout desarme. ⁊ sestoit sa loge pour estre lendemain au tournoyement. Quãt Boort vit sõ frere si fut moult ioyeulx ⁊ lui dist. Beau frere quant vinstes vous cy. Et quant lyonnel entendit ceste parolle si se congneut, ⁊ lui dist. Boort beau frere il ne tint pas a vo⁹ que les deux cheualiers ne me tuerent: ains alastes aidier a sa damoiselle que le cheualier emportoit. ⁊ pour ceste cause ne vous asseure ie que de la mort. Quant Boort entendit ceste parolle: si lui cria mercy a ioinctes mains ⁊ lui requist quil lui pardonnast, ⁊ il dist que non seroit: ains se tueroit sil pouoit venir au dessus de luy. Si entra en sa maison de sermite ⁊ print ses armes, puis monta sur son cheual ⁊ dist quil occiroit son frere sans plus demourer.

Q̃uant Boort vit que combatre se conuenoit il ne sceut que faire ne q̃ dire: si monta sur son cheual ⁊ ploura moult tendrement ⁊ dist. Beau frere pour dieu ayez merci de moy ⁊ me pardõnes ce meffait. mais de ce que Boort disoit nen chaloit a lyonnet: ains picqua son cheual des esperons ⁊ frappa Boort en sa poictrine si durement q̃l labbatit a terre tout a teuers: ⁊ au cheoir fut tout debrise. si se pausma de langoisse quil sentit, ⁊ cuida bien mou-

rir sans confession. Et quant lyonnet veit ce: si descẽdit ⁊ tacha a lui coupper la teste. si lui voulut oster le heaume, mais sermite dist courant celle part. Et quant il vit lyonnet q̃ vouloit coupper la teste a Boort. il se laissa cheoir sur lui, ⁊ dist. Haa lyonnet franc cheualier pour dieu ayez mercy de vous mesmes: car se tu le tue seras mort de corps ⁊ dame. Se dieu maist dist lyonnet se vous ne vous ostez ie vous occiray. Certes dist le preudhõme iayme mieulx que tu me tues q̃ lui, car ce ne sera pas si grãt dommaige de ma comme de la sienne ⁊ pour ce ayme ie mieulx mourir q̃l meure. si se coucha dessus lui. Et quant lyonnet vit ce: si tira sespee du fourreau ⁊ frappa le preudhõme si durement quil lui couppa sa teste ius des espaules. ⁊ cellui sestẽdit de lãgoisse de la mort quil sentit. Et quant il eut ce fait: il ne se voulut pas refraindre a tant: ains print son frere au heaume ⁊ lui vouloit coupper la teste. Si leust occis en pou dheure: quant gallogrenant vint ⁊ arriua la par la voulente de nostre seigneur. Et quant il vit le preudhomme occis il se merueilla moult q̃ cestoit. Lors regarda deuant lui ⁊ vit lyonnet qu vouloit occire son frere. ⁊ lui auoit ia arrachie le heaume. Et quant il cõgneut Boort comme du mõde quil amoit le plus: il saillit a terre ⁊ print lyonnet par les espaules ⁊ se tira si rudement quil se fist cheoir a terre lors lui dist. Quest cecy lyonnet estes vous hors du sens: qui voulez vostre frere tuer: qui est ung des meilleurs cheualiers que on congnoisse au mõde. Ceste follie ne vous souffreroit nul homme q̃ preus dhomme fust: Pourquoy dist lyonnet se vous lez vous rescourre, se plus vous en messez ie loccirap ⁊ vous auec. Commẽt dist gallogrenant est ce en bonne foy q̃ vous le voulez tuer Ouer dist lyonnet le vueil ie q̃ ia pour vous ne se lairay, car il ma tant meffait quil en a bien desseruy la mort. Lors recourut sus a Boort ⁊ le voulut frapper pmy la teste, mais gallogrenant se mist entreulx deux, ⁊ lui dist q̃ sil estoit si hardy de le touchier il sen repentiroit. Quant lyonnet entendit ceste parolle, il print incontinent son escu ⁊ demanda a gallogrenant qui il estoit, ⁊ il se nomma par son nom. Et quant il le cõgneut si lui courut sus lespee traicte,& lui dōna aussi grāt coup cōme il peut amener du bras. Quant gallogrenans vit quil estoit venu a la meslee, il alla prendre son escu & tira son espee:car il estoit bō cheualier & de grant force,& se dffēdit moult aspremēt,& dura la meslee tant que Booit fut seur ses piez si angoisseup quil ne cuidoit dun mops auoir pouoir de soy aider:se nostre seigneur ne lui eust aide. Et quant il vit gallogrenant qui se cōbatoit a son frere:il fut fort a malaise,car se gallogrenant occist son frere deuant lui il naura iamais ioye,& se son frere occist gallogrenant:sa honte en sera sienne car il scait bien que gallogrenant ne commença la meslee si nō pour lamour de lui. si en fut moult a malaise,& les assaist voulentiers de partir sil peust, mais il se douloit tāt quil nauoit pouoir de soy deffendre:ne dautrui assaillir. Si regarda tant ceste meslee quil vit gallogrenant au dessoubz de son affaire, & sponnet lui despieca son heaulme & son escu, car il estoit plain de grant prouesse, si auoit ia tant batu & lasse de coups gallogrenant quil nattendoit que sa mort, car tant auoit perdu de son sang que cestoit merueille cōmēt il se pouoit soustenir debout. Et quant il se vit si au dessoubz:il eut paour de mourir, si regarda derriere lui & vit Booit qui deesia sestoit dreice tout empres lui:si lui dist. Haa boort que ne me venez vous aider & ietter de ce peril ou ie me suis mis pour vous secourir q estiez plus pres de mort que ie ne suis, certes se ie meurs par vostre deffaulte:tout le monde vous en deuera bien blasmer. Certes dist sponet vous mourrez de ceste emprinse nul ne vous en pourroit estre garant que ie ne vous tue de ceste espee. Quant booit ouit ce:il ne fut pas asseur car il scait bien que se gallogrenāt estoit occis il seroit en dangier de mort, si fist tant quil a sa querir son heaume & le mist en sa teste. Et quant il vit sermite occis il en eut moult grāt pitie, si pria a nostreseigneur quil eust pitie de son ame, car pour si pou de chose ne mourut oncques si preudhomme. Et gallogrenāt lui escrie. Haa Booit me laisserez vous mourir, se il vous plaist q ie meure:la mort me plaist moult bien, car pour plus preudhōme ne pouroie ie mourir. Lois le frappa sponnet tel coup

quil lui fist voller se heaume hors de sa teste. Et quant gallogrenant vit sa teste toute nue & desarmee & vit ql nen pouoit eschapper sās mort, si dist. Haa Beau pere iesucrist qui souffristes que ie me meisse en vostre seruice: non pas si dignement comme ie deusse, apez mercy de mon ame en telle maniere que ceste douleur que mon cueur soustiendra pour bien et pour aumosne que ie voulope faire, soit penitance & soulagement a mon ame.

Ainsi quil disoit ceste parolle, sponet le frappa si durement ql se tua mort a terre,& le corps sestendit de langoisse quil sentit. Et quant il eut occis gallogrenant: il ne se voulut pas tenir a tant: ains recourut sus a son frere & lui donna tel coup quil se fist trebuchier a terre. Et Booit en qui humilite & toute patience estoit si naturellement enrachinee lui pria pour dieu quil lui pardonnast ceste bataille, car sil aduienoit dist il beau frere q ie vous occie:ou vous moy:nous sōmes mors en peche. Ia ne maist dieu dist sponnet se mercy de vous en ap que ie ne vous occie se ie puis venir au dessus, car il na pas tenu a vous que ie nape este occis. Lois tira Booit son espee & dist tout en plourant. Beau pere iesucrist ne me soit establp a peche se ie deffēs ma vie contre mon frere. Lois haulca lespee, & ainsi quil vouloit frapper sponnet. Vne voip vit du ciel q lui dist. Fup Booit & ne le touche, car tu sociropes. Et incontinent descendit entre eulx deux vng brandoy de feu en semblance de fouldre, si en yssit vne flambe si merueilleuse & si ardāte que leurs deux escus furet tous bruslez, & en furent tous deux si effraez quilz cheurēt a terre. Lois ouit Booit de rechief vne voip qui lui dist. Lieue sus Booit & ten va de cy, & ne tiens plus cōpaignie a ton frere:mais va ten a la mer car perceual te p attēt. Et quāt il ouit ceste parolle:il se agenoulla & tēdit ses mains vers le ciel:& dist. Beau pere des cieulx honnoure soies tu:quant tu mas daigne appeller a ton seruice. Lois vint a sponnet qui encores estoit tout estourdi & lui dist. Beau frere vous auez mal epploittē de ce cheualier nostre cōpaignon q vous auez occis, & de cest hermite:pour dieu ne vous mouuez de cy, deuāt

La partie du saint graal.

quilz soient mis en terre/ & que on leur ait fait aussi grât honneur cômme on doit faire/ Et vous que serez vous dist Lyonnet attenderez vous tant quilz soient enterrez. Nenny dist Boort: ains men yray a la mer ou perceual mattent. Lors remmonta sur son cheual/ & se partit de seans/ si cheuaucha iusques a vne abbaye ou il se logea la nuit. Et quât il fut couche il ouit vne voix qui lui dist. Boort lieue toy. Et il se leua icontinêt & sapparteilla/ & affin que ceulx de seans ne soupssent/ il cercha par ou il pourroit partir/ & tant quil trouua par derriere le mur vng pertuys ou il y auoit bône voye. Puis vint a son cheual & monta dessus. si se partit de seans & se remist en son chemin/ si cheuaucha tant quil vint a la mer ou il trouua a la riue vne nef toute couuerte de blanc samit. Il descendit & entra dedens/ si vit que la nef se partoit de la riue. lors regarda par leâs: mais il ny vit riens. il vint au bout de la nef & sac/ coucha dessus/ si sendormit iusqs au cler iour. Et quant il fut esueille il regarda en la nef & vit vng cheualier arme fors de son heaume. & quant il leut vng pou auise il cogneut que cestoit perceual le gallois/ & incontinent le courut accoller & lui fist moult grant feste/ & perceual lui demanda qui il estoit. Et comment dist Boort ne me congnoissez vous pas. Certes dist perceual nenny/ & Boort osta son heaume/ & lors le congneut perceual. Si sentresirent moult grant feste. Et Boort lui commêca a côpter comment il estoit venu en la nef. Et perceual lui racompta les auentures qui lui estoiêt auennees en la roche ou il auoit este. Ainsi estoient les deux amys ensemble. Mais a tant laisse ores les compte a parler deulx & retourne a parler de galaad le bon cheualier.

¶ Comment galaad se partit de perceual & commêt vne damoiselle le mena en la mer en la nef ou perceual & Boort estoient/ & commêt ilz trouuerent la nef ou estoit le lit de merueilleuse facon & lespee aux estrâges renges. p. ch.

Y dist le compte que quant le bô cheualier se fut parti de perceual & il seut rescoue des pp. cheualiers qui lauoient prins quil se mist au grant chemin de la forest gastee/ & alla maintesfoie vne heure auât & laultre arriere ainsi comme auenture le menoit. Si trouua mainte auenture quil mist a fin/ dont le compte ne fait pas mencion: pour ce q trop long seroit a raconter. Et qnât le bon cheualier eut grant piece cheuauche par le royaume de logres en tous les lieux ou il auoit ouy parler quil y eust aucune auenture. il sen partit & cheuaucha mainte iournee tât ql sui vint en Boulente. Si lui aduint quil passa par deuât vng chasteau ou il y auoit vng tournoyement merueilleux/ mais tant auoient ia fait ceulx de dehors: que ceulx de dedens estoient a la fuitte. Quant ceulx de dedens sen fuioient & galaad apperceut que on les tuoit a lentree de la porte du chasteau. Si se tourna par deuers eulx & pensa ql leur aideroit. Si baissa sa lance & toucha se cheual des esperons/ si frappa le premier quil rencontra tellement ql le fist voller a terre/ & sa lance rompit en pieces si mist la main a lespee comme celsui qui bien sen sauoit aidier/ & se frappa en la plus grant presse & commenca a abattre cheualiers & cheuaulx/ & a faire telles merueilles que nul ne le veist qui a vaillant & a preudhomme ne le tenist. Et messire gauuain, qui au commencemêt estoit venu auec hector q aidoient a ceulx de dehors. Quant ilz virent le bon cheualier a la croix vermeille & a la lescu blanc/ si disrent lun a lautre. Veez cy galaad: or sera fol q lattendera/ car contre son espee ne dure nul se armure. Ce temps pendant quilz parloiêt ainsi galaad vint incontinent vers monseigneur gauual & lui bailla tel coup quil en cuida bien mourir si cheut a terre ius de son cheual/ & galaad qui ne peut retenir son coup assena le cheual par deuât larcon de la selle tellement quil lui couppa toute lespaule & labbatit mort dessoubz môseigneur gauuain/ puis sen retourna de lautre coste: la ou il veoit la meslee plus espesse & plus aspre. Quant hector vit monseigneur gauuain a terre/ il se tira arriere. car bien veoit que ce ne seroit pas sens ne entendement de se attendre/ & pour ce quil le deuoit amer & garder comme celsui qui estoit son nepueu. Et galaad fist tant de merueille darmes en pou dheure q ceulx de dedês

La partie du saint graal.

sont retournez qui ores estoient desconfis, si ne finent de frapper et de abatre, tant q̃ ceulx de dehors furent tous desconfis, et sen fuirent la ou ilz cuiderent auoir garant et les enchasserent grant piece. Et quant il vit quil estoit temps de retourner il sen partit si coyement q̃ nul ne sceut quelle part il estoit alle. Si emporta de toutes les deux pties le los et le pris du tournoyement. Et monseigneur gauuain qui estoit si angoisseux du coup quil auoit receu quil nen cuidoit pas eschapper sans mort Sire dist hector q̃ pourrons nous faire vous a ce cheualier fort blece. Ouy dist il tellement q̃ ie nen puis eschapper sans grãt dangier se dieu ny met conseil. Et que pourrons nous faire dist hector, il mest aduis que ceste queste est demouree puis que vous estes blece. Sire dist il la vostre nest pas demouree, mais la mienne est demouree tant quil plaira a dieu q̃ ie soye guari. Ce temps pendant quilz parloient ainsi: assemblerent illec les cheualiers du chasteau et congneurẽt monseigneur gauuain. Et quant ilz seurent quil estoit ainsi blesce si en furent moult courrouce les plusieurs car sans faulte il estoit vng des hommes du monde qui plus estoit ame des estrãges gẽs Si le prindrent et lemporterent au chasteau, puis se desarmerent et se coucherent en vne chãbre. Si manderent vng mire et lui firent regarder ses playes, et lui demanderent sil pourroit guarir. Et le mire dist q̃l se rẽderoit sain dedens vng moys en telle maniere quil pourra cheuauchier et porter armes. Et ceulx disrent que sil pouoit ce faire: quilz lui donneroient tãt dauoir q̃l en seroit riche tous les iours de sa vie, et il leur dist quilz ne sen doubtassẽt car il feroit ce quil auoit dit. Ainsi demourerent monseigneur gauuain et hector auec lui qui ne sen voulut oncques partir deuant quil fust guari. Et le roy cheuaucha tant quant il fut parti du tournoyement quil vint la nuit a deux lieues de corbenic a vng hermitaige. Et quantil vit que la nuit fut venue il appella a luy de lermite tant quil louurit. Et quant lermite vit q̃l estoit cheualier errant si lui fist moult grant feste, et pensa de hosteler le, puis lui fist oster ses armes, et quant il fut desarme si lui donna a mẽgier de telle viande comme

dieu lui auoit donnee, et il la receut voulentiers cõme celui que de tout le iour nauait mengie, et apres sen alla dormir sur vng faisseau dherbe qui leans estoit. Et quant il fut endormy si vit la vne damoiselle q̃ appella a luys et hucha galaad: tant que le preudhomme vit a luys et demanda qui cestoit qui a telle heure vousloit estre ceans. Sire vssin dist elle ie suis vne damoiselle qui vueil parler a vng cheualier qui est ceans, car iay moult grant besoig de lui. Et le preudhomme vit a galaad et les ueilla, et lui dist. Sire cheualier vne damoiselle veult parler a vous qui est la dehors et a moult grant besoing de vous ce me semble. Et galaad se leua et vint a luys et demanda quelle vouloit. Galaad dist elle ie vueil que vous vous armez et montez sur vostre cheual si me suiuez, car ie vous monstreray la plus haulte auenture que cheualier veist oncques Quant galaad ouit ceste nouuelle il vint a ses armes et se arma, si mist la selle sur son cheual puis monta sus et commanda lermite a dieu, si dist a sa damoiselle. Dame or pouez aller la ou il vous plaira, car ie vous suyueray en quelque lieu que vous allez. Et elle sen alla deuant tant quelle peut cheminer sur son palefroy, et galaad la suiuoit tousiours. Si errerent tant que le iour commenca fort a esclarcir, et tant quilz se trouueret en vne forest q̃ duroit iusques a la mer, et estoit ceste forest appellee celibe. Si cheuauchereẽt le grant chemin tout le iour quilz ne mengerent ne ne beurent. Au soir vindrent a vng chasteau q̃ estoit en vne valee qui estoit moult parfõde et estoit fort bien garny de toutes choses, car il estoit ferme deaue courante et de bons murs grans et fors, et de fossez haultz et parfons. Et quant ceulx de leans la veirent venir, si lui commencerẽt a dire. Vous soyez la bien venue dame vo⁹ et vostre cõpaignie. Si la receurẽt a grãt feste comme celle qui leur dame estoit. Et elle leur dist: quilz feissẽt feste au cheualier, car cest le plus preudhomme qui oncques portast armes. Et ceulx se coururent desarmer, et si tost comme ilz leurent desarme et eurent pen se sõ cheual: il dist a la damoiselle. Dame fist demourerons nous pour meshuyt ceans. Nenny dist elle, mais si tost comme nous aurõs

mengle vng petit & dormy: nous nous en pso
Lors saffirent au mengier/ & apres allerent
dormir. Et si tost cõme ilz eurẽt dormi vng sõ
me la damoiselle appella galaad/ & lui dist:
Sire leuez sus/& il se leua/& ceulx de leans
apporterent cierges & torches affin que galaad
veist cler pour soy armer. Et quant il sut ar
me il monta sur son cheual. Et sa damoiselle
print vng escrin fort beau & fort riche & le mist
deuant elle sur son palefroy/ puis se partirent
de leans & cheuaucherent tant quilz vindrẽt
a la mer. Et quant ilz vindrent la si trouue
rent la nef ou boort & perceual estoient qui sat
tendoient au bort de la nef/si ne dormoiẽt pas
ains lui crioient. Sire bien soyez vous venu
Or ny a il plus que de aller a la haulte auẽ
ture que dieu nous a appareille. Quant ga
laad les ouit si leur demanda qui ilz estoient
& pourquoy ilz sauoient tant attendu. Si de
manda a la damoiselle sil entreroit en la nef
& elle dist que oup. Si descendirent & osterent
les selles a leurs cheuaulx/ puis leur firent le
signe de la croix & les laisserent aller: Si en
trerent en la nef tous deux/& les deux compai
gnons les recheurent a grant feste. Et incon
tinent commenca la nef a aller parmy la mer
car le vent se frappa au voille/ & allerent tant
en pou dheure quilz ne veirent plus de terre
loings ne pres. Et lors commenca le iour a es
clarcir tellement quilz sentrecongnurent. Si
sesiouyrent tous trois de la ioye quilz eurẽt de
ce quilz sestoiẽt entretrouuez. Et lors osta bo
ort son heaume/ & Galaad le sien & son espee/
mais son haubert ne voulut il pas oster. Et
quant il vit si belle nef par dedens & par de
hors. Si demanda aux deux compaignons
silz sauoient dont si belle nef estoit venue/
boort dist quil nen sauoit riẽs/mais perceual
lui compta ce quil en sauoit, & lui dist tout ce q̃
lui estoit auenu en la roche/& comme le preu
dhomme qui prestre lui sembloit sauoit fait ẽ
trer dedens/& bien me dist q̃ dedens brief tẽps
iauroye vostre cõpaignie. En nom dieu dist
galaad de ceste part ne vous eusse ie quis em
piece/& si cuide que iamais ny fusse venu se ce
ste damoiselle ne my eust amene/ & ilz en com
mencerent a rire. Lors compterent lun a lau
tre les auentures qui leur estoient auenues/

& boort dist a galaad. Sire se ores fust cy mõ
cousin lancelot vostre pere, il mest aduis que
riens ne nous faulsist/& galaad dist quil ny
pouoit estre puis qu'il ne plaist a nostreseigneur

A telles parolles errerent tant quil fut
heure de nonne/ Et lors peurent ilz
estre fort eslongniez du royaume de logres/
car la nef auoit toute la nuit & tout le iour cou
ru a plain voille. Et lors arriuerent entre deux
roches en vne ysle. La nef estoit si mucee que
cestoit merueilles/& estoit ce lieu ou ilz estoi
ent vng regort de mer. Et quant ilz furent la
arriuez/ si veirent deuant eulx vne autre ro
che & vne autre nef ou ilz neussent peu auenir
silz ny aloiẽt a pie. Beaux seigneurs dist la
damoiselle en celle nef sa est lauenture pour
quoy nostreigneur vous a tous trois assem
blez & mis ensemble. Si vous conuient yssir
de ceste nef & aller iusques sa a pie/ & ilz dirent
que si feroient ilz voulentiers. Si saillirent
hors de la nef & prindrent la damoiselle & la
misrent hors/ puis sen allerẽt a pie iusques a
la nef. Et quant ilz furẽt la venue/ si la trou
uerent assez plus riche q̃ celle de deuãt/ mais
ilz se esmerueillerent fort de ce quilz ne veoient
homme ne femme/ & ilz se tirerent plus pres
pour sauoir silz y trouueroient riens. Lors re
garderent au bort de la nef & veirent lettres es
criptes en langaige dit caldeu: q̃ disoient vne
moult espouentable parolle & moult doubteu
se a tous ceulx qui y vouloient entrer. Et di
soient en telle maniere.

O ys tu homme qui dedens moy veulx
entrer qui que tu soyes gardes bien
auant que tu entres que tu ne soyes entechie
de peche/ & si tost que tu guerpiras ta cerance
ie te guerpiray en telle maniere q̃ tu nauras
de moy ne conseil ne aide: ains te fauldray du
tout, & en quelque lieu que tu soyes attaint de
mescreance: ia de si pou nen seras attaint: que
ie ne te face trebuchier au parfont de la mer
Quant ilz veirent les lettres & congneurent
ilz regarderent lun lautre, & dirent que sa a
uoit grant merueille & signiffiance des sainctz
faictz de nostreseigneur. Lors dist la damoi
selle a perceual. Sire sauez vo⁹ q̃ ie suis/certes

dist il nennÿ / ne oncquesmes ne Bous Bey a mon escient. Sachiez dist elle que ie suis vostre seur et suis fille au roy pelleau. Et sauez bous pourquoy ie me suis faicte congnoistre a bous: pour ce que bous me croyez mieulx de ce que ie bous diray. Ie bous dis premierement comme a celluy que iayme le mieulx au monde/q se bous nestes parfaictement creant en iesucrist: que bous nentrez pas en ceste nef car bien sachiez que incontinent y perirez. car sa nef est si noble chose que nul qui soit entachie de mauuais vice ny peut demourer sans peril. Quant perceual ouit ce: si la regarda et auisa tant quil congneut que cestoit sa seur Lors luy fist la plus grant feste quil peut/ et luy dist. Certes belle seur ientieray en la nef: et sauez bous pourquoy/ pour ce que se ie suis desloyal: que ie y perisse comme desloyal, et se ie suis plain de foy et tel comme bon cheualier doit estre: que ie soye saulue. Or y entrez donc dist elle seurement: car nostreseigneur bous y soit garant et aide. Ainsi quelle disoit ceste parolle galaad qui estoit deuant haulca sa main et fist le signe de la croix, puis entra dedens. Et quant il fut dedens: si commenca a regarder dune part et dautre, et la damoiselle entra apres et se seigna a lentree. Et quant les autres birent ce si nattendirent plus: ains entreret dedens. Et quant ilz eurent bien regarde hault et bas ilz dirent quilz ne cuidoient pas que en mer ne en terre eust une si belle nef ne si riche comme celle seur sembloit. Et quant ilz eurent regarde partout: ilz birēt au milieu de la nef deux moult riches draps estendus en guise de courtines/ et dessoubz auoit ung lit fort riche. Galaad vit au drap et se soubzsleua si regarda dessoubz et vit le plus riche lit quil oncques beist/ si auoit au cheuez une couronne dor/ et aux piez auoit une espee que moult estoit belle et riche/ et estoit au trauers du lit tiree du fourreau bien demy pic. Celle espee estoit de diuerse facon/ car le pommeau estoit dune pierre qui auoit en elle toutes les couleurs du monde, si auoit en soy autre diuersite q valoit encores plus, car chascune des couleurs auoit en soy une vertu/ et le compte dit q le mache estoit compose des deux diuerses bestes. La premiere estoit dune maniere de serpens qui conuersēt en cassidone/ et sont plus petis que en autre terre/ si est appelle ce serpent papalustes, et de ce serpent est telle la vertu: que se ung homme en tient une des costes: il na garde de sentir trop grant chaleur, et telle est la vertu de la premiere. Et lautre est dun poisson qui nest pas trop grant, et conuerse au fleuue de eufracte: et nō pas en autre, et celluy est appelle aconap. Si sont ses costes de telle nature: que se ung homme en tient une: ia tant comme il la tiendra ne luy souuiendra de dueil ne de ioye: fors seulement de la chose quil tient/ mais incontinent quil laura mise ius il repensera comme deuant. Telles vertu auoient les deux costes qui estoient au manche de lespee/ et si estoient couuers dun vermeil drap fort riche et y auoient des lettres qui disoient. Ie suis merueilleuse a veoir et a congnoistre/ car oncques nul ne me peut empoignier tant eust la main grande: ne ne sera ia fors ung tont seul/ et celluy passera de son mestier tous ceulx qui deuant luy auront este et qui apres luy viendront. Ainsi disoient les lettres du manche/ et si tost come ilz les eurent leues/ilz regarderent lun lautre et dirent q assez pouoit on illec veoir de merueilles. En nom dieu dist perceual iessayeray se ie pourray empoignier ceste espee. Si mist la main a lespee mais il ne la peut empoignier. par ma foy dist il or scay ie bien que ces lettres dient verite. Lors y mist boort la sa main: mais il ny peut riens faire si disrent a galaad. Sire essayez se vous pourrez empoignier ceste espee car nous saudons bien q vous acheuerez ceste auenture a ce q nous auōs failly/ et il dist q ny essaieroit pas encores, car ie oy des merueilles plus grandes que ie ne bois oncques. Lors regarderent la sumesse de lespee qui estoit tiree dun demy pied ou plus/ et virent dautres lettres escriptes dessus aussi vermeilles que sang qui disoiēt. Nul ne soit si hardy qui du fourreau me tire si l ne se doit mieulx faire q ung autre et plus hardiement, et qui autrement me tira il ne fauldra ia quil ne soit mort ou mehaignie du corps/ et ceste chose a ia este esprouuee maintesfois. Et quant galaad ouyt ceste parolle si dist. Ie vouldroye bien tirer ceste espee mais puis q sa deffēce est si grande, ie ny metteray ia la main/ tout ainsi disrēt perceual et boort

Seigneurs dist la damoiselle sachiez que se tirer est pour neant a tous cheualiers: si non vng seul, et si vous diray commēt il en aduīt na pas encores long temps.

Vray est dist la damoiselle que ceste nef arriua au royaume de logres, et en ce tēps y auoit guerre entre le roy labiam qui fut pere au roy mehaignie, et le roy vibās qui auoit este sarrazin tous les iours de sa vie mais il auoit este crestienne nouuellement, et estoit si debonnaire q̄ on se tenoit pour le plus preudhomme du monde. Vng iour aduint que le roy vibans et le roy labiam auoient assemblez leurs ostz a la riue ou la nef estoit arriuee, et tant que le roy labiam fut mene a desconfiture. Et quant il se vit desconfit et ses hōmes occis: il eut paour de mourir. Si vint la ou la nef estoit arriuee et entra dedens, si prīt lespee et sen reuint a la meslee ou il trouua lōme du monde qui plus auoit de foy et desperāce en nostreseigneur, et aussi nostreseigneur le aymoit fort. Et quant le roy vibās vit le roy labiā: il se doubta pour lespee q̄l tenoit. Si lui bailla le roy labiā tel coup sur la teste q̄l se fēdit lui et le cheual iusques en terre. Tel fut le premier coup de ceste espee, et ce fut fait au royaume de logres. Si en aduint si grande pestilence et si grant destruction es deux royaumes, que oncques puis les terres ne rendirēt aux laboureurs leurs trauailz, car plus ny creut ne blez ne autres choses: ne les arbres ne porterēt plus de fruit, ne en leaue ne trouuoit on nulz poissons. Et pour ce appellerent ilz la terre des ii. royaumes sa terre gaste, pour ce q̄ le dit coup auoit este gastee. Quāt le roy labiā vit lespee q̄l tenoit si trēchāte, si pensa q̄l retourneroit pour prēdre le fourreau. Et lors rentra dedens la nef et remist lespee au fourreau. Et quant il eut ce fait: il cheut mort deuāt ce lit que vous voyez cy. Et ainsi fut esprouuee ceste espee: q̄ nul ne la tireroit hors du fourreau quil ne fust mort ou mehaignie. Si demoura son corps deuant ce lit: tāt que vne pucelle sen ietta hors, car il nauoit illec homme tant hardy qui sen osast ietter pour la deffence que les lettres du bort disoient. Par ma foy dist galaad cy a assez belle auenture: ie croy bien quil aduint ainsi comme vous dictes,

car ie ne doubte pas que ceste espee ne soit assez plus merueilleuse que nul autre. Haa galaad dist la damoiselle souffrez vous a tant que nous ayons bien regar. de ses merueilles qui y sont, et il la laissa incontinent. Et lors commencerent a regarder le fourreau, mais ilz ne sauoient de quoy il pouoit estre: sil nestoit de cuir de serpent, et nonpourtāt ilz veoient bien quil estoit aussi vert comme fueille et aussi vermeil comme vne rose, et si auoit dessus lettres: les vnes dor et les autres dargent mais quant ce vint a regarder le fourreau, si furent fort esbahis, car ilz ne sauoiēt de quoy il estoit. Si regarderent les renges de lespee et ny auoit nul qui ne sen esmerueillast fort, car ilz veoient que les renges nappartenoiēt pas a si riche espee comme ceste estoit, car ilz estoient de si vile matiere et de si poure comme destouppes de chanure, et leur estoit aduis q̄ ilz estoient si foibles que a peine pourroiēt ilz soustenir lespee ce leur sembloit. Et les lettres qui au fourreau estoient: disoient ainsi. Cellui q̄ me portera doibt estre moult plus preux et plus seur que nul autre, et quil me porte aussi nettement comme il doibt, car ie ne scay estre en lieu ou il y ait ordure de peche, et qui ne me mettera bien: sache il que ce sera cellui qui premier sen repentira. mais se il me garde nettement il pourra partout aller asseur, car le corps a qui ie pendray ne peut estre honny en place tant comme il soit chaint des renges a quoy ie pens, ne ia nul ne soit si hardy qui les renges en oste pour chose qui soit, car il nest pas ottroie a homme qui soit present ne aauenir, car elles ne doiuent estre ostees, si nō par vne femme qui soit fille de roy et de royne: si fera tel change quelle y mettera de la chose du monde quelle ayme le plus. Et si cōuient que la damoiselle soit pucelle en voulente et en euure, et sil aduient q̄lle ait violee sa virginite: sache de vray q̄lle mourra de la plus cruelle mort q̄ femme puisse iamais mourir. Et celle damoiselle appellera ceste espee p̄ son droit nō et moy par le mien, ne ia ne sera nul qui par noz droitz nōs nous sache nommer. Quant galaad eut les lettres leues: ilz commencerēt a rire, et disrent que cestoient merueilles a veoir et a ouyr. Sire dist preual or tournez ceste espee si verres quil y a de laultre part / et il la tourna incontinent sur laultre coste / et quant il leut tournee si vit qlle estoit rouge comme sang. et y auoit lettres escriptes qui disoient Cellup qui plus me prisera plus y trouuera a blasmer quil ne pourroit pēser: a cellui a dit le deuroye estre plus debonnaire se rapie plus mauuaise et ce ne aduiendra sinon vne foiz / car ainsi se conuiēdra faire a force. Quant la damoiselle eut ope ceste chose si dist a perceual Beau frere oyez deulx choses qui sont ia aduenues et se vous diray quant ce fut et a quelles gens elles aduindrent / pourquoy nul ne doibt doubter a prendre ceste espee pourtant qꝛ en soit digne.

Il aduint iadis quarante ans apres sa passion de iesucrist que nacieus le beau rourge mordrains fut porte en vne iournee bien quatorze iournees loing de son pays par le commandement de dieu en vne isle vers les parties doccident ꝛ appelloit on celle isle tornoiant. Et quant il vint la il trouua ceste nef ou nous sommes en la mer pres vne roiche. et quant il fut dedens entre et eut trouue cꝛ lit et ceste espee ainsi comme vous la voyez maintenant. si la regarda grant piece et la couuoita fort a auoir: et nonpourtant il neut pas tant de hardiesse en lup de la tirer hors du fourreau ꝛ ne se soit oster de la. Si demoura viii. iours en sa nef sans boire et sans menger sinon bien petit Et au ix. iour aduint que vng grāt vēt et merueilleux se leua en cel endroit qui le fist partir delisle tornoiant / et le porta en vne isle doccident moult loing de la et arriua deuant vne autre roiche. Et quāt il vit a terre il trouua la pres vng geyant le plus grant ꝛ le plus merueilleux du monde qui lui cria quil estoit mort. Quant il vit ce geyant qui venoit vers lui si ne vit riēs dont il se peust defendre. lors courut a lespee comme cellup qui angoisse de mort hattoit et la tira du fourreau. ꝛ quant il la vit nue il la prisa tant comme il la pouoit priser lors la commença a branler contre mōt mais au premier branle lui aduint que ceste espee rompit en pieces / puis dist il que la chose quil auoit plus prisee denoit il plus blasmer et p droit pour ce que au besoing lui auoit failli et la remist sur le lit. puis saillit hors de la

nef et alla combatre au geyant et loccist puis reuint a la nef. a quant le vent fut frappe aup. Boilles ainsi que aduenture de vent souuent sesmeut il alla tant par la mer quil encontra vne nef belle a merueilles ou le roy mordrains estoit qui moult auoit este tormente et batu de lenemp a saillir de la roiche du port perilleux mais quant lun vit laultre si menerēt moult grant ioye et demanda lun a laultre de son estre et des aduentures qui leur estoient aduenues. et tant que nacieus luy dist. Sire ie ne scay que vous me dictes des aduentures du mōde: mais puis que vous ne me veistes il mest aduenu vne des plus merueilleuses aduentures qui onques aduint a vng homme seul: puis lui compta comme il lui estoit aduenu de la riche espee et comment elle lup estoit rompue au grant besoing quant il cuida tuer le geyāt par ma foy dist le roy mordrains vous me dictes merueilles, ꝛ de celle espee que en feistes vo9 ie la mis dist nacieus la ou ie la pris: si le poues venir veoir sil vous plaist: car elle est ceans / et le roy mordrains se partist de sa nef et alla en celle de nacieus. Et quāt il vint au lit et il vit les pieces de lespee si la prisa plus que riens quil eut onques veu. et dist que celle rō pure nauoit pas este faicte par la mauuaistie de lespee: mais par aucune signifiance ou perche de nacieus. Lors print les deulx pieces et les ressouda comme les aciers sentre ioignent si ressouda lespee aussi tost comme elle auoit este rompue / ꝛ dist que cestoit merueille de nostre seigneur et de ses vertus qui rompue sou de si legierement que on ne pourroit pas ymaginer

Lors il remist lespee au fourreau ou vous la voyez maintenant et incontinent ouirent vne voix q leur dist. Issez hors de ceste nef et entrez en laultre affin que ne cheez en pechie / car se vous y estes trouues vous estes mors A tant pssirent de ceste nef ꝛ asserent en laultre. Et lors nacieus fut frappe dune espee si durement quil cheut en sa nef tout a sa la ranuerce / et au cheoir quil fist il dist. haa dieu comme ie suis blecie / lors ouyt vne voix qui dist Cest pour le pechie que vous feistes de lespee que vous tirastes: car vous ne y deuiez pas toucher, or vous en gardez vne au

tre foiz : et ne soyez pas si desprouueu de sens
dasser contre vostre createur. En telle manie
re aduint il de ceste espee comme ie vous ay de
uise qui cy est pour ce que ces lettres dient qui
plus me prisera/ plus y trouuera a blasmer:
car cestuy du monde qui plus prisa ceste espee
fut nacieus et elle luy faillit au grant besoig
si comme ie le vous ay compte. En nom de dieu
dist galaad de ceste chose nous auez vous fait
entendre la verite/ si nous dictes sil vous plaist
comment lautre aduint. Voulentiers dist la
damoiselle ie le vous diray. Il fut vray dist el
le q̃ le roy Banys q̃ on nõme le mehaignie tãt
comme il eut pouoir de cheuaucher il epousa
la foy de sainte crestiente et honnoura poures
gens plus que nulz autres que sen sceut/ et fut
de si bõne vie q̃ on ne trouuoit sõ pareil en cre
stiente: Mais vng iour ainsi quil chassoit en
vng boys qui duroit iusques a la mer et quil
perdit ses chiẽs et ses cheualiers fors vng tout
seul qui estoit son cousin germain. Lors quant
il vit quil eut perdu toute sa compaignie si ne
sceut que faire: car il veoit en la forest si parfõd
quil nen pouoit saillir comme cestuy qui na
uoit pas la voye aprinse. Et lors se mist en che
min ledit roy mehaignie et son compaignon
et allerent tant quilz vindrẽt sur la riue de la
mer par deuers yrlande: puis quãt il fut nuit
il trouuerent ceste nef ou nous sommes main
tenant et vindrent au bort et trouuerent les let
tres que vous auez veues. Et quant il les vit
si ne sesbahit pas comme cestuy qui ne se sen-
toit pas couppable enuers iesucrist comme be
aucoup dautres: car il estoit plain de toutes
les bontes que cheualier pouoit auoir. Lors en
tra en sa nef tout seul: car son cõpaignon neut
pas autant de hardiesse en lui quil y entrast.
Quant il eut trouue ceste espee il la tira hors
du fourreau tant comme vous pouez veoir/
car deuãt naparessoit il riẽs de salemelle et
toute seut traicts sans targier: mais incõtinẽt
entra leans en ceste nef vne lance dont il fut
frappe par les deulx cuisses sicomme il y ap-
pert encores/ ne onques puis ne peust guarir ne
ne fera deuant que vous venez a luy. Et ain-
si fut il mehaignie par la grant hardiesse quil
fist si estoit il vostre grãt pere/ et pour ceste ven
geance dit on quelle fut fort felonne et luy de

uoit estre debonnaire: car il estoit le meilleur
cheualier et le plus preudhomme qui alors fut
Certes damoiselle dist perceual tant nous en
auez dit que nous voyons que par ces lettres
ne doit on laisser a prendre ceste espee. Lors re
garderent le lit et virent ql nestoit pas en riẽs
taichie ne souillie/ et au millieu par dedens a-
uoit vng fuseau qui estoit fichie tout dedens
parmy le boys et estoit au millieu du lit tout
droit, et encores vng autre qui estoit a vng des
boutz du lit et estoit endroit cestuy du millieu
Et de luy fuseau iusques a lautre auoit tant
despace comme le lit estoit grãt/ et dessus ces
deulx fuseaux auoit vng autre fuseau menu
et carre qui estoit cheuilsie plus blanc q̃ neige
cestuy de derriere estoit plus rouge q̃ sang. et
cestuy qui estoit pardessus estoit aussi verdoi
ant comme esmeraude/ et de telles coulleurs
estoient les trois fuseaulx. Et saichiez vraye
ment que ce estoit naturelle couleur sans pain
ture: car elles ny auoiẽt este mises par nul hõ
me mortel ne par femme que maintes gẽs cui
deroient tenir a mesonge se on leur faisoit en-
tendant comme ce peult aduenir quilz estoy-
ent de telle couleur. Si retourne vng peu la
matiere pour deuiser la maniere des trois fu
seaulx/ et des couleurs qui estoiẽt sans paintu
re

¶ Comme la damoiselle cõpta aux cheua-
liers pourquoy sa nef fut faicte/ et qui y mist
le lit, lespee et la couronne   vi. cha.

Or dist le compte du saint gra
al icy endroit quant eue la pe
cheresse q̃ la premiere fut eust
pris conseil a lennemy de natu
re humaine ce fut au dyable qui des lors com
mẽca a engigner lhumain lignaige pour le
deceuoir et il leut enortee de pechie mortel qui
est couuoitise par quoy il auoit este iette hors
de paradis/ et trebuchie de lexellence dicellui
aux innumerables tormens denfer. Si fist
tant a eue par sa faulce tentacion et trahyson
tresinique quil luy fist cueillir du fruic de vie
que nostre seigneur le createur leur auoit ex-
pressement deffendu a adam et eue: et de
larbre mesmes cueilla vng petit rameau auec

La partie du saint graal.

se fruict si comme il aduiēt souuentesfoiz que le rainseau demeure auec le fruict q̃ on cueil/ le,et si tost q̃ elle seust apporte a son mary a/ dam a qui elle conseilla et enhorta quil en mē geast:si le print adam aux mains en telle ma niere quil arracha le rainseau comme vous a uez ouy. Si aduint que le rainseau demoura en sa main deue sa femme/si comme il aduiēt aucunesfoiz que lon tient aucune chose en sa main que on ne cuide riens tenir. Et si tost comme il eurēt du mortel fruict qui bien doit estre appelle mortel:car par lui vint premie/ remēt sa mort a ces deulx et puis aux autres si changerēt toutes leurs qualitez quilz auoi ent deuant eues. Veirent quilz estoient char nelz et nuz qui deuant nestoient sinon choses espirituelles/ia soit ce quilz eussent corps: et nonpourtant nasferme pas quilz fussent du tout espirituelz:car chose formee de si ville ma tiere cōme du lymon de la terre ne peust pas estre gaires nette:mais ilz estoient comme es piritielz (a comme ceulx qui estoient formez pour tousiours viure silz se feussent tenuz de pecher et de menger du fruict de vie. Et quāt ilz se regarderent si se virent nuz et congneu rent leurs honteux membres si fut fuy de sau tre vergongneux et de tant se apperceurent de leur peche. Lors couurirent chascun leurs mē bres de leurs paulmes : mais toutesfoiz eue tint tousiours en sa main le rainseau qui suy estoit demoure/ne oncques le rainseau ne sa laissa deuant ne apres. Quant cellui qui tou tes ses pensees scet veit et congneust quilz a uoient peche ainsi/si vint a eulx et appella a dam premierement :car cestoit raison quil en fust plus blasme que ne debuoit estre eue sa femme:car elle estoit beaucoup de plus fieble cōplection quil nestoit comme celle qui auoit este faicte de sa coste. (a si estoit droit quelle fust obeissante a luy nōpas luy a elle (a pour ce ap pella il adam premierement quil ne fist eue sa femme. Et quant nostreseigneur luy eut dic te ceste dure parolle tu mengeras ton pain en sa sueur de ton corps:mais pourtant ne vou lut il pas eue estre q̃tte pource q̃lle auoit este occasion du grant mal et forfait / dont nostre seigneur luy dist En douleur (a en tristesse en fanteras ta posture. Apres les ietta de para/

dis tous deulx que lescripture appesse para/ dis de desist ou paradis terrestre. Et quāt ilz furent hors/si tint eue tousiours le rainseau de larbre de vie en sa main que oncques ne se regarda sinon a celle. foiz q̃ elle se regarda quant elle fut nue. puis quant elle regarda le rainseau elle le vit verdoiant comme cellup qui na guaires auoit este cueilly / si sceut que le rainseau q̃ par elle auoit este cueilly / estoit occasion de son banissement de paradis terre stre et commencement de sa meschance. Lors dist en remembrance de si grant perte comme par cellup arbre leur estoit aduenue q̃ elle gar deroit ce rainseau tant comme elle pourroit se garder en telle maniere q̃ elle le verroit sou uentesfoiz en remembrance de sa grant mesad uenture. Lors se pensa quelle nauoit ne cof/ fre ne huche en quoy elle le peust mettre ne gar der : car au temps de lors nestoit point enco/ res sa coustume venue dauoir telles choses si le ficha en sa terre tout droict a dist que ainsi le pourroit elle veoir assez souuent : et le rain/ seau qui en sa terre estoit sichie par la vousen te de nostreseigneur a qui toutes choses sont o beissans creust et reprint en sa terre et enraci/ na tellement que apres il fut de grant signi/ fiance. Ce raiseau que sa premiere pecheresse apporta de padis terrestre fut plain de mouft grāt memoire: car en ce q̃ elle le portoit en sa main signissioit ilvne grant ioye / tout ainsy comme celle parlast a ses hoirs qui apres elle estoient a venir et estoit eue encores pucelle . le rainseau signissioit ainsi cōme celle leur dist Or ne nous esmaions pas pourtāt mes ēfans se nous sommes boutes hors de nostre heritai ge:car nous ne sauōs pas perdu a tousiours veez en cy enseignes que nous y serons enco/ res se dieu plaist. Et qui voulroit demāder pourquoy lhōme ne porta le rainseau hors de paradis aussi bien cōme sa fēme car lhomme est plus haulte chose que sa fēme A ce respond il que la porte du raiseau nappartenoit pas aussi bien a lhomme comme a la fēme:car la ou sa femme le portoit signissioit que par fem me seroit restauree sa porte,et ce fut signifian ce que par la vierge marie seroit leritaige qui perdu estoit pour lors vne fois restitue.

Mais retourne ores le compte au ras
seau qui estoit demoure en terre et
dist quil creust tant et multiplia quil fut grāt
arbre. si fut aussi blāc cōme vne noiz pellee en
lestoc et es branches et es fueilles. Et aussi ce
fut signifiance que virginite est vne vertu par
quoy le corps est tenu net & lame blanche, & en
ce ql estoit blanc en toutes choses signifioit q̄
celle qui lauoit plante estoit encores vierge a
celle heure quilz furent iettez hors de paradis
terrestre. Si saichiez que virginite et pucel
lage ne sont pas vne mesme chose ne vne mes
me vertu mais y a grant difference entre lun
et lautre: car pucellage ne se peut de trop cō
parer a virginite et si vous diray pourquoy
pucellage est vne vertu que tous ceulx & tou
tes celles ont qui nont atouchement de char
nelle cōpaignie: mais virginite est trop plus
haulte chose et plus merueilleuse, car nul ne
la peult auoir soit hōme soit fēme pourtant
quil ait voulente de charnel atouchemēt cel
le virginite auoit encores eue quāt elle fut iet
tee hors de paradis et des grās delitz q y estoi
ent. a celle heure quelle planta le raiseau na
uoit elle pas encores virginite perdue. puis a
pres māda dieu a adam ql congneust sa fēme
cest quil geust auec elle charnellemēt ainsi cō
me nature se requiert que lhōme cōgnoisse sa
fēme et la fēme auec son espoux. Lors eut eue
virginite perdue des lors qlz asserent en char
nel assemblement, & tantquil aduint apres ce
quil leur congneue grāt piece ainsi cōme vous
auez ouy quentre eulx deulx faisoient grant
dueil dessoubz larbre. Et adam sa cōmenca a
regarder et a plaindre la douleur de son exil:
si cōmencerent durement a plourer lun pour
lautre. Lors dist eue q ce nestoit pas merueil
le silz auoient la remembrance de leur triste s
se: car larbre lauoit en soy, ne nul ne fust des
soubz tant fust ioyeulx ql ne fust dolent dōt
a son droit estoient ilz dolens: car cestoit la re
mēbrance de leur banissemēt. Et si tost cōme
elle eut ceste parolle dicte si parla vne voix a
eulx & leur dist. Haa malheureux pourquoy
iugez vous ainsi la mort et destruisez lū lau
tre ne vous destruisez pas ne desconfortez: car
plus est noble lame que nest dure & hideuse la
mort. Ainsi parla la voix aux deulx pmiers

parēs, et lors furent moult reconfortez si sap
pelleret des lors en auant larbre de vie. Et
pour la grāt ioye quilz en eurent en planteret
ilz moult dautres qui descendirent de celluy:
car si tost comme ilz en ostoient vng raiseau
& ilz le plantoient il reuenoit tantost & enrac
inoit de soy mesmes, & tost receuoiēt la couleur
dicelluy que eue auoit plante premierement. &
tant quil aduint vng iour quilz se seoiēt tous
deulx dessoubz cel arbre, et dist la vraye hy
stoire que ce fut a vng vendredi.

Quant ilz eurent grant piece este ensē
ble si ouirent vne voix qui parla a
eulx & leur commanda quilz sassemblassēt
charnellement, et ilz furent lors tous deulx
plains de si grant vergoingne quilz neussēt
pas eu hardiesse deulx entremettre de si villain
mestier faire sil ne leur eust este dist: car aussi
grant honte auoit lhōme come sa fēme ne ilz
ne scauoient cōme ilz se peussent garder de tres
passer le cōmandement de dieu qui les chas
tioit ainsi quaues ouy. Si se cōmencerent a
regarder hōteusemēt, lors congnut dieu leur
vergoigne si en eut pitiez par eulx deulx vou
lut establir & multiplier lhumaine lignee pour
restaurer & replir les sieges de la douziesme le
gion des anges qui du ciel auoient este trebu
chez par lorgueil deulx. Et pource leur enuo
ya il grant confort a leur vergoingne: car il
vint au cōmencement entre eulx vne obscur
te si que lun ne pouoit voir lautre. et lors fu
rent moult esbahiz comme celle obscurte po
uoit estre venue entre eulx si soudainemēt. si
appella lun lautre & sentretasterent sans se v
ueoir, & pour ce ql conuiēt q toutes choses soy
ent faictes au cōmandement de dieu conuint
il qlz sassemblassēt ensēble charnellemēt: car
ainsi le vray pere lauoit mande a lun & a lau
tre. Et quāt ilz eurent geu ensēble si eurēt
nouuelle semēce dequoy leur grant pechie fut
fort allegie: car adam auoit engendre sa fem
me auoit conceu abel le iuste dessoubz larbre
de vie au vēdredi cōme vous sauez bien, & lors
faillit lobscurte et sentre virent ainsi cōme de
deuant. Si se apperceurent bien que ce auoit
fait nostreseigneur pour leur vergoingne cou
urir, si en furent moult ioyeulx & tantost leur
aduint vne grant merueille: car larbre qui a

uoit esté blanc en toutes choses parauāt deult aussi verdoyant comme herbe de pre: et tous ceulx qui de luy yssirent, puis quilz furēt assemblez en sa cōpaignie de mariage dessoubz larbre deuenoient telz en bois et en fleur et en escorce: ainsi fut change larbre de blanc en vert mais ceulx qui de cestui estoyēt descendus ne chāgerent oncques leur coulleur, ne oncques naparust synon a cestui seullemēt: mais celluy fut tousiours de verte couleur amont et aual et des lors cōmenca il a porter et a flourir ne oncques parauant il nauoit porté ne flouryt: et ce quil print la verte couleur amōt et aual et laissa la blanche, signiffie que sa virginité sen estoit allee de celle qui lauoit plantée, et la verdeur quil print et sa fleur signiffie q̄ en elle estoit semée bōne semence et que elle seropt desormais verte en nostre seigneur: cest bonne pensee et bonne amour que elle auropt vers son createur, et la creature qui dessoubz cel arbre auoit esté engendree et cōceue seropt chaste et pure de corps et le fruyt signiffie q̄ elle mōstreroit semblāt de estre religieuse et bō ne en toutes choses terriennes: ainsi fut cestui arbre longuemēt de verte couleur et tous ceulx qui de lui estoient descendus, des leur assemblement iusques a ce temps que Abel fut grāt et quil fut si debonnaire vers son createur, et tant laima quil lui rendit ses dismes et ses premisces des plus nettes choses qʼil auoit. Mais Caym le mauuais meurtrier ne fist pas ainsi, ains prenoyt les plus villes choses et les plus meschātes quil auoit et les offroit a son createur: et de ce aduenoit que nostre seigneur donnoit si belles choses a celluy qui si belles dismes luy rendoit. Et quant il estoyt en sa mōtaigne, ou il auoit acoustume a ardoir ses offrandes si comme nostre seigneur lauoit cōmande, si sen alloit la fumee tout droit au ciel: mais celle de caym son frere nalloit pas de telle maniere, ains se espandoit parmy les champs, et estoit si laide, si noire, et si puante que cestoit merueilles a veoir. Et celle qui estoit des biens de abel estoit blanche et sentāt bon plus que nulle chose. Quant caym veit que abel son frere estoit plus beneure en son sacriffice que il nestoit et que plus prenoit nostre seigneur ses dismes en gre que les siennes, si

lui en desplut encontre son frere abel, et pour ce se hayt oultre mesure, et lors commēca a penser comment il sen pourroit venger et tāt se pensa de lui nuyre quil delibera a soy mesmes de le tuer: car aultrement ne en pourroit il estre venge. Ainsi porta longuement caym sa hainne encontre son frere Abel dedens son cueur que oncques nen feist chiere ne semblāt par quoy son frere sen peust apperceuoir qui a nul mal ne pensoyt. Vng iour aduint que Abel fut allé au champz assez loing du manoir son pere, et seur demourance estoit assez loig de ceste arbre du quel est dessus faicte mēcion. Si lui print voulente de dormir, et se coucha dessoubz cel arbre et la deuant estoiēt les brebiz q̄ abel gardoit, le iour fut eschauffe: car le soleil estoyt ardant. si que Abel ne pouoit souffrir sa chaleur: si sen alla seoir des soubz ceste arbre et cōmenca a someillier. Et son frere caym qui longuement auoit la trap son pourpensee en son couraige leut espie et suyui tant quil le veit dessoubz cel arbre. Lors alla apres lui et se cuida tuer si couuertement qʼil ne fust apperceu, mais abel se dressa contre lui et se salua: car il laymoit de tout son cueur Si lui dist, bien soies venu beau frere: et caym luy rēdit son sallut et luy dist seies vous beau frere: et ainsi quil se seoit il lui lessa aller vng cousteau quil tenoit et le frappa dessoubz la mamelle, ainsi receust abel la mort par la main de son frere caym, et en ce lieu mesmes ou il auoit este conceu le iour du vendredi. Et p̄ ceste mort mesmes que Abel receust en ce tēps que ilz nestoiēt encores que trops hommes en terre nous est signiffie la mort du bon Jhesus car par Abel fut signiffie: et par Caym fut signiffie iudas par qui il mourut. Et tout ainsi comme caym sallua abel son frere, tout ainsi sallua Judas nostre seigneur et si lui auoit sa mort pourchassee. Et par ainsi saccorderēt bien les deux mors ensemble nō pas de haultesse mais par aulcune similitude. Car tout ainsi comme caym tua abel le vendredi ainsi occist iudas son createur nō pas par sa main mais par sa langue qui fust crucifie le vendredi. Et moult signiffia bien caym Judas de maintes choses, car il ne pouoit trouver occasiō en luy parquoy il le deust hair: mais

66 iii

il trouua occasion sans droicture nō pas par mauluaistie quil eust en lui Beue: mais par sa faulse trayson ymaginee. car il est coustu-me a tous mauluays hōmes quilz ont tous-iours guerre contre les bonnes gens: et se Iudas qui tant estoit desloyal & traictre eust sceu autant de mauluaistie et de trayson en ihesu crist cōme il sauoyt en soy mesmes il ne seust pas hap: ascoiz eust este la chose pour sa ghse il seust mieulx ayme quāt il se eust Beu tel cō me il se sentoit: et de celle trayson q̄ cayn sist Bers abel son frere/ parle nostre seigneur au psaultier par la bouche du roy dauid qui dist Vne terrible parolle et ne sauoient guieres de gens pour quoy il sauoit dicte. car il parle au si cōme se il dist a cayn. Tu pourpēsoies sist il et disoyes mauluaises parolles enuers ton frere et contre le silz de ta mere. machinoyes tu tes traysons et tes espies: et ce seiz tu de la Boulente mauluaise: pourtāt q̄ ie me taisoye pour ce as tu cuide que ie fusse a toy semblable: mais non suis. aincois te chastieray et te reprendray moult durement.

Ceste Bengeance auoit este esprouuee & aduenue auāt que dauid seust diu se la ou nostre seigneur dist a cayn ou est tō frere: Et il respōdit cōme cellui qui se sentoyt coulpable de trayson et qui auoit ia son frere tue & couuert des fueilles de larbre affin q̄ il ne sust pas trouue. Sire ie ne suis pas gar-dien de mon frere: et nostre seigneur luy dist Quesse cayn que tu as fait: la Boix du sang de Abel que tu as tue sest plaincte a moy, et pour ce q̄ tu as ce fait. seras tu maulsdit et la terre sera maulsdicte en toutes ses oeuures q̄ tu feras pour tant que elle a receu le sang de ton frere q̄ tu as respādu sur elle. Ainsi maul dit nostre seigneur la terre en seuure de cayn et ne mauldit pas larbre soubz lequel abel a uoyt este tue ne les aultres arbres qui de luy descendirent qui puis creurent sur la terre par la Boulente de nostre seigneur: et de cel arbre aduint Vne grande merueille: car si tost cō-me abel eut este occiz et eut receu mort, soubz cel arbre il perdit sa belle couleur Berte et de-uint en toutes choses Bermeil qui fut en remē brance du saint sang qui auoit este dessoubz espādu ne de cellui ne pouoit nul aultre plus

engier: ains mouroient toutes les plantes q̄ on en faisoit et a bien ne pouoient Benir/ mais il creust & embellit si merueilleusement q̄ ce fut le plus bel arbre qui oncques puis fust Beu et le plus delectable a regarder. longuemēt du ra cel arbre en telle couleur & en telle bonte cō me Bous antes ouy deuiser ne oncques ne em bel lit ne secha/ nēpira en nulle maniere fors seul lement que il ne porta fruit depuis celle heu-re q̄ le sang de abel fut dessoubz respādu: mais les aultres qui de cellui estoiēt descēdus slou rissoient et portoient fruit si comme sa natu-re de larbre se requiert/ et tant demoura en tel le maniere que le siecle fut moult creu & mul tiplie et le tindrent en reuerence tant que tous ceulx de adam et de eue descendirent & moult le honnourerent tous/ et cōptarent lung a lautre cōment leur premiere mere sauoit plā te et y prenoient asseguement a seurs ames/ et les Bielz et les ieunes se y Benoient reconfor ter quāt il estoient en aulcune meschāce pour ce q̄ arbre de Bie estoit appelle. Et apres grāt espace de temps cel arbre leur faisoit remem brāce & ioye puis enueillit: aussi sirēt tous les aultres qui de lui yssirent et furent tous blās et ceulx aussi qui Bers estoient. ne nul du sie- cle nestoit tant hardi qui osast oster Vne bran che de cel arbre. et de celluy deit on encore vne au tre merueille auenir: car quāt nostre seigneur eut enuoie en terre le deluge par quoy le mon de q̄ tant estoit mauluais fut peri & les fruitz des arbres. les foretz et les gaignaiges seu-rent si chierement cōpare que puis ne peurēt auoir si bonne saueur cōme ilz auoient par a uant: ains furent adonc toutes choses terriē nes tournees en amertume. mais des arbres q̄ de cellui demourerēt et estoient descēdus ne peust on Beoir signe quilz fussent empirez ne de saueur ne de couleur quilz eussent par auāt Et tant durerent ces arbres en telle maniere que sallomon le filz au roy dauid regna et fist terre apres son pere: et cellui sallomon fut si saige quil fut garni de toutes bonnes sciēces que cueur dhōme mortel pouoit sauoir. Et cōgneust toutes les forces des pierres preciou ses et les Bertus des herbes: et sceust le cours des estoilles si bien que nul fors dieu ne le pou oit mieulx y sauoir: et non pourtant a tout son

La partie du saint graal.

grant sens ne peult il durer encontre sengin de sa fēme quelle ne se deceust souuent quāt elle pᵉ voulsoit mettre peine: et ce ne doibt on pas tenir a merueille, car puis q̄ vne fēme veult mettre son entente et son cueur auec son engin a quelque chose faire sens dhōme mortel ne se y pourroit prēdre. la q̄lle chose ne cōmēca pas a nous mais a nostre premiere mere. Et quāt salomon dit quil ne pourroit durer cōtre sengin de sa femme: il se smerueilla moult dont tel sens lui venoit, ⁊ en fut fort courrouce mais plus nēy osa faire cōtre sengin de la fēme dōt il dist en son liure des paraboles: Jay dist il enuironne le monde ⁊ alle parmy en telle maniere que homme mortel pourroit enquere/ mais en toute celle circuite ne ay peu trouuer vne fēme bonne: ceste parolle dist salomon p̄ se courux de sa fēme a qui il ne pouoit durer: il sessaya en plusieurs manieres sauoir mōt sil sa pourroit iecter de son sēs: mais ce ne pouoit estre. Quāt il vit ce, il cōmēca a faire vne demande a soy mesmes, pour quoy fēme faisoit si voulentiers mal et courux a hōme: a ceste demāde lui respondit vne voix comme il y pensoit et lui dist. se de fēme vint tristesse a hōme ne te chaille: car vne fēme sera encores dōt il viendra al hōme plus grant ioye cēt fois q̄ celle tristesse nest: et celle fēme naistra de ton lignaige soies certain. Quāt salomō entendit ceste parolle, il se reputa fol de ce q̄l auoit sa fēme blasmee. lors cōmenca a pour penser par les choses qui apperēt en dormāt ⁊ en veillāt pour sauoir sil pourroit cōgnoistre la verite de son lignaige: et tāt enchercha et ap̄rit que le saint esperit lui demōstra la venue de la vierge marie: et lui dist vne voix partie de ce qui estoit a aduenir. Et quant il ouit ceste nouuelle il demāda se cestoit en sa fin de sō lignaige/ nennil dist la voix: vng hōme vierge en sera seigneur⁊ chief: ⁊ cellui sera dautāt meilleur de iosue cōme celle vierge sera meilleur de la fēme: or te ay deuise ce/ dōc tu as este en doubtance.

Quant salomō entēdit ceste parolle, il dist q̄ moult estoit ioieux quāt en si haulte bōte et en si noble cheualerie seroit fine sa haultesse de son lignaige quāt lui mesmes q̄ deuāt auoit este bō eheualier sceust la ve

nue de ce bon cheualier. Si cōmēca a y magi ner cōmēt il se pourroit sauoir ⁊ y pēsa long temps, car il ne veoit pas cōment il peust scauoir ce que de si long tēps estoit a aduenir a lui et quil sceust de lui nulle riens: et sa malle fēme ymaginoit bien q̄l pensoit a chose dōt il ne pouoit venir a bout: et sa fēme laimoit assez, uoy pas tant cōme maīctes apmēt l eur mary: Si ne lui voulut pas tātost demāder a quoy il pēsoit ains actēdit tāt quelle vit sō point. Si vit vng soir quil estoit de bon affaire et ioieux. Et lui pria quil lui dist ce q̄l se lui demanderoit: et il dist que si feroit il cō me celui qui ne cuidoit pas quelle pēsat ou elle pensoit: et elle lui dist tantost, sire vous a ues moult pense ceste sepmainne et laultre et long temps a que en telle maniere naues cesse de penser: et pour ce cuide ic bien que vous a ues pense chose dōt vous ne poues a bout venir: et pour ce voudroie ie voulentier scauoir que cest: car il ny a au monde si grāt chose de quoy ie ne cuidasse bien venir a bout au grāt sens qui en moy est. Quāt salomon ouyt ceste parolle il pensa bien q̄ se cuer mortel pouoit mettre conseil en ceste chose quelle lui met troit car il lauoyt trouuee de si grant engin q̄ il ne cuidoit pas que en tout le monde eust fēme de si grant engin: et pour ce lui vint il en voulente quil lui diroit. et luy en dist tout entierement la verite, et quant il lui eut dit elle pēsa vng petit et lui respondit tātost, cōment dist elle estes vous doncques esbahy cōment vo⁹ puissies scauoir du cheualier ⁊ cōmēt vo⁹ aues sceu la verite de sa venue. et il dist ouy certes ie ne puis pas sauoir cōme ce puist estre car il y a si lōg temps de maintenāt iusques a ce terme la que ie en suis tout esbahy par ma foy cōmēt ce peult estre: Dist elle ie le vous en seignerai mais dictes moy auāt cōbien vous cuidiez quil y ait iusques a ce tēps la et il dist que il cuidoit a son aduis q̄l y eust bien deux cēs ans ou plus: or vous diray ie dōt dist elle q̄ vous ferez: faictes faire vne nef du meilleur bois que on poura trouuer. Et il dist que si seroit il: Et incontinent manda Salomon tous les charpētiers de sa terre et leur cō māda quilz feissēt la plus forte nef qui oncq̄s fust veue: affin que de long tēps ne peust pou

BB iiii

tir/et ilz dirent quilz la feroient telle comme il la deuisoit: et quant ilz eurent faict diligē/ce dauoir le boys pour ce faire: sa femme dist a salomon / sire puis quil est ainsi que ce cheualier quon a dict doibt passer tous aultres de cheualerie qui deuant lui ayent este et qui aprez lui viendrōt, il seroit bien seant que vous appareillissies aulcunes armeures les meilleures a qui passassent de bōte toutes armeures ainsi cōme il passera de bōte tous aultres cheualiers: & il dist quil ne les scauoit ou dire ne ou prendre telles cōme elle les deuisoit. Et ie les vous enseignerap voulentiers dist elle Au temple que vous aues faict faire en honneur de nostre seigneur la est lespee au roy dauid vostre pere la plus trenchant et la plus merueilleuse qui oncques fust demenee p main de cheualier prenez la et en ostes le pōmeau & la poinnee affin quen aiez sa lumesse et que la mettez en sauf en vne part. et vous qui congnoissies la vertu des herbes et la forces des pierres / et sa maniere de toutes aultres choses, faictes y vng pommeau des pierres precieuses qui si soubtillemēt soyēt ioinctes quil ny ait apres vous nul regard terrien qui puis se congnaistre lune de laultre: ains cuide chascun qui sa verra que ce soit vne mesme chose. Apres y faictes vne poincte si merueilleuse qᷓl ny ait au monde si excellente chose ne si vertueuse. apres y faictes vng foureau si merueilleux cōme lespee est en son endroit. Et quant vous aures ce fait ie y mettray les renges telles cōme il me plaira: et il fist ce que elle luy amōnestafois du pōmeau qᷓl ny mist q̄ vne seulle pierre au bout qui estoit de toutes les couleurs quon pouopt deuiser, et y mist vng mache si merueilleux quon ne scauoit dire pl'

Quant la nef fut faicte et mise en mer la dame y mist vng lict grāt a merueilles & y fist mettre plusieurs couchepoinctes et au cheuet du dit lict mist le roy sa courōne & la couurit dung blanc drap de soye. Et auoit baille a sa femme lespee a y mettre les renges et la fist mettre aux piedz du lict, et elle lui apporta si vit quelle y auoit mis les renges destouppes / et sen voulut courocer: mais elle lui dist sire sachiez que ie nap nulles si hauktes choses qui soiēt dignes de soubtenir si haulte espee cōme

est ceste: & que en pourray ie faire dist le roy salomon: vous la lesserez encores dist elle: car il ne vous conuient pas que les y mettez / ains le y mettra vne pucelle mais ie ne scap quāt ce sera ne a quelle heure: A tant lessa le roy lespee ainsi quelle estoit: et apres firēt la nef couurir dung drap de soye q̄ ne pouoit pourir. Et quant sa nauire fust couuerte sa dame regarda le lict et dist q̄ encore y falloit il aultre chose. Et sors sen yssit et vint a larbre ou aūl auoit este vue: et qnāt elle fut a la venue elle dist aux charpentiers. Couppez moy de ceste arbre tant que ien aye a faire vng fuysseau / haa dame dist lung des charpentiers: nous noserions ne scauez vous pas bien que cest larbre q̄ nostre premiere mere planta. il Il fault dist elle que le faciez, car aultremēt vous seroye ie destruire du corps. Et ilz dirent quilz se feroient puis quil estoit force de ce faire: adonc cōmencerēt a frapper a cel arbre / mais ilz ny eurent guieres frappe quilz furēt tous espouātez, car ilz virēt tout appertemēt q̄ de larbre yssoiēt gouttes de sang aussi vermeilles cōme roses. et sors vouloient lesser a frapper mais elle leur fist trenchier voulsissēt ou non. Et en ostérēt tant quilz en peurent auoir pour vng fuisseau. Et quātilz eurēt ce fait elle leur fist prendre dung des arbres de couleur vert qui de celsui estoient descendus: et dūg des aultres qui estoieut tous blans.

Quant ilz eurēt de ces trois manieres de boys qui estoient de diuerses couleurs, ilz vindrēt en sa nef & entra la fēme de salomon dedens puis dist a ces charpentiers qui auoiēt taille se bois: ie veuil q̄ me faciez de ce bois trois fuisseaux, et en soit lūg au coste du lict et laultre sera de laultre coste & le tiers soit par dessus. affin qᷓl soit cheuyllie aux aultres deux. et ces charpentiers firēt ce quelle auoit cōmande et mirent les fuiseaux mais il ny eut cellui qui oncques puis muast sa couleur tāt cōe sa nef dura, & quāt ilz eurēt ce fait salomon regarda la nef & dist a sa fēme. Tu as dit il faict merueilles: car se tous ceulx du mōde estoiēt cy: ilz ne scaroiēt deuiser la signifiāce de ceste nef ne toy mesmes aussi ne encore ne scauras tu pas bien congnoistre le cheualier du quel ie ay les nouuelles ouyes se no

La partie du saint graal.

stre seigneur ny mect aultre bon cõseil Or la laissez ainsi dist elle, car vous en oirez tãtost autres nouuelles que vous ne cuidez. Celle nuit geust salomon deuãt sa nef a petite compaigne. Et quant il fut endormy: il lui fut aduis que de deuers le ciel venoit ung homme a grant compaignie danges qui descendoient dedens la nef, si prenoit ce que lun des anges portoit en ung seau dargẽt, & en arrousoit toute sa nef, et puis venoit a lespee, et escripuoit lettres a la poignee, & apres venoit au bort de sa nef & y faisoit aussi des lettres. Et quãt il se alloit couchier au lit: salomon ne sauoit quil deuenoit: aincois seuanouissoit lui & sa compaignie. Lendemain si tost que laube du iour apparut, salomon sesueilla & vint deuant sa nef, si trouua au bort lettres escriptes qui disoient ainsi. Oys tu homme qui dedens moy veulx entrer: garde que tu ny entres se tu nes plain de foy, car ie ne suis sinon foy & creance Et si tost comme tu lerras ta creance: ie te serray en telle maniere que tu nauras iamais de moy soustenance ne aide, ains te feray cheoir en la mer de quelque heure q̃ tu soyes attaint en mescreance.

Quant salomon vit ce si fut si esbahy p̃ quil nosa entrer dedens: ains se tira attiere, et la nef entra en la mer si grant erre quil en perdit tantost la veue. Si assit salomon a la riue & commenca a penser a ceste chose. Et lors descendit vne voix q̃ lui dist. Salomon le derrenier cheualier de ton signaige se reposera en ce lit q̃ tu as fait, & saura nouuelles de toy. De ceste chose fut salomõ moult ioyeulx, si esueilla sa femme & tous ceulx de sa compaignie, & leur compta sauenture. Si fist salomon sauoir aux priuez & aux estranges comment sa femme auoit mene a chief ce en quoy il ne sauoit mettre conseil. Et par ceste raison nous dist le compte par quelle occasion sa nef fut faicte & pourquoy, & comment les fuseaulx estoient de leur naturel couleur blancz vertz & vermeilz sans nulle painctures fois de leur nature mesmes. Si sen taist ores le conte & parle dautre chose.

¶ Comment la damoiselle mist les renges en lespee, & comment galaad la saingnist, & comment la seur de perceual mourut. pii. cha

Or dist le compte que grant piece regarderent les trois compaignons le lit & les fuseaulx, et tant quilz congneurẽt que ses fuseaulx estoient de naturelle couleur sans painture: si sen esmerueillerent moult, car ilz ne sauoient comment ce pouoit estre. Et quãt ilz les eurent grant piece regarde: ilz seurent le drap & veirẽt sa couronne dor dessoubz qui estoit moult riche ce leur sembloit, & trouuerent auec ce vne gibeciere. Et perceual sa prist & louurit, si trouua dedẽs ung brief Et quant ilz le veirent si disrent que ce brief les feroit certains de sa nef, de qui elle vint, & qui la fist premierement. Lors commenca perceual a lire se brief tãt quil leur deuisa la maniere des trois fuseaulx & de la nef, & puis leur compta du fict mais il ny eut nul deulx qui assez ne plourast ce pendãt quilz lescoutoient, car de haulte chose & de ancienne lignie leur faisoit ce brief ramẽbrance. Et quant perceual eut deuise la maniere des fuseaulx & de la nef, il dist a galaad & a boort. Beaulx amis or vous conuient querre la damoiselle qui les renges de ceste espee chãgera & y en mettra dautres, car sans vous ne sairions nous pas ceste espee oster de ceans. Et ilz disrent quilz ne sauoiẽt ou ilz la pourroient trouuer, & non pourtant ilz si accorderent tous disans quilz proient voulentiers en sa queste: puis que faire leur conuenoit Quant la damoiselle qui seur de perceual estoit: les ouyt ainsi parler, si leur dist. Seigneurs ne vous esbahyssez point car se dieu plaist ains que nous departons dicy: les renges y serõt mises si bonnes si belles & si riches comme elles y appartiennẽt. Lors ouurit la damoiselle seur de perceual vng petit coffret quelle tenoit fort beau & riche, et en tira hors vnes renges ouurees dor de soye & de cheueulx moult richement. Si estoient les cheueulx dequoy les renges de lespee estoient faictes: si beaulx si clers & si refuisans que a grant peine eust on peu congnoistre le fil dor pour les cheueulx qui refuisoient comme silz eussent este de fin or, et auecques ce y auoit de moult riches pierres precieuses. Beaulx seigneurs dist elle voyez cy les renges qui doiuent estre a ceste espee, & sachiez que ie les feis de la cho

La partie du saint graal.

se de dessus moy que iauoye plus chiere ce fut de mes cheueulx/ Et se ie les auoye chiers ce nestoit pas merueille/car le iour de la penthecouste que vous fustes fait cheualier: dist elle a galaad auoie ie le plus beau chief que femme du monde pouoit porter. mais si tost comme ie sceu que ceste auenture estoit appareillee a qui se me conuenoit faire/ie fris incontinent oster tous mes cheueulx/a en fris ces renges telles comme vous les voyez. Certainement damoiselle dist boort vous soyez la tres bien venue/car de grant peine nous auez deliurez ou nous feussions estez se ceste nouuelle ne seust venue. Et elle print lespee a osta les renges destoupes/a y mist celles quelle tenoit/si estoient si bien faictes qlnp failloit riens/car elle estoit vierge de bousele a de fil. Quat elle eut ce fait si dist aux copaignons Sauez vous comet ceste espee a nom. Damoiselle dirent ilz nennp: mais vous la nous deuez nommer sil vous plaist. car ainsi le deuisent les lettres. Certes dist elle: elle a nom lespee aux estranges renges/a se fourreau a nom memoire de sang. car nul qui sens ait ne verra ia sune partie celle qui fut faicte de larbre de vie: qui ne sui doiue souuenir du sang abel. Quant ilz entendirent ceste parolle si disret a galaad. Sire or vous prios nous au nom de dieu a affin que cheualerie en soit exaulcee: que vous saingniez ceste espee qui tant a este desiree au royaume de logres: que oncques les apostres ne desireret tant nostreseigneur car par ceste espee cuident ilz bien que les merueilles du saint graal a les auentures qui chascun iour aduienent soient de vous menees a fin. Or me laissez dist galaad faire auat se droit de lespee/ car nul ne sa doibt auoir q nen puisse se poing empoingnier/a lors pourrez vous bien veoir selle sera mienne. Et ilz diret que cestoit la verite. Si mist galaad tantost sa main a lespee/si sui aduint tellement a lempoingnier que sun des dois passa assez sautre. Quant ses compaignons veirent ce si diret a galaad. Sire ce sauos nous bien quelle est vostre/si ny peut iamais auoir contredit que vous ne sa saigniez. Et il sa tira hors du fourreau/si sa veit si belle a si clere que on si pouoit bien mirer. puis sa remist galaad dedens le

fourreau. Et la damoiselle sui osta celle quil auoit sainte a lui saingnist celle des estranges renges. Et quant elle sui eut celle saite au coste: si dist. Or ne vous esmerueilliez pas cheualiere ne ne vous chaille quant ie men voise car ie me tiens a la plus beneuree pucelle du monde: qui ay fait le plus preudhomme du siecle cheualier/car sachiez q vous nestiez pas cheualier parfait quant vous estiez desgarny de ceste espee qui pour vous fut apostee en ce pays. Damoiselle dist galaad vous en auez tant fait que ien seray vostre cheualier a tout iamais. Et elle sen remercia moult. Or nous pouos bien partir dicy a asser en nostre autre affaire. Lors yssirent de la nef a allerent a la roche. puis dist perceual a galaad. Certes sire il ne sera iamais iour tant comme ie vive q ie ne remercye nostreseigneur de ce quil suy a pleu que iaye este a si haulte auëture trouuer comme est ceste. car elle a este la plus merueilleuse que ie veisse oncques. Quant ilz furent entrez en la nef si se mirent en mer a le vët se frappa es voiles qui tost ses essoigna de la roche. Et quant la nuit les surprint/si demanderent les vngs aux autres sil z estoient pres de terre. mais nul nen sauoit riës. Ceste nuit allerent par mer sans mengier a sans boire/comme ceulx q de nulle viande nestoient garnis. Si seur aduint quilz arriuerent sendemaí a vng chasteau que on appelloit certesos qui estoit en la marche descosse. Et quant ilz furent sa arriuez a ilz eurent rendu graces a dieu de ce quil les auoit menez si sauuement a sauenture de sespee a ramenez: si entreret au chasteau/a quant ilz eurent passe la porte la damoiselle seur dist. Seigneurs mal n' est aduenu de ce port/ car se on scet que nous soyons de la maison au roy artus on nous assauldra incontinent pour ce que on hait le roy artus seans plus que nul homme du monde Or ne vous esbahyssez point damoiselle diret ilz, car cestui qui nous a amenez iusques cy nous en deliurera bien. Ce temps pendant quilz parloient ainsi/il seur vint au deuant vng varlet qui seur demanda. Seigneurs cheualiers qui estes vous. Et ilz disrent que ilz estoient de la maison au roy artus a copaignos de la queste. Voire dist se varlet vous estes mal arriue. Lors se tourna vers sa maistresse forteresse du chasteau/ puis apres ne demoura guaires quilz ouirent sonner ung cor que on pouoit bien ouir par tout le chasteau/ Et une damoiselle vint a eulx & leur demanda qui ilz estoient/ & ilz lui dirent pareillement comme ilz auoient dit au varlet. Haa seigneurs dist elle pour dieu se vous pouez si vous en retournez, car ie vous promets que vous estes venus a vostre mort/ & pour ce vous conseilleroye ie par mon conseil que vous vous en retournissiez deuant que ceulx de ceans vous prengnent/ ilz dirent quilz ne sen iroient pas. Donc voulez vous dist elle mourir, & ne vous esbahissez point dirent ilz/ car celui au seruice duquel nous sommes nous en deliurera bien sil lui plaist. A ceste parolle veirent venir parmy sa maistresse rue iusques a dix cheualiers armez qui leur dirent quilz se rendissent ou quilz les occiroient/ & ilz dirent quilz ne se renderoient point. & vous estes donc tous mors. Si leur laisserent courre leurs cheuaulx. Et ceulx qui guaires ne ses doubtoient neantmoins quilz fussent plus que eulx, & combien quilz fussent a pie/ & ceulx de cheual tirerent leurs espees/ & perceual en frappa ung tellement quil se porta du cheual a terre, puis prist se cheual & monta dessus/ & ainsi auoient ia fait galaad & booit/ & si tost comme ilz furent a cheual: ilz les commencerent a occire merueilleusement. Et quant les autres les veirent venir ilz tournerent en suitte. & ceulx ses enchasserent iusques en la maistresse forteresse. Et quant ilz vindrent amont en la sale: ilz trouuerent cheualiers & sergans qui se armoient pour le cor quilz auoient ouy sonner par my le chasteau. Et quant les trois compaignons qui sestoient mis apres eulx tout a cheual veirent que ceulx sarmoient/ si leur coururent sus les espees aux poigs & les alloient tuant & abatant ainsi comme se ce fussent bestes mues & ceulx sa deffendirent leurs vies au mieulx quilz peurent. & au derrenier leur conuint tourner le dos, car galaad faisoit telles merueilles que nul plus/ & tant en tuerent que ceulx du chasteau ne cuidoient pas quilz fussent hommes mortels/ mais ennemis denfer qui sestoient leans embatus pour les destruire. Et au derrenier quant ilz veirent quilz ne les pourroient desconfire/ ilz sen fuirent lun ca & lautre sa/ & les autres se laissoient cheoir de paour par les fenestres & se rompoient iambes cuisses bras & colz. Quant les trois compaignons veirent le palais deliure: ilz regarderent les corps des hommes quilz auoient occis, si se tindrent a cruelz de ceste besoingne et distrent quilz auoient mal exploité quant ilz auoient tant occis de gens. Certes dist booit ie ne cuide pas que se nostreseigneur les eust amez: il neust pas souffert quilz eussent este ainsi martirizez comme ilz sont/ mais ilz ont este mescreans par auenture/ si ont tant mesfait vers nostreseigneur qui ne vouloit pas quilz fussent plus en vie, & pour ce nous en uoia il ca pour les destruire. Vous ne dictes pas bien dist galaad: se ilz auoient mespris vers nostreseigneur la vengance nen estoit pas nostre a prendre, mais a celui qui attent tant que les hommes se congnoissent. Et pour tant vous dis ie bien que ie ne seray iamais aise deuant que ie sache vrayes nouuelles de ceste euure que nous auons faicte sil plaisoit a nostre seigneur.

Ainsi quilz parloient en telle maniere yssit ung preudhomme de leans vestu dune robe blanche qui portoit le corpus domini en ung calice. Et quant il veit ceulx la qui estoient mors: il en fut tout esbahy & se tira arriere comme cellui qui ne sauoit que faire quant il veit parmy la sale tant dhommes mors. Et galaad qui bien veit ce quil portoit osta son heaume a lencontre, si congneut bien que le preudhomme auoit eu paour/ il fist arrester ses compaignons & vint au preudhomme & lui dist. Sire pourquoy estes vous cy arreste: vous nauez garde de nous. Et dont estes vous dist le preudhomme/ & ilz distrent quilz estoient de la maison au roy artus. Et quant le preudhomme ouit ceste nouuelle il fut tout asseure de la paour quil auoit eue/ si se rassit & demanda a galaad quant & comment ces cheualiers auoient este occis. Et il lui compta comment ilz estoient arriuez leans/ & comment ilz auoient este assaillis/ mais sur ceulx du chasteau en estoit tournee sa desconfiture/

si comme il pouoit veoir / et quant cellui ouyt galaad: il lui dist. Sire sachiez que vous auez faict la meilleur euure que cheualier feist oncques et se vous viuiez autant comme le monde dureza. vous ne feriez aussi bonne aumosne comme ceste est / si scay bien que nostre seigneur vous y enuoya pour ceste besoingne acheuer, car il ny auoit gens au monde qui tant hayssent dieu: comme ceulx de ce chasteau / ou il y auoit quatre freres / et pleur desloyaulte hayoient ceulx de la court au roy artus / et les gens au roy artus les hayoient aussi mortellement Si estoient ceulx de ce chasteau tellement obstinez quilz estoient pires que sarrazins / et ne faisoient riens qui ne fust contre droit et contre saincte esglise. Sire dist galaad ie me repentoye moult de ce que iauoye este a les occire / pour ce que ie cuidoye que ce fussent bons crestiens. Jamais ne vous en repentez dist le preudhomme: mais soyez en bien ioyeulx / car ie scay bien que dieu vous en scet bon gre / pour ce quilz nestoient pas crestiens: ains estoient les plus desloyaulx que ie veisse oncques / et si vous diray comment ie le scay. De ce chasteau cy ou nous sommes estoit seigneur et maistre le queulx arnoul: ores a ung an / si auoit trois filz assez bons en armes / et vne fille la plus belle quon sceust trouuer en tout ce pays, et ces trois freres amoient leur seur de si folle amour: et firent tant quilz geurent auec elle tous trois et la despucellerent / et pour ce quelle fut tant hardye de sen aller plaindre a son pere: ilz loccirent. Et quant le seigneur qui estoit seur pere veit ceste desloyaulte / il les voulut chasser hors de son pays / mais ilz ne le souffrirent pas: ains parlerent ensemble tant qilz se mistent en prison et le naurerent moult durement / et leussent occis se neust este ung de leurs freres qui le rescouist Et quant ilz eurent ce fait ilz commencerent a faire toutes les mauuaisties du monde / car ilz tuoient tous les clers les prestres les moisnes et les abbez / et firent abatre toutes les chappelles de ceans. Sy ont tant fait de desloyaultez dessors en ca que cest merueilles quilz ne sont pieca fondus en abisme. Et au iourd huy au matin aduint que leur pere qui ceans gist malade du mal de la mort si comme ie cuide / me manda que ie le venisse ve-

oir aisi arme des armes de nostre seigneur comme ie suis / et ie y vins voulentiers comme a cellui q de long temps mauoit ame. Mais si tost comme ses filz me veirent ilz me firent tant de honte: que les sarrazis ne men eussent pas tant fait silz meussent tenu / et ie le souffris voulentiers pour lamour de cellui seigneur en despit de qui ilz le faisoient. Et quant ie feus venu en la prison ou le queulx seigneur de ce chasteau estoit / et quat ie lui euz compte la honte qilz mauoient faicte: il me respondit. Mon amy ne vous chaille. car ma honte et la vostre sera vengee par trois nobles cheualiers seruiteurs de iesucrist. car aisi le ma demostre le hault maistre. Et par ceste parolle pouez vous bien sauoir que nostre seigneur ne vous en scet point de mauuais gre: ains sachiez vrayement que nostre seigneur vous enuoya ca pour les occire et destruire / et vous en aurez encores huy signe plus euident que vous nauez eu. Lors commenca le preudhomme a plourer / et Galaad aussi: puis lui dist le preudhomme. Sire moult auons attendu vostre venue / et tant que nous vous auons la dieu mercy, or vous en venez auecques moy la ou ie vous meneray. Sire dist galaad voulentiers. Lors se mena le preudhomme en sa prison ou le queulx estoit. Et si tost comme le queulx le vit venir, il se dressa en son seant mais ce fut moult a grant peine / et lui dist Sire bien soyez vous venu: comme cellui que nous auons tant desire / si vous prie pour dieu et pour le salut de vostre ame: q vous me prenez en vostre giron: affin que mon ame se resiouysse de ce que le corps sera trespasse sur si preudhomme comme vous estes. Et il fist ce quil lui auoit requis moult voulentiers. Et quant il leut mis sur sa poittrine. si senclina le queulx comme cellui qui a la mort traueilloit et dist. Beau pere des cieulx en tes mains commande mon ame. Lors senclina du tout et demoura en telle maniere vne espasse. Et quant ilz cuiderent qil fust trespasse ilz le voulurent oster. mais il getta ung souspir tantost apres et dist. Galaad: le hault maistre te mande que tu te as au iourdhuy bien vengie de ses ennemis / car la compagnie des cieulx sen esiouist or te conuient il aller chieulx le roy mehaignie le plus tost que tu pourras: affin quil recoiue la sante quil auoit longuement attendue/ et si vous mande a vous trois que vous departez si tost comme auenture vous auendra.

Atant se teust que plus ne parla/ & incontinent se partit lame du corps. Quāt ceulx du chasteau qui demourez estoient vifz virēt le compte mort/si en firēt vng merueilleux dueil/car moult lamoient. Quāt le corps fut enseuely ainsi comme il appartenoit a faire a vng si noble homme comme il estoit. Lors en firent sauoir la nouuelle par le chasteau/si y vindrent les rendus qui illec en tour demouroiēt/& enterrerēt le corps en vng hermitaige. Lendemain se partirent de leans les trois compaignons & se remisrent en leur chemī/mais tousiours alloit auec eulx la damoiselle seur de perceual. Si cheuaucherent tant quilz vindrēt en la forest gaste/& quant ilz furent entrez dedens ilz regarderent deuāt eulx/& virent venir deuāt eulx vng cerf blāc que quatre lyons conduisoiēt: cellui mesmes q̄ perceual auoit veu autresfois. Galaad dist pceual. or pouez vous veoir merueilles/car par mon chief ie ne veis ōcques auēture plus merueilleuse. si cuide vrayement que ces lyōs gardēt ce cerf/& cest vne chose dont ie ne seray iamais aise deuant q̄ ien sache la verite. En nom dieu dist galaad aussi le desire ie moult a sauoir. Or allons apres lui dist perceual si saurons son repaire/car ie cuide que ceste auēture est de par dieu/& ilz sostroierent vouentiers. Lors allerent apres le cerf: tant quilz vindrent en vne valee/si regarderent deuāt eulx & virent vng hermitaige ou demouroit vng preudhomme biel & ancien. Et le cerf entra dedens lermitaige/& les lyons aussi/& les cheualiers qui le suiuoyēt descendirent. Et quāt ilz vindrent pres de lermitaige la ou le preudhomme demouroit: ilz tournerent vers la chappelle. si virent lermite q̄ estoit reuestu des armes de nostreseigneur & vouloit commencer la messe. Et quant il fut au sacrement de la messe: les trois compaignons se merueillerent assez plus que deuant/car ilz virent ce leur fut aduis que le cerf deuint homme propre/& seoit dessus lautel en vng siege fort beau & fort riche/& virent que les lyons furent

muez/lun en fourme dhomme/lautre en forme doyseau/lautre en forme de lyon/& laustre en forme de beuf. Ainsi furent muez les quatre lyons/& si auoiēt tous esles: tellemēt quilz pouoient bien voller a nostreseigneur/ puis prindrent le siege ou le corps de lōme seoit les deux aux piez & les deux autres au chevez/& sen allerent parmy vne verriere: en telle maniere que oncques sa verriere nen fut rōpue ne cassee. Et quant ilz sen furēt allez: ilz ouyrent vne voix qui leur dist. En telle maniere entra le filz de dieu en la benoite vierge marie: que oncques sa virginite nen fut corrōpue. Quant ilz ouyrēt ceste parolle: ilz cheurent a terre tous estendus/car la voix leur a voix donne si grant clarte & si grant estonnissement quil leur fut aduis q̄ la chappel estoit cheue. Et quant ilz furēt reuenus en leur force & en leur pouoir: ilz virent le preudhomme qui auoit desia chante sa messe/& se desueſtoit Lors vindrent a lui & lui prierēt q̄l leur deist la signiffiance de ce quilz auoient veu. Quelle chose dist le preudhomme auez vous veu. Adont lui comptérent tout ce q̄lz auoient veu. Quant le preudhomme entendit ceste chose si leur dist. Seigneurs vous soyez les tresbien venus/maintenant scay ie bien que vous estes des vrays cheualiers qui en la queste du saint graal sōt entrez: vous soustenez les trauaulx & les peines/& si estes ceulx a qui nostreseigneur a monstre ses secrez & ses reposaistailles: or vous en a monstre vne partie/car en ce que vous veistes muer le cerf en forme celestielle: & quil nest pas mortel/vous mōstra il la vengance quil fist en la croix: cest de la char mortelle/dont il vainquit en mourāt la mort/& si amena nostre vie. Bien doit estre signiffie par le cerf/car tout ainsi comme le cerf se mue en laissant soubz le cuir son poil/& se renouuelle en partie/tout ainsi reuint nostre seigneur de mort a vie. Et quant il laissa le cuir terrien: ce fut sa char mortelle quil auoit prinse au ventre de la benoite vierge marie/ Et pour ce q̄ en la vierge marie neut ōcques nuls pechie terrien: apparut il en guise de cerf blanc sans tache. Et par les quatre lyons qui estoient auec lui: doit on entendre les quatre euangelistes tresbeneurees personnes qui en escript misrent partie des œuures terriennes de iesucrist: quil fist quant il estoit auec nous Et sachiez que oncques cheualier ney peut sauoir la verité: ne que ce peut estre. Si en a nostre seigneur en ce pays et en maintes terres monstre aux preudhommes et a uous cheualiers en telle semblance comme du cerf et des quatre lyons: affin que ceulx qui se uerroient y prinssent regard et exemple. Et bien sachiez que desoresmais en auant ne sera nul qui en telle semblance se voye iamais. Quant ilz entendirent ceste chose: ilz commencerent a plourer de ioye qlz eurent/ et rendirent graces a nostre seigneur de ce quil leur auoit demonstre ceste chose si euidamment. Si demourerent tout le iour auec le preudhomme. Et lendemain quant ilz eurent ouy messe/ et ilz sen deuoient partir. Perceual print lespee que galaad auoit laissee et dist ql la porteroit doresenauant/ et laissa la sienne en la maison du preudhomme. Quant ilz furent partie de leans/ et ilz eurent cheuauche iusq̃s apres midy/ si aprocherent dun chastel fort et bien seant/ mais ilz nentrerent point dedẽs pour ce que leur chemin tournoit daultre part Et quant ilz furent ung pou esslongniez de la maistresse porte: ilz veirent venir vers eulx ung cheualier qui leur dist. Seigneurs ceste damoiselle que vous menez auec vous est elle pucelle. Par ma foy dist boort pucelle est elle vrayement. Et quant cestui ouit ce/ il print se palefroy de la pucelle par le frain et dist. Par sainte croix vous ne meschapperez pas ainsi deuant que vous ayez fait la coustume de ce chastel. Quant perceual veit le cheualier q̃ sa seur tenoit en telle maniere: il lui dist. Sire cheualier vous nestes pas saige de ce dire/ car pucelle en quelque lieu quelle voise: elle est franche de toutes coustumes: mesmement sy gentille femme comme ceste est: qui est fille de roy et de royne. Ce temps pendant quilz parloient ainsi veirent yssir du chastel iusques a x. cheualiers armez/ et auec eulx venoit une damoiselle qui tenoit une escuelle dargent/ et ceulx distrent aux trois compaignons. Beaux seigneurs il conuient que ceste damoiselle que vous menez auec vous paye la coustume de ce chastel. Et galaad leur demanda quelle coustume cestoit quil conuenoit que la

pucelle payast. Sire dist le cheualier chascune pucelle qui passe par cy deuant: doit rendre une plaine escuelle dargẽt de son sang, et toutes celles qui y ont desia passe: sen sõt acquittees au mieulx qlles ont peu. Mauldit soit celui dist galaad q̃ ceste coustume y establit sans chevalier, car elle est mauuaise et vilaine, et se dieu maist a ceste damoiselle auez vous failly car tant comme iauray santé et elle me vueille croire: elle ne vous rendera ia ce que vous lui demandez. Sy maist dieu dist perceual: iaymeroie mieulx estre mort/ et moy aussi dist boort. Par ma foy distrent les cheualiers vous y mourrez donc, car vous ny pourriez pas du rer se vous estiez les meilleurs cheualiers du monde. Et lors laisserent courre les glaives abaissez les ungs aux autres. Si aduint si bien aux trois compaignons quilz en abatirent trois des dix qui a lencontre deulx venoient puis mirent les mains aux espees et les allerent occiant et abatant ainsi comme se ce fussent bestes. Si les eussent occis assez legierement: quant ceulx du chastel yssirent a tout soixante et dix cheualiers armez qui les secoururent de toute leur puissance. Et entre eulx vint ung viel homme qui dist aux compaignõs. Beaux seigneurs ayez mercy de vous tous et ne vous faictes pas occire/ certes ce seroit trop grant dommaige. car trop estes preudhommes et bons cheualiers. et pour ce vous vouldrions nous prier que vous payssiez ce que nous vous demandons: aincois que pis vous en auiegne. Certes dist galaad pour neant en parleriez vous: car ia ne saurez celle me veult croire. Comment dist le preudhomme voulez vous doncques mourir. Nous ne sommes pas encores la/ et certes nous amerions mieulx mourir q̃ faire telle deslopaulte. Lors recommẽca la meslee dune part et daultre fort aspre/ si assaillirent les trois compaignõs de toutes pars. mais Galaad qui tenoit lespee aux estranges renges frappoit a destre et a senestre: tellement quil occioit tout ce quil rencontroit/ si alloit tousiours auant en conquerant tousiours terre sur ses ennemys: sans ia mais en reculer/ et ce lui valut moult/ car les deux compaignons lui aidoient a destre et a senestre: tellement q̃ nul ne se pouoit touchier

que par deuant. En telle maniere dura la ba
taille iusques apres nonne que ses trois com
paignons nen eurent oncques le pire: ne onc
ques ne perdirent place, a tant se tindrent la
que la nuit sursenue noire & obscure qui a for
ce les sist departir, tellement que ceulx de de
dens dirent quil leur conuenoit laisser la ba
taille. Lors reuint le preudhomme aux trois
compaignons, car autresfois auoit parle a eulx
& leur dist. Seigneurs nous vous prions par
amours & par courtoisie q̃ vous venez pour
meshuit logier auec nous, & nous vous pro/
mettons par noz serines que nous vous met
terons demain en tel point & en tel estat cõme
vous estes maintenant. Et sauez vous pour
quoy ie le dis: ie le vous dis pour ce que ie scay
vrayement que si tost comme vous saurez la
verite de ceste chose: que vous vous accorderez
a ce que la damoiselle se face ainsi come nous
lui requerons. Seigneurs dist la damoisel
le assez y puis quilz vous en prient, & ilz si ac
corderent incontinent, si entrerent ensemble au
chastel, & donnerent treues les vngs aux
autres. Si ne fut oncques fait si grant ioye
comme ceulx de seans sirent aux trois compai
gnons, si les sirent descendre & desarmer. Et
quant ilz eurent mengie, si demanderent de
la coustume du chasteau comment elle auoit
este establie, & pourquoy, & lun deulx leur dist
Seigneurs ce vous diray ie bien. Il est vray
dist il quil y a cy vne damoiselle a qui nous
sommes tous & ce chasteau est sien, & mal au
tre auec. Si aduint deux ans a quelle cheut
en vne maladie par la voulente de nostre sei
gneur, ou par son peche. Et quant elle eut grãt
piece languy: nous regardasmes quelle mala
die ce pouoit estre, si veismes que cestoit dune
maladie que on clame meselerie. Lors man
dasmes des mires loings & pres, mais il ny
eut nul qui de sa maladie nous sceust riens
enseignier. Et lendemain nous dist vng hom
me qui moult estoit saige, que se nous pouy/
ons auoir plaine escuelle du sang dune pu
celle qui fust vierge en voulente & en euure, et
aussi fille de roy & de royne, & seur de perceual
le vierge, si en oingnist on ceste damoiselle: el
le guariroit incontinent.

La partie du saint graal.

Q Vant nous ouysmes ceste chose:
nous establismes q̃ iamais ne pas
seroit damoiselle par cy deuant que nous nen
eussions plaine escuelle de son sang pourtant
quelle fust pucelle. Si meismes gardes aux
portes de ce chasteau pour arrester toutes cel
les qui y passeroient. Or auez ouy seigneurs
dist le preudhomme comment la coustume de
ce chasteau fut establie, si en faictes ce q̃ vous
plaira. Lors appella la pucelle ses trois com
paignons, & leur dist. Seigneurs vous voyez
que ceste damoiselle est malade, & ie la puis
guarir de mon sang, car autrement elle ne peut
eschapper, or me dictes q̃ ien feray, car il mest
aduis se ie mourroye pour sa garison: ce seroit
honneur a moy, & a tout mon lignaige, & ie le
doy bien faire: partie pour vous, & partie pour
eulx, car se vous assemblez demain ainsi cõ/
me vous auez fait au iourdhuy, il ne peut estre
quil ny ait plus grant dommaige que de ma
mort. Et pour ce vous dis ie q̃ ien feray a ma
voulente, si sera appaisee ceste gueue. Si vous
prie que vous me ottroyez ce que ie vous req
ers. Et ilz lui ottroyerent dolés & courroucez
Lors appella la damoiselle ceulx de seans et
leur dist. Voyez dist elle vous ioyeux, car vo
stre bataille de demain est demouree, si vous
promettz q̃ demain me acquitteray en telle ma
niere comme les damoiselles se doiuent acqt
ter. Quant ceulx de seans ouirent ceste nou
uelle: si remercierent la damoiselle moult grã
dement, & commencerent la feste par seans be
aucoup plus grande quilz nauoient fait par
auant. Si seruirent les trois compaignons
de trestout leur pouoir, & les coucherent en iii.
beaulx litz le plus richement quilz oncques
peurent. Celle nuit furent moult bien seruis
les trois compaignons. Lendemain quant ilz
eurent ouy messe: ilz vindrent au palais, Et
la seur de perceual commanda que on lui ame
nast la damoiselle qui par son sang denoit a
uoir garison. Et ilz disrent que si seroient ilz
voulentiers. Lors la allerent querre en vne
chambre ou elle estoit. Et quant les compai
gnons la veirent: ilz sen esmerueillerent fort
car elle auoit le visaige si deffait & si deffi/
gure du mal de meselerie que cestoit merueil
les cõment elle pouoit durer en telle maniere

se en telle douleur. Et quant ilz la veirent venir:ilz se leuerent encontre elle/ & la firent seoir auec la pucelle seur de perceual. Et elle dist a la pucelle quelle lui rendist ce quelle lui auoit promis. Et elle lui dist que si feroit elle voulentiers. Lors commanda sa pucelle que on lui apportast vne escuelle/ & on lui aporta/ & elle tira son bras & se fist frapper en vne vaine dune petite alenelle ague & trenchant comme vng rasoir/ & le sang en saillit incontinent & elle fist le signe de la croix emmy son front & se recommanda a dieu/ & dist a la damoiselle malade. Damoiselle ie suis venue a ma mort pour vostre sante/pour dieu priez pour moy/car ie suis a ma fin. Et ainsi quelle disoit celle parolle:le cueur lui esuanouit:pour le sang quelle auoit perdu/car lescuelle en estoit la toute plaine/ & les compaignons la coururent tost tenir & estanchier pour ce quelle saignoit trop. Et quant elle eut este grant piece esuanouye & elle peut parler:si dist a perceual Je me meurs pour la garison de ceste damoiselle. Si vous prie q̃ mon corps vous ne laissiez pas en ce pays/mais si tost comme ie seray trespassee:mettez moy en vne nasselle au plus prochain port que vous trouuerez pres de cy/ & le laissez aller sicomme auenture le pourra mener/ & ie vous dis que ia si tost ne viendrez en la cite de sarras:ou il vous conuiendra aller apres le saint graal:que vous me trouuerez arriuee dessoubz la tour. Si faictes tãt pour moy & pour lonneur de vous:que mon corps faciez enterrer au palais espirituel. Et sauez vous pourquoy ie le vous requiers:pour ce que galaad y sera enseuely & vous aussi

Quant perceual ouyt ceste parolle: il dist que si feroit il voulentiers/ & elle seur dist. Seigneurs departez vous de moy & allez chascun sa voye:iusques a tant que auenture vous amenra chieulx le roy mehaignie/car ainsi le veult le hault maistre/ & pour ce le vous mande il par moy que vous le faciez ainsi. Et ilz disrent q̃ si feroient ilz. Et elle seur requist qlz lui feissent auoir son sauueur Si manderent vng hermite preudhomme q demouroit assez pres du chasteau en vng bosquet. Et il ne demoura guaires quil ny vint/

& aussi le besoing y estoit si grant que plus ne pouoit/car elle vouloit rendre lame. Et quãt elle vit venir son sauueur elle tendit les mains au deuant/ & se receut a grãt deuocion/ & incontinent trespassa de ce siecle. dõt les trois compaignons furent tant dolens quilz ne cuiderent iamais estre rescõfortez. Cellui iour mesmes fut la damoiselle guarie:q̃ deuant estoit ladresse & meselle, car si tost comme elle fut lauee du sang a la saincte pucelle:elle fut toute nettoyee de sa meselerie/ & reuint sa char en grãt beaulte:qui deuant estoit noire & obscure a veoir. De ceste chose furent moult ioyeulx tous ceulx de leans. Si firent au corps a la pucelle seur de perceual ce quelle auoit requis/ & luy osterent les boyaulx & tout ce que on deuoit/ puis lembausmerent aussi richement comme se ce fust le corps dun empereur/puis firẽt faire vne nef & la firẽt couurir dun riche drap de soye & y firent vng lit beau & bon. Et quãt ilz eurẽt appareillee la nef au plus richemẽt quilz peurent:il y misrent le corps de la pucelle/puis le misrent en la mer. Et booit dist a perceual que cestoit mal fait quil ny auoit en la nef vng epytaphe honnourable auec le corps qui deuisast tout son parente & comment elle estoit morte. & toutes les auentures quelle auoit aidees a acheuer:que sil auenoit par auenture que la nef arriuast en estranges terres q̃ on sceust q̃ elle estoit. Je vous certiffie dist perceual que iay mis vng bref a son cheuais qui deuise tout son parente & commẽt elle est morte. Et galaad dist quil auoit fort bien fait/car tel pourra cy apres trouuer le corps qui plus grant honneur lui portera quil neust fait:puis quil saura la verite de sa vie. Tant comme ceulx du chasteau peurent veoir la nef:ilz demourerent sur la riue/ & plourerent moult tendrement la plus grant partie des cheualiers qui la estoient/car grant chose auoit faicte la damoiselle qui a sa mort sestoit mise pour la sante dune autre damoiselle estrãge. Si disrent q̃ oncques pucelle nauoit ce fait. Et quãt ilz ne peurent plus veoir la nef/ilz sen retournerẽt en leur chasteau/ & les trois cõpaignõs disrent quilz ny entreroient iamais pour lamour de la damoiselle qlz y auoient perdue Si demourerent dehors & disrent a ceulx de dedens quilz leur pardonnassent/a que ilz ny entreroient iamais et que silz leur plaisoit q̃ ilz leur apportassent leurs armes/et aussi firent ilz incontinent. Quant les trops compaignons furent armes et montez/et quilz se voulurent mettre en la voye/ ilz virent le temps moult obscur et les nues fort chargees de pluye et le temps se changier/ sy se tirerẽt vers vne chappelle qui estoit pres du chemin/et entrerent dedens et regarderent que le temps estoit fort deuoie: et commenca a tonner et a esclairer/a fouldre a cheoir p le chasteau. Tout le iour dura ceste tempeste par my le chasteau tellement quen peu dheure il y eut la moitye des murs abatus. ce quilz neussent pas cuide cõe il leur sembloit a ce q̃lz en veoient p dehors

Quant vint apres vespres que le temps fut rasseure ses compainons virent vng cheualier par deuant eulz qui estoit nauré et disoit souuentesfoiz/haa dieux secourez moy: Apres luy venoient sept aultres cheualiers et vng nayn qui lui disoit de loing cheualier vous estes mort et ia ne poues guerir a cest vers le ciel tẽdoit ses mains en disãt Beau sire dieu secoures moy en ceste grande tribulation. Quant les compaignõs virent ce cheualier qui ainsi saloit plaignãt a nostre seigneur il leur en prit moult grãt pitie/et galaad dist quil le secourra: et Boort dist mais moy sire ie iray. car il nest pas mestier q̃ vous remues pour vng seul home: et il sui octroya puis Boort vint a son cheual et monta dessus: et leur dist: se ie ne reuiens ne laisses pas pour ce vostre voie: mais mettes vo' se matĩ chascũ par soy au chemin a moy si feray ie aussi. Si alles tant q̃ nostre seigneur nous rassemble tous trois au roy mehaignie. Et ilz dirẽt qlz Voise en la garde de nostre seigneur:et qlz dep partiroient le matin lung de laultre. Et Boort sen partit incõtinent et sen alla vers le cheualier pour le secourir: A tant se taist ores le cõpte de lui et retorne aux deux compaignons qui en la chappelle estoient demourés.

¶ Comme Galaad et perceual trouuerent le chasteau tout fouldroye au quel la seur perceual estoyt morte a cause de son sang quelle baissa pour guerir la dame de leans laquelle estoit sadresse. viii. cha

Or dist le compte que toute la nupt furẽt en sa chappelle galaad et perceual /et prierent moult nostre seigneur qu' gardast loir et conduist en quelque lieu quil benist au matin. Quant le iour fut esclarcy et la tempeste cessee: ilz monterẽt sur leurs cheuaulx et sadrecerent vers le chasteau pour sauoir cõment il estoit aduenu a ceulx de dedẽs Quãt ilz vindrẽt a la porte ilz trouuerẽt toute: et les murs tous abatus et si entrerent dedens. Et quãt ilz furent entrez ilz se merueilleret moult plus q̃ deuãt: car ilz ne trouuerẽt leãs homme ne fẽme qui ne fust ars ou mort si chercherent hault a bas et dirent que moult y auoit grãt perte de gens. Et quant ilz vindrent au maistre pallais /ilz trouuerent les murs verses et trouuerẽt ses cheualiers mors lung ca et laultre la ainsi comme nostre seigneur les auoit fouldroiez de tempeste pour la mauuaise vie quilz auoiẽt menee. Quãt les compaignons virent ceste douleur: ilz dirent que cest espirituelle vengeãce et si ne fust ia aduenu se ne fust pour appaiser le courouz du createur du monde. Et ainsi quilz parloient ilz oyrent vne voix qui leur dist: c'est la vengeance aux bonnes pucelles pour leur sang q a este respãdu pour la terrienne garison dune desloyalle pecheresse. Et quant ilz ouyrent ceste parolle: ilz dirent que moult est la vengeance nostre seigneur merueilleuse: et q̃ moult est fol qui contre sa voulẽté va/ ne pour mort ne pour vie: Quant les deux compaignons eurent grãt piece alle par le chasteau. ilz trouuerent au bout dune chappelle vng cymitiere qui estoit plain darbres tous feuilus. et dherbe verte et estoit plain de belles tombes: et en y pouoit bien auoir sy. si belles et si delectables quil ne sembloit pas que tempeste y eust eu et non auoit il eu sans doubte: car leans gesoyent les pucelles qui pour la garison de la dame auoient este mortes. Quãt ilz furẽt en ce cymitiere tout ainsi a cheual comme ilz estoient: ilz descendirent et virẽt es tombes de chascune le nom de celles qui la gisoient. et vont lisant les lettres a trouuerent que leaus gisoient iusques a pii. damoiselles filles de roy et de hault lignaige estraictes. Et quãt ilz vi-

cc i

rent ce / ilz dirent que trop uillaynne coustu
me auoyent ceulx du chasteau mayntenue
car plusieures belles pucelles auoient occiz a
grant tort. Quãt ses deux compaignons eu
rent sa demoure iusques a prime et eurẽt tout
veu: ilz sen partirent et allerẽt iusques a une
forest. Et quant ilz vindrent a lentree : per
ceual dist a galaad sire huy est le iour q̃ nous
conuient departir et aller chascun sa voye. ie
vous commãde a nostre seigneur : quil nous
ottroye que nous puyssons entre trouuer
briefuement: car certes ie ne trouuay oncques
homme dõt sa compaignie me semblast si bõ
ne cõme de vous: et pour ce me griefue cest de
partement et plus que ne cuides: mais il con
uient ainsi estre puis quil plaist a nostre sei
gneur. Lors osta son heaulme, et aussi fit ga
laad si sentrebaiserent au departir: car moult
sentre aymoient et bien y parust a sa mort: car
moult peu vesquit lung apres laustre. Et ain
si se departirent les deux compaignons a len
tree de la forest que ceulx du pays appelloyẽt
aube. Si laisse ores le compte a parler deulx
et retourne a lancelot.

¶ Comme Lancelot e galaad se trouuerent
ensemble en une nef et comme galaad se par
tit de son pere e lancelot sen alla a combien e de
sa a la court du roy artus. cha. piiii.

Or dist le compte que quant lã
celot fut venu a leaue de mar
toise et se veit enclos de troys
choses dont il fust fort descon
forte et non sans cause: car dune part estoit la
forest qui estoit grande et desuoyat. Et daul
tre part auoit deux roches qui estoient gran
des et daultre part leaue grande et parfonde
Ces troys choses se meurẽt quil dist quil ne se
mouueroit de la ainsi attenderoit mercy de
ihesucrist / si demourroit en telle maniere ius
ques a sa nupt. Et quant sa nuyt fut au iour
meslee lancelot osta ses armes : et se coucha de
coste, e fist sa priere telle comme il sceut: e ain
si quil sentoit que besoing lui estoit: et affin q̃
nostre seigneur ne soubliast pas: ainz lui en
uoiast secours tel comme il scauoit que mest
ier lui estoit. Et quãt il eut ce dist: il sendormit
en telle maniere quil pensoit plus a nostre sei
gneur que aux choses terriennes. Et quant il

fut endormi il lui vint une voix qui sup. dist
Lãcelot lieue sus et prens tes armes : et entre
en la premiere nef que tu trouueras. Et quãt
il oyt ceste parolle il tressaillit tout et ouuryt
ses yeulx adonc veit entour lui si grant clar
te qui lui fut aduis quil fust grant iour : mais
ne demoura guieres que il ne sceust q̃ ce deuit
e il leua sa main e se seigna : puis print ses ar
mes et se commãda a nostre seigneur . puis
sappareilla. Et quãt il fut tout abille et quil
eut son espee faynete , il regarda a sa ryue de
leaue et veit une nef sans voille et sans aui
ron, si entra dedens. Et incontinent quilz fut
dedens entre, il luy fut aduis quilz fut entre
bonnes espices et entre les meilleures odeurs
du monde . et lors fut de tant plus ioyeulx q̃
deuant : car il auoyt selon son aduis tout son
desir entierement : adõc il rendit graces a no
stre seigneur e sagenouilla en sa nef mesmes
en saluant le benoyst pere Jhesuchrist et dist.
Sire ie ne scay dõt ce peult aduenir, se de vo9
me vient : que ie voy maintenant mon cueur
en si tresgrant ioye : que ie ne scay se ie suis en
terre ou en paradis terrestre. Lors se acouta
au bort de la nef et sendormit en ycelle ioye.
Et quant il fut endormy il fut si aise que il
ne lui fut pas aduis que il fust tel: cõme il
souloit: mais tout change: et au matin quant
il sesueilla / il veit au millieu de sa nef ung
lict bel et riche et en ce lict gisoit une pucelle
morte, dont il ne apparoissoit que le visaige
descouuert , et quant il veit il se dressa celle
part et la va tãt regardant dũg coste et daul
tre quil veit ung breuet dessus son chief / si se
print et se regarda : et y trouua lettres qui di
soient : Ceste damoyselle fut seur a perceual
le galloys et fut tousiours vierge en voulen
te et en euure: cest celle qui changa les renges
de lespee aux estranges renges que galaad le
filz lancelot porte a present.

Apres trouua en ce brief toute sa vie et
la maniere de sa mort et comment
les troys compaignons galaad booit et per
ceual sen seukirent ainsi cõme elle estoit: et la
mirent en sa nef par le cõmãdemẽt de la voix
diuine. Et quant il sceust la verite de ceste cho
se / il fust cent mille foiz plus ioyeulx quil ne
souloit: car moult eut grant ioye dou y par

ser de Booit et de Galaad qui estoient ensem/ble: Adonc remist le breuet la ou il estoit par auant: et reuint au boit de la nef et pria dieu que aincoiz que celle queste faillist: lui doint veoir galaad son filz. Ainsi que lancelot estoit en tel point de ceste chose, il ariua a vne roche en laquelle auoit vne petite chapelle et deuant ihups auoit vng biel homme chanu: & ainsi comme il approucha de lui il le salua & le preudhomme lui rendit son salut et lui demanda qui il estoit. Et quant cellui entēdit que cestoit lancelot il se meruteilla moult dōt il venoit: et ainsi quil parloit a lui, se vent se mist en sa nef et la fist partir de la roche: et lancelot saillit et entra dedēs: et lois sentre cō manderent a dieu et le preudhomme sen retourna en sa chappelle. Ainsi demoura lancelot vng mois entier en sa nef que ōcques nen yssit: si lui aduint vne fois quil arriua de nupt empres vne forest: Lois escouta et ouyt vng cheualier venir qui faisoit moult grant brupt. Et quant il vit la nef il descendit de son cheual et lui osta la selle et le frain & le lessa aller: adonc se seigna & entra en sa nef tout armé. Quant lancelot vit le cheualier venir: il ne courust pas prendre ses armes ains sup dist: sire chenalier bien soiez venu: et cellui respondit comme tout esbahy cuidāt quil ny eut personne leans: sire bōne aduenture a pes vo' et pour dieu sil vous plaist dictes moy q̄ vous estes: et il lui dist quil estoit lancelot du lac. Voire dist cellui ie vous desiroie a veoir et auoir a compaignon, lois osta le cheualier son heaulme: et lancelot lui dist, haa galaad estes vous icy: sire dist il ouy certes. Et quant il sentēdit: il lui courust au col les bras, & vous et sentre commēcerent a baiser, et a faire grāt feste. Lois demāderēt lung a laultre de son estat: adonc racompterent lung a laultre leurs aduentures. En celle nef demourerent lancelot et galaad bien demi an et plus: et chascū entendoit a seruir nostre seigneur. Et plusieures fois ariuerent en ysles estranges, ou il ne repairoit sinon bestes sauluaiges et y trouuerent aduentures merueilleuses lesquelles ilz mirent a fin, tant par leur prouesse, que par la grace du saint esperit qui en tous lieux leur aidoit. On ne fait pointe compte mē

tion du saint Graal pour ce que trop long seroit qui tout voudroit raconter ce quil leur aduint apres pasques au temps nouueau q̄ toutes choses entrēt en verdeur & les oyseaulx chantent par les boys chans diuers pour le cōmencemēt de la doulce saylon: car toutes choses se mettēt plus en ioye que en aultre tēps.

A cellui terme leur aduint vng iour a heure de midy quilz arriuerēt en loree dune forest deuant vne croix, et lois veirent yssir de la forest vng cheualier arme du nes armes vermeilles q̄ estoit monte moult richement, et menoit vng cheual blanc en destre. Et quant il veit la nef la ariuee, si vint celle part le plus tost quil peult et salua les deux cheualiers de par le hault maistre. Si dist a galaad: sire cheualier assez auez este auec vostre pere yssez de la nef et montez sur ce cheual qui est biau et bon: & allez la ou aduenture vous menera: querant les aduentures du royaulme de logres. Et quant il ouyt ceste parolle: il court a son pere et se baisa mōlt doulcement et lui dist en plourant biau sire ie ne scay se ie vous reuerray iamais au vray corps de dieu vous command qui vous maintienne en son seruice. Et lois commēcerēt lūg et laultre a plourer. Ainsi que galaad fut yssu de sa nef et monta sur son cheual il vint vne voix entre eulx qui dist: orez pense chascun de bien faire: car lung ne verra iamais laultre deuant le iour espouātable que nostre seigneur rendera a chascun ce quil aura desseruy: ce sera au iour du iugement. Quant lancelot entēdit ceste parolle: il dist a galaad, filz puis quil est ainsi que ie me partiray de toy a tous iours, prie le hault maistre que il ne me lesse partir de son seruice mais en telle maniere me garde que ie soie son seruiteur espirituel et terrien. Et galaad lui respondit, sire nulle prie re ny vault autant comme la vostre, et pour ce vous souuienne de vous mesmes. Adonc se departirent lung de laultre et galaad entra en la forest et le vent entra fort en la nef tāt q̄ se fust bien tost esloignee de la. Ainsi fut lancelot tout seul en la nef fois: le corps a sa damoiselle: & alla bien vng mops entier par my sa mer en sa nef et pria nostre seigneur quil le menast en tel lieu ou il peust veoir tātost aul

cc ii

cune du saint graal.

Entour la minuyt aduint quil arriua deuant ung chasteau qui moult estoyt bel et riche et bien seant:et au derriere du chasteau auoit une porte qui ouuroit par deuers leaue ce estoyt tousiours ouuerte de nupt et de iour:et de celle porte nauoiēt garde ceulx du chasteau. car il y auoit tousiours deux lyons qui gardoient lentree/lung deuant et laultre derriere en telle maniere quon ne pouoit leans entrer se parmy eulx on nētroit:pour tāt que on voulsist ētrer par celle porte. A celle heure que la nef arriua celle part. la lune luisoit moult clere tant quon pouoit assez veoir loing et pres et incontinent lancelot ouyt une voix q̃ lui dist. Ie de celle nef et entre en ce chasteau ou tu trouueras grant partie de ce que tu quiers et que tant desires a veoir. Et quant il ouyt ce/si courrut incōtinent a ces armes et les prīt et ne lessa riens quil eut apporte. Et quant il fut yssu de la nef il vint a la porte du chasteau et trouua ses deux lyons si cuidoit bien q̃l nen pourroit eschapper sãs meslee. Lors mist la main a lespee et regarda contre mont et veit venir une main toute enflābee qui le frappa si durement q̃lle lui fist voller lespee de sa main. Lors ouyt une voix qui lui dist/ haa homme de poure foy et de poure creance:pour quoy tres tu plus fie en ta main que en tō createur/cuides tu que celluy du quel tu tes mis au seruice ne te puisse mieulx ayder que tes armes: Lors fut lancelot si esbahy de ceste parolle/et de sa main quil lauoit frappe quil cheut a terre si estourdy q̃l ne scauoit sil estoyt iour ou nupt:mais tantost apres il se dressa et dist Biau sire dieu ie vous mercye et adoure de ce que vous me reprenez de mes meffaiz/or voy ie bien que vous me tenes a vostre seruiteur/quant vous me monstres grace de ma mauluaise creance:lors reprint lancelot son espee la mist au foureau et dist q̃ ia par lui ne seroit tyree celle iournee/ ains metteroit son corps en la main de nostre seigneur: et sil luy plaist q̃ il meure dist il/ce sera au sauluement de mō ame/ et se il en eschappe il sera tourne a grant amour vers moy. lors fist le signe de la croix sur soy et se cōmanda a nostre seigneur. puis vint aux lyons et ilz sassirent incontinent q̃

ilz le veirent et ne sirent nul semblant de mal faire/si passa parmy eulx quilz ne luy toucherent et sen alla a la maistresse rue vers le chasteau tant quil vint a la plus grant tour et forteresse de leās/la ou ilz estoiēt ia tous couchez parmy le chasteau:car il pouoit bien estre minupt. Et aduint tellement a lancelot quil ne trouua nul qui lui tinst lestrie:si vint au premier degre et monta contre mont tant quil vint en la grant salle tout arme comme il estoit et ny trouua personne:si passa oultre et dist quil iroit iusques a ce quil trouueroit aulcunes gens qui lui diroient ou il estoit arriue: car il ne scauoit en quel pays il estoyt. Tant alla Lancelot que il vint vers une chambre dont les huys estoiēt cloz et bien fermez: si il mit la main, et se cuida deffermer/ mais il ne peult: et sen efforcea moult fort/qui riens ne luy valut: car il ne peult trouuer maniere dy entrer. Adōc escouta et ouyt une voix qui chantoit si doulcement q̃l ne cuidoit pas que ce fust chose mortelle mais espirituelle : et luy estoit aduis q̃lle disoit gloire et loenge soit a toy pere des cieulx. Quant lancelot ouyt ce que la voix disoit/ le cueur lui attendrit moult:lors sagenoilla deuāt la chābre car bien pensoit que le saint graal y estoit. et dist en plourant:Biau doulx pere ihesu christ se ie fiz oncques chose quil te pleust sire ayez mercy de moy et ne mayez pas en despit que ne me facces aulcune demonstrance de ce que voys querant. Et incontinent que lancelot eut ce dit:il regarda deuāt lui et veit lhuys de sa chambre ouuert et en yssoit grant clarte comme se le soleil eust leans son estage: Et de celle clarte qui de leans yssoit fut toute la mayson si clere comme se tous les sierges du monde y eussent este: Et quant il veit ce/si eut grant ioye et moult grant desir de veoir dont celle clarte venoit. Lors vint a lhuys de la chambre et vouloit entrer dedens quāt une voix luy dist:fuy dicy lancelot ny entres pas:car tu ne le doibz pas faire/se tu y entres sur ceste deffence/tu ten repentiras. Quant lancelot ouyt ce/il sesmerueilla mōlt:car il peut voulentier entrer:mais toutesfoiz sen retourna il:pour la deffence quil ouyt. Lors regarda dedens la chābre:et veit sur une table dar-

gēt le saint vaisseau couuert dung samit ver
meil: et tout entour veit anges q̄ lui admini
stroient moult honestemēt en telle maniere q̄
les vnges tenoient encenciers dargēt/ les aul
tres tenoyent cierges ardans/ et les aultres
croix et aournemens dautelz tellemēt que
nul ny auoyt qui ne seruist daulcune chose.
Et dvāt le saint vaisseau seoit vng viel hom
me reuestu cōme prestre et sembloit quil fust
au sacrement de laultel: et quant il deubt mō
strer corpus domini il fut aduis a lancelot
que dessus les mais du preudhōme auoit
en hault trois hōmes dont les deux prenoi
ent le plus ieune entre leurs mains et le leuoi
ent en hault: et faisoient semblāt quil se mō
strassent au peuple: et lancelot qui regardoit
ceste chose se nesmerueilla moult: car il le ve
ioit si charge de la figure quil tenoit quil lui es
toit bien aduis quil deust cheoir a terre. Et
quant il veit ce, si lui voulut aller aider: car
il lui estoit aduis q̄ nul de ceulx qui auec lui
estoient ne se voulsissent secourir. Lors eut si
grant faim dy aller, quil ne lui souuint de la
deffence qui lui auoit este faicte: q̄ ny entrast
Lors vint a lhuys legierement et dist: Biau
pere ihesucrist ne me soit tourne a perte/ ne a
dampnation se ie vous aider a ce preudhom,
me qui mestier en a: Lors entra dedēs/ ((se a/
dressa iusques a la table dargent. Et quāt il
vit pres il sētit vng soufflet de vent si chault
quil lui estoit aduis que ce fust feu ((quil eut
tout le visaire ars. Lors neut pouoir de aller
plus auant cōme cellui qui tellement estoit
abisse quil auoit perdu le pouoir du corps/ et
nauoit sur luy mēbre donc il se peust ayder
Lors sentit plusieurs mains qui le prindrent((
sēporterent. Et quāt ilz eurent prins ilz se
tyrerent hors de sa chambre et le lesserent la.
Et quant le iour sendemain apparut bel ((
cler et ceulx de seās furent leuez/ il trouuerēt
lancelot gisant hors de sa chambre/ ((s en es/
merueillerent moult que pouoit estre/((lui
prierent quil se leuat, mais il nen fit nul sem
blant: et ligerement le regarderent pour sca,
uoir sil estoit vif: si trouuerent quil nestoit
pas mort: ains estoit tout plain de vie: mais
il estoit si pasme quil ne pouoit parler ne dire
mot et estoit ainsi cōme se il feust transi.

Adonc le prindrent((semporterent entre leurs
bras en vne chambre de leans: et le coucherent
moult richement en vng lict moult loing de
gens pour la noise: affin que mal ne lui fist/
et sen prindrent moult bien garde au mieulx
quilz peurent et estoiēt tousiours empres luy
et araisonnoient plusieures fois pour sauoir
sil pouroyt parler: mais il ne respōdoit mot
ne faisoit semblant quil eut oncques parle: et
ilz lui regarderent au poulx et dirent que ces/
toit merueilles de ce cheualier qui tout vif es
toit et ne pouoit parler: et les aultres disoyēt
quilz ne scauoient donc ce lui pouoit venir: se
ce nestoit aulcune vengeance ou aulcūe de/
monstrance de nostre seigneur. Tout cellui
iour furent deuant lancelot ceulx de seans le
tiers iour et le quart: et disoyent les vngs q̄l
estoit mort, et les aultres disoient quil estoyt
vif. Certes dist vng viel homme qui leans es
toit lequel scauoit assez de philosophie, ie vo,
promes quil nest pas mort/ mais est tout
plain de vie aussi bien cōe vous estes: et pour
ce cōseilleroy ie quil fust bien gardē(songneu
sement tant que nostre seigneur lait remis en
sa sante comme il a aultrefois este.

Ainsi dist le preudhōme de lance/
lot cōme cellui qui moult estoit sa
ge/ si le garderēt en telle maniere piiii. iours
et piiii. nups que oncques ne beut ne mengea
ne plsit parolle de sa bouche ne remua pie ne
main: ((moult douloureusemēt se plaignoiēt
tous et toutes. Et au bout des piiii. iours ad
uint quil ouurist les yeulx puis dist: haa bi/
au sire dieu qui pourroit estre tant beneure et
tant preudhomme quil peust parfaictement
les grans merueilles de voz secrez scauoir:
Quāt ceulx qui entour lancelot estoiēt, ouy
rent ce: ilz eurent moult grant ioye et luy de/
manderent quil auoyt veu: iay veu dist il si
grandes merueilles et si grans beneuretes/
que ma langue ne se pourroit pas descouurir
ne mon cueur ne se pourroit pas penser la grāt
chose que cest. Lors vint la vne damoyselle d(
uant lancelot qui lui apporta robe fresche de
lin a se vestir. Quant ceulx de seans le con
gneurent/ si lui dirent: haa messire lancelot
estes vous cy: et il respondit que cestoit il voi,
rement. Adonc commenca la ioye par leans

moult grande a merueille/et allerent tât les nouuelles dung coste et daultre que se roy pelles le sceust⁊ lui dist vng cheualier: Sire merueille vous puis dire: de quoy dist le roy: par ma foy sire ce cheualier qui ceans a geu comme mort par lespace de viii. iours et viii. nuys est maintenant sain en bon point et parle. Si sachez que cest messire Lancelot du lac Quant le roy lentendit il fut moult ioyeulx et sasa veoir. Et quant Lancelot se veit/ il se dressa encontre lui et lui dist que bien fut il venu: et lui fist moult grant ioye. Et le roy luy compta de sa belle fille qui estoit morte, celle en qui galaad auoit este engendre: dont moult en fit mal a Lancelot pour sa cause q̃lle estoit si belle femme et extraicte de hault lignaige Quatre iours demoura leans Lancelot/ ⁊ le roy lui faisoit moult grant chiere: car longuement sauoit desire a veoir auec soy: mais au vi. iour quant ilz furent assiz au disner leur aduint que le saint graal remplit les tables de si grant plente de biens que gieigneurs ne pourroit on penser. Ainsi qui mengeoient par leans seur aduint vne aduenture quilz tindrent a grant merueille: car ilz virent euidãment que les huys du pallais se cloyrent sãs ce que nul y mist sa main/dõt en furent moult esbahiz tous ceulx de leans. Adonc ariua a la porte du chasteau vng cheualier arme de toutes armes lequel estoit mõte sur vng grãt destrier/et commenca a crier ouures ouures: et ceulx de dedens ne lui voulurent pas ouurir: et de rechief recommenca a crier tant q̃l leur ennuya/si que le roy mesmes se leua du menger et vint a vne senestre de celle part ou le cheualier estoit⁊ se regarda. Et quãt il le veit attẽdãt deuãt sa porte/ il lui dist: Sire cheualier vous ny entreres ia nul q̃ soit si hault montez ny entrera tant comme le saint graal soit ceans/ mais retournez vous en a vostre pape: car certes vous nestes pas des cheualiers de sa queste: ains estes de ceulx qui se sõt ostez du seruice de nostre seigneur/ et se sont mis au seruice de lennemy. Quant le cheualier ouyt ceste parolle: il fut moult courouce, et tant eut grant dueil quil ne scauoit que faire: et lors sen retourna: et le roy le rappella ⁊ lui dist. Sire cheualier puis quil est ainsi q̃

iusques cy estes venus ie vous prie que me disiez qui vous estes. Sire dist le cheualier ie suis du royaulme de logres/ et ay nom Hector des mares/ et suis frere a Lancelot du lac Certainement dist le roy ie vous congnoys bien maintenant: et suis plus dolent que deuãt: car il ne men challoit naguieres et il men chault maintenant pour lamour de vostre frere qui est ceans. Quant hector entendit q̃ son frere estoit leans, lhomme du monde qui plus doubtoit pour sa grant amour quil auoit en lui il dist. Haa ores monte ma honte plus que iamais: et plus ne seray regarde de mon frere puis que iay failli a auoir honneur ainsi comme les aultres preudhõmes et les braps cheualiers sont eu, q̃ ny ont pas failli: or voy ie q̃ le bon preudhõme du tertre celsui qui dist a mõseigneur Gau/ et a moy sa signiffiance de noz songes me dist voir. A tant se mist hector en voie/ et sen alloit pmp le chasteau si grant erre comme son cheual pouoit aller. Et quant ceulx du chasteau le virent ainsi fouir: si crierent tous apres lui et se huoient et maldissoiẽt lheure quil auoyt este ne/ et le sappelloiẽt mauuais cheualier traictre: ⁊ en eut si grãt hõte, si grant dueil q̃l eut voulu estre mort. et sen alloit fuyant tãt quil vint hors du chasteau: et se mict en la forest la ou il la veit plus espesse. Et le roy pelles vint a Lancelot/ si lui dist nouuelles de sõ frere dont il fut si dollent quil ne scauoit quil deuoit faire: et ne ce peust tãt celler que ceulx de leans ne sapperceussent: pour ce quil veoient les larmes couller au long de sa face. Et de ceste chose se repentit moult le roy pour ce quil lui auoit dit: car sil eut sceu que Lancelot en eust pris si grãt couroux cõme il fist il ne luy eut iamais dist

Quant ilz eurẽt menge Lancelot dist au roy q̃l sẽ vouloit aller au royaulme de logres ou il nauoit este depuis vng an. sire dist le roy ie vous prie que me pardonnes les nouuelles de vostre frere que vous portay naguieres. Et il lui dist quil lui pardõnoit voulentiers. Lors cõmãda le roy q̃ on lui apportast ses armes: et puis sarma. Et quãt il fut appareille le roy fist amener vng cheual empsa court fort et legier et se fist monter dessus.

Et quant il fut monte a cheual: il print congie a tous ceulx de leans et sen partit, si cheuaucha tant par ses iournees pmy les pays estranges si comme auēture se menoit: quil vit aux tombes ou ses espees estoiēt dressees. Si tost comme il vit ceste auenture il se mist dedens tout a cheual et regarda ses tombes, puis se partit de la et cheuaucha tant quil vint a la court du roy artus. Et quāt le roy artus le cōgneut il lui fist tresgrant feste, et aussi firēt tous ses compaignons de la table ronde qui reuenus estoient, car moult desiroient tous sa venue. Et ceulx qui reuenus estoient de la queste ny auoient riens fait, dont ilz eurent grant honte et grant vergoingne. Si se taist ores le cōpte a parler deulx tous, et retourne a pler de galaad le tresbōn cheualier qui estoit filz de lancelot.

¶ Comment galaad perceual et boort se mirēt dedens vne nef et arriuerent a corbenic et de corbenic sen allerent en la cite de sarras au palais espirituel, et la moururent galaad et perceual, et cōment boort sen retourna au royaume de logres pour compter ses auentures du saint graal quilz auoient acheuez. pv. ch.

O Y dist le compte que quant galaad se fut pti de mōseigneur lācelot son pere, il cheuaucha mainte iournee si comme auēture se menoit: lune heure auant et lautre arriere: tant quil vint a vne abbaye de moisnes ou le roy mordrains estoit. Et quant il ouyt la nouuelle du roy qui attendoit le bon cheualier, il pensa quil sproit veoir. Et lendemain si tost quil eut ouy messe: il vint la ou le roy estoit. Et quant il fut sa venue: le roy qui longuement auoit perdu sa veue et se pouoit du corps: vit par la voulente de nostreseigneur si tost comme galaad approcha de lui: et se dressa comme assis, puis dist a galaad. Seruiteur de dieu et vray cheualier de qui iay si longuement attendu la venue: embrasse moy et me laisse reposer sur ta poitrine: affin q ie puis se trespasser entre tes bras, car tu es aussi net et aussi vierge sur tous cheualiers: comme est la fleur de lys en qui virginite est signifiee qui

est plus blanche que toutes autres fleurs, tu es lys en virginite, tu es droicte rose, tu es fleur de bonne vertu et en couleur de feu, car le feu du sainct esperit est en toy tellemēt espris et si fort alume: que ma char q toute estoit morte en vieillesse: est desia toute reuenue en bōne vertu. Quāt galaad ouit ces polles il se assit au cheuez du lict ou le roy estoit couche et lembrassa entre ses bras et se mist sur sa poitrine: pour ce q le preudhōme y auoit desir de reposer et le roy senclina sur galaad et lembrassa par mp les costes: si cōmenca a sestraindre et dist Beau pere iesucrist: maintenant ay ie ce que iay tant et si longuement desire, or te requiers ie que tu me vueilles receuoir et me vies quer re la ou ie suis. Et si tost quil eut faict ceste requeste a nostreseigneur, ce fut bien prouuee chose que nostreseigneur auoit ouy sa requeste, car il rendit incontinent lame et trespassa entre les bras de galaad. Et quant ceulx de leans sceurent quil estoit mort: ilz vindrēt au corps et trouuerent que les playes quil auoit eues de si long temps estoient toutes gueries, si tindrent ceste chose a grant merueille. A donc firent au corps toutes ses droittures hō nourablement comme il appartenoit a vng roy et lenterrerent leans. Si y demoura gala ad deux iours tous entiers, et au tiers iour se partit et cheuaucha tant par ses iournees quil vint en la forest perilleuse ou il trouua la fontaine q bouilloit a grosses ondes si cōme le cōpte a deuise cy deuant. Et si tost que galaad eut mis sa main dedēs celle fōtaine la chaleur se partit, et deuīt froide, pour ce q en lui nauoit oncques eu eschauffement de luxure. Si tindrent ceulx du pays ceste chose a grāt merueille, si lui osterent son nom et lappellerent la fōtaine galaad. Quāt il eut ceste auenture menee a fin, il se pitt de la et se mist en son chemi si cheuaucha cicq ans ētiers alcois ql vint en sa maisō du roy mehaignie, et en tous ces cicq ans lui tint perceual compaignie en tous les lieux ou il alloit. Et en cellui terme acheue rent ilz tellement ses auentures du royaume de logres: que pou en veoit on plus aduenir: se ce nestoit de mauuais esperis. Et en tous les tournoiemens ou ilz se trouuoient: oncqs ne sceurent estre desconfis ne mis au des soubz ceulx q̃ estoient de la partie de galaad, ne oncq̃s en lieu ou il venist tant peust grant gẽt:ne peulẽt estre descõfis ne mis au dessoubz. Ung iour leur aduint quilz yssirẽt dune foreste grande & merueilleuse/a lors trouuerent Booit qui cheuauchoit en leur chemĩ tout seul & quant ilz se cõgneurent:ilz en furent moult ioyeulx, car long temps auoient este sans se veoir, si se desiroient moult a veoir. Et lors sapprocherent de lui a lui firent tresgrant ioye puis lui demanderent de son estre/& il leur en dist la verité & comment il auoit exploicte et employe son temps. Et si dist quil y auoit bien cinq ans passez q̃l ne geust en lict ne en chasteau ou gens demourassent trois fois/ mais en forestz estrãges ou icusse este mort cent fois se neust este la grace du saint esprit qui me reconfortoit & me soulaigoit a toutes mes fortunes & auẽtures que iay eues. Et ne trouuastes vous oncques depuis ce que nous allons querant dist perceual. Certes dist Booit nenny, mais ie croy que nous ne departirons ia, mais deuant ce que nous ayons affine ceste queste, & que nous sachons pourquoy elle fut commẽcee. Dieu le nous vueille ottroyer dist galaad, car se dieu maist ie ne scay chose q̃ tant me peust faire ioyeulx comme vostre venue que iay tant desiree & moult layme. Ainsi assembla bonne auenture ces trois compaignons que grande auenture auoit departis. Si cheuaucherent ant ensẽble quilz vindrẽt au chasteau de corbenic. Et quant ilz furent la arriuez & le roy les congneust:il eut si tresgrant ioye que ce fut merueilles a veoir/ & aussi eut tout le peuple du pays. La nouuelle en alla loing & pres:tant q̃ tous ceulx du pays les vindrent veoir. Quant ilz furent desarmez:le herault leur aporta lespee brisee dont se compte a la parse cy deuãt. Et quant elle fut tiree du fourreau il leur eut cõpte la maniere comment elle fut rõpue, Booit print les deux pieces & les cuida reioindre/mais il ne peut. Et quant il vit quil auoit failli/il la bailla a perceual & lui dist. Sire essayez se ceste auẽture sera par vous acheuee/& il dist que si feroit il voulẽtiers. Lors print les deux pieces de lespee & les assẽbla/mais reioindre ne les peut, & quant il veit ce si dist a galaad. Sire

ce ceste auenture auons nous faissy/ or vous y cõuient essayer, & se vous y faissiez:ie ne cui de pas que iamais puisse estre reioincte par homme mortel. Adont print galaad ses deux pieces de lespee & les mist ensemble lung bout contre lautre/& incontinent les deux pieces se reprindrent & se reioingnirent: tellement quil ny auoit homme leans qui la brisure de deuãt eust sceu recongnoistre:non plus q̃ celle neust onques este rompue.

Quant les compaignons veirent ce si disrent que moult leur auoit dieu demonstré beau commencement & pensoient bien quilz acheueroient bien ses auentures segrement puis que ceste la estoit menee a fin. Et quant ceulx du chasteau veirent que lauenture de lespee estoit menee a chief/ilz en furent moult ioyeulx. Si la donnerent a boort & disrent quelle ne pouoit pas estre mieulx employee car a merueilles estoit bõ cheualier & preudhõme. Et quant vint a heure de vespres le tẽps se commenca a obscurcir & a changier/& ung vent se leua grant & merueilleux qui se bouta dedẽs le palais, & fut le palais plai de si grãt chaleur que plusieurs en cuiderent bien estre ars & brulez, & les autres cheurent pausmez a terre de la grant angoisse quilz eurent. Et tantost ouyrẽt une voix qui leur dist. Ceulx q̃ ne se doiuent asseoir a la table de iesucrist se voisent, car tãtost seront repeus les vrais cheualiers de la viãde celestielle. Quãt ilz ouyrent ceste parolle ilz sen allerent tous hors du palais excepte le roy pelles qui moult estoit preudhõme & de saincte vie, & helieret son filz & une sienne niepce qui estoit la plus religieuse que on sceust pour lors en tout le pays. Ces trois & les trois compaignons demourerent pour veoir q̃lle demonstrance nostreseigneur leur voulõroit faire. Et quant ilz eurent demoure la ung pou/ilz veirent venir par ung des huis du palais dix cheualiers armez qui osterent leurs heaulmes & leurs espees/ puis vindrent a galaad & senclinerent deuant luy si lui disrẽt ainsi. Sire moult nous sommes hastez pour estre auec vous a la table/ou le saint mengier sera departi. Et il leur dist que bien soient ilz venus/& quilz estoient bien venus a temps, car il ny auoit guaires que ilz hindrent seans. Si sassirent tous emp̄ le palais, et galaad leur demanda dont ilz estoient, et ilz dirēt q̄ les iii. estoiēt de gaulle, et les autres iii. de denemarche, et les autres dit a de Et ainsi quilz parloient ensemble: ilz veirēt yssir dune des chambres de leans ung lict que trois damoiselles portoient, et en ce lict gisoit ung preudhomme fort malade ce sembloit, et auoit une couronne dessus sa teste. Et quant elles furent emp̄ le palais, elles se mirēt ius et se retournerēt, et le preudhōme dressa la teste et dist a galaad. Sire bien soyez vous venu, car moult vous ay desire a veoir, et moult ay attendu vostre venue en telle peine et en telle angoisse que nul autre hōme ne leust pas peu souffrir longuemēt. mais ores est venu le terme se dieu plaist q̄ ma maladie sera allegee, car ie trespasseray tantost de ce siecle sicomme il ma este promis long temps a. Et ainsi quil disoit ces paroles: ilz ouirent une voix qui leur dist. Cestui qui na este compaignō de la q̄ste du saint graal se departe dicy, car il nest pas droit quil y demeure plus. Si tost cōme ceste parolle fut dicte le roy perses et hesiret son filz et tous les autres sen assirent hors du palais. Quant le palais fut vuyde de ceulx qui ne sentoient compaignons de la queste. Lors fut aduis a tous ceulx qui demourez y estoient que de deuers le ciel venoit ung hōme reuestu en semblance deuesq̄, et auoit en sa main une croce, et une mittre en son chief. Si le portoient trois anges en une chaiere, et le assirent deuant la table ou le saint graal estoit. Cestui qui en semblance deuesq̄ fut a uoit lettres escriptes en son front qui disoient voyez cy ioseph le premier euesque de la crestiēte, cestui mesmes que nostreseigneur sacra en sa cite de sarras. Et quāt ilz eurent ia grāt piece este, ilz ouirēt ouurir sus dune des chā bres de seans, et en veirent yssir les anges qui auoient apporte ioseph, dont les deux portoiēt deux cierges, et le tiers une touaille de samit vermeil, et le quart une lance q̄ seignoit si fort que les gouttes en cheoient aual en une boitte quil tenoit en une de ses mains. Et les deux mirēt les cierges sur la table, et le tiers mist la touaille empres le saint vaisseau, et le quart tint la la lance toute droitte tellement q̄ sang

en degouttoit dedens le saint vaisseau. Et si tost comme ilz eurēt ce fait, ioseph couurit le sainct vaisseau de la touaille, puis fist sēblāt quil entrast au sacrement de la messe, et quant il eut demoure ung pou ainsi, il print dedens le sainct vaisseau une hostie qui estoit faicte en semblance de pain, et au leuer quil fist descendit du ciel une figure en semblance denfant et auoit le viaire aussi rouge et aussi embrase cō me feu: qui se bouta au pain: tellement q̄ tous ceulx de la place veirent euidamment que le pain auoit prins forme dhomme charnel. Et quant ioseph leut grant piece monstre, il le remist dedens le saint vaisseau. Et quant il eut fait tout ce qui au seruice de la messe appartenoit, il vint a galaad si le baisa: et lui dist quil baisast ainsi tous les autres compaignons, et il le fist. Et quāt il eut ce fait, si leur dist io seph. Seruiteurs de iesucrist qui vous estes traueilliez, et pẽnez pour veoir partie du saint vaisseau: asseez vous cy deuant ceste table si serez repeuz de la meilleure viande dont onc ques cheualier goutast, et de la main mesmes de nostreseigneur. Si pouez bien dire q̄ vous estes bien eureux, car vous receurez tantost le plus iuste loyer que oncques cheualiers receus sent. Et quant ioseph eut ce dit: il seuanouist dentreulx tellement quilz ne sceurent quil deuint. Et ilz sassirent tantost a la table a tres grant paour, et pleurerent si tendrement que leurs faces estoient toutes mouillees des lar mes qui leur chieyoient des yeulx. Lors regar derent les compaignons le saint vaisseau, si en veirent yssir ung homme tout nu, q̄ auoit tout le corps suant, si leur dist. Mes cheua liers et mes seruiteurs qui en ceste mortelle vie estes venus: vous mauez tant quis que ie ne me puis plus celler vers vous: il com uient que vous ayez partie de mes reliques et de mes secrez. Lors dit lui mesmes a galaad et galaad se agenoulla encontre lui, et il se dō na a lui comme son sauueur, lequel il receut en grant humilite et a ioinctes mais et aussi fist chascun des autres. Quant ilz eurent tous receu si haulte viande qui tant leur sembloit doulce que cestoit merueilles. Cy leur fut a tous aduis que toutes les odeurs du monde que on pourroit penser, fussēt en leurs corps.

La partie du saint graal.

Lors dist le sauueur a galaad. Or as tu veu galaad & vous autres cheualiers ce que tant auez desire a veoir/ mais encore ne sauez vous pas veu si euidamment come vous le verrez en la cite de sarras au palais espirituel. & pour ce galaad ty conuient il aller/ & faire compaignie a ce saint vaisseau, qui au iourdhuy se partira du royaume de logres en telle maniere q plus ny sera veu. Et vueil que vous aillez droit a la mer/ & la trouuerez vous la nef ou vous prinstes lespee aux estranges renges/ & affin que vous nallez seul: vueil ie que vous menez auec vous perceual & booz/ & aussi affin que vous nallez hors de ce pays sans auoir la garison du noble roy mehaignie/ ie vueil que vous prenez du sang de ceste lance & luy en oingnes ses iambes: car il en guarira icontinent. Haa sire dist galaad: pourquoy ne souffrez vous que mes compaignons vienent auec moy. Pour ce dist le sauueur que ie ne le vueil pas, mais ie lay fait en semblance de mes apostres/ car tout ainsi come ilz men gerent auec moy douze a la table du saint graal, aussi estes icy douze/ & vous estes le xiii. q estes seur maistre & pasteur. & tout ainsi come ie les departie pour aller preschier ma foy: vueil ie q vous departez lun ca & lautre la, & mourrez tous en ce seruice fors tant seulement lun de vous. A tant leur donna sa benediction et seuanouist tellement quilz ne sceurent quil deuint. Et galaad vint a la lance qui estoit couchee sur la table & atoucha au sang/ puis vint au roy & lui en oignit ses iambes par la ou il auoit este frappe, & il fut incontinent guary, si se leua tantost tout sain & rendit graces a nostreseigneur de ce quil auoit eu pitie de lui. Si se rendit en vne abbaye de blancz religieux, & fist nostreseigneur maint beau miracle pour lui dont le compte ne fait point mencio pour ce quilz seroient trop longs a raconter.

Entour minuit quant ilz eurent son guement prie a nostreseigneur quil les voulsist conduire au sauuement de leurs ames/ & tantost ouirent vne voix qui leur dist Mes filz & mes amis yssez de ceans & allez la ou vous pensez mieulx auoir/ & ainsi come la venture vous menera. Quant ilz ouirent ce ilz respondirent tous a vne voix. pere des ci

eulx benoit soyes tu qui nous tiens a tes seruiteurs/ or voyons nous bien que nous nauos pas perdu noz peines. A tant sen psirent du palais & vindrent a sa court ou ilz trouueret armes & cheuaulx/ si sarmerent & monterent a cheual/ mais quant ilz furent hors du chasteau, ilz sentredemanderent dont ilz estoiet si trouuerent q des trois de gaulle claudius le filz au roy claudas en estoit vng/ & les autres estoient assez vaillans. Quant vint au departir ilz sentrebaiserent come freres & plourerent moult tendrement, si distrent tous a galaad. Sire sachiez que nous neusmes oncqs si grant ioye comme quant nous sceusmes que vous nous tendriez a compaignons: ne oncques neusmes si grant dueil comme de nous partir de vous & pourtant nous conuient il deptir. Beaulx seigneurs dist galaad se vous amez ma compaignie: aussi fais ie bien la vostre/ mais vous voyez bien quil nous conuient deptir, & pour ce vous comande ie a dieu & vous prie q se vous venez a sa court au roy artus q me saluez monseigneur lancelot mo pere/ & tous les compaignons de la table ronde Et ilz distrent que si feroient ilz voulentiers silz alloient celle part. Lors se mistrent au chemin, & galaad sen alla dun autre coste auec perceual & booz/ Si cheuaucherent tant qlz vindrent a la mer/ ou ilz trouueret la nef ou lespee aux estrages renges auoit este trouuee Si entrerent dedens, & veirent la table dargent dessus se lict quilz auoient laisse chieulx le roy mehaignie/ & le saint graal estoit dessus la table couuert dun samit vermeil. Quant les compaignons veirent ce: ilz furent moult ioyeulx de veoir ce qlz desiroient tant, si leur feroit compaignie iusqs la ou ilz deuoient demourer. Lors se recommanderent a dieu/ & le vent se frappa es voilles tellement quil fist partir la nef de la riue & la porta en la haulte mer. Et furent long temps en la mer sans sauoir ou ilz alloient. Et tous les iours que galaad se couchoit & leuoit/ il faisoit sa priere a nostreseigneur: que de quelle heure qil requerroit le trespassement de ce siecle quil leust. Si fist tant sa priere soir & matin: que la voix diuine qui tout entent lui dist. Ne tesbahis point galaad, car nostreseigneur fera ta voulente

La partie du saint graal.

de ce q̃ tu lui requiers, car de quelle heure que tu demanderas sa mort du corps tu sauras et receuras sa vie pardurable a lame. Celle requeste que Galaad fist ouyt perceual qui se esmerueilla moult pourquoy il la faisoit. Et lui pria moult sur la cõpaignie et sur la foy qui entre eulx deux deuoit estre: quil luy deist pourquoy il requroit telle chose. Ce vous diray ie bien dist galaad. Auanthier quãt no9 veismes partie des merueilles du saint graal que nostreseigneur nous monstra par sa pitie ainsi que ie veoie les sainctes reliques: qui ne sont pas monstrees a chascun fors aux ministres de dieu, en ce point q̃ ie vois ce que cueur dhõme ne peut penser: mon cueur fut en si grãt ioye: que se ie fusse alors trespasse de ce siecle, ie scay bien que oncq̃s hõme en si grant beneurete ne feust mort: comme ieusse este, car il y auoit deuant moy tant de choses espirituelles que ieusse lors este translate de la vie terriẽne en la celestielle. Et pour ce que ie pẽse que ie se ray encores en aussi bon point ou en meilleur fais ie ceste requeste.

Grant piece demourerent ses compaignons en mer tant quilz distrẽt vng iour a galaad. Sire en ce sict q̃ pour vous fut appareille si comme ce brief dit: ne vous couchastes õcques, et si le deuez bien faire. Et il leur dist quil si reposeroit: puis quil estoit ordõne ainsi. Si se coucha dedens et y dormit grant piece, et quant il sesueilla il vit deuant lui la cite de sarras. Lors ouyrent vne voix qui leur dist. Cheualiers de iesucrist vuidez hors de ceste nef et prenez entre vous trois ceste table dargent et la portez en ceste cite tout ainsi comme elle est, et ne la mettez ius deuãt que vous soyez au palais espirituel. Et ainsi quilz vou loient oster la table de la nef: ilz regarderent emmy la mer et veirent la nef ou ilz auoient long temps passe mis le corps de la seur de perceual, et quant ilz veirent ce, si disrent lun a lautre. Certainement bien nous a tenu ceste damoiselle bonne cõpaignie et nous a bien tenu ce quelle nous promist quãt elle trespassa. Lors prindrent la table dargent et la misrent hors de la nef, si la prindrent bort et perceual par deuant et galaad par derriere, puis se mirẽt au chemin pour aller en la cite, mais quãt ilz vindrent a sa porte galaad fut tout las, si vit vng homme a potences q̃ demandoit laumosne aux passans. Quãt galaad vint pres de lui il lappella et lui dist. Mon amy viẽs ca et maide tant que nous ayons porte ceste table lassus en ce palais. Haa sire dist il, pour dieu quest ce q̃ vous dictes: il y a bien .xii. ans que ie ne peulx aller sãs aide dautrui. Ne te chaille dist Galaad, car tu seras guary nen aye doubte. Et ainsi cõme galaad disoit ceste parolle: cestui essayoit sil se pourroit leuer, et incõtinent se trouua sain et haittie cõme sil neust õcques eu mal. Lors prist sa table par vng bout et aida a galaad. Et quant ilz entrerẽt dedẽs la ville, cestui q̃ auoit este guary disoit a tous ceulx quil rencontroit le miracle que dieu lui auoit fait. Et quant ilz vindrent au palais, si veirent la chaere que nostreseigneur auoit appareillee: affin que ioseph si asseist, et tantost y acoururent ceulx de la cite pour veoir lomme impotent qui estoit redresse. Quant les compaignons eurent fait ce qui de par dieu leur auoit este commande, si retournerent a la mer et entrerẽt en la nef ou la seur de perceual estoit, si la prindrent et porterent au palais espirituel et lenterrerẽt ainsi cõme il appartenoit. Quant le roy de la cite que on appelloit escorant vit les merueilles du saint graal: il nen creut riẽs: ains dist quilz estoient enchãteurs si les fist prendre et mettre en prison, et les y fist vng an, mais si tost quilz furent emprisonnez nostreseigneur leur enuoia le saint graal pour leur faire cõpaignie. Au bout de lan aduint q̃ le roy Escorant gesoit malade du mal de la mort. Lors manda deuant lui ses trois compaignons et leur cryia mercy du mal quil leur auoit fait, et ilz lui pardonnerent voulẽtiers si mourut tantost apres, dont ceulx de sa cite furent moult esbahyz, car ilz ne sauoient de qui ilz pourroient faire leur roy. Lors ouyrẽt vne voix q̃ dist. prenez le plus ieusne des iii. compaignons, et cestui vous gardera bien tãt comme il sera entre vous. Et ilz firent ce que la voix auoit dit, si prindrent galaad et le firent leur seigneur, et lui misrent la couronne au chief: dont il fut fort desplaisãt, mais quãt il veit que faire se conuenoit il loctroya. Et quant Galaad fut venu a grant terre tenir, si fist faire par dessus la table daigent une arche dor et de pierres precieuses. Et tous les matins si tost cõme il estoit leue il venoit deuant le saint graal lui et ses compaignons/ et y faisoient leurs prieres et leurs oraisons. Quant vint au bout de sam: galaad se leua bien matin auec ses compaignons et vint deuãt le saĩt vaisseau/ et veit ung homme vestu en semblance de euesque qui estoit agenoulx deuãt la table, puis alla chãter messe de la glorieuse mere de dieu. Et quant il fut au secret de sa messe, il appella galaad et lui dist. Vien auant seruiteur de iesucrist, si verras ce q̃ tu as tant requis. Si sapꝛocha et cõmenca a regarder le saĩt vaisseau/ et si tost comme il leut veu il cõmenca a trãbler merueilleusemẽt. Lors tẽdit ses mains et dist. Sire dieu ores se aoure ie et rẽds graces de ce que tu mas et y acompli mon desir. Lors cõmenca ses prieres et dist. O roy ie vien les grãs merueilles du saĩt graal, si te prie mon dieu q̃ ie trespasse de ce siecle et q̃ mon ame voise en paradis.

Si tost cõme galaad eut fait ceste priere a nostreseigneur: le pꝛeudhõme qui estoit reuestu en sẽblance deuesque print le corpus dñi et le bailla a galaad/ et il se receut a grant deuocion/ et quãt il leut vse/ le pꝛeudhõme lui dist. Galaad scez tu qui ie suis. Nenny sire se vous ne le me dictes. Or sachiez roy galaad que ie suis iosephus le filz ioseph darimatie que nostreseigneur ta enuoie pour faire cõpaignie/ et scez tu pourquoy il my a enuoie plus tost q̃ ung autre: pour ce que tu me ressẽbles en deux choses, lune en ce q̃ tu as veu les merueilles du saint graal/ lautre en ce q̃ tu as este vierge comme moy/ si est biẽ droit que ung vierge face cõpaigne a aultre. Quant le pꝛeudhõme eut ce dit: galaad vint a perceual et a boort et les baisa: puis dist a boort. Sire saluez moy sil vous plaist monseigneur lance lot mon pere si tost cõme vous le verrez, puis retourna galaad deuãt sa table et se mist a genoulx: mais il ny eut gaires este quãt il cheut a terre, car lame lui estoit partie du corps/ et les anges semporterent faisans grant ioye deuant nostreseigneur. Apres q̃ galaad fut trespasse les deux compaignons veirent euidamment une grant merueille, car une main vist du ciel qui print le saint vaisseau et la lance et semporta: tellement quil ne fut oncques depuis veu. Quant perceual et boort veirent que galaad estoit mort ilz en furent moult dolens, pour la grant amour quilz auoient eu en lui et le peuple du pays en fist merueilleux dueil. Et a sendroit ou il trespassa fut faicte sa fosse. Et si tost cõme il fut enterre: perceual se mist en ung hermitaige hors de sa cite et print robe de religiõ/ et boort fut tousiours auec lui: mais oncques ne changa les habis du siecle, pour ce qĩl vouloit encores retourner a sa court du roy artus. Ung an et deux mois vesquit pceual en lermitaige/ et puis trespassa du siecle. Si le fist boort enterrer au palais espirituel. Et quant boort se veit seul en si lõgtaines terres comme es parties de babilone/ il pensa quil retourneroit au royaume de logres. Lors se partit de sa cite de sarras et erra tant quil vint en sa mer, si entra en une nef et lui aduint si bien que en assez petit de terme arriua au royaume de logres. Si cheuaucha tant q̃l vint en sa cite de kamalot/ ou le roy artus estoit et sa compaignie. Si ne fut oncques si grant ioye faicte: comme ses compaignõs de la table rõde lui firent/ et aussi fist le roy artus et sa femme, car bien se cuidoient auoir perdu.

Quãt boort fut venu a court si comme vous auez ouy et ilz eurent mengie au disner. Le roy artus fist venir les clercz q̃ les auentures aux cheualiers mettoient en escript. Et quant boort eut compte depuis le cõmencemẽt iusques a la fin les auentures du saint graal telles comme il les auoit veues, et il eut compte cõment galaad et perceual moururent et furent enterrez au palais espirituel en la cite de sarras/ et comment sa seur de perceual mourut et fut enterree au palais espirituel auec les autres. Si fist le roy artus rediger et mettre par escript ausdictz clers tout ce que boort auoit compte/ et aussi tout se cõtenu dicy deuãt. Et a tant se taist le compte des auentures du saint graal/ et retourne a la mort du roy artus.

Cy fine maistre gaultier map son traitte du saint graal/ puis apres vouldra traitter de la mort du roy artus.

¶ Cy commence la table de la derniere partie de ce present volume, ou maistre gaultier maap fait mention de la mort du roy Artus et des cheualiers de la table ronde: et commēt par enuye le royaulme de logres fut destruit.

¶ Le premier chapitre parle cōme Agrauain par enuye quil auoit encontre lācelot dist au roy artus que lācelot maintenoit la royne ge nieure et cōmēt lancelot vainquist le tournoi ment deuant Vincestre la ou Boort se naura.

¶ Cōmēt messire gauuain alla apres lācelot pour se cuider cōgnoistre et cōmēt il sceust q̄ ce stoit lancelot lequel auoit vaincu lassemblee et comme il auoit porte vne manche a damoy selle sur son heaume.   second.chapitre

¶ Commēt boort Lyonnel hector des mares et messire gauuain se partirēt pour querre lā celot et cōme il se trouuerēt malade. iii.cha.

¶ Commēt le roy artus se trouua dauen ture chieuly sa seur morgain laquelle de mouroit en vne forest & commēt elle luy dōna a cōgnoistre tout lestat de lancelot & la de roy ne Genieure   iiii.cha.

¶ Commēt messire gauuain et ses compai gnons apres que lancelot fust gari vindrēt a kamalot, & cōmēt la royne ne voulut par ser a lancelot et cōment la damoyselle descā lot mourut pour lamour de lācelot   v.cha.

¶ Cōmēt la royne geneure par cas de for tune fist mourir vng des cheualiers de la ta ronde par fruit enuenyme quelle luy donna a menger et commēt madorsen appella de tra hyson.   vi.cha.

¶ Cōmēt lancelot fut naure en dormāt en la forest des veneurs du roy artus qui cuidoi ent tirer a vng cerf.   vii.cha.

¶ Cōmment vne nacelle arriua desoubz le pallais du roy artus et cōmēt le roy et messi re gauuain trouuerent dedens la damoysel le descalot la q̄lle estoit morte pour lamour de lancelot.   viii.cha.

¶ Comment vng cheualier conta a lancelot que la royne geneure estoit appellee de trahy son de par mador de la porte pour ce quelle a uoit occis son frere.   ix.cha.

¶ Cōmēt lancelot se combatit pour la royne cōtre mador et la vainquit, et cōmēt lancelot fut trouue auec la royne par agrauain et cō mēt lancelot et ses parens se partirent de ka malot.   x.cha.

¶ Comment Lancelot rescoupt la royne quon vouloit ardre et lemmena en la ioyeuse garde et comment il occit gaheriet guerches et agrauain.   xi.cha.

¶ Commēt quant le roy sceust que lancelot auoit la royne deliuree il manda par tous les pors de mer quon ne passast lancelot ne sa cō paignie.   xii.cha.

¶ Cōment le roy artus assembla ses barōs pour aller mettre le siege deuāt la ioyeuse gar de ou lancelot et la royne estoient, et cōment le saint pere de rome enuoia interdire toute la terre du roy artus sil ne reprenoit sa femme & par ce fut la royne rendue.   xiii.cha.

¶ Cōment apres que lancelot eust rendu la royne il se partit du royaume de logres & mō ta en mer luy et sa compaignie et sen vint a son pais luy et ses deux cousins lyonnel et Boort, & les fist couronner roys   xiiii.cha.

¶ Cōmēt le roy artus par lamonnestement de messire gauuain passa la mer pour aller assieger lancelot en sa ville de gannes et cō mēt il laissa la royne & le royaulme de logres en garde a modrec.   xv.cha.

¶ Cōmēt apres que le roy artus se fut parti du royaume de logres modrec fist vnez saul ses lettres esquelles il mettoit cōmēt le roy re scripuoit quil estoit naure a mort et que ses barons fissent roy de modrec et espousast la royne pour la quelle cause la royne senferma dedens la grosse tour de londres.   xvi.cha.

dd i

¶ Cōmēt le roy Artus estoit au siege deuāt la cite de gānes/ ⁊ messire gauuain prit la bataille contre lancelot corps a corps dont il fut desconfit par quoy le roy sen retourna a son pais et en son chemin rēcōtra les romains et les descōfit.   ₚⱽii.cha.

¶ Comment mordrec tenoit le siege contre la royne qui estoyt dedens la grosse tour de londres et comment il ouyt dire que le roy estoit ariue au royaulme de logres et fist armer toutes ses gens a lencōtre du roy· ₚⱽiii.cha.

¶ Comment apres que mordrec se fut partit de londres pour aller contre le roy artus en bataille la royne se partit de la tour et sen alla en vne abbaye de nonnains la ou elle se rēdit et vesquit moult saintement.   ₚiₓ.cha.

¶ Comment messire Gauuain trespassa de ce siecle et comment le roy artus se fist porter a kamalot et fuz mis soubz la tombe de son frere gaheriet.   ₚₓ.cha.

¶ Cōment le roy artus sassembla en bataille contre mordrec et fut la bataille si douloureuse ⁊ si cruelle que tant dung coste que daultre il nen reschappa que trois hommes/ dont le roy Artus en fut lung lequel fut naure a mort.   ₚₓi.cha.

¶ Comment Lancelot et hector se rendirent hermites et comment lancelot mourut et fut enterre en la ioyeuse garde soubz la tombe de galleihaut   ₚₓi.cha.

Pres ce que maistre gaultier map eut traictie des auentures du saint graal assez souffisammēt sicomme il luy sēbloit il fut aduis au roy Henry son seigneur que ce quil auoit fait ne deuoit pas souffire sil ne racontoyt la fin de ceulx dont il auoit deuant fait mention/ et comment il moururēt desquelz il auoit les prouesses en son liure ramentues/ et pource recommenca il ceste derniere partie. Et quant il seut mis ensēble il sappella sa mort au roy artus pource q̃ vers sa fin est escript cōmēt le roy artus fut naure a mort en sa bataille de salesbiere. Et comment il se partit de Girflet qui tant luy fist compaignie que apres luy ne fut homme qui plus iamais le vrist. Et commenca maistre gaultier en telle maniere ceste derniere partie.

Quant Booz fut venu a court en sa cite de kamalot de si loingtaines par

dd ii

ties/comment les parties de iherusalem asses trouua a court q̃ grãt feste lui feist: car ilz desiroiẽt moult to9 et toutes a le veoir. Quãt il eut raconte le trespassement galaad et la mort de perceual/ilz en furent moult dolés a court: mais toutesfoies se reconforterent au mieulx quilz peurent. Lors fist mettre le roy artus en escript toutes les auentures du sait graal que les compaignõs de sa queste auoyent racontees en sa court. Et quant il eut ce fait, il dist. Vinuy seigneurs regardes entre vous quans de noz compaignons nous auons perdu en ceste queste. Et ilz regarderent incontinent/ si trouuerent quil leur en failloit xxii du drap compte: et de tous ceulx ny auoit vng tout seul qui ne seust mort par armes. Le roy artus auoit ouy dire que messire gauuain en auoit occiz plusieurs: si le fist venir deuant lui et lui dist: Gauuain ie vo9 requier sur le sermẽt que vous me feistes. quãt ie vous feiz cheualier premierement que vous me dites ce que ie vous demanderay. Sire dist messire gauuain vous mauez tant coniure que ie ne sairoye en nulle maniere que ie ne vous deisse la verite, et fusse ma grant honte/ fust elle la plus grande qui oncques aduenist a cheualier. Or vous demande ie dist le roy: quãs cheualiers cuides vous auoir tuez de vostre main. Et messire Gauuain pensa vng petit. Et le roy lui dist Vne aultre foie p mon chief ie le vueil sauoir pource que aulcũs vont disant que vous en auez tant occiz que cest merueilles. Sire dist messire Gauuain vous voules estre certain de ma grant meschancete. Et ie la vous diray: car ie soy bien que dire le me conuient: ie vous dis pour voir que ie en ay bien faict mourir par ma main. xviii. nõ pas que ie feusse meilleur cheualier que aultre: mais aduenture se tourna plus vers moy que vers mes cõpaignõs. Et sachez que ce na este q̃ par mon peche. Or ma uez vous sait dire ma honte. Certes biau nepueu vrayemẽt a ce este droicte meschãce: et ie scay bien que ce vous est aduenu par vostre peche: mais or me dites se vous cuides auoir tue le roy Baudemagus. Sire dist il ie lay tue sans faulte: et ne feiz oncques chose dont il me pesast autant cõme de lui. Cer-

tes dist le roy sil vous en poise ce nest pas de merueilles: car si maist dieu si sait il a moy tresfort: car plus est mon hostel abaisse de lui que des trois meilleurs cheualiers q̃ soyent mors en sa queste. Ceste parolle dist le roy artus du roy Baudemagus/ dont messire gauuain fut encores plus amalaise quil nes toit deuant. Et le roy artus pource quil veoit que les auentures de logres estoient ainsi acheuees quil nen y auoit plus que bien petit il fist crier vng tournoyment en la prarie de vincestre pource quil ne vousoyt pas que ses compaignons laissasent encores a porter armes. Mais combien que lancelot se fust tenu chastement par le conseil du preudhomme a qui il sestoit confesse quant il fut en la queste du saint graal/ et selon dieu eust du tout renoye sa royne genieure: sicomme le compte a deuise par cy deuant si tost comme il fust a court il ne demoura pas vng moys apres qᷣl ne fust aussi embrase et alume de sa royne cõme il auoit oncques este par auant tant quil rencheut en son peche ainsi cõme il auoit fait autresfois et sil sestoit deuant contenu sagement et couuertement: tellemẽt que nul ne sen estoit aperceu: il se maintint lors si follement que agrauain le frere a mõseigneur gauuain qui oncques ne sauoit ayme se print garde de ses follies: et tant sen print garde Agrauain quil sceust vrayment que la royne aymoit lã celot de folle amour et lancelot elle: dont tout le monde quil le sauoit sen esmerueilloit. Et en ce temps sa quelle aymoit lancelot de folle amour elle estoit si belle dame qũ neust peu trouuer en tout le mõde sa pareille: dont aulcunes dirent pource que sa beaulte ne failloyt point quelle estoyt fontaine de toutes biaultez

Quant Agrauain se fut apperceu de la royne et de lancelot: car plus sen estoit pris garde pour le dommaige quil cuidoit faire a lancelot que pour venger le roy de sa honte. Celle sepmaine mesmes aduint q̃ le iour du tournoyment qui deuoit estre a vincestre: plusieurs des cheualiers du roy artus y allerent: et Lancelot qui y vouloit aller en telle maniere que nul ne le congneust dist a ceulx qui auec lui estoient quil estoit mal dis posé et qui ny pourroit aller en nulle maniere mais il vouloit bien que hector et boort et lyonnel et ceulx de leur compaignie y allassent. Et ilz dirent quil nyroient pas puis quil estoit en malaise. Et lancelot dist, ie vueil fist il et commande que vous y alliez et que par ties le matin et ie demouray, mais devant q̃ vo⁹ reueniez ie seray tout guery se dieu plaist Sire dirẽt ilz puis q̃l vous plaist nous irõs mais moult voulsissõs demourer auec vous pour vous faire compaignie. Et il leur dist q̃ que ce ne veult il pas. Au matin se partit boort de la cite de kamalot lui et sa compaignie Et quant agrauain sceust que ilz sen alloiẽt et que lancelot ne sen alloit pas, il pensa tantost que cestoit pour la royne a qui il vouloit auoir compaignie quant le roy sen seroit alle. Lors vint agrauain au Roy son oncle et lui dist. Sire ce ie ne cuidoie quil vous en desplust ie vous diroye a conseil vne chose : et la chez que cest pour vostre hõte vengier. Ma hõte dist le roy est ce donc chose ou ma honte soit Sire dist agrauain ouy: a bien grande si vo⁹ diray comment. Lors se tirerent a vne part a conseil et lui dist. Sire il est ainsi que madame la royne ayme lancelot de folle amour et lancelot elle : et pource que ilz ne peuent pas sassembler a leur voulente quant vous y estes : lãcelot est demoure et a dit quil nyra pas au tournoyment de vinceestre ains ya enuoye ceulx de son hostel, si que quant vous y serez asse ennuyt ou le matin lors pourra plus a loisir parler a la royne. Et quant le roy entẽdit ces paroles il ne pouoit pas croire que ce fut vray ains creoit que ce fut mensonge, et dist a agrauain : Beau nepueu ne dites iamais ceste chose : car ie ne vous en croiray pas car ie scay bien q̃ lancelot ny penseroit iamais en nulle maniere : et se onques y pensa ie scay bien que force damour la fait faire encõtre laquelle sens ne rayson ne peult durer. Cõmẽt dist agrauain nen serez vous aultre chose : Que voulez vous dist le roy que ie face Sire dist il ie voulsisse que vous le feissiez espier tant quoy les peust prendre ensemble: et lors cõgnoistriez la verite : si me croiries mieulx. Faictes en dist le roy ce que vous voul-drez : car ia par moy nen serez destourne. Et

il lui dist q̃ quil ne demãdoit pas mieulx. Cel nuit pensa moult le roy artus a ce que agrauain lui auoit dit: mais il ne se meist pas grãdement a son cueur: car il ne croyoit pas quil fust vray. Au matin sabilla le roy pour aller au tournoyment et la royne lui dist: Sire sil vous plaisoit ie yroie auec vous a ceste assemblee, car iay ouy dire quil y aura fort grant cheualerie. Dame dist le roy vous ny viendres pas a ceste fois : et elle se teust a tant. Et il la feist tout de gre demourer pour esprouuer le dit agrauain. Quãt le roy fust parti pour aller au tournoyment lui et ses gens, en cheuauchant parlerent les aulcuns de lancelot et dirẽt quil ne seroit pas a ceste assemblee. Et lãcelot si tost comme il sceust que le roy estoit parti et ceulx qui auec luy deuoyent aller a vinceestre, il se leua de son lit et se appareilla, puis vint a la royne et lui dist. Dame se vous voulez ie iray voulentiers a ce tournoymẽt pour quoy dist elle auez vous tant demoure apres les aultres: Dame dist il pour ce que ie vouloie aller tout seul et venir en telle maniere que ie ne y feusse cougneu destranges ne de priuez. Allez y donc dist elle car ie le vueil bien. Et il se partit tãtost: et au soir quant la nuit fut venue et quilz furent tous couchez p la cite de kamalot, lancelot vint a son escuier et lui dist il ten fault venir ecques moy: car ie vueil aller veoir le tournoymẽt de vincestre mais ie ne vueil aller que de nuit: car pour riens ie ne vouldroye estre apperceu de nully en ceste voye: Incontinent le seruiteur fist son commandemẽt et sappareilla au pl̃toste quil peult : et emmena le meilleur cheual que lãcelot eust comme celui qui bien sapperceuoit que son seigneur vouldroit porter armes et iouster au tournoyment. Quant ilz furent hors de kamalot et ilz furent mis au droit chemin, ilz cheuaucherent tant la nuit que onques ne reposerent. Lendemain vindrent au chasteau ou le roy artus auoit geu la nupt: et lancelot ne vint si matin sinõ pour ce quil ne vouloit pas cheuaucher de iour q̃l ne feust congneu par aulcun. Quant il vint dedens le chasteau il cheuaucha si musse que a peine le peust nul homme congnoistre. Et ce faisoit il pour les cheualiers qui de leans

dd iii

rssoient, et lui plaisoit moult de ce quil estoit venu si tost deuant ce quilz feussent partiz de leans. Le roy artus qui estoit desia a vne fenestre quant il veit le cheual de lancelot. Si le congneust comme cellui qui lui auoit donne mais il ne congneut pas lancelot: car trop estoit musse. Et non pourtant au saillir dune rue ou lancelot dressa son cheual se regarda le roy a son aise et se congneust tantost. Si se monstra a Girflet et lui dist que nul ne sentendit. Girflet auez vous veu lancelot q nous faisoit hier entendant quil estoit malade il est ia en cest chasteau. Sire dist girflet ie vous dirap pour quoy il se faisoit. sachiez quil veult estre en ce tournopment en telle maniere que nul ne se sache congnoistre pource ne voulloit il pas venir auec nous et est loccasion pourquoy il estoit demoure. Et lacelot qui de tout ce ne se prenoit garde estoit ia au chasteau et son escuier auec lui, et estoit entre en vne chambre, et defendit moult quon ne senseignast a nullui. Et le roy qui tousiours estoit a sa fenestre attendant que Lancelot passast oultre par dessoubz lui: il demoura la tant qil sapperceust bien que lancelot estoit leans demoure. Si dist a girflet: nous auons perdu Lancelot: car il est loge pour meshup. Sire dist il peult il bien estre, sachiez quil ne cheuauche fors par nuyt de peur quil ne soit cogneu. Puis quil se veult celer dist le roy or le celons bien. Gardez que vous ne le dissiez a nul homme que sapez veu, ne moy aussi nen parlerap ie ia: ainsi pourra il bien estre ce se: car nul fois nous deup ne sa veu: et Girflet dist quil nen parleroit ia a homme qui vit.

Atant se partit le Roy de la fenestre lui et sa compaignie: et lancelot demoura leans loge chieus vng riche homme q auoit deup filz moult beaup et moult fors et auoit este nouueaulp cheualiers de la mai du roy artus mesmes. Et lancelot qui comme ca a regarder les escus des deup cheualiers veit quilz estoient tous vermeilz sans nulle cognoissace. Et il estoit de coustume en ce teps que nul nouueau cheualier ne portast le premier an qil receuoit lordre de cheualerie escu qui ne fust tout dune couleur: et se aultrement

le faisoit: cestoit contre son ordre. Lors dist lancelot a son hoste: mon hoste ie vous vouldroie prier que vous me pretissies vng de ses escuz a porter a ceste assemblee et ses couuertures et tout laultre abillemet. Sire dist le preudhome nauez vous point descu nennil dist lancelot q ie vueille porter: car se ie se portope par aduenture ie seroie plustost congneu que ie ne vouldrope: ains le lairap ceans auec mes armes tant que ie reuiegne par ep: e le preudhome dist. Sire prenez ce que vous vouldrez et ce quil vous plaira: car aussi est vng de mes filz malade quil ne pourrait pas aller a ce tournopment: mais laultre partira tantost pour p aller. A ceste parolle vint leans le cheualier qui a lassemblee deuoit aller. Et quant il veit lancelot si lui fist moult beau semblant puis lui demanda qui il estoit. Et lancelot lui dist quil estoit vng cheualier estrange de duers le ropaulmes de logres: mais oncqs son nom ne lui voulut dire ne plus descouurir de son estre fors seullement lui dist quil vouloit estre a lassemblee de Vincestre: car pour aultre chose np estoit il venu. Sire dist le cheualier vous soiez le bien venu: car aussi p vouloie ie aller: or partons ensemble si sera compaignie lun a laultre. Sire dist Lancelot ie ne cheuaucherap pas de iour car la challeur du solleil me feroit mal: mais se vous voules attendre iusques au soir ie vous ferap compaignie: car deuant ne cheuaucherap en nulle maniere. Sire dist il vous me semblez si preudhome que ie ferap tout ce que vous vouldres et demourap tout le iour pour lamour de vous. et apres quant il vous plaira nous en irons tous ensemble: et lancelot len remercia moult.

Cellui iour demoura lacelot leans et fut serui honnestemet de tout ce quo pourroit cheualier seruir. Et assez lui demaderent de son estre: mais riens nen peurent sauoir fors de lescuier de lancelot qui se dist a la fille de leans qui fort estoit belle et plaisante qui lui demanda qui son seigneur estoit. Et lescuier qui la veit si belle ne losa escodire: car villanie lui sembloit et dist: damoiselle ie ne le puie du tout descouurir: car ie men partiroie, pourroie tost courroucer monseigneur mais sans faulte ce que ie vous en pourray de sçouurir sans moy periurer vous diray ie vou lentier. Sachiez damoyselle que cest le meil leur cheualier du monde et de ce vous affie ie loyaulment. Certes dist elle assez men aues dist et moult maues bien recõfortee de ceste pa rolle. Lors vient tantost sa damoyselle deuãt lancelot et se agenouilla deuant luy et luy dist gentil homme pour la chose que plus aymez au monde donnez moy vng don. Et quant lan celot vrit deuant luy a genoulz si belle damoy selle il en fut moult courrouce et dist. Haa da moyselle leuez sus: car il nest riens en terre q̃ peusse faire par ceste requeste que ie ne feisse. Elle se leua a tant et luy dist: cent mil merciz de cest ottroy: et sauez vous q̃ maues ottroye cest que vous porterez en ceste assẽblee ma mã che destre. et ferez darmes tãt que vous pour res pour lamour de moy. Et il luy ottroya: et non pour tant fut il moult doffent de cest ot troy: car il sauoit bien que se la royne se pou oit sçauoir quelle luy en sçauroit fort mal gre: et ne trouueroit par aduẽture iamais amour en elle: mais toutessois se mettroit il a ladue pour promesse tenir: car aultrement seroit il desloyal. Et pour faire du tout sa voulente de sa damoyselle elle mesmes luy apportast lã tost la manche atachee au panoncel de sa lan ce: et elle luy pria quil feist darmes a ce tour nopment pour son amour. Et sachiez dist el le sire que vous estes le premier cheualier q̃ ie requis oncques de riens ne encores ne le fe isse ie pas se nestoit la grant bonte qui est en vous. Et il dist que pour lamour delle quil en feroit tant quil nen deuroit ia estre blas me. Ainsi demoura lancelot seans tout le iour Et au soir se partirent lancelot et le frere de la damoyselle. et print conge lancelot de sa da moyselle: et fist porter par son escuier lescu quil auoit seans prins et laissa le sien. Si cheuaucherent toute la nuit tant quilz vindrẽt lendemain vng peu deuant soleil leuant a vne lieue de Vincestre. Sire dist le cheualier a lancelot: ou voules vous estre loge en sa vil le ou dehors. Sire dist lancelot qui pourroit trouuer vng petit coing qui fust pres du tour nopment ou nous peussons estre priuement logez ce vouldsisse ie biẽ: car ie ne entreroie pas

voulentiers a Vincestre. par ma foy dist le che ualier de ce vous est bien aduenu: car pres di cy hors du grãt chemin a senestre est lostel du ne mienne ante gentil femme qui bien nous logera et fera grant feste quant elle vous ver ra en son hostel. Atant laisserent le grant che min et allerent celle part ou la dame demou roit. Et quant ilz furent seans descenduz. et la dame congneust son nepueu vo° ne veistes iamais si grãt ioye demener cõe elle leur feist car elle nauoit veu son nepueu puis ql auoyt este cheualier nouueau. Si luy dist: beau nep ueu or aues vous este cheualier nouueau de puis que ie ne vous vey: mais ou est vostre frere ne viendra il pas au tournopment. Da me nennil il ne peult: car nous le laisasmes en la mayson ou il estoit malade. Et qui est dist elle ce cheualier qui est venu auec vous. Da me dist il si mait dieu ie ne sçay qui il est fors quil me semble estre bien preudhõme: & pour la bonte que ie cuide qui en luy soit, luy seray ie demain compaignie a lassemblee du tour nop de Vincestre. et auons luy et moy vnes mesmes armes et vne mesme couuerture. Et la dame sen alla a lancelot si lacueilla moult honnestement et moult lhõnoura puis le me na en vne chãbre et le feist coucher et reposer en vng beau lict: car on luy auoit bien dit quil a uoit cheuauche toute la nupt.

Tout ce iour fut lancelot seans et eust habondamment de tous ses biens que la dame peult auoir. La nupt regarderẽt ses escuiers des deux cheualiers les armes de leurs seigneurs quil ny faillist riens. Len demain si tost que le iour apparust: lacelot se leua et alla ouyr messe en vne chappelle qui pres de sa estoit en vng hermitage. Et quant il eut ouy messe et quil eut faict ses orayons sicomme vng bon crestien doibt faire il se par tit de la chappelle et reuint en son logis puis desiunerent lui et son compaignon. Et lance lot auoit enuoie son escuier a Vincestre pour sa uoir lesquelz aideroient a ceulx de dedens. et lesquelz seroient de la partie de dehors. Si se hasta tant lescuier de sçauoir les nouuelles et de retourner tost, quil reuint a lostel aincois quon eust commence a armer Lancelot. Et

dd iiii

quant il vint a son seigneur il lui dist. Si/
re moult y a de gens dedens et dehors: car de
toutes terres y sont venus priuez et estran/
ges: et sachiez que dedẽs en y a beaucoup plus
que dehors pour lamour de ceulx de la table
ronde qui y sont en grant point atournez. Et
scez tu dist lancelot de quelle part Booit, hec
tor et Lyonnel sont. Sire dist il de ceulx de de
dens: car aultremẽt ne mõstreroiẽt il pas que
ilz feussent compaignons de sa table ronde.
Et qui sont ceulx de dehors dist lancelot. Si
re dist il le roy descosse, et cellui dirlande et
cellui de galles, et aultres haultz hommes,
mais touteffois nont ilz pas si bonnes gens
comme il y a par dedens: car ilz sont tous me
nus et estranges et ne sont pas vsitez de por
ter armes sicomme ceulx de logres ne si bons
cheualiers. Lors monta lancelot sur son che/
ual puis dist a son escuier. Tu ne viendra
pas auec moy car se tu y venoyes len te con/
gnoistroit et par toy on me pourroit congnoi
stre: et ce ne vouldroye ie en nulle maniere.
Et cellui dist ql demouroit voulentiers puis
quil se vouloit: mais il aymast mieulx aller
auec lui. Lors se partit lancelot de leans luy
et son cõpaignon et seurs deux escuiers. Si
allerent tant quilz vindrent en la prairie de vi
cestre qui estoit toute couuerte de ioustēurs et
de tournoieurs: et ia estoit le tournoy si plani
er que ia estoiẽt assemblez dune parte et daul
tre. Mais messire gauuain ne porta pas ce iour
armes ne Gaheriet son frere: car le roy leur
auoit deffendu pour ce quil sauoit bien q̃ lã/
celot y viendroit Si ne vouloit pas quil sen
tre blessassent se au iouster venoit: car il crai/
gnoit, que maluestance ny courousse sĩ quilz
ne sen assentent entreulx debat.

L e roy fut monte en sa grant tour a
tout grant compaignie de cheuali/
ers pour veoir le tournoy ment et y estoit mes
sire gauuain et gaheriet. Et ainsi quilz furēt
la arriuez se cheualier auec qui lancelot estoit
venu lui demanda. Sire ausquelz ayderez
vous. Lesquelz dist lancelot vous est il aduiz
qui en ayent plus de besoing. Sire dist il
ceulx de dehors ce me semble: car ceulx de de
dens sont preudz hommes et moult bõs che
ualiers et sont moult vsitez de porter armes

Or soyons donc dist lancelot deuers ceulx de
dehors: car ce ne seroit pas nostre honneur se
nous aydons a ceulx qui sont les plus fors.
Et il lui dist ql estoit tout prest de faire tout
ce qui lui plairoit. Or seur allons donc aider
dist lancelot. Allez sire sil vous plaist deuãt
et ie vous suyuray. Lors se dressa lãcelot sur
ses estriers puis se mit au meillieu des rens et
frappa vng cheualier quil encontra en son che
min si durement quil se porta a terre lui et se
cheual: si passa oultre pour faire son poinct y
fait et accõplir de sa lance car: elle ne stoit pas
encores rompue si frappa viuement vng aul
tre cheualier que lescu ne le haubert ne le gar
derent quil ne lui feist vne grant playe et par
fõde au coste senestre: mais il ne le blessa pas
a mort: et se bouta si sourdement quil se porta
a terre tellemẽt ql fut tout estourdy au cheoir
quil fist: et lors vola sa lance en pieces. Et
pour ce coup se aresterēt plusieurs cheualiers
et dirẽt auscũs qlz auoiẽt veu faire vng beau
coup a ce cheualier nouueau venu. Voire
dist saultre ceft vng des beaux coupz q mes
huy fut fait par vng cheualier ne ia par aduē
ture ne recouuera meshui a faire aussi beau.
A tant compaignon de lancelot laissa cour
re son cheual a hector des mares quil encontra
en son chemin qui lui rõpit sa lance en la pi
trine. Et Hector le frappa si viuement dune
espee grosse et court quil abbatit homme cheual
tout a la renuerse. Or pouez veoir a ter
re lun des deux freres du chasteau descallot
dist chascun de ceulx qui la estoient: car par
le nom du chasteau estoient les freres appel/
lez et congneuz: pource qlz portoiēt vnes mes
mes armes ceulx du chasteau cuidoiēt q̃ de
lancelot fust lun des deux freres descallot pour
les armes quil portoit cõme dessus est deuise.

Q uāt lancelot veit son cõpaignon a ter
re deuāt luy: il en fut moult courrou
ce si laissa courre son cheual a hector si tenoit
vng glaiue en sa main bõ et fort: et ne cõgnoi
ssoient lun saultre pour leurs armes qlz auoi
ent changees: si se frappa si durement quil lab
batit a terre par deuant galfegantins le gal
lois et messire gau. q̃ biẽ cognoissoiẽt hector
pour le q armes lui auoiẽt baillees, si en voi
ãt ce coup ilz dirẽt au roy. Cellui a ces armes

bermeilles qui porte celle manche sur son he/
aulme: nest pas le cheualerie q̃ ie cuidoie: ais
est vng autre brapement. car par vng des fre
res du chasteau descalot ne peust iamais .i. tel
coup. Et q̃ cuidiez vous q̃ ce soit dist le roy. Je
ne scay certes dist messire gauuain, mais il est
fort vaillant homme. Lancelot auoit ia tant
fait quil auoit monte son cõpaignon a cheual
Et booit qui venoit parmy la presse abatant
cheualiers et arrachant heaulmes et escus des
colz: assa tant quil rencontra lancelot parmy
sa presse, il ne se salua pas comme celui qui
point ne le congnoissoit: ains se frappa de tou
te sa force dun glaiue fort et trenchant si dure
ment quil lui fist vne moult grande playe et
parfonde, si vint de toute sa force et de toute sa
puissance si rudement quil abatit lancelot et
le cheual tout en vng mont a terre, et au che/
oir rompit son glaiue. Mais lancelot ne de
moura pas longuement ainsi, car le cheual
estoit fort et legier, ne oncques lancelot pour
playe quil eust ne demoura quil ne saillist sur
son cheual tout suant dangoisse, car oncques
ne trouua vng seul homme q̃ autant en peust
faire. Si pensa en lui mesmes que sil rencon
troit cellui qui lui auoit fait ce plaisir il lui rẽ
deroit sil pouoit. Lors print lãc. vng glaiue q̃
vng escuier tenoit et sadressa vers boort. Quãt
les autres virent quilz vouloient iouster pa
reil a pareil, et ilz sauoient si bien fait au tour
nopement quilz estoient tenus tous deux pour
les meilleurs cheualiers et les plus preudhõ
mes de toute la place. Et lancelot qui venoit
de toute sa puissance et le plus vistement quil
pouoit du cheual picquer: frappa booit si du
rement quil le porta du cheual a terre la selle
entre les cuisses. car sengles et poitraulx rom
pirent tous en pieces. Et messire gauuain qui
bien congneut booit quãt il le veit a terre dist
au roy. Certes sire se Boort est a terre il ny a
pas grant honte, car il ne se sauoit a quoy te
nir, et cellui cheualier qui ces deux ioustes a
faictes a lui et a hector est preudhomme et bon
cheualier. Par mon chief se nous neussions
laisse lancelot a kamalot: ie deisse que ce feust
il. Quant le roy entendit ce que messire gau
uain lui disoit, il pensa bien incontinent que
cestoit lancelot, si commenca a sourrire et dist

a messire gauuain. Par mõ chief beau neueu
qui quil soit il a moult bien commence, mais
ie croy que encores le fera il mieulx a mon ad
uis. Et lancelot si tost comme il eut sa lance
rompue, il mist sa main a lespee et commenca
grans coups a departir a dextre et a senestre
et a abatre cheualiers et cheuaulx: tellement q̃
cestoit merueilles a le veoir, puis arrachoit
escus des colz et heaulmes des testes, et fai
soit si grandes prouesses de toutes pars q̃ nul
ne le veoit qui ne se fist a grant merueille. Et
Boort et hector qui sestoient releuez monterent
sur leurs cheuaulx et recommencerent si bien
a faire en leur endroit que nul ne les en pouoit
blasmer, et faisoient voyans tous ceulx de la
place cheualerie si merueilleuse que plusieurs
deux y prenoient exemple de hardiesse. Sy
firent boort et hector grant nuisance a lancelot
souffrist il ou non, car ilz lui estoiẽt tousiours
au deuant et le tenoient de si court: q̃ par leurs
mains le cõuenoit venir, si le gardẽt et ce iour
sa de faire maint beau coup et mainte belle pro
esse. car il estoit moult duremẽt naure et auoit
beaucoup perdu de son sang: tellement quil ne
stoit pas a son desiure, et ceulx estoient tous
deux de grant prouesse. Et nompourtant pas
sa il parmy eulx deux souffissent ou non, si
fist tant par sa prouesse que ceulx de la cite fu
rẽt desconfis et ruez ius. Sy lãcelot eporta des
deux pars le prix du tournopement, et moult
y perdirent ceulx de dedens, et y gaignerent
ceulx de dehors. Quant ce vint au departir:
si dist messire gauuain au roy. Certes sire: ie
ne scay qui ce cheualier est qui porte celle man
che a damoiselle sur son heaulme, ie diroye p
droit quil a ce tournopement vaincu et quil en
doit auoir le prix, mais sachiez que ie ne seray
iamais aise deuant que ie sache qui il est, car
il a moult fait de cheualerie et de prouesse a son
pouoir. Certes dist gaheriet ie ne cuide pas q̃
ie se congnoisse, mais tant dis ie bien que cest
le meilleur cheualier du monde a mon aduis
excepte tant seulement monseigneur lancelot
du lac.

Telles paroles disoiẽt les ii. freres de
lancelot. et messire gauuain cõmans
da q̃ on lui amenast son cheual, car il vouloit

aller veoir qui estoit le cheualier pour soy ac/
cointer de lui. et peisiblement dist gaheriet. Lors
descendirent de la tour et vindrent en la court
Et quant lancelot veit que ceulx de dedens
auoient tout perdu/ si dist au cheualier qui a/
uec lui lui estoit venu. Beau sire allons nous
ent. car a demourer icy ne pouons nous riens
gaigner. Lors sen asseirent et laisserent en la
place vng de leurs escuiers que vng cheualier
auoit blece par mescheance dung glaiue parmi
sa poitrine. Et le cheualier demanda a lance
lot quelle part il vouloit aller. Je vouldroye
dist lancelot estre en tel lieu ou ie peusse seiour
ner viii. iours ou plus/ car ie suis naure si du
rement q le cheuauchier me pourroit bien nui
re. Allons nous ent donc dist le cheualier chies
mon ante ou nous geusmes au venir / car la
serons nous bien a repos / et si ny a pas grant
chemin iusques la/ et lancelot si accorda. Sy
se mirent incontinent en vnes brupetes bien
espesses/ et ce fist lancelot tout de gre. car il pen
soit bien que aucun de ceulx du roy artus le sui
uroit pour le congnoistre. car ceulx de la ta/
ble rode sauoient ce iour en celle assemblee veu
faire maite belle proesse. Si sen allerent grât
erre lancelot et le cheualier et vng escuier auec
eulx. et firent tant quilz vindrent a lostel ou
ilz auoient geu la nuit de deuant. Si descen
dit lancelot tout senglant car durement estoit
naure. Et quant le cheualier veit sa playe il
en fut moult esbahy. si manda au plus tost q
il peut vng vief cheualier q pres de la amou
roit et sentremettoit de guarir playes. Quant
il eut veu sa playe si dist quil sen guariroit
bien a laide de dieu/ mais ce ne seroit pas si tost
car elle estoit grande et pfonde. Ainsi trouua lance
lot aide et secours de sa playe. Si lui en aduit
moult bien, car sil eust guaires demoure en tel
estat: il eust este en peril de mort de celle playe
quil auoit receue par sa main de son cou
sin. Si geust leans six sepmaines en telle ma
niere quil neut pouoir de porter armes ne dys
sir hors de lostel. Mais a tant laisse ores se cô
pte a parler de lui et retourne au roy artus et
a monseigneur gauuain.

¶ Comment messire gauuain alla apres lan
celot pour le trouuer/ et comment il sceut q cestoit

lancelot qui auoit vaincu lassemblee et com
ment il auoit porte vne manche a damoiselle
sur son heaulme.

En ceste partie dist le compte q
quant messire gauuain et ga/
heriet furent montez pour aller
apres le cheualier qui se tour/
noy auoit vaincu/ ilz cheuaucherent celle part
ou ilz cuiderent quil fust alle. Et quant ilz eu
rent cheuauche bien deux lieues si tost et si vi
stement quilz ses eussent sans faille attains
silz fussent alle le droit chemin. Lors rencontre
rent deux escuiers faisans grant dueil/ q por
toient deuant eulx vng cheualier mort nou
uellement. Si leur demanda messire gauuaî
silz auoient point rencontre deux cheualiers
armez dunes mesmes armes qui estoient tou
tes vermeilles. dont lun portoit sur son heaulme
vne mâche a dame ou a damoiselle. Et ilz dis
rent qlz nauoiét veu ce iour cheualier arme de
telles armes qlz leur deuisoit. Mais dautres
cheualiers q venoient du tournopement aui
ent ilz assez veu. Sire dist gaheriet a messi
re gauuain: sachiez vrayement que le cheuali
er nest pas venu ceste part. car sil fust venu p
icy nous leussions bien aconceu a ce que nous
sommes tant hastez. Il me poise fort dist mes
sire gauuain de ce que nous ne le trouuons/
car il est si preudhomme et si bon cheualier que
moult seroie ioyeulx se ie pouoie auoir son ac
cointance. et certes se ie sauoie auec moy ie ne
fineroie iamais deuant que ie leusse mene a
lancelot du lac. et que ie les accointasse lun de
lautre. Lors demanderent aux escuiers que
cestoit quilz portoient et pourquoy ilz faisoiét
si grant duel. Et ilz disrent que cestoit vng
cheualier que vng porc sauuaige auoit naure
si durement et si mortellement que il en estoit
mort. si leur môstrerent sa place et la forest ou
le porc auoit assailly/ si duroit le bois plus du
ne lieue de long et bien pres de deux lieues.
Par ma foy dist messire gauuain cest grant
dommaige/ car il auoit bien personnaige dhô
me qui eust peu encoires monter a tresgrât hon
neur et pour auoir grant renommee de cheua
lerie.

Atant se departirent des escuiers & se reuindrent vers vincestre/ & quant ilz furent arriuez la nuit estoit ia toute obscure. Et quant le roy vit messire gauuain il lui demanda sil auoit trouue cestui quil alloit querant. Et il dist que nenny car il estoit alle par vng autre chemin que celle que nous allasmes Et le roy commenca a sourrire & dist. Gauuain ce nest pas la premiere peine que vous en auez eue: non sera ce pas la derreniere a mon aduis. Lors se apperceut bien messire gauuain que le roy se congnoissoit bien si lui dist. Haa sire puis que vous le cognoissez sil vous plaist dictes moy qui il est. Je ne le vous diray pas maintenant dist le roy, car puis quil se veult celer: ie feroie grant mal se ie le descouuroie a vous ne a autre: pour ce me tairay ie pour ceste foiz, & en ce ne perdez vous riens / car vous le scarez encores tout a temps. par ma foy dist gallegantin le gallois: ie ne scay qui il est: mais ie vous promets quil est parti du tournoyement moult fort blece, & si en sengnant que on le pouoit bien suiuir par sa trace du sang qui lui sailloit dune playe que boort lui fist a vne iouste. Est il vray dist le roy a boort. Ouy sans faille dist il. Or sachiez donc dist le roy que ia mais vous ne feistes playe dont vous repentissiez autant comme vous serez de ceste sil en meurt. Et hector qui bien cuidoit que le roy eust dicte sa paroſſe pour mal de boort fut moult courrouce, & boort qui auāt ce dist au roy tout courrouce. Sire se le cheualier meurt de sa playe si meure: de sa mort ne nous peut venir ne mal ne doubtāce. Et le roy se teust tout courrouce du cheualier q estoit naure, car il auoit grant paour quil ne fust en peril de mort. Assez parlerent celle nuit du cheualier a la manche qui le tournoyement auoit vaincu, & moult furent en grant pensee qui il estoit / mais ilz ne se peurent sauoir. car le roy le cela si bien en droit soy que oncques nouuelle nen fut sceue deuant quilz furent a kamalot. Lendemain se partirent tous de vincestre & firent crier quil y auroit vng tournoyement a tanebor du lundy dapres en vng moys. Tanebor estoit vng chasteau bon & fort a lentree du royaume de norgalles. Et quant le roy se fut parti de vincestre: il cheuaucha tant quil vint au chasteau

descalot la ou il auoit laisse lancelot. Et le roy sa se logea en la fortresse a grant gent mais il aduint que messire gauuain surunt dauenture qui descendit en lostel mesmes où lancelot auoit este loge, & lui fist on son lict en la chambre ou lancelot auoit geu: & ou son escu pendoit Celle nuit nalla pas messire gauuain a court car il se sentoit vng pou a malaise: ains mengea a son logis auec gaheriet son frere & moult direc qui a ce tournoyement auoiēt porte armes & si y auoit plusieurs cheualiers qui tindrent compaignie a messire gauuain. Quant ilz furent assis au soupper, la damoiselle demanda a messire gauuain la verite du tournoyement sil auoit este beau & bien gouuerne, & lequel en auoit porte le pris. Certes damoiselle dist messire gauuain du tournoyement vous puis ie bien dire quil a este le mieulx gouuerne que tournoy que ie veisse pieca. & si sa vain cu vng cheualier a qui ie vouldroie ressembler de bonte & de cheualerie. car si maist dieu cest le plus preudhomme que ie veisse depuis que ie parti de kamalot, mais tant y a que ie ne scay qui il est ne comment il a nom. Sire dist elle quelles armes porte il. Il porte dist il vnes armes vermeilles & au dessus de son heaulme auoit vne manche a dame ou a damoiselle ne scay lequel, mais tant vous en ose ie bien dire que se lestoit dame ou damoiselle: ie vouldroye quelle fust mienne: par tel si que cestui qui la porte me aymast par amours, car certes en si eu ou ie fusse iamais ne veis ie ma che mieulx emploiee. Quant la damoiselle entendit ceste nouuelle si en fut moult ioyeuse, mais elle se garda bien den faire nul semblant pour ceulx qui deuant elle estoiēt. Tant comme les cheualiers furēt a la table la damoiselle les seruit, car en ce temps estoit telle la coustume au royaume de logres: que se cheualiers errans venoient a lostel dun preudhōme qui fust noble, sil y auoit leans aucune damoiselle / de tant comme elle estoit plus gentz femme de tant estoit elle plus preste de seruir les cheualiers suruenans / et selle estoit gentz femme elle ne sasseoit pas a la table deuant q les cheualiers eussent tous leurs metz, & pource seruit la damoiselle tāt cōme messire gauuain & les autres mēgerēt. Si estoit elle si tresbelle

¶ si bien taillie de tous ses membres que nul le damoiselle ne pouoit estre mieulx. Sy la regarda messire gauuain moult boulentiers tant côme elle seruit/ & tant lui pleut & agrea que plus sui tint de sa regarder que de mengier. Si lui fut aduis que de bônne heure seroit ne le cheualier qui de telle damoiselle pourroit auoir le soulas & se deduit a sa boulente. Apres soupper au soir aduint que le seigneur de lostel salloit esbatre en ung preau q estoit derriere sa maison/ & mena auec lui sa belle fille Et quant il bit la il trouua messire gauual & ses compaignons qui la se deduisoient. Et quant ilz le beirent benir: ilz se leuerent au deuant de lui/ & messire gauuain se fist asseoir empres lui au coste deptre/ & a senestre fist asseoir sa damoiselle: si quelle estoit assise entre lui & mordrec/ & loste entre gaheriet & messire gauuain. Et lors commencerent a parler de plusieurs choses/ & Gaheriet tira le seigneur son hoste a part: affin que messire gauual parlast plus priuement a sa damoiselle sil Bouloit. Et quant messire gauual se beit en si bô poit de parler a sa damoiselle: il la requist damours. Et elle lui demanda qui il estoit. Je suis dist il ung cheualier errât qui ap a nom gauuain le nepueu du roy artus/ & bous apmerope boulêtiers par amours sil bous plaisoit/ en telle maniere que tant comme lamour de moy bous plairoit: ie ne aymeroie iamais autre que bous: ais serope du tout bostre cheualier a faire bostre boulente a mon pouoir. Haa messire gauuain dist la damoiselle ne me mocquez point/ car ie scay bien que bous estes trop hault & trop riche: pour aymer si poure damoiselle comme ie suis/ & nompourtât se bous me aymiez bien par amoure il men peseroit plus bous que pour autre chose Pour moy dist il damoiselle pourquoy bous en peseroit il. pour ce dist elle que se bous ma miez iusques au cueur creuer: si ne pourriez bous auenir a moy en nulle maniere car iay me par amours ung cheualier bers qui ie ne fausseroie pour riens ma foy/ & si bous dys bayement que ie suis encores pncelle ne oncques nauoie aymé par amours quât ie le bey premierement/ & si lui requis qil feist darmes ce quil pourroit pour lamour de moy/ & il me

dist que si seroit il/ & si a il tellement que on deueroit blasmer celle q le laisseroit pour ung autre/ car se dieu maist il nest pas mais bon cheualier que bous ne mains beau ne mains prise darmes. Et pour ce bous disie que ce seroit peine perdue de moy prier damours/ car ie suis celle qui riens ne feroit si non pour celsui que iayme de tout mon cueur. Quât messire gauuain ouit quelle se conduissoit si fierement, si lui respondit tout courrouce & dist Damoiselle or faictes tant par bostre courtoisie: que se ie puis prouuer quil baille mains q moy en armes: que bous se laissez & me prenez Comment sire dist elle cuidez bous que ie le feisse. Ie pourroie bien faire mourir les ii. plus preudhommes du monde: ou lun deulx/ car sans lun ne demoureroit il point se bous assebliez corps a corps lun côtre lautre pour moy Comment dist messire gauuain est il doncqs ung des plus preudhommes du môde. Il ny a pas guaires dist elle q ie louy tesmoignier pour ung des meilleurs cheualiers du monde. Et comment a il a nom dist messire gauuain. Sire dist elle son nom ne bous diray ie pas/ mais ie bous mostreray bien son escu quil me laissa ceans quât il alla au tournoyement deuant le chasteau de bincestre. Lescu de lui dist messire gauuain bueil ie bien beoir/ car sil est cheualier de grât prouesse ce ne peut estre q il ne se congnoisse par lescu. Lescu dist elle berrez bous bien quât bous prez couchier car il pent a une cheuille deuant bostre sit/ et il dist ql se proit beoir tout incontinent. Lors se leuerent de la ou ilz estoient assis/ & les autres aussi quant ilz beirent que messire gauuain sestoit leue. Et messire gauuain print sa damoiselle par sa main si entrerent ensemble en la maisô/ & les autres apres/ & la damoiselle les mena en la chambre ou il y auoit si grât luminaire de cierges & de torches: quil sembloit que sa chambre seust toute embrasee de feu/ lors lui monstra lescu & dist. Sire beez cy lescu a lomme du môde que iayme le plus par amoure/ regardez se bous se pourrez congnoistre ne sauoir a qui il est/ & se bous pourriez accorder que ce seust le meilleur cheualier du monde. Et messire gauuain regarda lescu et congneut incontinent que cestoit lescu de sancelot. Lors se tira arriere cōe tout esbahy & fort dolent de ce quil auoit dit a sa damoiselle, car il auoit paour que lancelot ne se sceust quant il parleroit a elle, & pensoit en lui mesmes q̃ sil pouoit faire sa paix vers sa damoiselle il se tendroit pour content, lors lui dist. Haa damoiselle ne vous desplaise des paroles que ie vous ay dictes: car ie men tiens a cōfus & a vaincu, car il est le meilleur cheualier du monde, ne ie ne congnois dame ne damoiselle: pourtant quil sa voulsist amer par amours, qui ne me laissast pour lui. car veritablemēt il est plus beau que moy & meilleur & plus auenāt, & se ieusse cuidé que ceulx il este & que vous eussiez eu cueur de si hautement aymer: ie ne me fusse ia mesle de vous requerre damours. Et si vous dis que vous estes celle du monde que iaymeroy le mieulx, sil ny auoit si grant contredit. Certes sil est ainsi que monseigneur lancelot vous ayme autāt comme il me semble que vous saymez, onques à dame ne a damoiselle ne aduīt aussi bien: cōme a vous. Et pour dieu ie vous prie: que se ie vous ay dit chose qui vous desplaise: q̃ vous le me pardonnez. Sire dist elle voulentiers. Et quant il vit quil auoit fait sa paix en telle maniere quelle lui promist que de parolle qui ait este dicte entreulx deulx, ne parlera ia a lancelot. Lors dist gauuain a sa damoiselle. Dame ie vous prie que vous me diez quelles armes lancelot porta a lassemblee de vincestre. Sire dist elle il portoit vnes armes vermeilles & auoit dessus son heaulme vne manche vermeille que ie lui baillay, par ma foy dist il ce sont bonnes enseignes, car ie le vey tout ainsi armé comme vous le mauez deuisé, & ie le croy ores mieulx que ie ne feis meshuy: car autrement neust il pas porté la manche. Sy mest aduis que moult vous pouez priser qui estes aymee de si hault preudhōme, & si mais dieu il men plaist fort quāt ie le scay: car il sest tousiours celé vers toutes gens: tellemēt q̃ onques on ne peut sauoir quil aymast par amours. Sire dist elle tant vault il mieulx, car vous sauez bien que amours descouuertes ne peuent monter a grant prix. A tant se partit de leans la damoiselle & messire gauuain sen alla coucher auec ses compaignons

& pensa moult fort a lancelot, & dist a soy mesmes quil ne cuidoit pas que lancelot pensast iamais a mettre son cueur en lieu: se ce nestoit en plus hault & en plus honnourable que nestoit cestui la. Et nompourtant dist il ie ne le puis point blasmer: se il ayme ceste damoiselle: car elle est si belle & si auenante q̃ se le plus hault hōme du monde y auoit mis son cueur si sauroit il bien emploié ce mest aduis.

Celle nuit dormit messire gauuain bien petit, car il pensoit tousiours a la damoiselle & a lancelot. Et au matin quant il fut iour il se leua, & aussi firent tous ceulx de leans, car le roy artus auoit ia māde a messire gauuain quil montast a cheual, car il se vouloit partir du chasteau. Quant ilz furēt tous appareilliez messire gauuain vint a son hoste & le remercia moult de la belle chiere q̃l lui auoit faicte, si le commanda a dieu, puis vint a la damoiselle & lui dist. Damoiselle ie vous commande a dieu, & sachiez que ie suis vostre cheualier ou q̃ ie soye, ne il nest si estrange lieu au monde se ie y estoie & vous me mādissiez en vostre affaire & seruice: que ie ny ve nisse a mō pouoir. pour dieu dist messire gauuain saluez moy sil vous plaist mōseigneur lancelot du lac, car ie cuide bien que vous le verrez aincois que nous. Et elle lui dist que si si tost ne le verra quelle ne le remercie, & saluera de par messire gauuain. Et il sen remercia moult. Si se partit de leans & trouua emmy sa rue le roy artus son oncle qui sattendoit a grant compaignie de gens. Lors se mirēt au chemin, & messire gauuain dist au roy. Sire sauez vous q̃ est le cheualier qui a vaīcu lassemblee deuant vincestre cellui auy ar mes vermeilles qui portoit sa manche a dame ou a damoiselle sur son heaulme. Pourquoy le demandez vous dist le roy. Pour ce dist messire gauuain que ie ne cuide pas que vous le sachez. Si scay bien dist le roy: mais vous ne le sauez pas qui le deussiez bien congnoistre aux merueilles darmes quil fist lautre iour a lassemblee deuant bicestre, car nul cheualier fors que lui nen pouoit autant faire Certes dist messire gauuain vrayement le deusse ie bien auoir congneu, car maintesfois sap veu faite darmes plus q̃ nul autre/mais pour ce quil estoit desguise en semblance de nouueau cheualier:mosta sa congnoissance de lui pour soie/mais ien ay tant apzins depuis q̃ ie scay bien qui ce fut. Et qui fut il dist le roy: ie sauray bien se vous me direz. vray. Ce fut dist il monseigneur lancelot. Certes dist le roy il est vrayement le meilleur cheualier du monde, et se ieusse creu agrauai vostre frere ie seusse fait occire/si eusse fait grant desloyaulte et si men eust tout le monde hay. Voire dist messire gauuain, et que vous en a dist agrauain. Certes gauual mō amy dist le roy:il me dist auanthier quil se merueilloit moult cōment iauoye cueur de tenir lancelot qui si grant hōte me faisoit comme de viosser ma femme la royne,et me dist que lancelot lamoit de folle amour,et pareillement elle lui, et quil nestoit de mourir a kamalot pour autre chose:que pour auoir de la royne sa voulete. Ce me fist acroire agrauain, si me tinse ores pour fol se ie leusse creu de sa mensonge. car ie scay ores bien q̃ se lancelot lamast de folle amour:il ne se fust pas parti de kamalot tāt cōme ien eusse este dehors:ains y fust demoure pour auoir sa voulente de la royne. Certes dist messire gauual sachiez que lancelot ne demoura apres vous si non pour venir au tournoyement couuertement, et de ce pouez vous bien congnoistre la verite si ne creez iamais homme qui vous a portees telles nouuelles/car ie vous dy vrayement que oncques ne pensa a sa royne de telle amour:ains vous dy vrayement quil ayme par amour vne des plus belles damoiselles du monde. Et encores sauons nous bien quil a aymé la fille au roy perles:dont galaad le bon cheualier fut ne:cellui qui mist a chief les auentures du saint graal. Certes dist le roy se lancelot amoit ma femme par amour:si ne croiroye pas quil eust le cueur de me diffamer, car en cueur ou il y a si grāt prouesse: ne se pourroit loger trahyson: se ce nestoit la plus grant dyablerie du monde.

Ainsi dist le roy artus de lancelot et messire Gauuain luy dist que tout soit il asseur que oncques lācelot ne toucha a la royne ainsi cōme agrauain luy a mis sus Et encores vous dis ie bien que ie sens lance

lot sauf de ceste chose:que au mōde ny a si bō cheualier sil en appeloit:que ie ney entrasse en champ de bataille pour len deffendre. Que en diriez vous dist le roy se tout le monde le disoit, et ie ne men apperceusse:si ne le croiroye ie pas Et messire gauuain luy cōseilla moult quil ne se bougast de celle bonne voulente ou il estoit bien conseille.

Atant en laisserent la parolle et cheuaucherent a petites iournees tant quilz vindrent a kamalot. Quant ilz furent descenduz assez y eut de gens qui demanderent nouuelles du tournoyement et qui sauoit vaincu. mais il ny eut nul fors le roy et mōseigneur gauuain qui nouuelles en sceussent dire/et ne le vouloient pas encores descourir pour ce quilz sauoient bien que lancelot se voudroit celer. Si dist messire gauuain a la royne ainsi quelle luy en demādoit. Dame nous ne sauons pas bien qui la vaincu/mais nous cuidons que ce soit vng estrange cheualier, et tant vous en pouons dire:car il auoyt a lassemblee de vincestre vnes armes vermeilles et auoit sur son heaulme vne māche a dame ou damoyselle. Et lors pensa bien la royne que ce nestoit pas lancelot:car elle ne cuidoit pas quil portast en tournoyment nulle enseigne selle ne lui bailloit: si en laissa la parolle plus nen enquerut fors quelle dist se ne fut pas lancelot a celle assemblee. Dame dist messire gauuain:sil y fut:ie le vis si ne le congneuz ie point:et sil y fut ie croy bien quil vainquist le tournoyement:mais nous auons veu ses armes tant de fois que sil y eust este:mais quil ne se fust musse:nous leussōs peu assez legierement congnoistre. Je vous dis fist la royne quil assa au plus couuertement quil peult. Et ie vous dis dame que se il y fut, ce fut cellui aux armes vermeilles q̃ vainquist le tournoyement. Ce ne fut il pas dist la royne:et sachez vrayemēt quil nest pas tant tenu a dame ne a damoyselle quil en portast telle enseigne. Lors suruint Girflets dist au roy et a la royne: sachez vrayement que cellui aux armes vermeilles qui porta la manche sur son heaulme estoit monseigneur lancelot. car quant il eut vaincu lassemblee/ il sen partit:iallay apres sauoir se cestoit il

De la table ronde

pour ce quil estoit si desguise/si assap tant apres que ie se beis tout clerement au bisaige/ ou il sen alloit moult naure auec vng cheualier qui estoit arme pareillement comme lancelot. Messire gauuain dist la ropne cuidiez vous que girsset die vray/par celle foy q̃ vous deuez a monseigneur le roy dictes men la verite. Dame vous mauez tant coniure que ie ne vous en celleray riens de chose que ien sache. Je vous dy vrayement quil vainquit lassem blee/ ⁊ que ce fut cellui aux armes vermeilles qui porta la manche a dame ou a damoiselle sur son heaume. Et quant elle ouit ceste nou uelle si se teust a tant fort courroucee. Lors en tra en sa chambre sarmopant des peulx ⁊ fai sant moult grãt dueil/si disoit a soy mesmes Hee dieu tant ma villainement deceue cellui en q̃ ie cuidoie que toute loyaulte feust ⁊ pour qui iauoie tant fait: que pour lamour de lui a uoie deshonoure le plus preudhomme du mõ de. Haa dieu qui trouuera iamais loyaulte en nul cheualier: quant desloyaulte sest logee au meilleur des bons. Ces parolles disoit la ropne a soy mesmes/car elle cuidoit que lan celot amast par amours celle de qui la man che il auoit porte au tournoyement. Si en fut tellement courroucee quelle nen sceut quel cõ seil prendre: fors quelle disoit quelle se vengeroit de lancelot ⁊ de sa damoiselle selle sa pou oit congnoistre, si tost comme elle verroit son point.

Moult fut la ropne dollente de ceste nouuelle q̃ messire gauuain auoit apporte: car elle ne cuidoit en nulle maniere que lancelot eust cueur ne voulente dapmer aultre quelle. Si en sist tout le iour moult malle chiere et en laissa le rire et le iouer. Len demain vint boort et hector et lyonnel et les aultres compaignons qui venoient de lassem blee: quant il furent descendus a lostel du roy ou ilz auoient seur repaire toutes les fois q̃lz venoient a kamalot. si commenca hector a de mander aux vngs et aux aultres qui seans estoiẽt demourez auec la ropne silz sauoyent ou estoit lancelot: car ilz sauoient laisse leãs. Sire dirent ilz/ il sen partit lendemain que vous en alastes: et ne mena auec lui que vng seul escuier a telle heure que oncques puis ne se veismes nen oupsmes parler.

Quant la ropne sceust que les cousins de lancelot estoient venus/elle sist boort venir deuant elle qui estoit moult courroucee: boort dist elle auez vous este a ceste as semblee: ouy dame dist boort: et veistes vo² vostre seigneur lancelot: nennil certes dame car il ny fut pas : p mõ chief dist elle si fut/da me, saulue soit vostre grace ce ne peult estre qil ne seust venu parler a nous / et que nous ne leussons congneu. Sachez vrayement dist la ropne quil p fut en ces enseignes quil auoyt armes vermeilles et vne manche a dame ou a damoyselle sur son heaulme. et fut cellui q̃ vainquit lassemblee. Par ma foy dame dist boort ie ne vous droye pour rien que cellui fust mon cousin lancelot: car cellui dont vous par lez sen partit du tournopmẽt ainsi comme on ma dist moult naure dune playe que ie luy feiz a iouster. Mauldicte soit lheure dist elle que ne le tuastes tout mort se il sest si desloyal ment porte vers moy plus que ie ne cuidasse pour riens du monde quil seist ce quil a fait. Dame ne croyes pas quil soit ainsi comme vous pensez deuant que vous le sachez plus vrayement: car ainsi maist dieu ie ne pourroie croire ne penser quil eust en telle maniere faul se sa cheualerie enuers vous en nulle chose. Je vous die fait elle que aulcune dame ou da moiselle la surpris par poyson ou par enchan tement si que iamais tant que ie viue ne sera bien de moy ne moy de luy. Et sil venoit de main a court par aduenture ie lui deffende roie lostel de monseigneur et le mien du tout et lui diroie ql ne fust si hardi dy mettre le pie Dame dist boort vous direz ce quil vous plai ra, mais toutesfois vous dis ie bien que onc ques monseigneur lancelot ne se pensa de fai re ce que vous lui mettez sus. Il la bien mon stre a ceste assemblee dist la ropne: dont ce poi se moy que laprobatiõ en est si apparoissante Dame dist boort sil est ainsi cõme vous dictes il ne sist oncques chose dont il me pesast autãt car vers qui que il se mesface: vers vous ne se deuroit il pas mesfaire en nulle maniere. Toute celle sepmaine ⁊ lautre dapres demou ra seans boort auec toute sa compaignie/ ⁊ fu rent plus pensifz quilz ne souloient estre pour la royne qui estoit si courroucee. Oncques depuis ne veirent homme venir a sa court qui apoztast nouuelles de Lancelot/ne qui seust veu loings ne pres, dont le roy fut moult esbahy.

Ung iour estoit le roy sa royne & messire Gauuain & parloient entreulx de plusieurs choses, & tant que le roy dist a messire gauuain. Beau nepueu ie mesbahis fort ou lancelot demeure tant, car ie ne le veis oncques autant laisser ma court come il fait maintenant. Et messire gauuain commeca a sourire & lui dist. Sire sachiez vrayement quil ne sui ennuye pas sa ou il est. car sil sui ennuyoit il ne seroit pas encores avenir/ & sil lui plaist ie ne me esmerueille pas/car il ne pourroit pas desplaire au plus riche homme du monde: sil y auoit mis son cueur, sicomme ie cuide q san celot y ait mis le sien. Quant le roy entendit ceste parolle: il fut assez plus angoisseux que deuant pour sauoir que cestoit. Si pria a messire gauuai qil lui en deist la verite sur la foy/ sur le serment qil lui auoit fait. Sire dist il ie vous en diray la verite sicome ie cuide/mais que chose cellee soit entre nous troys/car se ie cuidoye quil fust raconte en autre lieu: ie ne le vous diroye point. Et le roy dist que iamais par lui ne seroit sceu. Sire dist messire gauuain, monseigneur lancelot demeure a escalot pour vne damoiselle quil ayme p amours & sachiez que cest la plus belle damoiselle du royaume de logres, & si estoit encores pucelle quant nous en partismes. Et pour la grant beaulte que ie vei en elle/ie la req damours naguaires, mais elle men escondist moult bien, & me dist quelle estoit aymee de plus beau cheualier & de meilleur que ie nestoie. Et quant ie oup ce: si feus moult courrouce & conuoiteux de sauoir qui il estoit, si la tite de si court & tant la requis quelle me dist que cestoit lan celot & que sa mache estoit sienne qil auoit porte a lassemblee sur son heaume/ & si me monstra lescu q lancelot auoit laisse leans quant il sen partit. Messire gauuain dist la royne dictes moy qil est cest escu. Dame dist il ie vous affie quil est blanc a deux lyons dazur couronnez. Par mon chief dist elle vous dictes vray, car cellui la eporta il de ceās/a ce vous

doit on bien croire. Or me dictes fist elle q est cesse pucelle que vous tenez a si belle. Cest fist gauuain sa fille au seigneur descalot. Certes dist le roy: ie ne pourroie pas croire qil meist son cuer en elle ne en autre selle nestoit de fort grāt affaire, & ie vous dis bien qil ne demeure pas pour ce: ais gist malade pour sa playe que boort lui fist au tournoyement. Par ma foy dist messire gauuain ce pourroit bien estre Or ne scay ie que penser dist messire gauuain : fors tant que sil fust malade, il leust fait assauoir ou a tout le mains leust il mande a ses freres & a ses cousins qui sont ceans.

Assez parlerent de lācelot le roy et la royne et messire gau: sa royne se leua incontinent dentreulx et sen alla en sa chābre si dollēte et si courroucee q plus ne pouoit estre comme celle qui cuidoit bien que messire gauuain eut dit vray de sa damoiselle et de messire lancelot: et que lancelot fut demoure auec elle. Lors la royne manda boort et il vit et la royne lui dist: Boort or scay ie bien la verite de vostre cousin: il demeure a escallot auec vne damoyselle quil ayme par amours, or pouons nous bien dire que vous et moy la uons perdu: car elle la si encoine quil ne sen pourroit partir. Et qui vous a ce dist fist boort a la royne. Ce dist elle vng cheualier que vous croiriez bien sil le vous disoit: Sachez quil le nous afferma pour voir. Certes dame dist boort ie ne scay qui est le cheualier qui le vous a dit: mais sil estoit le plus vray disant du monde, si scay ie bien quil est parfait menteur de ce mettre en auant: car ie scay bien que messire lacelot est de si hault cueur qil ne daigueroit pas ce faire. Si vo vouldroie bien prier que me fissiez assauoir q ces paroles vous a dites: car il ne sera ia tel que ie ne len face tenir pour mensongier: vous nen scaures ia plus par moy dist la royne: mais tāt vous die ie bien que Lancelot nara iamais paix a moy. Dame dist il ce poise moy: car cest la chose par quoy messire lancelot et son lignaige eust peu plus amender que destre en vostre grace. Et puis que vous auez vers lui ainsi prinse celle haine ie nay pas ceans bon demourer ne les nostres aussi. Si prēs cōgie a vous, car ie men yray le matin a tout nostre lignaige auec. Et quant nous serons au chemin: nous querrons tāt monseigneur q̄ nous le trouuerons. a puis demourerōs en ce pays entour aucun pieudhomme s: il nous veult retenir. Et s'il aduient q̄ se demourer ne lui plaise nous nous en yrōs en noz terres viure auec noz hommes qui moult nous desirez a auoir de iour en iour car long temps a q̄ilz ne nous veirent/ a la serons nous bien aises a en bonne prosperite entre noz amis charnelz q̄ nous nauōs pas icy. Et sachiez dame que nous ny eussiōs pas tāt este se neust este pour lamour de monseigneur lancelot. a si ny eust pas demoure depuis la q̄ste du saint graal/ se neust este pour sa vostre bōne grace a amour auoir sans trahison nulle. Et sachiez dame q̄ vous ayme plus loyaument. a de plusgrant amour sans faulsete nulle: que oncques cheualier ayn ast dame ne damoiselle.

Quant la royne entendit ce que boort lui dist. elle ne se peut tenir de plourer a fust si courroucee que nulle plus. si dist mauldicte soit leure q̄ ces nouuelles vindrēt oncques en auant car ien suis mal abillee. si dist. Haa boort comment me lairez vous ainsi. Ouy dame dist il. car faire se nous conuient. Et a tant se partit de sa chāb̄re. a la royne. Vit a son frere a a hector son cousin/ a leur compta les paroles que la royne lui auoit dictes dont ilz furent moult courroucez / si ne sen sceurent a qui prēdre: fois q̄ chascun mauldit leure que oncques lancelot sacointa de la royne. a boort leur dist. Mes amis prenons congie de monseigneur le roy/ a faisons tant que nous trouuons monseigneur lancelot, car s'il estoit auec nous a nous le pouions mener au royaume de gaule ou de gānes: oncques si bōne ioye ne seismes/ car adoncq̄s serions nous aises a en repos. Et pleust ores a dieu: affin q̄l se peust deffaire de la royne genieure qui tant labuse.

Ces paroles saccorderent tous trois Et vindrent deuant le roy artus a lui demanderent congie de querre leur amy lancelot. Si leur dōna le roy bien enuiz. car moult les amoit, a especialement boort q̄ lois estoit le plus renomme cheualier a de la meil

leure vie qui fust pour lois au royaume de logres, a se partirent lendemain de la court. Aussi se alla le lignaige du roy ban, a cheuaucherent tant quilz vindrent a escalot. Et quant ilz vindrent a escalot ilz demanderēt nouuelles de lancelot, mais oncques ne peurent trouuer qui drapes nouuelles seur en sceust dire. Assez le quirent amōt a aual. a comme plus le queroient: mains en sauoient de nouuelles Si cheuauchereīt en telle maniere plus de .vii̇. iours que oncques nouuelles nen sceurent/ a quant boort dist ce si dist. Seigneurs pour ne ant nous traueillons nous deuāt lassemblee qui doit estre cy autour dedens brief temps. Si demourerent en telle maniere pour ceste chose a vng chasteau que on appelloit athean qui estoit a vne iournee de lanceloz, a iusques a lassemblee nauoit plus q̄ quatre iours. Et le roy de norgalles qui demouroit a vng sien chasteau de plaisāce a .vii. lieues pres dathean ou deuoit estre lassemblee du tournoyement si tost comme il sceut que sa parente au roy bā estoit la: il fut moult ioyeulx / pour ce quilz estoiēt les plus renommez cheualiers du mōde si les alla veoir. car moult desiroit a estre en leur grace: a moult eust este ioyeulx s'il eust peu tant faire quilz eussent este de sa partie a lassemblee du tournoy cōtre les gens du roy artus qui la se deuoient trouuer en grāt pat.

Quant ilz veirēt le roy qui les venoit veoir ilz se tindrent a grant honneur et se receurent fort courtoyseinēt comme ceulx qui bien le scauoient faire: et le firent la nuyt demourer auec eulx. Si les pria tant le roy de norgalles quilz sen allerent lendemain auec lui en son hostel: et les tint tant et pria dedens ce terme quilz lui promirent quilz seroient a lassemble du tournoy deuers sa partie Et le roy de norgalles fust moult ioyeulx de ceste promesse et les en remercia moult. Mais ores laisses le compte a parler de boort et de sa compaignie et retourne a parler de lancelot q̄ estoit malade a lostel de la tante du nouueau cheualier descalot du quel dessus est faicte mention.

℃ Comment Boort Lyonnel Hector des
ee i

mares et messire Gauuain se partirent pour
querre Lancelot, et comment ilz se trouuerent
malade. iii.cha.

Or dist le conte que quant Lancelot fut reuenu leans quil sa coucha malade et fust bien vng moys et plus si malade de sa playe que Boort lui fist deuant Vincestre au tournoiement quon ny attendoit sinon sa mort dont le cheualier auoyt grãt paour quil nen mourut car il auoit tant de bien trouue en lui qlle prisoit de bonne cheualerie sur tous ceulx quil auoit iamais veu. Quant il eut seans bien demoure vng moys ou enuirõ: il aduint q la damoyselle qui lui auoit la mãche bail lee sassaveoir vng iour entre les aultres pour la grant amour quelle auoit en lui. Et quãt elle veit quil nestoit pas guery, il lui en pesa moult et demanda a son frere comment il se portoit. Et il lui respondit quil luy estoit bien selon les auentures quil auoit eues: mais dist il ie veys na pas vn ioure telle heure q ie ne eusse pas cuide quil fust eschappe sans mort car trop estoit sa playe perilleusse a garir: et pource cuidoie ie bien quil en mourust. Mou rir dist la damoyselle toute troublee dieu sen gard: certes sil mouroit ce seroit trop doloureux dommage: car en tout le monde na aus si bon cheualier comme il est. Belle seur dist le cheualier sauez vous bien qui il est: Ouy certes dist elle cest messire Lancelot du lac cõ me ma dist messire gauuain mesmes. Voi re dist le cheualier: par mon chief ie croy que cest il voirement: car oncquesmes neveis a hõ me mortel autãt faire darmes comme il fist a lassemblee de Vincestre ne oncques manche a dame ou a damoyselle ne fust mieulx em ploye comme la vostre fust. Lors demoura la damoyselle leans tant que Lancelot fust gue ry et reuenu en sãte. Et la damoyselle qui de moura auec lui de iour et de nuit laimoit tãt pour les biens que lon en disoit: et pour la be aulte quelle veoit en lui: si lui estoit aduiz que elle ne pourroit durer en nulle maniere se elle nauoit de luy toute sa voulente.

 Ainsi aima la damoyselle Lancelot tant que cestoit merueille. Et quãt elle ne peult plus durer ne faire ce quelle pen soit: Il aduit vng iour quelle fut appareillee au mieulx qlle peult et fust vestue de sa meil leur robbe, et sachiez quelle estoit de grant be aulte plaine: si vint a Lancelot et lui dist: Gẽ til cheualier: certes se cheualier seroit bien vil lain que ie requeroye damours sil mescondis soit. Damoyselle dist Lãcelot sil auoit sõ cuer en sa baillie quil en peust faire a sa voulente et son commandemẽt du tout: il seroit trop grãt villenie sil vous refusoit. mais sil estoit ain si quil ne peust faire de son cueur a sa voulen te: et sil vous escondissoit de son amour il ne de uroit pas estre blasme. Si ie vous dys pour moy tout premier: car se vous estiez ie dieu mayst celle qui daignissiez mettre vostre cuer en moy et ie pouoye de moy faire a mon plai sir ainsi comme aulcuns cheualiers pourroi ent ie suis cessuy qui se tiendroit a heureux se vous me daignies aimer et donner vostre a mour: et si vous dis plus que ie ne veis pieca damoyselle quon deust plus aymer que vous. Comment sire dist elle nest pas vostre cueur si habandonneemẽt a vous que ien puissiez fai re vostre voulente. Ma voulẽte dist il en fais ie bien: car il est tousiours la ou ie vueil, ne en aultre lieu ne vueil ie quil soit: car il est bien ne mieulx ne pourroit estre employe: et est la ou ie say assiz ne ia me doit dieu quil se depar te de ceste voulente ou il est: car apres ne pour roye ie nul iour viure si ayse comme ie suis. Certes sire dist elle tant men auez dist que ie congnois bien grant partie de vostre cueur si me poise quil est ainsi, car apres ce que vous men auez dist en vne seulle parolle, me feres aprouchier de mort hastiue. Et se vous se me eussies dist vng pou plus couuertemẽt vous eussiez mis mon cueur en vne langueur rem plie de toute doulceur et de doulce esperan ce, si que lesperauce me feist viure en toute la ioye, et en toute doulceur ou cueur amoureux pourroit estre. Lors vint a son frere. Si lui descouurit toute sa pensee, et luy dist quelle ai moit Lancelot si tresfort quelle en estoit a la mort venue: sil ne faisoit tãt qlle en eust toute sa voulente, et il en fut moult dolent. Si lui dist belle seur bouter vostre amour en aul tre lieu vous conuient: car ie scay bien que ce cheualier a son cueur si haultemēt assiz q̃l ne daigneroit pas descendre a aimer si pourẽ da mopselle cõme vous estes ia soit ce que vous soyes vne de plus belles damopselles qui soit au monde si conuient se vous voulez aymer que vous mettiez vostre cueur plus bas: car de si hault arbre ne pourriez vous pas cueil lir le fruict. Certes dist la damopselle ce poise moy et ie voulsisse bien se a dieu plaisoit quil ne men challust nonplus quil faisoit dautres cheualiers deuant que ie le veisse: mais ce ne peult estre/ car il mest ainsi destine que ie mou ray pour luy et son amour: ainsi cõme le ver rez en brief et bien euidamment.

Ainsi deuisa sa pucelle sa mort et luy en aduint tout ainsi comme elle sa uoit deuise: car tātost apres elle mouruft pour lamour de lancelot: sicomme se compte a de uise si deuant tout clerement. Ce iour mesmes aduint que vng escuier de norhonbellāde se logea seans. Et se fist lancelot venir deuant luy: et luy demāda ou il alloit. Et cellui dist quil alloit a thanebor ou le tournopement se roit de la en troys iours. Et quelles gens y aura il dist lancelot le scaiz tu point. Sire dist il ceulx de la table ronde y seront et tous ceulx du royaulme de logres: et dauftre part ceulx qui furent a lassemblee de vincestre. Et pour le tournopement veoir y vendra le roy artus sicõme len dist et amenera auec lui ma dame la roye genieure. Quant lancelot en tendit que sa royne y viendroit si en fut si trou ble quil lui estoit aduiz quil en deust mourir de dueil. Si commēca a seschauffer durement Et quant il parla si dist en hault si que tous ceulx qui deuāt lui estoient souprent Haa da me or ne verrez vous pas vostre cheualier: car ie ne faiz icy mais q̃ languir. Hee cheualier qui ceste playe me feiz dieu me doint que ie te treuue encores en tel lieu ou ie te congnoisse: Car certes ie ney prendroye damende tout le monde que ie ne te feisse de malle mort mou rir. Lors sestendit du grant dueil quil auoit: et a lestendre quil fist lui escreua sa playe et en saillit vng ray de sang aussi grant comme il eust fait dune beste acoree: si pasma incō tinent. Et quant son maistre surgien le veit si dist a lescuier. Vous lauez tue p̃ vous nou uellez: et le fist tantost despoiller et coucher de dens vng lict. puis mit peine de lestancher/ car aultrement fust il incontinēt mort. Tout ce iour fut en telle maniere qui nourrit onq̃s les yeulx ne dist mot: mais estoit ainsi com me demy mort.

Le lendemain se reuint lancelot vng pou et le plus qui peust et faisoit sē blant quil ne sētit mal ne douleur: et quil fust tout guery si dist a son maistre. Dieu mercy et a la vostre vous auez en moy mis moult gāt peine/ et si grāt trauail que ie me sens si sain et si bien guery que ie puis bien desormais cheuaucher sans moy greuer de nulle chose: et pource vouldroy ie prier la damopselle de ce ans et mon compaignon ce cheualier qui tāt dhōneurs mōt fait en ceste maladie quilz me donnassent congiet de men aller: mais enco res vous prie ie bien que vous prenniez garde de moy ꝓ que me conuoyez iusques a tanebor car pour mort ne pour vie ne lairoy ie que ne veisse ce tournopement: car toute la fleur de cheualerie y sera assemblee. Haa sire dist le preudhomme quesse que vous dittes: certes se vous esties monte sus le cheual plus souef portāt du monde, tout le monde ne vous sa roit garantir que ne fussiez mort deuant queussiez cheuauche demy lieue: car vous es tes encores si durement malade q̃ ie ne voys pas commēt nul fors dieu vous en puisse dō ner garison. Haa sire dist lancelot ne men di rez vous aultre chose. Nennil fors que vous estes a la mort se vous mouuez de ceans en ce point. Par ma foy sire dist lācelot se ie ne vois ceste assemblee/ nulle chose du monde ne me pourroit garantir que ne mourusse de desplai sance. Et se mourir me cōuiēt: iayme mieulx mourir en cheuauchant que en languissant: et pource mest il aduiz que le cheuaucher me peult plus aider que nuire. A ce point lui res pondit le cheualier qui sauoit en cure. Sire vous en ferez ce que le cueur vous en conseil lera: car pour moy ne ferez vous riens a fai re sil ne vous plaist: et puis que a mon conseil ne voullez faire ie vous laisseray du tout et vous et vostre cōpaignie: si que se vous mou rez en ceste voye/ ie ne vueil pas que vous dissiez que ce soit par moy ne par mon cõseil et se vous garissez ce que dieu vous doint/ ie nen vueil estre blasme ne loue. Haa beau maistre dist lancelot me voulez vous ainsi laisser qui mauez guery et ayde iusques cy: comment pourriez ce trouuer en vostre cueur. par ma foy dist le maistre il cõuient que ie vous laisse: car si preudhomme comme vous estes ne vouldroy ie pas quil mourust en ma garde pour nulle chose du monde. Lors dist lancelot sire me dist vous loyaulment quil me conuiendroit mourir se ie me partoye de ceans pour aller a lassemblee. Ie vous dis fist le preudhomme que se tout le monde vous en estoit garant fors dieu seullement/ vous nauriez pouoir de cheuaucher deux lieues que ne feussiez mort en chemin: mais demourez encores ceans pƀ.iours et ie vous promes que a cellui terme ie vous renderay du tout sain et bien guery a laide de dieu tellement que vous pourres seurement cheuaucher par tout la ou vous vouldres. Et ie demouray doncques beau maistre dist lancelot: mais ie suis si marry que ie ne puis estre a celle belle assemblee/ quon ne scauroit plus estre. Lors dist lancelot a lescuyer qui deuant luy estoit qui les nouuelles du tournoyement luy auoit apportees lequel il auoit au matin retenu pour lui faire compaignie: car il cuidoit aller brayment au tournoiement. Bel amp assez vo', en: car ie de mouray ecorꝭ ceãs ce mest aduiz. Et quãt v° viendrez a lassemblee, se vous voiez messire gauuain et la royne si me les salluez de par cellui qui vainquist lassemblee de vincestre: et silz vous demãdent que ie faiz/ ne leur dites riens de mon estrene ou ie suis. Et il luy promist que ce message feroit il bien/ sil en vient a point.

Lors monta lescuyer sur son cheual et se partit de leans: et cheuaucha tãt quil vint a lassemblee. Et pourtant quil estoit assez congneu du roy de Norgalles il alla a son hostel et demoura leans le soir que le tournoyment deuoit estre lendemain. Et quant la nuyt fust venue messire gauuain vint aussi a lostel du roy de norgalles pour veoir voroit et ses compaignons. Et iceulx le receurẽt a fort grãt ioye et lui firent moult grant chiere

Et quant vint au souper lescuyer seruoit de vin a la table. Et ainsi quil fut deuãt messire gauuain: il commenca a sourrire: car il lui souuenoit de lancelot et de la grant follie quil vouloit faire: cestoit de venir a lassemblee. Messire gauuain le veit sourrire si pensa bien que ce nestoit pas pour neant si beut/ et quant il eut beut il dist. Ie te prie que tu me dires ce que ie te demanderay. Et cellui lui dist quil lui diroit voulentiers sil le scauoit. Tu cõmecas naguieres a sourrire fist messire gauuain: dys moy pour quoy ce fut. Par ma foy sire cest quil me souuint dun plus fol cheualier que ie veisse oncques qui est naure ainsi cõme a la mort: et tout ainsi vouloit hyer au matin venir a lassemblee voulsist ou non sõ mire: a estoit encores si malade quon ne pouoit tirer parolles de lui: nestoit ce pas grãt follye a luy: Belamp dist messire Gauuain quãt veys tu ce cheualier: ie te dis a mon escient quil estoit preudhomme: a si scay de vray que sil estoit en sa sante il ne laisast pas quil ny venist: or lui doint dieu sante: car certes cest dommage quant preudhomme a mal qui lui oste a faire prouesse. Certainement luy dist lescuyer ie ne scay q il est / mais tant vous ose ie bien dire que ie louys reputer le meilleur cheualier du monde: Et encores me dist il q ie vous salluasse de par le cheualier qui vat quit le tournoy de vincestre et a madame la royne mande aussi salut.

Quant messire gauuain entendit ceste nouuelle il congneut bien tãtost que cestoit lancelot. Si dist a cellui cheualier haa amp dites moy ou vo° le laissastes: Sire dist il ce ne feray ie pas: car ie me pariureroye. Au mains dist messire gauuain auez vous ia dist q̃ lest naure: Sire se ie lay dict men repens: car plus vous en ay dict que ne deuoye. mais touteffoys vous prie ie se vous voyes la royne auant que moy/ que vous la salluez de par cellui q̃ vous ay dist. Et messire gauuain dist que si feroit il voulentiers. De ceste parolle furent les trois cousins fort espouantez: car bien sapperceurent que cestoit mõseigneur lancelot qui messire gauuain salluoit. Si tindrẽt lescuyer moult de court que il leur deist ou il auoit laisse lancelot. Et cellui respondist que la plus ne leur en diroit. Au mains firét il nous peulx tu bien dire quelle part tu le laissas. Et cellui qui sceoit qlz se tenoient si court nóma ung aultre lieu que cellui ou il sauoit laisse. Si dirent que au partir du tournoiement ilz iroient celle part:& le querroyent tant quilz se trouueroient. Le lendemain sassemblereut en la prairie de tanebises cheualiers des quatres royaulmes & encótre ceulx de la table ronde et encontre ceulx du royaulme de logres. Si y eut plusieurs beaux coupz de lance dónez & plusieurs beaux coupz despee. Si eussiez veu par la prairie de cheualiers estranges plusieurs qui venoient encontre ceulx de la table ronde et encontre ceulx du royaulme de logres qui de prouesse et de hardiesse estoient renómez sur tous aultres. Assez y eut cellui iours de cheualiers abatus / naurez et tuez et plusieurs preudhommes pareillemét: mais sur tous ceulx qui la estoiét / les pares du roy ban firent le mieulx et empotenterent le los & le prie du tournoiemét entre messire gauuain et booit. Et quant le roy beit que lancelot ny auoit pas este et il sceust vrayment / si en fut trop dollent: car plus y estoit venu pour veoir lancelot et pour parler a lui que pour aultre chose. Si fist incontinent en celle place mesmes par le commun consentement de ses cheualiers crier ung tournoyement a ung mops de la qui seroyt en la prairie de kamalot. Si saccorderét tous ceulx de la place et fut en telle maniere deparü le tournoyement / que plus nen y eut fait a celle fois. Ce iour dist le roy a booit quil reuenist a court & sa compaignie. Et il dist que non feroyt et que iamais ny enfreroit deuant quil sceust vrayes nouuelles de lancelot. Et le roy ne len osa plus requeire. puis messire gauuain dist & racóta a la royne genieure ce que lescuyer lui auoit dist de lancelot et comment il vouloit venir au tournoiement mais: son mire ne luy cessa pas venir pource quil estoit encores trop malade. La royne ne pouoit pas croyre quil eust este si longuement malade: ains cuidoit vrayemét que la damoyselle que messire gauuain lui auoit tant loué fut occasion de sa demourance: & qil fut demoure auec elle: & que

pour aultre chose neust tant demoure a venit a court: et en hayoit tant lancelot et si mortellemét quil nestoit honte ne deshonneur quelle ne lui souffist: mais de booit et de sa compaignie q ainsi auoiét sa court laisse par deffaulte de lancelot en auoit si grant pitie et tant estoit a malaise de ce quelle les auoit ainsi perdus quelle ne scauoit quelle peust deuenir / si amast mieulx sil pouoit estre quilz reuenissent a court: car tant aimoit leur compaignie pour le soulaz qui lui faisoiét & pour sa grant courtoisie quelle y trouuoit. Et aucunesfois quant elle estoit a son priue, elle disoit quelle ne scauoit nul cheualier si digne ne si bien souffisát dauoir tout le monde en sa main comme booit de gannes et pour lamour de cellui lui pesoit moult que tous les aultres ne demourroyent a court.

Trois iours demoura le roy a tanebor pour se reposer et festoier, si manda a booit et a sa compaignie qui demouroyent auec le roy de norgalles quilz se venissent veoir. Et ilz dirent quilz ny vendroient iamais iusques a tant quilz scauroient nouuelles de lancelot. Lendemain quil leur eust cemande se partit le roy artus de tanebor et cheuaucha vers kamalot sur ceulx de son hostel. Cellui iour mesmes se partit booit du roy de norgalles lui et sa compaignie & messire gauuain fut auec luy car il dist quil ne se partiroit iamais dauec eulx deuant quilz eussent trouue lancelot. Lors cheuaucherent celle part ou lescuier leur auoit dist qˉl sauoit trouue: mais quát ilz furent la venus ilz ne trouuerét nul lui qui nouuelles leur en sceust dire. Et quát messire gauuain veit quilz nē trouuoient nulles nouuelles, il dist a booit. Sire ie conseil seroie que nous allissions iusques a escalot car a cellui chasteau scay ie tel hostel ou ie cuide qne nous scaurons bien nouuelles de ce q̃ nous allons querant. Sire dist booit ie voul droie ia que nous y fussiós: car moult me tarde que ne trouuons monseigneur lacelot mó cousin.

Atant se partirent de la et cheuaucherent tout droit vers escallot et allerent iusqs au soir si geurent sa nupt en ung hermitage: lendemain si tost comme il fust iour cheuau

cherent a la frescheur et alleret tant par leurs
iournees quilz vindrent a escallot. Lors des
cendist messire gauuain a lostel ou il auoit au
tresfois geu: et tous les aultres y descendirēt
aussy. Et quant ilz furent descendus messire
gauuain mena Boort en la chambre ou il a/
uoit laisse lescu de lancelot et le y trouua en/
cores pendant. Et quant il vint la, il leur mō
stra lescu et leur dist. Seigneurs veistes vo⁹
onques cest escu: Et Boort incontinēt quil ve
it lescu il le congneut: et respondist. Certes cest
escu q̄ nous laissasmez a kamalot quāt nous
alasmes a lassemblee de Vincestre et est le de
renier escu quon fist faire a monseigneur lan
celot. Lors manda messire gauuain a lhoste
de seans quil venist parler a lui et il vint tan
tost. Et quant messire gauuain le veit, il lui
dist. Bel hoste ie vous prie et vous requier p
sa foy que vous debuez a dieu, que me, dissi/
ez ou est le cheualier qui laissa ceans cest escu
car ie scay de vray que vous scauez bien ou il
est: et se nous pouez bien enseigneur sil vous
plaist, et se vous estes tel que vous ne vueil
lez riens dire ne faire pour noz prieres soyes
seur que nous vous nuirons et greuerons se
nous venons en lieu q̄ faire le puissons. Se
ie cuidoie dist le preudhomme que pour son bi
en le querissiez ie le vous enseigneroy voulen
tiers mais aultrement ne le feroy ie en nulle
maniere ne pour toutez voz menasses. Ie vo⁹
promes dist messire gauuain sur tant que ie
tiens de dieu que nous sommes les homme s
du monde qui plus de bon cueur layment: et
qui plus feroient pour lui. Et pource q̄ nous
ne se veismes pieca et que nous ne scauons ri
ens de sō estre sil est aise ou a malaise pource
lassos no⁹ querāt. et sauons ia quis plus de
viii. iours. or amourez mes huy cy dist le preu
dhomme et demain quāt vous vouldrez par
tir ie vous ēseigneray ou vous le pourez trou
uer, ou vous bailleray vng de mes varlets q̄
vous menera tout droit la ou il est. Et ilz le
remercierent tous de bon cueur. Celle nuyt se
monstrerent leans les compaignons a grant
ioye et a grant feste et furent fort plus aises
quilz ne souloyent pour les nouuelles quilz
auoyent sceues de monseigneur lancelot.

Lendemain si tost comme ilz veirent
le iour si se leuerent. Et quant ilz
vindrent en la salle de leans ilz trouuerent
leurs escuiers qui ia tous estoient leuez. Et le
cheualier frere de celui qui alla auec lance
lot au tournoy de Vincestre qui estoit malade
a lheure que lancelot y vint estoyt lors guery
Si dist quil yroit auec eulx et leur feroit cō
paignie iusques la ou lancelot estoit: car il es
toit ia si bien guery quil se pouoit bien aller es
batre sur les champs. Quant eulx y vindrent
a la porte, si descendirent a lentree, et lance
lot estoit lors emmy la court ou il se alloit es
batant et deuisāt suis le preudhōme q̄ le gue
rir auoit mis son entēte. Et apres lui alloit le
cheualier qui auec lui auoit este au tournoye
mēt, et qui en sa maladie lui auoit fait si grāt
compaignie que onques ne le voulut laisser
ne abandonner soir ne matin.

Quant eulx furent descendus et en/
trez dedens la porte et lancelot les
veit venir il les congneut et en eut grāt ioye,
car il nauoit gens au monde quil desirast tāt
a veoir comme il faisoit eulx: Et courut tā
tost a Boort q̄ lacolla et le baisa puis dist que
bien fust il venu, et apres alla a hector son fre
re et a lyonnel et a monseigneur gauuain au
quelz il feist fort grant ioye et grant feste en
disant. Beaulx seigneurs vous soyes les tres
bien venus q̄ alles vous querant. Sire di
rent ilz le grant desir quauions de vous veoir
et la grant paour que nous auions de vous
perdre pource q̄ vous nauiez pas este a ce der
rain tournoiement, a este cause de vous que
rir. Si nous en est dieu mercy bien aduenu:
que a mais de peine que nous ne cuidiōs vo⁹
auons trouue: mais pour dieu dites nous de
vostre estre et comment vous estes depuis pie
ce: car nous ouysmes dire auant hyer que vo⁹
estiez tresfort malade. Certes dist lancelot
sa mercy dieu il me va maintenant tresbien,
mais sans faulte iay este depuis que ne vous
vey fort malade et ay souffert grant dolleur
et angoisse tant que ay este en peril de mort si
comme on me faisoit entendre. Sire dist Bo
ort. Ou prinstes vous ceste maladie com/
me vous cuidez. Ie scay bien dist lancelot que

De la table ronde

la prinse a lassemblee de Vincestre dune playe que ung cheualier me feist a une iouste et fut la playe assez plus parfonde que ie ne cuidoye et plus perilleuse comme bien y pert: car encores ne suis ie pas si bien guery que ie puisse cheuaucher. Sire dist messire gauuain puis que dieu vous a tourne a guerison il ne me chault de la douleur qui est passee: car de cest nauez vous iamais garde: mais dites moy quant vous cuidez estre en si bon point que vous puissiez venir a court: Certes dist il tantost se dieu plaist. Et le preudhomme qui de le guerir sestoit entremis respondist a messire gauuain. Sire dist il il sera dedens .viii. iours sain et tout guery et pourra cheuaucher et aussi bien porter armes comme il faisoit a lassemblee de Vincestre. Et ceulx responderent tous que de celle nouuelle estoient ilz moult ioyeulx.

Lendemain sicomme ilz estoyent au disner dist messire Gauuain a lancelot. Sire dist il du cheualier qui ceste playe vous fist a lassemblee ou nous feusmes, sceustes vous oncques qui il estoit. Certes nennil dist lancelot: mais dieu se me doint encores congnoistre: car se ie le trouuoie encores par auenture en aulcune assemblee, ie ne cuide pas quil feist oncques chose dont la bonte luy fust si tost rendue comme ie lui renderoye a mon pouoir: car aincois quil sen partist ie lui feroye congnoistre voyans tous ceulx de la place se mon espee pourroit trencher: et sil tira sang de mon coste, ie lui en tireray autant du sien ou plus. Et lors commenca messire gauual a batre ses paulmes et a faire fort grant ioye, et dist a Booit. Or y perra que vous ferez: car certes vous nestes pas menace du plus couart homme du monde. Or vous gradez: car par mon chief sil mauoit autant menace ie ne seroie iamais aise deuant que ieusse fait ma paix auec luy.

Quant lancelot entendist ceste parolle il fust tout esbahy, et dist a Booit. Vo ostes fustes vous cellui qui ainsi me naurastes: Et Booit en estoit si dollent quil ne scauoit quil deuoit dire: car il ne losoit ottroyer ne renoyer aussi ne se pouoyt il si dist. Sire se ie le feiz

nul ne men doit blasmer par raysō: car se vous estes cellui que ie nauray si estiez vous si desguise que ie ne vous eusse iamais congneu a ces armes que vous portiez a ce quilz estoyent ainsi comme a ung nouueau cheualier appartenantes: et vous aues porte armes plus de .xx. ans et ce fust la chose par quoy ie vous descongnuz plus. Si mest aduis que vous ne men deuez pas vouloir mal. Et Lancelot lui respondist que non faisoit il puis quil en estoit ainsi aduenu. Beau frere dist Hector de celle iournee me souuient de vous: car vous me fistes sentir la terre bien durement. Et lancelot respondist tout en riant beau frere ia tant ne vous plaindres de moy de celle iournee que ie me plains de vous: car or soy ie bien que vous et Booit estes les deux cheualiers q plus mostastes en celle assemblee de faire ma voulente: car vous mestiez tous deux si contrayres que vous ne pensies si non a me greuer et a abbatre: et croy bien que ieusse emporte le pris de celle iournee: mais entre vous deux le mostastes. Si ne me oirez iamais parler comme ie fais ores mais le vous pardonne du tout. Sire dist messire gauuain, or scauez vous bien comment ilz sceuent frapper de lance et despee. Certes ouy dist lancelot ie lay bien esprouue comme il y appert.

Assez parlerent a celle fois de ceste chose et messire gauuain en reprenoyt tousiours la parolle pource quil veoit que Booit en estoit si honteux et si courouce comme sil eust fait le plus grant mal du monde. Ilz demourerent leans toute la sepmaine a grant ioye et a grant feste: et moult contens de ce quilz veoient q lancelot estoit quasi guery. Et tant comme il fust leans ne lui osa Booit descouurir ce quil sauoit de la royne: car il doubtoit quil ne sen tourmentast trop fort sil euyt ouy les cruelles parolles quelle auoit dictes de lui: mais a tant laisse ores le compte a parler de eulx tous et retourne au roy artus et a ceulx qui estoient en sa compaignie.

Comment le roy Artus se trouua dauenture chieulx sa seur morgain, laquelle demouroit en une forest, et comment elle lui donna

ee iiii

a congnoistre tout lestat de lancelot & de la roy
ne Genieure   iiii .cha.

En ceste partie dist le compte q̃
quant le roy se fust parti de
lanceloit luy et sa royne ilsche/
uaucha sa premiere iournee
iusques a vng sien chasteau quon appelle lau
roc: la nuyt geust leans a grant compaignie
de cheualiers. Et au matin commanda a sa
royne quelle sen allast le droit chemin a kama
lot et le roy demoura a lautoc et seiourna la
iii. trops iours entieres: & quant ilz sen partit
il alla iusques a vng boys ou lancelot auoit
este autresfois en prison deux puers et vng es
tet chieulx morgain la desloyal qui encores y
demouroit et auec luy grant compaignie de
gens qui luy faisoient grans soulas en tou
tes les saisons. Lors se mist le roy au boys &
toute sa compaignie: et estoit vng pou a ma
laise: et fourouerent ses gens leur droit che
min: et en telle maniere allerent iusques a la
nupt parmy le bois ca et la. Lors se arresta le
roy et demanda a ses gens: Que ferons nous
nous auons perdu nostre chemin. Sire di
rent ilz il vous vault mieulx cy demourer q̃
aller plus auant: car nous ne vous serions
que trauailleer. car il ny a au bois ne maison
ne buron que nous sachons et nous auons vi
ande a grant plante. Et tendrones vostre pa
uillon en ce pre qui cy pres est: si que vous
reposerez ennuit icy. Et demain se dieu plaist
quant nous serons mis en la voie nous trou
uerons le chemin qui hors du bois nous met
tra.

Le roy saccorda a ceste chose: et ainsi
quilz auoient commence a tedre son
pauillon/ ilz ouyrent vng cor sonner assez
pres de eulx qui sonna par trops fois: par
ma foy dist le roy pres de cy a gens/ allez ve
oir ou cest et saigremors le desree monta in
continent sur son cheual et sen alla celle part
ou il auoyt ouy la voix du cor. Si ne alla
pas longuement quil trouua vne tour grãde
et forte a merueilles laquelle estoit menue cre
nellee & de toutes pars de bons murs haultz
et espez. Et quant il fut a la porte/ il appella

moult fort quon luy ouurist. Et quant le por
tier entendist quil y auoit gentz par dehors/
il demanda qui cestoit et quil vouloit. Je suis
dist il saigremors le desree vng des cheua
liers au roy Artus qui est cy pres en ce bois.
Si me a enuoye et mande a ceulx de ce cha
steau quil veult coucher ceans. Si soyes ap
pareilliez de le receuoir sicomme vous de
uez: car ie le vous ameneray maintenant a
tout sa compaignie. Beau frere dist le portier
: Or souffrez vng peu sil vous plaist tant q̃
iay parle a madame qui est lassus en sa chã
bre et ie reuiendray maintenant a vous si or
res sa responce. Comment dist saigremors
ny a il point de seigneur: or va donc amy & re
uien tost: car ie nay cy que demourer. Le por
tier monta les degrez et vint a sa dame mor
gain la fee: et luy compta que le roy artus vou
loit loger la nuyt leans. Et quant elle ouyt ce
ste parolle elle en eut moult grant ioye & dist
au portier. Vabistement et dist au cheualier
quil amaine hardiment le roy: car il sera re
ceu au mieulx que nous pourrons. Et cellui
reuint a Saigremors & compta son message
ainsi comme sa dame luy auoit commande.
Lors se partit Saigremors de la porte et al
la tant parmy le boys quil vint au roy Ar
tus son seigneur. Et quant il leut trouue/ il
luy dist. Sire bien vous est aduenu de cela
que demandies: car iay trouue vng chasteau
ou vous serez comme il mont dist bien & beau
hebergie et toute vostre compaignie.

Quant le roy entendist les parolles que
Saigremors luy auoit dictes/ il
dist a ceulx qui estoient auec luy: Montes si
prons auec luy. Quant ilz ourẽt le commã
dement du roy. Si monterent tous inconti
et Saigremors les conduissoit tout droit cel
le part ou il auoit ledit chasteau trouue. Et
quãt ilz vindrent a sa porte/ ilz la trouuerẽt ou
uerte/ si entra le roy dedẽs et ceulx de sa com
paignie: mais quant ilz furent entrez ilz fu
rent tous tant esbahiz quilz ne scauoient que
dire pour lexcellence du lieu: car ilz nauoiẽt
iamais veu lieu si riche/ si beau ne si plaisant
Et disoient que au monde nauoit si beau ne
si riche ne si bien accoutre se leur estoit aduis/

De la table ronde

car il y auoit leans si grant plente de cierges/ que le luminaire estoit si grant quilz sen esmerueilloient tous q̃ ce pouoit estre/ ne il ny auoit leans ne mur ne paroy qui toute ne fust couuerte de draps de soye. Le roy demanda a saigremor/ Dristes vous point cest appareil quant vous vinstes ceans. Certes dist il nẽ ny. Lors se saigna le roy de la merueille quil veoit/ car il nauoit oncques veu ne moustier ne eglise si richement paré comme la court de ceans estoit. par ma foy dist le roy sil y auoit leãs grãs richesses ie ne men esmerueille pas car par dehors en a grant plante. Le roy descẽdit a tant et aussi firẽt tous les autres qui auec lui estoient. Et quant ilz voulurent entrer en la grãt sale/ ilz rencontrerent morgaĩ et auec elle cent personnes que cheualiers dames que damoiselles qui lui faisoiẽt compaignie/ et estoient vestus si richement que oncqs a feste que le roy tenist ne vit on cheualier ne dame si richement vestus ne attournez comme ilz estoient trestous. Et quant ilz virent que le roy Artus entroit leans/ ilz lui dirent tous a vne voix. Sire vous soyez le tresbien venu et benoiste soit la voye qui ca vous amena car oncques ne vous aduint si grant ioye ne si grant honneur de ce que vous venez logier ceans et vous et vostre belle compaignie. Et le roy respondit que dieu leur doint ioye a tous et a toutes. Puis le prindrent par la main et le menerent seoir en vne chaere si belle et si riche que oncques nẽ auoit veu vne aussi riche. Quant le roy fut assis il laua ses mains/ et apres on mist les tables/ si le firent asseoir a table et tous ceulx qui en sa compaignie estoient venus/ pourtant quilz fussent cheualiers Et lors commencerent damoiselles a aporter mes sur les tables a aussi grant plente com me ilz eussent pourueu la venue du roy et de trestous ses compaignons bien vng moys de uant/ ne le roy nauoit oncques veu feste plus plentureuse de vaisselle dor et dargent que cel le estoit/ et sil eust este en sa cite de kamalot/ et il eust fait tout son pouoir dauoir richesses de vaisselles dor et dargent il nen eust pas plus en quil en eut la en celle table/ ne plus belle/ et si neust pas este plus haultement seruy ne plus honnestement. Si sesmerueilla moult

fort le roy artus dont si grant plente de richesses et tant de biens pouoient venir.

Quant le roy et sa compaignie eurent mengié et beu, le roy escouta et ouyt en vne chambre qui estoit derriere lui tous les plus diuers instrumens dont oncques il eust ouy parler/ lesquelz sonnoient si doulcement quil nauoit oncques ouy melodie ce lui estoit aduis q̃ tant lui semblast doulce ne plus plaisãt a escouter. Et en celle chãbre auoit moult grãt clarte. Si ne demoura guaire que deux damoiselles moult belles yssirent de celle chãbre qui aportoient en deux chandeliers dor ii. cierges ardans/ lesquelles vindrent deuers le roy et lui disrẽt. Sire il seroit bien temps mes huit a nostre aduis de reposer sil vous plaisoit. car il est desia tard et si auez ia tant cheuauche que vous estes moult traueille sicomme nous cuidons. Et le roy respondit que il voulõdroit ia estre couchie/ car aussi en auoit il grant mestier. Sire disrent elles nous som mes cy venues pour vous conuoyer iusques a vostre lict. Ce vueil ie bien dist le roy/ si se se va incontinent/ et elles sen allerent droit en sa chambre ou lãcelot auoit iadis tant este en prison et la ou il auoit pourtrait lystoire et de la roy ne. En celle chambre coucherent les damoisel les le roy artus/ et quant il fut endormy elles sen partirent et sen reuindrẽt a leur dame. Et morgain pesa moult au roy artus/ car elle desiroit fort a lui faire sauoir toute la folle amour de lancelot et de la royne/ et dantre part elle se doubtoit que selle lui disoit/ et lancelot le sauoit/ nul fois dieu ne len pourroit garantir quil ne la tuast. Assez pensa celle nuit morgain a celle chose sauoir mõt selle la diroit a son frere le roy: ou selle sen tairoit, car selle lui disoit elle en craindoit estre en aduenture de mort se lãcelot se pouoit sauoir/ et selle lui celloit: el le ne seroit parauenture iamais en si bon point de lui dire.

En ce penser demoura morgain tant quelle sedormit. Et au matin si tost q̃l fut iour elle se leua et vint au roy le salua moult honnestement/ et puis lui dist. Sire ie vous demãde vng don en guerredon de tous les seruices que ie vous feis õcques en ma vie

Et ie le vous donne dist le roy se cest chose que ie vous doiue donner et q ie puisse faire. Vous le me pouez bien donner dist elle, et sauez vous que cest: cest que vous seiournez cy huy et demain. Et sachiez que se vous estiez en la meilleur cite que vous ayez: si ne seriez vous pas mieulx seruy ne plus aise q vous serez ceans ne ia riens ne saurez deuiser de bouche q vous nayez. Et il dist quil y demourroit puis quil lui auoit ottroye. Sire ie vous dy que vous estes en la maison du monde ou on vous desiroit plus a veoir, et sachiez quil ny a femme au monde qui tant vous ayme comme ie fais, et ie le doy bien faire, se du tout nest faillie naturelle amour. Dame dist le roy artus q estes vous qui tant mamez comme vous dictes: ie ne scay se vous megabez. Sire dist elle ie suis vostre plus naturelle parente, si ay a nō morgain la fee, et suis vostre seur fille de la royne ygerne et du roy vterpandragon. Vous me deussiez mieulx par droit congnoistre que vous me me congnoissez. Et il la regarda: si congneut que cestoit sa seur, et incōtinent saillit ius de son lict tout nu fors de sa chemise, et lui iecta ses bras au col de ioye: puis lui fist la plusgrant feste du mōde, et lui dist quil estoit fort ioyeulx de ceste auenture que dieu lui auoit donne grace de trouuer, car ie cuidoie dist il belle seur sur tant que ie tiēs de dieu q vous fussiez morte et trespassee de ce siecle. Et puis quil plaist a dieu que ie vous aye trouuee saine et en bon poit, ie vous emmeneray a camalot quant ie me partiray deceans: affin que vous demourez desoresmais a court et si ferez compaignie a ma femme la royne genieure, et ie scay bie quelle en sera moult lyee et moult ioyeuse quant elle scara nouuelles de vous et amera moult vostre compaignie. Beau sire dist elle de ce ne me requerez, car ie vous promets loyaument que iamais tant que ie viue ne yray a court, mais sans faulte quāt ie me partiray de ceans ie men yray en lisle dauallon la ou les dames sont qui font les enchantemens du monde.

Le roy se vestit et sappareilla, puis se assit sur son lict et fist asseoir sa seur empres lui, et lui commenca a demander de son estre, et elle lui en dist vne partie. Si demourerent leans ensemble iusqs a prime, et ce iour la fist il moult beau temps, et le soleil fut leue beau et cler qui se mist leans de toutes pars, tellement que sa chambre en estoit plus clere q deuant, et eulx deux estans seul a seul se deseetoiēt moult a parler lun a lautre. Et quant ilz eurent assez parle ensemble, il aduint que le roy commenca a regarder enuiron lui et vit les ymaiges et les paintures que lancelot y uoit pourtraittes ce pendant quil auoit leans demoure en prison. Le roy sauoit bien tant de clergye quil pouoit bien cōgnoistre les escriptures qui la estoient. Et quāt il veit les ymaiges et la lettre qui deuisoit la signiffiance des paintures, il commenca a lire et tant quil congneut que cestoit de la royne et de lancelot, et des cheualeries quil auoit faictes tant comme il fut nouueau cheualier. Si ne veit la nulle chose qł ney congneust la verite pour les merueilles que on souloit aporter a court de lancelot si tost comme il auoit fait les proesses.

Ainsi commēca le roy a lire et a regarder les euures de Lancelot par les paintures qui la estoient paintes, mais quāt ce vint quil regarda les ymaiges qui deuisoiēt la trahison de galehault, il ne fut pas peu esbahy: ains en fut tout pensif. Si commenca a regarder de mieulx en mieulx ceste chose puis dist a soy mesmes tout bas. par ma foy se la signiffiance de ces ymaiges est vraye: lancelot ma donc deshonnoure ma femme, car ie voy euidamment quil sen est mal aproche, et sil est ainsi comme lescripture le dit, cest la chose qui me mettra au cueur plusgrant deul que ieulx onocques, car plus ne me peut on deshonnourer que de moy trahy de ma femme. Lors dist a sa seur morgain. Belle seur il cōuient que vous me diez la verite de ce que ie vous demanderay. Et elle lui dist que si feroit elle selle le sauoit. Promettez le moy dist il, et elle lui promist. Or vous requiers ie dist il que vous me diez qui ces ymaiges a pourtraictz, et se vous sauez la vraye signiffiance ne laissez pas que vous ne le me dyez. Haa sire dist morgain quelle chose est ce que vous dictes, si maist dieu se ie le vous disoie, et cellup qui les paintures fist le sauoit, nul homme cherent a la frescheur et allerēt tant par leurs iournees quilz vindrent a escallot. Lors descēdist messire gauuain a lostel ou il auoit au tresfoiz geu : et tous les aultres y descēdirēt aussy. Et quant ilz furent descendus messire gauuain mena Boort en la chambre ou il auoit laisse lescu de lancelot et se y trouua encores pendant. Et quant il vint la, il leur mōstra lescu et leur dist. Seigneurs veistes Boort onques cest escu. Et Boort incontinēt quil veit lescu il le congneut t respondist. Certes cest escu q̃ nous laissasmez a kamalot quāt nous alasmes a lassemblee de vincestre et est le dernier escu quon fist faire a monseigneur lancelot. Lors manda messire gauuain a lhoste de leans quil venist parler a lui et il vint tātost. Et quant messire gauuain le veit, il lui dist. Bel hoste ie vous prie et vous requier p̄ sa foy que vous debuez a dieu, que me dissiez ou est le cheualier qui laissa ceans cest escu car ie scay de vray que vous scauez bien ou il est : et se nous pouez bien enseigner si l vous plaist, et se vous estes tel que vous nēvueillies riens dire ne faire pour noz prieres soyes seur que nous vous nuirons et greuerons se nous venons en lieu q̄ faire le puissons. Se ie cuidoie dist le preudhomme que pour son bien le querissiez ie le vous enseigneroy voulentiers mais aultrement ne le feroy ie en nulle maniere ne pour toutez voz menaces. Je v̄ promes dist messire gauuain, sur tant que ie tiens de dieu que nous sommes les hommes du monde qui plus de bon cueur laymēt : t qui plus feroient pour lui. Et pource q̄ nous ne le veismes pieca et que nous ne scauons riene de son estre si est aise ou a malaise pource l'allōs no9 querāt, et sauons ia q̄ il y a plus de viij. iours. Or demourez meshuy cy dist le preudhomme et demain quāt vous vouldrez partir ie vous ēseigneray ou vous le pourez trouuer, ou vous bailleray vng de mes varles q̄ vous menera tout droit la ou il est. Et ilz le remercierent tous de bon cueur. Celle nuyt demonrerent leans les compaignons. a grāt ioye et a grant feste et furent fort plus aises quilz ne souloyent pour les nouuelles quilz auoyent sceues de monseigneur lancelot.

Lendemain si tost comme ilz veirent le iour si se leuerent. Et quant ilz vindrent en la salle de leans ilz trouuerent leurs escuiers qui ia tous estoient leuez. Et le cheualier frere de cellui qui alla auec lancelot au tournoy de vincestre qui estoit malade a lheure que lancelot y vint estoyt lors guery. Et dist quil yroit auec eulx et leur feroit cōpaignie iusques la ou lancelot estoit : car il estoit la si bien guery quil se pouoit bien aller esbatre sur les champs. Quant ceulx vindrent a sa porte, si descendirent a lentree, et lancelot estoit lors emmy sa court ou il se alloit esbatant et deuisant suis le preudhōme q̄ le guerir auoit mis son entēte. Et apres lui alloit le cheualier qui auec lui auoit este au tournoyemēt t qui en sa maladie lui auoit fait si grāt compaignie que onques ne le voulut laisser ne abandonner soir ne matin.

Quant ceulx furent descendus et entrez dedens sa porte et lancelot les veit venir il les congneut et en eut grāt ioye, car il nauoit gens au monde quil desirast tāt a veoir comme il faisoit eulx : Et courut tātost a Boort t lacolla et le baisa puis dist que bien fust il venu. et apres alla a hector son frere et a ypponel et a monseigneur gauuain aux quelz il feist fort grant ioye et grant feste en disant. Beaux seigneurs vous soyez les tres bien venus q̄ ie vous queroy. Sire dirent ilz le grant desir q̄ auions de vous veoir et la grant paour que nous auions de vous perdre pource q̄ vous nauiez pas este a ce derrain tournoiement, a este cause de vous querir. Si nous en est dieu mercy bien aduenu : que a mains de peine que nous ne cuidiōs vo9 auons trouue : mais pour dieu dites nous de vostre estre et comment vous estes depuis pr̄te : car nous ouysmes dire auant hyer que v9 estiez tresfort malade. Certes dist lancelot la mercy dieu il me va maintenant tresbien : mais sans faulte iay este depuis que ne vous vey fort malade et ay souffert grant dolleur et angoisse tant que ay este en peril de mort si comme on me faisoit entendre. Sire dist Boort. Ou prinstes vous ceste maladie comme vous cuidez. Je scay bien dist lancelot que les fers quelle auoit depuis fait refaire, & il les regarda: puis dist que ce nauoit pas este œuure dhomme: mais de dyable denfer.

Moult regarda le roy louuraige de la chambre & moult y pensa durement. Si fut vne espace de temps en telle maniere qͥl ne dist mot, mais tousiours pensoit, puis dist a morgain. Certes ceste mesme chose me dist auantbier agrauain, mais ie ne len croye pas ains cuidoye quil mentist, & ceste chose tiens ie maintenant a verite, & en mon cueur me semble mieulx verite que deuant. Et sil est ainsi comme ces ymaiges le tesmoingnent q̃ lancelot me ait ceste honte faict comme de moy diffamer de ma femme, ie me traueilleray tant que ie les feray prendre ensemble tous prouuez, & lors en feray telle iustice quil en sera parle a tousioursmais. Autrement dist morgain vous deuriez tout le monde mocquer. Assez parlerent ce matin de ceste chose le roy & sa seur, & moult lui amonnesta morgain qͥl se vengast prochainement de ceste honte, & il lui promist comme roy que si feroit il si cruellement quil en seroit parle a tousioursmais, sil pouoit venir a ce quil les peust tous deux prendre ensemble. Et il ne demourra pas guaires dist morgain quilz ne soient trouuez ensemble se on sen veult donner garde. Je feray tant dist le roy se lun ayme tant lautre comme vous dictes, que ie les feray prendre ensemble deuant que ce moys cy soit passe, sil aduient que lācelot viēne a court dedens ce terme.

Ce iour demoura le roy Artus auec sa seur morgain, & lendemain & toute la sepmaine aussi. Et morgai̇n qui plus hayoit monseigneur lancelot du lac que tous les hommes du monde, pource quelle sauoit que la royne laymoit. Si ne cessa oncques tant q̃ le roy fut auec elle de lamonnester quil se vengast de sa honte quant il viendroit a kamalot sil en pouoit venir en lieu. Et le roy lui dist quil ne sen conuenoit poit prier, car il ne voudroit poit pour sa moitie de son royaume quil nen feist toute sa puissance. Le roy seiourna leans toute la sepmaine en telle maniere, car le lieu estoit moult beau & fort plaisant, si y auoit tant de bestes sauuages que cestoit mer-

ueilles, dont le roy en print tant quilz sen esmerueillerent tous. Mais a tant laisse ores le compte a parler de lui & de morgain sa seur, fors tant que le roy tant comme il seiourna leans: il ne voulut pas que personne du monde entrast en celle chambre fors que lui & morgain sa seur pour les paintures qui si euidamment monstroient sa honte. Et sil en scauoit la pure verite, encores ne vouloit il pas en nulle maniere q̃ personne du monde en sceust riens, car trop doubtoit honte, & que sa parole nen fust ailleurs portee. Si sen taist ores le compte, & parle de lancelot de booit & de tous ceulx de leur compaignie.

¶ Comment messire gauuain & ses compaignons apres que lancelot fut guary vindrent a kamalot, & comment la royne genieure ne voulut parler a lancelot, & comment la damoiselle descalot mourut pour lamour de lancelot. b. cha.

Or apres dist le compte que tant seiournerent booit & monseigneur gauuain & lancelot ensemble, que lancelot fut tout guary & reuenu en sa force, & en aussi grāt vertu comme il estoit par auant. Et si tost comme il sentit quil estoit bien guary & quil nauoit plus garde: ains pouoit bien porter armes. Si dist a son mire qui se pensoit & qui se prenoit garde de lui. Ne vous semble il pas que ie puisse desoresmais faire a ma voulente sans greuance de ma playe qui tant ma dure & fait dangoisse & de peine. Je vous dy dist le preudhomme que vous estes tout guary, & si vous dys que vous nauez plus garde de nulle maladie, ne de playe que aiez iamais eue. Ceste nouuelle me plaist moult dist lancelot affin que ie men puisse aller quant il me plaira. Si ferez vous dist le preudhōme. Et lancelot sen teust a tant que plus nen parla. Cel lui iour firēt grant feste & grant ioye tous les compaignons pour lamour de lancelot qui estoit guary. Et au soir dist lancelot a la dame de leans quil sen yroit lendemain, si la remercia moult doulcement de la belle chere et de lonneur quelle lui auoit faict en son hostel

De la table ronde

Si lui fist tant donner du sien z a cellui aussi q̃ sa playe lui auoit guarie qͥ en fut moult aise tous les iours de sa vie. Cellui iour prierent les deux freres du chasteau descassot a lancelot quil souffrist quilz lui feissent compaignie comme cheualiers de sa baniere z quilz ne se sairoient pour autre seigneur, z il les receut voulentiers, car assez estoiẽt preudhommes z bons cheualiers. Seigneurs dist lancelot venez auant, car voulentiers vous recoy a mes compaignons, mais sachiez que ie ne seray pas tousiours auec vous, z si ne vous pourray tenir compaignie: ains men yray en maint loingtain pays loing de vous, si que vous ne saurez ia que ie seray deuenu. Sire disrẽt ilz de cela ne nous en chault, mais que nous puissons de par vous noz corps reclamer z que vous nous tenez a voz cheualiers Et il dist que si fera il voulentiers, z si leur donneroit assez terres z heritaiges au royaume de benoic ou de gannes toutes les heures quil leur plairoit, z ainsi deuindrent ses cheualiers

Cellui iour fut lancelot moult aise. Lors dit a lui sa seur aux deux cheualiers z lui dist. Sire vous vous en voulez aller: mais du reuenir est il en aduẽture, z tout ainsi comme le messagier voudroit que sa besoigne de son seigneur alast bien ainsi comme sa sienne, vous dis ie mon besoig z ma necessite qui tant est grant, ie vueil bien q̃ vous sachiez q̃ ie suis a sa mort pour vous se ie nen suis gardee par vous. Quelle mort damoiselle dist lancelot ia se dieu plaist ne mourrez par moy ne pour chose dont ie vous puisse aider. Lors commenca sa damoiselle a plourer moult tendrement z dist a lancelot. Sire dist elle ie puis bien dire que mal vous veis ie õcques, car si tost comme ie vous veys, ie vous commencay tant a aymer que ce fut merueilles, car depuis ne peus ne boire ne mengier.

Damoiselle dist lancelot ce fut follie a vous de tant penser a moy, z mesmement des lors que ie vous dy que mon cuer nestoit pas a moy si que ien peusse faire a ma voulente: quant ie vous dys que ie me tenisse a beneure se telle damoiselle comme vous

estes me daignast aymer, ne deussiez vous plus auoir pese a moy, car adonc veulez vous bien congnoistre que ie vouloie dire par celle parolle q̃ ie napmeroye ne vous ne aultre: fors celle ou iay mõ cueur mis. Haa sire dist elle ne trouueray ie autre conseil en vous a soustenir ma vie. Nenny damoiselle dist il, car ie ne se pourroye faire pour mort ne pour vie. Si dist elle ce poise moy, car sachiez que ie mourray pour lamour que iay mise en vous, z que par mort departira mon cuer de vostre amour z ce sera le guerdon de la bonne compaignie que mes freres vous ont faict depuis q̃ vous vinstes en ce pays. Lors se partit sa damoiselle de lãcelot si alla a son lict z se coucha a telle heure que oncques depuis ne sen leua sinon morte: comme lystoire le deuisera cy apres euidamment. Et lancelot qui fut dolent de ce fut plus fort pensif quil ne souloit estre, pour ce q̃ sa damoiselle lui auoit dit, dõt tous ses compaignons sesmerueillerent moult, car ilz na uoient point acoustume a le veoir triste. Cellui iour mesmes enuoia voort le cheualier qui auoit guari lancelot au roy de norgalles, et lui manda quil pensast de lui en telle maniere qͥ lui en sceust gre, car moult lui auoit fait le cheualier grant bien.

Lendemain si tost comme le iour fut cler se partit lancelot de leans z cõmanda sa dame a dieu. Et quant ilz se furẽt mis au chemin ilz allerẽt tant par leurs iournees quilz vindrent a sa cite de kamalot z descendirent a sa court. Et adonc estoit sa royne genieure aux fenestres, si se boutta tantost en sa chambre, car elle ne vouloit en nulle maniere parler a lancelot. Et quant monseigneur gauuain fut descendu il sen alla tout incontinent en sa chambre de sa royne, z sa trouua couchee sur son lict ou elle faisoit chere de femme courroucee, si la salua, z elle se leua incontinent contre lui, z lui dist que bien fust il venu. Dame dist il nous vous amenons mon seigneur lancelot du lac qui assez lõguement a este hors de ce pays, z elle lui dist quelle ne peut pas parler a lui, car trop durement se sẽtoit malade, z messire gauuain yssit hors de sa chambre z dit a ses cõpaignons z leur dist

Beaulx seigneurs madame la royne est malade/si ne pouez maintenāt parler a elle/mais reposons nous ceans tant que monseigneur le roy artus viengne/et sil demeure guaires nous pourrōs bien aller au loys ou il est/car cest assez pres dicy:ou nous pourrons deduire et esbatre auec lui.Et ilz si accorderent tous ensemble.

Celle nuit parla boort a sa royne, et lui demanda quelle auoit. Jay dist elle vne maladie/telle q ie nay, cuer ne voulete dentrer en sa salle tant que lancelot y soit/car ie natoye pas peur de se regarder:ne cueur q me peust consentir que ie parlasse a lui. Cōment dame dist boort le hayez vous donc si desmesurement. Oup par ma foy dist elle ie le hay tant quil nest riens au monde que ie haye autant comme ie fais lui:ne oncques nul iour ne laymay tant:comme ie le hays maintenant. Dame dist boort cest nostre grāt desplaisir et a tous ceulx q sont de son lignaige/si men poise moult durement quil est a ce venu/car tel perdera en ceste hayne qui ne sa pas desseruy ne fortune nassembla oncq lamour de vous deux en telle maniere comme ie la vris assembler:fors que pour nostre grant dommaige/car ie voy bien que monseigneur lancelot qui est le plus preudhomme du monde le plus beau et le meilleu cheualier qui ne doubte nulle chose de quoy il ne puisse venir au dessus/se vous ne lui ostez vne chose:cest vostre amour qui sera cause et dommaige de tous biens et de toutes bonnes auentures/car sil sauoit maintenant les parolles que vous mauez dictes aussi bien comme ie scay:ie ne cuide pas que ie peusse a lui venir a temps quil ne se fust occis ou deuāt mort de dueil. Si est ce mest aduis dommaige quāt cellui qui est le meilleur des bōs vous ayme si tresfort/et vous le hayez si asprement de tout vostre cueur. Se ie le hays dist elle mortellement ie nay pas tort/car il la bien desseruy. Dame dist boort vous en diray ie:ie ne veis oncques preudhomme qui amast par amours, que au dernier ne sen repētist. Et se vous voulliez regarder aulx fais des āciēs sarrazines:assez vous en pourroye monstrer qui furēt gastez par femme. Regar

dez en lystoire de dauid qui auoit vng sien filz nomme absalon:la plus belle creature que ōcques nature formast/cellui cōmenca sa guerre contre son pere par le conseil et par lamonestemēt dune femme/et en mourut assez vilainement. Aussi pouez vous veoir que plusieurs ont este deceus par femme. comme salomon a qui dieu donna sens et entendemēt oultre ce que cueur dhomme ne peut auoir. lequel rempa dieu par femme et en fut surpris et deceu:tellement quil fut ydolatre a la fin de ses iours. Et sanson fortin qui fut le plus fort homme du monde : et qui oncques nasquit de femme:en receut mort. Hector et Achilee qui darmes et de cheualerie eurent le prix sur toutes gens terreens/en mourutent et en furēt destruis et plus de cent mille auec eulx/et tout pour loccasion dune folle femme que paris print a force en grece. En nostre temps na pas encores cinq ans:en mourut tristan le nepueu au roy marc qui si loyaumēt ayma yseult la blōde q oncques en son viuant ne mesprint vers elle. Que vous diroye ie de ce : oncques nul homme ne se print a femme p telle amour quil nen mourust a sa fin. Et sauez vous q vous ferez. Vous ferez plus que oncques toutes les autres dames ne firent, car vous ferez perir au corps dun seul homme toutes les graces q en corps dhomme peuent estre/cest de beaulte de cheualerie et de gentillesse. Dame fist il toutes ces vertus pouez vous trouuer au corps de monseigneur lancelot si euidamment que nulle ne lui en fault, car ce sauez vous bien q il est le plus bel homme du monde/et le plus preux et le plus hardy/et le meilleur cheualier que on sache/et auec est il extrait de si hault lignaige de pere et de mere:que on ne scait au monde plus gentil homme cōme il est. Mais tout ainsi comme il est congneu et enuironne de toutes bōnes vertus/tout ainsi ley despoulferez vous et desnuerez. Si pouez pour ce dire vrayement q vous osterez dentre les estoilles le soleil/cest adire sa fleur des cheualiers du monde. Et par ce dame pouez vous veoir euidamment que vous ferez plus grant dommaige en ce royaume et en maint autre, que oncques dame ne fist par le corps dun seul cheualier. Et cest le grant prouffit et le grant bien que nous arons de vostre amour. A ceste parolle respondit la royne & dist a Boort. Booit sil auenoit ainsi comme vous dictes en ceste chose ne perderoit nul autant comme ie se roye/car ie perderoye le corps & lame/si men laissez estre a tant/car a ceste fois nemporterez vous autre respōse de moy. Dame sachiez vrayement q̄ vous ne men oirez iamais plus parler:se vous ne men arraisonnez.

Ainsi se partit Boort de la royne & vīt a lancelot:si lui dist a conseil quant il seut tire a vne part arriere des autres. Sire ie conseilleroie que nous en allissions hors de ceans/car nous ny auons que demourer. Pourquoy dist Lancelot. Pource dist Boort que madame la royne vous hayt & tous ceulx qui sont de vostre parente. Comment dist lancelot le sçauez vous bien. Sire dist Boort ie le scay bien certainemēt/& ie le vous diray quāt nous serons hors de ceans. Montons donc dist lancelot a cheual si me direz que cest car moult me tarde de le sauoir. pource que a ma dame la royne ne cuide ie riens auoir messait en nulle maniere. Lors vint lancelot a messire gauuain & lui dist. Sire maintenant men cōuient il aller hors de ceās pour aller en vng mien affaire q̄ ie ne puis laisser/si vous prie que quant vous verrez monseigneur le roy si le saluez de par moy/& lui dictes que ie reuiē dray au plus tost que ie pourray & que iaray loisir. Par ma foy ia en ceste maniere dist mes sire gauuain ne vous partirez de ceans:ains attendiez monseigneur le roy artus iusques a tant quil soit venu. Et il dist que non feroit Si monta incontinēt a cheual & sen alla lui & sa compaignie/& mōseigneur gauuain les conuoia moult longuement/& puis lui dist. Sire il y ara de bref en ceste prairie de kamalot vng tournoyement grant & merueilleux/& gardez que nulle chose ne vous tienne que ny viengniez/car pou y ara de bons cheualiers au monde ne au royaume de logres qui ny soient. Et lancelot lui dist quil y viendroit sil nestoit fort empesche. Si se partirent a tāt lun de lautre/& messire gauuaī sen retourna a kamalot & moult se esmerueilla de ce que lancelot sen estoit alle. Et lancelot cheuaucha tāt

quil vint en sa forest/& quant ilz furēt entrez dedens:si dist lancelot a Boort q̄l lui deist pour quoy sa royne sestoit a lui courroucee. Sire dist Boort voulentiers. Lors lui commenca a dire de la manche a la damoiselle qui fut portee au tournoyement de Vincestre sur son heaulme dont la royne sestoit courroucee si durement enuers lui q̄ iamais ne trouueroit paix a elle. Et quāt il eut tout compte lancelot cō mença a penser fort durement & fut si courrou ce que on nen peut tirer parolle. Puis respon dit a Boort apres vne espace de temps. Hee a moures cest le guerdon que iay de vous seruir car qui du tout a vous se ottroye: il nen peut eschapper sās mort/& tel loyer me rēdez vous pour loyaumēt amer. Haa Boort mon cousin qui aussi bien congnoissez mon couraige com me ie fais moy mesmes/pourquoy ne me ex cusastes vous du tout. Sire dist il ien ay fait tout mon pouoir mais ōcques a parolle que ien deisse ne se voulut accorder. Or me conseil liez dist lancelot que ie feray/car se ie ne puis faire ma paix par quelque moyen enuers elle ie ne cuide pas viure en nulle maniere/& si ne cuide pas que en cest estat ie puisse longuemēt durer. Sire dist Boort se vous peussiez tenir de repairer la ou elle est & de la veoir/ie vous dy vrayement que vous nariez ia passe vng mois quant elle ne vous verroit ne orroit: q̄l se seroit plus angoisseuse de vous auoir en sa compaignie que vous ne fustes oncques delle & tant vous desireroit quelle vous enuoieroit querir ou q̄ vous fussiez pres ou loīgs. pour ce vous conseille ie pour bon conseil:que nous allons esbatant & deduisant parmy ce pays & suiuant les tournoyemens ainsi comme on les criera/& vous auez aussi auec vous belle compaignie & gente & grant partie de vostre parente:dont vous deuez estre fort ioyeulx lesquelz vous ferōt cōpaignie sil vous plaist en tous les lieux ou vous vouldrez aller. Et il dist que ce conseil lui sembloit bon mais de compaignie nauoit il mestier/car il sen vou loit aller tout seul:fors de la compaignie de vng seul escuier quil vouloit emmener auec lui tāt cōe il lui plairoit/mais vous dist il a Boort vous en yrez iusq̄s a tant q̄ vous me ver rez ou aucun messaige de p̄ moy q̄ vo9 viengne querre. Sire dist Boort moult nous sera forte chose quant vous partirez de nous a vous en prez a si poure compaignie/sil vous mesauenoit en aucune maniere comment le scarions nous. Ne vous esbahissez point dist lancelot car cellui qui iusques cy ma gouuerne a fait auoir victoire a honneur en tous les lieux ou iay este: ne souffrira pas par sa grace que il me meschee en lieu ou ie soye/ a sil me meschoit dauenture: vous le scarez plustost que nul autre nen doubtez point.

Lors reuit lancelot a ses compaignons qui sattendoient emmy le champ a leur dist quil lui couuenoit aller en vng grant affaire ou il ne vouloit pas mener grant gent. Si prist auec lui lescuier qui estoit appelle hagupus a lui dist quil le suiuist/ a cellui dist que si feroit il voulentiers, car moult en estoit ioyeulx. Si se partit lancelot en telle maniere de ses amys charnelz/si lui distrent au depart. Sire pour dieu ne laissez pas que vous ne soyez a lassemblee de kamalot en telle maniere que on vous congnoisse/ a il leur dist quil y seroit le trop grant empeschement ne le tenoit. Et lors appella Boort a lui dist. Boort mon amy se ie voy a lassemblee: ie porteray armes blanches sans nulle couleur. Et a tant se partirent luy de lautre, a sentrecommanderent a dieu. Mais a tant laisse ores le compte a parler deulx a retourne au roy artus.

¶ Comment la royne genieure par cas de fortune fist mourir vng des cheualiers de la table ronde par fruit euenime quelle lui donna a mengier/ a comment madot de la porte sen appella de trahyson. Si. cha.

Il dist le compte que quant le roy artus eut demoure auec sa seur morgain tant comme il lui pleut: il sen partit a grant compaignie de cheualiers qui tousiours alloient auec lui. Si cheuaucherent tant quilz vindrent a kamalot. Et quant ilz furent arriuez a le roy sceut que lancelot nestoit point retourne a court: fors vng iour:si fut son cueur en diuerses pensees, car il pensoit en lui mesmes que se lancelot eust ayme la royne de folle amour comme on lui mettoit sus: il neust peu estre si longuement hors de sa court comme il estoit a cestoit vne chose qui moult faisoit le roy ioyeulx/ a qui lui faisoit mescroire les parolles que morgain lui auoit dictes. Et nompourtant il ne fut oncques depuis heure quil nen eust la royne en souspecon pour les parolles que on lui auoit dictes.

Lendemain que le roy vint a kamalot adint que messire gauuain mengeoit au disner a la table de la royne/ et autres cheualiers assez en vne chambre pres de sa grant salle: et leans auoit vng cheualier q auoit nom auarson qui hayoit monseigneur gauuain de mortelle hayne. Cellui auoit fait enuenimer du fruict dont il cuidoit faire mourir messire gauuain par poyson. Si lui fust aduiz quant il veit messire gauuain seoir pres de sa royne que se il en enuoyoit a la royne, il se en donneroit auant a monseigneur Gauuain que a autre pource quil estoit le plus gentilz plus noble, a q plus pres delle estoit assis et sil aduenoit quil en goutast tout le monde ne le garantiroit quil nen mourust: tout incontinent. La royne print le fruict qui de celle trayson ne se donnoit garde et en donna premierement a vng cheualier qui estoit des compaignons de la table ronde q auoit nom gergeois de karehan. Et cellui qui en grant chierte se tenoit pour lamour de la royne en mengea incontinent. Et si tost comme il en eut auale il mourut pres de la royne voyans tous ceulx qui a la table estoient. Si saillirent incontinent tous ius de la table et furent tous esbahiz et troublez de ceste merueille.

Quant la royne veit le cheualier mourir deuant elle si fut fort courroucee de lauenture tellement quelle ne sceut quel conseil prendre delle mesmes. La nouuelle vint deuant le roy et lui dist vng cheualier qui en la chambre auoit menge: Sire merueilles sont maintenant aduenuees ceans, madame la royne a fait mourir vng cheualier par la plus grande meschansete que ie veisse oncques qui estoit compaignon de la table ronde et frere Madot de la porte et par telle auenture. Si lui conta la tost comment ce auoit este. Et le roy se comca

De la table ronde

incontinent a seignier de la merue isse quil en eust si saillit hors de la table et vint en la chãbre ou ce estoit auenu pour veoir sil estoit vray Et quant le roy fust venu en la chãbre il trouua le cheualier mort qui encores gisoit deuant la table si dist que la auoit trop grãt meschea ce et que trop auoit mesprins la royne selle la uoit fait de son gre. Certes dirent aucuns selle a ce fait en son essient elle a bien mort desseruie / sil est ainsi quelle sceust vrayment que le fruict feust enuenime dont le cheualier estoit mort. La royne estoit si durement esbahye qlle ne scauoit que faire: fors tãt quelle dist vrayment que oncques ne sauoit pense / et se elle eust cuide que le fruit eust este empoisonne qlle ne lui eust pas donne pour tout le monde Dame dist le roy ie ne scay cõment vous luy donnastes mais soeur cest mauuaise et villaine et ie doubte que vous nen soyes encores cy apres plus courocee q̃ vous ne cuides: Lors dist a ceulx qui entour le corps estoient. Sei gneurs ce cheualier est mort cest grãt domma ge/or penses de faire si grant hõneur au corps comme il conuient a corps de preudhomme / car il estoit vng des bons cheualiers du mõde Si men poise asses plus que plusieurs gens ne pourroient cuider ne scauoir. A tant sen ysit le roy de la chambre et sen vint au grant pal lais / et se seigna plus de cent fois de la mer ueille quil auoit de ce cheualier qui estoit mort par telle mescheancete : et la royne en faisoyt moult grãt dueil de ce qlui estoit ainsi adue nu . Et les dames de leans ensepueslirent le corps du cheualier mort au mieulx et le plus richement quilz peurent et lui firent si grant honneur comme on pourroit faire a preudhõ me comme il estoit: et le lendemain il fut en terre a lentree de lesglise saint estiene qui es toit la maistresse eglise de la cite de kamalot Et quant le corps fust enterre la tombe fust dessus mise si belle et si riche cõme on la peust au pais trouuer. Les compaignons de la ta ble ronde mirent sur la tombe lettres qui di soient. Cy gist gaheris le blanc de kaheray le frere de mador de la porte que la royne Ge nieure fist mourir par venin : Ces paroles disoyent les lettres qui estoient escriptes sur la tombe du cheualier mort. Ainsi demoura la

chose iusques a .iii. iours que mador de la por te vint a court / si ny eut oncques hommes q̃ lui osast les nouuelles dire de son frere: car ilz scauoiẽt bien que en nulle maniere nouls lais se quil ne sen fust venge a son pouoir. Lende main aduint que ainsi quil alloit a la mais tresse eglise saint estiene de kamalot. Et quãt il vint a la tombe qui nouuellement y auoyt este mise / il pensa bien tantost que cestoit au cun cheualier de la table ronde qui nouuelle ment estoit trespasse si vint celle part pour sa uoir qui cellui estoit: car adonc estoit coustu me en chascun riche lieu quon mettoit le nom du mort sur sa tombe. Quant il veit les let tres qui disoient: Cy gist gaheris le blanc de kaheran q̃ la royne genieure fist mourir par venin: Lors eussies veu mador esbahyr esperdu puis sen vint la ou le roy Artus estoit lequel estoit entre ses barons t lui dist. Roy artus se tu es si droicturier comme tu dois: tien moy droit en ta court. Et le roy respondit que si se roit il voulentiers. Donc vous requier ie dist il que vous me facies droit de la royne genie ure qui en trayson a occis mon frere. Lors mã da le roy tantost la royne deuãt lui et elle vint moult dollente moult courocee: car elle sca uoit bien certainement que mador auoit droit Et quant elle fust deuant le roy / si lui dist le roy. Dame ce cheualier vous appelle de meur tre et elle dressa sa teste en hault puis dist/ou est ce cheualier : et il vint auant et dist. Vez moy cy. Comment fist elle dictes vous que ie vous ay occis vostre frere: Ouy fist il, ie le dy vrayment t suis prest de le prouuer contre qui vous vouldres. Quant la royne ouyt quil se offroit si hardiement/si cõmenca a regarder entour elle pour sauoir saulcun en saulldroit auãt: mais ilz baissoient tous les testes. Da me fist le roy que dictes vous ad ce. Sire dist elle, ie vo' demãde respit iusques a pv. iours et tandys se dieu plaist ie trouueray q̃ a droit me deffẽdra. Le voules vous ainsi dist le roy Ouy sire fist elle: et il soit ainsi comme vous le deuises. Adonc dist mador que dedens icel lui terme seroit a la court. Si se taist a tant le compte deulx et retourne a lancelot pour de uiser lempeschemẽt quil le tenoit daller a las semblee qui estoit en la prarie de kamalot.

ff i

¶ Comment lancelot fut naure en dormant en la forest des veneurs du roy Artus qui cui doient tirer a vng cerf. vii.cha.

Or endroit dist le compte q̃ quāt lancelot se fust parti de Booit et de hector son frere et des autres compaignons il chevaucha lui et son escuier parmy la forest de kamalot vne heure auant et laultre arriere, et gisoit chascune nuit chieulz vng hermite qui sauoit aultreffois confesse et cellui lui faisoit tout lōneur quil pouoit. Au tiers iour ainçois que lassemblee deubst estre dist lancelot a son escuier va ten a kamalot et si maporte vng escu blāc a trois bendes de bellis vermeilles et couuertures toutes blanches, iay telles armes portees maintesfois, affin que se Boort vient a lassemblee quil me puisse congnoistre de legier et se fais plus pour lui que pour autre: car ie ne vouldroie en nulle maniere quil me blessat ne moy sui. Adonc sen partit lescuier de lancelot et vint a la cite pour acheter armes telles comme il lui auoit deuise: et lancelot se partit de lermitaige tout seul pour saller esbattre en la forest, et ne porta auec lui nulle armeure, fors son espee seullement.

Ce iour sa auoit lācelot mōlt chault pour la grant ardeur quil faisoit si descendist de son cheual puis lui osta la selle et la bride, si latacha a vng fresne assez pres de lui. Et quant il eust ce fait il sen alla reposer sur le russeau duue fontaine et sendormist pour le lieu quil trouua frais et moiste: car il auoit eu deuant moult grant chault. Et quāt il se fut endormy si aduīt que les veneurs du roy artus auoient accueilli vng cerf en la forest lequel vint a la fontaine pour estancher sa soif: car assez auoit este chasse ce iour (et lautre: Quāt il se fust boutte en la fontaine vng archier qui estoit sur vng grant destrier monte de bonpt grant asseure deuant les autres. Et quant il fut pres, si tira celle part cuidant ferir le cerf parmy la poytrine ou enuiron. Si aduint quil faillit au cerf: car le traict alla vng pou trop auant: mais le coup nalla pas du tout a faulte: car il ferit lancelot en la

cuisse seneftre si durement quil lui passa oultre le fer et le feust. Quant lancelot se sentit naure si saillit sus moult dollent, et veit venir le veneur vers lui si grant asseure comme il pouoit: et quant lancelot le veit il lui escria. Vassault que vous auoye meffait q̃ mauez naure en dormāt. Certes sachiez que mal se chasse aues fait: et sachiez aussi que malle aduenture vous est aduenue. Lors tira son espee et lui voulut courre sus si naure comme il estoit. Et quāt cestui le veit venir si cōgneut bien que cestoit lancelot: si sen tourna sa plus grant asseure quil peust: et quāt il trouua ses cōpaignons il leur dist. Beaup seigneurs ne alles en auant dicy: mais retournez se vous ne voules mourir: car la a celle fontaine est monseigneur lancelot que iay naure dune saiecte: cōe ie cuidoie frapper le cerf si le blessay dont ay paour quil ne laye naure a mort: et quil nous suiue. Quant ilz ouprent ceste parolle, ilz dirent. Vous aues mal fait: car se il a nul mal et le roy le peult scauoir nous serons tous destruiz et mors: car nul fors dieu ne nous pourroit garantir encontre son parente silz scauoient quil lui fust mesaduenu par nous. Lors sen tournerent fuians vers la forest. Et lancelot qui auoit este naure a la fontaine trop durement tira la saiecte hors de sa cuisse a grant angoysse et a grant peine: si veit la playe grande et parfonde: car le fer de sa saiecte estoit grant (et large: Lors trecha vng pan de sa chemise pour estancher sa playe qui seignoit fort durement. Et quant il eut bendee au mieulx quil sceust il vit a son cheual et monta sus et sen alla iusques a lermitaige a grant peine la ou il repairoit tous les iours. Et quant le preudhomme le veit si naure il en fust moult esbahy puis lui demanda qui lui auoit ce fait. Ie ne scay dist il quelz gentz mont ainsi naure: mais tant scay ie bien qlz sōt de la maignie du roy artus. Lors lui compta cōment il auoit este naure et par quelle aduenture. Certes dist le preudhōme ce fust droicte mal aduenture. Il ne men chault dist lancelot nompas tant pour moy, fors pource q̃ ie perderay daller a ceste assemblee de kamalot, et aussi perdy ie lautre iour daller a tanebor pour vne autre playe que iauoye. Et cest loccasion dont plus me poise pource q̃ ie nauoye pas este a lautre, pourtāt eusse ie biē voulu estre a ceste. puis q̃ vous est ainsi aue nu dist le preudhomme souffrir vous cōuient a ceste fois: car se vous sauiez iure, si nen feriez vous autre chose qui a honneur vo9 tournast et pource vous demourerez se vous men voulez croire. Et il dist que aussi feroyt il. car il lui conuenoit voulsist il ou non.

Ainsi demoura lancelot a aller a cel/ le assēblee par loccasiō de ceste playe Et quant il veit que demourer lui conuenoit il en fut si dollent quil lui estoit aduiz quil en deust mourir de couroux. Au soir quant son escuier vit q̃ il se trouua ainsi naure il en fust tout esbahy. Et lancelot fist leans mettre son escu quil deuoit porter et fist serrer ses armes et dist quil ne les vouloit pas encores porter Si demoura leans .xv. iours entiers ainsi q̃ il peust cheuaucher a sa voulente: mais a tāt laisse ores le compte a parler de lui et retour/ ne au roy artus.

¶ Comment vne nasselle arriua dessoubz le pallais du roy artus et comment le roy et mes sire gauuain trouuerent dedens la damoyselle descalot laquelle estoit morte pour lamour de lancelot. ❧ viii. cha.

Or dist le cōpte que tant seiour/ na le roy artus a kamalot a/ piez la mort gaheriet iusques a lassemblee. Et a lassemblee eus/ siez veu plus de mil hommes que dune part q̃ dautre quil ny auoit cellui qui ne se tenist a preudhomme et a bon cheualier. Et quant ilz furent tous assemblez, lors eussiez veu che/ ualiers abbatre dru et menu. Si emporta le pris de celle iournee boort de gannes et disoy ent ceulx qui en la place estoiēt quil les auoit tous vaincus dune part et daultre. Et le roy qui bien le cōgneust vint a lui, si lui dist. Bo ort ie vous prie il conuient que vous en veni es ceans auec nous et que nous faciez compa gnie tant quil vous plaira: Sire dist boort ie nyroie en nulle maniere puis que monsei/ gneur lancelot ny est: mais sil y feust ie y al/

lasse voulentiers: et y seiournasse tāt comme il lui plairoit a demourer auec vo9: et si maist dieu se ie ne seusse cuide trouuer a ceste assem blee ie ny fusse ia venu: car il me dist quant ie me party derrainement de lui, quil y viēdroit ne pour riens ne lairoit sil nauoit tel empes/ chement qui a force le tenist. Vous demou/ rerez dist le roy et lattenderez tant quil vien/ gne a court. Sire dist boort pour neant lat/ tendroy ie: car ie ne cuide pas quil y doiue a pi esse venir pour quoy dist le roy ne y viendra il dōt est il courouce a nous. Sire dist boort ia plus nen scaurez de par moy. A vng autre se demandez se vous en voulez scauoir la verite Se ie le scauoie dist le roy homme en ma court qui dire le me sceust ie lui demanderoye: mais puis que ie ne le scauray passer men conuien/ dra et attendre tant quil viēgne. A tant se par tit boort du roy et de sa compaignie et sen al/ la sui et hector, et ses autres compaignons et messire gauuain les conuoia grant piece: et dist a boort trop mesmerueille de ce que mon seigneur lancelot na este a ceste assēblee. Cer tes dist boort ie scay vrayement quil est ma/ la de ou en prison: car sil fust a sa deliure puissā/ ce, ie scay de vray que il y fust venu. Si prindrent a tant lun de lautre conge. Si tour na boort la ou il cuidoit trouuer le roy de nor/ galles et dist a hector et a son frere: iay moult grant paour que monseigneur lancelot ne soit moult dollent pour sa royne qui a lui sest cou rouce. Certes dist hector se oncques ie con/ gneuz riens, vous verrez encores entre nostre lignage et le roy artus et son parente la plus grant guerre quoncques vous veistez: et tout pour ceste chose. Ainsi parloiēt de lancelot ceulx qui plus laymoient et qui plus grant doubtan ce auoient de lui. Et messire gauuain quant il se fust party deulx, fist tant quil vint a ka/ malot et quant il fut descendu et monte au pallais il dist au roy. Sire sachiez vrayemēt que lancelot est malade puis quil nest venu a ceste assemblee. Or nest il riens que ie sceusse aussi voulentiers comme la verite de son es/ tre pour sauoir sil est naure: ou demoure pour occasion dautre maladie. Certes dist le roy sil est malade, il men desplaist moult et quil nest ceans: car de sa venue et de sa cōpaignie

ff ii

et de ceulx qui auec lui sont / amendent tant mon hostel quant ilz viennent que nul ne le pourroit penser. Celles paroles dist le roy de lancelot et du parente au roy ban & demoura ainsi a kamalot et auec lui grant compaignie de cheualiers.

Le lendemain que sappelle la iournee de la roynne auoit este faicte aduint enuiron a heure de nonne que une nasselle couuerte dung drap de soye arriua dessoubz la tour du roy ou le roy auoit menge ce iour auec grant compaignie de cheualiers et estoit au senestres en regardant aual sa riuiere moult pensifz et moult esbahy pour cause de sa roynne car il scauoit bien quelle nauroit ia secours des cheualiers de seans / car ilz scauoyent bien tout clerement que la royne auoit donne au cheualier a menger ce dont il mourut: & pource ne y auoit il nul qui sosast mettre en aduenture de telz gaiges donner. Quant le roy qui a ce pensoit veit la nef arriuer laquelle si belle et si riche estoit / il sa monstra a messire Gauuain et lui dist. Veez la plus belle et la plus riche nasselle que ie veisse oncques: allons veoir que gens sont la dedens: Allons sire dist messire Gauuain. Lors descendirent du pallais et quant ilz furent venus a bas / si veirent la nasselle tant honnestement appareille quilz sen esmerueillerent tous. Par ma foy dist messire gauual se ceste nasselle est aussi belle par dedens comme elle est par dehors / se sot merueilles grandes: et a peu que ie ne dy que les aduetures sont recomencees. Ainsi le voulsoy ie dire fist le roy. La nasselle estoit couuerte a voulte: et messire gauuain souleua ung pan du drap et dist au roy. Sire entrons dedens si regarderons quil y a. Le roy saisit incontinent en la nasselle et messire gauuain apres / et quant ilz furent entrez dedens / ilz trouuerent emmy la nasselle ung lict moult bien appareille de toutes les plus belles choses dont lict pouoit estre appareille et garny. Dedens ce lict gisoit une damoyselle morte qui auoit este en son viuant moult belle au semblant que se auoit encores: Lors messire gauuain dist au roy / haa sire ne vous semble il point que trop fut la mort villaine quant elle se mist au

corps de si belle damoyselle come ceste estoit npa encores guieres. Certe dist le roy / il me semble quelle a este fort belle femme / si est dommaige quant elle est morte a telle eage: & pour sa grant beaulte qui en elle a este sauroy ie vou sentiers dont elle fust.

Assez longuement la regarderent: et quant messire gauuain seut bien regardee / il congneust que cestoit la damoyselle quil auoit requise damours. Sire ie scay bien qui ceste damoyselle fust. Et qui fust et se dist le roy. Sire dist messire gauuain, vous souuient il de la damoyselle dont ie parlay auant hier a vous et a madame la royne celle que ie vous dis que lancelot aymoit par amoure: Oy dist le roy bien men souuient / vous me seistes entendant que vous sauies requise damours: mais elle vous en escondist honnestement. Sire dist messire Gauuain il est vray: et sachiez vrayment que cest celle mesme dont ie vous ay parle. Certes dist le roy ce poise moy. Or scauroy ie voulentiers loccasion de sa mort: car ie croy quelle soit morte de dueil.

Ce pendant quil parloient ainsi de celle chose messire gauuain regarda pres de la damoyselle et veit pendre a sa sainture une bourse moult belle et moult riche laquelle nestoit pas vuide comme il sembloit bien et y mist tantost la main et couurir si en tira hors unes lettres & les desploya puis les bailla au roy / si les commenca a lire, et trouua que les lettres disoyent ainsi.

A tous les cheualiers de la table ronde mande salut la damoyselle descalot ie fais ma complainte a vous tous: non pas pource que ce me puissiez amender: mais pour ce que ie vous congnois pour la meilleure gent du monde et la plus renommee: vous fais ie assauoir tout plainement que pour loyaulment aymer suis ie a ma fin venue / et se vous demandes pour lamour de qui iay souffert angoysse de mort / ie vous respons que ie suis morte pour le plus preudhomme du monde & pour le plus vaillant quon sache / mais cest le plus villain que ie veisse oncques: car tant ne lui sceuz prier a pleurs et a larmes: que il voulsist auoir mercy de moy et de mayner par amours si men a tant este au cueur que ie en suis a ma fin venue pour le loyaulment aymer.

Celles parolles disoyent les lettres et quant le roy les eut leues deuant messire gauuain, il dist. Damoyselle certes vrayement poues vous dire de cestui pour qui vous estes morte que cest le plus villain cheualier du monde et le plus vaillant: car cete villanie quil a faicte est si grande et si laide que tout le monde sen deuroit blasmer: certes moy qui suis roy & qui en nulle maniere ne deuroie faire villanie neusse pas souffert quelle fust morte pour moy pour le meilleur chasteau que iaye. Sire dist messire gauuain: or poues vous bien scauoir q ie mesdisoie a tort sur lui quant vous disoie auant hyer quil demouroit auec dame ou damoyselle quil aymoit par amours, et vous deistes quil ne daigneroit pas tant son cueur abaisser que daymer en sy bas lieu. Or me dites sist le roy q nous pourrons faire de ceste damoyselle: car ie ne men scauroy pas bien conseiller: elle est gentil femme et de hault lignage et vne des plus belles femmes du monde, faisons lui grant honneur et la faisõs enterrer en sa plus haulte eglise de ceste cite: et mettrons dessus la tõbe lettres qui tesmoigneront la verite de sa mort: si que tous ceulx qui leans vendrõt lay ent en memoire. Et messire Gauuain dist q a ceste chose saccordoit il voulentiers.

Ce pendãt quil regardoiẽt la damoyselle et la plaignoient fort de sa mes auenture, les haultz hommes furent descendus du pallais et venus au pie de sa tour pour regarder la nasselle, et pour scauoir qt y auoit dedens. Le roy fist tantost descouurir la nasselle et prendre sa damoyselle et la porter a mont au pallais: si se assemblerent les vngs et les autres & vindrẽt celle part a grãt presse: car moult tenoiẽt ceste chose a grãt merueille. Et le roy commenca a compter a gahurietz a messire yuain la verite de sa damoyselle & cõmẽt elle estoit morte pour lancelot: pour ce ql ne lui auiot voulu ottroier sõ amour. Et

ceulx se racompterent aux autres qui moult auoient grant desir den scauoir la verite, si en fust la parolle tant montee dune part et daultre que la royne en sceut la verite tout ainsi cõme elle estoit aduenue: et lui dist messire gauuain. Dame dame or scay ie bien vrayement que ie menty sur monseigneur lancelot quant ie dy quil aymoit la damoyselle descalot, et quil demouroit auec elle. Car certes sil leust aymee daussi bon courage comme ie lui met/ toye sus, elle ne fust pas encores morte: ains eust fait lancelot toute sa voulente delle. Sire sist elle, on dist mal souuentesfois de plusieurs preudhommes dõt cest dommage: car il est aucunesfois autrement que len ne dict et q on ne cuide. Lors se partit messire gauuain de la royne, et elle demoura plus dolẽnte que deuãt: et se reputoit cõe femme mescheante & chetiue: et disoit a soy mesmes, maleureuse femme comment as tu cuide que lancelot si preudhõme cõme il est amast aultre que toy pour quoy a ce tu si trape et si diffamee, or vois tu bien que tous ceulx de ceans te sont faisliz au besoing et que tu nen peulx eschapper sans mort se tu ne trouuoies a tõ iour qui pour toy feust encontre madoz le grant qui te deffende car a ceulx de ceans as tu failli: ne nul ne te aydera puis quil sceuent bien tous que le tort est tien, & le droit a madoz pour quoy il te habandonneront tous et lairront mener a mort villaine et honteuse. Et non pour tant par my le grant tort que ien ay, si mon amy feust ceans le plus loyal de tous les autres cellup qui autresfoies ma desliuree de mort, ie scay bien quil me desliurast de ce peril ou ie suis cheue. haa dieu pour quoy ne scait il ores la grãt destresse ou mõ cueur est pour lui & pour moy haa dieu il ne se scaura ia par moy, a temps se dieu ou aduẽture ne luy fait assauoir: si men conuiendra mourir honteusemẽt et en ce per dra il si durement quil en moura de dueil, et ie seray du siecle trespassee a ce que hõme mortel ne ama onques dame autant cõme il ma aymee ne si loyaulment.

Ainsi se complainoyt la royne et se blasmoyt de son amy quelle auoyt chasse et eslongne dentour elle, quelle deuoit aymer & cher tenir sur tous hõmes. Le roy fist enseuelir la damoyselle le plus richement que len peult comme damoyselle de grant lignage/et la fist enterrer en la maistresse eglise de kamalot et fist mettre sur elle une tōbe moult riche/et sur la tombe auoit lettres escriptes qui disoient: Cy gist la damoyselle de scalot qui pour samour de lancelot mourut Et estoient les lettres les unes dor/et les autres dazur fort richement deuisees et faictes: mais a tant lesse le compte a parler de luis de la royne et de ceulx de sa court/ et retourne a lancelot.

C. Comment ung cheualier conta a lancelot que la royne genieure estoit appellee de trayson de par Mador de la porte pource quelle auoit occis son frere. ix cha.

Or dist le compte que tant demoura lancelot chieulz lhermite en sa forest quil fut bien guery de la playe que le Veneur lui auoit faicte. Ung iour aduint q̃ apres heure de tierce monta lancelot sur son cheual comme celluy qui se voulloit aller esbatre en sa forest; si se partit de lermytaige et se mist a ung petit sentier & passa q̃ apres quil ne trouua une belle fontaine dessoubz deux grans arbres: et empres celle fontaine gisoit ung cheualier desarme q̃ auoit ses armes mises empres luy et son cheual atache a ung arbre: et quant il veit le cheualier dormant si pensa q̃l ne sesueilleroit pas/ains se lerroit reposer: & quãt il seroit esueille adōt pourroit il parler a lui/ et demander qui il est. Lors descendit lancelot & atacha son cheual assez pres de lautre: & ne demoura gaires que le cheualier sesueilla pour la noise des cheuaulx qui sētrecōbatoient. Et quant il veit deuant luy lancelot/ il sesmerueilla moult quelle aduenture lauoit la amene. Ilz sentressaluerent tantost et demanderent lun a lautre de son estre Et lancelot qui ne se voulloit pas descouurir tant q̃l apperceut quil ne le congnoissoit pas & lui dist quil estoit ung cheualier de gannes. Et ie suis dist lautre ung cheualier du royaulme de logres/ dōt venez vous dist lancelot. Je viens dist il de kamalot ou iay laisse le roy a grant cōpaignie de cheualiers/ mais

tant vous dy ie bien quil en y auoit plusieurs courouces dune aduenture q̃ est aduenue nouuellement & aduint a la royne mesmes. A la royne dist lācelot: dictes moy que ce fust dist il: car trop se desire a scauoir. Et ie le vous diray dist le cheualier/ il ny a guieres que la royne mengeoit en une sienne chambre et auoit auec elle grant compaignie de dames et de damoyselles et de cheualiers et moy mesmes y mengeoie a sa court et a la table de la royne. Et quant nous eusmes eu le premier mes si entra ung varlet en la chambre qui presenta fruict a la royne et elle en donna tātost mēgier a ung cheualier lequel en mourust si tost comme il en eut gouste/ le cry seua grant par leans et vindrent tous pour veoir celle merueille. Et quant ilz veirent le cheualier mort plusieurs deulx en blasmerent la royne: & mirent le corps de ce cheualier mort en terre/ et a tant en laisserent la parolle que plus nen dirent riens a la royne.

L Lautre sepmaine apres aduint q̃ mador de la porte qui frere estoit du cheualier mort vint a court: et quant il eut veu la tombe de son frere et il sceust de vray que la royne sauoit fait mourir/ il vint deuant le roy et appella la royne de trayson. Et la royne commenca a regarder tout entour elle pour sauoir sil y auoit leans cheualier qui pour elle deffendre venist auant: mais il nen y eut oncques nul qui pour elle deffendre en voulsist tendre son gaige Et le roy donna incontinent a la royne pl. iours de respit par tel sy q̃ se au pl. iour elle ne trouuoit aucun cheualier qui pour elle voulsut entrer en champ de bataille contre mador/ elle seroit destruicte & mise a mort: Et de celle chose furent ceulx de la court moult courouces: car certes elle ne trouuera ia hōme qui pour elle vueille entrer en champ de bataille. Or me dictes sire cheualier quant elle fust ainsi appellee comme vous me dictes y auoit il nul des compaignos de la table ronde: Ouy sire assez dist le cheualier/tous les v. nepueux au roy y estoient/messire gauuain et gaheriet et tous les autres freres/ et aussy y estoit messire yuain le filz au roy vrien/ & plusieurs autres bōs cheualiers enſepueſtir ſa damoyſelleſe pſus richemẽt que ſẽ peult comme damoyſelle de grant lignage/et la fiſt enterrer en ſa maiſtreſſe egliſe de kamalot et fiſt mettre ſur elle vne tõbe mouſt riche/et ſur la tombe auoit lettres eſcriptes qui diſoient: Cy giſt la damoyſelle de ſcalot qui pour ſamour de Lancelot mourut Et eſtoient les lettres les vnes dor/et les autres dazur fort richement deuiſees et faictes: mais a tant ceſſe le compte a parler de luy de la royne et de ceulx de la court/ et retourne a lancelot.

⁋ Comment vng cheualier conta a lancelot que la royne genieure eſtoit appellee de trayſon de par Mador de la porte pource quelle auoit occis ſon frere. ix cha.

O**y diſt le compte que tant demoura lancelot chieulx ſhermite en ſa foreſt quil fut bien guery de ſa playe que le veneur lui auoit faicte. Vng iour aduĩt q̃ apꝛes heure de tierce monta lancelot ſur ſon cheual comme celluy qui ſe vouſſoit aſſer eſbatre en ſa foreſt: ſi ſe partit de lermytaige et ſe miſt a vng petit ſentier et nalla gayres quil ne trouua vne belle fontaine deſſoubz deux gras arbꝛes: et empꝛes celle fontaine giſoit vng cheualier deſarme q̃ auoit ſes armes miſes empꝛes luy et ſon cheual atache a vng arbꝛe: et quant il veit le cheualier doꝛmant ſi penſa q̃l ne le ſueilleroit pas/ ains ſe leſſeroit repoſer: et quãt il ſeroit eſueille adõt pourroit il parler a luy/et demander qui il eſt. Loꝛs deſcendit lancelot et atacha ſon cheual aſſez pres de lautre: et ne demoura gaires que le cheualier ſeſueilla pour la noiſe des cheuaulx qui ſeſtrecõbatoient. Et quant il veit deuant luy lancelot/ il ſeſmerueilla mouſt quelle aduenture lauoit la amene. Ilz ſentreſſaluerent tantoſt et demanderent lun a lautre de ſon eſtre Et lancelot qui ne ſe vouloit pas deſcouurir tant q̃l apperceut quil ne le congnoiſſoit pas Si lui diſt quil eſtoit vng cheualier de gaunes. Et ie ſuis diſt lautre vng cheualier du royaulme de logꝛes/ dõt venez vous diſt lancelot. Je viẽs diſt il de kamalot ou iay laiſſe le roy a grant cõpaignie de cheualiers/ mais

tant vous dy ie bien quil en y auoit pluſieurs courouces dune aduenture q̃ eſt aduenue nouuellement et aduint a ſa royne meſmes. Aſſa royne diſt lancelot: dictes moy que ſe fuſt diſt il: car trop ſe deſire a ſcauoir. Et ie le vous diray diſt le cheualier/ il ny a guieres que la royne mengeoit en vne ſienne chambꝛe et auoit auec elle grant compaignie de dames et de damoyſelles et de cheualiers et moy meſmes pꝛ mengeoie a ſa court et a ſa table de la royne. Et quant nous euſmes eu le pꝛemier mes ſi entra vng varlet en la chambꝛe qui pꝛeſenta fruict a la royne et elle en donna tãtoſt mẽgier a vng cheualier lequel en mouruſt ſi toſt comme il en eut gouſte/ le cry ſeua grant par leans et vindrent tous pour veoir celle merueille. Et quant ilz veirent le cheualier moꝛt pluſieurs deulx en blaſmerent la royne: et miſrent le coꝛps de ce cheualier moꝛt en terre/et a tant en laiſſerent la parolle que pſus nẽ diſrent riens a la royne.

L**autre ſepmaine apꝛes aduint q̃ madoꝛ de la porte qui frere eſtoit du cheualier moꝛt vint a court: et quant il eut veu ſa tombe de ſon frere et il ſceuſt de vray que la royne ſauoit fait mourir/il vint deuant le roy et appella ſa royne de trayſon. Et la royne commenca a regarder tout entour elle pour ſauoir ſil y auoit leans cheualier qui pour elle deffendre veniſt auant: mais il nen y eut oncques nul qui paur elle deffendre en vouſſiſt tendre ſon gaige. Et le roy donna incontinent a la royne pl. ioursde reſpit par tel ſy q̃ ſe au pl. iour elle ne trouuoit aucun cheualier qui pour elle vouſſut entrer en champ de bataille contre madoꝛ/ elle ſeroit deſtruicte et miſe a moꝛt: Et de celle choſe furent ceulx de la court mouſt courouces: car certes elle ne trouuera ia hõme qui pour elle vueille entrer en champ de bataille. Oꝛ me dictes ſire cheualier quant elle fuſt ainſi appellee comme vous me dictes y auoit il nul des compaignos de la table ronde: Oupl ſire aſſez diſt le cheualier/ tous les v. nepueux au roy y eſtoient/ meſſire gauuain et gaheriet et tous les autres freres/et auſſy y eſtoit meſſire yuain le filz au roy vrien/ et pluſieurs autres bõs cheualiers

Celle nuyt geurent en vng chasteau q̃ len appelloit alfais de cellui iour en auant nauoit de la plus que quatre iours iusques au terme que se iour de la royne duoit estre: et lors dist lancelot a boort et a hector Vo' en ires a kamalot et demourrez la iusques a mardy/ et adont sera le iour de la royne et entrerez e la requerrez a madame se iamais ie pour roy auoir paix a elle: si que vous viendres apres moy quant iauray la bataille vaincue sil plaist a nostre seigneur que ie en ay lhon/ neur: et adōt me dires vous ce que vous aurez trouue enuers elle. Et ilz disrent que si feroi ent ilz voulentiers. Au matin se partirent de lancelot et il leur deffendist moult quilz ne deissent pas quil deust venir a court: mais pour ce dist il que ie vueille que vous me congnois siez vous dy ie que ie porteray mes armes tou tes blanches/ et a lescu aura quatre bēdes de vermilli: et par ce me pourrez vous congnoistre la ou les autres ne scauront q̃ ie seray. A tant se partirent de lancelot et il demoura au cha steau en sa compaignie dūg seul escuier: si sist appareiller vnes armes telles comme il les a uoit deuisees: mais a tant sapsse ores le cōp te a parler de lui et retourne a boort et a hector

C Comment lancelot se cōbatit pour la roy ne contre mador et le vainquist / et comment lancelot fust trouue auec la royne par agra/ uain: et comment lancelot et ses parens se par tirent de kamalot. p. cha.

Quant les deux compaignōs se furent partis de lancelot/ si cheuaucherent tant quilz vin drent a kamalot: et quant ilz furent descendus et desarmez le roy leur alla au deuant pour les veoir: car cestoient les deux cheualiers du monde que plus il prisoit: aus si faisoit messire gauuain et tous les preudhō mes de leans / si les receurent a tel hōneur cō me le deuoit faire telz deux cheualiers com/ me ilz estoient: mais quant la royne ouyt di/ re quilz estoiēt venus/ elle neut ōcques si gra̅t ioye comme elle eut a lheure de leur venue. Si dist a vne de ses damoyselles / damoy/ selle puis que ces deulx cheualiers sont ve

nus or suis ie asseuree: q̃ ie ne mouray ia seul le: car ilz sōt si pieudhommes quilz metterōt en aduēture et corps et ames deuant que ie re copue honte ne deshōneur en lieu ou ilz soiēt benoist soit dieu qui a ce poit les a cy amenez car autrement me feust il moult mesaduenu.

Ainsi cōme la royne disoit ces parol/ les a sa damoyselle/ boort q̃ moult estoit desirant de la veoir entra leās/ et si tost comme elle le veit venir elle se dressa encontre lui si lui dist que bien feust il venu: Je cuidoie bien dist elle ny a pas long temps estre esson gnee de toutes ioyes / mais ores cuide ie bien q̃ ie les rescouueray a laide de dieu et de vous aussi: et il respondist ainsi cōme sil nen sceust riens. dame q̃ est ce que vous aues perdu toute ioye: Commēt dist elle ne saues vous cōmēt il mest mal aduenu depuis que vous ne me ve istes et il dist quil nē scauoit riens. Non fist elle ie le vo' diray dōc: ne ia ne vous en menti ray de mot. Lors lui compta laduenture en telle maniere comme elle lui estoit aduenue/ tellement que oncques ny faillit de riens: Or men appelle mador de trayson: mais il npa ceans si hardy cheualier qui men ose deffen/ dre encontre lui: dame dist boort se les cheua liers vous faillent ce nest pas de merueilles car vous scauez vrayement que vous aues failli: et pour riens au meilleur cheualier du monde: et ne seroit pas si mest aduis grant mal sil vous meschoit durement: car vous faictes mourir a dueil et a honte le meilleur et le plus vaillant cheualier quon sache trou/ uer: par quoy ie suis maintenā̃t plus ioyeulx de ceste aduenture qui vous est aduenue que de chose qui aduenist pieca: car a ceste fois pou ez vous bien cōgnoistre quelle perte celle fait qui pert vng preudhōme: se il fust ores ceās il ne sessast pas pour tout le monde que il ne preist la bataille contre mador de la porte tā̃t sceust il q̃ le tort en feust siē: mais vous estes a present a ce venue la dieu mercy que vous ne pourrez trouuer cheualier soit estrangier ou priue qui pour vostre amour entre en champ de bataille. Si estes en aduenture et si pres de honte auoir quon ne pourroit plus a mon aduiz. Boort dist la royne a qui que ie faille

de secours:a vous ne fauldray ie pas ce scay
ie bien. Dame dist Booit ia dieu ne maist se ia
vous trouuez en moy secours ne aide de ce
ste chose/car puis que vous mauez essongnie
& perdu cellui q tant iamoye:cest monseigneur
& mon cousin lancelot/ie ne vous dois pas ai
der/mais nuyre de tout mon pouoir. Com/
ment dist elle le vous ay ie oste. Ouy dist il en
telle maniere que ie ne scay quil est est deuenu
ne onques depuis que ie lui eus dit ces nou
uelles de vous:ne scay quil deuint ne ou il al-
la:neat plus que sil fust mort. Lors fut la roy
ne moult a malaise. Si commenca a plourer
fort durement/& fut tant pensiue quelle ne sa
uoit quelle deuoit dire/& quant elle parla/ si
dist si hault q Booit se peut bien entedre. Haa
dieu pourquoy fus ie onques nee/ quant il co
uient finer ma vie a si grant douleur. Lors
se partit Booit de leans qui moult voulentiers
se voulsist vengier delle:sil pouoit par pa/
rolles. Et quant il fut yssu de sa chambre & el
le veit quelle ne trouueroit personne qui la re
confortast. si comenca ung dueil grant & mer
ueilleux sicomme selle eust veu la mort de/
uant elle. laquelle chose estoit ce quelle desiroit
au monde le plus a auoir/& dist a basse voix
Or puis ie bien dire que ceulx du parente au
roy Ban ne me amoient sinon pour lamour de
vous beau doulx amy/car ilz mot failly quat
ilz cuident que vous me ayez failly. Or scay
ie bien que iauray a ce besoing grant souffret
te de vous.

Moult fist la royne grât dueil & fort
se plaignoit iour & nuit. ne ôcques
ne cessoit de mener douleur. Si en estoit le roy
moult a malaise/car il ne pouoit trouuer se/
ans cheualier qui pour elle voulsist entrer en
champ de bataille pour la chose desmesler
encontre mador/ ains disoit chascun quil ne
sentremetteroit ia de ce faire/car ilz sauoiêt bi
en tous que la royne auoit tort/& mador droit
& le roy mesmes en appella messire gauuain
& lui dist. Beau nepueu ie vous prie pour dieu
& pour lamour de moy que vous entrez en ce
ste bataille contre mador pour la royne deffê
dre de ce dont il lappelle/& il respondit. Sire
ie suis prest de faire vostre voulête/ si me pro
mettez comme roy que vous me conseillerez

loyaulment/car vous sauez bien q madame
occist le cheualier dont elle est appellee/ si le
veis & dautres aussi Or regardez se ie la puis
deffendre loyaulment/car se ie le puis faire ie
suis prest dentrer en champ pour elle/& se ie ne
le puis faire/ie vous dy que selle estoit ma me
re: si la sauoye ie encourre en iustice/car il ne
est pas encores ne pour q ie voulsisse faire des
loyaulte. Autre chose ne peut on trouuer en mes
sire gauuain/ne es autres preudhommes de
leans/car ilz estoient telz: quilz ne se fussent
pas deshonourez pour roy ne pour royne. Et
en fut le roy moult esbahy & moult a malaise
Le soir deuant ce que la bataille deuoit estre
lendemain eussiez vous veu au palais tous
les les haultz & puissans hommes du royau
me de logres/car ilz estoient tous assemblez
pour veoir quelle fin la royne seroit de la ba/
taille. Cellui soir dist le roy a la royne moult
courrouce. Dame se dieu maist ie ne scay que
dire de vous: tous les bons cheualiers de la
court vous ont failly/ de quoy vous deuez es
tre toute asseuree que demain vous receuerez
mort honteuse & villaine/ si amasse mieulx a
uoir perdu toute ma terre & mon royaume que
ce vous fust aduenu en mon viuant/car ie ne
amay onques autant personne apres dieu co
me ie vous ay amee:& fais encores. Mais il
fault que iustice soit acomplie.

Quant la royne entendit ceste parolle
si commenca a plourer moult tēdre
ment/& aussi fist le roy. Et quant ilz eurêt as
sez ploure/ le roy demanda a la royne. Dame
ne requistes vous ocques booit ne hector quilz
entrassent pour vous en ceste bataille. Certes
sire dist elle nenny/car ie ne cuide pas quilz feis
sent tant pour moy ne pour vous:a ce quilz ne
tiennēt riens de vous:ais sôt dune terre estrā
ge. Donc vous côseille ie dist le roy que vous
les en requerez ennuit ou demain/& quant ces
deux vous seront faillis:ie ne scay pas qui y
puisse mettre la mal. Et elle dist qlle les en re
querroit. Lors les manda pour sauoir qlcon
seil elle y pourroit trouuer. Si sen yssit le roy
de leans tant dolent & marry que nul plus/et
la royne manda incontinent a Booit & a he
ctor quilz venissent parler a elle/ lesquelz y

vindrent incontinent. Et quant elle les vit venir si se laissa cheoir a leurs piez, et leur dist tout en plourant. Haa gentilz hommes de cueur et de lignaige, et renommez de si haulte proesse comme vous estes, se vous oncques aymastes cellui que on appelle Lancelot: secourrez moy pour lamour de lui a ce besoing, et pour lamour de moy. Et se vous ne le voulez faire sachiez vrayement que ie seray deshonnouree: ais quil soit demain se soir et diffamee vilainement, car ceulx de ceans me sont tous faillis a ceste fois. Quant Boort vit la royne si esbahye et si angoisseuse, il lui en print grant pitie, si la releva incontinent de terre, et lui dist Dame or ne vous esbahissez, car se vous naurez demain deuant tierce meilleur secours que le mien: ie suis cellui qui pour vous entreray en champ de bataille encontre mador. Meilleur secours que le vostre dist la royne: dont me pourroit il venir. Dame dist Boort ce ne vous diray ie pas maintenant, mais ce que ie vous ay ores dit vous tendray ie. Car se autre de moy ne vous vient secourir: ie suis cellui qui vous ayderay de tout mon pouoir. Quant la royne entendit ceste parolle si fut plus ioyeuse quelle nauoit pieca este, car elle pensa tantost que cestoit de Lancelot qui la auoit venir secourir Et lors se partit Boort de la royne et hector aussi, si sen allerent en vne chambre leans, ou ilz souloient gesir au commencement quant ilz vindrent a la court.

Lendemain entour lheure de prime fut le palais emply de barons et de cheualiers qui tous attendoient la venue de mador, et telz y auoit qui estoient en grant doubtance et en grant paour de la royne, car ilz ne cuidoient pas que nul venist auant pour elle qui sa deffendeist. Et vng pou apres heure de prime vint mador a la court bas, et amena auec lui grant compaignie de cheualiers de ceulx qui de sa partie estoient. Si descendit a pie, et monta au palais tout arme fors de son heaulme et de son escu. Or estoit mador a merueilles bon cheualier et plain de grant proesse, car on ne scauoit en tout lost du roy Artus guaires plus fort cheualier de lui. Et quant il vint deuant le roy il se pourofrit de sa bataille ainsi comme il auoit fait autresfois. Et le roy lui respondit. Mador la querelle de sa royne doit estre menee en telle maniere que selle ne treuue au iourdhui cheualier qui la vueille deffendre: on fera de son corps ce que sa court ordonnera. Or demourez ceans iusques a heure de vespres, et se dedens celle heure ne vient qui pour elle entreprengne la bataille: vous estes quitte de lappel, et elle en aura la teste couppee. Et mador dist que doncques demourroit il. Lors sassit emmy le palais, et tous ceulx qui de sa partie estoient. La salle fut moult emplie de gens dungz et dautres: mais ilz se tenoient tous si coys: que neussiez ouy nul suy ler leans. Si furent en telle maniere iusques apres prime grant piece.

Vng pou deuant tierce aduint que lancelot entra en la court si bien arme quil ne lui failloit riens qui a cheualier conuenist. Mais il vint en telle maniere quil ne amena auec lui cheualier ne escuier, ains vint tout seul arme dunes blanches armes, et auoit en son escu trois bendes de belif de sinople. Quant il vint emmy la court il atacha son cheual a vng orme qui la estoit, et pendit son escu a vne branche. Et quant il eut ce fait il monta amont au palais ne oncques nosta son heaulme de sa teste: ains vint en telle maniere deuant le roy et deuant les barons: que oncques neut personne leans qui le congneust: fors seulement Boort et hector. Quant il vint deuant le roy artus, il parla si haultement que tous ceulx de leans se peurent bien entendre, et dist au roy. Roy artus ie suis venu a vostre court pour vne merueille que iay ouy compter en ce pays: car aucunes gens mont fait entendant que au iourdhuy doit ceans venir vng cheualier qui appelle madame la royne vostre femme de trayson, et sil est vray oncques de aussi fol cheualier ne ouy ie parler, car ce scauons nous bien tous priuez et estranges que en tout le monde tant comme il dure: ne a pas encores vne aussi vaillant dame ne aussi debonnaire aux poures cheualiers comme elle est. Et pour la valeur et pour la grant bonte que iay trouuee en elle: suis ie venu ceans tout prest et appareille de la deffendre. Et se il y auoit

ceans cheualier si hardy qui de trayson sap/
pelle: ie len deffenderay. A ceste parolle sail/
lit auāt mador de la porte ⁊ dist Sire cheua=
lier puis que vous estes venu pour la deffen=
dre/ie suis prest de prouuer quelle a desloyau
ment ⁊ en trayson occis mon frere. Et ie suis
prest de la deffendre dist lancelot quelle ny pē
sa oncques desloyaulte ne trayson/ ⁊ cellui q̃
pas ne congneut que cestoit lancelot tendit son
gaige au roy/⁊ lancelot aussi le sien. Et le roy
les receut tous deux/ puis dist messire gau=
uain au roy. par ma foy sire ores pourray ie
bien croire que mador de la porte soustiēt faul
se querelle: car commēt que son frere mourut
ie iureroie sur sains que oncques la royne ny
pensa desloyaulte ne trayson/ si lui en pour/
roit biē tost mal aduenir: se le cheualier auoit
en lui point de proesse. Si maist dieu dist le
roy ie ne scay qui le cheualier est/mais ie croy
quil en aura le meilleur/⁊ ie le voul droie bien

Lors commenca le palais a vuidier
de gens/ si descendirent tous grans
⁊ petis ⁊ asserent es prez hors de kamalot: ou
on faisoit acoustumement les batailles. Et
messire gauuain print le glaiue au cheualier
⁊ dist quil le porteroit au champ/⁊ boort print
lescu. Et lancelot monta incontinēt a cheual
⁊ asserent iusques au champ. Le roy fist venir
sa royne au chāp ⁊ lui dist. Dame veez cy vng
cheualier qui se met en auenture pour vous de
mort receuoir/ si sachiez que sil est vaincu vous
en serez destruitte ⁊ condampnee a mort. Si
re dist elle dieu en aide au droit: aussi vraye=
ment que oncques ny pensay trayson ne des/
loyaulte. Lors print le cheualier ⁊ le mist au
champ ⁊ lui dist. Beau sire venez auant que
dieu vous soit ce iour en aide. Lors se tirerent
les deux cheualiers arriere lun de lautre/ et
laisserent courre leurs destriers/ si vindrent
si grant erre que cestoit merueilles/⁊ sentre
frapperent en leur venir si durement: que les
escus ne les haubers ne leur firēt garant q̃ilz
ne sentrefeissent playes grandes ⁊ parfondes
mais mador fut si fort naure q̃l vola du che
ual a terre: tellement quil fut tout froisse au
cheoir quil fist: a ce quil estoit grant ⁊ pesant/
mais il se resleua au plus tost quil peut com=

me cellui qui nestoit pas asseur. car il trouua
lautre si fort ⁊ si roide q̃l sen esmerueilla tout.
Et quant lancelot se veit a pie: il pensa en lui
mesme que sil se tuoit a cheual il en seroit fort
blasme. Si descendit incontinent ⁊ laissa al
ler son cheual celle pt ou il voulut aller/ puis
tira lespee ⁊ mist lescu dessus sa teste/ si alla
prendre mador la ou il le trouua ⁊ lui donna
si grant coup parmy le heaulme q̃ tout lestō
na/ si lassaillit de toutes pars. Et nompour=
tant cellui se deffendit au mieulx quil peut ⁊
donna a lancelot grans coups menu ⁊ souuēt
Mais tout ce ne lui aida riens/car aincois que
lheure de midy fust passee lancelot lauoit tel
lement abisse q̃l lui fist saillir le sāg du corps
en plus de dix lieux. Si le mena tant dune
part ⁊ dautre ⁊ tant traueilla que tous ceulx
de la place veirent cleremēt que mador estoit
au dessoubz ⁊ quil estoit a la mort venu se son
aduersaire vouloit. Si priserent moult tous
ceulx de la place le cheualier qui a mador se
combatoit, car ilz ne veirent pieca vng aussi
preudhomme ce leur estoit aduis. Et quant
lancelot qui bien congnoissoit que par le sang
que mador auoit perdu ⁊ q̃l perdoit tousiours
quil estoit en dangier de mort ⁊ quil ne pouoit
plus guaires durer encontre lui: iasoit ce quil
ne voulsist pas sa mort/pource que maintes/
fois lauoit veu/⁊ que tous deux auoient este
compaignōs darmes. Si en eut moult grāt
pitie/⁊ lui dist. Mador mon amy tu es entre
en vne folle querelle dōt tu es mort se ie vueil
⁊ scay biē que tu es venu a ta fin se ceste batail
le dure guaires plus. Et pource te cōseilleroie
ie que tu laissasses ton appel deuant que pis te
auenist/⁊ ie seray tant pour toy ⁊ pour ce que
tu mas aucunessois seruy q̃ madame la roy/
ne te pardonnera ce meffait que tu lui as mis
sus/⁊ le roy te quittera.

Quant mador entendit la debonnai=
ret ⁊ la frāchise que ce cheualier lui
offroit: il congneut tantost au vray que cestoit
lancelot. Lors sagenoulla deuant lui ⁊ lui rē
dit lespee ⁊ lui dist. Sire tenez mon espee, car
ie me metz du tout en vostre bonne mercy. Et
sachiez que ce que ien ay fait: ie ne le tiēs pas
a honte/car a plus vaillant ne meilleur ne

a plus preudhomme q̃ vous estes: ne me pour
roie ie rẽdre/ si sauez bien mõstre cy & ailleurs
lors dist au roy. Sire vous mauez deceu qui
encontre moy auez mis monseigneur lance/
lot du lac. Et quant le roy entẽdit que cestoit
lancelot il nattendit pas tant quil fut desar/
me: ains lui courut les bras tẽdus & laccolla
tout ainsi arme cõme il estoit. Et messire gau
uain blt auãt & lui dessaca son heaulme. Lors
eussiez veu entour lancelot si grant ioye, que
de plus grant ne pourroit nul compter ne di/
re. La royne fut dicte quitte de lappel que ma
dor sui auoit fait, & selle auoit este courroucee
vers lancelot: elle sen tint pour maladuisee &
pour folle/ puis alla remercier lancelot en se
gettant a deux genoulx deuãt sui & en sui cri
ant mercy. Ung iour aduint que la royne vit
a lancelot & sui dist. Sire ie vous mescreoye
a tort, car maintenant scay ie bien que se vous
eussiez ame la damoiselle descalot tant cõme
on me faisoit entendant: elle ne fust pas mor/
te. Comment dist lancelot est elle donc morte
Ouy certes dist la royne: elle est enterree au
moustier saint estienne. par ma foy dist lan/
celot cest dõmaige, car trop estoit belle, si men
poise moult fort.

Q̃uant lancelot auoit ame sa royne par a
uant: encores lamoit il plus,/ & aus/
si faisoit elle sui,/ & se demenoient si follement
ensemble que plusieurs de la court le sceurent
tout vrayement,/ & messire gauuain sen apper
ceut aussi,/ & aussi se sceurẽt bien tous les qua
tre freres. Ung iour aduint q̃lz estoiẽt tous
cinq emmy le palais & parloient de ceste cho
se moult au lõg. Et ce pendant quilz parloi
ent de ce: aduint que le roy yssit de la chambre
a sa royne. Et messire gauuain dist a ses fre/
res. Taisiez vous: car veez cy monseigneur
le roy. Si aduint que agrauain dist quil ne
sen tairoit en nulle maniere,/ & le roy vit auãt
& lui dist. Beau nepueu de quoy parliez vous
maintenãt si tresfort & a conseil. Haa sire dist
messire gauuain pour dieu laissez estre ce que
agrauain dist, car il est plus enuieux quil ne
deust estre, ne vous chaille ia de le sauoir, car
nul bien nen pourroit venir ne a nous ne a v̄s
ne a nul preudhõme. En nom dieu dist le roy

ie le vueil sauoir. Haa sire dist gaheriet ce,ne
pourroit estre en nulle maniere, car a ce quil
dit na sinon follie & mẽsonges,/ & pource vous
conseilleroie ie comme a monseigneur q̃ vous
laissez de plus en enquerir ne demander. par
mon chief dist le roy non feray: ains vous re
quiers sur la foy que vous me deuez: que vous
me diez de quoy v̄s auez cy este en estrif. Cest
merueille que de vous dist messire Gauuain
qui estes si ardant de sauoir nouuelles. Cer/
tes se vous deuiez ores estre le plus courrou
ce & vous me deuiez getter & bouter hors de
vostre hostel, si ne le vous diroye ie pas/ car
se vous le croyez ce seroit la plus grant follie
du mõde,/ & si en pourroit aduenir telz maulx
que oncques en nostre temps ne auindrẽt si
grans.

L ors fut le roy plus esbahy que deuãt
& si dist quil le scauroit vousissent
ilz ou non, ou il les feroit tous destruire. par
ma foy dist messire gauuain ia ne le scarez par
moy, car en la fin en autope ie vostre hayne,/ &
si ny auroit cellui de nous qui encores ne sen
repentist. Si se partit messire gauuain de la
salle sui & gaheriet. Et le roy les appella mal
tesfois, mais ilz ne voulurẽt oncques retour
ner deuers sui: ains sen allerent si dolens que
cestoit merueilles: si dirent entreulx que mal
fut oncques ceste parolle emprise a parler, car
sil le scauoit & il se prenoit a lãcelot la court en
seroit destruitte & gastee, car lancelot aura en
aide tout le pouoir de gaule & de plusieurs au
tres pays & prouinces.

A Insi sen allerent les deux freres si
dolens quilz ne sauoient quilz de
uoient faire. Et le roy qui estoit demoure au
palais vint aux autres trois freres & les em
mena en vne chambre empres vng iardin. Et
quant ilz furent entrez dedens celle chambre:
le roy ferma luys sur eulx, puis apres les cõ
iura sur la foy quilz sui deuoient quilz sui dis
sent ce dont ilz les requeroit. Premierement le
demanda a agrauain,/ & il dist quil ne lui en
diroit ia riens: mais aux autres le demãdast
sil vouloit qui le scauoient aussi bien cõme il
faisoit. Et ilz dirẽt q̃ ia nen pleroiẽt. puis q̃
vous ne voulez autre chose dire fist le roy vo̅s

De la table ronde

estes venus a ce/que vous me occiriez ou moy vous. Si courut a vne espee qui estoit sur vng lict/ et la tira hors du fourreau/ si vint a agrauain et lui dist quil loccirroit sil ne lui disoit ce quil auoit desir de sauoir/ si la dresca contre mont pour le frapper parmy le chief. Et quant agrauain veit que le roy estoit si eschauffe: si dist. Haa sire ne me tuez pas/ car ie le vous diray aincois que me tuez. Je disoie a messire gauuain mon frere et a gaheriet et aulx autres qui cy sont quilz estoient mauuais et desloyaulx de ce quilz auoient si longuement souffert la honte et le deshonneur que lancelot vous a fait Comment dist le roy me a donc lancelot fait honte/ de quoy est ce: dictes le moy/ car de luy ne me gardasse ie iamais que ma honte il pour chassast/ car ie lay tousiours tant ame et cher tenu: quil ne me deust en nulle maniere auoir pourchasse chose qui a deshonneur me tour nast. Sire dist agrauain il vous est si desloi al quil vous a fait deshonneur de vostre feme car il la congneue charnellement ce scauons nous tous bien vrayement.

Quant le roy entendit ceste parolle/ il deuint fort pasle et mua tantost cou leur si commenca a penser moult durement et se cōtint en telle maniere quil ne dit mot vne grant piece. Sire dist mordrec nous le vous auons tant cele cōme nous auons peu/ mais au derrenier conuient il que la verite en soit descouuerte/ et de tāt comme nous le vous auōs cele: sommes nous desloyaulx et pariures. si nous en acquittons et vous disons tout plai nement que il est ainsi. Or regardez comment ceste honte sera vēgee. Bien fut le roy moult pensif et moult dolēt/ et quant il parla si leur dist. Seigneurs se vous me amastes oncques si gardez bien quil soit prins sur le fait. Et lors se ie ne prens vengance du desloyal telle com me on doibt faire de traytre/ ie ne quiers ia mais porter couronne. Sire dist guerehes il conuient que vous mesmes nous en conseilli ez/ car cest vne chose qui moult fait a doubter que de mener lancelot a mort/ car il est moult bon cheualier et puissant et fort hardy/ et son pa rente puissant en toutes choses/ dont il auen droit sachiez de vray que se lancelot estoit iu gie a mort que son parente en commēceroit grant

guerre contre vous: tellement que les plus puis sans de vostre royaume aroient assez a faire/ et vous mesmes se dieu ne se faisoit: en pourri ez estre occis: a ce quilz metteroient peine plus a lancelot vengier que a leurs corps garantir de moy dist le roy ne vous chaille ne ne vous souffiez/ car ien scaray bien faire du demou rāt/ mais seulemēt de ce q ie vous ay dit vous souuienne/ et vous mettez en agait tant que vous les prenez ensemble/ et si vous prie par la foy que vous me deuez que ainsi le facez cō me ie vous ay dit. Et ilz dirent que si feroi Et ilz puis quil en estoit si angoisseux/ et ce lui promirent ilz tous trois/ puis yssirent de sa chambre/ et allerent au palais. Tout ce iour fut le roy moult pensif/ et fist moult plus mat te chere quil ne souloit faire. Si monstroit a son semblant quil estoit moult courrouce.

A heure de nonne vidrent messire gau uain et gaheriet au palais/ et quant ilz veirent le roy si triste: ilz congneurent bien que ses autres luy auoiēt dit les nouuelles de lancelot/ et pource nallerent ilz point deuant le roy: ains sen allerent apoyer a vne des fene stres du palais. La salle estoit coyee et serie/ car pou y auoit de gens leans q mot deissent pour le roy quilz veoient courrouce. A ces entrefai tes Es leās vng cheualier tout arme q dist au roy. Sire nouuelles vous apporte du tournoy ement de kaheres/ ceulx de sorellois et ceulx de kaheres ont tout perdu. Et ny eut il nul des cheualiers de ceās dist le roy. Sire dist il ouy certes monseigneur lancelot y fut qui les a tel lement vaincus quil en a emporte le pris dune part et dautre. Et quāt le roy ouit ce il se bais sa et cōmenca a penser fort durement. Et quāt il eut assez pense: il se leua si angoisseux que nul plus/ et dist si hault que plusieurs le peu rent bien entendre. Dieu quelle douleur et quel dommaige: quant en si preudhomme se loga oncques trayson. Et quant il eut ce dit il tira en sa chambre et se coucha sur son lict pensif et dolent/ car il sauoit bien que se lancelot estoit prins en tel affaire: il estoit mort/ dont apres il luy en aduiendroit mains maulx plus que oncques nauindrēt pour la mort dung seul che ualier. Et nompourtant/ il aymoit mieulx que il meure que sa honte ne soit vengee. Lors manda a ses trois nepueux quilz venissent deuant lui/ et quant ilz furent venus il leur dist Seigneurs lancelot viendra tantost du tout noyement. or me conseilliez comment ma honte sera honnestement vengee. par ma foy dist gaheriet ie ne scay/ ne moy aussi dist mordrec En nom dieu dist Agrauain puis que vous ne le sauez: ie le vous enseigneray. Sire dist agrauain au roy/ faictes sauoir a voz serui/teurs que vous vrez demain au bois/ et dictes a voz cheualiers quilz voisent tous auec vous fors lancelot/ lequel demourra voulentiers/ dont il auiendra si tost comme vous serez alle au bois quil sen viendra coucher auec la royne et nous demourrons pour vous faire cognoi stre la verite de ceste chose/ et serons ceans mussez en aucune chambre/ tellement que nous les suiuerons pie a pie: et les prendrons ensemble en telle maniere/ et les vous garderons tant que vous soyez reuenu. Lors se accorda moult bien le roy a ceste chose/ et dist que ce lui plaisoit bien. mais gardez bien dist le roy que nul nen sache riens deuant quil soit fait ainsi comme vous auez dit.

A cest conseil suruint messire gauuain: et quant il vit quilz parloient si couuertement/ si dist au roy. Or doint dieu que ce conseil viengne a bien/ car certes ie ny espoire sinon tout mal/ et plus a vous que a autruy. Agrauain beau frere dist il ie vous prie que vous ne conseilliez chose que vous ne puissiez parfournir/ ne ne dictes riens de lancelot ne de mada me que ne soit verite: car si maist dieu il est plus preudhõe et meilleure cheualier que vous nestes. Gauuain dist le roy fuyez vous dicy/ car certes vous estes celui en qui iamais ne me fie ray/ tãt mauuaisement vous estes contenu en uers moy qui scauiez ma honte et le souffriez et riens nemen faisiez sauoir. Certes sire dist messire gauuain oncques en moy trahison ne veistes ne cy nailleurs. Lors sen yssit messire gauual de la chambre et dist a gaheriet et lui dist Gaheriet vous ne scauez pas agrauain a dit au roy ce que nous ne lui voulions pas dire et sachez que mal en auiendra. Or lui en auiègne bien dist gaheriet/ car ie ne men entremettray

ia se dieu plaist. Allons a noz hostelz dist mes sire gauuain et laissons faire agrauain ce quil a entreprins/ et se bien lui en vient si le pregne et sil lui en meschiet: il ne nous pourra dire que ce soit par nous.

A tant se partirent de leans et sen allerent a leurs hostelz/ et ainsi comme ilz sen alloient auant la ville ilz rencontrerent lan celot boort et hector a grant compaignie de che ualiers. Et quant ilz sentrerencontrerent ilz sentrefirent moult grant ioye. Messire lance lot dist gaheriet ie vous requiers ung don/ et il lui donna se cestoit chose quil peust faire. et quil lui deust donner. grant mercy dist gahe riet. Or vous requiers ie que vous soyez mes huit auec moy/ et vostre compaignie/ et sachez que ie le fais plus pour vostre prouffit que pour le mien. Et il lui ottroya de bon cueur. Si des cendirent a lostel de gaheriet tout ainsi com me ilz estoient/ et les escuiers vindrent incon tinent pour les desarmer/ et ceulx qui du tour noiement estoient venus. Et quant il fut heu re de soupper ilz allerent a la court tous ensem ble. Moult sesmerueilla lancelot quant il fut leans du roy qui si beau le souloit accueillir et saluer: et il ne lui dist mot a ceste fois: ais tour na daultre part sa face si tost cõe il le veit venir il ne sapperceut pas toutesfois quil fust cour rouce contre lui/ car il neust iamais pense que le roy eust ouy telles nouuelles comme on lui auoit dit. Si se assit auec les autres cheuali ers et se commenca a esbatre et a deuiser: nom pas si comme il souloit/ car il veoit que le roy estoit moult pensif ce lui estoit aduis.

A pres soupper quant les tables furent ostees/ le roy artus se leua de son siege et alla par les rens tout entour de la table et se mõdit les cheualiers daller en la forest de ka malot sendemain au matin. Et lancelot vint auant et lui dist. Sire ie vous feray compai gnie au bois sil vous plaist tresuoulentiers. Beau sire dist le roy vous pouez bien demou rer a ceste fois sil vous plaist/ car iay tãt daul tres cheualiers que ie me passeray bien de vous et de vostre cõpaignie. Adõc sapperceut lãcelot que le roy estoit courrouce vers lui/ mais il ne

sauoit de quoy / si lui en pesoit moult / car il
leust sceu voulentiers sil eust peu. Le soir quāt
la nuit fut venue et il fut heure de coucher / lā-
celot se partit de leans a grant compaignie de
cheualiers / et quant ilz furent venus a leurs
hostelz lancelot dist a boort. Boort auez vous
veu quelle chere le roy ma ennuit monstre / ie
ne croiray iamais riēs sil nest courrouce vers
moy daucune chose. Sire dist Boort sachiez
quil a eu nouuelles de vous et de madame la
royne / or regardez que vous ferez / car nous
sommes venus a la guerre qui iamais ne prē-
dra fin. Hee dieu dist Lācelot qui est cellui qui
ceste chose a ose dire ne qui telles nouuelles a
ose porter a monseigneur le roy artus. Sire
dist Boort se ce a este cheualier cest agrauain / et
se ce a este femme: cest morgain / car nul autre
fois lun de ces deux ne lui eust ose dire ne par-
ler contre vous / car vous estes de tout le mō-
de trop bien ame de grans et de petis.

Assez parlerēt les deux compaignōs
de ceste chose. Et lendemain quant
le iour fut bel et cler messire gauuain dist a lā-
celot. Sire gaheriet et moy allons a la forest
auec les autres cheualiers / ny viendrez vous
point. Sire nenny dist lancelot ie demourray
car ie ne suis pas maintenāt bien dispose pour
y aller. messire gauuain se partit tantost de le-
ans et sen allerent lui et gaheriet. Et si tost cō-
me le roy fut parti de kamalot, la royne prīt
son messagier et senuoia a lancelot qui encores
se gisoit en son lict / et lui manda que en nulle
maniere ne laissast quil ne venist parler a el-
le. Quant lancelot veit le messagier a la roy-
ne si en fut ioyeulx a merueille / et lui dist quil
sen allast et il le suiuroit incontinent. Et lors
se vestit lancelot et appareilla / si pensa com-
ment il pourroit parler couuertement a elle, tel-
lement que personne ne le veist. si sen conseil-
la a boort / et boort lui requist que pour dieu il ny
allast point, car se vous y allez vous en repē-
tirez / et mon cueur qui onques neut paour
de vous fors a ceste fois le me dit. Et il respō-
dit quil ne lairoit en nulle maniere quil ny al-
last. Sire dist Boort puis que aller y voullez
ie vous enseigneray commēt vous yrez et par
ou. Veez cy vng iardin qui dure iusques a la

chambre de la royne, entrez y si trouuerez la
plus secrette voye et le plus estrange de gens
que on sache. mais ne laissez en nulle manie-
re que vous ne portez auec vous vostre espee.
Et il fist tout ainsi comme Boort lui auoit en-
seigne: puis se mist au chemin du iardin pour
aller droit a la chambre de la royne.

Quant lancelot aprocha de la tour, A-
grauain qui auoit mis ses espies de
toutes pars sceut bien qil venoit. car vng gar-
con lui auoit dit ainsi. Sire par cy vient mō-
seigneur lancelot. Et il dist au garcon quil se
teust. Lors sen alla agrauain a vne fenestre q
estoit par deuers le iardin et veit lancelot qui
venoit grāt erre vers la tour / mais vagrauain
qui auoit auec lui grant compaignie de cheua-
liers les mena a la fenestre et leur monstra lā-
celot. si leur dist. Or gardez quāt il sera en la
chambre de la royne quil ne vous eschappe, et
ceulx distrent que deschapper nauoit il gar-
de, car ilz le sourprendront tout nu. Et lance-
lot qui de cest agapt ne se prenoit garde. Vint
a lups de la chambre qui ouuroit au iardin et
louurit / si entra dedens / et alla tant quil vint
la ou la royne lattendoit toute pensiue.

Quant lancelot fut dedens il ferma ī-
continent lups apres lui ainsi com-
me auenture vouloit. qui ne deuoit pas estre
occis. Si se deschaussa et despoulla inconti-
nent et se coucha auec sa dame. Mais il ny eut
pas guaires demoure quant ceulx qui pour le
prendre estoient en agait vindrent a lups de la
chambre: mais quāt ilz se trouuerent il ny eut
cellui qui nen fust tout esbahy, car ilz cōgneu-
rent bien quilz auoient failly a ce quilz auoi-
ent empense a faire / si vindrent a agrauain
lui demanderent comment ilz entreroiēt leās
et il leur dist quilz rompissent lups ou ilz ny ē-
treroient ia. Lors bouterent si fort que la roy-
ne sentēdit / si dist a lancelot Bel amy nous
sommes trahis. Comment dame dist lācelot
quest ce. Lors escouterent et ouyrēt a lups grāt
noise de gens qui vouloient rompre lups a for-
ce pour entrer dedens / mais ilz ne peurēt. Haa
beau doulx amy dist la royne or sōmes nous
mors / car monseigneur le roy scara la honte

de moy & de vous/tout ce deshonneur nous a machine agrauain le frere messire gauuain. Voire dist lancelot or ne vous esbahissez madame/car si maist dieu il a sa mort pourchassee/& ce sera le premier q̃ en mourra se ie puis. Lors saillirent ius du lict tous deux & sappareillerent au mieulx quilz peurent. Dame dist lancelot auez vous ceans haubert ne autre armure dont ie puisse mon corps armer. Certes treschier amy dist la royne nenny: ains y est sa fortune si grande quil nous y conuient mourir/si men poise se maist dieu plus pour vous que pour moy. car trop sera plus grant dommaige de vous que de moy/& nompourtant se dieu par son plaisir nous vouloit ottroyer que nous de cy peussions eschapper salz & saufz ie scay bien que encores nest homme ne de mere qui pour ceste chose mosast iugier a mort/pourtãt quil vous sceust en vie. Mais ie doubte moult que noz pechez ne nous empeschent.

Quant lancelot entendit ceste parolle & veit quil estoit ainsi agaitte/il sen alla vers luys comme cellui qui riẽs ne doubtoit/& cria a ceulx q̃ a luis estoiẽt. Mauuais cheualiers & couars attẽdez moy/car ie vous voy ouurir lups pour veoir qui auant viendra. Lors tira lespee hors du fourreant ouurit lups/puis dist. Viengne auãt tout le plus hardy. Et vng cheualier nomme tamagius seul hayoit lancelot de mortelle hayne se mist auant & entra dedens. Et lancelot qui tenoit lespee dressee cõtre mont le frappa si durement a ce quil y mettoit toute sa force que heaulme ne haubert ne lui vault riens quil ne le fendit iusques aux espaules/si labatit tout mort a terre. Et quant les autres se veirẽt ainsi abillse/il ny eut si hardy qui ne se tirast arriere/en telle maniere que lentree demoura toute desiuree. Et quant lancelot veit ce si dist a la royne. Dame ceste guerre est finee/quant il vous plaira ie men yray/car ia pour homme qui cy soit ne lairay a passer. Et elle lui respondit q̃ elle vouldroit q̃l fust a sauuete quoy q̃l deust aduenir delle.

Lors regarda lancelot le cheualier q̃l auoit occis qui estoit cheu a lups de sa chãbre/si se tira dedens & ferma lups/puis

lui osta le heaulme & le haubert & toutes ses armes/si sen appareilla icõtinent au mieulx quil peut/puis dist a la royne. Dame puis q̃ ie suis arme ie men puis biẽ aller. Et elle lui dist quil sen allast sil pouoit. Lors vit a lups si louurit & dist quilz ne se tendroiẽt meshuit en prison. Si saillit parmy eulx & frappa si durement le premier quil attaindit quil le porta a terre en telle maniere quil neut pouoir de se releuer. Et quant les autres veirent ce/ilz se tirerent tous arriere/& lui firent voye tous les plus hardis. Et quant lancelot veit quilz lauoiẽt laisse/il se tira vers le iardin/& se mist dedens/si sen alla droit a son hostel/& trouua Boort en vne chambre qui auoit moult grant paour quil ne reuenist ia a sa voulente/car bien lui disoit son cueur que ceulx du palais au roy artus lauoient espie. Et quant il le vit venir tout arme qui tout estoit desarme quant il sen partit/si sapperceut bien quil y auoit eu aucune meslee. Si vint tantost a lencontre & lui demanda. Sire quel besoing vous a fait armer. Et lancelot lui compta commẽt agrauain & mordrec & plusieurs autres lauoient espie pour le prendre en trahison/& le vouloient prendre tout nud auec la royne/& si auoient amene auecques eulx tresgrant compaigne de cheualiers. Si meussent touteffoie prins a ce que ie ne me gardoie deulx/mais ie me suis deffendu & tãt ay fait a lay̋de de nostreseigneur & par ma proesse que ie suis eschappe malgre eulx tous.

Haa sire dist Boort or vault ce beaucoup pis que deuãt/maintenant est la chose descouuerte que nous auiõs tant celee. Or verrez vous la guerre commencer qui iamais ne prendra fin en noz vies/car le roy vous hayra maintenant plus mortellement que õcques ne vous ama/quant il saura que vous lui meffaisiez tant que de lui deshonnourer sa femme. Or conuient il que vous regardez que nous pourrõs faire/car ie scay bien que le roy nous sera desormais mortel ennemy. Mais de madame la royne qui pour vous sera liuree a mort me poise moult fort. Si vouldroye bien sil pouoit estre que on y meist conseil en telle maniere quelle eschappast de cest affaire a sauuete de son corps. A ce conseil suruit hector si en fut tant dolent que nul ne pourroit plus et leur dist. Sire puis que la chose est ainsi aduenue le mieulx que ie voie a nostre prouf fit est a la sauuete de madame la royne si est q̃ nous departons de ceans et allons a celle fo rest la dehors en tel lieu que le roy qui mainte nant y est/ne nous treune: Et quant mada me sa royne sera iugee de ce vous asseure ie bi en quelle sera la dehors menee: lors fauldros ensemble tous armez, et la secourrons vueil lent tous ou non qui a sa mort la cuideront a uoir menee. Et quant nous faurons deuers nous/nous en pourrons aller hors de ce pa ys et lemmenerons auec nous au royaulme de benoic ou a cessui de gannes: et donc se nous pouons tant faire que nous seussions iusques la conduicte saine et sauue. plus ne double rions le roy artus ne tout son pouoir·

A ce conseil saccorda lancelot et bort/ si firent tantost monter cheualiers et sergens tant quilz furent enuiron xxviii. cheualiers preuz et hardiz a merueilles. si se partirent de lostel en telle maniere et tant al lerent quilz vindrent en la forest: puis se mis rent a vng cartier de ladicte forest celle part ou ilz la veoient plus espesse de peur quilz ne fussent apperceuz: et y demoureret iusques au soir: Et lors print lancelot vng sien escuier et lui dist. Va ten droit a hamalot et fay tant que tu saches les nouuelles de la royne: et ce quon vouldra faire delle:/ se on la iuge a mort si le nous vien dire hastiuement: car pou pei ne ne pour trauail que nous deussions souffrir pour la secourir ne seroit laissee quelle ne fust secourue a noz pouoirs. Lors se partit lescuier de son seigneur et sen alla tout le droit chemi a hamalot et fist tant qlɛ vint a la court: mais a tant laisse ores le compte a parler de lui et de lancelot et de sa compaignie et retourne au roy artus freres et comme lancelot se partit de ulx

¶ Comment Lãcelot rescouit la royne quon vouloit bruler/ a lemmena en la ioyeuse gar de, et comment il occist Gaheriet Guerches et Agrauain. pi.cha.

Q vant Lancelot se fust par ti de la royne, il se fust mis au iardin et eschappe de ceulx q̃ auec sa royne le cuidoient trou uer ceulx qui estoient a lhuys de la chambre tantost quilz veirent q̃l sen estoit alle entreret en sa chãbre et prindrent la royne si luy firet honte et deshonneur assez plus quilz ne deus sent et disrent que la chose estoit assez prouuee et quelle auoit tant fait quelle nen pouoit es chapper sans mort. Et elle escoutoit tout si dolente et si pensiue que nul ne pourroit plus estre: et plouroit si tendrement que assez en de ussent eu auoir grãt pitie les felons et les des loyaulx qui la tenoient:

A heure de nonne vint le roy du Boys et quant il fut descendu a tout grãt compaignie de gens qui le suyuoient, si luy vint incontinent la nouuelle de la royne qui auoit este prinse auec lancelot. et quãt il ouyt ceste nouuelle il en fut tant dolent que nul ne le scauroit dire: et demanda se lancelot es toit retenu: ilz disrent que nenni: car il sestoit deffendu si que oncques nul homme ne fist ce quil auoit fait. puis qlɛ nest ceas dist le roy on le trouuera a son hostel: faictes gens armer et y aller. Et quant vous laurez pris amenez le moy: si que on face iustice de lui et de la royne ensemble. Lors sen allerent armer iusques a pl. par leans nõ pas par leur voulente: mais pource quil leur conuenoit faire: car le roy leur auoit commande de bouche. Et quant ilz fu rent partiz de leans et ilz furent venus a lo stel de lãcelot ilz ne le trouuerent pas. Si ny eut nul de ceulx qui se queroient qui moult ne fust ioyeulx: car ilz scauoient bien que sil eust este trouue, et ilz seussent voulu prendre a force quilz neussent pas failli a auoir meslee gran de. Lors reuindrent au roy et lui disrent quilz auoient a lancelot failli: car il sen estoit pieca alle: et quil auoyt emmene auec luy tous ses cheualiers. Et quant le roy les entendist, il fut moult courouce: mais puis quil estoit ai si que de lancelot ne se pouoit venger de sa hõ te, il sen vengeroit a la royne en telle manie re quil en seroit parle a tousiours mais. Be au sire dist le roy pou que en voullez vous faire:

gg i

Je vueil dist le roy que pour la grant desloy‑
aulte quelle a faicte enuers moy. quon en fa‑
ce si grant iustice que toutes dames qui en oy‑
ront parler en soient chastiees dist le roy artus
au roy pour tout premierement pource que
vous estes roy : et a ces autres barons apres:
et ie vous requier sur le serment que vous ma‑
ues fait que vous regardes entre vous de quel‑
le mort elle doibt mourir : car ie vous promes
que sans mort ne peult elle eschapper. Sire
dist le roy pon il nest pas coustume ne vsaige
en ce pays quon face iugement apres nonne /
mesment de mort dhomme ou de femme (et en
cores de si haulte dame comme madame la roy
ne : mais demain au matin se nous sommes
a ce menez quil se nous couiengne faire nous
le ferons bien et loyaulment.

A tant en laissa la parolle le roy et es‑
toit si dollent de ceste aduenture que
oncques ne beut ne menga : ne oncques ne vou
lut que la royne feust amenee deuant luy. Au
matin deuant prime quant les barons furent
assemblez au pallaiz commanda le roy a A‑
grauain et a mordrec et aux autres barons de
leans quilz dissent quon deuoit faire par droit
iugement de la royne. Et ilz se tirerent tan‑
tost a conseil a vne part. Si demanderent a
Mordrec et a agrauain pource quilz estoyent
mieulx du roy que tous les autres quil leur
sembloit que len deust faire de la royne par
droit iugement. Et ilz disrent par droit quel
se deuoit mourir : car trop auoit grant desloy
aulte faicte quant elle auoit si faulcement tra
hy le roy artus son mary qui tant estoit preud‑
homme. et auoit fait coucher vng cheualier
auec elle contre la loyaute de mariage et de
toute noblesse : et que ad ce sans faulte elle a‑
uoit bien mort desseruie.

A ceste chose saccorderent les vngs et
les autres comme par force : car ilz
veoient bien que le roy le vouloit. Et quant
messire gauuain veit que le iugement estoit
tel que la mort de la royne y estoit toute decla
ree et deuisee / si dist que ia dieu ne pleust quil
regardast mourir sa dame qui plus dhonneur
luy auoit porte en ce monde. Lors vint au roy
et luy dist. Sire ie vous rendz tant que ie ti‑
ens de vous ne iamais tant que ie vive ne vous
seruiray / se vous souffrez ceste desloyaulte.
Le roy ne luy respondist riens : car il entendoit
a autre chose : et il se partit de sa court et vint
a son hostel si grant dueil demenant comme
sil eut veu mourir tonte le monde deuant lui.
Et le roy qui estoit en son pallais commanda
a ses seruiteurs quilz feissent en sa praye de
kamalot vng grant feu et merueilleux ou la
royne seroit mise et arse : car autrement ce dist
le roy doibt royne mourir qui fait desloy‑
aulte puis quelle est sacree. Lors se leua par
my leans vng si grant cry et vne noyse quon
neust pas oup dieu tonner : Et faisoient tous
vng dueil si anguoisseux comme se la royne
eust este mere a plusieurs deulx. Et ceulx a qui
il fust commande firent le feu et appareille‑
rent le lieu ou la royne deuoit mourir si com‑
me ilz cuidoient. Et quant le feu fut fait si grant
et si merueilleux que plus on ne pourroit di‑
re le roy commanda que len amenast deuant
luy la royne. Et elle y vint moult douloreuse
ment plourant : et estoit vestue dung cendal
vermeil cotte et manteau. Et estoit si belle que
en tout le monde on neust pas trouue plus bel‑
le dame. Et quant le roy la veit/ il en eut si
grant pitie quil ne la peult regarder : ains com
manda quon lostast de deuant lui : et quon en
feist ce que le iugement portoit : et tantost ilz
la menerent hors du pallais et la conduirent
hors la ville en telle maniere que cestoit grant
pitie a veoir.

Q uant la royne fut yssue de la court
et ceulx de la cite la veirent venir et
sceurent quelle alloit a sa mort: Si oupssiez
gens crier de toutes pars vieulx et ieunes po‑
ures et riches si douloreusement comme se on
les deust tous occire : et disoient tous a vne voix
haa douce dame de bonnaire ou trouueront
iamais poures gens pitie ne debonnairete. haa
roy artus qui pourchasse sa mort par desloy
aulte et par felonnie encores ten puisse tu repe
tir si durement que tu en puisse estre desmon
te et destruyt. Telles parolles disoient ceulx de
la cite quant ilz veoient deuant eulx passer
la royne : et alloient brayant et criant apres el
le comme silz eussent este hors du sens. Et le roy
commanda a agrauain quil prinst pl. cheualiers

armez & aſſaſſent garder le champ ou ſe feu eſtoit aſſume: ſi que Lancelot p̃ venoit q̃l neuſt pouoir de la royne reſcourre. Sire Boullez vous diſt agrauain que ie p̃uoiſe: Ouy diſt le roy. Mandez donc a gaheriet mon frere quil vienque auec moy. Et le roy luy comman/da. Et il reſpondit quil nen feroit riens. Mais le roy ſen pria tant quil diſt quil yroit. Lors allerent prendre leurs armes ceulx que agra/uain auoit eſleues. Et quant ilz furent ar/mez et quilz furent hors de la cite ſi regarde/rent quilz eſtoient bien quatre vingtz. Agra/uain diſt: gaheriet cuidez vous que ie ſoye cy venu pour moy meſler a Lancelot ſi il vouſ/ſoit ſa royne reſcourre. Or ſachiez bien que ia ne me meſleray a luy: i'aymeroye mieulx quil la teniſt tous les iours de ſa vie qu'elle mouruſt ainſi. Tant allerent parlant agrauain et ga/heriet quilz approucherent du feu. Et Lance/lot qui eſtoit embuſche en ſa foreſt a tout ſa gent ſi toſt comme il veit ſon meſſage reuenir ſi luy demanda quelles nouuelles. Sire diſt il mauuaiſes: car madame la royne eſt iu/gee a mort & vez la ſe feu qu̅ appareille pour l'ardoir tout maintenant.

Seigneurs diſt Lancelot or penſez de monter a cheual: car tel la cuide fai/re mourir qui aincois en mourra: or me doint dieu que ſe il ouit oncques priere de pecheur q̃ ie puiſſe trouuer premierement agrauain qui me a ceſt plaiſir i'p̃etre. Lors regarderent q̃uo cheualiers ilz eſtoient ſi trouuerent quilz eſtoi ent bien xxxii. par compte fait. Lors monterent ſur leurs cheuaulx & p̃indrent leurs eſcus et leurs lan ces, ſi tournerent celle part ou ilz veoient le feu. Et quant ceulx qui es prez eſtoient les vei/rent venir, ſi eſcrierent tous enſemble, De cy Lancelot ſuyez ſuyez. Et Lancelot qui venoit deuant tous les autres ſadreſſa celle part ou il veoit agrauain. Si luy cria, Mauuays trai/ctre vous eſtes venu a voſtre fin. Lors le frap pa ſi durement Lancelot que armeure nulle ne ſe garantit quil ne luy meiſt le fer parmy le corps ſi le boutta rudement comme celui qui auoit aſſez couraige et force et ſe porta a terre tout mort. Et Boort qui venoit apres tant co̅/me il pouoit ſon cheual picquer vint vers gue/

chez et lui eſcria quil le deſfioit a mort puis ſe frappa ſi rudement quil l'abatit a terre telle/ment quil nauoit meſtier de nul mire. Et les autres mirent les mains aux eſpees, ſi com menceren̄t la meſlee: mais quant gaheriet ve it que ſes deux freres eſtoient mors & abatus il ne fault pas demander ſil eſtoit courouce/ a ce quil cuidoit bien quilz fuſſent mors. Et lors ſe dreſſa vers meſiadus le noir q̃ moult ſe penoit d'aider Lancelot: et ſe frappa ſi dure ment quil l'abatit emmy le feu, puis meiſt ſa main a ſeſpee comme celluy qui eſtoit plain de grant hardieſſe et frappa ung autre cheuali/er et l'abatit deuant les piedz de Lancelot. Et quant hector qui bien ſe prenoit garde veit cel lui qui ſi durement les alloit menant ſi diſt a ſoy meſmes. Se ceſtui vit longuement il nous pourra bien nuire a ce quil eſt hardy ſi vault mieulx q̃ ie l'occie quil nous face pis q̃l na fait. Et lors lui laiſſa courre hector ſon che ual et vint vers gaheriet l'eſpee nue et ſe frap pa ſi durement quil luy fiſt le heaulme voller de la teſte. Et celui qui ſentit ſon chief deſar/me fut tout eſbahy. Et Lancelot qui alloit ſes rens cerchant ne ſe congneuſt pas, ſi le frap/pa ſi durement parmy le chief quil luy fendiſt iuſques aux dens: dont ce fut grant domma ge: car il eſtoit preudhomme et bon cheualier et feus de ſa main: ſi auoit touiours aymé la celot plus que nul cheualier eſtrange.

A ceſt coup ſe deſconfirent ſa gent au roy artus ſi toſt comme ilz veirent gaheriet cheu et ſe mirent en fuicte: mais lan celot et ſes ſiens les tinrent ſi court que de tous ces quatre vingtz nen demoura que troys: ſy en fut mordret l'un et les autres deux de la ta ble ronde. Et quant Lancelot veit quil ny eut plus nul de ſa maiſgnie au roy artus qui ri/ens lui contreteniſt: car les ungs ſen eſtoient fuys et les autres eſtoient mors. Lors vint a la royne et lui diſt: dame que fera len de vous Et elle reſpondit comme celle qui eſtoit fort ioyeuſe de ceſte aduenture que dieu lui auoyt enuoyee: Sire ie vouldroie bien que vous me euſſiez miſe a ſauuete en tel lieu que le roy ar tus ny euſt point de pouoir. Dame diſt lan/celot vous monterez ſur ung cheual et vous

gg ii

enuendrez auec nous en ceste forest la ou ilz auoient autresfois este: et se mistrent en la plus parfonde forest quilz peurent trouuer. Et quant ilz furent bien loing en la forest, ilz ne veirent pas trops de leurs compaignons. Lors prindrent garde silz y estoient tous, si trouuerent quilz auoient perdu trops de leurs cheualiers. Lors demaderent lun a lautre qlz estoiēt deuenuz. par ma foy dirēt ilz nous en deismes mourir trops que Gaheriet occit de sa main propre.

Comment dist lancelot fust donc gaheriet a ceste assemblee. Sire dist boort que demandez vous, mais sauez vous occiz. Or pouons nous bien dire fist lancelot que iamais naurons paix au roy artus ne a messire gauuain pour lamour de gaheriet: dont il me poise moult duremēt: car or commencera la guerre qui iamais ne prendra fin de noz viuans. Moult estoit courouce lancelot pour la mort de Gaheriet: car cestoit ung des meilleurs cheualiers du monde & que plus aimoit Et boort dist a lancelot: Sire il cōuēdroit q la royne ne feust plus en bataille. Se nous pouions tant faire dist lancelot que nous la peussions mettre a ung chasteau que ie conquis ia die ie cuide q̄ lle ne douberoit gaires le roy artus. Le chasteau est fort a merueilles et si est en tel lieu quon ne le peust assieger: se nous y estions et nous sauions bien garny ie manderoye aux cheualiers loingz et prez que iay conquis et seruiz quilz venissent a moy: et en ya tāt parmy le monde qui sont a moy par leurs promesses: et bien ie les auray tous en aide Haa dieu dist la royne quant sera ce que nous y serōs. A ceste parolle saccorderēt tous et se mirent au chemin de la forest. Et disrent ces cheualiers que ia tant veu scauta venir de sa maisgnie au roy artue quilz noccisēt. Si cheuaucherent en telle maniere tant quilz vindrent a ung chasteau qui est emmy la forest q̄ est appelle scalee: et en estoit seigneur ung keu qui estoit bon cheualier et de grant pouoir, et aymoit fort lancelot. Et quant il sceut sa venue il en fut moult ioyeux et le receut honnorablement: et luy promist aide contre tous hommes sil en auoit mestier: & que se il luy plaisoit ql bailleroit a madame la royne ce chasteau:

la quelle chose se dist le cheualier vous me deues ottroyer se me sēble: car il est fort et se vous y voullez demourer vous nauez garde de tout le monde. Lancelot len mercia moult et dist quilz ny demoureroiēt en nulle maniere. Et lendemain quant lancelot se fust parti du chasteau le keu luy baissa pl̄s cheualiers & lors leur fist iurer que a lancelot ne fauldroiēt iusques a sa mort.

A tant se partirent les cheualiers de leans et tant cheuaucherēt par leurs iournees quilz vindrent a quatre lieues de la ioyeuse garde. Et lors enuoia lancelot ung message deuant pour dire q̄ venoit. Et quant ceulx du chasteau le sceurent si vindrent a lencontre aussi grant ioye demenans comme ce eust este dieu: et le receurēt treshaultemēt quāt ilz sceurent quil vouloit leans demourer et pour quoy il y estoit venu. Si luy iurerēt sur sainctes euangilles quilz le garderoiēt iusques a sa mort. Lors manda lancelot de toutes pars cheualiers: & fist bien garnir le chasteau. Mais a tant laisse ores le compte a parler de luy & se tourne au roy artus.

Commēt quant le roy artus sceust que lancelot auoit la royne deliuree il māda par tous les pors de mer quon ne passast lancelot ne sa compaignie. vii. cha.

Or dist le cōpte que a ceste heure que le roy Artus veit reuenir mordrec tout afuyant vers la cite de kamalot a si peu de compaignie, il se merueilla moult que ce pouoit estre. Si demanda a ceulx qui venoient deuant pour quoy il fuyoient. Sire dist ung varlet nouuelles vous ay a dire mauluaises et a tous ceulx de ceās. Sachiez que de tous les cheualiers qui la royne menoient au feu pour la bruler quilz nen sōt eschappez q̄ trois que tous ne soient mors. si en est mordrec lūg et les autres deux ne scay quilz y sont. Haa dist le roy artus ya donc este lancelot: Sire dist il, ouy, et encores plus ya: car il emmaine auec luy la royne: Le roy fut si dolent de ceste nouuelle quil ne scauoit quil deuoit dire ne quil deuoit faire tant estoit a malaise.

De la table ronde

A ceste parolle vint Jehan mordrec qui dist au roy. Sire mauluaisement nous va:car lancelot sen va a toute la royne qui tous nous a desconfitz. Or tost apres dist le roy ilz ne sen yront pas ainsi de mon pays que ie puisse. Adonc fist armer cheualiers et escuiers et sen yssirent de sa cite tous couuers darmes: et firent tant quilz vindrent en la forest/et allerent ca et la pour scauoir silz pourroient trouuer ceulx quilz queroient: mais ainsi leur aduint qlz nen trouuerent nulz. Le roy commanda que ilz se departissent par diuers chemins affin qlz fussent trouuez plus legierement. par mon chief dist le roy baradoz ce ne conseilleroy ie pas:car silz se departent/ et lancelot les treuue il a grant compaignie de cheualiers preudz hommes et aussi de bons gensdarmes auec lui: ainsi ceulx quilz encontreront seront tous mis a mort sans nulle faulte: car ilz les occiront comme bestes mues. Et que en fera len dist le roy artus. Sire ie le vous diray: enuoiez tous voz messagiers a tous les mariniers des pors de vostre pays comander sur la vie que nul ne soit si hardy de passer lancelot. Adonc le couiendra demourer: veuille ou non en ceste terre: et puis quant il y sera demoure: nous pourrons legierement scauoir ou il sera demoure: et lors irez sur lui a tel pouoir q̃ vous le pourrez legierement prendre: et adont vous en pourres veger par iustice et de la royne aussi

Lors appella le roy artus ses messagiers et les enuoya par tous les pors de sa terre et deffendist que nul ne fust si ose: ne si hardy de passer lancelot ne sa compaignie. Et quant il eut enuoie ses messagiers par son pays il retourna vers sa cite. et passa en sen retournant par la place ou ses cheualiers gisoient mors. Si regarda a destre et veit gesir sur terre son nepueu agrauain que lancelot auoit occiz q estoit frappe parmy le corps dung glaiue si que le fer en auoit apparu de laultre part: et si tost comme le roy le veit/ il en eut si grant dueil en son cueur quil ne scauoit que deuenir et dist a haulte voix: moult a fait cellui grant cruaulte qui de tel cheualier comme vous esties agrauain a destruit mon lignage Lors lui osta le heaulme de la teste et le rega

da. Apres lui baisa les yeulx et la bouche q ia estoit toute froide. Et puis apres pria a ses cheualiers quilz lemportassent en la cite de kamalot. Le roy faisoit grāt dueil a merueilles et alloit p̃ou tāt parmy ceste place: si que tut tant quil trouua guerches que mort auoit occiz. Lors eussiez veu faire au roy grāt dueil et frapper ses mains ensemble qui encores estoient armees: car il estoit tout arme fors de son heaulme: et disoit quil auoit trop vescu quant il veoit mort a telle doulceur ce quil auoit si souef nourry. Et ainsi quil demenoyt tel dueil et quil auoit fait mettre guerches sur son escu pour porter en sa cite et alloit parmy ceste place cerchant il regarda a senestre et veit le corps gaheriet que lancelot auoit occis le quel estoit cellui quil aymoit le plus de toute sa court apres messire gauuain.

Quant le roy veit le corps de celluy ql souloit tant aymer il nest doulceur que homme puisse faire pour autre quil ne feist pour gaheriet: et lors courrut a luy de plain courre si lembrassa parmy les costes si tresfort quil se pasma sur lui tellement quil ny auoit cellui des barōs qui estoient auec lui ql neust grant paour de luy quil ne mourust de dueil. Si fut en tel point bien lespace quon eust chemine deux lieues de terre deuant quil reuenist en soy mesmes. Lors dist si hault que tous le ouyrent bien: haa mon dieu or ay ie trop vescu: haa mort se vous me laisses plus viure en ce monde ie vous tiendray a trop paresseuse: haa gaheriet se ie doibz mourir de dueil/ ie mouray pour vous: haa beau nepueu mal fust ōcques lespee forgee dont vous fustes a mort frappe: car elle a destruit: et moy et mō lignaige. Le roy lui baisoit les yeulx et la bouche: et faisoit tel dueil sur lui que ceulx qui le veoient sen esmerueilloient et non pour tant ny auoit nul en sa place qui nen fust dolent plus pour la doulleur du roy que des cheualiers qui estoient occis.

A ces motz et a ces criz yssit hors messire gauuain dune chambre qui bien cuidoit vrayement que la royne fust morte/ et que le dueil que ses gens fasoient fust pour elle. Quant il fust venu emmy la rue/ et ses

gg iii

gens se veirent venir/si lui dirent:haa mes
sire gauuain se vous voulles veoir vostre grāt
dueil et sa destruiction de vostre lignage:si
asses en ce passaie lassus/et la trouueres sa
plus grant douleur que vous veissies oncques
Lors sen alla tout encontremont sa rue si ne
cuidoit pas que ce grant dueil fust pour ses fre
res:car encores nen scauoit il riens/ains cui/
doit que ce fust pour sa royne geniēure q fust
brusee et arse pour son adultere.

Ainsi quil alloit parmy ses rues il re
gardoit a destre et a senestre et veit
que tous plouroient poures et riches qui de
plus en plus luy crioient et disoient quant il
venoit droit a eulx:Messire gauuain alles ve
oir vostre grant dueil.Quant messire gau
uain entendit ce que chascun luy disoit si fust
plus esbahy que deuant:Et quant il fut ve
nu en mp se pallais ⁊ il veit que tous ceulx de
leans faisoient aussi grant dueil comme silz
eussent veu tous leurs amis en biere.Et quāt
le roy veit venir messire gauuain/si luy dist
Gauuain gauuain vees cy vostre grāt dueil
et le mien aussi:car cy gist mort gaheriet vo
stre frere se plus preudhomme de nostre ligna
ge.Quāt messire gauuain entēdit ceste nou/
uelle/il neust oncques tant de pouoir quil res
pondist mot/ne quil se peust tenir droit/ains
lui faillit tout le cueur et cheit a terre pasmé⁊
et ses barons qui tant estoient aussy courou/
ces et dollens quilz ne cuidoiēt iamais auoir
ioye de ce quilz veoient messire gauuain telle
ment descōforte.et se misrēt plusieurs a plou
rer de rechief pour sa grant pitie quilz auoiēt
de lui.Quant messire gauuain fust reuenu
a lui/si alla vers gaheriet et lembrassa.puis
luy baisa la bouche en plourant tellement ql
se pasma de rechief.Et quāt il reuīt il sasseit
a tout gaheriet et se commenca a regarder/⁊
quant il se veit frappe si durement il dist:haa
beau frere moult vous haioit qui vous frap
pa si durement ⁊.ōmēt a souffert fortune sa
quelle vous auoit garny de toutes bontes vo
stre destruction:Beau frere tout ce a esse fait
pour me courroucer⁊ pour moy occire bien tost
apres vous.Certes ien ay grant dueil et bien
macorde que puis q ie voye vostre mort adue

nue:ie suis cellui qui plus ne quier viure.fors
tant seulement que vous apēge du desloy
al traictre qui ceste villanie vous a fait.Tel
les paroiles auoit commence a dire messire
gauuain ⁊ encores en eust il plus dit:mais le
cueur luy serroit si durement quil ne pouoit
plus mot dire fors a grant peine Et quant il
se eust grant piece teu il regarda a gauuain et
guerchez qui estoient deuant le roy.Et quant
il les veit si les congneut bien:Si dist a haul
te voix que tous le peurent bien ouir.haa las
lraiement ay ie trop vescu:quant ie vois ma
cher occise a si grant douleur.Lors se laissa che
oir sur eulx et fist tant par le grāt dueil quil
auoit au cueur que ses barons qui la estoient
auoient paour qil ne mourust entre leurs mais
Et le roy demanda adont a ses barons quil
pourroit faire de messire gauuain:car sil es
toit longuement ainsi quil mourroit de dueil

Sire disrent les barons:nous vous con
seillerions qon le portast hors de ceās
et quon le couchast en vne chambre et que il y
fust bien garde tant que ses freres feussent en
terrez:Or le faictes dōc ainsi dist le roy.Lors
prindrent les barons messire gauuain qui en
cores pasme estoit/et semporterent en vne chā
bre:Et fust messire Gauuain bien lespace de
quatre heures en telle maniere sans dire mot
Lors pouoit on veoir grant dueil en sa cite de
kamalot:car tous plouroient piteusement:⁊
ceulx qui estoiēt du lignage des mors ensep
ueltirent les corps le plus honnestement que
ilz peurent:et leurs firent faire tombes belles
et riches:et furent mis les corps a lesglise de
saint Estiene de kamalot laquelle estoit sa
maistresse eglise du lieu.Et au millieu des ii.
tombes fist faire le roy artus vne tombe plus
belle ⁊ plus riche que nestoient les deux autres
Et la fut mis Gaheriet par dessus ses deux
freres.Et a lenterrement desditz cheualiers
eussiez ouy maint grās cris et pleurs.car to[us]
les arceuesques et euesques du pays furēt au
corps enterrer.Et leur firent moult dhōneur
et principallement au corps de Gaheriet et
tout pource quil auoit este si prudhōme.Et
firent mettre sur leurs tombes escripteaux
disās.Cy gist gaheriet le nepueu au roy Ar

que lancelot occit. Et mirent sur les deux au tres tombes les noms de ceulx qui les auoiet occis.

Quant tout le seruice fut fait tel comme il appartenoit. Le roy artus sen vint en son palais, si dist moult dolent a courrouce quil neust pas este si courrouce sil eust perdu la moitie de son royaume. La salle fut emplie de toutes pars de haultz barons qui estoient si courrouces a si dolens que oncques ne se furent tant. Lors dist le roy si hault que tous le ouprent bien. Haa dieu tant mauez maintenu en grant honneur, or suis ie maintenant en pou dheure abaisse par droitte mescheance tellement q oncques homme ne perdit tant comme iay perdu, cest droitte perte qui mest aduenue, car quant il aduient que aucun pert par force ou par trayson: cest vne chose que on peut recouurer, mais ceste chose ne peut estre recouuerte pour chose qui aduiengne, ceste perte est sans retour, ceste perte ne mest pas venue par iustice de nostreseigneur, mais par orgueil de lancelot que nous auons esleue a exaulce en nostre terre par plusieurs fois. Et vous qui estes mes hommes a qui tenez de moy terre a seignourie, ie vous requiers par le serment que vous me deuez que vous me conseilliez en telle maniere que ma honte soit vengee. A tant se teust le roy a attendit que les barons lui respondissent. Si sentrecommencerent a regarder lun lautre pour sauoir lequel parleroit premier.

Quant ilz se furent grant piece teus, le roy yon se dressa a dist au roy artus. Sire ie vous doy conseillier a vostre honneur a a la nostre, si est temps de vengier vostre honte, mais qui au prouffit de vostre royaume voult droit regarder, ie ne dy pas que on commencast par guerre contre la parente du roy ban, car nous voions clerement que nostre seigneur les a esleuez par dessus tous les autres lignaiges, nous congnoissons maintenant quil ny a si preudhomme au monde sil leur vouloit commencer guerre quil nen eust le pire, se nestiez vous, a se vous la commencez: ilz seroient fors a desconfire. A ceste parole

se se leua la noise grande au palais, car moult y auoient le roy yon de ce quil auoit dit. Certes dist il de rechief ie scay bien que quant la guerre sera commencee silz peuent venir en leur pays sains a haittez: ilz doubteront nostre effort mais que vous ne cuidez entre vous qui murmurez. Certes yon dist mordrec oncques de vous ne yssit se non mauuais conseil, mais se le roy me creoit il vous y menroit voulsissiez ou non

Mordrec dist le roy yon ie parlay sagement auec le roy quant il pria. En nom dieu dist madoz de la porte se vouliez la guerre commencer: vous saurez assez pres, car on ma dit que lancelot est de ca la mer a vng chasteau quil conquist iadis quant il commenca aller querre les auentures, a est appelle la ioyeuse garde, si scay bien ou cest, car ie y fus vne fois en prison. Or vous demande ie dist le roy artus cuidez vous quil maine auec lui la royne geniure. Si dist madoz ie vous dy sagement que la royne y est a booit a tout leur parente. Mais par mon chief ie ne vous conseilleroye iamais que vous y allissiez par force pour les guerroyer, car le chasteau est si fort a si bien garny: quil ne craint siege nul, a ceulx qui dedens sont en garnison sont si preudhommes quilz ne doubtent point vostre effort ne vostre puissance. Et quant ilz verront lieu a point pour nous faire dommaige a honte, ilz sol nous feront a tout leur pouoir.

Quant le roy entendit ce que madoz lui auoit dit, si respondit en telle maniere. Par ma foy madoz du chasteau q est fort me dictes vous verite, mais vous sauez bien a tous ceulx de ceans aussi: q depuis lheure que ie portay premierement couronne ne entrepris ie nulle chose, dont ie ne venisse dieu mercy a chief a lonneur de moy a de mon royaume. Et pour chose que vous ayez dit en nulle maniere ne me tendroye: que ie ne commencasse la guerre encontre eulx, car ilz me ont fait trop grant dommaige de tuer les principaulx de mes parens a amys charnelz. Si en semons des maintenant tous ceulx qui cy sont a si manderay par tout loings a pres a tous ceulx qui tiennent de moy terre et seignourie

La derniere partie

ce que tous y viennent appareillez a si grant puissance comme de moy et de moy royaume deffendre. Nous partirons demain de kamalot / et pource que ie ne vueil pas que nulluy soit mis arriere de ceste emprinse: vous requiers ie que vous me iurez sur saictz euangilles ceste guerre a maintenir iusques a tant que nostre honte soit venger a lonneur de nous et du royaume. Tantost furent les euangilles apportez / si iurerent tous ceulx qui au palais estoient aussi bien le poure comme le riche. Et quant ilz eurent tous iure ceste guerre / le roy enuoya ses messagiers par toute sa terre / car il vouloit ledemain mouuoir a tout son pouoir pour aller au chasteau de sa ioyeuse garde. A ceste chose saccorderent les vngs et les autres et sappareillerent dy aller, car ilz cuidoient faire ce quilz pensoient aussi legierement comme ilz se deuisoient.

Ainsi fut la guerre emprinse qui depuis tourna a grant dommaige et a grant mesauenture au lignaige du roy artus, car combien quilz en fussent au dessus du commencement, ilz en furent a sa fin ruez ius et desconfis. Mais nouuelles qui si tost sespandent par le monde, se lendemain mesmes que ceste chose fut pourparlee / vng varlet qui estoit demoure a la court du roy artus qui estoit seruiteur de hector se alla droit a la ioyeuse garde. Et quant ilz le veirent venir qui moult desiroient a ouir nouuelles de sa court. Si leur dist que la guerre estoit emprinse et les sermens iurez en telle maniere q̃lle ne pouoit demourer / car to⁹ les plus puissans de sa court auoient ceste chose iuree / apres ont este mandez tous ceulx qui de luy tiennent terre. Voire dist boort est donc la chose a ce menee. par ma foy sire dist le messagier ouy: vous pourrez en brief veoir le roy artus pres de cy a tout son pouoir par dieu dist hector mal y vendront et mal y commenceront la guerre / car ilz ne firent onc ques chose dont ilz se repentissent autant comme ilz feront de ceste. Quant lancelot entendit ces nouuelles / il print vng messaige et lenuoya au royaume de benoic / et manda a ses barons quilz garnissent bien les chasteaulx: affin que sil aduenoit par malle auenture quilz

se partissent de la grant bretaigne et quilz venissent au royaume de gaule: quilz trouuassent les chasteaulx fors et deffensables: affin quilz se peussent tenir encontre le roy se mestier en estoit. Apres remanda au royaume de sorrellois et au royaume de sa terre foraine a to⁹ les cheualiers quil auoit aucunesfois seruis quilz le secourussent a lencontre du roy artus qui contre luy auoit la guerre emprinse. Et pour ceste priere et pour ce mandemẽt a ce quil estoit le cheualier du monde qui plus auoit fait de bonte aux cheualiers que nul homme, de toutes pars en vint tant que se Lancelot eust este roy couronne / si neust on pas cuide q̃l eust peu tant assembler de cheualerie comme il assembla a sa ioyeuse garde. Mais a tant laisse ores le compte a parler de lancelot et retourne au roy artus.

Comment le roy artus assembla ses barons pour aller mettre le siege deuant sa ioyeuse garde ou lancelot et la royne estoient, et comment le saint pere de romme enuoia interdire toute la terre du roy artus sil ne reprenoit la royne sa femme, et par ce luy fut elle rendue. p.iiii.ch.

Or dist le compte que cestui iour q̃ le roy artus atermina a ses hommes quilz fussent a kamalot: ilz y vindrent / et tant en y eut que ce fut merueilles. Si fut messire gauuain guary qui auoit este fort malade du despaisir q̃l auoit eu de la mort de ses freres / si dist au roy. Sire deuant que nous partons dicy conseilleroye ie que vous esleussiez de ceste grant baronnie autant de cheualiers comme on tua auantʼhier, et les meissiez a la table ronde / si que nous eussions le nombre des compaignons comme nous soulions auoir. Et se vous le faictes Vostre compaignie en vauldra de mieulx.

Le roy saccorda bien a ceste parolle / et dist que ainsi le feroit il. Si appella tantost tous ses haultz hommes et leur commanda sur leurs sermens quilz esleussent p leans des meilleurs cheualiers: autant comme il en failloit de ceulx de la table ronde. Et ilz distrent q̃ si feroient ilz voulentiers. Si se tirerẽt

De la table ronde

a vne part au bout du palais, & regarderent premierement combien il en failloit a la table ronde. Si trouuerent qͥl en failloit par droit compte lxppii. & incontinent en esliret autant & les assirent es sieges a ceulx qui estoiēt trespassez & qui estoient auec lancelot. Mais sans faille il ny eut si hardy qui au souuerain siege se osast asseoir. Mais au siege de lancelot se assit vng cheualier qui auoit nom herlians, qui estoit le meilleur cheualier & le plus renōme de toute pͥsade, si estoit filz de roy. Et au siege de boort fut mis vng cheualier qui auoit nom Helsinor, & estoit filz au roy des ysles estranges, cestui sans faille estoit bon cheualier, mais touteffois par les prieres de ses amis & de ses gens luy donna on le lieu Boort. Au siege de hector fut assis vng cheualier qui estoit moult puissant darmes & damie, & fort de corps a merueilles. & si estoit extraict dassez hault lignaige, & auoit a nom oadans le noir: mais moult estoit fier & enuieux: & plus cruel que nul cheualier que on sceust. Au lieu de gaheriet fut mis vng cheualier qͥ estoit nepueu du roy de norgalles. cestui la estoit prudhomme & bon cheualier, & de grant lignaige, & le plus debōnaire que on sceust. Et quāt ilz eurent tout ce fait par le conseil au roy artus & de messire gauuain, puis furent mises les tables si se assirent tout en leurs sieges & se misirent ce iour a la table ronde. si furent moult noblement seruis comme de coustume estoit en court de si hault roy. A la table du roy Artus auoit sept roys qui de luy tenoient terre et estoient ses hommes lyges. Jcelluy iour appareillerent ses cheualiers leur barnage qui en sa guerre deuoient aller, & traueillerēt fort la nuit de deuant quilz partissent. Au matin deuant que le soleil fut leue se partirēt bien mil hommes de leans qui tous auoient grant desir de faire mal a lancelot. Et le roy Artus si tost quil eut ouy messe, il monta a cheual lui & ses barons, & cheuaucha tant tout le iour qͥl arriua a vng chasteau nōme labort, si geust aupres en vng sien pauellon. Et lendemain se partirent de la & errerent tant par leurs iournees quilz vindrent a demie lieue de la ioyeuse garde. Si se logerent sur la riuiere de lombre & entendirent tout le iour a eulx loger. si se tindrent tous armez: affin que sil auenoit q ceulx du chasteau yssissent pour combatre quilz fussent bien receus.

En telle maniere se logerent ceulx de dehors: mais ceulx du chasteau qui estoient de hault affaire, & qui auoient grant nombre de gens embuchez en vng bois qui estoit pres de la pour sourprendre ceulx de lost quant ilz verroient leur point, si quilz fussēt assaillis de deux costez. Ceulx de dedens ne sesbahirent onques du siege quant ilz se virent: ains disrent entreulx quilz ses sairroiēt en paix la premiere nuit, mais lendemain les assauldroient ilz silz voyoient leur point. Et ceulx qͥ estoient enuoiez deuant au bois: estoient v. par nombre de bons cheualiers & preudhommes. Si les conduisoit Boort & hector. Si leur auoient ceulx du chasteau dit que quant ilz verroient sur la tour vne enseigne vermeille quilz yssissent hors du bois & se frappassent sur les gens au roy artus, & ceulx du chasteau pareillement ysroient hors a ce point tellemēt que ceulx de lost seroient assaillis de deux costez. Tout le iour regarderent ceulx qui au bois estoient vers le chasteau pour sauoir silz verroient lēseigne vermeille qui leur estoit signiffiance de yssir hors: mais ilz nen virent point, car lancelot ne voulut onques souffrir que ceulx de lost fussent assaillis la premiere iournee: ains les laissa reposer tout le iour & toute sa nuit aussi: si que onques ny eut ne coup de trait ne de lance frappe. Et par ce furent ceulx de lost plus asseurez quilz ne stoient deuant, & disrent aucuns deulx que se lancelot eust eu grant compaignie de gens: il neust laisse en nulle maniere quil ne fust yssu hors pour combatre a eulx a tout sa puissance. car il nestoit pas cheualier qui voulentiers souffrist le dangier de son ennemy.

Quant Lancelot veit que le chasteau estoit assiege du roy Artus en telle maniere. Lhomme du monde quil auoit plus ayme: et lors le congnoissoit pour son ennemy mortel: il en estoit si dolent quil ne scauoyt q faire: nompas pour paour de luy: mais pour ce quil aymoit le roy plus que homme du mōde

Lors print lancelot vne pucelle et la mena en vne chambre et lui dist. Damoiselle vous pres au roy artus et lui dires que ie mesmerueille moult pourquoy il a commence ceste guerre encontre moy, car ie ne sui cuidoye pas auoir for fait. Et sil vous dit que cest pour madame la royne dont on lui a fait entendant que ie lui ay fait hõte. Si lui dictes que ie suis prest de le deffendre encontre vng des meilleurs cheualiers quil ait. et que de ceste chose ne suis en nulle coulpe. Et pour sa bienueillance de lui et pour son amour conquerre: que iay perdu p̄ mauuaises langues. offrez lui de par moy q̄ ie men mettray du tout au regard de sa court et de son conseil sil lui plaist. Et dautre part dictes lui que sil a ceste guerre cõmencee pour la mort de ses nepueux dictes lui que ie nen suis pas si en coulpe quil en deust auoir vers moy si mortelle haine, car ilz furent occasion de leur mort.

Damoiselle dist lancelot sil ne se veult accorder a ces deux choses: si lui dictes que ie sui mãde que ie regarderay sa force tant dolent et tant courrouce que on ne sauroit dire plus. mais puis q̄ la guerre est commencee par suy: ie suis cellui qui se deffendra a son pouoir. Et si lui dictes hardiement que cõ bien que ie le tienne a seigneur / toutesfois ne mest il pas venu veoir cõme seigneur. mais comme ennemy mortel. Je lasseure bien q̄ son corps na garde de moy ains se garderay tousiours a mon pouoir de tous ceulx qui mal lui vouldront faire. Damoiselle sil vous plaist vous lui dires tout ce de par moy et ie vous en prie. Et la damoiselle lui dist que ce message feroit elle si bien q̄lle nen deura pas estre blasmee.

Atant se partit la damoiselle de seãs et vint a la porte du chasteau et fist tant quelle sen yssit secretement a heure de vespres. Cy estoit a lors le roy Artus assis au mengier. Et quãt elle fut venue en lost elle ne trouua qui sa retenist: car bien congnoissoient quelle portoit aucun messaige, et pource sa prindrent et la menerẽt deuers le roy, et elle qui bi en congneust le roy entre ses barons saprocha

de lui et lui dist tout ce que lancelot lui auoit dit. Lors messire gauuain qui estoit pres du roy artus quant il eut ouy ce messaige, il parla auant que nul des autres et dist oyant tous les barons de sa court. Sire vous estes prest de vēgier vostre honte et le dommaige que lã celot vous a fait de voz amys, et quant vous partistes de kamalot vous iurastes a mettre a neant le parente au roy ban de benoic. car p' leur grant orgueil et par leur grant oustrage nous ont ilz fait si grãt dommaige de nostre parente quil nest nul homme fors dieu seule ment qui sa nous peust reparer. Si serez honnoure et nostre lignaige abaisse q̄ iamais naurons honneur se nous faisiõs paix en tel maniere a lãcelot. Gauuain dist le roy sa cho se est ia tant seure et conclue que iamais tant comme ie viue pour chose nulle que lancelot sache faire ne dire: il naura ia paix a moy. Si est ce lomme du monde a qui ie deueroye plus legierement pardonner vng grant mes fait, car sans faulte il a plus fait pour moy que nul autre cheualier ne fist oncques: mais au derrenier se me a il chier vendu, car il ma tollu de mes meilleurs amys q̄ ieusse. et ceulx que plus iamoye. Et pour ceste chose ne pour roit il pas auoir paix entre moy et lui ne non aura il ce vous promets ie comme roy. Lors retourna le roy vers la damoiselle et lui dist Damoiselle vous pouez bien dire a vostre sei gneur que ie ne feroye riens quil dist: ains las seure de guerre mortelle plus que dautre cho se. car iamais naura paix a moy, tant com me ie soye viuant pour chose nulle qui aduien gne. Si maist dieu dist la damoiselle cest tres grãt dommage plus pour vous que pour lui car vous qui estes vng des plus puissans hõ mes du monde en serez destruit et mis a mort ou les saiges hommes qui maintesfois ont p̄ le et fait mencion de vostre mort sont deceus et abusez. car ce nest pas doubte que les saiges deuineurs qui en nostre temps ont este, et qui sauoient vne partie des choses qui estoient a aduenir, ne dirent riens au commencement qui en la fin ne fust veritable. Si disrent en tre les autres choses que la parẽte au roy ban de benoic viẽdroit tousiours au dessus de tous ses ennemis. Et vous aussi messire gauuaĩ q̄ deussiez estre le plus saige de ce conseil:& vous ne lestes pas: ains estes le plus fol de tous les autres,& plus cruel que ie ne cuidoie & que mestier ne vous fust, car vous pourchassez vostre mort. Mais regardez beau sire sil vous souuient point de ce que vous veistes iadis au palais chieusy le roy pescheur saueture de sa bataisse du serpent & du liepart, sil vous souuenist bien de ce que vous y peustes veoir & des grandes merueilles qui y furent, & de la signifiance que lermite vous dist. Ja ceste guerre ne fust commencee tant comme vous la peussiez destourner. Mais vostre mauuais cueur & vostre meschéance vous chasse a ceste entreprinse, si vous en repentirez encores moult amerement quant vous ne vous en pourrez destourner, car vous aurez alume le feu qui ne sera a vostre puissance destaindre. Et se retourna la damoiselle vers le roy & lui dist. Sire puis que ie ne puis en vous trouuer autre responce ne nulle autre mercy fors que de guerre ie m'en retourneray a monseigneur lancelot & lui compteray ce que vous lui mandez. Allez damoiselle dist le roy car il me plaist moult voulentiers que vous lui diez ce quauez ouy, & que autre chose ne sen fera.

Atant se partit la damoiselle de lost & fist tant quelle vint au chasteau ou on lattendoit. Si entra dedens si secretement que oncques nullui ne sen apperceut: nompas a yssir que a entrer. Et quant elle fut deuant son seigneur lancelot & elle lui eut compte que en nulle maniere ne pourroit trouuer paix ne accord vers le roy artus. Si en fut Lancelot moult courrouce: nompas quil se doubtast, mais pource ql samoit de grant amour. Lors commenca lancelot moult fort a penser, & en ce penser lui vindrent les larmes aux yeulx. Si aduint que la royne vint deuant lui, & lui dist. Beau sire dictes moy que vous pensez. Et il lui dist quil pensoit ad ce quil ne pouoit trouuer paix auec le roy, & ie scay bien toutesfois quil ne me peut pas grieuer, mais ie le dy pource quil ma fait tant dhonneurs & tant de bontez que trop me peseroit sil auoit mal par moy. Sire dist elle il fault regarder sa force qui est grande, mais toutesfois dictes moy que vous en voulez faire. Il est force dist lancelot que demain nous combatons, & a qui dieu en donnera la victoire si fait, car en deffaulte de moy ne pour chose q ie puisse faire ne demourra il pas q lost dont ce chasteau est assegie nen soit chasse prochainement, puis quil est ainsi q ie ne puis trouuer paix ne amour auec le roy. Et si suis cellui qui iamais nen espaigneray nul fors seulement le corps au roy artus, celui en nulle maniere ne greueroye ie pour riens pourtant que ie sceusse que ce fust il.

Atant finerent leur conseil: & lancelot sen vint au palais entre ses cheualiers & fist plus beau semblant de ioye q son cueur ne lui aportoit. Et commanda que les tables fussent mises & quilz fussent aussi richement seruie comme silz fussent a la court au roy artus. Celle nuit furent seruie en la ioyeuse garde si bien q en nulle maniere gens ne peurent oncqes mieulx estre. Et quant ilz eurent tous menge & les tables furent ostees, les plus priuez de lancelot lui demanderent. Sire q serez vous demain, ne pensez vous pas assaillir ceulx de lost. Ouy dist il par ma foy auant quil soit heure de tierce. Certes disent ilz se nous sommes ceas plus enserrez en telle maniere ceulx de la dehors nous tendront a couars & a mauuais cheualiers. Or ne vous esbahissez dist lancelot car de ce que nous ne sommes bougez iusques cy sont ilz maintenant plus asseurez que deuant ce leur semble, & nous doubtent mains quilz ne faisoient, car ilz cuident bien pource q nous ne sommes yssus hors que nous nayons gueires de gens ceas, mais se dieu plaist demain deuant quil soit heure de vespres sauront ilz se ie suis seul, & sen repentiront se ie puis de ce quilz ont entreprins, car sans faille demal a heure de prime nous leur courrerons sus. Et pource vous prie ie q soyez tous prestz: affin q nous puissons mouuoir quant nous verrons nostre point. Ad ce conseil saccorderent tous, car moult leur plaisoit: affin qlz se peussent assembler aux gens du roy artus. Et ce mesmes leur donnoit grant couraige q ilz auoient lancelot en leur aide & boort aussi qui estoient deux des hommes qui plus estoient renommez de proesse & de cheualerie.

Celle nuit furent en grant peine dap-
pareiller leurs armes et de regarder
sil ny faisoit riens. Et quant il fut heure de
reposer: ilz sen allerent couchier iusques a len-
demain, et se tindrent celle nuit si coyement qlz
en parlerent assez en lost, et distrent au roy que
bien sceust il b:ayement que leans auoit si peu
de gens quil pouoit prendre legierement le cha-
steau. Et le roy artus respondit quil ne pou-
oit croire qil ny eust grant plente de gens. Cer-
tes sire dist madoz il y a gens a grant foison:
bien se vous dy sans doubte. Comment le sa-
uez vous dist messire gauuain. Je le scay bien
dist le roy, car deuant quil soit demain au soir
vous en verrez tant venir, que le plus hardy
de cest ost en aura telle paour que sil ne peut bi-
en deffendre son corps: il sera en grant auentu-
re de mourir.

En telle maniere parlerent en lost longue-
ment de ceulx du chasteau. Et
quant il fut heure dasser couchier: ilz firent leur
ost guetter de toutes pars si bien que pou leur
eust on sceu forfaire sans grant effort de gens.
Lendemain si tost comme ceulx du chasteau
furent appareillez et eurent ordonne six batail-
les, ilz firent dresser sur la maistresse tour de
la ioyeuse garde lenseigne vermeille. Et si tost
comme ceulx de lagait du bois la veirent: ilz
la monstrerent a Boort a hector et a ses autres
compaignons, et Boort leur dist. Beaux sei-
gneurs or ny a il plus que du monter a cheual
car nous voions bien que monseigneur lance-
lot est monte, et videront hors ses gens mal-
tenant, si ny a que dentrer en lost a grant puis-
sance et si merueilleusement quil ny demeure
ne tref ne paueillon que tout ne soit verse a ter-
re. Et ceulx distrent que tout ce feroient ilz, silz
pouoient et feroient tout leur pouoir de confon-
dre les gens du roy artus leurs mortelz enne-
mis. Lors sen yssirent du bois et se mistrent en
plain champ. Si laisserent tous aller leurs
cheuaulx au plus tost quilz peurent, mais don-
ques si abillement ne se sceurent faire que ceulx
de lost ne sen apperceussent bien. Si crierent
ceulx qui premiers les veirent venir a larme
a larme: tellement que ceulx du chasteau le peu-
rent bien ouir, et distrent entreulx que lagait
du bois sestoit boute en lost, et que il ny auoit

plus que dassaillir dautre part. Si se firent
tout ainsi quil auoit este deuise.

Lors commanda lancelot que sa por-
te fust ouuerte, et quilz yssissent si or-
donneement comme ilz deuoient faire, et si si-
rent ilz incontinent, car grant voulente auoi-
ent tous de yssir. Et Boort si tost comme il fut
hors de sembuschement, et il fut approche de lost
il rencontra le frere au roy pon qui estoit arme
moult bien et richement, et si tost comme ilz se
treuuerent ilz laisserent courre leurs cheuaulx
lun contre lautre, et le frere au roy pon rompit
sa lance, mais Boort le frappa si durement que
nulle chose ne se peut garantir ne escu ne autre
chose quil ne lui mist parmy le corps le fer et le
bois, et le porta a terre tellement blece comme
a la mort. Et les autres qui apres venoient com-
mencerent a trebucher trefz et pauillons et a
occire gens et cheuaulx, et a mettre par terre tout
ce quilz rencontroient deuant eulx.

Adonc comenca le cry et la huee si gran-
de que a peine eust on ouy dieu ton-
ner. Si coururent a leurs armes ceulx qui estoi-
ent desarmez. Et messire gauuain quant il veit
que la chose estoit a ce menee, il commanda q̃
on lui aportast ses armes, et on les aporta di-
ligemment. Lors se fist armer a grant haste:
et tous les autres barons aussi qui estoient de
lost du roy artus: comme ceulx qui nestoient
pas asseurez de leurs vies, car aisi leur conue-
noit faire sans tarder. Et si tost comme le roy
artus fut monte a cheual et ceulx qui auec sui
estoient, il veit son pauillon cheoir a terre et le
dragon qui dessus estoit fort magnifice, et les
autres pauillons aussi cheoir a terre: il fut
tout esbahy, et tout ce auoient fait Boort et He-
ctor qui ne tachoient seulement que a sourpren-
dre le roy en son pauillon. Quant messire gau-
uain veit la merueille quilz faisoient il se mo-
stra au roy et dist. Sire veez la boort et hector q
nous font tout ce grant dommage. Lors lais-
sa courre messire gauuain a hector, et le frappa
si durement sur son escu et sur son heaulme quil
sestonna en telle maniere que a peine quil ne
cheut a terre, et pource quil le hayoit si mortel-
lement: il ne se voulut oncques laisser, ains

lui baissa encores Vng autre coup si quil le fist
encliner a terre Et quant Boort veit messire
gauuain qui tenoit hector son frere tantost luy
courut sus et le prist par son heaulme tellemẽt
que a paine quil ne lemportast a terre. Lors de
son espee le toucha si durement quil lui mist
lespee dedens le heaulme deux doys de par/
fond. Le coup fut grant a merueille dont mes
sire gauuain fut si estonne quil passa oultre
et laissa hector si se partit si estonne quil ne sca
uoit quelle part aller.

Ainsi fut la bataille commencee gran/
de et merueilleuse deuant la tente
du roy Artus: ceulx de la compaygnie de
Boort qui a plusieurs des gens du roy Ar
tus se estoient combatus tellement quilz eus/
sent tantost este occiz a ce quilz nestoient gay
res de gens se neust este Lancelot et ceulx du
chasteau qui les secoururent. Et quant vint
quilz furent boutez entre les autres, lors eus
siez veu coups donner et departir et hommes
occire a grant douleur: car bien se mõstre/
rent en peu dheure que moult sentrehayoient
de mortelle haine: Car tant en y eut doccis ce
iour dune part et dautre quil nya si dur cueur
au monde sil les eust veuz qui ny eust eu grãt
pitie: mais sur tous ceulx qui en la bataille
estoient ny eut cheualier qui mieulx fist ne pl9
vaillamment que messire gauuain et lance
lot. Si dist lystoire que messire gauuain es
toit tant courouce de la mort de gaheriet son
frere quil occit bien xxx. cheualiers sãs ceulx
quil naura: et sans autres plusieurs domma
ges quil fist a ceulx du chasteau: car oncques
de tout le iour ne se peut retraire iusques au soir
quil encontra Boort emmy la bataille, si sen/
trecourutent sus, et commencerẽt entre eulx
deux vne meslee si grande et si merueilleuse
que cestoit pitie a veoir. Et ceulx qui entour
eulx estoient, se mistrent entre eulx tantost si q̃
la mesmes se recommenca la meslee si grande
dont mains preudhommes en furent mors ce
iour Si y pouoiẽt auoir perdu moult ceulx
de dedens a ce quilz estoient mains beaucoup
que ceulx de laultre part, se neussent este les
troys compaignõs de lancelot, cest assauoir
Boort, hector et lyonnel: dont lyonnel sen al

la nauré dune glaiue que messire gauuain lui
auoit faicte en lespaulle senestre.

Quant la nupt fut du tout venue les
cheualiers au roy artus se remirent
en leurs tentes au plustost quilz peurent com
me ceulx qui estoient moult trauaillez: et les
autres sen retournerent pareillement en leur
chasteau. Et quant ilz furent dedens entrez,
ilz regarderent cõbien ilz pouoient auoir per
du de leurs gens: si trouuerent quil leur en
failloit bien cent cheualiers sans les serviteurs
dont le compte ne fait nulle mencion, ne de tout
ce nauoient point de recõpense, fors xxx. che
ualiers prisonniers quilz auoiẽt pris par for
ce en la bataille et amenez auec eulx. Et quãt
ilz se furent desarmez, ilz allerent tous mẽ
ger a court aussi bien les naurez comme les
sains ainsi comme il estoit mieulx aduenu
aux vngs que aux autres. Celle nupt apres
souper parlerent moult de messire gauuain
et disrent bien les plus vaillans hommes de
leans que sans faulte messire gauuain estoit
le plus vaillant cheualier du monde de son a
ge et le plus preudhomme. Et quant ceulx de
lost furent en leurs tentes si regarderent cõ
bien ilz pouoient auoir perdu de leurs cheua
liers: si trouuerent quil en auoient bien perdu
iusques a deux cens dont ilz estoient moult
courroucez. Quãt ilz eurẽt cessuy iour mẽge
si commencerent a parler de ceulx du chaste
au: et disrent que vrayement le chasteau nes/
toit pas sans gẽs: et quilz estoient vigoureux
et preudhommes. Et donnerent le pris de cel
lui iour a messire gauuain et a lancelot et di
soient que cestoient les deux meilleurs cheua
liers en armes, et qui mieulx sauoyent
fait en la bataille. Et quãt il fut temps et heu
re de coucher, ilz y allerent, et les vngs et les
autres fors cent cheualiers qui gardoient lost
toute la nuit, affin que ceulx du chasteau ne
venissent aux tentes: affin que on ne se peult
prendre a despourueu.

Celle nupt apres souper vint lance
lot a ses compaignons et leur dist.
Seigneurs vous auez maintenant apris
comment ceulx de lost sceuent despee frapper

La derniere partie

ce de lacte: car ilz no9 ont au iourdhuy essayez et noue eulx: mais ilz ne se peuent gaires esiouir du gaing quilz ayeut eu a nous combien quilz eussent en champ plus de gens q̄ nous nauions et renommez de plus grant prouesse si nous est bien aduenu la mercy dieu: car a peu de gens nous sommes tenus contre leur effort. Or regardez que nous ferons demain et comment nos nous tiendrions: car ie vouldroye bien sil pouoit estre que uous menissions ceste guerre si bien que nostre honneur y fust maintenue ainsi comme elle a este a ce commencement: et sil vous plaisoit ie vouldroye bien que nous sceussions demain combien ilz ont perdu de leurs gens: et que nous yssions hors ainsi comme nous auons fait huy matin et nous assemblissions encores plus cautelleusemēt contre eulx et sil vous estoit aduiz que mieulx voussist le demourer ie demourroye par ma foy aincois que ne fisse vostre volente. Or me dictes que vous vouldres faire Et ilz saccorderent tous a ce quilz ysseroyent le lendemain matin: car ilz aymoient mieulx le trauail que le repos.

Seigneurs dist lancelot puis quil est ainsi que vous voussez a eulx assembler: Or regardez qui premier yssera. Et Booort dist que nul nen ysseroit deuant lui: car aussi tost que le iour seroit venu, quil ysseroit sur eulx pour les combatre. Et hector dist quil se ysseroit apres. Glieser le filz au roy pelles sen ysseroit apres hector et q̄l meneroit tous ceulx de son pays. Le roy desoreslois et le duc doro et demanderent sa quarte bataille a conduire: et on leur ottroya voussentiere pource que preudhommes estoyent et assez scauoyent de guerre. Et apres surent tant de gens qui seās estoyent quilz establirēt a tout se mains quatre batailles: et a chascune estoyent a tout se mains cent cheualiers. Et en sa derniere bataille ou ilz auoient toute leur fiance et leur pouoir estoit lancelot du lac.

Ainsi establirent toutes leurs batailles des le soir & misrent bons cōducteurs en chascune. Et puis apres regardereīt ceulx qui estoiēt naurez: si trouerent q̄ lyonel se stoit: et quant Booort lentendit & quil sceut que sauoit este messire Gauuain si en fut fort courouce et dist oyans tous quil se vengeroit sil pouoit venir en lieu et quil se renderoit a celui qui sauoit nauree. Celle nuyt se reposerent ceulx du chasteau qui naurez estoieut: car assez estoient lassez. Le lendemain au plus matin coururent aux armes a grant diligence. Et quant ilz surent armez ilz yssirent du chastequ les vngs apres les autres moult bien ordonnez. Et quant ceulx de lost les virent venir, si saillirent aussi a leurs armes et ys sirent hors des pauillons tous appareillez de les receuoir. Lors ceulx du chasteau coururent leurs gens ordonnez au mieulx quilz peurent: et ceulx de dehors aussi. Si aduint que messire Gauuain conduisoit sa premiere bataille et veit que Booort conduisoit lautre bataille, si nen fust pas moult courouce: car ce stoyt lhomme du monde que plus hayoit de mortelle hayne: car on lui auoit dist q̄ sauoyt este lui qui auoit occiz son frere Guerrehez.

Quant ilz saprocherent les vngs contre les autres, ilz sentrelaisserent courre leurs cheuaulx a lances baissees tant comme les cheuaulx peurent courre. Si sen trefrapperent si durement que les escus ne les garantirent quilz ne se missent les fers des lāces parmy les corps si parfont que a peine estoit possible de les garir: et tellement sentreporterent a terre tous a la renuerse si enferrez comme ilz estoyēt quil ny eut cellui qui eusse pouoir de soy releuer: et ce nestoit pas de merueilles: car a chascū paroissoit le fer de sa lance par derriere les espaulles. Apres ceste meslee vindrent auant les autres deux batailles si laisserent courre les cheuaulx les vngz contre les autres et sentrefrapperent si durement a ce quilz sentrehayoient de mortelle hayne q̄ vous en eussiez peu veoir en peu dheure plus de cinq cēs dōt y en eut plusieurs qui depuis ne se releuerent et les autres naurez. Et tourna la meschance et la desconfiture sur ceulx de lost du roy artus. Et auoit en la premiere bataille vng cheualier de sa terre foraine lequel estoit de la partie de Lancelot qui fist moult darmes: car par lui furent desconfitz les hōmes au roy artus. Et quant ilz eurent vng pou vuidé la place ceulx du chasteau coururent celle part ou messire gauuain et Booz estoient et gisoient fort naurez. Si les prindrent: et eussent emmené a force messire gauuain: car il nauoit en lui nulle deffence: se neussent esté ceulx de lost quilz vindrent celle part pour le rescoure. Et aussi firent tant ceulx du chasteau qlz emporterent Booz au chasteau si nauré comme il estoit. Et furent mandez ses myrez qui lui osterent le tronçon de sa lance du corps a toute le fer. Et quant ilz eurent veu la playe, si dirent quilz le rendroient tout sain en brief temps. Si ne veistes oncques faire plus grant dueil que faisoit la royne quant elle veit Booit si nauré. Et les autres qui estoient en la prairie demourez sassemblerent et commencerent ce matin la meslee qui dura iusques a heure de vespres en telle maniere que iamais vous ne veistes si cruelle bataille comme celle fust ce iour: car moult y en eut docciz et de naurez dune partie et dautre.

Cellui iour porta le roy artus armes et fist si bien quil ny auoit homme au monde pour fors de son eage qui eust fait ce quil fist. Et encores afferme lystoire quil ny auoit nul cheualier de sa partie tant fust ieune ne fort quil feist ce iour la autant de prouesse comme luy: et par lexemple et le courage quil donnoit a ses gens ceulx du chasteau eussent esté vaincus se neussent esté lancelot et hector qui soustenoient le grans effors / les grans coupz et lessort des armes / et faisoient souuent vuider la place a mainctes gentz et remuer sa bataille a leurs plaisir aux coupz q ilz donnoient a ceulx de dehors voulsissent ou non. Et tant firent par leur force quilz soubstidoient le champ contre toutes les gentz du roy artus et en eurent le meilleur deuers eulx. Et tant dura ceste bataille que au departir ne demoura nulles armeures a lancelot ne a hector: mais ilz se tenoient tousiours lun au pres de lautre dont ce leur fust grat prouffit et frappoit lun a destre et lautre a senestre tellement que nul ne sosoit approucher deulx.

Ce iour mesmes aduint enuiron heure de nonne la ou la bataille estoyt plus forte que le roy artus encontra au champ lancelot qui alloit abatant et fourdroyant deuant soy tout tant quil encontroit. Et quant le roy qui bien se congneust a ses armes quil portoit veit les merueilles quil faisoit: si dist a soymesmes se cellui homme vit longuement il gastera moy et mes gentz. Lors lui courut sus le roy lespee tyree comme cellui qui estoit de fort grant hardiesse. Et quant lancelot le veit venir et il le congneut, si ne se appareilla pas pour soy deffendre: mais de soy couurir: car il laymoit de si grant amour quil ne pouoit pas auoir cueur ne couraige de lui mal faire. Et le roy esleua son coup puis le frappa de si grant vertu quil couppa a son cheual le col tout net si que lancelot cheut a terre: mais il neut point de mal a ce coup: si fut toutessois fort courroucé et esbahy de se veoir a pié. Et quant hector qui pres de lui estoit veit ce coup il nen fut pas ioyeulx mais tresfort courroucé car il auoit paour que lancelot ne fust nauré a mort. Si laissa courre son cheual au roy et lui donna si grant coup de son espee dessus son heaulme que le Roy en fut si estourdy quil ne scauoit sil estoit mort ou vif. Puis recouura vng autre coup et le frappa tellement de toute sa force que le roy ne se sceut tenir en sa selle pour force quil eut: ains volla du cheual a terre par decoste lancelot. Et quant hector veit quil estoit a terre, si dist a lancelot. Sire couppez lui la teste si sera nostre guerre finee. Ha hector dist lancelot que dictes vous: ia mal ne desplaisir ne lui feray se dieu plaist: car il ma fait trop de biens et dhonneur par plusieurs fois: pour quoy ie ne lui feray la villanie: ains le garderay a mon pouoir encontre tous hommes en quelque lieu ou q ie soye: ne ia en nulle maniere ne pensez de lui plus faire mal: car ie le deffenderoye encontre vous et encontre tous autres. Par celle parolle rescoupt lancelot ce iour le roy artus de mort. Et lancelot remonta le roy lui mesmes puis fut departie celle bataille qui moult auoit esté grande et aspre: et si auoit duré moult longuement. Adonc sen retourna le roy a son ost: et dist a tous ceulx qui auec lui estoient. Auez vous huy veu que lancelot a fait pour moy qui estoit au dessus de me occire sil eut voullu: mais il ne voullu

oncques mettre la main a moy dist il ie vous
dy quil a passe de bonte tous les cheualiers q̃
ie congneusse oncques. Or vouldroy ie bien
par ma foy que ceste guerre neust oncques es-
te commencee:car il a eu plus mõ cueur vai-
cu par sa debonnairete que tout le mõde neust
fait par force.

Ceste parolle dist le roy artus a son
priue conseil dont messire gauuain
fut moult courouce. Et quant lancelot fut
reuenu en son chastel:ceulx qui se desar-
merent trouuerent quil auoit mainctes peti-
tes plapes dont plusieurs cheualiers se fussẽt
tenus a fort naurez silz eussent eu. Quant
ilz furent desarmez si asserent luy et Hector
veoir Boort et demanderent a son maistre se
il estoit fort naure: Et il dit quil se gariroit a
laide de dieu en brief temps. Ainsi tint le roy
son siege deuãt sa ioyeuse garde deux moys
et plus: Si aduint que ceulx de dedens yssi-
rent hors souuent:et y perdirẽt assez de leurs
cheualiers pource quilz nestoient pas tant de
gens comme ceulx de dehors estoient.

Dedens ce terme aduint que le pape
sceust que le roy Artus auoit laisse
sa femme:et quil lui promettoit quil locciroit
sil la pouoit tenir. Quant le pere saint ouyt
dire quon ne lauoit pas trouuee ne prinse au
meffait que len lui mettoit sus, il mãda aux
arceuesques et aux euesques du pays que tou
te sa terre du roy fust interdicte et en excom-
municacion sil ne reprenoit la royne genieure
sa femme: et sil ne sa tenoit ainsi comme on
doibt tenir sa prende de femme et son espouse.
Quant le roy artus ouyt ce mandement, si
en fust moult courouce, et nompour tant ay-
moit il la royne genieure de si bonne amour
quil fust legieremẽt rapaise: mais toutesfoys
dist il que se sa royne reuenoit auec lui que ia
pource ne demourroit la guerre entre lui & lã
celot:car il sauoit si emprinse quil ne la lesse-
roit en nulle maniere: et lors vint leuesque
de gloucestre a la royne qui lui dist. Dame il
conuient que vous aillies au roy vostre sei-
gneur et vostre mary:car ainsi le commande
le pape:et il vous promect que desores mais
en auant il vous tiendra tout en telle manie

re comme roy doibt tenir royne: ne de parolle
qui ayt este dicte de vous ne de lancelot ne ti-
endra iamais compte ne parolle: ne lui ne hõ
me de sa court en lieu ou vous soyez. Sire dist
elle ie men conseilleray, et vous diray tantost
ce quon men conseillera.

Lors manda la royne lancelot boort
hector et lyonel en vne chambre to9
quatre. Et quant ilz furent deuant elle, elle
leur dist: Seigneurs vous estes les hõmes
du monde ou iay plusgrant fiance:or vous
prie ie et requier tant cõe ie puis que vous me
conseilles a mon prouffist et a mon honneur
sicõme vous cuideres quil me soit plus prouf-
fitable: Il mest venu vne nouuelle qui moult
me doibt plaire et a vous aussi:car se roy qui
est le plus preudhomme du monde ma requi-
se que ie men voyse a lui et il me tiendra aus-
si honnestement comme il fist oncques: si me
fait grant honneur de ce quil me requiert & de
ce quil ne regarde pas a ce que ie me suis tant
meffaicte enuers lui. Et ie vous dy q̃ iamais
ne me partiray dicy sil ne vous pardonne sa
malueillance en telle maniere quil vous en
laisse aller de ce pays au vostre: et emmener
auec vous vostre compagnie: et aussi que v9
ne perdies sa valleue dung esperon. Or men
conseillies ce que vous vouldres que ien face
car sil vous plaist mieulx que ie demeure icy
auec vous ie demoureray tresuolentiers. Da
me dist lãcelot: se vous faisiez ce que mõ cueur
desire, et que ie vouldroye bien vous demour-
ries: mais non pour tant pource que ie vueil
que ceste chose soit mise a fin a vostre honneur
vous en prez a vostre seigneur et mary le roy
artus:et ainsi vueil ie quil soit fait: car se v9
ny alles maintenant apres ceste offre quil v9
a faicte, sil ny a homme ne femme qui en oyt
parler qui ny dept vostre honte euidamment
et aussi ma grant desloyaulte pource conseil-
leray ie que vous mandissiez au roy que vous
en prez demain: et vous dy ie bien que quant
vous departirez que vous serez conuoyee si
richemẽt que oncques haulte dame ne fut pl9
honnource. Et ceste chose dame ne dy ie pas
pource que ie ne vous ayme mieulx que ia-
mais cheualier ayma dame. Lors lui commẽ
cerent ces peulx a larmoyer / et la royne com

menca tendrement a plourer.

Quant Boort entendit que Lancelot ottroiot a la royne quelle s'en iroit au roy Artus, si dist. Vous auez ceste chose estropee: or doint dieu que bien vous en viengne: mais certes ie croy que vous ne fistes oncques chose dont autant vous en repentissiez car vous en yrez en Gaulle: et madame la royne sera en ce pays en tel lieu que vous ne sauerez iamais. Et ie vous congnois a tant que ia naurez este ung moys sans elle que vous vouldriez auoir donne tout le monde s'il estoit vostre: et que vous n'eussiez iamais octroye ceste chose: si doubte que vous n'en ayez cy apres pis beaucoup que vous ne cuidez.

Quant Boort eut ce dict ses autres deux s'accorderent a luy et commencerent a blasmer Lancelot en disant. Sire quelle paour auez vous du roy que vous lui rendez madame qu'il a voulu faire mourir honteusement. Et il respondist qu'il la rendroit s'il en debuoit mourir: Quant la royne oyt sa conclusion et la debonnairete de Lancelot si alla a l'euesque qui s'accordoit en sa salle, et lui dist Sire or pouez vous aller a monseigneur le roy et lui dictes que ie ne partiray en nulle maniere de ceans, s'il ne laisse aller Lancelot en telle maniere qu'il ne perde la value d'ung esperon ne ame de sa compaignie. Quant l'euesque entendit ceste parolle, il en mercya dieu de bon cueur: car il veit bien que la guerre estoit finee. Et lors se retourna l'euesque au roy Artus et lui compta ce que on lui mandoit: Et quant le roy entendit que Lancelot lui rendoit voulentiers la royne si dist: se Lancelot eut ayme tant follement la royne comme on disoit il ne la rendist pas si tost: car il n'est pas au dessoubz de la guerre: et pource qu'il a faict de bonnairete a ma voulente ie feray ce que la royne mande du tout. Or retournez a eulx et dictes a Lancelot qu'il s'en peult aller tout quicte. Et que ie lui trouueray moymesmes nauires pour se passer en Gaulle. Lors retourna l'euesque au chasteau et compta a la royne ce que le roy luy mandoit: Si fust ainsi la chose affermee des ii. parties que la royne seroit le lendemain rendue.

Celle nuit furent ceulx de l'ost fort ioyeulx quant ilz veirent que la guer-

re estoit finee: car moult auoient paour d'auoir le pire se la guerre eust gaires dure. Et ceulx du chasteau estoient d'ossens a merueilles, quant ilz veoient que Lancelot, Boort, Hector et Lyonnel, faisoient dueil merueilleux. Celle nupt eut dueil a la ioyeuse garde sendemain dist Lancelot a sa royne: Dame huy est le iour que nous departirons vous et moy et qu'il m'en conuiendra aller de ce pays. Tenez vecy ung aneau que vous me donnastes premierement quant ie m'acointay de vous. Or vous prie ie que se portiez pour l'amour de moy tant comme vous viurez, et i'auray cellui que vous portez en vostre doyt s'il vous plaist. Et elle lui donna voulentiers. Puis s'en allerent appareiller au mieulx qu'ilz peurent et furent ce iour les iiii. cousts fort honestement abillez

Quant ilz furent montez, et aussi plusieurs autres du chasteau, si allerent a saulues treues a l'ost plus de v. ces cheualx couuers de soye. Si vint le roy au deuant. Et quant Lancelot veit le roy approucher pres de lui, il descendist et print le cheual de la royne par la bride et lui dist. Sire vecy la royne que ie vous rends qui fust pieca morte par la desloyaulte des gens de vostre hostel se ie ne me fusse mis en aduenture de la secourir: et ne le fist pas pour bonte quelle me fist onc ques: mais seullement pource que ie la congnois a la plus suaisant dame du monde: si eust este moult grant dommage se les traitres de vostre hostel eussent fait leur desir, ains vault mieulx qu'ilz soient mors: quelle eut este a tort destruicte.

Lors le receut le roy moult d'ossent et moult pensif des parolles qu'il luy auoit dictes. Sire dist Lancelot se ie l'aymasse de folle amour ainsi comme on le vous auoit fait entendre: ie ne vous la rendisse des mors ne par force ne feussiez pas eue. Lancelot dist le roy vous en auez tant fait, que ie vous en scay bon gre. Et vous pourra encores valoir en aucun temps. Lors vint en auant messire Gauuain si lui dist qu'il lui requeroit une chose, c'est dist il que vous vuydez ceste terre en telle maniere que vous n'y soyez iamais trouue tant comme le roy viue. Sire dist Lancelot au roy vous plaist il que ie le face ainsi: puis que

hh iii

gauuain le veult dist le roy il me plaist bien
Beau sire dist lancelot. Quant ie seray en
ma terre seray ie asseur de vous se quel acten
dray ie ou paix ou guerre: Asseur pouez vous
estre dist messire gauuain que a la guerre ne
pouez vous faillir tant comme le roy ayt tant
de preudhommes comme il a: Et sachiez que
ny fauldrez pas que nayez guerre plus forte q̃
nauez eue iusques cy: Et durera ceste guerre
tant que gaheriet mõ frere soit venge de vo/
stre corps: dont ie nen prẽdroye pas tout le mõ
de de recompense que vous nen perissiez la te
ste se ie puis.

Messire gauuain dist Boort laissez a
tant le menasser / car ie vous dys
vrayement que monseigneur lãcelot ne vous
craint gaires / et se vous estiez si fol que vous
venissiez apres nous au royaulme de gaulle
et au royaulme de benoic / asseur pouez estre
que vous seriez plus pres de perdre la teste que
monseigneur lãcelot ne seroit. Et si aues dict
q̃ mõseigneur occist desloyaulmẽt vostre fre
re / et se vous voullez ce maintenir moy com
me loyal cheualier ie deffenderoye monsei/
gneur encontre vostre corps et contre tous au
tres qz cõques. Si que se ie stoye vaincu que
Lancelot feust encoulpe: et se ie vous pouoye
vaincre que vous fussiez encoulpe: si demour
roit la guerre a tant. Certes si il vous plaisoit
moult seroit ceste chose cõuenable que par vo9
et par moy fust ceste guerre finee plus que par
pl' mil hommes: et messire gauuain tendit
son gaige et dist au roy: puis quil soffre de ce
ste chose il nen yra iamais plus auant: car ie
suis prest de prouuer contre lui que lancelot oc
cist mon frere par trahyson: Et Boort respon
dist quil estoit prest de ce deffendre. Si fut la
bataille affermee se le roy eust voulu: car mes
sire gauuain ne demandoit autre chose que
que Boort voulsist estre corps a corps encontre
lui en champ de bataille. Le roy leur refusa et
dist que quant ilz seroient de lui departiz que
chascun fist du mieulx quil pourroit.

Certes dist lancelot au roy / de faire
guerre ne serions nous pas si aysez
comme vous estes pour le present: Et aussi

ay ie veu que vous nestiez pas si bien prest tel
le heure fust: et se ieusse este autãt contre vous
comme iestoye en vostre aide ce temps que gal
lehault deuint vostre homme. A celle heure q̃
il auoit pouoir de tollir vostre terres de vous
chasser du champ quant ia ie vous fis auoir
tout honneur ou vous eussiez eu toute honte
dõt si l vous remembrast sicomme il deust fai
re / la certes ne deussiez guerre machiner con/
tre moy. Si ne le dy ie pas pour paour que
iaye de vous: mais pour lamour q̃ vous deus
siez auoir en moy: car certes puis que nous se
rons venuz en nostre terre entre noz hõmes
et soubgetz et que nous les ayons mandez et
aussi que ayons garniz noz chasteaulx et for/
teresses ie vous asseure bien que se vous y ve
nez et nous vous voullons nulpre de nostre
pouoir / oncques chemin ne fistes dont vous
repentissiez autant comme vo9 ferez de cestuy
Nauez vous point de honte messire gauuain
qui estes si cruel de nous empirer nostre paix
cõtre le roy. certes vous ne le deussiez pas fai
re si l vous souuenist du plaisir que ie vous fis
quant ie vous fis oster de la douloureuse pri
son / et de karados le geant que ioccis qui vo9
auoit mis ainsi comme a sa mort / ia ne deussi
ez auoir haine contre moy. Lancelot dist mes
sire gauuain iamais ne me fistes bonte / que
vous ne mayez chier vendue: car vous ma/
uez si fort dommaige que iamais ny aura en
tre vous et moy paix. Lors dist lancelot au
roy. Sire ie men iray demain au matin de vo
stre terre en telle maniere que de tous les ser/
uices que ie vous ay faict puis que ie fus nou
ueau cheualier ne vueil du vostre la value
dung esperon. A tant fina leur parlement. Et
le roy sen retourna a sa tente et emena la roy
ne. Lors commenca la ioye en lost si grande cõ
me se dieu y fust descendu: mais cõbien que
ceulx de lost sen allassent bien contens et ioy
eulx: toutesfois ceulx du chasteau sen retour
nerent dolens et amasaisez de ce quilz veoiẽt
leur seigneur plus pensif que deuant. Et lors
lancelot commanda a ses gens quilz appa/
reillassent toutes leurs armes et aussi toutes
leurs besoignes: car il voulsoit mouuoir ain
si comme il cuidoit le lendemain pour aller a
la mer pour passer en gaulle. Ce iour mes/

mes dist Lancelot a ung escuier qui auoit nom gaudin quil portast son escu quil auoit acoustume de porter en guerre: et quil lemportast a kamaloc/ et le mist a la maistresse eglise de saint estiene: et quil fust mis en tel lieu quon le peust veoir/ si que ceulx qui desormais le verront apent en remembrance les merueilles que iay faictes en ceste terre: Et scay tu pour quoy ie le fais/ pource que ie y receu premierement lordre de cheualerie/ et ayme plus sa cite que nulle autre. Lors print lescuier lescu et auec ce bailla Lancelot quatre sommiers chargez dauoir affin que les seigneurs de leans en amendassent le lieu. Et quant ceulx qui ce present portoient furent la venus/ on les receut moult honnourablement: Et quant les seigneurs veirent lescu de lancelot/ ilz en furent tresfort ioyeux autant ou plus que de sauoir. Si firent tantost pendre lescu au millieu de lesglise a une chainne dargent aussi richement come se ceust este ung corps saint. Et quant ceulx du pays le sceurent/ si le vindrent veoir a grant feste/ dont plusieurs deulx plouroient quant ilz veoient lescu de lancelot & quil sen estoit alle: mais a tant laisse ores le compte a parler deulx et retourne a lancelot et a sa compaignie.

¶ Comment apres que lancelot eut rendue la royne il se partit du royaulme de logres & monta sur mer lui et sa compaignie et sen alla a son pays lui et ses deux cousins lyonnel & booit et les fist couronner roys. piiii. cha.

O Y dist le compte que le iour a pres ce que la royne fut rendue au roy/ Lancelot se partit du chasteau de la ioyeuse garde & donna lancelot plusieurs mesmes du royaulme chasteau a ung sien cheualier q sauoit longuement serui en telle maniere q en quelque lieu q se che ualier seroit quil recepueroit les rentes du chasteau tout son viuant. Et quant lancelot sen fut alle a tout sa compaignie/ si regarderent quilz estoient bien quatre kens cheualiers sans ceulx qui suyuoient sa route.

Q Uant vint que lancelot fut arriue a la mer et il fut entre en la nef il commença a regarder la terre et le pays ou il auoit eu tant de biens & la ou on lui auoit fait tant dhonneurs/ il commença a muer couleur et a iecter souspirs du parfond du cueur et les yeulx lui commencerent a larmoyer. Et quant il eut grant piece este en telle maniere/ il dist tout bas que nul ne lentendit fors seullement booit. Hee terre plainne de beneurtez en qui mon cueur demeure Benoicte sois tu de la main acellui quon appelle ihesuchrist et benoistz soient ceulx qui en toy demeureront soient mes amys ou mes ennemys: paix/ honneur et gloire leur enuoye dieu enuers tous hommes: et si auront ilz: car nul ne pourroit estre en si doulz pays come tu es/ qui ne fust plus beneure que nul autre/ pour moy le dy ie: ie say essaye: car tant come ie y ay demoure toutes beneurtez me y sont aduenues.

Telles parolles disoit lancelot quant il se partit du royaulme de logres. Et quant il en eut perdu la veue si commença a faire si grant dueil et si merueilleux que nul ne le veoit quil nen eut pitie. Et quant ilz furent arriuez a terre/ lancelot monta a cheual lui & sa compaignie si allerent tant quilz approucherent dung boys. En ce bois descendit lancelot et commanda que ses pauillons fussent la tendue: car il y vouloit demourer la nuit: et ainsi fut il fait comme il auoit commande.

C Elle nuit se logea la lancelot/ et lendemain se partit et alla tant quil vint en sa terre. Quant ceulx du pays sceurent qu'il venoit/ si allerent a lencontre et le receurent a moult grant ioye comme cellui qui estoit leur seigneur. Lendemain quil fust venu et a pres ce quil eut ouy messe/ il vint a booit et a lyonnel & leur dist. Donnez moy ung don ie vous en prie. Sire dirent ilz il ne conuient pas q vous nous empriez: mais nous commandez: car ia ne sera laisse pour y perdre la vie que ne le faissions dilligemment. Booit dist lancelot ie vous requier que vous tenez lhonneur & la couronne de benoic: et vous lyonnel prez au royaulme de gannes. Et pource que le roy ar tus me donna le royaulme de gaulle ie le tiendray. Adonc respondirent que puis que sa volente y estoit quilz le feroient. Et lancelot dist qil vouloit quilz fussent couronnez a la toussains

hh iiii

Quant ceulx du pape sceurent que les deux freres seroient couronnez si firēt ioye par toute la terre grande a merueille.

Au iour que la feste de toussains fut venue tous les haultz hommes de la terre furēt assemblez a benoic. A cellui iour mesmes que les deux freres furent couronez lancelot ouyt nouuelles que le roy artus senoit en guerre sur lui. Quant il ouit ceste parolle si respondit: or laissez venir le roy artus que bien soit il venu: car nous le receuerons bien et honnourablement: a si na garde de mort tant comme ie le puisse cognoistre: mais gauuain qui tant cha ise nostre mal a veoir: vous dy ie bien que sil vient ca quil ne sen retournera iamais ne sain ne malade: mais son len rēporte ce sera les piedz deuāt. Ne il ne se messa ōques de guerre dōt il se repentist autant cōme il fera de ceste: si est trop oultrecuide de me brasser maintenant guerre. Ainsi dist lancelot a celluy qui les nouuelles lui apporta et dist que le roy seroit mieulx receu beaucoup quil ne cuidoit. Et cellui dist que ia le roy ne sen fust entremis se neust este messire Gauuain: mais a tant laisse le compte a parler de lancelot et retorne au roy artus.

Comment le roy artus par lamonnestement de messire Gauuain passa la mer pour aller assieger lancelot en la ville de ganues et comment il laissa la royne et le royaulme de logres en la garde de mordrec. xb.cha.

Or dist le cōpte que tout lyuer demoura le roy artus au royaulme de logres paisiblemēt et tāt aise que nul ne scauroit estre plus: car il ne seroit chose qui lui despleust mais se festoioit par son pays ioyeusement et alloit cheuauchant et se iouant par ses chasteaulx. Ce pendāt messire gauuain lui admonnestoit tant sa guerre quil pouoit a venir contre lancelot et tant lui en parla quil luy promist comme roy que le plustost ne seroiēt pas ques passees quil mādroit toutes ses gentz et quil yroit sans faulte a guerre ouuerte contre lancelot: a tant se traueilleroit sil deuoit mourir quil abatroit toutes ses forteresses de be-

noic et de gannes en telle maniere quil ny de mourroit pierre sur autre. Ceste promesse fist le roy a messire Gauuain, laquelle il ne lui peult pas tenir: car quāt il y fut venu il trouua telles gens qui bien les en garderent comme vous orrez cy apres.

Apres pasques au temps nouueau q̄ la froidure est passee manda le roy artus tous ses barōs et sappareilla pour passer la mer. Et quant ilz deurent partir messire gauuain demanda au roy artue: Sire en quelle garde laisserez vous la royne: Et mordrec vint sans mander tantost deuant le roy et dist: Sire sil vous plaist ie la garderay: Et le roy dist quil vouloit bien quil la gardast cōme son corps. Si en fut la royne fort couroucee de ce que elle lui estoit baillee a garder. Le roy baila les clefz de tous les tresors de kamalot et de tout le royaulme de logres a mordrec: a ceste fin que sil auoit mestier dargent ou dautre chose quāt il seroit au royaulme de ganes quil lui enuoyast sil lui mādoit Le roy commanda aussi a tous ceulx du pape quilz feissent du tout ce que mordrec vouldroit: et aussi firent ilz, dont le roy se repentit depuis: sicomme lystoire le deuisera cy apres clerement. Apres ceste chose sen partist le roy de logres et alla tant quil vint a la mer: et iusques la se conuoya la royne.

Quāt le roy voullut entrer en la mer, la royne cōmenca a plourer et dist au roy ainsi quil la baisoit. Sire dieu vous cō duise la ou vous deuez aller: et vous rameine sains en bon point: car certes le cueur me dit que iamais ne vous verray, ne v⁹ moy. Dame si ferez se dieu plaist. A tāt entra le roy en sa nef, et les voilles furent leuez si ne demoura pas gaires le vent a ce quil leur estoit bon quil ne les essongnast de la riue tellemēt quō les perdit de veue a peu dheure: et si bien leur vint quilz vindrent assez legierement a riue, dont en loerent nostre seigneur. Quāt ilz furent arriuez a terre: le roy commanda quō tē dist son paueillon pource quil se vouloit reposer. Ceste nupt geut le roy en vne prairie prez de la riue de la mer. Au matin quant il se partit de la: si regarda cōbien il auoit de gens, si trouua quil en auoit plus de pl.mille.

En telle maniere allerent tant quilz vindrent au royaume de Benoic. Et quant ilz y furent entrez:ilz ne trouuerēt pas les chasteaulx desgarnis, car il ny eut cellup qui ne sust garny nouuellement. Quant ilz furent au royaume de Benoic, le roy artus desmanda a ses hommes quelle part ilz yroient Sire dist messire gauuain, nous yrons en la cite de gannes ou le roy booit & le roy sponsōt & se nous en aucune maniere les pouōs surprendre: nous pourrions tantost mener a fin nostre guerre. par dieu dist puain cest fosse dasser la ou est la fleur de noblesse. Ne vous esbahissez dist mesire gauual, car il ny aura si hardy qui ose yssir hors tant comme nous y soyons.

Gauuain dist le roy or nous en allōs car bien pouōs assaillir gānes puis q vous le voulez, lors sen alla le roy auec sa cōpaignie Et quāt il sut pres de sa cite de gānes il rēcontra vne ieusne dame, sa ghe seu vit de uēre suis sui dist. Roy artus tu es venu assaillir: saches q ia ny auras hōneur. Et vous mesire gauuain qui ceste chose auez conseillie: sachiez que iamais ne rentrerez au royaume de logres. Adōc pourrez vous bien dire que le terme est aproche de ce que ie vous auoie promis iadis quant vous partistes de chieulp le roy pescheur ou vous eustes assez de honte.

Quant elle eut dicte ceste parolle: elle sen retourna incontinent que oncqs ne voulut ouyr parler chose que messire gauuain ne le roy artus sui dissēt, & sen alla droit a la cite, & se bouta dedens a grāt haste. & vint au maistre palais la ou elle trouua les deux roys. Si seur dist que le roy artus estoit a demie lieue de la cite, & que on pouoit ia bien veoir de ses gens plus de mille hommes. Et ilz disrēt quil ne leur en chassoit guaires, car ilz nauoient point doubtance deulp, lors demāderent a sancelot. Sire que ferōs nous le roy artus fait ses hōmes logier la dehors: nous lui deussions courre sus deuant quilz fussent accoutrez. Lācelot dist quilz lui courroiēt sus lendemain, & ilz si accorderent tous. Et lancelot fist crier par la cite que tous fussent le matin mōntez deuant prime. Si en furent plusi

eurs fort ioyeulx, car ilz aymoient mieulx la guerre quilz ne faisoient la paix.

Celle nuit furent aises ceulx de lost, & ceulx dedens furent bien en paix. Au matin si tost comme le iour apparut se leuerent ceulx de la cite & prindrēt leurs armes au plus tost quilz peurent, car moult desiroient a combatre contre les gens du roy Artus Et quant ilz furent ensemble:ilz vindrent deuant le palais & sarresterent emmy la rue tous montez pour attendre tant quilz yssissent dehors. Cestui iour ordonnerent lācelot & hector leurs batailles par belle ordonnance, & donnerent a chascume bataille leur cōducteur. Et aussi firēt ceulx de lost vigt batailles. Si furent en la premiere bataille le roy artus mesire gauuain & puain: pource quilz auoient ouy dire q lancelot estoit encontre eulx. Et quant ces deux batailles sentrerencontrerent messire gauuain & lancelot sassemblerēt ensemble & puain & booit, si sentreporterent tous quatre a terre.

Atant se desbucherēt les batailles du ne part & dautre. Si se commenca la meslee grande & merueilleuse, si eussiez assez peu veoir cheualiers cheoir a terre. Quāt lancelot fut remonte a cheual il mist sa main a lespee & commenca a fraper grans coups de ca & de la. Si fut remonte messire gauuain voulsissent ceulx de la cite ou non. Et sassembleret toutes les batailles deuant que lheure de tierce sut passee, & commencerēt la meslee dont maints preudhommes moururēt. mais quant le roy spon sut venu en la bataille, lors eussiez veu ses hommes au roy artus fort esbahys pour les grans merueilles quilz veoient quil faisoit. Si eussent ce iour assez perdu se neust este le roy artus q les secourut, & tant mist grant peine a deffendre son honneur que ce fut merueilles, & lui mesmes naura le roy spon en la teste tellement que la bataille en demoura sienne deuant lheure de vespres. Si sen entrerent les gens de lācelot en la cite pour la paour quilz eurent du roy artus, & ce plaisoit moult a ceulx de dehors, car ilz auoient eu si grant paour quilz cuidoient tout auoir perdu & estre destruis.

Ainsi sassemblerent ceulx de soft contre ceulx de dedens quatre fois en vne semaine. Si y eut beaucoup de cheualiers mors et occis dune part et daultre, mais toutesfois y perdirent le plus ceulx de dehors. Car lancelot tort et hector a tous besoings estoient prestz et appareillez de faire grans coups darmes et de nuyt a leurs ennemis. Si estoient le grant confort et singuliere ayde a ceulx de dedens, dont ilz en estoient beaucoup plus asseurez et plus hardis, et ceulx de dehors plus espouentez. Mais a tant laisse ores le compte a parler deulx, et retourne a mordrec a qui le roy artus auoit baissee sa royne a garder et toute sa terre auec tous ses tresors.

¶ Comment apres que le roy artus fut party du royaume de logres mordrec fist vnes faulses lettres esquelles il mettoit comment le roy artus rescripuoit quil estoit naure a mort, et que ses barons feissent de mordrec leur roy et sui espousassent la royne, pour laquelle cause la royne senferma dedens la grosse tour de londres. pvi ch.

Or dist le compte que quant le roy artus eut baillee la royne en garde a mordrec, et il fut party du royaume de logres pour venir bataillier contre lancelot: ainsi comme le compte a deuise, et mordrec fut saisi de toute la terre du roy artus. Si fist tantost venir a lui tous les barons et nobles du pays, et commenca a tenir les grans cours et a donner ses grans dons aux vngs et aux autres. Si fist tant en pou de temps a ce quil donnoit largement quil conquist tous les cueurs des haultz hommes qui demourez estoient: tellement que tout ce quil commandoit estoit incontinent fait: aussi bien comme pour le roy: sil y eust este en personne. Si repaira tant mordrec auec sa royne: quil lama de si grant amour quil en cuidoit bien mourir.

Lors sapensa mordrec dune grant trayson: car il fist faire vnes lettres et seeller de seaulx faulx et contrefais au seau du roy artus. Si furent portees a la royne et leues deuant les haultz hommes du pays, et les

leut seues que dirlande qui moult estoit preudhomme, et disoit les lettres ainsi. Je roy artus de la grant Bretaigne mande salut a tous mes hommes: comme cestui qui suis naure a mort par la main de lancelot du lac, et tous mes hommes occis et mors. Il me prent de vous pitie plus que de nulle autre gent pour la grant loyaulte que iay en vous tousiours trouuee. Vous prie et commande tant comme ie puis et sces pour le bien de vous mesmes que vous a mordrec que ie tenoye a mon nepueu: mais il ne lest pas: vous en faces vostre roy du royaume de logres, car iamais ne me verrez, car lancelot sans faille ma naure a mort et gauuain occis. Et encores vous requiers ie et commande sur le sermet que vous mauez fait: que vous donnez pour femme a mordrec la royne genieure. Et se vous ne le faictes trop grant dommaige vous en pourra aduenir, car se lancelot peut sauoir quelle ne soit mariee: il vendra sur vous et la prendra a femme: qui seroit la chose par quoy mon ame seroit encores plus dolente. Toutes ces parolles furent leues es faulses lettres deuant la royne. Quant mordrec qui toute ceste trayson auoit faicte en telle maniere que nul nen sauoit riens fors lui et le varlet q ses auoit apostees: ouit ces lettres: il fist semblant quil estoit courrouce, et se laissa cheoir entre ses barons ainsi comme tout pasme. Mais la royne qui cuidoit que ces lettres fussent vrayes: se print a mener vng si grant dueil que ce fut merueilles, car il nestoit nul qui la veist qui grant pitie nen eust. Le dueil commenca aussi par le palais de toutes pars: tellemet que on ny eust pas ouy dieu tonner. Et quant la nouuelle fut respandue par la cite: et on creut que le roy estoit occis qui tant estoit preudhomme, et qui leur auoit este si doulx et si debonnaire: ilz en firent moult grant dueil.

Le dueil de ceste nouuelle dura huyt iours en telle maniere quil ny eut celui qui ne feist vng merueilleux dueil. Et quant le dueil fut appaise et passe: mordrec vint aux barons et ceulx qui estoient plus puissans. Si leur demanda quilz feroient de ce que le roy auoit mande. Et ilz dirent quilz parleroient ensemble. Si trouuerent en leur conseil quilz feroient

de mordrec leur roy (a lui donneroient la roy/
ne a femme, (a deuiendroient ses hommes et
subiectz. Si se deuoient bien faire se disoient
ilz pour deux choses. Lune pource q̃ le roy les
en auoit priez, (a lautre pource quilz ne ueoient
homme eu treulx qui si bien fust digne dauoir
tel honneur comme mordrec estoit. Et disent
tous a mordrec quilz feroient du tout ce dont
le roy les auoit requis. Et il les en remercya
moult, (a leur dist. Seigneurs puis qͥl vous
plaist que ceste chose se face en telle maniere: il
ny a fors de mander la royne, si la me donne
ra ce st acceuesque a femme. Et ilz dirent qͥlz
la feroient tantost venir. Si allerent querre
en vne chambre ou elle estoit (a lui dirent. Da
me les haultz hommes de vostre terre vous
attendent en vostre palais, (a vous prient que
vous venez a eulx: si orrez qͥlz vous veulent
dire. (a se vous ny voulez venir: ilz vendront
a vous. Et elle dist quelle yroit puis quilz la
mandoient. Si se leua (a vint en la salle. Et
quant les barons la veirent venir ilz se leue
rent deuant elle (a la receurent a grant feste: (a
lun deulx q mieulx estoit de la royne lui dist.

Dame nous vous auons mandee pour
vne chose: dieu doint que bien nous
en viengne, (a aux nostres, car certes nous le
voulons bien, (a vous diray que cest. Vray
est que le bon roy artus vostre mary est asse
de vie a trespas qui tant estoit preudhomme
(a tant nous tenoit bien en paix que cestoit mer
ueilles. Et pource que ce royaume de logres
dont si grans seigneurs appendent: est perdu
a estre tant sans seigneur (a sans roy: il nous
est bien necessaire que nous mettons tel conseil
en nous dhomme qui soit digne de tenir empi
re si riche comme cestui est: a qui vous fussiez
baillee comme dame (a vraye royne, car sans
faille cestui a qui dieu donnera lhonneur de ce
regne: il ne peut estre quil ne vous ait a femme
de ceste chose nous sommes nous pourueuz
en telle maniere q̃ nous auons quis vng preu
dhomme (a bon cheualier qui bien saura le re
gne gouuerner: si auons regarde entre nous
quil vous aura a femme, (a nous lui ferons
tous hommaige quen dictes vous. La royne
q tant estoit esbahye de ceste chose dist en plou

De la table ronde

rant tout plainement q̃lle nauoit cure de ma
ry: puis q̃ le sien estoit mort qui tãt estoit preu
dhomme.

Dame dist il ce ne peut estre, car nul
ne peut deffendre ceste oppinion: car
nous ne lairrons en nulle maniere ce royaume
sans seigneur (a sans roy: pource quil nous en
pourroit bien mescheoir, (a dautre part le roy
artus la mande en ses lettres. Et pource con
uient il que ainsi soit fait sans nulle resisten
ce. Et elle dist q̃lle yroit alcoie hors du pays
q̃lle prinst iamais seigneur ne mary autre
Sauez vous pourquoy ie le dy fist elle: pour
ce que iamais ne pourroye auoir si preudhom
me comme iay eu, si vous prie que iamais ne
me parlez de ceste chose, car ie nen feroie riens

Lors lui dirent tous les autres ba/
rons qͥl falloit que ce qui estoit neces
saire pour le bien (a vtilite du royaume se feist
(a que ce ne pouoit estre laisse. Quant elle les
entendit elle fut plus esbahye que deuant, si de
manda aux barons. Or me dictes seigneurs
qui est cestui que vous me voulez donner a sei
gneur (a mary. Et ilz dirent tous que cestoit
mordrec, car nous nauons entre nous si bon
se cuidons nous: ne qui si bien soit digne de te
nir royaume comme il est ne si preudhomme.
Quant la royne entendit ceste parolle, il lui
fut aduis que le cueur lui deust yssir du corps
mais semblant nen osa faire de paour quilz
ne sapperceussent quelle ne vouloit point estre
mariee a mordrec q̃lle hayoit tant: ais se mist
a penser quelle pourroit dire. Et quãt elle eut
assez pense: elle dist. Certes seigneurs ie ne dy
pas que mordrec ne soit preudhomme, ne de ce
ste chose faire ne vois pas a lencontre, ne aus
si ne lottroye ie pas encores, mais donnez moy
espace pour men conseillier iusques a demain
Et mordrec se leua incontinent (a dist. Dame
vous aurez bien plus despace q̃ vous ne dema
dez, si y pensez iusques a viii. iours, mais que
a ce ferme vous ferez ce q̃ ses seigneurs vous
requerront. Et elle leur ottroya comme celle qui
ne queroit sinon a estre deliuree deulx. A tant
se partit la royne deulx (a entra en sa chambre
auec vne sienne pucelle seulemẽt, puis ferma
luys. Et quãt elle se vit a son priue elle comẽca

La derniere partie

a faire vng dueil si grant cõme selle eust veu
deuãt soy tout le mõde mort. Si se pist a tirer
ses cheueulx / & a teurdre ses mains. Et quant
elle eut grant piece mene ce dueil: elle dist a sa
damoiselle q̃ estoit auec elle. Allez moy quer/
re sabors & lui dictes quil viengne pler a moy
& elle dist que si feroit elle voulentiers. Or ce
sabor estoit vng cheualier merueilleux / & de
grant proesse & cousin germain a la royne / &
si estoit somme du monde en qui la royne se si
oit plus a vng grant besoing apres Lancelot
du lac. Et quant il fut venu deuant la royne
elle commanda a la damoiselle quelle sen al
last hors de la chambre / & si fist elle. Lors la
royne mesmes ferma incontinent sur9. Et
quant elle se veit toute seule auec cellui ou el/
le se fioit tant / elle commenca a faire vng fort
grant dueil / & dist a ce cheualier tout en plou
rant. Beau cousin pour dieu conseilliez moy.

Et quant sabors la veit si tendrement
plourer: il commenca a faire trop
grant dueil & lui dist. Dame pourquoy vous
tourmentez vous ainsi / dictes moy que vous
auez / & se ie vous puis oster de ce dueil pour
chose que ie puisse faire: ie vous en osteray ce
vous prometz ie cõme cheualier. Lors lui dist
la royne tout en plourant. Beau cousin iay
tel dueil que iamais femme puisse auoir: de ce
que ceulx de ce royaume me veullent marier
a ce traytre & a ce desloyal homme que en nul
le maniere ie ne prendroye: iaymeroye mieulx
que on me feist ardoir. Mais ie vous diray q̃
iay empense de faire / si men conseilliez selon
ce que vous scaurez. Ie vueil faire garnir la
tour de ceste ville bien en point de toutes cho
ses necessaires a bonne forteresse garder / & si
vueil que vous mesmes querez les gendar/
mes & que vous les facez iurer sur sains euã
gilles chascun a part soy: quilz ne descouuri/
ront a nullui pourquoy ilz y soient mis / & se
on demandoit au terme que ie doy respondre
aux seigneurs du pays pourquoy ie fais gar
nir la tour: ie leur respõderay que cest pour la
prouision & la feste de mon mariage.

Dame dist sabor il nest riens que ie ne
feisse pour vous; ie vous querray

assez cheualiers & gendarmes pour garnir la
tour / & vous y ferez ce pendant mettre vian/
des a grant plente. Et quant vous laurez bi
en garnie: se vous men croiez vous enuoierez
vng messaige a monseigneur lancelot du lac
& lui manderez quil vous viengne secourir /
& ie vous dy que quant il saura vostre besoig
il ne faira en nulle maniere qĩl ne viengne sur
mordrec a tant de gens quil vous deliurera bi
en legierement du courroux ou vous estes / &
maulgre tous ceulx de ce pays. & ne sera ia tãt
hardy mordrec quil attende monseigneur lan
celot en bataille. Et sil estoit ainsi que mõsei
gneur le roy Artus fust encores vif / car ie ne
croy pas quil soit mort / & le messagier se trou
uoit en gaulle: par auẽture il orroit ia si tost
nouuelles de ceste trayson : quil sen viendroit
en ce pays a tous ses gens quil emmena de ce
pays. Et ainsi vous pourrez vous deliurer
de mordrec qui vous veult auoir a femme par
force.

Quant la royne entendit ce conseil: il
lui pleut moult, car en telle manie
re cuidoit elle bien estre deliuree de ce peril ou
ceulx du pays sauoient mise. Si se partirent
de leur conseil / & tantost pourchassa sabor des
cheualiers a grãt foison es lieux ou il se fioit
le plus / & tant que aincois que viii. iours fus
sent passez il eut bien vii. cens que cheualiers
que escuyers: q̃ tous lui iurerent sur sains euã
gilles quilz seroient a la tour de londres / & si
metteroient & la deffendroient la royne contre
mordrec tant comme ilz pourroient & iusques
a la mort. Ainsi fut faicte ceste chose si secrete
ment que nul ne le sceut fors ceulx qui sen de
uoient mesler / & dedens ce terme fut garnie
la tour de toutes choses qui a corps dhomme
peuent aider & valoir / & que on pouoit trouuer
au pays. Et quant vint au iour que la royne
deuoit respõdre de ce quelle auoit promis aux
barons du royaume q̃ la estoient assemblez
pour ouyr sa voulente de celle chose dõt elle a
uoit este requise comme dessus est dit. Si fus
rent les barons tout autour du chasteau. Et
la royne qui ne sestoit pas oubliee de son entre
prinse: auoit ia fait entrer ses gẽdarmes en la
tour si bien garnie darmes qĩlz ne pourroient

De la table ronde

estre mieulx. Et quant ilz furent trestous leans la royne se mist auec eulx/ & fist tantost leuer le pont & monta en hault aux creneaulx de sa tour. & dist a mordrec qui estoit dessoubz qui bien sestoit ia apperceu que la royne lui auoit failly. Mordrec mordrec dist la royne malement auez monstre que monseigneur vous appartenoit q̄ me voulez auoir a fēme. Veulsie ie ou non/certes mal se pensastes oncques/car ie vueil bien que vous sachiez que ceste chose vous mettera a la mort. A tant descēdit des creneaulx & dit en vne chambre qui en sa tour estoit/& demanda a ceulx qui auec elle estoiēt quelle pourroit faire. Dame sirēt ilz ne vous esbahissez point. Sachiez q̄ nous deffendrōs bien ceste tour contre mordrec: sil est tel quil la vueille assaillir: si ne le doubtons sinon bien petit/ne tout son pouoir/ne il naura ia tant de pouoir quil y mette ia se pie ne hōme de sa cōpaignie tant comme nous ayons ceans point de viande. Si fut la royne moult aise de ceste parolle. Et quant mordrec qui estoit dehors lui & sa compaignie sapperceut quil estoit ainsi deceu & quil auoit failly a sa royne/il demāda aux barōs quil pourroit faire de ceste chose/car ceste tour est forte & deffensable/si est fauenant garnie merueilleusement de viande/& ceulx qui dedens sont en garnison sont moult preudhommes & hardis. Quel cōseil me donnez vous que ie face. Sire disrent ilz il ny a plus que de assaillir la tour de toutes pars/& sachiez quelle nest pas de si grant force quelle puisse longuement durer cōtre vous a ce qlz nauront ia secours se par deuers eulx ne sont.

Par mon chief dist mordrec ie ne suis pas conseillie de sassaillir: se le ne stoie secoure plus asseur de vous que ie ne suis. Et ilz lui disrent qlz lui seroiēt toute la seurte quil vouldroit. Donc vous prie ie que vous me promettez par voz sermens que vous me seruirez loyaument & deuedrez mes hommes & que vous me iurez sur sains euangilles que vous me aiderez cōtre mes ennemis iusques a sa mort: excepte contre le roy artus sil estoit vif & se aūture le ramenoit iamais en ce pays. Ce vous ferons nous moult voulentiers disrent ilz. Lors sagenousserent deuant lui/si de

uindrent tous ses hommes & lui iurerent sur sains euangilles quilz lui aideroient contre tous hommes iusques a la mort. Quant ilz eurent fait ce sermēt: il leur dist. Seigneurs la vostre mercy vous en auez assez fait pour moy q̄ mauez esleu par dessus vous tous/& si mauez fait hommaige & asseurance. Certes maintenant suis ie asseur de vous: tellement quil ny a si hault homme en ce pays: pourtant que ieusse voz pouoirs en ma compaignie: que ie nosasse bien attendre en champ. Or ny a il plus: sinon q̄ vous me saisissez de voz chasteaulx & de voz forteresses. Et chascun lui tendit son gaige en lieu de saisine/& il les receut de chascun. Lors commanda incontinent que la tour fust assaillie de toutes pars/& fist armer ses hommes & diesser engins pour monter aux creneaux en hault. Mais ceulx q̄ estoient en la tour coururent aux armes & monterent aux creneaulx pour eulx deffendre.

Lors eussiez veu lassault grāt & merueilleulx/car ceulx de dehors vouloient entrer par les creneaulx a force pource quilz estoient beaucoup. Mais ceulx de dedēs ne si vouloient consentir: ains les tuoient & abatoient dedens les fossez/& se deffendirent si bien ceulx de la tour que deuāt que lassault finast en eussiez vous peu veoir plus de deux cens mors es fossez. Quant ceulx de dehors veirent que ceulx de dedens ses dommaigoient si durement: ilz se tirerēt arriere/& mordrec commanda que lassault demourast pour celle fois/& ainsi fut fait comme il sauoit commande.

Ainsi fut sa royne assaillie de mordrec en la tour de londres/mais ceulx q̄ estoient auec elle la deffendoient vaillāment. Vng iour aduint q̄lle appella vng sien varlet messagier ou elle se fioit moult & lui dist. Tu ten yras en gaule pour sauoir se se roy artus est mort ou vif/ sil est vif tu lui diras tout mon estre & si lui prieras pour lamour de dieu quil ne laisse en nulle maniere quil ne me vie ne secourir au plus tost qlz aura loisir ne pouoir dy venir ou autrement ie seray deshonouree/car touiours ne se pourroit pas ceste tour tenir contre mordrec & contre tous ceulx q̄ sōt en son aide. Et sil est ainsi q̄ mōseigneur le roy

artus soit trespasse τ messire gauuain son ne
pueu,τ tu en saches Brapes nouuelles,tu en
pras tout droit a gānes ou a Benoic ou tu trou
ueras lancelot. Et quāt tu lauras trouue dy
lui que ie sui mande salut τ amistie,τ quil ne
laisse en nulle maniere quil ne me Biengne se
courir a tout son pouoir,τ si lui pourras bien
dire que sil me fault de secours : que ie seray
deshonnouree, car ie ne pourroie pas longue
ment durer encontre mordrec qui me Beult a
uoir a femme τ par force, τ que grant peine ay
a resister contre lui, pource quil a en son con/
seil τ en son ayde tous ceulx de ce pays. Da
me dist le Barlet tout ce seray ie bien sil plaist
a dieu τ en pou de tēps: pourueu que en sa ter
re de gaulle se puisse trouuer sain τ sauf: τ que
ie puisse la Benir. Mais ie crains moult de ce
ste terre yssir a ma Boulente, car elle est si en/
uironnee de toutes pars de nos ennemis: que
ie ny scay mettre conseil. Il conuient dist elle
que tu faces ce message comme ie tay deuise,
car autrement ne seray ie iamais deliuree de
ce traistre se dieu ny mettoit conseil. Et le Bar
let dist quil en feroit tout son pouoir, τ si mou
ueroit au plus tost quil pourroit.

Au soir quant il fut nuit print le Bar
let congie, τ la dame Bint a la porte
τ fist tant quil sen yssit τ senalla parmy ses
hommes de mordrec. Si lui aduint si bien qʼl
ne fut arreste de nullui, car chascun qʼ le Beoit
cuidoit bien quil fust des leur. Et tantost quil
fut esloignie deulx il sen alla a la Bille a Bng
hostel, τ fist tant le soir quil eut Bng bon rou
cin fort τ legier. Si se mist incontinent en son
chemin τ alla tant quil Bint a la mer τ passa
tantost oultre, puis ouit nouuelles du roy ar
tͥ qʼ nestoit pas mort: ais estoit au siege deuāt
la cite de gannes. Si fut le Barlet moult ioy
eulx de ceste nouuelle Mais a tant laisse ores
le cōpte a parler du messagier, τ retourne au
roy artus τ a ses cheualiers.

¶Cōment le roy artus estoit au siege deuāt
la cite de gānes, τ comment messire gauuain
print la Bataille contre lancelot corps a corps
dont il fut desc͂ fit, parquoy le roy artus sen
retourna en son pays, τ en son chemin rencon
tra ses rōmains τ les desconfit.   ÿBii.ch.

Or endroit dist le compte q̄ quāt
le roy artus eut assiege la cite
de gānes, enuiron deux moys
apres congneut il bien que au
siege nauroit il ia honneur, car merueilleuse
ment se deffendoient ceulx de la cite: tellemēt
quilz adommaigoient tousiours ceulx de de
hors. Adonc dist le roy artus a messire Gau
uain. Beau nepueu Bous mauez fait telle cho
se entreprendre ou nous naurons ia honneur
ne prouffit, cest de la guerre que nous auons
cōmencee encontre sa parente au roy Ban, car
ilz sont si preudhommes aux armes, que en
tout le mōde ny a leur pareilz. Or regardez q̄
nous pourrons faire, car ie Bous dy bien que
nous y pourrōs bien plus tost perdre que gai
gnier: a ce quilz ont cheualiers a grant plente
Et sachiez Braiement beau nepueu que se ilz
nous hayoient autant cōme nous eulx: nous
eussions pieca tout perdu. Or regardons que
nous ferons de ceste chose. Sire dist messire
gauuain ie men conseilleray a moy mesmes,
si Bous en diray ennuit ou demain mon intē
cion.

Cellui iour mesmes fut messire gau
uain plus pensif quil ne souloit. Et
quāt il eut longuemēt pense, il appella Bng
sien Barlet τ lui dist Da ten en la cite de gan
nes τ dy a lācelot sil a tant de hardiesse en lui
quil ose deffendre en champ de bataille encon
tre moy seul a seul qʼl ne occist pas mes freres
en trayson τ desloyaulment: ie suis prest, τ sil
me put conquerre en champ de ceste deffiance
que ie lui fais, mon ōcle sen retournera τ tout
son ost au royaume de logres: ne iamais ne de
mandera riens a ceulx de gānes de chose qui
entreulx deux ait este faicte et se ie le puis cō
querre: ie ne demanderay plus riens: ains de
mourra la guerre a tant, τ sil ne se Beult faire
ainsi, nous ne departirōs iamais dicy deuāt
q̄ nous ayons tout mis a feu τ a sang. Quāt
le Barlet entendit ceste parolle, il commenca
a plourer, τ dist a messire gauuain. Hee sire
quest ce que Bous Boulez faire : auez Bous si
grāt fain de mourir, trop est mōseigneur lāce
lot bon cheualier τ endurcy de guerre, τ se Bͦ
lauiez occis : Bous en seriez fort abaisse : a ce
que Bous estes le meilleur cheualier de cest ost

a le plus hault homme except le roy. Se dieu plaist monseigneur: ce message ne feray ie point, car ie p̄ voy vostre mort & vostre honte si clerement que riens plus, & trop seroie mauuais & desloyal se par mon pourchas & p̄ ma parolle estoit si preudhōme comme vous estes tue ne naure a mort.

Tout ce que tu me dis fist messire gauuain ne vault riens: il conuient que tu y voises: ou autrement ne seroit iamais ceste guerre finee. Et il est bien droit quelle soit a fin menee par moy & par lui, car il fut le premier qui la commenca, & apres quelle fut du tout laissee, ie la fois recommencer a mon oncle le roy artus, si est bien droit que ien aye sa premiere ioye ou le premier dueil. Si te dy bien que se ie ny veisse mon droit euidamment: ie ne sentreprinse pas. Et pourtant quil a tue mon frere: neantmoins quil soit bon cheualier & le meilleur que iacointasse oncques: pour le grāt tort quil a le vueil ie combatre seul a seul. Si sceuent bien tous bons cheualiers que se le meilleur cheualier du monde faisoit tort et desloiaulte, & que le pire cheualier du monde eust droit, il le conquerroit en champ de bataille. Et pource le doubteray ie assez pou: quant nous serons assemblez en champ de bataille, car il a tort, & iay droit, pourquoy toy ne autres ne deuez auoir paour de moy: car en tous lieux aide nostreseigneur au droit.

Tant dist messire gauuain au Barlet: quil lui promist quil iroit en la cite de gannes & diroit a lancelot tout ce quil lui auoit enchargie. Gardez bien dist messire gauuain que vous y aissiez demain deuāt quil soit heure de prime, & il dist que si seroit il sans faulte, si sentrurent a tant que plus nen parlerent. Si auoient prins treues bien viii. iours deuant, si qlles deuoient saillir au troisieme iour apres. Lendemain sen alla le Barlet en la cite de gannes, & attendit tant que lancelot fut leue & eut ouy messe, & ses deux roys aussi. Et quant ilz furent venus au palais le Barlet vint a lancelot & lui dist. Sire a vous menuoye messire gauuain le nepueu au roy artus a qui ie suis. Si vous mande par moy q̄

se voz gens & les nostres sassemblent souuent p̄ guerre sicomme ilz ont desia fait, il ne peut estre quil ny ait fort grant dōmage dune part & dautre. Mais faictes ce quil vous mande se vous osez, cest q̄ prouuez voyans tous ceulx de ce pays: que vous desloyaulmēt ne occistes & en trayson ses freres. Et se il vous cōquiert & met au dessoubz, vous nen pouez eschapper sans mort: & sans faulte il ne prendroit pas de vostre vie tout le monde pour rencon. Et se vous le pouez vaincre, le roy artus son oncle sen yra hors de ce pays & sen retournera au royaume de logres, & vous tendra paix tous les iours de sa vie: tellement que de ceste chose ne parlera iamais, & se vous refusez ceste guerre corps a corps, & q̄ vous ne osiez ceste bataille entreprendre: tout le monde vous deueroit blasmer, car adonc pourroit on veoir & cōgnoistre treseuidamment q̄ vous de ceste trayson estes coulpable. Or regardez que vous en ferez, & men dictes vostre oppinion.

Quant lancelot entēdit ce que le messagier lui auoit dit, il respondit fort courrouce. Certes bel amy moult mest ce message ennuyeux, car ie suis cellui qui iamais iour de ma vie ne me voulus combatre encōtre lui pource quil est preudhomme, & pour sa compaignie quil ma autresfois fait quant ie fus nouueau cheualier, mais sappel qui est si grant comme de trayson me seroit fort honteux, & se ie ne men deffēdoye: iamais nauroye honneur, car cellui a qui tel cas est impose est vil & conuaincu & attaint du cas: comme se il lauoit confesse deuant tout le monde: sil ne se deffend. Pource dictes lui de par moy quil si vite plaiges de ces promesses que vous dictes tenir, & il me trouuera tout arme en champ de bataille de quelle heure ql vouldra. Si vous en pouez bien retourner a vostre maistre, & lui dictes de par moy tout ainsi comme ie vous ay dit: nompas pour paour q̄ iaye de lui, mais pource que ie sapmoye: tellement que iamais neusse quis a cōbatre a lui corps a corps. Et le messagier dist que ceste responce feroit il bien. Si se partit de leans, & le roy Boort dist a monseigneur lancelot. Certes oncques de si fol appel ne sentremist nul sage hōme cōe gauuai deust estre/car ce sceuez bien tous que en trahyson ne occistes vous pas ses freres: mais en tel lieu ou il y auoit bien cent cheualiers.

Ie vous diray dist le roy hyon pourquoy il se fait en telle maniere/ il a si grant dueil de ses freres qui sont occis quil aymeroit mieulx estre mort que vif/si sen vengeroit plus tost a monseigneur lancelot que a nul autre/ & pource se a il si felonneusement appelle come en guerre corps a corps/car autant sui est sil meurt comme sil dit. Je cuide dist lancelot que nous en vendrions assez prochainement a fin. Si ne scay pas bonnement comment il en auiendra/mais tant scay ie bien que se ien estoie au dessus & ie lui deusse le chief coupper: ie ne soccirope pas qui me donneroit tout le monde/car trop me semble preudhomme/& si est homme du monde qui riens ne me soit que iay se plus ame/& ayme encores apres le roy seulement. Par ma foy dist boort ie me merueille comment vous laymez si fort/& il vous hait si mortellemēt. Cest merueille dist lancelot/car il ne me saura ia tant hayr/que ie ne layme. Si ne le vous deisse pas si clerement/mais ie suis prest de mourir ou de viure puis que a la bataille en suis venu.

Telles parolles disoit lancelot de messire gauuain: dont tous ceulx qui se ouyrent sen esmerueillerent moult/& sen priserent assez plus quilz ne faisoient deuant. Et le varlet qui de par messire gauuain estoit venu leans: quant il eut ouy la responce de lancelot/il se partit de la cite de gannes/ & alla tant quil vint a messire gauuain. Si lui compta au vray tout ce quil auoit trouue/& coment il auoit parle a lancelot/si lui dist. Sire a la bataille ne pouez vous faillir se vous trouuez plaiges a lancelot: par tel si que le roy sen pria en son pays se lancelot vous peut conquerre en champ de bataille. Par ma foy dist messire gauuain se ie ne le fais: le roy mesmes le promettera/ou ie cuide iamais porter armes. Or me tais & ne parle plus de ceste chose/car ien cuide bien venir a mon honneur a layde de dieu & du bon droit que iay.

Lors vint messire gauuain au roy et lui dist. Sire ie vous prie & requier q̃ vous me donnez ung don/& le roy lui ottroya moult doulcemēt: comme cestui qui ne sauoit quelle chose il vouloit requerre. Si len remercia moult humblemēt: puis lui dist. Sire sauez vous quel don vous mauez donne. Vous mauez donne que vous me plaigerez vers lancelot q̃ sil me peut combatre & vaincre en champ de bataille: vous lairrez le siege que vous tenez cy deuant/& vous en yrez en vostre royaume de logres en telle maniere que ia tant comme vous viurez vous ne ferez guerre contre lui. Quāt le roy entēdit ceste nouuelle il fut tout esbahy & dist a messire gauuain. Auez vous donc entreprins bataille vers lancelot corps a corps. Par dieu dist messire gauuain ouy: car ainsi est la chose promise des deux parties. Si conuiēt que vous promettez a ceulx de leans que se ie suis vaincu en ceste bataille vous aurez paix a eulx toute vostre vie, en telle maniere que iamais ne leur mefferez silz ne vous meffont auant.

Certes beau nepueu dist le roy artus puis quil est ainsi ie suis tant dolēt de ceste emprinse que vous auez faicte: que ie ne feus pieca autāt courrouce de chose qui me aduenist: comme ie suis de ceste, car ie ne scay cheualier vers qui ie ne vousisse mieulx que vous eussiez bataille emprinse qu᷑vers cestui car vous le congnoissez au plus preudhomme du monde/& au plus approuue en cheualerie & au plus esleue en proesse q̃ on sache. Et sauez vous pourquoy iay paour quil ne vous conquiere: pource quil en a tāt combatu & mis au dessoubz que cest merueilles. Et sachiez bē au nepueu que iaymerope mieulx auoir perdu la meilleure cite que iaye: que ōcques vous en eussiez prise. Et pour dieu se ceste chose peut estre delaissee: ie vous requier quelle soit mise arriere/& que vous laissez vostre entreprinse

Sire dist messire gauuain la chose est tant allee quelle ne peut demourer: & selle pouoit demourer/ si ne la laisserope ie en nulle maniere: car ie le hayz si mortellemēt que iaymerope mieulx mourir que ie ne me misse en aduenture de loccire: et se dieu mestoit si debonnaire quil souffrist que ie le peusse mettre a mort et venger mes freres: iamais nauroie douleur de chose qui maduint: et sil aduient qil me gaigne/ aussi bien sera le dueil que ie maine nps a fin. Et sachiez vrayement que iay pour sa cause entreprinse ceste bataille. Beau nepueu dist le roy or en soit dieu a vostre ayde: car certes vous ne fistes iamais emprinse dont ie fusse autant courouce comme ie suis de ceste. et a bonne cause: car lancelot est trop bon cheualier et endurcy en guerre et bref on ne treuue point son pareil si comme iay ouy dire a vous mesmes. Lors dist messire gauuain au varlet qui le message auoit fait: va dire a lancelot quil vienge parler au roy mon oncle. et a moy entre sa cite et lost: et quil vienge tout desarme et tous ceulx qui auec lui seront.

Le varlet partit tantost de son seigneur et alla en la cite de ganes ou il trouua le roy boort lancelot et hector qui estoient a priue conseil a vne fenestre/ et parloient en cores de ce q messire gauuain auoit entreprins contre lancelot. Et quant le messagier fut venu droict a eulx/ si sagenouilla deuant lancelot et lui dist: Sire le roy artus et messire gauuain vous mandent par moy que vous aissiez sa hors pour parler a eulx entre vous quatre compaignons : car ilz y viendront en telle maniere que sa seront baillees les seuretez dune part et dautre et le serment affin q nul ne puisse retraire de ceste bataille. Et lancelot dist quil y roit voulentiers et meneroyt auec lui le roy boort et hector son frere. et tantost sen retourna le varlet a lost et dist au roy artus quil auoit trouue lancelot et ses cousins et aussi la response quil auoit eue.

Lors monta a cheual le roy artus et aussi fist le roy harodos et messire gauuain: puis allerent vers sa cite tous desarmez vestus de cendal pour la grant chaleur quil faisoit. Et quant ilz vindrent pres de la cite/ ilz veirent yssir hors des portes le roy boort lancelot et hector. Et incontinent q ilz se veirent lun lautre et quilz sapprocherēt tellement quilz peurent parler ensemble/ lancelot dist a boort. Descendons tous et allons au deuant du roy artus qui cy vient: Et ilz

disrent que ia encōtre leur ennemy mortel ne descendront. Et il respondit que combien qilz fussent leurs ennemys quil descēdroit pour lamour du roy artus. Et le roy dist a ceulx qui auec lui estoient quant il les veit descendre deuant lui: par dieu il y a moult dhonneur en ces trois preudhōmes que ie voys la par quoy tout le monde les doibt louer plus que nul autre gent/ pleust a dieu quil y eust entre nous et eulx aussi grant amour que ie y veiz oncques. Lors descēdit le roy de son cheual encontre eulx et aussi firent ses compaignons. Et si tost que lancelot fust venu pres deulx/moult haultement les salua: mais le roy ne lui rendist point de salut pource ql veoit bien que messire gauuain en seroit fort dolent: Lancelot lui dist. Sire vous mauez mādé que ie venisse parler a vous et ie y suis venu pour ouir ce que vous me vouldriez dire. Et messire gauuain print la parolle et respōdit pour le roy et dist a lancelot mōseigneur est cy venu pour asfermer ce q mauez requis vous sauez bien que vous et moy auōs prise bataille si grande comme de trahyson pour la mort de mes freres que vous occistes en trahyson et desloyaulment: si en suis appelleur et vous deffendeur: mais pource que vous ne vouldriez pas q apres ceste bataille fust plus autre bataille commencee. Il est bon ce me semble que monseigneur le roy vous promette que se vous me pouez vaincre que lui et ses hommes ne vous nuiront iamais tāt cōe il viura: ais sairōt du tout le siege q sen prōt en leur pays/ et ainsi le vous promet.

Messire gauuain dist lancelot sil vous plaisoit ie lairroye en paix ceste bataille combien que ie ne la peusse laisser que sa honte nen fust mienne: mais vous auez tant fait pour moy monseigneur le roy q vous que a peine me prendroit voulentē de combatre cy encontre vous: si sachiez que ie ne le dy pas pour paour que iaye de vous/ mais pour lamour que iay auec vous. Car certes quant ie seray arme et monte sur mon destrier/ assez se dieu plaist pourray ie deffendre mon corps de vous: et ne le dy pas aussi par flaterie/ ne pour ce que ie ne saiche biē q vous estes le meilleur cheualier du monde: mais sil Bous plaisoit ie Bouldroie bien quil y eust entre Bous et moy bonne paix: et pour la paix pourchasser seroy ie en lhonneur de dieu et de Bous tout ce q̃ Bous me scauriez cõmander, et deuiendrõs Boz hommes et subgetz moy et mon frere hector et tout nostre parente fors seulement les deux roys: car ie ne Bouldroye pas q̃ilz se missent en autruy seruage: et encores feray ie plus car ie Bous iureray que ie me partiray demaĩ a heure de prime de la cite de gannes, et men yray nudz piedz et en lange tout seul en essil en telle maniere iusques a .p. ane que ie meurs dedens ce terme. ie Bous pardonne ma mort et Bous en feray quiter a tout mon parenté: et se ie reuiens au bout de celsui terme et Bous Biuez a monseigneur le roy qui cy est. ie Beuil auoir sa compaignie et bonne amour de Bous deux aussi bien comme ie euz oncques par cy deuant: et encores Bous feray ie autre sermẽt sur les euangilles que iamais noccis Gaheriet Bostre frere en mon escient et plus men fist mal q̃l ne men pleust: et tout ce que Bous dirés feray ie, nompas pour doubtance ne pour paour que iaye de Bous, mais pource quil mest aduiz que ce seroit grant dommage se lun de nous deux occisoit lautre.

Quant le roy entent il la grant rayson que lancelot offroit a gauuain pour paix auoir il feut fort esbahy: car il neust cui de en nulle maniere que lãcelot leust fait. Si dist a messire gauuain tout larmoyant: Beau nepueu pour dieu faictes tout ce que lancelot Bous requiert: car certes il Bous offre toutes ses mesures de rayson que cheualier puisse offrir a autre pour occision et perte de lignage. Sire dist messire gauuaĩ priere ny Fault riens: car iay melor e mieulx estre frappe dun glaiue parmy la poictrine que ie nen feisse ce q̃ ie Bous ay ia promis: soit ma mort ou ma Bie. Lors tendit son gaige et dist au roy. Sire Beez me cy prest de prouuer que lãcelot a occis desloyaulment et en trahyson mes freres, a soit la bataille aterminee a tel iour que Bous Bouldrez. Et lancelot marcha auant e dist au roy tout en plourant: Sire puis que ie Bois que la bataille ne peust plus demourer que ie ne

me deffende de ceste chose dõt ie suis ey appellé, on ne me tiendroit pas a cheualier franc se ie ne me deffendoye dont ce poyse moy, et Beez ca mon gaige pour moy deffendre: a soit la bataille a demain sil Bous plaist. Et ilz sõt troierẽt tous: puis receut le roy artus les gaiges des ii. cheualiers. Et lors dist lãcelot au roy: Sire ie Bous requiers que Bous me promettez comme roy que se dieu me donne lhõneur de ceste bataille, que Bous osterez le siege de deuant ceste cite, et Bous en retournerez au royaulme de logres et tous Boz hommes aussi en telle maniere que iamais tãt q̃ Bous Biurez ne nous ferez guerre ne homme de par Bous, se nous ne forfaisons contre Bostre maieste. Et le roy artus dist tout en plourant q̃ ainsi le promettoit comme roy.

Lors se departirent a tant les Bngs des autres, mais au departir dist hector a messire gauuain. Gauuain Bous auez refuse la plus belle offre, et la plus haulte amende: q̃oncques si haust homme comme mon frere offrist iamais a cheualier. Adonc dist lancelot a hector quil se tenist a tant: et ausst fist il. puis sen allerent a leurs cheuaulx et monterent dessus. Si entrerent les Bngs en la cite: et les autres es pauillons: mais oncques ne Beistes si grant dueil comme cõmenca messire puain a faire quant il sceut Brayement que la bataille estoit gaigee de monseigneur lancelot e de messire gauuain e quelle ne pouoit iamais demourer. Si Bint puain a messire gauuain sõ frere et le blasma moult de son obstinaciõ: et lui dist: sire pourquoy auez Bous ce fait: hayez Bous si durement Bostre Bie qui auez empris bataille contre le milleur cheualier du monde: Bers qui nul ne peust oncques durer quil ne fust desconfist a la fin: Sire pourquoy auez Bous fait ceste folie et encores a grant tort. Or ne Bous esbahissez point puain dist messire gauuain: car ie scay Brayement que tort en est sien et le droit mien: si men combatray plus hardiement cõtre lui sil estoit encores beaucoup meilleur cheualier quil nest: car iay bon droit nompas lui. Certes puain dist le roy artus iaymasse beaucoup mieulx auoir perdu la moitie de mõ royaulme que la chose fust ainsi entreprinse comme elle est: mais puis quil ne peult autrement estre/ nous regarderons que ce sera et attenderons la mercy de dieu: et encoires a il fait plus grant merueille: car lancelot lui a offert a deuenir son homme: et tout son parente fors seullement les deux roys: et se ceste chose ne lui plaisoit: il sen yroit p̃ ans en exil et au reuenir il ne demanderoit autre chose si non a estre de nostre compaignie.

Certes dist messire puain ce fust grãt offre: car apres ceste chose ie ne puis veoir en vous si non desraÿson. Or doibt dieu quil ne vous en meschiesse dist messire puain car certes ie neuz oncques si grant paour de vostre meschance comme iay maintenant pour ce que ie vois a mon aduis le droit a lancelot et le tort a vous. Le roy Artus faisoit moult grant dueil et aussi faisoit tout sost: et non sãs cause de ce que messire gauuain auoit la bataille emprinse contre lancelot. Si en plouroient tous les plus hardiz, et en auoient grãt dueil a merueille: Mais ceulx de la cite nen auoient pas tristesse: car quãt ilz eurent ouy la grant rayson que Lancelot auoit offerte a messire gauuain. ilz prierent que dieu lui en voulsist honte grande: car trop estoit il desdaigneux en ceste besoigne.

Celle nupt veilla lancelot en la maistresse eglise de la cite auec grant cõpaignie de gens. Et se confessa la nupt a vng arceuesque de tous les pechez dont il se sentoit coulpable enuers nostreseigneur: car il doubtoit quil ne lui mescheut encontre messire gauuain pour la mort de ses freres quil auoit occiz. Et quant vint lauβe du iour pourtant q̃ toute la nuit auoit veille il se dormit iusques a heure de prime: Et quant il fust esueille il descendit a bas, et vit les haultz hommes du pays qui lattendoient: lors demanda tantost ses armes: et on les lui aporta bonnes et belles fortes et legieres a merueilles: puis sarmerent incontinẽt ses gens au mieulx quilz peurent. La eussiez veu a sarmer grant compaignie de haultz barons donc chascun mettoit son entente a sarmer et seruir et a le regarder

quil ne lui faulsist riens. Et quãt ilz eurent appareille au mieulx quilz peurent ilz descendirent du passaige et vindrent en la court tout a bas: Puis lancelot monta sur vng grant destrier fort et legier bien barde a lauenant tout de fer iusques aux piedz. Et quant il fut mõte les autres monterent apres lui pour lui faire compaignie: Si sen yssit hors de la cite en telle maniere q̃ en son aide en eussiez veu plus de p̃. mile dont il ny auoit nul q̃ pour lamour de lui neust liure son corps a mort sil en eust eu mestier.

Tant allerent les seigneurs auec lancelot quilz furent en vng pre dehors les murs ou la bataille deuoit estre. Si vindrent tous tãt dun coste comme dautre en telle maniere quil ny auoit nul q̃ portast armes si non seullement lancelot et gauuain ne nul nentra dedens le champ que eulx deux: ains sarresterent tous entour le pre pour veoir qui emporteroit lhonneur de la bataille. Et quãt ceulx de dehors les virent yssir de la cite ilz amenerent a messire Gauuain son destrier q̃ les haultz hommes de lost auoient arme en grant point. Si vindrent en champ tous en telle maniere comme ceulx de la cite auoient fait: et estoient ainsi desarmez comme les gẽs de lancelot. Et quant tout fut prest le roy artus print m̃ssire gauuain par la main destre et le mist en champ. mais il plouroit si tendrement comme sil eust veu tout le monde mort deuant lui. Et booit print aussi son seigneur lancelot par la main destre et le mist au chãp Et lancelot se seigna du signe de la croix a lentree du champ en se recommandant a dieu

Le iour fut beau et cler/ et le soleil luisant qui commenca a luyre sur les armes. Et les cheualiers qui estoient preux et hardiz laisserent tantost courre leurs cheuaulx lun contre lautre et abaisserẽt leurs lances si sentrefrapperent si durrement des corps et des escus quilz sentre abatirent tous deux a terre si estonnez quil ne scauoient quel conseil prendre: et les cheuaulx qui se sentirent deschargez sen fuyrent lun ca et lautre la.

iii ii

La derniere partie

A ce point que les cheualiers furent cheuz vous eussiez veu plusieurs preudhommes esmayer: a mais souspire du cueur parfondement ietter: mais tantost apres se leua lancelot le premier come celui a qui se bisse et mist la main a lespee combien quil se sentist escorne tout estourdy du cheoir quil auoit fait: a messire gauuain nen auoit pas maine ne dormist pas pourtant: ains courut a son escu qui lui estoit cheut du col: a mist la main a escalibour la bonne espee au roy artus. Si courut sus a lancelot: et lancelot lui donna si grant coup sur son heaulme quil sepira moult Et lancelot comme celui qui maise grans coupz auoit donne et receu ne sespargna point: ains luy redonna aussi sur son heaulme si grant coup que messire gauuain fust fort charge de le soubstenir. Et lors commeça entre eulx la meslee si grande et si cruelle que cestoit merueille a regarder les coups dun coste et dautre.

En telle maniere dura la meslee grant piece et tant se toucherent a belles espees tenchans lesquelles ilz sentoient souuent si aspement que leurs haubers en furet tous destrompus sur les bras et sur les hanches, et leurs escuz escartelez a les heaulmes tellemet abissez quilz leur cheoient sur les espaulles Et se fussent legierement entretuez a ce que leurs armes estoient depecees en plusieurs lieux mais ilz estoiet si trauaillez q maintesfois leurs espees leur tournoiet es poingz quant ilz cuidoient ferir. Si ny auoit celui deulx deux qui neust sept playes dont vng autre home en eust bien peu mourir de la moindre, et no pourtant pour trauail ne pour le sang quilz auoient perdu ne laisserent le premier assault iusques a midy: mais lors leur conuint reposer come ceulx qui nen pouoient plus. Lors se tira le premier messire Gauuain et sapoya sur son escu pour reprendre son alayne: et aussi fist lancelot: car il en auoit bien mestier:

Quant Booit veit que lancelot se tyra du premier assault arriere: il dist a hector: or ay mes ay ie paour et doubtance de lancelot quant il se conuient reposer pour mener vng cheualier iusques a oultrance: certes ce est vne chose qui moult mesbahyst. Sachez vrayement sire dist hector que se pour lamour de gauuain ne fust: il ney fist riens: car il ne auoit pas grat mestier ce scay ie bien a ce que ie le congnois au meilleur cheualier du monde. Je ne scay dist le roy boort quil en voudra faire: mais quat a moy ie voudroie auoir donne tant que iay au monde et que ie fusse main tenant encontre gauuain. Certes le champ seroit tantost fine. Ainsi furent les deux cheualiers en la bataille lun emprez lautre long temps: mais quant messire gauuain veit que estoit lheure de midy, il appella lancelot a la bataille aussi frays comme sil neust frappe de sa iournee coup: et recommenca la meslee tres dure et merueilleuse: car gauuain assaillit lancelot dune si tresgrant puissance quil en fut tout esbahy dont il dist a soy mesmes: par ma foy ie ne croiroye pas que cest homme ne fust dpasse et nompas homme: car ie disoye na gaires quant ie le laissay en paix quil estoit vaincu par force darmes, et ie le trouue main tenant aussi frais come sil neust meshuy coup feru en bataille, ceste chose tiens ie a merueilleuse dyablerie. Ainsi disoit lancelot de messire gauuain qui estoit amende de force entour lheure de midy. Ne il nauoit pas commence seullemet la en ce champ a auoir si grant force, mais en tous les lieux ou il estoit en bataille sa force lui croissoit a lheure de midy. Et pource que aucunes gens le tiennent a fable: ie vous compteray dont ce lui vient ainsi come lystoire le deuise.

Vraye chose est q quat gauuain nasqt en oxanie en vne cite quon appelle sor deloue. Le roy loth son pere le fist porter a vng hermite qui pres de la forest demouroit, et estoit ce preughomme de saincte vie: a faisoit nostre seigneur plusieurs miracles de iour en iour pour lamour de lui: a lors redresser, daueugles faire veoir et plusieurs autres miracles faisoit nostre seigneur pour lamour du preudhomme. Si enuoya le roy son premier enfant Gauuain pource quil vouloit quil receust baptesme de la main du preudhomme Quant le preudhomme veit lenfant, et quil sceut a qui il estoit, il le baptisa voulentiers et sappella gauuain: car ainsi estoit le preudhome appelle, et senfant baptise enuiron midy Quant lenfant fut baptise ung cheualier q̃ sauoit porte dist au preudhomme: Sire faites tãt que le royaulme se loue de nous et cest enfant quant il viendra en aage darmes por ter quil soit par voz prieres plus gracieux q̃ un autre. Certes sire cheualier dist le preudhome sa grace ne vient pas de moy: ains vient de Jhesuchrist, et sans luy ne vient grace. qui vaille, et nompourtant se ma priere pouoit estre que cest enfant fust plus gracieux q̃ nul autre cheualier a moy ne tiendra il pas, demourez ennuyt ceans et ie vous scauray demain a dire quel homme il sera, et sil sera bon cheualier.

Celle nuit demourerent les messagiers du roy loth iusques au matin. Et quant le preudhomme eut sa messe chantee il vint a eulx, et leur dist: Seigneurs de cest enfãt qui cy est vous puis ie dire seuremẽt q̃l sera cheualier et assez souffrira de peine et de trauail tant comme il portera armes et sera remply de prouesse par dessus ses compaygnons ne ia tant comme il viura ne sera vaincu entour lheure de midy: et en celle heure mesmes quil receust bapteme amendera sa force et sa vertu en quelconque lieu quil soit: ne ia naura deuant eu tant de peine ne de trauail quil ne se sente tout frays et tout legier a celle heure: Et si soit asseur que ia a celle heure ne sera vaincu en champ de bataille. Et tout ainsi que le preudhomme dist aduint, car tousiours amẽdoit sa force et sa vertu entour lheure de midy: dont il occist maincs preudhom et vainquit maintes batailles: Car quant il aduenoit quil se combatoit encontre quelque cheualier de grãt pouoir il luy couroit sus & se hastoit au plus quil pouoit iusques a lheure de midy: si que a celle heure estoyt si las et si trauaille quil ney pouoit plus: Et quant gauuain veoit que son ennemy voulloit reposer, lors lui couroit sus au plus quil pouoit comme cellui qui a celle heure deuenoit frays & legier: et le menoit tantost iusques a oustrance Et estoit la chose par quoy plusieurs cheualiers doubtoient a entrer contre lui en champ de bataille si non apres lheure de midy.

Celle grace et celle vertu que gauuain auoit eust il p̃ la grace du preudhõme, et bien p̃ apparust ce iour quil se combatist a monseigneur lancelot filz du roy ban de benoic: car ce veit on tout clerement que durãt celle heure estoit messire gauuain darmes ataint et lasse si que a force se conuint reposer, mais quant la force lui fut venue ainsi comme elle auoit acoustume lors saillit a lancelot si vistement que nul ne se veoit quil ne sen esmerueillast tant estoit fiez et legier. Si cõmenca a ce point haster lancelot tant quil luy fist le sang saillir du corps en plus de p. lieux et le hastoit si durement a celle heure pource q̃ il scauoit bien que sil ne lauoit a celle heure de midy, quil nen vendroit iamais a son honneur et pource frappoit il grans coups sus lancelot: et tãt quil lui rompist tout son haubert et despeca son heaulme et lui abatoit grandes pieces de son escu: et lors souffroit lancelot de gauuain, mais nompas tant quil ne lui donnast aussi plusieurs grans coupz: Quant le roy booz veit que lancelot estoit ainsi au dessoubz, il dist si hault que plusieurs se peurent bien entẽdre: haa dieu quest ce que ie voy: haa prouesse q̃ estes au dessoubz par le corps dun seul cheualier. Ainsi dura la bataille iusqz apres midy que lancelot ne faisoit gaires si non souffrir de gauuain & de se couurir: mais a ce fut soit repose et eut reprins sa force et sõ alaine: Puis recourut sus a messire Gauuain moult vistement et lui donna par le heaulme moult grans coups tellement quil le fist chanceler, et en fut tresfort charge messire Gauuain tant quil luy conuint se retraire a toute force. Et lors lancelot commenca a le toucher plus viuement que deuant a force de grans coups de son espee trenchant et a pẽdre terre sur lui: car lãcelot auoit reprins grãt couraige si auoit lors plus grant pouoir que deuant: Et messire gauuain qui se veoit en aduenture de honte receuoir sil ne se deffendoit sefforca de paour de la mort: & mist ensemble toute sa prouesse que iamais il auoit eue, & se deffendit si angoisseusement que de la grant destresse quil auoit lui sailloit le sang parmy

ii iii

se nez et parmy la bouche / et aussi les playes quil auoit lui saignoient ce dont il nauoit pas grant mestier.

Ainsi dura la bataille de monseigneur Lancelot et de messire Gauuain iusques a heure de nonne / et tellement abiliseret lun lautre qͥl ny auoit cellui q̃ ne seu sētist bien et aussi faisoit sa place / car elle estoit toute couuerte des mailles de haubert et de pieces des escus: Si estoit messire gauuain tellement abille des playes quil auoit quil natendoit au tre chose fors q̃ sa mort. Ne Lancelot aussi ne stoit pas si sain quil neust plus grant mestier de reposer que de combatre: car moult sauoit messire gauuain haste et tenu de court et tant que le sang lui sailloit en plus de xxiiii. lieux de son corps. Et se seussent este plusieurs autres cheualiers ilz fussent mors sans plus attendre: mais ilz auoyent les cueurs si durs quil ne leur sembloit riēs silz ne mettoient lun deulx a mort ou que lun se rendist. Et dura leur bataille en telle maniere iusques a Vespres: a estoit messire gauuain si trauaille que a peine pouoit il tenir son espee. Et Lancelot qui nestoit pas si las et qui bien pouoit encores souffrir sa guerre frapoit fort sur lui. Et messire Gauuain enduroit ses coupz au mieulx quil pouoit / et se couuroit de son escu tel quil estoit au mieulx quil pouoit. Et quant Lancelot veit quil auoit mene gauuain au dessoubz et que tous ceulx de la place veoient cle rement que en lui nauoit plus de deffense qui gaires lui vaulsist: il se tist en paix. puis commenca a dire a messire gauuain. Haa messire gauuain il seroit bien rayson que de cest appel que vous auez fait sur moy a tort fusse q̃ le maintenant: car bien men suis deffendu vers vous iusques bien pres de Vespres: et qui appelle homme de trahyson doibt auoir vaincu par droit la bataille dedens Vespres / ou il a perdu sa bataille.

Messire gauuain ceste chose vous dy ie assin que ayez mercy de vous mes mes: car se vous maintenez gaires ceste bataille: il ne peult estre que lun de nous ne meure villainement / et ce sera reproche a nostre li gnaige: pourtant assin que ie ne vous face cho se de quoy vous perdiez la vie a ce que vous estes ia bien bas: Vous prie ie que nous lays sons ceste bataille. Gauuain respondit que ia ne lui aidast dieu si le sottropoit ains dist a lancelot: soyez tout seur quil ne peult estre que lun de nous deux puisse eschapper quil ne meure en ce champ. Et de ceste obstinaciō fust lancelot moult dolēt: car il ne voulloit en nul le maniere q̃ gauuain mourust par ses mains car il sauoit tant esprouue quil neust iamais cuide trouuer tant de prouesse en lui comme il y en auoit trouue ce iour: Et cestoit lhomme du monde qui plus aymoit bons cheualiers que lancelot: Et lors sen alla celle part ou il veit le roy artus. si lui dist. Sire ie prioye a messire gauual quil laissast ceste bataille car certes se nous en faisons plus il ne peult estre q̃ lun de nous deux nen recoyue le dommaige.

Quant le roy artus entendit la debo naireté de lancelot qui bien congnoissoit que messire Gauuain estoit au dessoubz lui respondist. Lancelot il ne laitra pas sa bataille sil ne lui plaist: mais vous sa pouez lais ser sil vous plaist: car ia est lheure passee / et auez bien fait ce que vous deuiez. Sire dist lancelot se ie scauoie que vous ne le me deus siez reprocher ie men proie a laisseroye messire gauuain en ce champ car vous voyez bien qͥl nen peult plus. Certes dist le roy / vous ne feistes onques chose dont ie vous sceusse aussi bon gre / comme ie feroye de ceste: donc men pray ie a vostre conge: Adieu soyez vous commande qui vous conduise a sauluete com me le meilleur cheualier que ie veisse onques dist le roy artus a lancelot.

Atant sen alla lancelot vers ceulx de gannes: et quant hector le veit: il lui dist. Quest ce que vous auez fait qui estiez au dessus de vostre ennemy: et si ne vous pouez vē ger, ains le laissez eschapper: retournez sire et lui couppez le chief: Haa beau frere quest ce q̃ vous dictes: si maist dieu iameroie mieulx es tre naure dun glaiue parmy le corps que ie le eusse occis. Sire il vous eust tue sil eust peu et vous pourquoy ne lui faictes vous ainsy:

Je ne lui feroye iamais dist lancelot: car mon cueur nen auroit iamais le courage. Certes dist le roy Boort ce poise moy/ et cuide a mon aduiz que vous en repentirez encores cy apres

Lors monta lancelot sur vng cheual qui lui fust apreste et entra en la cyte de gannes: Et quant il fut venu en sa grant tour et il fust desarme ses mires vindrēt pour le veoir/ si trouuerent quil estoit fort naure. Quāt hector veit ses playes il en fust moult esbahy: si demanda aux mires sil pourroyt garir: Ouy bien dirent ilz/ il na garde de mort: et non pourtant les playes sont par son des dōt nous en sōmes moult esbahys. Lors prinserent ses mires lancelot. Et quant ilz leurent appareille au mieulx quilz auoient peu, si lui demanderent comment il lui estoit Bien dist lancelot. Lors dist aux deux roys Beaux seigneurs ie vous dys que depuis q̄ ie portay armes premierement ie neu doubtā ce dun seul cheualier fors au iourdhuy: mais huy ay ie eu la plusgrant doubte que ieusse ōc ques: car quant vint lheure de midy que la uoye mene gauuain a ce quil ne se pouoit pl' deffendre si non bien petit/ adonc se trouuay ie si frez que se il seust longuement tenu en celle prouesse ie nen eusse pas eschappe sās mort Si mesmerueille comment ce pouoit estre/ veu lestat ou quel il estoit parauant.

Certes dist Boort vous dictes vray a celle heure eux ie plusgrāt paour de vous que ie neux onques/ et se il se sust tenu gaires ainsi comme il auoit commence a celle heure. Vous nen eussiez ia eschappe sans mort veu quil ne vous eust pas este si debōnaire comme vous lui auez este. Ainsi parlerent ceulx de gannes de la bataille/ et moult se merueilloient comment Gauuain auoyt tant dure contre Lancelot: veu quil estoit le meilleur cheualier du monde/ et aussi quil estoit plus ieune que gauuain de xxi. an: et a celle heure la pouoit bien auoir Gauuain quatre vingtz et x. ans.

Quant ceulx de lost veirent que lancelot fust entre en la cite/ ilz allerent a messire gauuain qui estoit acouste sus son es

cu si tresslas et si blesse quil nen pouoit plus/ nompas se soubstenir: si le leuerent et le monterent sur vng cheual et le menerent deuant le roy artus Et tantost quil fut la il se pasma entre leurs mains/ et incontinent les mires furent mandes. Quant ilz eurent veu les playes si promirent de le rendre tout sain dedēs peu de temps fors dune playe quil auoit au chief tresparfonde. Lors dist le roy artus a messire gauuain. Beau nepueu vostre oultrage vous a mis a mort/ et moy naure au cueur parfondement: car ie vous fais bien assauoir que iamais de vostre lignage nystra aussi bon cheualier comme vous estes. Messire Gauuain neust pouoir de respondre pour la douleur quil sentoit: car tant estoit malade quil ne cuidoit iamais veoir le iour du lēdemain. Et plouroient tous ceulx de lost petis et grans quant ilz veoient messire gauuain si amalaise. Et furent toute la nuyt en telle maniere deuant lui pour veoir quil feroit: car ilz ne regardoient lheure quil mourust entre leurs mains. Et aucuneffois se plaignoit si tres durement que cestoit merueilles/ et ainçoys quil fust soleil leuant commāda le roy quō descendist ses tentes et ses pauillons: car il ne voulloit la plus demourer: ains sen yroit en gaulle seiourner et reposer: et nen partiroit iusques atant quil veist comment gauuain se feroit.

Au matin si tost comme il fut iour se partit le roy artus de gannes: fors deulx et fist porter deuant lui messire gauuain en litiere si malade que les mires mesmes ny attendoit si non sa mort. Le roy vint en vne cyte seiourner quon appelloit meaulx: et tant y fust que messire gauuain fut tourne a garisō Et vindrent tandis nouuelles au roy q̄ fort lui desplurent comme orrez cy apres.

Ung matin vint vng varlet deuant le roy artus qui lui dist. Sire nouuelles vous apporte moult effrayātes. Quelles sont elles dist le roy dy les moy donc sās tarder. Sire en vostre terre sont entrez ceulx de rōme: si ont ia toute bourgoigne arse et destruicte/ et scay pour vray quilz vendront
ii iiii

sur vous a grant puissance pour eulx combatre encontre vous en champ de bataille: mais vous ne veistes oncques si grant gent comme ilz sont. Quant le roy entendit ceste parolle si dist au varlet quil nen parlast plus: car se ses hommes le sauoient, ilz auroient telle paour quilz se departiroient de lui: et le varlet dist que plus nen parleroit. Le roy vint a messire gauuain qui estoit comme gary hors de sa playe quil auoit au chief dont apres en mourut: puis lui demanda comment il se sentoit. Sire bien dist il dieu mercy ie suis tout gary se me semble asses pour porter armes. Il nous en est bien mestier dist le roy: car nouuelles me sont huy venues asses mauuaises. Quelles sont elles dist Gauuain, sil vous plaist dictes les moy. par ma foy fist le roy vng varlet ma dit que le pouoir de Rome est entre en ceste terre et ont toute bourgoigne destruicte, et doiuent ceste sepmaine venir sur nous et combatre a nous en champ de bataille. Or regardez comment on pourra faire. Certes dist messire gauuain le mieulx que ie y voye si est que nous mouuons demain a aller a lencontre deulx et que nous assemblons en bataille: et ie cuide quilz sont de si feble couraige quilz nauront ia encontre nous duree. Le roy artus respondist que aussi feroit il.

Lors demanda de rechief le roy a messire gauuain comment il luy estoit et il respondit quil estoit aussi legier comme il auoit oncques este. fors seulement de sa playe quil auoit en sa teste, dont il nestoit pas encores bien gary: mais nonobstant nen laisseroit il pas a porter armes. Le roy se partit lendemain de la et entra en champaigne ou moult y auoit de gens: mais ilz nestoient pas si bons cheualiers ne si haultz en armes comme ceulx de sa grant bretaigne. Et deuant quilz sassemblassent le roy Artus enuoya par le conseil de gauuain sept cheualiers en lost qui demanderent a lempereur pour quelle rayson il estoit entre en sa terre sans son congé. Et lempereur respondit et dist: Je ne suis pas entre en vostre terre, mais en la nostre: car il ny a point de terre au monde qui ne tienne de nous, et suis ca venu pour venger vng nostre prince dalle-

maigne qui auoit nom frolce que le roy Artus occist de sa propre main. Et pour sa trahyson quil fist dy ie quil naura iamais paix a nous tant quil nous ayt fait hommaige et quil ayt rendu sa terre de nous en telle maniere quil nous rende tribut chascun an et aussi tous ceulx qui apres lui viendront. A ce respondirent ses messagiers du roy artus et dirent. Sire puis que on ne peult autre chose trouuer en vous, nous nous deffendrons et par le roy artus en sa bataille. et en serez desconfiz en plain champ de bataille. Je ne scay dist lempereur quil en auiendra: mais pour la bataille auoir vinmes nous ca, et par bataille aurons ou perdrons ceste terre. A tant sen partirent les messagiers Et quant ilz furent venuz au roy ilz lui dirent ce quilz auoient trouue. Or nya il donc se dist le roy artus que de sassembler a eulx: car iay mieulx ayme mieulx mourir que tenir terre des romains.

Au matin sarmerent ceulx de logres et quant ilz furent armez le roy deuisa dix batailles. Quant il les eut deuisees les premieres allerent frapper sur les romains si merueilleusement quilz en furent tous esbahyz. Si pouoit on veoir a sassembler cheualiers cheoir dune part et dautre tant que toute la place en estoit chargee: car les romains nestoient pas si duits ne si acoustumez aux armes comme estoient ceulx du royaulme de logres: parquoy vous les eussiez peu veoir ainsi trebucher comme se ceussent este bestes mues. Quant le roy artus qui conduisoit la derniere bataille fut venu a aborder en la presse de ses ennemys: lors peussiez veoir romains a terre et cheuaulx trebucher, car le roy Artus faisoit si grant prouesse de son corps que tous ses hommes y prenoient exemple. Et en son temps nauoit homme en son lignaige qui tant peust faire darmes comme il faisoit. Si cherchoit les rens dun coste et dautre. Et messire Gauuain qui estoit dautre part et aussi keu le seneschal et girflet qui faisoient prouesse tellement que nul ne les en pouoit blasmer sil nauoit grant tort: car il alloit parmy la bataille qui estoit grande a merueilles. Et ainsi aduint quil encontra lempereur et ung sien nepueu/ lesquelz auoiēt moult dō maige ceulx de logres/car ilz alloient tuant et abbatant tout ce quilz rencontroient deuāt eulx. Quāt messire gauuain veit sa merueille quilz faisoient il dist a soy mesmes. Se ces deux viuent longuemēt il nous en pourra bi en venir grant dommaige/car ilz sont deux bōs cheualiers. Lors laissa courre incontinēt au nepueu de lēpereur et se frappa si durement de lespee quil lui abbatit lespaulle senestre/ et cestui qui se sētit naure a mort se laissa cheoir a terre.

A ce coup sassēblerent sa les rōmains et assaillirēt messire gauuain de tou tes pars. Et le frapperent despees et de glai ues la ou ilz se pouoient attaindre/ et lui firēt au corps grandes playes et parfondes/ mais riens ne lui faisoit tant de mal comme ceulx qui le frappoient sur sa teste/car par ce fut la playe que lancelot lui auoit faicte renouuel lee: dont il se conuint depuis mourir. Quant lempereur veit son nepueu ainsi naure il cou rut sus a keu le seneschal et le frappa si dure ment quil ne vesquit depuis que trois iours: puis courut sus a girflet et lui donna si grant coup qĩl le fist cheoir a terre. Ces deux coups veit le roy artus/ si cōgneut bien que cestoit lē pereur. Lors laissa courre son cheual vers lē pereur et se frappa si durement sur le heaulme de son espee quil se fendit iusques aux dens/ puis le bouta si rudement quil cheut mort a terre/ dont ce fut moult grant dommaige car il estoit fort bon cheualier et iesune homme.

Quant les rommains veirent leur sei gneur mort: ilz se desconforterent moult fort/ et tantost comme desconfis tour nerent en fuite/ et les gens du roy artus les en chasserent/ si les tuoient et detrenchoient si cru ellement quil nen demoura que cent quilz prī drēt et amenerent deuant le roy artus/lequel leur dist. Seigneures vo9 estes tous venus a Vostre mort: se vous ne me promettez que vous ferez du tout ma voulente/ et ilz lui promisrēt Si fist prendre a ces cent cheualiers rōmains le corps de lempereur et mettre en vne biere/ et puis leur dist. Seigneurs vous emporterez

vostre empereur a romme et direz a ceulx que vous trouuerez sa que en lieu du tribut quilz demandoient ie leur enuoie le corps de leur ē pereur/ ne autre truaige ne leur rēdra le roy artus. Et ceulx dirent tantost que ce messai ge feroient ilz aux rommains puis que faire leur conuenoit. Si se partirent du roy/ et le roy demoura en la place mesmes ou la bataille a uoit este faicte que oncques remuer ne sen vou lut.

C e iour mesmes que les rommains fu rent vaincus sicomme le compte a device: aduint que le varlet que la royne genie ure auoit enuoie en gaulle pour apporter les nouuelles de mordrec: vint deuant le roy qui moult estoit ioyeulx de sa belle victoire que dieu lui auoit donnee/ ce ne fust pour messire gauuain quil veoit si fort naure quil nen pou oit eschapper sās mort. mais messire gauuai ne se plaignoit pas tant de playe quil eust: cō me il faisoit de la playe que lancelot lui auoit faicte en sa teste/ si lui auoient les rōmains du tout renouuellee sa douleur: pour les grans coups quilz lui auoient le iour donne sur son heaulme. Si se plaignoit le roy fort a mer ueilles/ et sauoit messire gauuain ce iour fort bien fait en la bataille/ et se neust il este: sicom me les preudhommes de lost lafferment/les rommains nessent ia este vaincus ce iour. Et lors vint le messaige de la royne deuāt le roy et lui dist.

S ire a vous menuoie la royne genie ure vostre femme qui vous mande par moy que vous sauez trahye et deceue/ ne il na pas tenu a vous quelle nait este honnie et deshonnouree elle et tout son parente. Lors lui compta comment mordrec auoit gouuer ne son royaume et la trahyson quil auoit faicte et comment il auoit este couronne roy du royaume de logres et sauoiēt fait les hommes du pays qui de vous tenoiēt terre/en telle maniere que se vous y veniez vous ne seriez pas receu cōme leur seigneur/ mais comme leur eneimi. Apres lui cōpta comment il auoit assiege la royne genieure en la grosse tour de lōdres. Et pour ce quelle a paour que mordrec ne la destrui

vous mande elle par moy que vous la secou-
rez au plus tost que vous pourrez, car se vous
demourez guaires plus elle sera prinse, et la
deshonourera du corps, si aurez moult grāt
honte.

Quant le roy entendit ceste parolle: il
fut tāt amasaise que nul plus, lors
dist au varlet quil en penseroit bien. Si com-
menca a penser fort durement, et quant il eut
assez pensé: il dist. Haa mordrec or me fais tu
congnoistre que tu es le serpent que ie vey ia-
dis yssir de mon ventre: qui ma terre ardoit,
et a moy se prenoit. Mais onques pere ne fist
a filz ce que ie feray de toy, car ie te occiray a
mes deux mains: ne ia dieu ne plaise q̄ tu meu-
res par autres mains que par les miennes.
Ceste parolle ouirēt mains haultz hommes
dont ilz se merueillerent moult, car ilz sauoi-
ent vrayemēt par la parolle quil auoit dicte
que mordrec estoit son filz. Et le roy commā-
da a tous ceulx qui entour lui estoient quilz
feissent sauoir par tout tost quilz fussēt se ma-
tin appareillez de monter a cheual, car il sen
vouloit aller vers la mer pour passer au roy-
aume de logres. Quāt ceste parolle fut sceue
lors eussiez veu paueillons descendre de tous
costez, et le roy commanda que on feist vne bie-
re cheualeresse pour porter messire gauuain,
car il le vouloit auoir pres de lui, et sil mou-
roit il le vouloit veoir mourir deuant lui, et
sil viuoit de tant seroit il plus ioyeux. Et ilz
le firent incontinent tout ainsi comme il la-
uoit commande.

Au matin si tost comme il fut iour se
meut tout tost et se mist en chemin.
Si cheuaucherent tāt par leurs iournees q̄ilz
vindrent a la mer. Et lors pria messire gau-
uain a ceulx qui estoient entour lui, et dist en
telle maniere. Haa dieu ou suis ie. Sire dist
lun des cheualiers: nous sommes sur la riue
de la mer. Et quelle part voulez vous aller
dist il. Sire nous voulons passer pour aller
au royaume de logres. Haa dist messire gau-
uain vous soyez beney de dieu quāt il vous
plaist que ie meure en la terre que iay tant de-
siree. Haa sire dist le cheualier: cuidez vo' dōc

si tost trespasser. Ouy certes dist il seigneurs
car ie scay vrayemēt que ie ne viuray pas en-
cores .viij. iours, si suis plus dolent de ce que
ie ne verray point lancelot deuant que ie me u-
re: que ie ne suis de ma mort, car se ie veisse cel-
lui que ie scay au meilleur cheualier du mon-
de et au plus courtois, et que ie lui peusse crier
mercy de ce que iay este si villain au derrenier
enuers lui, il mest aduis que mon ame en se-
roit plus aise apres ma mort.

Le roy suruint a ces parolles et ouit bi-
en ce que messire gauuain disoit, et
quant il leut bien entēdu: il lui dist. Beau ne-
pueu grant dommaige me a fait vostre felon-
nie, car vous mauez osté vostre corps que ia-
moye sur tous hommes, et lancelot apres que
on redoubtoit tant, car se mordrec sceust quil
fust aussi bien de moy comme il souloit estre,
il ne fust ia si hardy dentreprendre ce q̄ il a fait
Or auray ie souffrete de deux preudhommes
et de ceulx en qui ie me fioye au grant besoing
car le desloyal traytre assemble tout le pouoir
de mes terres pour venir encontre moy. Haa
dieu se ieusse ores en ma compaignie ceulx q̄
ie y souloye auoir: ie ne doubtasse pas tout le
monde sil fust contre moy. Telles parolles
dist le roy: dont messire gauuain fut fort do-
lent, et dist. Haa sire est dōcques mordrec mō
frere ainsi desloyal deuenu vers vous com-
me vous dictes. Si maist dieu or ay ie trop
vescu et lui auec, car se ie me peusse aider ie fus-
se plus son mortel ennemy que nul autre. Si
vous prie que se vous auez perdu lancelot par
ma follye que vous le recouurez, car par vo-
stre sens vous le pouez bien legieremēt retrai-
re et tour vous se vous voulez, et il vous seroit
bien besoing, car cest sans faulte le plus preu-
dhomme du monde et le plus courtois. Et si
vous ayme de si grant amour: que ie scay bien
quil vendra a vous si tost comme vous le mā-
derez, et vous en serez bien acompaignie, car
vrayement cest le plus preudhomme que ie cō-
gneus oncques, et le plus piteux que ie sache:
et vous lenuoierez querir quil vous viengne
secourir sil vous plaist, car il vous en est bien
mestier ce mest aduis, ne ia pour fiāce ne pour
secours q̄ vo' cuidez auoir en moy ne le laissez

car si maist dieu vous ne me verrez iamais porter armes, car ie finerai ma vie bien briefment.

Quant le roy artus entendit ce q̃ messire gauuain lui dist quil ne pouoit de ceste playe eschapper sans mort, il fut si dolent q̃l ne sauoit que faire: ains faisoit si grãt dueil quil ny auoit homme en sa place a qui il ne print pitie. Beau nepueu dist le roy est il doncques ce que vous dictes que vous nous lairrez en ce point. Sire ouy, car ie scay bien vrayement que ie ne viuray pas quatre iours. De ce me doy ie bien plaindre dist le roy, car le plus grãt dommaige en est mien. Sire dist messire gauuain toutesfois vous cõseilleroye ie que vous mandissiez a lancelot quil vous veinst secourir, ⁊ ie scay vrayement quil y vẽdra. car il vous ayme assez plus que vous ne cuidez. par ma foy dist le roy ie me suis tant messait vers lui: que ie ne croy pas que priere y puist auoir mestier, ⁊ pource ne le requerray ie pas.

A tant vindrent les mariniers au roy ⁊ lui dirẽt. Sire quãt il vous plaira vous pourrez ẽtrer en vostre nef, car nous auons appareille tout ce quil nous conuient: ⁊ se vẽt est bon ⁊ fort, se vous demourez plus ce sera follie. A tant print le roy messire gauuain ⁊ se porta en sa nef, puis entrerent dedẽs sa nef ses plus riches barons, ⁊ mirent auec eulx leurs armes ⁊ leurs cheuaulx, ⁊ les autres barons entrerent en leurs nefz ⁊ leurs hõmes auec eulx. Ainsi sen retourna le roy artus fort courrouce de la desloyaulte que mordrec lui auoit pourchassee. Mais plus lui pesoit de messire gauuain quil veoit chascun iour approchier de sa fin, cestoit le dueil qui plus lui touchoit au cueur que nul autre, cestoit le dueil qui ne se laissoit reposer ne nuit ne iour, cest le dueil q̃ ne se laissoit ne boire ne mẽger. Mais a tant laisse ores le compte a parler du roy artus ⁊ de messire Gauuain, ⁊ retourne a mordrec.

Comment mordrec tenoit le siege contre la royne qui estoit en sa grosse tour de londres, ⁊ comment il ouit dire que le roy estoit arriue au royaume de logres, parquoy il fist armer toutes ses gens pour aller a lencõtre du roy.

ch. viii. ch.

Or dist le compte que tant tint mordrec le siege entour la tour de londres quelle fut moult ẽpiree en plusieurs lieux, car il y auoit maintesfois fait ietter dartillerie, auxquelz neussent iamais resiste ceulx qui dedẽs estoient: silz ne se fussent vaillamment deffẽdus. Et ce pendant que le siege estoit deuant la tour ne cessa oncques mordrec de mander les haultz hommes descosse ⁊ des estranges pays qui du roy artus tenoient terre, ⁊ quant ilz estoiẽt venus a lui, il leur donnoit si beaucoup dons quilz en estoient tous esbahys ⁊ prestz a faire tout ce quil vouloit, ⁊ les cõquist par telle maniere si finement quilz se ottroioient du tout a lui, ⁊ disoient les vngs ⁊ les autres q̃lz ne lairoiẽt pour nulle chose quilz ne lui aidassent contre tous hommes: mesmement contre le roy artus sil reuenoit. Ainsi tourna mordrec a sa partie tous ceulx qui du royaume tenoient terre ⁊ se tint auec lui grant temps, ⁊ il se pouoit bien faire, car le roy artus lui auoit laisse tous ses tresors, Et dautre part tout le monde lui apportoit ⁊ donnoit, ⁊ ilz se tenoiẽt a bien employe pour la grant largesse dont il estoit plain. Vng iour aduint quil auoit assailly la tour, si lui aduint que vng sien messagier vĩt a lui, ⁊ lui dist a cõseil arriere des autres. Sire nouuelles vous scay dire merueilleuses.

Le roy artus est arriue en ceste terre auec tout son pouoir, ⁊ vient sur vous a grant puissance, ⁊ se vous le voulez cy attẽdre vous le pourrez bien veoir dedens deux iours. Si ne pouez faillir a sa bataille, car il ne vient sur vous pour autre chose: si non pour vous destruire ⁊ mettre a mort villaine se il vous peut tenir entre ses mains. Or regardez que vous en pourrez faire, car se vous nauez bon conseil vous y pourrez bien tout perdre. Quant mordrec entendit ceste nouuelle: il en deuint si esbahy ⁊ si esperdu q̃l ne sceut q̃ faire, car moult doubtoit le roy art⁹ ⁊ sa puissãce, ⁊

mesmemēt il auoit grant paour de dessoy par te & de trayson. Lors se conseilla a ceulx ou il se fioit le plus/& leur demanda quil en pour roit faire/& ilz dirent. Sire nous ne vous pouons autre conseil donner: fors que vous assemblez voz hommes & allez contre sui, et lui mandez quil vuide vostre terre: & sil ne se veult faire: vous auez plus de gens quil na/ & qui vous ayment de grant amour. si vous cōbatez a lui seurement/& sachiez vrayement que ses hommes nauront ia vers vous duree a ce quilz sont las & trauaillez & nous sōmes frais & reposez. Si auons porte armes lōg temps a/& deuant que vous partez dictes que tez a voz hōmes silz saccorderont a la batail le. & creez le conseil quilz vous en donneront. Et mordrec dist que tout ainsi se feroit il. Si manda deuant lui tous ses barons de lōdres qui estoient dedēs la cite/ lesquelz vindrent tā tost a lui/& quant ilz furent venus. Si leur dist mordrec que le roy artus venoit sur lui a tout son pouoir & seroit a lōdres dedēs trois iours: & ceulx qui sa estoient dirent a Mor drec. Sire de sa venue que vous en chault il vous auez plus de gens quil na/ allez seure ment encontre sui, car nous mettrōs noz corps en auenture de mort: ainçois que nous ne ga rantissons la terre que nous vous auons don nee/& ia ne vous fauldrons tant q̄ nous puis sons porter armes.

Quant mordrec entendit leur voulen te il en fut fort ioyeux/& ses remer cia grandement. Et lors commanda quilz fus sent armez/ car ilz nauoient que tarder. Et ilz respondirent quilz vouldroient bien estre a lē contre du roy artus: ains quil eust la terre dō maigee. Lors fut la nouuelle par tout sceue/ si dirent tous quilz partiroient le matin pour aller contre le roy artus. Celle nuit furent en peine deulx appareillier. Et lendemain si tost come il fut iour ilz se partirent de londres & trouuerēt quilz estoient plus de soixante mil le. Si laisse ores le compte a parler deulx/et retourne a la royne genieure.

¶ Comment apres que mordrec se fut parti de londres pour aller cōtre le roy artus en ba taille/ la royne sen alla en vne abbaye de non

naine la ou elle se rendit & y vesquit moult sainctement. xix.ch

Or dist le compte q̄ quant mor drec se fut parti de londres lui & sa compaignie. Ceulx de la tour penserent bien que le roy artus venoit & que ceulx alloient a lencontre pour combatre. Si se dirent a la royne/ dōt elle fut en partie ioyeuse & en partie dolente/ ioyeuse de ce quelle seroit deliuree de lassault que sui faisoit mordrec/& dolente du roy dont elle auoit paour quil ne mourust en la batail le. Lors commēça a penser quelle pourroit fai re/ mais elle fut tant a malaise quelle ne sa uoit que dire. Si lui dist vng sien cousin. Haa dame que auez vous: pour dieu dictes le moy & ie vous en conseilleray a mon pouoir. donc le vous diray ie dist la royne. En ce penser me ont mis deux choses/ lune que monseigneur le roy artus est entre en ceste bataille/& se mor drec en vient au dessus il moccira/& se monsei gneur le roy artus en a lonneur & la victoire: il ne pourra croire en nulle maniere que mor drec ne mait congneue charnellement pour sa grant force quil a mise a moy auoir. Si scay bien vrayement que si tost comme il viendra il moccira si tost comme il me pourra tenir. Par ces deux choses pouez vous veoir clerement quil ne peut estre que ie ne meure dune part ou dautre. or regardez que iaies & se ie puis estre bien aise. Cellui ne la sceut en riens cōseillier de ceste chose/ car il veoit de toutes ps sa mort appareillee/ mais il la resconforta ainsi & lui dist. Dame se dieu plaist le roy aura plus grāt mercy de vous que vous ne cuidez. si ne vous esbahissez pas si fort/ mais priez deuotement a nostre seigneur iesucrist quil enuoie au roy artus vostre seigneur & mary honneur & vi ctoire de ceste bataille/& ie scay bien certaine ment quil vous pardonnera le courroux quil a enuers vous.

Celle nuit reposa bien pou la royne cō me celle qui nestoit pas trop a son ai se: ains estoit fort durement espouentee/ car elle ne veoit de nulle part sa sauuete. Lende main si tost cōme le iour apparut elle esueilla deulx de ses damoiselles ou elle se fioit le plus. Quant elles furent vestues et appareillees/ elle les fist monter chascune sur ung palefroy et mena auec elle deulx escuiers/ si print deulx sommiers chargez dor et dargent/ et se fist conduire hors de sa tour. Ainsi sen yssit la royne de Sorelois et cheuaucha iusques a vne forest: qui estoit bien pres de la/ ou il y auoit vne abbaye de nonnains que ses predecesseurs auoient fondee. Quant elle fut leans venue/ elle fist deschargier tout le tresor quelle auoit apporte auec elle/ puis dist aux deulx damoiselles qui estoient venues auec elle. Sil vous plaist vous demourrez auec moy: et se non vous vous en yrez/ car au regard de moy ie demourray cy et seray rendue auec les nonnains de ceans car aussi madame la royne de carmelide que on tint a bonne femme si rendit y vsa se demourant de sa vie.

Quant ses damoiselles ouirent ce que la royne dist/ si commencerent a plourer/ et lui dirent. Dame cest honneur ne receurez vous pas sans nous. Et la royne dist que de ceste compaignie estoit elle fort ioyeuse Lors vint labbesse deuant la royne/ et si tost quelle la vit/ elle lui fist moult grant feste. Et la royne lui requist lordre de leans. Dame dist la bcsse se le roy estoit trespasse de ce siecle/ nous le serions voulentiers/ mais tant comme il viue nous ne loserions faire/ car il nous occiroit sans faulte si tost quil le sauroit. Et encores dist elle dame y a il bien autre chose/ car se receue vous auions: si ne pourriez vous souffrir lordre/ car trop y a grant peine: mesmement a vous qui auez eues toutes les aises du monde. Dame dist la royne se vous ne me receuez il en sera de pis a moy et a vous/ car se ie men vois dicy et il me mesaduient par aucune maniere: le dommaige en sera vostre/ et se le roy vous demandera mon corps/ car par vostre deffaulte me sera il mesaduenu: sil me mesaduient en aucune maniere. Tant dist la royne a labbesse quelle ne sceut que respondre/ et la royne la tira a part et lui dist la raison pourquoy elle se vouloit rendre. Dame dist labbesse de ce vous conseilleray ie bien. Vous demourrez ceans et sil aduient par meschance que mordrec vien

gne au dessus du roy artus et quil vainque ceste bataille: lors pourrez vous tout a temps prendre noz habis et entrer du tout en lordre. Et se dieu donnoit a vostre seigneur lonneur et la victoire de ceste bataille et quil retournast sain et en bon point/ ie seroye bien tant vers lui que vous seriez mieulx de lui que vous ne fustes oncques. Et la royne respondit. Dame ie cuide bien certainement que ce conseil soit bon et loyal/ et ie le feray tout ainsi comme vous le mauez conseille. En telle maniere demoura la royne leans en labbaye auec les nonnains pour la paour quelle auoit du roy artus et de mordrec. Mais a tant laisse le compte a parler delle/ et retourne au roy artus.

¶ Comment messire gauuain trespassa de ce siecle/ et comment le roy artus le fist porter a camalot/ et fut mis soubz la tombe de gahariet son frere. pp. ch.

Or dist le compte que quant le roy artus se fut mis en la mer pour aller au royaume de logres destruire et assaillir mordrec/ il eut bon vent et fort qui tost lemporta lui et sa gent dela la mer: tellement quilz arriuerent soubz le chasteau de douure/ et ceulx du chasteau ouurirent la porte et les receurent a grant feste/ et dirent au roy quilz cuidoient quil fust trespasse. Or sachiez dist le roy que tout ce pourchassa mordrec/ dont il mourra se ie puis comme desloyal traytre et pariure quil est: enuers dieu son createur/ et enuers moy aussi qui suis son souuerain seigneur/ et encores contre son oncle.

Ce iour mesmes enuiron lheure de vespres dist messire gauuain a ceulx qui entour lui estoient. Allez moy querir monseigneur mon oncle quil viengne parler a moy: et tantost ung cheualier alla au roy et lui dist que messire gauuain le demandoit. Quant le roy y fut venu: il trouua son nepueu si bas quil nen pouoit parolle tirer. Et quant il ouit son oncle qui sur lui menoit grant dueil/ adonc ouurit il les yeulx a grant peine et lui dist en ceste maniere. Sire ie meurs/ si vous prie pour dieu se vous pouez garder dassembler encontre moi:iec: si vous en gardez/ car ie vous dy vrayement que se vous mourez par nul homme qui vive: vous mourrez par sui/ z madame sa royne/ z sil y a aucun dentre vous qui voye lancelot/ dictes lui de par moy que ie lui mande salut/ z que ie lui crie mercy/ z ie prie a nostre seigneur quil se garde de mal/ z que ie lui prie quil ne laisse en nulle maniere quil ne viengne veoir ma tobe. Si ne sera pas si dur a mon aduis quil ne lui preigne pitie de moy. Sire ie vous requiers que vous me facez enterrer a kamalot auec mes freres/ z vueil estre mis en la tombe ou gaheriet mon frere gist/ car cest homme du monde que iay plus ame/ z faictes escripre dessus. Cy gisent les deux freres gaheriet z messire gauuain que lancelot occist par loutraige gauuain. Cest escript vueil ie quil y soit mis: affin que ie soye blasme de ma mort: sicomme ie say desse rup. Le roy qui trop faisoit grant dueil: quant il ouit ce que messire gauuain disoit: lui demanda. Comment beau nepueu estes vous doncques tue par la main de lancelot. Sire dist il ouy par sa playe quil me fist au chief/ z nompourtant si en estoie ie guari quant les rommaine sa me renouuelleret en la bataille. Et a tant se teust messire gauuain q̃ plus ne parla: fors au dernier quil dist. Jesucrist pere debonnaire ne me iugiez pas selon mes meffais/ z incontinent trespassa du siecle.

Le roy se pasma plusieurs fois sur lui puis dist. Hee fortune chose contraire z diuerse: pourquoy me fus tu oncques si debonnaire pour le me rendre si chierement au dernier. Tu me fus iadis mere: or mes deue nue marrastre de me faire a dueil mourir/ tellement q̃ en deux manieres mas despourueu de mes amps z de ma terre. Haa mort villaine coment as tu este si harde dassaillir vng tel homme comme estoit mon nepueu: qui de bonte passoit tout le mode. Moult estoit le roy artus courrouce de ceste mort/ z tant en auoit grant dueil quil ne sauoit quil deuoit faire ne dire. Si se pasmoit si souuent sur le corps de messire gauuain que ses barons auoient grat paour quil ne mourust de dueil. Si semporterent en vne chambre pource quilz ne vouloiet pas q̃l veist plus le corps de messire gauuain car tant quil le verroit il ne cesseroit son du eil. Tout le iour fut le dueil si grãt au chasteau que on ny eust pas ouy dieu tonner: z plouroient tous z toutes aussi tendrement comme sil eust este a chascun frere/ z ce nestoit pas merueilles: car messire gauuain estoit le meilleur cheualier du mõde z le plus ame de diuerses gens. Ilz firet au corps le plus grant honneur qlz peurent/ z lenueloperent en draps de soye si y eut si grant luminaire quil sembloit que le chasteau ardist. Au matin si tost comme il fut iour le roy artus qui se veoit en grant peine de maintes choses: print cent de ses cheualiers z les fist armer/ z fist faire vne biere cheualeresse/ et fist mettre le corps messire Gauuain dedens/ puis dist aux cheualiers. Seigneurs vous me conduirez mon nepueu iusques a kamalot. z la le ferez enterrer sicomme il la requis. Et en disant ces parolles il plouroit si tendremẽt q̃ ceulx de leans estoiet plus tourmentez de son dueil que de sa mort messire gauuain. Lors monterent les cent cheualiers a cheual/ z au cõuoiet en y eut plus de mille autres qui tous plouroient/ z disoiẽt en telle maniere. O preudhomme courtois z bon cheualier sur tous autres: maudicte soit la mort q̃ de toy nous a oste la compaignie. Ainsi plouroit le peuple apres messire gauuain. Quãt le roy eut assez conuoye le corps de messire gauuain/ il sarresta z dist aux cheualiers q̃ le deuoient mener a kamalot. Seigneurs ie ne puis plus aller auant/ car il me conuient retourner/ allez a kamalot z faictes ce que ie vous ay dit. Lors sen retourna le roy tant dolent que nul plus z dist a ses hommes. Haa seigneurs q̃ ferez vous desormais: car vous auez perdu cellui qui vous estoit pere z bouclier a tous besoingz. Haa dieu or crains ie q̃ nous napõs bien tost a faire de lui z de sa prouesse.

Ainsi disoit le roy artus en allant/ et ceulx q̃ le corps messire gau. conduisoyẽt cheuaucherent tout le iour entier tant q̃ auenture les mena a vng chasteau que on appelloit belloe/ si en estoit seigneur vng cheualier q̃ õcques nauoit ame messire gau. z estoit moult cruel. Si auoit par enuie hay messire gauuain pource quil estoit meilleur cheualier que lui. Ceulx qui le corps portoient descendirent deuant le maistre palais Et tantost vit la dame de leans qui leur demāda qui ce cheualier estoit. Et ilz lui dirent que cestoit messire gauuain le nepueu au roy artus. Quāt la dame entendit ceste parolle: elle courut incontinent celle part ou estoit le corps, & se pasma dessus, & quant elle fut reuenue a elle, si dist. Haa messire gauuain tant est grāt dōmaige de vostre mort, mesmement aux dames & aux damoiselles & moy mesmes y pers assez plus que nulle autre, car ie y pers lhomme du monde que ie plus amoye. Et sachent bien tous ceulx qui ceans sont: que ie namay oncques homme fors lui: ne iamais namerap nul autre tant comme ie vive.

A ces parolles yssit le seigneur dune chābre, si fut fort courroucé du dueil quil veit mener a sa fēme. Lors courut a vne chambre & print vne espee, puis vint vers le corps & frappa sa femme qui dessus le corps estoit si durement quil lui trēcha lespaulle dextre tout net. & en a bien demy pié dedās le corps messire gauuaī, & la dame se cria & dist. Haa messire gauuaī or suis ie morte pour lamour de vous: pour dieu dist elle seigneurs qui cy estes, ie vous prie que vous portez mon corps la ou vous porterez le sien, & le mettez empres le sien: affin que tous ceulx qui noz sepultures verront sachēt que ie suis morte pour lamour de lui. Les cheualiers nentendirent pas guaires a ce que la dame dist, car trop estoient dolens de ce quilz veoient que la dame estoit morte par mescheance. Lors coururent sus au cheualier, si lui osta lespee lun deulx & lui dist. Certes sire cheualier moult nous auez fait de honte qui deuant nous auez tue ceste dame, si maist dieu iamais ne frapperez dame quil ne vous en souuiengne. Lors print lespee et le frappa si durement quil lui fist playe mortelle. Et si tost quil se sentit naure il sen voulut fuir, mais le cheualier lui donna vng autre coup & labatit tout mort a terre. Lors se cria vng cheualier qui leans estoit. Haa dieu ces cheualiers ont occis monseigneur, puis le fist

tantost sauoir parmy la ville, & tous les gēs saillirent aux armes & disrent que mal vindrent ces cheualiers sa, car ilz leur venderōt la mort de leur seigneur moult chierement.

Lors vindrent au palais & les assaillirent, & ceulx se deffendirēt si vaillamment que ceulx de la ville se tindrēt pour folz de lassault quilz auoient commencé, car ces cent cheualiers leur firent tantost vuider le palais. En telle maniere demourerent au chasteau toute la nuit. Au matin firent faire vne biere & emporterent auecques eulx le corps de sa dame, si cheuauchere̅t tant par leurs iournees quilz vindrēt a kamalot. Et quāt ceulx de la cité sceurent que cestoit le corps de messire gauuain ilz furent moult dolens, & disrent que maintenant estoient ilz du tout au bas. Si conuoierēt le corps iusques a la maistresse eglise, & le mirent au milieu du moustier.

Quāt vit a heure de tierce que le corps de messire gauuain eut eu ses droictures: ilz le mirent en la tōbe ou gaheriet son frere gisoit, & escripuirēt sur la tombe lettres qui disoient. Cy gisent les deux freres gaheriet & messire gauuain que monseigneur lancelot du lac occist par sō oultrage. Et dessus la tombe de la dame qui estoit assez pres de celle de gaheriet mirent lettres qui disoient. Cy gist la dame de belloe q̄ son mary occist pour lamour de messire gauuain. Mais a tant laisse se compte a parler deulx, & retourne au roy artus.

Comment le roy artus assembla en bataille contre mordrec, de laquelle bataille il nen reschappa que trois hōmes dont le roy artus en fut lun lequel fut nauré a mort. xxi. ch.

Or dist le compte que quant le roy artus se fut pti du corps de messire gauuain ql auoit ē uoyé a kamalot: quil reuint au chasteau de douures, & y seiourna tout le iour & lendemain sen partit pour aller combatre cō tre mordrec. Si cheuaucha tout le iour a tout son ost, tant quil vint a lentree dune forest a vne praerie ou il se logea pour celle nuit en sa tente. Et quant il fut couche en son lict et endormy: il lui fut aduis que messire gauuain venoit a lui plus beau quil ne sauoit oncques veu a nul iour, et venoit apres lui vng peuple de poures gens: qui tous lui disrent. Roy artus nous auons conqueste la maison nostre seigneur auec vostre nepueu pour les grans biens quil nous a fais, et say ainsi comme il a fait: si feras que saige. Et le roy leur respondit quil en estoit moult ioyeup. Lors courut incontinent a son nepueu et laccolla moult doulcement. Et messire gauuain lui dist tout en plourant. Sire gardez vous dassembler par guerre a mordrec, car se vous y assemblez vous y mourrez: ou serez naure a mort. Certes dist le roy ie my assembleray et y deusse ie mourrir car autrement seroye ie repute de lasche couraige se ie ne deffendoye ma terre contre vng traitre comme il est. Et messire gauuain sen retourna a tant faisant le plus grant dueil du monde, et dist au roy son oncle. Haa sire quel dueil et quel dommaige quant vous hastez de si pres vostre fin, puis reuint au roy et lui dist. Sire mandez lancelot, car sachiez vrayement que se vous lauez en vostre compaignie que ia na ura mordrec pouoir contre vous, et sachiez de vray que se vous a ce besoing ne le mandez: vous nen pouez eschapper sans mort. Et le roy dist que pour ce ne manderoit il ia lancelot. Et messire gauuain sen retourna sermoyant et disant. Sire ce sera dommaige a tous preudhommes. Ainsi aduint il au roy artus en son dormant. Au matin quant il se sueilla: il fist le signe de la croix emmy son front et dist. Haa beau sire dieu iesucrist qui mauez souffert auoir tant dhonneurs en ce monde: depuis que ie portay premierement couronne. Beau sire dieu ne souffrez pas par vostre misericorde que ie perde honneur en ceste bataille, mais donnez moy victoire sur mes ennemis qui sont pariures et desloyaulx enuers moy. Lors se leua le roy et ouit messe de la bouche dun arceuesque, et quant il leut ouye il fist vng pou menger tout son ost car il ne sauoit de quelle heure il rencontreroit les gens mordrec. Quant ilz eurent menge: ilz se mirent en chemin, et cheuaucherent tout a loisir de paour que leurs cheuaulx ne fussent

las quant ilz vendroient a la bataille.

Cellui iour se logerent en la praerie de Sonedon, et furent assez aises. Le roy se coucha en sa tente tout seul fors de son chambrelan. Quant il fut endormy il lui fut aduis que vne dame venoit deuant lui la plus belle quil veit oncques: qui lenseuoit de terre et le portoit en la plus haulte montaigne quil veit oncques, et lasseoit en vne roe, et en ceste roe auoit plusieurs sieges: dont lun montoit et lautre descendoit. Le roy regardoit en quel lieu de la roe il estoit assis, si veit que son siege estoit le plus beau et le plus hault, puis lui demandoit. Roy artus ou es tu. Dame ie suis en vne haulte roe, mais ie ne scay pas quelle elle est et quelle signiffie. Cest la roe de fortune dist elle, puis lui demanda. Artus que vois tu. Dame dist il: il me semble que ie vois tout le monde. Il est vray dist elle que tu le vois, ne il ny a pas grant pays dont tu nayes este seigneur iusques cy, et de toute la circonstance que tu vois as tu este le plus puissant roy qui oncques y fust, mais telz sont les orgueilz terreens quil ny a si hault assis quil ne conuiegne cheoir de la magnificence du monde, et tu ten apperceueras bien bref. Lors fist tourner la roe et le trebucha ius si fellonneusement a terre: que au cheoir fut bien aduis au roy artus quil fust tout desrompu, et quil eust perdu tout le pouoir du corps.

Ainsi veoit le roy artus les meschances qui lui estoient a aduenir. Au matin quant il fut leue il ouit messe et se fist confesser a vng arceuesque au mieulx quil peut de tous les pechez dont il se sentoit coulpable vers son createur. Et quant il se fut confesse, et il eut crie mercy a dieu de bon cueur: il compta a larceuesque les auisions qui lui estoient aduenues es deux nuis de deuant. Et quant le preudhomme les entendit: il dist au roy. Sire pour saulete de vostre ame et de vostre corps et aussi du royaume: retournez arriere sil vous plaist a tout voz gens, et mandez a lancelot quil vous viengne secourir, et il y viendra moult voulentiers, car se vous assemblez a mordrec en ce poit: vous y serez naure a mort: ou occis et nous y aurons moult grant dommage tant que se siecle durra ne nen sera iamais le dommaige repare.

Roy artus tout ce vous aduiendra/ se vous assemblez a mordrec. Sire dist le roy. Merueilles me dictes qui me deffedez a faire ce que ie ne puis destourner. Par ma foy dist le preudomme faire le vous conuient se vous ne vous voullez destruire/ et tous ceulx qui vous feront compaignie: car ie vous promectz loyaulment que vous ne partirez ia du champ si non mort ou naure a mort se tant auient que les deux ostz frapent ensemble. Ainsi dist le preudhomme au roy artus comme cellui qui se cuidoit bien refstraindre de ceste voulente: mais ce ne peust estre car le roy iura same de Vterpandragon son pere qu'il nen retourneroit ia: ains sassembleroit a mordrec la ou il se trouueroit. Sire dist le preudhomme ce poise moy/ car ie doubte grayement que grant dommaige ne vous en viengne. Et le roy sui dist quil nen parlast plus car il ne laisseroit ia a faire sa voulente pour homme qui soit viuant.

Ce iour cheuaucha le roy artus vers ses champs de salsebriez au plus droit quil peust comme cellui qui sauoit bien que la endroit seroit la mortelle bataille dont merlin et les autres deuins auoient assez parle. Quant le roy artus fut entre en sa terre qu'il souloit tenir et il fut es plaines champs il dist a ses gens quilz se logeassent la: et attendissent la bataille de mordrec: et ainsi le firent ilz. Celluy soir apres soupper alla le roy artus esbatre par my sa plaine/ lui et vng arceuesque: tant allerent quilz vindrent a vne roche haulte et dure/ si regarda le roy contre mont la roche et veit quil y auoit lettres qui estoient entaillees/ puis regarda tantost larceuesque et lui dist/ Sire merueilles pouez veoir en ces lettres qui sont encisees long temps a: or regardez sil vous plaist quelles dient: dist le roy. Adonc regarda larceuesque et trouua quilz disoient. En ceste plaine doibt estre la bataille mortelle parquoy le royaulme de logres demourera orfelin. Or sachiez quilz veulsent dire que se vous assemblez a mordrec que le royaulme de logres demourera orfelin: car sans

faulte vous mourrez ou serez naure a mort/ autrement ne pouez departir: et affin que vous me croyez mieulx que en ces lettres ny ayt si non verite: cest de la lettre de merlin en laquelle ny eut oncques nulle faulte: car il estoit certain des choses a venir. Sire dist le roy artus ien ay tant veu que ie ne feusse venu tant auant en ceste querelle comme ie suis: ie retournasse maintenant quelque talent que iaye eu iusques cy: mais or soit Jhesuchrist a nostre aide: car ie ne mempartiray iamais iusques a tant que nostreseigneur en ayt donne lhonneur a mordrec ou a moy: et sil me meschiet: ce sera par mon pesche et par mon oultraige a ce que iay plus de cheualiers que na mordrec en sa compaignie.

Ceste parolle dist le roy artus moult esbahy et plus espouante qil ne souloit pource quil auoit toutes ces choses veues qui demonstroient sa mort: et puis sen reuint en sa tente: et ainsi quil fut reuenu vng varlet luy dist. Roy artus ie ne te salue pas: car ie suis a mordrec ton mortel ennemy: Il te mande par moy que tu es follement entre en sa terre: se tu lui veulx promettre come roy que tu ten yras demain au matin/ toy et ta gent dont tu viens: il le souffrira/ et se tu ne le veulx faire: Il te mande a demain la bataille: or regarde que tu veulx faire: car tu y mourras et toy et ta gent se tu ne vuides sa terre.

Quant le roy entendit ce que mordrec lui mandoit si fut moult courouce et lors dist au varlet. Va dire a ton seigneur que de ceste terre qui est mienne/ ne vuideray ie pas pour lui en nulle maniere: ains y seray pour la deffendre et iecter hors mordrec le traitre desloyal pariure/ et bien sache quil en mourra par mes deux mains: ne ie nen prendroye pas tout le monde de recompense. Et ceste chose lui diras tu de par moy: et lui dy bien que iayme mieulx deffendre ma terre dung tel traitre que de se laisser gouuerner sil me deuoit occir. Apres ceste parolle ne demoura gaires le varlet/ ains sen partit sans conge prendre Et alla tant quil vint a mordrec et luy compta tout ce que le roy artus lui mandoit. Sire fist il ie vous dy vrayement q a la bataille ne pouez faillir se vous la voullez demain attendre. Je lattendray dist mordrec: car ie ne desire autre chose. Ainsi fut emprinse la bataille dont mains preudhommes en receurent mort. Celle nuit furent en grāt doubtance les hommes du roy artus: car ilz scauoient certainement que Mordrec auoit plus de gens quilz nestoient, et pource doubtoient ilz moult a sassembler a lui. Et aussi mordrec auoit tant fait que ses gens sapmoient fort tant par prieres que par dōs, et estoient grans hommes a force, combien que ilz ne fussent pas si duitz de bataille comme la gent au roy artus. Et aussi tous les haultz hommes du pays auoyent fait hōmaige a mordrec, et hayoient fort le roy artus pour plusieurs grans ennuys q̃ il leur auoyt fait autreffoys: et pourtant prenoient peine deulx venger de lui.

Ainsi furent assemblez dune part et dautre grant gent. Si tost comme le iour apparust, le roy Artus se leua et ouyt messe, puis sarma et commanda a ses hommes quilz sarmassent. Si establit le roy artus ix. batailles, dont messire yuain conduysoit la premiere: La seconde le roy karadoc. La troysiesme le roy kabaratiue: la quatriesme le roy aguisaus: la cinquiesme Girflet: la sixiesme lucans le bouteillier: la septiesme Saigremors le desrees: la huytiesme Guyuret: et le roy Artus conduisoit la derniere. Et a ceste estoit tout lespoir de ceulx de deuant, car il y auoit moult de preudhommes. Si ne pensoient pas destre legierement desconfitz se trop grant nōbre de gens ne venoit sur eulx. Quant le roy Artus eust ses batailles en telle maniere establyes, il pria a tous les haultz hommes quilz pensassēt de bien faire: car se il pouoit yssir a honneur de ceste bataille, il ne souffreroit iamais nul homme qui contre luy sosast rebeller.

Tout ainsi ordonna le roy Artus ses batailles, et aussi fist mordrec les siennes: et pource quil auoit plus de gens que le roy artus nauoit: ordonna vingt batailles et mist a chascune tant de gens comme mestier estoit: et bons cheualiers pour les conduyre. En la derniere mist la plus grant puissan-

ce et tous bons cheualiers, si se fioyt mordrec plus a celle bataille qua nulle autre, et sa conduisit: et dist que de ceste bataille sassembleroit il contre le roy artus, car ses espies lui auoiēt dict que le roy artus conduisoit aussi sa derniere de ses batailles. Aux deux premieres batailles Mordrec nauoyt nul cheualier qui ne fust de sessongne: et aux autres deux estoyent descosse. Apres estoient ceulx de galles, et tindrent leurs gens deux batailles apres ceulx de norgalles troys batailles. Ainsi auoit mordrec de dix royaumes auec soy ses cheualiers et tant allerent quilz vindrent a la grant plaine de salesbries. Et veirent les batailles du roy Artus dont les estandars ventiloyent contre le vent et attendoient tant que ses hōmes mordrec venissent. Et quant ilz se furent entre aprouchez, si quil ny auoit que du frapper. Lors eussiez veu lances briser, mais deuant tous les autres Venoit arichans le filz au roy de sessongne, et estoit moult bien arme de toutes armeures. Et quāt messire yuain se veit qui estoit le premier de ses compaignons en attendant sa premiere iouste, il laissa son cheual courre qui estoit fort et legier contre Arichans, si se frappa si durememēt quil lui perca lescu et le haulbert et lui mist le fer par my le corps, tellement quil cheut par terre naure a mort. Et lors dist vng des parens a messire yuain si que plusieurs le peurent bien ouyr Sessongne est huy a pourcy de son meilleur et principal heritier.

Atant se desbuscherent les deux batailles de sessongne encontre la premiere bataille du roy artus. Lors eussiez veu a lassembler mais beaucop coups de lance frapper, et maint cheualiers trebucher a terre: et tant que la terre estoit toute couuerte de cheualiers dont les vngs estoient mors et les autres naurez. Ainsi commenca la bataille es plaines de salesbries dont le royaume de logres fut destruit, et aussi furent maintz autres car oncques puis ny eut autant de preudhommes comme il y auoit eu deuant. Si en demourerent apres leur mort les terres gastees et souffreteuses de bons seigneurs: car ilz furent la tous occiz a grant douleur. Quant ceulx de deuant eurent rompu leurs lances/ ilz mirent les mains aux espees et frappoient si grans coups les ungs contre les autres qlz sentrecouppoient espaulles et bras,e faisoient souuent entrer leurs espees parmy leurs heaulmes iusques es ceruelles les ungs des autres. Et messire yuain q en sa main tenoit sa bonne espee trenchant departoit la presse dung coste et dautre et faisoit tant de proesse que a peine eust on peu trouuer homme de son aage qui autant en eust peu faire comme il en faisoit en celle iournee.

Moult se fist bien cellui iour messire yuain, et moult greua les Sessues. Quant le roy de sessongne leut grat piece regarde/ si dist a soy mesmes. Se cestui vit longuement nous sommes tous desconfitz/ lors lui laissa courre son cheual parmy sa presse tant comme il se pouoit picquer et se frappa de toute sa force si durement que lescu ne se garantist quil ne lui mist lespee au coste senestre/ mais il ne se naura pas a mort. Et ainsi quil sen passoit oultre messire yuain se frappa si durement de son espee quil lui fist la teste Voller/ et le corps cheut a terre. Quant les sessues Virent leur seigneur a terre/ilz commencerent a faire ung dueil si grant q cestoit merueilles. Et adoncleur coururent sus ses hommes a messire yuain les espees traictes tellement quilz les occirent et abbatirent en peu dheure tant quilz les firent fuyre deuant Et quant ceulx dirlande Virent que ses sessues auoient laisse la place pour la force des hommes a messire yuain/et quilz les Virent Venir Vers eulx/ lors sapresterent pour les secourir. Si picquerent leurs cheuaulx contre les hommes de yuain:et a cause quilz estoiet frez et repozes en occirent grant quantite. Et les gens de messire yuain qui aymoient mieulx mourir que retourner les receurent au mieulx quilz peurent comme ceulx qui estoient lassez:et en celle escousse fut messire yuain abatu a terre et naure de deux glaiues de iouste tant que en peu dheure eust este occiz et tous ses compaignos aussi/se neust este le roy yon qui conduisoit la seconde bataille de sa partie du roy Artus qui les secourit au plustost qil

peult. Lors sentrefrapperent les ungs contre les autres de leurs lances parmy les corps q ilz sabatoient lun lautre par terre tant que en peu dheure on en pouoit Veoir la plaine toute couuerte dont les ungs estoient occiz a les autres naurez. Et eussiez ouy si douloureuse complaincte de ceulx q estoient naurez a mort a qui ses destriers passoient par dessus leurs corps/tat quil sembloit que tout le mode fust tourne a mort:car en tout le monde si grant comme il estoit nauoit autant de bons cheualiers come il y en demoura a la plaine ce iour la/dont il nen eschappa nul quil ne mourust sicomme la Vraye hystoyre le tesmoigne/fors que messire yuain.

Quant ceulx dirlande a les hommes du roy Artus furent assemblez les ungs contre les autres/ la eussiez Veu mais coupz donner et receuoir/et cheualiers tresbucher a terre. Et le roy yon qui alloit ses rens cerchant dun coste et dautre ala tant parmy la place quil Vint au lieu mesmes ou messire yuain estoit a pie contre ses ennemys/ et Vouloit monter/ mais il ne pouoit: car trop sup faisoient dennuy ses ennemys. Et quant le roy yon Veit ce/ il laissa courre son cheual a ceulx qui moult sentremettoient doccir messire yuain. Et leure donna si grans coupz ou il les pouoit attaindre quil les departit bien Voulsissent ilz ou non tant que messire yuain fust monte sur ung cheual que le roy yon mesmes lui bailla. Quant messire yuain fust remonte il recommenca tantost la bataille/ comme cellui qui estoit de hault couraige a qui beaucoup pouoit souffrir au grat besoing/et le roy yon lui dist. Sire gardez Vous le mieulx que Vous pourrez se Vous ne Voullez au iourdhuy mourir. Et messire yuain lui respodit que iamais nauoit este si esbahy ne si espouante de sa mort comme il auoit este ceste iournee dont il sen esmerueilloit.

Atant se remisrent a la bataille et recommencerent a donner gras coupz aussi Vistement et aussi freschement se sembloit comme silz ny eussent iamais coup frappe. Et firent tat par leurs prouesses que ceulx

kk ii

La derniere partie

dirlande estoient tous tournez a desconfitu/
re et sen fuyoient quant ung cheualier laissa
courre son cheual a tout ung glaiue trenchãt
et frappa le roy yon si durement que escu ne
armeure ne le sceut garantir quil ne lui mist
fer et boys parmy le corps tellement que le fer
en apparut de lautre part: puis le bouta si du
rement du cheual a terre quil neust iamais de
puis mestier de mire. Et quãt messire yuain
le veit, il en fust tant dolent quoy ne scauroit
plus si dist. Haa dieu quel dommaige de ce
preudhõe q si tost est mort / haa table rõde tãt
abaissera huy vostre haultesse: car il me sem
ble que vous serez au iourdhuy desnuee de voz
bons cheualiers qui vous ont soubstenue ius
ques cy en la haulte renommee ou vous estiez.
Telles parolles disoit messire yuain tout
en plourant quant il veit gesir a terre le roy
yon. Si laissa courre hastiuemẽt son cheual
a cellui qui lauoit tue et le frappa si duremẽt
quil lui fendit la teste iusques aux dens & la
batit mort du cheual a terre: puis dist, ores
est cestui cy mort: mais pourtãt nest pas la vie
de ce preudhõme rescouuee. Quant les cheua
liers du roy yon veirent leur seigneur mort,
si sappellerent laz et chetiz et pour ce dueil de
moura la chace ung petit et se arresterent
tous ceulx qui la estoient entour le corps. Et
quant ceulx qui deuant fuyoient veirent que
ceulx estoient arrestez sur les corps / ilz sceu
rent tantost que cestoit aucune haulte person
ne. Si ne furent pas esbahiz a celle heure,
ains retournerẽt incontinent a courrent sus
a ceulx qui le dueil faisoient. Si frapperent
sur eulx si mortellement quilz en occirent grãt
partie. Et tous eussent occiz se neust este sa ti
erce bataille qui les secourut. Quãt le roy ka
rados qui conduysoit sa tierce bataille sceut
que le dueil que ceulx faisoient estoit pour le
roy yon que ceulx qui desia estoient ouoient oc
ciz, il dist a ses hommes. Seigneurs nous
auons en ceste bataille ie ne scay quil est a ad
uenir de moy. Sil aduient que len me occie
ie vous prie pour dieu que vous nen faciez ia
nul semblant car noz ennemys y prẽdroiẽt cueur
& hardiesse.

Ainsi dist le roy karados a ses hom
mes quant il entra en la bataille.

Et quant il fut venu entre ses ennemis, il fist
si bien que nul ne sen scauroit blasmer. Et pour
sa prouesse quil faisoit tournerent ceulx dir/
lande les doz et se mirent tãtost a sa fuicte
comme ceulx qui nattendoient si non sa mort
Si en occirent tant les hommes du roy ka/
rados deuant quilz eussent secoure que sa pla
ce en estoit toute couuerte. Quant les haultz
barons descosse veirent mener leurs compa
gnons si villainement, si nen peurent plus
endurer, ains laisserẽt leurs cheuaulx cour/
re aux hommes du roy karados. Et heliades
qui seigneur estoit descosse si comme Mordrec
lui auoit donne lhonneur, laissa courre son
cheual au roy karados qui mieulx estoit mõ
te que nulz de ses compaignons et plus riche
ment, et le roy karados ne se refusa point cõ
me cellui qui estoit assez hardy et couraigeux
pour encontrer le meilleur cheualier du mon/
de, si sentrefrapperent si durement des laces
que les haubers ne les escus ne les peurẽt ga
rantir quilz se mirent les fers parmy les corps
si quilz apparoissoient de lautre part, et se re
porterent a terre tellement que tous deux fu
rent naurez a mort.

A la rescousse deulx deux saillirent
gens des deux parties pour secourir
chascun son seigneur. Si firent tant les hom
mes au roy karados quilz prindrent a force
helyades et le trouuerẽt desia mort. Et puis
desarmerent karados et luy demanderent cõ
ment il lui estoit: Et il respõdit: seigneurs sa
chiez de vray que ie suis mort la ou ie suis: et
ie ne vous prie de nulle riens fors que de ma
mort venger. Si scay ie bien que ie ne verray
iamais lheure de nonne. Et pour dieu nen fai
ctes ia semblant: car les nostres en pourroiẽt
tous estre desconfortez, si pourroit estre sa per
te contre nous plus grant: mais faictes tant q̃
vous mostez mon haubert & me portez sur mõ
escu iusques a celle terre, si mourray plus ay
se que ie ne feroye cy.

Tout ainsi comme il se commanda le
firent ses gens, si lemporterent en
la montaigne assez dolens: car fort aymoiẽt
leur seigneur de grant amour. Et quant ilz

se eurent mis soubz ung arbre:il leur dist asses en la bataille et me laissez cy en sa garde de quatre escuiers. et vengez ma mort si comme vous pourrez. et sil aduient que nul de vous en puisse eschaper ie vous prie que vous portez mon corps a kamalot a leglise ou messire gauuain est enterre et la me faictes enterrer/ car mon ame en sera moult plus aise. Et ilz distrent que si feroient ilz moult voulentiers Lors lui demanderent:sire cuidez vous quil y ayt en ceste bataille si grant desconfiture comme vous dictes. Je vous dy vrayement dist il. que depuis que christiente vint au royaume de logres neust bataille nulle ou il mourust autant de preudhommes comme il fera en ceste car cest la derniere qui sera au temps du roy Artus.

Quant ilz entendirent ceste parolle/ ilz se laisserent et vindrent en la bataille. Et se firent si bien les hommes du roy karadoes et ceulx du roy pon que ceulx descosse et dirlande et ceulx de sossongne furent desconfitz. Et les hommes du roy artus ceulx des trois premieres batailles furent tellement empirez quil y en auoit plus de la moitie des cis. Et de ceulx qui en vie estoient nauoit nul qui neust playe petite ou grande: car ilz auoient soubstenu les six batailles de mordrec et les auoient desconfitz. Puis firent tant quilz se getterent de plain front sur les batailles de ceulx de galles: Et en deux batailles auoit mains preudhommes a qui il tardoit que ilz ne se pouoient ferir en bataille: et leur pesoit moult de ce quilz estoient si longuement reposez. Si vous dy quilz receurent si bien les hommes au roy artus quil en demoura pou es selles quilz ne fussent abatus au rencontrer a ce que ilz estoient las de coups donner et recepuoir/ et ceulx de galles estoient fors a reposez/ a nauoient riens fait de tout le iour.

A ceste encontre fut messire yuain abatu a terre/ son cheual occis soubz lui Et estoit tant las et tant trauaille que au cheoir quil fist fut tant estonne quil geust grant piece a terre tout pasme. Adonc commenca tantost la chace sur les hommes au roy artus: si

quil aduint que par dessus messire yuain passerent plus de cincq cens cheualiers a ceste bataille dont il en fut fort afoibly et fort trauaille:car ce fust la chose qui plus lui osta sa force et vigueur.

Ainsi furent tournez en fuitte les hommes du roy artus ceulx qui peurent eschapper/mais peu y en eut. Et quant le roy kabaretin de cornuaille veit que sur eulx tournoit le pire. il dist a ses hommes. Or allons a eulx les nostres sont desconfitz. A tant laisserent courre leurs cheuaulx ceulx de la quatriesme bataille de la partie du roy artus contre ses deux batailles de mordrec/ et la eussiez ouy crier enseignes de diuerses gens et de diuers languaiges. Puis frapperent les ungs sur les autres apres quilz se eurent des lances rencontrez: et la fut grant pitie:car cheualiers cheoient dune part a daultre. si que en peu dheure la terre en fut toute couuerte. Et ne veistes oncques plus douloureuse rencontre que ceste a cause de la grant hayne qui estoit entre eulx Ainsi vint la quarte bataille du roy artus en champ. si ne demoura gaires que mordrec en enuoya deux autres pour ayder a ses gens qui estoient ou champ:car le roy agusdane qui la bataille conduisoit leur vint a lencontre pour prendre sa champaigne/ si dist a ses gens qui auec lui estoient. Or allons par dela affin que nous puissons assembler a ceulx de dela qui maintenant sont partiz de leurs gens. Or gardez que vous ne touchez a nul deulx deuant que soyez front a front deulx/ mais a fois alles les assaillir au visaiges si quilz en soient tous esbahiz. Tout ainsi comme il lauoyt commande se firent/ car ilz passerent tous ceulx y quil leur auoit monstrez. Et saillirent assembler aux deux batailles qui dernierement estoyent parties de mordrec. Si les frapperent si durement quilz en abatirent grant partie a leur venue. Et quant vint a abaisser les lances lors eussiez ouy grans noyses a grans cris a merueilles de ceulx qui cheoient a aussi du froisser des lances a des escus qui sentrehurtoient tellement que vous neussiez pas ouy dieu tonner. Et en eussiez veu plus de cincq cens qui de mercy plus iamais nauoient mestier:a des

ff iii

La derniere partie

hommes de Mordrec en eut au commence/ment moult dabatus / de mors et de nautez: car moult scauoient de iouste les hommes au roy aguisant qui pour le roy artus tenoit. Ainsi fust la bataille grade en ii. lieux moult cruelle et moult perilleuse. Quant ses gens aguisans eurent leurs glaiues rompus / ilz mistrent les mains aux espees nues et sentre donnoient grandes colees les vngs aux autres. Et ainsi que le roy aguisant alloit cerchant les rens lespee traicte / il regarda deuant lui et veit messire yuain tout seul sant a pie durement naure si entreprins de ses ennemps qui se tenoient de si pres quil nauoit loisir de monter a cheual: et estoient quatre qui se voulsoient occire: et sauoient ia tire hors de la bataille. Et le roy qui cesse part vint, en frappa vng si durement parmy le heaulme quil lui fendist la teste iusques au cerueau: et se bouta come preu et hardy tout parmy eulx et fist tant de prouesses que tous se smerueil/loient dont telle prouesse venoit a homme de son aage / car ia estoit vieil et ancien : mais il lui venoit du grant couraige quil auoit au ventre. Tant fist le roy aguisant par sa vaillance quil deliura messire yuain de tous ceulx qui lauoient entreprins et lui bailla vng bon cheual, et le fist monter ainsi las et trauaille come il estoit. Et quant il fut monte tantost se remist en la meslee: a comenca a frapper grãs coups dun coste et dautre / tant que tous se smerueilloient veu ce quil auoit souffert. En telle maniere sassemblerent toutes les batailles deuant lheure de tierce fois les deux dernieres: celle ou le roy artus estoit: et celle que mordrec conduisoit. Le roy auoit fait monter vng paige sur vng arbre pour veoir combien il estoient bien de ges en la bataille mordrec qui estoit la derniere.

Quant le paige eut veu ce que le roy artus lui auoit commande, il reuint au roy et lui dist, tout en conseil, il a en sa bataille bien deux fois autant de gens comme en la vostre. Vopre dist le roy cest grant meschief / or en soit dieu a nostre ayde : car autrement serions nous mors et mal traictez. Lors regreta son nepueu messire gauuain et dist tout en plourant. Haa beau doulz nepueu / or ay ie si grant necessite de vous et de lancelot. Haa mauldicte soit sa mort qui de vous et de moy a fait le departement et ma oste si bonne compaignie haa lancelot lancelot pleust au saulneur du monde que vous fussiez maintenant aupres de moy arme de toutes armes : certes ie ne doubteroye pas que nous neussions thoneur de ceste bataille a laide de vous et a sa prouesse que ie sens en vous : mais ores ay ie doubte que ie ne men tiengne pour fol de ce que ie ne creuz gauuain mon nepueu: quant il me dist que ie vous mandasse que vous me venissiez secourir contre mordrec : car ie scay bien que se ie vous eusse mande, que vous ny eussiez pas failly. Ceste parolle disoit le roy artus moult esbahy : tant que plus nen pouoit car bien lui disoit son cueur vne partie des maux qui lui estoient a aduenir a lui et a sa compaignie: Il estoit fort bien arme et tresrichement si estoit monte sur vng destrier noir qui estoit vng des plusfors cheuaulx du mõde. Lors dit a ceulx de la table ronde dont il auoit auec lui lxx. et xii. cheualiers si feur dist. Seigneurs ceste bataille est la plus doubtable et la plus perilleuse que ie veisse oncques pour dieu ie vous prie entre vous compaignons q estes freres de la table ronde que vous vous tenez auiourdhuy ensemble: car se vous le faictes on ne vous pourra pas si tost desconfire comme se vous esties loing lun de lautre. Ilz sont pardesa grãt gent / et sont bien cõtre vng de nous deux. et bien duitz de bataille ce me semble / par quoy ilz sont plus a doubter. Sire disent ilz ne vous esbahissez pas: ains tenez vous tout asseure: et veez la senseigne de mordrec qui vient vers vous grant alleure, et napez doubtance: car de trop doubter ne pourroit nul bien venir ne a vous ne a nous mais nous sommes vaillans.

Lors fut lestandart au roy artus mis auant et mist a le garder cent cheualiers et plus : et mordrec dist adonc a quatre cens cheualiers des meilleurs et des plus hardis de sa compaignie quilz allassent a vne motaigne quil leur monstra: a quant ilz y seroiẽt quilz retournassent le plus copement que ilz pourroient parmy ceste bassee / et lors vous adresserez vers lestandart a courrse de cheual: et leurs assez au deuant si roydement quil ny demeure riens qui ne soit abatu a terre / et se vous le pouez ainsi faire ie vous dy vraye ment que ses hommes au roy Artus seront si esbahys quilz ne scauront que faire. Et ilz dirent que cy feroient ilz legierement puis quil se vouldroit. Puis laisserent courre celle part leurs cheuaulx ou il veoit la bataille du roy Artus venir plus espesse: et se frapperent entre eulx les lances baissees: tellement quil sembloit quant vint au rencontrer que toute la terre deust fondre en abysme. Et le roy artus q̃ bien vouldroit sassembler a mordrec et qui bien le congneust laissa courre son cheual lescu a sa poictrine ioinct et la lance baissee / si sadrs sa vers lui / mais mordrec qui estoit fier ne se refusa pas / et les cheuaulx qui estoient fors et legiers: et aussi ceulx qui estoient dessus furent preux et hardiz auecce quilz se hayoient mortellement: si sentresrapperent rudement dont Mordrec frappa premier le roy Artus tellement quil lui perca lescu et le haubert combien quil fust tresfort a merueilles: si rossa la lance en pieces de sa grant force du coup. Et le roy qui fut fort et dur et acoustume de batailles de lances et despees / se frappa de si grant force quil le porta lui et son cheual a terre tout en vng monsseau / mais autre mal ne lui fist pour ceste fois: car mordrec estoit trop bien armé. A ce coup se deslengerent les batailles des deux parties: et vouloient les hommes au roy artus prendre mordrec a force: mais a la recousse eussiez veu bien deux mille vaillans hommes dont il ny auoit cestui qui neust mis son corps en aduenture de mort pour garantir mordrec. Et furent la mains coupz donnez et receuz tellement que en peu dheure en eussiez veu plus de cent gisans a terre dont il ny auoit cestuy qui ne fust mort ou naure a mort. Et pource q̃ sa force croissoit tousiours en laide de mordrec fust il a force de grãt puissance remonte sur son cheual maulgre tous ses ennemis / mais touteffois eust il telz trops coupz de la main du roy Artus mesmes que vng autre cheualier se eust tenu a fort naure.

Mais mordrec estoit dur et fort cheualier et hardy a lauenant: si laissa son cheual courre au roy artus pour soy venger / car moult auoit grant dueil quil auoit ainsi este abatu entre ses gens. Et le roy ne le refusa pas: ains lui adressa la teste de son cheual si sentredonnerent si grans coupz des espees trenchans sur les heaumes quil ny auoit cel lui qui de se tenir sur son cheual neust assez a faire / et les cheuaulx qui furent fors se lancerent oultre et sesloingnerent loing lun de lautre bien lespace de demy arpent de terre. Puis se recommenca la meslee grande et merueilleuse. Et gallegantin le gallois qui estoit cheualier preux et hardy se dressa vers Mordrec lespee traicte: et Mordrec qui ia estoit reuenu en son point et en sa force le veit venir, si iecta lescu encontre: et le gallois y frappa si grant coup quil en abatit vng cartier. Et mordrec q̃ estoit eschauffe se frappa de toute sa force si q̃l lui fist voler le chief bien demie lance loing du corps dont ce fust grant dommaige: car il estoit fort vaillant homme comme cestui qui estoit filz de roy: si en furent tous les cheualiers du roy artus fort courroucez.

Quant le roy artus veit gallegantin le gallois a terre, il ne fust pas appesé, mais dist quil le vengeroit sil pouoit. Si laissa courre son cheual de rechief a mordrec. Et ainsi quil le vouloit frapper, vng cheualier de northombellande le print a la trauerse si le frappa au costé si estrie dun glaiue fort et trenchant et le print au descouuert tãt qͥl leust fort naure se le haubert neust este si fort. mais il se tint si bien que oncques maille nen couppa puis se boutta si rudement quil lemporta soubz le ventre du cheual. Messire puain qui pres estoit veit le coup / si dist. Haa dieu quelle douleur quant si preudhomme est mis a terre si villainement. Lors laissa courre son cheual a cestui cheualier qui le roy Artus auoit boutté a terre si rudement si quil luy mit ser et fust parmy le corps et le porta lui du cheual a terre si rudement que au cheoir quil fist rompit la lance: puis vint messire puain au roy artus et le remonta maulgre tous ses ennemys: de ce fust mordrec tãt dolét que a peu q̃ nyssit hors du sens, si sadressa vers messire puain tout sans escu et tenoit lespee a deux mains et leua le coup hault puis le frappa si tresfort quil lui fendit le heaume et la coiffe tellement quil lui fendit la teste iusques aux dens et du coup labatit tout mort a terre: dont ce fut grant dommaige, car on le tenoit pour vng des meilleurs cheualiers du monde et le plus preudhomme.

Quant le roy artus veit ce coup, si dist: haa dieu pour quoy souffrez vous ce q̄ le roy q̄ le plus traistre homme du monde a occis vng des plus preudhommes du siecle. Et saigremor le desree lui respondit. Sire ce sont les ieulx de fortune. or pouez veoir comment elle vous vent chierement les grans biens que vous presta le temps passe: car au dernier vous oste plus que iamais ne vous donna mais dieu doint que nous nayons encores pis que nous nauons eu. Et ce pendant quilz parloient de messire puain lequel estoit mort, ilz ouyrent vne grant criee derriere eulx comme se tout le monde se escriast: car si tost comme les quatre cens cheualiers de mordrec approucherent lestandart du roy artus, si se escrierent et aussi firent les cent cheualiers du roy artus La eussiez veu sencontrer lances rompre et cheualiers cheoir a terre, mais les hommes au roy artus estoient bons cheualiers et endurcis de guerre: si les receurent si bien quilz en abatirent plus de cent a sencontrer, et puis tirerent leurs espees, si sentrefrapperent les vngs sur les autres tellement que toute la terre fut en peu dheure toute couuerte de cheualiers mors et naurez. Et firent si bien a celle encontre les hommes au roy artus qui lestandart gardoient que oncques de quatre cens cheualiers que mordrec auoit enuoiez nen eschappa que vingt que tous ne fussent occis. Si que a heure de nonne fut tout le champ couuert de cheualiers mors et naurez tellement que a peine pouoit plus nul cheual courre fors par dessus les corps. Vng pou apres heure de nonne fut la bataille si menee a fin de tous ceulx qui sassemblerent en la plaine, qui estoient plus de cent mille que a cheual que a pie, nen demoura pas plus de trois cens que dune part

que dautre que tous ne fussent occis. De ceulx de la table ronde nen demoura que quatre, car ilz se estoient plus abandonnez que les autres: dont lun fut le roy artus et les autres Lucans le bouteillier, Girflet, et Saigremor le desree: mais Saigremor estoit si naure parmy le corps q̄ a peine se pouoit il soubstenir en selle. Ilz rassemblerent leurs hommes et disrent quilz aymoient mieulx mourir que lun ou lautre neust la victoire, et mordrec laissa courre son cheual a saigremor, et le frappa si rudement voyant le roy quil lui fist voller sa teste emmy la place. Quant le roy artus veit ce coup, si dist: haa dieu pour quoy me laissez vous tant abaisser de proesse terrienne. Haa mordrec pour lamour de ce coup venger say ie veu a dieu quil conuient icy mourir ou toy ou moy.

Le roy tenoit vng glaiue gros et fort et laissa courre son cheual tant comme il peust. Et mordrec qui bien congneut q̄ le roy ne tachoit fors a se tuer ne se refusa pas ains tourna vers le roy: si le frappa le roy si durement quil lui rompit les mailles de son haubert et lui mist parmy le corps le fer de son glaiue. Et dit lystoire que apres louuerture de sa lance passa parmy la playe vng ray de soleil si euidamment que girflet le veit bien, dont ceulx du pays disrent que ce auoit este signe de couroux a nostre seigneur. Quant mordrec se sentit si naure, il se pensa bien quil estoit naure a mort. Lors frappa le roy artus sur le heaume tellement que nulle chose ne le peult garantir quil ne lui fist lespee sentir iusques au teist, et du teist abbatit il vne piece.

De cestui coup fut le roy si estourdy q̄ il cheut a terre, et aussi fist mordrec emprez lui, et furent tous deulx si blecez q̄ ny auoit cestui qui eust pouoir de ce releuer, et ne demoura pas gaires que mordrec mourut. Ainsi occist le pere le filz, et le filz naura le pere a mort. Quant les hommes au roy artus virent leur seigneur a terre: si furent fort courroussez plus que cueur dhomme ne pourroit penser. Et disrent: haa dieu pour quoy souf frez vous ceste bataille. Lors coururent tantost aux hommes mordrec, si recommenca la bataille si mortelle que auant quil fust vespre se batirent tellement quil ny demoura ne du ne parte ne dautre nulz hommes que tous ne fussent occiz ou naurez a mort: fors seullemēt trops, dont lun estoit le roy artus, et lautre lucans le bouteillier, et le tiers Girflet dont le roy artus mesmes estoit naure a mort comme vous auez ouy.

Quant la chose fut ainsi auenue quil ney peut demoure que trops en vie les deux commencerent a plourer trestendrement en disant. Haa dieu fut il oncques mais nul homme mortel qui veist aussi grant douleur: Haa bataille dirent ilz tant auez fait dorphelins: et de femmes veufues: Haa iour pour quoy aiournas tu huy pour mettre a si grant pourete le royaume de la grant bretaigne. dont les hoires estoient tous renommez de si grant prouesse: Haa dieu que nous pouez vous plus soffrir quant nous voyons icy deuant nous tous noz amys detrenchez. Ainsi se lamentoient les deux compaignons, et cuidoient bien certainement que le roy artus fust mort: Et quant ilz eurent grant piece de mene leur dueil, ilz regarderent sur destre: et virent le roy artus qui tant sestoit esforce quil sestoit leue en son seant, si vindrent celle part et luy demanderent. Sire comment vous est il Certes dist il mauuaisemēt: mais si ne vueil ie pas finer mes iours entre mes ennemys. Lors luy amenerent vng cheual, si monta sus assez legierement. puis se partirent du cham tous trops, et allerent tāt ensemble quilz virent vers la mer vne chappelle qui estoit appellee la chappelle noire, et y chantoit chascū iour vng hermyte qui auoit a pres son hostel Quāt ilz furent la venus, le roy descendit et aussi firent tous les autres. Le roy entra leās et se mist deuant lautel et cōmenca ses prieres telles comme il les sauoit. Et ainsi demoura le roy artus iusques au matin en prieres et en oraysons pour ses hommes qui auoient este occiz. Et en faisant ceste priere: il plouroit si tendrement que cestoit merueilles.

Toute la nuit fut le roy artus en prieres et en oraysons, que oncques ne se meust: et lendemain au matin auint que lucans le bouteillier eust este long temps derriere le roy, et auoit regarde que le roy ne se remouuoit point: lors dist il tout en plourant que le roy artus lentendit bien. Haa roy artus tāt ay ie de vous grant douleur. Et quant le roy entendit ceste parolle, si se dressa au mieulx quil peult comme cellui qui estoit durement pesant pour ses armes: Si print lucans qui desarme estoit et lembrassa et estraignit si durement encontre soy quil lui creua le cueur au ventre tellement quoncques puis ne parla. Et quant le roy eust grant piece ainsi este il le laissa, et ne cuidoit pas quil fust mort ne quil lui eust mal fait.

Quant girflet seut grant piece regarde et il veit quil ne se mouuoit point il sapperceut bien quil estoit mort et que le roy lauoit occiz entre ses bras: si recommenca son dueil & dist en telle maniere. Sire vous auez trop mal fait qui lucans auez estouffe. Et quant le roy veit son bouteiller occis, si creut son dueil a cent doubles et respondit a girflet en semblance dhomme courouce: Girflet or voy ie bien quant ainsi mest aduenu que fortune qui iusques cy ma este mere et amie ores mest deuenue marastre et ennemie. Or nya il autre chose que de mettre les selles et les bridez sur noz cheuanlx, si nous en irons dicy Et girflet fist tantost son cōmādement. Et le roy cheuaucha vers la mer tant quil vint a heure de midy a la riue de la mer. Lors descēdit, et dessaignit son espee dentour lui, puis la tyra du fourreau. Et quant il leut grande piece regardee, il dist tout en plourāt, Haa escalibor bonne espee la meilleur que lon sceust au monde fors celle aux estranges renges, or ne trouueras tu iamais homme ou tu soyes si bien employee cōme tu estoies en moy, se tu ne viens es mains de lancelot. Hee lancelot le plus preudhomme du mōde et le meilleur cheualier que ie veiz oncques. pleust ores a ihesuchrist que vous la tenissiez et ie le sceusse, si maist dieu mon ame en seroit plus ayse a tousiours mais.

Lors appella girflet & lui dist. Girflet mon amy allez en ce tertre la sus ou vous trouuerez vng sac, & iettez mon espee dedens, car ie ne vueil pas quelle demeure en ce royaume: que les mauuais hoirs nen soient saisis. Sire dist girflet ie feray voulentiers vostre commandement, mais encores amasse ie mieulx sil vous plaisoit que vous la me donnissiez. Girflet dist le roy non feray, car en vous ne seroit elle pas bien emploiee. Lors monta girflet au tertre, & quant il vint au sac il tira lespee hors du fourreau & la commenca a regarder, & elle lui sembla si belle si bonne & si riche quil lui estoit aduis q̃ trop seroit grãt dommaige sil la iettoit en ce sac, sicõme le roy lui auoit commande, car ainsi seroit elle perdue, si valoit mieulx ce lui sembloit quil y gettast la sienne, & quil deist au roy quil y auoit iette escalibor. Lors descaindit la sienne & la ietta dedens le sac, & mussa laultre dedens ser ve.

Lors vint au roy & lui dist. Sire iay fait vostre commandement, car iay iette vostre espee au sac. Et que as tu veu dist le roy. Sire ie nay riens veu si non bien. Haa dist le roy tu me trauailles pour neant, retourne & la iette, car tu ne sas pas iettee. Et quant girflet entendit ce si fut fort honteulx. Et retourna tantost au sac et tyra lespee du fourreau, et sa cõmenca fort durement a plaindre: disant a soy mesmes que trop seroit grant dõmaige selle estoit ainsi perdue: et lors se pensa quil y iecteroit le fourreau et retiendroit lespee: car encores lui pourroit elle faire mestier. Lors print le fourreau et le ietta au sac, et retint lespee et la mussa soubz vng arbre: et sen retourna diligemment au roy et lui dist. Sire ores ay ie fait vostre commandement, et q̃ as tu veu dist le roy. Sire ie nay riens veu. Haa dist le Roy pourquoy me trauailles tu tant tu ne sas pas encores iettee. Va si la iette si scaras q̃ en auiẽdra: car elle ne sera pas perdue sans grant merueille.

Quant girflet veit que faire lui conuenoit, si reuient la ou lespee estoit, & la cõmenca a regarder fort durement, et a la plaindre en disant: O bonne espee plus q̃ nul

le autre tant est grant dommaige de vo' quãt vous ne cheez es mains de aucun preudhomme. Lors la lanca au sac au plus parfont. Et tantost quelle approucha de leaue, il veit vne main qui yssit du sac, et aparoissoit iusques au couste: mais du corps dont la main estoit ne veit il point, et la main print lespee par le manche et sa cõmẽca a branler deux ou troys fois contre mont.

Quant girflet eut ce veu euidammẽt sa main se rebouta tantost en leaue a tout lespee, et girflet attendit sa grant piece pour scauoir selle se monstroit plus. Et quãt il veit q̃l y musoit pour neant si se partit de la et retourna au roy: puis lui dist quil auoit iette lespee au sac: et lui compta ce q̃l auoit veu par dieu dist le roy ie le pensoye bien: car ma fin aprouche fort. Lors commenca a penser: et en pensant lui vindrent les larmes aulx peulx puis dist a girflet: Il vous en conuient aller dicy & partir de moy a telle heure que iamais tãt comme vous viuiez ne me verrez. Quãt girflet entendit ce, si cõmenca a plourer fort tendrement: et dist au roy. Sire ie ne partiroye dicy en nulle maniere: car mõ cueur ne se pourroit souffrir. Si ferez dist le roy: car autrement vous hayroy ie mortellement. Sire dist il cõmẽt poura ce estre que ie vous laisse tout seul en telle maniere comme vous dictes. Il conuient dist le roy que vous se faissiez ainsi. Allez vous ent dicy vistemeut: car du demourer ne fault il point parler. Et ie vo' prie par icelle amour qui a este entre vous et moy iusques cy que vous en alliez bien tost.

Quant girflet entendit que le roy lui prioit si doulcement, il respondit q̃l le feroit si dolent que plus on ne scaroit estre: mais moult me plairoit viure et mourir auec vous sil vous plaisoit. Et quelle part cuidez vous aller beau sire dist girflet: Ce ne vous diray ie pas dist le roy: car ie ne puis. Et quãt girflet veit quil nen scauroit plus, il se partit tantost du roy artus. Et si tost comme il fust departy commenca vne pluye a cheoir grande et merueilleuse qui luy dura iusques a vng tertre qui estoit loing du roy enuiron dempe lieue. Et puis quant il fust venu audit tertre, il descendit et se arresta dessoubz vng

arbre tant que sa puppe fust passee/ & commen
ca a regarder celle part ou il auoit laisse le roy
Si veit venir parmy la mer vne nef q estoit
toute plaine de dames. Et quant elles vindrēt
a la riue/ la dame delles qui estoit seur au roy
artus sappella/ & si tost q le roy veit morgain
sa seur:il se leua incontinēt/ & morgain le pist
par sa main & lui dist quil entrast dedens sa
nef. Si print son cheual & ses armes & entra
dedens sa nef.

Quant girflet qui estoit au tertre eut
veu comment le roy estoit ētre en sa
nef auec les dames: il retourna vers sa riue
tant qsl peut du cheual courre/ & quant il y fut
reuenu:il veit le roy artus entre ses dames. si
congneut bien morgain sa fee. car maintesfois
lauoit veue & la nef estoit ia plus esslongnie
que vne arbalestre neust sceu tirer a deux fois
Et quant girflet veit quil auoit ainsi perdu le
roy si en fut tant dolent quil ne pouoit plus.
Si descendit sur la riue & commenca a faire
le plus grant dueil du monde/ & demoura la
tout le iour & toute la nuit que oncques ne but
ne menga/ ne nauoit fait tout le iour de de-
uant.

Au matin quant le iour apparut & le
soleil fut leue: Girflet si dolent & si
courrouce que nul plus monta sur son cheual
& se ptit de la riue de la mer/ & cheuaucha tāt
quil vint en vng bosquet qui pres de la estoit
En ce bosquet auoit vng hermite qui estoit de
sa cōgnoissance/ si y alla & demoura auec lui
deux iours pource quil se sentoit vng pou ma
lade du grāt dueil quil auoit eu du roy artus
& des ieusnes quil auoit faictes. Si compta
au preudhomme tout ce quil auoit veu du roy
artus. Au tiers iour se partit de leans girflet:
& pensa quil yroit a la noire chappelle pour sa
uoir se lucans le boutillier estoit encores a met
tre en terre. Et quāt il y fut venu enuiron lheu
re de midy:il descendit & atacha son cheual a
vng arbre. puis entra en sa chappelle. & quant
il fut dedens il trouua deuant lautel deux tō
bes moult belles & moult riches/ mais lune
estoit plus belle & plus riche que lautre.

Par dessus la maine belle auoit let/
tres escriptes qui disoient. Cy gist
lucans le boutillier que le roy artus estaignit
dessoubz lui/ & dessus la tombe qui tant estoit
belle & riche auoit lettres qui disoient. Cy gist
le roy artus qui par sa valleur mist en sa sub-
iection douze royaumes. Et quant girflet en
tendit ce il se pasma dessus la tombe. & quant
il fut reuenu a soy:il baisa sa tōbe moult doul
cement & commenca a faire fort grant dueil: &
demoura la iusques au soir que le preudhom-
me y vint qui seruoit lautel. Et quant le pieu
dhomme fut venu girflet lui demāda. Beau
pere est il vray que cy gist le roy Artus. Ouy
Bel amy dist le preudhomme il y gist vrayemēt
icy sapoiterent ie ne scay quelles damoiselles
Et girflet pensa tantost que cestoient celles q
se mirent en sa nef. Si dist que puis que son
sire estoit parti de ce siecle: il ny demoureroit
plus. Si pria a lermite moult doulcement qsl
le receust en sa compaignie. Et ainsi deuīt gir
flet hermite/ si mourut viii. iours apres le roy
artus.

Ce pendant que ces choses furent ain
si aduenues du roy artus les nou-
uelles en allerēt en plusieurs pays. Les deux
filz mordrec qui estoient demourez a vincestre
pour garder la ville le mestier en estoit:se mi-
rent en auāt de gouuerner le pays. Ces deux
filz estoient bons cheualiers & acoustumez de
guerre. Et si tost comme ilz sceurent la mort
de leur pere & du roy artus & des autres preus
dhommes qui en la bataille auoiēt este occis
ilz prindrent tous ceulx de vincestre/ & asserēt
prēdre de toutes pars la seignourie/ & ce pou
oiēt ilz bien faire. car tous les preudhommes
& les bons cheualiers du pays estoient mors
en la bataille.

Quant la royne genieure sceut la mort
du roy artus son seigneur/ & on luy
eut compte que les enfans de mordrec alloient
ainsi sa terre saisissant:elle eut tresgrāt paour
quilz ne la tuassent silz la trouuoiēt. Si fist
incontinent coupper ses cheueulx/ & print les
habis de religion. Et ce pendant q ces choses
se faisoient vint vng messagier du royaume de

La derreniere partie.

sogres a lancelot sa ou il estoit en la cite de gannes & lui dist toute la verite du roy artus comment il estoit mort en la bataille/ & comment les deux filz de mordrec auoient la terre saisie apres sa mort.

Quant lancelot entendit ceste nouuelle: il en fut moult courrouce/ car trop auoit ame le roy artus/& aussi en furent fort dolens tous ses bons cheualiers de gannes. Lancelot se conseilla aux deux roys quil pourroit faire de ceste chose/ car il ne hayoit riens au mode tant quil faisoit mordrec & ses enfans Sire dist Boort ie vous enseigneray que nous ferons/ nous manderons tous noz hommes pres & loings/& quant ilz seront venus & assemblez/ nous partirons du royaume de gaulle & passerons au royaume de sogres/ & quant nous y serons se les filz de mordrec ne sen fuient ilz pourrot bien estre asseurez de mort. Voulez vous que nous le facons ainsi dist lancelot. Sire dist Boort nous ne voyons pas bonnement comment nous en puissons estre vengez autrement. Lors manderent tous leurs hommes loings & pres en telle maniere que dedens xxvi. iours ilz en eurent assemble plus de xx. mille que a pie que a cheual. En sa cite de gannes fut faicte lassemblee & tous les preudhommes du pays y furent venus. Le roy boort le roy yon lancelot & hector a toute leur compaignie se partirent du royaume de gaunes/ & cheuaucherent tant par leurs iournees quilz vindrent a la mer ou ilz trouuerent les nefz appareillees/ si entrerent dedens/ & eurent si bon vent quilz arriuerent ce iour mesmes en sa grant bretaigne/ & y prindrent port.

Quant ilz furent arriuez a terre sains & en bon point: ilz en furent tous moult ioyeux & se logerent sur la riue. Lendemain vint la nouuelle aux deux filz de mordrec q́ lancelot estoit arriue en sa terre & auoit amene auec lui moult grant ost pour les destruire. Quant ilz ouirent ces nouuelles ilz furent moult esbahis/ car ilz doubtoient fort lancelot. Si se conseillerent entreulx comment ilz feroient/ & tant quilz saccorderent q́lz prendroient leurs hommes & yroient combatre contre lancelot en champ de bataille & a qui dieu en donnera lonneur si sait / car ilz aymoient mieulx mourir en bataille que daller fuiant par le pays.

Ainsi le firent comme ilz se deuiserent car ilz manderent incontinent leurs hommes & ses assemblerent a Vincestre car tous les preudhommes du pays lui auoient fait hommaige. Et quant ilz eurent assemble leurs hommes ilz se partirent de Vincestre par ung matin. Si rencontrerent ung messagier q́ leur dist que lancelot venoit a ost sur eulx/ & estoit ia a six lieues engleschesches pres deulx/ & bien feussent asseurez quilz auroient bataille ainz heure de tierce. Quant ilz ouirent ces nouuelles ilz dirent quilz se combatroient la & attendroient lancelot & ses hommes: puis que par aultre maniere nen pourroient eschapper: fors que par bataille. Si descendirent tantost de leurs cheuaulx pour les laisser reposer. Ainsi sarresterent ceulx du royaume de sogres deuant Vicestre. Et lancelot cheuaucha lui & sa compaignie. mais il estoit si courrouce de la mort du roy artus que nul plus. Le iour mesmes que la bataille deuoit estre lui furent nouuelles dictes que la royne estoit trespassee de ce siecle. Et tout ainsi lui estoit aduenu comme on lui auoit autresfois dit. car oncques haulte dame ne cria si doulcement merci a nostre seigneur come elle fist. De sa mort fut Lancelot moult courrouce. Puis cheuacherent vers Vicestre moult asprement. Et quant ceulx q́ les attendoient les veirent venir / ilz monterent sur leurs cheuaulx & sassemblerent a eulx en plaine bataille. Sy eussiez veu a lassembler verser par terre maint bon cheualier/ les ungs mors & les autres naurez: & maint cheual fouir dont les seigneurs gisoient par terre.

La bataille dura iusques a heure de none dune pt & dautre/ car ilz estoient moult grat multitude de gens de chascun coste. Et entour heure de nonne aduint q́ laisne des deux freres qui estoient filz de mordrec cestui qui auoit a nom Meleans/ tenoit ung glaiue court & gros/ & y auoit ung fer fort trenchant & bien aguise. Si laissa courre au roy

spon tāt comme ſe cheual peut aller/ſi le frap
pa de toute ſa force ſi durement que leſcu ne le
haubert ne le peut garantir: ainſ lui miſt ſa
lance parmy le corps/ſi le bouta ſi rudement
quil ſe porta a terre/τ au percheoir quil fiſt ſa
lance rompit: tellement que le fer a tout grant
piece du bois lui demoura au corps. Ce coup
veit le roy Boort τ que ſon frere eſtoit naure. Et
lors laiſſa courre ſon cheual a meſcan leſpee ti
ree τ ſe frappa ſi durement comme celluy qui
maint grant coup auoit donne: quil lui tren-
cha le heaulme τ la coiffe de fer/τ le fendit iuſ
ques aux dēs/puis eſturdit ſon coup/τ ſe iet
ta mort a terre tout eſtendu.

Quant Boort ſe veit ius a terre: il le re
garda τ diſt. Traiſtre deſloyal tāt
ay ores poure recompenſe du dommaige que
tu mas fait de mō frere que tu mas occis qui
tant eſtoit preudhomme/tu mas mis le dueil
au cueur q̄ iamais nē yſtra. Lors laiſſa cour
re aux autres: la ou il veoit la plus grant preſ
ſe. Et commença a occire τ a abatre deuant
luy tout ce quil rencontroit: ne nul ne le veoit
qui ne ſen eſmerueillaſt. Et quant ſes cheual
ers du royaume de gaulle veirēt cheoir le roy
ſpon: ilz le prindrent τ lemporterent hors de la
preſſe deſſoubz vng orme. Et quant ilz le vey
rent ſi durement naure: il ny eut celluy qui nē
fuſt moult courrouce/mais ilz nen oſerēt fai
re ſemblant de paour que leurs ennemis ne ſē
apperceuſſent.

Ainſi fut la bataille commencee laide
τ douloureuſe ſi eſgallement que a
peine pouoit on congnoiſtre lequel en auoit le
meilleur. Apres lheure de nonne aduint que
Lancelot ſe trouua au millieu de la batail
le/ſi encontra le filz Mordrec τ le congneut bi
en aux armes/car il portoit telles armes com
me ſon pere ſouloit faire. Et ſancelot qui trop
mortellement le hayoit laiſſa courre a luy ſon
cheual leſpee tiree/τ celluy ne le reffuſa paſ:
ains tendit le ſcu encontre le coup ſi toſt com
me il le veit venir. Et ſancelot ſe frappa de tou
te ſa force tellement quil lui couppa leſcu iuſ
ques a ſa boucle τ le poing auec dont il tenoit
leſcu. Quant celluy ſe ſentit bleſce il tourna en

ſuitte/mais ſancelot le tenoit de ſi court quil
nauoit pouoir de ſoy deffendre: ne loiſir de ſe
fouir. Et lancelot ſe frappa ſi grāt coup quil
lui fiſt voller la teſte a tout le heaulme plus
dune lance loings de lui. Et quant les autres
veirēt celui ſa mort apres ſon frere/ilz ne ſceu
rent plus q̄ faire/ſi tournerent en ſuitte pour
garantir leurs vies: ſicomme ilz peurent/τ
ſadreſcerēt vers vne foreſt: qui pres de la eſtoit
a maine de deux lieues engleſches/τ ceulx de
lancelot les enchaſſoient tuant τ naurant au
plus quilz pouoiēt/car ilz les hapoient mor
tellemēt/ſi les tuoiēt ainſi cōme beſtes mues
Et ſancelot les abatoit ſi eſpeſſement que on
pouoit bien congnoiſtre ſa trace. Et tant alla
lancelot en telle maniere quil acōſuiuit le cō
te de goire qui tenoit a traiſtre/τ a deſloyal/
τ maint ennuy auoit fait a maint hault hom
me. Si lui eſcria ſi toſt comme il le veit. Haa
traiſtre certes ores eſtes vous venu a la mort
car riens ne vous peut garantir fors dieu Et
celluy ſe regarda incontinent/τ quant il veit
que ceſtoit lancelot qui ſe menaſſoit τ le ſuiuoit
leſpee tiree il veit bien quil eſtoit mort ſil le pou
oit attaindre. Si picqua le cheual des eſperōs
τ ſen fuit ſi grantemēt comme il peut aller/il
eſtoit bien monte τ lancelot auſſi. Et cōmen
ca en telle maniere la chace entreulx deux q̄
ſe dura iuſques en la foreſt τ au parfont bien
demie lieue. Et lors ſe recreut le cheual au cō
te τ cheut mort deſſoubz lui. Lancelot q̄ de pres
le ſuiuoit quant il le veit a terre/il lui courut
ſus ainſi arme comme il eſtoit/τ le frappa par
my le heaulme ſi durement quil lui miſt leſpee
iuſques aux dens/τ celluy cheut a terre com
me celluy qui eſtoit naure a mort/τ lancelot ne
ſe regarda onques depuis: ains alla oultre
grant alleure. Et quant il cuida retourner a
a ſes hommes il ſeſſongna touſiours de plus
en plus/τ ſe miſt au plus parfont de la fo-
reſt.

Quant alla lancelot en telle maniere for
uoyant ca τ la ainſi comme auen
ture le menoit quil vint apres heure de veſ
pres en vne moult pfonde valee. Et lors ren
cōtra vng varlet qui alloit a pie τ venoit par
deuers vinceſtre/τ ſancelot lui demāda dont il

La derreniere partie.

Benoit. Et quant le Barlet le veit il cuida quil fust du royaume de logres / et quil sen fust fouy de la bataille & de la douloureuse iour/ nee si lui respondit. Sire ie viens de la place ou la douloureuse iournee a este / car au mien escient il nen est eschappe nul du coste des en fans de mordrec. Et nompourtant ceulx de de la sont fort courroucez du roy lyon qui a este tue. Comment dist lancelot est il doncqs mort Ouy certes dist le Barlet ie lay veu mort. Cest dommaige dist lancelot. car il estoit gentil hô me & bon chevalier a merueilles / & en disãt ces paroles il plouroit si tendrement quil auoit sa face toute moullee par dessoubz le heaul me. puis lui dist le Barlet. Sire il est meshuy tart & vous estes loing de gens & de logis / ou cuidez vo? meshuy gesir. Il ne men chault dist lancelot ou ie gise. Quant le Barlet veit qͥl ne lui chailloit de riens il sen partit & se mist en son chemin & lancelot sen alla chevauchãt parmy la forest faisant le plus grãt dueil du monde / & dist que ores ne lui estoit il riens de moure au monde : quant il auoit ainsi perdu sa dame & son cousin. En telle maniere & en tel dueil cheuaucha toute la nuit ainsi comme a venture le menoit.

Au matin lui aduint quil trouua vne montaigne pleine de roches ou il y auoit vng hermitaige assez estrãge de toutes gens. il tourna celle part & dist quil yroit veoir qui y repairoit. Si sen alla tout cõtremont par vng petit sentier tãt quil vint au lieu qui assez estoit poure / & y auoit vne petite chappel le. si descendit a lentree & osta son heaulme / puis etra dedẽs & trouua deuant lautel deux preudhommes vestus de blanches robes si se sloient bien estre prestres / & aussi estoient ilz. Si les salua / & ilz lui rendirent son salut : et quant ilz leurẽt bien aduise ilz se congneurẽt si lui coururent les bras tendus & le baiserent & lui firent la plus grant feste du monde. Et lancelot leur demanda qͥlz estoient. Quoy lancelot ne nous congnoissez vous point. Et il les regarda tant qͥl congneut que lun estoit sarceuesque de cantorbie : celui mesmes q? pour la paix du roy & de la royne auoit este a la ioy euse garde / & lautre estoit bliõberis cousin de

lancelot. Lors en fut lancelot moult ioyeup & leur demanda. Seigneures commẽt venistes vous cy / car moult me plaist que ie vous ay cy trouuez. Et ilz dirent quilz y vindrent des la douloureuse iournee que la bataille fut es prez de salisbres. Si vous disons a noz esci ens que de tous noz compaignons ne demou ra fors seulement le roy artus lucans le bou tillier & girflet / mais nous ne sauons quilz deuindrent.

Quant auẽture nous amena ca nous trouuasmes vng hermite qui nous accueillit auec lui / si est depuis mort & nous sommes demourez apres lui / si p vserons se dieu plaist le demourant de nostre vie au ser uice de nostre seigneur iesucrist & lui prierons quil nous pardonne noz pechez. Et vous sire que ferez vous qui auez este iusque cy le plus terrible chevalier du mõde. Je vous diray dist lancelot que ie feray : vous auez este mes com paignons es delictz de ce monde, or vous se ray ie compaignie es aduersitez & trauaulx / ne iamais tant comme ie vive ne me partiray de ceans. ains y seray le demourant de ma vie & se vo? ne me recueilliez : si le feray ie ailleurs Et quãt ceulx lentendirẽt ilz en furẽt moult ioyeulx / & en remercierent dieu de bon cueur / & en tendirent leurs mains vers le ciel. Ainsi demoura lancelot leans auec ses deux preu dhommes. Mais a tant laisse ores le compte a parler deulx & retourne a Booit son cousin.

Comment lancelot & hector se rendirẽt her mites. & comment lancelot mourut & fut en terre a la ioyeuse garde soubz la tombe de gal lehault. xxii.ch.

Or dist le compte que quant la bataille de vincestre fut finee & les hommes aup enfans de mordrec sen furẽt fouys ceulx q peurent eschapper / & les autres furent mors & occis douloureusement, le roy Booit a tout son pouoir & a tout ses gens entra dedens vin cestre vou sist ceulx de dedens ou non. Et quant il sceut vrayement que son frere le roy lyon estoit mort : il en fist moult grant dueil

ꞇ si merueilleux que a peine se pouoit nul croi
re/il fist le corps enterrer honnourablemēt en
sa cite de Vincestre si haultemēt que on deuoit
faire filz de roy. Et quant il fut enterre/ il fist
querre lancelot par tout le pays loings ꞇ pres
mais nul ne le peut oncques trouuer. Quant
le roy Boort veit quil nen pouoit ouyr nulles
nouuelles/ si dist a hector. Beau cousin puis
que nostre seigneur est ainsi perdu quil ne peut
estre trouue: ie vueil aller en nostre pays. Si
vous en vendrez auec moy/ ꞇ quant nous se
rons sa venus prenez cellui des royaumes q̄l
vous plaira/ car vous aurez abandon duquel
que vous vouldrez. Et hector dist quil nauoit
point de voulente de partir encores du royau
me de logres/ mais quant ie men partiray ie
yray tout droit a vous/ car vous estes lhōme
du monde que iayme le plus/ ꞇ ie le doy bi
en faire par droit.

Ainsi se departit boort du royaume de
logres ꞇ sen retourna en son pays a
uec ses gens. Et Hector cheuaucha parmy le
pays vne heure auant ꞇ lautre arriere/ ꞇ tant
q̄ aueuture le mena a sermitaige ou lancelot
estoit. Et larceuesque auoit ia tant enseignie
lancelot quil auoit ia sordre de prestrise: tellea
mēt q̄l chantoit tous les iours messe/ ꞇ estoit
de si grant abstinence q̄l ne mengoit que pain
ꞇ eaue ꞇ racines q̄l cueilloit en la roche. Quāt
les deux freres sentreueirēt assez peut de lar
mes respandues de lun ꞇ de lautre/ car moult
sentreaymoient de bonne amour. Sire dist he
ctor a lancelot puis que ie vous ay trouue en
si hault seruice comme au seruice de iesucrist
ꞇ ie voy que le demourer vous plaist: ie suis
cellui qui iamais ne me partiray dicy a mon
viuant: ains vous y feray compaignie tous
les iours de ma vie. Et quant ceulx de leans
lentendirent ilz en furent moult ioyeux de ce
q̄ si bon cheualier sestoit offert si humblement
au seruice de nostre seigneur.

Ainsi furent les deux freres ensemble
en lermitaige/ ꞇ furent tousiours en
tentifz au seruice de nostre seigneur. Quatre
ans fut lancelot en lermitaige: quil nestoit hō
me au monde qui tant peust souffrir de peine

ꞇ de trauail comme il faisoit de ieusner ꞇ a pri
er dieu/ a veillier ꞇ a leuer matin. Au iiii. an
trespassa hector de ce siecle ꞇ fut enterre en ler
mitaige mesmes. Au xv. iour de may acoucha
lancelot malade/ ꞇ quant il sentit quil se cōue
noit trespasser: il pria a larceuesque ꞇ a Blioṁ
beris: que si tost quil seroit trespasse quilz por
tassent son corps a la ioyeuse garde ꞇ le meis
sent en la tombe de galleɦault. Et ilz lui pro
mirent comme freres q̄ tout ainsi se feroient
ilz. Au quart iour apres ceste requeste trespas
sa lancelot de ce siecle/ ꞇ au v. iour daoust. A
celle heure que lame lui partit du corps nestoit
pas larceuesque ne Bliomberis a lermitaige/
ains dormoient dehors soubz vng arbre. Sy
aduint lors que Bliomberis sesueilla le premi
er ꞇ veit larceuesque empres lui qui se dormoit
ꞇ en son dormant rioit ꞇ faisoit la plus grant
feste du mōde/ ꞇ disoit. Haa dieu benoist soyes
tu, or voy ie tout ce que ie vouloie veoir.

Quant bliomberis veit quil dormoit
ꞇ rioit: il ne sen esmerueilla pas pe
tit: ains eut paour que lennemy ne se fust mis
dedens lui/ si lesueilla incontinēt. Et quant
il fut esueillie ꞇ il veit Bliomberis il luidist.
Haa frere pourquoy auez vous ce fait: vous
mauez oste de la plus grant ioye du monde
ou iestoie. Et il lui demāda quelle ioye cestoit.
Jestoie dist il en la plusgrāt ioye ꞇ en la plus
belle compaignie danges: que ōcques en lieu
ou ie fusse ne vey autant de gens comme il y
auoit danges qui emportoient lame de nostre
compaignon lassus au ciel. Or allons veoir
sil est trespasse: allons donc dist Bliomberis.
Puis vindrent incontinent ou lancelot estoit
si trouuerēt quil estoit trespasse. Hee dieu dist
larceuesque benoit soyes tu, car maintenant
scay ie bien vrayemēt que de lame de cestui fai
soient naguaires les anges feste si grande cō
me ie vey. Or scay ie bien maintenant que peni
tāce vault sur toutes choses: ne iamais ne me
partiray de penitāce tant cōme ie viue. Or cō
uient il que nous portōs son corps a la ioyeuse
garde/ car nous lui promismes en son viuāt.
il est vray dist Bliōberis. Lors appareillerent
vne biere/ ꞇ quant elle fut preste: ilz mirēt le
corps de lancelot dedens/ ꞇ puis se prindrent

La fin de la table ronde.

sun dune part/ & lautre dautre/ & asserent tāt
par seures iournees a grant traueil & a grant
peine quilz vindrent a la ioyeuse garde. Et
quant ceulx du chasteau sceurent que cestoit
lancelot:ilz asserent a lencontre & le receurent
en plours & en gemissemens. Si eussiez ouy
faire entour le corps si grant dueil que a peine
eussiez ouy dieu tonner. Si se descendirent a
la maistresse eglise du chasteau/ & firent au
corps aussi grant honneur comme il apparte
noit a ung si preudhomme comme il auoit este.

Ce iour mesmes que le corps de lance
lot fut apoxte:arriua le roy boort au
chasteau de la ioyeuse garde a si poure com
paignie come dun seul cheualier & dun escuier
Et quant il sceut que le corps de lancelot estoit
leans en sa maistresse eglise:il alla celle part
& le sist descouurir/ si le regarda tant qui cō
gneut bien que cestoit son seigneur. Et quant
il le cogneut:il se pasma icontinent sur le corps
& commenca a faire si grant dueil que ce fut
merueilles. Ce iour firent ceulx du chasteau
moult grant dueil/ & la nuit firent ouurir la
tombe de galsehault qui tant estoit riche que ce
stoit merueilles. Et lendemain firent mettre
le corps de lancelot au tombeau de galsehault
Apres firent mettre sur sa tombe lettres qui di
soient ainsi. Cy gist galsehault q̄ fut roy de lō
gtaines ysles/ & auec lui se repose lancelot du
lac le meilleur cheualier qui ōcques entrast au
royaume de logres:fors seulement galaad son
filz.

Quant il fut enterre:ceulx du chasteau
baiserent la tombe en grant reueren
ce/ puis demanderent a boort. Sire comment
sinstes vous ainsi a point a lenterrement de
monseigneur lancelot. Certes dist il ung her
mite religieux qui estoit sage au royaume de
gaulle me dist que se iestoie au iourdhuy en ce
chasteau que ie y trouueroye mort ou vif lan
celot/ & il mest tout ainsi aduenu comme il le
me dist/ mais pour dieu se vous sauez ou il a
conuerse depuis que ie ne le veis si le me dictes
Et larceuesque lui dist incontinent la vie de
lancelot/ & sa fin de point en point. Et quant
le roy boort leut bien escoute:il respondit. Si
vepuis quil a este auec vous iusques a sa fin

ie suis cestui qui en lieu de lui vous seray com
paignie tant comme ie viuray/ car ie demour
ray auec vous iusques a sa fin/ & vseray le de
mourant de ma vie en hermitaige/ & larceues
que en remercia fort nostreseigneur.

Lendemain se partit le roy boort de la
ioyeuse garde/ & en enuoia son che
ualier & son escuier/ & manda a ses hōmes q̄lz
feissēt tel roy ql leur plairoit & quil ne retour
neroit iamais. Si sen alla auec larceuesque
& auec bliomberis/ & vsa auec eulx le demou
rant de sa vie en seruant nostreseigneur.

Cy fine le derrenier volume de la table rō
de faisant mencion des fais & proesses de mō
seigneur lācelot du lac/ dautres plusieurs no
bles & vaillans hommes ses compaignons.
Compile & extraict precisement & au iuste des
vrayes histoires faisantes de ce mencion/ par
tresnotable homme & tresexpt historien mais
tre Gaultier map. Et imprime a Paris par
Jehan du pre. En lā de grace mil cccc.iiii.xx.
& viii.le xvi.iour de septembre.

¶ Cy commence le second volume de la Table ronde, autrement dit Lancelot du lac. Et fait le premier chapitre mencion comment le dit Lancelot fut conduit au chasteau de Corbenic par une damoyselle: et illec mist a fin plusieurs diuerses aduentures. Et aussi comment il engendra Galaad en la fille du roy pelles de la terre foraine. premier chapitre

¶ Comment messire Yuain eut nouuelles de Lancelot par ung nain quil trouua en son chemin: et comment il se combatit a Booit: et comment une damoyselle lui fist despendre lescu Mauduit le geant. ii.cha.

¶ Comment Booit fist la bataille pour la dame de galuoie contre marialles et le conflit puis apres sen alla a corbenic ou le roy pelles lui fist grant ioye pour lamour de Lancelot son cousin. iii.cha.

¶ Comment lermite de lermitaige secret dist a messire Gauuain la signifiance du serpent et du lyepart: et comment il amena auec luy a kamalot la damoyselle laquelle auoit gary Lancelot de longnement quil print en la fontaine. iiii.cha.

¶ Comment Lancelot fut assis en sa chaire dor: et comment il conquist les eschecz qui iouoient sans que nul les touchast puis les enuoya a la royne Genieure. v.cha.

¶ Comment Lancelot alla au tournoyement deuant kamalot: et par le commandement de la royne genieure il fut contre ceulx de la table ronde: et comment il sen partit et puis occist Torriquant: & deliura Lyonnel Hector et plusieurs autres que torriquant tenoit en prison. vi.cha.

¶ Comment lancelot alloit cerchant nouuelles de Hector: et comment la damoyselle de morgain trouua lancelot et le mena en sa prison de morgain la ou il fut longuement. vii.cha.

¶ Comment messire Gauuain se partit de kamalot apres quil fut gary pour aller cercher lancelot. viii.cha.

¶ Comment Lancelot eschappa de sa prison Morgain: et comment il se combatit contre marabron pour Lyonnel qui estoit malade ix.cha.

¶ Comment Lancelot emporta lyonnel en labbaye de la petite aulmosne. x.cha.

¶ Cy deuise la cause pour quoy labbaye fut nommee la petite aulmosne. xi.cha.

¶ Comment lancelot trouua Booit son cousin au tertre deuoye: et comment les prisonniers furent deliurez: Et aussi comment les cheualiers du tertre furent esbahys quant ilz ne trouuerent pas le matin lancelot. xii.cha.

¶ Comment lancelot trouua en la forest perilleuse la tombe de son grant pere: et comment il tyra la teste de dedens la fontaine qui bouilloit. xiii.cha.

¶ Comment le roy claudas arresta prisonniere la damoyselle que la royne genieure enuoyoit a sa dame du lac. xiiii.cha.

¶ Comment lancelot se partit de sarras et alla a Bellias le noir: et le conquist. xv.cha.

¶ Comment lancelot et mordrec cheuauchoient vers kamalot ilz passerent par deuant ung hermitaige & mordrec occist lermite. xvi.ch.

¶ Comment les compaignons qui estoient du chasteau de penignes auec galhodin furent marris quilz nauoient gaigne le tournoyement. xvii.cha.

¶ Comment Booit deliura le filz et la fille du roy de cent cheualiers que sarrons voulloient occire: et comment auenture le mena chieulx le roy pelles. xviii.cha

¶ Comment lancelot abatit quatre cheualiers qui gardoient le pont mariel: et comment de une seule lance il abatit messire Gauuain messire Yuain, Hector des mares et Saigremor le desree. xix.cha.

¶ Comment messire Gauuain et ses com/
paignons emporterent a kamalot lescu et le
glaiue de lancelot: et comment la guerre fut
ent reprinse côtre le roy Claudas. xx.cha.

¶ Comment les compaignons de la table
ronde compterent toutes les aduentures qui
leur estoient aduenues en la queste ou ilz a/
uoient este. xxi.cha.

¶ Comment messire Gauuain et ses com/
paignons passerent la mer pour aller guer/
royer contre le roy Claudas: et comment ilz
conquesterent le pays de flandres xxii.cha.

¶ Comment ceulx de Gannes vindrent au
chasteau du tor ou le roy Claudas estoit
xxiii.cha.

¶ Comment ceulx de logres mirent le siege
deuant la cite de gannes: et comment les ro/
mains vindrent au secours du roy Claudas
xxiiii.cha.

¶ Comment le roy Artus sceut les nouuel+
les que messire vuain mandoit a lancelot se/
cours: et comment il passa la mer lui et lan
celot a tout grant armee et fut Claudas des
confit: et puis sen retournerent a logres
xxv.cha.

¶ Comment lancelot se partit de la cham/
bre a la royne et sen alla parmy les boys cô
me vng homme hors du sens. xxvi.cha.

¶ Comment Bliaus garda longuement
lancelot cuidant quil garist: et comment lan
celot seschappa de luy: et daduenture se trou
ua au chasteau de Corbenic la ou il reuint en
son droit sens. xxvii.cha.

¶ Cômêt Perceual et Hector trouuerent
Lancelot en lisle de iope: et côment ilz vindrent
a court eulx troys ensemble xxviii.cha.

¶ Cy fine la table de la tierce
partie de ce present volume.